lonely planet

Le Monde

Le seul guide de voyage qui couvre tous les pays du monde !

LE MONDE

Sommaire

CODE COULEUR

- **Afrique**
- **Amérique**
- **Antarctique**
- **Asie**
- **Australie/Océanie**
- **Europe**

Bienvenue dans le monde

Globe, Terre, planète bleue… la sphère qui roule sous nos pieds est notre maison à tous. Mais la connaissons-nous vraiment ? Avons-nous pleinement conscience de la diversité de ses richesses, de ses paysages, de ses peuples, de la multitude des expériences qu'elle offre ? D'un horizon à l'autre, des sites les plus anciens aux villes les plus modernes, des rivages les plus reculés aux sommets les plus élevés, des frissons inoubliables attendent le voyageur à chaque tournant. Alors, pourquoi attendre ? Partons à l'aventure !

Il était une fois des voyageurs…

Rendons hommage aux découvreurs. Il y a encore quelques siècles – autant dire une poignée de secondes à l'échelle de l'âge de notre planète –, la Terre était en grande partie inconnue de ses habitants. Vasco de Gama, Magellan, Christophe Colomb, James Cook, La Pérouse et des dizaines d'autres, connus ou inconnus, ont fait les premiers pas (souvent les armes à la main, il faut bien le reconnaître, mais c'est une autre histoire). Les atlas ont fleuri, constellés de contrées aux noms exotiques. Quelques siècles ont passé, et l'homme a posé le pied sur la Lune, comme pour dire qu'ici bas tout avait été exploré. L'ère du tourisme pouvait commencer. Avec la généralisation du transport aérien, le monde nous semble aujourd'hui à portée de main.

Mais qu'en connaissons-nous vraiment avant d'avoir fait le voyage ? N'oublions-nous pas en permanence une immense partie de cette Terre, simplement parce qu'elle est trop lointaine, trop discrète, tellement différente de notre univers quotidien qu'elle est difficile à imaginer ? Sur cette planète si vaste et si petite (on peut aujourd'hui en faire le tour à une vitesse qui ferait frémir l'auteur du *Tour du monde en quatre-vingts jours*), nous nous sommes tous fabriqué "notre" monde, un atlas personnel. Demandez à vos amis de citer 20 pays. Facile. Puis encore vingt autres. Passe encore. Vingt de plus ? Ça se complique… Il y a pourtant près de 200 pays dans le monde, eux-mêmes composés d'un infinité de milieux, d'habitats, de région et de climats.

Des paysages, des peuples, des histoires

On croit la connaître, cette Terre. En fait, nous avons surtout en tête les images des pays où nos voyages nous ont guidés, de ceux qui sont proches de notre port d'attache, des nations sur lesquelles l'actualité braque ses projecteurs et des horizons qui évoquent un imaginaire plus ou moins fantasmé. Face à tant d'autres, nous sommes (presque) aussi ignorants que les explorateurs d'hier le jour où ils appareillaient. Que voir à Anguilla ? Que faire en Géorgie ? Qui rencontrer au Mozambique ? Que manger à Hong Kong ? Qu'est-ce que tel ou tel pays a à nous apprendre sur le monde en général ? Avec ce livre, nous avons voulu apporter des réponses à ces questions. Et aussi, au passage, rappeler que l'Indonésie ne se résume pas à ses danses, Madagascar à ses baobabs et l'île de Pâques à ses moais, aussi beaux soient-ils. D'autant plus qu'il n'est pas seulement ici question de géographie. D'une part parce qu'une grande partie des splendeurs de notre

Heron Island, Grande Barrière de corail, Australie

planète repose sur des activités humaines : traditions, arts, modes de vie, célébrations et rituels, dont certains trouvent leur origine il y a des milliers d'années. Mais aussi parce que les merveilles de notre planète ne sont pas toutes figées : parmi les spectacles qu'elle offre figurent la migration annuelle des gnous à travers le Serengeti, la longue marche des manchots empereurs en Antarctique, le festival animalier des îles Galápagos, la magie des aurores boréales, l'éternel recommencement du cycle des saisons…

220 destinations, des milliers d'expériences

Pouvait-on "faire rentrer" tout cela dans un livre, aussi épais fut-il ? Ne nous leurrons pas : 1 000 pages n'y suffiront pas davantage que 10 000. On n'enferme pas plus le monde en un millier de pages imprimées que les explorateurs de naguère ne le résumaient dans leurs carnets de notes et leurs esquisses de cartes. De l'Afghanistan au Zimbabwe, ce livre prétend simplement être une source d'inspiration pour de futurs voyages, une invitation à (re)voir le monde, ses paysages et les peuples qui les habitent et les font vivre. Pour chaque destination, nous avons recensé un avant-goût des sites et expériences incontournables, quelques informations pratiques afin de vous aider à vous organiser, et une carte pour vous permettre d'esquisser un itinéraire de découverte. À vous de faire la plus belle partie du chemin : partir en voyage !

Envie de...

Plages paradisiaques

Australie Cascades vertigineuses, plages et barrières de corail virginales (p. 73).

Maldives Sable fin immaculé et mer d'un bleu-vert lumineux. (p. 551).

Portugal L'Algarve a un littoral varié : îles sablonneuses, rivages adossés à des falaises spectaculaires et plages peu fréquentées (p. 726).

Seychelles Plages de sable blanc, mer incroyablement chaude et arbres s'inclinant sur le rivage (p. 795).

Espagne La verdoyante région des Asturies, dans le nord de l'Espagne, compterait plus de 600 plages (p. 294).

Tahiti et Polynésie française Bora Bora : le nom de code pour un parfait chapelet d'îlots (p. 852).

Thaïlande Les vertigineuses formations karstiques de Railay sont parmi les plus fameux sites naturels de Thaïlande (p. 872).

Fêtes culturelles

Carnaval, Brésil Une fête non-stop, avec près de 500 manifestations de rue dans toute la ville (p. 150).

Día de Muertos, Mexique Le "Jour des morts" ; début novembre, entre joie et tristesse, on se remémore les chers disparus (p. 588).

Festival de Goroka, Papouasie-Nouvelle Guinée Coiffures à plumes, jupes végétales et peintures corporelles (p. 682).

Holi, Inde Les Hindous célèbrent l'arrivée du printemps en jetant de l'eau et des poudres colorées sur les passants (p. 404).

Naadam, Mongolie Deux à trois jours de lutte, de courses de chevaux et de concours d'archers (p. 598).

Nouvelle-Orléans, États-Unis Les Mardi gras et Jazz Fest louisianais sont réputés dans le monde entier (p. 301).

Histoire

Brú na Bóinne, Irlande Les plus belles tombes à couloir d'Irlande, datant de l'âge de pierre, soit quelque 600 ans avant les pyramides (p. 428).

Champs de bataille des Flandres, Belgique Des croix blanches à perte de vue témoignent des horreurs passées (p. 107).

Gallipoli, Turquie Mémoriaux et cimetières indiquent l'endroit où de jeunes soldats tombèrent loin de chez eux dans d'horribles conditions (p. 908).

Machu Picchu, Pérou Vestiges d'une ancienne cité inca aux terrasses vert émeraude, entre sommets escarpés et crêtes andines (p. 699).

Persépolis, Iran Nul doute qu'à son apogée, Persépolis était au centre du monde civilisé, compte tenu de l'harmonie qui s'en dégage (p. 418).

Pétra, Jordanie Ce site spectaculaire attire les foules depuis que Burckhardt l'a redécouvert en 1812 (p. 471).

Pompéi, Italie Cette cité prospère se retrouva figée en pleine agonie il y a quelque 2 000 ans. (p. 449)

Tikal, Guatemala Les temples de Tikal témoignent des sommets culturels et artistiques atteints par la civilisation maya (p. 369).

Cuisine et boissons locales

Bière, République tchèque Les Tchèques affirment produire la meilleure *pivo* (bière) de la planète (p. 738).

Copenhague, Danemark L'une des destinations gastronomiques les plus prisées d'Europe, avec plus d'étoiles au Michelin que toute autre capitale scandinave. (p. 254).

Japon Sens du détail, génie de la présentation et recours systématique aux ingrédients les plus raffinés : le tout donne une cuisine mémorable (p. 466).

Malaisie Faites votre choix entre cuisine sino-malaise, curries indiens, buffets chinois et stands d'alimentation malais... (p. 544).

Saint-Sébastien, Espagne Ici, les grands chefs ont fait des *pintxos* (tapas basques) de véritables œuvres d'art (p. 292).

Turquie Au-delà du plat, les mezze sont une expérience culinaire à part entière (p. 906).

Vietnam Au Vietnam, la fraîcheur des ingrédients prime avant tout. Le résultat ? Des alliances de textures et de saveurs incomparables (p. 936).

Whisky, Écosse La boisson nationale écossaise est distillée sur ces terres depuis plus de 500 ans (p. 266).

Aventure

Blue Hole Natural Monument, Belize Les murs abrupts du Grand Trou bleu plongent à plus de 120 m dans l'océan (p. 110).

Escapades, Suisse Ce pays invite à l'escapade en plein air avec son incroyable canevas de paysages (p. 833).

Plongée, mer Rouge, Égypte Un monde sous-marin conjuguant falaises coralliennes, poissons multicolores et épaves à la beauté spectrale (p. 273).

Rafting, Slovénie Dans ce pays riche en activités de plein air, les rivières impétueuses comme la Soča ne demandent qu'à être explorées en rafting (p. 812).

Randonnée, Dolomites, Italie Cette minuscule portion d'Italie du Nord emmène la séduction à des hauteurs vertigineuses (p. 452).

Randonnée, Nouvelle-Zélande Avec ses sublimes forêts, montagnes, lacs, plages et fjords, la Nouvelle-Zélande offre pléthore de merveilleuses randonnées (p. 651).

Safari, Botswana Le Chobe National Park fait partie des grandes destinations en termes de safari africain (p. 139).

Tyrolienne, Costa Rica Rares sont les activités qui procurent autant de plaisir qu'une traversée de la canopée à pleine vitesse dans la jungle (p. 236).

Merveilles naturelles

Aurores boréales, Islande Un kaléidoscope céleste, qui transforme les longues nuits d'hiver en lampes magma naturelles (p. 435).

Cappadoce, Turquie Ce paysage alvéolaire semble avoir été sculpté par un essaim d'abeilles géniales (p. 905).

Chutes d'Iguazú, Argentine Vous n'êtes pas près d'oublier le rugissement, l'écume et l'ampleur de ces chutes (p. 61).

Cratère du Ngorongoro, Tanzanie La magie débute dès le rebord du cratère, d'où l'on peut profiter de l'air frais et de la vue sublime sur l'énorme cavité (p. 862).

Grand Canyon, États-Unis La formation de ce canyon a pris 6 millions d'années ; certains rochers figurant le long de ses parois ont 2 milliards d'années (p. 302).

Grande Barrière de corail, Australie Longeant la côte du Queensland sur 2 000 km, elle attire des tortues marines nonchalantes et des poissons de toutes les couleurs (p. 75).

Lac Baïkal, Russie Le panorama ahurissant et la difficulté d'accès du lac Baïkal vous laisseront le souffle coupé (p. 754).

Mer Morte, Israël et Territoires palestiniens Des eaux d'un bleu cobalt, mises en valeur par des dépôts de sel immaculés, des falaises rougeâtres et des touffes de végétation vert foncé (p. 443).

Mont Everest, Népal Le Tibet possède de loin le meilleur point de vue sur le sommet le plus célèbre de la planète (p. 625).

Salto Ángel ("saut de l'ange"), Venezuela Admirez les eaux tonitruantes des chutes les plus hautes du monde, qui se jettent de 979 m depuis le plateau d'Auyantepui (p. 925).

Chefs-d'œuvre humains

Acropole, Grèce Une harmonie, une puissance et une beauté qui touchent toutes les générations (p. 347).

Stonehenge, Angleterre Ce mythique cercle de rochers attire les curieux depuis plus de 5 000 ans (p. 39).

Pyramides de Gizeh, Égypte Admirez la forme extraordinaire, la géométrie impeccable et la puissance pure de ces édifices (p. 271).

Taj Mahal, Inde Ce mausolée de marbre blanc constitue l'hommage le plus poétique de l'histoire (p. 403).

Grande Muraille, Chine Envahies par des arbrisseaux, les briques ciselées de cette muraille s'enroulent magnifiquement autour des collines (p. 197).

La Sagrada Família, Espagne La célèbre église de Barcelone se dresse vers les cieux avec une majesté presque enjouée (p. 289).

Temples d'Angkor, Cambodge Au Cambodge, les dieux-rois d'autrefois s'employèrent à dépasser les créations de leurs ancêtres, à la fois en taille, en ampleur et en symétrie (p. 165).

Voir aussi l'index p. 949 pour d'autres thèmes et actictivtés

Itinéraires

3 MOIS

Une tranche d'Asie

Nous serions, dit-on, en plein "siècle de l'Asie". Une escapade au fil des villes et des paysages majeurs du continent asiatique s'impose tout naturellement.

Débutez votre voyage par **Tokyo**, alliance de tradition et de grande modernité, avant d'aller saluer la solennelle majesté du **mont Fuji**. Rejoignez le continent et filez à **Shanghai**, la ville la plus dynamique d'un pays en constante évolution. Tournez ensuite votre regard vers **Hong Kong**, l'occasion d'une fabuleuse pause shopping et de paisibles balades en ferry, ou imprégnez-vous de l'atmosphère portugaise de la proche **Macao**. Rejoignez l'historique ville de **Hanoï** pour en savourer l'élégante architecture, avant d'aller contempler les surréalistes îles calcaires de la **baie d'Halong**. Repassez par Hanoï, puis faites un saut à **Luang Prabang**, une cité aux temples scintillants installée au bord du **fleuve Mékong**. Profitez de la vieille-ville de **Chiang Mai**, entourée de douves, pour faire une retraite méditative, avant de gagner les impressionnants vestiges de **Siem Reap** et d'**Angkor**. Plus au sud, offrez-vous une escapade idyllique au bord de la mer d'Andaman, à **Phuket** ou à **Krabi**. Poursuivez jusqu'à **Singapour**, afin de faire du shopping et de préparer la suite de votre voyage.

6 MOIS Le Hippy Trail : de Londres à Melbourne

Véritable rite de passage, l'épopée terrestre qui part d'Europe et traverse l'Asie a inspiré des générations de voyageurs, dont Maureen et Tony Wheeler, les fondateurs de Lonely Planet.

Depuis **Londres**, gagnez **Paris** afin de saluer la tour Eiffel et le Louvre. Prenez la route de l'est pour admirer les maisons à colombages de **Strasbourg**, traversez la **Forêt-Noire** et poursuivez jusqu'à **Munich**. Imprégnez-vous de l'atmosphère musicale et de la délicieuse architecture de **Salzbourg**, avant de mettre le cap sur les cafés de **Vienne**. Profitez des cures thermales de la majestueuse **Budapest** et de la vie nocturne trépidante de **Belgrade**, puis gagnez **Istanbul**, étincelante cité à cheval sur deux continents. Traversez le Bosphore en ferry, puis filez droit vers les paysages surnaturels de **Cappadoce**. Passez au pied du **mont Ararat**, avant de rallier **Tabriz**, de l'autre côté de la frontière iranienne. Profitez des maisons de thé de **Téhéran**, allez contempler l'époustouflante architecture d'**Ispahan** et prenez la route du désert. Rejoignez la vieille ville de **Lahore**, réputée pour sa scène artistique et ses sereins jardins moghols.

Traversez la frontière indienne et rejoignez la tonitruante **Delhi**, avec son Fort rouge et ses bazars odorants. Poursuivez jusqu'à **Agra**, l'occasion de vous pâmer devant la sublime architecture du **Taj Mahal**. Mettez le cap à l'ouest, vers les déserts et les ravissantes forteresses du **Rajasthan**. Après un passage par la chaotique **Calcutta**, ralliez le **Myanmar** (Birmanie), qui s'ouvre progressivement au tourisme. De là, il n'y a qu'un pas pour s'vous offrir une pause thermale à **Chiang Mai**, avant de filer vers la palpitante Bangkok. Après une escapade idyllique sur l'île de **Koh Samui**, dans le golfe de Thaïlande, enchaînez avec l'Indonésie. **Jogjakarta**, bastion de l'art javanais et de la marionnette, est aussi la porte d'accès aux monuments bouddhiques de **Borobudur**. Rejoignez ensuite **Bali** pour une cure de soleil et de surf, avant de filer vers **Dili**, une capitale en pleine évolution. De là, vous ne serez plus très loin de **Darwin**, la ville la plus asiatique d'Australie. Enchaînez par une traversée du désert jusqu'à **Adélaïde**, pour terminer par **Melbourne**, la capitale artistique et culturelle du pays.

2 MOIS

Une odyssée méditerranéenne

La Méditerranée a vu passer quantité de cultures, d'empires et de civilisations au fil de son histoire – venez assister à un éblouissant défilé d'art, de culture et de beautés naturelles.

Venise, ville d'art et d'audace maritime, a servi de point de départ à plus d'une odyssée. Marchez sur les traces de lord Byron, le flamboyant poète romantique, et allez admirer les mosaïques byzantines de **Ravenne**. Puis, enchaînez avec **Florence**, tout droit sortie de la Renaissance, et **Rome**, histoire de se pâmer devant le **Colisée**. Après une petite traversée de l'Adriatique en ferry, débarquez sur l'idyllique **côte dalmate**, puis, toujours en Croatie, découvrez **Split** et **Dubrovnik**, véritable "perle de l'Adriatique" selon Byron. De là, rejoignez la Bosnie-Herzégovine et l'étroit pont de Mostar. De retour sur la côte, au Monténégro, savourez le paysage des **bouches de Kotor**, puis invitez-vous dans les localités balnéaires de **Sveti Stefan** et **Bar**. En Albanie, admirez les bâtiments colorés de **Tirana** et la citadelle de **Gjirokastra**. Plus au sud, sur la côte ionienne, découvrez quelques îles – Corfou, mais aussi Ithaque, la terre natale qu'Ulysse retrouva après un long voyage, et **Céphalonie**, où lord Byron séjourna. De là, vous pourrez rallier **Athènes** et saluer l'**Acropole**, ou prendre un ferry vers les îles grecques, voire regagner l'Italie.

Naples, bouillonnante métropole du sud de l'Italie, est aussi un point de transit vers la **Sicile**, dominée par les temples grecs et l'**Etna**. De là, gagnez la Sardaigne et sa **Costa Smeralda** (côte d'émeraude) aux eaux cristallines, puis les villages perchés et le rugueux arrière-pays de la **Corse**. Profitez d'un soleil généreux sur la route de la Grande Corniche, qui relie **Nice** à **Monaco**. Puis, répondez à l'appel de **Marseille**. Dans les terres, découvrez **Aix-en-Provence** et **Arles**, dont les paysages provençaux ont inspiré Van Gogh. Filez ensuite vers **Barcelone**, ville d'art et d'architecture, mais aussi porte d'accès aux **îles Baléares**. Piquez au sud-ouest pour profiter de la vie nocturne de **Madrid**, la capitale espagnole, avant d'enchaîner avec les merveilles de **Cordoue**, **Séville** et **Grenade**. Achevez votre périple à **Gibraltar**, porte d'entrée de l'Atlantique, et point le plus occidental des voyages d'Hercule.

2 MOIS Road trip dans les Amériques

À voir ses grands espaces, on ne s'étonnera pas que le continent américain ait donné naissance au "road trip". À vous de façonner votre propre odyssée, en marchant sur les traces de Jack Kerouac et de bien d'autres aventuriers.

Débutez votre aventure par **New York**, "la ville qui ne dort jamais". Enchaînez avec **Philadelphie**, pour voir à quoi ressemblait une ville coloniale américaine, puis poussez jusqu'à **Cincinnati**, sur les berges de l'Ohio, où Jack Kerouac fit une halte. De là, piquez au sud vers **Nashville**, la Mecque de la musique country. Pour poursuivre la thématique musicale, allez rendre hommage à Elvis Presley et à Johnny Cash à **Memphis**, puis longez le Mississippi jusqu'à la torride **Nouvelle-Orléans**, royaume de la cuisine du Sud, d'une architecture fleurie et de clubs de jazz – fréquentés en son temps par Kerouac. Ensuite, si cela vous tente, prenez la direction de **Miami**, aux parfums très latino. Puis, refaites à l'envers le parcours de Che Guevara en piquant au sud vers **Caracas**, **Bogota** et **Lima**, avant de poursuivre vers les hauteurs majestueuses du **Macchu Picchu**, et d'achever votre route à **Buenos Aires**, petit bout d'Europe dans l'hémisphère Sud.

Sinon, prenez vers l'ouest : faites une halte à **Dallas** pour ses cow-boys et ses pom-pom girls, puis descendez vers **Houston**, paradis de la danse country. Pour vous offrir une somptueuse tranche de désert et des paysages emblématiques, ne manquez pas l'incontournable **Grand Canyon**, avant une pause clinquante et trébuchante à **Las Vegas**. Continuez vers **Los Angeles**, avec l'éventualité de repérer une star à **Hollywood**, et reprenez la route avec Kerouac jusqu'à **San Francisco**. Remontez vers **Portland**, bastion de la contre-culture, puis traversez la frontière canadienne et ralliez les quartiers chics de **Vancouver**. Après une pause rodéo à **Calgary**, surnommée "cowtown", traversez les interminables prairies canadiennes au nord des Grands Lacs et gagnez **Montréal**, l'occasion de profiter d'une riche culture culinaire et d'une architecture d'inspiration européenne. Pour achever votre boucle à New York, passez soit par le lac Ontario et les tonitruantes **chutes du Niagara**, soit par les paysages pittoresques de la **Nouvelle-Angleterre**.

4 MOIS

Un safari inoubliable

L'Afrique offre de vastes paysages, l'opportunité d'observer une faune à nulle autre pareille, et une diversité culturelle à décorner un rhinocéros.

Après avoir gravi la Table Mountain, au **Cap**, en Afrique du Sud, et écumé les vignobles de **Stellenbosch**, vous aurez le choix entre deux itinéraires. Profitez de la générosité florale de **Namaqaland**, puis rejoignez **Fish River Canyon** pour une fabuleuse randonnée. Poursuivez avec la traversée du **désert du Namib** et du territoire sauvage de Skeleton Coast, sur la route de l'**Etosha National Park**. Si vous n'y avez pas aperçu de rhinocéros, continuez à l'est en direction du **Kalahari**, au **Botswana**, l'occasion de partir en balade avec des bushmen, puis du delta de l'**Okavango**, royaume des hippopotames. Ensuite, marchez sur les traces du Dr Livingstone jusqu'aux **chutes Victoria**, au **Zimbabwe**, afin d'admirer le flot continu de l'impressionnante "fumée qui gronde". Faites une halte au **lac Kariba**, puis rejoignez le **Malawi** pour aller vous détendre au bord du "lac aux étoiles", comme Livingstone le fit en son temps.

Depuis Le Cap, un itinéraire alternatif débute par l'**escarpement du Drakensberg**, avant de se poursuivre vers le montagneux **Lesotho**, parfait pour un trek en poney, et le **Swaziland**. Gagnez le **Kruger National Park** pour tenter d'apercevoir des membres du "Big Five". Une fois au Mozambique, rejoignez **Maputo**, avec son atmosphère portugaise et ses cocktails de bord de plage, avant de remonter la côte dans le sillage de Magellan. Plongez en compagnie de requins-baleines, avant d'aller goûter la splendeur architecturale fanée de l'**île de Mozambique**. De là, gagnez le **lac Malawi** puis la Tanzanie, plus au nord, où vous ne manquerez pas de profiter des formidables réserves naturelles du **Serengeti** et du **cratère du Ngorongoro**. Partez ensuite à l'assaut du **mont Kilimandjaro**. En bordure d'océan, appréciez les plantations d'épices et les plages de **Zanzibar**, où Livingstone séjourna jadis. Plus au nord, découvrez la suffocante **Mombasa**, bastion de culture swahilie et porte d'accès au Kenya. Après un passage par la réserve du **Masai Mara**, filez jusqu'à **Nairobi**. De là, vous pourrez remonter jusqu'à la Méditerranée, via **Addis-Abeba**, **Khartoum** et **Le Caire**, afin de conclure ce formidable périple transcontinental.

Lacs du parc national de Band-e Amir, dans la province de Bamiyan

CAPITALE
Kaboul

POPULATION
31,8 millions

SUPERFICIE
652 230 km²

LANGUES OFFICIELLES
Dari, pachto

Afghanistan

Si l'avenir du pays, meurtri mais fier, demeure incertain, sa beauté naturelle perdure et son peuple se relève.

Au cours de son histoire, l'Afghanistan s'est toujours montré uni face aux envahisseurs mais divisé sur son sol. Dans un autre contexte géopolitique, il figurerait en tête de liste des destinations touristiques incontournables. Son inaccessibilité depuis trente ans n'a fait qu'intensifier une image romanesque propagée par les nostalgiques du Grand Jeu et la littérature de voyage.

Véritable carrefour géographique, le pays forme un creuset où se mêlent les cultures du sous-continent indien, de l'Asie centrale et de la Perse pour former quelque chose d'unique et de fascinant. Les oasis de l'ancienne route de la Soie évoquent le riche passé d'empires bouddhiques et musulmans, tandis que l'imposant massif de l'Hindu Kuch qui sépare le territoire en deux dessine des paysages à couper le souffle.

Autrefois, l'Afghanistan constituait une étape phare pour les baroudeurs hippies, séduits par ses paysages rudes et escarpés, ses bazars florissants, sa mixité ethnique et sa population accueillante. Si la situation sécuritaire permet de s'y rendre à nouveau un jour, gageons que les voyageurs intrépides continueront d'être charmés par cette terre d'une prodigieuse beauté.

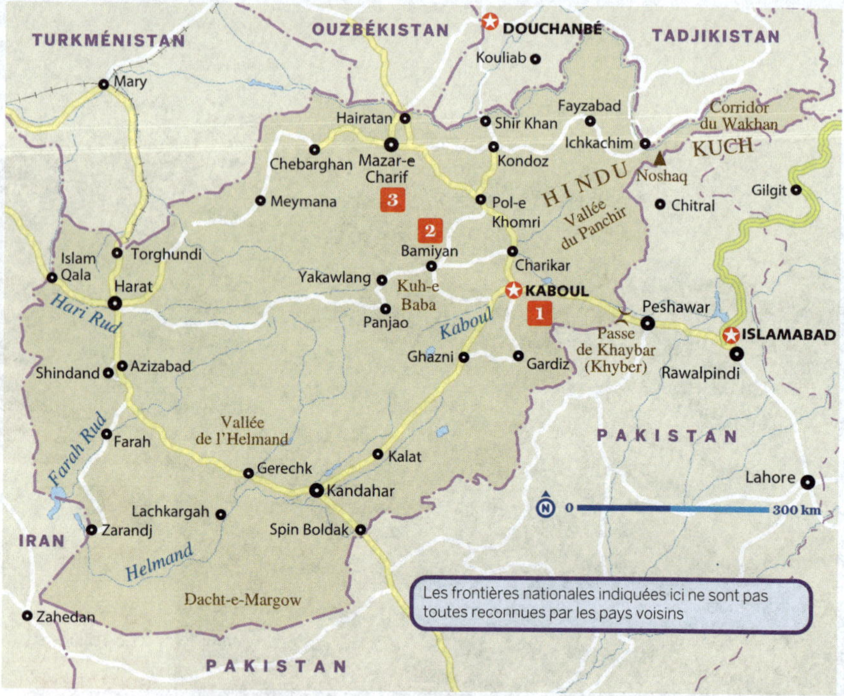

Afghanistan

Les incontournables

Kaboul

1 La capitale fascine autant qu'elle rebute. La guerre civile avait transformé en champ de ruines cette destination prisée dans les années 1970, mais la ville commence à renaître. De nouveaux bâtiments, des restaurants et des bazars ont surgi ces dernières années.

Bamiyan

2 Dans la conscience internationale, cet ancien site bouddhique est le symbole de la destruction du patrimoine culturel afghan. Les deux bouddhas géants qui dominaient jadis la vallée de Bamiyan gisent en morceaux, victimes du fanatisme des talibans. Pour autant, le cadre naturel alentour n'a rien perdu de sa magnificence.

Mazar-e Charif

3 La grande ville du nord du pays resta longtemps dans l'ombre de sa voisine, Balkh. Son statut changea quand, au XIIe siècle, un mollah prétendit avoir découvert le tombeau caché d'Ali, cousin et gendre du prophète Mahomet, dans un village proche. Ce sanctuaire sert aujourd'hui de cadre aux célébrations de Norouz, le Nouvel An du calendrier persan.

À table !

Pulao Riz cuit à la vapeur avec de la viande, recouvert d'amandes, de raisins secs et de carottes râpées.

Raviolis à la vapeur Farcis de viande (*mantou*) ou de poireaux (*ashak*) accompagnés d'une sauce au yaourt.

Thé Vert (*chai sabz*) ou noir (*chai siah*), le thé est servi brûlant et très sucré.

Quand partir

MARS-MAI

➡ Le printemps est plaisant, mais la pluie et la neige fondue rendent certaines routes difficiles.

JUIN-AOÛT

➡ Si la chaleur estivale est parfois torride, Kaboul jouit de nuits fraîches.

SEPTEMBRE-NOVEMBRE

➡ Chaud et sec, l'automne voit mûrir quantité de fruits délicieux.

CAPITALE
Pretoria (siège du gouvernement) et Le Cap (siège du Parlement)

POPULATION
48,6 millions

SUPERFICIE
1,2 million km²

LANGUES OFFICIELLES
Zoulu, xhosa, afrikaans, anglais, pedi, tswana, sotho, tsonga, swati, tshivenda ndébélé

Téléphérique de Table Mountain, Le Cap

Afrique du Sud

De l'observation des grands prédateurs dans les parcs nationaux à l'exploration de paysages grandioses, l'Afrique du Sud offre une palette d'expériences africaines sans pareille.

Entre montagnes, déserts et fleuves, villes trépidantes et vastes townships, l'Afrique du Sud est une nation aux couleurs de l'arc-en-ciel. Préparez-vous à sillonner une terre qui n'aura de cesse de vous surprendre, des petites routes de la Wild Coast aux ruelles du Cap.

Le pays réserve de formidables occasions d'aller à la rencontre de plusieurs peuples et cultures d'Afrique ; d'observer les animaux dans des habitats variés ; et de se détendre dans des lieux de toute beauté. Les activités ne manquent pas : plongées en cage au milieu des requins, treks parmi les plus mémorables d'Afrique, dégustations de vin, et observation des baleines franches depuis la terre ferme. Dans un pays aux 11 langues officielles, vous pourrez cuisiner les curries comme les Malais du Cap, aller dans un *shebeen* (bar), voir la danse des roseaux au Zululand, visiter des coopératives d'artisanat dans les anciens bantoustans et déguster des samosas indiens à Durban. En quittant les circuits touristiques, vous aurez une vision plus large de ce pays fascinant.

MOZAMBIQUE
BOTSWANA
NAMIBIE
SWAZILAND
LESOTHO
OCÉAN INDIEN
OCÉAN ATLANTIQUE
0
150 km
PRETORIA
Johannesburg
Soweto
BLOEMFONTEIN
MASERU
MBABANE
MAPUTO
GABORONE
WINDHOEK
LE CAP (CAPE TOWN)
Durban
Port Elizabeth
East London
Pietermaritzburg
Kimberley
Upington
Springbok
Musina
Thohoyandou
Louis Trichardt (Makhado)
Polokwane (Pietersburg)
Nelspruit
Sabie
Komatipoort
Middelburg
Ermelo
Standerton
Volksrust
Vryheid
Ladysmith
Estcourt
Harrismith
Clarens
Senekal
Kroonstad
Welkom
Bloemhof
Klerksdorp
Potchefstroom
Zeerust
Sun City
Mafikeng
Lobatse
Kanye
Vryburg
Kuruman
Hotazel
Tshabong
Prieska
De Aar
Aliwal North
Kokstad
Mthatha
Port St Johns
Port Shepstone
Amanzimtoti
Richards Bay
Bhisho
Grahamstown
Port Alfred
Queenstown
Cradock
Middelburg
Graaff-Reinet
Beaufort West
Carnarvon
Calvinia
Oudtshoorn
George
Knysna
Mossel Bay
Plettenberg Bay
Cape St Francis
Cape Agulhas
Hermanus
Stellenbosch
Paarl
Ceres
Saldanha
Bitterfontein
Port Nolloth
Alexander Bay
Noordoewer
Keetmanshoop
Mariental
Gobabis
Ellisras
Inhambane
Xai-Xai
Banhine National Park
Limpopo National Park
Kruger National Park
Great Limpopo Transfrontier Park
Sodwana Bay National Park
iSimangaliso Wetland National Park
Hluhluwe-iMfolozi Park
Zululand
Wild Coast
Great Kei
Madikwe Game Reserve
Central Kalahari Game Reserve
Kgalagadi Transfrontier Park
Kalahari
Augrabies Falls National Park
Namakwa
|Ai-|Ais National Park
Richtersveld National Park
Karoo National Park
Cederburg Wilderness Area
Winelands
Addo Elephant National Park
Table Mountain National Park
St Helena Bay
Limpopo
Vaal
Orange (Senqu)
1
2
3
4
5
6
7
8
9
10

Afrique du Sud
Les incontournables

Table Mountain

1 Si vous êtes de passage au Cap, vous ne pourrez manquer l'ascension de la Table Mountain, d'où vous serez récompensé par une vue panoramique de la péninsule. Deux solutions s'offrent à vous : opter pour le téléphérique ou mettre vos jambes à l'épreuve. Dans tous les cas, prévoyez du temps pour une promenade à pied : les 24 500 ha du parc sont sillonnés par une multitude de sentiers. Il y en existe pour tous les niveaux et toutes les ambitions, des paisibles balades à la randonnée de plusieurs jours.

Kruger National Park

2 C'est probablement l'un des meilleurs endroits au monde pour observer les animaux sauvages. Si vous êtes néophyte, vous avez fait le bon choix en venant ici. Sur ce territoire, la vie animale offre un spectacle étonnant : un matin, vous verrez des lions se repaître d'une proie et, le lendemain, un bébé impala faire ses premiers pas. Si les vedettes du parc se font parfois attendre, le décor dans lequel elles évoluent – veld arbustif, étendues boisées ou prairies – ne déçoit jamais.

Girafe, Kruger National Park

2

Vins des Winelands

3 Un paysage infini de collines onduleuses et de rangs de vigne soignés, émaillé de demeures chaulées de style cape-dutch (hollandais du Cap)... Voici le Cap occidental, région mondialement réputée pour ses vins. Stellenbosch, Franschhoek et Paarl comptent quelques-uns des domaines les plus anciens et les plus beaux du continent. Mais il est d'autres zones viticoles à découvrir dans la province : vins pétillants à Tulbagh, rouges charpentés et portos sur la Route 62, et sauvignons blancs gouleyants dans les hauteurs du Cederberg.

Wild Coast

4 La "côte sauvage" porte bien son nom. Avec ses falaises déchiquetées et ses plages isolées, cette région d'une beauté envoûtante, ponctuée de villages xhosa, invite à la promenade. Plusieurs sentiers longent le littoral, serpentent à travers des gorges et des coteaux dénudés, et dominent des eaux turquoise, où évoluent des baleines franches australes et des dauphins. Vous pourrez dormir en chemin dans des hébergements rustiques ou dans des *rondavels* (petites constructions circulaires).

iSimangaliso Wetland Park

5 Son nom signifie "miracle" ou "merveille". L'iSimangaliso Wetland Park, classé au Patrimoine mondial, s'étire sur 220 km, entre la frontière du Mozambique et Maphelane, à l'extrémité sud du lac St Lucia. Ses 328 000 ha englobent pas moins de 5 écosystèmes – récifs et plages, lacs, zones humides et boisées, forêts côtières... Dans ce formidable espace naturel, vous pourrez vous déplacer en voiture, à pied ou à vélo, vous baigner, ou observer toutes sortes d'animaux, au nombre desquels tortues luths, dauphins, baleines, rhinocéros, antilopes, zèbres ou encore hippopotames.

Clarens

6 Joyau de l'État libre, Clarens est l'un de ces endroits qui laissent des souvenirs inoubliables.

Sur 100 personnes en Afrique du Sud

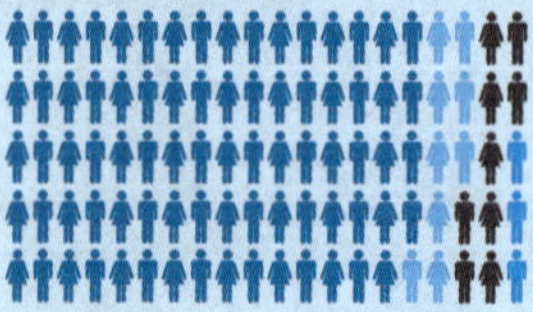

79 sont Noirs
9 sont Blancs
9 sont métis
3 sont d'origine indienne ou asiatique

Religions
(% de la population)

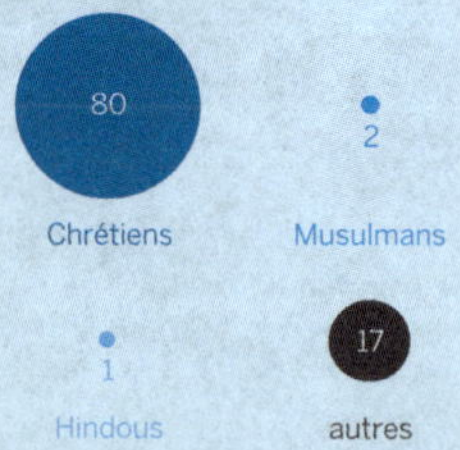

Population au km²

Nelson Mandela

Figure emblématique de la lutte contre l'apartheid, Nelson Rolihlahla Mandela s'est éteint le 5 décembre 2013, suscitant un déluge d'hommages dans le monde entier. Retour sur le parcours du père de la nation arc-en-ciel.

Né en 1918, Mandela est le fils d'un chef de tribu du peuple xhosa. Après des études à l'université de Fort Hare, il partit pour Johannesburg, où il prit la tête des campagnes de désobéissance civile de l'ANC (African National Congress) contre l'apartheid. En 1964, les autorités sud-africaines le traduisirent en justice pour sabotage et complot révolutionnaire. Condamné à la réclusion à perpétuité, Mandela refusa de transiger sur ses idées politiques contre la liberté. À sa libération, 27 ans plus tard, il appela à la réconciliation et au pardon, plaidant pour une Afrique du Sud multiraciale.

En 1994, les premières élections libres portèrent Mandela à la présidence de l'Afrique du Sud. Retiré de la présidence de l'ANC en 1997, il resta une autorité morale incontestée jusqu'à sa mort.

À table !

Chakalaka sauce Sauce épicée à base de tomates, d'oignons, de peri-peri (piment), de poivrons et de curry.

Kingklip Poisson à chair ferme, que l'on fait généralement frire.

Koeksuster Petit beignet au miel.

Melktert Flan épais à base de lait, d'œufs, de farine et de cannelle.

Pap et sous Porridge de maïs servi avec une sauce à base de tomate et d'oignon ou bien à la viande.

Venison (venaison) Il s'agit souvent d'un springbok, mais parfois aussi d'un koudou, d'un phacochère ou de tout autre gibier.

Vetkoek Boulette de pâte frite, parfois fourrée d'un hachis de fruits secs et de graisse.

Vignoble, Stellenbosch

Avec des rochers calcaires découpés, des collines verdoyantes, des champs dorés et les superbes monts Maluti en toile de fond, Clarens est un village de carte postale aux édifices blanchis à la chaux et aux paisibles rues ombragées. L'endroit est en outre devenu une destination pour les amateurs d'art ; de nombreuses galeries exposent des œuvres d'artistes sud-africains connus. De charmantes *guesthouses*, des très simples aux plus luxueuses, des restaurants gastronomiques, des cafés éclectiques et d'innombrables activités de plein air ajoutent à l'attrait de Clarens.

Quand partir

HAUTE SAISON
(déc-mars)

➡ Les prix s'envolent à Noël, au Nouvel An et à Pâques.
Les hébergements des parcs nationaux et de la côte sont complets des mois à l'avance. Les zones et les routes touristiques sont bondées.

SAISON INTERMÉDIAIRE
(avr-mai et oct-nov)

➡ Vacances scolaires : fin septembre à début octobre.
Printemps et automne ensoleillés dans une grande partie du pays.
Conditions optimales pour observer la faune.

BASSE SAISON
(juin-sept)

➡ L'hiver est idéal pour l'observation des animaux.
Vacances scolaires de la fin juin à la mi-juillet.
Certains tarifs grimpent avec les vacances ; ailleurs, ils sont bas (réductions et forfaits).

Fleurs sauvages au Namakwa

7 Le Namakwa, qui s'étire le long de la côte ouest en direction de la Namibie, fait partie des coins oubliés de l'Afrique du Sud. C'est un plaisir de traverser cette région isolée pour atteindre, après des centaines de kilomètres sur des routes désertes, Port Nolloth et

ses vues sur l'Atlantique. Au printemps, la floraison des fleurs sauvages transforme les étendues rocheuses en spectaculaires tapis colorés, à observer, entre autres, au Namaqua National Park et à la Goegap Nature Reserve.

Randonnée et étoiles au Cederberg

8 Le jour, le ciel bleu clair contraste avec les pics orange vif du Cederberg ; la nuit, la Voie lactée est si lumineuse que l'on pourrait lire. Les 83 000 ha de cette zone sauvage, située dans la région du Cap occidental, se distinguent par d'étranges formations de grès érodées par la pluie et le vent, des peintures rupestres san, des montagnes escarpées et des ruisseaux limpides. Les amateurs d'escalade et de randonnée seront à coup sûr envoûtés par ces paysages irréels.

Transports

Avion Les vols intérieurs coûtent une coquette somme. Économisez en réservant en ligne quelques mois à l'avance.

Bus Un bon réseau de bus, au confort et à la fiabilité variés, relie les principales villes

Vélo Si vous avez les mollets assez solides pour grimper ses collines, l'Afrique du Sud se prête bien au cyclisme. Vous serez séduit par la variété et la beauté de ses paysages, ses terrains de camping, et routes secondaires peu fréquentées.

Voiture L'Afrique du Sud est l'une des meilleurs destinations au monde pour effectuer un voyage sur la route.Loin des itinéraires des bus et des trains, le mieux est de vous déplacer avec votre véhicule.

Madikwe Game Reserve

9 La réserve faunique de Madikwe s'étend sur 760 km^2 de veld arbustif, de savane et de forêts riveraines. Il n'est pas rare d'y voir des grands mammifères, grâce aux guides qui mettent en commun leurs observations. Les 20 lodges méritent à eux seuls le détour – de l'écolodge aux adresses cinq étoiles qui offrent le confort au cœur d'une nature sauvage. La réserve, qui n'est accessible que dans le cadre de forfaits tout compris, est une destination idéale pour se détendre.

Hluhluwe-iMfolozi Park

10 Parfois éclipsé par le Kruger, le Hluhluwe-iMfolozi n'en est pas moins l'un des plus beaux parcs sud-africains. Il dévoile une grande variété de paysages, des montagnes tapissées de fleurs sauvages à la savane, et une faune nombreuse. En toute saison, il y a toujours beaucoup à voir : éléphants mastiquant des *marula*, impalas, zèbres, gnous, bébés girafes, etc. Avec des circuits en voiture, des hébergements et des décors d'exception, ce parc garantit une expérience mémorable.

Wolfberg Arch, Cederberg Wilderness Area

ARIADNE VAN ZANDBERGEN / GETTY IMAGES ©

À voir

District 9 (Neill Blomkamp ; 2009). Tourné à Johannesburg, un étonnant film de science-fiction qui est aussi une parabole sur le racisme.

Invictus (Clint Eastwood ; 2009). En 1995, la Coupe du monde de rugby sert la réconciliation du pays voulue par son président Nelson Mandela.

À lire

Un long chemin vers la liberté (Nelson Mandela ; 1995). Autobiographie du Prix Nobel de la paix en 1993.

Une saison blanche et sèche (André Brink ; 1980). Une quête de la vérité sur fond d'apartheid.

En attendant les barbares (J. M. Coetzee ; 1982). La peur de l'autre et de l'inconnu.

Surnommée "la ville aux milles fenêtres", Berat est classée au patrimoine mondial de l'Unesco

CAPITALE
Tirana

POPULATION
3 millions

SUPERFICIE
28 748 km^2

LANGUE OFFICIELLE
Albanais

Albanie

Avec des montagnes somptueuses, une capitale vivante et colorée et des plages qui n'ont rien à envier à ses rivales de Méditerranée, l'Albanie est la surprise des Balkans.

Devant tant de beautés naturelles, on peut se demander pourquoi l'Albanie a attendu deux décennies pour décoller sur le plan touristique après la fin du régime communiste en 1991. Longtemps coupé du monde, lorsqu'il était sous la coupe du dictateur Enver Hoxha, le pays a eu besoin de tout ce temps pour se hisser à la hauteur du reste de l'Europe orientale. Il y est parvenu au terme d'un chemin lent et chaotique.

Grâce à ce long isolement, l'Albanie a conservé des traits uniques : coutumes montagnardes ancestrales, sites archéologiques oubliés et villages figés dans le temps. Tirana, la vibrante capitale, concentre les espoirs et les rêves de cette petite nation, dans un tourbillon effréné de circulation, de consumérisme et de divertissements.

Albanie
Les incontournables

Ferry du lac de Koman

1 Parmi les temps forts d'un voyage en Albanie, cette superbe traversée de 3 heures au cœur de gorges spectaculaires relie les villes de Koman et de Fierzë, au nord du pays. Le vaste lac de Koman fut créé en 1978 par la construction d'un barrage sur la Drin. Libre à vous de poursuivre ensuite votre route vers Valbonë et de randonner dans les Alpes albanaises, également connues sous le nom de "montagnes Maudites". Dans les villages montagnards alentour, les paysans vivent encore au rythme d'autrefois.

Berat

2 Les blanches maisons ottomanes et les rues pavées de Berat, cité-musée classée au patrimoine mondial de l'Unesco, s'étagent en contrebas d'une citadelle, sur fond de montagnes escarpées. La "ville aux mille fenêtres" revêt son plus bel aspect quand les nuages s'amoncellent au-dessus des minarets ou se dissipent pour dévoiler le sommet enneigé du mont Tomorri. Des oliviers et des cerisiers parsèment les coteaux alentour.

Côte ionienne

3 Du parc national de Llogara, une route en lacets descend jusqu'aux croissants de sable blanc et aux eaux azur de la côte sud. La plage de Drymades, cernée d'orangeraies et de pinèdes, dégage un charme tranquille ; le village voisin de Dhërmi offre une atmosphère plus festive.

Ruines de Butrint

4 Fondée par des Grecs de Corfou au VIe siècle av. J.-C., la cité de Butrint (Buthrotum) se niche au bord d'un paisible lac en pleine forêt, dans un parc national de 29 km². Un sentier à l'entrée du site mène au théâtre grec du IIIe siècle av. J.-C., isolé au pied de l'acropole, près de petits thermes. Plus loin dans les bois s'élèvent un mur couvert d'inscriptions en grec et un baptistère paléochrétien du VIe siècle.

Tirana

5 La capitale albanaise a subi

une métamorphose exceptionnelle depuis sa sortie de la torpeur communiste au début des années 1990. Avec ses bâtiments peints de couleurs vives, ses places publiques et ses rues piétonnières invitant à la promenade, la voici méconnaissable. Le quartier huppé de Blloku (littéralement "les Blocs") attire dans ses bars et ses boutiques à la mode la nouvelle bourgeoisie locale. Frénétique et embouteillée, Tirana forme un séduisant chaos urbain.

Gjirokastër

6 Surplombant la vallée du Drino, au sud du pays, Gjirokastër a été magnifiquement décrite par le grand écrivain albanais Ismail Kadaré (né en 1936) dans son roman *Chronique de la ville de pierre*. Ses 600 demeures ottomanes à tourelle coiffées de lauzes, ses rues pavées et son imposante forteresse perchée du XIIIe siècle lui valent de figurer au patrimoine mondial de l'Unesco.

Krujë

7 Krujë est le lieu de naissance de Georges Castriota, dit Skanderbeg (1405-1468), héros national albanais qui résista farouchement à la domination ottomane

Quand partir

JUIN

➡ Parfait pour profiter de plages désertes sous un climat méditerranéen.

AOÛT

➡ Les plages connaissent un afflux de vacanciers, mais c'est une période propice pour crapahuter en montagne.

DÉCEMBRE

➡ Les cinéphiles assisteront au Festival du film de Tirana, les intrépides rallieront Theth à raquettes.

Sur 100 personnes en Albanie

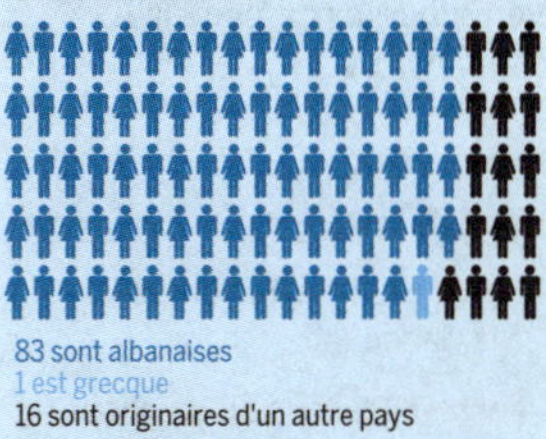

Religions

(% de la population)

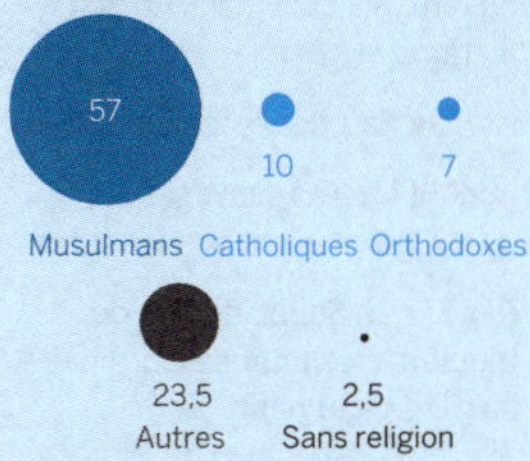

Population au km²

Au pays des bunkers

À flanc de colline, sur les plages et un peu partout en Albanie, vous remarquerez des petits dômes, souvent par groupes de trois, percés d'une fente horizontale. Il s'agit des quelque 500 000 bunkers construits par le dictateur albanais Enver Hoxha entre 1967 et 1985 pour faire face à une éventuelle invasion. D'un poids de 5 tonnes, ces "champignons" en béton armé sont quasiment indestructibles. Pour prouver leur résistance, leur concepteur fit bombarder par un char d'assaut son prototype, où il s'était installé, et en sortit indemne. Aujourd'hui, certains bunkers arborent des peintures originales, l'un d'eux abrite une boutique de tatoueur, et d'autres ont été convertis en auberges de jeunesse sommaires.

À table

Byrek Feuilleté au fromage ou à la viande.

Fergesë Plat au four composé de poivrons, d'œufs, de fromage et parfois de viande.

Fërgesë Tiranë Spécialité de Tirana à base d'abats, d'œufs et de tomates cuits dans un plat en terre.

Konjak Eau-de-vie locale.

Midhje Moules sauvages ou d'élevage, souvent servies frites.

Paçë koke Soupe de tête de mouton, consommée d'ordinaire au petit-déjeuner.

Qofta Rissoles de viande hachée plates ou cylindriques.

Raki Alcool de raisin.

Raki mani Alcool de mûre.

Sufllaqë *Döner kebab*.

Tavë Viande cuite au four avec du fromage et des œufs.

7

Musée Skanderbeg

et parvint à défendre la ville contre une armée conduite par Mehmed II lui-même avant d'être reconnu seigneur d'Albanie par le sultan. La statue du personnage brandissant sa lourde épée accueille les visiteurs dès leur descente du minibus, et un musée à sa gloire jouxte le château.

Parc national de Llogara

8 Un superbe itinéraire zigzague en pente abrupte des plages ensoleillées de la côte sud à ce parc planté de pinèdes, via le col de Llogara (1 027 m). Les courants aériens donnent aux arbres des formes étranges, comme le Pisha Flamur, qui rappelle l'aigle bicéphale du drapeau albanais. Découvrez ici le spectacle de la montagne nimbée de nuages, les bergers guidant leur troupeau et d'épaisses forêts peuplées de cerfs, de loups et de sangliers.

Transports

Bus Les premiers bus et minibus (*furgon*) partent souvent dès 5h ; leur fréquence ralentit vers l'heure du déjeuner. Les tarifs sont bas, et l'on règle au conducteur en montant ou en descendant.

Train En voyant la lenteur et la vétusté des (rares) trains, on comprend pourquoi les Albanais leur préfèrent le bus ou le minibus. Cela dit, le rail se révèle très économique et revêt un parfum d'aventure.

Voiture et moto Le réseau routier s'améliore. Une excellente voie rapide relie Tirana au Kosovo, et l'axe côtier, de la frontière du Monténégro à Butrint, près de Sarandë, est en bon état.

Plateau de la Tadrart, désert du Sahara

CAPITALE
Alger

POPULATION
38,8 millions

SUPERFICIE
2,4 millions km²

LANGUE OFFICIELLE
Arabe

Algérie

De la Méditerranée au Sahara, sites historiques et paysages fabuleux font de l'immense Algérie une destination passionnante. À condition de bien s'informer sur les conditions de sécurité du moment.

Si les violences de la décennie noire appartiennent au passé, un voyage en Algérie relève toujours de la gageure, en raison de l'instabilité de larges pans de son territoire et de son faible développement touristique. Si les conditions de sécurité sont réunies, il y a fort à parier que ce pays attire à nouveau les amoureux du Maghreb, tant ses attraits sont nombreux et le sens de l'accueil de ses habitants inégalable.

Alger, la vibrante capitale, figure parmi les villes les plus séduisantes d'Afrique du Nord, avec sa célèbre casbah et son mélange d'architecture coloniale et moderne. Comme elle, les plus belles villes du pays (Oran, Constantine, Tlemcen...) sont implantées non loin du littoral. Elles voisinent avec des cités romaines bien conservées telles Tipaza, Djemila ou Hippone.

L'atout majeur de l'Algérie reste toutefois l'infini du Sahara. Explorer les dunes de sable des environs de Timimoun ou partir à l'assaut de l'extrême Sud depuis Tamanrasset révèle des paysages exceptionnels.

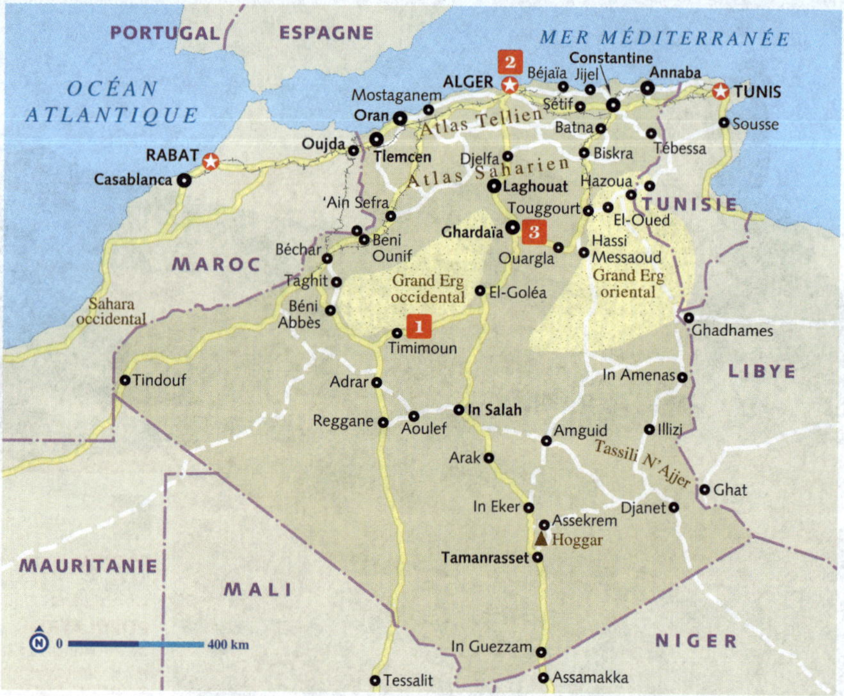

Algérie

Les incontournables

Timimoun

1 Dans la plus vaste oasis du Grand Erg occidental, cette ville enchanteresse arbore des bâtiments en terre rouge hérissés de pieux en bois, typiques de l'architecture arabo-soudanaise. Grâce à sa situation au bord d'un escarpement, elle offre un point de vue fabuleux sur une sebkhas (marécage salé) et les dunes au-delà : à la lumière de la lune, le paysage revêt un aspect féerique.

Alger la Blanche

2 L'ancien repaire du pirate Barberousse fut le fleuron des villes coloniales françaises avant de devenir la capitale de l'Algérie indépendante. Son cœur historique est la casbah, un dédale de ruelles pentues se faufilant entre des maisons blanches. Ce labyrinthe débouche sur la somptueuse baie d'Alger, adossée à de vertes collines, où se fondent le bleu du ciel et celui de la mer.

Ghardaïa et le M'zab

3 À la lisière du Sahara, la vallée du M'zab s'ordonne autour de cinq bourgs fortifiés classés à l'Unesco, les ksour, qui campent depuis un millénaire au milieu des sables. Leurs médinas, formées d'un lacs de venelles et de passages couverts, dévoilent des maisons en brique crue, typiques de l'architecture mozabite qui a beaucoup inspiré les urbanistes occidentaux.

À table !

Couscous Plat de légumes, de viande et de semoule roulée et tamisée à la main.

Tajine Ragoût de viande et de légumes mijoté dans un plat en terre à couvercle conique.

Quand partir

NOV-AVRIL

➡ Températures plus douces qu'en été. Haute saison touristique au Sahara.

MARS-JUILLET

➡ Le Nord se couvre de fleurs. Les jours chauds et secs se prêtent à la visite des sites antiques.

AOÛT

➡ Mois du Festival de raï d'Oran.

Construit au XIXe siècle dans le style Renaissance, le Semperoper est le symbole de la ville de Dresde

CAPITALE
Berlin

POPULATION
81,2 millions

SUPERFICIE
357 022 km^2

LANGUE OFFICIELLE
Allemand

Allemagne

Entre châteaux de contes de fées et grosses cylindrées, fermes traditionnelles et constructions avant-gardistes, l'Allemagne chérit ses traditions tout en affichant la plus pimpante modernité.

Bière ou vin ? Voilà le casse-tête allemand par excellence. La première est la raison d'être de l'une des plus grandes fêtes de la planète (Oktoberfest). Le second se déguste partout, souvent servi dans les fameux verres à pied vert. Un voyage en Allemagne soulève bien d'autres questions. Vous êtes plutôt Berlin ou Munich ? Week-end dans un château ou sortie en boîte de nuit ? Ski ou randonnée ? Est ou Ouest ? BMW ou Mercedes ? En vérité, la réponse est simple : pourquoi décider ? La beauté de l'Allemagne réside dans ses captivants contrastes.

Berlin, avant-gardiste et palpitante, est une capitale qui se réinvente constamment. Munich règne sur la Bavière, bastion des traditions nationales. En flânant au gré des ruelles pavées des villages, à l'ombre des châteaux, on se surprend parfois à sourire d'aise devant les maisons à colombages. Faites-vous une raison : vous irez de surprise en surprise en sillonnant ce pays.

MER DU NORD
SUÈDE
COPENHAGUE
Malmö
Esbjerg
Kolding
Odense
Køge
0
100 km
DANEMARK
MER BALTIQUE
Westerland
Sylt
Flensburg
Îles Frisonnes septentrionales
Baie d'Heligoland
Husum
Kiel
Puttgarden
Sassnitz
Stralsund
Rostock
Greifswald
Neumünster
Îles Frisonnes orientales
Cuxhaven
Lübeck
Wismar
Wilhelmshaven
Bremerhaven
Schwerin
Neubrandenburg
Pasewalk
Szczecin (Stettin)
Emden
Groningen
Hambourg
9
Lüneburg
Neustrelitz
Oldenburg
Brême
Rheinsberg
POLOGNE
Salzwedel
Celle
Stendal
1
PAYS-BAS
Oder
BERLIN
Hanovre
Wolfsburg
Elbe
Potsdam
Osnabrück
Braunschweig
Bad Bentheim
Bielefeld
Magdebourg
Francfort-sur-l'Oder
Emmerich
Münster
Hildesheim
Lübben
Dessau
Lutherstadt Wittenberg
Paderborn
Cottbus
Essen
Dortmund
Duisburg
Bochum
Göttingen
Halle
Kassel
Wuppertal
Leipzig
Düsseldorf
Mühlhausen
Bautzen
Görlitz
Mönchengladbach
Dresde
6
Cologne
Eisenach
Erfurt
Weimar
Zittau
8
Siegen
Gera
Aix-la-Chapelle
Marburg
Gotha
Jena
Chemnitz
Bonn
Giessen
Suhl
Zwickau
5
Rhin
BELGIQUE
Fulda
Coblence
Plauen
Cobourg
Hof
Wiesbaden
Francfort
LUXEMBOURG
Moselle
Aschaffenburg
Schweinfurt
Bayreuth
PRAGUE
Bacharach
Marktredwitz
Trier
Mayence
Würzburg
Bamberg
Plzen
LUXEMBOURG
Worms
Darmstadt
Mannheim
Erlangen
RÉPUBLIQUE TCHÈQUE
Kaiserslautern
Heidelberg
10
Sarre
Schwandorf
Nuremberg
Sarrebruck
7
11
Rothenburg ob der Tauber
Regensburg
Karlsruhe
Pforzheim
Danube
Strasbourg
Baden-Baden
Stuttgart
Nördlingen
Ingolstadt
FRANCE
Forêt Noire
Landshut
Passau
Offenburg
4
Ulm
Augsbourg
Linz
Munich
2
Fribourg
Memmingen
Rosenheim
Singen
Lac de Constance
Kempten
Château de Neuschwanstein
Salzbourg
Constance
Berchtesgaden
Füssen
Kufstein
Bâle
Lindau
3
Zurich
Mittenwald
Oberstdorf
Innsbruck
LIECHTENSTEIN
AUTRICHE
Bern
Vaduz
SUISSE
ITALIE

Allemagne
Les incontournables

Mur de Berlin

1 Rares sont les événements capables d'émouvoir le monde entier. L'assassinat de Kennedy, le premier homme sur la Lune… et, bien entendu, la chute du Mur en 1989. Personne n'a oublié les images bouleversantes des habitants de Berlin-Est franchissant, les yeux étonnés, la porte de Brandebourg sous les applaudissements. S'il ne reste que quelques vestiges du Mur dans la ville, son héritage survit dans les mémoires et les lieux tels que Checkpoint Charlie, le mémorial du Mur de Berlin ou l'East Side Gallery, aux fresques murales colorées.

Oktoberfest

2 N'importe quel amateur de houblon sait que la reine des fêtes de la bière, Oktoberfest, se déroule chaque année à Munich. En vérité, ce grand rendez-vous international débute mi-septembre et se poursuit 16 jours durant sur la Theresienwiese. Au son des fanfares écarlates, des armées de Bavarois en costume traditionnel et d'étrangers engloutissent quelque 7 millions de litres de bière et des batteries entières de poulets grillés. Élisez votre stand préféré et levez votre chope d'un litre pour trinquer : "Ozapft ist !" (La fête est ouverte !).

2

MELEAH REARDON PHOTOGRAPHY / GETTY IMAGES ©

Château de Neuschwanstein

3 Bâti sur l'ordre du fantasque Louis II de Bavière, le palais de Neuschwanstein surgit des mystérieuses forêts alpestres telle une illustration sortie d'un livre pour enfants. À l'intérieur, l'imaginaire continue de régner, les chambres et les salles reflétant l'obsession du monarque pour le mythique héritage teutonique, ainsi que son admiration pour Richard Wagner. Le tout compose un ensemble à faire pâlir le plus extravagant des palais de milliardaire, une folie aux allures de pièce montée qui aurait inspiré le créateur du château de Disneyland.

Forêt-Noire

4 Sous le brouillard, la neige ou le soleil, cette portion sylvestre du sud-ouest de l'Allemagne est invariablement magnifique. Si vous rêvez d'un retour à la nature, la profonde Forêt-Noire est faite pour vous. Chaque vallée réserve son lot de surprises : maisons à colombages évoquant un village de conte de fées, cascades tonitruantes et pendules à coucou monumentales. Respirez à fond, empruntez des routes vallonnées jusqu'à des lacs isolés, reprenez du gâteau, randonnez au fil de sentiers boisés, puis réfugiez-vous dans une ferme aux volets massifs.

Sur 100 personnes en Allemagne

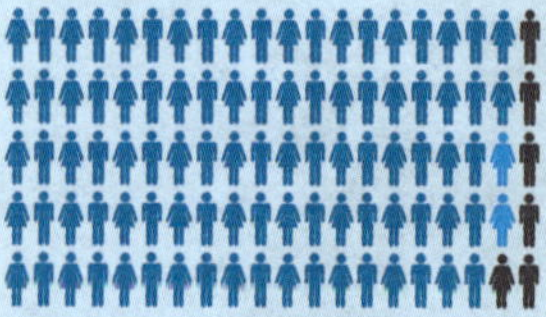

92 sont allemandes
2 sont turques
6 sont d'une autre origine

Religions

(% de la population)

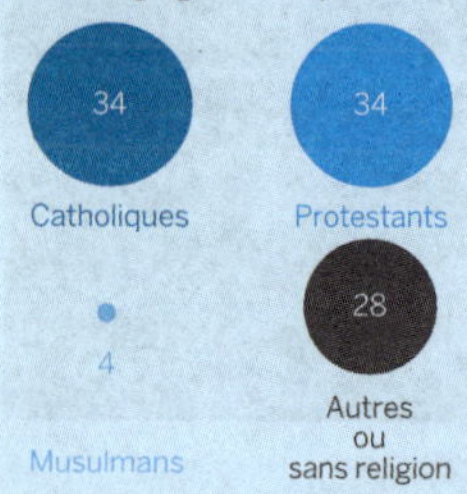

Population au km²

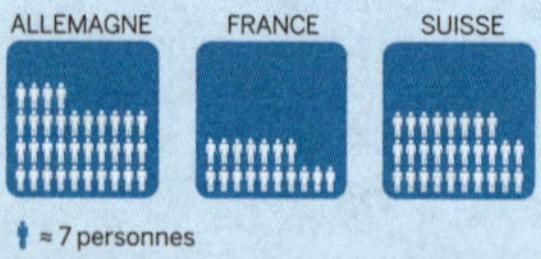

Le Rhin romantique

5 Section la plus romantique du Rhin, la partie entre Rüdesheim et Coblence, offre un face-à-face unique entre la roche et l'eau. Auréolée par la légende de Lorelei, du nom de cette nymphe juchée sur un rocher qui attirait les marins à la perdition, elle présente des paysages spectaculaires (falaises et vignobles abrupts) émaillés de constructions du Moyen Âge (châteaux haut perchés, maisons à colombages). Dans chaque village en bord de fleuve, des sentiers vous emmènent à travers vignes et forêts, jusqu'à des points de vue panoramiques et d'imposantes forteresses.

Dresde

6 En 1945, par une froide nuit de février, Dresde crut bien connaître l'apocalypse. En quelques heures, un bombardement intensif réduisit la "Florence de l'Elbe" à un amas de gravats. La renaissance de la ville tient d'autant plus du miracle. Grâce à ses bijoux architecturaux, aujourd'hui reconstruits, et à ses stupéfiantes collections d'art, Dresde a gagné sa place au panthéon des capitales culturelles d'Europe. Ajoutez-y un quartier de bars à l'énergie contagieuse, un musée d'Histoire militaire redessiné par Daniel Libeskind et une ribambelle de palais au bord de l'Elbe, et vous obtenez une ville des plus séduisantes.

Heidelberg

7 Pour les romantiques du XIXe siècle, la plus ancienne ville universitaire d'Allemagne était source

L'héritage de Gutenberg

Johannes Gutenberg, l'inventeur de la presse à imprimer typographique, fait partie de ces rares personnages dont les prouesses ont véritablement changé le cours de l'histoire.

On sait peu de choses de l'homme. Né à Mayence vers 1400, il suit une formation d'orfèvre avant de rejoindre Strasbourg (alors ville libre d'Empire) à la fin des années 1420, où il s'initie aux techniques de l'imprimerie.

De retour à Mayence en 1448, il continue de travailler à son projet et emprunte de l'argent à des proches et à des associés. En 1455, Gutenberg achève le premier livre imprimé, la désormais légendaire "Bible à 42 lignes", en référence au nombre de lignes que comportait chaque page. Mais le succès n'est pas au rendez-vous et Gutenberg finit ruiné et méconnu de ses contemporains.

Cette invention des caractères métalliques mobiles et de la presse à imprimer marqua pourtant le début d'une nouvelle ère, celle de la diffusion de la connaissance et l'entrée dans l'époque de la Renaissance.

À table !

Bière (Bier) Pour la plupart des Allemands, la pilsner bien houblonnée constitue le poison favori, même si la blanche est très prisée en été.

Saucisse (Wurst) Plus de 1 500 variétés de *Wurst* sont produites dans le pays. De la *Nürnberger*, courte, sucrée et fumée, à la *currywurst* (servie en tranches et nappée de sauce tomate), c'est le remède absolu pour les affamés.

Vin (Wein) Cumulant les médailles aux concours et les louanges des critiques, le vin allemand d'aujourd'hui est à mille lieues des vins liquoreux trop sucrés.

DANIEL SCHOENEN / GETTY IMAGES ©

Schiltach, Forêt-Noire

de beauté et d'inspiration spirituelle. Ici, des générations d'étudiants ont potassé, entonné de joyeux refrains, une chope de bière à la main, gravé leur nom sur les tables des tavernes et, à l'occasion, visité la prison de l'université. Tout cela se ressent dans la ville d'aujourd'hui, où les traditions séculaires côtoient la recherche de réputation mondiale, les manifestations culturelles novatrices et la vie nocturne, parfois tapageuse.

Cathédrale de Cologne

8 Soudain, au détour d'une rue, l'emblématique Kölner Dom se rappelle à votre souvenir. On peut difficilement lui en vouloir. Ce lieu de culte aux formes parfaites, dont la construction débuta en 1248, fut consacré "à peine" six siècles plus tard. Quand on se place dans sa vaste enceinte, à la lueur des vitraux, on perçoit encore les échos du temps passé. Gravissez l'une de ses tours jumelles pour une vue sur la ville à nulle autre pareille.

Quand partir

HAUTE SAISON
(juil-août)

➡ Routes encombrées et files d'attente aux abords des sites touristiques.

➡ Tarifs élevés dans les stations de bord de mer et de montagne.

➡ Nombreuses fêtes folkloriques.

SAISON INTERMÉDIAIRE
(avr-juin, sept-oct)

➡ Fréquentation moindre et prix en baisse, sauf durant les jours fériés.

➡ Parcs et jardins en plein floraison au printemps ; feuillages radieux en automne.

➡ Temps ensoleillé et tempéré.

SAISON BASSE
(nov-mars)

➡ Horaires réduits dans les sites touristiques ; certains ferment pour la saison.

➡ Théâtre, concerts, opéra... la saison bat son plein.

➡ Stations de ski prises d'assaut de Noël à février.

Hambourg

9 Les touristes convaincus qu'il est impossible de s'amuser 24h/24 en Allemagne ne connaissent pas Hambourg. Les racines de cette riche cité sur les bords de l'Elbe remontent à la Ligue hanséatique au Moyen Âge. La journée, explorez son magnifique port, feuilletez son histoire au fil de quartiers rénovés et découvrez des boutiques aux produits improbables. La nuit, ruez-vous dans les clubs, parmi les meilleurs d'Europe, ou profitez de quantité de divertissements pour tous les goûts. Le lendemain, recommencez.

À voir

Metropolis (Fritz Lang ; 1927). Chef-d'œuvre du cinéma muet mettant en scène un sous-prolétariat habitant les bas-fonds.

Ludwig ou le crépuscule des dieux (Luchino Visconti ; 1972). Un portrait sombre du mécène de l'âge romantique dans les décors naturels des châteaux de Bavière.

Le Mariage de Maria Braun (Rainer Werner Fassbinder ; 1978). Le destin d'une femme au sortir de la Seconde Guerre mondiale.

La Vie des autres (Florian Henckel von Donnersmarck ; 2006). Quand la Stasi tombe le masque.

À lire

Berlin Alexanderplatz (Alfred Döblin ; 1929). Berlin, dans les années 1920.

L'espion qui venait du froid (John Le Carré ; 1962). Un thriller qui a pour décor Berlin et le Mur sur fond de guerre froide entre l'Occident et l'URSS.

Toute une histoire (Günter Grass ; 1992). Au lendemain de la chute du Mur, Günter Grass traite une "unification dénuée d'unité".

Transports

Avion La majorité des grandes villes, ainsi que plusieurs villes plus modestes, possèdent leur propre aéroport. À moins de traverser le pays de part en part, l'avion n'est guère plus rapide que le train.

Bus Pour résumer, s'il y a un train, prenez-le. Les autobus sont généralement plus lents et moins fiables.

Train Le réseau ferroviaire est géré presque entièrement par la Deutsche Bahn ; les lignes desservent le pays jusque dans ses moindres recoins.

Voiture Bon réseau routier, dont des milliers de kilomètres d'autoroutes (Autobahn) gratuites

Nuremberg

10 Nuremberg évoque forcément les rassemblements nazis et les procès d'après-guerre. Toutefois, cette ville pleine d'énergie a bien autre chose à offrir. La maison du graveur Dürer abrite aujourd'hui un musée ; le premier train allemand, qui partit d'ici, a inspiré la création d'un musée du Chemin de fer ; enfin, la capitale allemande du jouet réserve des monceaux de trésors aux plus petits. La visite terminée, allez goûter la bière locale, idéale pour accompagner la *bratwurst* de Nuremberg, saucisse longue comme le doigt.

Rothenburg ob der Tauber

11 Avec son dédale de maisons à colombages soigneusement restaurées, protégées derrière de solides remparts, Rothenburg ob der Tauber décline tout le charme des cités médiévales. Certains diront même qu'elle est trop photogénique, référence à l'inévitable déferlement quotidien d'excursionnistes. L'astuce consiste donc à profiter de ce bijou historique tôt le matin ou en fin de journée, afin d'arpenter, sans la foule, les ruelles pavées et d'apprécier le charme romantique d'une paisible balade au clair de lune.

Casse-noisettes, marché de Noël de Nuremberg

CAPITALE
Andorre-la-Vieille

POPULATION
85 458

SUPERFICIE
468 km²

LANGUE OFFICIELLE
Catalan

Remontées mécaniques dans les Pyrénées

Andorre

Nichée au creux des Pyrénées-Orientales, la principauté d'Andorre compte sur son territoire minuscule de nombreux sommets dépassant les 2 000 m.

Les mauvaises langues disent qu'Andorre ne vaut que pour le ski et le shopping. Certes, elle possède cinq stations de sports d'hiver, de loin les meilleures des Pyrénées, pourvues de pistes bien enneigées. De même, l'alcool et le tabac y coûtent beaucoup moins cher que chez ses deux voisins. Il suffit pourtant de quitter l'atmosphère mercantile d'Andorra la Vella en suivant l'une des trois routes secondaires pour se retrouver au milieu de paysages de montagnes impressionnants.

Dès la fonte des neiges, une profusion de sentiers pédestres permettent des randonnées allant de la simple balade au trek ardu de plusieurs jours en haute altitude. Enfin, des sources chaudes alimentent des centres thermaux où se délasser.

Andorre Les incontournables

Ski

1 Plus grande station pyrénéenne, Grandvalira comporte 193 km de pistes et un réseau de remonte-pentes pouvant transporter plus de 100 000 skieurs à l'heure.

Sentiers de randonnée

2 En été, les jolis villages de la paroisse d'Ordino (1 300 m) constituent un bon point de départ pour les marcheurs. De mi-juillet à mi-septembre, les téléphériques de Canillo et de Soldeu conduisent aux points les plus élevés, d'où l'on peut redescendre à pied ou à VTT.

Caldea

3 Le plus grand complexe thermal d'Europe, sorte de cathédrale de verre futuriste, abrite piscines, Jacuzzis géants, bains de vapeur et saunas, alimentés par des sources chaudes. Rien de tel après une journée de ski ou de randonnée.

À table !

Cabrito con picadillo de frutos secos Chevreau rôti aux amandes et aux pignons.

Escudella Épaisse soupe composée de *pilotes* (boulettes de viande) et de légumes (carottes, navets, poireaux...) à laquelle on ajoute parfois des pommes de terre, des pois chiches, de la saucisse et de la viande. Quasiment le plat national.

Pato con pera de invierno Canard rôti aux poires.

Quand partir

MI-JANVIER À MI-FÉVRIER

➡ Entre le Nouvel An et les vacances scolaires françaises, les pistes de ski offrent une tranquillité maximale.

MI-JUIN À MI-JUILLET ET SEPTEMBRE

➡ Les périodes avant et après la haute saison estivale se prêtent au camping et à la randonnée.

SEPTEMBRE

➡ Le 8 septembre, toute la principauté célèbre sa fête nationale, la Diada de Meritxell.

Village de Broadway, Cotswolds

CAPITALE
Londres

POPULATION
53 millions

SUPERFICIE
130 395 km²

LANGUE OFFICIELLE
Anglais

Angleterre

Tower Bridge, Buckingham Palace, Manchester United, les Beatles… L'Angleterre produit des icônes comme nul autre pays, offrant au visiteur un cocktail de noms célèbres et de bijoux méconnus.

Des vestiges romains du mur d'Hadrien à l'architecture médiévale de la cathédrale de Canterbury, l'Angleterre affiche une variété étourdissante. Les rues des villes bourdonnent d'activité jour et nuit. À la nuit tombée, les clubs à la pointe, les théâtres de premier ordre et les lieux de concert fabuleux sont l'occasion de soirées inoubliables. Le lendemain, on se retrouve à admirer un village pittoresque au cœur de la campagne anglaise, ou à profiter d'une cité balnéaire typique. Que vous ayez sept ou 77 ans, que vous voyagiez seul ou avec des amis, vos enfants ou votre grand-mère, il y en a ici pour tous les goûts.

En Angleterre, il est incroyablement facile de se déplacer. Malgré les récriminations des habitants, les transports en commun sont d'excellente qualité ; un voyage en train dans la campagne anglaise peut même constituer un moment fort en soi. Dans ce pays compact, quel que soit votre véhicule, vous ne serez jamais très loin d'une ville, d'un parc national ou d'un château figurant sur votre liste de lieux à ne pas manquer.

0
100 km
Perth
Dundee
Stirling
Glasgow
ÉDIMBOURG
Berwick-
upon-
Tweed
Tweed
Holy Island
Farne Islands
Alnwick
Moffat
Northumberland
National Park
4
ÉCOSSE
MER
DU NORD
IRLANDE
DU NORD
Newcastle-
upon-Tyne
Carlisle
Warwick
Durham
BELFAST
Keswick
Lake District
National Park
Whitby
Isle of
Man
5
Windermere
North York
Moors National
Park
Douglas
Ulverston
Yorkshire Dales
National Park
6
York
MER
D'IRLANDE
Blackpool
Leeds
Hull
Manchester
Peak District
National Park
DUBLIN
Liverpool
10
12
Sheffield
Louth
Buxton
Chester
Lincoln
IRLANDE
Nottingham
Derby
King's
Lynn
Stafford
Norwich
Shrewsbury
Leicester
Great
Yarmouth
Wolverhampton
Birmingham
Aberystwyth
Ludlow
Coventry
St Ives
Aldeburgh
Hay-on-
Wye
Worcester
11
Stratford-
upon-Avon
Cambridge
PAYS
DE GALLES
Moreton-
in-Marsh
8
Luton
Colchester
Ipswich
Gloucester
3
Oxford
2
9
Chelmsford
Swansea
CARDIFF
Bristol
Windsor
Reading
LONDRES
Canterbury
Bath
Avon
Maidstone
Douvres
OCÉAN
ATLANTIQUE
Exmoor
National Park
Glastonbury
1
Winchester
Folkestone
Salisbury
Brighton
Hastings
Southampton
Exeter
Dorchester
Portsmouth
Worthing
Eastbourne
Dartmoor
National
Park
Bournemouth
Isle of
Wight
Dart
St Ives
7
Plymouth
Dartmouth
Land's
End
Penzance
MANCHE
Isles
of Scilly
FRANCE

Angleterre
Les incontournables

Stonehenge

1 Mystérieux et fascinant, Stonehenge est l'un des sites mégalithiques les plus importants au monde. Si le cercle de pierres dressées attire les curieux depuis plus de 5 000 ans, on ne sait toujours pas comment les pierres, dont certaines dépassent les 50 tonnes, ont pu être transportées jusqu'à Stonehenge. La plupart des visiteurs admirent le site derrière la clôture d'enceinte. Pourtant, en réservant, il est possible d'organiser une visite au petit matin ou en fin de journée et d'accéder à l'intérieur du cercle. Sous les rayons obliques du soleil, en petit groupe de visiteurs, l'endroit est sublime.

Londres

2 On peut passer sa vie à Londres et continuer pourtant à être étonné par cette cité radieuse. Sachez qu'une seule chose ne change pas dans la capitale anglaise, c'est la Tamise qui enveloppe la ville de ses boucles sinueuses. Londres a élevé la notion de cosmopolitisme au rang de philosophie de vie. Il suffit de se promener dans ses rues pour s'en rendre compte. À cela il faut ajouter une histoire millénaire, une culture bouillonnante, une décontraction exemplaire et il vous faudra bien admettre que Londres est l'une des villes les plus séduisantes qui soit.

SEAN CAFFREY / GETTY IMAGES ©

Oxford

3 Ah ! Ces flèches la tête dans les nuages, cette ambiance studieuse surannée, ces barques qui voguent sur la paisible Tamise… Oxford est l'essence même de l'Angleterre. Sur les berges du fleuve le plus célèbre du pays, son université la plus ancienne (on y enseigne depuis 1096) a conservé une remarquable harmonie architecturale, dont vous prendrez toute la mesure d'en haut. Gravissez les 124 marches jusqu'au sommet de l'église St Mary the Virgin, d'où s'élance une flèche spectaculaire pour admirer les tourelles, tours et gargouilles alentour.

Mur d'Hadrien

4 Vestige incomparable de la présence romaine dans cette région, le mur d'Hadrien sépare l'Angleterre et l'Écosse, sur une ligne est-ouest de 117 km. Au début de sa construction, à partir de 122 après J.-C., ce mur ponctué de forts et de portes, marquait la fin du monde dit civilisé et le début de la terre des Celtes. Il permettait surtout aux occupants de contrôler les entrées et sorties et de taxer les marchandises. Aujourd'hui, il est devenu un formidable témoignage de cette époque et un fil conducteur pour les randonneurs.

Le Lake District

5 Le poète William Wordsworth et ses camarades romantiques furent les premiers à célébrer les charmes du Lake District : on comprend aisément ce qui a pu toucher ceux que l'on appelait les "Lakistes". Ici, les paysages alternent entre douces collines, vallées encaissées, lacs de montagne et sommets herbeux. De quoi faire du plus grand parc naturel d'Angleterre le cœur spirituel de la randonnée de la nation. Enfilez vos chaussures de marche, faites des réserves de gâteau à la menthe et profitez de ces paysages incomparables : l'inspiration ne saurait tarder.

York

6 Avec son patrimoine romain et viking, ses remparts et son réseau de rues pavées, York est une vitrine à ciel ouvert pour appréhender l'histoire de l'Angleterre. Joignez-vous à une visite à pied et plongez dans le réseau de *snickelways* (ruelles étroites). Chaque adresse raconte son histoire de fantômes ou rappelle la mémoire d'un personnage historique. Explorez la York Minster, la plus grande cathédrale gothique d'Europe, ou découvrez la collection de locomotives à vapeur du National Railway Museum.

Cornouailles

7 Difficile de faire plus à l'ouest que l'ancien royaume celte de Cornouailles. Côte déchirée, plages sauvages, petits ports de pêche, cette terre farouchement indépendante a toujours voulu marcher à son propre rythme. Si les grandes activités d'autrefois – la mine, la pêche et l'agriculture –

Sur 100 personnes en Angleterre

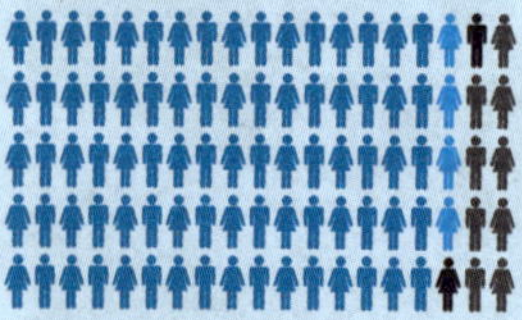

85 sont britanniques
4 sont originaires du sous-continent indien
2 sont d'origine africaine ou afro-caribéenne
9 sont d'une autre origine

Religions
(% de la population)

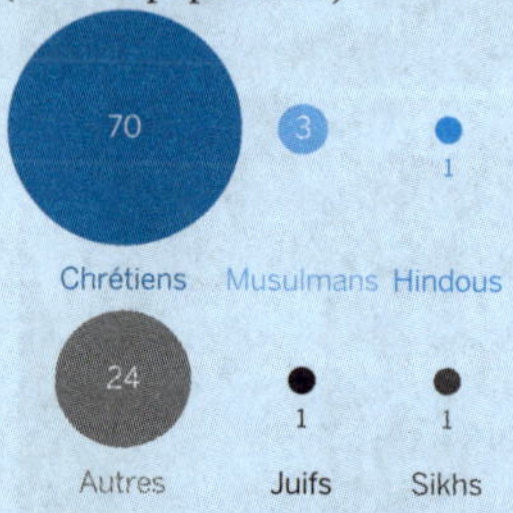

Population au km²

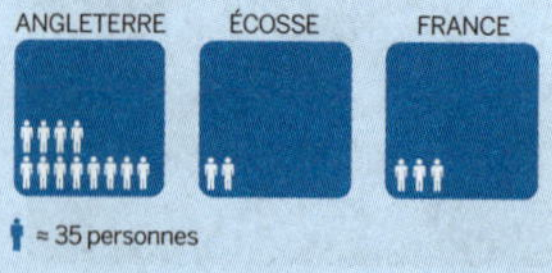

Cricket

À l'instar du *tea time*, le cricket est l'un des moments clef de l'agenda anglais. Créé au XVIIIe siècle – bien que ses racines soient nettement plus anciennes – ce sport s'est répandu dans le Commonwealth à l'époque coloniale. Australie, Caraïbes et sous-continent indien ont adopté la discipline avec enthousiasme. Aujourd'hui, les anciennes colonies apprécient avant tout d'infliger une bonne déculottée à l'équipe d'Angleterre.

Si de nombreux Anglais suivent ce sport national avec une ferveur toute religieuse, les règles semblent compliquées pour le profane. Les rencontres disputées sur plusieurs jours semblent interminables et la terminologie utilisée ("tours de batte", "bosanquets", "ricochets" et "relais ouverts") n'arrange rien. Si vous avez la patience de comprendre les règles, vous parviendrez peut-être à l'apprécier, comme ces Britanniques qui passent l'été devant leur téléviseur ou leur ordinateur, "juste pour voir comment l'Angleterre s'en sort"

À table

Christmas Pudding Un cake en forme de coupole, servi à Noël, à base de fruits, de noix et de brandy (ou de rhum).

Cornish Pasty Tourte salée, spécialité du Sud-Ouest.

Fish and Chips Classique de la gastronomie anglaise à déguster de préférence au bord de l'eau.

Full English Breakfast Composé de bacon, de saucisses, d'œufs, de tomates, de champignons, de haricots et de pain frit.

Ploughman's Lunch Pain et fromage – classique de la cuisine de pub. Comprend parfois de la salade, des cornichons, des oignons marinés et un assaisonnement.

Roast Beef & Yorkshire Pudding Déjeuner dominical traditionnel.

MAREMAGNUM / GETTY IMAGES ©

Leicester Square, West End

ont presque disparu, la Cornouailles n'a cessé de se réinventer. Explorez les dômes futuristes de l'Eden Project, testez des innovations culinaires, ou allez simplement vous détendre dans le lointain archipel des îles Scilly.

Les Cotswolds

8 Le plus formidable avec les Cotswolds, c'est que l'on se retrouve toujours (même quand on se perd) dans un village pittoresque. Cottages bordés de rosiers, pierres couleur miel, grande pelouse communale, vieux pub au décor en bois où déguster une excellente ale, et toujours cette vue sur les collines verdoyantes.

Théâtres de Londres

9 Quel que soit votre programme ou votre budget, ne manquez pas d'assister à un spectacle dans la capitale anglaise. Pour les grandes affiches, rendez-vous dans le West End (le Broadway londonien), dont les salles comprennent le National Theatre, l'Old Vic, le Shaftesbury et le théâtre royal de Drury Lane. Pour des créations, essayez le Donmar Warehouse ou le Royal Court. Vous comprendrez sans tarder que Londres – n'en déplaise aux New-Yorkais – mérite

Quand partir

HAUTE SAISON (juin-août)

➡ Prix des hébergements plus élevés, surtout en août.

➡ Circulation importante, notamment autour des sites touristiques.

SAISON INTERMÉDIAIRE (Pâques-mai et mi-sept à oct)

➡ Fréquentation plus clairsemée. Baisse des prix.

➡ D'agréables "étés indiens" peuvent survenir en septembre-octobre.

BASSE SAISON (déc-fév)

➡ Horaires réduits entre octobre et Pâques ; certains établissements ferment pour l'hiver. Dans les grandes villes, tout reste ouvert.

amplement sa réputation de capitale du théâtre et du spectacle musical.

Musées de Liverpool

10 Après une décennie de travaux et de rénovations, le front de mer est redevenu le cœur de Liverpool. L'Albert Dock, inscrit au patrimoine mondial de l'Unesco, attire le visiteur grâce à ses deux musées consacrés à l'histoire de la ville : le Musée maritime de Merseyside et le musée de l'Esclavage. Le second vise à démontrer que la ville assume la partie la plus sombre de son histoire. Enfin, la Tate Liverpool, second musée d'art moderne le plus visité d'Angleterre et le Beatles Story, qui célèbre l'histoire des Fab Four, devraient vous convaincre de faire escale à Liverpool.

Transports

Avion L'avion n'est pas réellement pertinent pour les touristes ; même si vous traversez le pays de part en part, le train soutient la comparaison si l'on tient compte des temps morts à l'aéroport.

Bus et car Si votre budget est serré, les bus longue distance (ou "coaches") constituent souvent le moyen de transport le plus économique, mais aussi le plus lent.

Train Pour les trajets longs, le train est plus rapide et plus confortable que le car. Il est également plus coûteux – même si les billets avec réduction restent compétitifs. Belle façon de découvrir la campagne anglaise.

Voiture et moto Bouchons fréquents autour des villes et prix élevé du stationnement dans le centre-ville.

Stratford-upon-Avon

11 Ville natale de William Shakespeare, Stratford-upon-Avon offre un plongeon dans l'époque du célèbre dramaturge. Il suffit de se promener dans les ruelles qui rappellent le temps des Tudors. Le soir, prenez votre billet pour assister à l'une des représentations de la Royal Shakespeare Company dans l'un des quatre théâtres de la ville. Visitez les cinq demeures ayant appartenu à Shakespeare et à sa famille, puis faites un pèlerinage du côté de la vieille église, où repose le barde de Stratford.

Peak District

12 Bizarrement, on ne trouve guère de sommet dans le Peak District. Les paysages de la région se composent de lande, vallées, terres agricoles verdoyantes et minuscules villages. Les week-ends d'été, le territoire attire des hordes de sportifs – passionnés de vélo, de randonnée, de spéléologie et d'escalade. Les visiteurs plus tranquilles profiteront du marché rural, des pavillons victoriens de la cité thermale de Buxton, ou encore de l'étonnante Chatsworth House – le "palais du Peak District".

À voir

Billy Elliott (Stephen Daldry ; 2000). Un jeune garçon veut intégrer une école de danse.

Match Point (Woody Allen ; 2006). Le portrait d'un jeune ambitieux dans la société londonienne huppée.

The Full Monty (Peter Cattaneo ; 1997). Une bande d'ouvriers sidérurgistes au chômage se lance dans le strip-tease.

À lire

La Fugue (Ross Raisin ; 2011). Un roman singulier et drôle sur la vie rurale dans la lande du Yorkshire.

Block party : un roman à dix étages (Richard Milward ; 2013). Un auteur prometteur dont le deuxième roman a pour cadre Middlesbrough.

Sept Mers et treize rivières, (Monica Ali ; 2005). Un roman sur les rêves et les désillusions du Londres métissé.

Vue depuis le Froggatt Edge, Peak District National Park

CAPITALE
Luanda

POPULATION
21 millions

SUPERFICIE
1,2 million de km²

LANGUE OFFICIELLE
Portugais

Serra da Leba, près de Lubango

Angola

Grand pays de l'Afrique australe bordé par les eaux de l'Atlantique, l'Angola se remet lentement des traumatismes de son histoire récente et dévoile des trésors naturels étonnants.

L'Angola a subi vingt-cinq ans d'une guerre civile qui l'a fait pratiquement disparaître des itinéraires touristiques depuis le début des années 1970. Peu d'étrangers ont donc eu la chance de découvrir ses richesses géographiques et culturelles.

Aujourd'hui, le développement des infrastructures, en particulier des transports, l'amélioration considérable de la sécurité et le repeuplement des parcs à la faune décimée sont autant de signes de rétablissement. Pour autant, cette destination reste le domaine réservé des aventuriers ou des voyageurs dotés d'un budget flexible.

Sur place, les audacieux découvriront de longues plages où se relaxer, des parcs nationaux à la nature vierge et des vestiges coloniaux portugais.

Le caractère des Angolais contribue aussi à l'attrait du pays. Au terme d'années d'épreuves et de souffrance, ils conservent une solide foi chrétienne et le désir inébranlable de profiter de la vie.

Angola
Les incontournables

Lubango

1 Sortie presque indemne de la guerre, cette ville animée du Sud-Ouest s'inscrit dans une vallée cernée de montagnes. Des cascades et des failles volcaniques spectaculaires émaillent le paysage alentour.

Parque Nacional da Kissama

2 Ce grand parc naturel demeure le plus accessible du pays et le plus riche en animaux. Il couvre 990 000 ha de savane côtière, ponctuée de baobabs noueux, où vivent l'éléphant, le buffle d'eau et l'hippotrague noir (*palanca negra*), emblème de l'Angola. Des tortues marines viennent pondre sur ses rivages.

Benguela

3 Sur le littoral atlantique, à l'ouest du pays, la deuxième ville d'Angola et capitale culturelle autoproclamée dégage une atmosphère détendue. La luxuriante vallée du Cavaco qui la coupe en deux forme un havre de verdure au milieu de l'aridité du désert, et ses plages agréablement désertes invitent à lézarder.

À table !

Cuisine de rue En centre-ville, des femmes vendent des fruits et des sandwichs à la baguette dans des bassines.

Galão L'Angola figure parmi les plus gros producteurs mondiaux de café. Ici, on le boit en général avec du lait sous le nom de *galão*.

Pastelarias Cafés-pâtisseries hérités de la colonisation portugaise.

Quand partir

JUIN-SEPTEMBRE

➡ La saison sèche, plus fraîche, à privilégier.

NOVEMBRE-AVRIL

➡ Chaud et pluvieux dans la forêt tropicale du Nord.

TOUTE L'ANNÉE

➡ La partie sud, proche du désert du Kalahari, connaît un climat aride.

CAPITALE
The Valley

POPULATION
16 086

SUPERFICIE
91 km²

LANGUE OFFICIELLE
Anglais

Anguilla

Ce territoire britannique des Antilles orientales, encore méconnu, a tout d'une destination paradisiaque.

Épargné par le consumérisme farouche qui dévore beaucoup des îles touristiques des Caraïbes, le petit archipel d'Anguilla a conservé ses charmants bungalows en bois typiques, même si de superbes maisons de vacances ont surgi çà et là. Des plages éblouissantes, une mer d'un bleu sans pareil et un véritable melting-pot culturel attendent ici les vacanciers.

Oubliez toutefois l'idée d'un séjour économique, car l'authenticité a un prix. Anguilla a la réputation d'être une copie de Saint-Barth, mais c'est injuste. Elle s'adresse certes à une clientèle aisée, mais celle-ci est plus discrète et fuit les repaires de la jet-set.

Anguilla
Les incontournables

Prickly Pear

1 Accessibles en bateau ou en catamaran depuis Road Bay, ces deux îlots déserts battus par les vents et les rouleaux turquoise déploient des rubans de sable clair et se prêtent idéalement à la plongée et au snorkeling.

The Valley

2 Siège des bâtiments administratifs, la capitale revêt un aspect un peu plus "urbain" que le reste de l'archipel, ce qui reste relatif. Elle témoigne de l'histoire des Caraïbes à travers quelques édifices coloniaux, dont l'église catholique St Gerard, caractérisée par une façade en pierre originale, des murs ajourés et une charpente en coque de bateau.

Island Harbour

3 Hors zone balnéaire, le rivage de ce village de pêcheurs accueille des bateaux aux couleurs vives plutôt que des chaises longues. Dans le coin, sur une demi-douzaine de plages isolées, Junk's Hole remporte la palme. Le village peut servir de base pour une randonnée agréable sur la pointe nord-est de l'île.

À table !

Grillades Le week-end, des tentes équipées de barbecue vendent des travers de porc grillés au bord des routes.

Homard et langouste Ces délicieux crustacés proviennent de la pêche locale. Les langoustes, de taille modeste, ont une chair tendre et délicate et sont généralement servies par trois.

Quand partir

DÉC-AVRIL

➡ Haute saison rime avec tarifs majorés.

JUIL-AOÛT

➡ Prix raisonnables et temps plaisant avant l'arrivée de l'humidité.

OCT-DÉC

➡ Fortes pluies.

➡ Nombre d'hôtels ferment en septembre et souvent en octobre.

POPULATION
Été 4 490
Hiver 1 106

SUPERFICIE
14 millions km²

Manchots papous, Port Lockroy

Antarctique

Aucun autre lieu sur terre n'est comparable à ce vaste désert blanc que dominent les éléments : la neige, la glace, l'eau et la roche. L'Antarctique est tout simplement stupéfiant.

L'isolement surréel, le grand froid, les immenses plateformes de glace et chaînes de montagnes et les multiples formes de vie atypiques donnent une autre dimension à la vie. La glace et la météo se substituent aux montres et aux calendriers pour décider de l'itinéraire et du programme de tout périple en Antarctique. Attendez-vous à vivre des moments uniques : observation des baleines en pleine mer ou d'une colonie de manchots ou encore photo parfaitement cadrée d'un imposant bloc de glace.

Le "continent blanc" abrite des espèces animales qui ont su s'adapter à cet habitat unique. Certaines migrent très loin à l'instar des baleines, d'autres ne s'éloignent pas, comme le phoque de Weddell et le manchot empereur. Des millions d'oiseaux de mer frôlent la surface de l'océan Austral…

L'Antarctique procure le sentiment indescriptible d'être un petit point sur une immense terre de toute beauté. Laisser son esprit galoper dans un lieu presque vierge de tout humain relève de la magie.

Antarctique
Les incontournables

Station Amundsen-Scott

1 Atteint pour la première fois voilà un siècle par l'explorateur Roald Amundsen, le pôle Sud conserve sa part de mythe et de gloire. Aujourd'hui, une nouvelle station high-tech s'y dresse. Pour les touristes, se faire immortaliser devant les drapeaux au vent et le globe du pôle est la photo d'une vie.

Traversée du canal Lemaire

2 Bordé d'à-pics, le canal Lemaire a depuis toujours les faveurs des passionnés de photo et de nature. Sous un ciel rose pâle, des glaciers se détachent lentement des montagnes pour finir dans l'eau. Le Zodiac glisse entre des glaces flottantes sur lesquelles se prélassent des phoques de Weddell ou se massent de bruyants manchots papous.

Cap Evans

3 L'accès au cap Evans, sur l'île de Ross, n'a jamais été simple. Des ossements de chiens blanchissant sur le sable sous le soleil de l'Antarctique rappellent tristement l'expédition mortelle Terra Nova du capitaine Robert Scott. La cabane de Scott contient des fanions de traîneaux et des harnais de poneys rouillés. Le mugissement du vent évoque le destin lugubre de ces hommes partis avec l'espoir d'atteindre le pôle Sud.

Cabane de Shackleton

4 Au cap Royds, sur l'île de Ross, la cabane d'Ernest Shackleton, de l'expédition Nimrod (1907-1909), fait découvrir un cadre centenaire étrangement préservé. Toujours intacte malgré un siècle de tempêtes polaires, cette cabane en bois se révèle douillette. Des flacons pharmaceutiques garnissent les étagères, un sac de couchage en fourrure recouvre l'une des couchettes et des boîtes de conserve (mouton bouilli, langue de porc, poudre de petits pois) jonchent le sol, dans l'attente de convives. Des manchots Adélie peuplent désormais le cap, où ils se reproduisent l'été.

Chenal Lemaire

Paradise Harbor

5 Au début du XXe siècle, les chasseurs de baleines officiant dans la péninsule Antarctique ont appelé ce port "Paradis", sans doute impressionnés par les icebergs et le reflet des montagnes environnantes. Des manchots papous et des cormorans huppés peuplent la baie. En gravissant la colline, vous aurez une vue magnifique sur les glaciers que vous verrez (avec un peu de chance) se détacher.

Grytviken, Géorgie du Sud

6 Une grande pierre tombale en granit signale la dernière demeure de l'explorateur britannique Ernest Shackleton, à l'arrière du cimetière de marins de Grytviken. Cette ancienne station baleinière porte encore les marques de son passé dans l'industrie de la chasse à la baleine. Le musée de Géorgie du Sud donne un aperçu de la vie des chasseurs de baleine. À Grytviken, vous verrez aussi des phoques se trémousser

Quand partir

HAUTE SAISON
(déc-jan)

➡ Jusqu'à 20 heures de lumière par jour et les températures les moins froides de l'année.

➡ Les manchots couvent leurs œufs et nourrissent leurs petits ; les oiseaux de mer prennent leur envol.

SAISON INTERMÉDIAIRE
(nov et fév-mars)

➡ Novembre : la glace se rompt et les manchots font leur cour.

➡ Février et mars : mue des petits manchots, période idéale pour observer les baleines.

BASSE SAISON
(avr-oct)

➡ Parenthèse au cœur de l'hiver, le crépuscule permanent sublime le ciel quand la pénombre dure 24 heures.

➡ Aurores australes et températures extrêmes attendent les "hivernants".

Sur 100 personnes en Antarctique

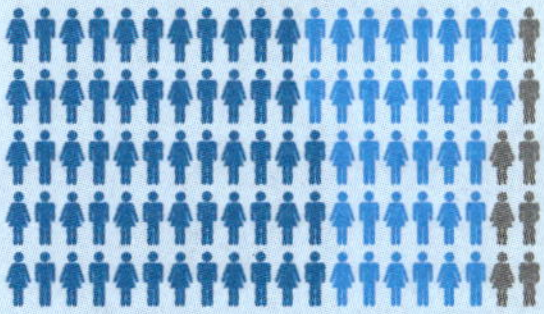

58 sont des touristes
34 sont des employés ou des membres d'équipages
8 sont des scientifiques

Composition du continent antarctique
(% du territoire)

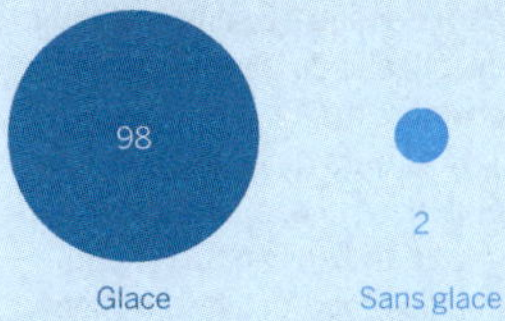

Scientifiques présents en Antarctique

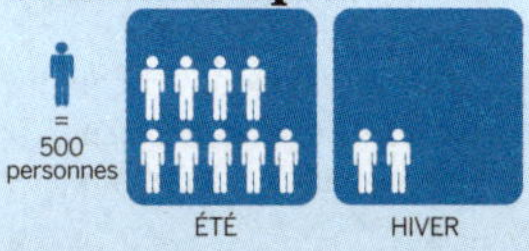

Icebergs verts

Les touristes de l'Antarctique ont parfois la chance de voir de merveilleux icebergs de couleur jade ou vert bouteille. Ils doivent leur teinte à des matières organiques provenant de la dégradation de plantes et d'animaux marins dans l'eau de mer. Plus ils en contiennent, plus la coloration est prononcée.

Dans des conditions spécifiques, il arrive que l'eau de mer chargée de matières organiques gèle au-dessous de l'iceberg. Dans de rares cas, une fonte inégalement répartie le rend instable au point qu'il se retourne, exposant son côté vert.

Plus exceptionnels encore, les icebergs rayés se forment quand de l'eau de mer s'infiltre et gèle dans les crevasses de la partie immergée.

À table !

Les personnes stationnées au pôle Sud consomment essentiellement des produits congelés, déshydratés ou en conserve. Préparer les repas relève du défi. À cause des risques d'incendie, toutes les cuisinières fonctionnent à l'électricité, ce qui rallonge la durée de cuisson. En outre, la plupart des aliments étant stockés dehors, il faut parfois jusqu'à 2 semaines pour décongeler de la viande dans la chambre froide.

Au cours de la longue nuit hivernale, quelques gourmandises apportent un peu de réconfort, notamment les "buzz bars", des brownies avec des grains de café enrobés de chocolat. Citons aussi les "slushies", de la neige fraîche additionnée de Coca-Cola ou d'alcool. Quant aux glaces, conservées à l'extérieur comme le reste, elles doivent passer au micro-ondes avant d'être mangées.

GEOFF RENNER / GETTY IMAGES ©

à proximité de l'église des marins en bois blanc.

Île de la Déception

7 Trompeuse à plus d'un titre avec son port secret, ses versants enneigés recouverts de cendres et sa colonie de manchots à Baily Head, cette île offre la possibilité de naviguer dans une caldeira. Désormais classée comme présentant un risque volcanique important, elle demeure une destination de choix pour voir les vestiges industriels de sa station baleinière, abandonnée à la suite d'une éruption. On peut faire halte pour un bref plongeon dans les courants de l'île chauffés par géothermie.

Musée de Port Lockroy

8 La maison Bransfield, le bâtiment principal de la Base A construite à Port Lockroy durant la Seconde Guerre mondiale accueille des milliers de visiteurs. On peut y envoyer des cartes postales à la poste. Dans le musée, des anciens skis en bois, un émetteur radio de 1944 et le gramophone mécanique HMV évoquent les explorateurs qui vécurent pendant des années dans cet avant-poste isolé.

Transports

Circuits Il s'agit toujours de croisières/formules guidées. On peut également passer par un organisme tiers, tel qu'une université, afin de bénéficier d'un guide plus expert.

Zodiacs Ces bateaux semi-rigides à moteur hors-bord, transportant de 9 à 16 passagers, constituent la base de l'industrie touristique dans la région. Leur faible tirant d'eau leur permet de naviguer entre les icebergs et d'aborder à des endroits inaccessibles autrement. D'une grande stabilité, ils continuent de flotter lorsqu'un ou plus de leurs six boudins gonflables est percé.

CAPITALE
Saint John's

POPULATION
91 295

SUPERFICIE
443 km^2

LANGUE OFFICIELLE
Anglais

English Harbour, sur l'île d'Antigua

Antigua-et-Barbuda

À Antigua, plongez dans l'histoire navale britannique ou dans le bleu intense de la mer ou de l'océan. Sur la sauvage Barbuda, le paradis des plages est aussi celui des oiseaux.

L'office du tourisme d'Antigua annonce que l'île compte 365 plages, "une pour chaque jour de l'année". Cette île du nord des Antilles aux contours sinueux possède en effet des rivages de sable fin, dont la blancheur contraste magnifiquement avec ses eaux turquoise transparentes. Elle regroupe la majorité des habitants du pays, et beaucoup de célébrités y ont une résidence secondaire. On y trouve bien quelques distractions de jour et de nuit mais la vie s'y écoule avec une délicieuse lenteur.

Barbuda, sa voisine, se résume à une basse étendue sablonneuse entourée de récifs, où le nombre d'oiseaux marins, surtout des frégates, dépasse largement celui des humains.

Si la myriade de baies et d'îlots du territoire abrite de luxueux complexes hôteliers, chacun peut néanmoins trouver un coin de paradis à la portée de sa bourse.

Antigua-et-Barbuda

Les incontournables

Nelson's Dockyard

1 Le village d'English Harbour accueille cette base navale britannique, site historique phare de l'île, qui emprunte son nom au célèbre amiral. Ses allées pavées et ses bâtiments soigneusement restaurés replongent le visiteur au XVIIIe siècle. Toujours en activité, la marina est un haut lieu de la voile, et ses régates attirent des bateaux du monde entier.

Rendezvous Bay

2 L'une des plages les plus somptueuses et les plus retirées d'Antigua, accessible uniquement en 4x4, en bateau ou en marchant pendant 1 heure 30 à travers la forêt tropicale. Une fois sur son sable doré paradisiaque, vierge de toute empreinte, vous serez récompensé de votre effort.

Colonie de frégates

3 Sur la côte ouest de Barbuda, le Codrington Lagoon National Park accueille l'une des plus importantes populations de frégates au monde. Quelque 5 000 de ces oiseaux noirs nichent dans les broussailles de la mangrove, et l'air résonne de leurs gloussements. À la saison des amours (septembre-avril), les mâles gonflent en chœur la poche rouge vif de leur cou, un spectacle fascinant. C'est d'ailleurs la meilleure période pour visiter la colonie.

À table !

Pepperpot Ce copieux ragoût de viande et de légumes constitue le plat national.

Rhum Les marques Cavalier et English Harbour entrent dans la composition de punchs.

Quand partir

DÉC-AVRIL

➡ Les vacanciers affluent, et les prix flambent.

MAI-JUIN ET NOV

➡ Beau temps, avec des pluies modérées.

➡ Les prix deviennent abordables.

JUIL-OCT

➡ Période des ouragans.

➡ Les tarifs hôteliers baissent jusqu'à 50%.

CAPITALE
Riyad

POPULATION
27,3 millions

SUPERFICIE
2,1 millions de km²

LANGUE OFFICIELLE
Arabe

Al-Masdjid al-Haram, La Mecque

Arabie saoudite

Pétrole, fondamentalisme religieux et désert hostile, tels sont les images peu engageantes qui s'attachent à l'Arabie saoudite. Mais ce pays fort méconnu pourrait bien vous surprendre.

À moins d'effectuer le hadj ou de travailler dans l'industrie pétrolière en tant qu'expatrié, pénétrer dans le berceau de l'islam relève du défi.

Pour les aventuriers qui y parviennent, le site nabatéen de Mada'in Saleh, sorte de Pétra miniature, le romanesque chemin de fer du Hedjaz évoquant Lawrence d'Arabie et l'architecture en terre crue de Dariya méritent incontestablement le détour. Djedda, porte d'accès aux villes saintes de La Mecque et de Médine, conserve un ravissant cœur historique, tandis que le littoral de la mer Rouge recèle des sites de plongée de premier ordre très peu fréquentés. Ailleurs se déploie un décor naturel désertique d'une beauté fascinante, en particulier dans les monts Asir, au sud-ouest du royaume.

Arabie saoudite
Les incontournables

Mada'in Saleh

1 Dans une oasis à 400 km de Médine, ce site archéologique exceptionnel renferme les vestiges de la cité d'Hégra qui prospéra au Ier siècle de notre ère. À l'instar de la célèbre Pétra, en Jordanie, ce centre caravanier et militaire fut construit par les Nabatéens. Il présente 131 tombeaux rupestres dont les façades sculptées incorporent des éléments architecturaux grecs, romains et mésopotamiens pour créer un style unique. Des fouilles récentes ont également révélé les ruines de modestes habitations et d'un marché. Mada' in Saleh a été inscrit au patrimoine mondial de l'Unesco.

Vieux Djedda

2 Carrefour marchand et point de transit des pèlerins vers La Mecque depuis des siècles, la capitale commerciale du pays est aussi la ville la plus décontractée et la plus intéressante. Al-Balad, son quartier historique, arbore de jolies maisons-tours en corail qui jettent une ombre bienfaisante sur les souks animés à leur pied. Comme les Saoudiens, promenez-vous le long de la corniche où les étudiants révisent, les familles pique-niquent et les hommes parlent business. Les vastes espaces piétonniers au nord du port s'agrémentent d'œuvres de grands sculpteurs comme Henry Moore, Miró ou César.

Taïf

3 Pour échapper l'été à la chaleur écrasante du Golfe, direction Taïf. Perchée à 1 630 m dans les monts Sarawat, la ville jouit en effet d'un climat doux et tempéré, d'où son succès auprès des touristes moyen-orientaux. Avec ses larges rues arborées, son architecture traditionnelle et ses souks vivants dans un cadre naturel splendide, on comprend aisément pourquoi le roi lui-même vient y séjourner. L'endroit est aussi connu pour ses roses et ses fruits, cultivés dans quelque 3 000 jardins.

Djebel al-Sawda

4 À 22 km à l'ouest d'Abha, la région

autour de cette montagne, la plus haute d'Arabie saoudite (2 910 m), offre un paysage de falaises vertigineuses, de vallées profondes et de sommets disparaissant derrière les nuages. Un téléphérique descend jusqu'à Rijal Almaa, un village traditionnel en pisé, dévoilant une vue spectaculaire sur des champs en terrasses, des forêts de genévriers et, çà et là, quelques tours défensives.

Dariya

5 Les ruines en briques de terre crue du vieux Dariya, fief de la famille régnante et capitale du premier État saoudien (1744-1818), ont été soigneusement restaurées et figurent au patrimoine mondial de l'Unesco depuis 2010. Loin de la frénésie de Riyad, dont elle constitue pourtant un faubourg, cette ville abandonnée au XXe siècle peut faire l'objet d'une paisible excursion. Elle comprend notamment plusieurs palais et mosquées dignes d'intérêt.

Chemin de fer du Hedjaz

6 Jalonnée de gares abandonnées mais évocatrices et d'anciens forts de garnison, cette ligne ferroviaire de plus de 1 600 km reliait jadis Damas à Médine à travers des territoires essentiellement désertiques. Mise en service en 1908, elle devait compter un prolongement jusqu'à La Mecque qui ne fut jamais réalisé.

Sur 100 personnes en Arabie saoudite

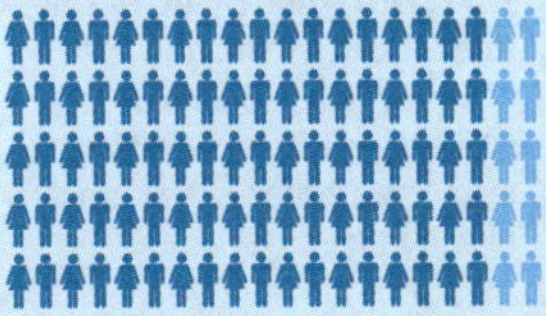

90 sont arabes
10 sont d'origine africaine ou asiatique

Production de pétrole brut
(millions de barils par jour)

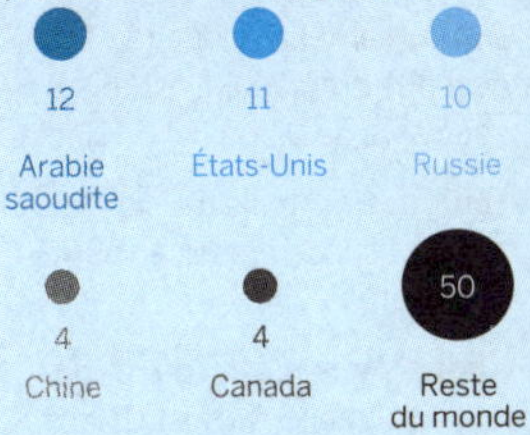

Population au km²

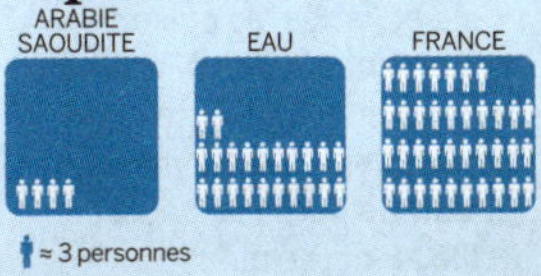

Quand partir

NOV-MARS
➡ Température agréables dans la journée, mais étonnamment fraîches le soir.

AVRIL-OCTOBRE
➡ Le thermomètre dépasse les 40°C.
➡ Période du ramadan.

TOUTE L'ANNÉE
➡ On peut plonger à n'importe quelle saison, mais la visibilité est meilleure les matins d'été.

Les pétroglyphes de Jubbah

Cet immense site archéologique de 39 km^2, qui débute à 3 km de la ville moderne de Jubbah, rassemble de remarquables pétroglyphes préhistoriques et préislamiques. Remontant à l'époque où un lac intérieur recouvrait la région, les plus anciens (environ 5000 av. J.-C.) représentent des bouquetins de Nubie et des oryx blancs. On note aussi des inscriptions thamoudéennes en alphabet préarabe datant du Ier millénaire avant notre ère. Enfin, des gravures grossières de dromadaires et autres animaux domestiques du IVe siècle figurent parmi des cercles énigmatiques. En 1879, lady Anne Blunt, petite-fille de lord Byron, décrivit ainsi Jubbah : "C'est l'un des endroits les plus curieux au monde et, à mon sens, l'un des plus beaux."

À table

Chawarma Équivalent arabe du *döner kebab* turc.

Dromadaire La viande tendre de jeune dromadaire est une spécialité de Djedda et du Hedjaz.

Foul Fèves à l'huile d'olive, souvent consommées au petit-déjeuner.

Khouzi Agneau farci de riz, de noix, d'oignons, de raisins secs, d'épices, d'œufs et d'un poulet entier. Il s'agit d'un plat bédouin.

Poissons de la mer Rouge Frais et variés, ils cuisent lentement sur du charbon de bois ou au four. Goûtez en particulier le *samak mashwi*, enduit de purée de datte et grillé au barbecue.

CHRIS MELLOR / GETTY IMAGES ©

Durant la Première Guerre mondiale, le chemin de fer subit plusieurs attaques et sabotages de la part des Bédouins menés par Lawrence d'Arabie contre le joug ottoman. Il cessa de fonctionner après 1918.

Plongée à Yanbu

7 Ville portuaire dotée de raffineries et d'usines pétrochimiques, Yanbu manque plutôt d'attrait. Il en va tout autrement de ses fonds sous-marins, dont les magnifiques récifs coralliens font la joie des plongeurs. Les eaux saoudiennes de la mer Rouge abritent en effet une faune nombreuse, notamment des requins et cinq espèces de tortues. On y croise également des baleines et des dauphins – vous en verrez aussi du côté du golfe Persique.

Transports

Bus Propres, confortables et climatisés. Les femmes seules peuvent prendre le bus à condition d'être munies de leur *iqama* (permis de résidence) pour les expatriées, de leur passeport avec visa pour les touristes. La partie antérieure du bus est officieusement réservée aux familles et aux femmes non accompagnées, et l'arrière, aux hommes.

Voiture et moto Malgré un système de transports publics développé, la voiture reste reine en Arabie saoudite, avec une prédilection pour les 4x4 rutilants. Les routes sont généralement goudronnées et bien entretenues. Il y a peu de motos, mode de locomotion associé à la population pauvre et rurale.

CAPITALE
Buenos Aires

POPULATION
42,6 millions

SUPERFICIE
2,8 millions km^2

LANGUE OFFICIELLE
Espagnol

Chutes d'Iguazú

Argentine

Argentine… ce simple mot suffit à faire naître des images fortes : le tango, la Patagonie, les gauchos, le fútbol, *les Andes… Autant d'évocations qui donnent envie de préparer ses valises !*

Par la vitre du taxi, filant sur l'autoroute vers le centre-ville de Buenos Aires, on voit se dessiner la mosaïque floue d'une métropole moderne. Puis la vie citadine entre en scène : cafés, kiosques à journaux, belles façades début XXe siècle et jacarandas aux fleurs violettes habillant au printemps des trottoirs que foulent d'un pas décidé les *Porteños* (habitants de Buenos Aires). La capitale n'est pas la seule à déployer ses charmes. Córdoba, Salta, Mendoza et Bariloche possèdent toutes une personnalité qui justifie la visite.

Des imposantes chutes d'Iguazú, dans le Nord subtropical, au glacier Perito Moreno qui progresse avec force craquements dans le Sud, l'Argentine est un vaste territoire aux merveilleux paysages. C'est ici que se dressent certains des plus hauts sommets andins. Marais, montagnes aux couleurs chaudes, déserts parsemés de cactus, glaciers, steppes en Patagonie et étendues de sel dans les Andes, et bien plus encore : vous serez forcément subjugué par tous les sites inoubliables qui vous attendent.

La Quiaca
Pocitos
PARAGUAY
Embarcación
Antofagasta
Jujuy
Salta
Vallées Calchaquíes
Cordillère des Andes
ASUNCIÓN
Clorinda
Foz do Iguaçu
Ciudad del Este
Cafayate
Roque Sáenz Peña
Formosa
CHILI
Tucumán
Tafí del Valle
Santiago del Estero
Resistencia
Corrientes
Posadas
Río Uruguay
Esteros del Iberá
Catamarca
Chilecito
La Rioja
Reconquista
Sierra de Córdoba
Paso de los Libres
BRÉSIL
San Agustín de Valle Fértil
Córdoba
Concordia
Salto
San Juan
Santa Fe
Paraná
Cerro Aconcagua
Paysandú
URUGUAY
Valparaíso
Mendoza
San Luis
Rosario
Mercedes
SANTIAGO
Mercedes
San Antonio de Areco
San Rafael
BUENOS AIRES
MONTEVIDEO
OCÉAN PACIFIQUE
Malargüe
La Plata
Santa Rosa
Chos Malal
La Pampa
Sierra de la Ventana
Mar del Plata
Neuquén
Zapala
Bahía Blanca
Necochea
San Martín de los Andes
San Antonio Oeste
Viedma
Bariloche
Puerto Montt
El Bolsón
Puerto Madryn
Péninsule Valdés
Esquel
Trelew
Rawson
Comodoro Rivadavia
OCÉAN ATLANTIQUE
Caleta Olivia
Perito Moreno
Fitz Roy
Puerto Deseado
Gobernador Gregores
Puerto San Julián
El Chaltén
Santa Cruz
ÎLES MALOUINES (îles Falkland)
El Calafate
Río Gallegos
Stanley
Puerto Natales
Punta Arenas
Porvenir
Terre de Feu
Río Grande
Île des États (Isla de los Estados)
Ushuaia
Canal Beagle
Cap Horn (Cabo de Hornos)
0
400 km
1
2
3
4
5
6
7
8
9
10
11
12

Argentine
Les incontournables

Chutes d'Iguazú

1 L'Iguazú s'écoule tranquillement dans la forêt, entre l'Argentine et le Brésil, avant de plonger le long d'une falaise de basalte, dans un fracas qui en fait l'un des sites les plus impressionnants au monde. Les chutes d'Iguazú constituent une formidable expérience sensorielle : le grondement, les embruns et le débit de l'eau resteront gravés dans votre mémoire, tout comme les arcs-en-ciel qu'ils font naître. Au-delà des chutes, les luxuriants parcs nationaux qui les entourent offrent un cadre privilégié pour observer la faune et la flore.

Quebrada de Humahuaca

2 On est bien loin de Buenos Aires dans cette vallée de roche érodée de la province de Jujuy, dans le Nord-Ouest. Si ses formations et sa palette de couleurs minérales impressionnent, l'endroit présente aussi un grand intérêt culturel. Les villages traditionnels du canyon affichent leur identité ; les spécialités andines supplantent les steaks au restaurant, et des lamas (et non du bétail) paissent sur les hauts plateaux à l'herbe clairsemée.

Purmamarca, province de Jujuy

2

TAMIEKARAN / GETTY IMAGES ©

Glacier Perito Moreno

3 Le Perito Moreno est l'un des glaciers les plus accessibles de la planète, mais c'est sa progression, jusqu'à deux mètres par jour, qui le rend véritablement exceptionnel. Sous l'effet de cette avancée, des icebergs de la taille d'un immeuble se détachent de la paroi et chutent avec fracas dans le Lago Argentino. Un maillage de passerelles et de plateformes permet d'être aux premières loges pour assister au spectacle.

Cementerio de la Recoleta

4 Principal site touristique de Buenos Aires, ce cimetière est incontournable. Des centaines de cryptes, chacune taillée dans le marbre, le granit ou le béton, ornées de vitraux, de statues d'anges ou d'icônes, jalonnent les allées. Des petites plantes et des arbres poussent entre les fissures, tandis que des chats de gouttière se faufilent entre les tombes. S'il peut y avoir une beauté étrange dans la mort, ce lieu merveilleusement photogénique en est assurément l'illustration.

Sur 100 personnes en Argentine

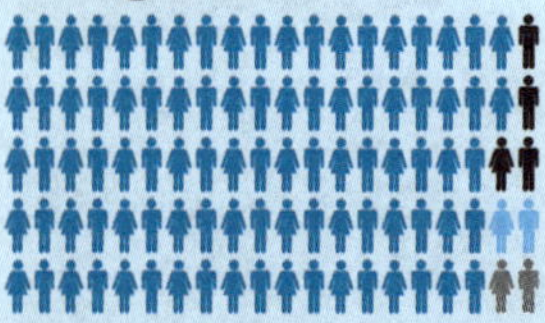

92 sont de confession catholique
2 sont de confession juive
2 sont de confession protestante
4 sont d'une autre confession ou sans religion

Origines ethniques
(en %)

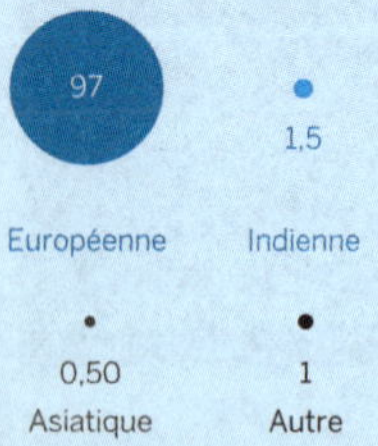

Population au km²

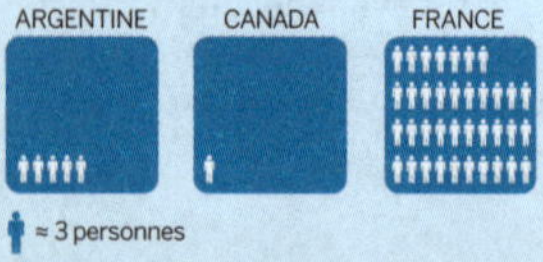

Randonnée au Fitz Roy

5 Avec ses paysages sauvages et ses sommets en dents de requin, le massif du Fitz Roy est le top du trekking en Argentine. Si ses parois font parfois souffrir les alpinistes expérimentés, ses superbes sentiers de randonnée sont en revanche aisés et accessibles. Une fois sur le chemin, les plus beaux paysages ne sont qu'à une journée de marche du bourg. Une aubaine pour ceux qui souhaitent s'offrir une bière artisanale au pub-brasserie La Cervecería, à El Chaltén.

Dégustation de vin autour de Mendoza

6 Avec une offre de vins de qualité aussi variée, il serait tentant de simplement s'asseoir au bar et de les déguster. Pourtant, s'intéresser à la façon dont on cultive et vendange le raisin est presque aussi passionnant que de goûter le produit fini. La bonne nouvelle, c'est qu'en Argentine cette pratique n'est pas l'apanage des connaisseurs. On y trouve en effet des circuits pour tous les budgets, de l'itinéraire libre à vélo aux formules hébergement-dégustation dans des exploitations vinicoles chics.

Ushuaia

7 Superbement lové entre le canal de Beagle et les sommets enneigés du Cerro Martial, ce port dynamique tient lieu de dernier comptoir de civilisation aux bateaux voguant vers l'Antarctique. Les sports de glisse égayent les hivers gelés et les longues journées d'été permettent de se balader à pied ou à vélo jusqu'au petit matin.

Carlos Gardel et le tango

En juin 1935, la disparition brutale de Carlos Gardel dans un crash aérien provoqua un émoi immense dans le monde entier. Elle survenait en plein âge d'or du tango, que le chanteur portègne avait contribué à populariser grâce à sa voix de crooner et à son charisme. Né à Toulouse en 1890, Carlos Gardel émigra à Buenos Aires à l'âge de deux ans avec sa mère. C'est dans les quartiers populaires de la capitale argentine qu'il apprit le tango, alors à ses balbutiements, et qu'il connut ses premiers succès avec le guitariste José Razzano. Quatre-vingts ans après sa mort, Carlos Gardel est toujours considéré comme la plus grande voix du tango. On lui reconnaît une importance cruciale dans la création de la *canción de tango* (tango chanté).

À table !

Bœuf Dans ce pays où la viande est reine, les carnivores se rendront dans les *parrillas* (restaurants de grillades) qui proposent tous les morceaux possibles, cuits à la perfection.

Dulce de leche Mélange de lait et de sucre cuit à feu doux, cette spécialité couleur caramel est appréciée dans tout le pays.

Glaces Toutes les villes ont leurs *heladerías* (glaciers), où l'on vous servira d'immenses pyramides de ces délices glacées.

Héritage italien De nombreux restaurants fabriquent eux-mêmes leurs pâtes. On trouve de bonnes pizzerias dans tout le pays.

Maté Le maté est bien plus qu'une boisson. Le préparer et le consommer est un rituel élaboré qui se vit en famille, entre amis ou entre collègues.

Vin L'Argentine compte parmi les principaux pays producteurs de vin. Si vous êtes un amateur, Mendoza doit figurer sur votre itinéraire.

YADID LEVY / GETTY IMAGES ©

Vendanges à Lujan de Cuyo, province de Mendoza

Restaurants branchés, bars animés et B&B accueillants vous donneront envie d'en faire votre port d'attache durant quelques jours.

Reserva Faunística Península Valdés

8 Cette péninsule aux paysages ocre et aux élevages de moutons isolés est une destination privilégiée pour l'observation des animaux, et, en premier lieu, des baleines franches australes. Orques, manchots de Magellan, lions et éléphants de mer, nandous, guanacos et quantité d'oiseaux marins figurent aussi au casting. On en voit beaucoup en se promenant sur le rivage et des sorties plongée ou en kayak permettent de s'approcher encore plus.

Reserva Provincial Esteros del Iberá

9 Cette zone humide protégée permet d'observer la vie sauvage autour d'estuaires peu profonds à la végétation

Quand partir

HAUTE SAISON
(nov-fév et juil)

- La meilleure période pour la Patagonie va de décembre à février.
- Ruée sur les plages, de fin décembre à fin janvier.
- Affluence lors des vacances d'hiver en juillet.

SAISON INTERMÉDIAIRE
(sept-nov, mars-mai)

- Températures propices pour visiter Buenos Aires.
- Région des lacs agréable ; feuillage automnal spectaculaire en mars.
- Vendanges dans la région de Mendoza.

BASSE SAISON
(juin-août)

- Bonne période pour aller dans le Nord.
- Nombreux établissements balnéaires fermés.
- Les stations de ski font le plein de juin à août.

d'une grande richesse. En bateau, vous apercevrez caïmans, oiseaux exotiques, singes, cerfs des marais, voire le plus gros des rongeurs, le capybara. Avec ses nombreux lodges élégants et confortables, cette région reculée est une destination idéale pour décompresser quelques jours au milieu d'une faune et d'une flore abondantes.

Salta

10 Le nord-ouest du pays abrite de vénérables villes coloniales, et Salta, nichée dans une vallée fertile, est la plus ravissante d'entre elles. C'est aussi le point d'accès à la majestueuse cordillère des Andes. De jolies églises, une place centrale animée et des bâtiments superbes lui confèrent une ambiance décontractée. D'excellents musées et une poignée de curiosités facilement accessibles en font une destination remarquable.

Mar del Plata

11 La principale station balnéaire d'Argentine est noire de monde l'été, ce qui en fait tout le piquant. Disputez aux *Porteños* (habitants de Buenos Aires) un carré de sable pour poser votre serviette et faire bronzette et profitez-en pour barboter dans les vagues. Surf, pêche, équitation et même parachutisme font partie des activités proposées. À la tombée du jour, on se régale de viande ou de fruits de mer avant de finir la soirée au théâtre ou en discothèque.

San Telmo, Buenos Aires

12 San Telmo est l'un des quartiers les plus attachants de Buenos Aires. Ses rues pavées, son architecture coloniale et son atmosphère évoquent le milieu du XIXe siècle. Ne manquez pas la *feria* (marché ou brocante) du dimanche, réunissant des stands d'artisanat, d'objets anciens et de babioles, et des musiciens de rue. Le tango est ici à l'honneur, aussi bien à la faveur de shows sophistiqués que d'improvisations de rue.

Transports

Avion Parfait pour gagner du temps dans ce pays immense.

Bus Rapidité, fréquence, confort, prix raisonnables et réseau étendu : la meilleure façon de se déplacer en Argentine.

Train Peu performant, hormis quelques lignes pratiques.

Voiture Permet de se déplacer en toute liberté dans des régions reculées.

À voir

La Ciénaga (Lucrecia Martel ; 2001). Une chronique familiale au ton original par une réalisatrice talentueuse.

Dans ses yeux (Juan José Campanella ; 2009). Ce thriller haletant a remporté en 2010 l'oscar du meilleur film étranger.

Le Médecin de famille (Lucia Puenzo ; 2013). En 1960, à Bariloche, une famille est convaincue que son médecin n'est autre que le nazi Josef Mengele.

Les Nouveaux Sauvages (Damián Szifrón ; 2014). Un film à sketch décrivant avec jubilation la spirale violente dans laquelle s'enfoncent ses héros.

À lire

En Patagonie (Bruce Chatwin ; 1977). Ouvrage de référence sur la Patagonie.

Luz ou le temps sauvage (Elsa Osorio ; 1998). Une femme en quête de son passé découvre la sombre période de la dictature militaire en Argentine.

L'Ombre du boxeur (Eduardo Berti ; 2009). Les obsessions d'une famille sur fond du Buenos Aires des années 1970.

Iglesia San Francisco, Salta

10

JUAN MABROMATA / GETTY IMAGES ©

CAPITALE
Erevan

POPULATION
3,1 millions

SUPERFICIE
29 743 km²

LANGUE OFFICIELLE
Arménien

Monastère de Tatev, Syunik

Arménie

On dit que l'Arménie a la tête en Occident et le cœur en Orient : dans ce pays, on vit à la méditerranéenne au pied des montagnes du Caucase.

Durablement éprouvée par les tragédies du XXe siècle, l'Arménie a néanmoins choisi de se ressaisir. La modernisation rapide de la capitale, le développement du tourisme haut de gamme, ainsi que l'accueil chaleureux que l'on reçoit partout montrent à chaque instant la volonté du pays d'aller de l'avant.

En sillonnant l'Arménie, les visiteurs découvriront de nombreux témoignages d'un passé brillant : monastères anciens, églises éclairées de bougies, forteresses dotées de hautes murailles... Mais ce sont les Arméniens, leur tempérament ouvert et affable, qui laissent l'impression la plus durable. Rien de plus facile que de lier connaissance, même sans parler arménien. Le voyage revêt de multiples facettes : faste d'un séjour quatre-étoiles à Erevan et Sevan, ou simplicité de vacances dans des villes rurales comme Dilijan et Goris. Nombre de touristes se contentent d'un voyage itinérant d'une semaine tout au plus. En revanche, avec du temps devant soi, on découvre les plus beaux endroits dans le calme et la solitude. Une vraie chance...

Arménie
Les incontournables

Erevan

1 Erevan a beau être le centre économique et politique du pays, il y flotte comme un air de vacances. Tout l'été, les Erevanais se baladent sur les grands boulevards. Les uns ont revêtu leurs plus beaux atours, les autres conduisent des bolides, d'autres encore conversent autour d'un verre à la terrasse d'un café donnant sur un parc. La vie de la rue semble à la croisée des chemins entre Marseille, l'Arménie rurale et la vieille ville de Beyrouth. La vie culturelle semble d'autant plus intense que la ville est petite. Elle abonde pourtant en salles de théâtre et de concerts, en galeries d'art et en discothèques.

Monastère de Tatev

2 Ses églises curciformes coiffées d'une coupole et ses monastères sont l'un des trésors historiques de l'Arménie. Le monastère de Tatev est l'un des plus remarquables. Érigé sur une forteresse en pierre, en lisière des gorges du Vorotan, il fut construit à partir du IXe siècle afin d'y abriter d'importantes reliques. À son apogée, quelque 600 moines vivaient et travaillaient à Tatev. Icône du pays, saint Grégoire de Tatev (1346-1409) est inhumé ici.

Vallée de Yeghegis

3 La magnifique vallée de Yeghegis, flanquée d'imposants sommets, abrite une concentration rare d'églises isolées et de villages pittoresques, ainsi qu'un intrigant cimetière juif. Dans les environs du village de Yeghegis, dont les vieilles demeures semblent habitées depuis toujours, se dresse l'église Surp Zorats, où les fidèles avaient coutume de se rassembler devant un autel extérieur. Le monastère de Tsakhatskar fait aussi partie des sites à ne pas manquer. Datant du Xe siècle, il s'agit d'un ensemble de ruines d'églises et d'anciens *khatchkars* (stèles en pierre).

Dilijan

4 On la surnomme la "Suisse arménienne" pour ses paysages alpins. À l'époque soviétique,

Lors de la fête de Vartavar, à Erevan, des personnes de tout âge s'arrosent avec de l'eau

cinéastes, compositeurs, artistes et écrivains venaient chercher l'inspiration dans cette ville paisible. Aujourd'hui, son quartier historique réhabilité et d'excellents B&B font le bonheur des visiteurs. En été, on voit passer les troupeaux qui redescendent des pâturages de montagne.

Etchmiadzin

5 La ville d'Etchmiadzin est le siège de l'Église apostolique arménienne. C'est ici qu'au IVe siècle Grégoire Ier l'Illuminateur convertit le roi d'Arménie au christianisme et construisit la cathédrale d'Etchmiadzine, plus ancien lieu de culte d'Arménie. Maintes fois remanié et agrandi au cours des siècles, l'édifice conserve néanmoins des parties d'origine. Le palais du Catholicos, situé à côté, est la demeure de Garéguine II, patriarche suprême de l'Église apostolique arménienne.

Gorges de la Debed

6 Haghpat et Sanahin, ses deux monastères classés au patrimoine de l'Unesco au titre de leur remarquable architecture, font des gorges de la Debed un haut lieu d'histoire et de culture. Mais cette région située au nord du pays offre bien d'autres sites à découvrir. Presque tous les villages le long du fleuve Debed ont une église, une chapelle, un vieux fort ou quelques *khatchkars* (stèles en pierre) à proximité.

Sur 100 personnes en Arménie

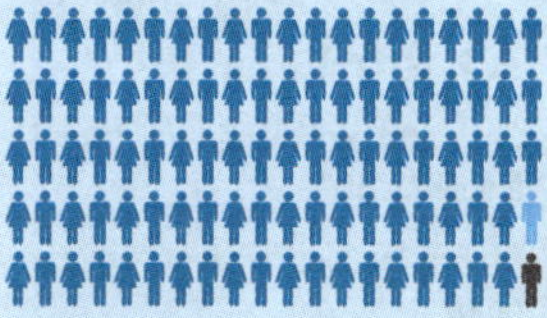

Religions

(% de la population)

Population au km²

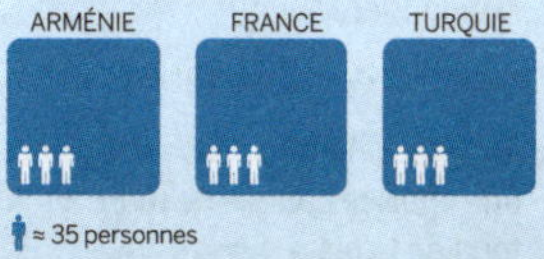

Quand partir

MARS-MAI

➡ C'est la saison des fleurs, mais il pleut beaucoup.

FIN SEPT-DÉBUT NOV

➡ Les journées sont longues et ensoleillées, le temps est plus stable.

JUIN-AOÛT

➡ À Erevan, le thermomètre monte jusqu'à 40°C. Grande douceur dans le nord du pays.

Eau-de-vie

L'*oghee* (se prononce à peu près "orh-i") est une délicieuse vodka aux fruits, que l'on appelle parfois *vatsun* ou *aragh*. On la fabrique dans tous les villages où l'on trouve des vergers. Titrant à environ 60°, l'*oghee* est à base de pommes, de poires, d'abricots, de grenades, de raisin, de cerises, de cornouilles, de mûres et de figues. Vedi Alco fabrique industriellement un *oghee* moins fort que celui distillé dans les villages. Vous n'aurez pas à aller bien loin pour y goûter puisque cet alcool accompagne traditionnellement les *khoravats* (barbecues). Il n'est jamais meilleur qu'en automne, lorsque tout un chacun se fait bouilleur de cru après les récoltes.

À table !

Cognac L'alcool national, titrant à environ 40°.

Dolma Feuilles de vigne farcies de riz.

Ishkhan khoravats Truite du lac Sevan grillée.

Jajik Sauce à base de yaourt, de concombre et de fenouil (l'équivalent du tzatziki).

Kartofel atari graki mej Pommes de terre au four cuites dans de la bouse de vache (qui aurait la vertu d'exhausser les saveurs).

Khash Épais ragoût d'hiver à base de divers morceaux de viande.

Khoravats Aliments cuits au barbecue ; le porc est la viande la plus appréciée, mais on trouve aussi de l'agneau, du bœuf, et parfois du poulet.

Kilikia Bière lager.

Siga Plat de poisson grillé.

Soorch Café très concentré, avec une épaisse couche de marc au fond de la tasse.

Monastère de Sevan, lac Sevan

Lac Sevan

7 Perché à 1 900 m d'altitude, l'immense lac Sevan s'étend sur 80 km de long et sur 30 km à son point le plus large. C'est le refuge idéal pour échapper à la chaleur estivale d'Erevan. Changeant de couleur avec le temps, le lac se pare de nuances allant du bleu azur étincelant au bleu sombre. Ses eaux douces sont très poissonneuses. On y trouve notamment l'*ishkhan* (truite royale ou saumonée), qui tire son nom de la rangée de taches qui forment comme une couronne sur sa tête.

Mont Aragats

8 Presque toute l'année, le sommet de la plus haute montagne d'Arménie est enneigé. Aussi, mieux vaut entamer l'ascension de ce volcan éteint en juillet, août ou septembre. Le plus méridional des quatre sommets (3 893 m) est d'accès relativement facile pour les randonneurs inexpérimentés. En revanche, le plus septentrional (4 090 m), plus ardu, nécessite de traverser un champ de neige (réservé aux randonneurs chevronnés).

Transports

Minibus Le minibus (*marshroutka*) est le roi des transports en commun en Arménie. Le moindre des villages de la région ou presque est desservi par les *marshroutky*, et les liaisons sont fréquentes entre les agglomérations et les grandes villes.

Vélo Il faut être extrêmement prudent sur les routes. Le style de conduite locale est imprévisible et certains revêtements sont dans un état déplorable (même si, dans l'ensemble, les choses s'améliorent).

Voiture Si vous vous habituez à la manière dont on dépasse les autres véhicules, contourne les nids-de-poule et appuie sur le champignon, il est tout à fait possible de conduire. Louer une voiture avec chauffeur pour faire une excursion n'est cependant pas beaucoup plus cher.

Willemstad, Curaçao

CAPITALE
Oranjestad (A), Kralendijk (B), Willemstad (C)

POPULATION
110 663 (A), 15 800 (B), 146 836 (C)

SUPERFICIE
180 km² (A)
294 km² (B)
444 km² (C)

LANGUES OFFICIELLES
Néerlandais, espagnol, anglais, papiamento

Aruba, Bonaire et Curaçao

Fidèles aux standards caribéens par leurs plages de sable blanc et leurs sites de plongée, ces trois îles se distinguent par leur ancrage dans la culture hollandaise.

Ces confettis des Petites Antilles au large du Venezuela sont des États autonomes au sein du royaume des Pays-Bas, dont l'influence évidente se manifeste à travers la langue, l'architecture coloniale et la cuisine.

Les Américains qui fuient l'hiver de la côte Est font d'Aruba l'île la plus touristique du sud des Caraïbes. Rien d'étonnant à cela puisqu'elle cumule nombre d'atouts : plages splendides, complexes hôteliers haut de gamme et débits de rhum conviviaux, sans oublier la charmante ville d'Oranjestad.

L'attrait de Bonaire réside dans sa magnifique côte cernée d'une barrière de corail, dont les eaux entièrement protégées par un parc national attirent des plongeurs du monde entier.

Centre financier et paradis fiscal, Curaçao n'en combine pas moins mode de vie urbain et nature. Elle possède en particulier une vieille ville classée au patrimoine mondial de l'Unesco, Willemstad, et son littoral luxuriant recèle de jolies plages cachées.

Des vols fréquents relient les trois îles.

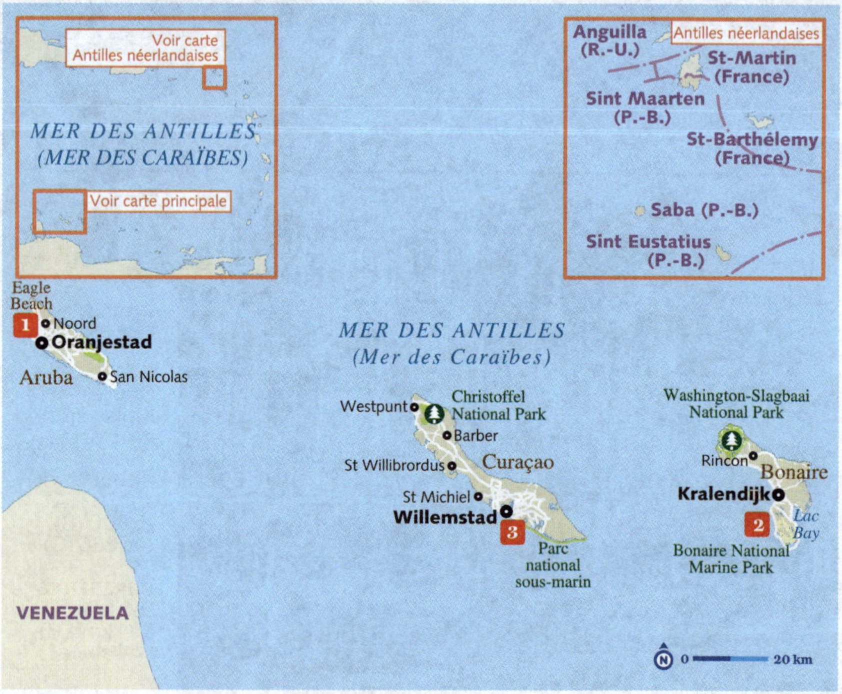

Aruba, Bonaire et Curaçao
Les incontournables

Eagle Beach

1 Ce ruban de sable d'Aruba, au nord-ouest d'Oranjestad, figure dans les classements des plus belles plages du globe. Des chaises longues à l'ombre des arbres invitent à se la couler douce, et des paillotes vendent de quoi calmer une petite faim.

Parc national marin de Bonaire

2 Ce site classé au patrimoine mondial de l'Unesco englobe les eaux limpides du littoral de Bonaire jusqu'à une profondeur de 60 m. Alliant proximité des récifs et grande visibilité, il comprend quelque 90 spots de plongée répertoriés, dont plus de la moitié sont accessibles depuis le rivage.

Willemstad

3 Surnommée l'"Amsterdam des tropiques", la capitale de Curaçao est à la fois une ville aux ravissantes maisons colorées témoignant de l'héritage hollandais, pourvue de marchés et de musées, une destination touristique dotée de nombreux casinos et un centre économique important grâce à son port de transit, l'un des plus grands du monde.

À table !

Frikandel Sorte de saucisse frite, typiquement hollandaise.

Funchi Croquettes de polenta de maïs frites.

Keshi yena Boule de fromage farcie de poulet et d'olives. Spécialité d'Aruba et de Curaçao.

Ragoût de chèvre Le plat traditionnel des habitants d'Aruba.

Quand partir

DÉC-AVRIL
➡ La haute saison, avec des températures plaisantes et une faible humidité.

SEPT-MAI
➡ La période des pluies, même si les précipitations n'atteignent que 25 mm par mois.

JUIL-AOÛT
➡ Les mois les plus chauds, mais le climat reste sec et agréable.

CAPITALE
Canberra

POPULATION
22,3 millions

SUPERFICIE
7,7 millions km²

LANGUE OFFICIELLE
Anglais

Formations rocheuses des Twelve Apostles (Douze Apôtres), Great Ocean Road

Australie

Sixième plus grand pays du monde, l'Australie offre une diversité impressionnante. Au programme : déserts, barrières de corail, forêts, plages, montagnes et cités cosmopolites !

La plupart des Australiens vivent sur la côte, principalement en ville. La cosmopolite Sydney offre un mélange de plages, de boutiques et de bars. Décontractée, Melbourne est le royaume des arts et du football australien. Brisbane est une ville en plein essor. Adélaïde bénéficie d'une ambiance festive. Canberra vit au rythme de l'agenda politique. Quant à Darwin – tropicale, à l'extrême nord – et Hobart – au sud, avec un climat frais –, on ne pourrait imaginer villes plus différentes !

L'immense étendue de terre ocre est sillonnée d'innombrables rubans de bitume. De Margaret River à Cooktown, de Jabiru à Dover, la meilleure façon de vous mesurer à l'Australie est de prendre la route. Les locations de voitures sont plutôt abordables et en dehors des agglomérations, il y a peu de circulation. Les camping-caristes trouveront des terrains bien équipés dans les villes. Si l'aventure vous titille, louez un 4x4 pour vous élancer sur les pistes du bush, à la découverte des parcs et des coins reculés !

ÎLES SALOMON
NOUVELLE-CALÉDONIE
OCÉAN PACIFIQUE SUD
MER DE TASMAN
Port Moresby
PAPOUASIE-NOUVELLE-GUINÉE
MER DE CORAIL
Grande Barrière de corail
Cap York
Détroit de Torres
Péninsule du cap York
Weipa
Cooktown
Port Douglas
Cairns
Innisfail
Ingham
Townsville
Mackay
Rockhampton
Gladstone
Fraser Island
Hervey Bay
Bundaberg
Noosa
Brisbane
Gold Coast
Byron Bay
Coffs Harbour
Port Macquarie
Lord Howe Island (NSW)
Newcastle
Sydney
Wollongong
CANBERRA
TERRITOIRE DE LA CAPITALE AUSTRALIENNE
Forêt humide de Daintree
Normanton
Charters Towers
Winton
Barcaldine
Longreach
QUEENSLAND
Charleville
Toowoomba
Armidale
Tamworth
Bourke
NOUVELLE-GALLES DU SUD
Griffith
Wagga Wagga
Albury
Melbourne
Geelong
Flinders Island
Launceston
Hobart
TASMANIE
Détroit de Bass
King Island
Warrnambool
Ballarat
VICTORIA
Mildura
Broken Hill
Darling
Birdsville
Cloncurry
Mt Isa
Golfe de Carpentarie
MER D'ARAFURA
Nhulunbuy
Terre d'Arnhem
Mataranka
Daly Waters
Jabiru
Katherine
Darwin
Melville Island
Tennant Creek
TERRITOIRE DU NORD
Alice Springs
Désert de Simpson
Lake Eyre (nord)
Lake Eyre (sud)
Port Augusta
Whyalla
Adélaïde
Kangaroo Island
Port Lincoln
AUSTRALIE DU SUD
Coober Pedy
Ceduna
Plaine de Nullarbor
Grande Baie australienne
Uluru-Kata Tjuta National Park
Yulara
Great Victoria Desert
Eucla
Kununurra
Golfe Joseph Bonaparte
MER DE TIMOR
Wyndham
Kimberley
Halls Creek
Fitzroy Crossing
Derby
Cap Leveque
Broome
Désert de Gibson
Pilbara
Newman
AUSTRALIE-OCCIDENTALE
Kalgoorlie - Boulder
Mt Magnet
Norseman
Esperance
Wagin
Albany
Perth
Fremantle
Bunbury
Margaret River
Cap Leeuwin
Geraldton
Port Hedland
Karratha
Dampier
Exmouth
Carnarvon
Shark Bay
INDONÉSIE
OCÉAN INDIEN
OCÉAN AUSTRAL
0
1 000 km
N
1
2
3
4
5
6
7
8
9
10
11

Australie
Les incontournables

Grande Barrière de corail

1 S'étirant sur plus de 2 300 km d'eaux pures et peu profondes, au large des côtes nord-est australiennes, ce site est le plus vaste parc marin au monde. Une extraordinaire diversité d'espèces évolue dans ces eaux tropicales, dont 400 types de corail, 1 500 espèces de poissons et 400 sortes de mollusques. Des bateaux transportent les plongeurs entre la rive et le récif. Ils proposent quantité de services et de circuits organisés. Vous découvrirez ici les baleines en pleine migration annuelle, d'imposantes morues et des épaves de bateaux.

Uluru-Kata Tjuta National Park

2 Rien de saurait préparer à la vision de l'écrasante masse rocheuse d'Uluru se détachant à l'horizon. Isolé et en plein désert, ce lieu de pèlerinage mérite bien un trajet de plusieurs centaines de kilomètres : doté d'une beauté spectaculaire, il revêt en outre une profonde signification culturelle et spirituelle. L'Uluru-Kata Tjuta National Park ne se limite pas à ce rocher. Outre les admirables Kata Tjuta (monts Olgas), vous y découvrirez des sentiers sacrés aborigènes et de fabuleux couchers de soleil.

WARWICK KENT / GETTY IMAGES © | ARCHITECT: JØRN UTZON

Opéra de Sydney

3 C'est à Jørn Oberg Utzon, un architecte danois, que l'on doit ce symbole du patrimoine culturel australien. Utzon s'est clairement inspiré du monde marin pour concevoir cet édifice qui évoque tantôt un voilier, tantôt un enchevêtrement de coquillages. Commencé en 1959 et achevé en 1973 au terme d'une gestation compliquée – marquée notamment par le départ de son créateur –, ce monument édifié dans le port de Sydney, tout près du superbe Harbour Bridge, est l'un des monuments emblématiques de l'architecture contemporaine.

Melbourne

4 Melbourne, deuxième ville d'Australie, est le grand centre urbain de l'État du Victoria et le centre artistique du pays.
Ici, les accros de culture et les gastronomes se régalent d'art, de musique, de théâtre, de cinéma... et de cuisine. Il y a toujours quelque part un concert, un vernissage ou une installation originale. Melbourne a beau être vaste, elle conserve un fort esprit de quartier, que symbolise la féroce rivalité entre les fans des différentes équipes locales d'Australian Rules (*footy*), le football australien.

Sur 100 personnes en Australie

79 parlent anglais à la maison
3 parlent chinois à la maison
2 parlent italien à la maison
1 parle vietnamien à la maison
15 parlent une autre langue à la maison

Religions

(% de la population)

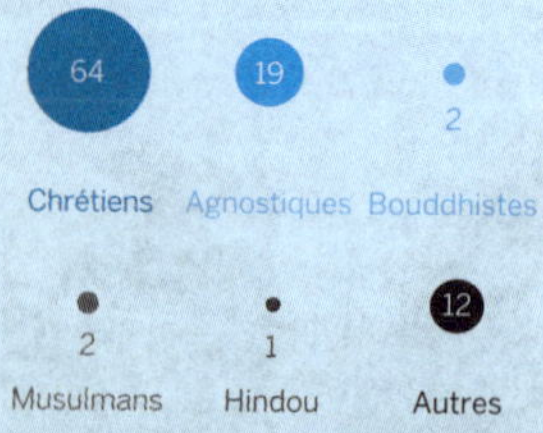

Population au km²

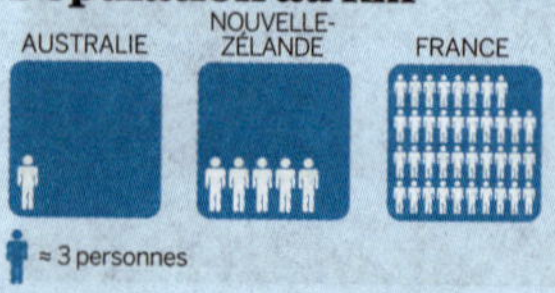

Forêt humide de Daintree

5 Une forêt luxuriante gorgée de palmiers éventails et de fougères aux allures préhistoriques, des mangroves dominant un littoral de sable étincelant : bienvenue dans la forêt humide de Daintree. Les possibilités pour explorer la région sont légion : observation de la faune nocturne ou des crocodiles, treks en montagne, découverte de la canopée, excursions en 4x4 ou à cheval, kayak, visites de vergers tropicaux... Les chanceux pourront même apercevoir un casoar.

Great Ocean Road

6 Les formations des Twelve Apostles (Douze Apôtres) surgissant des flots forment l'un des sites les plus impressionnants du Victoria. Mais la route qui y mène est tout aussi mémorable ! Parcourez le tronçon qui longe les spectaculaires plages du détroit de Bass avant de pénétrer dans les terres à travers des forêts humides ponctuées de petites villes et de grands arbres. Les secrets de la Great Ocean Road ne s'arrêtent pas là : plus loin, vous découvrirez la belle cité côtière de Port Fairy et le cap Bridgewater. Si vous en avez le temps, suivez à pied la Great Ocean Walk, d'Apollo Bay aux Apôtres.

Byron Bay

7 Aucune ville d'Australie ne jouit d'une réputation à l'aune de celle de Byron Bay, cité au mode de vie new age et écolo environnée de plages splendides, à 800 km au nord de Sydney. Cette image utopique en fait une

Culture aborigène

De par la culture d'oralité chez les Aborigènes, le récit a tenu une place prépondérante dans la transmission du savoir : les histoires donnaient du sens à la vie et servaient à délivrer les messages de l'esprit ancêtres.

En outre, elles ont permis de définir les mœurs à respecter et rappellent aujourd'hui encore les événements passés. Bien que les croyances et les pratiques varient selon les régions et les langues, il existe une vision commune du monde, selon laquelle ce sont les ancêtres qui ont créé la Terre, la mer et toute forme de vie. Ce mythe de la création est appelé Temps du Rêve ou Dreaming. Les artistes contemporains perpétuent la tradition à travers de nouveaux médias.

À table !

Les poissons et les fruits de mer, de première fraîcheur, sont emblématiques de l'île-continent.

Cigale de mer Un crustacé proche du homard, sans les pinces et en plus abordable ; goûtez celles de Balmain et de Moreton Bay.

Poisson L'Australie offre un vaste choix en matière de poisson sauvage, comme le célèbre barramundi du Territoire du Nord. Même les poissons "ordinaires" s'avèrent délicieux cuits au barbecue.

Marron Ces écrevisses géantes aux allures préhistoriques vivant dans les eaux douces de l'Australie-Occidentale ont un goût subtil.

Huîtres Les connaisseurs apprécient les huîtres de roche de Sydney et les huîtres du Pacifique provenant de Tasmanie.

Crevettes Les *sweet school prawns* et les crevettes royales orientales (*yamba*), pêchées sur la côte nord de la Nouvelle-Galles du Sud sont un régal.

TIM BARKER / GETTY IMAGES ©

Bar à Chinatown, Melbourne

destination de choix pour les *backpackers* de tout crin, au point que l'on se demande parfois si le jeu en vaut la chandelle. Mais la douceur du climat, les plages interminables, la vie nocturne trépidante, l'ambiance et l'hospitalité des habitants ont vite fait de venir à bout des réticences des plus blasés.

Broome et le Kimberley

8 Le Kimberley est la dernière frontière de l'Australie. Entre ses côtes inaccessibles et ses déserts inhospitaliers s'étendent de vastes plaines semi-arides émaillées de spinifex et de baobabs, des gorges frangées de palmiers, des montagnes désolées et de magnifiques chutes d'eau. La culture aborigène reste profondément ancrée dans le pays, depuis la péninsule de Dampier jusqu'au lointain Mitchell Plateau. La ville de Broome, avec son emblématique Cable Beach est un endroit formidable pour se détendre et rencontrer d'autres voyageurs.

Quand partir

HAUTE SAISON (déc-fév)

- L'été rime avec vacances, plages et cricket.
- En ville, les prix des hébergements grimpent de 25%.
- Dans le Centre, l'hiver marque la haute saison (juin-août).

SAISON INTERMÉDIAIRE (sept-nov)

- Soleil, temps agréable et moins de monde.
- Les commerçants sont détendus.
- L'automne (mars-mai) est splendide dans le Victoria et en Tasmanie.

BASSE SAISON (juin-août)

- Journées fraîches et pluvieuses dans le Sud, ensoleillées et douces dans le Nord.
- Horaires réduits dans les restaurants et sites touristiques.
- Optez pour le désert, le Nord tropical ou les stations de ski.

Gold Coast

9 Frénétique, hédoniste, hyper branchée... La Gold Coast du Queensland est tout cela à la fois. Pour faire la fête, on ne trouve pas mieux ! Derrière l'agitation, il y a la plage : un littoral magnifique ponctué de nombreux spots de surf. Véritables dieux de la plage, les sauveteurs patrouillent et s'affrontent lors de compétitions mêlant nage en mer, sprint et *surf boat*. Les plus grands parcs d'attractions d'Australie se trouvent également ici : la région est un véritable paradis des montagnes russes !

À voir

Pique-nique à Hanging Rock (Peter Weir ; 1975). Une adaptation d'une nouvelle de Joan Lindsay au parfum étrange et vénéneux.

Mad Max (George Miller ; 1979-1985). Les routes poussiéreuses d'Australie servent de cadre aux trois premiers opus de la saga.

Priscilla, folle du désert (Stephan Elliott ; 1994). Deux travestis et un transsexuel de Sydney mettent le cap vers Alice Springs, localité perdue dans l'*outback*.

10 Canoës, 150 Lances et 3 Épouses (Rolf De Heer et Peter Djigirr ; 2006). Entièrement en langue aborigène.

À lire

Cul de sac (Douglas Kennedy ; 2006). La face sombre du bush.

À contre-courant (Richard Flanagan ; 2000). Un homme en train de se noyer voit sa vie défiler devant lui.

Par-dessus le bord du monde (Tim Winton ; 2004). Un livre fascinant sur fond de guitare.

Transports

Avion Passez à la vitesse supérieure avec des vols réguliers, rapides et abordables entre les principaux sites. Vous culpabilisez ? Compensez les émissions de carbone de vos vols !

Bus Services longue distance fiables et nombreux à travers le pays – pas toujours meilleur marché que l'avion.

Train Lent, cher et peu fréquent... Mais au cœur de paysages magnifiques ! Optez pour un wagon-lits plutôt que pour un siège *overnighter*.

Voiture Pour voyager à son rythme, explorer des régions reculées et sans transport en commun. Il y a des loueurs dans la plupart des villes. Attention : on roule à gauche !

Perth et Fremantle

10 Perth n'a rien d'un coin perdu. Des restaurants sophistiqués proposent ici une cuisine Mod Oz (cuisine australienne moderne) et des bars à cocktails chics se cachent dans les ruelles. Contrastant avec l'aspect clinquant de la ville du côté de la Swan River, les quartiers bohèmes du centre vivent au rythme des guitares. À Fremantle, au bord de l'eau, les pubs servent d'excellentes bières artisanales, et les édifices coloniaux ponctuent un superbe décor victorien.

MONA

11 Au bord du fleuve, et accessible en ferry depuis le port de Hobart, le Museum of Old & New Art (MONA) du Moorilla Estate est une institution d'envergure internationale. Présentés comme un "Disneyland subversif pour adultes" par son créateur, le mécène David Walsh, les trois niveaux de galeries souterraines renferment plus de 400 œuvres, souvent controversées. Vous n'apprécierez peut-être pas tout, mais le débat est toujours au rendez-vous dans ce lieu artistique unique.

11

LEIGH CARMICHAEL / MONA © | ARCHITECT: FENDER KATSALIDIS ARCHITECTS

CAPITALE
Vienne

POPULATION
8,42 millions

SUPERFICIE
83 871 km^2

LANGUE OFFICIELLE
Allemand

Place du marché, Hallstatt

Autriche

L'Autriche combine à merveille les attraits d'une nature spectaculaire, propice à une multitude d'activités, et d'élégantes villes marquées du sceau de l'histoire.

Eu égard à ses dimensions modestes, l'Autriche se targue d'un patrimoine culturel de premier plan. L'empreinte des Habsbourg, la dynastie impériale qui a présidé aux destinées du pays pendant plus de 600 ans, se voit partout, des palais impériaux de Vienne à la station thermale de Bad Ischl. Le baroque tient une place particulière, où d'innombrables édifices, comme l'abbaye de Melk ou le palais du Belvédère relèvent de ce style. Dans la capitale, les toiles des grands maîtres remplissent plusieurs musées. Mozart, Mahler ou Strauss, tous enfants du pays, sont célébrés l'été dans des festivals musicaux en plein air.

Voyager en Autriche, c'est aussi traverser de profondes vallées, parcourir des routes installées à flanc de montagne, et faire le tour de lacs pittoresques. La randonnée et le VTT sont les meilleurs moyens d'arpenter un paysage accidenté pour atteindre des prairies alpines isolées. Téléphériques et télésièges vertigineux permettent de grimper sur certains sommets sans effort.

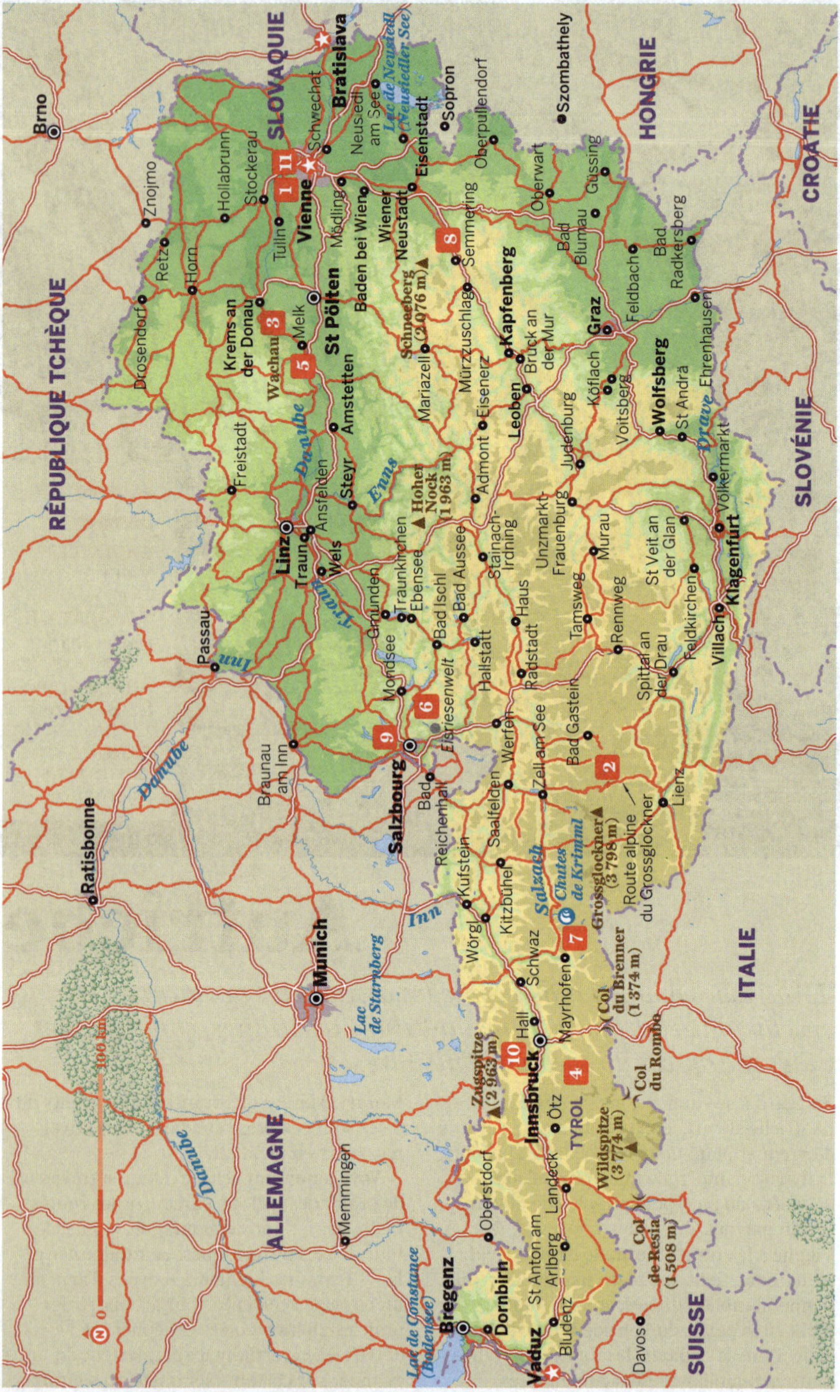
RÉPUBLIQUE TCHÈQUE
SLOVAQUIE
HONGRIE
CROATIE
SLOVÉNIE
ITALIE
SUISSE
ALLEMAGNE
TYROL
Brno
Znojmo
Retz
Horn
Hollabrunn
Stockerau
Drosendorf
Krems an der Donau
Tulln
Vienne
Schwechat
Bratislava
Neusiedl am See
Lac de Neusiedl (Neusiedler See)
Eisenstadt
Sopron
Oberpullendorf
Szombathely
Mödling
Baden bei Wien
Wiener Neustadt
Semmering
Oberwart
Güssing
Bad Blumau
Bad Radkersberg
Feldbach
Graz
Ehrenhausen
Wolfsberg
St Andrä
Drave
Völkermarkt
Klagenfurt
St Veit an der Glan
Feldkirchen
Villach
Spittal an der Drau
Rennweg
Tamsweg
Murau
Unzmarkt-Frauenburg
Judenburg
Köflach
Voitsberg
Leoben
Bruck an der Mur
Kapfenberg
Mürzzuschlag
Eisenerz
Mariazell
Schneeberg (2 076 m)
St Pölten
Melk
Wachau
Amstetten
Freistadt
Danube
Linz
Traun
Wels
Ansfelden
Steyr
Enns
Admont
Hoher Nock (1 963 m)
Stainach-Irdning
Traunkirchen
Ebensee
Gmunden
Traun
Bad Ischl
Bad Aussee
Hallstatt
Haus
Radstadt
Passau
Inn
Braunau am Inn
Mondsee
Eisriesenwelt
Salzbourg
Bad Reichenhall
Werfen
Bad Gastein
Zell am See
Saalfelden
Lienz
Route alpine du Grossglockner
Grossglockner (3 798 m)
Chutes de Krimml
Salzach
Kufstein
Kitzbühel
Wörgl
Schwaz
Mayrhofen
Col du Brenner (1 374 m)
Col du Rombo
Hall
Innsbruck
Zugspitze (2 962 m)
Ötz
Wildspitze (3 774 m)
Landeck
St Anton am Arlberg
Col de Resia (1 508 m)
Bludenz
Davos
Vaduz
Dornbirn
Bregenz
Lac de Constance (Bodensee)
Oberstdorf
Memmingen
Munich
Lac de Starnberg
Ratisbonne
100 km
0
1
2
3
4
5
6
7
8
9
10
11

Autriche
Les incontournables

Palais impériaux de Vienne

1 Maîtres de l'Autriche pendant plus de six siècles, les Habsbourg ont tiré profit de leurs richesses illimitées pour ériger des palais grandioses. Le résultat laisse toujours pantois. Véritable ville dans la ville, la Hofburg de Vienne renferme le ballet équestre de l'École espagnole et les appartements de Sissi et le Trésor impérial. Seuls Schönbrunn, le Versailles autrichien classé au patrimoine de l'Unesco, et le palais baroque du Belvédère, tous deux entourés de splendides jardins, peuvent rivaliser en faste.

Route du Grossglockner

2 Virages en épingle : 36. Distance : 48 km. Dénivelé moyen : 9%. Point de vue le plus haut : Edelweiss Spitze (2 571 m). La route alpine du Grossglockner constitue le clou du parc national des Hohe Tauern. Le paysage se dévoile à mesure que l'on grimpe cette route sinueuse. Et quel paysage ! Sommets enneigés, cascades vertigineuses et lacs disséminés ne sont qu'un avant-goût du Grossglockner (3 798 m), point culminant d'Autriche. Partez tôt et prévoyez assez de temps pour profiter de la vue à chaque instant.

Château de Schönbrunn, Vienne

Eisriesenwelt

3 Les salles et les couloirs scintillants de l'Eisriesenwelt ont été sculptés goutte par goutte durant des millénaires. Ce monde de glace souterrain, caché dans le massif calcaire de Tennengebirge, est tenu pour la plus grande grotte de glace accessible au monde. Étranges sculptures, lacs miroitants et palais des glaces (Eispalast) caverneux se succèdent à mesure que l'on s'enfonce, lampe à carbure en main, dans le cœur gelé de la montagne. Couvrez-vous, même en été, car les températures restent inférieures à 0°C.

Sur 100 personnes en Autriche

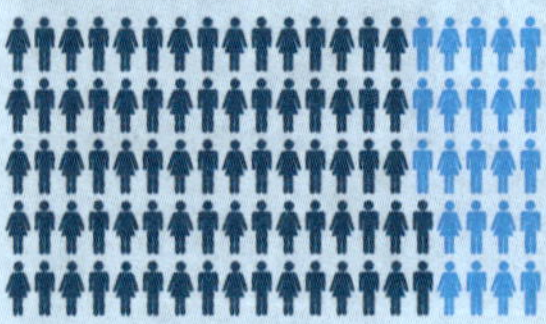

77 sont autrichiennes
23 sont originaires d'autres pays

Religions

(% de la population)

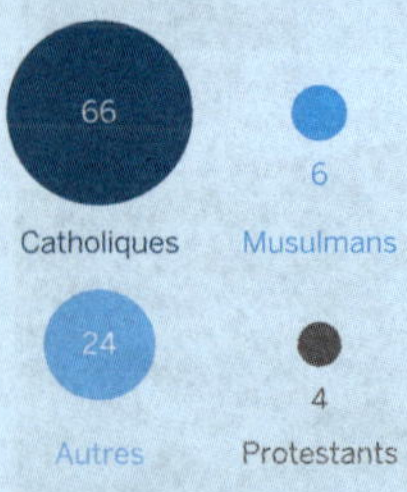

Population au km²

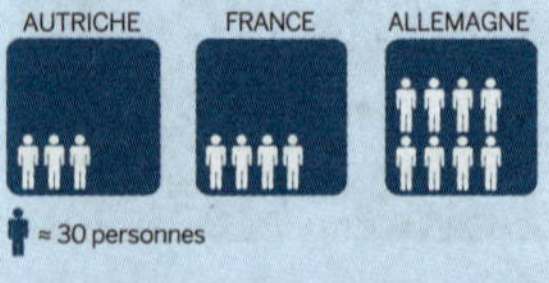

La Wachau

4 Strauss pensait certainement à la Wachau en composant *Le Beau Danube bleu*. Classée au patrimoine mondial de l'Unesco, cette partie de la vallée du Danube vous transporte à travers des paysages de vignobles en terrasses, de pentes boisées et de vergers d'abricotiers. Derrière l'abbaye de Melk, la forteresse de Kuenringerburg, perchée sur une colline de Dürnstein, invite à l'exploration.

Aventures dans le Tyrol

5 En Autriche, chaque coin d'eau vive, chaque haute montagne ou ravin abrupt réserve une aventure pleine d'adrénaline. En été, rien ne vaut les tumultueuses rivières, comme l'Inn et la Sanna dans le Tyrol, haut lieu du rafting en Autriche. Découvrez également le merveilleux paysage alpin de la vallée de la Ziller. Les cyclistes empruntent le réseau de téléphériques pour accéder aux itinéraires de haute et basse altitude.

Abbaye de Melk

6 Pour certains, les plus belles œuvres d'art autrichiennes sont celles créées pour Dieu. On tombe forcément d'accord à la vue de l'abbaye bénédictine de Melk. L'église abbatiale aux deux clochers est un chef-d'œuvre baroque, orné d'anges, de dorures et de fresques réalisées par Johann Michael Rottmayr. L'opulence se poursuit dans la bibliothèque et la salle des Marbres, toutes deux décorées de trompe-l'œil de Paul Troger. Si possible, restez le soir pour admirer l'éclairage du monastère.

Yodel-ha-hi-hou !

Qui n'a pas déjà eu envie de chanter la tyrolienne en gambadant dans des prairies fleuries ? En Autriche, ce rêve champêtre peut devenir réalité en rejoignant la vallée de la Ziller. Au cœur du Tyrol, cette contrée reste très attachée à ses traditions montagnardes. Ainsi, on peut revêtir sans crainte du ridicule une *Dirndl* (robe traditionnelle) ou une *Lederhose* (culotte de cuir) et assister à des concerts de musique folklorique en vibrant au son du *yodel*. Cette étonnante technique vocale peut aussi être découverte à travers un chemin de randonnée, le Jodel Wanderweg, qui démarre à la station de Königsleiten. L'itinéraire, à accomplir seul ou accompagné, est émaillé de panneaux d'information équipés d'enregistrements de *yodel*.

À table !

Fromage Goûtez aux *Kärntner Nudel* (pâtes farcies aux fromages) de Carinthie, le *Heumilchkäse* (fromage de lait de foin) du Tyrol et au *Käsekrainer* (saucisse farcie au fromage), un en-cas très populaire à Vienne.

Café et gâteau Le remontant idéal entre deux visites. Régalez-vous d'une part de strudel aux pommes ou de *Sacher Torte*.

Viande Rien n'est plus typique de la cuisine autrichienne que l'escalope à la viennoise, une escalope de veau panée et dorée.

Pommes de terre Incontournables, qu'elles soient frites (*Pommes*), rôties au four (*Bratkartoffeln*), servies en salades (*Erdapfelsalat*) ou préparées à la vapeur (*Quellmänner*).

Vin Les Autrichiens aiment se retrouver dans des *Heurigen* (tavernes à vin), reconnaissables à la guirlande verte ou à la branche suspendue au-dessus de la porte.

Parapente, Tyrol

Chutes de Krimml

7 Vous entendrez certainement le vacarme de la Krimmler Wasserfälle, la plus haute cascade d'Europe (380 m), avant de l'apercevoir. On se sent tout petit devant la taille et la puissance de cette cataracte qui s'abat sur d'immenses rochers et produit le plus beau des arcs-en-ciel. Elle apparaît plus magnifique encore depuis certains angles, notamment le Wasserfallweg (sentier de la cascade). Ce chemin serpente dans la forêt brumeuse jusqu'à de magnifiques points de vue sur la cascade à trois niveaux et sa fine pluie.

Quand partir

HAUTE SAISON (avr-oct)

- Pic touristique en juillet et en août.
- Dans les régions des lacs, pic d'affluence de juin à septembre.
- Tarifs en hausse à Noël et à Pâques.
- Salzbourg est très fréquentée durant le festival.

SAISON INTERMÉDIAIRE (avr-mai et fin sept-oct)

- Temps changeant. L'eau des lacs est froide, mais bonnes conditions pour la randonnée.
- Les sites touristiques sont peu fréquentés.

BASSE SAISON (nov-mars)

- De nombreux sites sont fermés.
- La programmation culturelle bat son plein à Vienne.
- Les stations de ski ouvrent mi-décembre.
- La haute saison du ski court de mi-décembre à mars.

Semmeringbahn

8 La ligne de chemin de fer de Semmering, qui traverse les Alpes orientales, rappelle avec nostalgie les premiers voyages en train. Quelque 20 000 ouvriers travaillèrent à sa création au XIXe siècle, une véritable prouesse qui lui a valu d'être classée au patrimoine mondial de l'Unesco. Si l'électricité a remplacé la vapeur, on peut toujours s'imaginer l'émerveillement des premiers passagers qui ont emprunté cette ligne comptant

16 viaducs, 15 tunnels et 100 ponts de pierre. La splendeur des paysages est intemporelle.

Forteresse de Hohensalzburg

9 Faites à pied la difficile ascension ou montez à bord du funiculaire jusqu'à la magnifique forteresse de Salzbourg, la Festung Hohensalzburg. Installée sur un sommet boisé surplombant la ville, la forteresse renferme la Salle dorée, dont le plafond céleste recrée un ciel étoilé. Après tant de beauté, découvrez l'effrayant éventail d'instruments de torture médiévaux dans le musée de la forteresse. Ne manquez pas enfin la vue à 360° depuis la tour.

À voir

Le Troisième Homme (Carol Reed ; 1949). Un classique du film noir dans la Vienne d'après-guerre.

La Mélodie du bonheur (Robert Wise ; 1965). La célèbre comédie musicale vous transporte à Salzbourg et dans les Alpes.

La Pianiste (Michael Haneke ; 2001). La liaison d'une professeur de piano masochiste avec un de ses élèves.

À lire

Lettre d'une inconnue (Stefan Zweig ; 1927). La confession d'une femme amoureuse dans la Vienne du début du XXe siècle.

La Marche de Radetzky (Joseph Roth ; 1932). Une fresque familiale avec en toile de fond le déclin de l'Empire austro-hongrois.

Maîtres anciens (Thomas Bernhard ; 1985). Un critique musical rumine son dégoût de l'art et de l'Autriche dans le Kunsthistorisches Museum de Vienne. Féroce et hilarant.

Transports

Bus Dans les régions reculées, c'est souvent le seul transport en commun. Organisez-vous un jour ou deux à l'avance et voyagez en semaine.

Train Le réseau ferré national fait partie du service de bus Postbus. Les trains sont bon marché avec une carte de réduction..

Vélo La plupart des offices du tourisme régionaux disposent de brochures sur les itinéraires locaux. On peut embarquer sa bicyclette dans les trains dont les horaires sont surmontés d'un logo représentant un vélo.

Voiture Les petites villes ont une offre limitée de location de véhicules ; mieux vaut réserver dans les grandes villes.

Innsbruck

10 Inscrite dans un cadre montagneux de toute beauté, la capitale du Tyrol présente bien des attraits, à commencer par son palais Renaissance, sa vieille ville ou le funiculaire futuriste de Zaha Hadid. Innsbruck est également un haut lieu des activités de plein air. Réputée pour ses pistes de ski en hiver, elle permet aussi l'été de s'offrir une bonne dose d'adrénaline, que ce soit en parcourant sept sommets accroché à une corde le long de l'Innsbrucker Klettersteig, ou en dévalant à VTT le vertigineux Nordkette Singletrail.

MuseumsQuartier

11 Occupant les anciennes écuries impériales, le Museums-Quartier de Vienne s'étend sur près de 60 000 m², ce qui en fait le plus grand espace d'exposition au monde. Au Leopold Museum vous découvrirez les œuvres de Gustav Klimt et d'Egon Schiele. Le MUMOK s'intéresse aux actionnistes viennois et le Kunsthalle aux nouveaux médias. Des boutiques, ateliers et cafés mettent la créativité à l'honneur. Par temps chaud, les Viennois se donnent rendez-vous dans la vaste cour pour discuter et passer un moment agréable.

9

CAPITALE
Bakou

POPULATION
9,6 millions

SUPERFICIE
86 600 km^2

LANGUE OFFICIELLE
Azéri

Palais des Chahs de Chirvan, Bakou

Azerbaïdjan

À cheval entre l'Europe et l'Asie, l'Azerbaïdjan marie les traditions intemporelles et l'ultramodernité. Ce pays influencé par diverses cultures recèle des sites splendides.

Niché au pied des montagnes du Caucase et s'ouvrant sur la mer Caspienne, l'Azerbaïdjan est le lieu où se rencontrent l'Asie centrale et l'Europe. À ce titre, les influences turques, perses et russes l'ont toutes façonné. Carrefour d'anciens empires, il était aussi, selon certains, le site du jardin d'Éden.

Bakou, sa capitale, est située au bord de la mer Caspienne, riche en ressources pétrolifères. Autour s'étend une zone semi-désertique. Dotée d'un centre historique classé au patrimoine mondial de l'Unesco, la ville voit pousser des gratte-ciel flambant neufs. Il suffit pourtant d'à peine trois heures de route pour retrouver des villages intemporels, nichés au milieu de vergers luxuriants, avec en arrière-plan l'immensité des montagnes du Grand Caucase.

Aussi férus de légendes turques que de poésie persane, les Azerbaïdjanais ont un tempérament passionné et sont très hospitaliers. Ils aiment autant se retrouver autour d'un *çay* (thé) qu'écouter des bardes chanter le *mugham* (genre musical azéri).

Azerbaïdjan
Les incontournables

La Bakou moderne

1 Dotée d'un élégant centre historique, de rues piétonnes arborées fourmillant de boutiques sélectes, et de tours dessinant une ligne d'horizon moderne, la dynamique capitale azerbaïdjanaise est en plein essor. Bakou est en effet la plus grande métropole, et la plus cosmopolite, du Caucase du Sud. Peu de villes au monde changent aussi rapidement. Et nul autre endroit en Eurasie ne semble marier l'Orient et l'Occident dans une telle harmonie… ni dans un tel chaos ! Ici, les couples d'amoureux flirtent dans les parcs boisés, ou se promènent main dans la main sur le Bulvar (boulevard) qui longe la mer Caspienne. Les nuances vertes et bleu opale de celle-ci sont comme un pied de nez au désert qui entoure la capitale.

Vieille ville de Bakou

2 Sa splendide cité fortifiée classée au patrimoine de l'Unesco fait l'orgueil de la capitale. À l'intérieur de ses remparts à arcades crénelées, des ruelles paisibles mènent à des hammams, à des caravansérails, et à des demeures séculaires. L'opulent palais des Chahs de Chirvan, remontant au XVe siècle et minutieusement restauré, reste cependant le clou de ce périmètre historique. Quant à la tour de la Vierge, édifice fuselé haut de 29 m, c'est l'icône architecturale la plus en vue de la capitale.

Sheki

3 Somnolant dans l'écrin verdoyant des montagnes boisées, Sheki est souvent considérée comme la perle du Caucase. Sa position stratégique sur des voies commerciales entre Europe et Asie a fait d'elle une cité prospère et influente, ce dont témoigne l'étincelant palais du Khan, situé dans le périmètre historique de la forteresse de Nukha. Élevée au XVIIIe siècle, cette résidence seigneuriale éblouit tant par sa façade ornée de croisillons en bois, que par l'intérieur de ses pièces toutes

Quba

élégamment décorées. En dehors des remparts, vous pourrez visiter un ancien caravansérail et déguster du *halva*, une délicieuse pâtisserie d'Asie centrale.

Villages de l'arrière-pays de Quba

4 Renommée pour ses pommes et ses tapis, Quba se caractérise par un maillage de rues aux maisons basses, en surplomb de l'entaille profonde que constitue la rivière Qudiyalçay. Fondée au XVIIIe siècle par le potentat Fatali Khan, elle devint une ville de province perdue lorsque le khanat fut absorbé par l'Empire russe (1806). Il reste çà et là des édifices de l'époque tsariste, et un quartier juif très typique se trouve de l'autre côté de la rivière. Mais le principal atout de Quba est de donner accès à de ravissants villages de montagne, comme Buduq et Qriz.

Lahidj

5 Pittoresque village de montagne, Lahidj est plus accessible que beaucoup d'autres localités escarpées. Il est connu pour son dialecte issu du persan et pour ses chaudronniers traditionnels. Le paysage de la région est magnifique, et l'on peut y faire de belles randonnées. En outre, en été, on trouve suffisamment de gens parlant anglais – c'est inhabituel – pour se familiariser davantage avec la vie rurale.

Quand partir

JANVIER

➡ Froid glacial. Certains villages reculés sont coupés du reste du monde à cause de la neige.

AVRIL-JUIN

➡ Au sud du pays, les prés se couvrent de fleurs.

OCTOBRE

➡ Bakou est très agréable. La campagne, elle, est presque entièrement desséchée.

Sur 100 personnes en Azerbaïdjan

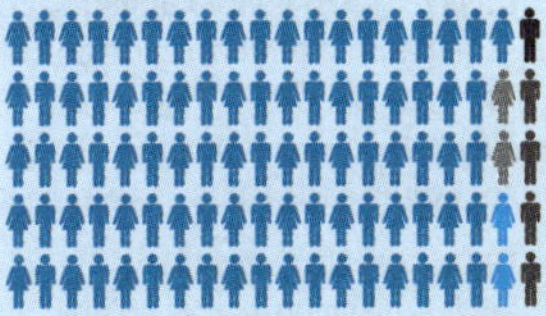

91 sont azéries
2 sont daguestanaises
2 sont russes
1 est arménien
4 sont d'une autre origine

Religions
(% de la population)

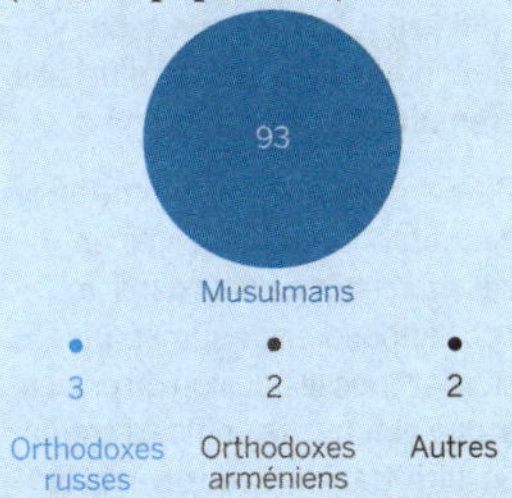

Population au km²

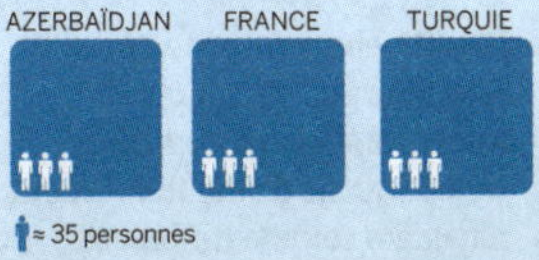

Pain béni

En regardant attentivement derrière n'importe quel immeuble d'habitation, vous apercevrez probablement des sacs de pain rassis suspendus à des branches d'arbres ou à des crochets, à l'écart des ordures ménagères. C'est parce que le pain est considéré comme sacré, et ne peut être jeté à la poubelle ou même laissé par terre.

Manger du pain avec quelqu'un scelle un lien d'amitié avec cette personne. Par ailleurs, il faut partager des douceurs ou des pâtisseries avec des inconnus (ou en faire don à la mosquée) lorsqu'une prière a été exaucée.

JANE SWEENEY / GETTY IMAGES ©

Volcans de boue

À table !

Çay Le thé est généralement servi dans un *armudi* (verre en forme de poire). On y ajoute du sucre, et on l'accompagne de confitures et de fruits confits.

Dolma Feuilles de chou ou feuilles de vigne, garnies d'un mélange de riz et de viande d'agneau hachée, parfumé de menthe fraîche, de fenouil et de cannelle.

Lavangi Cette spécialité de la minorité talysh consiste en un plat de poulet ou de poisson garni d'une farce à base d'herbes aromatiques et de noix pilées.

Piti Ce ragoût se consomme en deux étapes : d'abord, coupez des morceaux de pain dans un bol. Saupoudrez de sumac, puis arrosez avec le bouillon du *piti*. La soupe obtenue fait office d'entrée. Ensuite, transférez ce qu'il reste du *piti* dans le plat, réduisez le tout en bouillie, et saupoudrez de nouveau de sumac.

Tika Brochettes de morceaux de viande grillées sur le feu, comportant souvent un dé de gras de queue de mouton – mets considéré comme très délicat.

Littoral de la mer Caspienne

6 En allant vers le sud depuis Bakou, la côte est ourlée d'une mosaïque de plages, de puits de pétrole, de communes soviétiques et d'étendues semi-désertiques. À la lisière sud de la capitale, le James Bond Oil Field a été baptisé ainsi pour avoir figuré dans *Le Monde ne suffit pas*. Pour profiter du spectacle des derricks exécutant leur lent mouvement de pompage de l'or noir, rien de tel que de se poster près de la mosquée Bibi Heybat, qui fut des siècles durant le sanctuaire religieux le plus sacré de la région.

Gobustan

7 Durant l'âge de pierre, des chasseurs-cueilleurs de l'âge de pierre s'étaient établis au bord de la mer Caspienne, dans un ensemble de grottes qu'ils décorèrent de quelque 6 000 gravures rupestres. Les grottes se sont depuis éboulées en un amas de gros rochers, mais les gravures demeurent. Elles font désormais partie de la réserve de pétroglyphes de Gobustan, classée par l'Unesco. Doté d'un musée flambant neuf, le site peut se découvrir dans le cadre d'une visite guidée permettant de repérer et déchiffrer les pétroglyphes.

Transports

Avion Au départ de Bakou, il y a 3 ou 4 vols hebdomadaires pour Gandja, Lankaran et Zaqatala.

Bus et minibus Tous les villages hormis les plus reculés sont accessibles en bus ou en minibus.

Train Les trains sont bon marché, mais plus lents et moins fréquents que les bus. La principale ligne ferroviaire va de Batoumi, en Géorgie, à Gandja et Bakou.

Voiture et taxi Les taxis longue distance sont bon marché. Pour rejoindre certains villages de montagne, vous devrez peut-être louer un 4x4.

CAPITALE
Nassau

POPULATION
377 000

SUPERFICIE
13 880 km²

LANGUE OFFICIELLE
Anglais

Elbow Cay, îlot du banc de Cay Sal

Bahamas

Éparpillées sur 260 000 km² de mer turquoise, les 700 îles et îlots des Bahamas incarnent pour beaucoup l'image même du paradis terrestre.

On peut voir dans cet archipel les plus beaux coraux du monde, et les plongeurs qui ont goûté la transparence de ses eaux en redemandent. Si les plages et les fonds marins ont largement contribué à l'image du pays, celui-ci a d'autres atouts. République de corsaires au XVIIIᵉ siècle, il est devenu aujourd'hui le royaume de la finance, du moins New Providence et Grand Bahama. Nassau, capitale tentaculaire et surpeuplée, ressemble à une ville américaine. Pourtant, il demeure parfaitement possible de s'égarer dans les palétuviers à l'écart des grands hôtels et des circuits organisés.

Les autres îles, ces Out Islands que les Bahaméens surnomment Family Islands, attirent moins les touristes et vivent davantage au rythme des Caraïbes. Vous découvrirez beaucoup mieux la culture locale en écoutant du *rake 'n' scrape* dans un bar perdu qu'en passant vos journées au bord de la piscine d'un hôtel de Paradise Island !

Bahamas

Les incontournables

Andros Reef

1 Près de la côte est d'Andros s'étend la troisième plus grande barrière de corail du monde (225 km). Des bancs de poissons-perroquets, de murènes tachetées et des raies géantes, voire quelques tortues de mer et requins, peuplent ces fonds sous-marins multicolores et féeriques. Les curieux "trous bleus" – sorte de grotte verticale remplie d'eau, présents sur l'île comme au large – reçoivent la visite des plongeurs expérimentés et des équipes de National Geographic. Le récif se termine par un abysse vertigineux de 1 800 m de profondeur, Tongue of the Ocean, dont l'exploration laisse un souvenir impérissable.

Pink Sands Beach

2 Nombre de magazines sur papier glacé considèrent cette plage comme la plus belle du globe. Son sable fin – de la poudre de corail – brille d'un éclat rosé qui s'embrase à l'aube et au soleil couchant. Des stars telles que Mick Jagger et Harrison Ford ont été aperçues ici, mais les insulaires traitent tout le monde avec la même bienveillance décontractée.

Vieux Nassau

3 Dans la très américanisée Nassau, bien des touristes ne vont pas au-delà des boutiques hors-taxes qui jalonnent Bay St. Dommage pour eux car ils passent ainsi à côté du joli centre historique rose et blanc. Ce petit bijou d'architecture coloniale comprend des édifices publics à l'allures de pièce montée, des forts du XVIIIe siècle armés de canons et des cimetières en ruine où reposent des générations de corsaires. En scrutant la mer du haut de Fort Fincastle, on s'attend presque à voir débarquer les célèbres pirates Barbe Noire et Calico Jack, qui sévissaient jadis dans la zone. Plusieurs musées intéressants mettent en lumière le passé de la ville et fournissent des plans utiles pour l'explorer.

Lucayan National Park

4 Ce parc national de 16 ha, trésor de l'île de

GREG JOHNSTON / GETTY IMAGES ©

Grand Bahama, se distingue par un très long réseau de grottes sous-marines. Un court sentier permet de voir facilement deux d'entre elles. L'endroit a aussi la particularité d'englober les six écosystèmes des Bahamas. Les chemins de la mangrove débouchent sur la plage retirée de Gold Rock, qui mérite une halte.

Mt Alvernia Hermitage

5 Sur Cat Island, le modeste point culminant des Bahamas (62 m) abrite cet ermitage en ruine figurant sur de nombreuses cartes postales. Le père Jérôme, prêtre itinérant et architecte, l'a construit comme une version miniature des églises médiévales de son Angleterre natale. L'ascension se révèle spectaculaire, de même que le panorama depuis le sommet, surtout au coucher du soleil.

Les Biminis

6 La minuscule île de North Bimini jouit d'une réputation sans

Sur 100 personnes aux Bahamas

Religions

(% de la population)

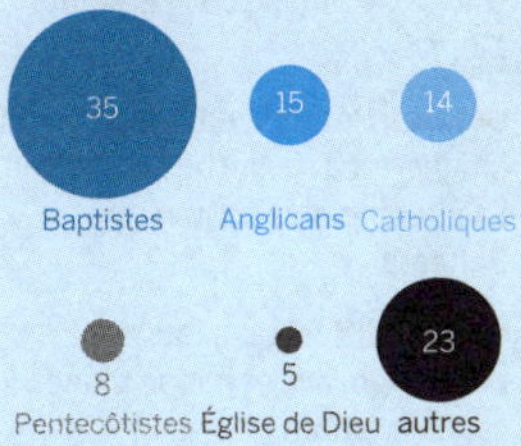

Population au km²

Quand partir

HAUTE SAISON (décembre-février)

- L'afflux d'Américains et d'Européens en quête de soleil fait monter les prix en flèche.
- Les journées chaudes et ensoleillées contrastent avec des nuits un peu fraîches.

SAISON INTERMÉDIAIRE (mars-août)

- Pendant les vacances nord-américaines de mars-avril, la fête bat son plein à Nassau et Grand Bahama.
- À Andros et aux Biminis, le printemps est la meilleure période pour la pêche.

BASSE SAISON (septembre-novembre)

- Les ouragans d'automne font fuir les touristes, et les prix chutent.
- Les températures sont douces, mais il pleut parfois.

Fish Fry

De Nassau à la plus petite des Out Islands, la vie sociale s'organise autour du Fish Fry, terme désignant à la fois un endroit et l'activité qui s'y déroule. Regroupées en centre-ville ou près du port, des baraques en bois de couleurs vives servent le soir poissons et fruits de mer frits – conques, turbot, langouste... – accompagnés de robustes garnitures comme le *peas 'n' rice*. Tout le monde se retrouve ici pour manger, boire de l'alcool local, papoter et danser sur les rythmes du *rake 'n' scrape*. L'ambiance est à mi-chemin entre le pique-nique paroissial, la fête de quartier et le night-club. Selon les îles, le Fish Fry est quotidien ou n'a lieu que les vendredis et samedis.

6

GREG JOHNSTON / GETTY IMAGES ©

Kayak dans la mangrove des Biminis

rapport avec sa taille. Au bord du Gulf Stream, c'est en effet l'une des destinations phares pour la pêche au gros, que fréquentèrent en leur temps Ernest Hemingway et Howard Hughes. Durant la prohibition, elle servit de base aux contrebandiers qui écoulaient de l'alcool jusqu'en Floride, à 85 km à l'est. Cette population de pêcheurs virils et de trafiquants lui a donné un côté rude et aventureux qui perdure aujourd'hui.

Atlantis

7 Hybride de Disneyland et de Las Vegas, la mer en plus, cet immense complexe kitsch sur Paradise Island vous plonge 24h/24 dans une débauche de loisirs balnéaires. Vous pourrez dévaler les toboggans de 60 m de haut du parc aquatique, visiter de fausses ruines archéologiques, déguster les sushis d'un grand chef, jouer au casino et bien d'autres choses encore.

À table !

Boil fish Du mérou cuit avec du jus de citron vert, des oignons et des pommes de terre que les Bahaméens mangent au petit-déjeuner, d'ordinaire avec un *johnnycake* (galette à la farine de maïs).

Cocktails au rhum Goûtez le Goombay Smash ou le Bahama Mama.

Conque Rôti, frit, en salade ou en beignets, ce mollusque constitue l'aliment le plus courant aux Bahamas.

Guava duff Gâteau fourré de pâte de goyave et nappé d'une sauce au rhum.

Langouste des Caraïbes Souvent sautée avec des oignons et du poivre.

Peas 'n' rice Un humble plat de riz et de haricots rouges.

Souse Un épais ragoût à base de tête de mouton, de pieds de cochon et autres bas morceaux.

Transports

Avion Le moyen le plus rapide et le plus pratique pour se rendre d'une île à l'autre. Les habitants eux-mêmes l'utilisent couramment.

Bateau Seule compagnie importante opérant dans l'archipel, Bahamas Ferries (www.bahamasferries.com) dispose d'un ferry rapide reliant Nassau, Andros, les Abacos, Eleuthera et les Exumas. Les navires postaux et les bateaux-taxis sont une autre option.

Bus À Nassau et Freeport, des dizaines de *jitneys* (minibus privés) circulent sur des itinéraires établis. Il n'existe guère de transports publics dans les Out Islands.

Taxi Les taxis officiels abondent à Nassau et Freeport. Ils sont aussi le principal mode de locomotion dans les Out Islands.

CAPITALE
Manama

POPULATION
1,3 million

SUPERFICIE
760 km^2

LANGUE OFFICIELLE
Arabe

Mosquée Al-Fatih, Manama

Bahreïn

Le plus petit des États arabes se distingue de ses voisins du golfe Persique par son insularité et par un esprit moins rigoriste.

Peu engageant au premier abord, le royaume de Bahreïn ne se livre pas tout de suite, mais récompense les curieux. De l'excellent Musée national de Manama aux tumulus funéraires de Sar, les sites intéressants ne manquent pas.

Le pays, un archipel formé de 33 îles, a de tout temps été associé à l'élément liquide, son nom arabe signifiant d'ailleurs "les deux mers". Celui-ci fait référence aux eaux peu profondes bordant le littoral, mais aussi aux nombreuses sources souterraines qui jaillissent un peu partout. Cette eau douce abondante contribua au développement de la civilisation de Dilmun (IIIe-Ier millénaire av. J.-C.), dont des vestiges subsistent dans l'île.

Bahreïn bâtit jadis sa fortune sur la récolte et le commerce des perles. Aujourd'hui, la prospérité économique de Manama se traduit par de grands projets de construction réalisés en gagnant sur la mer. Les effets annoncés du changement climatique pourraient toutefois y mettre un terme.

Quand partir

NOVEMBRE-MARS

➡ Températures plutôt douces et ciel bleu quotidien.

AVRIL

➡ Le mois du Grand Prix de formule 1 et du festival du Patrimoine.

À table !

Dattes À Bahreïn, il en existe de toutes les tailles et couleurs, consommées à différents stades de maturité.

Makbous Riz relevé d'épices avec du poulet, du mouton ou du poisson en sauce.

Rangena Gâteau à la noix de coco.

Bahreïn

Les incontournables

Musée national de Bahreïn

1 Installé dans un bâtiment moderne au ras de l'eau, ce musée retrace 6 000 ans d'histoire du pays. Il met particulièrement l'accent sur la civilisation pré-babylonienne de Dilmun (3 200-330 av. J.-C.), illustrée par des pièces archéologiques telles que des urnes funéraires et des perles d'agate ou de cornaline.

Qal'at al-Bahreïn

2 Cette forteresse du XVIe siècle cernée de douves s'intégrait jadis dans un réseau d'ouvrages défensifs érigés le long du Golfe par les Portugais. Magnifiée par un éclairage nocturne, son histoire semble revivre.

Mosquée Al-Fatih

3 Édifiée en 1984 sur un site gagné sur la mer, cette mosquée compte parmi les plus grandes du monde et peut accueillir 7 000 fidèles. Sa coupole a été entièrement réalisée en fibre de verre. Elle renferme un pavement en marbre italien, un lustre importé d'Autriche et des portes en teck indien sculptées par des artisans de Bahreïn. Des guides compétents vous la feront visiter.

CAPITALE
Dacca

POPULATION
166,2 millions

SUPERFICIE
143 998 km^2

LANGUE OFFICIELLE
Bengali (bangla)

Bangladesh

Pays de voies d'eau et de végétation luxuriante, le Bangladesh vibre, malgré les caprices de la nature, d'une humanité profonde.

“Découvrez le Bangladesh avant les touristes !” Laissez-vous tenter par cette accroche de l'office du tourisme national. Ce pays se prévaut en effet d'un riche passé et se révèle étonnamment agréable et varié. Peu visité, il évoque immanquablement les cyclones et les inondations, si bien que peu de gens imaginent son patrimoine naturel et culturel : des plages immenses, la plus grande mangrove de la planète, des sites archéologiques datant de plus de 2 000 ans, des demeures historiques ayant appartenu à des maharajas du XIXe siècle…

Ne vous fiez pas aux statistiques : malgré la plus forte densité de population au monde, le Bangladesh compte des zones rurales paisibles, où l'on vous accueillera à bras ouverts. D'ailleurs, il n'est pas rare que les douaniers offrent une tasse de thé aux voyageurs en provenance d'Inde. Les infrastructures restent certes limitées, mais les esprits aventureux seront ravis.

Bangladesh
Les incontournables

Au fil de l'eau

1 Les rivières font vivre le Bangladesh, qui en possède plus de 700. Des bacs aux vieux bateaux à roue à aubes grinçants, des voiliers en bois traditionnels aux barques modestes, le pays compterait une diversité d'embarcations inégalée dans le monde. Qu'il s'agisse d'une excursion de plusieurs jours à travers la campagne ou d'une simple traversée, les balades fluviales sont à ne pas manquer. À Dacca, vous pourrez par exemple parcourir la Buriganga en ferry depuis le port principal à Sadarghat.

Les tigres du Sundarban National Park

2 La mangrove du Sunderbans National Park, situé à l'embouchure du Gange entre l'Inde et le Bangladesh, regroupe la plus importante population de tigres au monde. Partir en bateau à la rencontre des quelque 400 tigres du Bengale de la zone constitue le temps fort d'un séjour au Bangladesh. Il est possible d'organiser soi-même une excursion d'une journée à travers la forêt depuis Mongla. Toutefois, pour augmenter les maigres chances de surprendre le furtif félin, mieux vaut effectuer un circuit en bateau de quatre jours depuis Khulna. À défaut de tigres, vous apercevrez peut-être de rares espèces de dauphins et de tortues, ou même des cobras.

Srimangal à vélo

3 La majeure partie du Bangladesh se prête parfaitement au vélo, mais il n'y a qu'à Srimangal – la capitale du thé – que les voyageurs peuvent facilement en louer un. Le paysage enchantera les cyclistes : assez vallonné pour ne pas être ennuyeux, mais pas trop abrupt. Émaillé de forêts, de lacs, de villages et de plantations de thé, c'est une fête pour les yeux.

Randonnée hors des sentiers battus

4 Les régions orientales de Sylhet et Chittagong englobent des collines tapissées de forêts et des petites montagnes escarpées. Rien à voir avec l'Himalaya, mais le cadre naturel invite à la

SABBIR PHOTOGRAPHY / GETTY IMAGES ©

randonnée. Il est assez simple d'effectuer des marches d'une journée depuis des endroits comme Srimangal. Si vous désirez sortir des sentiers battus, faites étape à Bandarban, chef du district peuplé par plusieurs ethnies bouddhistes. De là, un guide compétent vous conduira sur l'un des sommets boisés des Chittagong Hill Tracts.

Vieux Dacca

5 Si certains voyageurs ont les sens agressés par le chaos qui règne dans les ruelles étroites du vieux Dacca, beaucoup y voient l'un des attraits majeurs de la capitale. Quoi qu'il en soit, braver la circulation dantesque, la bousculade et le bruit incessant vous permettra de découvrir le patrimoine architectural de la ville, notamment le fort de Lalbagh et la mosquée Hussain Dalan, remontant au XVIIe siècle. Le vieux Dacca est aussi l'endroit où faire des découvertes culinaires.

Quand partir

HAUTE SAISON
(octobre-mars)

- Températures plus fraîches, voire presque froides en janvier-février.
- Climat sec malgré quelques pluies tardives en octobre.
- Risque de prix majorés à Cox's Bazar, sur le littoral.

SAISON INTERMÉDIAIRE
(avril-mai)

- Chaleur à peine supportable.
- Récolte du miel dans les Sundarbans.
- En mai, les mangues commencent à mûrir.

BASSE SAISON
(juin-septembre)

- La mousson inonde une grande partie du pays.
- Les pluies tempèrent un peu la chaleur de l'air.
- Récolte du thé à Sylhet.

Sur 100 personnes au Bangladesh

33 ont entre 0 et 14 ans
19 ont entre 15 et 24 ans
38 ont entre 25 et 54 ans
5 ont entre 55 et 64 ans
5 ont plus de 65 ans

Religions

(% de la population)

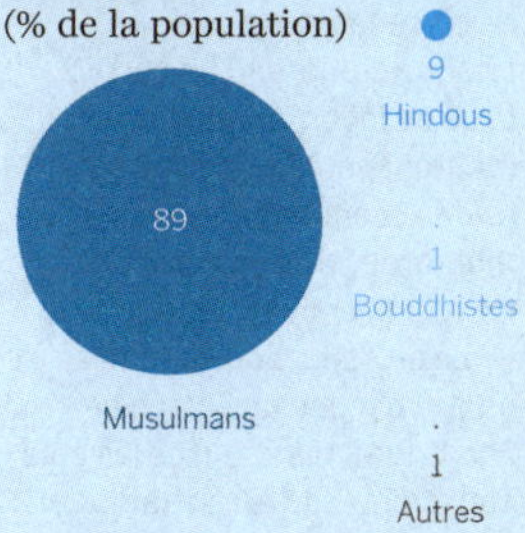

Population au km²

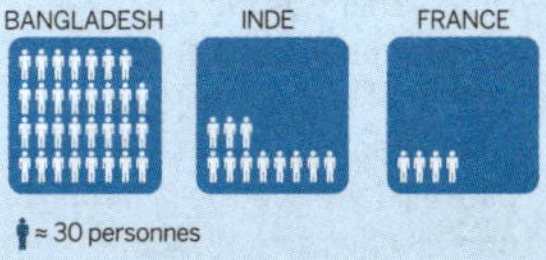

L'art des rickshaws

Au Bangladesh, les couleurs éclatantes dont se parent les rickshaws, ces triporteurs destinés au transport de personnes et de marchandises, frappent d'emblée le visiteur. Décoré de motifs évoquant les aspirations de l'homme de la rue – villes modernes hérissées de gratte-ciel, avions, voitures de sport, maisons idéales, paysages bucoliques, scènes rurales idéalisées et, surtout, acteurs de Bollywood et pop stars –, cet humble véhicule s'élève ici au rang de véritable œuvre d'art.

TIM BARKER / GETTY IMAGES ©

Une villa de Painam Nagar, à Sonargaon

À table !

Les curries très relevés et les *biryanis* aux saveurs délicates qui composent l'essentiel de la cuisine locale vous feront saliver tout au long de votre périple. Qu'ils vivent au Bangladesh ou dans l'État indien du Bengale-Occidental, les Bengalis considèrent leur tradition culinaire comme la plus raffinée du sous-continent. Quoi qu'il en soit, tout le monde reconnaît leur suprématie en matière de douceurs.

Un repas bangladais typique comprend un curry à base de légumes et de bœuf, mouton, poulet, poisson ou œufs accommodés à l'huile de moutarde, ainsi que des *dhal* (lentilles) et du riz blanc.

Le poisson, bouilli, fumé ou frit, occupe une place de choix. Pour les espèces les plus consommées, le *hilsa* (alose) et le *bhetki* (barramundi), on peut quasiment parler de plat national. Il existerait en effet une cinquantaine de façons de les accommoder. Enfin, les *bhajas* sont des beignets de légumes, croustillants et épicés, dont la pâte est faite avec de la farine de pois chiches.

Bateaux à aubes

6 À défaut d'être rapides, les Rockets quasi centenaires gagnent en pittoresque d'année en année. Ces célèbres bateaux à roue à aubes, dont il reste quatre exemplaires, ne relient plus aujourd'hui Dacca à Khulna, mais assurent des croisières avec nuit à bord. Réservez une cabine et découvrez le Bangladesh à un autre rythme.

Trésors cachés

7 Plus humble que ses grands voisins du sous-continent, le Bangladesh ne recèle pas de sites de premier ordre. Son charme réside en revanche dans un certain nombre de trésors méconnus à débusquer : ruines du monastère de Paharpur, haut lieu de la spiritualité bouddhique entre le VIIe et le XIIe siècles ; demeures coloniales délabrées de Sonargaon, ancienne capitale britannique du Bengale ; vestiges de la Sona Masjid dans la ville historique de Gaud, remarquable exemple d'architecture pré moghole…

Transports

Bateau Un moyen de transport courant dans un pays doté de 8 433 km de voies d'eau navigables. Si vous séjournez dans une ville pourvue d'un *ghat* fluvial, renseignez-vous sur les ferrys publics.

Bus Bon marché et très pratiques. Les principales villes bénéficient de dessertes fréquentes, et il n'est pas nécessaire d'acheter son billet à l'avance. Revers de la médaille : l'inconfort total et un manque de sécurité inquiétant. Les bus privés offrent toutefois un confort supérieur.

Voiture Conduire au Bangladesh permet de se déplacer à sa guise sans perdre de temps, mais revient beaucoup plus cher, met les nerfs à rude épreuve et isole de la population.

Plage de Bathsheba

![flag]

CAPITALE
Bridgetown

POPULATION
289 680

SUPERFICIE
430 km²

LANGUE OFFICIELLE
Anglais

Barbade

Les nombreuses activités nautiques qu'offre la Barbade feraient presque oublier, à tort, la nature luxuriante de son arrière-pays et son patrimoine colonial.

Cette île des Petites Antilles a tout pour susciter le rêve : mer bleue, sable blanc immaculé, climat tropical adouci par les alizés et rhums réputés.

Les côtes sud et ouest, touristiques, offrent des options de styles différents pour toutes les bourses, mais l'âme du pays réside ailleurs, dans le vert paysage vallonné de l'intérieur, semé de vestiges du passé britannique. Là, de vastes demeures au milieu des plantations témoignent de la prospérité des anciens colons, et des jardins botaniques donnent à voir la beauté de la flore. Sur la côte orientale, bien connue des surfeurs, les adeptes des vacances sportives pourront aussi pratiquer la planche à voile, la plongée et la randonnée.

Loin du faste, la Barbade n'a pourtant rien d'un pays sous-développé. La vie s'y déroule à un rythme paisible, bercé par le calypso.

Barbade
Les incontournables

Soup Bowl

1 Célèbre dans le monde du surf, ce *reef break* de droite, au large de la plage de Bathsheba, fait partie des meilleurs des Caraïbes. Bien que la région ne soit pas réputée pour la puissance de ses vagues, les amateurs de glisse auraient tort de sous-estimer ce spot. La période la plus favorable pour s'y attaquer s'étend d'août à mars. Les surfeurs aguerris choisiront plutôt la saison des ouragans et le début des fronts froids (septembre-novembre), les débutants celle qui va de mars à mai. Sachez aussi que le spot a peu de profondeur et abrite par endroits des oursins piquants.

Accra Beach

2 Sur la côte sud, Accra Beach forme un croissant de sable parfait, à l'ombre des casuarinas et des raisiniers. Il y a quelques vagues à surfer par endroits, mais rien de terrible, et l'on peut se baigner ou s'adonner aux sports nautiques. Une nouvelle promenade en planches de plus de 3 km rejoint Hasting, à l'ouest. Profitez-en pour prendre une coupe de champagne au Champers, une vieille institution qui domine la plage.

St Nicholas Abbey

3 Voici l'une des plus anciennes plantations des Caraïbes, étape obligée d'un itinéraire à la Barbade. Grâce aux travaux de grande ampleur réalisés par son propriétaire, l'architecte Larry Warren, elle a recouvré son lustre d'antan et produit à nouveau du rhum et de la mélasse. Le décor de la demeure, construite en 1660, a été reconstitué dans le détail jusqu'au mobilier d'époque. Vous verrez aussi une machine à vapeur de la fin du XIXe siècle remise en état. Sur place, un café tranquille sert la production de la distillerie et de quoi grignoter. Avant la visite, lisez l'histoire romanesque des fondateurs du domaine.

Fish Fry à Oistins

4 Deux fois par semaine, Oistins accueille un Fish Fry fameux, véritable

INGOLF POMPE / GETTY IMAGES ©

événement social de l'île, fréquenté à 60% par les habitants, à 40% par les touristes. À cette occasion, des vendeurs de fruits de mer au barbecue investissent les lieux, et le rhum coule à flots sur fond de *soca* (version accélérée du calypso), de reggae, de pop et de country. L'ambiance du vendredi soir est un peu plus électrique que celle du samedi. Tout se passe dans des bâtiments modernes sur le sable, à côté du marché au poisson. On peut se restaurer de 18h à 22h30.

Cricket

5 Sport national de la Barbade, le cricket fait l'objet d'une véritable passion. Bien que faiblement peuplée, l'île a fourni plus de joueurs de premier plan que n'importe quel autre pays. Parmi ces champions, Garfield Sobers a été anobli par la reine Élisabeth II lors de sa visite sur l'île en 1975. Autre héros, Frank Worrel figure sur les billets de 5 B$. Des matchs amicaux se déroulent un peu partout sur des plages ou des terrains plantés d'herbe. Pour les rencontres internationales, direction le stade Kensington Oval de Garrison, près de Bridgetown.

Speightstown

6 De loin la bourgade la plus pittoresque de la Barbade, Speightstown allie le charme colonial à une atmosphère moins sophistiquée que les

Sur 100 personnes à la Barbade

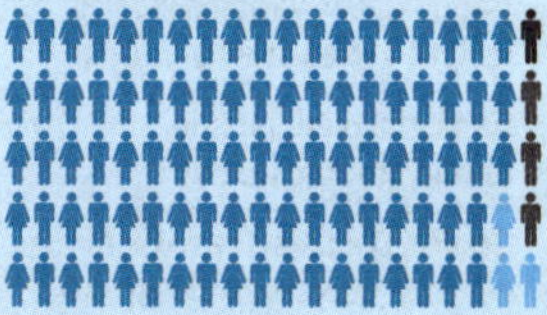

93 sont d'origine africaine
3 sont d'origine européenne
3 sont métisses
1 est indo-caribéenne

Religions

(% de la population)

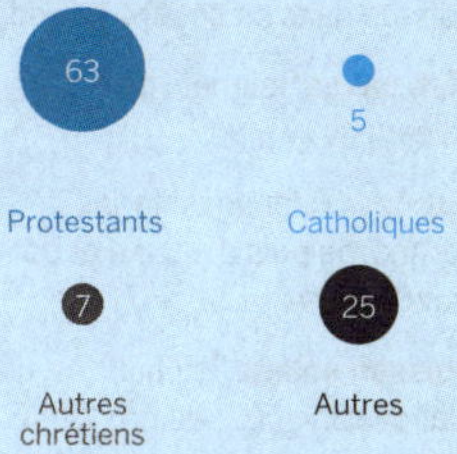

Population au km²

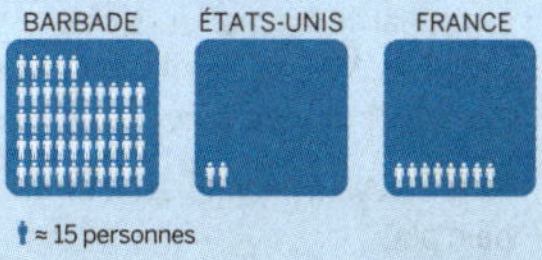

Quand partir

DÉC-AVRIL

➜ La haute saison touristique se traduit par des tarifs plus élevés.

MAI-JUIN, NOV

➜ La saison intermédiaire combine prix abordables et beau temps.

JUIL-OCT

➜ Saison des pluies et des ouragans.

➜ Bonne période pour le surf.

Culture bajan

Les Barbadiens (Bajans) ont emprunté certaines choses aux Anglais : le cricket, le polo et les courses de chevaux font partie des passe-temps populaires, les jardins sont soigneusement entretenus, les vieilles dames portent des chapeaux désuets, et les événements importants donnent lieu à des célébrations en grande pompe.

Pourtant, à y regarder de plus près, la Barbade demeure enracinée dans la tradition afro-caribéenne. Cette influence se manifeste particulièrement dans les saveurs relevées de la cuisine, les rythmes musicaux et les fêtes endiablées.

6

RICHARD CUMMINS / GETTY IMAGES ©

À table !

Bananes Les variétés locales restent vertes, même mûres.

Banks La bière blonde rafraîchissante du cru.

Conkie Dessert à base de farine de maïs, noix de coco, citrouille, patate douce, raisins secs et épices, enveloppé d'une feuille de bananier et cuit à la vapeur.

Cou-cou Purée associant farine de maïs et gombos.

Cutter Sandwich à la viande ou au poisson dans un petit pain rond.

Fish cakes Beignets de morue salée.

Jug-jug Mélange de farine de sorgho, de pois d'Angole et de viande salée.

Poisson volant Sa chair blanche au goût peu prononcé se consomme frite ou sautée, notamment en sandwichs.

Rhum Celui de la Barbade se range parmi les meilleurs des Caraïbes, Mount Gay étant la marque la plus connue.

Roti Curry enveloppé dans un fin pain plat.

complexes touristiques haut de gamme du Sud. Depuis que l'axe principal a été déplacé vers l'est, le trafic automobile est faible. Prenez le temps d'admirer les vieilles façades en bois décrépites, souvent agrémentées d'une galerie en surplomb. Arlington House, une bâtisse du XVIIIe siècle d'un blanc éblouissant, abrite à présent un musée interactif traitant de la colonisation, du système des plantations et de l'activité commerciale passée de la ville.

Welchman Hall Gully

7 Un sentier pédestre traverse cette ravine densément boisée, où poussent quelque 200 espèces végétales, dont des épices comme la noix de muscade. Trop difficile à cultiver, le terrain accidenté a été laissé tel quel et conserve des parcelles de la forêt tropicale qui couvrait jadis le territoire. Repérez les banyans sauvages (*Ficus citrifolia*) : l'île leur doit son nom via le portugais *los Barbados* ("les Barbus").

Transports

Bus On peut se rendre pratiquement partout en bus. Il en existe de trois sortes : les grands bus bleus à bande jaune de l'État, les minibus privés jaunes à bande bleue et les monospaces blancs privés portant les lettres "ZR" sur leur plaque minéralogique, qui font office de taxis collectifs. Tous appliquent les mêmes tarifs.

Taxi Les taxis portent un "Z" sur leur plaque et, habituellement, la mention "Taxi" sur le toit. Faciles à repérer, ils stationnent souvent au bord de la route dans les zones touristiques.

Vélo La Barbade s'adresse aux cyclistes aventureux. Malgré le paysage vallonné, les routes montent rarement en pente raide, sauf dans certains coins de l'Est. En revanche, elles sont plutôt étroites, et la circulation constitue un problème constant dans l'Ouest et le Sud.

CAPITALE	Bruxelles
POPULATION	10,4 millions
SUPERFICIE	30 528 km²
LANGUES OFFICIELLES	Néerlandais, français, allemand

Grand-Place, Bruxelles

Belgique

Histoire, art, gastronomie et multiculturalisme font de la petite Belgique plusieurs destinations en une.

Patrie reconnue de la bière, du chocolat et de la bande dessinée, la Belgique cache, sous ses airs austères, un havre pour l'hédoniste.

Si elle donne parfois d'elle une image bourgeoise, c'est méconnaître ses ressources que d'en rester là. Difficile de ne pas tomber sous le charme de cet État singulier, constitué à 60% de Flamands et à 40% de Wallons. Les villes d'art, comme Bruges et Gand, illustrent de façon magistrale l'architecture flamande du Moyen Âge et de la Renaissance, symbole de sa riche histoire. À Bruxelles, capitale européenne, et à Anvers, nouveau haut lieu de la mode, la Belgique montre sa facette la plus moderne, qu'apprécient les jeunes urbains branchés. Enfin, le sens de l'autodérision et l'hospitalité de ses habitants ne sont pas les moindres de ses atouts.

Belgique
Les incontournables

Bruges

1 Avec son harmonieuse architecture gothique, ses canaux bordés de saules et ses places de marché animées, Bruges a un charme fou. Les touristes d'un jour ont beau s'entasser dans des calèches et des bateaux, ils ne parviennent pas à dissiper l'ambiance intemporelle qui se dégage du centre médiéval. Outre deux superbes places, le Markt (Grand-Place) et le Burg, elle recèle des collections d'art exceptionnelles. Citons le musée Groeninge, consacrée aux primitifs flamands, et le Stadhuis, hôtel de ville du XIVe siècle qui expose des peintures et des meubles. Les courageux pourront grimper les 366 marches du beffroi pour jouir d'un panorama urbain unique.

Grand-Place, Bruxelles

2 Six rues étroites débouchent soudainement sur ce joyau architectural enclavé, sans conteste l'une des plus belles places du monde. Chef-d'œuvre du gothique brabançon, l'hôtel de ville du XVe siècle domine de sa haute flèche les maisons des corporations richement sculptées. Les pavés du XIIe siècle accueillent un marché aux fleurs, un marché de Noël, des concerts et, tous les deux ans, un étonnant tapis de fleurs bigarré.

Anvers

3 Cosmopolite et pleine d'assurance, Anvers présente un harmonieux mélange de patrimoine ancien et de modernité. Pour les amateurs de peinture, c'est la ville natale de Pierre Paul Rubens et le siège du musée royal des Beaux-Arts. Côté architecture, la plus grande cathédrale gothique du pays, des bâtiments Art nouveau, des demeures néo-Renaissance et des tours médiévales se partagent l'espace. La capitale de l'industrie diamantaire est aussi devenue un pôle de la mode européenne, avec des boutiques de créateurs à foison. Enfin, clubs et lieux de sortie divers composent une vie nocturne trépidante.

3

RUDI SEBASTIAN / GETTY IMAGES © | ARCHITECT: NEUTELINGSRIEDIJK ARCHITECTS

MAS (Museum aan de Stroom), Anvers

Champs d'honneur

4 La campagne des Flandres et ses coquelicots symbolisent aujourd'hui encore la tragédie de la Grande Guerre. Dans les quelque 170 cimetières militaires de la région d'Ypres (Ieper), les rangées de croix blanches bien alignées semblent s'étendre sans fin. Des musées bien conçus, comme In Flanders Fields, illustrent la réalité des combats. Reconstruites, les villes d'Ypres et de Dixmude donnent à voir d'élégants édifices de style gothique.

Gand

5 Au confluent de l'Escaut et de la Lys, Gand fut l'une des plus grandes cité d'Europe au Moyen Âge. Elle n'a certes pas la splendeur de Bruges, malgré ses canaux, mais se révèle moins envahie de touristes. Ne manquez pas l'ascension du beffroi et le triptyque de *L'Agneau mystique*, chef-d'œuvre de Jan Van Eyck, dans la cathédrale Saint-Bavon. Gand est aussi la première ville universitaire de Belgique, d'où son dynamisme et sa vie culturelle.

Quand partir

HAUTE SAISON
(juillet-août)

- La belle saison rime avec les activités de plein air et les festivals.
- Les hôtels affichent complets dans les Ardennes, à Bruges et sur la côte, mais les prix baissent à Bruxelles.

SAISON INTERMÉDIAIRE
(mai-juin et septembre)

- Probabilité de temps agréable.
- Moins de monde et prix légèrement inférieurs.
- Retour des embouteillages aux heures de pointe.

BASSE SAISON
(novembre et février-mars)

- Hiver souvent froid et pluvieux.
- Hôtels moins chers, mais fermeture de certaines attractions.
- Plusieurs carnavals hauts en couleur débutent avec le carême.

Sur 100 personnes en Belgique

60 parlent néerlandais
39 parlent français
1 parle allemand

Religions
(% de la population)

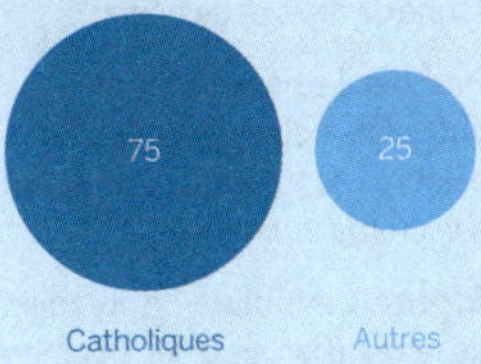

Population au km²

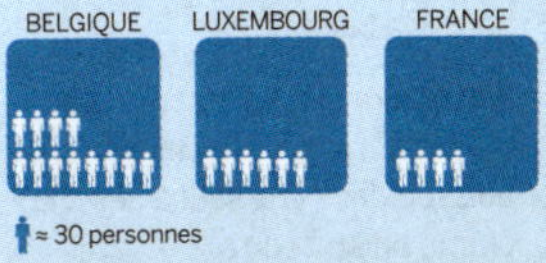

≈ 30 personnes

Bande dessinée

Fleuron de la culture nationale, la bande dessinée doit à la Belgique sa fameuse école de la "ligne claire" et bon nombre de ses auteurs les plus talentueux, parmi lesquels Hergé, Peyo, Franquin et Geluck. Le Centre belge de la bande dessinée, musée qui lui est consacré à Bruxelles, dans un magnifique bâtiment Art nouveau signé Victor Horta, ravit les amateurs de tous âges. Les tintinophiles visiteront aussi le musée Hergé, à Louvain-la-Neuve.

À table !

Chicons au gratin Roulades d'endives au jambon recouvertes de sauce Béchamel et gratinées au four.

Filet américain Steak tartare assaisonné de mayonnaise, sauce Worcestershire, oignons et câpres, le tout recouvert d'un œuf cru.

Moules-frites. On ne présente plus le plat national belge. Les moules sont mijotées au vin blanc, les frites cuites deux fois dans de la graisse de bœuf.

Paling in 't groen Anguille au vert, c'est-à-dire dans une sauce à base d'herbes hachées, d'échalotes, de farine de maïs et de beurre.

Pralines Le nom donné aux chocolats belges, dont les plus célèbres sont les manons, fourrés à la crème aromatisée.

Stoemp Cette purée de pommes de terre mélangée à des légumes et assaisonnée de thym et de laurier fait partie des classiques bruxellois.

Vlaamse stoverij/carbonade flamande Ragoût de bœuf ou de porc à la bière brune.

Waterzooi Littéralement : "eau qui bout" ; ragoût de poulet ou de poisson dans une sauce liée à la crème ou au beurre.

DENNIS K. JOHNSON / GETTY IMAGES ©

Ardennes

6 Pas besoin d'être un spéléologue téméraire pour explorer les impressionnants réseaux de grottes qui se cachent sous les collines des Ardennes belges. Le site de Han-sur-Lesse, le plus connu, inclut un trajet en petit train ; celui de Remouchamps, la traversée d'une rivière souterraine. Au grand air, des villages en pierre grise et des châteaux émaillent la jolie campagne vallonnée, propice à de paisibles balades en kayak.

Bière belge

7 Si les Français connaissent surtout les marques ordinaires exportées, les cartes de certains pubs belges peuvent compter quelque 200 bières différentes, servies chacune dans un verre de forme spécifique. De nombreuses brasseries proposent des visites pour les groupes. De Halve Maan (Bruges) et le fabricant de lambic Cantillon (Anderlecht) accueillent cependant les curieux au pied levé.

Transports

Bus Fréquence maximale les jours d'école, service plus limité le samedi et souvent quasi inexistant le dimanche. Attendez-vous à des trajets lents en zone rurale.

Train La Belgique possède un vaste réseau ferré, la Flandre étant mieux dotée que la Wallonie, plus rurale. Il existe des formules à prix réduit (B-Excursions) sur les grandes destinations.

Vélo Tout à fait adapté au paysage plat des Flandres, possible aussi dans les collines de Wallonie, moins dans la circulation bruxelloise.

Voiture À Bruges, Gand, Anvers ou Bruxelles, se garer prend plus de temps que de circuler d'un point à un autre. Dans la campagne, une voiture vous permettra d'aller facilement partout.

CAPITALE
Belmopan

POPULATION
334 297

SUPERFICIE
22 966 km^2

LANGUE OFFICIELLE
Anglais

Jaguar

Belize

Niché entre les jungles d'Amérique centrale et la mer des Caraïbes, le Belize tire le meilleur parti de ces deux univers.

Encadrée par ses voisins hispanophones et à l'est par les Caraïbes, la plus jeune nation d'Amérique centrale (elle n'a déclaré son indépendance de la Grande-Bretagne qu'en 1981) offre un mélange culturel sans commune mesure dans cette région du globe – Mayas, Garifunas, Créoles, Mennonites, etc. Accueillants et détendus, les Béliziens aiment à cultiver la dimension festive de l'existence. L'ambiance est paisble et le développement touristique n'a rien d'oppressant.

Avec un littoral de près de 390 km et d'innombrables îles, le Belize est tout indiqué pour profiter des joies de la plage. Sa barrière de corail (la plus longue de l'hémisphère Nord) attire des plongeurs du monde entier. L'autre attrait du pays est sa jungle, émaillée de sites mayas, propice aux explorations intrépides.

Même s'il figure parmi les destinations les plus onéreuses d'Amérique centrale, le petit Belize, entre trésors naturels et culturels, mérite amplement le voyage.

Belize
Les incontournables

Kayak dans l'atoll de Glover's Reef

1 Semblable à un collier de perles de sable, l'atoll de Glover's Reef consiste en une demi-douzaine d'îlots entourés d'une mer bleue qui s'étend à perte de vue. Sa situation unique, à la lisière de la barrière de corail, en fait le lieu idéal pour s'adonner au kayak de mer. On peut naviguer aussi bien entre les îles que sur les eaux peu profondes de la lagune centrale. Embarquez dans un kayak à fond transparent pour naviguer avec la faune marine : raies-léopards, raies pastenagues ou tortues sans oublier les poissons tropicaux multicolores.

Plongée dans le Grand Trou bleu

2 Ce trou marin d'un diamètre de 300 m s'enfonce sur plus de 122 m dans l'océan et forme un cercle parfait visible de haut, tel un point bleu nuit dans une mer turquoise. La paroi du Grand Trou bleu est ornée d'une épaisse forêt de stalactites et de stalagmites de formation très ancienne. Un banc de requins de récif – ainsi que de nombreux invertébrés et éponges – tiennent compagnie aux plongeurs qui s'enfoncent dans les mystérieuses profondeurs de l'océan.

Snorkeling dans Shark Ray Alley

3 Les pêcheurs avaient l'habitude de venir à Shark Ray Alley pour nettoyer leurs prises. Attirés par cette nourriture, requins-nourrices et raies pastenagues ont pris l'habitude de venir ici, nullement effrayés aujourd'hui par les bateaux qui transportent les amateurs de plongée. La Shark Ray Alley est devenue le grand spot de snorkeling de la Hol Chan Marine Reserve, partie protégée de la barrière de corail qui abrite une faune et une flore exceptionnelles.

Caye Caulker

4 Sur la petite île corallienne de Caye Caulker, le passe-temps favori est de se balancer dans un hamac, avec un livre et un cocktail de fruits frais à portée de main. Après avoir longuement paressé, on peut ensuite passer à l'action. Et l'île donne l'embarras du

choix, à commencer par la plongée et le snorkeling sur la grande barrière de corail. L'univers sauvage des mangroves se prête idéalement à l'exploration en kayak. Enfin, la brise presque constante rend les conditions optimales pour la navigation à voile, la pratique de la planche à voile ou l'apprentissage du kiteboard.

La Hummingbird Highway

5 C'est sans conteste la plus belle route du Belize. Elle serpente à travers forêt vierge, vergers et villages offrant une vue inoubliable sur les monts Maya. Au départ de Belmopan (sud-est), la route s'étire sur 79 km jusqu'au croisement avec la Southern Highway et l'embranchement pour Dangriga. C'est une succession de paysages de carte postale et autant d'occasions de faire une pause de quelques heures. Partez explorer la St Herman's Cave, randonner à travers la jungle, ou plonger dans les eaux cristallines du Grand Trou bleu. Les chutes de la Barquedier Waterfall concluent cet itinéraire.

Hopkins

6 À mi-chemin entre Dangriga l'animée et Placencia la balnéaire, la ville garifuna de Hopkins affiche sa décontraction. Des vendeurs sillonnent les rues pour proposer gâteaux à la noix de coco et biscuits au chocolat, faits maison. Les hommes sont à la pêche en journée et se retrouvent au son des percussions le soir. Mais le

Sur 100 personnes au Belize

53 sont *mestizo*
26 sont créoles
6 sont garifuna
11 sont mayas
4 sont d'une autre origine

Religions

(% de la population)

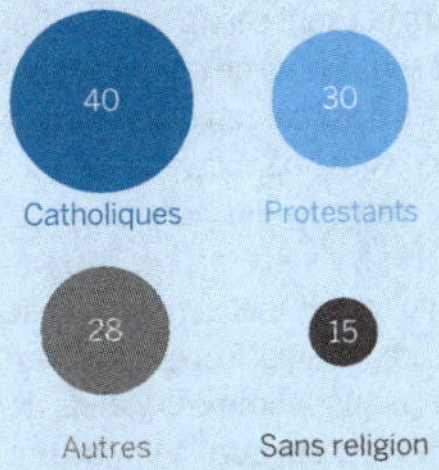

Population au km²

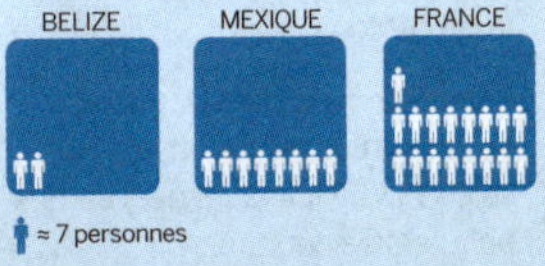

Quand partir

DÉCEMBRE-AVRIL

➡ Temps sec et prix élevés ; période idéale pour la plage et la plongée.

MAI-NOVEMBRE

➡ Ceux qui oseront braver la chaleur et les fortes pluies bénéficieront de réductions.

SEPTEMBRE

➡ Deux semaines de musique, de danse à l'occasion des grandes fêtes nationales.

Bileez Kriol

Bien que l'anglais soit la langue officielle du Belize, la plupart des habitants parlent kriol (un créole issu de l'anglais). Selon un journaliste bélizien, ce créole est *"di stiki stiki paat"*, c'est-à-dire la "colle qui cimente le Belize". Ce créole est très difficile à comprendre pour des anglophones. En plus de l'anglais, cette langue serait influencée par les langues mayas et d'Afrique de l'Ouest, ainsi que par l'espagnol. Il possède ses propres règles grammaticales et un petit corpus de littérature. En outre, il est parlé dans divers pays du monde, ce qui en fait une langue bien plus qu'un simple dialecte.

DAN HALLMAN / GETTY IMAGES ©

Le Caana, Caracol

meilleur atout de l'endroit reste sa longue plage : aussi belle que celles du sud du Belize et jamais surpeuplée.

Ambergris Caye

7 Ambergris Caye, l'Isla Bonita chantée par Madonna dans les années 1980, est le nec plus ultra des paradis tropicaux. Ici le choix s'annonce difficile entre snorkeling sur le récif, kayak sur la lagune ou planche à voile sur les bras de mer. On peut aussi se faire dorloter dans un spa, se détendre dans un cours de yoga, ou choisir la plage entre sieste et baignade. Le soir, c'est un nouveau programme qui s'annonce, entre restaurants de poisson et boîtes de nuit branchées.

Caracol

8 Quittez la modernité pour plonger dans la civilisation maya. Caracol est le site emblématique du pays dont l'influence politique rivalisait jadis avec Tikal au Guatemala. Au cœur de la cité, où sont regroupés temples, palais, ateliers d'artisanat et marchés, vous percevrez la puissance et la gloire du site. Haut de 43 m, le Caana ("palais du Ciel") est le plus haut bâtiment construit par l'homme au Belize. Une immersion dans l'histoire mais aussi dans la jungle qui entoure ce site spectaculaire.

À table !

Hudut Ce plat garifuna populaire se compose de banane plantain cuite à la vapeur puis réduite en purée avec un pilon dans un mortier. On ajoute à la préparation du poisson, le vivaneau en général, et du lait de coco.

Riz et haricots Spécialité de la cuisine bélizienne, riz et haricots se déclinent en deux versions : "riz et haricots" lorsqu'ils sont cuits ensemble ; "haricots et riz" lorsque les haricots sont servis dans un bol à part sous forme de ragoût épais. Dans les deux cas, on utilise du lait de coco et des haricots rouges, ce qui les distingue des plats de riz et haricots servis ailleurs. Les deux variantes accompagnent du poulet ou du bœuf (et parfois des viandes plus exotiques comme la viande de paca, un rongeur que l'on trouve en Amérique du Sud et en Amérique centrale). À cela s'ajoutent des épices et des condiments, comme le lait de coco.

Produits de la mer Dégustez de savoureuses langoustes (la saison va de juin à février) ou des beignets de conque.

Transports

Bateau Des bateaux rapides naviguent tous les jours entre Belize City, Caye Caulker et Ambergris Caye. D'autres bateaux circulent entre Corozal et Ambergris Caye. Un ferry assure la liaison entre Placencia et Mango Creek.

Bus Le nombre pléthorique de compagnies de bus peut déconcerter. Les bus se rassemblent aux abords des gares routières ou des marchés. Pour vous informer sans vous perdre, surfez sur le site www.guidetobelize.info, qui tient à jour la liste des compagnies, les itinéraires et les horaires.

CAPITALE
Porto-Novo

POPULATION
10,1 millions

SUPERFICIE
112 622 km²

LANGUE OFFICIELLE
Français

Marché flottant de Ganvié, sur le lac Nokoué.

Bénin

L'ancien royaume du Dahomey s'est mué en un îlot de stabilité et de démocratie en Afrique subsaharienne. Raison de plus pour venir y découvrir ses sites naturels et sa passionnante culture.

Voyager au Bénin donne l'occasion d'admirer un paysage unique : les cités lacustres sur pilotis habitées par des milliers de pêcheurs. Ses autres attraits sont beaucoup plus discrets et ne se dévoilent pas d'emblée, en particulier dans des villes comme Cotonou, la métropole. La culture traditionnelle, riche et complexe, demeure très vivace, notamment le culte des ancêtres et le vaudou.

Aujourd'hui de taille modeste, le Bénin fut jadis le cœur du royaume fon du Dahomey, le plus vaste d'Afrique occidentale. La traite humaine y était très répandue : plusieurs millions d'esclaves furent ainsi envoyés au-delà des mers, principalement au Brésil. Certes, le pays connaît comme ses voisins des problèmes de développement, mais jouit d'une économie plus florissante et de meilleures infrastructures que la plupart d'entre eux. Quelques projets d'écotourisme y ont même vu le jour. Et le pays est très hospitalier.

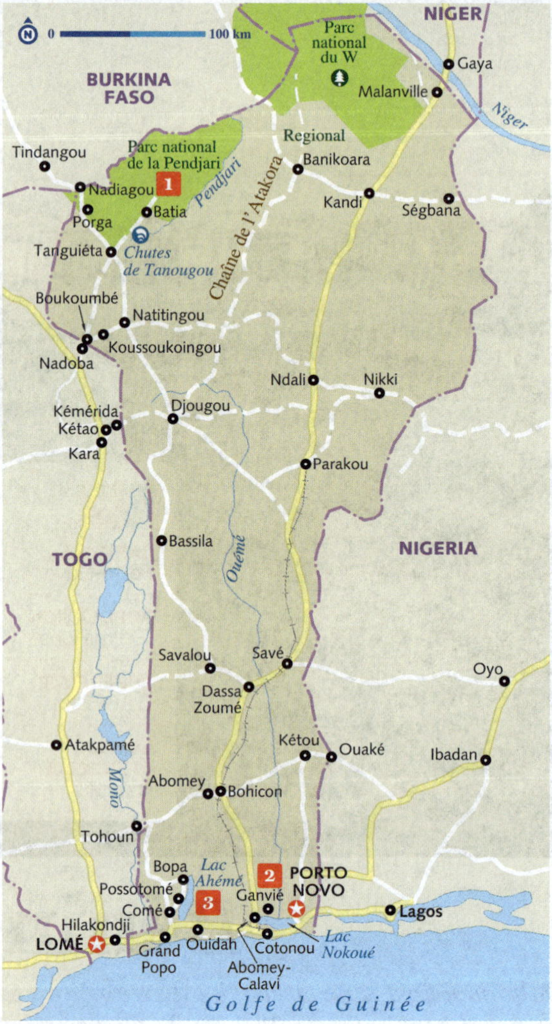

Quand partir

NOVEMBRE-FÉVRIER

➡ Temps chaud et sec, idéal pour l'observation de la faune. L'harmattan provoque parfois un ciel voilé.

MARS-MAI

➡ La période la plus chaude, quand l'harmattan cesse. Ciel clair et quelques pluies dans le Sud.

JUIN-OCTOBRE

➡ Généralement très humide et pluvieux, avec un épisode sec au sud entre mi-juillet et mi-septembre.

À table !

La Béninoise La marque de bière locale.

Poisson Le produit phare de la cuisine béninoise du Sud, servi grillé ou frit. Il s'agit le plus souvent de barracuda, de dorade coryphène ou de mérou.

Tchoukoutou Bière de mil ou de sorgho.

Bénin
Les incontournables

Parc national de la Pendjari

1 L'un des mieux protégés d'Afrique de l'Ouest, ce parc de 275 000 ha au nord-ouest du pays, à la frontière du Burkina Faso, englobe une partie de la chaîne de l'Atacora et des étendues de savane boisée. Outre son animal emblématique, le guépard, il abrite des populations de lions, léopards, éléphants, hippopotames, babouins et antilopes, ainsi qu'une abondante faune aviaire.

Ganvié

2 Quelque 30 000 Tofinous résident dans les cases en bambou de cette cité lacustre, à plusieurs kilomètres des rives du lac Nokoué, au nord de Cotonou. On y vit essentiellement de la pêche, mais le tourisme s'y développe.

Lac Ahémé

3 Les rives fertiles du lac se prêtent à une halte de quelques jours, en particulier autour de Possotomé, le plus gros village. Outre la baignade, on peut découvrir les techniques de pêche traditionnelles, observer les artisans au travail ou effectuer une excursion botanique à la découverte des plantes médicinales.

CAPITALE
Hamilton

POPULATION
69 800

SUPERFICIE
54 km²

LANGUE OFFICIELLE
Anglais

Flatts Inlet

Bermudes

Terrain de jeu des millionnaires et des célébrités, ce petit territoire britannique de l'Atlantique Nord se distingue des autres destinations insulaires par son alliance de luxe et de décontraction.

L'archipel des Bermudes attire les visiteurs avec ses promesses de soleil, de mer et de sable rose. Les célébrités y élisent domicile, tandis que les riches chefs d'entreprise s'y accordent une escapade régénératrice. Si vous êtes en quête de tranquillité, les complexes luxueux sauront vous apaiser, à force de délicates attentions. Quant aux romantiques, ils apprécieront les auberges décorées de lits à baldaquin et synonymes de dîners aux chandelles. Entourant l'île, un fabuleux récif corallien et des dizaines d'épaves abritent de nombreux poissons multicolores, autant d'occasions de plongées mémorables. Par ailleurs, les eaux cristallines de Southampton Parish offrent des conditions idéales pour la pratique du kayak et de la voile.

Les marins d'eau douce iront taper la balle sur de splendides parcours de golf, randonner au fil de chemins paisibles, ou prendre le soleil sur de sublimes plages de sable rose. Côté culture, St George, plus ancienne cité britannique du Nouveau Monde offre une balade agréable dans sses rues préservées.

Bermudes
Les incontournables

Ville historique de St George

1 Inscrite sur la liste du patrimoine mondial de l'Unesco, cette ville coloniale exhale un authentique charme historique. Si certains de ses bâtiments centenaires ont été transformés en musées, d'autres continuent de servir de lieu d'échange et de rencontre, d'église ou de boutique. King's Square, le cœur historique de la cité, a conservé de pittoresques vestiges du XVIIIe siècle, tel ce pilori utilisé pour châtier les voleurs, ou cette chaise à plongeon pour les dames trop bavardes (des acteurs proposent de joyeuses reconstitutions de ce châtiment).

Horseshoe Bay

2 Avec sa mer turquoise et ses étendues de sable rose (si nombreuses que la plupart des complexes disposent de leur propre plage privée), on comprend aisément pourquoi Horseshoe Bay est considérée par beaucoup comme la plus belle île de l'archipel. Sans surprise, il arrive qu'elle soit prise d'assaut par les habitants et les touristes en plein été. Quant à la Beach House, elle propose matériel nautique à louer, en-cas et vestiaires pour se changer.

Base navale de la Royal Navy

3 Prenez le ferry à Hamilton pour rallier cette base navale fondée par la Marine britannique, qui décida d'en faire son "Gibraltar de l'Ouest". Vous pourrez aisément passer une heure ou deux sur place : explorez le Bermuda Maritime Museum et son site, flânez sur les marchés d'artisanat, faites une halte au pub et profitez du Bermuda Snorkel Park.

Plongée entre épaves et coraux

4 Outre une multitude d'épaves, nombre de visiteurs sont surpris de découvrir que les eaux des Bermudes abritent de magnifiques coraux. Malgré sa position septentrionale, l'archipel possède un système corallien florissant, qui bénéficie d'une mer peu

STUART GREGORY / GETTY IMAGES ©

profonde et de courants chauds. Les Bermudes recèlent 24 espèces de coraux durs et une bonne vingtaine de variétés de coraux mous, dont des gorgones. Bien que des centaines de kilomètres de mer froide séparent les Bermudes des Caraïbes, de nombreuses espèces de poissons tropicaux arpentent les coraux de l'archipel. Parmi les épaves à découvrir, citons le *Constellation* ou le *Cristobal Colon*, un paquebot espagnol de 150 m qui fit naufrage en 1936.

Golf avec vue

5 L'archipel compte pas moins de huit parcours qui offrent une vue splendide sur l'océan. Véritable bijou, le green de Port Royal révèle un panorama stupéfiant, des zones de départ ardues et des trous en bord de falaise qui en font l'un des meilleurs parcours de la planète. Celui de St George offre une vue panoramique sur le fort St Catherine et les eaux turquoise au-delà.

Hamilton

6 Il y a de bonne chances que vous passiez plusieurs fois par Hamilton, capitale et épicentre des Bermudes. Avec sa vue panoramique et ses donjons tortueux, Fort Hamilton fait partie des attractions vedettes. Ne négligez pas pour autant le musée historique et la galerie nationale. Le soir, régalez-vous d'une soupe de poisson

Quand partir

AVR-OCT

➡ La saison la plus chaude, avec un fort taux d'humidité, mais aussi la plus prisée.

NOV-MARS

➡ Températures plus fraîches. La fréquentation baisse, tout comme les tarifs.

AOÛT-OCT

➡ Saison des ouragans, même si les Bermudes ne sont pas dans la zone la plus sensible.

Sur 100 personnes aux Bermudes

54 sont d'origine africaine
31 sont d'origine européenne
8 sont métisses
7 sont d'une autre origine

Religions
(% de la population)

Population au km²

≈ 30 personnes

Les plages de sable rose des Bermudes

Les plages de carte postale des Bermudes n'en finissent pas d'attirer les vacanciers. Le plus frappant est leur sable de couleur rose, donnée par la coquille minérale d'un foraminifère. Ce protozoaire marin, très répandu sur les récifs bermudiens, possède une minuscule et robuste coquille qui s'échoue sur le rivage à la mort de l'animal. Ces fragments de coquille rose fournissent la couleur dominante d'un sable qui, à défaut, afficherait une teinte plus terne mêlant le corail d'un blanc décoloré et le carbonate de calcium de couleur ivoire.

MARK HARRIS / GETTY IMAGES ©

À table !

Bermuda fish chowder Soupe de poisson acidulée, assaisonnée de rhum brun et de *sherry peppers sauce*.

Rhum Black Seal Rhum brun produit aux Bermudes, ingrédient principal du Bermuda Swizzle, un cocktail très populaire.

Cake au cabillaud Appétissant pâté grillé, composé de cabillaud, de pommes de terre et de curry.

Ginger beer Soda produit localement, associé au rhum Black Seal dans le cocktail "dark 'n stormy".

Soupe de haricots à la portugaise Classique recette populaire alliant saucisse épicée et haricots rouges importés par les immigrants portugais.

Shark hash Petits morceaux de requin, mélangés avec des pommes de terre et frits à la poêle.

Codfish breakfast Repas dominical traditionnel à base de cabillaud, d'œufs, de pommes de terre, de banane et d'avocat, avec une sauce à l'oignon et à la tomate.

et d'un Rum Swizzle au Hog Penny Pub.

Bermuda Underwater Exploration Institute

7 Avant de chausser vos palmes, passez par cet institut, qui dévoile les mystères du monde marin à travers une étonnante sélection d'expositions et de dispositifs interactifs. Signalons les cloches de plongée et les submersibles, la simulation de plongée à 3 650 m en submersible, ou encore l'incroyable collection de pièces en or et de bijoux provenant d'épaves de galions espagnols.

Grottes de cristal

8 Crystal Cave, le plus spectaculaire réseau de grottes des Bermudes, renferme des milliers de stalactites qui se reflètent dans un lac aux couleurs bleu-vert. En dépit de ses dimensions, cette immense cavité souterraine fut découverte par hasard en 1907 par deux enfants. Aujourd'hui, un escalier de 82 marches conduit à 36 m sous terre, jusqu'à la grotte et son lac.

Transports

Bateau Les ferrys, qui circulent quotidiennement dans le Great Sound et le Hamilton Harbour, constituent une alternative pittoresque au bus. Ils peuvent aussi s'avérer plus rapides, les distances étant souvent moins importantes par la mer.

Bus L'archipel possède un bon réseau de bus, au départ le plus souvent de Hamilton, qui permet de gagner la majorité des sites et des plages.

Scooter Peu de voitures sur l'île. L'alternative, c'est la location de scooters, aisée car ne nécessitant pas de permis.

Vélo Le vélo (ou "pedal cycle") est une façon agréable de circuler dans l'île. Nombreux points de location.

Moines en tenue de cérémonie au Gangte Goemba, vallée du Phobjikha

CAPITALE
Thimphu

POPULATION
754 000

SUPERFICIE
47 000 km²

LANGUE OFFICIELLE
Dzongkha

Bhoutan

Ce minuscule royaume himalayen défend vigoureusement sa culture bouddhiste et ses traditions tout en s'ouvrant depuis peu au monde extérieur.

Le magnifique Bhoutan, drapé dans une atmosphère profondément bouddhiste, a longtemps pris soin de cacher ses charmes au reste du monde. Il semble cependant prêt à s'ouvrir depuis quelques années.

Pour les visiteurs qui en reviennent émerveillés, ce pays est d'abord synonyme d'incroyables paysages himalayens, à l'image des sommets enneigés surplombant des gorges couvertes de forêt primaire. Ensuite, de majestueux *dzongs* et monastères. Ces édifices à l'architecture unique incarnent la culture bouddhiste et accueillent de spectaculaires *tsechus* (festivals de danse sacrée). Enfin, citons les tissus et l'artisanat, les concours de tirs à l'arc, les treks en haute altitude. Si ce n'est pas Shangri-La, cela y ressemble beaucoup.

Toutefois, ce territoire n'est pas donné à tout le monde. Seuls quelques milliers de permis de voyager sont émis et le touriste devra dépenser jusqu'à 250 $US/jour. L'argument est connu, l'exceptionnel n'a pas de prix.

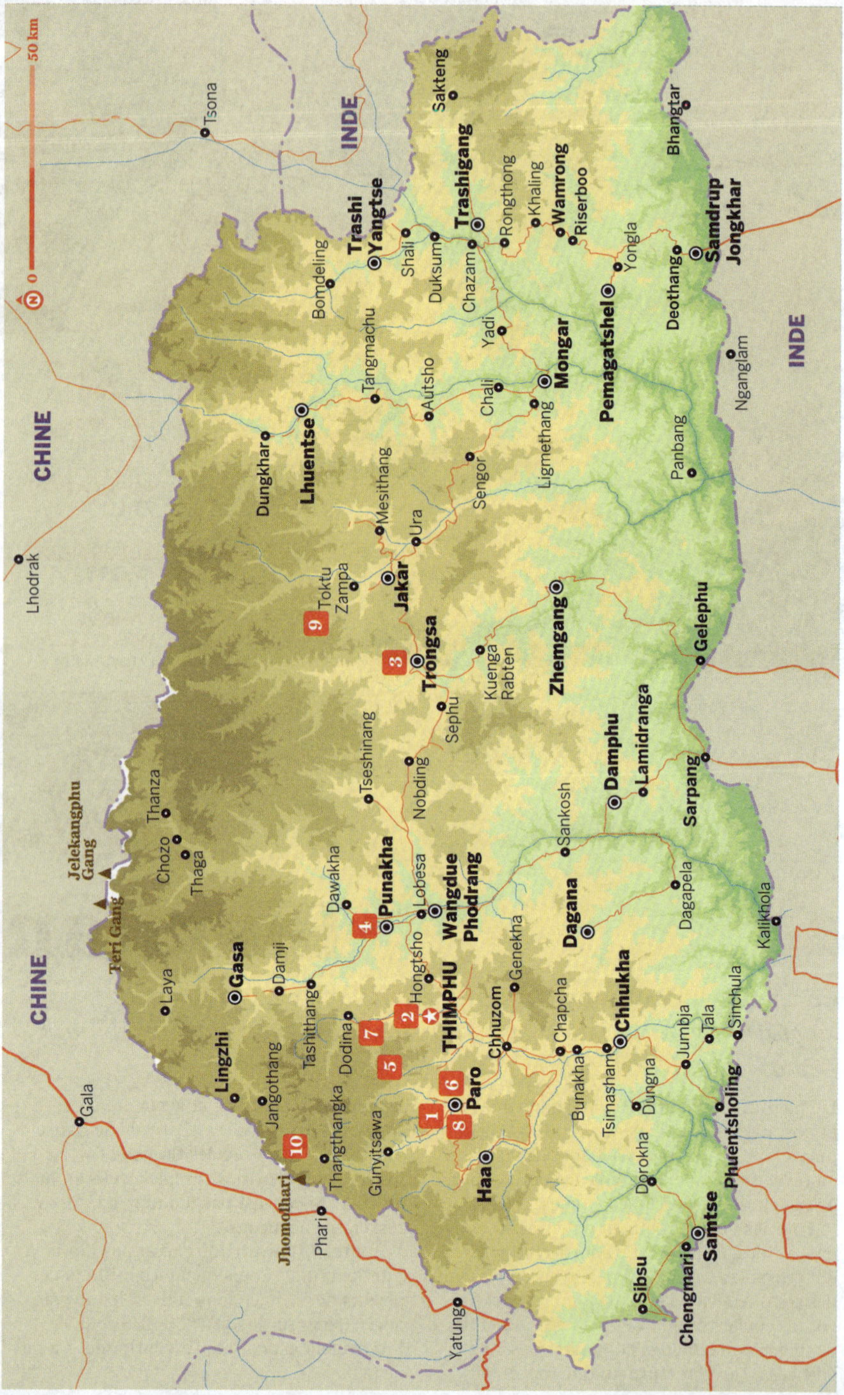

CHINE
INDE
0
50 km
N
Tsona
Lhodrak
Gala
Phari
Yatung
Jhomolhari
Teri Gang
Jelekangphu Gang
Lingzhi
Jangothang
Thangthangka
Laya
Gasa
Damji
Tashithang
Chozo
Thaga
Thanza
Gunyitsawa
Paro
Haa
Dodina
Hongtsho
THIMPHU
Chhuzom
Genekha
Chapcha
Bunakha
Tsimasham
Chhukha
Dungna
Dorokha
Jumbja
Tala
Sinchula
Phuentsholing
Samtse
Sibsu
Chengmari
Dawakha
Punakha
Lobesa
Wangdue Phodrang
Dagana
Dagapela
Kalikhola
Sankosh
Tseshinang
Nobding
Sephu
Trongsa
Kuenga Rabten
Zhemgang
Damphu
Lamidranga
Sarpang
Gelephu
Toktu Zampa
Jakar
Ura
Mesithang
Dungkhar
Lhuentse
Sengor
Ligmethang
Tangmachu
Autsho
Chali
Mongar
Yadi
Bomdeling
Trashi Yangtse
Shali
Duksum
Chazam
Trashigang
Rongthong
Khaling
Wamrong
Riserboo
Sakteng
Pemagatshel
Yongla
Deothang
Samdrup Jongkhar
Bhangtar
Nganglam
Panbang
1
2
3
4
5
6
7
8
9
10

Bhoutan
Les incontournables

Taktshang Goemba

1 Le Taktshang Goemba (monastère du nid du tigre) est l'un des sites religieux les plus vénérés du pays. Selon la légende, Guru Rinpoché serait venu ici sur le dos d'une tigresse afin de dompter un démon, avant d'y séjourner pendant trois mois pour y méditer. Ce somptueux édifice est accroché à une falaise abrupte qui domine une forêt de pins. La balade vaut le voyage, offrant une vue splendide sur le monastère et la vallée de Paro, surtout à la saison des rhododendrons fleuris.

Marché du week-end de Thimphu

2 Coloré et animé, le marché du week-end de Thimphu est le plus important du pays. La section alimentaire offre un festival olfactif, où le poisson séché, le fromage à pâte molle, la noix de bétel et les piments séchés se disputent vos narines. La crosse de fougère (*nakey*) et le riz rouge ne sont que deux des nombreux produits exotiques à disposition. Empruntez l'ancienne passerelle sur le Wang Chhu afin de rejoindre les étals d'artisanat et de tissus. Vous pourrez y marchander des milliers d'"antiquités", du rouleau de drapeaux de prière à la trompette taillée dans un fémur humain.

1

Trongsa Dzong et musée de la Tour de Trongsa

3 Bâti sur une crête dominant une gorge, le Trongsa Dzong occupe une position géographique essentielle. Les deux premiers rois du Bhoutan régnèrent depuis ce bastion stratégique, qui abrite un labyrinthe aux nombreux niveaux, couloirs et cours. Dominant le monastère, le musée du patrimoine royal de la Tour de Trongsa est logé dans la tour de guet. Consacré à l'histoire du *dzong* et à la dynastie des Wangchuck, qui gouverne le pays depuis 1907, il expose quantité d'objets.

Sur 100 personnes au Bhoutan

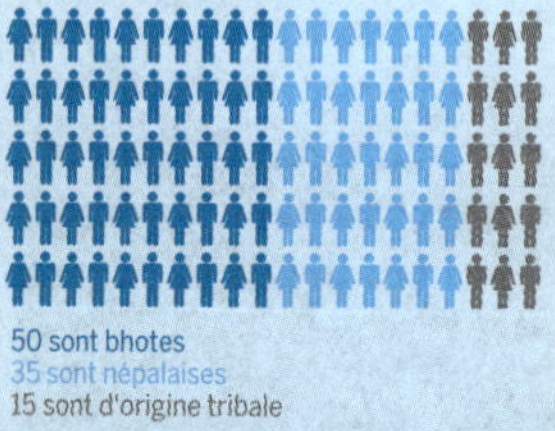

Religions

(% de la population)

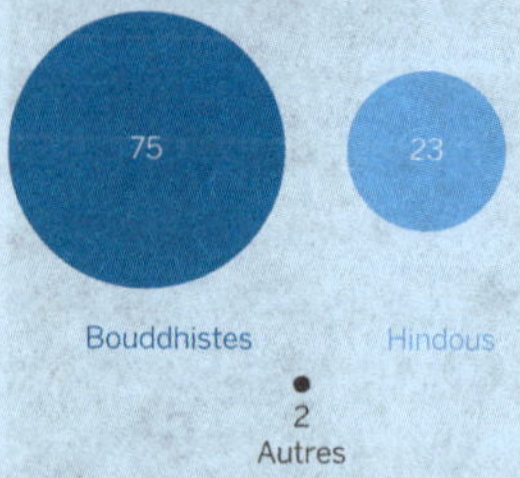

Population au km²

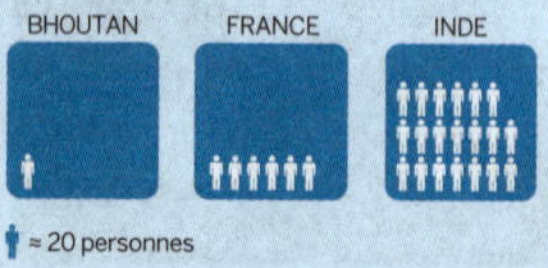

Punakha Dzong

4 Idéalement situé au confluent de deux rivières, l'idyllique Punakha Dzong dégage une sérénité toute monastique. Édifié par le Zhabdrung en 1637, il constitue la résidence d'hiver du Je Khenpo, le plus haut dignitaire bouddhiste, et accueille le couronnement des souverains. Au printemps, on admire le spectacle des jacarandas déployant leurs fleurs sur les murs chaulés, tandis que des moines en robe rouge avancent sur un tapis de pétales mauves. D'une seconde à l'autre, entre les murs épais du monastère-forteresse, on passe du silence aux gloussements de jeunes bonzes en route pour le déjeuner.

Trek du Druk Path

5 Trek le plus populaire du Bhoutan, le Druk Path compte de nombreux atouts : des monastères, des paysages montagnards, une distance de marche idéale et cette puissante impression de cheminement que l'on ressent en allant de Paro à Thimphu, les deux destinations les plus prisées du pays. Vous serez accompagné par un guide compétent, tandis qu'un poney portera vos bagages. Ici, la randonnée mène par-delà les routes et la modernité. La rencontre d'habitants en tenue traditionnelle, veillant sur leurs cultures et leurs animaux, figurera parmi les temps forts de votre séjour.

Rinpung Dzong

6 L'impressionnant Rinpung Dzong de Paro veille jalousement sur la vallée et la ville. Le très coloré *tsechu* de Paro, une

Le pavot bleu

Le pavot bleu de l'Himalaya, la fleur nationale du Bhoutan, affiche des pétales d'un bleu ou d'un pourpre délicat, assortis d'un filament blanc. Après plusieurs années de croissance, la plante fleurit une seule fois pour produire des graines et meurt ensuite.

À une époque, le pavot bleu était considéré comme un mythe, à l'instar du *migoi* (yeti). En 1933, un botaniste britannique, George Sherriff, le découvrit dans la région montagneuse de Sakteng, à l'est du pays. Malgré cela, rares sont les personnes à en avoir vu de près.

À table !

Les Bhoutanais adorent les piments – au point que certains plats ne comportent rien d'autre, sinon des condiments imprégnés de... piment.

Le plat national du Bhoutan est l'*ema datse*, de gros piments verts (voire rouges, mais toujours très piquants) préparés comme un légume et non comme un assaisonnement, et servis dans une sauce à base de fromage. Dans les hôtels et lors des treks, les cuisiniers concoctent d'excellents plats sans épices, comme le *kewa datse* (pommes de terre au fromage) ou le *shamu datse* (champignons au fromage). Parmi les autres mets au menu figurent les asperges et les crosses de fougère (*nakey*).

Le bœuf et le poisson proviennent d'Inde ou de Thaïlande. En été, vous n'aurez peut-être droit qu'au poulet, voire à un régime végétarien dans certaines régions reculées. Quant à la viande de yak, elle n'est cuisinée qu'en hiver.

Parmi les en-cas d'influence tibétaine figurent les *momos*, petits raviolis à la vapeur garnis de viande ou de fromage. Plusieurs restaurants de Thimphu sont spécialisés dans les *momos* au fromage frits.

Guettez les chapelets de *chugo*, un fromage de yak à pâte dure, pendus aux poutres des boutiques.

CHRISTIAN KOBER / GETTY IMAGES ©

Danseurs en costume traditionnel au Trashi Chhoe Dzong, vallée de Thimphu

fête bouddhique connue pour ses spectacles de danses aux masques et costumes bigarrés, se tient ici au printemps. Surplombant le monastère, la vénérable *ta dzong*, une tour de guet circulaire, abrite l'excellent Musée national.

Vallée de Thimphu

7 La vallée de Thimphu ne manque pas de sites d'intérêt, comme le Trashi Chhoe Dzong. À proximité de la capitale, plusieurs randonnées font étape par plusieurs monastères joliment situés et offrent des vues saisissantes sur la vallée en contrebas. À l'ouest du centre de Thimphu, le Motithang Takin Preserve est le site idéal pour observer l'emblème national du Bhoutan, le takin, un bovidé caprin ressemblant au gnou africain.

Kyichu Lhakhang

8 Le splendide Kyichu Lhakhang, l'un des temples les plus anciens et vénérés du Bhoutan, est proche de la ville-carrefour de Paro. Le site est composé

Quand partir

HAUTE SAISON (mars-mai, sept-nov)

➡ Climat idéal, au printemps comme en automne. Réservez votre vol bien à l'avance.

➡ Vues somptueuses en octobre. Rhododendrons fleuris en mars-avril.

SAISON INTERMÉDIAIRE (déc-fév)

➡ Outre la fréquentation en recul, on peut réaliser des économies en voyageant à cette période.

➡ Le climat est encore agréable. Il peut faire froid en décembre-janvier.

BASSE SAISON (juin-août)

➡ Les pluies de mousson et les sangsues signent la fin de la plupart des randonnées.

➡ Les fleurs de haute altitude sont à leur apogée.

de deux temples jumeaux dont le plus ancien aurait été construit en 659 par le roi du Tibet, Songtsen Gampo. Les jardins résonnent du bourdonnement des psalmodies et des moulins à prières, tandis qu'à l'intérieur, le sanctuaire abrite une précieuse statue de Jowo Sakyamuni (VIIe siècle). À proximité de ce temple paisible, départ de multiples randonnées faciles.

Transports

Avion Le Bhoutan a des projets ambitieux en matière de vols intérieurs. Consultez votre tour-opérateur pour plus d'infos.

Bus Les autobus publics sont vite bondés et souvent bruyants, sans parler des routes sinueuses. Des prestataires privés, comme Dhug, Metho et Sernya, utilisent des véhicules plus confortables mais aussi plus coûteux (50% de plus que les minibus publics).

Voiture et moto Les transports étant généralement fournis par les tour-opérateurs, vous n'avez pas à vous soucier de conduire. Si vous vous en occupez vous-même, vous avez tout intérêt à louer une voiture avec conducteur, ou à prendre le taxi.

Bumthang

9 Les vallées du Bumthang, qui invitent à des randonnées à la journée, constituent le cœur culturel du Bhoutan. Les monastères et temples de cette région ont joué un rôle important dans la genèse du pays et le développement du bouddhisme bhoutanais. Observez l'empreinte de Guru Rinpoché (maître bouddhiste du VIIe siècle), soulevez la cotte de mailles du vénéré Pema Lingpa et plongez le regard dans les eaux agitées du Membartsho, là-même où Pema Lingpa aurait récupéré les trésors enfouis par le grand maître bouddhiste.

Trek du Jhomolhari

10 Les treks bhoutanais sont exigeants mais incroyablement gratifiants. Ils atteignent généralement des altitudes élevées et des régions reculées. Le trek du Jhomolhari est au Bhoutan ce que le trek du camp de base de l'Everest est au Népal : un véritable pèlerinage. Il conduit les randonneurs à un jet de pierre du Jhomolhari et du Jichu Drakye, deux des plus beaux sommets du Bhoutan. Le parcours emprunte un col haut perché, traverse le village reculé de Lingzhi, franchit un deuxième col puis poursuit vers Thimphu. C'est aussi une excellente occasion d'apercevoir des yaks.

À voir

L'Autre Finale (Johan Kramer ; 2003). Ce documentaire relate la rencontre des deux équipes de football les plus mal classées du monde à l'époque, Montserrat et le Bhoutan.

Voyageurs et magiciens (Khyentse Norbu ; 2003). Conte fantasque traitant du conflit entre modernité et traditions, entre sinueuses routes de montagne et sombres forêts mystérieuses.

À lire

Le Cercle du karma (Kunzang Choden ; 2005). L'histoire d'une jeune femme en quête de son destin à travers le Bhoutan. Un récit qui révèle toute la richesse de la vie et des rituels quotidiens.

Le Bhoutan : au plus secret de l'Himalaya (Françoise Pomaret ; 2005). Une vision sans cliché du pays pour plonger dans l'univers de son peuple.

Bhoutan, terre de sérénité (Matthieu Ricard ; 2008). Un beau livre de photographies sur les traditions bouddhiques, servies par les textes d'un fin connaisseur du Bhoutan.

Camp de base du Jhomolhari, région de Thimpu

Église Saint-Pierre-et-Saint-Paul, Minsk

CAPITALE
Minsk

POPULATION
9,6 millions

SUPERFICIE
207 600 km^2

LANGUES OFFICIELLES
Biélorusse, russe

Biélorussie

Oubliée de la perestroïka, la Biélorussie semble vivre en marge du reste de l'Europe. Ce qui n'empêche pas ses habitants d'accueillir les étrangers avec une hospitalité proverbiale.

Ceux qui connaissent l'existence de la Biélorussie (Беларусь) n'ont souvent entendu que des commentaires négatifs : avant-poste de la tyrannie, survivance de l'ère soviétique. Toutefois, si le régime est répressif, l'économie, centralisée et les médias, contrôlés par l'État, les touristes n'en pâtissent pas et se feront une meilleure idée de la vie au "bon vieux temps" qu'en Russie.

La meilleure manière de découvrir le pays consiste à goûter à la vie citadine tout en consacrant plus de temps à la campagne pour rencontrer la population. Au-delà de son architecture stalinienne et de ses statues héritées de l'URSS, Minsk offre des divertissements dignes d'une ville moderne sans la frénésie consumériste de l'Europe occidentale. En dehors de la capitale, certaines régions conservent une beauté bucolique, alternant champs de maïs, forêts et villages en bois comme figés au XIXe siècle. Enfin, la Biélorussie compte deux beaux parcs nationaux où vit le bison d'Europe, plus grand mammifère du continent.

Biélorussie

Les incontournables

Brest

1 Cette ville frontalière prospère regarde davantage du côté de l'Union européenne que de Minsk. Les rénovations entreprises ces dernières années l'ont bien mise en valeur. Sa forteresse incarne la résistance des Polonais, puis des Soviétiques, à l'invasion allemande.

Minsk

2 Le caractère moderne et progressiste de la capitale contredit sa sinistre réputation. Cafés, restaurants et clubs à la mode abondent, tandis que des bars à sushis et des galeries d'art ont fleuri dans le centre, contrastant avec l'architecture stalinienne. Malgré la forte présence policière et l'obéissance apparente des citoyens, une certaine liberté d'esprit flotte dans l'air.

Parc national de Belojevskaya Pushtcha

3 Classé au patrimoine mondial de l'Unesco, le plus vieux parc naturel européen protège quelque 1 300 km^2 de forêt primitive, dernier vestige de celle qui couvrait l'Europe du Nord il y a huit siècles. Il renferme au moins 55 espèces de mammifères, dont 300 bisons.

À table !

Belojevskaya Alcool à base de plantes, au goût amer.

Draniki Galettes de pommes de terre.

Kletsky Raviolis fourrés de champignons et de fromage.

Kvas Boisson alcoolisée, produite par la fermentation du pain de blé, d'orge ou de seigle.

Quand partir

JUIN-AOÛT
➡ Même en plein été, il n'y a pas foule.

MI-JUILLET
➡ Le festival Slavyansky Bazaar de Vitebsk célèbre la culture slave.

JUILLET
➡ Kupalye, la fête du Solstice d'été, a lieu le 6 juillet.

CAPITALE
La Paz

POPULATION
10,5 millions

SUPERFICIE
1,1 million km²

LANGUES OFFICIELLES
Espagnol, quechua, aymara

Femme aymará dans les environs de Huayna Potosí

Bolivie

Pays de tous les superlatifs pour sa beauté naturelle, aux abords parfois bruts et frustes, la Bolivie est l'une des nations les plus diverses et les plus paradoxales d'Amérique latine.

Pas un jour, pas une seconde sans aventure en Bolivie. Marcher des jours durant sur le chemin pavé inca qui plonge des Andes jusqu'à la lisière de l'Amazonie est une expérience sans pareil. Suivre les rivières qui s'enfoncent au cœur de l'Amazonie au milieu des cris des singes et d'une incroyable biodiversité vous laisse sans voix.

La Bolivie est un pays très sauvage où amateurs de nature, esthètes et poètes seront comblés par des visions, des paysages et une richesse naturelle rares.

La Bolivie, qui a conservé la plus importante population amérindienne d'Amérique latine, présente une extraordinaire richesse culturelle, historique et religieuse. Déclaré officiellement État plurinational, le pays regroupe une étonnante diversité de populations. On y rencontre encore des cultures et des langues qui pourraient bien disparaître d'ici à la prochaine génération, et des traditions et des croyances qui remontent aux temps des rois incas et des prêtres cosmologues tiwanaku.

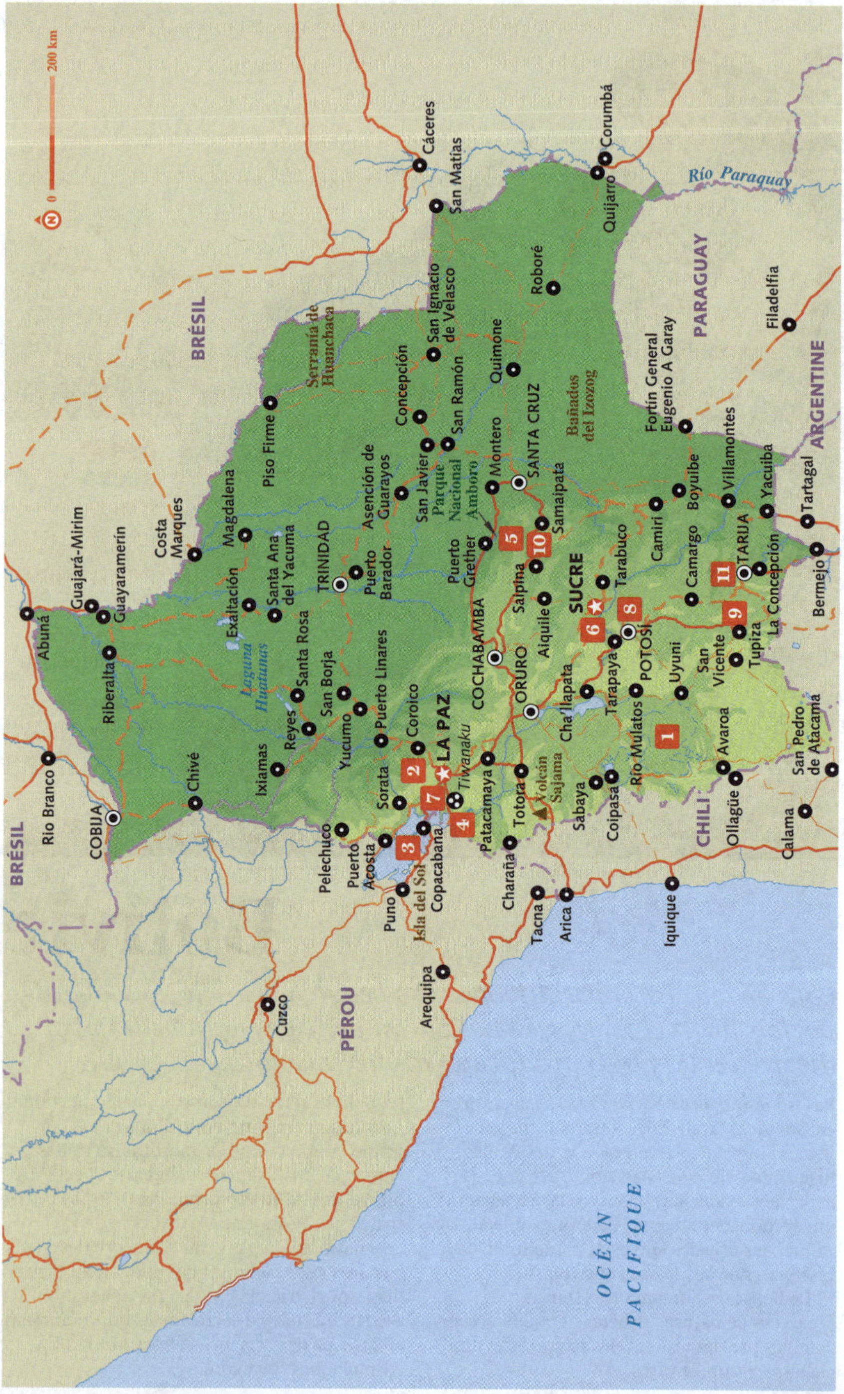

0
200 km
BRÉSIL
PÉROU
CHILI
PARAGUAY
ARGENTINE
OCÉAN PACIFIQUE
Río Paraguay
LA PAZ
SUCRE
COCHABAMBA
ORURO
SANTA CRUZ
POTOSÍ
TARIJA
TRINIDAD
COBIJA
Cáceres
San Matías
Corumbá
Quijarro
Roboré
San Ignacio de Velasco
Serranía de Huanchaca
Concepción
San Ramón
Quimome
Bañados del Izozog
Fortín General Eugenio A Garay
Filadelfia
Piso Firme
Asención de Guarayos
San Javier
Parque Nacional Amboro
Montero
Samaipata
Magdalena
Costa Marques
Santa Ana del Yacuma
Puerto Barador
Puerto Grether
Saipina
Aiquile
Tarabuco
Camiri
Boyuibe
Villamontes
Yacuiba
Tartagal
Camargo
La Concepción
Bermejo
Guajará-Mirim
Guayaramerín
Abuná
Riberalta
Exaltación
Laguna Huatunas
Santa Rosa
San Borja
Puerto Linares
Reyes
Yucumo
Coroico
Ixiamas
Chivé
Rio Branco
Sorata
Tiwanaku
Patacamaya
Totora
Volcán Sajama
Challapata
Tarapaya
Uyuni
San Vicente
Tupiza
Río Mulatos
Sabaya
Coipasa
Avaroa
Ollagüe
San Pedro de Atacama
Calama
Pelechuco
Puerto Acosta
Copacabana
Isla del Sol
Puno
Charaña
Tacna
Arica
Iquique
Arequipa
Cuzco
1
2
3
4
5
6
7
8
9
10
11

Bolivie
Les incontournables

Salar de Uyuni

1 Qui eût dit qu'il ferait bon avoir si froid ? Un circuit de trois ou quatre jours dans le plus vaste désert de sel au monde vous laissera peut-être fourbu, mais pourrait bien être l'expérience emblématique de votre aventure bolivienne. L'immensité, l'austérité et la perfection cristalline du désert de sel vous inspireront. L'exploration matinale des jardins de cactus, des champs de geysers et des sources chaudes, mais aussi les liens noués lors des trois jours de route avec vos compagnons d'aventure vous laisseront des souvenirs impérissables.

Randonnée dans la Cordillera Real

2 Marchez sur les traces de l'Inca, des Andes au bassin amazonien, à même des sentiers qui serpentent sous le ciel dans les étendues sauvages de la Cordillera Real. De ces randonnées de 4 à 14 jours vous ne regretterez pas un pas, pas une goutte de sueur, pas une ampoule. Vous dînerez chez des familles indiennes, vous reposerez près de chutes d'eau et entrerez en profonde communion avec Pachamama (la Terre-Mère) au cœur de son grand royaume naturel.

2

Isla del Sol, lac Titicaca

3 Posée sur le vaste lac Titicaca, l'Isla del Sol est considérée comme le berceau de la civilisation andine. On y passe facilement quatre jours à arpenter d'anciens sentiers incas pour rejoindre de petits sites archéologiques, des baies reculées et des communautés indiennes. En fin de journée, admirez le coucher de soleil depuis un lodge juché sur une crête. Le lac dégage en lui-même un magnétisme unique au monde – d'aucuns prétendent même que l'Atlantide y est engloutie !

Sur 100 personnes en Bolivie

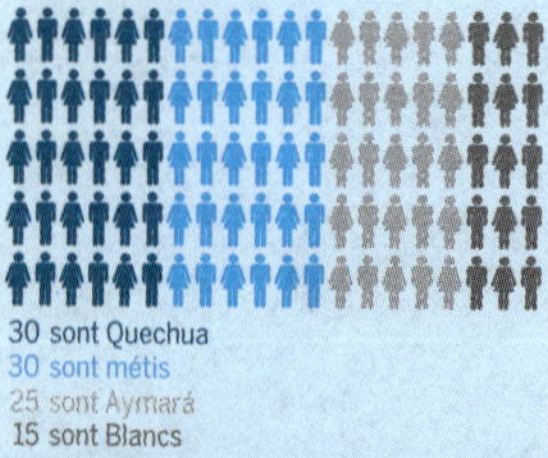

Langues parlées
(en % de la population)

Population au km²

Tiwanaku

4 Ce site archéologique, emblématique de la Bolivie, enflamme l'imagination. De grandes célébrations y ont lieu, notamment lors du solstice d'hiver, et le musée du site donne un aperçu saisissant de la vie telle qu'elle se déroulait dans ce centre astronomique et religieux. Facile à visiter dans la journée depuis La Paz, Tiwanaku est un bon point de départ pour une odyssée andine.

Parque Nacional et Área de Uso Múltiple Amboró

5 Coincé entre l'ancienne et la nouvelle route de Cochabamba, le Parque Nacional Amboró est l'une des zones protégées et les plus accessibles de Bolivie. L'Amazonie luxuriante y rencontre le Chaco poussiéreux quand la moiteur des basses terres côtoie la fraîcheur des hauts plateaux : des paysages extraordinaires et une faune sauvage qui ne demandent qu'à être découverts avec l'aide d'agences professionnelles.

Sucre

6 Étincelante sous le soleil andin, la ville blanche de Sucre, berceau de la nation, est un incontournable de la Bolivie. Dans ce mélange éclectique d'ancien et de nouveau, vous admirerez des édifices historiques et des musées le jour et découvrirez le soir l'animation nocturne qui fait aussi sa réputation. Quiconque visite Sucre succombe fatalement à son charme.

La chullpa

Une *chullpa* est une tour funéraire que construisaient divers groupes aymará pour abriter les restes momifiés de notables ou de personnes hautement estimées. La province d'Oruro est particulièrement riche en *chullpas*, notamment le long des rives du Lago Poopó et dans la région du Sajama.

Construite en pierre ou en adobe, une *chullpa* se caractérise par son ouverture en forme de ruche presque toujours orientée vers l'est, en direction du soleil levant. Le défunt était placé en position fœtale, accompagné de ses divers biens. Certaines communautés ouvraient rituellement les *chullpas* les jours de fête pour faire des offrandes aux ancêtres momifiés. Les Chipaya pratiquent toujours ce rite.

Toutefois, la plupart des tombes ont été pillées, à l'exception de quelques ossements, et les momies se trouvent aujourd'hui dans des musées, tel le Museo Antropológico Eduardo López Rivas à Oruro. La plus importante concentration de *chullpas* se trouve sur la route reliant Patacamaya au Chili. On en dénombre également plusieurs sur le circuit Lauca.

À table !

Api Boisson à base de maïs violet.

Viande Généralement du bœuf – rôti (*asado*) ou grillé (*parrillada*).

Mate de coca Infusion de feuilles de coca séchées.

Pollo Le poulet peut être frit (*frito*), rôti à la broche (*al spiedo* ou *a la broaster*), grillé au charbon de bois (*asado*) ou sur le gril (*dorado*).

Salteñas, tucumanas, empanadas En-cas consistant en chaussons de farine de maïs farcis de viande et de légumes.

Singani Eau-de-vie de raisin.

Sopa L'entrée d'un repas bolivien classique.

MICHAEL BOYNY / GETTY IMAGES ©

Marchés de La Paz

7 Véritables moteurs de toute une nation, les marchés de La Paz sont si échevelés, désorganisés, colorés, déments et extraordinaires que vous consacrerez sans doute plusieurs après-midi à déambuler d'un stand à l'autre. Il y a les secteurs de l'alimentation et de la sorcellerie, ceux où l'on peut racheter son appareil photo volé, ceux de la plomberie et du polystyrène sous toutes ses formes, et puis il y a les secteurs où les montagnes de fruits, de fleurs et de poissons odorants vous conduiront à l'overdose de parfums.

Potosí

8 Réputée la plus haute ville du monde, la vaste Potosí reposait autrefois sur un sol truffé d'argent qui remplit les caisses de l'Espagne pour plusieurs siècles. Si le déclin économique a frappé la ville depuis longtemps, les bâtiments coloniaux aux

Quand partir

HAUTE SAISON (mai-oct)

- Journées souvent ensoleillées et fraîcheur sur l'Altiplano.
- Temps stable facilitant les activités de plein air.
- Prix en hausse. Août est le mois le plus couru.

SAISON INTERMÉDIAIRE (oct et fév-avril)

- Période idéale pour visiter le Salar de Uyuni.
- Une bonne période pour qui recherche les petits prix.
- Nombreuses fêtes religieuses entre février et avril.

BASSE SAISON (nov-avr)

- Saison des pluies ; conditions mauvaises dans les plaines.
- Transport difficile, voire impossible dans certaines régions.
- Escalade dangereuse, trekking et VTT pénibles.

briques craquelées et les églises remarquablement préservées témoignent de sa prospérité passée. La Casa de la Moneda, l'hôtel national des Monnaies, est aujourd'hui un musée, le plus célèbre de Potosí. Il propose une passionnante plongée dans la splendeur et la décadence d'une ville qui disait faire l'“envie des rois”.

Tupiza

9 Le paysage de canyons des environs de Tupiza, que l'on croirait tout droit sorti du Far West, est extraordinaire au coucher du soleil (à cheval, à VTT, à pied ou en 4x4). De la ville, vous pourrez randonner dans de merveilleux déserts et des canyons polychromes, visiter des villages de mineurs et découvrir notamment la ville où Butch Cassidy et le Kid trouvèrent la mort. Le climat et l'atmosphère poétique de Tupiza en font une retraite agréable après avoir subi les rigueurs des hauts plateaux.

À voir

The Devil's Miner (La Mine du diable ; Kief Davidson et Richard Ladkani ; 2005). Documentaire sur une mine d'argent de Potosí.

Cocalero (Alejandro Landes ; 2007). La course à la présidence de Morales.

Amargo Mar (Mer amère ; Antonio Eguino ; 1984). La perte de la côte bolivienne, annexée par le Chili.

À lire

Journal de Bolivie (Ernesto Guevara). Le récit des onze derniers mois de la vie du Che au cœur de la guérilla bolivienne.

American Visa (Juan de Recacoechea ; 2008). Une fiction contemporaine.

Transports

Avion Le transport aérien représente une part importante du budget d'un voyage en Bolivie, mais il vous fera gagner du temps. En Amazonie, ce mode de déplacement est recommandé. Les horaires changent fréquemment et les annulations ne sont pas rares. Soyez prévoyant.

Bateau Le transport fluvial est moins répandu qu'autrefois mais les plus aventureux peuvent y recourir, en surveillant de près leurs effets personnels.

Bus Sur les principaux itinéraires longue distance, les meilleures compagnies proposent le choix entre la classe *coche* (ou bus), *semi-cama* (siège inclinable pourvu d'un repose-pieds) et *cama* (couchette). Il est recommandé de voyager de jour.

Samaipata

10 Bien qu'elle soit de mieux en mieux positionnée sur les itinéraires touristiques, Samaipata la cosmopolite a su conserver ses airs de village de montagne tranquille. Ce ne sont pas la qualité de ses hébergements ni ses grands restaurants qui attirent les visiteurs mais les vestiges mystiques d'El Fuerte, tout proches, et les intéressantes possibilités d'excursions à la journée dans les beautés naturelles qui l'environnent. Au final, les voyageurs restent souvent plus longtemps que prévu.

Une dégustation de vins près de Tarija

11 Attendez-vous à d'étourdissantes dégustations au cœur des plus hauts vignobles au monde. Rarement exportés, les vins de Tarija, produits dans un climat de type méditerranéen jusqu'à 2 400 m d'altitude, sont commercialisés dans toute la Bolivie et vantés pour leur saveur à la fois fraîche et aromatique. Que vous les aimiez *tintos*, *rosados* ou *blancos*, vous risquez d'être agréablement surpris et pourriez bien en rapporter une bouteille à vos amis.

9

JUERGEN RITTERBACH / GETTY IMAGES ©

CAPITALE
Sarajevo

POPULATION
3,9 millions

SUPERFICIE
51 197 km²

LANGUES OFFICIELLES
Bosniaque, croate, serbe

Cascade de Kravice, près de Ljubuški

Bosnie-Herzégovine

De ce pays meurtri par la guerre civile des années 1990, le visiteur retient davantage l'accueil chaleureux qu'il reçoit et l'intrigante atmosphère issue du double héritage ottoman et austro-hongrois.

Les Bosniens décrivaient leur pays comme une "terre en forme de cœur", et l'étude des cartes révèle que cette description n'est pas très éloignée de la réalité géographique. Peuples, traditions et cultures se sont intensément mêlés au fil des siècles sur cette terre du centre des Balkans, au relief accidenté. Après les guerres fratricides entre factions rivales dans les années 1990, les tensions demeurent, mais les Bosniens de tous horizons espèrent un avenir meilleur et radieux.

Les centres historiques réhabilités de Sarajevo et Mostar sont les grands atouts du pays. Les édifices anciens reconstruits y côtoient bars et cafés tendance. Les villes bosniennes sont souvent d'adorables bourgades nichées au pied de châteaux médiévaux. Un paysage de crêtes montagneuses et de gorges se déploie autour d'elles. Rares sont les endroits en Europe offrant d'aussi belles opportunités de faire du rafting – sans parler du ski, accessible et très peu onéreux.

Bosnie-Herzégovine
Les incontournables

Vieille ville de Mostar

1 Au crépuscule, les lumières des moulins transformés en restaurants scintillent aux côtés de petits cours d'eau. L'étroite Kujundžiluk, ou "ruelle de l'or", résonne de la joyeuse animation des camelots. Entre les deux, le pont de pierre le plus célèbre des Balkans déploie sa majestueuse silhouette en arche d'une tour médiévale à une autre. Attardez-vous jusqu'à la nuit tombée pour contempler les lieux sans la foule des estivants en excursion. Et restez plus longtemps encore afin de profiter des curiosités alentour, et de méditer sur le sombre passé de la ville.

Rafting dans la vallée de l'Una

2 Au départ de Bihać, descendez en rafting l'une des rivières les plus rapides de Bosnie-Herzégovine. La splendide Una a pour ainsi dire des sautes d'humeur : dans les gorges au nord-ouest de Bihać, certaines parties sont aussi calmes qu'une mer d'huile, tandis que d'autres sont parcourues de rapides jaillissants. On trouve de ravissants restaurants aménagés dans des moulins à eau à Bosanska Krupa et près d'Otoka Bosanska. Les spectaculaires chutes de la rivière coulent à Štrbački Buk, qui forme le cœur du tout nouveau parc national de l'Una.

Počitelj

3 Datant de l'époque ottomane, le village de Počitelj est l'un des plus beaux ensembles architecturaux du pays. Serti dans un amphithéâtre rocheux, il consiste en un dédale d'escaliers qui s'insinuent entre de vieilles maisons délabrées et des grenadiers. Son monument emblématique est la tour Gavrakapetan, édifice octogonal intégré au fort en partie en ruine. Pour profiter d'un beau panorama, grimpez sur les plus hauts remparts de ce bastion.

Pont Mehmet Paša Sokolović, Višegrad

4 Étape pratique entre Sarajevo et Belgrade,

Stari Most (vieux pont), Mostar

Višegrad a pour principal atout le pont Mehmed Pacha Sokolović, construit en 1571 et immortalisé par Ivo Andrić, lauréat du prix Nobel de littérature, dans son roman *Le Pont sur la Drina*. La ville de Višegrad est en train d'achever la construction d'Andrićgrad, une sorte de cité historique fantaisiste doublée d'un musée consacré à la culture locale.

Ski

5 À seulement 30 km de Sarajevo, les stations de Bjelašnica et de Jahorina, dont les pistes furent utilisées en 1984 lors des jeux Olympiques d'hiver de Sarajevo, offrent un excellent rapport qualité/prix. Si Jahorina possède le plus grand choix d'hôtels, Bjelašnica permet de faire des descentes aux flambeaux la nuit tombée. En été, les villages de montagne situés au-delà n'attendent qu'à être découverts.

Trebinje

6 Bien que proche de Dubrovnik, en Croatie, Trebinje, située dans la République serbe de Bosnie, n'attire pas les touristes. Dans sa vieille ville fortifiée, vous croiserez les habitants attablés dans des cafés sans prétention – occasion intéressante d'entendre le point de vue serbe sur l'histoire mouvementée du pays. Les remparts de la vieille ville se dressent au bord de la rivière, à côté d'une ancienne caserne austro-hongroise du XIXe siècle qui abrite le musée de l'Herzégovine.

Sur 100 personnes en Bosnie-Herzégovine

48 sont bosniaques
37 sont serbes
14 sont croates
1 est d'une autre origine

Religions
(% de la population)

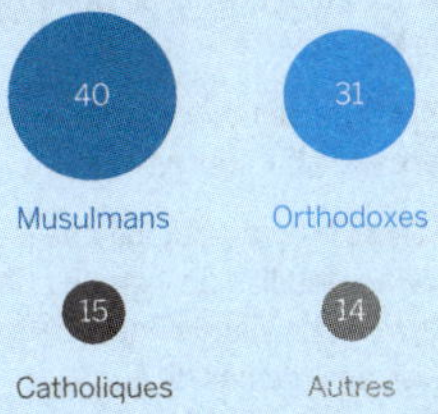

Population au km²

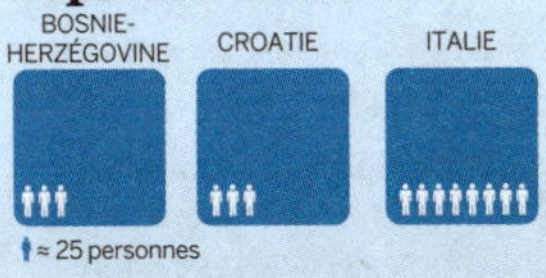

Quand partir

AVRIL-JUIN
➡ La chaleur n'est pas encore torride en Herzégovine ; la Bosnie est en fleurs.

JUILLET
➡ L'hébergement affiche complet à Mostar et Sarajevo. Bonne saison pour le rafting.

MI-JANVIER À MI-MARS
➡ Skier coûte moins cher après les vacances de fin d'année.

Ivo Andrić

Ivo Andrić (1892-1975), l'écrivain le plus célèbre de Bosnie, a remporté le prix Nobel de littérature en 1961. *Le Pont sur la Drina*, son roman épique devenu un classique, relate avec une extraordinaire finesse psychologique 350 ans d'histoire bosnienne envisagée du point de vue des humbles habitants de Višegrad. *La Chronique de Travnik*, un autre de ses romans témoignant également d'une grande perspicacité, dépeint la Bosnie à travers le regard désabusé des consuls de Travnik au XIXe siècle.

À table !

Bosanski Lonac Ragoût de viande et de légumes.

Burek Boudin de pâte filo, garni de viande hachée. Le *buredici* est confectionné selon le même principe, mais servi avec du *kajmak* (crème épaisse un peu aigre) et de l'ail. Le *sirnica* est garni de fromage, le *krompiruša* de pommes de terre, et le *zeljanica* d'épinards.

Ćevapi (Ćevapčići) Rouleaux de viande hachée grillés servis dans du pain frais avec du *kajmak*.

Klepe Petits raviolis en forme de triangles servis avec un filet de sauce au beurre et au poivre, et de l'ail râpé.

Pljeskavica *Ćevapi* aplati en forme de hamburger.

Sarma Même principe que les *dolma* (feuilles de vigne farcies de riz et de viande hachée), mais avec des feuilles de chou ou d'autres légumes verts.

Sogan Dolma Oignons farcis de viande hachée et cuits au four.

Tufahija Pommes cuites, farcies de noix et nappées de crème fouettée.

Uštipci Beignets se mangeant souvent avec de la crème aigre, du fromage ou de la confiture.

RICHARD I'ANSON / GETTY IMAGES ©

Lanternes colorées, rue Kundurdžiluk, ancien quartier turc de Sarajevo

Sarajevo

7 Dans les années 1990, Sarajevo a littéralement failli disparaître. Aujourd'hui, c'est une ville que l'on aime pour son dynamisme et son ambiance à la croisée des chemins entre l'Orient et l'Occident. Au-delà des ruelles du quartier central de Baščaršija, la "cité turque", les flancs escarpés de la vallée sont émaillés de maisons aux toits de tuiles rouges et d'innombrables minarets. À l'extrémité occidentale de la ligne de tramway, la municipalité cossue d'Ilidža s'épanouit au milieu des espaces verts.

Maison des derviches, Blagaj

8 Édifice emblématique du ravissant village de Blagaj, la Tekija (Maison des derviches) se tient au bord des eaux bleu-vert de la Buna. À cet endroit, la rivière jaillit d'une grotte creusée dans la falaise. À l'étage de cette maison à colombages, l'intérieur en bois chancelant abrite les sépultures de deux derviches tadjiks du XVe siècle, qui attirent des pèlerins.

Transports

Bus Les billets sont en vente dans les gares routières. Entre les villes, il est en principe assez facile de héler un bus sur la route. Il est parfois nécessaire de réserver sa place sur les trajets de nuit ou en période de vacances.

Train Plus lents et moins fréquents que les bus, les trains coûtent généralement 30% moins cher.

Voiture Les transports en commun à destination des coins reculés les plus spectaculaires étant très restreints, disposer d'un véhicule peut transformer votre voyage. Les routes sinueuses de Bosnie sont peu fréquentées. Dans ces conditions, conduire est un régal si l'on a du temps.

CAPITALE
Gaborone

POPULATION
2,1 millions

SUPERFICIE
581 730 km²

LANGUE OFFICIELLE
Anglais

Lion, delta de l'Okavango

Botswana

Jouissant de l'une des faunes les plus spectaculaires de la planète, le Botswana constitue l'une des grandes destinations africaines de safari.

Le Botswana est l'un des pays au monde les mieux lotis en populations d'animaux sauvages : l'éléphant d'abord mais également les grands félins, le menacé lycaon, l'antilope aquatique, le rhinocéros, et une avifaune impressionnante de diversité. Côté paysage, ce territoire est également béni des dieux. Grâce en particulier au delta de l'Okavango et au désert du Kalahari, on approche ici de la quintessence même de l'Afrique sauvage. Autre atout de cette région, les ancêtres de la communauté san ont laissé de fabuleux témoignages sous la forme de peintures rupestres. Les collines de Tsodilo recèlent les traces de cette culture préhistorique.

Enfin même si le Botswana privilégie un tourisme sélectif plutôt que de masse, la destination reste relativement abordable (au moins une fois dans sa vie) grâce à son réseau important de lodges ainsi qu'à la possibilité de conduire un véhicule de location. Mais de toute façon, qu'importe la manière de le visiter, le Botswana reste un endroit extraordinaire.

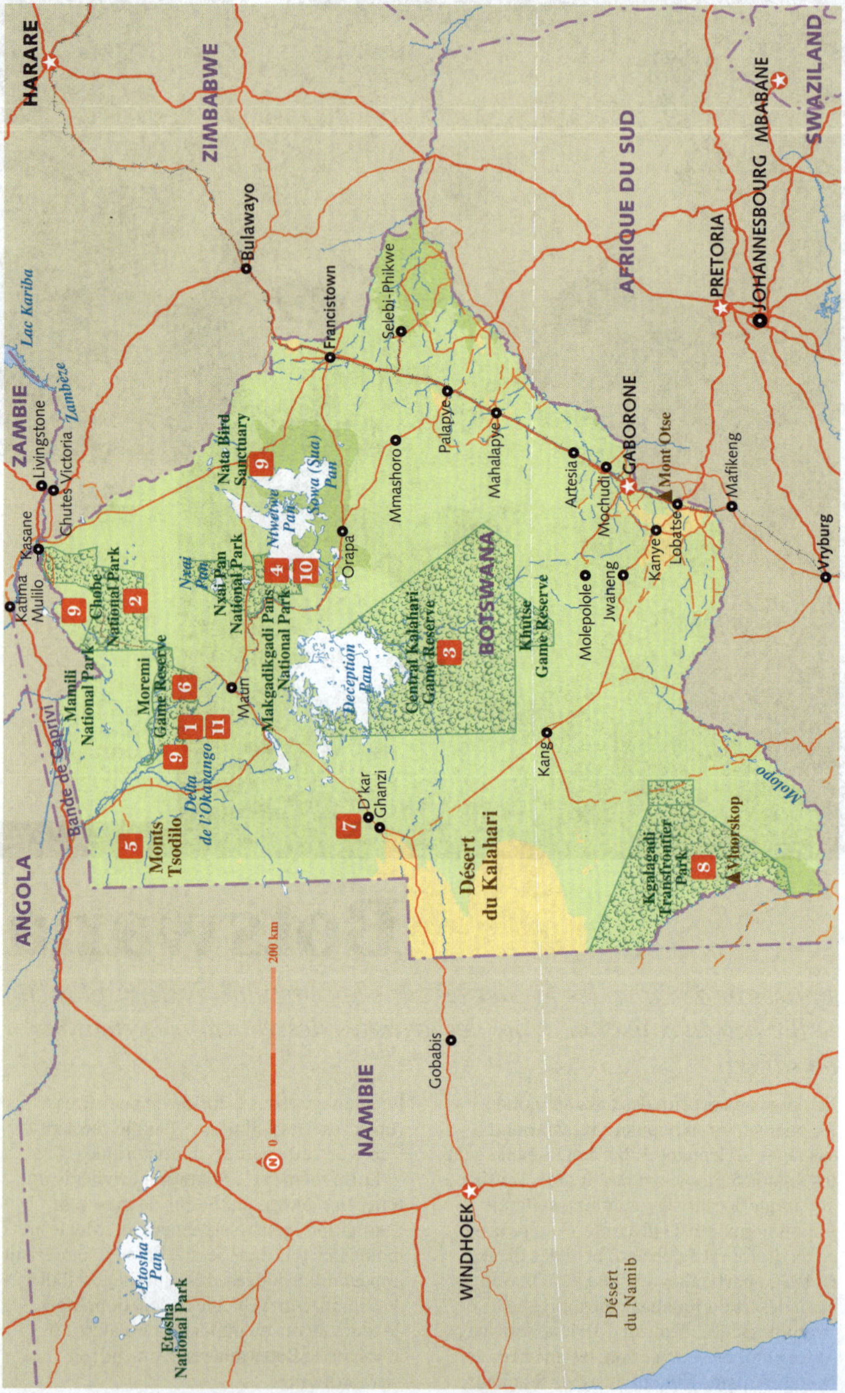

HARARE
ZIMBABWE
Bulawayo
Lac Kariba
ZAMBIE
Livingstone
Chutes Victoria
Zambèze
Kasane
Katima Mulilo
ANGOLA
Bande de Caprivi
Chobe National Park
Mamili National Park
Moremi Game Reserve
Maun
Delta de l'Okavango
Monts Tsodilo
Nxai Pan
Nxai Pan National Park
Makgadikgadi Pans National Park
Ntwetwe Pan
Sowa (Sua) Pan
Nata Bird Sanctuary
Orapa
Francistown
Selebi-Phikwe
Mmashoro
Palapye
Mahalapye
Artesia
Mochudi
GABORONE
Mont Otse
Lobatse
Kanye
Jwaneng
Molepolole
Mafikeng
Vryburg
AFRIQUE DU SUD
PRETORIA
JOHANNESBOURG
MBABANE
SWAZILAND
Deception Pan
Central Kalahari Game Reserve
BOTSWANA
Khutse Game Reserve
D'kar
Ghanzi
Kang
Désert du Kalahari
Kgalagadi Transfrontier Park
Vloorskop
Molopo
NAMIBIE
Gobabis
WINDHOEK
Désert du Namib
Etosha Pan
Etosha National Park
0
200 km
1
2
3
4
5
6
7
8
9
10
11

Botswana
Les incontournables

Delta de l'Okavango

1 Région surprenante et indomptée, l'Okavango abrite une faune exceptionnelle. Avec un delta qui change au gré des saisons et des précipitations, des îles et des méandres apparaissent ou se modifient. Attirés par ce point d'eau essentiel, les animaux s'adaptent à ces changements et trouvent de nouveaux chemins d'accès. Si les lodges isolés et haut de gamme constituent la spécialité de l'Okavango, les touristes motorisés trouveront de formidables campings au cœur de la Moremi Game Reserve. Notons que la visite du delta ne saurait être complète sans une balade en *mokoro*, une pirogue traditionnelle.

Chobe National Park

2 Le parc national de Chobe compte plus d'éléphants qu'aucun autre endroit de la planète. Les pachydermes se comptent ici par dizaines de milliers. Pour le reste, notons les paysages emblématiques de Savuti, avec ses lions chasseurs d'éléphants, de Linyanti, l'un des endroits pour observer le lycaon, ou le Chobe Riverfront, point de ralliement de ces animaux. En bref, ce parc compte parmi les meilleures destinations pour vivre un safari de qualité.

NIGEL DENNIS / GETTY IMAGES ©

Central Kalahari Game Reserve

3 Le Kalahari a quelque chose de spécial, qui dépasse les autres sites comparables. Peut-être est-ce dû à l'immensité de ce désert – la plus vaste zone protégée d'Afrique –, ou à la présence des fameux lions à crinière noire du Kalahari. Quoi qu'il en soit, ce désert ponctué de vallées fluviales où alternent de vastes prairies et des bois clairsemés abrite une concentration de faune africaine tout à fait exceptionnelle.

Makgadikgadi Pans National Park

4 Trésor méconnu du Kalahari, ce parc abrite les plus vastes ensembles de dépressions salines au monde. Ici, la nature troque les bleus et les verts du delta pour des orange sombres, des blancs miroitants et des reflets dorés. Des bosquets de baobabs surgissent du sable telles d'antiques oasis africaines. Pendant la saison des pluies, les zèbres offrent un incroyable spectacle à l'occasion de leur migration par dizaines de milliers d'individus. À la saison sèche, la faune se rapproche de la rivière Boteti.

Sur 100 personnes au Botswana

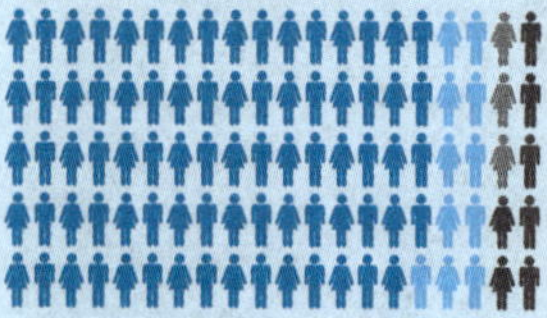

Religions

(% de la population)

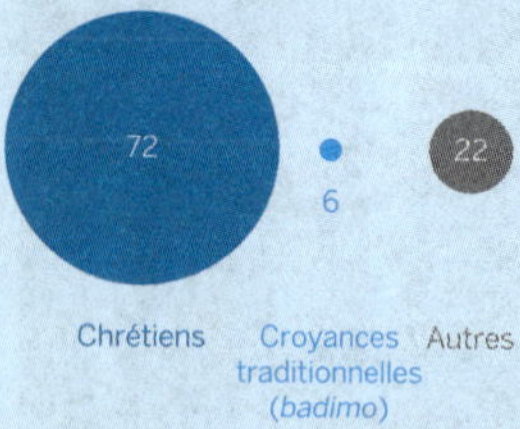

Population au km²

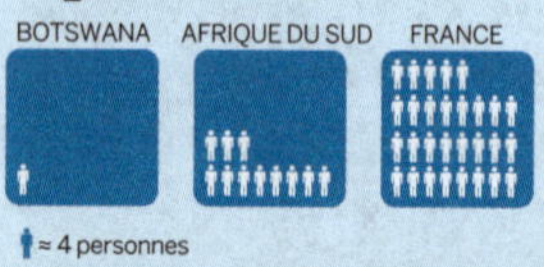

Art rupestre san

5 Les collines de Tsodilo, seul site du pays inscrit au patrimoine mondial de l'Unesco, sont parfois décrites comme le "Lascaux du désert". Plus de 4 000 peintures rupestres ornent les grottes et falaises de ce site encore vénéré aujourd'hui par le peuple san. Exécutées au moyen de pigments de couleur ocre ou noire, ces fresques offrent un témoignage inestimable du lien qui unit l'être humain et la nature. Tsodilo est tellement isolé que vous aurez certainement les fresques pour vous tout seul.

Moremi Game Reserve

6 La Moremi Game Reserve, qui couvre un tiers du delta de l'Okavango, abrite l'une des plus fortes concentrations fauniques du continent. Facilement accessible, la réserve est le départ de nombreux sentiers bien entretenus et possède des hébergements allant du lodge de luxe au camping pour les voyageurs motorisés. Moremi comprend de vastes plaines humides et des îles entrecoupées de zones de terre asséchées. Les principales "îles" sont Chief's Island, accessible en *mokoro* depuis les lodges du delta intérieur, et Moremi Tongue, à l'extrémité est de la réserve, accessible en 4×4.

Les San

7 Au Botswana, il est possible de rencontrer des membres du peuple san – chasseurs-cueilleurs de l'Afrique méridionale, dont les origines remonte à 20 000 ans avant notre ère. Dans certains villages comme à D'ka,

Petite balade en mokoro

L'une des meilleures (et des moins coûteuses) façons de découvrir le delta d'Okavango consiste à fendre les eaux à bord d'un *mokoro*, une pirogue à faible tirant d'eau, traditionnellement taillée dans l'ébène ou dans le saucissonnier. S'il peut sembler précaire à première vue, le *mokoro* est en vérité stable, rapide et parfaitement adapté aux eaux peu profondes du delta.

En général, le *mokoro* peut accueillir deux passagers et quelques menus bagages. À l'arrière de l'embarcation, un piroguier propulse l'embarcation au moyen d'un *ngashi*, une longue perche en bois de mogonono.

À table !

La cuisine locale vise davantage à soulager la faim qu'à exciter les papilles. Au centre des repas botswanais figurent le *mabele* (purée de sorgho) ou le *bogobe* (porridge à base de sorgho), même si ces denrées tendent à être remplacées par des bouillies importées à base de farine de maïs, parfois connues sous leur nom afrikaans de *mealie pap*, ou *pap*. Voilà qui fournit la base de diverses concoctions à la viande ou aux légumes, telles que le *seswaa* (effiloché de chèvre ou d'agneau), le *morogo* (épinards sauvages) ou le *leputshe* (citrouille sauvage). Au petit-déjeuner, vous pourrez peut-être tester les *pathata* (sorte de muffin) ou les *megunya*. Ces boules de pâte frite, surnommées "gâteaux gras", sont des sortes de beignets, dénués de goût pour certains palais.

Enfin, n'oubliez pas les vers de mopane. Ces délicieuses chenilles sont arrachées à leur arbre (le mopane) avant d'être frites. Une excellente source de protéines. Vous aurez peut-être l'occasion d'en acheter à des femmes sur le Main Mall de Gaborone ou à Francistown, où elles sont vendues au sac.

MARTIN HARVEY / GETTY IMAGES ©

Hommes de la communauté san, Makgadikgadi Pans National Park

les visiteurs peuvent rencontrer la population locale et participer ainsi indirectement à leur avenir.

Kgalagadi Transfrontier Park

8 Ce parc transfrontalier avec l'Afrique du Sud est composé principalement de zones arides (28 400 km²). C'est le seul endroit du Botswana où l'on peut voir des dunes de sable mobiles, que beaucoup associent par erreur au Kalahari. Le terme de désert n'est pas usurpé : les températures peuvent atteindre les 45°C en été et tomber à -10°C la nuit. Par ailleurs, le Kgalagadi abrite de grands troupeaux de springboks, d'élans et de gnous, ainsi que divers prédateurs, dont des lions (on en dénombrerait environ 450), des guépards, des léopards, des lycaons, des chacals et des hyènes. Plus de 250 espèces d'oiseaux sont également habituées de la région, parmi lesquelles diverses variétés endémiques d'alouettes et d'outardes.

Observation des oiseaux

9 Pour les amateurs d'oiseaux, le Botswana relève du paradis, avec quelque 600 espèces recensées. Parmi elles figurent le fameux bec-en-ciseaux d'Afrique, le guêpier, le rollier à longs brins, l'autour, l'anserelle d'Afrique, ainsi que diverses variétés de vautours et de pygargues vocifères. Dans

Quand partir

MAI-AOÛT
➡ Saison sèche : la faune se rassemble autour des points d'eau ; le temps est clément.

SEPT-OCT
➡ Températures très élevées ; bonne période (saison sèche) pour observer la faune.

DÉC-AVR
➡ Saison des pluies : certaines pistes sont infranchissables ; les touristes se font rares.

l'Okavango Panhandle, une étroite bande marécageuse courant sur quelque 100 km, les eaux se déploient dans la vallée pour former de vastes roselières et des lagunes riches en papyrus, autant de postes d'observation privilégiés. Quant au Chobe Riverfront, il compte une avifaune extraordinairement diversifiée, sur les berges et dans les airs. Pendant la saison humide, le Nata Bird Sanctuary disparaît sous un tapis d'oiseaux migrateurs et de flamants roses. Le reste de l'année, 25% des oiseaux du Botswana y élisent domicile.

Transports

Avion Les vols intérieurs sont assez fréquents et plutôt fiables. Sur Air Botswana, les billets coûtent un certain prix (tout comme les charters) et seules quelques villes sont régulièrement desservies.

Bus et minibus Les bus et minibus desservent régulièrement les grandes villes, ainsi que des villages aux quatre coins du Botswana. Ils sont moins fréquents dans les zones peu peuplées, comme l'ouest du pays et le Kalahari. Les transports en commun vers les petits villages sont souvent inexistants, à moins que l'endroit ne soit sur un axe majeur.

Voiture La meilleure façon de voyager au Botswana est de louer un véhicule. Soyez toutefois conscient que les distances sont importantes ; nous recommandons généralement de louer un véhicule hors du pays (de préférence en Afrique du Sud), où la gamme de choix est plus large et les tarifs généralement plus bas.

Road trip en 4×4

10 Le Botswana est le terrain idéal pour les amoureux du 4×4 et du hors piste. Dans de nombreux endroits, les pistes en terre constituent le seul moyen de se déplacer. Si la perspective d'explorer 12 000 km² de dépressions salines correspond à votre idée du voyage, réglez votre GPS et mettez le cap sur les Makgadikgadi Pans.

Safari aérien

11 Offrez-vous le luxe d'embarquer dans un petit avion pour rejoindre votre campement safari ou un lodge moderne. Vous gagnerez du temps et aurez un fabuleux aperçu de la variété des paysages du Botswana. Particulièrement prisés, les safaris aériens constituent parfois une nécessité dans la région des deltas.

À voir

L'Œil du léopard (Beverly et Derek Joubert ; 2006). Une mère léopard et son petit dans le delta, par un couple de cinéastes spécialisés sur la faune africaine.

The Last Lions (Beverly et Derek Jouber ; 2011). La lutte pour l'existence d'une lionne et de ses petits au cœur du delta d'Okavango.

Ultimate Enemies (Beverly et Derek Joubert ; 2003-2006). L'éternelle rivalité qui oppose les lions aux buffles, aux hyènes et aux éléphants.

À lire

Kalahari, désert rouge (Philippe Frey ; 1993). Voyage d'aventure de l'auteur, accompagné d'un homme du pays, à travers le Kalahari.

Au pays des roseaux (Caitlin Davies ; 2006). L'histoire fascinante d'une femme et épouse botswanaise.

Le Botswana contemporain (Karthala, 2003). Un essai pour comprendre les forces et les faiblesses du pays

Safari, Makgadikgadi Pans National Park

MARC ROMANELLI / GETTY IMAGES ©

Cristo Redentor, Corcovado

CAPITALE
Brasilia

POPULATION
201 millions

SUPERFICIE
8,5 millions km²

LANGUE OFFICIELLE
Portugais

Brésil

Îles paradisiaques, forêts luxuriantes, villes enchanteresses et plages de carte postale : en route pour la grande aventure brésilienne !

Avec ses plages de sable blanc, sa végétation exubérante, ses métropoles vibrantes et ses rythmes musicaux entraînants, le Brésil est un pays des plus exaltants. La palette des émotions est large : cités coloniales, paysages de canyons, îles tropicales ourlées de récifs coralliens… sans oublier une extraordinaire biodiversité. L'écosystème brésilien abrite la plus importante concentration d'espèces animales et végétales au monde. Nombreux sont les lieux où vous pourrez croiser des spécimens emblématiques comme le toucan, l'ara rouge, le singe hurleur, le capybara, parmi tant d'autres.

Pour les voyageurs intrépides, le Brésil est la terre d'aventures par excellence. On peut ainsi faire du cheval et observer la vie sauvage dans le Pantanal, naviguer en kayak dans les forêts inondées de l'Amazonie, observer les baleines au large, surfer sur des breaks le long de plages frangées de palmiers, ou faire du snorkeling dans des rivières aux eaux cristallines et sur les récifs côtiers.

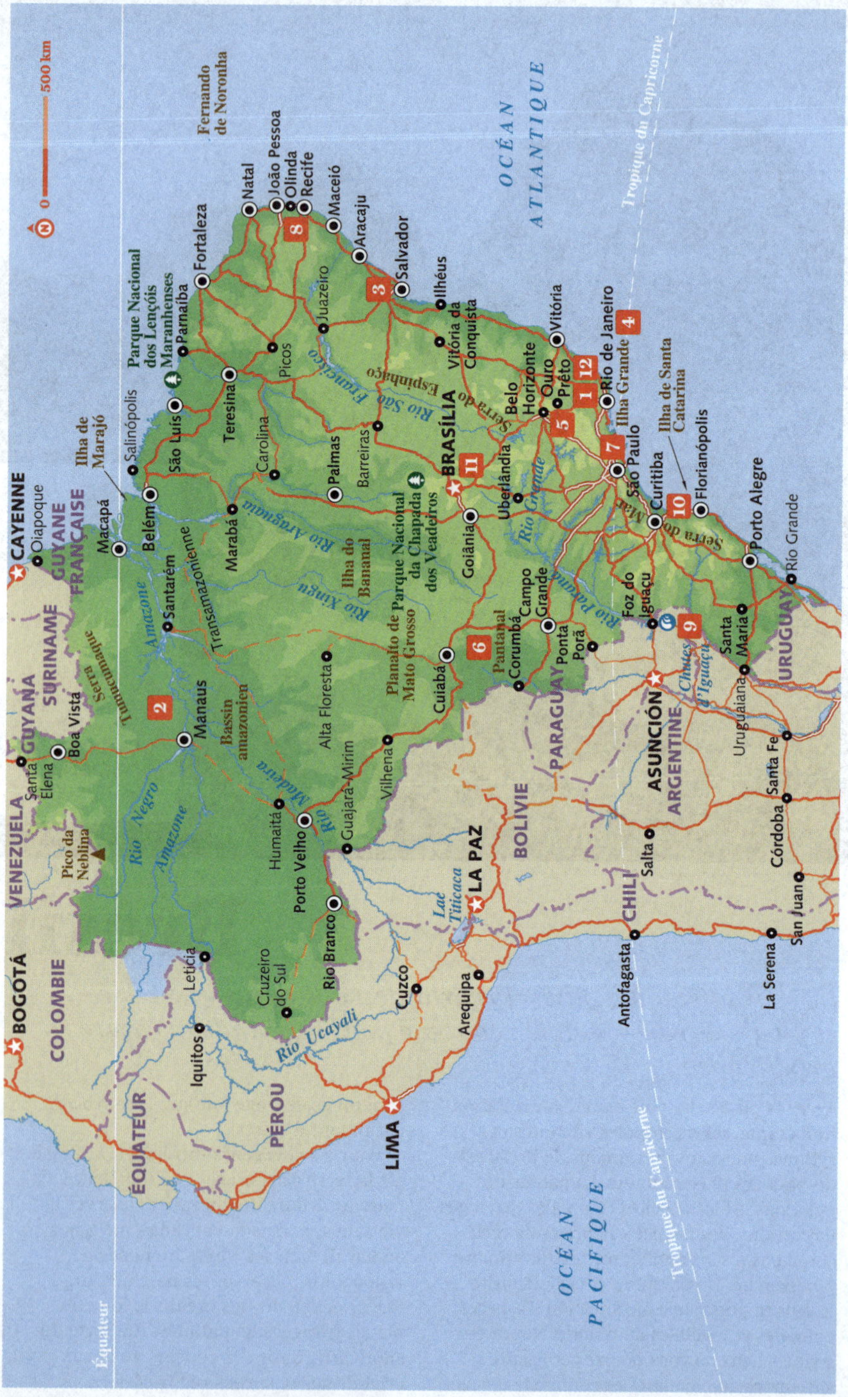

0
500 km
OCÉAN ATLANTIQUE
OCÉAN PACIFIQUE
Tropique du Capricorne
Équateur
Fernando de Noronha
Natal
João Pessoa
Olinda
Recife
Maceió
Aracaju
Salvador
Ilhéus
Vitória da Conquista
Vitória
Rio de Janeiro
Ilha Grande
Ilha de Santa Catarina
Florianópolis
Porto Alegre
Rio Grande
Fortaleza
Parnaíba
Parque Nacional dos Lençóis Maranhenses
Picos
Juazeiro
Rio São Francisco
Espinhaço
Serra do
Teresina
São Luís
Salinópolis
Ilha de Marajó
Belém
Macapá
CAYENNE
Oiapoque
GUYANE FRANÇAISE
SURINAME
GUYANA
VENEZUELA
COLOMBIE
BOGOTÁ
ÉQUATEUR
PÉROU
LIMA
BOLIVIE
LA PAZ
PARAGUAY
ASUNCIÓN
ARGENTINE
URUGUAY
CHILI
Carolina
Palmas
Barreiras
BRASÍLIA
Belo Horizonte
Ouro Prêto
Uberlândia
Rio Grande
São Paulo
Serra do Mar
Curitiba
Goiânia
Parque Nacional da Chapada dos Veadeiros
Marabá
Rio Araguaia
Ilha do Bananal
Rio Xingu
Planalto de Mato Grosso
Santarém
Transamazonienne
Amazone
Serra Tumucumaque
Boa Vista
Santa Elena
Manaus
Bassin amazonien
Rio Madeira
Rio Negro
Pico da Neblina
Alta Floresta
Cuiabá
Pantanal
Corumbá
Campo Grande
Ponta Porã
Rio Paraná
Foz do Iguaçu
Chutes d'Iguaçu
Santa Maria
Uruguaiana
Santa Fe
Córdoba
Salta
San Juan
La Serena
Antofagasta
Vilhena
Guajará-Mirim
Humaitá
Porto Velho
Rio Branco
Cruzeiro do Sul
Leticia
Iquitos
Rio Ucayali
Cuzco
Arequipa
Lac Titicaca
1
2
3
4
5
6
7
8
9
10
11
12

Brésil

Les incontournables

Pão de Açúcar, Rio de Janeiro

1 Certains prétendent que la vue depuis cet insolite piton rocheux en forme de pain de sucre n'est jamais aussi belle qu'au coucher du soleil. À vrai dire, peu importe le moment. Peu d'endroits permettent d'embrasser Rio du regard de telle manière. Vue d'ici, la ville se transforme en un ensemble de collines verdoyantes aux courbes gracieuses et de plages dorées baignées d'eaux azur, que soulignent des rangées de gratte-ciel. Le trajet à lui seul, en téléphérique, est un enchantement. Les plus intrépides gagneront le sommet à pied, voire, pour les plus sportifs, en escaladant la paroi.

Excursions dans la jungle

2 Il va sans dire que la visite de l'Amazonie ne va pas sans une excursion dans la jungle : sillonner les cours d'eau en pirogue, randonner au milieu d'une végétation luxuriante, scruter la canopée à la recherche de singes et d'autres créatures mystérieuses, grimper au sommet d'arbre géants, loger en lodge de luxe ou camper sommairement... Quels que soient vos centres d'intérêt, ou votre budget, une excursion en Amazonie est à votre portée et restera un souvenir indélébile.

Au fil de l'Amazone, État du Pará

Salvador

3 Architecture coloniale portugaise, capoeira, candomblé, cuisine aux saveurs africaines… tout cela évoque Salvador, le joyau afro-brésilien du pays. Aujourd'hui encore, la capitale bahianaise reste le théâtre de la fusion de deux cultures très vivantes. Musique et vie nocturne festive en témoignent et trouvent leur point d'orgue en février, au moment du carnaval.

Ilha Grande

4 Ilha Grande fut pendant des décennies une prison et une léproserie. Épargnée par l'urbanisme, l'île compte des pentes couvertes de jungle et quantité de plages préservées. Ici, on passe ses journées à randonner dans la forêt tropicale, à faire du snorkeling dans des eaux aigue-marine ou à se prélasser dans l'eau fraîche des cascades. Un paradis pour les amoureux de la nature (les véhicules y sont interdits), facilement accessible depuis Rio.

Ouro Preto

5 Les rues d'Ouro Preto, intactes depuis le XVIIIe siècle, alignent les chefs-d'œuvre baroques. On y admire ainsi les splendeurs sculptées par l'Aleijadinho, l'opulence des églises dorées, et l'on découvre l'histoire du roi africain Chico Rei, qui libéra son peuple de l'esclavage. Les processions de la Semaine sainte comptent parmi les plus spectaculaires du pays.

Le Pantanal

6 Peu d'endroits égalent le Pantanal, zone humide en plein cœur du Mato Grosso, dans l'observation de la faune sauvage. Des capybaras aux cigognes, la vie animalière est foisonnante et la plaine alluviale offre d'excellentes occasions de voir ses habitants. C'est aussi le meilleur endroit d'Amérique du Sud pour croiser le farouche jaguar !

São Paulo

7 Rivalisant sans peine avec la frénésie de New York, le modernisme de Tokyo et les tarifs de Moscou, São Paulo est imbattable en matière de sorties nocturnes. Elle peut compter sur près de 30 000 restaurants, bars et clubs pour régaler ses quelque 20 millions d'habitants. Des grandes tables des quartiers sélects d'Itaim Bibi et de Jardins aux établissements avant-gardistes de Baixo Augusta

Sur 100 personnes au Brésil

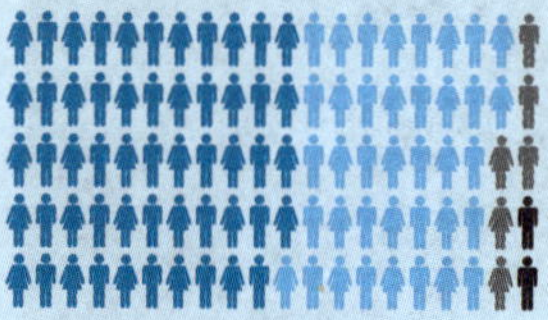

54 sont d'origine européenne
6 sont d'origine africaine
38 sont métis
2 ont une autre origine

Religion (% de la population)

Population (au km²)

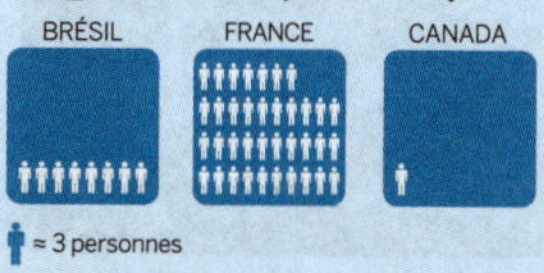

Rythmes brésiliens

Nourrie des influences de trois continents, la musique populaire brésilienne s'est toujours distinguée par sa très grande diversité. Ainsi, la samba *canção*, par exemple, est un mélange de boléro espagnol et de rythmes africains. La bossa-nova est dérivée de la musique nord-américaine, avec une dominante de jazz et de samba. Enfin, le tropicalisme (*tropicália*) est une synthèse d'influences qui vont de la bossa-nova et de la romance italienne au blues et au rock nord-américains. Aujourd'hui encore de nouvelles formes musicales ne cessent de naître au Brésil.

À table !

Barreado Viandes mijotées avec des épices pendant 24 heures dans un pot d'argile fermé, servies avec des bananes et de la *farofa* ; spécialité du Paraná.

Carne de sol Savoureuse viande salée, grillée et servie avec des haricots, du riz et des légumes.

Cozido Ragoût de viande et de légumes.

Feijoada Ragoût de viande et de haricots servi avec du riz et des tranches d'orange ; plat traditionnel du déjeuner du samedi.

Moqueca Ragoût de poisson, cuit dans un pot d'argile avec de l'huile de *dendê*, du lait de coco et des épices.

Pão de queijo Gougère au fromage.

Pastel Chausson farci à la viande, au fromage ou au poisson.

Pato no tucupí Canard rôti assaisonné à l'ail, au jus de manioc et au *jambú* ; très populaire au Pará.

Pirarucu ao forno Poisson de rivière le plus connu d'Amazonie, cuit au four avec du citron et des aromates.

Vatapá Plat de fruits de mer d'origine africaine, avec une sauce épaisse à la pâte de manioc, à la noix de coco et à l'huile de *dendê*.

Pelourinho, Salvador

en passant par les bars bohèmes de Vila Madalena, c'est tous les soirs une débauche de *bolinhos*, de boissons et de rythmes endiablés jusqu'à l'aube.

Recife et Olinda

8 Ces deux villes du Nordeste partagent une histoire et une culture communes. Recife, c'est la grande sœur aux allures de métropole, avec son lot de gratte-ciel et d'embouteillages, mais aussi un joli centre historique, que des travaux de rénovation ont rendu plus séduisant. Le contraste est frappant avec la ravissante Olinda, très arborée, qui compte des ruelles paisibles, des églises coloniales et des galeries d'art. Leur riche patrimoine commun trouve son expression la plus vibrante dans les rues, lors du carnaval.

Chutes d'Iguaçu

9 Quel que soit le nombre de cascades inscrites sur vos carnets de voyage, soyez assuré que les chutes d'Iguaçu bouleverseront toutes vos idées reçues. Le rugissement

Quand partir

HAUTE SAISON
(déc-mars)

- La haute saison coïncide avec l'hiver de l'hémisphère Nord.
- Il fait chaud, c'est une période festive, aussi attendez-vous à des prix plus élevés et à un minimum de nuitées obligatoires (généralement 4) pendant le carnaval.

SAISON INTERMÉDIAIRE
(avr et oct)

- Le climat est doux et sec sur la côte, mais peut être froid dans le Sud.
- Augmentation des tarifs et du nombre de touristes pendant la semaine de Pâques.

BASSE SAISON
(mai-sept)

- Hormis en juillet (période de vacances scolaires), les prix baissent.
- De juillet à septembre, bonne période pour se rendre en Amazonie ou dans le Pantanal.

tonitruant des 275 chutes qui coulent à cheval sur la frontière entre le Brésil et l'Argentine impressionne même les baroudeurs les plus blasés. D'une puissance presque effrayante, les chutes d'Iguaçu vous feront prendre la pleine mesure du caractère majestueux de la nature. Une belle leçon d'humilité.

Santa Catarina

10 L'État de Santa Catarina rime avec dolce vita grâce à ses plages ensoleillées. Que vous séjourniez à Florianópolis, d'où l'on peut rejoindre en seulement une heure de route 42 plages paradisiaques, que vous rejoigniez plus au sud Guarda do Embaú, l'un des meilleurs spots de surf du Brésil, ou Praia do Rosa, station balnéaire la plus chic de l'État, parions que vous resterez bouche bée la première fois que vous foulerez ses splendides étendues de sable.

Brasília

11 La capitale du Brésil a été conçue par l'architecte Oscar Niemeyer comme une réponse au chaos de l'urbanisation moderne. La Catedral Metropolitana, telle une couronne d'épines, est un chef-d'œuvre religieux, et le Teatro Nacional semble venu d'une autre planète ! Brasília foisonne de joyaux architecturaux créés par un génie qu'inspirait l'espoir d'un avenir meilleur.

Carnaval de Rio

12 Prenez des forces dans l'avion car, une fois à terre, la fête ne s'arrêtera plus jusqu'au mercredi des Cendres, qui marque la fin des réjouissances. Avec près de 500 fêtes dans toutes les rues de la ville, vous n'aurez que l'embarras du choix. Si vous voulez prendre la pleine mesure de ce qu'est le carnaval, rejoignez une école de samba et défilez au milieu d'un tonnerre de percussions sous les hourras du public du Sambódromo. À moins de vous confectionner un costume pour suivre en dansant l'un des nombreux *blocos* de la ville. Si la fête ne dure que quelques jours, sa préparation prend des mois.

Transports

Avion Pratique pour couvrir les immenses distances du pays ; prix généralement élevés, mais promotions fréquentes.

Bateau Moyen de transport lent et inconfortable entre les villes d'Amazonie. Trajets s'évaluant en nombre de jours plutôt qu'en nombre d'heures. Il vous faudra un hamac, des en-cas et de l'eau potable.

Bus Réseau très dense et étendu, du *comúm* (car classique) au *leito* (bus-couchettes), dans tout le pays, sauf en Amazonie.

À voir

La Cité de Dieu (Fernando Meirelles ; 2002). La brutalité et l'espoir dans une favela de Rio.

Central do Brasil (Walter Salles ; 1998). Un jeune garçon sans foyer et une vieille femme sont les protagonistes de cet émouvant road-movie.

Orfeu Negro (Marcel Camus ; 1959). Le mythe d'Orphée et Eurydice revisité, avec pour cadre le carnaval, et pour bande-son la bossa-nova.

À lire

La Cité perdue de Z (David Grann ; 2009). Voyage haletant dans l'Amazonie sur les pas du colonel Fawcett.

Rouge Brésil (Jean-Christophe Rufin ; 2001). La première conquête du Brésil par les Français au XVIe siècle.

Gabriela, girofle et cannelle (Jorge Amado ; 1958). Désopilante histoire de séduction et de trahison dans l'État de Bahia, dans les années 1920.

Défilé d'une école de samba lors du carnaval de Rio

Mosquée Omar Ali Saifuddien, Bandar Seri Begawan

CAPITALE
Bandar Seri Begawan

POPULATION
415 717

SUPERFICIE
5 765 km²

LANGUE OFFICIELLE
Malais

Brunei

Survivance d'un empire islamique disparu, cette monarchie pétrolière enclavée en territoire malaisien, sur l'île de Bornéo, mérite plus qu'une brève halte.

Conséquence des méandres des politiques coloniales, Brunei forme un étrange U inversé au milieu de la côte nord de Bornéo, ceinturé par l'État malaisien du Sarawak. Pendant des siècles, le sultanat de Brunei a contrôlé toute l'île de Bornéo. Sa puissance s'éroda à l'arrivée des Britanniques, mais la découverte de pétrole au large de la côte lui assura un futur prospère.

Grâce à l'argent du pétrole, Brunei n'a pas transformé ses forêts pluviales en plantations de palmiers à huile. Vous pourrez ainsi découvrir des forêts primaires, notamment dans le parc national d'Ulu Temburong. L'alcool étant banni dans le sultanat, les habitants de Bandar Seri Begawan (BSB), la capitale, compensent avec la nourriture et le shopping.

Cette nation tranquille, voire somnolente, est le résultat d'une vision particulière : un État religieux strictement contrôlé, où la piété et la consommation à outrance apportent le bonheur. Explorez le pays et tirez vous-même vos conclusions.

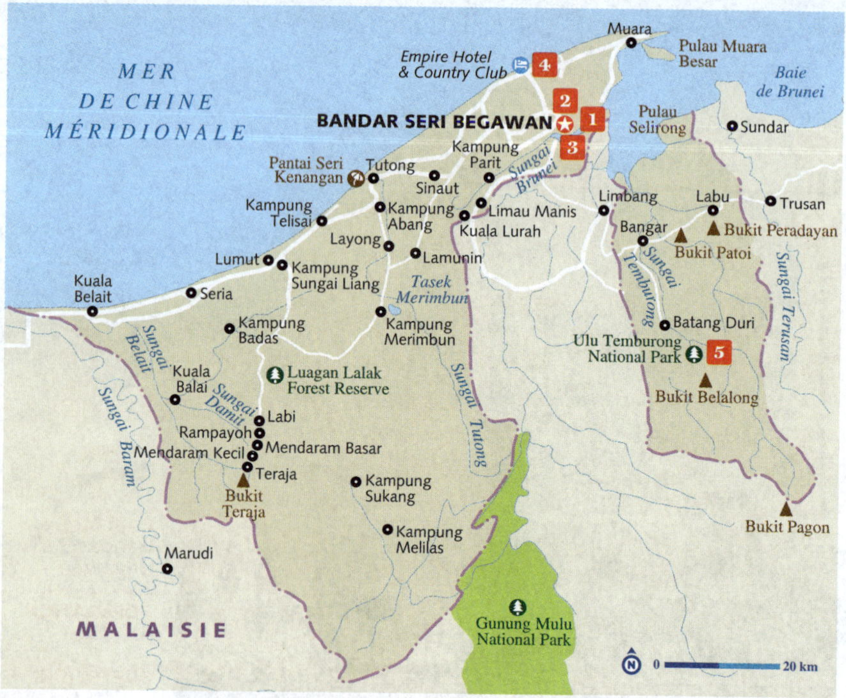

Brunei
Les incontournables

Kampong Ayer

1 Quand le chroniqueur vénitien Antonio Pigafetta visita Kampong Ayer en 1521, il le baptisa "Venise de l'Orient". Un surnom peut-être exagéré pour cette localité lacustre, la plus grande au monde, qui constitue le cœur historique de la capitale. Fondé depuis au moins mille ans, Kampong Ayer se compose de 28 villages sur pilotis, construits le long des deux rives du Sungai Brunei. Il y a un siècle, la moitié de la population de Brunei y vivait et aujourd'hui, malgré les incitations du gouvernement, nombre de Brunéiens continuent de préférer ces habitations à une résidence sur la terre ferme.

Bandar Seri Begawan

2 Bandar (ou BSB), la capitale du sultanat, n'affiche pas l'habituel luxe ostentatoire des cités bâties grâce à l'argent du pétrole. À l'exception d'un palais généralement fermé au public, de quelques énormes mosquées et d'un hôtel extravagant, la ville reste plutôt discrète. La vie urbaine se concentre autour des centres commerciaux, des restaurants et, selon le degré de piété, de la religion ou des fêtes illicites (parfois les deux). BSB possède quelques musées, ainsi que le plus grand village flottant au monde (photo ci-contre), témoignage nostalgique d'une époque révolue.

Mosquée Omar Ali Saifuddien

3 Construite entre 1954 et 1958, la *masjid* Omar Ali Saifuddien – du nom du 28e sultan de Brunei, le père de l'actuel sultan – est entourée d'une lagune artificielle dans laquelle se reflète sa façade. La mosquée est le centre de la vie sociale en soirée : les fidèles viennent pour la prière, puis dînent ou font des achats. Le minaret, haut de 44 m, est l'édifice le plus haut de la capitale et malheur à qui tente de le surpasser – le proche bâtiment de l'Islamic Bank of Brunei dépassait le minaret et son dernier étage a été détruit sur ordre du sultan. L'intérieur de la

HOLGER LEUE / GETTY IMAGES ©

Maisons sur pilotis dans le quartier de Kampong Ayer, Bandar Seri Begawan

mosquée est somptueux. Le sol et les murs sont en marbre italien, les vitraux et les lustres ont été fabriqués en Angleterre et les luxueux tapis proviennent d'Arabie saoudite et de Belgique. Une mosaïque vénitienne formée de 3,5 millions de tesselles orne l'intérieur du dôme principal. À l'extérieur, un vaisseau d'apparat en pierre, réplique d'une barge royale du XVIe siècle, ajoute une note féerique à cet ensemble aux airs de conte des *Mille et Une Nuits*.

Empire Hotel & Country Club

4 Pharaonique par ses proportions et son opulence, cet hôtel de 523 chambres fut commandé par le prince Jefri, frère du sultan, pour loger les hôtes de la famille royale. Afin de rentabiliser l'investissement, la propriété fut transformée en complexe hôtelier haut de gamme. Marbres et colonnades évoquent Las Vegas, tout comme le lustre en or et cristal de Baccarat qui éclaire le salon ; un lustre identique orne l'Emperor Suite. Même les chambres les plus abordables disposent de télécommandes pour tout contrôler à distance, de tapis tissés main, d'interrupteurs plaqués or et d'immenses salles de bains avec sol en marbre. Malgré sa décoration chargée et sans imagination, l'endroit mérite indéniablement une visite.

Quand partir

OCT-DÉC

➡ Les mois les plus pluvieux et les plus frais de l'année.

JAN-MAI

➡ Février et mars sont les mois les plus secs. La fête nationale est célébrée le 23 février.

JUIN-AOÛT

➡ Il fait chaud ! Des festivités dans tout le pays marquent l'anniversaire du sultan (15 juillet).

Sur 100 personnes à Brunei

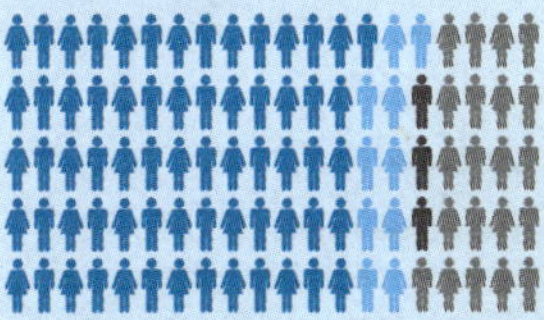

66 sont malaises
10 sont chinoises
3 sont aborigènes
21 sont d'une autre origine

Religions

(% de la population)

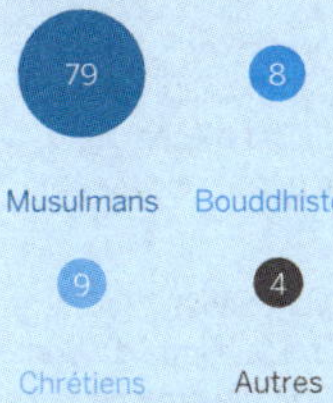

Population au km²

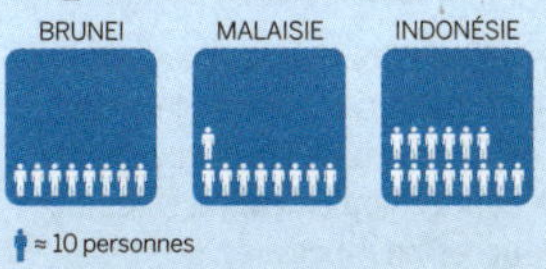

Les Bedil

À Bandar Seri Begawan, l'une des plus intéressantes expositions est celle consacrée aux *bedil* (canons) au musée de Brunei. Ces canons ont la particularité d'être une création de Brunei et non de la sphère culturelle malaise.

Fondus dans le bronze, les *bedil* apportèrent richesse et puissance au sultanat bien avant le pétrole. Grâce à eux, Brunei soumit nombre de petits royaumes de Bornéo et étendit son pouvoir jusqu'aux Philippines. Ils étaient si courants qu'ils devinrent un élément classique d'une dot. Splendides, ils sont tous décorés de manière baroque, parfois sculptés pour ressembler à un dragon ou à un crocodile.

À table !

Farine de sagou Féculent très consommé par les habitants de Brunei, la farine de sagou est laborieusement extraite du tronc du sagoutier, une espèce de palmier.

Ambuyat Spécialité de Brunei, cette bouillie blanche à base de farine de sagou, accompagne tout un assortiment de mets savoureux.

Bumbu Préparation épicée à base de piment, d'ail et d'échalotes, agrémentant curries, soupes et ragoûts.

Boisson La vente et la consommation publique d'alcool est interdite. Néanmoins, certains hôtels et restaurant haut de gamme sont susceptibles d'en servir discrètement.

Viande Contrairement aux fruits de mer ou au poisson, le poulet, tout comme le bœuf ou le buffle, sont généralement réservés aux occasions spéciales.

5

DAVID KIRKLAND / GETTY IMAGES ©

Parc national d'Ulu Temburong

5 Agréable surprise dans un pays aussi ordonné que Brunei, le parc national d'Ulu Temburong se situe au cœur d'une forêt pluviale primaire, qui couvre la majeure partie du sud du Temburong, une petite enclave séparée du reste du sultanat. Seul 1 km^2 de la superficie du parc (sur 500 km^2) est accessible aux touristes dans le cadre de circuits guidés, le reste étant préservé et réservé aux scientifiques. Les activités autorisées comprennent une promenade dans la canopée, quelques marches dans la jungle et la baignade dans les eaux fraîches du Sungai Temburong. L'aube et le crépuscule sont les meilleurs moments pour observer oiseaux et mammifères dans la jungle ou le long des rivières, mais vous entendrez plus souvent les calaos et les gibbons de Bornéo que vous ne les verrez.

Transports

Bateau-taxi Si votre destination est proche du fleuve, les bateaux-taxis à moteur qui circulent vers/depuis Kampong Ayer – sont un bon moyen de transport.

Bus Le réseau des bus publics, géré par différentes compagnies, est assez chaotique, du moins pour les touristes.

Voiture Brunei est le pays d'Asie du Sud-Est où le carburant est le moins cher. Si votre voiture est immatriculée en Malaisie, vous devrez utiliser une pompe spéciale, plus chère (afin de prévenir la contrebande).

Taxis Le taxi est un moyen pratique d'explorer Bandar Seri Begawan – si vous parvenez à en trouver un. Il n'existe pas de centre d'appels et il est difficile, voire impossible, d'en arrêter un dans la rue. Les hôtels peuvent vous indiquer des numéros de portable de chauffeurs.

Monastère de Rila

CAPITALE
Sofia

POPULATION
7 millions

SUPERFICIE
110 879 km²

LANGUE OFFICIELLE
Bulgare

Bulgarie

Des chaînes de montagnes boisées, émaillées de villages isolés et de monastères, aux longues plages de sable, la Bulgarie sait récompenser ses visiteurs.

On comprend aisément pourquoi tant de vacanciers, bulgares et étrangers, se rendent chaque été sur le littoral bulgare de la mer Noire. Dans les grandes stations balnéaires, les longues plages de sable, parfaitement entretenues, n'ont rien à envier à certaines destinations prisées de la Méditerranée.

Dans ce pays riche d'une longue tradition d'art sacré, impossible de ne pas admirer les superbes icônes exposées dans les musées et les nombreux monastères et églises. La puissance évocatrice de ces représentations lumineuses est spectaculaire à l'intérieur d'une église éclairée aux bougies, sur les panneaux en bois dorés d'une iconostase.

Découpée par sept massifs montagneux, la Bulgarie est le paradis des amateurs de marche et d'alpinisme. Un vaste réseau de sentiers et de gîtes permet aux randonneurs d'apprécier la diversité des paysages. L'ours, le lynx et le loup vivent encore dans ces contrées, où l'on peut faire du ski ou de la raquette, mais aussi de la spéléologie et du kayak.

Bulgarie
Les incontournables

Monastère de Rila

1 Niché au pied du massif de Rila, ce merveilleux monastère orthodoxe fondé au Xe siècle a subi moult attaques et incendies au cours des siècles. Symbole de la spiritualité slave dans les Balkans, l'édifice actuel date en grande partie du Renouveau national bulgare au XIXe siècle. Avec ses arches et ses colonnades rayées, ses massives coupoles et sa vaste superficie, le monastère frappe les esprits. Ses fresques et l'iconostase en bois sculpté de la cathédrale sont éblouissantes.

Veliko Tărnovo

2 Capitale médiévale des tsars bulgares, la sublime Veliko Tărnovo bénéficie d'un emplacement exceptionnel, au cœur d'un amphithéâtre de collines boisées que traverse la Yantra. Fierté de la cité, la majestueuse forteresse de Tsarevets, une citadelle bien restaurée du Second Empire bulgare, est complétée par d'innombrables églises et d'autres vestiges, dont beaucoup n'ont pas encore été mis au jour. La cité représente aussi un très bon point de chute pour partir en randonnée.

Cathédrale Alexandre-Nevski de Sofia

3 Dominant majestueusement les toits de la capitale bulgare, cette magnifique église orthodoxe, dédiée à la mémoire des 200 000 soldats russes morts pendant la guerre russo-turque (1877-1878), réclama trente années de travaux et fut achevée en 1912. Le vaste intérieur, où flotte un parfum d'encens, est décoré de fresques naturalistes, de grands chandeliers et de trônes élaborés en onyx et albâtre.La crypte contient une vaste collection d'icônes bulgares provenant d'églises de tout le pays.

Ski dans le massif du Pirin

4 Les sommets du massif du Pirin, au sud du pays, comptent plusieurs stations de ski réputées comme Bansko et Borovets. La première est appréciée pour sa saison de ski prolongée ; elle est aussi connue comme

Domaine skiable de Bansko

un lieu de fête où foisonnent restaurants raffinés, spas, bars et discothèques. Tout aussi prisée, la seconde possède aussi de vastes étendues stimulantes et des pistes balisées d'une approche plus facile.

Koprivshtchitsa

5 La paisible Koprivshtchitsa recèle de splendides exemples architecturaux du Renouveau national bulgare. C'est ici que le révolutionnaire Todor Kableshkov proclama le soulèvement contre les Turcs, le 20 avril 1876, qui aboutit deux ans plus tard à l'indépendance de la Bulgarie. Après la Seconde Guerre mondiale, le gouvernement communiste l'a déclarée "ville-musée", puis "réserve historique". Les quelques rues de la bourgade sont bordées de bâtiments anciens, séparés par des venelles envahies par la végétation.

Tombeaux thraces

6 Les Bulgares tirent une légitime fierté de leur héritage thrace. Ce peuple farouche de l'Antiquité – l'esclave rebelle Spartacus était thrace – comptait des artistes de grand talent, comme en témoignent les tombeaux découverts dans le sud et le centre de la Bulgarie. Le plus impressionnant d'entre eux est l'étonnante tombe à tholos de Kazanlăk, érigée pour un roi du IVᵉ siècle av. J.-C, et ornée de fresques représentant des courses de chars et des agapes.

Quand partir

JANVIER

➡ Les stations de sports d'hiver atteignent leur pic de fréquentation.

AVRIL-MAI

➡ Climat agréable, réouverture des sites touristiques, nombreux festivals.

JUIN-SEPTEMBRE

➡ Soleil et chaleur partout dans le pays.

➡ La côte de la mer Noire est bondée.

Sur 100 personnes en Bulgarie

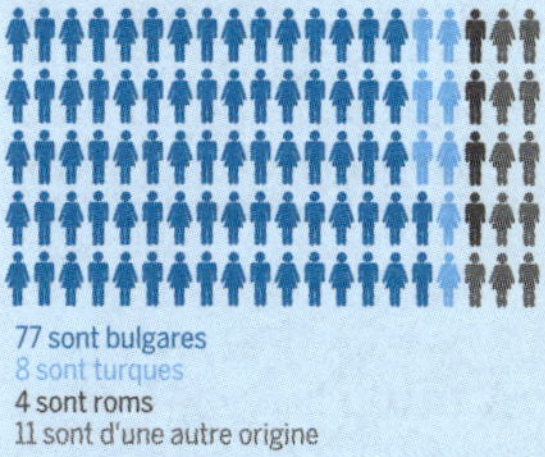

Religion

(% de la population)

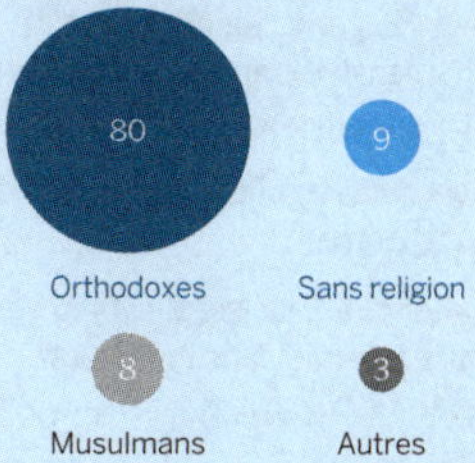

Population au km²

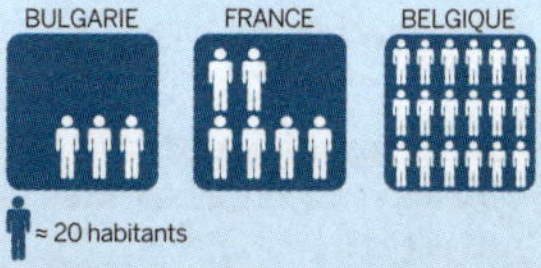

Vasil Levski

Levski – voilà un nom que vous lirez sur toutes les pancartes et les édifices publics de Bulgarie, tandis que sa silhouette de séducteur ne tardera pas à vous devenir familière.

Né Vasil Ivanov Kountchev à Karlovo en 1837, Levski (le "lion") se destine d'abord à devenir moine. En 1862, il s'enfuit vers Belgrade pour rejoindre la lutte révolutionnaire contre les Turcs, sous l'égide de Georgi Rakovski. Quelques années plus tard, Levski est de retour en Bulgarie, voyageant incognito aux quatre coins du pays pour organiser un réseau de comités révolutionnaires. Imprégné des idéaux de la Révolution française, l'"apôtre de la liberté" devient un leader charismatique du mouvement indépendantiste. Il est capturé à Lovetch en décembre 1872, puis pendu à Sofia en février 1873. Le monument à Vasil Levski marque l'endroit de son exécution.

À table !

Banitsa La *banitsa*, un feuilleté au fromage cuit au four et servi chaud dans de simples stands ou kiosques de vente à emporter.

Bière Zagorka, Kamenitza et Shumensko sont les principales marques du pays.

Kavarma Ragoût à base de poulet ou de porc.

Kebabche Saucisse de porc épicée. Servie dans toutes les tavernes du pays.

Shishcheta Brochettes de poulet ou de porc, avec champignons et poivrons

Shkembe chorba Soupe aux tripes

Tarator Soupe froide à base de concombre, yaourt, ail, aneth et noix pilées.

KEREN SU / GETTY IMAGES ©

Dégustation de vin bulgare

7 La tradition vinicole bulgare remonte à l'époque de l'ancienne Thrace. On apprécie ici le bon vin depuis longtemps : ce fut le cas des auteurs romains et de Winston Churchill, qui commandait des tonneaux de vin rouge de Melnik – un village au sud-ouest du pays où l'on déguste encore d'excellents crus. Différents vignobles s'étendent entre le Danube, la mer Noire et la plaine de Thrace, et de nombreuses exploitations proposent des dégustations dans des paysages champêtres.

Plovdiv

8 Cette ville universitaire n'a rien à envier à Sofia sur le plan culturel ni en matière de vie nocturne. Agréable à parcourir à pied, la charmante vieille ville, aux rues pavées bordées de demeures du milieu du XIXe siècle, de musées et de galeries, abrite aussi un magnifique amphithéâtre romain, tandis que le quartier branché de Kapana regroupe des cafés et bars indés sans prétention. Plovdiv est enfin une excellente base pour des randonnées et des sorties de spéléologie dans le massif des Rhodopes.

Transports

Bus Plusieurs compagnies disposent de bus modernes et confortables pour relier les grandes villes, tandis que des minibus plus anciens , souvent bondés, circulent entre les localités de moindre importance.

Voiture Le meilleur moyen d'atteindre parcs nationaux, monastères et villages reculés. Soyez sur vos gardes : les routes de Bulgarie comptent parmi les plus dangereuses d'Europe et font de nombreuses victimes chaque année.

Train La Bălgarski Dărjavni Jeleznitsi, compagnie nationale des chemins de fer dessert les principales villes et localités du pays.

CAPITALE
Ouagadougou

POPULATION
18,3 millions

SUPERFICIE
274 200 km²

LANGUE OFFICIELLE
Français

Marché de Bobo-Dioulasso

Burkina Faso

Pays méconnu, le Burkina Faso (anciennement Haute-Volta) n'en est pas moins l'une des destinations préférées des connaisseurs de l'Afrique de l'Ouest.

Voyager au Burkina Faso est une bonne idée pour quiconque apprécie les destinations accessibles, mais hors des sentiers battus.

Les Burkinabés partagent un sentiment d'identité culturelle extrêmement fort, renforcé sans doute par les années de colonisation. Bien qu'ils habitent un pays mal loti sur le plan des ressources naturelles, ils font preuve d'une joie de vivre et d'un sens de l'hospitalité extraordinaires.

Malgré les problèmes de pauvreté et d'instabilité politique, le Burkina Faso reste une destination culturelle incontournable en Afrique occidentale. Outre ses fêtes traditionnelles, il accueille également le Fespaco, une biennale panafricaine du film digne des festivals les plus prestigieux.

À ces attraits s'ajoutent l'ambiance charmante de la petite ville de Bobo-Dioulasso, les safaris possibles dans le Sud, sans oublier la capitale au nom si chantant, Ouagadougou. Bref, tout semble réuni pour que ce pays devienne l'un de vos plus beaux souvenirs de voyages.

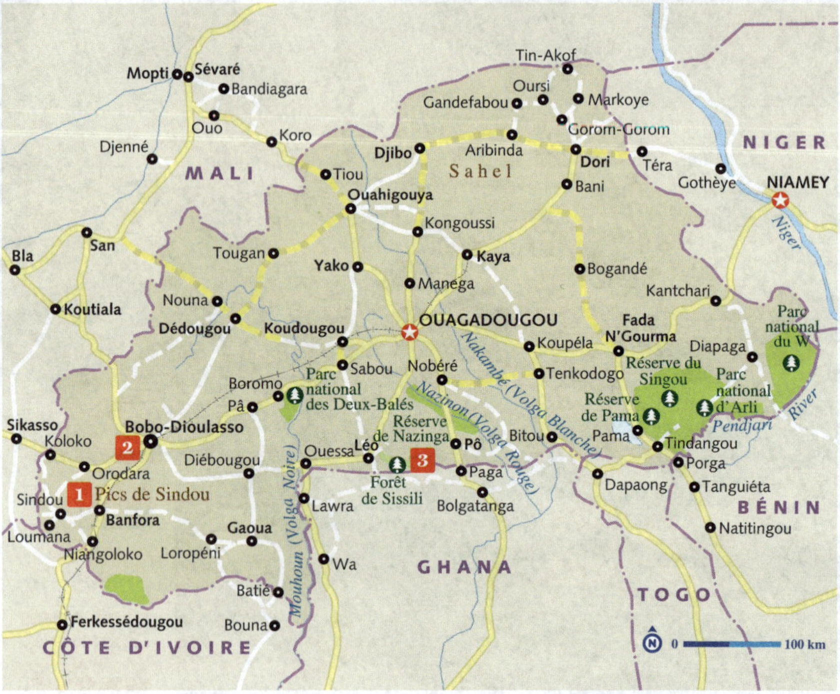

Burkina Faso
Les incontournables

Falaises de Sindou

1 Véritable merveille géologique, ces falaises évoquent des sculptures posées de guingois par une main facétieuse. Le site se prête à la randonnée. Dans les environs, on peut faire un détour au lac Tengréla pour voir quelques hippopotames, et, en traversant une belle palmeraie, rejoindre le paisible village éponyme.

Bobo-Dioulasso

2 Malgré son statut de deuxième ville du pays, Bobo-Dioulasso possède un charme provincial avec ses rues arborées dégageant une atmosphère nonchalante. En journée, rejoignez le Musée provincial du Houët, qui abrite des collections de sculptures et d'objets traditionnels. Le soir, profitez de la scène musicale animée et des excellents restaurants.

Réserve de Nazinga

3 Le Burkina Faso abriterait aujourd'hui la plus vaste population d'éléphants d'Afrique de l'Ouest, grâce notamment à la politique menée dans cette réserve située au sud de la capitale. Toutes les visites s'effectuent avec un guide. On peut sortir des véhicules pour marcher un peu, mais il arrive parfois que les éléphants chargent les intrus. Vous êtes prévenu !

À table

Aloco Bananes plantains frites avec du piment dans de l'huile de palme.

Attiéké Manioc râpé.

Graine Sauce épicée à base de noix de palme.

Kedjenou Poulet ou poisson mijoté avec des légumes.

Quand partir

JAN-FÉV

➡ Période idéale pour l'observation de la faune.

AVR-SEPT

➡ Si la saison chaude (avril-mai) est à éviter, la saison humide (juin-sept) rend les trajets difficiles.

OCT-DÉC

➡ La meilleure période : paysages verdoyants et températures plus agréables.

CAPITALE
Bujumbura

POPULATION
10,3 millions

SUPERFICIE
27 830 km²

LANGUES OFFICIELLES
Kirundi, français

Burundi

Soutenu par une population optimiste et accueillante malgré son histoire douloureuse, le minuscule Burundi émerge à peine des brumes d'une guerre civile.

Ce minuscule pays offre un surprenant cocktail de montagnes vertigineuses et de villages somnolents en bord de lac. Après une longue guerre civile et une période de reconstruction sous la surveillance de l'ONU qui a vu le retour des touristes, le Burundi est à nouveau miné par l'instabilité politique et l'égoïsme de ses dirigeants. On surveillera donc avec attention la situation politique avant d'envisager la perspective d'un voyage. Pourtant ce petit pays ne manque pas de qualités. Bujumbura, sa capitale, bénéficie d'un charmant emplacement sur les rives du lac Tanganyika ; juste à la lisière de la ville, on trouve quelques-unes des plus belles plages intérieures du continent. Pour les amateurs d'aventure, les volcans tapissés de jungle offrent de vivifiantes escapades en compagnie des chimpanzés.

Enfin, sachez que les habitants sont dotés d'une irrépressible joie de vivre – leur sourire est aussi contagieux que les rythmes distillés par les fameux Tambourinaires du Burundi.

Burundi
Les incontournables

Saga Plage

1 À Saga Plage, l'une des plus belles plages intérieures du continent, sirotez une bière fraîche à l'ombre des palmiers. Avec leur fin sable blanc, les plages du lac Tanganyika, à la lisière de Bujumbura, c'est la mer, les vagues et le soleil. Il manque juste un peu de sel.

Bujumbura

2 Dans la capitale du Burundi, offrez-vous un festin puis dansez jusqu'à l'aube. Figée dans le temps, Bujumbura n'a quasiment pas connu d'aménagements majeurs depuis les années 1980. La ville affiche encore une partie de ses grandioses boulevards coloniaux et édifices publics. Pour le reste, "Buj" est réputée pour ses restaurants, ses bars et ses boîtes de nuit.

Chutes de la Karera

3 Rafraîchissez-vous les idées sous les chutes de la Karera, au sud-est du pays. Des quatre cascades, Nyakai I est la plus jolie. Plus au nord, Nyakai II, la plus petite, est idéale pour une douche improvisée. Ajoutez à cela les chutes de Mwaro et vous obtenez les plus impressionnantes cascades du secteur. Sur le site, une grotte fait office de sanctuaire religieux.

À table !

Outre les brochettes et les frites, héritage de la colonisation belge, le Burundi s'appuie sur le succulent poisson du lac Tanganyika et sur une viande de premier ordre.

La Primus est la boisson la plus consommée. Cette bière blonde appartient à un groupe occidental mais elle est produite localement

Quand partir

TOUTE L'ANNÉE

➡ Les températures varient selon l'altitude. Il fait plus chaud à Bujumbura que partout ailleurs.

OCTOBRE-MAI

➡ Saison des pluies modérée, avec un bref intermède sec en décembre-janvier.

JUIN ET AOÛT

➡ Durant la "longue sécheresse", les plages du lac Tanganyika attirent les habitants.

CAPITALE
Phnom Penh

POPULATION
15,2 millions

SUPERFICIE
181 035 km²

LANGUE OFFICIELLE
Khmer

Danseuses khmer en tenue traditionelle.

Cambodge

Montée vers le royaume des dieux à Angkor Vat ou descente vers l'enfer des Khmers rouges au mémorial de la prison S-21 : de par son histoire, grandiose et terrible, le Cambodge ne peut laisser indifférent.

Le Cambodge moderne a succédé au puissant Empire khmer qui régnait sur un territoire comprenant la majeure partie des actuels Laos, Thaïlande et Vietnam. Les fabuleux temples d'Angkor, qui éblouissent les visiteurs dès le premier regard, sont les vestiges de cet empire.

Principales villes, Siem Reap et Phnom Penh forment des bulles, à mille lieues du Cambodge rural aux paysages de rizières et de palmiers à sucre. Sur la côte sud, il n'y a pour horizon qu'une poignée de bungalows de plage. Dans l'arrière-pays, la chaîne des Cardamomes s'étend au cœur d'une région tropicale, où l'écotourisme se développe. Quant au Nord-Est, c'est la terre des minorités ethniques.

Si, avec Angkor, le Cambodge possède la huitième merveille du monde, ce sont ses habitants qui constituent son principal trésor. Les Khmers ont connu l'enfer, mais ils ont conservé leur sourire grâce à leur moral d'acier et à leur optimisme. Aucun voyageur ne quitte ce royaume sans un sentiment d'affection pour sa population.

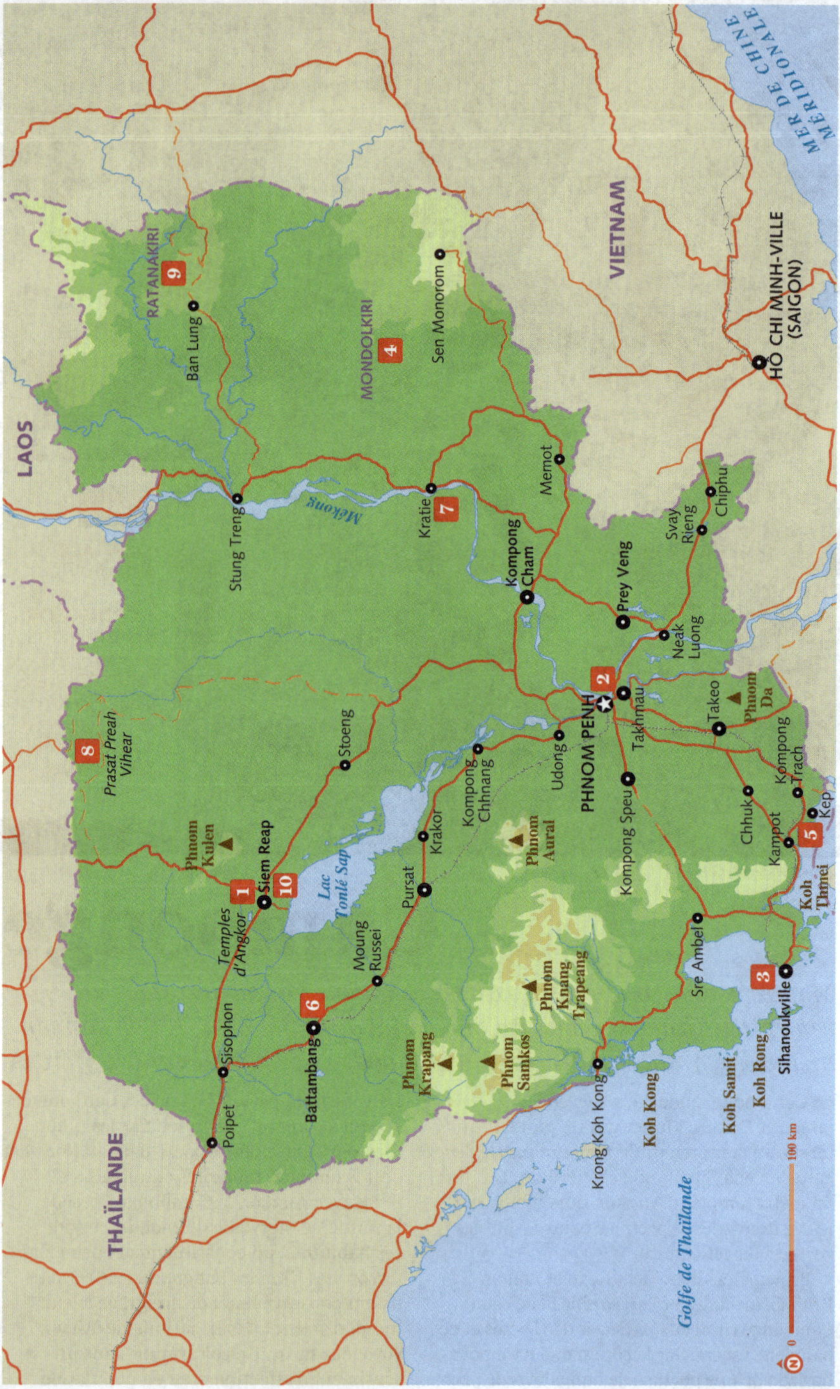
LAOS
THAÏLANDE
VIETNAM
MER DE CHINE MÉRIDIONALE
HÔ CHI MINH-VILLE (SAIGON)
RATANAKIRI
9
Ban Lung
MONDOLKIRI
4
Sen Monorom
Stung Treng
Mékong
Kratie
7
Memot
Kompong Cham
Chiphu
Svay Rieng
Prey Veng
Neak Luong
2
PHNOM PENH
Takhmau
Takeo
Phnom Da
Kompong Trach
Kep
5
Kampot
Chhuk
Koh Thmei
3
Sihanoukville
Koh Rong
Koh Samit
Koh Kong
Krong Koh Kong
Sre Ambel
Kompong Speu
Udong
Kompong Chhnang
Phnom Aural
Phnom Knang Trapeang
Phnom Samkos
Phnom Krapang
Golfe de Thaïlande
8
Prasat Preah Vihear
Stoeng
Phnom Kulen
1
Siem Reap
10
Temples d'Angkor
Lac Tonlé Sap
Krakor
Pursat
Moung Russei
6
Battambang
Sisophon
Poipet
N
0
100 km

Cambodge
Les incontournables

Temples d'Angkor

1 Angkor est l'un des sites phares du patrimoine mondial. Parmi des centaines de temples, trois sont emblématiques : Angkor Vat, le plus grand édifice religieux de la planète ; le Bayon, l'un des plus énigmatiques, avec ses immenses visages de pierre ; et le Ta Prohm, où la jungle reprend ses droits. Angkor représente la fusion parfaite de l'ambition créatrice et de la dévotion spirituelle. Les dieux-rois de jadis tentèrent chacun de surpasser leurs prédecesseurs par l'édification de sanctuaires de taille, d'envergure et de symétrie inégalées.

Phnom Penh

2 Aussi séduisante que la circulation dans les rues du centre-ville semble anarchique, la capitale du Cambodge a rejeté les ombres du passé pour embrasser un avenir plus souriant. Fière de son emplacement au bord du Mékong, Phnom Penh est aujourd'hui en plein essor avec ses hôtels tendance, ses restaurants design et ses bars branchés. Du Musée national à la terrible prison S-21, reconvertie en musée et en mémorial des victimes des Khmers rouges, on y découvre le meilleur et le pire de l'histoire du royaume.

Angkor Thom

Sihanoukville

3 Le grand attrait de Sihanoukville tient à ses plages. Sur les îles voisines, telles Koh Rong et Koh Rong Samloem, de petits complexes de bungalows de plage créent une ambiance décontractée. Sur le continent, il n'y a que 5 km entre Occheuteal, la plage centrale de Sihanoukville un peu gravillonneuse, et Otres Beach, encore paisible malgré la menace des promoteurs. Plus centrales, Victory Beach, Independence Beach, Sokha Beach et même Serendipity Beach, la favorite des routards, ont chacune leurs attraits.

Sur 100 personnes au Cambodge

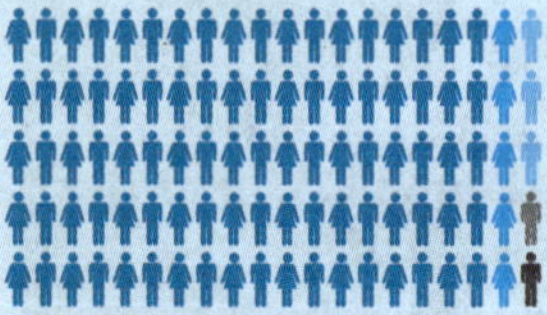

90 sont d'origine khmère
5 sont d'origine vietnamienne
3 sont d'origine cham
1 est d'origine chinoise
1 est issue des minorités ethniques

Provenance des visiteurs (en %)

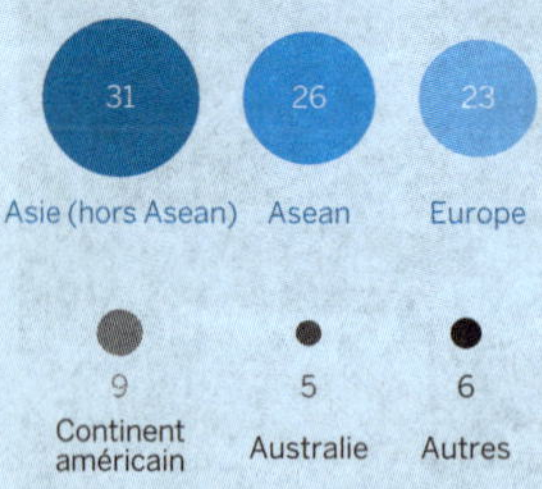

Population au km²

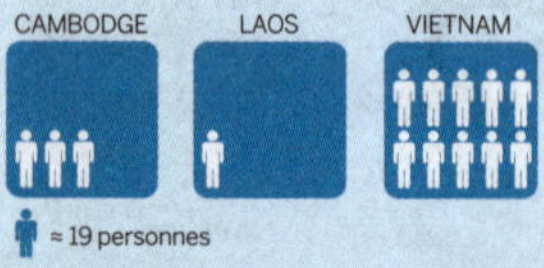

Mondolkiri

4 Aux rizières et aux plantations de palmiers à sucre succède, à l'est, le paysage de collines du Mondolkiri. Dans cette contrée sauvage vit le peuple bunong, qui pratique l'animisme et le culte des ancêtres. Les éléphants domestiqués restent très utilisés par les habitants. À une balade touristique sur un pachyderme, préférez une visite à l'Elephant Valley Project, où vous pourrez marcher avec le troupeau. Forêts grandioses, cascades spectaculaires, jungle propice à l'observation des doucs à pattes noires (ou rhinopithèques à pieds noirs) : ici, l'aventure est reine.

Kampot et Kep

5 Ces paisibles villes de la côte sud sont idéales pour aller au-delà des plages de Sihanoukville. Cité tranquille à la belle architecture coloniale, Kampot est une bonne base pour explorer, en kayak, la jolie rivière Prek Kampong et faire une excursion dans le parc national de Bokor. Plus assoupie, Kep a d'autres attraits, avec son marché aux crabes, des complexes hôteliers isolés et le parc national de Kep. Des villas à la grandeur fanée témoignent d'un temps où ces deux cités étaient appréciées des habitants de Phnom Penh.

Battambang

6 Battambang est une cité coloniale bien préservée, sur les rives de la Sangker. Des cafés soucieux de commerce équitable aux boutiques de location de vélos, d'anciennes maisons de négoce françaises sont

La boxe cambodgienne

Tout le monde connaît la boxe thaïlandaise (*muay thai*) et le kick-boxing, mais l'on sait moins que ce sport de contact est sans doute originaire du Cambodge. Le *pradal serey* (littéralement "lutte libre") est la version cambodgienne du kick boxing.

Art martial encore plus ancien, le *bokator*, ou *labokatao*, remonterait à l'époque d'Angkor. Son nom signifie "terrasser un lion", et il fut conçu à l'origine pour les affrontements sur les champs de bataille. Perches en bambou, courts bâtons et parfois *krama* (foulards) comptent parmi les armes utilisées.

À table !

Fruits La saveur des multiples fruits tropicaux fait partie intégrante du plaisir d'un voyage dans le pays. Les mangoustans (*mongkut*) et les ramboutans (*sao mao*) remportent les faveurs des touristes.

Prahoc Pâte de poisson fermentée. Un des principaux ingrédients de la cuisine khmère.

Riz Le riz est l'aliment de base, au point que, comme en chinois, le verbe "manger", *nam bai*, signifie littéralement "manger du riz". Beaucoup de Cambodgiens ne peuvent pas se passer de leur portion quotidienne de riz, laquelle reste leur principale source de sucres lents. La meilleure variété provient de la province de Battambang, le grenier rizicole du pays.

Salades Les salades, délicieuses, diffèrent totalement de celles que l'on sert en Occident. La *phlea sait kow*, composée de bœuf et de légumes, est parfumée de coriandre, de feuilles de menthe et de citronnelle – trois herbes aromatiques utilisées dans de nombreux plats.

PETER PTSCHELINZEW / GETTY IMAGES ©

Intérieur d'un temple à Kampot

aujourd'hui dévolues à toutes sortes d'activités. Dans la campagne alentour, typiquement cambodgienne, on trouve un bel ensemble de temples à l'écart de la foule et, plus loin, la réserve ornithologique de Prek Toal. La région de Battambang, pleine de charme, vous plonge dans le vrai Cambodge !

Quand partir

HAUTE SAISON
(novembre-mars)

➡ La période idéale : brise et températures quasi méditerranéennes.

➡ Réservez tôt pour Noël et le Nouvel An.

SAISON INTERMÉDIAIRE
(juillet-août)

➡ Temps pluvieux, avec un point positif : des paysages vert émeraude !

➡ La côte sud est très fréquentée par les visiteurs occidentaux.

BASSE SAISON
(avril-juin et sept-oct)

➡ En avril-mai, le thermomètre atteint 40°C.

➡ Septembre et octobre sont parfois pluvieux ; de spectaculaires orages accompagnent le déluge.

Kratie

7 Kratie, sur les rives du Mékong, est une base idéale pour aller observer les dauphins d'eau douce de l'Irrawaddy. Important carrefour sur la route reliant Phnom Penh au nord-est du Cambodge et au sud du Laos, la ville conserve une certaine grandeur coloniale. En face, l'île de Koh Trong invite à la détente – on peut y loger chez l'habitant et se balader à vélo. Au nord, le Mekong Discovery Trail, un programme visant à développer le tourisme communautaire autour du fleuve, permet de séjourner dans les villages et de partir en excursion en bateau.

Prasat Preah Vihear

8 Emblème des temples-montagnes, le prasat Preah Vihear se dresse sur les hauteurs des monts Dangkrek, constituant un poste-frontière controversé entre le Cambodge et la Thaïlande. Ce lieu de pèlerinage, dont la construction s'est étalée sur trois siècles, donne un aperçu de l'évolution de la sculpture durant la période angkorienne. Ses pierres de fondation bordent une falaise abrupte qui surplombe la plaine. De là, se dévoile un panorama époustouflant du nord du pays.

Transports

Avion Des vols intérieurs assez coûteux relient Phnom Penh à Siem Reap.

Bateau Moins usité qu'à l'époque où les routes étaient mauvaises ; toujours apprécié pour relier Siem Reap à Battambang ou à Phnom Penh.

Bus Le principal moyen de transport pour la plupart des voyageurs ; relie toutes les villes.

Vélo Le Cambodge est une superbe destination pour les cyclistes aventureux.

Voiture et moto La location d'une voiture ou d'un 4x4 est une façon abordable et rapide de circuler. La moto est un moyen extraordinaire de voyager au Cambodge – pour les motards expérimentés !

À voir

La Déchirure (Roland Joffé ; 1984). L'histoire du journaliste américain Sydney Schanberg et de son assistant pendant et après la guerre.

S-21, La Machine de mort khmère rouge (Rithy Panh ; 2002). La bouleversante confrontation entre trois rescapés de Tuol Sleng et leurs anciens gardes.

À lire

Le Portail (François Bizot ; 2002). Prisonnier des Khmers rouges, cet ethnologue français fut l'un des témoins de la tragédie cambodgienne.

Lendemains de cendres (Séra ; 2007). En 1979, les troupes vietnamiennes envahissent le Cambodge. Le régime de Pol Pot s'effondre, le pays est en guerre...

La Voie royale (André Malraux ; 1930). Un grand roman d'aventure inspiré par l'expérience de son auteur en Asie du sud-est.

Kampuchéa (Patrick Deville ; 2011). L'histoire du Cambodge, depuis la "découverte" d'Angkor par Henri Mouhot jusqu'à l'horreur des Khmers rouges, racontée au fil de la remontée du Mékong.

Ratanakiri

9 La province du Ratanakiri, l'une des plus belles et des plus isolées du pays, a le vent en poupe. On peut randonner des jours entiers dans le parc national de Virachey – une immense zone protégée riche en faune (éléphants, gibbons...) –, nager dans un lac volcanique ou se baigner sous une cascade au cœur de la jungle, non loin de la capitale provinciale, Ban Lung. Habité par une mosaïque de minorités ethniques, le Ratanakiri est à mille lieues des basses terres cambodgiennes.

Siem Reap

10 Ville animée, Siem Reap fait office de porte d'entrée pour explorer les temples d'Angkor. La cité s'affirme aujourd'hui comme l'épicentre d'un Cambodge chic, doté aussi bien de repaires festifs pour routards que d'hôtels et de restaurants luxueux. La province qui l'entoure ne manque pas d'attraits, tels les villages flottants sur le Tonlé Sap, et des loisirs tour à tour sportifs et culturels – quad, tyroliennes, cours de cuisine, observation des oiseaux...

Maison flottante, lac Tonlé Sap

CAPITALE
Yaoundé

POPULATION
23,1 millions

SUPERFICIE
475 440 km²

LANGUES OFFICIELLES
Français, anglais

Cases traditionnelles, monts Mandara

Cameroun

Au carrefour de l'Afrique de l'Ouest et de l'Afrique centrale, le Cameroun abrite une grande variété de populations et de cultures, ainsi que toute la gamme des paysages africains emblématiques.

Cœur de l'Afrique, le Cameroun offre une incroyable mosaïque de paysages : volcans en activité, plages de sable blanc, forêts tropicales et étranges formations rocheuses du Sahel. Fort de ses régions francophones et anglophones, ainsi que de ses quelque 263 communautés et presque autant d'idiomes, le pays est un vaste puzzle ethnique et linguistique. Cependant, contrairement à beaucoup de ses voisins, le Cameroun jouit d'une grande stabilité.

Grâce à des infrastructures de qualité, vous n'aurez guère de mal à passer d'une région à l'autre : du littoral du golfe de Guinée, aux plages tropicales du Sud, des forêts humides du Centre, aux régions semi-désertiques du Nord. Seules les régions frontalières du nord du pays sont déconseillées aux voyageurs.

Aucun doute, vous êtes bien au cœur du continent : tout le monde semble porter quelque chose sur la tête, le *makossa* est omniprésent et le parfum de bananes plantains grillées au four embaume les rues.

Cameroun
Les incontournables

Ring Road

1 Longue de 367 km, cette route faisant le tour des hauts plateaux volcaniques du Nord-Ouest, figure parmi les itinéraires les plus pittoresques du Cameroun. À bord d'un véhicule tout-terrain, nécessaire en raison de l'état de la piste et des passages de ruisseaux, vous aborderez des paysages d'une grande variété : rizières, plantations de thé, plateaux verdoyants. De nombreux villages sont éparpillés au long de l'itinéraire. L'occasion de découvrir les traditions et l'artisant local (vannerie, masques, poteries...)

Mont Cameroun

2 La plupart des randonnées jusqu'au sommet du mont Cameroun (4 095 m), point culminant de l'Afrique de l'Ouest, partent de Buea, une belle endormie à une heure au nord-ouest de Douala. L'aller-retour, de 27 km, peut s'effectuer en une journée pour un bon marcheur, d'autant que l'ascension n'est pas particulièrement difficile. La plupart des voyageurs passent toutefois une nuit dans l'un des chalets situés au-delà de 2 000 m. N'oubliez pas que même si le thermomètre avoisine les 20°C en plaine, il peut facilement tomber au-dessous de zéro au sommet.

Limbe

3 La charmante Limbe bénéficie d'un formidable emplacement entre forêt tropicale et côte spectaculaire. Prisée à la fois des touristes étrangers et camerounais, c'est un lieu idéal pour se détendre sur la plage quelques jours. Pour en savoir plus sur les enjeux de préservation des écosystèmes, rejoignez le Limbe Wildlife Centre qui recueille depuis des années, chimpanzés, gorilles, drills et autres primates en péril, soignés et logés dans de vastes enclos.

Parc national de Korup

4 Dernier-né des parcs nationaux camerounais, il couvre la partie la plus ancienne et la plus diversifiée de la forêt équatoriale du pays. Outre le nombre impressionnant d'espèces de primates et d'oiseaux qui y vivent, il recèle de multiples variétés de plantes, certaines

TIM GRAHAM / GETTY IMAGES ©

Palais présidentiel, Yaoundé

découvertes très récemment. La partie du parc frontalière avec le Nigéria est à éviter, tandis qu'il faudra respecter les conditions de sécurité pour le reste de ce territoire.

Yaoundé

5 Si l'Afrique de l'Ouest n'est pas franchement réputée pour le charme de ses villes, Yaoundé fait exception. Loin d'être aussi palpitante (et chaotique) que Douala, sa rivale côtière, cette ville verdoyante couvrant sept collines jouit d'un climat tempéré, ainsi que de rues relativement propres et bien entretenues. Une série de bâtiments gouvernementaux des années 1970 aux styles exubérants raviront les amateurs d'architecture.

Foumban

6 Foumban est un important centre pour l'art traditionnel. Sa fierté réside dans son Palais royal, siège du pouvoir bamoun. Ce palais, achevé en 1917, renferme le Musée royal, où sont exposés parures royales, armoiries, instruments de musique, statues, bijoux, masques et trônes décorés. Un peu plus loin, le musée des Arts et des Traditions bamous possède également une riche collection. Reliant les deux musées, la rue des Artisans abrite des ateliers de sculpteurs, vanniers, tisseurs et brodeurs. Tous les deux ans, le festival Nguon célèbre la culture bamoun avec des spectacles de danses et des cérémonies rituelles.

Quand partir

NOV-FÉV

➡ Temps sec mais pas trop chaud – attendez-vous néanmoins à la brume due à l'harmattan.

FÉV

➡ Participez à la Course de l'espoir jusqu'au sommet du mont Cameroun.

OCT

➡ La Tabaski, la fête la plus importante du Cameroun, est célébrée en grande pompe à Foumban.

Sur 100 personnes au Cameroun

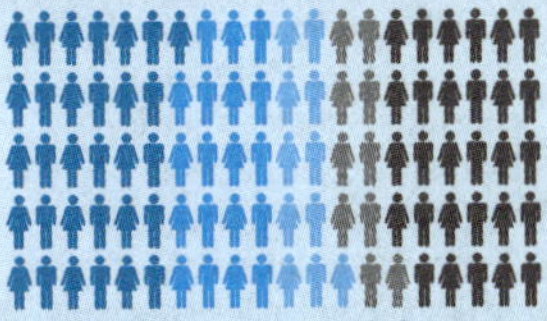

31 viennent des hautes terres du Cameroun
19 sont des Bantous de la région équatoriale
11 sont des Kirdi
10 sont des Fulani
29 sont d'une autre origine

Religions

(% de la population)

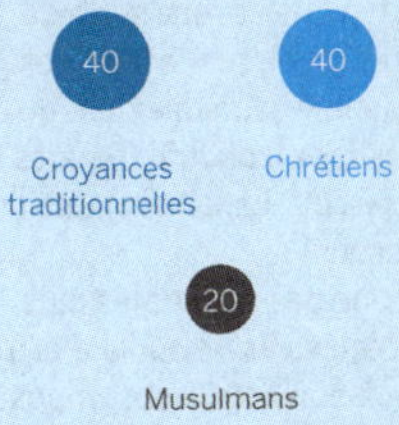

Population au km²

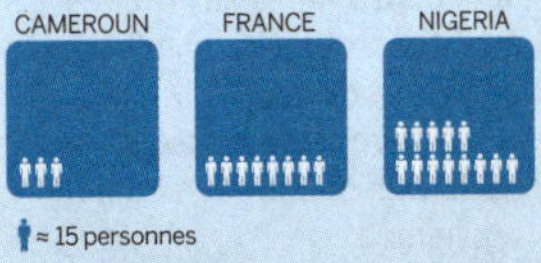

Les Lions indomptables

Le Cameroun s'est révélé aux amateurs de football lors du Mondial italien de 1990. La sélection camerounaise (mieux connue sous le nom de Lions indomptables) fit sensation dès son entrée en scène en battant l'Argentine de Diego Maradona, tenante du titre. Déjouant tous les pronostics, les Lions multiplièrent les exploits, grâce notamment à leur buteur, Roger Milla, et parvinrent jusqu'en quart de finale. Aucune équipe africaine n'était parvenue jusqu'alors à se hisser à ce niveau de la compétition.

Si le Cameroun n'a pas réédité son exploit en Coupe du monde, il a remporté à quatre reprises la Coupe d'Afrique des nations (1984, 1988, 2000 et 2002).

Vous aurez tôt fait de constater sur place que le football est une passion nationale. De nombreux Camerounais arborent le maillot de la sélection et les bars sont bondés les jours de matchs.

À table !

La cuisine camerounaise est plus roborative que sophistiquée. Le plat typique est une sorte de sauce épicée servie avec des féculents – généralement du riz, des pâtes ou du *fufu* (patates douces, blé, bananes plantains ou couscous).

L'une des sauces les plus appréciées est le *ndolé*. Parfumé au poisson frit, il est composé de feuilles amères évoquant les épinards.

La viande et le poisson grillés sont consommés en grandes quantités, en particulier dans les échoppes de rue.

La bière est la boisson nationale, même dans le Nord musulman.

8

PETER FERRY / GETTY IMAGES ©

Girafes, parc national du Waza

Ebodjé

7 Ebodjé, petit village de pêcheurs à 25 km au nord de Campo, est le siège d'un projet de conservation de tortues marines et d'un site écotouristique. La nuit, on est invité à observer les tortues au moment de la ponte. Si rien ne vient, consolez-vous avec la plage, splendide et immaculée. N'oublions pas le silence et le ciel étoilé qui recouvrent ce village privé d'électricité quand vient la nuit. Magique.

Parc national du Waza

8 De tous les parcs nationaux du pays, celui du Waza est le meilleur pour observer la faune africaine (éléphants, hippopotames, girafes, lions...). La période fin mars-avril est la mieux choisie car les animaux se rassemblent autour des trous d'eau avant la saison des pluies. Actuellement cependant, les troubles qui agitent l'extrême-nord du pays font déconseiller la visite du parc.

Transports

Avion Des vols intérieurs relient Douala et Yaoundé à Maroua et Garoua.

Bus Des "agences de voyages" (autocars) circulent sur tous les axes majeurs du pays, ainsi que sur nombre d'axes secondaires. Les prix sont fixes et bon marché ; avec certains prestataires, on peut réserver sa place.

Train Le système ferroviaire du Cameroun exploite trois itinéraires principaux. La ligne Yaoundé-N'Gaoundéré, principal moyen de circuler entre le sud et le nord du pays, est la plus intéressante pour les voyageurs.

Voiture Conduire au Cameroun ne pose aucun problème : les routes sont correctes et le harcèlement policier est absent. On peut louer un véhicule dans les grandes villes, mais la facture est salée. Le 4x4 est requis sur nombre d'itinéraires et devient indispensable durant la saison des pluies.

CAPITALE
Ottawa

POPULATION
34,6 millions

SUPERFICIE
10 millions km²

LANGUES OFFICIELLES
Anglais, français

Lac Émeraude, parc national de Yoho, Colombie-Britannique

Canada

Ses grandes étendues vierges subjuguent les amoureux de nature. Mais le Canada possède bien d'autres atouts : des métropoles culturelles, un calendrier festif bien rempli et une culture tolérante.

Le deuxième plus grand pays du monde déploie une palette infinie de paysages. Montagnes découpées, glaciers scintillants, prairies dorées et forêts denses, tout y est… réparti sur six fuseaux horaires. De grands animaux peuplent son territoire, tels l'ours polaire, le grizzli, la baleine et bien sûr, l'orignal, le préféré de tous !

Le Canada est aussi une terre d'action. Snowboard sur les pentes de Whistler, kayak de mer aux îles de la Madeleine ou randonnée sur les glaciers de Banff, vous ne manquerez pas de prestataires pour vous équiper. Les sports moins extrêmes sont légion : balade sur la promenade de Stanley Park à Vancouver, baignade dans les eaux de l'île du Prince-Édouard, ou encore patin à glace sur le canal Rideau à Ottawa.

Le Canada est aussi la terre des festivals. Citons, entre autres : le Carnaval d'hiver de Québec (février), la fête du Ski et du Snowboard de Whistler (avril), le Festival de jazz de Montréal (juin), celui du film de Toronto (septembre). À vos agendas !

ISLANDE
GROENLAND
OCÉAN ATLANTIQUE
Détroit de Davis
Mer du Labrador
Iqaluit
Détroit d'Hudson
Labrador
Réservoir Smallwood
St John's
Newfoundland
Port aux Basques
Piste Cabot
Île d'Anticosti
Charlottetown
Halifax
Yarmouth
Baie de Fundy
Fredericton
Boston
New York
Montréal
Québec City
OTTAWA
Chutes du Niagara
Toronto
Sudbury
Île Manitoulin
Lac Michigan
Moosonee
Thunder Bay
Îles Belcher
Baie d'Hudson
Île Southampton
Péninsule de Melville
Île de Baffin
Île Devon
Île Ellesmere
Île Axel-Heiberg
Île Somerset
Île Melville
Île Victoria
Île Banks
Churchill
Thompson
Reindeer Lake
Lac Winnipeg
Winnipeg
Regina
Saskatoon
Lac Athabasca
Grand Lac des Esclaves
Grand Lac de l'Ours
Yellowknife
Edmonton
Calgary
Banff
Fort Simpson
Monts Franklin
Mer de Beaufort
Tuktoyaktuk
Inuvik
Dawson
Réserve du parc national du Canada Nahanni
Monts Mackenzie
Montagnes rocheuses
Watson Lake
Prince George
Kelowna
Vancouver
Nanaimo
Victoria
Île de Vancouver
Portland
Whitehorse
Juneau
Prince Rupert
Haida Gwaii
Anchorage
ÉTATS-UNIS
RUSSIE
OCÉAN PACIFIQUE
1
2
3
4
5
6
7
8
9
10
11
12
0
1,000 km

Canada
Les incontournables

Haida Gwaii

1 Au large des côtes de la Colombie-Britannique, cet archipel recouvert de gigantesques cèdres et épicéas est magique. Pygargues à tête blanche et ours peuplent la forêt ancienne, tandis que lions de mer et orques croisent dans ses eaux. Les Haïda, grands sculpteurs de mâts totémiques, incarnent l'âme de ces îles. La réserve de parc national Gwaii Haanas abrite des villages haïda et des sépultures troglodytiques. Les balades en kayak y sont parmi les plus belles du continent.

Montréal

2 Montréal, deuxième ville et cœur culturel du Canada, est un réjouissant maelström de joie de vivre et de cultures cosmopolites. Tout y est : scène artistique florissante, essor du rock indé, hôtels design, restaurants chics dans le quartier du Plateau et décontraction à la québécoise à la terrasse des cafés du Quartier latin. De grands festivals – dont notamment le Festival international de jazz de Montréal et le festival Juste pour rire – garantissent de bons moments à toute heure et toute l'année.

Totems indiens, réserve de parc national Gwaii Haanas

1

PETE RYAN / GETTY IMAGES ©

JERRY KOBALENKO / GETTY IMAGES ©

Les Rocheuses

3 À la vue de ces pics en dents de scie à la frontière entre l'Alberta et la Colombie-Britannique, le visiteur est ébloui. Il est possible de pratiquer la randonnée, le kayak ou le ski dans quatre parcs nationaux (Banff, Yoho, Kootenay et Jasper), dans un environnement de lacs et de glaciers, mais aussi de champs de fleurs sauvages. Le train permet d'appréhender l'immensité des paysages, alors que les voitures arrivent poussiéreuses en haut des cols, après avoir longé les vallées fluviales.

Vue du mont Robson, Mt Robson Provincial Park, Colombie-Britannique

Vancouver

4 Vancouver, à la fois chic et décontractée, se dresse fièrement entre ciel et océan. À quelques pâtés de maisons des gratte-ciel étincelants du centre-ville, on découvre des pistes skiables, onze plages et la forêt pluviale de Stanley Park. L'harmonie entre la ville et la nature est idéale. Vancouver mêle avec brio glamour hollywoodien (de nombreux films y sont tournés), contre-culture (d'une plage naturiste très fréquentée au siège du Parti marijuana !) et cosmopolitisme.

Sur 100 personnes au Canada

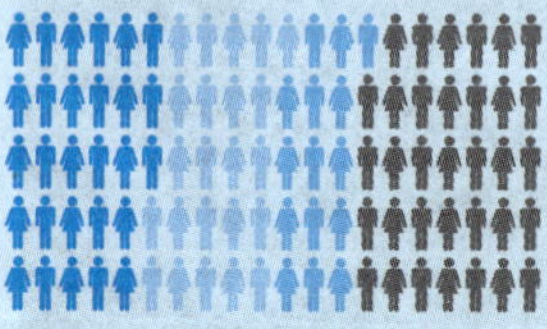

28 sont d'origine britannique
23 sont d'origine française
15 sont originaires d'autres pays européens
34 sont originaires d'autres continents

Religion

(% de la population)

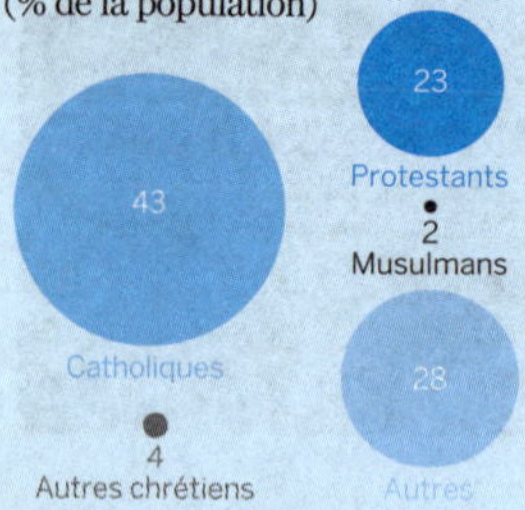

Population au km²

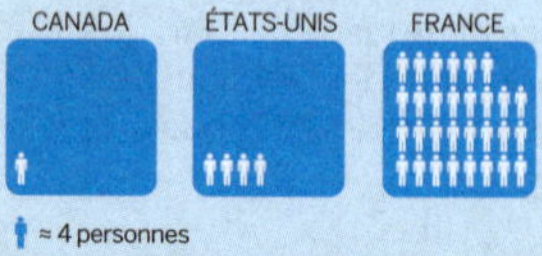

Chutes du Niagara

5 Touristique ? De mauvais goût ? Certes. De plus, les chutes ne sont pas si hautes. Pourtant, l'expérience est impressionnante lorsque ces flots s'engouffrent dans le précipice, que les eaux grondent alors que vous vous dirigez à bord d'une coquille de noix vers le bas des chutes, voilé de brume. En termes de débit, les chutes du Niagara sont inégalées en Amérique du Nord : chaque seconde, l'équivalent de plus d'un million de baignoires se déverse dans le vide !

Hautes-Terres-du-Cap-Breton

6 L'île du Cap-Breton et le parc national des Hautes-Terres-du-Cap-Breton sont les joyaux de la Nouvelle-Écosse. Ce paradis boisé est le fief des pygargues à tête blanche, et les baleines croisent dans ses eaux. Il est également riche d'une longue histoire et ses petits villages résonnent des airs de l'entraînante musique celtique. Le Cabot Trail est le principal sentier qui traverse le parc.

La Transcanadienne

7 Le principal axe routier du Canada parcourt le pays sur 7 800 km, de Saint John's (Terre-Neuve) à Victoria (Colombie-Britannique), et passe parmi les plus beaux sites du Canada. La plupart du temps, deux bonnes semaines sont nécessaires pour traverser cette partie du Canada, de l'Ontario jusqu'à la Colombie-Britannique, alors ne perdez plus de temps ! Faites le plein, préparez votre bande-son et laissez vrombir le moteur.

Le hockey

Les Canadiens prennent le hockey très au sérieux. Ils y jouent beaucoup, et plutôt bien !

Le hockey amateur, appelé en anglais *grassroots hockey* ou *pond hockey*, se joue le soir sur la moindre surface gelée dans de nombreuses localités. Une rondelle (*puck*), un bâton de hockey et quelques copains, et grands et petits se voient tous en champions.

Si vous préférez regarder le jeu, Vancouver, Edmonton, Calgary, Toronto et Ottawa ont chacune une équipe très active dans la Ligne nationale de hockey (NHL). Des équipes professionnelles de moindre envergure et les clubs juniors jouent régulièrement dans les stades, encouragés par leurs fans.

À table !

Beavertails "queues de castor" – beignets de pâte sucrée.

Bœuf L'Alberta est la patrie du bœuf. De savoureux steaks de l'Alberta sont servis dans les meilleurs restaurants du pays.

Homard Dans les Maritimes, il est consommé bouilli et accompagné d'une noix de beurre.

Maktaaq Peau de béluga, mangée crue ou frite. Un mets très prisé par les Inuits.

Sirop d'érable Le Québec est le plus grop producteur de sirop d'érable, qui accompagne à merveille les pancakes.

Prairie Oysters "huîtres des prairies" – testicules de taureau préparés de telle manière qu'on oublie leur origine.

Poutine Des frites bien dorées surmontées de cheddar frais et de sauce brune. Un mets incontournable au Québec.

RICHARD GILLARD / GETTY IMAGES ©

Stanley Park, Vancouver

Observation des baleines

8 De nombreux cétacés croisent sur la côte pacifique et, au cours d'une balade d'observation en bateau, vous apercevrez sûrement des orques ou des baleines à bosse. Avec ses mensurations hors norme (15 m de long pour un poids de 30 tonnes), la baleine à bosse impressionnera son public lorsqu'elle viendra respirer à la surface de l'eau. Le corps du mastodonte émerge alors puissamment de l'eau, déployant sa queue et faisant rebondir des cascades d'eau, avant de disparaître.

Île Manitoulin

9 Manitoulin, la plus grande île d'eau douce du monde, située au milieu du lac Huron, est parsemée de plages et de chalets d'été. Des bandes de quartzite blanc et d'affleurements de granit bordent ses rives chatoyantes. La culture amérindienne perdure et les huit communautés vivant sur l'île concoctent des spécialités locales et peuvent vous accompagner pour

Quand partir

HAUTE SAISON
(juin-août)

➡ Temps généralement chaud ; période de dégel dans les régions arctiques. Prix des hébergement plus élevé que le reste de l'année.

➡ Stations de ski très fréquentées de décembre à mars.

SAISON INTERMÉDIAIRE
(mai/sept-oct)

➡ Fréquentation et prix en baisse ; températures fraîches, mais agréables.

➡ Féerie du feuillage automnal (île du Cap-Breton, Québec, etc.).

BASSE SAISON
(nov-avr)

➡ Fermeture des sites hors des grandes villes et des stations de ski.

➡ Journées plus courtes et froides.

➡ Possibilité de faire des affaires, surtout en novembre et avril.

des activités en plein air. Vous aurez peut-être même la chance d'assister à un pow-wow.

Vieux-Québec

10 La ville de Québec a plus de 400 ans. Ses fortifications, sa cathédrale et ses cafés où l'on joue du jazz ont le charme du Vieux Continent. Imprégnez-vous de cette atmosphère en parcourant le dédale de ruelles du Vieux-Québec, et n'hésitez pas à vous perdre au milieu des artistes de rue. Sans oublier, bien sûr, de faire une pause gourmande pour déguster un café au lait, une viennoiserie ou une assiette de poutine.

Transports

Avion Air Canada, qui assure la majorité des vols intérieurs, dessert près de 150 destinations.

Ferry Réseaux très développés en Colombie-Britannique, au Québec et dans les Maritimes.

Bus Ils sont généralement propres, confortables et fiables.

Voiture Important réseau routier. La Transcanadienne relie le pays d'est en ouest, jusqu'à l'île de Vancouver. Les distances peuvent être longues et les temps de trajets allongés en raison des routes à deux voies. Grandes enseignes de location de voitures un peu partout dans le pays.

Train À l'exception du couloir Toronto-Montréal, le train n'est intéressant que pour des circuits pittoresques.

Toronto

11 Toronto est de loin la plus grande et la plus éclectique des villes du Canada. Préférez-vous dîner à Chinatown ou à Greektown ? Cuisine fusion ou sandwich au *peameal bacon* ? Pour sublimer vos chaussures de créateur dénichées dans Bloor-Yorkville, pourquoi ne pas vous offrir un tatouage dans un studio de Queen West ? Les galeries d'art, les théâtres, les salles de rock et la folie du hockey contribuent au caractère bien trempé de la cité.

Stampede de Calgary

12 Il y a toujours quelques cow-boys qui font voler la poussière à Calgary, ville en plein essor grâce au pétrole. Mais ce n'est qu'à la mi-juillet, lors du Stampede, que tout le monde chausse ses santiags. Broncos indomptables, taureaux enragés et fermiers maniant le lasso se rassemblent pour un spectacle en extérieur impressionnant. Ambiance de Far West garantie ! Si vous n'aimez pas les exploits sportifs, rejoignez l'immense fête foraine qui fait le bonheur des enfants.

À voir

C.R.A.Z.Y. (Jean-Marc Vallée ; 2005). Portrait euphorisant d'une famille québécoise dans le Montréal des années 1970.

Captives (Atom Egoyan ; 2014). Un thriller captivant autour de l'enlèvement d'une fillette, où la neige est un personnage à part entière.

Mommy (Xavier Dolan ; 2014). La relation d'une mère et son fils impulsif, par le jeune prodige québécois.

À lire

Rien que la vie (Alice Munro ; 2014). Un troublant recueil de nouvelles d'Alice Munro, originaire de l'Ontario et prix Nobel de littérature en 2013.

Dans le grand cercle du monde (Joseph Boyden ; 2013). L'étonnant périple d'un jésuite venu en Nouvelle-France.

Cantique des plaines (Nancy Huston ; 1999). Née à Calgary, l'auteure dépeint magistralement le destin d'une famille d'immigrants dans les plaines de l'Aberta, du XIXe au XXe siècle.

12

HANS-PETER MERTEN / GETTY IMAGES ©

CAPITALE
Praia

POPULATION
531 046

SUPERFICIE
4 033 km²

LANGUE OFFICIELLE
Portugais

Ponto do Sol, Santo Antão

Cap-Vert

Surgissant en plein océan Atlantique, à 500 km du continent, l'archipel du Cap-Vert est à la fois résolument africain et doté d'un tempérament singulier et attachant.

Balayées par les vents, les îles de l'archipel du Cap-Vert ressemblent à des morceaux de Lune posés sur l'Atlantique. Ses collines desséchées ne manquent cependant pas de charme et quelques îles possèdent une végétation luxuriante.

À Santo Antão, des pics accidentés dominent de verdoyantes vallées plantées de fleurs et de canne à sucre, propices à des randonnées épiques. São Vicente abrite Mindelo, la capitale culturelle de l'archipel, qui palpite au rythme des bars et des boîtes de nuit. Sur les îles de Boa Vista, Sal et Maio, des dunes immaculées surplombent une mer indigo, bordée par des plages de sable fin.

Ajoutez à cela une kyrielle de styles musicaux introuvables ailleurs et la fameuse *morabeza* (hospitalité, en créole) de ses habitants, et vous comprendrez pourquoi plus d'un visiteur est venu jusqu'ici – pour ne jamais repartir.

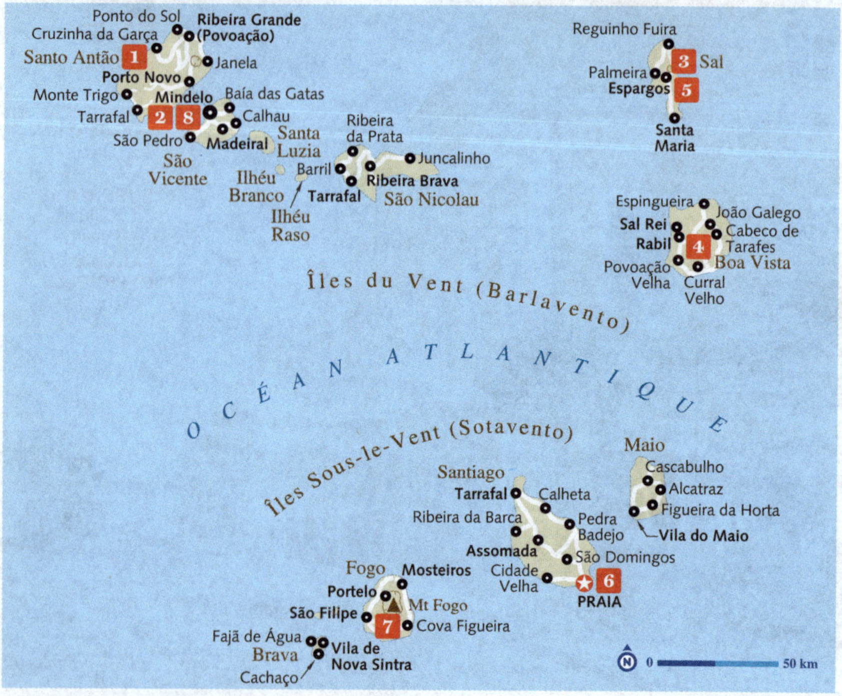

Cap-Vert
Les incontournables

Santo Antão

1 Gorges spectaculaires, sommets tutoyant les nuages et dénivelés vertigineux, Santo Antão est un paradis pour le randonneur. De la tranquille balade dans la vallée à l'ascension taillée pour les champions, la gamme des propositions est vaste. L'un des grands classiques consiste à partir du cratère de Cova (1 170 m) pour rallier l'étonnante Valé do Paúl en contrebas.

Mardi gras

2 Coloré par un savant mélange d'influences africaines, portugaises et latines, le carnaval est fêté dans tout l'archipel, mais c'est à Mindelo qu'il est le plus impressionnant. Les préparatifs commencent plusieurs mois à l'avance et dès le dimanche, les groupes répètent les processions et les défilés – attendant le jour de la fête pour revêtir leurs costumes exubérants.

Sal

3 Bien que plate et désertique, cette île est une bénédiction pour les amateurs de planche à voile et de plaisirs balnéaires. Il suffit de rejoindre la plage de Santa Maria, sublime bande de sable fin bordée par des eaux bleu-vert. Dommage que certains complexes hôteliers gâchent l'ambiance. Les voyageurs indépendants leur préféreront les petites pensions d'Espargos, la capitale de l'île.

Boa Vista

4 Située au nord de l'archipel, l'île de Boa Vista évoque un morceau de Sahara qui se serait détaché de l'Afrique pour dériver dans l'Atlantique. Dunes à perte de vue, plaines arides et oasis, Boa Vista compte aussi quelques plages fabuleuses, battues par le vent. Le village, Sal Rei, abrite un nombre croissant de complexes et d'hôtels mais aussi des pensions de famille. N'oubliez pas d'explorer l'intérieur de l'île à la nature sauvage.

Pedra do Lume

5 À 5 km d'Espargos, le cratère de Pedra do Lume, au paysage lunaire, est l'une des grandes

Village de Fontainhas, Santo Antão

attractions de Sal. Au cœur de ce volcan éteint, l'eau de mer se mue en un scintillant champ salin. Observez les machines qui servaient à l'extraction du sel, flottez dans une eau saline aux vertus médicinales, profitez d'un massage, d'un gommage au sel ou d'un soin à la boue au Salina Relax, puis déjeunez au restaurant local.

Praia

6 Santiago, l'île principale du Cap-Vert, abrite la capitale, Praia. Si la ville n'est pas la plus belle de l'archipel (ce titre revenant à Mindelo), elle n'en est pas moins agréable, avec son centre juché sur un plateau rocheux appelé Platô. Praia est dotée de deux plages à l'ouest du centre. À 10 km à l'ouest de la capitale, Cidade Velha est le premier lieu d'implantation des Portugais à Santiago. Fondée en 1462, elle acquit sa prospérité en devenant une plaque tournante commerciale ainsi qu'une escale de de ravitaillement pour les négriers transatlantiques.

Mont Fogo

7 Enveloppé d'un manteau de cendres, le point culminant de l'archipel (2 829 m) dresse sa silhouette spectaculaire au-dessus d'un ancien cratère appelé le Chã das Caldeiras. Bordé d'un côté de falaises abruptes, le volcan est apparu il y a 100 000 ans, lorsqu'une partie de l'île s'est effondrée dans la mer.

Quand partir

AOÛT-OCT

➡ Durant la soi-disant saison humide, des semaines peuvent s'écouler sans la moindre goutte d'eau.

DÉC-AVR

➡ Des vents puissants font de cette période le moment idéal pour surfer.

JUIN-OCT

➡ Saison pour observer les tortues (février-mai pour les baleines).

Sur 100 personnes au Cap-Vert

71 sont créoles
28 sont d'origine africaine
1 est européenne

Structure de la population

(% de la population)

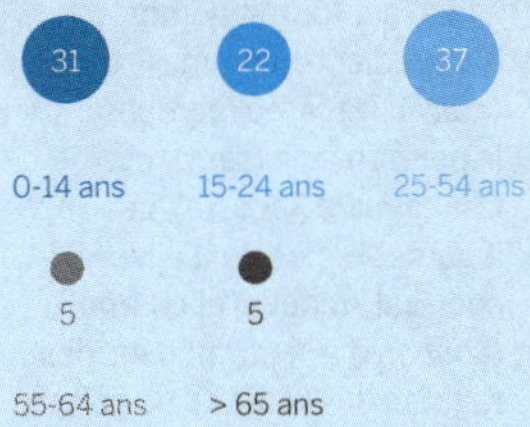

Population au km²

≈ 25 personnes

Cesaria Evora

Disparue en 2011, la "Diva aux pieds nus" portait dans sa voix la douceur et la douleur de l'archipel du Cap-Vert où elle a passé toute sa vie dans la misère avant de connaître un succès tardif et international, la cinquantaine venue. La *morna*, ce style musical mélancolique proche du fado, trouva en elle sa meilleure ambassadrice. C'est d'ailleurs avec le bien nommé *Sodade* que Cesaria Evora a envoûté le monde entier. À l'origine, cette composition du chanteur angolais Bongo Kuenda, décrit le sort misérable des esclaves dans les plantations coloniales de l'archipel de Sao Tomé, en face de la Guinée équatoriale. Cesaria Evora s'en est emparée avec des intonations mélancoliques si évocatrices qu'elles rendent un son universel.

À table !

Malgré quelques influences portugaises, la cuisine capverdienne repose sur des fondements africains, avec blé (*milho*) et haricots (*feijão*) comme ingrédients de base. Les habitants y ajoutent le riz (*arroz*), les pommes de terre frites (*batatas fritas*) et le manioc (*mandioca*).

La mer fournit nombre d'ingrédients, comme le thon (*atum*), le mérou (*garoupa*), le poisson-scie (*serra*) ou la langouste (*lagosta*). Les légumes – carotte (*cenoura*), chou kale (*couve*) et courge (*abóbora*) – figurent dans des ragoûts de viande ou de poisson (*caldeirada*), ou sont simplement cuits à la vapeur.

Côté boissons, citons le *grogue* – alcool local à base de canne à sucre –, le *ponche* (rhum, citron pressé et miel), quelques vins honorables en provenance de Fogo, et la Strela – une bière locale correcte.

8

PETER ADAMS / GETTY IMAGES ©

Magasin de musique, Mindelo, São Vicente

Si la dernière éruption au niveau du sommet remonte à 1785, le volcan s'est réveillé depuis 2014, dans la partie haute de la caldeira, détruisant plusieurs maisons. L'ascension du volcan requiert une bonne forme physique, de solides chaussures et un guide.

Mindelo

8 Entourée de montagnes pelées, Mindelo, sur l'île de São Vicente, est la ville la plus vivante de l'archipel. La plupart des maisons coloniales, très pittoresques, avec balcons et volets clos, sont transformées en commerces sur deux étages. Bastion culturel, Mindelo a vu naître nombre d'artistes de talent, dont la célèbre chanteuse Cesaria Evora. Aujourd'hui encore, il n'est pas meilleur endroit qu'un bistrot pour écouter de la *morna* en sirotant un *grogue*.

Transports

Avion TACV, la compagnie nationale, dessert toutes les îles habitées, à l'exception de Brava et Santo Antão.

Bateau Les seules liaisons fiables sont les bateaux qui circulent entre Praia, Brava et Fogo, ainsi qu'entre Mindelo (São Vicente) et Santo Antão. La mer peut être agitée et la traversée mouvementée, surtout en hiver.

Minibus et taxi Les *aluguers*, qui vont du confortable minibus au camion équipé d'étroits bancs en bois à l'arrière, relient la plupart des localités (même modestes). Ils chargent les passagers à des endroits anonymes, partent quand ils sont plus ou moins remplis, et vous déposent n'importe où à votre demande.

Voiture On peut louer des voitures sur plusieurs îles, mais les seuls prestataires dignes de la dépense sont Santiago, Boa Vista et (éventuellement) Fogo.

CAPITALE
George Town

POPULATION
53 737 habitants

SUPERFICIE
264 km²

LANGUE OFFICIELLE
Anglais

Plongée au large de Little Cayman

Îles Caïmans

Plages stupéfiantes, sites de plongée de classe mondiale, magnifiques iguanes bleus... Décidément, les îles Caïmans n'attirent pas que les capitaux à la recherche d'un paradis fiscal.

La première chose qui surprend avec ce territoire britannique, c'est qu'il soit aussi peu "British". Grand Cayman semble droit sortie des États-Unis, avec ses 4x4 rangés devant les centres commerciaux haut de gamme, et ses billets en dollars américains plus répandus que la devise nationale.

Pour beaucoup, l'archipel des Caïmans évoque d'abord Grand Cayman, avec ses boutiques clinquantes, ses hôtels cinq étoiles et le délicieux sable blanc de Seven Mile Beach. Toutefois, en poussant au-delà de sa longue côte occidentale, on découvre une île plus sobre et un style de vie caribéen. Visitez également les minuscules Cayman Brac et Little Cayman où la vie suit paisiblement son cours et les merveilles naturelles ne sont jamais très loin, invitant à l'observation des oiseaux, à la randonnée ou encore à la plongée.

Bien qu'universellement synonymes de fiscalité avantageuse et de séjours à la plage, les trois îles Caïmans séduiront tous ceux qui souhaitent éviter les distractions tapageuses et profiter d'un séjour en toute sérénité.

îles Caïmans
Les incontournables

Seven Mile Beach

1 Étirée véritablement sur neuf kilomètres, cette splendide bande de sable blanc constitue l'épicentre de l'industrie touristique de Grand Cayman. La plage, qui s'étend au nord de George Town, est très populaire mais très bien entretenue.

Stingray City

2 Au large de Grand Cayman, Stingray City est le lieu de rassemblement des raies pastenagues. Dès que vous serez plongé dans l'eau, plusieurs spécimens de ces splendides créatures nageront droit sur vous en essayant attraper un bout de calamar entre vos doigts hésitants. Les circuits en bateau incluent le matériel de snorkeling et la visite d'autres sites de plongée.

Little Cayman

3 Si la majorité des visiteurs privilégient Grand Cayman, sa minuscule consœur mérite aussi une visite. Ici les iguanes sont plus nombreux que les habitants. Connu dans le monde entier, le Bloody Bay Marine Park est un must pour les plongeurs, avec son vertigineux tombant vertical. Quant aux adeptes de la plage, ils se dirigeront vers Owen Island.

À table !

Conque Cet imposant coquillage est servi mijoté (avec oignons et épices), frit (en beignet), ou cru (mariné au citron vert).

Mannish water Soupe à base de chèvre (tête et pied) et de patates douces. Réputée pour ses propriétés aphrodisiaques.

Gâteau au rhum Tortuga Gâteau bourratif et parfumé à souhait.

Quand partir

DÉC-AVR
➡ La meilleure saison, avec des températures agréables et une faible humidité.

MAI-OCT
➡ Les précipitations atteignent leur pic, avec des averses fréquentes et brèves l'après-midi.

JUIL-AOÛT
➡ La période la plus chaude et la plus humide. Moins de touristes et prix en baisse.

CAPITALE
Bangui

POPULATION
5,2 millions

SUPERFICIE
622 984 km²

LANGUE OFFICIELLE
Français, sango

Gorille, réserve spéciale de Dzanga-Sangha

Centrafricaine, République

La République centrafricaine, c'est le continent noir à l'état brut. Ici, le voyageur emprunte des fleuves impétueux vers une Afrique que l'on croyait disparue.

Outre un patrimoine naturel rare et vierge, la République centrafricaine possède l'une des faunes les plus incroyables de la planète. L'une des grandes destinations d'Afrique en matière d'éléphants des forêts et de gorilles des basses terres, le pays est également propice à l'observation des papillons.

Hélas, c'est aussi l'une des contrées les plus pauvres et les moins développées du continent. Pendant des siècles, la Centrafrique fut exploitée sans pitié par les colonisateurs, avant que les dirigeants nationaux ne prennent le relais une fois l'indépendance obtenue. Pourtant, les habitants de cette nation meurtrie restent ouverts et sympathiques.

La traversée des frontières centrafricaines peut s'avérer difficile et dangereuse. Ce pays n'est pas taillé pour les âmes sensibles. Au moment de la rédaction de cet ouvrage, une grande partie de la République centrafricaine (et même sa capitale) connaissait des troubles, et tout voyage y est formellement déconseillé.

République centrafricaine
Les incontournables

Réserve spéciale de forêt dense de Dzanga-Sangha

1 Située dans le parc national de Dzanga Ndoki, cette réserve est incomparable par la densité de sa population d'éléphants et de gorilles. Dans cette portion de forêt tropicale, éloignée de toute activité humaine, la saline de Dzanga permet d'apercevoir les animaux sans les déranger.

Bangui

2 Adossée à des rangées de collines verdoyantes, Bangui se déploie le long du fleuve Oubangui. Fondée par les Français en 1889, la ville fut surnommée "la Coquette" dans les années 1970. Plusieurs bâtiments datant de l'époque coloniale témoignent de son passé.

Bayanga

3 Depuis Bayanga, un village à la lisière de la réserve spéciale de forêt dense de Dzanga-Sangha, on peut entrer dans le territoire des pygmées, peuple de la forêt équatoriale. Leur sens de l'orientation en forêt et leur capacité à retrouver les traces des grands animaux permettent de découvrir la vie des gorilles, mais aussi le quotidien des pygmées.

À table !

Le manioc fait partie des ingrédients de base. Parmi les préparations les plus courantes, citons le *ngunza* (salade de feuilles de manioc) et le *gozo* (pâte de farine de manioc). N'oubliez pas de goûter le vin de banane ou de palme.

Quand partir

NOV-AVR

➡ Chaleur et soleil toute la journée.

JUIL-SEPT

➡ Les mois les plus humides ; les routes se transforment en pistes boueuses.

DÉC-MARS

➡ La période la plus chaude de l'année, avec des températures dépassant les 30°C.

CAPITALE	Santiago
POPULATION	17,2 millions
SUPERFICIE	756 102 km²
LANGUE OFFICIELLE	Espagnol

Vallée de Colchagua

Chili

Malgré l'immensité de ses étendues sauvages, le Chili est un pays dans lequel il est facile de se déplacer. Où que vous alliez, vous serez assuré de trouver un accueil chaleureux.

Le Chili s'étire sur une étroite bande de 4 300 km du ventre de l'Amérique du Sud jusqu'à sa pointe, du désert le plus sec du monde aux champs de glace du Sud. Dunes arides, vallées fertiles, forêts millénaires, volcans, glaciers et fjords, la diversité des paysages est un ravissement pour le voyageur.

Visiter le Chili, c'est s'embarquer pour l'aventure. Faites l'expérience de la solitude dans le désert, escaladez les rudes sommets andins ou explorez les mystères de l'île de Pâques. Et si vous parvenez à rester immobile suffisamment longtemps, le Chili pourrait bien vous offrir un instant de grâce.

Au Chili, l'hospitalité, ou *buena onda* (bonnes ondes), est reine. Alors qu'à bien des endroits du globe le touriste n'est pas très bien reçu, ici il est encore considéré comme un hôte. En ville, le dîner s'éternise au gré des discussions et des bouteilles de vin. La décontraction fait si bien partie de la vie locale qu'elle ne se fait que rarement remarquer. Mais elle signifie une chose : ici, il est possible de baisser la garde.

Île de Pâques (Rapa Nui)
Anakena
6
Hanga Roa
OCÉAN PACIFIQUE
0 5 km
Arica
SUCRE
Iquique
BOLIVIE
PARAGUAY
Calama
Valle de la Luna
San Pedro de Atacama
Tropique du Capricorne
Antofagasta
9
Salta
Ojos del Salado (6 893 m)
Tucumán
Copiapó
Cordillère des Andes
Vallée de l'Elqui
La Serena
8
Córdoba
San Juan
7
1
Mendoza
Valparaíso
SANTIAGO
Île de Pâques (3 680 km)
Archipiélago Juan Fernández
Isla Robinson Crusoe
Rancagua
5
Vallée de Colchagua
Talca
ARGENTINE
Concepción
Bahía Blanca
Neuquén
Temuco
3
Volcán Villarrica
Valdivia
Osorno
Parque Nacional Vicente Pérez Rosales
10
Région des lacs
Puerto Montt
Cochamó
Isla Grande de Chiloé
4
OCÉAN PACIFIQUE
Coyhaique
Comodoro Rivadavia
Valle Chacabuco (Parque Nacional Patagonia)
ARGENTINE
OCÉAN ATLANTIQUE
Parque Nacional Torres del Paine
2
Rio Gallegos
Puerto Natales
11
Monumento Natural Los Pingüinos
Punta Arenas
Terre de Feu
Ushuaia
Cap Horn (Cabo de Hornos)
0 500 km

Chili
Les incontournables

Musées du Barrio Bellas Artes, Santiago

1 Bellas Artes (Beaux-Arts) : tout est dit dans le nom de ce quartier du centre de Santiago. Les férus d'art pourront consacrer des journées entières à arpenter les couloirs du Museo Nacional de Bellas Artes et du Museo de Arte Contemporáneo, tous deux abrités dans l'imposant Palacio de Bellas Artes, avant de s'intéresser aux photographies et sculptures avant-gardistes du Museo de Artes Visuales. En chemin, accordez-vous une pause sur l'une des terrasses jalonnant les rues piétonnes pavées.

Parque Nacional Torres del Paine

2 Steppe sans fin et forêts sinueuses, l'itinéraire pour accéder aux spectaculaires aiguilles granitiques tient du rite de passage. Si Las Torres ont donné leur nom au parc, c'est qu'elles en sont l'attraction phare. Mais pas la seule, loin s'en faut. Explorez la surface accidentée du Glacier Grey, arpentez les alentours paisibles du circuit, pagayez dans les eaux calmes du Río Serrano ou gravissez le Paso John Gardner pour jouir d'un panorama sans pareil sur les étendues de glace du Sud.

Guanaco dans le Parque Nacional Torres del Paine

2

Ascension du Volcán Villarrica

3 Il gronde et éructe, mais séduit toujours. Si vous décidez d'atteindre le cratère fumant du Volcán Villarrica, vous serez impressionné par le sommet enneigé de ce géant de 2 847 m. Montée d'adrénaline garantie. Pas d'inquiétude : la dernière éruption remonte à 1984 !

Églises de Chiloé

4 Bâties à l'initiative des missionnaires jésuites, les églises en bois des XVIIe et XVIIIe siècles de Chiloé, dans le nord de la Patagonie, sont un bel exemple de fusion réussie entre des traditions culturelles européennes et indiennes, et arborent des couleurs chatoyantes. Quatorze d'entre elles figurent sur la liste du patrimoine mondial de l'Unesco. Leur survie symbolise la troublante résilience des Chilotes.

Vignobles de la vallée de Colchagua

5 Si vous avez eu l'occasion de goûter au vin chilien, l'intérêt de la vallée de Colchagua vous est peut-être déjà familier. La chaleur du soleil et la richesse du sol de la région viticole la plus célèbre du Chili, située à quelques heures au sud de Santiago, sont les ingrédients clés de l'un des meilleurs cabernets sauvignons d'Amérique du Sud. Offrez-vous une dégustation dans les caves d'un vignoble : le très chic Lapostolle, le traditionnel Viu Manent ou encore Emiliana, un vignoble bio aux méthodes innovantes biodynamiques.

Île de Pâques

6 L'île de Pâques (Rapa Nui) est unique sur la planète. Son histoire, sa culture et ses paysages donnent l'impression que ce confetti de terre est tombé d'une autre planète. Difficile dans ce diamant brut coupé du monde de se sentir au Chili, qui se trouve à plus de 3 700 km à l'est. Laissez-vous subjuguer par les les énigmatiques moais (statues). La croyance veut que ces gigantesques personnages incarnent les ancêtres du clan. Mais le moyen par lequel ils furent acheminés jusqu'à leurs plateformes divise toujours les spécialistes.

Sur 100 personnes au Chili

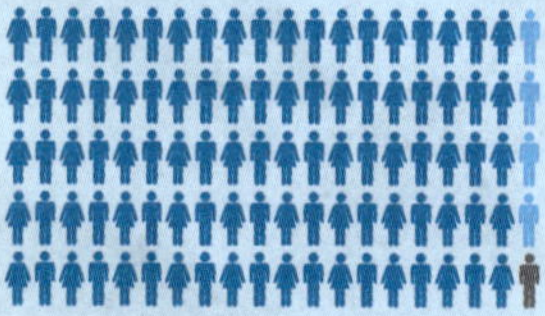

95 sont d'origine européenne ou métisse européo-amérindienne
4 sont mapuches
1 est d'un autre groupe indigène

Religions

(% de la population)

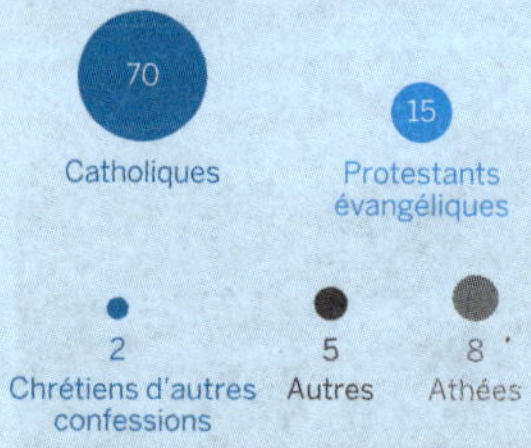

Population au km²

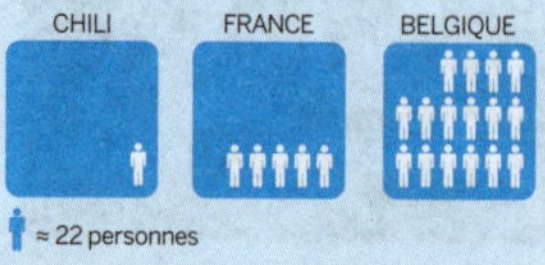

Le miracle de la mine

Le monde entier a retenu son souffle le 13 octobre 2010 lorsque 33 mineurs chiliens, coincés depuis 69 jours à 700 m sous terre, ont été extraits un à un de la mine de San José. Ils ont émergé titubants, hébétés, aveuglés par la lumière éclatante du désert.

Ils avaient survécu grâce à l'envoi d'une sonde, parvenue dans la cavité souterraine où ils étaient pris au piège 17 jours après la catastrophe initiale. Le tuyau de forage a ensuite joué le rôle de pigeon voyageur, permettant l'acheminement de lettres d'amour, de vidéos, de petits plats mijotés et de médicaments. Lien entre la surface et les entrailles de la terre, le tube de forage a été la ligne de vie unissant des milliards de téléspectateurs à 33 personnes désespérées. Symbole de la force de la survie contre la fatalité, l'épopée des mineurs est devenue un exemple et une source d'inspiration pour beaucoup de gens.

À table !

Parillada Énorme assiette débordant de morceaux de bœuf grillés. On l'accompagne souvent de *chancho en piedra*, une purée de tomates au vinaigre et à la coriandre.

Pasteles Chaussons fourrés au maïs, à la viande, au crabe ou aux pommes de terre.

Pisco Cette eau-de-vie de raisin sert de base au fameux *pisco sour*, un cocktail comprenant pisco, sucre et citron vert.

Produits de la mer Abondants et très frais, poissons et crustacés entrent dans la composition des soupes, des ragoûts et des ceviches (marinade de fruits de mer).

Vin Le vin chilien fait l'objet d'un grand engouement. À tester, le *carmenere*, un cépage provenant de la région de Bordeaux, d'où il a disparu, et qui n'est produit qu'ici.

JOHN W BANAGAN / GETTY IMAGES ©

Collines de Valparaíso

7 Si Valparaíso figure sur les cartes, c'est avant tout pour son port animé. Ce sont pourtant ses collines abruptes qui ont inspiré des générations de poètes, d'artistes et de philosophes. Un labyrinthe de sentiers sinueux, des maisonnettes colorées, de vieux funiculaires et des lampadaires s'y accrochent, volant la vedette à la mer en contrebas. Avec ou sans plan, vous êtes à peu près sûr de vous perdre. Alors laissez-le à l'hôtel, cela fait partie de l'expérience.

Quand partir

HAUTE SAISON
(nov-fév)

- La meilleure saison (et la plus chère) pour découvrir la Patagonie est de décembre à février.
- Les plages sont bondées, de fin décembre à fin janvier.
- La meilleure période pour le ski va de juin à août.

SAISONS INTERMÉDIAIRES
(sept-nov/mars-mai)

- Le climat est idéal pour visiter Santiago.
- La région des Lacs est agréable de sept à nov ; dans le Sud, les feuilles tombent en avril.
- C'est la saison des vendanges et des fêtes viticoles (mars).

BASSE SAISON
(juin-août)

- Une bonne saison pour visiter le Nord (avec les saisons intermédiaires).
- Services réduits sur la Route australe, et cols montagneux qui peuvent être bloqués par la neige.
- Tout affiche complet en juillet (vacances d'hiver).

Vallée de l'Elqui

8 Faites une pause dans la luxuriante vallée de l'Elqui, terre de la défunte poètesse et Prix Nobel Gabriela Mistral et site incontournable du Norte Chico. Poésie, pisco, villages de charme et cieux étoilés caractérisent cette région mystique truffée de retraites spirituelles, d'auberges écolos, d'observatoires et de distilleries artisanales.

Valle de la Luna

9 Perché au sommet d'une dune géante à l'heure où le soleil se couche, ne manquez pas le spectacle surréaliste qu'offre le sable du désert se parant de teintes multicolores, avec au loin les volcans et l'ondulante Cordillera de la Sal en toile de fond. Dans le Valle de la Luna, lorsque commence l'explosion de couleurs du soleil couchant, vous avez tôt fait d'oublier la foule autour de vous.

Région des Lacs

10 Ne vous arrêtez pas à son nom. Les étendues d'eau turquoise et glacée qui caractérisent la région des Lacs n'en sont pas le seul attrait. Les sommets enneigés de ses hauts volcans, ses charmants villages, ses somptueux parcs nationaux, son offre diversifiée en activités de plein air et sa singulière culture latino-germanique font tout le charme de ce territoire.

Colonies de manchots

11 Chaque année, 60 000 couples de manchots de Magellan se retrouvent sur l'île de Magdalena, au large de Punta Arenas, dans le sud de la Patagonie. Les regarder se dandiner, surveiller leurs nids, nourrir leur adorable progéniture et jeter un regard curieux aux visiteurs mérite l'excursion. Le phare est également à voir. L'île est régulièrement desservie par des ferrys depuis le continent. Les manchots y résident d'octobre à mars.

Transports

Avion Outre faire gagner du temps, voyager en avion est devenu plus abordable au Chili, et parfois moins cher qu'en bus sur certains trajets longue distance. LAN et Sky sont les principales compagnies pour les vols intérieurs.

Bateau Au sud de Puerto Montt, la Patagonie et la Terre de Feu sont desservies par des ferrys se faufilant dans un dédale d'îles et de fjords, le long d'un littoral spectaculaire. La traversée de Puerto Montt à Puerto Natales sur les ferrys de Navimag constitue l'un des plus beaux voyages sur le continent.

Bus Les bus longue distance ont une réputation de ponctualité, d'efficacité et de confort. Les tarifs varient de façon significative selon la compagnie et la classe. Les promotions (*ofertas*), en dehors de la haute saison d'été, divisent parfois les prix par deux.

Voiture et moto Il faut être motorisé pour accéder à un certain nombre de parcs isolés, en particulier dans le désert d'Atacama, à certains endroits de la Route australe et sur l'île de Pâques.

À voir

No (Pablo Larraín ; 2012). Un publicitaire participe à la chute du régime de Pinochet, à la suite du réferendum de 1988.

Gloria (Sebastián Lelio ; 2013). Portrait sensible d'une célibataire quinquagénaire.

La Danse de la réalité (Alejandro Jodorowsky ; 2013). Jodorowsky recrée le Chili de son enfance dans ce film tout à la fois onirique et autobiographique.

À lire

Cap Horn (Francisco Coloane ; 1941). Un passionnant recueil de nouvelles sur les rudes conditions de vie dans les Terres australes.

Les Roses de l'Atacama (Luis Sepúlveda ; 2001). Un militant socialiste cultive sa rose au milieu des solitudes de l'Atacama.

Mon pays réinventé (Isabel Allende ; 2005). Un tableau de l'âme chilienne et de l'écrivain, nièce du président Salvador Allende.

9

IGOR ALECSANDER / GETTY IMAGES ©

Soldats en terre cuite de Qin Shi Huang, Xi'an

CAPITALE
Beijing

POPULATION
1,3 milliard

SUPERFICIE
9,6 millions km²

LANGUES OFFICIELLES
Mandarin, cantonais

Chine

À la fois ancienne et moderne, familière et inconnue, terriblement urbaine mais typiquement rurale, conservatrice et innovante, futuriste et désuète, la Chine est un pays aux multiples visages.

Si la Chine se modernise à grands pas, les gratte-ciel rutilants et les voitures de luxe ne sont qu'un mince emballage, aussi brillant soit-il. Certes, après trois décennies de développement effréné et de doctrine socialiste iconoclaste, l'histoire ne s'écrit plus à tous les coins de rue. Mais, en suivant un itinéraire sélectif, vous découvrirez d'innombrables témoignages de son passé prestigieux. Des tronçons en ruine de la Grande Muraille aux montagnes coiffées de temples, nimbées de brume, des territoires peuplés de minorités ethniques aux villages anciens et aux villes d'eau, l'Empire du Milieu est le berceau de l'une des civilisations les plus anciennes au monde.

En Chine, les paysages sont aussi exceptionnels que variés. Contemplez l'immensité des déserts du Nord-Ouest ou les brumes des montagnes sacrées. Émerveillez-vous devant les rizières en terrasses du sud du pays, perdez-vous dans des forêts de bambous, naviguez au gré de gorges spectaculaires ou rejoignez une plage isolée pour un farniente mérité.

0
1000 km
N
RUSSIE
KAZAKHSTAN
MONGOLIE
OULAN-BATOR
BICHKEK
KIRGHIZISTAN
TACHKENT
TADJIKISTAN
KABOUL
PAKISTAN
DELHI
INDE
NÉPAL
KATMANDOU
THIMPHU
BHOUTAN
BANGLADESH
DHAKA
MYANMAR (BIRMANIE)
NAY PYI TAW
LAOS
HANOI
VIETNAM
PHILIPPINES
TAIWAN
TAIPEI
JAPON
TOKYO
CORÉE DU NORD
PYONGYANG
CORÉE DU SUD
SÉOUL
MER DE CHINE ORIENTALE
MER DE CHINE MÉRIDIONALE
Golfe du Bengale
Réserve naturelle du Changtang
Hēihé
Yīchūn
Mǔdānjiāng
Hǎilā'ěr
Hā'ěrbīn
Jílín
Chángchūn
Liáoyáng
Shěnyáng
Jǐnzhōu
Xilinhot
Běijīng
Tiānjīn
Qīngdǎo
Jīníng
Jǐ'nán
Shíjiāzhuāng
Tàiyuán
Hohhot
Zhèngzhōu
Nánjīng
Shànghǎi
Níngbō
Héféi
Hángzhōu
Nánchāng
Fúzhōu
Xiàmén
Cháozhōu
Gànzhōu
Chángshā
Xiāngfán
Yíchāng
Xī'ān
Lánzhōu
Yínchuān
Xīníng
Zhāngyè
Dūnhuáng
Ürümqi
Yīníng
Kuqa
Kachgar
Tachkurgan
Hotan
Shíliín
Lhassa
Chéngdū
Lèshān
Chóngqìng
Zūnyì
Guìyáng
Guìlín
Guǎngzhōu
Hong Kong
Macao
Kāipíng
Hǎikǒu
Nánníng
Kūnmíng
Jǐnghóng
Jǐngzhēn
Měnglà
Téngchōng
Shíbǎoshān
1
2
3
4
5
6
7
8
9
10
11
12

Chine

Les incontournables

Grande Muraille

1 Des siècles durant, des hordes de barbares assaillirent la Grande Muraille. Bâtie pour l'essentiel entre la fin du XVe siècle et le début du XVIe siècle (sur une fortification antérieure vieille de 2 000 ans), elle s'étend sur pas moins de 6 350 km, serpentant à l'infini, de ses vestiges mandchous dans la province du Liáoníng à ses décombres érodés par le vent dans le désert de Gobi et ses faibles traces dans les sables du Xinjiang. Les sections les mieux conservées ondulent sur les sommets et les collines de la province de Beijing. Le tronçon le plus touristique, à Badaling, est à éviter ; préférez une randonnée entre Simatai et Jinshanling.

Gorge du Saut du Tigre

2 Grimper sur un sentier muletier escarpé, puis se reposer au sommet d'un rocher pour contempler le soleil couchant sur des pics enneigés et des eaux grondantes à des centaines de mètres en contrebas : voilà qui résume l'expérience exaltante de la gorge du Saut du Tigre, la randonnée incontournable du Yunnan, au sud-ouest de la Chine. Cette gorge, l'une des plus profondes au monde, fait 16 km de long. Chaque pas fait découvrir des paysages époustouflants.

1

ROEVIN / GETTY IMAGES ©

Cité interdite

3 Ce n'est pas une cité, et elle n'est plus interdite. Ce gigantesque palais de Beijing évoque la splendeur et le déclin des dynasties impériales, avec ses salles immenses et ses portes somptueuses. Aucun autre endroit en Chine n'est aussi imprégné d'histoire, de légendes et d'intrigues. Autrefois, quiconque y pénétrait sans y être invité était exécuté sur-le-champ ; de nos jours 40-60 yuans feront l'affaire.

Rizières en terrasses du Dos du Dragon

4 Après un cahoteux trajet en bus jusqu'aux hauts plateaux du nord du Guangxi, vous serez émerveillé par un des paysages emblématiques du pays : les rizières en terrasses du Dos du Dragon. La région est un merveilleux patchwork de villages de minorités ethniques et de champs en terrasses grimpant à flanc de collines. Une randonnée entre les villages de Píng'an et de Dazhai garantit des vues spectaculaires, en particulier après les pluies estivales, quand les rizières étincellent au soleil.

Sur 100 personnes en Chine

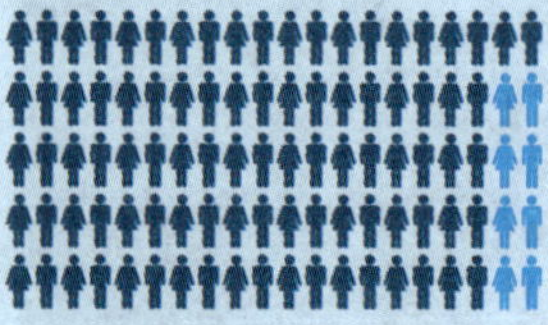

92 sont des Han
8 sont issues des minorités ethniques (les Zhuang, les Mandchous, les Ouïgours, etc.)

Religions

(% de la population)

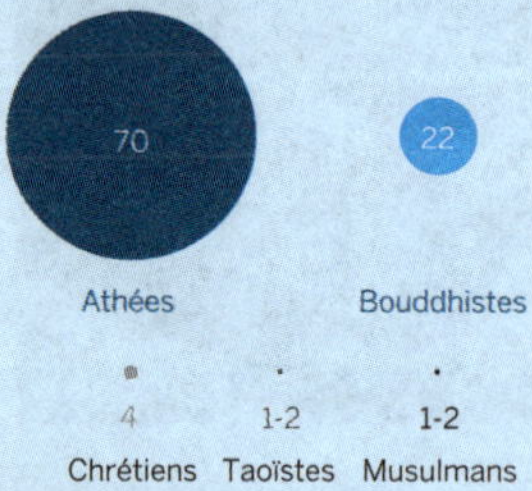

Population au km²

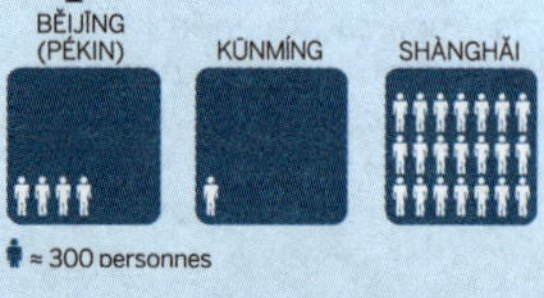

Le Bund, Shanghai

5 Plus qu'une ville, Shanghai est l'enseigne rutilante du changement, des possibilités et de la sophistication. Tournée vers l'avenir, elle décline tous les superlatifs dont rêve la Chine, de la plus haute plateforme d'observation au monde au plus grand théâtre souterrain. Que ce soit votre première étape ou que vous arriviez du Xinjiang après 40 heures de train, vous y trouverez largement de quoi vous satisfaire. Commencez par le Bund, l'emblématique promenade sur les quais, où tout a commencé.

Croisière sur le Yangzi

6 La fonte des neiges dans le “troisième pôle” du monde – le haut plateau du Tibet-Qinghai – alimente le puissant Yangzi, le plus grand fleuve de Chine, qui traverse le pays d'ouest en est avant de se jeter dans la mer de Chine orientale. Le fleuve donne toute sa mesure aux Trois Gorges, sculptées au fil des millénaires par la force des eaux. Ces gorges offrent un spectacle de toute beauté, et une croisière sur le Yangzi permet de poser son bâton de marcheur et d'admirer paresseusement le paysage.

Concession française, Shanghai

7 Jadis fief de tout ce que la ville comptait d'aventuriers, de révolutionnaires, de gangsters, de prostituées et d'écrivains, l'ancienne concession est le plus joli quartier de Puxi. Le “Paris de l'Orient” arbore ici un cachet européen dans ses rues arborées jalonnées de villas des années 1920, d'immeubles Art déco, de restaurants et de bars chics.

Le tai-chi

Méditation en mouvement pour certains, fabuleuse technique d'art martial pour d'autres, le tai-chi est une discipline chinoise vieille de plusieurs siècles.

Moine semi-légendaire, Zhang San Feng, serait l'inventeur du tai-chi. Assis devant sa maison, il fut inspiré par un combat entre un grand oiseau et un serpent. Grâce à ses mouvements fluides, le reptile réussit à esquiver les attaques de l'oiseau qui, épuisé, finit par abandonner.

Une pratique quotidienne pourrait rallonger votre vie d'une décennie ou plus – et vous aider à vous faufiler dans des bus bondés. Le tai-chi n'est pas que lenteur : le style Chen comporte des mouvements vifs de la boxe Shàolín et muscle les jambes. Trouvez un professeur – à Beijing, Shanghai, Yangshuo ou Wudangshan – et ajoutez un peu de magie et de mystère à votre voyage.

À table !

Dim Sum Ces petites bouchées sont une spécialité cantonaise. Les plats, souvent dans des paniers vapeur, sont présentés aux tables sur des chariots.

Raviolis Les plus appétissants *jiaozi* (raviolis) sont préparés au Nord et au Nord-Est. Si vous les aimez croustillants, optez pour des *guotie* (raviolis frits). Les délicieux *xiaolongbao* de Shanghai sont cuits à la vapeur.

Fondue Un remède idéal pour affronter le froid. Très relevée, la célèbre fondue de Chongqing vous fera transpirer à coup sûr.

Nouilles Les nouilles se déclinent selon une infinité de saveurs, des *dandan mian* très pimentées aux *zhajiang mian* ultrasalées.

Canard laqué Il suffit d'une bouchée pour tomber accro à la célèbre spécialité pékinoise.

4

NISA AND ULLI MAIER PHOTOGRAPHY / GETTY IMAGES ©

Huangshan et villages hui

8 Enveloppé dans le brouillard et la bruine plus de 200 jours par an, le Huangshan attire des millions de visiteurs. La raison de cet engouement tient sûrement au paysage désolé et à l'ambiance surnaturelle de la montagne. La brume s'installe et se disperse à sa guise. Au pied du Huangshan, des villages hui parfaitement préservés, tels Xidi et Hongcun, ont séduit l'Unesco, et les réalisateurs Ang Lee et Zhang Yimou – vous tomberez vous aussi sous le charme.

Quand partir

HAUTE SAISON
(mai-août)

➡ Préparez-vous aux foules dans les sites touristiques et aux averses d'été.

➡ Les prix des hébergements atteignent leur maximum durant la première semaine des vacances de mai.

SAISON INTERMÉDIAIRE
(fév-avr, sept-oct)

➡ Des journées chaudes au printemps, fraîches en automne.

➡ Fraîcheur et ciel dégagé : idéal pour voyager dans le Nord.

➡ Les prix flambent pendant les vacances de début octobre.

BASSE SAISON
(nov-fév)

➡ Le tourisme chinois est en recul, mais les prix augmentent lors du Nouvel An chinois.

➡ Le climat est glacial dans le Nord et en altitude ; le Sud bénéficie de températures clémentes.

Route de la Soie

9 S'il existe d'autres routes de la Soie, notamment en Ouzbékistan ou au Turkménistan, c'est en Chine qu'elle vous paraîtra la plus authentique, grâce à son héritage musulman omniprésent et à ses vestiges d'anciennes civilisations bouddhiques. Voyagez en bus et parcourez-la à la manière des anciens marchands, kilomètre par kilomètre, de ville en ville. Si Kachgar, cité emblématique de cette route, est aujourd'hui un melting-pot unique de peuples, la rude ville de Hotan, accrochée à une époque révolue, se révèle tout aussi singulière.

Grand Bouddha, Leshan

10 Avec ses 71 m de haut, ses épaules plus larges qu'un immeuble et ses sourcils longs de 5 m, le bouddha de Lesha est est la plus grande sculpture bouddhiste au monde. Il a été taillé dans les falaises de la province du Sichuan, au confluent de trois rivières voici près de 1 200 ans. Magré cet âge vénérable, ce géant de pierre est plutôt bien conservé. On peut approcher de son oreille par la terrasse, avant de descendre l'escalier sur la falaise jusqu'à son énorme pied.

Transports

Avion Nombreux vols intérieurs. Toutefois, même si les distances sont importantes, il peut être plus simple de voyager par voie terrestre si vous en avez le temps.

Bus Les bus longue distance forment un vaste réseau et desservent des localités inaccessibles en train ; le développement de grandes routes entre les localités importantes réduit les temps de trajet.

Vélo Visiter le pays à vélo offre une grande liberté. C'est en outre très bon marché et extrêmement enrichissant. Dans un pays si vaste, vous devrez combiner vos journées à vélo avec d'autres moyens de transport, si vous voulez éviter les régions très escarpées ou dotées d'un réseau routier médiocre.

Hutong de Beijing

11 Pour toucher au plus près l'âme de la capitale, il faut se perdre dans ses anciennes ruelles, les *hutong*. C'est dans ces allées quadrillant le centre-ville que l'on découvre l'animation unique des rues de Beijing. Le charme véritable de cette métropole ne réside pas dans ses gratte-ciel, mais dans l'architecture de ses cours, ses ruelles typiques et dans l'esprit de village qui y règne. Pour vous en convaincre, il suffit de loger dans un petit hôtel à cour carrée, porte ouverte sur la vraie Beijing.

Diaolou à Kaiping

12 Si vous devez visiter un seul site au Guǎngdong, privilégiez les *diaolou* de Kaiping. Quelque 1 800 demeures fortifiées et tours de guet sont éparpillées dans la campagne autour de Kaiping, une ville proche de Guangzhou. Ces solides bastions, construits au début du XXe siècle, ne correspondent pas à ce que l'on s'attend à découvrir dans l'Empire du Milieu. Vous serez ébahi par l'extraordinaire mélange de styles architecturaux et reconnaîtrez des éléments grecs, romans, gothiques, etc.

À voir

Épouses et concubines (Zhang Yimou ; 1991). Une tragédie élégante et précieuse d'un des chefs de file de la "cinquième génération".

Still Life (Jia Zhangke ; 2005). Le portrait nostalgique et splendide d'une famille dévastée par la construction du barrage des Trois Gorges.

À lire

Atlas de la Chine : un monde sous tension (Thierry Sanjuan ; 2013). Pour une lecture pluridisciplinaire, illustrant le développement et la modernisation du pays.

Le Viol de Nankin (Iris Chang ; 2010). Pour comprendre les raisons profondes de l'ambivalence de la Chine à l'égard du Japon voisin.

Cris (Lu Xun ; 2010). Recueil de nouvelles écrites par le père de la fiction chinoise moderne.

CAPITALE
Nicosie (Lefkosia)

POPULATION
1,2 million

SUPERFICIE
9 251 km^2

LANGUES OFFICIELLES
Grec, turc

Kyrenia

Chypre

Bienvenue sur l'île d'Aphrodite ! Comme la déesse qu'elle a vu naître, Chypre ne manque pas d'attraits : sites antiques, églises byzantines, mosquées… sans oublier ses plages et une délicieuse cuisine.

Il est relativement facile aujourd'hui de partir à la rencontre des cultures grecque et turque qui composent la Chypre moderne. À ce jour, il existe sept points de passage entre les parties grecque et turque de l'île, dont deux *checkpoints* piétons à Nicosie.

Avec ses paysages somptueux et son climat tempéré, Chypre se vit au grand air. Les plages, qu'elles soient sauvages et balayées par le vent ou familiales, offrent toutes sortes de sports aquatiques, de la plongée à la planche à voile et au kitesurf. Lassé de tant de bleu ? Direction l'intérieur des terres, où des montagnes couvertes de pins, de vastes vallées et des vignobles plantent un décor propice à une foule d'activités.

Les sites historiques, les ruines romaines et les musées de Chypre racontent son passé tumultueux. L'histoire est palpable à Paphos, où se trouvent d'extraordinaires sites archéologiques. Quand vous flânerez dans ses rues, votre regard sera accroché par des remparts vénitiens, des châteaux et des églises byzantines, ou encore des mosquées.

Chypre

Les incontournables

Vieux port de Kyrenia

1 Avec la silhouette romantique de la montagne en toile de fond, le vieux port de Kyrenia vit au rythme tranquille de la vie moderne en Chypre du Nord. Les charmants édifices et les anciens entrepôts qui le jalonnent étaient autrefois remplis de graines de caroube, l'or noir des Chypriotes. Aujourd'hui, les entrepôts sont devenus des cafés et des restaurants branchés, où l'on se plaît à siroter un café ou à fumer le narguilé, en contemplant les goélettes turques – des bateaux traditionnels en bois –, amarrées au pied du château.

Site archéologique de Paphos

2 C'est dans la ville touristique de Paphos, sur la côte sud, que se trouve l'un des sites archéologiques les plus impressionnants de l'île. Très étendu, le site de la ville antique date de la fin du IVe siècle avant notre ère. Ce que l'on peut en voir aujourd'hui ne serait qu'une petite partie des vestiges encore enfouis. Ne manquez pas les mosaïques romaines, mises au jour en 1962 par un agriculteur qui labourait son champ. Paphos a été désignée comme Capitale européenne de la culture pour 2017, une distinction bien méritée pour cette belle station balnéaire.

Petra tou Romiou

3 Également connue sous le nom de plage et rocher d'Aphrodite, Petra tou Romiou est la plage la plus célèbre de Chypre, et certainement l'une des plus étranges et impressionnantes. On dit que les vagues qui viennent s'écraser contre le rocher d'Aphrodite forment une colonne d'écume à la silhouette presque humaine. Dans la journée, l'eau est délicieusement fraîche et la plage parfaite pour pique-niquer.

Vieille ville de Nicosie-Nord

4 Franchir la Ligne verte à Nicosie (Lefkosia) pour rejoindre

GEIR KRISTIANSEN © 2011 / GETTY IMAGES ©

Nicosie-Nord (Lefkoşa), la partie turque de la ville, est une véritable expérience. Dans le prolongement de l'élégante Ledra Street, au sud, des petites boutiques vieillottes côtoient des stands de brochettes, des cafés et des étals de douceurs surmontés de halva frais. Visitez l'extraordinaire mosquée, le paisible hammam ou l'un des nombreux musées, ou arpentez les rues jusqu'au soir, lorsque la silhouette du croissant des minarets se détache sur le ciel étoilé.

Villages viticoles autour d'Omodos

5 Le vignoble des *krasohoria* (villages viticoles) recouvre les vallées autour d'Omodos. Visiter cette région, où l'on dit que tous les habitants étaient naguère vignerons, requiert modération, tant les prétextes à déguster du vin sont nombreux. Plus de 50 exploitations sont réparties autour de 7 villages. Les vins locaux les plus prisés sont issus des cépages *mavro* (raisin rouge foncé) et *xynisteri* (raisin blanc).

Quand partir

HAUTE SAISON
(juillet-août)

- Les hôtels sont complets, les prix grimpent de 30%.
- Les stations balnéaires font le plein.
- Hausse marquée du tourisme local.
- Les températures grimpent jusqu'à 40°C.

SAISON INTERMÉDIAIRE
(mars-juin et sept-oct)

- Météo agréable et peu de monde.
- Période idéale pour les activités de plein air.
- Explosion de fleurs sauvages en avril-mai à l'intérieur des terres.

BASSE SAISON
(nov-fév)

- Ski dans le Troodos.
- Le temps peut être humide et froid ou doux et agréable.
- Certains hôtels et restaurants des principales stations touristiques ferment.

Sur 100 personnes à Chypre

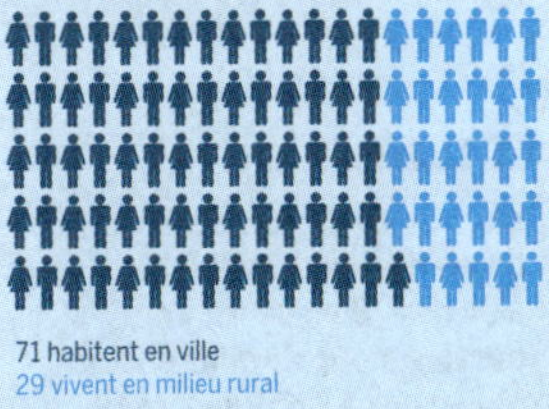

Religions

(% de la population)

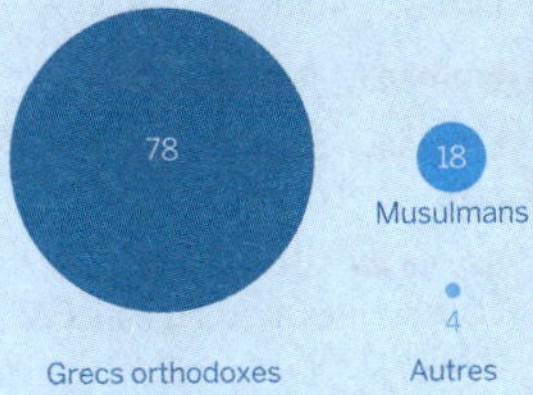

Population au km²

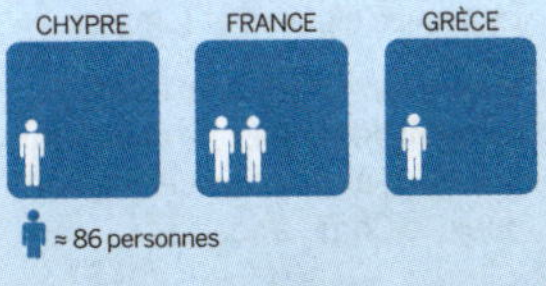

Le kafeneion

Dans les villages, le *kafeneion* (café) local est le lieu de rencontre central. La plupart des villages en possèdent deux, chacun d'un bord politique (socialiste ou nationaliste) et remplis d'hommes de tous âges. Les plus âgés, assis sur une chaise, regardent passer le temps en grignotant du *halloumi* et des olives et en buvant du café ou de la *zivania* (eau-de-vie de marc de raisin). De bons amis s'assoient par deux, fument des cigarettes et jouent au *tavli* (jacquet) à l'ombre des treilles. Les dés roulent, les pions avancent et les stratégies s'élaborent dans un murmure. À l'heure du déjeuner, il ne reste que la fumée flottant dans l'air : les hommes ont regagné leur foyer pour le repas et une sieste, avant de revenir en soirée.

À table !

La cuisine est l'une des plus belles découvertes à faire à Chypre. Bien qu'il n'y ait pas beaucoup de différences régionales à l'intérieur de la République ou de Chypre du Nord, elles existent entre le Nord et le Sud en raison des influences grecque et turque.

Dolmades Feuilles de vigne farcies.

Kleftiko Agneau au four.

Lahmacun Sorte de pizza à la pâte fine et croustillante.

Louvia me lahana Mélange de blettes cuites avec des haricots cornilles.

Souvla Morceaux d'agneau rôtis à la broche.

Stifado Ragoût de bœuf ou de lapin avec oignons et tomates.

Vin Chypre produit un large éventail de rouges, de blancs et de rosés, ainsi qu'un célèbre vin doux, le Commandaria.

7

STUART BLACK / GETTY IMAGES ©

Château de Saint-Hilarion

6 Cette forteresse enchanteresse aurait inspiré Walt Disney pour le palais de la cruelle reine de *Blanche-Neige*. La silhouette tourmentée de ses ruines qui se détache sur le ciel évoque le charme gothique de la cour des Lusignan, qui y prenaient leurs quartiers d'été. On accède à la tour par une ascension difficile à travers des jardins et des sentiers envahis d'herbes et des escaliers escarpés. La vue spectaculaire sur la mer et la côte d'Anatolie récompense tous les efforts.

Randonnée dans le massif du Troodos

7 Ces montagnes recouvertes de forêts de pins regorgent de chutes d'eau, de rochers à pic et de ruisseaux bouillonnants, et abritent une faune. Depuis le mont Olympe (1 952 m), le panorama balaie toute la côte sud et l'air frais est un délice en été. Randonneurs, campeurs, amateurs de fleurs ou d'oiseaux seront fascinés par les crêtes, pics et vallées qui composent cette région, sillonnée par les sentiers les les plus sauvages de l'île.

Transports

Bus Les bus sont fréquents dans le Sud et circulent du lundi au samedi, avec un service limité le dimanche. Au Nord, le réseau se compose de bus privés, anciens et plus récents. Les prix sont très raisonnables.

Taxi Dans le Sud, les taxis sont nombreux et disponibles 24h/24. Il sont généralement modernes, et, hormis à l'extérieur des agglomérations, tous sont équipés d'un compteur que le chauffeur est tenu d'utiliser.

Voiture Avant tout, soyez sur vos gardes. Chypre enregistre l'un des taux d'accidents les plus élevés d'Europe, souvent dus à une conduite imprudente. Si vous prévoyez de louer un véhicule, réservez bien à l'avance.

Fête de l'Indépendance, Carthagène

CAPITALE
Bogota

POPULATION
48 millions

SUPERFICIE
1,1 million km²

LANGUE OFFICIELLE
Espagnol

Colombie

Majestueux sommets andins, côte caraïbe, jungle amazonienne, sites archéologiques et villes coloniales : la Colombie a tous les atouts qui font le charme de l'Amérique du Sud, mais recèle bien d'autres trésors.

En préambule, commencez par oublier tout ce que vous avez entendu dire sur la Colombie. Diabolisée durant de longues décennies, elle est aujourd'hui une destination globalement sûre, abordable, et exaltante.

Qu'il s'agisse de naviguer sur des bras de l'Amazone, de flâner dans des cités coloniales, de plonger sur les splendides récifs des Caraïbes ou de galoper à cheval le long de crêtes montagneuses dominant d'antiques sites funéraires amérindiens, la Colombie a tout pour vous séduire. Et pour couronner le tout, les Colombiens, accueillants et pleins de sollicitude, reçoivent les touristes comme s'ils étaient des membres de leur famille.

Le renforcement de la sécurité a repoussé la plus longue guerre civile du continent dans les coins les plus reculés et inaccessibles du pays, où les voyageurs n'ont guère de raisons de se rendre. Pour autant, certains s'entêtent à croire que la Colombie se résume au trafic de cocaïne. Grave erreur. Il suffit de passer du temps sur place pour se laisser rapidement envoûter par ce beau pays.

0 200 km
MER DES ANTILLES
(MER DES CARAÏBES)
Providencia (Colombie)
San Andrés (Colombia)
ANTILLES NÉERLANDAISES (PAYS-BAS)
Aruba
Curaçao
Bonaire
Parque Nacional Natural Tayrona
La Guajira Peninsula
Riohacha
Santa Marta
Barranquilla
Coro
Maracaibo
CARACAS
Cartagena
Valledupar
Barquisimeto
Valencia
Lago de Maracaibo
Sincelejo
PANAMA
PANAMA
Montería
Mérida
VENEZUELA
Cúcuta
San Cristóbal
Bucaramanga
Parque Nacional Natural El Cocuy
Barichara
San Gil
Medellín
Quibdó
Puerto Ayacucho
Manizales
Yopal
Pereira
Zona Cafetera
BOGOTÁ
Buenaventura
Villavicencio
Isla Gorgona
Cali
Neiva
OCÉAN PACIFIQUE
Popayán
San José Del Guaviare
San Augustín
Parque Nacional Natural Sierra de La Macarena (Caño Cristales)
Florencia
Pasto
Mocoa
Laguna de la Cocha
Ibarra
QUITO
ÉQUATEUR
BRÉSIL
PÉROU
Parque Nacional Natural Amacayacu
Machala
Iquitos
Amazone
Leticia
Río Yavarí
Trujillo
1
2
3
4
5
6
7
8
9
10

Colombie
Les incontournables

Vieille ville de Carthagène

1 Les aiguilles de l'horloge qui orne la Puerta del Reloj semblent ramener le visiteur 400 ans en arrière, à l'instant où celui-ci pénètre dans la vieille ville de Carthagène. En se promenant dans les rues, on a la sensation de parcourir les pages du sublime roman de Gabriel García Márquez, *L'amour au temps du choléra*. Les balcons aux tons pastel disparaissent sous les bougainvillées, et les rues bruissent de l'animation des étals alimentaires. Ce joyau qui a conservé l'allure qu'il avait il y a plusieurs siècles est bel et bien une ville d'aujourd'hui, où il fait bon vivre.

Trekking à El Cocuy

2 Long d'une semaine, le trek Güicán-El Cocuy, dans le Parque Nacional Natural El Cocuy, est l'un des plus convoités du pays. En saison (de décembre à février), la Sierra Nevada del Cocuy se pare au levant des couleurs pain brûlé qui jaillissent derrière les sommets dentelés pour illuminer les vallées glaciaires et les lacs d'altitude. Par beau temps, on aperçoit la superbe étendue de prairie tropicale de Los Llanos depuis les différents belvédères des sommets environnants, qui culminent à 4 650 m.

Iglesia de San Pedro Claver, vieille ville, Carthagène

1

Museo del Oro, Bogotá

3 Rares sont les endroits dans le monde où l'on peut éprouver l'impression procurée par la découverte d'un trésor enfoui depuis des siècles. Le Museo del Oro de Bogotá donne l'occasion de connaître cette joie mêlée d'excitation. Plus de 55 000 objets en or et autres vestiges provenant de toutes les grandes civilisations préhispaniques de Colombie sont exposés par thème sur trois niveaux. Clou de la collection : la splendide Balsa Muisca, délicate pièce d'orfèvrerie votive très élaborée, découverte en 1969.

Sur 100 personnes en Colombie

75 sont métisses, d'ascendance européenne, africaine ou amérindienne
20 sont blanches
4 sont noires
1 est amérindienne

Religions
(% de la population)

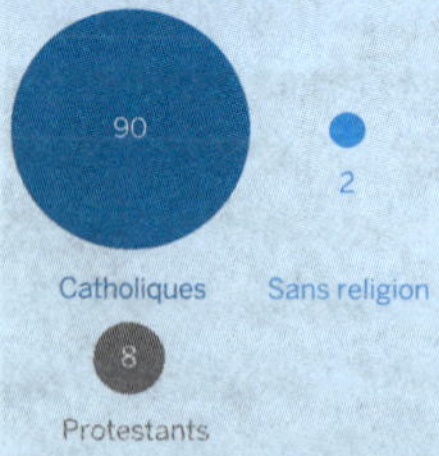

Population au km²

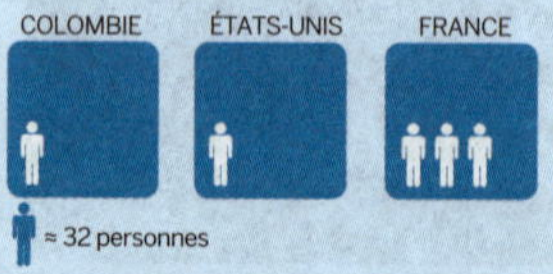

Lodges au bord du Río Yavarí

4 Occupant près d'un tiers du pays, la région de l'Amazonie colombienne ne manque pas de points de chute où explorer cet univers d'exception. Toutefois le Río Yavarí, fleuve protégé qui matérialise la frontière entre le Brésil et le Pérou sur plus de 800 km, donne accès aux trois écosystèmes amazoniens : la *terra firme* ("terre ferme", au sec), la *várzea* (forêt inondée de façon saisonnière) et l'*igapó* (forêt marécageuse). La vie sauvage y est bien sûr foisonnante.

Plages du Parque National Tayrona

5 Les plages du Parque Nacional Natural (PNN) Tayrona, près de Santa Marta sur la côte caraïbe, figurent parmi les plus belles du pays. Les eaux limpides de Tayrona ont pour arrière-plan une jungle qui dévale, telle une avalanche de verdure, la vertigineuse Sierra Nevada de Santa Marta, plus haut massif montagneux côtier au monde. Dignes d'une carte postale, les plages de sable blanc sont frangées de palmiers et émaillées de gros rochers. Certains, coupés en deux, semblent avoir été projetés là par un géant en colère.

Statues antiques de San Agustín

6 Disséminées sur des collines ondoyantes, les statues de San Agustín offrent un magnifique aperçu de la culture précolombienne. Plus de 500 de ces mégalithes sculptés dans de la roche volcanique, représentant des animaux sacrés ou des personnages anthropomorphes, ont été excavés. Nombre de statues

Balades en chiva

La *chiva* – véritable pièce d'art populaire montée sur roues – est une sorte de minibus coloré. Il y a plusieurs décennies, c'était le principal moyen de transport terrestre de Colombie. Le corps du véhicule, presque entièrement en bois, est peint de motifs aux couleurs vives.

De nos jours, les *chivas* ont quasiment disparu des principaux axes routiers. Elles continuent cependant de jouer un rôle essentiel sur les routes rurales, transportant aussi bien des passagers que des denrées, y compris des animaux vivants. Le toit accueille les personnes et les marchandises qui n'ont pu trouver place à l'intérieur. Généralement, les *chivas* se regroupent aux abords des marchés.

À table !

On appelle la cuisine colombienne *comida criolla* (cuisine créole). Il existe deux variétés régionales bien distinctes : celle des hauts plateaux, où se concentre la majeure partie de la population, et celle des côtes caraïbe et pacifique. Elles diffèrent par les ingrédients à disposition (davantage de poisson et de bananes plantains sur la côte, par exemple).

La simplicité est le maître mot de la cuisine colombienne. Du riz, des haricots, un peu de viande ou de poisson, une salade et un jus de fruits exotiques frais suffisent à contenter le Colombien moyen.

Le café, boisson numéro un, représente aussi les plus importantes exportations (légales) du pays. Des marchands déambulent dans les rues avec des thermos de café et de lait. Moyennant un peu de monnaie, vous pourrez acheter une petite tasse en plastique de *tinto* (café noir, appelé *perico* à Bogota), de *pintado* ("peint", avec une goutte de lait), ou de *cafe con leche* (avec encore plus de lait).

JANE SWEENEY / GETTY IMAGES ©

Cabo San Juan de la Guía, Parque Nacional Natural (PNN) Tayrona

sont regroupées dans un parc archéologique, mais l'on en trouve quantité d'autres in situ. Rien de tel que d'aller à leur rencontre à pied ou à cheval.

Cité coloniale de Barichara

7 On est immédiatement émerveillé en posant les yeux pour la première fois sur la cité coloniale de Barichara. Ses toits de couleur rouille, ses grandes rues pavées symétriques, ses murs blanchis à la chaux et ses balcons ornés offrent un magnifique contraste avec le vert magnifique des Andes, en toile de fond. Barichara est un petit bijou de nonchalance (son nom signifie "lieu de détente" en *guane*, le dialecte régional). Et de fait, il n'est pas rare de se retrouver à déambuler à travers la ville un peu comme dans un état second, tant la beauté de ses rues est saisissante.

Aventures de plein air à San Gil

8 Comparée aux autres villes colombiennes, San Gil présente un aspect

Quand partir

HAUTE SAISON
(déc-fév)

- Ciel ensoleillé et journées plutôt douces dans toutes les Andes.
- Climat sec partout sauf en Amazonie.
- San Andrés et Providencia sont très agréables, comme toujours.

SAISON INTERMÉDIAIRE
(mars-sept)

- Bogota, Medellín et Cali connaissent une saison des pluies modérée en avril/mai.
- Le soleil est au beau fixe à Carthagène en avril, et les fortes pluies débutent en mai.

BASSE SAISON
(oct-nov)

- Des crues éclairs inondent les routes de la région andine.
- Octobre est très humide à Carthagène.
- Le bas niveau de l'eau en Amazonie permet de faire de belles randonnées.

quelconque. Toutefois, c'est une base idéale pour des activités de plein air. Vélo, rafting, descente en rappel, spéléologie, saut à l'élastique, parapente... Quelle que soit votre passion, vous pourrez vous faire plaisir à San Gil. La ville est avant tout connue pour les impressionnants rapides de classes IV et V du Río Suárez. Dans et sur l'eau, ou encore dans les airs, San Gil n'est pas faite pour les âmes sensibles. Prenez votre courage à deux mains et préparez-vous à de belles montées d'adrénaline.

Transports

Avion Le réseau des vols intérieurs est très dense, avec de nombreuses compagnies, dont des low cost, desservant les principales agglomérations.

Bus Principal moyen de transport entre les villes, les bus desservent pratiquement tout le pays. Les bus longue distance sont généralement très confortables, et les bus de nuit ont parfois des sièges dignes de la classe affaires.

Voiture Les voitures de location coûtent cher. Étant donné le prix avantageux des bus, dont le réseau est par ailleurs très dense, il n'y a guère de raisons de conduire soi-même.

Nuits de Medellín

9 À la tombée de la nuit, Medellín dévoile son vrai visage. Au programme : restaurants élégants et vie nocturne trépidante. Le quartier d'El Poblado est le fief des tables chics, dont beaucoup se métamorphosent en bars animés une fois les tables débarrassées. Plus tard dans la nuit, l'attention se concentre sur l'ambiance des discothèques du Barrio Colombia, et plus tard encore, sur celle des méga-clubs de l'Autopista Sur. Ne quittez pas la ville sans avoir fait un tour dans les bars huppés de La Strada, où l'on côtoie les *beautiful people* fortunés.

Plantations de café de la Zona Cafetera

10 Embarquez à bord d'une jeep de la Seconde Guerre mondiale pour une expédition qui vous fera découvrir le café dans tous ses états. Nombre des meilleures plantations de la Zona Cafetera ont ouvert leurs portes au tourisme, tant est intense le désir de montrer aux visiteurs ce qui distingue le café colombien. Au son du clapotis des rivières et du chant des oiseaux, chargez-vous d'un panier pour aller cueillir vos propres grains sur la plantation avant de revenir à la ferme traditionnelle pour goûter au produit fini.

Grains de café

À voir

Rosario (Rosario Tijeras ; 2004). L'histoire passionnante d'une tueuse à gages ivre de vengeance.

Maria, pleine de grâce (María llena eres de gracia ; 2004). Récit émouvant traitant de la grossesse à l'adolescence sur fond de trafic de drogue.

Alias Maria (José Luis Rugeles Gracia ; 2015). Le quotidien d'une adolescente embrigadée dans la guérilla des FARC.

El Abrazo de la Serpiente (Ciro Guerra ; 2015). Un chaman escorte un ethnologue américain dans la jungle à la recherche d'une plante mystérieuse.

À lire

Cent Ans de solitude (Gabriel García Márquez ; 1968). Le chef-d'œuvre de la littérature colombienne.

Que viva la musica ! (Andrés Caicedo ; 2012). Fêtes, drogues et rock'n'roll dans le Calí underground des années 1970.

Les Réputations (Juan Gabriel Vasquez ; 2014). Une réflexion sur le pouvoir de la presse.

Délire (Laura Restrepo ; 2005). Plongée dans la folie d'une femme dans le Bogota des années 1980.

Île de Mayotte

CAPITALE
Moroni (Comores)
Mamoudzou (chef-lieu de Mayotte)

POPULATION
766 000 (Comores)
224 000 (Mayotte)

SUPERFICIE
2 235 km² (Comores)
374 km² (Mayotte)

LANGUES OFFICIELLES
Arabe, français

Comores et Mayotte

Perdu en plein océan Indien, le séduisant archipel des Comores est le genre d'endroit où l'on part pour oublier la planète pendant quelques jours.

L'archipel des Comores est tellement loin de tout que même le fugitif le plus recherché du monde pourrait s'y cacher. Ses habitants appartiennent à une légendaire lignée de négociants arabes, d'esclaves africains et de pirates portugais. Les Comores (ou "Coup-mores", comme on les surnomme parfois en raison de leur instabilité politique) ont connu presque 20 coups d'État depuis leur indépendance en 1975. Ces dix dernières années, pourtant, les trois îles querelleuses ont réussi à mettre de côté leurs différends et à se regrouper sous la bannière de l'union des Comores. La quatrième île de l'archipel, Mayotte, diffère des trois autres en ce sens qu'il s'agit d'un département d'outre-mer.

Les Comores ne plairont pas à tout le monde. Ici, la lenteur domine et les installations touristiques sont loin d'être luxueuses. Mais, si le séjour idéal consiste pour vous à paresser autour d'une tasse de thé et à discuter avec la population locale, alors cet archipel saura vous offrir l'aventure inédite dont vous rêviez depuis si longtemps.

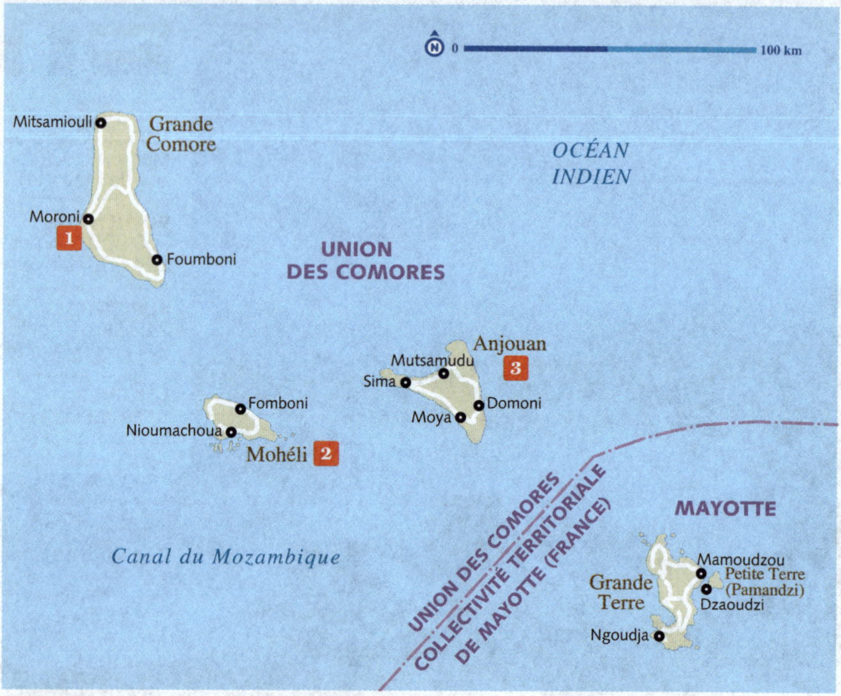

Comores
Les incontournables

Moroni

1 Moroni est un lieu intemporel aux parfums de *Mille et Une Nuits*. En flânant au fil de ses rues, vous croiserez des femmes en tenue colorée, bavardant au seuil des habitations, et des hommes vêtus de blanc, tuant le temps à coups de parties de dominos. Au crépuscule, le port de Moroni offre l'un des plus beaux spectacles de l'océan Indien.

Mohéli

2 Plus petite île des Comores, Mohéli est aussi la plus sauvage et la plus intéressante des trois. Dotée de plages fabuleuses baignées par une mer turquoise, elle est aussi peu développée que peuplée. Mohéli a tout de l'île de bout du monde. L'endroit ne s'est pas encore mis à l'heure du XXIe siècle... et c'est très bien ainsi.

Anjouan

3 Surnommée la "perle des Comores" par ses habitants, Anjouan est indéniablement la plus pittoresque des îles comoriennes. Cette île déserte, aussi appelée Ndzouani ou Nzwani, permet de jouer les Robinson Crusoë. Elle correspond en tout point à l'image de la destination lointaine, exotique et romantique que se font la plupart des voyageurs.

À table !

Langouste Vous n'êtes pas près d'oublier le montant ridicule de l'addition, mais c'est un détail – la langouste à la vanille est particulièrement divine.

Thé Sirotez un thé rehaussé de citronnelle et de gingembre.

Quand partir

MAI-OCT

- Saison sèche.
- La meilleure période pour visiter l'archipel.

OCT-AVRIL

- Températures extrêmement élevées durant la saison sèche.

DÉC-AVR

- Précipitations records, avec des normales pouvant atteindre les 390 mm.

CAPITALE
Kinshasa

POPULATION
77,4 millions

SUPERFICIE
2,3 millions km²

LANGUE OFFICIELLE
Français

Parc national de la Garamba

Congo, République démocratique du

Vaste comme l'Europe de l'Ouest, la République démocratique du Congo ignore pratiquement l'activité touristique. Son potentiel, entre forêt primaire, volcans et fleuve impétueux, est pourtant énorme.

Entre traite esclavagiste, histoire coloniale, dictature sanglante du maréchal Mobutu (à l'époque du Zaïre, de 1971 à 1997) et conflits dans la région des Grands Lacs, la République démocratique du Congo concentre l'une des histoires les plus sombres du continent africain. Il en résulte que le pays figure parmi les plus pauvres de la planète et cela malgré des ressources naturelles immenses.

Aujourd'hui, le pays semble avoir trouvé une forme de stabilité grâce en particulier au contingent de Casques bleus déployé par l'ONU. Certaines infrastructures routières ont été améliorées. L'est du pays néanmoins, où sont concentrés les sites les plus remarquables, n'est toujours pas pacifié à l'heure où nous écrivons.

Si la sécurité s'améliorait durablement, la RDC pourrait faire figure de destination idéale pour le voyageur, tant ses attraits naturels (forêt équatoriale, faune sauvage) et culturels (des centaines d'ethnies aux traditions variées) sont nombreux.

République démocratique du Congo
Les incontournables

Nyiragongo

1 Situé dans le parc des Virunga, ce volcan est l'un des plus actifs et dangereux au monde, du fait de la proximité de la ville de Goma. Le fond de son cratère est occupé par un lac de lave qui se déverse périodiquement sur ses pentes. Aujourd'hui, on peut gravir ses flancs en quelques heures et bivouaquer sur place. Le spectacle du cratère rougeoyant sous l'effet de la lave est unique !

Parc national des Virunga

2 Peu d'expériences sont aussi mémorables qu'un face-à-face avec un gorille des montagnes. Le parc national des Virunga concentre de nombreuses autres espèces, comme des hippopotames, des éléphants et des chimpanzés. Le tout dans un habitat allant de la savane aux massifs enneigés du Rwenzori en passant par la forêt équatoriale.

Fleuve Congo

3 Destinée aux baroudeurs invétérés, la descente de l'impétueux fleuve Congo tient moins de la croisière que du périple dantesque au fil de la jungle. Long de 1 730 km, le trajet entre Kisangani et Kinshasa dure deux semaines quand tout va bien. Le temps des cabines passagers étant révolu, vous partagerez le pont des barges avec des centaines d'autres voyageurs, leurs marchandises et leur bétail.

À table

Bière Essayez la Primus (blonde), ou la Turbo King (brunes).

Foufou Bouillie de manioc.

Liboke Poisson mijoté dans des feuilles de manioc.

Quand partir

DÉC-MARS

➡ Saison sèche dans le Nord, synonyme de meilleures conditions de circulation.

JANVIER

➡ Idéal pour profiter des gorilles des montagnes.

AVR-OCT

➡ Saison sèche dans le Sud.

CAPITALE
Brazzaville

POPULATION
4,6 millions

SUPERFICIE
342 000 km^2

LANGUE OFFICIELLE
Français

Fleuve Congo

Congo

Le fleuve auquel le Congo doit son nom serpente au cœur d'une terre luxuriante, partiellement couverte de jungle équatoriale. L'occasion unique pour le voyageur de croiser éléphants et gorilles.

Forte de jungles brumeuses qui abritent une bonne part de la population mondiale de gorilles, des colonies d'éléphants des forêts et quantité de chimpanzés aussi agiles que criards, le Congo (à ne pas confondre avec la République démocratique du Congo, de l'autre côté du fleuve) possède indéniablement le potentiel pour devenir l'une des premières destinations écotouristiques d'Afrique. Le parc national Nouabalé-Ndoki et le parc national d'Odzala, parmi les réserves forestières les mieux préservées du continent, constituent à eux deux le grand trésor naturel d'Afrique centrale.

Malgré ses impressionnantes ressources naturelles et sa population chaleureuse, le pays reste méconnu et peu visité. Toutefois, si vous êtes prêt à répondre à l'appel de la nature et à vous frotter à l'aventure, le Congo vous attend.

Congo

Les incontournables

Parc national Nouabalé-Ndoki

1 Une équipe du magazine *National Geographic*, venue visiter ce parc dans les années 1990 le qualifia de "dernier Éden". Peu impacté par les activités humaines, ce splendide morceau de forêt tropicale humide parsemé de clairières naturelles offre la possibilité rare d'observer en toute quiétude gorilles des plaines, éléphants de forêts et chimpanzés. Ce territoire appartient, avec les parcs nationaux de Dzanga-Ndoki, en Centrafrique, et de Lobéké, au Cameroun, à un vaste ensemble protégé du bassin du Congo, dénommé Trinational de la Sangha et classé au patrimoine mondial de l'Unesco en 2012.

Parc national Conkouati-Douli

2 Ce parc national, probablement le plus varié du Congo, débute le long d'une bande de savane côtière pour se perdre dans des montagnes couvertes de jungle, à la frontière avec le Gabon. L'observation de la faune a longtemps pâti des problèmes de braconnage. Heureusement, grâce à des investissements en matière d'infrastructure et de sécurité, éléphants, gorilles et buffles vivent et se reproduisent. Ce parc semi-côtier a la particularité d'être un site de reproduciton de la tortue luth. Parmi les activités on peut embarquer en bateau pour remonter la rivière Ngongo ou faire des treks dans la forêt.

Brazzaville

3 Décompressez à Brazzaville, capitale qui dégage un parfum de ville provinciale. Fondée en 1880 sur les rives du Stanley Pool (appelé Pool Malebo en République démocratique du Congo), "Brazza" a toujours été la partenaire économique de la grande Kinshasa (RDC), située de l'autre côté du fleuve. Pour le voyageur, en revanche, Brazzaville est nettement plus sûre et décontractée. Cette capitale discrète et sans prétention, qui a effacé la plupart des stigmates des années de guerre, a beaucoup de charme ; nombre de visiteurs affirment même que c'est la ville la plus agréable d'Afrique centrale.

Coquillages utilisés par les diseuses de bonne aventure, Brazzaville

Parc national d'Odzala

4 Le deuxième plus grand parc de forêt d'Afrique abrite une population de gorilles qui fut décimée dans le passé par plusieurs épidémie de fièvre Ebola. Aujourd'hui, la situation s'est améliorée et les populations se reconstituent lentement. Le parc abrite plusieurs salines naturelles qui sont des points de concentration des animaux en recherche de nourriture et donc des postes d'observation pour les visiteurs.

Lac Télé

5 Au nord-est du pays, le lac Télé est comme une lentille d'eau posée au milieu d'une forêt équatoriale. Selon les légendes, ce lac circulaire serait la demeure du Mokélé-Mbémbé, une créature semi-aquatique souvent décrite comme un sauropode, un dinosaure disparu depuis belle lurette. L'origine du lac est plus certaine. Il s'agirait de l'impact d'une météorite tombée il y a quelques millions d'années. Sous la pression de la forêt, le lac peu à peu se referme. Rassurez-vous, cela devrait prendre encore quelques milliers d'années.

Rapides du fleuve Congo

6 À partir de Brazzaville, le fleuve Congo se fait moins tranquille et la navigation devient impossible. Près du Centre culturel français, grimpez dans un minibus, direction le pont Djoué. Si la majorité des curieux admirent les rapides depuis un bar (Les Rapides),

Sur 100 personnes au Congo

48 sont des Kongo
20 sont des Sangha
12 sont des M'Bochi
17 sont des Teke
3 sont d'une autre origine

Religions
(% de la population)

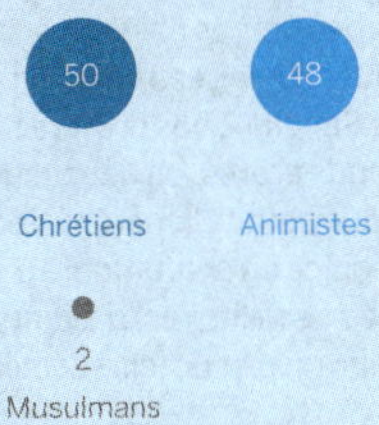

Population au km²

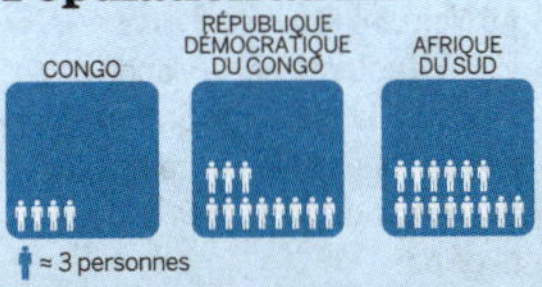

Quand partir

JUIN-DÉC
➡ Globalement, la meilleure période pour voyager au Congo.

OCT-JAN
➡ La période la plus propice pour observer la faune dans les parcs forestiers du Nord.

DÉC-FÉV
➡ Les tortues marines viennent pondre sur les plages du parc national Conkouati-Douli.

Voyager en barge ou en pirogue

De juin à décembre, lorsque le niveau des rivières est suffisamment élevé, des barges remontent, depuis Brazzaville, le fleuve Congo et son principal affluent l'Oubangui. Certaines vont vers Bangui et Impfondo ; d'autres bifurquent à l'ouest en direction de Mossaka, empruntant le fleuve Sangha, plus tempétueux encore, jusqu'à Ouesso.

Il y a environ un départ par semaine, mais les horaires ne sont pas précis. Les bateaux partent quand ils sont complets. Idéalement, le trajet entre "Brazza" et Impfondo peut se faire en cinq jours – neuf jours à contre-courant.

Si vous visitez le parc national Nouabalé-Ndoki, il est très facile de circuler en bateau entre le parc et la réserve de Dzanga-Sangha, en République centrafricaine, avant de poursuivre vers Bangui par la route. On peut louer un hors-bord dans l'un des deux parcs ou une pirogue peu étanche, dotée d'un petit moteur. Cette seconde solution est deux fois moins cher, mais prend plus de temps.

Le passage de la frontière est mémorable et se fait généralement sans dommage. Après des heures passées à patienter sur les eaux marron du fleuve Sangha, sous la protection de grands arbres, on débouche dans une petite clairière, dotée d'un édifice en bois entouré d'une poignée de militaires, d'agents de l'immigration et de leurs familles.

À table

Au Nord, les repas sont à base de viande (notamment la viande de brousse), tandis qu'au Sud, c'est le poisson qui domine, accompagné de manioc ou de patates douces et de riz.

MINT IMAGES - FRANS LANTING / GETTY IMAGES ©

le meilleur point d'observation se trouve au bout de la piste sablonneuse après le pont. Quant aux principaux rapides, bien que situés en plein milieu du fleuve, ils restent impressionnants même à cette distance.

Pointe-Noire

7 Située sur la façade atlantique, Pointe-Noire attire habitants et expatriés qui profitent de la plage et des restaurants de poisson. Pour quelque chose de plus simple, rejoignez les étals à la pointe sud de la Côte sauvage, l'occasion de savourer une bière fraîche et une assiette de poisson frit en admirant le coucher de soleil.

Réserve des gorilles de Lésio Louna

8 Cette réserve naturelle située à 140 km au nord de Brazzaville est devenue un refuge pour les gorilles orphelins. Pendant la visite, on peut observer les petits à la crèche et assister au repas des adultes qui vivent en liberté sur une île. En partant tôt de Brazzaville (5h du matin), on peut faire l'aller-retour et la visite dans la journée.

Transports

Avion Brazzaville et Pointe-Noire sont reliées par avion. En dehors de cette liaison régulière, les horaires sont rarement respectés et les annulations sont fréquentes. Les agences de voyages réussissent souvent à obtenir des places, même quand les compagnies prétendent que les avions sont complets.

Bus Quelques véhicules desservent désormais le Nord, même si le taxi-brousse et le camion restent majoritaires.

Train Les wagons ont été récemment modernisés, contrairement aux voies et aux moteurs : il faut toujours de 15 à 24 heures pour relier Brazzaville à Pointe-Noire.

Voiture Voitures et 4×4 sont proposés à des prix élevés. Il est préférable de louer un taxi pour explorer les alentours de Brazzaville.

CAPITALE
Avarua

POPULATION
10 447

SUPERFICIE
236 km^2

LANGUES OFFICIELLES
Anglais, maori des îles Cook

Muri Beach, Rarotonga

Îles Cook

Avec leurs plages désertes, leurs eaux turquoise et leur sable plus blanc que blanc, les îles Cook, disséminées sur un large territoire du Pacifique Sud, ont tous les attributs d'un paradis tropical.

Restaurants raffinés, terrasses de café dressées face au coucher de soleil, vie nocturne branchée, l'île de Rarotonga vit résolument au XXIe siècle. Pourtant, au-delà de l'agitation touristique et de ce vernis moderne, les îles Cook possèdent une culture robuste, ancrée dans les valeurs polynésiennes traditionnelles et imprégnée d'une histoire transmise oralement.

Au nord de "Raro", le sublime lagon d'Aitutaki est l'un des plus pittoresques du Pacifique, entouré d'îlots déserts. Prenez le large et partez à la découverte des traditions polynésiennes. Sirotez une bière artisanale dans un *tumunu* (sorte de bar de brousse) d'Atiu, découvrez les vénérables *makatea* (falaises coralliennes) et les champs de taro de Mangaia, ou nagez dans les grottes souterraines de Mitiaro et Ma'uke. Plus reculées encore, les îles du Nord offrent à quelques rares privilégiés une découverte idyllique des mers du Sud.

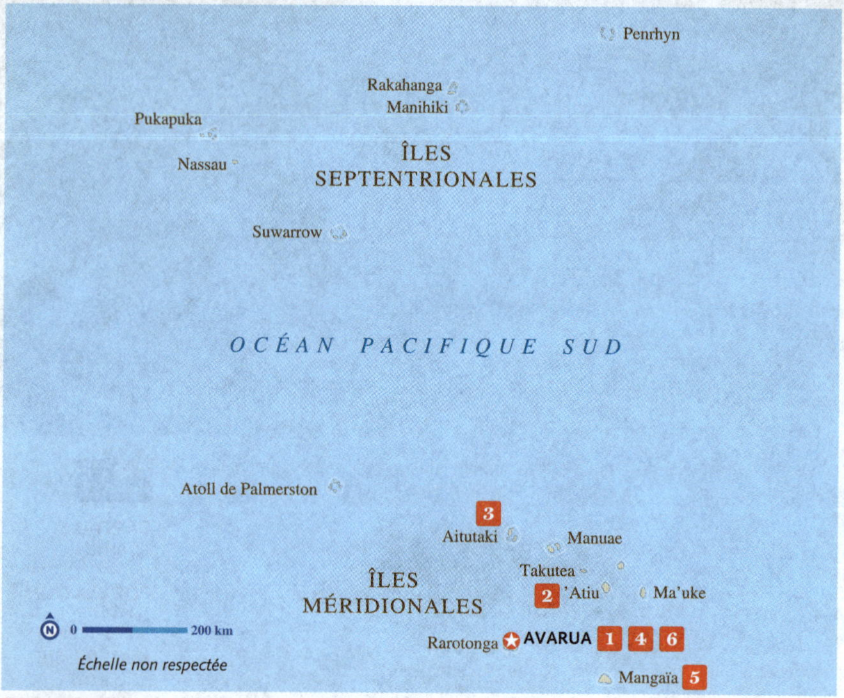

Îles Cook
Les incontournables

Marché de Punanga Nui

1 Le samedi matin, à Avarua (Raratonga), abstenez-vous devant le buffet de l'hôtel et rejoignez l'un des meilleurs marchés du Pacifique. Au milieu des paréos colorés (*pareu*), des ukulélés et des musiciens, les gastronomes sont conviés à une matinée de découvertes culinaires. Commencez par un café bio accompagné d'une brioche à la noix de coco, puis enchaînez avec un smoothie bien frais et une crêpe garnie de fruits tropicaux. Gardez une petite place pour quelques spécialités locales, comme le *rukau* (feuilles de taro cuites à la vapeur) ou l'*ika mata* (poisson cru mariné).

Atiu

2 La petite île d'Atiu, au sud de l'archipel, s'est spécialisée dans l'écotourisme. En compagnie de "Birdman George", un guide ornithologique, vous partirez à la poursuite du *kakerori* (monarque de Rarotonga), une espèce de papillon menacée. Vous plongerez ensuite dans les entrailles de la grotte d'Anatakitaki, haut lieu spirituel des îles. Entre ses voûtes majestueuses réside la vedette locale, le *kopeka* (salangane de Cook), qui a la particularité de s'orienter par écholocation. Prenez le temps d'apprécier l'autre atout majeur d'Anatakitaki, une baignade à la bougie dans la piscine de la grotte.

Aitutaki

3 Deuxième île Cook en termes de fréquentation, Aitutaki épouse les contours de l'un des lagons les plus stupéfiants du Pacifique Sud. L'eau turquoise, les vagues blanches autour du récif et les grandes plages de sable de ses îlots déserts offrent un spectacle paradisiaque. Le dimanche est consacré à la prière et au repos. Profitez-en pour assister à une messe – les chants vous donneront le frisson.

Lagons, épaves et plongées

4 Que vous soyez amateur de plongée, snorkeling, kayak, ou paddle, vous avez rendez-vous dans les eaux transparentes du lagon de

Grotte d'Anatakitaki, Atiu

Muri, à Rarotonga ou sur une île (*motu*) déserte dans le lagon d'Aitutaki. À Rarotonga, on plonge à l'extérieur du récif pour explorer canyons, grottes et tunnels, tandis qu'à l'extérieur du lagon, les possibilités sont vertigineuses (4 000 m de profondeur, même si la plupart des plongées se font entre 3 m et 30 m). Rarotonga possède plusieurs épaves bien préservées, dont le *SS Maitai*, au large de la rive nord. Parmi les autres spots bien connus, citons Black Rock au nord, Sandriver et Matavera Wall à l'est, ou encore les passages d'Avaavaroa, de Papua et de Rutaki au sud. À Aitutaki, où la visibilité est excellente, les tombants et réseaux de grottes sont multiples. L'épave *Alexander*, qui repose dans un mètre d'eau, s'explore quel que soit son niveau.

Mangaia

5 Mangaia, près de Rarotonga, est l'île la plus spectaculaire de l'archipel. Son imposant bandeau sombre de *makatea* (falaises coralliennes) à deux niveaux – voire trois au nord

Quand partir

HAUTE SAISON (juin-sept)

- Saison sèche – températures agréables, moins d'humidité et peu de pluie.
- Les passionnés de voile partent à l'assaut du Pacifique Sud.
- Les baleines sillonnent les eaux locales

SAISON INTERMÉDIAIRE (avr-mai et oct-nov)

- La période entre les saisons sèche et humide.
- Tout est ouvert mais sans le monde.
- Les amateurs de voile arrivent en mai, pour repartir, la plupart, fin octobre.

BASSE SAISON (déc-mars)

- Températures et taux d'humidité élevés.
- La saison des cyclones.
- Les avions sont pris d'assaut de décembre à janvier, lorsque les îliens expatriés retournent chez eux.

Sur 100 personnes aux îles Cook

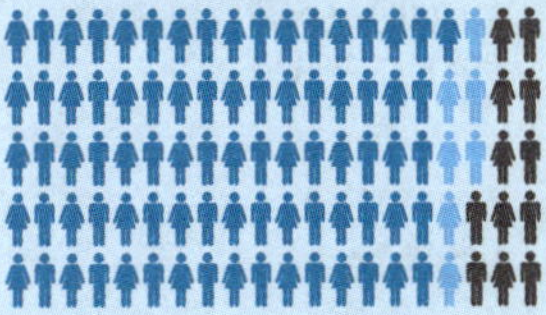

81 sont des Maoris des îles Cook (Polynésiens)
7 ont du sang des Maoris des îles Cook
12 sont d'une autre origine

Religions

(% de la population)

Population au km²

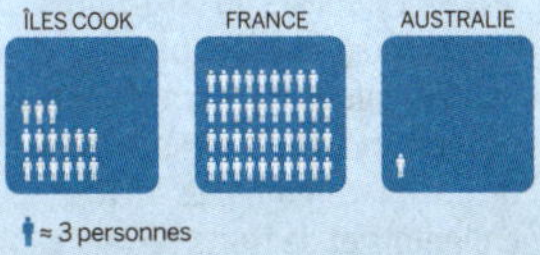

L'église divisée

Le bâtiment de la Cook Islands Christian Church de Ma'uke fut construit en 1882 par les paroissiens de deux villages, Areora et Ngatiarua. Une fois l'extérieur achevé, les deux villages ne parvinrent pas à s'accorder sur la façon de décorer l'intérieur : ils décidèrent donc d'ériger un mur au milieu. La paroi a été abattue depuis, mais l'on remarque les styles résolument différents. Chaque village possède sa propre entrée, s'assied de son côté et entonne les cantiques à tour de rôle. Le prêtre se tient à cheval sur la ligne de démarcation tracée au milieu de la chaire.

Guettez les pièces de monnaie chiliennes incrustées dans le bois de l'autel. Au XIXe siècle, la devise du Chili était utilisée pour commercer dans le Pacifique Sud.

À table !

Petit verre entre amis Si vous passez par l'un des *tumunu* (sorte de bar de brousse) d'Atiu, préparez-vous à une franche partie de rigolade. Avant de siroter un breuvage rafraîchissant et effervescent, on vous demandera de vous présenter. Vos compagnons vous raconteront les histoires de leurs proches, expatriés en Australie ou en Nouvelle-Zélande.

Mangez local À Avarua, rejoignez l'excellent marché de Punanga Nui et traquez les délices locaux, dont l'*ika mata* (poisson cru mariné dans du citron vert et de la noix de coco), le *rukau* (feuilles de taro cuites à la vapeur), la *poke* (banane accompagnée de marante et de noix de coco) et la *mitiore* (noix de coco fermentée, assortie d'oignons et de fruits de mer).

WILFRIED KRECICHWOST / GETTY IMAGES ©

Te Rua Manga (l'Aiguille), Rarotonga

de l'île –, dissimule une vaste caldeira de part et d'autre de la crête de Rangimotia (169 m), la colonne vertébrale de l'île. Mangaia, à la fois escarpée et dotée d'une végétation luxuriante, est ponctuée de grottes calcaires qui servaient jadis de cimetière pour les habitants et de refuge durant les guerres tribales.

À l'assaut du Cross-Island Track

6 En général, un séjour aux îles Cook est synonyme de bonne chère et de farniente sur la plage. Le parfait antidote à cette décontraction toute tropicale est le Cross-Island Track de Rarotonga. Ce trek de trois à quatre heures via le Te Rua Manga (l'Aiguille), culminant à 413 m, immerge les randonneurs dans des paysages parmi les plus spectaculaires de l'île. Partant de la côte nord, le parcours, dans un décor de forêt tropicale, est ponctué de racines d'arbres entremêlées et de cours d'eau serpentant entre les rochers. À l'arrivée, faites une pause vivifiante à Wigmore's Waterfall, à la fois cascade et piscine d'eau fraîche.

Transports

Avion Les vols vers les îles du Nord sont coûteux ; seules Manihiki, Penrhyn et Pukapuka ont un aérodrome.

Bateau Les heures de départ sont imprévisibles – la météo, les pannes et les changements d'itinéraires peuvent mettre à mal votre planning. Les bateaux s'arrêtent sur chaque île juste pendant quelques heures, et seules Rarotonga et Penrhyn sont équipées d'un port digne de ce nom. Pour les autres îles, on rejoint le rivage en barge.

Transports locaux Rarotonga propose un service de bus régulier qui fait le tour de l'île. Sur les îles majeures, on trouve des taxis, mais aussi des vélos, scooters et véhicules à louer.

CAPITALE
Pyongyang

POPULATION
24,7 millions

SUPERFICIE
120 538 km²

LANGUE OFFICIELLE
Coréen

Jeux de masse, stade du 1er Mai, Pyongyang

Corée du Nord

Pays le plus secret d'Asie, cette capsule témoin du communisme autorise chaque année quelques milliers de visiteurs à voir ce que son gouvernement veut bien en montrer.

Aucun pays au monde ne provoque un effet comparable à la Corée du Nord. Désormais gouverné par son troisième dirigeant “héréditaire”, cet État théoriquement communiste, sous-produit de la guerre froide, défie tous les pronostics et survit encore, un quart de siècle après la perestroïka et le démantèlement de l'immense Empire soviétique.

La mort de Kim Jong-il fin 2011 a marqué le retour de cet État policier répressif sur le devant de la scène. Les gouvernements du monde entier ont observé avec inquiétude l'accession de son fils Kim Jong-un à la tête d'une nation dotée de l'arme nucléaire et d'une armée gigantesque. Si beaucoup ignorent même qu'il est possible de visiter la Corée du Nord, une telle aventure requiert des compromis significatifs. Vous serez en permanence accompagné de deux guides officiels et vous n'entendrez qu'une version de l'Histoire. En acceptant ces contraintes, vous ferez un voyage fascinant dans un autre monde, résolument dérangeant.

Corée du Nord
Les incontournables

Jeux de masse

1 Les impressionnants Jeux de masse ont lieu tous les soirs, d'août à octobre, au stade du 1er Mai. Ce spectacle implique plus de 100 000 participants dans une combinaison de slogans politiques, d'acrobaties, de danses, de musique et de théâtre.

Pyongyang

2 Vitrine idéologique en béton, bronze et marbre, la capitale a été bâtie sur les ruines laissées par la guerre de Corée. Les guides se mettront en quatre pour vous montrer les monuments qui glorifient Kim Il-sung, Kim Jong-il et le Juche, idéologie qui règle le destin de chaque citoyen. En flânant dans les rues entre deux sites, vous découvrirez le semblant de normalité qui subsiste dans la capitale, à condition de garder les yeux grands ouverts.

Paekdusan

3 L'un des plus beaux sites de la péninsule coréenne, le mont Paekdu chevauche la frontière sino-coréenne. Point culminant du pays à 2 744 m, cet étonnant phénomène géologique (un volcan éteint avec un lac de cratère) revêt une énorme importance pour les Coréens.

À table !

Kimchi Plat traditionnel coréen composé de légumes fermentés et épicés.

Naengmyeon Nouilles de blé noir servies dans un bouillon de bœuf froid garni de légumes

Soju L'eau-de-vie locale

Taedonggang Bière blonde locale.

Quand partir

FÉV

➡ Le pays est désert et des célébrations commémorent la naissance de Kim Jong-il.

AVR-MAI

➡ Un temps clément et peu de touristes en font une période idéale pour explorer la Corée du Nord.

AOÛT-OCT

➡ Les Jeux de masse se déroulent tous les soirs dans le stade du 1er Mai.

Lanternes au temple de Samgwangsa, Busan

CAPITALE
Séoul

POPULATION
49 millions

SUPERFICIE
99 720 km²

LANGUE OFFICIELLE
Coréen

Corée du Sud

La Corée du Sud offre au voyageur une fabuleuse palette d'expériences, des paysages époustouflants et 5 000 ans de culture et d'histoire.

Le cercle bleu et rouge au centre du drapeau sud-coréen symbolise l'harmonieux mélange d'ancien et de moderne qui caractérise le pays, officiellement appelé république de Corée. Destination de la grande majorité des visiteurs dans cette partie du monde, la Corée du Sud est une contrée attrayante et accueillante, alliant les atouts d'une nation high-tech industrialisée et un profond respect pour la tradition et les coutumes de l'Asie d'antan.

La taille compacte et les excellentes infrastructures de transport de la Corée du Sud permettent de retrouver la tranquillité à une heure des villes. Gravissez les montagnes escarpées au cœur des parcs nationaux densément boisés. Naviguez vers des îles éloignées, où fermiers et pêcheurs vous accueillent chez eux. Savourez la sérénité d'un temple bouddhique. Mais sachez que les Sud-Coréens savent aussi s'amuser. Il y a presque toujours un événement à découvrir et les Coréens aiment partager leur culture. Cerise sur le gateau, vous vous régalerez d'une cuisine délicieuse.

MER DU JAPON
(mer de l'Est)
CORÉE DU NORD
Yangdok
Wonsan
Pyongyang
Hoeyang
Nampo
Hwajinpo
Changyon
Sokcho
DMZ
Cheorwon
Lac Paro
Kaesong
Janggok
Samyeongsan
Panmunjeom
Dongducheon
Lac Soyang
Heyri
Chuncheon
Ganghwado
(Kanghwa)
Hongcheon
1
5
6
SÉOUL
Incheon
PYEONGCHANG
Wonju
Chiaksan
Donghae
Samcheok
4
Suwon
Jecheon
Taebaek
Lac Chungju
Chungju
Sobaeksan
Uljin
Cheonan
11
Parc national de Sobaeksan
Yeongju
Cheongju
3
Jeomchon
Andong
Anmyeondo
Gongju
Village historique de Hahoe
Plage de Daecheon
Boryeong
10
Daejeon
Yeongdeok
MER JAUNE
(mer de l'Ouest)
Gimcheon
Seocheon
Gunsan
7
Yeongcheon
Pohang
Jeonju
Deogyusan
9
Daegu
Gyeongju
Ulsan
Namwon
Gwangju
Jinju
Masan
8
BUSAN
Suncheon
Samcheonpo
Mokpo
Geojedo
Hongdo
Boseong
Yeocheon
Tongyeong
Jangheung
Yeosu
Heuksando
Haenam
Goheung
Dolsando
Jindo
Jindo
Hajodo
Wando
Oenarodo
Yeondo
Tsushima
Wando
Bogildo
Cheongsando
JAPON
Geomundo
Jeju-si
Hallim
Hallasan
2
Jeju-do
MER DE CHINE ORIENTALE
(mer du Sud)
Jungmun
Seogwipo
N
0
100 km

Corée du Sud

Les incontournables

Changdeokgung

1 Des cinq grands ensembles palatiaux de Séoul, Changdeokgung, le "palais de la Prospérité", est le plus impressionnant. Bâti au début du XVe siècle en tant que palais secondaire de Gyeongbukgung, il devint le palais principal en 1872 et accueillit des membres de la famille royale jusqu'au XXe siècle. La section la plus séduisante est le Huwon, un merveilleux "jardin secret". Réservez bien à l'avance pour découvrir ce palais lors des visites organisées les nuits de pleine lune en été.

Randonnées à Jeju-do

2 La marche constitue le meilleur moyen d'apprécier le spectaculaire paysage volcanique de Jeju-do, la plus grande des îles sud-coréennes. L'ascension du Hallasan, le point culminant du pays, ne présente pas de difficultés et offre, par beau temps, une vue fantastique. Le sentier de randonnée Jeju Olle, un réseau de 26 itinéraires d'une demi-journée à une journée, serpente le long de la côte, dans l'arrière-pays, et sur trois autres îles. Parcourir pendant une journée tout ou partie de ce circuit est une merveilleuse façon de profiter du cadre splendide de Jeju.

Jardin secret, Changdeokgung

Fête de la Boue de Boryeong

3 Chaque année en juillet, des milliers de personnes convergent vers la paisible ville de Boryeong pour sauter dans de gigantesques cuves de boue. Bienvenue à la fête de la Boue de Boryeong ! Si le discours officiel vante les vertus thérapeutiques de la boue locale, un coup d'œil suffit pour comprendre que les participants viennent surtout pour patauger gaiement dans la gadoue. Cette fête très prisée comprend également des concerts et des feux d'artifice. Un conseil : ne portez rien que vous souhaitez garder !

Sur 100 personnes en Corée du Sud

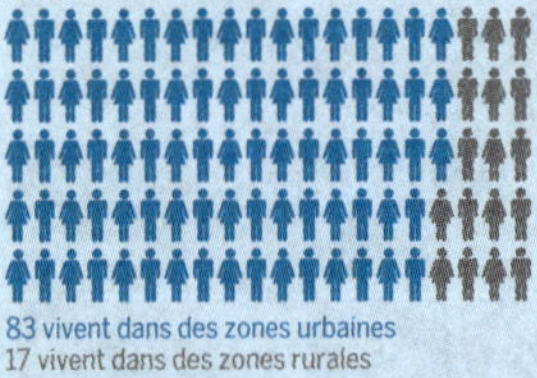

Religions

(% de la population)

Population au km²

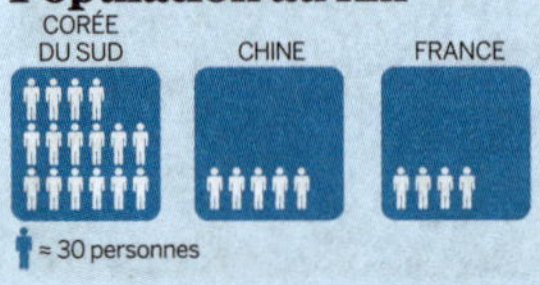

Forteresse de Hwaseong de Suwon

4 Construite en signe de dévotion filiale et fortement endommagée durant la période coloniale au début du XXᵉ siècle, puis pendant la guerre de Corée, cette forteresse est inscrite au patrimoine mondial de l'Unesco. Des archives détaillées de 1801 ont permis la reconstruction fidèle du rempart long de 5,5 km et du Hwaseong Haenggung (palais qui accueillait le roi durant ses séjours à Suwon). Une promenade le long du rempart passe par trois portes majestueuses.

Cheong-gye-cheon, Séoul

5 La démolition d'une voie express surélevée et le creusement du sol ont révélé ce cours d'eau, longtemps enseveli. Ce projet a transformé le centre de Séoul, créant un parc et une promenade en bord de rivière, havres de paix au milieu du tohu-bohu urbain. Des œuvres d'art parsèment les rives qui accueillent de nombreux événements, dont une spectaculaire fête des Lanternes en novembre. Par ailleurs, un bon musée permet de découvrir l'histoire du Cheong-gye-cheon.

Ski dans le district de Pyeongchang

6 Pyeongchang a attendu sa troisième candidature pour accueillir les Jeux olympiques d'hiver. En 2018, les Jeux se dérouleront dans les stations de ski d'Alpensia et de Yongpyong, ainsi que dans la région côtière de Gangneung. Proches l'une de l'autre, Alpensia et Yongpyong offrent des dizaines de pistes, la vue sur la mer de l'Est

Les plongeuses en apnée de Jeju

Jeju est célèbre en Corée pour ses femmes, les robustes *haenyeo*. Des statues le long de la côte leur rendent hommage et il n'est pas rare de voir ces plongeuses en apnée se préparer sur le rivage ou nager dans l'océan.

Depuis des siècles, les *haenyeo* ramassent sous l'eau algues, coquillages, crustacés, concombres de mer, oursins, poulpes, etc. Travaillant en coopérative et partageant le produit de leur pêche, elles utilisent un équipement rudimentaire. Jusqu'à une période récente, elles plongeaient de longues heures sans combinaison, quel que soit le temps. Elles sont capables de retenir leur respiration pendant 2 minutes et de descendre jusqu'à 20 m de profondeur.

Il n'y a plus aujourd'hui sur l'île que 5 000 *haenyeo* (contre 30 000 dans les années 1950), et la profession se meurt. Une école ouverte à Hallim, en 2008, aide toutefois à préserver ce patrimoine culturel en enseignant les techniques de plongée traditionnelles.

À table !

Barbecue Dans ces restaurants où chaque table dispose de son petit gril, l'argument principal de vente est la qualité de la viande et de la marinade.

Gamjatang Une soupe paysanne épicée à base d'os à moelle et de pommes de terre.

Hoe Le *hoe* (poisson cru) a beaucoup de succès sur la côte.

Jeongsik Un buffet de plusieurs plats (poisson, viande, soupe, *dubu jjigae*, riz, nouilles, œufs à la vapeur, coquillages) et de *banchan*.

Kimchi Une méthode pour conserver en saumure les légumes.

Samgyetang Soupe de poulet au ginseng, gingembre, jujube et d'autres plantes.

AFP / GETTY IMAGES ©

par temps clair, ainsi que des hébergements et des équipements flambant neufs.

Hanok Maeul de Jeonju

7 Le village traditionnel de Jeonju est incontestablement plus intéressant que celui de Séoul. Les maisons coiffées d'ardoises abritent des artisans : éventails, papier fait main et distillation de *soju* (eau-de-vie locale). Les gourmets apprécieront que le berceau du *bibimbap* (riz, œuf, viande, légumes et sauce pimentée) propose la version originale de cette spécialité. Si vous y séjournez, de nombreuses pensions proposent de dormir sur un *yo* (matelas au sol) dans une chambre *ondol* (chauffage par le sol).

Busan

8 Montagnes, plages, sources chaudes et fruits de mer à profusion, la deuxième plus grande ville de Corée est une joyeuse cité portuaire qui a beaucoup à offrir. Des bars de rue sous tente et cafés chics aux marchés au poisson, Busan satisfait tous les goûts. Les montagnes et le littoral définissent le paysage urbain, tandis que des événements comme le Festival international du film de Busan soulignent le désir de la ville d'être un lieu de rencontre mondiale.

Quand partir

HAUTE SAISON
(juin-sept)

➡ Chaleur étouffante et saison des pluies en juillet.

SAISON INTERMÉDIAIRE
(mai, oct)

➡ Végétation verdoyante et teintes brun-roux.

BASSE SAISON
(nov-avr)

➡ Neige et températures en chute libre. Idéal pour le ski et la visite des musées.

Bulguk-sa, Gyeongju

9 S'il semble difficile de choisir parmi les merveilles de la superbe ville de Gyeongju, le site de Bulguk-sa, inscrit au patrimoine mondial de l'Unesco, pourrait remporter la palme, notamment parce qu'il renferme pas moins de sept "trésors nationaux" coréens. Apothéose de l'âge d'or de l'architecture Silla, ce temple incroyablement sophistiqué et raffiné est un monument au talent de ses charpentiers, peintres, artisans et architectes, avec des pagodes intérieures, des ponts extérieurs et le somptueux paysage vallonné alentour.

Transports

Bateau La Corée du Sud possède un excellent réseau de ferrys qui relient des centaines d'îles au continent et effectuent des liaisons interîles.

Bus Des bus filent jusque dans les moindres recoins du pays. Ils passent toutes les 15 minutes dans les villes importantes et au moins toutes les heures dans les petites villes, les villages, les temples et les parcs nationaux et provinciaux. Ils n'ont pas d'horaires réguliers. Dans les terminaux des bus, des agents veillent à ce que chacun embarque sur le bus voulu et sont toujours prêts à vous aider.

Train La Corée du Sud possède un excellent réseau ferroviaire. Les trains sont propres, confortables et ponctuels. Chaque gare est indiquée en coréen et en anglais.

Village historique de Hahoe

10 Version coréenne d'une machine à remonter le temps, le charmant village historique de Hahoe, à quelque distance d'Andong, constitue une expérience passionnante pour quiconque souhaite se faire une idée de la Corée d'antan, avant que le XXe siècle ne la change à jamais. Plus de 200 personnes y vivent et perpétuent les traditions et coutumes ancestrales, invitant même les visiteurs à passer la nuit dans leur *minbak* (maison privée avec chambres à louer).

Séjour dans un temple à Guin-sa

11 Une cloche vous réveille à 3h30 pour une séance de méditation matinale. Un petit-déjeuner frugal, pris en silence, fait oublier les courbatures dues aux 108 inclinaisons devant l'image du Bouddha. Plus tard, vous aurez plus de temps pour méditer et oublier corps et esprit afin d'atteindre la paix intérieure. Voici le parfait antidote à la trépidante Corée moderne. Si le pays compte quantité de temples, l'imposant ensemble architectural de Guin-sa invite à oublier le monde extérieur.

À voir

In Another Country (Hong Sang-soo ; 2012). Le réalisateur a choisi Isabelle Huppert pour incarner trois femmes dont les histoires se croisent dans la station balnéaire de Mohang.

The Host (Bong Joon-ho ; 2006). Film de monstres qui se déroule à Séoul, mêlant humour, émotion et action.

À lire

Nouilles froides à Pyongyang (Jean-Luc Coatalem ; 2013). Ce journal de voyage nous conduit en de nombreux points du pays.

Prends soin de maman (Shin Kyung-sook ; 2011). Les membres d'une famille partent à la recherche de leur mère, disparue dans le métro de Séoul – un hymne bouleversant à l'amour maternel.

Corée, voyageurs au pays du matin calme (Omnibus ; 2006). Une anthologie composée d'extraits de récits de voyage.

Pauvre et douce Corée, de (Georges Ducrocq ; 1998). Le récit de voyage en Corée d'un Français au début du XXe siècle.

Statue du Bouddha, temple de Bulguk-sa

WIBOWO RUSLI / GETTY IMAGES ©

CAPITALE
San José

POPULATION
4,7 millions

SUPERFICIE
51 100 km²

LANGUE OFFICIELLE
Espagnol

Volcan Arenal

Costa Rica

Cascade éblouissante, lac de cratère embrumé ou plage déserte : tous les sentiers du Costa Rica conduisent à un coin de paradis. Cette terre d'aventure tropicale a de quoi séduire tout un chacun.

Capitale du tourisme d'aventure en Amérique centrale, le Costa Rica s'est taillé une place de choix dans les rêves des voyageurs du monde entier. Des infrastructures de qualité, un projet visionnaire de développement durable et une absence volontaire d'armée font de ce pays un écrin dédié à la paix et à la sérénité. Autres atouts indéniables : plus d'un tiers du territoire est protégé sur le plan environnemental, tandis que sa biodiversité est plus importante que celles des États-Unis et de l'Europe réunis.

Les animaux sauvages sont si nombreux que le voyageur ne peut les manquer : toucans perchés dans les arbres, aras rouges, caïmans, singes hurleurs… Côté mer, des poissons colorés côtoient des requins, des raies, des dauphins et des baleines.

En matière de sports de plein air, le choix va de la randonnée sur des sentiers d'altitude au rafting, sans oublier le surf ou la glissade en tyrolienne dans la canopée. Mais il est aussi possible de s'adonner au farniente sur la plage.

MER DES ANTILLES
(Mer des Caraïbes)
NICARAGUA
PANAMA
OCÉAN PACIFIQUE
Lago de Nicaragua
La Cruz
Upala
Parque Nacional Santa Rosa
Volcán Rincón de la Vieja
Volcán Santa María
Golfo de Papagayo
Liberia
Cañas
Laguna de Arenal
San Rafael de Guatuso
Volcán Arenal
Monteverde Cloud Forest
Ciudad Quesada (San Carlos)
Volcán Poás
Alajuela
Miramar
Puntarenas
Interamericana (Route panaméricaine)
Golfo de Nicoya
Playa Grande
Playa Tamarindo
Tamarindo
Santa Cruz
Paraíso
Nicoya
Montezuma
Jacó
Santiago de Puriscal
SAN JOSÉ
Heredia
Central Valley
Volcán Irazú
Cartago
Guápiles
Siquirres
Turrialba
Parque Nacional Tortuguero
Puerto Limón
White-Water Rafting
Parque Nacional Chirripó
Cerro Chirripó
Parque Nacional Los Quetzales
Valle de Parrita
Quepos
Parque Nacional Manuel Antonio
San Isidro de El General
Valle del General
Valle de Coto Brus
Bahía de Coronado
Isla del Caño
Parque Nacional Corcovado
Península de Osa
Golfo Dulce
Golfito
Pavones
Vers l'Isla del Cocos (300 km)
1
2
3
4
5
6
7
8
10
11
N
0
100 km
Isla del Cocos
Cerro Iglesias
2 km

Costa Rica

Les incontournables

Bosque Nuboso Monteverde

1 Cette forêt de nuages (*bosque nuboso*), une étendue de forêt vierge de 105 km², doit en grande partie son superbe état de conservation à des quakers, qui, arrivés des États-Unis dans les années 1950, ont contribué à la mise en place de mesures de protection environnementale avec les habitants de la région. Monteverde évoque une sorte de pays imaginaire émergeant de la brume, où s'épanouissent les mousses espagnoles, les fougères et les broméliacées, et où palpite une vie foisonnante sous la végétation.

Volcán Arenal

2 Certes, le volcan s'est assagi et on ne peut plus assister au splendide spectacle qu'offrait le rougeoiement des coulées de lave nocturnes. Mais ce géant parfaitement conique mérite encore d'être contemplé. Il y a plusieurs sentiers magnifiques, en particulier la belle ascension du Cerro Chato qui vous rapproche des nombreuses sources chaudes de la région.

Rafting en eaux vives

3 Les amateurs d'adrénaline purs et durs auront tout le loisir

Passerelle dans la canopée, Bosque Nuboso Monteverde

de filer sur des kilomètres de cours d'eau en l'espace de quelques jours. Si vous ne souhaitez descendre qu'un seul *río*, choisissez entre le Pacuare, le Reventazón ou le Sarapiquí, sur lesquels l'amusement est garanti grâce à des rapides de classe II à V. Ces rivières comportent des tronçons plus paisibles permettant d'admirer la jungle qui borde les berges.

Montezuma

4 Pour une ambiance "bord de mer-bohème", fréquenter les néorastas et les fans de yoga, apprendre l'espagnol ou encore lézarder sur le sable blanc, n'allez pas plus loin que Montezuma. En balade dans cette ville envoûtante, vous ne serez jamais loin de la mer et du bruit des vagues. De là, vous accéderez facilement à la fameuse réserve de Cabo Blanco. Lorsque la faim se fera sentir, vous trouverez sur place certains des meilleurs restaurants du pays.

En tyrolienne dans la canopée

5 Un circuit dans la canopée garantit de délicieux frissons. Quoi de plus amusant que de glisser à toute allure au milieu de la cime des arbres de la jungle ? L'expérience, grisante, enchante petits et grands. Lancée à Monteverde, l'activité s'est propagée aux quatre coins du Costa Rica. Le meilleur endroit pour se lancer reste Monteverde : la forêt de nuages est pleine de vie, et la brume très fine vous environne.

Surf sur la côte pacifique

6 C'est sur la côte pacifique qu'il faut aller pour surfer toute l'année. Elle compte plusieurs stations balnéaires où l'activité principale se résume à se tenir informé des conditions météo et à se pommader avec soin de crème solaire. Grâce à ses nombreux breaks propices à la pratique du surf débutant et aux vagues les plus fiables du pays, le Costa Rica a tout pour combler les surfeurs.

Cerro Chirripó

7 Point culminant du pays (3 820 m), le Cerro Chirripó est un sommet déchiqueté environné de

Sur 100 personnes au Costa Rica

94 sont d'origine hispanique ou métisse
3 sont d'origine africaine
1 est d'origine chinoise
1 est d'origine amérindienne
1 est d'une autre origine

Religion

(% de la population)

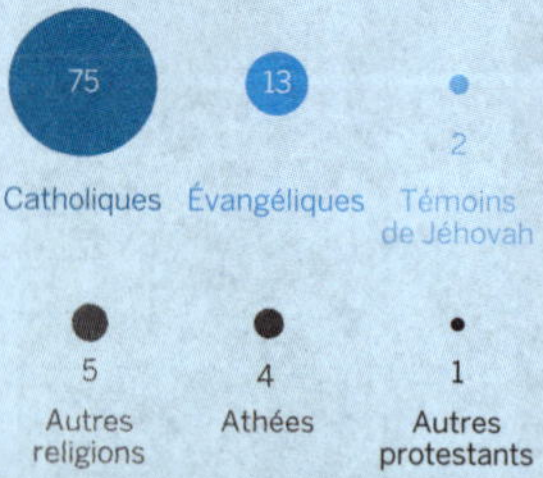

Population au km²

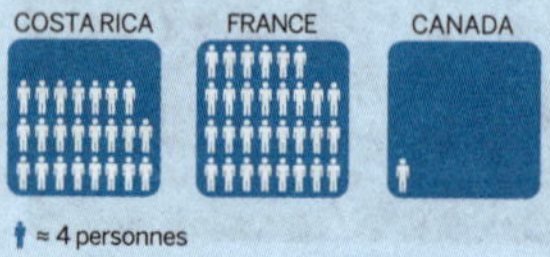

Pura Vida

La *pura vida* (littéralement, "vie pure") ne se résume pas à une vague formule que les Costaricains répéteraient par habitude. Sans doute est-il plus facile de faire l'expérience de cette *pura vida* que d'expliquer ce qu'elle est. En tout cas, à entendre ces deux mots, il apparaît que cette notion est profondément enracinée dans la mentalité de toute la nation.

De fait, la vie semble particulièrement pure, ou douce, au Costa Rica par comparaison avec ses voisins d'Amérique centrale. Le pays compte peu de pauvres et d'illettrés, et reste à l'écart du chaos politique. En outre, il abonde en merveilles écologiques. En bref, c'est une oasis de calme dans une région du monde souvent déchirée par la guerre. Si les Costaricains sont fiers, à juste titre, de leur pays, ils se contentent d'accueillir les compliments d'un sourire chaleureux et d'une réponse énigmatique tenant en deux mots : *pura vida*.

À table !

La cuisine costaricaine met l'accent sur les plats simples et peu épicés, souvent à base de riz et de haricots.

Au petit-déjeuner, les Ticos (Costaricains) mangent du *gallo pinto* (littéralement "coq tacheté"), composé de restes de riz et de haricots sautés servis avec des œufs, du fromage ou de la *natilla* (crème aigre).

La plupart des restaurants proposent une formule peu coûteuse appelée *casado* ("marié"), constituée d'un plat de riz, haricots et salade.

Étant donné la longueur du littoral, les produits de la mer sont abondants. Bien qu'il ne s'agisse pas d'une spécialité locale, le ceviche (marinade de fruits de mer) figure sur la plupart des cartes. Sur la côte caribéenne, ne manquez pas le *rondón* (un gombo de la mer épicé).

KEVIN SCHAFER / GETTY IMAGES ©

Rafting sur le Río Sarapiquí

rochers battus par les vents et de lacs glaciaires. Loin des images habituelles des paysages costaricains, la randonnée de deux jours délivre néanmoins des moments magiques, notamment lorsque le regard embrasse à la fois la côte caraïbe et la côte pacifique.

San José

8 Le cœur de la culture costaricaine bat à San José, où vivent étudiants, intellectuels et artistes. Si cette ville n'est pas la plus attrayante d'Amérique centrale, elle n'en abrite pas moins de gracieux édifices de styles néoclassique et colonial espagnol, des quartiers verdoyants ainsi que des musées d'objets précolombiens en jade et en or. C'est aussi le théâtre d'une vie nocturne intense, et l'on y trouve certaines des tables les plus sophistiquées du pays.

Observer la vie sauvage

9 Singes et crocodiles, toucans et iguanes : le Costa Rica est le paradis des amateurs de vie sauvage.

Quand partir

HAUTE SAISON
(déc-avr)

- La saison "sèche" reste humide… Les stations balnéaires sont alors fréquentées par les Costaricains.
- Réservez tôt votre hébergement. Un séjour de 2 ou 3 nuitées est parfois exigé.

SAISON INTERMÉDIAIRE
(mai-juil, nov)

- Avec le début de la saison des pluies, le flot de voyageurs commence à se tarir.
- Les routes sont boueuses, ce qui rend les trajets hors des sentiers battus plus compliqués.

BASSE SAISON
(août-oct)

- Saison des pluies. Forte houle sur le Pacifique et bonnes conditions de surf.
- Les routes de campagne sont parfois impraticables.
- Baisse du prix des hébergements.

Grâce à ses parcs nationaux superbes, à sa conscience aiguë de la nécessité de protéger l'environnement et à sa biodiversité, le pays recèle quantité d'espèces rares et menacées. Il vous suffira de lever les yeux pour voir paresseux, singes et oiseaux exotiques.

Plantations de café de la Vallée centrale

10 Sillonner les petites routes de campagne sinueuses de la Vallée centrale permet de découvrir un paysage bucolique, où les flancs des collines sont couverts d'un patchwork de terres agricoles et de plantations de café. Les plus curieux visiteront une plantation afin de tout savoir sur la culture et le processus de fabrication du divin breuvage, de la récolte à la tasse de l'amateur.

À voir

Agua Fría (Paz Fábrega ; 2010). Ce film à portée sociale se passe sur une plage paradisiaque du Pacifique ; il a remporté plusieurs prix internationaux.

Caribe (Esteban Ramírez ; 2004). Tout premier film costaricain nominé pour un oscar ; il s'agit d'un drame se déroulant à Limón.

À lire

Costa Rica – Voyage au cœur du vivant (Stéphan Bonneau ; 2004). Un très beau livre signé par un photographe animalier.

Mourons ensemble, Federico (Joaquín Gutiérrez ; 2003). L'un des rares romans costaricains traduits en français.

Oro (Cizia Zykë ; 1985). Dans ce best-seller, Cizia Zykë relate ses aventures de chercheur d'or au Costa Rica.

Transports

Avion Tous les vols nationaux décollent et atterrissent à San José. Les places sont limitées et la demande est élevée pendant la saison sèche. Les bagages des passagers ne doivent pas peser plus de 12 kg.

Bus Pratiquent des prix très raisonnables et couvrent une très grande partie du pays, mais les trajets peuvent être lents et certaines destinations sont desservies peu fréquemment.

Voiture Louer une voiture permet d'avoir accès à des destinations plus reculées qui ne sont pas desservies par les bus. Vous trouverez des agences de location dans la plupart des villes. Louer un 4x4 est souvent une bonne idée ; évitez de conduire de nuit.

Parque Nacional Manuel Antonio

11 Même s'il y a foule au Parque Nacional Manuel Antonio – le parc national le plus populaire (et le plus petit) du pays –, celui-ci reste un joyau. Les capucins filent à toute allure sur les plages paradisiaques, les pélicans bruns plongent en piqué dans les eaux cristallines et les paresseux surveillent nonchalamment les sentiers, tous très accessibles. C'est l'endroit rêvé pour faire découvrir aux plus petits les merveilles de la forêt tropicale humide.

Sud de la côte caraïbe

12 Somnoler dans un hamac, rejoindre à vélo des plages isolées pour faire du snorkeling ou plonger dans les bassins naturels alimentés par des cascades sont autant d'activités possibles en une journée. Le soir, place aux saveurs caribéennes et au groove du *reggaetón* dans les bars en plein air. Cahuita, Puerto Viejo de Talamanca et Manzanillo sont parfaits pour s'immerger dans ce mélange unique de culture afro-caribéenne, *tica* et indienne.

Sapajou, Parque Nacional Manuel Antonio

CAPITALE
Yamoussoukro

POPULATION
22,4 millions

SUPERFICIE
322 463 km^2

LANGUE OFFICIELLE
Français

Cathédrale Saint-Paul, Abidjan

Côte d'Ivoire

La Côte d'Ivoire a tourné la page d'une décennie de confrontations. Les voyageurs peuvent à nouveau profiter du mélange de modernité et de traditions de ce pays qui n'a rien perdu de son ambiance festive.

Avec son sable constellé d'étoiles de mer et ses pistes de forêt d'un orange aussi intense que le maillot de la sélection nationale de football, la Côte d'Ivoire éblouit le visiteur. Après presque une décennie de confrontations qui a opposé deux clans, le pays est entré dans une période de normalisation.

Jadis salué comme l'enfant prodige d'Afrique de l'Ouest – le pays attirait alors les travailleurs de toute la région, pendant que les plages idylliques et les traditions fascinantes séduisaient les voyageurs –, la Côte d'Ivoire a sombré dans une tragique guerre civile à l'aube du nouveau millénaire.

Maintenant qu'une paix fragile a été restaurée, les touristes commencent à revenir, quoiqu'au compte-gouttes. Les complexes balnéaires d'Assinie et Grand Bassam ont vu le jour pour permettre aux habitants d'Abidjan de s'évader. Dans cette capitale qui ne dit pas son nom, les lagunes paressent entre les gratte-ciel, et les flèches des cathédrales tutoient le ciel azuré.

Côte d'Ivoire
Les incontournables

Parc national de Taï

1 Cette réserve tropicale, vaste de 5 000 km², abrite une colonie de chimpanzés casseurs de noix. La forêt est si dense que les scientifiques commencent tout juste à répertorier sa flore et sa faune pléthoriques.

Abidjan

2 Coincé entre lagunes et cours d'eau, le poumon économique de la Côte d'Ivoire se dresse face à l'Atlantique. Bien qu'Abidjan ait beaucoup souffert pendant la crise des années 2000, elle a poursuivi sa route cahin-caha ; de nouveaux bars, bistrots et hôtels continuent d'ouvrir leurs portes – après tout, Abidjan reste l'un des bastions festifs les plus tendance d'Afrique.

Grand-Bassam

3 Drapée dans sa gloire passée, cette ville fut jadis la capitale de la Côte d'Ivoire française. Elle s'étend sur une longue bande de terre, coincée entre une lagune et l' océan Atlantique. Une promenade en ville vous permettra de découvrir les bâtiments coloniaux qui font sa réputation ; certains ont été restaurés, pendant que d'autres se dégradent avec le temps.

À table !

Aloco Plat de bananes mûres, frites avec du piment dans de l'huile de palme.

Attiéké Manioc râpé.

Foufou Pâte bouillie de patates douces, de manioc ou de bananes plantains, écrasée pour obtenir une substance collante.

Poisson braisé Poisson grillé assorti de tomates, d'oignons et de gingembre.

Quand partir

MAI-JUIL

➡ Saison des orages ; préparez-vous à un déluge de pluie et d'éclairs.

JUIN-OCT

➡ Humide dans le Nord ; averses épisodiques dans le Sud. Températures voisines de 28°C.

DÉC-FÉV

➡ La saison reine pour la plage, avec des températures atteignant 30°C et un ciel dégagé.

Vieille ville, Dubrovnik

CAPITALE
Zagreb

POPULATION
4,4 millions

SUPERFICIE
56 538 km²

LANGUE OFFICIELLE
Croate

Croatie

Savant mélange de plages baignées par des eaux bleu saphir, de sites archéologiques et de parcs nationaux préservés, la Croatie a vraiment tout pour plaire.

La côte croate, avec son millier d'îles et d'îlots, possède un attrait indéniable. Tout d'abord par sa diversité. Glamour et paillettes vous attendant à l'île de Hvar. Ailleurs, les familles croates s'adonnent aux joies de la plage et les amateurs de calme jouent les Robinsons sur des criques isolées.

L'arrière-pays n'est pas en reste. Les Alpes dinariques, qui s'étendent de l'Italie à l'Albanie, longent une bonne partie de la côte. L'hydrographie karstique a modelé un paysage merveilleux, fait de sommets escarpés, de grottes souterraines, de canyons, de cascades spectaculaires et de lacs aux eaux turquoise. Les aventuriers trouveront leur bonheur parmi les nombreux sentiers de randonnée et de VTT.

Aux confins de plusieurs empires, la Croatie a acquis un riche patrimoine culturel au fil des siècles. Les palais vénitiens côtoient des forts napoléoniens, les églises slaves abritent des colonnes romaines, et les demeures viennoises ont pour vis-à-vis des sculptures réalistes socialistes.

HONGRIE
SERBIE
SLOVÉNIE
BOSNIE-HERZÉGOVINE
MONTÉNÉGRO
KOSOVO
ALBANIE
ITALIE
Belgrade
Zagreb
Ljubljana
Sarajevo
Novi Sad
Subotica
Mohács
Pécs
Virovitica
Koprivnica
Čakovec
Varaždin
Bjelovar
Zabok
Novo Mesto
Karlovac
Sisak
Petrinja
Kutina
Glina
Slavonska Požega
Našice
Osijek
Đakovo
Vukovar
Vinkovci
Slavonski Brod
Nova Gradiška
Bačka Palanka
Šabac
Čačak
Brčko
Banja Luka
Bosansko Petrovac
Bihać
Jajce
Travnik
Mostar
Nikšić
Herceg Novi
Dubrovnik
Neum
Metković
Split
Sinj
Bol
Knin
Šibenik
Zadar
Gračac
Otočac
Rijeka
Labin
Pazin
Pula
Rovinj
Trieste
Portorož
Pesaro
Ancône
Macerata
Civitanova Marche
Ascoli Piceno
Teramo
Pescara
Parc naturel de Kopački Rit
Parc national des lacs de Plivitce
Parc national de Paklenica
Krk
Cres
Rab
Pag
Brač
Hvar
Vis
Biševo
Korčula
Mljet
Golfe de Kvarner
Danube
Save
Una
Kupa
Drave
1
2
3
4
5
6
7
8
9
10
11
0
100 km
N

Croatie
Les incontournables

Plitvice, un paradis naturel

1 Au cœur des forêts de la Croatie continentale, le parc national des lacs de Plitvice est un site enchanteur. Typiques des terrains karstiques, les innombrables plans d'eau émaillés de cascades présentent de superbes reflets turquoise. Les lacs sont séparés par des barrières de travertin tapissées de mousse, et des passerelles en bois permettent aux visiteurs de s'immerger dans le paysage. Pour échapper à la foule, suivez les sentiers qui s'enfoncent parmi les hêtres, les épicéas et les sapins.

Dubrovnik

2 La vieille ville fortifiée de Dubrovnik, inscrite au patrimoine mondial de l'humanité, est la destination préférée des visiteurs en Croatie. Lourdement bombardés durant la guerre serbo-croate au début des années 1990, ses épais remparts, ses monastères, ses églises médiévales, ses places élégantes et ses quartiers résidentiels ont retrouvé leur superbe. Pour une vue imprenable sur la "Perle de l'Adriatique", empruntez le téléphérique jusqu'au sommet du mont Srđ, puis revenez vers la ville et faites le tour de ses remparts : c'est là que son histoire se dévoile.

1

KELLY CHENG TRAVEL PHOTOGRAPHY / GETTY IMAGES ©

Planche à voile à Bol

3 Bol, sur la côte sud de l'île de Brač, est réputée pour sa plage en forme de pointe, Zlatni Rat, aux beaux galets dorés. La ville est prisée des véliplanchistes en raison du *maestral* (vent du nord) qui souffle, surtout de mai à fin septembre, sur le bras de mer séparant Brač et l'île de Hvar. Le matin, le vent est léger, permettant aux débutants de se mettre à l'eau. L'après-midi, il atteint sa puissance maximale et fournit des conditions idéales pour les plus expérimentés en quête d'adrénaline.

Sur 100 personnes en Croatie

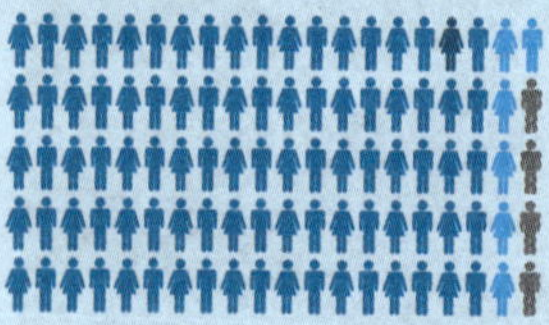

Religions
(en % de la population)

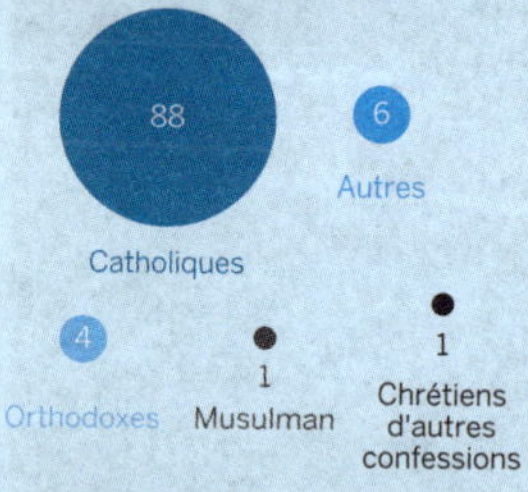

Population au km²

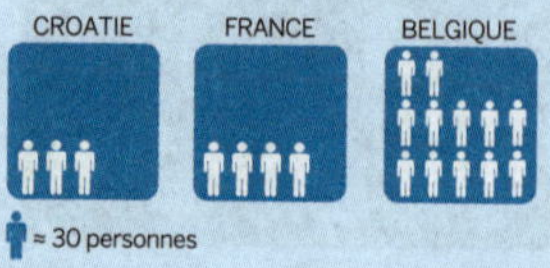

Hvar, reine de la fête

4 En été, la ville de Hvar est prise d'assaut par les *beautiful people* à la peau bronzée qui viennent y faire la fête à toute heure du jour et de la nuit. Au programme : cocktails glamour sirotés au bord de la mer, sorties dans les bars et discothèques branchés, et soirées endiablées sur la plage – DJ aux platines, afters, etc. Mais l'île de Hvar, ce sont aussi des terres intérieures, largement ignorées des touristes, qui méritent d'être explorées.

Randonnée et escalade à Paklenica

5 Le fabuleux parc national de Paklenica se dévoile dans toute sa majesté depuis la côte nord de l'île de Pag : de là, vous prendrez pleinement la mesure des escarpements du massif du Velebit. Deux gorges taillées dans cette montagne forment un sentier de randonnée naturel menant à deux sommets, le Vaganski vrh (1 757 m) et le Babin vrh (1 741 m). Pour les adeptes de sensations fortes, Paklenica est également le principal centre d'escalade du pays, avec une centaine de voies sillonnant le parc.

Biševo

6 Des nombreuses grottes qui jalonnent la côte de l'île de Biševo, la grotte Bleue (Modra Špilja) est la plus remarquable. Là, un rare phénomène naturel donne naissance à un merveilleux spectacle lumineux. Le matin, par temps clair, les rayons du soleil pénètrent par une entrée sous-marine, inondant l'intérieur de la grotte d'une

La *moreška*, la danse des épées

L'une des traditions les plus pittoresques de l'île de Korčula est la *moreška*, une danse des épées, sans doute d'origine espagnole, remontant au XVe siècle. Cette danse conte l'histoire d'un roi Blanc (vêtu de rouge) et d'un roi Noir, qui a enlevé une princesse que les deux souverains se disputent. Dans le prologue, la belle déclare son amour pour le roi Blanc, mais le roi Noir refuse de la libérer. Les deux armées s'affrontent et, accompagnées par la musique, simulent le combat au fil d'une chorégraphie complexe.

Traditionnellement présentée le 29 juillet, jour de la fête de la ville de Korčula, la *moreška* est désormais dansée par des habitants à 21h chaque jeudi soir de juin à septembre et chaque lundi soir en juillet et en août.

À table !

Bière L'Ožujsko de Zagreb et la Karlovačko de Karlovac sont les deux bières (*pivo*) les plus appréciées.

Burek Feuilleté à la viande ou au fromage.

Ćevapčići Petits rouleaux de viande mélangée avec des épices.

Gregada Ragoût de différents poissons blancs avec des pommes de terre, du vin blanc, de l'ail et des épices

Kava Café très serré servi dans une tasse minuscule.

Maneštra Épaisse soupe de légumes et de haricots semblable au minestrone.

Pljeskavica Version balkanique du hamburger.

Rakija Cette eau-de-vie se décline en différentes saveurs, de la prune au miel.

Ražnjići Brochettes de porc grillées.

KONRAD WOTHE / GETTYIMAGES ©

lumière bleue envoûtante. Dans les eaux turquoise, les rochers scintillent de reflets roses et argentés, créant un effet surnaturel. Se baigner dans ces eaux est une expérience à ne pas manquer.

Palais de Dioclétien, Split

7 Offrez-vous une plongée dans l'Antiquité, le temps d'une promenade au palais de Dioclétien, l'un des plus imposants vestiges romains encore debout. Loin d'être un austère ensemble palatial, il s'agit du cœur bien vivant de Split, un dédale de ruelles et de cours couvrant une superficie de 38 000 m². Un moment de flânerie dans ce labyrinthe émaillé de bars, de boutiques et de restaurants, est une expérience charmante.

Zadar

8 Bâtie sur une péninsule, Zadar mérite bien une halte. Dans la vieille ville, ruines romaines, musées et églises vous attendent à chaque coin de rue. Jeunes branchés et étudiants se mélangent dans les bars tandis que les amateurs de bonne chère trouveront

Quand partir

HAUTE SAISON
(juil-août)

➡ Climat idéal pour un séjour. L'île de Hvar est la plus ensoleillée, suivie de Split, de l'île de Korčula et de Dubrovnik.

➡ Les prix sont au plus haut, et les stations balnéaires très animées.

SAISON INTERMÉDIAIRE
(mai-juin et sept)

➡ La côte est belle, et l'Adriatique assez chaude pour se baigner ; les touristes sont peu nombreux et les prix plus bas.

➡ Au printemps et au début de l'été, le *maestral* (vent) est propice à la voile.

BASSE SAISON
(oct-avr)

➡ En hiver, il fait froid dans les terres, et les tarifs sont peu élevés.

d'excellents restaurants. Les stations balnéaires alentour attireront davantage les familles, et les boutique-hôtels séduiront les romantiques.

Pause café à Zagreb

9 Si vous séjournez à Zagreb, ne manquez pas la *špica*, traditionnelle pause café du samedi matin qui constitue une des facettes les plus séduisantes de la capitale croate. Entre 11h et 14h, tout le monde se rue sur les terrasses de la rue piétonne Tkalčićeva, ou sur le trottoir de Trg Petra Preradovića et de Bogovićeva.

Transports

Avion Croatia Airlines est la seule compagnie à assurer des vols intérieurs dans le pays. Zagreb et ainsi reliée à Dubrovnik, Pula, Split et Zadar.

Bateau Vaste réseau de car-ferrys et de catamarans tout le long de la côte et des îles.

Bus Abordables, couvrant généreusement le pays, avec de bonnes fréquences.

Voiture et moto La récente autoroute Zagreb-Split a réduit de manière substantielle certains temps de parcours. Zagreb et Rijeka sont reliées par l'autoroute, et une autoroute traversant l'Istrie a réduit le temps de trajet vers l'Italie. En revanche, les stations-service et autres enseignes sont rares sur certains tronçons.

Merveilleuse Mljet

10 De toutes les îles de l'Adriatique, Mljet est l'une des plus séduisantes. La légende veut qu'Ulysse ait été retenu sur l'île pendant sept ans, et on comprend qu'il ait pris tout son temps pour repartir. L'île est classée parc national ; la moitié ouest englobe deux superbes lacs aux reflets bleu de cobalt, un monastère bâti sur un îlot et un charmant petit port assoupi, Pomena. N'oubliez pas l'est de l'île, où vous trouverez des petites plages tranquilles.

Kopački Rit, un fabuleux marais

11 Vaste plaine inondable à la confluence du Danube et de la Drave, le parc naturel de Kopački Rit est un haut lieu de l'ornithologie. Joignez-vous à une excursion en bateau, explorez la forêt inondée en canoë, suivez les sentiers de découverte ou promenez-vous à cheval ; vous verrez sans doute certaines des quelque 300 espèces d'oiseaux recensées, mais aussi des cerfs, des sangliers, des castors ou des renards.

À voir

Armin (Ognjen Sviličić ; 2006). Accompagné par son père, un jeune Bosniaque se rend en Croatie pour passer un casting.

Number 55 (Kristijan Milić ; 2014). Un film portant sur la guerre d'indépendance croate.

Bonté divine (Vinko Brešan ; 2015). Un prêtre s'ingénie à inverser la courbe de natalité dans l'île où il a été nommé.

À lire

Freelander (Miljenko Jergović ; 2009). Toute l'âme de la Croatie dans un court et captivant roman.

Nous ne verrons jamais Vukovar (Louise L. Lambrichs ; 2005). Une critique implacable de la dictature de Milosevic et de son idéologie guerrière.

Tito est mort (Marica Bodrožić ; 2004). Dans l'arrière-pays dalmate, au début des années 1980.

9

La Havane

CAPITALE
La Havane

POPULATION
11,1 millions

SUPERFICIE
109 820 km²

LANGUE OFFICIELLE
Espagnol

Cuba

Cette île où le temps semble s'être arrêté il y a un quart de siècle a tout d'une princesse en guenilles. Derrière ses façades souvent délabrées, de vrais trésors se cachent encore.

Cuba, en ce début de XXIe siècle, ne ressemble à aucune autre destination au monde. Économiquement pauvre, mais culturellement riche, délabrée mais dotée d'une architecture éblouissante, Cuba est à la fois euphorisante et exaspérante. Dans ce pays, où les gens possèdent peu, vous rencontrerez des Cubains fiers de leur culture et toujours prêts à vous la faire découvrir.

Les subtilités de cette île résultent de son histoire, marquée par la colonisation espagnole, l'esclavage, l'indépendance, la création d'une république et une révolution. En mettant le développement économique sur pause, Castro a aussi involontairement sauvé bien des traditions. Mieux, bien des monuments ont été préservés ou sont aujourd'hui restaurés.

Que Cuba ait survécu est un miracle en soi. Elle le doit aux Cubains, à la fois virtuoses de la survie et de l'improvisation, qui veillent à ce que Cuba reste ce qu'elle a toujours été : une nation singulière pétrie de paradoxes et fascinante.

OCÉAN
ATLANTIQUE
BAHAMAS
Nassau
New Providence
Eleuthera
Andros Island
Cat Island
San Salvador
Great Exuma
Long Island
Crooked Island
Acklins Island
Grand Banc des Bahamas
Banc de Cay Sal
FLORIDE (ÉTATS-UNIS)
Florida Keys
Détroit de Floride
GOLFE DU MEXIQUE
MER DES ANTILLES (MER DES CARAÏBES)
ÎLES CAYMAN (R.-U.)
Grand Cayman
George Town
Petit Cayman
Cayman Brac
LA HAVANE
Guanabo
Matanzas
Varadero
Cárdenas
Corralillo
Colón
Güines
Surgidero de Batabanó
Las Terrazas
La Coloma
Viñales
Pinar del Río
La Bajada
Bahía de Corrientes
Bahía de Cortés
Nueva Gerona
Cayo Piedra
Jagüey Grande
Ciénaga de Zapata
Baie des Cochons (Bahía de Cochinos)
Cienfuegos
Aguada de Pasajeros
Sagua la Grande
Santa Clara
Caibarién
Trinidad
Sancti Spíritus
Máximo Gómez
Morón
Ciego de Ávila
Esmeralda
Camagüey
Archipiélago de los Jardines de la Reina
Santa Cruz del Sur
Guayabal
Las Tunas
San Miguel de Bagá
Manzanillo
Cabo Cruz
Marea del Portillo
Pico Turquino
Bayamo
Holguín
Gibara
Bahía de Gibara
Guardalavaca
Bahía de Nipe
Birán
Santiago de Cuba
Baconao
Guantánamo
Bahía de Guantánamo
Moa
Baracoa
1
2
3
4
5
6
7
8
9
10
0
200 km
N

Cuba
Les incontournables

Malecón de La Havane

1 Qui se rend à La Havane doit s'offrir une balade à pied ou en voiture sur le célèbre Malecón, ce long boulevard du front de mer bordé d'édifices à la magnificence défraîchie peu à peu restaurée. S'étendant sur 8 km, il court d'un bout à l'autre de la ville, entre la Habana Vieja et Miramar. C'est le lieu de rendez-vous des amoureux, des *Habaneros* (Havanais) en quête d'une aventure romantique, ou pas, des musiciens qui répètent en solo, et de bon nombre de fêtards. En journée comme en soirée, le Malecón est toujours animé.

Cyclotourisme dans la vallée de Viñales

2 Cuba se prête idéalement au cyclotourisme. Le splendide Valle de Viñales rassemble tous les éléments d'une sorte de Tour de France sous les tropiques : *mogotes* (collines au sommet plat), champs de tabac, maisons de *campesinos* (paysans) et superbes belvédères. Le terrain est assez plat, et votre plus grand dilemme sera de choisir où vous arrêter pour siroter un mojito au couchant.

Champ de tabac, Valle de Viñales

2

FLAVIO VALLENARI / GETTY IMAGES ©

Faune et flore sauvages de la Ciénaga de Zapata

3 La Ciénaga de Zapata, l'une des parties de Cuba qui n'a jamais été réellement domptée, offre le paysage le plus sauvage du pays. C'est là que vivent le crocodile cubain, une espèce menacée, divers amphibiens et le colibri d'Helen. Cette zone humide, la plus vaste des Caraïbes, est classée réserve de biosphère de l'Unesco et site de la Convention de Ramsar. Au programme : pêche, observation des oiseaux, randonnée et une nature quasiment vierge.

Sur 100 personnes à Cuba

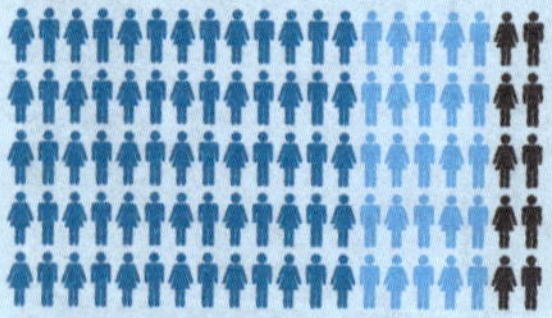

65 sont blanches
25 sont des *mulatos* (métis)
10 sont noires

Religions
(en % de la population)

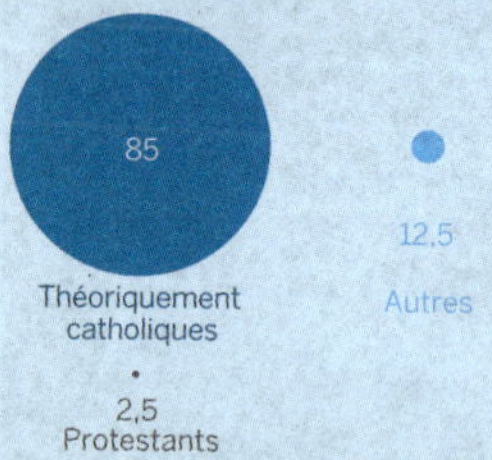

Population au km²

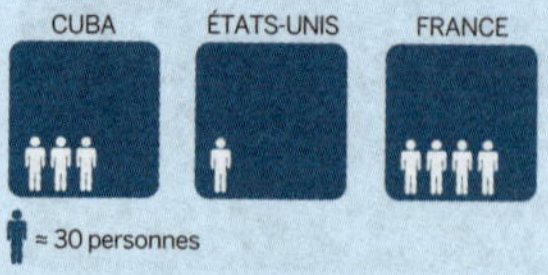

Trinidad, la belle coloniale

4 Trinidad s'est assoupie en 1850 et semble ne s'être plus jamais vraiment réveillée depuis. Le voyageur peut flâner à l'envi dans cette petite ville parfaitement préservée. Ses rues du temps jadis conservent leur charme intact grâce à leurs demeures coloniales, à la campagne environnante aisément accessible et à une scène musicale vivante. Trinidad est aussi une ville active dotée de tous les travers et attraits de la Cuba du XXIe siècle.

Camagüey et ses rues labyrinthiques

5 Camagüey : la cité des *tinajones* (jarres en terre cuite), des églises et des pirates… C'est le lieu où tout voyageur se doit de se perdre. Camagüey fut construite selon un plan s'écartant de celui de presque toutes les autres villes coloniales espagnoles d'Amérique latine. Ses ruelles, aussi labyrinthiques que celles d'une médina marocaine, cachent des églises catholiques et des places triangulaires, et dévoilent un peu partout les secrets artistiques les plus inattendus.

Écovillage de Las Terrazas

6 En 1968, alors que le mouvement écologique était naissant, les Cubains, inquiets avant la lettre du coût environnemental infligé à leur île par une déforestation de grande ampleur, eurent une excellente idée. Après avoir sauvé plusieurs hectares de forêts du désastre, un groupe de travailleurs

La musique cubaine

L'ethnomusicologue Fernando Ortíz a qualifié la musique cubaine d'"histoire d'amour entre les percussions africaines et la guitare espagnole". C'est ici que la salsa plonge ses racines, ici que les salons de la société blanche ont adopté les rythmes noirs plus osés, ici que le tambour africain a succombé à la mélodie espagnole. Des quartiers miséreux du port de Matanzas aux villages de la Sierra Maestra, cette union a nourri toutes les formes de la musique et de la danse, du *son* à la rumba, du mambo au cha-cha-cha, du *charanga changüí* au *danzón*.

Dans les années 1960 et 1970, les arrangements cubains s'inspiraient de la musique pop d'Afrique de l'Ouest. Les similarités entre les groupes de Cuba et d'Afrique francophone ne sont pas le fruit du hasard. Nombreux sont les musiciens qui ont puisé inspiration dans les rythmes cubains, jusqu'à Bizet, pour la célèbre *habanera* de l'opéra Carmen. De même, les artistes de la salsa, de New York à Puerto Rico, jouent toujours des musiques cubaines.

À table !

Parler de cuisine cubaine peut paraître une plaisanterie quand on voit les étagères vides des boutiques de rationnement de Centro Habana. Pourtant, l'assouplissement du secteur privé en 2011 a entraîné un renouveau culinaire.

Connus sous le nom de *comida criolla* (cuisine créole), les repas cubains sont à base de *congrí* (riz et haricots noirs), viande (porc, poulet et plus rarement bœuf), bananes plantains frites, salades (limitées aux ingrédients de saison), *yuca* (manioc) et *calabaza* (courge).

Les cocktails cubains à base de rhum ont fait le tour du monde : mojito à la saveur de menthe, daiquiri bien frappé ou *Cuba libre* (rhum et Coca-Cola). La plupart des Cubains boivent leur rhum sec.

BENJAMIN RONDEL / GETTY IMAGES ©

Musiciens de rue, Santiago de Cuba

industrieux construisit son propre écovillage, Las Terrazas, et y installa peu à peu des artistes, des musiciens, des cultivateurs de café, ainsi que l'Hotel Moka, à l'architecture unique.

Santa Clara : l'énergie de la jeunesse

7 Étudiants érudits, vie nocturne pleine de spontanéité, créativité audacieuse et hébergement chez l'habitant dans des demeures grandioses résument à eux seuls ce qui fait de Santa Clara une ville un peu à part. Faites un saut au spectacle de drag-queens du Club Mejunje ou passez un moment en compagnie d'étudiants pleins d'enthousiasme à La Casa de la Ciudad.

Folklórico à Santiago de Cuba

8 Il n'existe rien de plus entraînant que le rythme des percussions de la Santería invoquant les esprits des *orishas* (divinités africaines). Nés dans les années 1960 pour continuer

Quand partir

HAUTE SAISON
(nov-mars et juil-août)

- Les prix augmentent de 30%, et mieux vaut réserver dans les hôtels.
- Les prix sont plus élevés durant les fêtes de fin d'année.
- Le climat est plus frais et plus sec de novembre à mars.

SAISON INTERMÉDIAIRE
(avr et oct)

- Dénichez les bonnes affaires en dehors de la haute saison.
- Attention aux vacances de Pâques : les prix sont plus élevés et il y a plus de monde.

BASSE SAISON
(mai, juin et sept)

- Certains hôtels offrent moins de prestations ou ferment.
- Le risque d'ouragan est plus important entre juin et novembre, et il pleut plus souvent.

à faire vivre l'ancienne culture des esclaves de Cuba, les groupes de *folklórico* bénéficient d'un mécénat soutenu de la part de l'État. Les spectacles, bigarrés, pleins d'énergie et de spontanéité, sont empreints d'une grande authenticité et ouverts à tous,surtout à Santiago de Cuba.

Transports

Bus Le bus est le moyen de transport le plus fiable et le plus pratique. La compagnie d'État Víazul dessert quotidiennement la majorité des sites fréquentés par les visiteurs.

Train Malgré un maillage ferroviaire dense, les trains cubains sont lents et manquent de fiabilité et de confort. À réserver aux plus stoïques !

Vélo Les pistes cyclables, les ateliers de réparation et les conducteurs habitués à partager la route avec les vélos font presque de Cuba un paradis pour les cyclistes. Toutes les routes de Cuba sont bordées, sur la droite, d'une piste cyclable de 1 m de large.

Voiture La location de voiture revient assez cher, et conduire à Cuba n'est pas de tout repos.

Architecture française de Cienfuegos

9 Installée au fond d'une baie, Cienfuegos, la "Perle du Sud" de Cuba, a assurément un charme bien à elle. Malgré les difficultés économiques et les cyclones, cette ville a su conserver son élégance. Son architecture forme un paysage urbain homogène créé au début du XIXe siècle par un Français. Plongez dans la vie culturelle du centre-ville et de la banlieue résidentielle voisine de Punta Gorda pour vous imprégner du raffinement à la française.

Cuisine épicée et culture à Baracoa

10 Par-delà les collines, à la pointe éloignée la plus orientale de la province de Guantánamo, voici Baracoa. Cette petite ville isolée est une curiosité, même aux yeux des Cubains. La faute à son climat capricieux qu'elle doit à l'Atlantique, à sa population excentrique et à son désir d'être... différente. Écoutez les groupes jouer du *kiribá*, version locale du *son*, et surtout, savourez sa cuisine épicée, riche et inventive en goûtant le *cucurucho*, un délice à la noix de coco.

À voir

Fraise et chocolat (Tomás Gutiérrez Alea et Juan Carlos Tabío ; 1993). Un gay amoureux d'un militant communiste hétérosexuel.

Avant la nuit (Julian Schnabel ; 2000). La vie de l'écrivain cubain Reinaldo Arenas.

Liste d'attente (Juan Carlos Tabío ; 2000). Un bus qui tarde à venir et les tensions tragi-comiques entre les voyageurs.

Adieu Cuba (Andy García ; 2005). Une famille cubaine prise dans la tourmente de la révolution.

À lire

Cuba, art et histoire de 1968 à nos jours (collectif ; 2008). La passionnante histoire de l'art cubain, superbement illustrée.

Raúl et Fidel, la tyrannie des frères ennemis (Jacobo Machover ; 2011). L'histoire de la passation de pouvoir entre les deux frères.

Fidel Castro : Biographie à deux voix (Ignacio Ramonet ; 2006). Un livre d'entretiens qui aborde de nombreux thèmes.

Palacio de Valle, Cienfuegos

Le Nyhavn est un canal du centre de Copenhague

CAPITALE
Copenhague

POPULATION
5,6 millions

SUPERFICIE
43 094 km²

LANGUE OFFICIELLE
Danois

Danemark

Le Danemark semble bien installé en tête ou en bonne place de tous les sondages internationaux sur la qualité de vie Et l'on comprend vite pourquoi !

Il est loin le temps des Vikings qui prirent la mer et vinrent s'inviter avec une certaine rudesse dans le paysage européen. Aujourd'hui, le Danemark incarne plutôt dans l'imaginaire collectif la nation civilisée par excellence. Parmi les dernières tendances en vogue exportées de Copenhague figurent la culture urbaine du vélo, la nouvelle cuisine nordique et de brillantes séries TV.

Le Danemark, c'est un charme désuet qui flirte avec le design le plus avant-gardiste et une politique sociale, qui lui vaut d'occuper le haut du classement des pays les plus agréables à vivre. Le *hygge* tant apprécié n'est jamais bien loin. Ce concept intraduisible est une composante essentielle du bonheur des habitants. Le *hygge* est la quintessence du bien-être en société : un moment de partage chaleureux dans une ambiance cosy.

Les paysages danois font dans la discrétion, la pureté et la simplicité. À vous ces moments de beauté danoise sur une plage de sable, au bord d'un lac ou devant un château Renaissance.

Danemark
Les incontournables

Copenhague

1 Difficile de ne pas envier les habitants de la plus stimulante des capitales scandinaves. Si cette ville portuaire vieille de 850 ans a conservé une grande partie de son beau patrimoine historique (flèches en cuivre, places pavées et maisons à pignons couleur pastel), elle regarde aussi vers l'avenir. Effervescence du design, métro futuriste et projets écologiques caractérisent la capitale du Danemark. Ses rues sont bordées de boutiques, de cafés et de bars tendance, d'excellents musées et galeries d'art, et de pas moins de 15 restaurants étoilés au Michelin.

Legoland

2 Un parc à thème dédié au "jouet du siècle" (selon le magazine *Fortune* en 2000), situé dans le pays le plus heureux du monde (selon un sondage), a forcément quelque chose de spécial. Parcs de loisirs et aquatiques, ainsi qu'un nouveau centre culturel intéressant, dont l'architecture rappelle la célèbre brique, font de l'endroit l'épicentre des vacances en famille, dans un pays qui ne manque pas d'activités adaptées aux grands et aux petits.

Château de Kronborg

3 Y a-t-il quelque chose de pourri au royaume du Danemark ? Pas dans ce château du XVIe siècle, connu comme le château d'Elseneur dans la tragédie shakespearienne *Hamlet*. Le Kronborg était avant tout un poste de douane qui prélevait un droit de passage aux bateaux empruntant le détroit de l'Øresund entre le Danemark et la Suède. Des foules de touristes se pressent pour visiter le site, cadre, l'été, de belles pièces de Shakespeare à l'occasion du festival HamletScenen.

Aarhus

4 La deuxième grande ville du Danemark reste dans l'ombre de Copenhague sur le plan touristique. Il s'agit pourtant d'une excellente destination pour quelques jours. Elle

ARoS Aarhus Kunstmuseum, Aarhus

THOMAS WINZ / GETTY IMAGES © | ARCHITECT: SCHMIDT HAMMER LASSEN ARCHITECTS

compte de bons restaurants, une vie nocturne animée, un front de mer en mutation, de pittoresques sentiers boisés et des plages en bordure de ville. Elle possède aussi l'un des plus beaux musées d'art du pays qui fait tourner les têtes avec sa pièce maîtresse, le *Your Rainbow Panorama*, un passage circulaire sur le toit dévoilant une vue à 360° à travers des baies vitrées multicolores.

Skagen

5 D'une beauté vivifiante, Skagen a de quoi ravir. Située à la pointe nord du Danemark, elle attire comme un aimant les vacanciers danois l'été. La ville, alors bondée, n'en conserve pas moins son charme. À la fin du XIXe siècle, des artistes, tombés amoureux des reflets de sa lumière sur les âpres paysages, s'y établirent. Aujourd'hui, les touristes affluent pour admirer les œuvres d'art de l'école de Skagen mais aussi dévorer moult poissons et paresser sur des plages de sable fin.

Quand partir

HAUTE SAISON
(mi-juin à mi-août)

- Longues journées ; saison des concerts, des festivals et des parcs à thème.
- Campings, plages, sites touristiques et transports bondés.
- Le prix des hébergements grimpe.

SAISON INTERMÉDIAIRE
(mai à mi-juin, mi-août à sept)

- Bonne période pour voyager, avec un temps doux et moins de monde.
- Paysages mordorés et soirées cosy en automne.

BASSE SAISON
(oct-avr)

- Climat frais et humide avec des journées courtes.
- Lumières de Noël, patinoires et *gløgg* (vin chaud) dans les grandes villes.
- Horaires réduits des sites touristiques.

Sur 100 personnes au Danemark

80 sont luthériennes
15 n'ont pas de confession précise
4 sont musulmanes
1 a une autre confession

Répartition de la population (%)

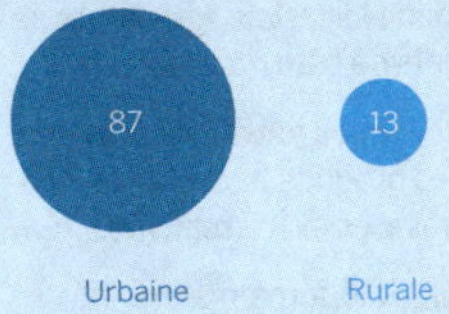

Population au km²

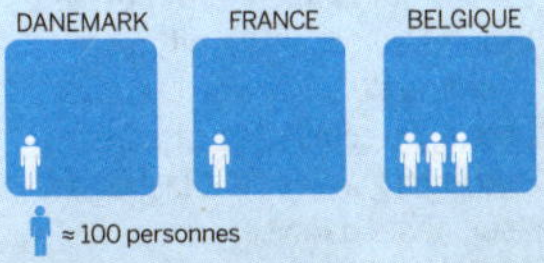

Design danois

Au même titre que ses voisins scandinaves, le Danemark a profondément influencé la conception de l'architecture, de l'aménagement d'intérieur, du mobilier et des objets du quotidien.

Il existe de merveilleux magasins centrés sur le design, mais c'est dans une habitation privée que vous comprendrez le mieux ce sens de l'esthétique et du fonctionnel auquel les Danois attachent tant d'importance. Vous y trouverez des lampes Poul Henningsen pendues au plafond, des chaises Arne Jacobsen ou Hans Wegner dans la salle à manger, et, sur la table, des assiettes Royal Copenhagen, des couverts Georg Jensen et des verres Bodum. Car, au Danemark, le design est un art de vivre au quotidien.

À table !

Akvavit (aquavit) L'alcool le plus populaire est fabriqué à partir de pommes de terre et épicé au carvi. On le boit cul sec, généralement suivi d'un verre de bière.

Bière Si Carlsberg domine le marché, il existe aussi une foule de microbrasseries.

Kanelsnegl Douceur calorique consistant en un roulé à la cannelle parfois agrémenté de filets de pâte de chocolat.

Nouvelles saveurs nordiques Des produits locaux et de saison préparés avec créativité.

Sild Salé, fumé, mariné, frit, le hareng est une des bases de l'alimentation danoise. On l'accompagne d'une dose d'akvavit.

Smørrebrød Tranche de pain de seigle sur laquelle sont posées toutes sortes de garnitures comme du tartare de bœuf, de l'œuf, des crevettes, etc. Ces tartines garnies sont la grande spécialité danoise

JACEK KADAJ / GETTY IMAGES ©

Église ronde, île de Bornholm

Bornholm

6 Merveille de la Baltique, l'île de Bornholm est à quelque 200 km à l'est du Danemark continental, ce qui la situe géographiquement plus près de l'Allemagne et de la Suède. Appréciée pour son ensoleillement, ses belles plages, ses pistes cyclables, ses *rundkirker* (églises rondes) emblématiques, ses artistes, ses fumeries du poisson et ses ravissants villages aux toits de chaume, l'île occupe une place à part dans le cœur des Danois. L'île est aussi de plus en plus réputée pour ses bonnes tables et ses spécialités.

Ribe

7 Plus ancienne ville du Danemark, la photogénique Ribe incarne le passé faste du pays. On y découvre une imposante cathédrale du XIIe siècle, des rues pavées, des maisons à colombages et de luxuriantes prairies humides. Passez la nuit dans un charmant hébergement chargé d'histoire et participez à une visite guidée gratuite à pied, commentée par le veilleur de nuit municipal : l'idéal pour s'imprégner des légendes locales.

Transports

Bateau Liaisons pour presque toutes les îles danoises habitées.

Bus Toutes les villes, petites ou grandes, ont un maillage local et régional. Les cars talonnent les trains sur les longues distances.

Vélo Vaste réseau de pistes cyclables dans tout le pays. Location de vélos dans toutes les villes.

Train Tarifs raisonnables et large couverture du pays.

Voiture Le Danemark s'y prête particulièrement bien. Location de voitures, dans les grandes villes.

Caravane traversant les étendues de sel du lac Assal

CAPITALE
Djibouti

POPULATION
792 200

SUPERFICIE
23 200 km²

LANGUES OFFICIELLES
Arabe
français

Djibouti

Cette ancienne colonie française de la Corne de l'Afrique possède d'étonnants paysages lunaires et offre de belles possibilités de plongée dans la mer Rouge.

Ce minuscule État compense sa petitesse géographique par la saisissante beauté de ses paysages, qui enchanteront particulièrement les amateurs de curiosités géologiques. Peu de pays offrent des panoramas aussi étonnants : lacs salés, volcans éteints, plaines d'effondrement, cheminées de calcaire crachant des bouffées de vapeur, plateaux basaltiques et canyons majestueux. Les sports d'aventure se pratiquent ici sous toutes leurs formes, notamment la randonnée, la plongée et le kite surf, sans oublier bien sûr le snorkeling parmi les requins-baleines dans le golfe de Tadjourah.

Hormis à Djibouti-ville, le pays reste préservé du développement immobilier. L'écotourisme est roi et, dans l'intérieur des terres, séjourner chez l'habitant vous permettra d'appréhender la vie des tribus nomades. Visiter Djibouti par vos propres moyens vous reviendra assez cher mais, en dépit du coût élevé de la vie, ce petit coin d'Afrique vous laissera des souvenirs inoubliables.

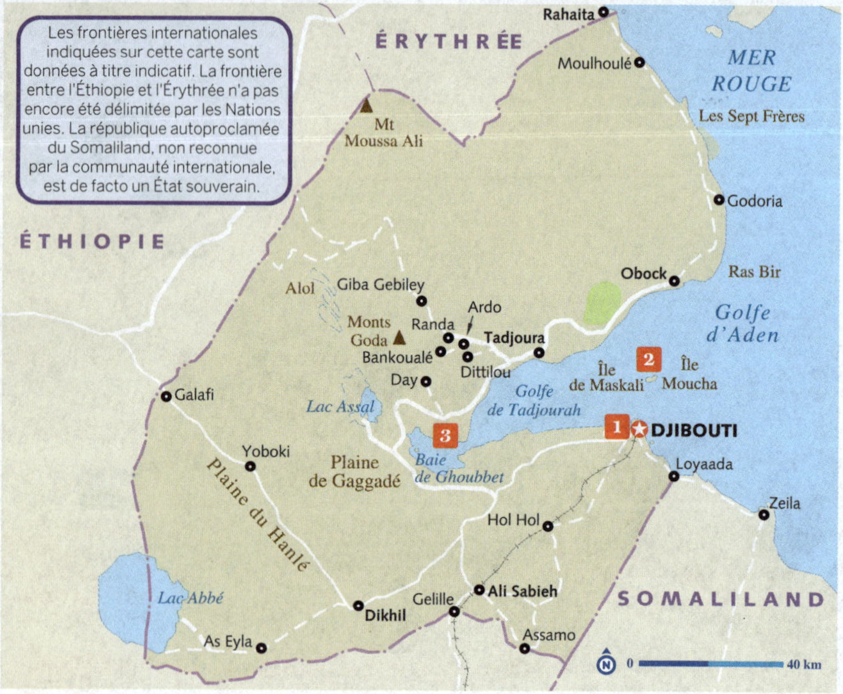

Djibouti
Les incontournables

Lac Assal

1 S'étendant à 155 m sous le niveau de la mer, le lac Assal est le troisième point le plus bas de la planète. Pour les visiteurs, rien ne vaut une balade sur la croûte de sel qui couvre le sol ou une baignade dans les eaux salées. Les montagnes volcaniques qui encerclent l'endroit ajoutent encore à son charme.

Mer Rouge

2 Les eaux calmes et chaudes de la mer Rouge sont idéales pour la plongée et le snorkeling. La plupart des plongées ont lieu au large des îles de Maskali et Moucha, dans le golfe de Tadjoura. Les passionnés d'épaves seront gâtés, tout comme les amateurs de récifs coralliens. À Djibouti, on peut plonger toute l'année, même si la période allant de novembre à mars est la meilleure.

Baie de Ghoubbet

3 De novembre à janvier, faites la connaissance intime de requins-baleines dans la baie de Ghoubbet, à l'extrémité ouest du golfe de Tadjoura. Ce site est l'un des seuls au monde où ces énormes (mais douces) créatures apparaissent régulièrement non loin du rivage, à portée des observateurs. Tenez-vous à quatre bons mètres des requins.

À table !

À Djibouti-ville, vous trouverez d'excellents plats de fruits de mer, de riz, de pâtes et de viande (tel l'agneau farci), plus d'autres mets importés de France. À la campagne, le choix est plus limité, la viande de chèvre et le riz s'affirmant comme les principaux ingrédients.

Quand partir

NOV-JAN

➡ Les mois les plus frais, parfaits pour les activités de plein air. Les requins-baleines font leur apparition.

OCT ET FÉV-AVR

➡ L'intersaison est assez agréable. Les eaux calmes assurent de bonnes conditions de plongée.

MAI-SEPT

➡ Pour ceux qui aiment vraiment la chaleur.

CAPITALE
Roseau

POPULATION
73 286

SUPERFICIE
751 km²

LANGUE OFFICIELLE
Anglais

Roseau

Dominique

Forêt tropicale, sources volcaniques, sites de plongée... L'"île aux 365 rivières" réserve aux voyageurs quelques expériences peu ordinaires.

À la Dominique, la nature est aussi créative qu'une œuvre d'art. L'île est volcanique, avec des sommets qui dépassent 1 500 m, et l'intérieur est tapissé d'une forêt tropicale primaire. Le visiteur peut y faire des expériences mémorables : randonnée autour d'un lac de volcan, relaxation dans des sources chaudes et sulfureuses, massage vivifiant sous une cascade, plongée dans une grande caldeira sous-marine... la liste des activités en pleine nature n'en finit plus.

À maints égards, la Dominique est l'île "anti-caribéenne" par excellence. Elle a été épargnée par le tourisme de masse, en grande partie à cause de l'absence (ou presque) de plages de sable, de complexes hôteliers et de vols internationaux directs. Les habitants sont si chaleureux qu'ils arrêtent souvent les visiteurs pour leur souhaiter un bon séjour. Fait unique dans cette région, la Dominique est le refuge d'une communauté d'Indiens caraïbes qui vivent sur la côte est de l'île.

Dominique
Les incontournables

Parc national de Morne Trois Pitons

1 Classé sur la liste du patrimoine mondial de l'Unesco, ce parc, où alternent lacs, fumerolles, volcans, sources chaudes et forêt dense est situé au sud de l'île et couvre 6 880 ha de hautes terres volcaniques. Le parc se compose majoritairement de forêt tropicale primaire – entre jungle épaisse plantée de gommiers vertigineux et forêt humide basse recouvrant les pentes supérieures du Morne Trois Pitons (1 386 m), le deuxième sommet du pays. Parmi les autres grands sites naturels du parc figurent le Boiling Lake, le Boeri Lake, le Freshwater Lake et les Middleham Falls.

Indian River

2 Le long de cette rivière bordée de mangrove, l'embarcation traverse silencieusement les mangles médaille, dont le tronc à contreforts surgit des eaux peu profondes, pendant que leurs racines s'étalent sur les berges où viennent se nourrir aigrettes, crabes, iguanes et colibris. Demandez à votre guide la direction des décors naturels du film *Pirates des Caraïbes*. Des rameurs vous attendent à l'embouchure de la rivière. L'excursion de 90 minutes comprend un arrêt à l'Indian River Bush Bar, dont la boisson emblématique est le punch "Dynamite", un mélange de fruits, d'herbes et d'"ambiance locale".

Randonnée vers le Boiling Lake

3 Cette randonnée, la plus difficile de l'île, consiste en une boucle de 6 heures vers le deuxième plus grand lac de cratère bouillonnant au monde (le plus vaste est en Nouvelle-Zélande). Logé dans une profonde cavité, ce lac couvrirait une fumerolle – une fissure par laquelle les gaz volcaniques s'échappent de la lave en fusion. Avec ses eaux vert-gris enveloppées de vapeur et ses bulles jaillissantes, le Boiling Lake offre un spectacle saisissant. La randonnée traverse la bien nommée vallée de la désolation, dont les rivières de soufre, les trous fumants et les geysers évoquent un cauchemar post-atomique.

Kalinago Barana Autê

4 Le "territoire caraïbe" qui s'étend sur 1 500 ha abrite les 2 200 Kalinagos (l'autre nom des Caraïbes) de la Dominique. Près du village de Bataka, découvrez l'histoire et la culture de ce peuple précolombien durant la visite (30-45 minutes) du Kalinago Barana Autê, un village traditionnel reconstitué. Vous y verrez un *karbet* (ou "maison des hommes"), une pirogue de 3 m de long taillée dans un tronc d'arbre, ou encore une cascade. Le circuit s'achève par un arrêt dans un atelier où les femmes tressent des paniers élaborés.

Baignade au Titou Gorge

5 Située dans le parc national de Morne Trois Pitons, cette gorge étroite aux eaux cristallines s'achève par une belle cascade. Les quelques longueurs effectuées dans un silence impressionnant donnent la chair de poule. À peine large de 2 m à certains endroits, la gorge (d'où son nom qui signifie en créole "petite gorge") et ses parois volcaniques sont couvertes de plantes grimpantes. Les plus sportifs pourront plonger dans le trou d'eau qui mène à la gorge – il est alimenté par une source minérale chaude.

Quand partir

FÉV-JUIN

- Les mois secs sont les plus prisés.
- Le carnaval se déroule sur les deux semaines qui précèdent le mercredi des Cendres.

JUIL-OCT

- La saison des pluies, mais aussi celle des ouragans (pic en août-septembre).

OCT-NOV

- Le World Creole Music Festival a lieu en octobre.
- La semaine précédant la fête de l'Indépendance (3 novembre) donne lieu à une joyeuse célébration.

Sur 100 personnes à la Dominique

86 sont d'origine africaine
9 sont métisses
3 sont amérindiennes
1 est d'origine européenne
1 a une autre origine

Religions

(% de la population)

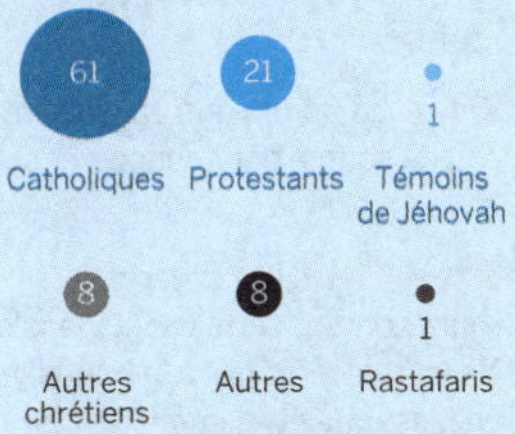

Population au km²

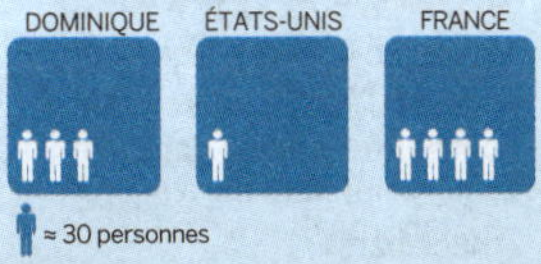

L'île au trésor d'Hollywood

Avec sa côte sauvage, sa jungle dense et ses criques abritées, la Dominique a longtemps servi de refuge aux pirates entre deux expéditions. Il était donc logique qu'Hollywood finisse par céder aux sirènes dominiquaises pour la franchise *Pirates des Caraïbes*.

En 2005, une équipe de tournage composée de plusieurs centaines de personnes, Johnny Depp et Keira Knightley en tête, envahirent l'île pour tourner des scènes des épisodes 2 et 3, notamment autour de Titou Gorge, de Soufrière, de l'Indian River et de Batibou Beach.

Deux ans plus tard, c'était au tour de la chaîne CBS de venir y tourner *Pirate Master*, une émission de téléréalité.

À table !

Callaloo Ragoût composée de divers légumes – taro, épinard, chou kale, oignon, carotte, aubergine, ail, gombo, etc. – et de lait de coco, voire de crabe ou de jambon.

Fruits frais Les bananes, noix de coco, papayes, goyaves, ananas et mangues poussent en abondance, au point qu'ils jonchent parfois le bord des routes.

Kubuli La Dominique utilise son eau de source pour concocter sa bière locale.

Macoucherie Les experts en rhum adorent cette variété locale. Ne vous arrêtez pas à la bouteille en plastique et à l'étiquette bon marché : c'est une merveille méconnue.

Sea moss Boisson non alcoolisée, à base d'algues, de sucre et d'épices, voire de lait concentré. En vente dans les supermarchés et les "snackettes" (snack-bars).

ALVARO LEIVA / GETTY IMAGES ©

Emerald Pool

6 Emerald Pool tire son nom de son cadre verdoyant et de ses eaux cristallines. Au pied d'une cascade de 12 m de haut, le lac offre un plongeon rafraîchissant. Sur le chemin du retour, vous trouverez deux beaux points de vue – le premier donnant sur la côte Atlantique, le second offrant un panorama sur le deuxième sommet du pays.

Champagne Reef

7 Voici l'un des terrains de jeux sous-marins les plus surprenants de la Dominique. Émergeant d'orifices cachés sous le fond marin, des bulles volcaniques s'élèvent vers la surface, donnant l'impression de nager au milieu du champagne. Cerise sur le gâteau, on peut rejoindre le site avec masque et tuba depuis la plage (rocailleuse). Les poissons multicolores et les coraux abondent.

Wotten Waven

8 Wotten Waven est réputée pour ses sources chaudes sulfureuses. Grâce à quelques habitants entreprenants, l'endroit est devenu une destination "thermale". Le Screw's Sulfur Spa est le centre le plus important. Outre six bassins en pierre à température variable, il propose des enveloppements à base de boue volcanique et des gommages à la poudre de lave.

Transports

Bus Le bus est la façon la plus économique de se déplacer en Dominique. Des minibus privés circulent entre les agglomérations principales de 6h à 19h, du lundi au samedi, et s'arrêtent sur demande.

Voiture Le 4×4 est recommandé pour explorer les montagnes – en altitude, même les routes principales sont en mauvais état. Le conducteur aura besoin d'un permis local émis par une agence de location de véhicules.

Trotternish Ridge, sur l'île de Skye

CAPITALE
Édimbourg

POPULATION
5,2 millions

SUPERFICIE
78 722 km²

LANGUES OFFICIELLES
Anglais, gaélique, *lallans*

Écosse

Tel son whisky, l'Écosse est un délice de connaisseur, assemblage de paysages époustouflants et de sophistication urbaine, de vivifiants embruns et de sombres eaux tourbeuses, de plein air et de culture.

L'Écosse est un pays à l'histoire riche et complexe, qui semble inscrite sur chaque parcelle du territoire : le rivage d'une île où se dresse une petite ferme abandonnée, une lande qui fut un champ de bataille, une plage sur laquelle les Vikings halaient leurs navires, ou encore cette grotte où Bonnie Prince Charlie trouva refuge…

C'est également un paradis pour la faune : les aigles royaux planent au-dessus des lochs et des Highlands, les loutres s'ébattent sur les rivages jonchés de varech des Hébrides, et les épaulards fendent les bancs de maquereaux au large de l'île de Mull.

L'Écosse ravira aussi les gourmets. L'accent portant depuis peu sur les produits locaux de premier choix, on peut ainsi s'y régaler de poissons et fruits de mer tout frais pêchés, de gibier, ou de bœuf élevé à quelques encablures de la table, et de légumes cultivés dans le propre potager bio de l'hôtel. Le tout à couronner bien sûr par une mesure de whisky pur malt, sans lequel on ne saurait connaître le goût authentique de l'Écosse.

0
100 km
Ulsta
Hillswick
Toft
Foula
ÎLES SHETLAND
Lerwick
OCÉAN ATLANTIQUE
ÎLES ORKNEY
Mer du Nord
Mainland
Kirkwall
Stromness
Cape Wrath
Durness
Scrabster
John O'Groats
Thurso
Wick
HÉBRIDES EXTÉRIEURES
Stornoway
Sutherland Mountains
Lewis
Lochinver
Ben More Assynt
The Minch
Helmsdale
Tarbert
Ullapool
Dornoch
North Ulst
Gairloch
Portmahomack
Moray Firth
Lochmaddy
Dingwall
Elgin
Banff
Fraserburgh
Harris
Macduff
Inverness
Dufftown
Kyle of Lochalsh
Strathfarrar
South Ulst
Mer des Hébrides
Loch Ness
Tomintoul
Isle of Skye
Don
Lochboisdale
Five Sisters of Kintail
Cairngorms National Park
Aberdeen
Rhum
Fort William
Braemar
Stonehaven
HÉBRIDES INTÉRIEURES
Ben Nevis
ÉCOSSE
Coll
Glencoe
Tobermory
Tiree
MER DU NORD
Dundee
Perth
Mull
Oban
Loch Lomond and The Trossachs National Park
St Andrews
Loch Awe
Stirling
Kinross
Lochgilphead
Loch Lomond
Jura
Milngavie
Tarbert
Glasgow
ÉDIMBOURG
Berwick-upon-Tweed
Islay
Motherwell
Arran
Kilmarnock
Melrose
Alloway
Campbeltown
ANGLETERRE
Derry
Canal du Nord
Galloway Forest Park
Dumfries
Newcastle-upon-Tyne
IRLANDE DU NORD
Stranraer
Carlisle
1
2
3
4
5
6
7
8
9
10
11

Écosse
Les incontournables

Île de Skye

1 Parmi les merveilles d'une région peu avare en paysages époustouflants, cette île pourrait bien remporter la palme. Des pics escarpés des Cuillins et des roches tourmentées de l'Old Man of Storr et du Quiraing jusqu'aux spectaculaires falaises de Neist Point, chaque tournant révèle un site photogénique. Les randonneurs y cheminent en croisant cerfs, aigles royaux et macareux et en apercevant, au large, baleines et dauphins. Le soir, ils reprennent des forces dans des pubs conviviaux ou dans d'excellents restaurants de fruits de mer.

Loch Lomond

2 À moins de 1 heure de route de Glasgow, les jolies rives de ce loch et les collines qui l'entourent constituent l'un des cadres les plus pittoresques du pays. Le loch est situé en plein cœur du tout premier parc national d'Écosse. Au printemps, les jacinthes forment un tapis bleu dans les bois qui bordent les rives de sa partie méridionale, large et semée de nombreuses îles. Plus au nord, il devient plus étroit et prend des airs de fjord en s'enfonçant dans une gorge, entre des montagnes hautes de 900 m.

2

Édimbourg

3 Au pied de son imposant château, la séduisante capitale excite la curiosité. Des voûtes et ruelles de sa vieille ville, autour de l'axe du Royal Mile, à ses "villages" urbains (Stockbridge ou Cramond), elle ne manque pas d'endroits insolites qui invitent à approfondir l'exploration. Et, au détour de chaque rue, une perspective inattendue peut vous saisir : vertes collines ensoleillées, rochers rouges escarpés ou carré de mer bleue au loin. Elle compte aussi des restaurants de premier plan et une kyrielle de bars variés.

Sur 100 personnes en Écosse

84 sont écossaises
8 sont originaires d'une autre nation du Royaume-Uni
1 est irlandaise
7 ont une autre origine

Religions

(% de la population)

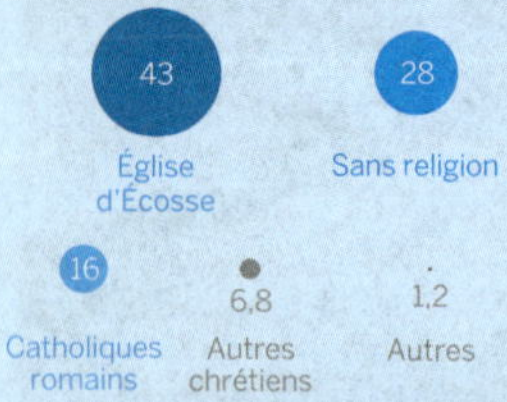

Population au km²

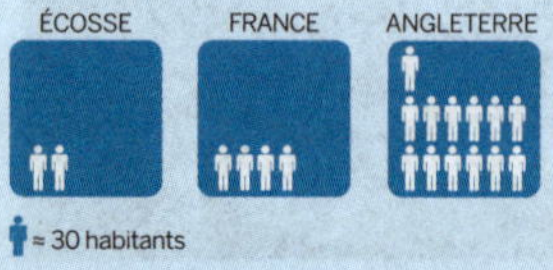

West Highland Way

4 Malgré le vent, les *midges* et le crachin, c'est à pied que l'on apprécie le mieux les paysages écossais. Beaucoup de randonneurs rêvent de parcourir les 154,5 km du West Highland Way, qui relie Milngavie (près de Glasgow) à Fort William. Cette marche d'une semaine est l'occasion de traverser quelques-uns des plus beaux paysages de la région et s'achève au pied du Ben Nevis.

Ben Nevis

5 Le point culminant des îles Britanniques a un succès fou : chaque année, environ 100 000 marcheurs entament son ascension, mais tous n'atteignent pas pour autant le sommet. Quoi qu'il en soit, le plus haut des *munros* est accessible à toute personne en bonne condition physique. Si le temps le permet, vous serez récompensé par la magnificence des paysages et aurez le sentiment d'avoir accompli un exploit.

Glasgow

6 La plus grande ville d'Écosse n'affiche pas l'élégance classique d'Édimbourg mais peut s'enorgueillir d'une offre d'activités pléthorique, d'une chaleureuse ambiance et d'une vitalité marquante. On y découvre sa cathédrale gothique et les beaux édifices de l'architecte Mackintosh. Avant-gardiste et contemporaine, elle vaut aussi pour ses galeries et musées ou pour ses excellents restaurants. Les sorties au pub sont ancrées dans le quotidien des habitants, et sa réputation n'est plus à faire pour la musique live ! Une ville à vivre.

Satanés midges !

Ces moucherons de 2 mm de long, qui volent en énormes nuées, sucent le sang et peuvent gâcher vos vacances. Ils prolifèrent de fin mai à mi-septembre, plus spécialement de mi-juin à mi-août. Ils sont virulents au crépuscule et les jours où le ciel est couvert. Les vents forts et le soleil les éloignent. Pour vous en protéger, couvrez-vous bien, surtout le soir, et employez un bon répulsif.

À table !

Le whisky écossais en 10 *single malts* :

Ardbeg (Islay). Tourbé mais équilibré, le dix ans d'âge de cette vénérable distillerie rime avec excellence.

Bowmore (Islay). Fumée, tourbe et air marin salé – un classique d'Islay. L'établissement est l'un des rares à malter lui-même son orge.

Bruichladdich (Islay). Une distillerie accueillante à l'approche originale, qui produit des whiskies très tourbeux, comme le Mòine Mhòr.

Glendronach (Speyside). Ici, on utilise exclusivement des fûts à sherry, d'où des saveurs crémeuses et épicées.

Highland Park (Orcades). Rond et plein, avec des arômes de bruyère, de miel, de malt et de tourbe.

Isle of Arran (Arran). L'une des plus récentes distilleries d'Écosse, qui élabore un *single malt* léger et goûteux aux notes florales et fruitées.

Macallan (Speyside). Le roi du Speyside, affiné dans des fûts ayant contenu du sherry et du bourbon.

Springbank (Campbeltown). Des saveurs complexes – sherry, agrumes, bonbon et tourbe – rehaussées d'une pointe salée.

Talisker (Skye). Un bouquet fortement tourbeux, contrebalancé par un goût agréablement suave.

The Balvenie (Speyside). Avec son riche goût de miel, c'est de l'or liquide pour les becs sucrés.

3

CHRIS HEPBURN / GETTY IMAGES ©

Highlands du Nord-Ouest

7 Si les vues à couper le souffle ne manquent pas dans les Highlands, leurs confins nord-ouest sont proprement magiques. La route côtière entre Durness et Kyle of Lochalsh offre une émotion à chaque virage : les falaises lointaines de Cape Wrath, les montagnes aux contours dentelés de l'Assynt, la beauté austère de Torridon. Ces paysages, conjugués à l'accueil chaleureux que réservent les pubs de campagne, rendent la région inoubliable.

Quand partir

HAUTE SAISON
(juillet-août)

- Hébergement de 10 à 20% plus cher (réservez bien à l'avance).
- Époque la plus chaude de l'année, mais souvent humide.
- *Midges* virulents dans les Highlands et sur les îles.

SAISON INTERMÉDIAIRE
(mai-juin et septembre)

- Fleurs des champs et rhododendrons abondent en mai-juin.
- Meilleures chances d'avoir un temps sec, et moins de *midges*.
- En juin, il fait jour jusque vers 23h.

BASSE SAISON
(octobre-avril)

- Hébergements et sites ruraux souvent fermés.
- Neige sur les collines de novembre à mars.
- En décembre, la nuit tombe à 16h.

Golf

8 L'Écosse a inventé le golf et en est le berceau spirituel. Ici, les terrains sont souvent des étendues côtières vallonnées, où le rough se compose de bruyère et de *machair*, et où le vent est le principal ennemi et peut anéantir en un instant un parcours prometteur. St Andrews, grand centre du golf, est aussi une cité charmante qui enchantera les amateurs de ce sport.

Forêts du Perthshire

9 L'eau gris-bleu des lochs qui reflète l'humeur changeante du temps, les majestueuses forêts couvrant les flancs des collines, les *glens* s'insinuant aux confins d'une nature sauvage, les saumons qui remontent les rivières... Voici le Perthshire, le cœur du pays, une terre de bourgades pittoresques et fleuries, de distilleries d'où s'échappent de délicieux effluves maltés, et de prairies d'un vert éclatant où paissent les moutons.

Glen Coe

10 Le plus célèbre *glen* d'Écosse marie deux qualités essentielles à un paysage des Highlands : un panorama majestueux et une riche histoire. La beauté de la vallée d'aujourd'hui ferait presque oublier que, au XVIIe siècle, elle fut le théâtre de l'impitoyable massacre des membres du clan MacDonald par les soldats du clan Campbell. Certaines des plus belles balades du *glen*, notamment celle qui conduit à la Lost Valley, suivent les chemins empruntés par les membres du clan tentant de fuir leurs assaillants.

Whisky

11 Tirant son nom du gaélique *uisge-beatha* signifiant "eau-de-vie", la boisson nationale écossaise est distillée depuis cinq siècles. Il existe plus de cent distilleries, qui produisent des centaines de variétés de *single malts*. Apprendre à distinguer la saveur fumée et tourbée des whiskies d'Islay de celle, fleurie et aux accents de xérès, des whiskies du Speyside est devenu un hobby très populaire. Nombre de distilleries proposent des visites guidées. Au cœur du Speyside, grande région d'élaboration du breuvage, Dufftown, "capitale écossaise du pur malt", est un bon endroit pour commencer son initiation.

Transports

Bus Le moyen de transport le moins cher, mais le plus lent. Un vaste réseau couvre la majeure partie du pays, mais les liaisons dans les zones rurales reculées répondent surtout aux besoins des habitants, et leurs horaires ne conviennent pas toujours aux touristes.

Train Plus cher que le bus, mais plus rapide. Intéressant avec un forfait ou une carte de réduction. Certaines lignes traversent des paysages splendides.

Vélo La taille de l'Écosse permet d'y circuler à vélo sans problème particulier.

Voiture Pratique pour voyager à son rythme ou pour visiter des régions mal desservies par le rail, comme les Highlands et les Southern Uplands.

À voir

Whisky à gogo (A. Mackendrick ; 1949). Des îliens rusent avec l'État pour garder une cargaison de whisky échouée.

Local Hero (B. Forsyth ; 1983). Un cadre du pétrole américain est envoûté par les Highlands.

La Part des anges (K. Loach ; 2012). Une bande de potes prépare le vol d'un whisky hors d'âge.

À lire

Sunset Song (L. Grassic Gibbon ; 1932). La vie de fermiers du Nord-Est dans les années 1920.

Les Belles Années de mademoiselle Brodie (M. Spark ; 1961). Peinture d'Édimbourg dans les années 1930.

Histoires maigres (J. Kelman A. Gray et A. Owens, années 1980). 45 nouvelles de l'école de Glasgow.

La Trilogie écossaise (Peter May ; 2009-2012). Trois polars sur fond d'Hébrides extérieures.

11

LEON HARRIS / GETTY IMAGES ©

Pyramides de Gizeh

CAPITALE
Le Caire

POPULATION
86,8 millions

SUPERFICIE
1 million km^2

LANGUE OFFICIELLE
Arabe

Égypte

Certains pays occupent une place particulière dans l'imaginaire collectif. L'Égypte est de ceux-là, mais vaut bien au-delà des clichés.

Depuis Hérodote, qui le décrivit comme le "cadeau du Nil", ce pays millénaire enflamme l'imagination des voyageurs. De Néfertiti à Cléopâtre, de Toutankhamon à Ramsès II… De Gizeh à Louxor en passant par Abou-Simbel, ou Alexandrie… il suffit d'égrener ces noms évocateurs pour se prendre à rêver. Héritière de la civilisation pharaonique, des Grecs, des Romains, des Coptes et des Mamelouks, l'Égypte donne aussi à voir la beauté du désert, les méandre du Nil et des fonds sous-marins de la mer Rouge.

Après la révolution de 2011, qui a détrôné le régime d'Hosni Moubarak, le pays a vécu en état d'ébullition, suspendu à la lutte entre armée et Frères musulmans. Dans ce contexte troublé, aggravé par la menace terroriste, les autorités font tout leur possible pour assurer la sécurité des touristes, dont la présence conditionne la bonne santé économique du pays. Séjourner en Égypte offre ainsi l'opportunité de profiter de ses trésors sans les foules, même si le voyageur évitera l'intérieur du Sinaï et le désert occidental.

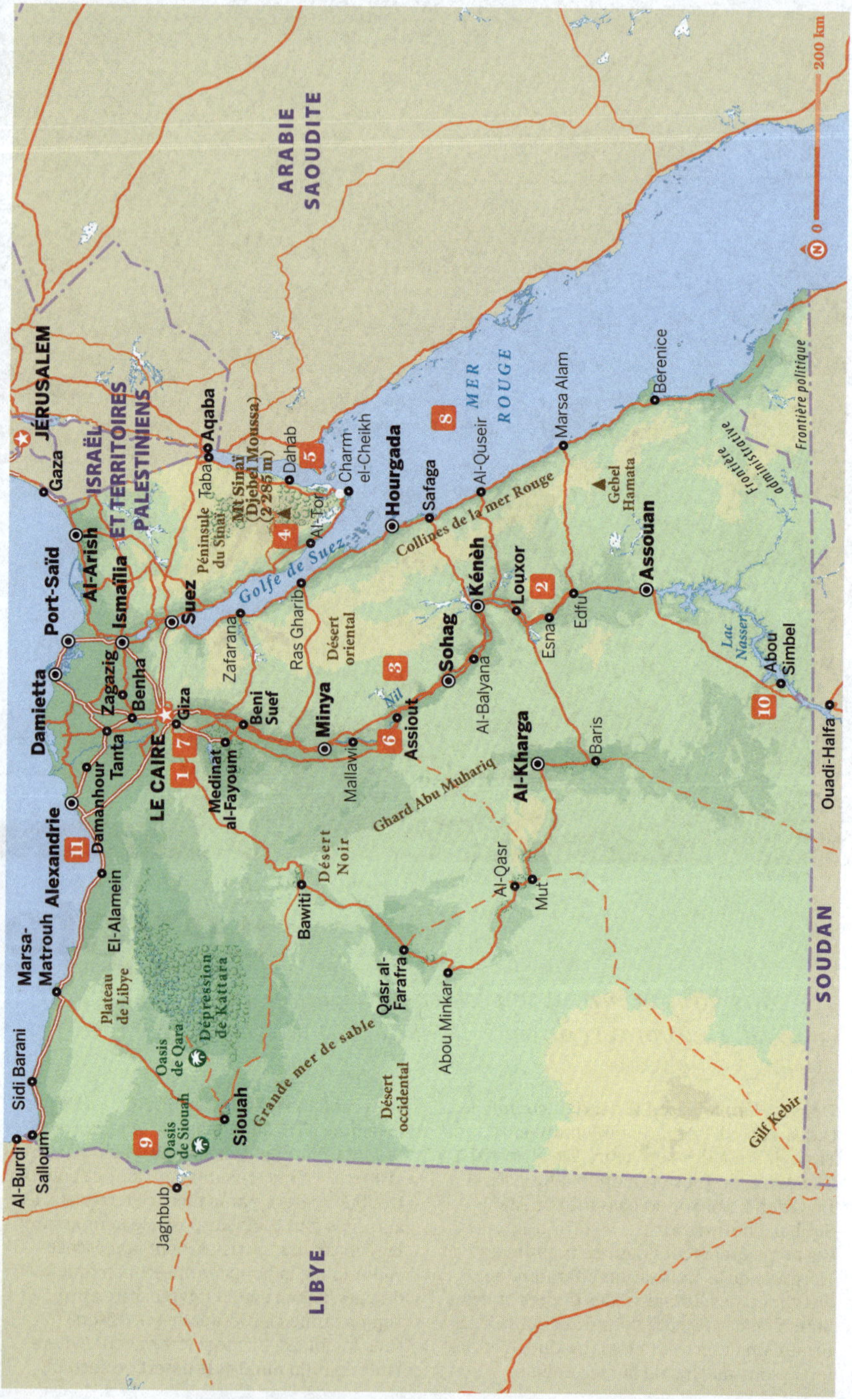
ARABIE SAOUDITE
JÉRUSALEM
ISRAËL ET TERRITOIRES PALESTINIENS
Gaza
Aqaba
Taba
Péninsule du Sinaï
Mt Sinaï (Djebel Moussa) (2 285 m)
Dahab
Charm el-Cheikh
Al-Tor
Port-Saïd
Al-Arish
Ismaïlia
Suez
Golfe de Suez
Damietta
Zagazig
Benha
Tanta
Damanhour
Alexandrie
LE CAIRE
Giza
Medinat al-Fayoum
Beni Suef
Zafarana
Ras Gharib
Désert oriental
Minya
Mallawi
Assiout
Nil
Sohag
Al-Balyana
Hourgada
Safaga
Collines de la mer Rouge
Kénèh
Louxor
Esna
Edfu
Al-Quseir
Marsa Alam
MER ROUGE
Gebel Hamata
Assouan
Berenice
Frontière administrative
Frontière politique
Lac Nasser
Abou Simbel
Ouadi-Halfa
SOUDAN
Al-Kharga
Baris
Ghard Abu Muhariq
Désert Noir
Al-Qasr
Mut
Bawiti
Qasr al-Farafra
Abou Minkar
Désert occidental
Grande mer de sable
Gilf Kebir
El-Alamein
Marsa-Matrouh
Plateau de Libye
Dépression de Kattara
Oasis de Qara
Oasis de Siouah
Siouah
Sidi Barani
Al-Burdi
Salloum
Jaghbub
LIBYE
1
2
3
4
5
6
7
8
9
10
11
0
200 km

Égypte
Les incontournables

Pyramides de Gizeh

1 "Soldats, songez que du haut de ces pyramides, quarante siècles vous contemplent", aurait dit Bonaparte à ses hommes lors de la campagne d'Égypte. Rien ne pourra vous préparer à l'émerveillement ressenti quand vous poserez pour la première fois le regard sur les tombeaux mythiques des pharaons, Kheops, Kephren et Mykerinus pointant au-dessus d'un faubourg du Caire, sur fond de plateau désertique. Le Sphinx énigmatique qui veille à leur pied n'en finit pas non plus de fasciner.

Louxor

2 Le site de l'ancienne Thèbes, au bord du Nil, concentre une quantité prodigieuse de sanctuaires de l'époque pharaonique. N'hésitez pas à combiner les monuments phares, en premier lieu les temples de Karnak et la nécropole de la Vallée des Rois, avec quelques autres moins fréquentés, comme le temple funéraire de Séti Ier, à l'extrémité nord de la nécropole thébaine, ou le Ramesseum, érigé à la mémoire de Ramsès II. Quand le soleil se lève au-dessus du fleuve ou disparaît

Temple d'Hatshepsout, Deir el-Bahari

2

derrière les collines thébaines, les ruines composent un spectacle éblouissant.

Croisières sur le Nil

3 Principale ressource naturelle et axe vital de l'Égypte aujourd'hui comme hier, le Nil la traverse dans son entier du sud au nord. Voguer lentement au fil de l'eau est la meilleure façon d'appréhender son importance et d'apprécier pleinement sa beauté. Le bateau permet en outre de voir les sites archéologiques tels qu'ils se présentaient aux anciens Égyptiens. Que votre embarcation soit une felouque traditionnelle ou un gros navire de croisière, la magie opère à coup sûr, et la détente est au rendez-vous.

Mont Sinaï

4 Bien sûr, il faudra vous éveiller tôt et même grimper dans la nuit noire pour pouvoir contempler le lever du soleil sur le désert du haut du mont Sinaï, mais il n'existe guère de montagnes autant chargées d'histoire et de spiritualité que celle-ci, site sacré pour les juifs, les musulmans et les chrétiens. Plus bas, le monastère byzantin de Sainte-Catherine, entouré de fortifications, s'élève à l'endroit où Moïse aurait vu le Buisson ardent.

Dahab

5 Si vous recherchez un petit bout de Thaïlande au Moyen-Orient, mettez le cap sur Dahab. Même si elle n'a plus grand-chose à voir avec ses humbles origines de petite colonie hippie, cette cité balnéaire sur la mer Rouge reste le fief des voyageurs indépendants. Là, vous pourrez ralentir le rythme, explorer les fonds sous-marins, randonner dans l'arrière-pays ou passer vos journées à rêvasser au bord de l'eau.

Deir al-Muharraq

6 Nombre de sites coptes jalonnent les abords du Nil, à l'image de Deir al-Muharraq, au nord d'Assiout. Les moines qui habitent ce monastère affirment que Jésus et Marie ont vécu 6 mois dans une grotte à cet emplacement durant leur fuite en Égypte. Selon la tradition copte, l'église Al-Azraq (église de la Vierge) aurait été consacrée vers l'an 60, ce qui en fait l'église chrétienne la plus ancienne au monde. La présence d'une vie monastique depuis le IVe siècle est un fait plus avéré.

Sur 100 personnes en Égypte

Religions
(% de la population)

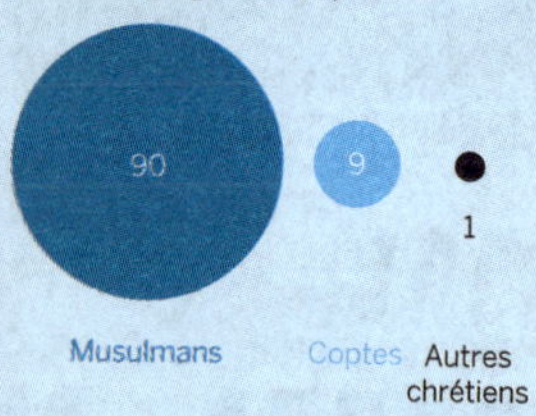

Population au km²

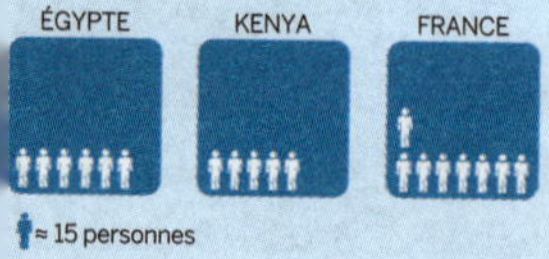

À chacun son café

Les *ahwa* (cafés) traditionnels du Caire sont de hauts lieux de la vie sociale où l'on vient se détendre, papoter et fumer le narghilé (chicha). Les vrais de vrais se reconnaissent à leur sol poussiéreux, leurs tables bancales et le cliquetis des dominos et des pions de la *taoula* (backgammon). Des endroits plus chics et plus modernes, fréquentés aussi par des femmes, ont cependant élargi le concept et la gamme de tabacs à chicha, avec des parfums originaux allant de la mangue au chewing-gum.

Ces établissements ouvrent pour la plupart de 8h à 2h et proposent, en plus du thé et du café, des infusions de fleurs d'hibiscus (*karkadé*), de cannelle (*irfa*), de cumin (*kamoun*) ou d'anis (*yansoun*). En hiver, on peut également commander du *sahlab*, une boisson chaude à base de farine de tubercules d'orchis et de lait, saupoudrée de cannelle.

À table !

Chawarma L'équivalent arabe du *döner kebab* turc.

Fitir Une fine base de pâte recouverte d'un fromage de type féta et d'olives ou bien de confiture, noix de coco et raisins secs dans sa version sucrée.

Foul Le plat national se compose de fèves assaisonnées d'ail, d'huile d'olive, de persil, de poivre noir et de cumin qui mijotent longuement.

Kochari Un mélange nourrissant de pâtes, riz, lentilles brunes, pois chiches, oignons frits et sauce tomate. Beaucoup d'échoppes de *kochari* vendent aussi du *makarouné bil-lahm*, un plat au four à base de pâtes et de viande.

Ta'amiyya (ou falafels). Boulettes frites à base de purée de fèves, souvent servies en sandwich dans un pain plat.

Jackson Reef, mer Rouge

Musée égyptien du Caire

7 Entrez dans l'un des plus grands musées d'histoire ancienne du monde pour une évocation très vivante de l'époque des pharaons. Ici, les trésors de la tombe de Toutankhamon côtoient des statues de toute beauté, des bijoux, de la vaisselle et même des jouets. N'espérez pas tout voir en une seule fois, et envisagez les services d'un guide. Un Grand Musée égyptien est en construction près des pyramides.

Plongée en mer Rouge

8 Dans les profondeurs de la mer Rouge, la nature offre une vision féerique : formations coralliennes, récifs où abondent les poissons colorés, à-pics vertigineux et épaves festonnées de corail. Ses deux joyaux sont le parc national Ras Mohammed – qui abrite trois merveilleux sites : Shark Reef, Eel Garden et le *Jolande* – et le *Thistlegorm*, épave d'un navire britannique, découverte

Quand partir

HAUTE SAISON
(octobre-février)

➡ Hiver doux et ensoleillé, avec quelques pluies occasionnelles, plus fréquentes sur la Méditerranée.

➡ Vous aurez froid dans les hôtels non chauffés, surtout à Alexandrie, ville humide.

SAISON INTERMÉDIAIRE
(mars-mai et septembre-octobre)

➡ La chaleur peut persister au mois d'octobre, moins fréquenté.

➡ Mers chaudes et peu de touristes au bord de la Méditerranée.

BASSE SAISON
(juin-août)

➡ Durant l'été caniculaire, seuls les plus courageux s'aventurent en Haute-Égypte.

➡ Évitez le désert Occidental.

➡ Haute saison sur la côte méditerranéenne.

dans les années 1950 par le commandant Cousteau.

Vertes oasis

9 Impossible de ne pas décompresser dans les cinq oasis égyptiennes – Al-Kharga, Dakhla, Farafra, Bahariya et Siouah – qu'Hérodote surnommait "l'archipel des bienheureux". Si les sources chaudes et froides invitent à la baignade, les amateurs d'histoire trouveront aussi leur compte. Temples pharaoniques, nécropoles ptolémaïques, forteresses romaines et cités médiévales en briques crues abondent en effet dans ces écrins de verdure plantés de palmeraies, avec en toile de fond le désert Libyque.

Transports

Avion EgyptAir (www.egyptair.com), la compagnie nationale, pratique des tarifs très variables selon la saison, parfois étonnamment bas.

Bus Ils vont à peu près partout, à des prix très raisonnables. Pour les trajets longue distance en dehors de la vallée du Nil, c'est souvent la meilleure option, voire la seule.

Train Le réseau ferré égyptien comprend plus de 5 000 km de voies desservant les villes principales. Toutefois, en dehors des lignes Le Caire-Alexandrie et Le Caire-Assouan, il faut vraiment aimer le train pour le préfér[e]r à un bus deluxe. Dans les environs de la capitale, le train vous permettra quand même d'échapper aux embouteillages.

Abou-Simbel

10 Loin au sud d'Assouan, en Nubie, se dressent les deux temples monumentaux taillés dans la roche que Ramsès II fit édifier en son honneur. Le site impressionne davantage encore quand on sait qu'il fut démonté bloc par bloc dans les années 1960 à l'initiative de l'Unesco afin de le sauver de la montée des eaux du lac Nasser. Vous l'apprécierez d'autant mieux en passant la nuit sur place à bord d'un bateau ou à l'écolodge Eskaleh doublé d'un centre culturel nubien.

Alexandrie

11 Fondée par Alexandre le Grand, la deuxième ville d'Égypte évoque le règne de Cléopâtre et ses amours avec Marc Antoine. Pourtant, celle qui fut le joyau du monde hellénistique peut décevoir par son peu de vestiges. La Bibliotheca Alexandrina marche néanmoins sur les traces de sa glorieuse aînée, et des musées intéressants illustrent l'histoire de la cité. Anfouchi, le quartier le plus ancien, recèle des souks pittoresques, et la corniche, accueille de sympathiques restaurants de fruits de mer.

À voir

Mort sur le Nil (John Guillermin ; 1978). Dans cette adaptation du roman d'Agatha Christie, Hercule Poirot enquête sur le meurtre d'une héritière à bord d'un bateau de croisière.

L'Émigré (Youssef Chahine ; 1994). Le cheminement d'un homme rejeté par sa famille.

Femmes du Caire (Yousry Nasrallah ; 2009). La condition des femmes en Égypte, sans fards ni pudeur.

À lire

La Trilogie du Caire (Naguib Mahfouz ; 1957). Le chef-d'œuvre du Prix Nobel de littérature 1988 raconte l'histoire d'une famille cairote à travers les aléas de l'histoire.

Alexandrie, terre de safran (Édouard Al-Kharrat ; 1990). Copte d'Alexandrie, l'auteur évoque sa ville natale.

L'Immeuble Yacoubian (Alaa El-Aswany ; 2002). Un condensé de la société égyptienne contemporaine.

Al-Qasr, oasis de Dakhla

CAPITALE
Abu Dhabi

POPULATION
5,6 millions

SUPERFICIE
83 600 km²

LANGUE OFFICIELLE
Arabe

Le Burj Khalifa, dominant des immeubles de style traditionnel à Dubai

Émirats arabes unis

Les Émirats ne sont pas que le pays de la démesure futuriste. Ils offrent aussi l'occasion de découvrir une culture ancrée dans l'islam et héritière d'une longue tradition bédouine.

Pour beaucoup, les Émirats arabes unis se résument aux gratte-ciel de Dubai, à des îles délirantes aux formes modelées sur commande, à des centres commerciaux de la taille d'une ville, à des pistes de ski couvertes et à d'opulentes stations balnéaires. Or, derrière les paillettes, on trouve six autres émirats forts de leur charme propre.

À une heure au sud, Abu Dhabi, capitale du pays et riche émirat pétrolier, est en passe de devenir un centre réputé en matière de culture, de sport et de loisirs. Par-delà ses frontières se profile l'immense désert d'Al-Gharbia, où ne bruissent que les dunes, en leur lent déplacement vers l'Arabie saoudite.

Au nord, Chardja compte les meilleurs musées du pays, tandis qu'Adjman et Umm al-Qaywayn donnent un aperçu de la vie dans les émirats avant le pétrole, et que Ras al-Khayma développe ses infrastructures touristiques. Au bord des eaux claires du golfe d'Oman, Fudjayra a l'attrait des plus belles plages et des meilleurs sites de plongée.

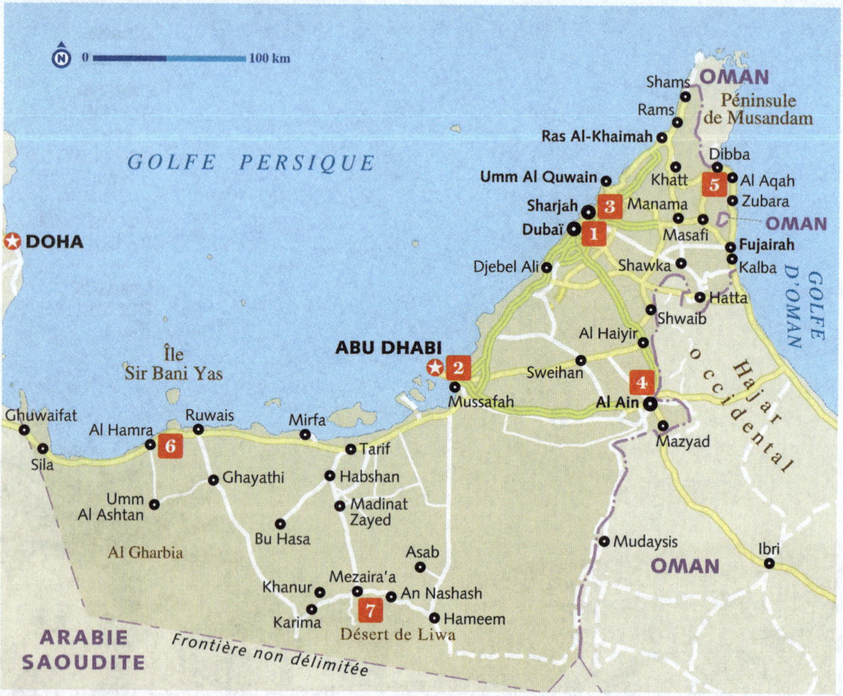

Émirats arabes unis
Les incontournables

Dubai

1 Avec ses tours dressées dans un désert sans fin, son littoral festonné d'îles modelées par l'homme, Dubai est un éden futuriste à la croissance nourrie d'une ambition inébranlable et d'un dynamisme à toute épreuve. La seule limite aux projets menés ici est celle de l'imagination, qu'il s'agisse du plus haut bâtiment du monde (le Burj Khalifa culmine à 828 m), de pistes de ski en plein désert ou d'un archipel artificiel reproduisant la carte du monde... Dubai est aussi très plaisante à visiter grâce à ses belles plages, ses restaurants et bars sophistiqués et ses boutiques et hôtels de luxe.

Grande mosquée Cheikh Zayed, Abu Dhabi

2 Conçue par le cheikh Zayed lui-même, cette mosquée d'un blanc immaculé peut accueillir quelque 40 000 fidèles. Plus de 80 dômes ornent son toit, lequel est soutenu par plus de 1 000 colonnes et ponctué de quatre minarets de 107 m de haut. L'intérieur est un mélange de marbre, d'or, de pierres semi-précieuses, de cristaux et de céramiques destiné à impressionner. On y trouve le plus grand tapis persan du monde (que 2 000 artisans ont mis deux ans à réaliser) et sept lustres massifs en cristal plaqué or.

Chardja

3 Chardja ne brille pas sur le plan des apparences, mais sur celui de la culture, et fut déclarée, à juste titre, capitale arabe de la culture par l'Unesco en 1998. La ville met à l'honneur son patrimoine et s'enorgueillit de la plus grande concentration de musées dans la région, dont le superbe Sharjah Heritage Museum. Une fois que vous aurez traversé la périphérie encombrée de la ville, vous pourrez aisément explorer le vieux centre à pied. En cours de rénovation, son lacis de ruelles et ses bâtiments historiques incarnent l'Arabie authentique, celle d'avant le pétrole.

JOHN HARPER / GETTY IMAGES ©

Oasis d'Al-Aïn

4 Cette oasis de dattiers de 1200 ha est un rafraîchissant labyrinthe de chemins ombragés et de cultures arrosées par un *falaj* (système d'irrigation souterrain) traditionnel. Près de 150 000 dattiers y poussent, ainsi que des manguiers, des amandiers, des bananiers et des figuiers. La région s'enorgueillit aussi de sites archéologiques inscrits sur la liste du patrimoine mondial de l'Unesco, témoins d'une sédentarisation ancienne dans ce coin de la péninsule.

Al-Aqah

5 Dans l'émirat de Fudjayra, Al-Aqah est réputée pour ses plages, les meilleures de la côte est, bordées d'hôtels de luxe. C'est une destination de choix pour le snorkeling et la plongée, où même les débutants peuvent vivre une expérience satisfaisante aux abords de Snoopy Island. L'efflorescence algale de 2008-2009 a tué une grande partie du corail, mais les eaux grouillent encore de créatures colorées de toutes sortes, notamment – si vous avez de la chance – des tortues vertes et des requins à pointes noires (inoffensifs).

Jazirat Al-Hamra

6 Pour vous faire une idée authentique de l'époque prépétrolière, faites un tour dans cette ville fantôme de l'émirat de Ras al-Khayma, l'un

Sur 100 personnes aux Émirats arabes unis

19 sont émiraties
23 sont originaires d'Arabie saoudite ou d'Iran
50 sont originaires d'Asie du Sud
8 sont originaires d'un autre pays

Religions

(% de la population)

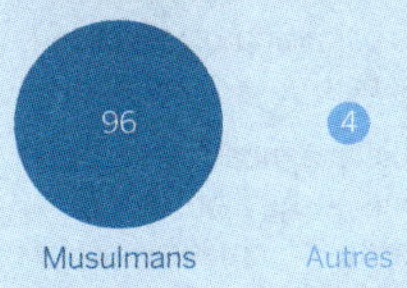

Population au km²

≈ 3 personnes

Quand partir

NOVEMBRE-MARS

➜ Temps modéré ; prix des chambres en hausse ; grands festivals ; camping agréable.

MARS-MAI ET OCTOBRE

➜ Jours chauds et nuits douces ; plage et camping dans le désert.

JUIN-SEPTEMBRE

➜ Temps chaud et humide ; rabais dans les hôtels ; meilleure période pour la plongée.

Courses de dromadaires

Les courses de dromadaires sont profondément ancrées dans l'âme émiratie. À l'origine, elles n'avaient lieu que lors de mariages et d'autres occasions particulières. Aujourd'hui, cette activité rapporte beaucoup d'argent, et les courses se tiennent entre octobre et début avril sur des pistes modernes de 6 à 10 km construites à cet effet.

Les dromadaires de race débutent l'entraînement quotidien lorsqu'ils ont environ 2 ans. Lors d'une course typique, plus de 100 animaux participent. Chacun est monté par un robot télécommandé, depuis que le pays a interdit le recours à des enfants jockeys. Les propriétaires commandent la course depuis leur 4x4, sur une piste voisine.

À table !

Les lieux servant une cuisine émiratie authentique sont rares. Si vous en avez l'occasion, essayez ces plats typiques :

Balalit Copieux petit-déjeuner à base de vermicelles, de sirop de sucre, de safran, d'eau de rose et d'oignons frits.

Farid Soupe de mouton servie avec du pain ; appréciée au cours du ramadan.

Haris Blé et agneau cuits lentement jusqu'à obtention d'une texture crémeuse ; parfois appelé "plat national".

Khouzi Agneau entier farci et rôti sur un lit de riz épicé.

Madrouba Poisson salé (*maleh*), ou poulet, mélangé à de la pâte à pain crue jusqu'à épaississement.

Makbous Ragoût de riz épicé à la viande (d'agneau, souvent) ou au poisson, avec amandes, raisins et oignons frits.

7

GREG NEWINGTON / GETTY IMAGES ©

des villages côtiers les plus anciens et les mieux préservés du pays. Établis au XIVe siècle, ses habitants ont principalement vécu de la pêche et de la perliculture jusqu'à ce qu'ils repartent subitement en 1968. Une promenade parmi ses maisons en pierre de corail, tours à vent, mosquées, écoles et commerces se révèle très pittoresque au coucher du soleil.

Oasis de Liwa

7 À environ 250 km au sud d'Abu Dhabi, l'oasis de Liwa est un arc de 150 km de longueur constitué de villages et de fermes bordant le Rub al-Khali (Quart vide), désert qui porte bien son nom : les rares dromadaires ou petites oasis que l'on y croise soulignent à quel point est spectaculaire ce paysage de dunes, ondulant à perte de vue dans des tons d'or, d'abricot et de cannelle. Une fois que vous l'aurez visitée, vous comprendrez pourquoi Liwa occupe une place particulière dans le cœur des Émiratis, qui y viennent pour retrouver leurs racines, se relaxer et s'adonner à la contemplation.

Transports

Bus Des bus publics de plus en plus nombreux facilitent les trajets entre les différents émirats.

Taxi Bon marché, nombreux et dotés de compteurs, les taxis sont souvent le meilleur moyen de se déplacer en ville. La plupart n'offrent d'ailleurs pas d'autre moyen de transports publics urbains. La plupart des chauffeurs peuvent aussi être engagés à l'heure.

Voiture Avoir son propre véhicule est la meilleure façon de visiter les Émirats : cela permet de s'écarter des grands axes et de s'arrêter où l'on veut. D'excellentes autoroutes, éclairées sur toute leur longueur, relient les villes. Il vous faudra un 4x4 pour le désert et le tout-terrain.

CAPITALE
Quito

POPULATION
15,4 millions

SUPERFICIE
283 561 km^2

LANGUE OFFICIELLE
Espagnol

Tortue géante, Volcán Alcedo, Isla Isabela, Galápagos

Équateur

Centres coloniaux préservés, villages quechua, sommets des Andes, forêts tropicales et mythiques îles Galápagos : si l'Équateur est un petit pays, il renferme tout un éventail de merveilles.

Avec Quito et Cuenca, dont les rues pavées sont truffées de trésors historiques, l'Équateur possède deux superbes cités coloniales. Mais c'est en quittant ses villes que vous prendrez la pleine mesure d'un voyage en Équateur.

Commencez l'aventure dans les Andes pour un trek mémorable vers de hauts sommets. Vous y découvrirez un patchwork de petits villages, de ruisseaux qui gargouillent et de champs ondulants, le tout sous l'œil grave d'un condor tournoyant dans le ciel.

Les célèbres îles Galápagos, avec leurs paysages volcaniques d'un autre monde, sont un paradis pour les amoureux de la nature. Retrouvez-vous nez à nez avec des tortues géantes, des iguanes marins empressés, des lions de mer et une multitude d'autres espèces hors du commun

La forêt équatoriale héberge une faune très différente. Depuis un lodge au cœur de la canopée, suivez des cours d'eau et des sentiers à la recherche de singes, toucans, anacondas et autres créatures.

0 100 km
OCÉAN PACIFIQUE
Îles Galápagos (800 km) (voir cartouche)
COLOMBIE
San Lorenzo
Esmeraldas
Punta Galera
Río Esmeraldas
Cordillère des Andes
Tulcán
Ibarra
Otavalo
Río San Miguel
Lago Agrio
Río Aguarico
Cuyabeno
Équateur
Pedernales
Punta Ballena
Cabo Pasado
Canoa
Santo Domingo de los Colorados
QUITO
Parque Nacional Cotopaxi
Papallacta
Coca
Río Tiputini
Embalse Daule-Peripa
Manta
Portoviejo
Latacunga
Tena
Parque Nacional Yasuní
Isla de la Plata
Jipijapa
Río Daule
Volcán Chimborazo (6 310 m)
Ambato
Puyo
Río Curacay
Río Pintoyacu
Guaranda
Riobamba
Babahoyo
Montañita
Guayaquil
Salinas
Macas
Playas
Isla Puná
Azogues
Cuenca
Golfo de Guayaquil
Machala
PÉROU
Tumbes
Olmedo
Loja
Zamora
Vilcabamba
Parque Nacional Podocarpus
Macará
PÉROU
Sullana
Zumba
1 2 3 4 5 6 7 8 9 10 11
ÎLES GALÁPAGOS
0 50 km
OCÉAN PACIFIQUE
Volcán Wolf (1707m)
Équateur
Isla San Salvador (île Santiago ou île James)
Isla Fernandina (île Narborough)
Isla San Cristóbal (île Chatham)
Isla Isabela (île Albermarle)
Isla Santa Cruz
PUERTO BAQUERIZO MORENO
Isla Santa María (île de Floerana ou île Charles)

Équateur
Les incontournables

Vieille ville de Quito

1 Le Centro Histórico animé de Quito est une merveille du colonialisme espagnol, avec ses églises ornementées et ses monastères, ses places bondées et ses clochers. L'histoire est à chaque coin de rue de cette vieille ville si bien conservée. Plongez dans le passé en arpentant les rues pavées et en pénétrant dans les musées, demeures historiques et sanctuaires. Enfin, allez dîner dans l'un des restaurants d'El Centro, ou partez faire la fête dans la rue animée de La Ronda, avant d'aller vous reposer dans l'une des jolies pensions du quartier.

Iguanes des Galápagos

2 L'archipel des Galápagos est l'un des rares endroits où l'on peut jouir d'une telle proximité avec cette espèce préhistorique. Au lieu de fuir à l'approche des humains, les iguanes, une espèce unique de lézards présente dans tout l'archipel, vaquent à leurs occupations sans se soucier des déclics des appareils photo. Tandis que les iguanes marins gris ou noirs se chevauchent, formant des pyramides afin de se prélasser au soleil, les imposants iguanes terrestres jaunes grignotent des cactus.

JOHN COLETTI / GETTY IMAGES ©

Vilcabamba

3 Cette petite ville de la Sierra du Sud est devenue célèbre il y a longtemps au sujet de ses nombreux centenaires. Ses paysages superbes, son ambiance paisible et un climat agréable attirent les voyageurs en nombre. Beaucoup de commerces sont d'ailleurs tenus par des étrangers. Et qui les en blâmerait ? Les conditions pour la randonnée pédestre ou équestre sont excellentes. Côté détente, spas et centres thermaux dispensent des massages du corps et du visage.

Sur 100 personnes en Équateur

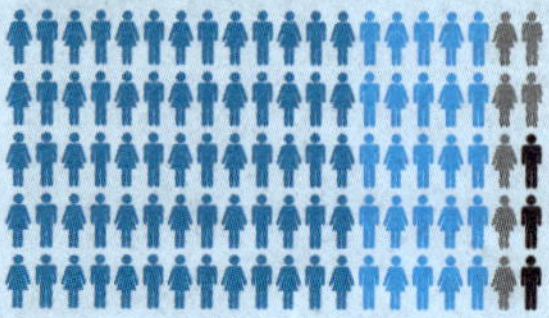

65 sont *mestizo*
25 sont amérindiennes
7 sont blanches
3 sont noires

Religions

(% de la population)

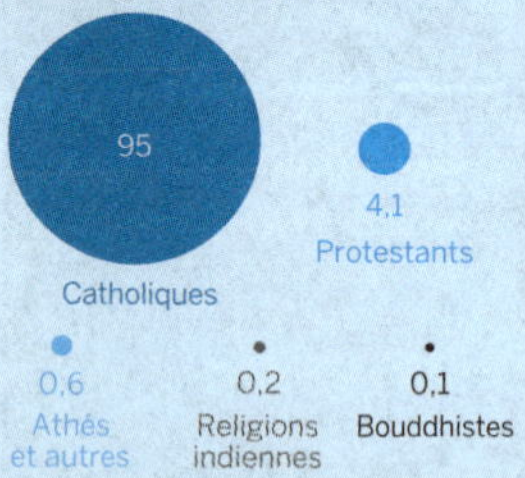

Population au km²

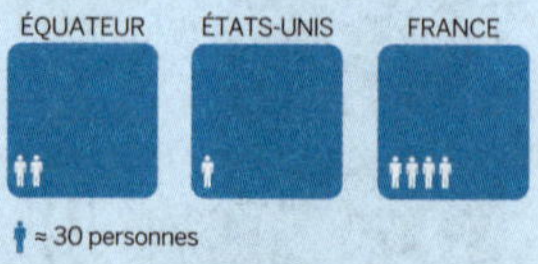

Parque Nacional Yasuní

4 Cette vaste étendue de forêt équatoriale protégée se caractérise par une biodiversité presque unique au monde. Lors de formidables excursions en pirogue sur de minuscules ruisseaux ensevelis sous la végétation et de randonnées dans la jungle en compagnie de guides expérimentés, vous découvrirez toutes sortes de plantes et de créatures (dont vous n'aviez sans doute jamais entendu parler auparavant) dans leur environnement naturel. Plusieurs peuples indiens vivent dans cet espace naturel encore intact et continuent à entretenir le moins de contact possible avec le monde extérieur.

Cuenca

5 Cuenca est classée au patrimoine mondial de l'Unesco pour son magnifique centre colonial, du XVIe siècle. Les rues pavées, les façades multicolores et la cathédrale vous feront sortir votre appareil photo, mais c'est l'ambiance détendue, la chaleur des habitants et le côté bohème de la ville qui vous empliront le cœur. Ajoutez une vie nocturne animée, de nombreux musées et d'excellents restaurants, et vous comprendrez pourquoi c'est une ville à ne pas manquer.

À bord du TelefériQo

6 Le TelefériQo est bien la preuve qu'il n'y a pas qu'une seule manière d'atteindre les sommets des Andes – cette cabine aérienne vous fera accéder à une vue à couper le souffle sur Quito. Dans cette ville

Tribus amazoniennes

Une leçon d'humilité inoubliable : voici en quelques mots ce qu'est la visite d'un village amérindien de l'Oriente.

Les Huaorani vivent entre le Río Napo et le Río Curaray. Au nombre de 4 000 personnes, ils sont l'une des ethnies équatoriennes les plus isolées. N'établissant aucune distinction entre les mondes matériel et spirituel, ils possèdent une connaissance intime de la forêt vierge. Les visiteurs découvriront auprès d'eux des coutumes inchangées depuis des siècles : l'art de poser des pièges et de chasser, mais aussi des techniques de cuisine et la fabrication de la *chicha* (boisson à base de maïs fermenté). Ils verront aussi ces Indiens chanter et danser, et assisteront peut-être à un rituel chamanistique de purification de l'âme.

À table !

Arroz con pollo Riz mélangé à de petits morceaux de poulet.

Ceviche Poisson et fruits de mer crus marinés.

Churrasco Bœuf, œufs et pommes de terre, tranches d'avocat et de tomate, et riz.

Cuy Cochon d'Inde rôti.

Encebollado Soupe épaisse aux fruits de mer et aux oignons que l'on verse sur du manioc, servie avec des chips de banane plantain et du maïs.

Encocado Crevettes ou poisson, cuits dans une sauce au lait de coco.

Llapingachos Galettes de pommes de terre au fromage fondu.

Locro de papa Soupe de pommes de terre servie avec de l'avocat et du fromage.

Maito Poisson ou poulet grillé dans des feuilles de palmier.

Pollo a la brasa Poulet rôti, souvent accompagné de frites.

Seco de chivo Ragoût de chèvre.

MARGIE POLITZER / GETTY IMAGES ©

aux sublimes panoramas, le sommet de la Cruz Loma (4 100 m) est le nec plus ultra – si le temps est dégagé. De là, Quito se déploie sur la vallée andine, avec ses pics majestueux qui se dressent au loin. Depuis la Cruz Loma, poursuivez l'aventure en faisant une randonnée jusqu'au sommet du Rucu Pichincha (4 680 m).

Thermes de Papallacta

7 À la sortie du village andin de Papallacta, ces thermes sont l'un des trésors naturels du pays : évoluez entre les bassins d'eau chaude entourés de montagnes, nagez dans une superbe piscine, faites un saut vivifiant dans le bassin d'eau glacée, puis revenez dans les bains bouillonnants. L'expérience est encore plus magique la nuit, dans l'immensité d'un ciel étoilé.

Baleines au large de l'Isla de la Plata

8 Difficile de voir chose plus stupéfiante qu'une baleine à bosse surgissant de l'eau. Chaque

Quand partir

HAUTE SAISON
(juin-sept)

➡ Temps ensoleillé dans la Sierra ; moins de pluie dans l'Oriente.

➡ Sur la côte, la haute saison court de déc à avr : temps chaud et averses.

➡ Dans les Galápagos, elle s'étend de jan à mai.

SAISON INTERMÉDIAIRE
(oct-nov)

➡ Températures plus fraîches, averses plus importantes (généralement soleil le matin et pluie l'après-midi) dans la Sierra.

BASSE SAISON
(déc-mai)

➡ Journées fraîches et pluvieuses (Sierra).

➡ Dans les Galápagos : temps frais et sec et océan agité.

➡ Dans l'Oriente : d'avr à juil (pluies abondantes et fréquentes).

année, de juin à septembre, ces créatures majestueuses sont près d'un millier à migrer vers les eaux au large de la côte équatorienne. Le meilleur endroit pour organiser une excursion en bateau est la ville de pêcheurs de Puerto López.

Artisanat local au marché d'Otavalo

9 Tous les samedis, le monde semble converger vers Otavalo, ville des Andes pleine de vie, où un immense marché indien (qui se tient également le reste de la semaine) se déploie dans toute la ville depuis la Plaza de Ponchos. Le choix est vaste, la qualité extrêmement variable, et la foule parfois gênante, mais vous ferez d'excellentes affaires : couvertures colorées, objets artisanaux, vêtements, et chapeaux de paille de bonne qualité.

Transports

Bus Caractérisé par un réseau très étendu et des tarifs bon marché, le bus est le moyen de transport privilégié des Équatoriens. En fonction de la destination, du chauffeur et de votre état d'esprit, le degré de confort, de convivialité et de sécurité varie toutefois beaucoup.

Camion Dans les zones reculées, il arrive souvent que des camions fassent office de bus. Ce sont parfois de gros véhicules à plateau avec un toit en tôle, des côtés en bois ouverts et des bancs inconfortables. Ces "bus", qui portent le nom de *rancheras* ou de *chivas*, circulent sur la côte et dans l'Oriente.

Pirogue Le type d'embarcation le plus répandu est la pirogue à moteur, qui fait office de taxi ou de bus le long des principaux cours d'eau de l'Oriente et dans certaines parties de la côte nord.

Parque Nacional Podocarpus

10 Bordé par la frontière péruvienne, ce parc national est peu visité malgré sa faune et sa flore impressionnantes. On estime à 3 000 le nombre de variétés de plantes (beaucoup sont uniques au monde). Les amateurs d'oiseaux n'auront que l'embarras du choix avec quelque 600 espèces. Pour couronner le tout, sentiers, lacs de montagne et vastes panoramas abondent dans ce parc hors des sentiers battus.

Surf à Montañita

11 Un beach break sur lequel on peut compter toute l'année et une communauté accueillante de surfeurs et de voyageurs à dreadlocks font de ce village côtier une halte idéale pour les amoureux des vagues. Les débutants qui n'ont pas peur de boire la tasse trouveront facilement des habitants prêts à leur donner des cours. Même si vous ne souhaitez pas titiller la vague, vous pourrez admirer les exploits des surfeurs depuis la plage et profiter d'un époustouflant coucher de soleil en toile de fond.

À voir

Entre Marx y una Mujer Desnuda (Camilo Luzuriaga ; 1996). Portrait d'un groupe de jeunes intellectuels de Quito.

Si loin (Tania Hermida ; 2006). Road-movie contant le périple de deux jeunes femmes en quête d'elles-mêmes dans les Andes.

À lire

Le vieux qui lisait des romans d'amour (Luís Sepúlveda ; 1997). Une émouvante plongée dans l'environnement des Indiens shuar.

La Ferme sur le río Esmeraldas (Moritz Thomsen ; 2002). Les mémoires du romancier américain retraçant sa vie dans la jungle équatoriale.

L'Homme de Quito (Jorge Icaza ; 1993). La vie d'un *chulla* (métis) face aux contradictions de sa condition.

CAPITALE
Asmara

POPULATION
6,3 millions

SUPERFICIE
117 600 km^2

LANGUES OFFICIELLES
Tigrigna, arabe, anglais

Sentier rocailleux dans les environs d'Asmara

Érythrée

Petit territoire de la Corne de l'Afrique, l'Érythrée est l'une des destinations les plus secrètes du continent.

Son histoire intrigante, sa culture passionnante et ses paysages envoûtants font de l'Érythrée une destination à l'indéniable potentiel touristique. En dépit de ses richesses, le pays ploie sous le joug d'une dictature qui est allée en se durcissant depuis l'indépendance obtenue en 1993 et la fin du conflit armée avec le voisin éthiopien. Nombre de ses habitants ont pris la route de l'exil et et les rares voyageurs qui s'y rendent sont strictement encadrés.

Ceux qui se laisseront malgré tout tenter par l'aventure découvriront des paysages grandioses, décors typiquement abyssiniens – escarpements, plateaux et hauts sommets – ou plages désertes sur la mer Rouge.

Sur le plan culturel, cette ancienne colonie italienne est une terre de métissages. Malgré des dimensions bien modestes à l'échelle de l'Afrique, elle accueille une kyrielle de groupes ethniques ayant tissé un paysage culturel varié, des monastères taillés dans la roche aux villes portuaires héritées de l'ère ottomane en passant par la *passeggiata* du soir le long de l'artère principale d'Asmara.

Érythrée

Les incontournables

Massaoua

1 Perdez-vous dans les ruelles de cette ville côtière historique. Au cœur de la vieille ville, on pourrait tout aussi bien se croire à Zanzibar ou au Yémen. Malheureusement, Massaoua a été pratiquement rasée dans la lutte pour l'indépendance, et bon nombre de ses bâtisses historiques sont en ruine.

Asmara

2 L'architecture héritée de la colonisation italienne a valu à la capitale érythréenne le surnom de "Piccola Roma". Dans les années 1930, la ville vit la construction de nombreux édifices Art déco, futuristes ou rationaliste, comme le Fiat Tagliero Building, une station-service évoquant un avion prêt à décoller. L'occasion d'une belle balade architecturale à agrémenter de pauses cappuccinos dans des cafés à l'italienne.

Keren

3 Entourée d'une superbe chaîne de montagnes escarpées, Keren peut s'enorgueillir d'un cadre splendide et d'un attrayant mélange de styles architecturaux. La troisième ville du pays est aussi intéressante pour la mosaïque ethnique qui la compose – Tigréens, Tigrigniens et Bilen.

À table !

Injera Grande crêpe comme celles que l'on trouve en Éthiopie.

Tibsi Morceaux d'agneau revenus à la poêle dans du beurre, avec de l'ail, de l'oignon et de la tomate.

Zigni Viande d'agneau, de chèvre ou de bœuf cuite dans une sauce épicée.

Quand partir

FÉV-AVRIL ET SEPT-NOV

➡ Meilleures périodes pour visiter le pays.

DÉC-JAN

➡ Les températures minimales peuvent avoisiner 0°C.

JUIN-AOÛT

➡ Saison des pluies dans les régions montagneuses ; climat torride dans les plaines de l'Est.

Parc Güell, Barcelone

CAPITALE
Madrid

POPULATION
47,4 millions

SUPERFICIE
505 370 km²

LANGUE OFFICIELLE
Espagnol

Espagne

Passion, sophistication et hédonisme : l'Espagne conjugue avec bonheur une grande diversité d'ambiances et de paysages.

Des Pyrénées et pics d'Europe aux falaises de la côte atlantique au nord-ouest, en passant par les charmantes criques du littoral méditerranéen, comment rester insensible à la belle diversité des paysages espagnols ? Malgré des décennies de construction anarchique, il reste de nombreux coins de nature intacts à explorer. Et des villages impassibles, des cathédrales gothiques et des cités médiévales nous content, obstinément, la vieille Espagne.

La cuisine espagnole, créative et variée, s'est imposée partout dans le monde. La paella, la sangria, les vins de la Rioja et les tapas ont le vent en poupe dans les restaurants du monde entier.

Malgré les difficultés, l'Espagne continue de vivre l'instant présent de mille façons : au cœur de la nuit dans une rue bondée où tout le monde semble s'être donné rendez-vous pour faire la fête, pendant un spectacle de flamenco... Dans ces moments-là, aucun doute possible : c'est vraiment ça l'Espagne !

Golfe du Lion
Montpellier
Perpignan
Figueras
Costa Brava
Gérone
Barcelone
Monserrat
Costa Daurada
ANDORRE
ANDORRE-LA-VIEILLE
Pyrénées
Lleida
Saragosse
Pampelune
Saint-Sébastien
Golfe de Gascogne
Bilbao
Santander
Torrelavega
Gijón
Oviedo
Monts Cantabriques
León
Burgos
Palencia
Valladolid
Logroño
La Rioja
Aranda de Duero
Benavente
Zamora
Salamanque
Ávila
Ségovie
Guadalajara
MADRID
Cordillère Centrale
Sierra de Gredos
Plasencia
Aranjuez
Cuenca
Teruel
Golfe de Valence
Minorque
Palma de Majorque
Majorque
Îles Baléares
Ibiza
Formentera
Valence
Alicante
Costa Blanca
Elche
Murcie
Carthagène
Albacete
Parque Natural Sierras de Cazorla, Segura y las Villas
Tolède
Monts de Tolède
Ciudad Real
Parque Natural Sierra de Andújar
Cordoue
Chaîne Bétique
Grenade
Mulhacén (3 479 m)
Sierra Nevada
Almería
Costa de Almería
Málaga
ANDALOUSIE
Gibraltar
Algeciras
Cadix
Golfe de Cadix
Séville
Parque Natural Sierra Norte
Sierra Morena
Huelva
Zafra
Mérida
Badajoz
LISBONNE
PORTUGAL
Ferrol
La Corogne
Lugo
Costa da Morte
Saint-Jacques-de-Compostelle
Ourense
Vigo
OCÉAN ATLANTIQUE
MER MÉDITERRANÉE
ALGÉRIE
0
200 km
N
1
2
3
4
5
6
7
8
9
10
11
12

Espagne
Les incontournables

La Sagrada Família, Barcelone

1 Plus de 80 ans après la mort de son créateur Antoni Gaudí, les travaux de la Sagrada Família se poursuivent. Ce chef-d'œuvre moderniste aux accents gothiques s'élance vers le ciel avec majesté et espièglerie. Franchir ses portes revient à entrer dans un conte de fées : une forêt de colonnes-troncs soutient le plafond et une lumière chatoyante traverse de splendides vitraux. Truffée de symboles et de détails superbement travaillés, la basilique promet de longues heures de contemplation.

Mosquée de Cordoue

2 Église, mosquée, puis de nouveau église, la Mezquita de Cordoue illustre la cohabitation pacifique entre musulmans, juifs et chrétiens, tous ayant contribué à enrichir leur cité de leur culture. Parmi ses caractéristiques les plus novatrices, d'antiques arcs en fer à cheval, un mihrab (niche de prière) sophistiqué et une véritable "forêt" constituée de 856 colonnes, dont beaucoup proviennent de vestiges romains. L'envergure de la Grande Mosquée reflète la puissance passée de Cordoue, cité la plus raffinée de l'Europe du Xe siècle.

Alhambra, Grenade

3 Si les bâtisseurs nasrides de l'Alhambra ont démontré quelque chose, c'est bien que l'art et l'architecture sont infiniment plus éloquents que les mots, pour peu que l'on dispose du talent et de la vision. Perché sur une colline, avec la Sierra Nevada saupoudrée de neige en arrière-plan, ce palais mauresque éblouit les visiteurs depuis près de 1 000 ans. La raison ? Un parfait équilibre entre le geste de l'architecte et l'environnement naturel.

ROBIN SMITH / GETTY IMAGES ©

Semaine sainte à Séville

4 À Séville, la ferveur atteint son paroxysme avec les célébrations de la Semana Santa. Voyez ces processions immémoriales, emmenées par les *hermanadades* (confréries), transporter ces *pasos* (plateformes supportant des reconstitutions de scènes de l'histoire pascale) à travers les rues de la ville, dans une atmosphère empreinte d'émotion. Point d'orgue de la semaine, la *madrugada* (le petit matin) du Vendredi saint voit défiler certaines des confréries les plus respectées.

Sur 100 personnes en Espagne

74 parlent le castillan
17 parlent le catalan
7 parlent le galicien
2 parlent le basque

Religions

(% de la population)

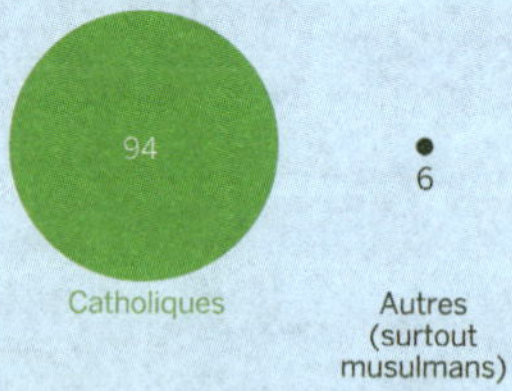

Population au km²

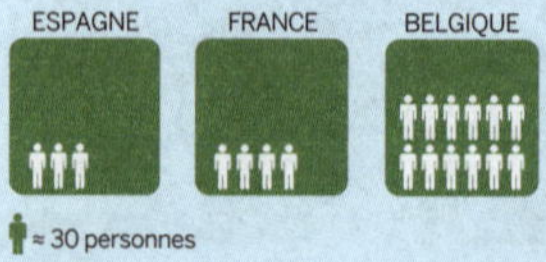

Madrid noctambule

5 La vie nocturne de Madrid présente une intensité peu commune. Pour paraphraser Hemingway, les gens qui sortent ne vont jamais se coucher avant d'avoir "tué la nuit". Partout, les bars, les petits clubs, les salles de concert et les discothèques géantes fréquentées par la jet-set se succèdent pour satisfaire tous les goûts. Les quartiers de Huertas, de Malasaña, de Chueca et de La Latina sont particulièrement emblématiques de cette *movida*.

Vignobles de La Rioja

6 Sortez vos *copas* (verre) pour trinquer à La Rioja, terroir de certains des meilleurs vins rouges du pays ! La vigne s'accorde parfaitement à la terre ocre et au ciel bleu intense de cette région. Les amateurs de vin sillonneront les routes paisibles de La Rioja en faisant étape dans les bodegas proposant des dégustations et dans les villages pittoresques qui abritent d'excellents musées consacrés au sujet. Près d'Elciego, l'Hotel Marqués de Riscal, conçu par Frank Gehry, l'architecte du musée Guggenheim de Bilbao, est devenu le pôle élitiste du tourisme œnologique dans la région.

Pintxos à Saint-Sébastien

7 Les célèbres *pintxos*, sont la version basque des tapas. Dans tous les bars de Saint-Sébastien, ces appétissants canapés aux compositions raffinées disposées sur des petites tranches de pain, sont présentés sur

Chemin de Compostelle

"La porte est ouverte à tous, aux malades comme aux bien-portants, aux catholiques, mais aussi aux païens, aux juifs, aux hérétiques et aux vagabonds", dit un poème du XIIIe siècle à propos de ce chemin de pèlerinage. Huit cents ans plus tard, cela reste vrai. Depuis plus de 1 000 ans, des fidèles portant la coquille et le bâton emblématiques effectuent un long périple pour se rendre sur la tombe de saint Jacques le Majeur à Saint-Jacques-de-Compostelle (Santiago de Compostela), dans l'extrême nord-ouest de la péninsule Ibérique.

Le *camino* le plus fréquenté par les marcheurs du monde entier est le Camino Francés ("chemin français"), qui s'étire en Espagne sur 783 km, de Roncevaux, à la frontière franco-espagnole, jusqu'à Saint-Jacques-de-Compostelle, en Galice. Les attraits culturels, historiques et naturels du chemin de Compostelle lui valent de figurer au patrimoine mondial de l'Unesco. Pour les croyants, il revêt la même importance qu'un pèlerinage à Jérusalem.

À table !

Jamón Sur la table espagnole, également proposé en entrée (ou en tapas), figure toujours du jambon cru.

Huile d'olive L'Espagne est la plus grande productrice d'huile d'olive dans le monde.

Paella S'il y a un plat qui représente l'Espagne, c'est bien la paella, née dans la région de Valence.

Tapas Tout peut faire l'objet d'une tapa. Mais sous des dehors de simplicité se cache un art consommé.

Vin L'Espagne possède la plus grande surface de vignes au monde. La Rioja et Ribera del Duero sont les régions viticoles les plus connues du pays.

LONELY PLANET / GETTY IMAGES ©

le comptoir pour vous mettre l'eau à la bouche ! Les garnitures vont des préparations classiques aux innovations parfois audacieuses. Attendez-vous à une expérience gustative mémorable !

Salamanque

8 L'élégante Plaza Mayor de Salamanque est sans doute la plus belle place de toute l'Espagne. Resplendissante le soir, elle n'est pourtant que l'un des nombreux fleurons d'une ville à l'architecture somptueuse. La présence d'une université ancienne et prestigieuse assure par ailleurs à Salamanque une ambiance étudiante festive. Un mélange de magnificence et d'énergie, qui séduit les Espagnols et les visiteurs étrangers.

Quand partir

HAUTE SAISON
(juin-août, jours fériés)

- Les tarifs des hébergements augmentent de 50%.
- Époque la plus chaude et ensoleillée de l'année, mais souvent humide sur les côtes.

SAISON INTERMÉDIAIRE
(mars-mai, sept-oct)

- Des conditions optimales. Températures clémentes, temps clair, moins de touristes.
- Les prix grimpent lors des festivals et des fêtes locales.

BASSE SAISON
(nov-fév)

- Froid dans le Centre ; pluie dans le Nord et le Nord-Ouest.
- Températures douces en Andalousie et sur la Méditerranée.
- Dans les stations de ski, c'est la haute saison.

Sierra Nevada et Las Alpujarras

9 La neige est rarissime en Andalousie, ce qui donne une touche encore plus exotique à la Sierra Nevada (littéralement "montagnes enneigées"), chaîne montagneuse qui sert de majestueuse toile de fond à l'une des villes les plus saisissantes d'Espagne, la mauresque Grenade. Entre autres perles rares, on citera aussi l'unique station de ski d'Andalousie. La partie la moins élevée, appelée Las Alpujarras, est émaillée de villages pittoresques, réputés pour leur artisanat ancestral et la fertilité de leurs terres.

Flamenco

10 Comme toutes les grandes musiques, le flamenco possède ce don de chasser le spleen et de toucher l'âme. Comme si, en charriant la douleur de générations d'êtres errants, une porte s'entouvrait sur un univers peuplé de fantômes. La culture flamenca peut aussi se révéler un visage incoyablement gai, drôle et ironique. Pour apprécier pleinement le flamenco, un seul mot d'ordre : le découvrir en concert.

Côte des Asturies

11 La verte région des Asturies compterait plus de 600 plages ! La fraîcheur de l'océan Atlantique peut rebuter les habitués de la Méditerrannée, mais la beauté des étendues de sable sauvages est sans égal. Qui plus est, les villages de la côte et de l'arrière-pays figurent parmi les plus jolis du littoral espagnol, et la cuisine régionale est réputée dans tout le pays.

Minorque

12 Moins touchée que ses voisines par l'affluence touristique, Minorque est sans doute le seul endroit en Méditerranée où l'on peut découvrir des plages quasi désertes en plein été. Témoins de son riche passé, des sites archéologiques comportant des monuments mégalithiques parsèment l'intérieur de l'île. À l'est, Maó, la capitale, a gardé vivante l'empreinte de la présence britannique. À l'extrémité ouest de l'île, la belle Ciutadella, quant à elle bien espagnole, fut la capitale jusqu'à l'arrivée des Anglais au XVIIIe siècle.

Danseuse de flamenco, Séville, Andalousie

ANDREA PISTOLESI / GETTY IMAGES ©

Transports

Bateau Des ferrys et des hydroglisseurs font la navette entre le continent, les îles Baléares et les enclaves de Ceuta et Melilla, en Afrique du Nord.

Bus Il est possible d'aller à peu près partout en bus. De nombreuses compagnies assurent des liaisons, à la fois entre les villages et entre les grandes villes. Souvent moins cher que le train, surtout pour les longs trajets, il est aussi moins confortable.

Train La Renfe, la société nationale des chemins de fer, gère la plupart des lignes en Espagne. Quelques compagnies privées opèrent également. Il est recommandé de réserver pour les longs trajets.

À voir

Jamón, jamón (Bigas Luna ; 1992). Une comédie noire, avec Penélope Cruz et Javier Bardem.

Tout sur ma mère (Pedro Almódovar ; 1999). Un film foisonnant, où se mêlent les problématiques du genre et de la filiation.

Mar adentro (Alejandro Amenabar ; 2004). L'histoire vraie d'un tétraplégique interprété par Javier Bardem.

Ocho apellidos vascos (Huit Noms de famille basques ; Emilio Martínez Lázaro, 2014). Bienvenue chez les Basques !

À lire

Don Quichotte de la Manche (1605-1615 ; Cervantès). Incontournable.

Dictionnaire amoureux de l'Espagne (Michel del Castillo ; 2005). L'Espagne d'hier et d'aujourd'hui.

Anatomie d'un instant (Javier Cercas ; 2010). Madrid, le 23 février 1981 : le Parlement est pris en otage.

Vieille ville de Tallinn

CAPITALE
Tallinn

POPULATION
1,2 million

SUPERFICIE
45 228 km²

LANGUE OFFICIELLE
Estonien

Estonie

Depuis son indépendance, cette jeune nation a connu une rapide transformation, sans jamais perdre son âme, viscéralement attachée à la nature et à ses traditions.

L'Estonie n'a nul besoin de chercher à se démarquer : elle est réellement unique. Si son histoire et sa géographie sont similaires à celles de la Lettonie et de la Lituanie, elle est pourtant culturellement très différente de ses deux voisines. Elle est en fait plus proche de la Finlande, ethniquement et linguistiquement. Mais malgré un goût partagé pour le sauna, cinquante ans de règne soviétique ont finalement séparé ces deux pays. L'Estonie est liée à la Russie depuis trois siècles, mais ces deux États ont autant en commun qu'une hirondelle et un ours (leurs symboles respectifs).

Forte d'une confiance nouvellement acquise, l'Estonie s'est libérée de l'emprise soviétique et a bondi dans les bras de l'Europe. Cette dernière l'a accueillie à bras ouverts et est tombée sous le charme de Tallinn et de sa vieille ville classée au patrimoine de l'Unesco. Et dans une Europe surpeuplée, la campagne estonienne peu habitée et les vastes forêts font le bonheur des amoureux de la nature.

Estonie
Les incontournables

Vieille ville de Tallinn

1 Beaucoup de villes européennes étaient autrefois ceinturées de solides murs et de tourelles. En Estonie, la vieille ville de Tallinn est une fenêtre enchantée sur ce monde révolu. Il vous semblera y apercevoir chevaliers, manants, damoiselles et gueux, impression accentuée par le penchant des Tallinnois à se déguiser en costumes d'époque. De tortueuses avenues longées de résidences médiévales donnent sur des places jadis crasseuses, aujourd'hui jalonnées de cafés et de marchés artisanaux bien plus engageants.

Île de Saaremaa

2 Partir sur une île donne une saveur particulière à un voyage. Saaremaa, en Estonie, n'est certes pas un paradis tropical, mais ce lieu boisé est un enchantement. À voir absolument : le château de Kuressaare. Près du port, ce château fort – le mieux conservé de la Baltique – surplombe fièrement ses douves. Mais ce sont les moulins à vent de l'île qui font de Saaremaa l'image d'Épinal que vous verrez sur les bouteilles de bière, de vodka et d'eau un peu partout en Estonie.

Viljandi

3 Surplombant une vallée pittoresque et un lac, Viljandi est l'une des plus charmantes villes d'Estonie. Les chevaliers Porte-Glaive fondèrent un château au XIIIe siècle, avant de subir les incessantes conquêtes suédoises, polonaises et russes. C'est aujourd'hui un endroit tranquille pour remonter le temps en visitant les ruines du château, les bâtiments historiques et les nombreux coins de nature. Fin juillet, le Festival de musique traditionnelle de Viljandi est le grand rendez-vous musical du pays.

Parc naturel de Haanja

4 S'étendant sur 169 km², cet espace protégé est autant réputé pour ses paysages (forêts, collines, lacs) que pour ses villages pittoresques, tel Rõuge.

MARGUS MUTS / GETTY IMAGES ©

Dans son périmètre se dresse le plus haut point d'Estonie, le Suur Munamägi (colline du Grand Œuf), qui culmine à 318 m. Il est facile sur place de collecter des renseignements sur la randonnée et le ski de fond.

Muhu

5 Reliée à Saaremaa par une chaussée de 2,5 km, l'île de Muhu souffre de la réputation de "paillasson" de sa grande sœur : beaucoup de gens y passent en descendant du ferry, mais peu s'y arrêtent. En réalité, la troisième île d'Estonie offre bien des raisons d'y faire escale, parmi lesquelles d'excellents hébergements. À l'extrémité ouest de l'île, ne manquez pas Koguva, un village de pêcheurs du XVIe siècle superbement préservé.

Otepää

6 Perchée sur une colline, au cœur d'une région boisée, la petite ville d'Otepää, à 44 km au sud de Tartu, passe pour la capitale d'hiver de l'Estonie grâce à ses pistes de ski. L'été, le lieu se prête à toutes sortes d'activités de plein air. On peut notamment faire le tour du "lac sacré" (Pühajärv), riche en légendes païennes et qui a reçu la bénédiction du dalaï-lama, lors de sa visite en Estonie.

Tartu

7 Tartu est l'Oxford d'Estonie. Sa prestigieuse université et sa population estudiantine lui donnent son atmosphère intellectuelle et potache. On trouve un musée à presque tous les coins des rues, et des bars dans les caves dans une

Quand partir

AVRIL-MAI

➡ Le pays sort de la torpeur hivernale.

JUIN-AOÛT

➡ Soleil de minuit, fêtes sur la plage et nombreux festivals.

DÉCEMBRE

➡ À Tallinn, les marchés de Noël rendent la période de Noël inoubliable.

Sur 100 personnes en Estonie

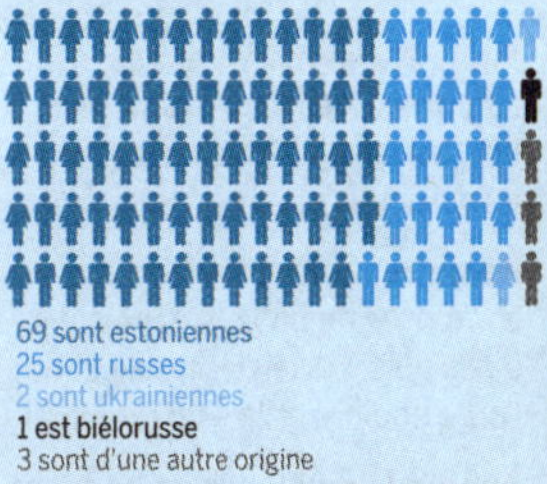

Religions

(% de la population)

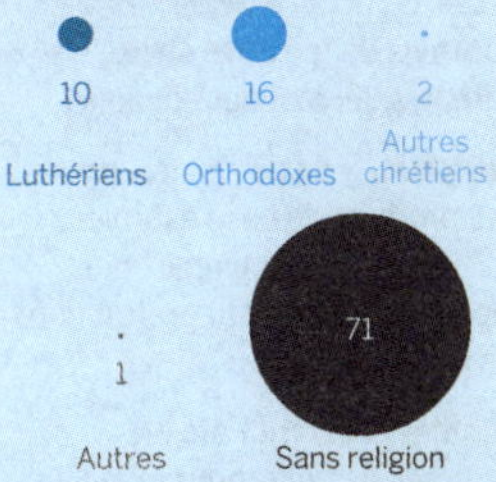

Population au km²

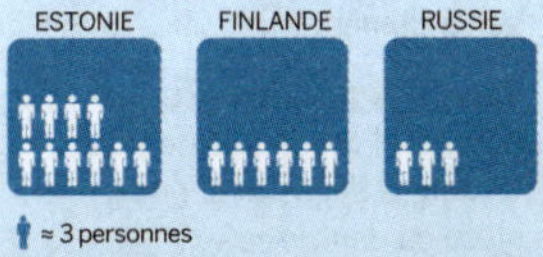

Le kiiking, ce sport improbable

Sorti du cerveau d'Estoniens en manque de sensations fortes, en 1997, le kiiking consiste à se tenir debout sur une sorte de balançoire, les pieds attachés sur le siège et les mains aux cordes. Il s'agit alors de faire un tour complet au-dessus de la barre.

L'inventeur de ce sport, Ado Kosk, a remarqué que plus les cordes étaient longues, plus il était difficile de relever le défi. Il a alors conçu des cordes étirables. Le record actuel est d'un peu plus de 7 m. Si cette description vous laisse perplexe, allez sur le site www.kiiking.ee (en estonien) pour voir par vous-même ce qu'il en est.

À table !

Baies et champignons Les Estoniens vont cueillir dans les bois baies en été et champignons en automne.

Kama Repas léger ou boisson composée de babeurre mélangé à des pois, du seigle, du blé et de l'orge bouillis, grillés ou moulus.

Kana ja kartul Poulet et pommes de terre.

Kasukas Salade d'origine russe, composée de betteraves, pommes de terre, carottes, hareng salé, œuf dur et yaourt.

Rukkileib Pain de seigle, l'un des produits de base estonien, accompagnant la plupart des repas. Généralement gratuit dans les restaurants.

Sealiha ja kartul Porc et pommes de terre, préparé de diverses façons.

Suitsukala Poisson fumé ; généralement truite ou saumon.

Vana Tallinn Alcool sirupeux et doux dont la composition reste secrète, à déguster sur de la glace ou dans le café.

8

Poste de surveillance de la plage de Pärnu

proportion égale. Discussions sérieuses, romances sans lendemain et alcool joyeux : quand le soleil brille, la colline verdoyante du centre-ville est le théâtre des éternels clichés de la vie étudiante.

Pärnu

8 Vous ne visiterez pas l'Estonie dans l'idée de voir des plages dorées s'étaler devant vous. Pourtant, c'est exactement ce qu'offre Pärnu. Avec l'apparition de la mode des bains de mer à l'aube du XXe siècle, Pärnu devint la station balnéaire la plus prisée d'Estonie. Les joyaux architecturaux de l'époque se mêlent aux vestiges hanséatiques dans les rues, où vous dénicherez de sympathiques bars et restaurants.

Parc national de Lahemaa

9 Concentrant à lui tout seul les principaux habitats du pays (côtes, forêts, plaines, tourbières, lacs et rivières), à seulement 80 kilomètres de la capitale, Lahemaa offre un regard sur l'Estonie rurale que même les voyageurs au planning serré ne devraient pas manquer. Outre les curiosités naturelles, on peut y admirer d'élégants manoirs, y visiter de charmants villages et trouver refuge dans des auberges de campagne.

Transports

Vélo Les amateurs de cyclotourisme apprécieront la quasi-absence de dénivelé dans le pays.

Bus Le réseau national couvre l'ensemble du territoire. Les grandes villes sont très bien reliées entre elles et dans leurs environs.

Voiture et moto Les routes estoniennes sont généralement en très bon état. Vous trouverez des agences de location dans les villes principales.

Train Les Estoniens préfèrent prendre le bus, plus pratique et confortable.

CAPITALE
Washington

POPULATION
316 millions

SUPERFICIE
9,8 millions km^2

LANGUE OFFICIELLE
Anglais

Golden Gate Bridge, San Francisco

États-Unis

Montagnes, côtes, déserts et forêts immenses… Les États-Unis sont un patchwork de merveilles naturelles, d'une taille et d'une variété incroyables.

Les États-Unis se targuent d'être la plus grande "success story" du monde moderne, une nation créée par des personnes ayant peu de choses en commun, si ce n'est le désir de trouver leur propre voie vers le bonheur ou la fortune. Réunies autour des idéaux embrassés par la Constitution et la Déclaration d'indépendance, elles ont bâti une nation puissante, créative et prospère.

Il vous sera peut-être difficile de mettre à mal vos idées préconçues. Le pays a été tellement filmé, photographié, peint et décrit dans la littérature qu'il faut gratter des couches et des couches de représentation avant de le percevoir autrement qu'une mise en scène.

Si vous êtes prêt à explorer cet inconnu et à oublier les clichés, vous découvrirez des villes passionnantes, des paysages hallucinants, des sentiments régionalistes très forts, une mythologie incisive et un passé historique plus important qu'on ne le croit. Sans oublier son peuple, l'un des plus accueillants au monde.

CANADA
MEXIQUE
BAHAMAS
NASSAU
OTTAWA
WASHINGTON, DC
OCÉAN ATLANTIQUE
OCÉAN PACIFIQUE
Golfe du Mexique
Montagnes Rocheuses
Appalaches
Chaîne des Cascades
Lac Supérieur
Lac Michigan
Lac Huron
Grand Lac salé
Missouri
Mississippi
Colorado
Rio Grande
0
500 km
Québec
Augusta
Concord
Boston
Providence
Montpelier
Montréal
Albany
Hartford
New York
Trenton
Philadelphie
Dover
Annapolis
Richmond
Harrisburg
Toronto
Cleveland
Pittsburgh
Columbus
Charleston
Raleigh
Wilmington
Charlotte
Columbia
Charleston
Savannah
Jacksonville
Orlando
Walt Disney World
Fort Lauderdale
Miami
Key West
Tampa
Tallahassee
Atlanta
Montgomery
Birmingham
Nashville
Frankfort
Cincinnati
Detroit
Lansing
Milwaukee
Chicago
Indianapolis
Green Bay
Madison
Springfield
St Louis
Memphis
Jackson
La Nouvelle-Orléans
Baton Rouge
Little Rock
Thunder Bay
St Paul
Minneapolis
Des Moines
Kansas City
Topeka
Lincoln
Winnipeg
Bismark
Pierre
Oklahoma City
Dallas
Houston
Austin
Regina
Rapid City
Cheyenne
Denver
Colorado Springs
Albuquerque
Santa Fe
El Paso
Ciudad Juárez
Yellowstone National Park
Bozeman
Helena
Calgary
Spokane
Missoula
Boise
Salt Lake City
Grand Canyon National Park
Flagstaff
Phoenix
Tucson
Las Vegas
Mexicali
Vancouver
Victoria
Seattle
Olympia
Salem
Carson City
Yosemite National Park
Sacramento
San Francisco
Los Angeles
San Diego
Tijuana
1
2
3
4
5
6
7
8
9
10
11
12
Kaua'i
O'ahu
Honolulu
Maui
Hawai'i
0
100 km
OCÉAN PACIFIQUE
RUSSIE
OCÉAN ARCTIQUE
CANADA
Fairbanks
Anchorage
Juneau
Île Kodiak
Îles Aléoutiennes
Mer de Béring
Golfe de l'Alaska
0
500 km

États-Unis
Les incontournables

New York

1 Ville d'artistes, de magnats de fonds spéculatifs et d'immigrants du monde entier, New York se réinvente perpétuellement. Haut lieu de la mode, du théâtre, de la gastronomie, de la musique, de l'édition, de la publicité et de la finance, elle possède un nombre impressionnant de musées, de parcs et de quartiers ethniques répartis dans les cinq arrondissements. Faites comme tout New-Yorkais : appropriez-vous la rue. Chaque *block* reflète le tempérament et l'histoire de ce kaléidoscope étourdissant, où même une courte promenade traverse des continents.

La Nouvelle-Orléans

2 Dévastée par l'ouragan Katrina en 2005, La Nouvelle-Orléans a ressuscité. L'architecture coloniale, la cuisine créole et l'ambiance festive semblent plus séduisantes que jamais dans la Big Easy. La nuit résonne de jazz Dixieland, de blues et de rock dans les clubs, et ses festivals sont connus dans le monde entier. "Nola" est aussi une destination gastronomique : savourez un jambalaya, un crabe à carapace molle ou du cochon de Louisiane (porc émincé) avant d'explorer les bars de Frenchman St.

Empire State building, New York

RICHARD I'ANSON / GETTY IMAGES ©

Grand Canyon

3 L'immensité du Grand Canyon laisse bouche bée. Cette faille, creusée il y a 2 milliards d'années, est une merveille naturelle faite de crêtes rocheuses où jouent le soleil et l'ombre, de buttes rouges et d'oasis luxuriantes où serpente le Colorado. Au début du XXe siècle, Theodore Roosevelt déclara qu'il "n'avait pas d'égal en ce monde". Et les millions de visiteurs qui s'y pressent chaque année semblent lui donner raison.

RICHARD I'ANSON / GETTY IMAGES ©

Yellowstone National Park

4 Avec ses geysers, sources chaudes, fumerolles, vasques de glaise bouillonnante et autres merveilles géologiques – ainsi que l'impressionnant Mt Washburn, aux panoramas extraordinaires –, Yellowstone est la quintessence des parcs nationaux américains. Une cascade spectaculaire, une auberge historique et sa multitude de bisons, élans, wapitis et ours, sans oublier ses loups gris, viennent compléter ce cadre idyllique. Figure mythique du parc, l'Old Faithful est l'un des plus hauts geysers au monde.

Walt Disney World

5 Walt Disney World, l'endroit "le plus heureux sur terre", met tout en œuvre pour donner à chacun le sentiment d'être le vrai héros de la fête. La frénésie des manèges, les animations et la nostalgie ont beau faire, la vraie magie consiste à voir le visage des enfants s'illuminer après avoir fait rire Dingo, reçu une révérence de Cendrillon ou protégé la galaxie avec Buzz l'Éclair.

Chicago

6 La "Cité venteuse" vous séduira par son architecture, ses plages, ses musées, et par son mélange de culture sophistiquée et de petits plaisirs ; dans quelle autre ville verrez-vous une sculpture de Picasso parée des couleurs d'une équipe locale ? Où des habitants font aussi bien la queue pour des hot dogs que pour une table dans un restaurant huppé ? Si les hivers sont longs, Chicago fête le retour de l'été avec des festivals gastronomiques et musicaux sur les rives du lac Michigan.

Las Vegas

7 Vous pensiez avoir cerné l'Ouest – son côté majestueux et sublime, sa richesse spirituelle – et voilà que surgit Vegas. Sous les néons du Strip, le "terrain de jeu de l'Amérique" en met plein les yeux avec ses spectacles de fontaines, son volcan en éruption ou sa tour Eiffel reconstituée. Préférez les bons restaurants, les spectacles du Cirque du Soleil ou le Shark Reef, un aquarium rempli de requins, aux casinos. Il est bien rare que les joueurs, attirés par leurs charmes vénéneux et leurs couleurs clinquantes, en sortent vainqueurs.

Sur 100 personnes aux États-Unis

65 sont blanches
15 sont hispaniques
13 sont afro-américaines
4 sont américano-asiatiques
3 sont d'une autre origine

Religions

(% de la population)

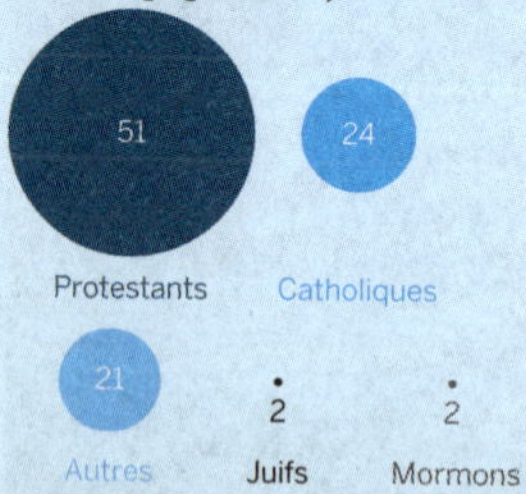

Population au km²

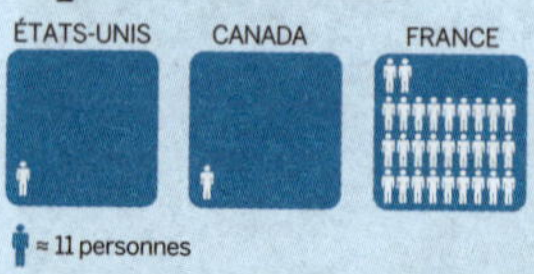

Route 66

On la surnomme la Mother Road (l'artère mère) et la Main Street of America (rue principale de l'Amérique). Peu de routes racontent en effet aussi bien l'Amérique que cette mythique bande d'asphalte. Si la Route 66 n'a plus d'existence officielle depuis 1985, les voyageurs empruntent toujours son itinéraire pour découvrir les États-Unis. Le périple part de Chicago et file vers Saint Louis, le berceau du blues. Mettez ensuite la gomme pour atteindre le Kansas et ses longues plaines. Puis la route traverse le Texas, où une sculpture indique que vous êtes à mi-parcours. L'itinéraire se poursuit au Nouveau-Mexique puis en Arizona, sur ce qui constitue le plus long tronçon de la route d'origine. Vous voilà arrivé en Californie, à Los Angeles : Hollywood et le Rodeo Drive vous tendent les bras.

À table !

Petit-déjeuner Le petit-déjeuner traditionnel (œufs, bacon et pancakes) vient d'une société rurale dans laquelle les paysans avaient besoin d'un plat solide dès le matin. Aujourd'hui, la plupart des citadins travaillent dans le secteur tertiaire et un bol de céréales, quelques toasts et un café leur suffisent amplement.

Déjeuner En général, le salarié américain se contente pour déjeuner d'un sandwich, d'un hamburger ou d'une salade composée. Dans les grandes villes, on se plie souvent au "déjeuner d'affaires" où la conversation prend le pas sur l'assiette.

Dîner Le soir en semaine, les Américains dînent tôt (à partir de 18h). Ce repas est souvent constitué de plats surgelés ou achetés au restaurant-traiteur du coin (pizza, plats chinois...). Dans certaines familles, on cuisine toujours un repas traditionnel le dimanche soir, et l'on invite parents et amis.

JOHN ELK III / GETTY IMAGES ©

Morning Glory Pool, Yellowstone National Park

National Mall

8 Bordé de monuments emblématiques et d'édifices en marbre, le National Mall est l'épicentre de la vie politique et culturelle à Washington, D.C. Concerts et festivals gastronomiques s'y tiennent en été, et des visiteurs explorent toute l'année ses splendides musées. Il n'existe pas de meilleur endroit pour découvrir l'histoire américaine, que ce soit en longeant le Vietnam Veterans Memorial ou en gravissant les marches du Lincoln Memorial, où Martin Luther King Jr prononça son fameux discours "I Have a Dream".

San Francisco

9 Avec ses quartiers bigarrés et son atmosphère bohème, San Francisco invite à de longues journées de flânerie. Boutiques hautes en couleur, restaurants de renommée mondiale et vie nocturne animée vous attendent. Il faut jeter un coup d'œil aux cellules de la prison d'Alcatraz, traverser le Golden Gate Bridge et dîner dans le Ferry Building et, naturellement, prendre au moins une fois le *cable car*.

Quand partir

HAUTE SAISON
(juin-août)

➡ Il fait beau partout, avec des températures élevées.

➡ La fréquentation et les prix sont au plus haut.

SAISON INTERMÉDIAIRE
(oct et avr-mai)

➡ Températures plus douces.

➡ Éclosion des fleurs printanières (avril) ; couleurs automnales rougeoyantes (octobre), surtout en Nouvelle-Angleterre.

BASSE SAISON
(nov-mars)

➡ Chutes de neige dans le Nord et précipitations abondantes dans certaines régions.

➡ Prix des hébergements au plus bas (hormis dans les stations de ski).

L'océan n'est jamais loin, et on se surprend à l'apercevoir au détour d'une rue. Difficile de ne pas tomber sous le charme !

Boston

10 Boston est sans conteste la ville la plus historique des États-Unis – théâtre de la Boston Tea Party, de la chevauchée de Paul Revere et de la première bataille de la guerre d'Indépendance, des événements que vous pouvez retracer le long du Freedom Trail, un chemin de 4 km pavé de brique rouge. Explorez les clubs de musique sur le campus de l'université d'Harvard et reprenez des forces dans les restaurants à huîtres, les cafés ou les trattorias du North End.

À voir

Chantons sous la pluie (Stanley Donen et Gene Kelly ; 1952). Une comédie musicale intemporelle.

Le Parrain, I, II, III (Francis Ford Coppola ; 1972-1990). Un regard sur la société américaine à travers l'histoire des immigrants et du crime organisé.

Easy Rider (Dennis Hopper ; 1969). Le voyage de deux jeunes motards à travers une nation dans la tourmente.

À lire

Les Aventures de Huckleberry Finn (Mark Twain ; 1884). Un émouvant récit de voyage le long du Mississippi.

La Couleur pourpre (Alice Walker ; 1982). Un roman poignant sur la vie des Afro-Américains au début du XXe siècle.

Sur la route (Jack Kerouac ; 1957). Le classique de la Beat generation incarne l'Amérique d'après la Seconde Guerre mondiale.

Transports

Avion Avec des dizaines de compagnies aériennes concurrentes, des centaines d'aéroports et des milliers de vols quotidiens, le réseau national est étendu.

Bus Des compagnies privées couvrent tout le pays. Voyager en bus est généralement moins cher et plus rapide que de prendre le train.

Train Un bon réseau ferroviaire (l'Amtrak) dessert la côte Est (de Miami à Boston) et la côte Ouest (de San Diego à Seattle) et d'autres destinations (La Nouvelle-Orléans, Chicago).

Voiture La voiture est le moyen de locomotion si vous prévoyez d'explorer les grands espaces. On trouve souvent des tarifs de location avantageux.

Yosemite National Park

11 Bienvenue dans ce que John Muir appelait son "parc des plus grands plaisirs". Promenez-vous dans les prairies émaillées de fleurs sauvages ondulant au fil de vallées sculptées par les glaciers, les avalanches et les tremblements de terre. Tout ici semble plus grand, des cascades aux dômes granitiques, sans compter les séquoias géants. Pour une vue sublime, passez une nuit de pleine lune au Glacier Point ou, en été, prenez la vertigineuse Tioga Rd.

Rocky Mountains

12 Quand on est pris dans la file de camping-cars qui sillonnent péniblement la Trail Ridge Rd, on se dit que le Rocky Mountain National Park est un peu trop fréquenté. Mais dès qu'il n'y a plus que le sentier devant soi, le parc apparaît dans toute sa majesté, sauvage et splendide. Des randonnées épiques le long de la Continental Divide National Scenic Trail aux sympathiques promenades autour du Bear Lake, tout le monde y trouve son compte.

Cape Cod

JEFF GREENBERG / GETTY IMAGES ©

CAPITALE
Addis-Abeba

POPULATION
96,6 millions

SUPERFICIE
1,1 million km²

LANGUES OFFICIELLES
Oromo, amharique, somali, tigrigna, afar

Femme de l'ethnie des Hamer

Éthiopie

Difficile de trouver meilleur équilibre entre beauté naturelle et richesse culturelle qu'en Éthiopie. Cerise sur le gâteau : la quasi-absence de touristes promet une expérience authentique.

Canyons, gouffres, lacs, savane, hauts plateaux… les paysages éthiopiens impressionnent tant par leur beauté que par leur échelle. Et que dire de l'ensorcelante désolation de la dépression Danakil, où sont concentrés pas moins de 25% des volcans actifs d'Afrique !

Ayant quasiment échappé au colonialisme européen, l'Éthiopie a conservé l'essence de son identité culturelle. Le point d'orgue de tout séjour au cœur de la Corne de l'Afrique est d'assister à l'une des nombreuses fêtes et cérémonies : célébrations chrétiennes, musulmanes ou animistes, fêtes de village, mariage, rite de passage ou jour de marché.

Ses régions montagneuses sont truffées de trésors historiques, entre les tombes et les obélisques antiques d'Aksoum et des châteaux du XVIIe siècle. Ce n'est pas un hasard si l'Éthiopie est surnommée le "berceau de l'humanité" : sur le plan archéologique, elle est à l'Afrique subsaharienne ce que l'Égypte est à l'Afrique du Nord.

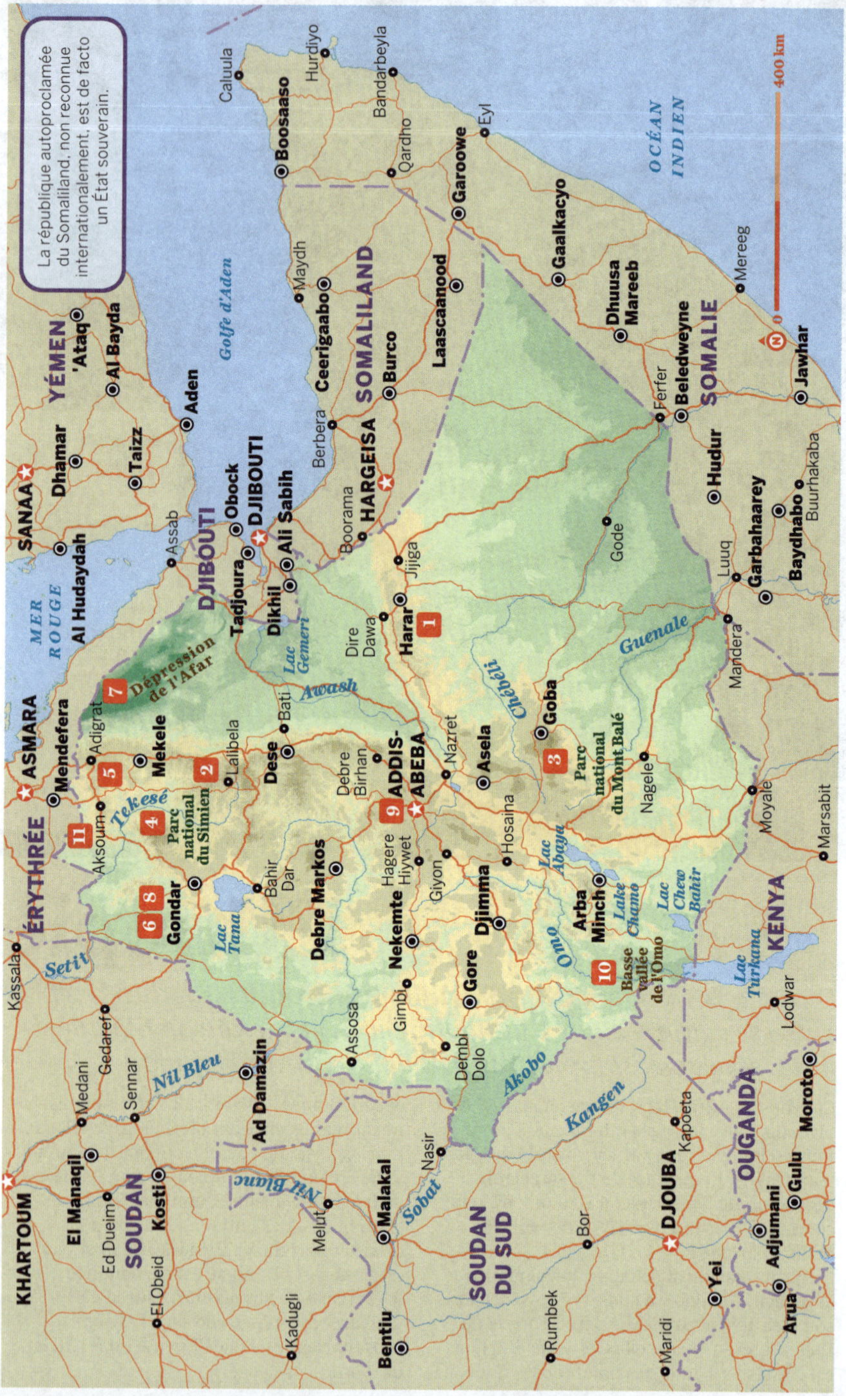

La république autoproclamée du Somaliland, non reconnue internationalement, est de facto un État souverain.
MER ROUGE
Golfe d'Aden
OCÉAN INDIEN
0
400 km
N
ÉRYTHRÉE
ASMARA
Mendefera
Adigrat
Aksoum
Kassala
Setit
YÉMEN
SANAA
Dhamar
'Ataq
Al Bayda
Taizz
Aden
Al Hudaydah
Assab
DJIBOUTI
Obock
Tadjoura
Dikhil
Ali Sabih
SOMALILAND
HARGEISA
Boorama
Berbera
Burco
Ceerigaabo
Maydh
Laascaanood
Garoowe
Qardho
Boosaaso
Caluula
Hurdiyo
Bandarbeyla
Eyl
Gaalkacyo
Dhuusa Mareeb
Beledweyne
Ferfer
SOMALIE
Mereeg
Jawhar
Hudur
Garbahaarey
Baydhabo
Buurhakaba
Luuq
Mandera
Gode
Guenale
Chébéli
Dépression de l'Afar
Mekele
Lalibela
Dese
Bati
Awash
Lac Gemeri
Dire Dawa
Harar
Jijiga
Debre Birhan
ADDIS-ABEBA
Nazret
Asela
Goba
Parc national du Mont Balé
Nagele
Moyale
Marsabit
Tekesé
Parc national du Simien
Gondar
Lac Tana
Bahir Dar
Debre Markos
Hagere Hiywet
Giyon
Hosaina
Lac Abaya
Arba Minch
Lake Chamo
Lac Chew Bahir
Djimma
Nekemte
Gimbi
Gore
Omo
Basse vallée de l'Omo
Lac Turkana
KENYA
Lodwar
Moroto
Assosa
Dembi Dolo
Akobo
Kangen
Nil Bleu
Ad Damazin
Gedaref
Medani
Sennar
KHARTOUM
El Manaqil
Ed Dueim
SOUDAN
Kosti
El Obeid
Kadugli
Melut
Nil Blanc
Malakal
Nasir
Sobat
Bentiu
SOUDAN DU SUD
Rumbek
Bor
DJOUBA
Kapoeta
OUGANDA
Maridi
Yei
Arua
Adjumani
Gulu
1
2
3
4
5
6
7
8
9
10
11

Éthiopie
Les incontournables

Harar

1 Harar est de loin la ville la plus intrigante d'Éthiopie. Il est tout aussi fascinant de se perdre dans ses ruelles que de visiter les innombrables musées, marchés et maisons traditionnelles entassés dans l'enceinte de sa vieille ville, où rôde l'esprit d'Arthur Rimbaud, qui y vécut dix ans. Et puis il y a les hyènes. Ces grands carnivores errent dans la ville, et vous pourriez bien tomber nez à nez avec l'un d'entre eux au hasard de vos déambulations nocturnes. Heureusement, les hyènes trouvent suffisamment de restes de viande pour snober les êtres humains.

Lalibela

2 Rien ne prépare tout à fait au choc que l'on ressent en découvrant les églises rupestres de Lalibela, aux sculptures et aux ornements délicats. Ces édifices taillés dans la roche au XIIe siècle, toujours en usage, sont globalement en excellent état de conservation. S'y rendre de bon matin, à l'heure où les habitants viennent y chercher bénédictions et inspiration, permet d'en ressentir toute la spiritualité.

Monts Balé

3 Le loup d'Abyssinie est le canidé le plus rare au monde. Pourtant, vous êtes presque assuré d'en

Bet Giyorgis (église Saint-Georges), Lalibela

2

CAVAN IMAGES / GETTY IMAGES ©

apercevoir du côté du plateau de Sanetti, à 4 000 m d'altitude, dans les monts Balé, en train de chasser des rats-taupes géants. Votre regard sera aussi attiré par des forêts féeriques aux arbres drapés de lichens et par l'à-pic vertigineux de l'escarpement de Harenna. Bien que ces montagnes invitent à la randonnée, on peut aussi les parcourir en voiture : elles sont traversées par la plus haute route praticable en toute saison d'Afrique.

Massif du Simien

4 Avec ses canyons profonds et ses montagnes à l'étrange contour dentelé dessinant des paysages à la beauté presque irréelle, ce massif est une merveilles de la nature. C'est une importante réserve pour certaines espèces endémiques. S'asseoir à Sankaber au beau milieu d'une bande de géladas (primates ressemblant au babouin) apprivoisés reste une expérience inoubliable. Véritable paradis pour randonneurs, la zone est néanmoins accessible en voiture.

Églises rupestres du Tigré

5 Dissimulées tel un trésor dans les plaines arides du Tigré, ces églises anciennes sont partiellement taillées dans la roche, partiellement construites. La plupart occupent des falaises reculées, et de longues marches (voire d'abruptes ascensions) sont parfois nécessaires pour les atteindre. Le sentiment de découverte n'en est que plus vif à l'arrivée, sans compter leurs attraits artistiques et historiques.

Gondar

6 Gondar est un trésor d'histoire. L'enceinte de sa forteresse royale abrite une demi-douzaine de châteaux et une foule de légendes. En s'y promenant, on imagine aisément les grandes célébrations qui ont dû s'y tenir. D'autres sites paisibles et évocateurs vous attendent ailleurs dans la ville, notamment les bains de Fasiladas, le complexe palatial de Quisquam et l'église de Debré Berhan Selassié, autant de pépites ayant échappé aux guerriers mahdistes soudanais à la fin du XIXe siècle… grâce à un essaim d'abeilles.

Sur 100 personnes en Éthiopie

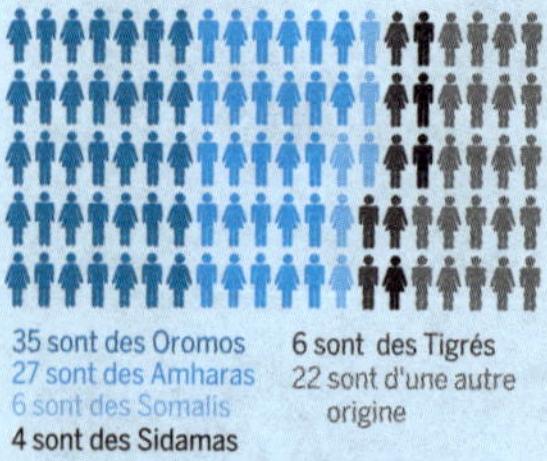

Religions

(% de la population)

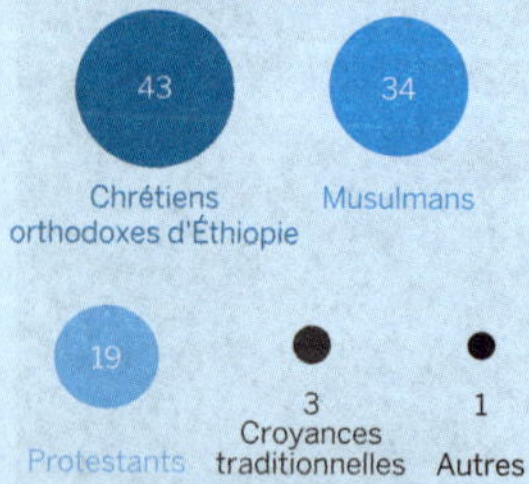

Population au km²

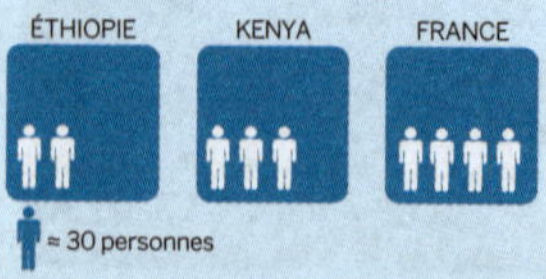

Coiffures tribales

Dans toutes les sociétés, la coiffure est une forte composante de l'identité tribale. Reflet de la grande diversité ethnique du pays, les coiffures sont particulièrement variées et colorées en Éthiopie. Les cheveux sont coupés, rasés, taillés, tressés, nattés, sculptés avec de l'argile, frottés avec de la boue, coiffés en chignon et teints de toutes les couleurs imaginables. Dans la vallée de l'Omo, les coiffures sont parfois si élaborées que l'on a recours à des appuis-tête en bois en guise d'oreillers pour éviter de les abîmer.

Dans les zones rurales, il est de coutume de raser la tête des enfants pour lutter contre les poux. Parfois, on ne leur laisse qu'une queue de cheval ou un petit chignon destiné à servir de poignée à Dieu pour les élever jusqu'au paradis s'il décidait de les rappeler à lui.

À table !

La gastronomie éthiopienne est à mille lieues de tout ce que vous avez déjà eu l'occasion de goûter.

Les assiettes, les bols et mêmes les ustensiles de cuisine sont remplacés par l'*injera*, une sorte d'immense crêpe sur laquelle sont servis de délicieux petits tas multicolores de *kai wat* (ragoût de viande épicé), de *wat* (savoureux curry de légumes) et même des morceaux de *tere sega* (viande crue). Régalez-vous, mais n'oubliez pas de laisser des restes à la fin du repas. Finir son assiette est parfois perçu comme pouvant attirer la famine.

L'Éthiopie revendique – à raison – la paternité du café, omniprésent à travers tout le territoire. Être invité à une cérémonie du café est une marque d'amitié ou de respect. Mais mieux vaut ne pas être pressé ! Il convient d'en accepter au moins trois tasses, la troisième en particulier (*berekha*) est considérée comme porteuse d'une bénédiction.

FRANCOIS-OLIVIER DOMMERGUES / GETTY IMAGES ©

Dépression Danakil

7 Cette dépression abrite un lac de lave permanent et un vaste champ de roches sulfuriques jaunes et orange. Plus fascinante encore est la capacité des Afars à survivre dans ces plaines torrides. Bien que des visites y soient organisées, il n'est pas facile de se déplacer dans la région en raison de l'absence de routes et de transports, et de la canicule. Pour explorer ce territoire inhospitalier, le mieux est de passer par un tour-opérateur bien établi.

Timkat

8 Timkat, la fête de l'Épiphanie, célèbre le baptême du Christ par trois jours de festivités débutant le 19 janvier. Joignez-vous à la procession suivant des prêtres en tenue d'apparat, tandis que les *tabots* (répliques de l'arche d'alliance) sont retirés des églises et transportés jusqu'au plan d'eau le plus proche la veille de la fête. Le lendemain matin, les *tabots* sont à nouveau escortés jusqu'à l'église à grand renfort de danses et de chants. À Gondar, les bains historiques de Fasiladas sont remplis d'eau une fois l'an pour cette célébration colorée.

Quand partir

HAUTE SAISON
(janvier-mars)

➡ Attendez-vous à une météo chaude et ensoleillée.

➡ Temps des fêtes les plus colorées du pays, notamment Timkat et Leddet.

SAISON INTERMÉDIAIRE
(octobre-décembre)

➡ La campagne est verte, le ciel, ensoleillé, et les visiteurs se font plus rares. Les randonnées sont particulièrement splendides.

BASSE SAISON
(avril-septembre)

➡ La saison des pluies dans le sud de l'Éthiopie et la canicule dans les plaines peuvent compliquer le voyage.

Addis-Abeba

9 Ça bouge à Addis-Abeba ! La ville est en pleine mutation depuis quelques années. Bars, cafés et restaurants et night-clubs ont poussé comme des champignons le long de Bole Road, l'avenue qui relie l'aéroport au centre. Côté culture, le Musée ethnologique installé dans l'ancien palais d'Haïlé Sélassié, et le Musée national, valent la visite. Perché sur le plateau d'Abyssinie à quelque 2 400 m d'altitude, la capitale jouit d'un climat agréable : pendant huit mois de l'année, pas un nuage n'assombrit ses cieux.

Transports

Avion Les vols interieurs font gagner énormément de temps. La compagnie nationale, considérée comme sûre, propose un réseau de liaisons interieures étendu. Réserver votre vol intérieur depuis l'Éthiopie revient moins cher.

Bus Optez pour les compagnies les plus récentes : elles offrent un meilleur service, et leurs véhicules sont plus confortables.

Voiture Louer un 4x4 avec chauffeur revient cher mais est une bonne idée, en particulier pour sillonner le sud et l'ouest du pays. Le chauffeur peut également faire office de guide et d'interprète. Notez que certains parcs nationaux ne sont accessibles qu'en 4x4. Comparez les prix et optez pour un loueur à la réputation établie.

Basse vallée de l'Omo

10 La basse vallée de l'Omo est un formidable carrefour culturel. Entre les Mursi avec leur disque labial, les Banna avec leur chapeau-calebasse et les Karo avec leurs peintures corporelles, les traditions sont profondément ancrées dans la région. Flâner dans leurs marchés et leurs villages ou assister à leurs cérémonies procure le sentiment d'un voyage dans le temps.

Tombeaux d'Aksoum

11 Dans le nord-est de l'Afrique, on utilisa des monolithes comme pierres tombales et comme monuments à la gloire des gouvernants pendant pas moins de 5 000 ans. C'est à Aksoum que cette tradition connut son apogée. À l'instar des pyramides d'Égypte, ces stèles y étaient comme autant de grands panneaux vantant à la terre entière la grandeur des souverains. Elles surprennent par leur allure d'obélisques, par leur excellent état de conservation et par leur aspect étonnement moderne. Taillés dans un unique bloc de granit, les plus récents sont dotés de petites fenêtres, de portes, et même de poignées et de verrous.

À écouter

Éthiopiques (Buda Musique). Toute la richesse de la musique éthiopienne : mélopées du crooner Mahmoud Ahmed, éthio-jazz de Mulatu Astatqé, musiques traditionnelles, etc.

À lire

L'Abyssin (Jean-Christophe Ruffin ; 1997). Au XVIIe siècle, un médecin français est envoyé en Abyssinie pour guérir le Négus.

Sous le regard du lion (Maaza Mengiste ; 2010). L'histoire d'une famille dans les tourments de la révolution éthiopienne, et le portrait d'un pays à un tournant de son histoire.

Rimbaud l'Africain (Claude Jeancolas ; 2014). Témoignages et archives pour revivre l'Éthiopie telle que le poète l'a vécue.

À voir

Difret (Zeresenay Mehari ; 2015). Kidnappée sur le chemin de l'école, une jeune fille tue son ravisseur. Accusée de meurtre, elle est défendue par une avocate pionnière du droit des femmes.

9

TOM COCKREM / GETTY IMAGES ©

CAPITALE
Suva

POPULATION
903 207

SUPERFICIE
18 274 km²

LANGUES OFFICIELLES
Fidjien, anglais

Fidji

Pour tout adepte de la bronzette qui se respecte, les îles Fidji ont des airs de nirvana. Des plages bordées de palmiers, des récifs regorgeant de poissons et des habitants souriants.

Les Fidji attirent les vacanciers, comme des pèlerins vers la Terre sainte, par la promesse de plages de sable blanc, de ciels sans nuages et d'une douce torpeur à l'ombre des palmiers. Les favorites de l'archipel sont les îles Mamanuca et Yasawa, dont les récifs ont servi de décor à des films comme *Seul au monde* avec Tom Hanks ou *Le Lagon bleu.*

Le décor sous-marin des Fidji est spectaculaire, avec des spots qui comptent parmi les plus beaux et les plus accessibles du Pacifique. Leurs innombrables récifs, murs et canaux susciteront l'admiration des adeptes de plongée.

Pour bien saisir l'identité insulaire, il faut cependant aller au-delà des plages et passer du temps dans les terres. C'est sur l'île de Viti Levu qu'on trouve les deux plus grandes villes du pays : Suva, la capitale, et Lautoka, ville portuaire vivant des exploitations de canne à sucre qui l'entourent. Deux îles ne demandent qu'à être explorées : Taveuni, surnommée "l'île jardin" en raison de sa végétation tropicale, et Kadavu, située plus au sud.

Fidji
Les incontournables

Les îles Mamanuca et Yasawa

1 Soleil brûlant, eaux chaudes turquoise et boissons fraîches sont au menu des archipels de Mamanuca et Yasawa. Proches de Viti Levu, les îles Mamanuca offrent une large palette de sports aquatiques dans des complexes hôteliers pour tous les budgets, ainsi que des excursions complètes à la journée, au départ de l'île principale. Déroulant leur chapelet vers le nord, les îles Yasawa, plus discrètes, séduisent par leurs lagons aux eaux transparentes, leurs paysages sauvages, leurs villages isolés et leurs plages paradisiaques sur lesquelles s'échouer.

Fidji sous-marine

2 La clarté de l'eau, qui permet une visibilité jusqu'à 30 m, impressionne les *snorkelers* les plus chevronnés, et des prestations de qualité assurent aux plongeurs un carnet de bord bien rempli. Du face-à-face excitant avec d'énormes requins-bouledogues au Beqa Lagoon à une plongée plus calme en se laissant dériver au-dessus du Great Astrolabe Reef, les Fidji sont une destination de choix pour les amateurs d'expériences sous-marines.

Suva

3 Capitale des Fidji, Suva offre un vivifiant mélange de traits coloniaux et contemporains. De vieux immeubles élégants et des monuments anciens caractérisent le port et le front de mer. Dans le centre-ville, des centres commerciaux climatisés cohabitent avec des étals d'artisans. Au coucher du soleil, les noctambules peuvent siroter des cocktails dans les bars avant d'aller vibrer au rythme endiablé des tambours dans les discothèques.

Namosi Highlands

4 Les montagnes de Namosi, sur l'île de Viti Levu, offrent un cadre spectaculaire fait de forêts luxuriantes, de chutes d'eau et de rivières grondantes. Encadrée par des gorges abruptes, la

JEFF HUNTER / GETTY IMAGES ©

rivière Wainikoroiluva offre l'occasion d'une excursion en rafting pittoresque à bord d'un *bilibili* (embarcation en bambou). Les portions plus en aval, plus longues et plus larges du cours d'eau se parcourent à bord de canoës équipés de moteurs hors-bord. Les villageois, eux, montent et descendent la rivière sur des embarcations locales chargées de cochons, de noix de coco, de taro et de légumes verts feuillus à destination du marché.

Levuka

5 Jadis capitale coloniale du pays, Levuka n'est plus qu'une ville assoupie. On imaginerait presque des marins surgissant des échoppes aux devantures en bois à la couleur fatiguée. Les femmes des villages alentour vendent du *dalo* (taro) et autres produits sur le bord de la route, une église aux murs blancs passés et fissurés se détache sur le ciel et les seuls bruits qu'on entend proviennent des rares tacots traversant la ville.

Quand partir

HAUTE SAISON
(juin-septembre)

➡ Elle coïncide avec les vacances scolaires en Australie et en Nouvelle-Zélande. Elle comprend aussi les vacances de décembre-janvier.

➡ Prix de 10% à 20% supérieurs à la basse saison, avec un pic en juin-juillet.

SAISON INTERMÉDIAIRE
(mai et octobre)

➡ Elle correspond à la saison sèche, dite de "l'hiver fidjien", caractérisée par de faibles précipitations, des températures plus douces et moins de risques de conditions climatiques extrêmes comme les cyclones.

BASSE SAISON
(novembre-avril)

➡ La saison des pluies s'étend de novembre à avril avec un taux d'humidité et des précipitations plus fortes.

➡ La baisse de la fréquentation touristique permet d'obtenir des tarifs réduits.

Sur 100 personnes aux Fidji

57 sont fidjiennes
38 sont indo-fidjiennes
1 est originaire de l'île de Rotuma
4 sont d'une autre origine

Religions
(% de la population)

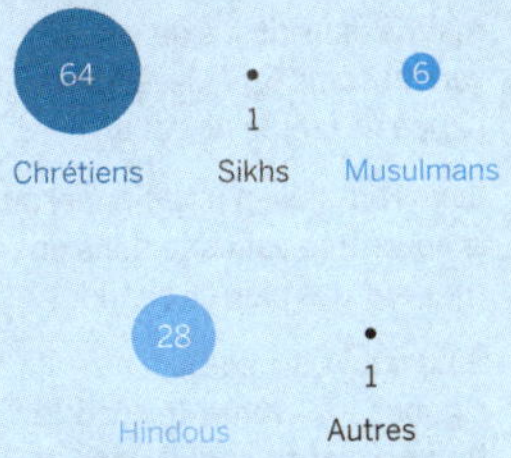

Population au km²

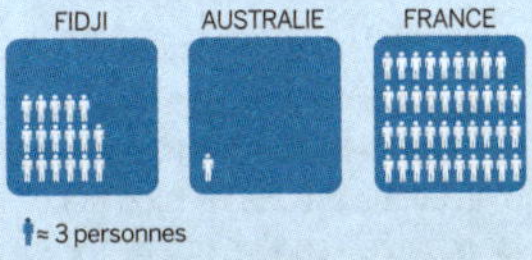

Culture fidjienne

La population des Fidji est la plus métissée du Pacifique Sud.

Pour l'essentiel, les Fidjiens autochtones vivent dans des villages en *mataqali* (famille élargie ou clan) et reconnaissent un chef héréditaire. La vie de village est solidaire, mais également conservatrice. Les concepts de *kerekere* (partage obligatoire) et de *sevusevu* (cadeau offert en échange d'une faveur obligatoire) restent très ancrés, et la consommation de *yaqona* – ou *kava* – est encore un rituel social important.

Les Indiens des Fidji sont pour beaucoup les descendants de travailleurs agricoles réduits en servitude au XIXe siècle. Les changements culturels expérimentés par ces derniers ont donné lieu à une société entreprenante, relativement libre, à mille lieues des cultures indiennes de leurs ancêtres. Pour goûter au mode de vie indo-fidjien, il vous suffit de pousser la porte du restaurant de curries local ou de visiter les temples et sanctuaires hindous colorés de l'île principale.

À table !

Kokoda Salade de poisson cru mariné dans du jus de citron vert, accompagné de légumes et nappé de crème de coco.

Lovo Four fidjien traditionnel où la nourriture est cuite dans un trou, sur des pierres chaudes.

Palusami Corned-beef ou oignons à la crème de coco, le tout enveloppé et cuit dans de jeunes feuilles de taro.

Thali Menu indien composé de différents curries.

Yaqona Également appelée *kava* ou grog, cette boisson légèrement narcotique est une infusion trouble concoctée à partir d'une racine.

CHRIS CHRISTOFORO / GETTY IMAGES ©

Maison traditionnelle *(bure)*, village de Navala

Village de Navala

6 Le trajet en voiture vers Navala, niché dans une vallée des Nausori Highlands, vaut à lui seul le détour. Dernier bastion de l'architecture traditionnelle de l'archipel, Navala est le village le plus surprenant des îles Fidji. Tous les bâtiments sont construits selon des techniques ancestrales utilisant murs en bambou tressé, toits de chaume et cordes faites à partir des fibres des arbustes environnants.

Waitavala Water Slide

7 Laissez-vous glisser le long de ce toboggan de rochers polis sous une cascade. Pour vous donner une idée de ce qui vous attend, observez les jeunes du coin qui abordent les chutes avec l'aisance de vrais surfeurs, chacun tentant de surpasser l'autre dans l'espoir de finir sur vos photos de vacances. À l'arrivée, vous aurez le plaisir de finir dans l'eau rafraîchissante des bassins en contrebas.

Transports

Avion Sun Pacific assure la plupart des liaisons régulières inter îles par avion léger ; il existe également plusieurs compagnies charters.

Bateau À l'exception des îles de villégiature huppées, les petits bateaux locaux sont souvent le seul moyen de se déplacer d'une île à l'autre. En cas de météo mitigée et si le bateau est bondé, envisagez sérieusement de reporter votre excursion ! Des catamarans rapides et confortables rallient Viti Levu aux archipels de Yasawa et Mamanuca.

Bus Sur les principales îles de l'archipel, se déplacer en bus est distrayant et bon marché.

Voiture et moto Viti Levu et Vanua Levu concentrent 90% des 5 100 km de routes de Fidji (dont environ 20% sont asphaltées). Il est amusant d'explorer ces deux îles en voiture ; les loueurs ne manquent pas.

CAPITALE
Helsinki

POPULATION
5,3 millions

SUPERFICIE
338 145 km^2

LANGUES OFFICIELLES
Finnois et suédois

Paysage d'hiver, Laponie

Finlande

La Finlande, c'est le Grand Nord, des forêts et des lacs à perte de vue, un air vivifiant mais aussi des villes à la pointe du progrès. Entre l'été et son soleil de minuit et la magie de l'hiver, à vous de choisir !

Selon la saison, vous ne découvrirez pas la même Finlande. Court mais agréable, l'été finlandais est une ode à la vie. Les Finlandais semblent ne pas vouloir laisser une miette de la belle saison : c'est une grande explosion de festivités et de bonne humeur. À vous les festivals de musique, les expos d'art, les croisières sur les lacs, le soleil de minuit et les longues journées de farniente dans un chalet au bord de l'eau.

L'hiver a aussi son charme avec la neige coiffant les sapins et les lacs gelés. Que diriez-vous d'une randonnée sur l'immense manteau neigeux, derrière un attelage de huskies ou de rennes ? Après un sauna au feu de bois, il ne manque plus qu'une aurore boréale pour que le bonheur soit total.

Mais n'imaginez pas la Finlande comme une immensité morne. Des villes dynamiques jalonnent le sud du pays, à commencer par Helsinki. Léchée par la Baltique, la capitale offre un cocktail séduisant d'architecture moderne, de restaurants sur des îles et de bars branchés et décalés.

Finlande

Les incontournables

Helsinki

1 En dépit d'une histoire assez récente, Helsinki n'en a pas moins une solide tradition artistique. Son excellence en matière de design se manifeste dans les innombrables boutiques élégantes ou avant-gardistes. La scène gastronomique est florissante, comme en témoigne l'ouverture de restaurants soucieux de recourir à des denrées locales. L'architecture Art nouveau, les cafés centenaires, les musées patrimoniaux contribuent également au cachet de la capitale.

En traîneau en Laponie

2 Filer sur la neige derrière une meute de huskies dans la lumière du soleil d'hiver est une expérience hors du commun. Les courtes balades sont agréables, mais en partant au moins une nuit, vous aurez la chance de pouvoir tisser des liens avec ces chiens adorables et de vous offrir un sauna au feu de bois au beau milieu de l'immensité blanche. Mais attention, le traîneau, ça s'apprend : attendez-vous à quelques gamelles avant de maîtriser votre attelage.

Culture sami à Inari

3 Le peuple autochtone de la Finlande septentrionale n'a rien perdu de son intimité avec la nature. Le parc national de Lemmenjoki et le village d'Inari, et son superbe musée, le Siida, sont parfaits pour découvrir la culture et les traditions sami. Partez en excursion avec un guide local, retrouvez-vous nez à museau avec un renne et découvrez musique et artisanat de qualité.

Sauna traditionnel

4 Si la plupart des Finlandais ont leur sauna à domicile, il reste encore quelques établissements publics, qui fleurent bon le vieux pin, le shampooing au goudron et la tradition. Devant ces lieux emblématiques, des Finlandais revigorés sortent enveloppés dans une serviette pour prendre le frais et une bonne bière. Helsinki et Tampere sont parfaites pour vivre cette expérience, tandis que le sauna à fumée de Kuopio, allumé 24 heures à l'avance, offre une ambiance plus rustique.

Gare centrale d'Helsinki

Région des lacs

5 Ici, l'eau prend le pas sur la terre. Pourquoi ne pas passer trois jours à pagayer en famille sur le circuit de l'Écureuil ou aller à la rencontre des phoques d'eau douce des parcs de Kolovesi et de Linnansaari ? Si des courbatures vous gagnent, des bateaux sillonnent d'anciennes voies de navigation marchande : depuis Savonlinna, vous pourrez voguer une journée entière jusqu'à Kuopio, ou bien traverser le plus vaste lac finlandais, le Saimaa, jusqu'à Lappeenranta.

Cyclotourisme dans l'archipel d'Åland

6 Le vélo est idéal pour découvrir ce charmant archipel : vous apprécierez d'autant plus ses sites que vous les aurez rejoints à la force du mollet. Ponts et ferrys relient la plupart des 6 000 îles d'Åland, et des itinéraires permettent de quitter les "grandes" routes dès que le cœur vous en dit : à vous cueillette de fraises sauvages, ruines de châteaux et églises médiévales et panoramas splendides sur la mer étincelante.

Quand partir

HAUTE SAISON (juillet)

- Hôtels en dehors d'Helsinki souvent beaucoup moins chers.
- Croisières en bateau.
- Festivals dans tout le pays.

SAISON INTERMÉDIAIRE (juin et août)

- Journées longues et températures agréables.
- Fréquentation moindre qu'en juillet.
- Moins d'insectes dans le Nord.
- Tout ferme à la Saint-Jean.

BASSE SAISON (septembre-mai)

- Hors des grandes villes, beaucoup de sites ferment.
- Hôtels chers, sauf le week-end.
- Sports d'hiver de décembre à avril.
- Journées courtes et froides.

Sur 100 personnes en Finlande

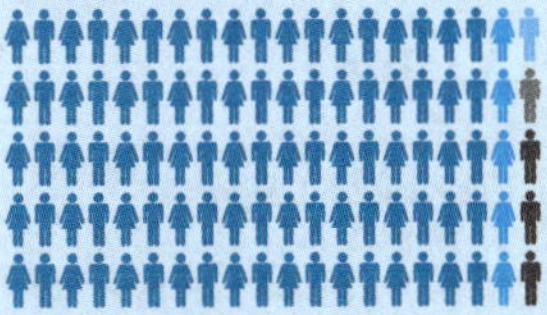

90 ont le finnois comme langue maternelle
5 ont le suédois comme langue maternelle
1 a le russe comme langue maternelle
1 a l'estonien comme langue maternelle
3 parlent d'autres langues

Religions

(% de la population)

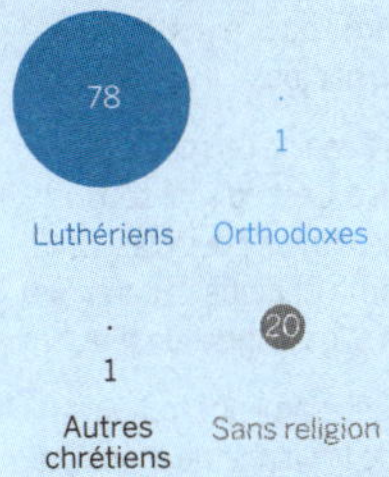

Population au km²

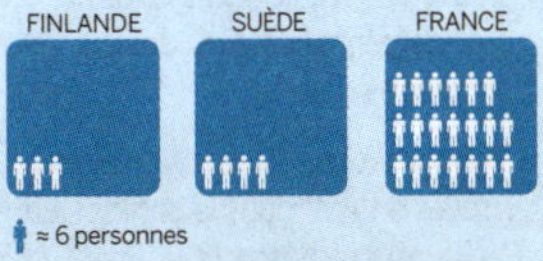

Le mökki

Un demi-million de *kesämökkejä* (chalets d'été) se nichent à l'ombre des forêts non loin d'un lac. À la fois villégiature et retraite, le *mökki* est la maison de cœur du Finlandais. Il faut avoir expérimenté cette vie pour pénétrer l'âme du pays.

On y vient pour renouer avec la nature dans un cadre spartiate – les chalets les plus authentiques n'ont ni électricité ni eau courante –, découper du bois, bricoler, cueillir des chanterelles et des myrtilles, se détendre dans son sauna ou encore piquer une tête dans un lac.

L'idéal pour expérimenter cette vie au *mökki* est d'être invité par un Finlandais. Néanmoins, beaucoup de *mökki* se louent dans la région des lacs.

À table !

Boissons alcoolisées Les Finlandais sont de grands amateurs de bière (*olut*). Parmi les boissons traditionnelles figurent le *salmiakkikossu*, mélange de vodka, de réglisse et de menthe poivrée ou le *fisu*, la même chose mais avec des pastilles Fisherman's Friend.

Café Il y a des cafés partout, car les Finlandais sont les plus grands buveurs de café (*kahvi*) au monde, avec près de quatre tasses en moyenne par jour.

Poisson Base de l'alimentation finlandaise, il est cuisiné sous toutes les formes possibles. Le hareng de la Baltique, le corégone et le saumon viennent en tête.

Viande Les Sami ont toujours mangé de la viande de renne. La viande d'élan est consommée pendant la saison de la chasse. On trouve aussi à certains endroits des steaks, du pâté ou des conserves d'ours.

Baies Myrtilles, fraises sauvages et airelles entrent dans la composition de nombreux desserts.

7

ANZELETTI / GETTY IMAGES ©

Observation des ours dans l'est de la Finlande

7 Le bon vieil ours brun est l'emblème de la Finlande. Environ un millier d'entre eux vivent dans le nord-est du pays, où ils vont et viennent des deux côtés de la frontière russo-finlandaise. Divers prestataires possèdent des abris où vous pourrez passer une nuit – blanche – à les observer renifler des carcasses d'élans. La meilleure période s'étend de mi-avril à août, avec une interruption en juillet, saison des amours.

Le vieux Rauma

8 Classé au patrimoine mondial de l'Unesco, Vanha Rauma constitue le plus vaste centre historique en bois des pays nordiques. Ses 600 édifices forment un musée à ciel ouvert et cependant bien vivant : les habitants soignent leurs jardinières pendant que les visiteurs flânent de cafés décontractés en boutiques et de musées en ateliers d'artisanat. On y parle encore le *giäl* de Rauma, un vieux sabir de marins, et Rauma célèbre son histoire dentellière durant la Pitsiviikko (Semaine de la dentelle de Rauma).

Transports

Bus Le bus, dont le réseau est bien plus étendu que celui du train, est le principal mode de transport longue distance en Finlande. Les bus sont à l'heure et rarement bondés.

Train Service rapide et efficace. Tarifs à peu près équivalents à ceux des bus sur les mêmes itinéraires.

Vélo La Finlande bénéficie d'un relief plat et les pistes cyclables y sont légion. Il est possible d'embarquer son vélo dans la plupart des trains, des bus et des ferrys.

Voiture Location de voiture facile. Formules à la semaine/week-end réservées plus intéressantes que les tarifs journaliers élevés.

Jardins, château de Villandry, Val de Loire

CAPITALE
Paris

POPULATION
64,2 millions

SUPERFICIE
549 000 km^2

LANGUE OFFICIELLE
Français

France

Vous pensez dominer votre sujet ? Oubliez les images d'Épinal ou d'ailleurs et partez à la découverte de l'Hexagone avec les lunettes d'un voyageur. Plus besoin de partir loin pour être dépaysé !

Peut-être rêvez-vous de vous prélasser à la terrasse d'un café sur une place provençale ombragée de tilleuls, ou dans l'animation des boulevards parisiens. De marcher sur une plage des Landes bordée de pins ou le long des falaises bretonnes, d'escalader des sommets alpins, de rouler à bicyclette à travers les vignobles de Bourgogne ou les manoirs du Périgord. Au-delà de sa traditionnelle image de marque, faite d'art culinaire et de haute couture, la France multiplie ses visages en une mosaïque de régions. Pas une ne ressemble à l'autre. La pierre des édifices n'a jamais la même couleur : grise en Bretagne, blanche en Anjou, ocre en Lorraine. Pas plus que la lumière lorsqu'elle baigne les paysages de l'Île-de-France, qui inspirèrent les impressionnistes, ou ceux de la Provence, chers à Van Gogh.

Peu de pays capitalisent autant de promesses de découvertes qui allient ambiances, paysages, saveurs et villes d'art. C'est maintenant à vous d'en profiter.

0 200 km
BELFAST
Mer d'Irlande
York
Mer du Nord
Kiel
Lübeck
Schwerin
Hambourg
Brême
Sheffield
Aberystwyth
PAYS DE GALLES
Birmingham
PAYS-BAS
AMSTERDAM
Hanovre
Swansea
Ipswich
La Hague (Den Haag)
Rotterdam
CARDIFF
Bristol
LONDRES
Folkestone
ANGLETERRE
Anvers
Düsseldorf
Erfurt
ALLEMAGNE
Plymouth
Eastbourne
Calais
Lille
BRUXELLES
BELGIQUE
Francfort
Manche
LUXEMBOURG
Mayence
Cherbourg
7
Rouen
LUXEMBOURG
Sarrebruck
St-Lô
Caen
Reims
Roscoff
3
Mont St-Michel
Évreux
PARIS
Épernay
Stuttgart
St-Brieuc
Versailles
1
Nancy
Strasbourg
Presqu'île de Crozon
Alençon
Chartres
Schnellenbuhl
6
Josselin
Rennes
Troyes
Quimper
Katzenthal
Carnac
2
Beaugency
Belle-Île
10
Tours
Amboise
Dijon
Besançon
VADUZ
Nantes
BERNE
Arc-et-Senans
SUISSE
Le Creusot
Arbois
Poitiers
La Rochelle
Guéret
Lausanne
Sondrio
Chamonix
Aoste
Limoges
Lyon
12
Milan
OCÉAN ATLANTIQUE
Les Eyzies-de-Tayac-Sireuil
St-Étienne
Grenoble
Aurillac
ITALIE
Bordeaux
Turin
Sarlat-la-Canéda
Vaison-la-Romaine
9
Golfe de Gascogne
Gênes
Pont du Gard
8
Moissac
Mer de Ligurie
Santander
Aix-en-Provence
Nice
MONACO
St-Sébastien
Toulouse
Montpellier
4
Bilbao
St-Étienne de Baïgorry
11
5
Cannes
Marseille
St-Tropez
Vitoria
Carcassonne
Golfe du Lion
Pampelune
Île Rousse
Burgos
ANDORRE
Calvi
Monte Cinto
Logroño
Perpignan
CORSE
ANDORRE LA VIEILLE
Ajaccio
Saragosse
Bonifacio
Barcelone
MADRID
Sassari
ESPAGNE
Nuoro
ITALIE
Oristano
SARDAIGNE
Valence
Palma de Majorque
Cagliari
MER MÉDITERRANÉE
Albacete
Murcie

France

Les incontournables

Tour Eiffel

1 Que l'on soit parisien d'adoption ou poulbot de naissance, touriste d'un jour ou amoureux de la capitale, la tour Eiffel agit toujours comme un aimant pour celui qui s'en approche. Le monument le plus visité de France exige quelques astuces pour échapper au flux de touristes. Venez tôt le matin et privilégiez les escaliers pour grimper jusqu'au deuxième étage (1 665 marches). Le dernier étage se rejoint obligatoirement par ascenseur. À 310 m de hauteur, Paris se livre à vous. Vous n'aurez qu'une envie, ne plus redescendre ou vous faire aimanter à nouveau.

Châteaux du Val de Loire

2 S'il existe un itinéraire pour entreprendre un voyage au cœur de l'histoire de France, c'est bien celui-ci. Qu'ils soient connus à l'instar de Chenonceau, Amboise, Chambord, Villandry ou Azay-le-Rideau, ou au contraire plus discrets comme Loches, Beauregard ou Montrésor, les châteaux du Val de Loire racontent des histoires qui parlent aux adultes autant qu'aux enfants. Circonscrit sur un petit territoire, ces merveilles de la Renaissance méritent assurément le voyage.

BERTHOLD TRENKEL / GETTY IMAGES ©

Mont-Saint-Michel

3 Un village, une abbaye et un site naturel mêlés en une harmonieuse unité de lieu, des constructions humaines sublimement mises en scène par la nature, un décor qui évolue selon les mouvements des nuages, des marées, du soleil et du sable... le Mont-Saint-Michel est tout cela à la fois. Approchez-vous lentement du site, en optant pour une randonnée d'une journée où vous traverserez la baie à pied. Inoubliable !

Pont du Gard

4 Plus haut aqueduc connu de l'Empire romain, le pont domine le Gardon du haut de ses 47 m. Long de 275 m et composé de trois étages indépendants aux arches remarquables, il est le principal vestige de l'aqueduc de Nîmes construit par les Romains. Cette infrastructure vitale permettait l'acheminement de 20 000 m³ d'eau par jour. C'est aujourd'hui un site touristique majeur adossé à un superbe espace muséographique, mais aussi un lieu de détente et de loisirs qui plaira aux familles et aux petits férus d'histoire.

Calanques de Marseille

5 D'un côté, un long massif percé d'entrailles, offrant de magnifiques balcons sur une eau vert-bleu entre Marseille et Cassis. De l'autre, les criques de la Côte bleue au fond desquelles se nichent de charmants villages. On explore les calanques, et leur parc national, au départ de Marseille, à pied, en canoë ou pour une simple pause baignade.

Route des Vins d'Alsace

6 La route des Vins d'Alsace, avec ses villages entourés de vignobles blottis sur les contreforts du massif des Vosges, est l'un des plus beaux itinéraires qui soit. Paysage, culture, histoire et œnologie, ce parcours est un festival de découvertes. Pour effectuer tout ou une partie des 170 km, vous avez le choix entre la marche à pied et le vélo (électrique).

Plages du débarquement

7 Elles ne forment pas le littoral le plus séduisant de Normandie mais les plages choisies par les alliés pour le débarquement de juin 1944 comptent cependant parmi les sites les plus passionnants de l'Hexagone. Replongeant les visiteurs dans l'un des moments clés où s'est joué le destin du monde contemporain, ces lieux ne laissent personne indifférent. De la Côte de Nacre aux prémices du Cotentin, chaque plage, site, mémorial, et cimetière relate une multitude d'histoires individuelles émouvantes.

Sur 100 personnes en France

77 vivent en zone urbaine
23 vivent en zone rurale

Religions

(% de la population)

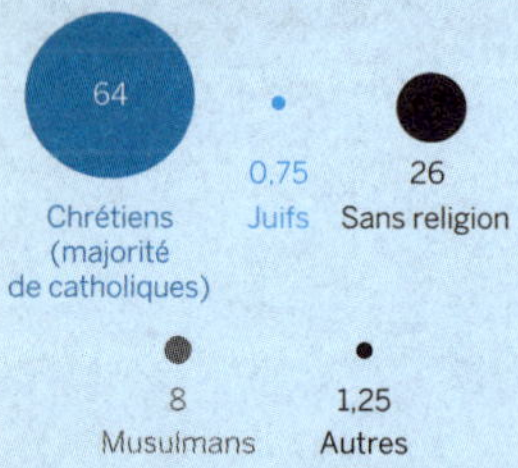

Population au km²

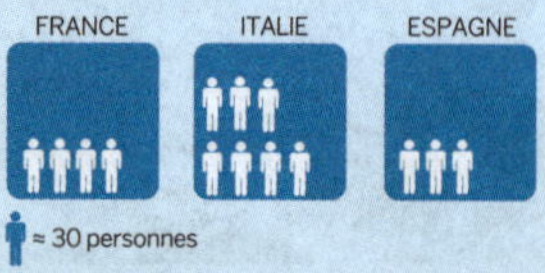

Tour de France

Votre compte en banque est à sec pour partir en voyage ? Installez-vous confortablement sur votre canapé et allumez la télé pour suivre la retransmission du Tour de France. Pendant trois semaines, vous allez voir quelques-uns des paysages les plus incroyables et trouver quelques suggestions pour vos prochaines vacances dans l'Hexagone.

Bien sûr, le Tour n'a pas toujours été une vitrine du tourisme en France. Il a même failli disparaître à la deuxième édition, en 1904. Il faut dire qu'à l'époque certaines étapes se passaient la nuit et que l'assistance technique était interdite. Soupçons de triche de coureurs embarqués dans des voitures, clous jetés sur la route par des supporters irascibles et autres coups tordus étaient monnaie courante. Aujourd'hui, seuls les excès d'argent et le dopage fournissent des arguments à ceux qui critiquent ce spectacle, suivi par des millions de fans, sur la route ou à la télévision. Bref, que l'on aime ou que l'on déteste, le Tour de France est une occasion unique de faire un voyage à travers l'Hexagone.

À table !

Bouillabaisse À l'origine, ce plat familial, préparé par les pêcheurs marseillais à leur retour de pêche, devait contenir au moins quatre variétés de poissons.

Champagne Qu'il soit brut pour un repas ou extra-sec, sa température idéale se situe entre 7 et 9°C.

Crêpes À base de froment pour les crêpes et de blé noir pour les galettes.

Flammekueche Tarte flambée d'origine alsacienne, à l'origine agrémentée de lardons et d'oignons.

Cassoulet Qu'il soit composé, comme à Toulouse, avec du confit de canard, à Carcassonne avec de la perdrix rouge ou à Castelnaudary avec du mouton, l'essentiel c'est qu'il mijote longtemps.

KEN SCICLUNA / GETTY IMAGES ©

Marché du cours Saleya, Nice

Marchés provençaux

8 Chaque village de Provence possède son propre marché, rituel social, baromètre de l'humeur locale, qui, à l'image des fruits et des légumes des étals, change avec les saisons. Celui d'Aix-en-Provence, sous les platanes centenaires, est un moment exquis pour découvrir la ville. À Apt, c'est une mosaïque de couleurs et de saveurs. Celui de Forcalquier permet de s'approvisionner en produits locaux, notamment bio. À Toulon, il ne faut pas manquer, sur l'immense et agréable cours Lafayette, la fameuse cade cuite au feu de bois. Celui du vieux Nice, cours Saleya, permet d'approcher au plus près de l'âme provençale.

Dune du Pilat

9 Enclave jaune dans un océan de vert, la dune du Pilat, postée à l'entrée du bassin d'Arcachon et adossée aux Landes de Gascogne, n'est rien d'autre que la plus haute dune d'Europe (117 m). Large de 500 m et longue de 3 km, cette manifestation

Quand partir

HAUTE SAISON
(juil-août et fin déc)

- Les grandes villes se vident en août, tandis que le littoral ensoleillé attire les vacanciers.
- Pendant les fêtes de fin d'année, trains supplémentaires et routes embouteillées.

SAISON INTERMÉDIAIRE
(avril, juin et sept)

- Tarifs plus intéressants dans les stations balnéaires courues.
- En septembre, on profite généralement du beau temps estival et d'une température de la mer idéale.

BASSE SAISON
(oct-mar)

- Sauf sur la Côte d'Azur, les prix chutent sur le littoral.
- Les vacances scolaires d'hiver correspondent à la haute saison des stations de ski des Alpes et des Pyrénées.

sans pareil de la puissance de la nature est formée du sable charrié par les courants marins. L'approcher lentement (en vélo), la gravir pied nus, le regard au loin, laisse un souvenir mémorable.

Mégalithes de Carnac

10 Entre la presqu'île de Quiberon et le golfe du Morbihan, les mégalithes de Carnac sont une plongée dans l'histoire vieille de 6 000 ans. Des milliers de menhirs disséminés sur plus de 40 ha et une concentration que l'on ne retrouve nulle part ailleurs. Une visite à coupler avec l'excellent musée de la Préhistoire et quelques plages de sable.

Carcassonne

11 Position enviée sur l'axe entre Méditerranée et Atlantique, Massif central et Pyrénées, Carcassonne abrite un joyau architectural, la plus grande cité médiévale d'Europe. Pas moins de deux rangées de remparts crénelés, 52 tours dressées vers le ciel, le château comtal et la basilique célèbre pour la beauté de ses rosaces sont autant de possibilités de faire un plongeon au cœur du Moyen Âge.

Aiguille du Midi

12 Emporté par le téléphérique le plus haut d'Europe, on gagne en moins de 30 minutes un sommet de plus de 3 800 m – enfin presque. Pour tutoyer les cieux il faut grimper dans l'ascenseur qui vous déposera au point le plus haut, à 3 842 m d'altitude. Entre ciel et terre, rocs de granit, azur et glace s'entremêlent à perte de vue. Traversée par une cordée, l'arête Midi-Plan pourrait bien vous donner envie de chausser des crampons.

La Flégère, Chamonix

JULIAN LOVE / GETTY IMAGES ©

Transports

Bus Réseau peu développé entre régions mais efficace dans les départements, parfois en substitution du réseau ferroviaire.

Train Réseau dense composé du train à grande vitesse (TGV) et de trains régionaux. Tarification souvent compliquée et chère pendant les périodes de vacances ou les week-ends.

Vélo Que l'on soit adepte du cyclotourisme ou du VTT, les itinéraires réservés aux vélos ne manquent pas en France. Location de vélo à l'heure à Paris et dans la plupart des grandes villes régionales.

Voiture Excellent réseau d'autoroutes à péage (sauf en Bretagne). Parking en centre-ville souvent cher et rare.

À voir

La Main au collet (Alfred Hitchcock ; 1955). Pour savourer le Nice des années 1950.

La Grande Illusion (Jean Renoir ; 1937). Ce classique fut tourné au château du Haut-Koenigsbourg, au cœur de l'Alsace.

Les Parapluies de Cherbourg (Jacques Demy ; 1964). La célèbre comédie musicale a pour cadre Cherbourg, sur fond de guerre d'Algérie.

À lire

La plupart des écrivains français sont intimement liés à une région ou une ville. C'est le cas du Prix Nobel de littérature 2014, Patrick Modiano, maître des déambulations dans les rues de Paris. La Normandie est décrite en détail par Flaubert et Maupassant. Giono est incontournable pour capter l'âme provençale et Mauriac pour appréhender les paysages du Bordelais. On retiendra Stendhal pour l'Isère, tandis que Rimbaud est intimement lié aux Ardennes.

Parc national d'Ivindo

CAPITALE
Libreville

POPULATION
1,6 million

SUPERFICIE
267 667 km²

LANGUE OFFICIELLE
Français

Gabon

Avec plus d'une dizaine de parcs nationaux et une belle façade maritime, ce pays paisible a des atouts incomparables pour devenir un petit paradis de l'écotourisme.

Contrairement à nombre de ses voisins, ce pays d'Afrique équatoriale affiche à la fois paix et stabilité. Grâce à sa faune abondante, il attire de plus en plus les amateurs de safaris. Les autorités ont bien compris l'enjeu en classant plus de 10% du territoire en réserve naturelle. Ainsi onze parcs nationaux ont été créés au début des années 2000. Et même si le braconnage a tendance à augmenter ces dernières années, le pays est un refuge de la biodiversité pour la sous-région du bassin du Congo.

L'activité touristique est encore peu développée au Gabon. Certains s'en remettront à une agence de voyages, tandis que les plus aventuriers affronteront les médiocres routes, des transports en commun sporadiques et des infrastructures très basiques. En dehors de Libreville, seule véritable ville du pays, le Gabon est une terre inconnue alternant jungle, plages de sable blanc et rivières tumultueuses. Prévoyez un budget conséquent ou une bonne dose de patience, mais ne manquez pas cette expérience de voyage exaltante.

Gabon

Les incontournables

Lambaréné

1 Rendue célèbre par le docteur Schweitzer qui y installa son hôpital en 1913, la ville de Lambaréné offre une ambiance plus douce que le reste du Gabon, comme si l'œuvre humanitaire du Prix Nobel de la paix avait modifié son caractère. Lacs, rivières et végétation en font une escale agréable pour quelques jours.

Parc national de Mayumba

2 Le secret de ce parc est bien gardé, surtout par les expatriés qui préfèrent ne pas l'ébruiter. Ce parc à la frontière avec le Congo a des airs de bout du monde. Ici on vient, difficilement, de Libreville, pour s'adonner au bodysurf alors que les baleines à bosse observent le vacancier du coin de l'œil. Sur la bande de littoral de 1 km de large et 60 km de long, les habitants à l'année sont les tortues qui viennent creuser des milliers de puits pendant la période de reproduction. Varans, mangoustes, buffles et éléphants complètent cette riche faune. Les vols à l'aérodrome de Mayumba sont intermittents et, par la route, le voyage est long et lent.

Chutes de Kongou

3 Rejoignez les chutes les plus spectaculaires du pays et offrez-vous une excursion en pirogue dans la jungle. Les chutes de Kongou sont les plus impressionnantes du pays, tandis que Makoko, la petite capitale de la province d'Ogooué-Ivindo, en constitue la porte d'accès. Faites du camping dans la forêt tropicale et organisez des randonnées à destination des chutes, partez en excursion en pirogue et pratiquez quantité d'autres activités, le tout pour un prix raisonnable. Possibilité d'hébergement sur place.

Réserve de la Lopé

4 La magnifique réserve de la Lopé, située à cheval sur l'équateur, est l'emblème de la biodiversité du pays. Ici on peut observer les éléphants dans des collines boisées ou herbeuses. D'autres portions de savane et des

Parc national de Pongara, Pointe Denis

JOHN SEATON CALLAHAN / GETTY IMAGES ©

enclaves de forêt tropicale sont peuplées de buffles, de gorilles et de colonies de mandrills. On peut découvrir ce riche écosystème en 4x4, cependant, la marche permet de se fondre dans la jungle et de s'approcher pour observer cette faune.

Libreville

5 Véritable poumon économique du pays, Libreville, où vit près de la moitié de la population gabonaise, a été transformée par l'or noir. Trottoirs et rues propres, restaurants élégants, grandes villas dissimulées derrière des clôtures, Libreville s'est adaptée aux expatriés. Pourtant, en s'attardant un peu, on peut aussi partir explorer son cœur africain, qui palpite dans les marchés de rue bondés et les zones résidentielles animées.

Pointe Denis

6 C'est le refuge des habitants de Libreville, pour quelques heures ou le temps d'un week-end. Proche en bateau, l'endroit est à des années-lumière du bruit et de la fureur de la capitale. Adossée au parc national de Pongara, cette bande de sable borde la péninsule sur des kilomètres. Sans sortir des sentiers battus, vous trouverez hôtels de charme, restaurants tranquilles et activités nautiques. En poursuivant vers l'océan Atlantique, vous découvrirez des kilomètres de sable blanc. Vos seuls compagnons de marche

Quand partir

MAI-SEPT

➡ Durant la saison sèche, circulation routière plus facile et accès à la faune plus facile.

JUIL-SEPT

➡ Pour observer les baleines qui quittent les eaux du Gabon.

NOV-JAN

➡ Suivre les tortues qui viennent pondre sur les plages du littoral.

Sur 100 personnes au Gabon

42 ont entre 0 et 14 ans
20 ont entre 15 et 24 ans
30 ont entre 25 et 54 ans
4 ont entre 55 et 64 ans
4 ont plus de 65 ans

Religions

(% de la population)

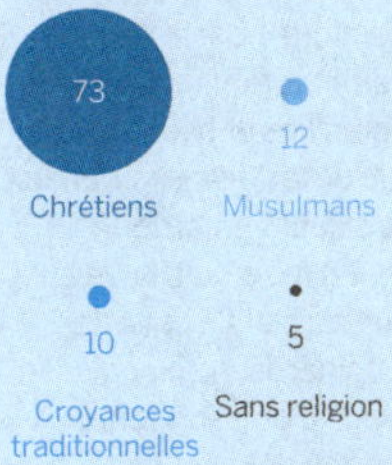

Population au km²

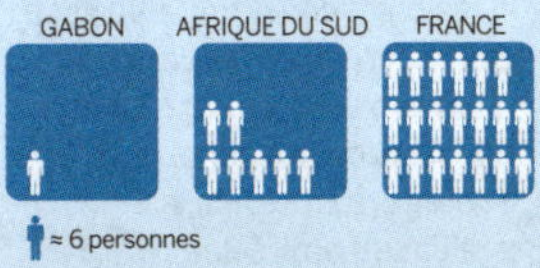

Les hippopotames surfeurs

Peu crédible à première vue, cette histoire ferait même une jolie trame pour un livre pour enfants. Pourtant, les hippopotames surfeurs du Gabon n'en finissent plus de défrayer la chronique depuis qu'un spécialiste de l'environnement, Mike Fay, s'est intéressé à cette espèce, dans les années 1990.

Contrairement à certains animaux aquatiques, ces créatures, qui peuvent peser jusqu'à deux tonnes ne sont pas d'une grâce folle quand elles s'ébattent dans la mer. Pourtant, à voir les hippopotames écarter les pattes lorsqu'une vague approche, on doit bien convenir qu'ils tentent de profiter du mouvement de l'eau pour avancer plus vite.

Bien entendu, il y a peu de chances que vous aperceviez ces créatures à l'œuvre. Après tout, les hippopotames préfèrent le calme de l'eau douce et leur nom signifie "cheval de rivière" en grec.

À table !

Si vous n'êtes pas fou de foufou, pas de panique ! Cette pâte alimentaire fabriquée à partir de farines bouillies et pilées est un classique de la cuisine gabonaise (comme ailleurs en Afrique équatoriale) mais on trouve aussi beaucoup de plats à base de gombo, épinards, riz ou poisson.

Essayez le poisson fumé accompagné de riz et de *nyembwe* (sauce à base de noix de palme pilées).

La bière constitue la boisson incontournable – la Castel étant la plus répandue. La Régab, produite par la brasserie Sobraga, à Libreville, est également appréciée.

8

ROBIN SMITH / GETTY IMAGES ©

Hippopotame

seront les tortues marines, qui viennent pondre entre novembre et janvier.

Parc national d'Ivindo

7 Le baï de Langoué, au sein du parc national d'Ivindo (3 000 m²), est l'une des grandes destinations écotouristiques du Gabon. Il offre le rare privilège d'observer des animaux de la forêt. Source de minéraux pour les animaux, le baï (terme local désignant une clairière marécageuse dans la forêt) attire éléphants, gorilles, antilopes, buffles, singes et oiseaux rares. Une station de recherche, bâtie par la Wildlife Conservation Society, permet aux visiteurs d'observer facilement la faune.

Parc national de Loango

8 Direction la frange littorale ! Ici, des cours d'eau sillonnent des portions de forêt épaisse et de savane salée, tandis que de vastes lagunes ponctuées d'îles et de longues plages de sable blanc fournissent un habitat à une faune abondante. Outre des hippopotames, on trouve de grandes colonies de baleines et de dauphins, sans oublier les éléphants, venus chercher de la nourriture près des plages.

Transports

Avion C'est de loin la façon la plus simple de se déplacer au Gabon, car le réseau routier n'est pas en bon état. Les tarifs sont élevés et les horaires peu respectés. Présentez-vous à l'enregistrement au minimum deux heures à l'avance. Un avion peut partir avant l'heure de départ programmée.

Bateau Un aller-retour entre Lambaréné et Port-Gentil est proposé le jeudi et le dimanche (pas de véhicule).

Train Le Transgabonais, qui traverse tout le pays, est plus économique, plus rapide et nettement plus confortable que le taxi-brousse.

CAPITALE
Banjul

POPULATION
1,9 million

SUPERFICIE
11 295 km²

LANGUE OFFICIELLE
Anglais

Gambie

La Gambie, le plus petit pays d'Afrique continentale, ne manque pas d'atouts malgré sa taille modeste. Outre ses nombreuses ressources naturelles, il a de quoi séduire les amateurs de soleil et d'oiseaux.

Selon votre interlocuteur, cette étroite bande de terre enclavée dans le Sénégal sera considérée comme une écharde fichée dans le flanc de son grand voisin ou comme sa langue volubile. Pour beaucoup, la Gambie est aussi synonyme de plages, invitant le visiteur au farniente dans le cadre de formules "tout inclus". Depuis longtemps, ces étendues de sable et leurs complexes contigus sont bien connus des Européens en mal de soleil. Pourtant, le pays a bien plus à offrir que cela.

Depuis les complexes tapageurs de la côte atlantique, on peut facilement accéder à de petits villages de pêcheurs, à des réserves naturelles et à des comptoirs d'esclaves historiques. Écolodges et petits parcs naturels ponctuent le littoral telle une ceinture verdoyante. Enfin, les ornithologues amateurs considèrent la Gambie comme l'une des meilleures (et des plus accessibles) destinations d'Afrique, le pays se trouvant sur le principal trajet migratoire entre l'Europe et l'Afrique.

Gambie
Les incontournables

Côte atlantique

1 Les 10 km de côte entre Bakau et Kololi sont le cœur touristique de la Gambie. Cette région possède tous les éléments nécessaires pour être une zone de vacances florissantes : une succession d'hôtels, un grand choix de restaurants et une vie nocturne qui bat son plein, sans oublier des plages où lézarder de longues heures. Seul désagrément : les insistants vendeurs de cannabis et autres *bumsters* (vendeurs ambulants) qui arpentent les plages. Pour retrouver l'Afrique authentique, il faut aller à Serekunda, ville trépidante qui évoque un énorme marché animé.

Bijilo Forest Park

2 Laissez-vous taquiner par les singes, au cœur de cette petite réserve-forêt communautaire. Au fil de sentiers bien entretenus, une marche de 4,5 km vers les dunes vous invite à traverser une végétation luxuriante, faite de forêt-galerie, de buissons et d'herbes basses. Vous y apercevrez des singes verts, des colobes bais et des singes patas – méfiez-vous, à force d'être nourris par les visiteurs, ces primates peuvent s'enhardir et vous dérober des objets. Quant aux oiseaux, on les observe idéalement sur la façade côtière du parc – plus de 100 espèces ont été dénombrées ici.

Makasutu Culture Forest

3 Découvrez une Gambie miniature dans la Makasutu Culture Forest, qui concentre une nature abondante sur 1 000 ha. Cette réserve décline toute la gamme des paysages gambiens – palmeraies, zones humides, mangroves et plaines africaines. De nombreux animaux y résident, parmi lesquels des babouins, des varans des mangroves et des centaines d'oiseaux. La visite d'une journée comprend un circuit en pirogue dans la mangrove et des promenades guidées au fil de divers habitats – notamment une forêt de palmiers, où l'on peut d'observer la sève recueillie sur les arbres entaillés.

VERONICA GARBUTT / GETTY IMAGES ©

Complexe en bord de plage, Kololi

Jufureh

4 Cette ville est devenue célèbre dans les années 1970, à la suite de la publication du livre *Racines* (1976), dans lequel l'auteur afro-américain Alex Haley (1921-1992) décrit comment son ancêtre fut capturé ici et emmené comme esclave. Mis à part le musée, qui relate l'histoire de l'esclavage en Gambie, il n'y a pas grand-chose à voir. De l'autre côté du fleuve, sur James Island, les vestiges de l'ancien comptoir d'esclaves de Fort James témoignent du cruel négoce d'êtres humains qui avait jadis cours ici.

Abuko Nature Reserve

5 Guettez les oiseaux rares et les crocodiles géants dans la minuscule Abuko Nature Reserve, l'un des meilleurs parcs nationaux de Gambie. Chose rare en Afrique, cette réserve naturelle est facile d'accès, bien gérée et ne nécessite pas de véhicule. Elle offre en outre une incroyable diversité végétale et animale. Avec plus de 250 espèces ailées recensées sur son petit périmètre, c'est l'un des endroits les plus propices pour l'observation des oiseaux (privilégiez les heures du petit matin). La réserve est renommée pour ses crocodiles du Nil et autres créatures ondulantes – pythons, vipères heurtantes, mambas verts et cobras des forêts.

Janjangbureh

6 Répondez à l'appel des oiseaux qui peuplent la forêt aux abords de Janjangbureh (Georgetown).

Quand partir

NOV-FÉV

➡ Saison sèche – meilleure période pour observer la faune (les oiseaux notamment).

FIN JUIN-SEPT

➡ Saison des pluies. Nombre d'endroits ferment, mais faible affluence.

OCT ET MARS-MAI

➡ Météo correcte ; période idéale pour des rabais.

Sur 100 personnes en Gambie

42 sont des Mandingues
18 sont des Peuls
16 sont des Wolofs
23 ont d'autres origines africaines
1 n'est pas africaine

Religions

(% de la population)

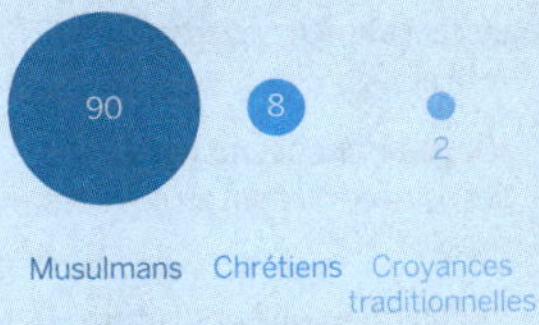

Population au km²

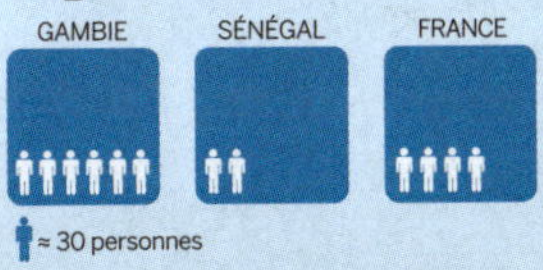

Observation des oiseaux

L'avifaune de Gambie est d'une richesse presque disproportionnée par rapport à sa taille minuscule. Plus de 560 espèces ont été recensées (soit à peine 80 de moins qu'au Sénégal, un pays pourtant presque 20 fois plus grand), et le relief unique du pays permet d'accéder facilement à de nombreux sites d'observation.

Grâce à un solide réseau de circuits et de guides, la Gambie attire de nombreux ornithologues amateurs, surtout de novembre à février.

À table !

Ataaya Typique remontant de l'Afrique de l'Ouest. Une rugueuse concoction aigre-douce, composée de feuilles de thé vert et d'une généreuse dose de sucre.

Benachin Riz cuit dans une préparation à base de tomate, de poisson et de légumes.

Bissap Une boisson couleur pourpre, à base d'eau, de sucre et de fleurs d'hibiscus.

Bouyi Un épais jus sucré préparé à partir du fruit du baobab.

Domodah Plat de riz nappé d'une épaisse et suave sauce aux cacahuètes, avec viande frite et légumes.

Niebbe Haricots rouges épicés, servis avec du pain au coin des rues.

Vin de palme Très populaire, cette boisson blanchâtre et mousseuse est vendue au bidon. Il faut un certain temps pour s'habituer à son puissant goût de levure.

7

GALLO IMAGES / GETTY IMAGES ©

Albert Market, Banjul

Cet ancien centre administratif de l'époque coloniale est situé à la lisière nord de l'île McCarthy, au bord du fleuve Gambie. On y accède par le bac depuis les deux rives. Malgré le peu d'infrastructures, une balade en ville révèle quelques bâtiments historiques. Néanmoins, sachez que l'on vient essentiellement ici pour séjourner dans un lodge et profiter des formidables possibilités en matière d'observation des oiseaux.

Banjul

7 Difficile d'imaginer capitale plus méconnue que Banjul. Installée sur une presqu'île, la ville recèle un réseau de rues balayées par le sable et des structures coloniales vieillissantes. Pourtant, Banjul séduit par cette dimension historique qui manque aux luxueux complexes de bord de mer. Notons également le port et le marché animés, qui illustrent la ville africaine dans ce qu'elle a de meilleur. Depuis sa création en 1850, l'Albert Market, où l'on négocie, troque et marchande âprement, constitue le pôle d'activité de la capitale gambienne.

Transports

Bateau Il n'existe pas de bateaux de passagers réguliers en Gambie, mais plusieurs tour-opérateurs proposent des circuits personnalisés sur son fleuve éponyme.

Bus La Southbank Road, qui s'étend de la côte vers l'est, est constamment en travaux ; la Northbank Road est une bonne alternative pour voyager dans l'arrière-pays. Loin d'être confortables, les "*sept-places*" (des taxis collectifs) sont toutefois supérieurs aux *gelli-gelli*, des minibus épuisés. Quelques bus "express" empruntent également les axes majeurs.

Taxi Des taxis collectifs, appelés "*six-six*", opèrent sur divers itinéraires aux abords des complexes côtiers.

CAPITALE
Tbilissi

POPULATION
4,9 millions

SUPERFICIE
69 700 km^2

LANGUE OFFICIELLE
Géorgien

Forteresse de Nariqala, Tbilissi

Géorgie

Des sommets du Caucase aux plages de la mer Noire, la Géorgie arbore des paysages d'une surprenante variété. Son riche patrimoine religieux en fait aussi une destination culturelle.

Vieilles églises nichées dans les hauteurs, tours de guet émaillant un sublime paysage de montagne, vertes vallées ponctuées de vignobles... La belle Géorgie a tous les atouts pour plaire aux randonneurs, aux amateurs d'équitation, de ski, de rafting et de parapente. Pour les habitants de ce pays, qui prétend être le berceau du vin, l'hospitalité est le maître mot.

Son histoire complexe a donné à la Géorgie un superbe patrimoine architectural et artistique, qui va des grottes troglodytiques aux peintures inimitables de Niko Pirosmani. Tbilissi, la capitale, garde des airs d'antique carrefour eurasien. Le pays n'en lutte pas moins pour se faire une place dans le monde occidental du XXIe siècle, comme en témoignent notamment ses rutilants buildings neufs, son taux de criminalité minime et quantité de nouvelles infrastructures destinées au tourisme, l'une des clés de l'avenir.

Géorgie
Les incontournables

Tbilissi

1 Forte d'un quart de la population géorgienne, Tbilissi concentre presque toute l'animation du pays. Sa vieille ville conserve les traces de son passé de carrefour entre l'Europe et l'Asie : ruelles tortueuses, vieilles maisons à balcons, places verdoyantes, ravissantes églises et innombrables bars et cafés, le tout à l'ombre de la forteresse de Nariqala. Tbilissi est aussi une cité moderne. Les grands projets architecturaux – nouveaux palais présidentiel et cathédrale, parcs et musées rénovés – côtoient les vieux marchés bondés, le désordre des gares routières et les immeubles soviétiques délabrés.

Kazbegi et sa région

2 À quelques heures de voiture de la capitale, le village haut perché de Kazbegi (rebaptisé Stephantsminda en 2006) s'inscrit au sein des spectaculaires montagnes du Caucase central. Les hébergements bon marché y sont nombreux, de même que les possibilités de randonnée et de VTT dans les environs. La silhouette de l'église isolée Tsminda Sameba avec le sommet enneigé du mont Kazbek en toile de fond compte parmi les images iconiques du pays.

David Garedja

3 Disséminés dans un coin aride du sud géorgien, à la frontière azerbaïdjanaise, les monastères rupestres de Davit Garedja forment un ensemble d'un remarquable intérêt historique. Leur origine remonte au VIe siècle avec la fondation d'un premier monastère par un ascète syrien du nom de David Garedja.Le complexe religieux s'agrandit au point que plusieurs monastères finirent par émailler une vaste zone. On traduisait et copiait des manuscrits, et une école de fresques prospéra sur les lieux. Les deux principaux monastères sont Lavra (le plus ancien et le seul habité aujourd'hui) et Udabno, décoré de belles fresques.

Svanétie

4 Sauvage et mystérieuse, la Svanétie est une province historique enclavée

MARK DAFFEY / GETTY IMAGES ©

Randonnée sur le mont Chaukhi

dans le Caucase. Son éloignement lui a permis de ne jamais tomber sous une quelconque domination, et ses habitants ont réussi à conserver leur mode de vie traditionnel durant le communisme. Villages pittoresques, prairies alpines et pics enneigés composent un cadre de choix pour la randonnée. La *koshki* (tour défensive en pierre) est l'emblème de la région.

Vardzia

5 La cité troglodytique de Vardzia occupe une place à part dans le cœur des Géorgiens. Le roi Georges III de Géorgie édifia des fortifications au XIIe siècle. Sa fille, la reine Tamar, y établit un monastère qui devint une vraie ville sainte. Avec une population de quelque 2 000 moines, elle avait la réputation d'être le bastion spirituel de la Géorgie. Au fil des invasions subies par la Géorgie, le monastère périclita. Aujourd'hui, c'est de nouveau un monastère en activité. Des moines occupent certaines de ses grottes.

Batoumi

6 Avec ses parcs verdoyants, ses allées bordées de palmiers et ses vieux immeubles aux façades restaurées, la capitale estivale de la Géorgie dégage un air de Riviera de la mer Noire. Autrefois somnolente, elle est devenue depuis une dizaine d'années un haut lieu de la fête et attire de nombreux touristes du Caucase.

Quand partir

MAI-JUIN ET SEPT-OCT

➡ Temps chaud et ensoleillé. Saison agréable pour voyager en Géorgie.

JUIL-AOÛT

➡ Temps chaud et humide en plaine, mais moment idéal pour randonner en montagne.

DÉC-FÉV

➡ La moitié orientale de la Géorgie connaît souvent des températures négatives.

Sur 100 personnes en Géorgie

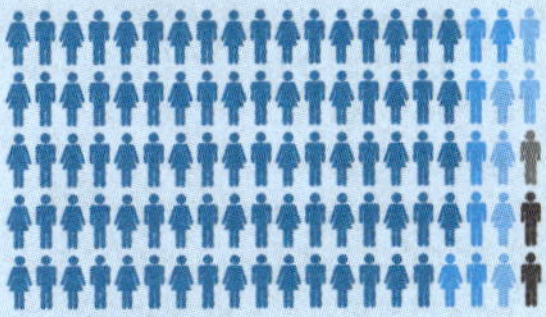

84 sont géorgiennes
7 sont azéries
6 sont arméniennes
1 est russe
2 sont d'une autre origine

Religions

(% de la population)

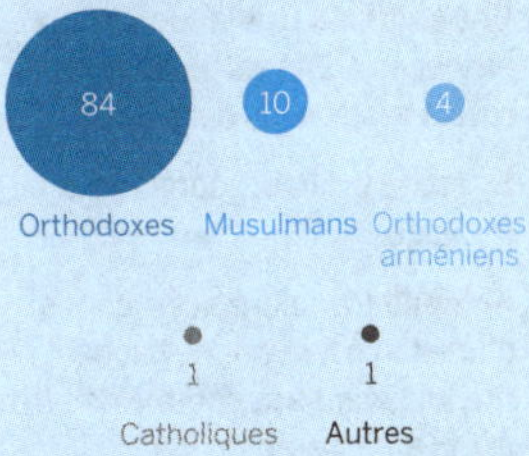

Population au km²

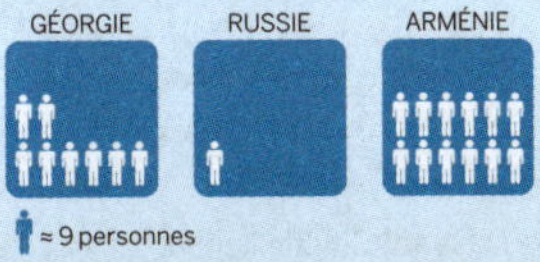

Staline et la Géorgie

Iossif Djougachvili (plus connu sous le nom de Joseph Staline), l'homme qui dirigea d'une main de fer l'URSS pendant un quart de siècle, n'aimait pas parler de sa jeunesse. Mais qu'avait-il donc à cacher ? Issu d'une petite ville de Géorgie, ce fils d'un cordonnier alcoolique fut poussé vers la prêtrise par une mère très pieuse. Renvoyé du séminaire de Tbilissi à vingt ans, le jeune Staline rejoignit la pègre locale. Son principal fait d'armes fut en 1907 le braquage d'un convoi de fonds sur la place centrale de Tbilissi, destiné à alimenter les caisses du Parti bolchévique. Arrêté et déporté en Sibérie en 1913, Staline revient à Petrograd en 1917 au moment de la Révolution de février, début de son ascension jusqu'au pouvoir suprême.

L'enfant du pays a encore des admirateurs en Géorgie. Lorsque le gouvernement s'est décidé à déboulonner sa statue de la place centrale de Gori en 2010, l'opération s'est déroulée de nuit sous la protection de la police.

À table !

Badrijani nigvzit Tranches d'aubergine avec une farce aux noix et à l'ail.

Churchkhela Guirlande de noix enrobées d'une sorte de caramel rose à base de jus de raisin.

Khachapuri Pain géorgien au fromage.

Khinkali Raviolis épicés, garnis d'une farce à la viande hachée, mais souvent à la pomme de terre et/ou aux champignons.

Lobio Pâte ou ragoût de haricots aux herbes et aux épices.

Mkhali/pkhali Purées à base de légumes comme l'aubergine, les épinards ou la betterave, mélangée à des noix, de l'ail et des herbes.

Mtsvadi Chiche kebab.

SEAN CAFFREY / GETTY IMAGES ©

Fabrication et stockage du vin, monastère de Nekresi, Kakhétie

Touchétie

7 Nichée à l'extrême nord-est de la Géorgie, la Touchétie est une spectaculaire région de haute montagne. L'été, elle se prête à de magnifiques randonnées. On trouve en abondance des vestiges de l'ancienne religion animiste sous la forme de sanctuaires en pierre appelés *khatebi*. Des *koshkebi*, tours défensives vieilles de plusieurs siècles, se dressent encore dans de nombreux villages.

Vins de la Kakhetie

8 La Kakhétie, dans l'est de la Géorgie, est la première région viticole du pays. Où que vous alliez, on vous invitera à boire un verre de vin... La région a aussi une riche histoire. Elle est restée indépendante ou semi-autonome durant de longues périodes. C'est ici que se trouvent le splendide ensemble monastique de David Garedja, la pittoresque Sighnaghi, ainsi que Telavi aux belles églises, châteaux et manoirs.

Transports

Minibus Le minibus (*marshroutka* ; abréviation du *marshroutnoe*, taxi russe) est le roi des transports en commun en Géorgie. Le moindre des villages est desservi et les liaisons sont fréquentes entre les grandes villes.

Train Dans le Caucase du Sud, les trains sont plus lents et beaucoup moins fréquents que les transports routiers. En revanche, ils sont bon marché, et nombre de trains interurbains circulent de nuit, ce qui permet d'économiser le coût de l'hébergement.

Voiture La conduite dans le Caucase du Sud est moins réglementée que dans les pays occidentaux, ou disons, plus... anarchique. Il est assez commun de louer une voiture avec chauffeur pour aller d'une ville à une autre ou pour faire une excursion.

Guib harnaché, Mole National Park

CAPITALE
Accra

POPULATION
25,7 millions

SUPERFICIE
238 533 km²

LANGUE OFFICIELLE
Anglais

Ghana

Héritier du puissant royaume ashanti, le Ghana est un îlot de stabilité combinant les plaisirs balnéaires à ceux d'un arrière-pays propice à l'observation de la faune.

Le Ghana récolte les fruits d'un régime démocratique stable à travers un développement accéléré. Et cela se voit : ses habitants dégagent une énergie incroyable.

Le pays rassemble certains attraits classiques des destinations africaines – plages splendides, troupeaux d'éléphants et parcs nationaux –, auxquels il faut rajouter des attributs plus spécifiques, tels que ses possibilités de randonnée et sa culture musicale effervescente. On ne s'étonnera guère de le voir présenté par certains comme l'"Afrique pour les débutants".

Mais ce n'est pas tout. Aucun séjour ghanéen ne serait complet sans la visite des forteresses sur la côte, témoins poignants du commerce des esclaves.

Plus au nord, vous aurez le sentiment d'arriver dans un autre pays, avec une religion et des pratiques culturelles différentes. Ce qui est merveilleux, c'est que cette diversité existe en toute harmonie – un exemple à méditer en ces temps incertains.

Ghana
Les incontournables

Cape Coast

1 Découvrez l'histoire de l'esclavage dans le château de Cape Coast, hanté par les fantômes du passé. Initialement baptisé Cabo Corso par les Portugais, Cape Coast était jadis le plus grand centre de traite négrière d'Afrique de l'Ouest. Au plus fort du commerce d'esclaves, le port allait jusqu'à faire venir sa main-d'œuvre du Niger et du Burkina Faso, avant de l'embarquer sur les vaisseaux. Les vies de plusieurs générations d'êtres humains s'en trouvèrent bouleversées à jamais.

Mole National Park

2 Au Mole National Park, doté de vastes étendues de savane couleur safran, participez au safari le moins onéreux d'Afrique. On y dénombre au moins 300 espèces d'oiseaux et 94 variétés de mammifères, dont des éléphants d'Afrique, des cobes de Buffon, des buffles, des babouins et des phacochères. Le parc organise d'excellents safaris pédestres et motorisés. Si vous n'avez pas de véhicule, vous pourrez en louer un sur place. Entre décembre et avril, on aperçoit fréquemment des éléphants.

Kejetia Market

3 Arpentez jusqu'à plus soif (et jusqu'à vous perdre) les étals de l'exaltant Kejetia Market dans la ville de Kumasi. Ce marché, le plus grand d'Afrique de l'Ouest, ressemble à un vaisseau extraterrestre qui se serait posé en plein centre de la ville. De près, ses toits de tôle rouillée font davantage penser à un bidonville circulaire. À l'intérieur, les allées étroites débordent de nourriture, de chaussures d'occasion, de perles de verre, de batik et de fétiches.

Accra

4 Tournée vers le golfe de Guinée mais tirant peu parti de sa situation en bord de mer, la capitale montre un visage moderne et chaotique. Cette ville tentaculaire risque peu d'inspirer des poèmes d'amour – ses rues moites exhalent un mélange de sueur, de gaz d'échappement et d'huile de cuisson –, mais un circuit invitant à découvrir les coulisses de sa vie quotidienne vous la fera peut-être apprécier. Ses trottoirs encombrés, ses rues brûlées

Fleuve Volta

par le soleil, ses bidonvilles, ses banlieues coquettes et ses boîtes de nuit... Tout participe à rendre la ville aussi épuisante qu'étourdissante.

Région de la Volta

5 Anciennement compris dans la colonie allemande du Togo, l'est du Ghana est aujourd'hui connu sous le nom de région de la Volta. L'immense lac du même nom en est le trait dominant. Cette contrée mésestimée recèle des randonnées de premier ordre et d'excellents projets écotouristiques. En arpentant la région, vous profiterez de vues spectaculaires et pourrez vous baigner dans les cascades. Il est utile d'avoir son propre véhicule car les divers sites d'intérêt sont éparpillés.

Busua

6 Situé à quelque 30 km à l'ouest de Takoradi, ce petit village aimante les bénévoles et les voyageurs, qui adorent se prélasser sur sa plage pendant quelques jours. On y trouve quelques uns des meilleurs spots de surf du Ghana, ainsi que de charmantes excursions au départ du village. Une petite randonnée de 3 km mène notamment à la localité de Butre, où se dressent les ruines du fort Batenstein édifié par les Hollandais au XVIIe siècle.

Akwidaa

7 Le principal attrait d'Akwidaa réside dans sa longue plage de sable blanc, qui figure parmi les plus belles du pays. Le village en lui-même n'est pas le plus intéressant sur la côte,

Quand partir

AVR-JUIN

➡ La plus intense des deux saisons des pluies (l'automne peut aussi s'avérer humide).

NOV-MARS

➡ La saison sèche. La période la plus facile pour voyager.

DÉC-AVR

➡ Idéal pour observer la faune, qui converge vers les points d'eau.

Sur 100 personnes au Ghana

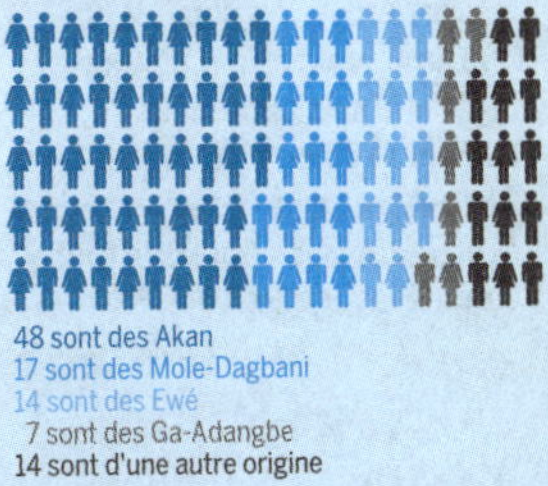

Religions

(% de la population)

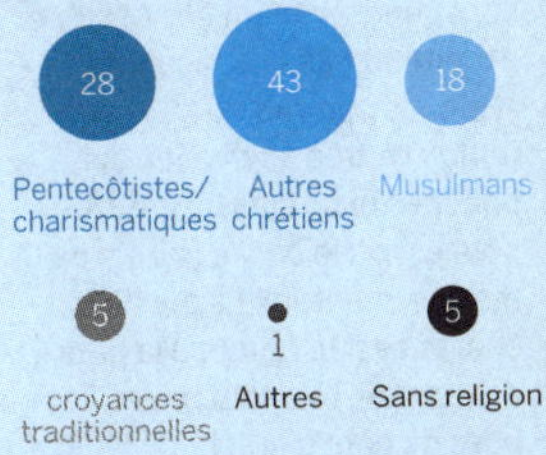

Population au km²

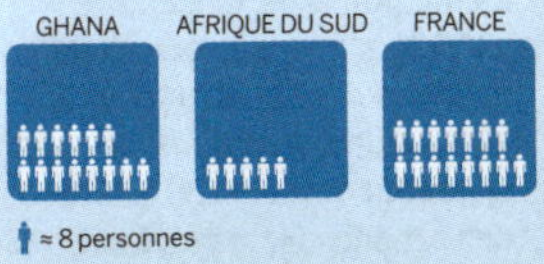

Musique ghanéenne

Au Ghana, la musique traditionnelle est réservée à des occasions particulières ou associée à la royauté. La musique moderne, en revanche, se porte à merveille. La "highlife", mélange suave de jazz de style big band, de cantiques chrétiens, de fanfare et de chants de marins, a conquis le Ghana dans les années 1920. La Seconde Guerre mondiale a vu le swing américain débarquer sur les côtes ghanéennes, encourageant la première fusion sophistiquée des musiques occidentale et africaine. Le "hiplife", un genre hybride qui conjugue paroles africaines rythmées et beats hip-hop importés des États-Unis, domine désormais le Ghana depuis le début des années 1990.

Derrière la "highlife", le hip-hop américain et la musique nigériane se disputent la deuxième place dans le cœur des Ghanéens. La musique gospel est également très populaire, tout comme le reggae.

À table

Les sauces épicées et les soupes riches en huile, piliers de la cuisine ghanéenne, sont généralement servies accompagnées de féculents typiques comme le riz, le *foufou* (purée de manioc cuit, bananes plantains ou patates douces) ou le *banku* (farine de maïs fermentée). Le plat le plus courant est le ragoût à la pâte d'arachide, un mets relevé à base de pâte d'arachide diluée, de gingembre et de poisson ou de viande. La soupe de noix de palme (tomates, gingembre, ail, piments rouges et noix de palme) doit sa couleur écarlate à l'huile de palme. Le *red-red*, est un ragoût de haricots, servi avec des bananes plantains frites.

MERTEN SNIJDERS / GETTY IMAGES ©

Chapelle, Château St George d'Elmina

mais vous aurez la possibilité d'explorer des plantations et des forêts de cocotiers, d'organiser des excursions en canoë ou de visiter le Cape Three Points, le point le plus méridional du Ghana. La balade jusqu'au cap offre de jolies découvertes – charbonniers, *akpeteshie* (vin de palme), distilleries, etc.

Elmina

8 La charmante ville d'Elmina se dresse sur une étroite bande de terre entre l'Atlantique et le lagon de Benya. Sur fond d'air salé, l'architecture offre un délicieux mélange de vestiges coloniaux et de vieux *posuban* (sanctuaires des confréries Asafo, défenseurs de la cité), ainsi qu'un site historique de triste mémoire, le château St George. Ce fort, inscrit au patrimoine mondial de l'Unesco, fut construit par les Portugais en 1482, avant d'être pris par les Néerlandais en 1637. Cédé aux Britanniques en 1872, Il fut agrandi lorsque les esclaves devinrent la principale denrée commerciale au détriment de l'or ; ses entrepôts furent alors transformés en donjons.

Transports

Avion Les vols intérieurs, plutôt bon marché, permettent de gagner énormément de temps quand on va vers le nord.

Bus Les bus, plus confortables et plus fiables, sont préférables aux *tro-tro* pour les longs trajets. Le *tro-tro* désigne toute forme de transport en commun à l'exception des bus et des taxis (en général, il s'agit de minibus). Pour le bus, il est conseillé de réserver sur les principaux itinéraires. Notez qu'il y a toujours un supplément pour les bagages.

Voiture Si l'on manque de temps, il est judicieux de louer une voiture avec chauffeur ; en général, les agences de voyages peuvent s'en charger.

CAPITALE
Athènes

POPULATION
10,8 millions

SUPERFICIE
131 957 km²

LANGUE OFFICIELLE
Grec

Mykonos

Grèce

Imprégnéee de mythologie et d'histoire, dotée de merveilles antiques et d'îles idyllique, la Grèce possède un charme intemporel.

La Grèce exerce un attrait magique chez les amateurs d'histoire, et la simple évocation de son nom rappelle un passé prestigieux : ce pays est le berceau de la démocratie, de la poésie épique, de la statuaire et de l'architecture monumentale... En matière de patrimoine archéologique, la Grèce a peu de rivaux. Le Parthénon à Athènes, le théâtre d'Épidaure, le sanctuaire d'Apollon à Delphes sont autant de joyaux de l'humanité.

On l'oublie trop souvent : la Grèce est l'un des pays les plus montagneux d'Europe. Le relief lunaire des Météores promet de merveilleux souvenirs aux amateurs de marche et d'escalade. Plus traditionnelle, l'image d'une contrée maritime, baignée par des eaux d'un bleu parfait, trouve son illustration dans les îles des Cyclades.

Les Grecs sont prompts à accueillir les nouveaux venus pour un café, un verre d'ouzo, ou une conversation animée. Ce sont des gens passionnés, et cette fougue continue d'entraîner la société grecque vers l'avant malgré la tourmente économique actuelle.

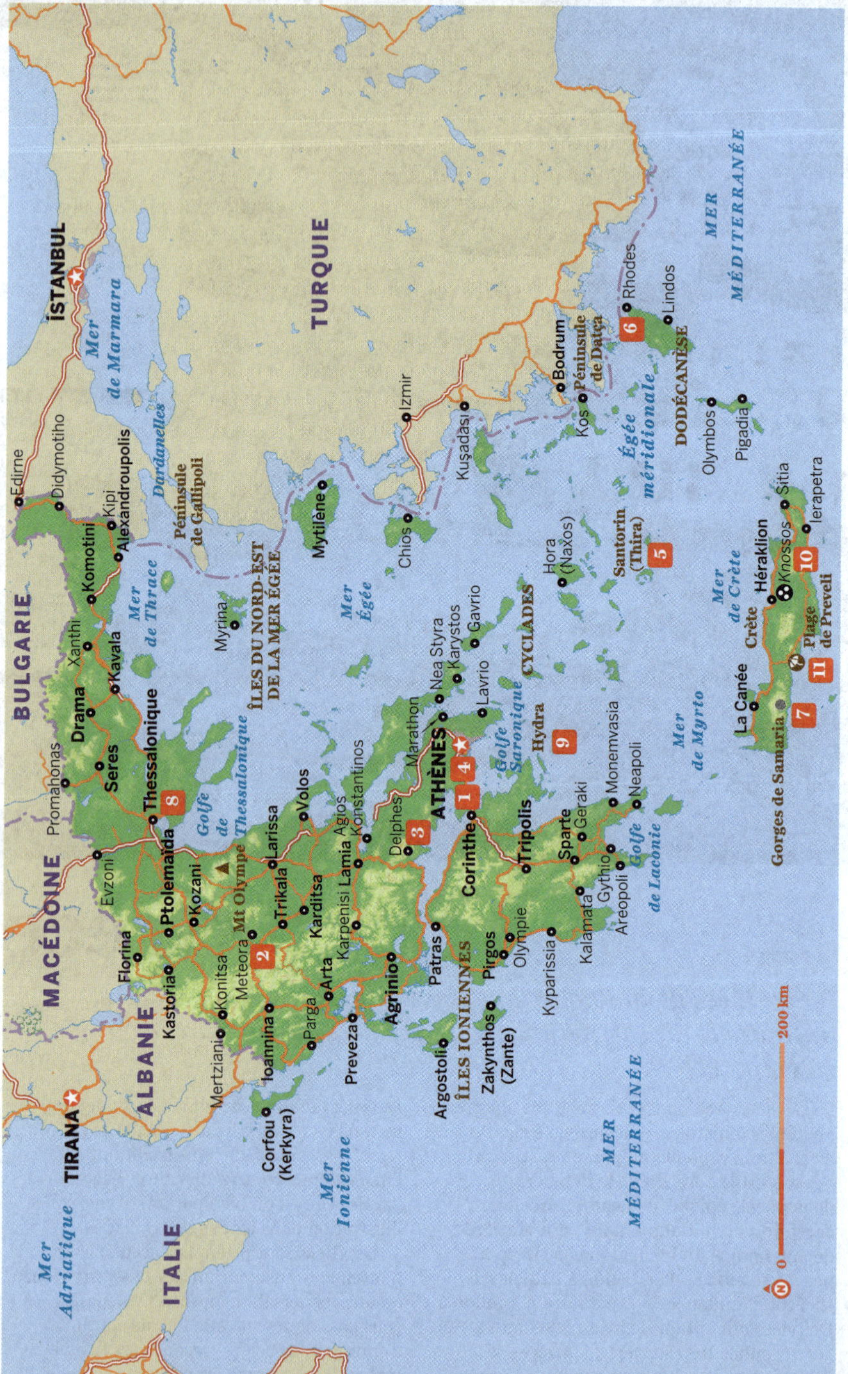

BULGARIE
MACÉDOINE
ALBANIE
ITALIE
TURQUIE
TIRANA
İSTANBUL
ATHÈNES
Edirne
Didymotiho
Alexandroupolis
Kipi
Komotini
Xanthi
Kavala
Drama
Seres
Promahonas
Thessalonique
Evzoni
Florina
Ptolemaïda
Kozani
Kastoria
Konitsa
Mertziani
Ioannina
Meteora
Mt Olympe
Trikala
Larissa
Volos
Karditsa
Karpenisi
Lamia
Agios Konstantinos
Delphes
Arta
Parga
Preveza
Agrinio
Corfou (Kerkyra)
Argostoli
Zakynthos (Zante)
Patras
Pirgos
Olympie
Kyparissia
Kalamata
Corinthe
Tripolis
Sparte
Geraki
Gythio
Areopoli
Monemvasia
Neapoli
Marathon
Nea Styra
Karystos
Lavrio
Gavrio
Hydra
Hora (Naxos)
Santorin (Thira)
Myrina
Mytilène
Chios
Izmir
Kuşadası
Bodrum
Kos
Péninsule de Datça
Rhodes
Lindos
Olymbos
Pigadia
La Canée
Héraklion
Knossos
Sitia
Ierapetra
Crète
Gorges de Samaria
Plage de Preveli
Péninsule de Gallipoli
Dardanelles
Mer de Marmara
Mer de Thrace
Golfe de Thessalonique
ÎLES DU NORD-EST DE LA MER ÉGÉE
Mer Égée
CYCLADES
Golfe Saronique
ÎLES IONIENNES
Mer Ionienne
Mer Adriatique
Golfe de Laconie
Mer de Myrto
Mer de Crète
Égée méridionale
DODÉCANÈSE
MER MÉDITERRANÉE
MER MÉDITERRANÉE
0
200 km
N
1
2
3
4
5
6
7
8
9
10
11

Grèce
Les incontournables

L'Acropole, Athènes

1 Imaginez-vous la majesté de l'Acropole au siècle de Périclès, voici quelque 2 500 ans. Le Parthénon, monument dédié à la déesse Athéna, trônait sur la cité en contrebas qu'elle dominait de toute sa splendeur. À l'apogée d'Athènes, au Ve siècle avant notre ère, pèlerins et prêtres venaient prier dans les temples de cette "ville haute". La plupart existent encore, comme le petit sanctuaire d'Athéna Niké. À l'origine, beaucoup étaient peints de couleurs chatoyantes et ornés de sculptures. Le musée de l'Acropole met en valeur les derniers trésors découverts sur le site.

Les Météores

2 Impossible d'oublier le premier choc visuel que créent les Météores – des pitons rocheux s'élançant vers le ciel, coiffés d'une poignée de monastères orthodoxes, dont certains datent du XIVe siècle. Les échelles de corde qui permettaient jadis aux moines d'atteindre le sommet ont été remplacées par des escaliers taillés dans la roche. De nos jours, ces spectaculaires géants de pierre captivent les pèlerins et les amateurs d'escalade du monde entier.

1

VEGA / GETTY IMAGES ©

Site antique de Delphes

3 Il faut arriver tôt pour capter la magie des rayons du soleil inondant le sanctuaire d'Athéna Pronaia à Delphes, le "nombril" du monde grec antique. Seules trois colonnes subsistent de ce magnifique sanctuaire, mais c'est assez pour que l'imagination s'emballe. La Voie sacrée qui traverse le site conduit au sanctuaire d'Apollon, où les prophéties de la Pythie envoyaient les armées au combat et décidaient de la destinée des cités-États de la Grèce ancienne.

ROBERT EVANS / GETTY IMAGES ©

Athènes

4 Athènes conjugue subtilement l'Antiquité à la vie contemporaine. Derrière de majestueuses façades ou tout près de monuments anciens, la ville bouillonne et les Athéniens adorent profiter de cette effervescence. Galeries et clubs présentent les expositions, les spectacles et les manifestations de la scène artistique foisonnante de la ville. Des restaurants tendance et des tavernes servent leurs clients à bon prix. Les cafés, bondés, sont de tous styles. Et Athènes regorge de discothèques et de bars où l'on danse jusque tard dans la nuit.

Sur 100 personnes en Grèce

Religion

(% de la population)

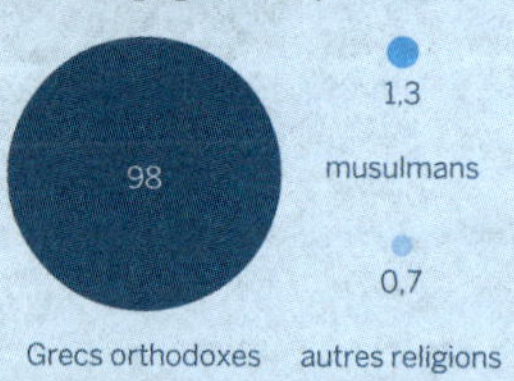

Population au km²

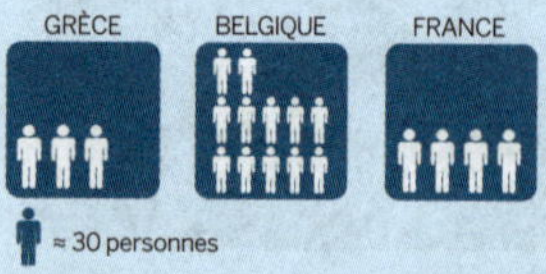

Santorin au crépuscule

5 Santorin (Thira) a bien plus à offrir que ses couchers de soleil ! Mais cette île remarquable, formée par les éruptions volcaniques, a fait sienne la célébration du coucher de l'astre solaire. Les soirs d'été, les villes de Fira et d'Oia accueillent de nombreux visiteurs impressionnés par les nuances écarlates du ciel. Pour échapper à la foule, postez-vous près de l'ancien cratère. Et si vous êtes matinal, tournez cette fois vos regards vers l'est, pour assister au lever du soleil, également spectaculaire.

Vieille ville de Rhodes

6 Se perdre dans la vieille ville de Rhodes est fortement recommandé ! Flâner dans ses ruelles pavées, surplombées d'arcades et s'ouvrant sur des jardins, permet de saisir toute la beauté de cette cité, dont le charme réside dans ses recoins. Déambulez sur les remparts de la ville : d'un côté, ils surplombent la mer et, de l'autre, un musée à ciel ouvert. En soirée, écoutez de la musique traditionnelle dans des tavernes exiguës ou dégustez des plateaux de fruits de mer, attablé sur une terrasse.

Gorges de Samaria

7 Les surprenantes gorges de Samaria sont l'un des joyaux naturels de la Crète. Tapissées d'une profusion de fleurs sauvages, particulièrement éclatantes au printemps, elles constituent le royaume des oiseaux de proie. Une journée entière de marche, un départ matinal et de bonnes chaussures seront

Le rébétiko

Le rébétiko, né dans les quartiers déshérités des grandes villes grecques, a profondément influencé la musique populaire grecque. Empreintes de nostalgie et de rébellion, les chansons rébétiques racontaient la misère, la souffrance et l'amour. Elles prenaient pour protagonistes les *mangas* (personnages de la rue libres et parfois violents) qui passaient leurs soirées à chanter et danser dans les *tekedes* (fumeries de haschich).

Parmi les figures légendaires du rébétiko figurent Markos Vamvakaris, qui devint célèbre avec le premier groupe de bouzouki au début des années 1930, ainsi que les chanteuses Sotiria Bellou et Marika Ninou, dont la vie inspira Costas Ferris pour son film *Rébétiko* (1983). Le rébétiko connut un regain d'intérêt dans les années 1970-1980. Les jeunes générations continuent de le redécouvrir.

À table !

Café grec Legs de l'époque ottomane. On le boit à petites gorgées jusqu'au dépôt au fond de la tasse (qu'il ne faut pas boire).

Salade grecque Tomate, concombre, oignon, feta et olives.

Poulpe grillé Excellent avec un verre d'ouzo.

Sandwich grec (Gyros pita) Viande de style kebab (porc ou poulet) rôtie sur une broche verticale et enveloppée dans un pain pita avec concombre, tomate, oignon ou tzatziki.

Ouzo Ce célèbre alcool anisé se sirote lentement et de façon systématique entre les plats, afin de se refaire le palais.

Raki Eau-de-vie crétoise, distillée à partir des grains de raisin.

Souvlaki (viande grillée) Brochette de viande, généralement du porc.

CORNELIA DOERR / GETTY IMAGES ©

Coucher de soleil sur l'île de Santorin

nécessaires pour profiter à plein de ses paysages splendides.

Thessalonique

8 L'élégante Thessalonique est la ville la plus animée du nord de la Grèce, grâce à ses universités, sa scène culturelle et artistique ou sa vie nocturne. L'ambiance y est détendue, et il est facile de s'y déplacer à pied. Au crépuscule, partez admirer la cité depuis les murailles de son quartier ancien. La ville haute, Ano Poli, est un enchevêtrement de petites rues colorées aux maisons chaulées, où des chats nonchalants se promènent près de somptueuses églises datant de l'époque byzantine.

Hydra

9 En débarquant sur l'île d'Hydra, vous découvrirez un village aux maisons immaculées, occupant une baie délimitée par des collines disposées en cercle. Ici, pas de voitures. Au port, voiliers, caïques et yachts mouillent à quai, sous les yeux des badauds attablés aux terrasses

Quand partir

HAUTE SAISON
(mai-août)

- L'activité bat son plein et les transports sont nombreux.
- Les prix de l'hébergement peuvent doubler.
- Pic de la fréquentation et des températures.

SAISON INTERMÉDIAIRE
(avril et septembre)

- Prix jusqu'à 20% moins chers.
- Fréquence réduite des vols intérieurs et des ferrys.
- Visiteurs peu nombreux.
- Les fêtes de Pâques attirent la foule.

BASSE SAISON
(octobre-mars)

- Fermeture de nombreux hôtels, sites et restaurants.
- Prix de l'hébergement jusqu'à deux fois moins cher.
- Horaires des ferrys réduits au minimum.

des cafés du front de mer. À 1 heure 30 d'Athènes seulement, Hydra incarne l'escapade parfaite vers un paradis insulaire, avec son littoral sauvage qui invite à la baignade.

Palais de Cnossos

10 En Crète, le palais du légendaire roi Minos donne la mesure du haut degré de sophistication des Minoens, ce peuple de l'âge du bronze qui établit en mer Égée une puissante thalassocratie dont Cnossos fut la capitale. Six cents ans d'une histoire prestigieuse contée par ses fresques, ses sculptures, ses bijoux... tombés dans l'oubli jusqu'au début du siècle dernier. Les fouilles de Cnossos ont alors révélé l'un des sites archéologiques majeurs de Méditerranée.

Moni Preveli et la plage de Preveli

11 Également appelée plage des Palmiers, la plage de Preveli est l'une des plus réputées de Crète. Son cadre esr réellement éblouissant. La plage occupe l'entrée des gorges de Kourtaliotiko, d'où surgit la rivière Megalopotamos qui serpente dans le sable avant de se jeter dans la mer de Lybie. Sur les berges de la rivère bordée de palmiers, des bassins d'eau douce invitent à faire trempette. Perché sur les hauteurs, le monastère de Preveli, élevé au XVIIe siècle, fut un haut lieu de la résistance à la domination ottomane qui, en 1941, servit aussi de retraite à quelque cinq mille soldats alliés après la bataille de Crète.

Transports

Avion Les tarifs compétitifs des vols intérieurs font qu'il est parfois moins cher de prendre l'avion que le ferry .

Bateau La Grèce dispose d'un réseau très étendu de ferrys. Les départs sont souvent retardés en fonction de la météo et des mouvements sociaux, et les tarifs changent fréquemment. Si les ferrys desservent régulièrement les principales destinations l'été, ils sont beaucoup plus rares en hiver, voire cessent complètement.

Bus Confortables, ponctuels et pas trop chers. Services fréquents sur les principaux itinéraires.

Voiture et moto La voiture est un excellent moyen de découvrir la Grèce hors des sentiers battus, mais prenez garde, le pays compte le taux le plus élevé de mortalité routière d'Europe.

À voir

Jamais le dimanche (Jules Dassin ; 1960). Avec Melina Mercouri.

L'Éternité et un jour (Théo Angelopoulos ; 1998). Film le plus célèbre du réalisateur emblématique.

300 (Zack Snyder ; 2007). Péplum bourré de testostérone sur la bataille des Thermopyles.

Attenberg (Athina Rachel Tsangari ; 2011). La nouvelle vague grecque.

À lire

Odyssée (Homère ; IXe siècle). Ulysse n'en finit pas de lutter pour rejoindre son île d'Ithaque.

Alexis Zorba (Nikos Kazantzakis ; 1946). L'intarissable soif de vie d'un homme.

L'Été grec (Jacques Lacarrière ; 1976). Chronique d'un été en Grèce.

Liquidations à la grecque (Petros Markaris ; 2013). Athènes en crise par un auteur de polars reconnu.

11

BNAT / GETTY IMAGES ©

CAPITALE
Saint-Georges

POPULATION
109 590

SUPERFICIE
344 km²

LANGUE OFFICIELLE
Anglais

Constantine, Saint-Georges

Grenade

Sable blanc, mer turquoise, palmiers : les plages de la Grenade sont sublimes. Si l'île principale est trop animée pour vous, rejoignez en un saut de puce les îles de Carriacou et de Petite Martinique.

Îles les plus méridionales des Îles-du-Vent britanniques, Grenade, Carriacou et Petite Martinique sont surtout connues pour avoir été envahies par les États-Unis dans les années 1980, et dévastées par l'ouragan Ivan dans les années 2000. Mais les dégâts que cette catastrophe a occasionnés ont été effacés, et l'occupation américaine n'est plus qu'un souvenir. Aujourd'hui, ces îles sont parmi les plus séduisantes des Caraïbes.

Étendues de sable blanc frangées de palmiers et baignées d'eaux translucides, ou dunes de sable gris-noir au pied desquelles les vagues déferlent en gros rouleaux, les plages sont splendides. Le littoral déchiqueté de la Grenade s'élève jusqu'à des forêts tropicales nimbées de brume qui abritent sentiers de randonnée et cascades propices à la baignade. Avec son marché, ses forts et son port du Carénage, Saint-Georges est une sympathique capitale. C'est de là que partent les ferrys à destination de ses petites sœurs plus décontractées encore, les îles de Carriacou et de Petite Martinique.

Grenade
Les incontournables

Carriacou

1 La plupart des gens ne savent pas que la Grenade est une nation composée de trois îles. Modeste par la taille, Carriacou échappe à l'ambiance touristique enfiévrée qui sévit sur l'île de Grenade. Ni bateaux de croisière, ni grands complexes hôteliers, ni magasins de souvenirs : c'est la vie caribéenne comme il y a cinquante ans, tout en douceur et en nonchalance. Carriacou est ignorée de la plupart des voyageurs, qui se privent sans le savoir de randonnées sensationnelles dans des collines verdoyantes, et de plages paradisiaques qui laissent un souvenir inoubliables.

Parc de sculptures sous-marin

2 Murs blancs, parquet, visiteurs snobs : vous pensez que les galeries d'art se ressemblent toutes ? Ce n'est pas le cas du Parc de sculptures sous-marin (Underwater Sculpture Park). Tout d'abord, il se trouve à près de 2 m sous la surface de la mer, dans la baie de Molinière. Ces sculptures grandeur nature comprennent, entre autres, une ronde de personnages féminins frappant des mains, un homme assis à un bureau et un vététiste solitaire, tous offerts au corail qui les recouvre peu à peu. Les 65 sculptures d'origine, exécutées par Jason de Caires Taylor, ont été rejointes en 2010 par 14 pièces du sculpteur grenadin Troy Lewis. Pour admirer les sculptures, nul autre moyen que de plonger dans l'eau – et le jeu en vaut vraiment la chandelle. Les clubs de plongée proposent des sorties de plongée ou de snorkeling au parc de sculptures, et certains bateaux de croisière s'y arrêtent également.

Petite Martinique

3 Voici une île qui porte bien son nom puisqu'elle a un diamètre d'à peine 1,6 km. Petite donc, et très peu visitée, la Petite Martinique est le lieu idéal pour se couper du monde. Son centre étant occupé par une butte volcanique escarpée de 225 m, il ne reste guère de place pour

HTOMAS / GETTY IMAGES ©

construire autre chose. L'unique route longe la côte ouest, mais elle est rarement empruntée. Rien n'est jamais très loin et de toute façon, rien ne presse. Les gens vivent de la mer, soit comme pêcheurs, soit comme pilotes de bateau-taxi.

Levera

4 Adossée à des falaises érodées, la superbe plage de Levera Beach est une étendue de sable sauvage. Au large se dresse la Sugar Loaf Island (île de Pain de Sucre), grande île pointue, tandis que les Îles Grenadines émaillent l'horizon au nord. La plage, la mangrove et l'étang voisin ont été inclus au réseau des parcs nationaux de la Grenade. Ils constituent un habitat pour le gibier d'eau et un site de ponte pour les tortues marines d'une grande importance.

Parc national de Grand Étang

5 Le cœur montagneux de l'île est souvent noyé dans des nuages de brume. L'épaisse forêt tropicale et sa végétation enchevêtrée évoquent un monde perdu débordant de vie, peuplé notamment de singes qui se montrent souvent un peu trop empressés. Plusieurs sentiers de randonnée traversant le parc national de Grand Étang permettent d'accéder à la forêt luxuriante.

Baie de Morne Rouge

6 Douceur et finesse du sable blanc, eaux cristallines d'un bleu étincelant : la plage de

Sur 100 personnes à la Grenade

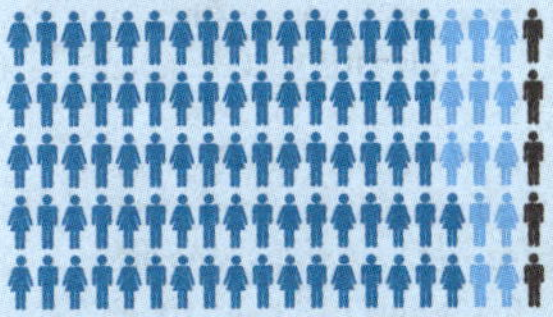

82 sont d'origine africaine
13 sont métisses, avec des origines africaines et européennes
5 sont métisses, avec des origines européennes et indo-caribéennes

Religions
(% de la population)

Population au km²

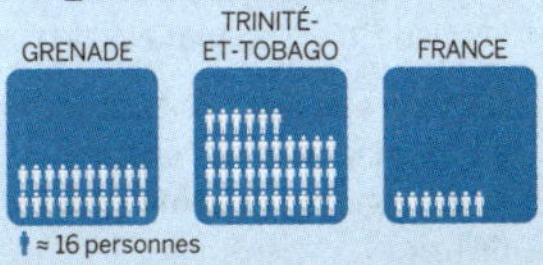

Quand partir

JANVIER-AVRIL

➡ Durant les mois les plus secs, il pleut en moyenne 12 jours par mois.

JUIN-NOVEMBRE

➡ À Saint-Georges, durant la saison des pluies, il pleut en moyenne 22 jours par mois.

AOÛT

➡ Si vous aimez faire la fête, rien de mieux que d'assister au carnaval endiablé de Grenade.

Le Phoenix renaît de ses cendres

Le 7 septembre 2004, l'ouragan Ivan balaye la Grenade. Première grande tornade à frapper l'île en 50 ans, Yvan détruit ou endommage 90% des bâtiments et quasiment tous les bateaux amarrés dans les ports. Les habitation sont décimées ainsi que les cultures vivrières, comme celle de la noix de muscade, qui fait vivre la plupart des habitants de l'archipel.

L'économie de la Grenade mettra des années à se relever. On plante de nouvelles cultures (le cacao remplaçant la noix de muscade pour devenir le principal produit agricole d'exportation), et les maisons, les commerces et les bureaux sont reconstruits. Durant cette période de renaissance, au lieu de simplement rebâtir ce qui avait disparu, les Grenadins saisissent de nouvelles opportunités. Hôtels, écoles, églises et restaurants sont souvent agrandis avec des matériaux respectueux de l'environnement.

Aujourd'hui, il ne reste quasiment aucune trace du passage dévastateur de cet ouragan, si ce n'est le souvenir des 37 personnes qui périrent.

RICHARD CUMMINS / GETTY IMAGES ©

Port du Carénage, Saint-Georges

la baie de Morne Rouge est l'incarnation parfaite des merveilles qui font la réputation des Caraïbes. Délicieusement tranquille et intacte, elle ne compte qu'une poignée d'édifices abritant des hôtels et des restaurants. En un mot : le paradis sur terre.

Saint-Georges

7 Bien qu'étant la capitale d'une petite île, Saint-Georges n'en a pas moins de nombreux atouts : installé à l'ombre des bâtiments coloniaux, le port du Carénage est l'un des plus charmants des Caraïbes. Au-dessus du port, un fouillis de rues s'accroche à la colline qui coupe la ville en deux. Elles groupent un ensemble de toits colorés, d'entrepôts délabrés, de vieilles églises en pierre, et un fort imposant. Au sud du Carénage, tandis que la route met le cap sur les complexes hôteliers de Grand Anse, elle embrasse la Lagune, où une forêt de mâts et de yachts signale la marina huppée de Port Louis.

À table !

Bière Carib Brassée à la Grenade.

Rhum Jack Iron Le puissant alcool local sait comment faire fondre la glace...

Lambi Conque.

Oil-Down Ragoût à base de bœuf et de porc cuits avec du lait de coco.

Roti Pain plat servant à enrober les viandes et légumes au curry.

Saltfish and bake Poisson séché assaisonné, avec des oignons et des légumes, accompagné de pain.

Transports

Avion SVG Air assure des vols entre Grenade et Carriacou.

Bateau L'*Osprey*, un grand catamaran à moteur, relie Grenade, Carriacou et la Petite Martinique en moins de 2 heures. Sinon, on peut faire des sauts de puce à bord des bateaux de marchandises qui naviguent entre les trois îles. Les horaires et dates de départ ne sont pas programmés. Le mieux est de se renseigner sur les quais.

Bus Le bus est un excellent moyen pour se déplacer sur Grenade et Carriacou. Ces minibus privés desservent plusieurs itinéraires fixes numérotés qui quadrillent les îles. Sympa et bon marché.

Taxi Taxis uniquement sur Grenade et Carriacou.

Voiture Pour conduire un véhicule, il faut acheter un permis de conduire grenadin, que toutes les agences de location sont habilitées à délivrer.

Ilulissat

CAPITALE Nuuk (Godthab)

POPULATION
57 714

SUPERFICIE
2,2 millions km²

LANGUES OFFICIELLES
Groenlandais, danois

Groenland

Profiter du soleil de minuit, voir les icebergs se détacher dans de grands craquements, se balader dans un traîneau à chiens : la plus grande île du monde offre tout cela à la fois et même bien davantage.

On dit souvent que l'on peut d'abord faire le tour du monde avant de visiter le Groenland, car le temps a peu d'effet sur ces terres. C'est sans compter avec le réchauffement climatique et nous serions plutôt d'avis de ne pas trop attendre. Ici, c'est la nature, dans toute sa puissance brute et sauvage, qui gouverne : la plus grande île non continentale du monde est recouverte à plus de 80% d'une calotte glaciaire. À ce titre, c'est le territoire le moins densément peuplé de la planète.

Rares sont les lieux mariant des paysages aussi magnifiques, une lumière d'une telle pureté et une nature aussi imposante. Les vastes et superbes étendues sauvages et les routes très rares laissent aux aventuriers toute liberté pour se promener à leur guise, que ce soit à pied, à skis ou en traîneau à chiens. Vous pourrez aussi vous essayer au kayak de mer, à l'escalade ou à la pêche au saumon – des activités qui conservent d'autant plus de charme qu'elle n'ont pas encore pris de dimension commerciale.

Groenland
Les incontournables

Uummannaq

1 Le majestueux sommet qui domine l'île d'Uummannaq ("en forme de cœur") dresse son imposante silhouette au-dessus de la commune éponyme. Les maisons colorées sont comme accrochées au rivage escarpé, et des marches en bois s'insinuent parmi les rues tortueuses. En hiver, l'obscurité s'installe deux mois durant, mais dès le printemps, les conditions sont idéales pour se balader. Du fait de l'interdiction des motoneiges et des bateaux à moteur pour la chasse et la pêche, le traîneau et le kayak demeurent les principaux moyens de locomotion. Ici, pas de pollution ; l'air pur fait sentir encore plus fortement l'odeur des chiens et celle du poisson et des peaux d'animaux qui sèchent dehors.

Ilulissat Kangerlua

2 La beauté grandiose de l'Ilulissat Kangerlua (fjord glacé d'Illulissat), l'un des glaciers les plus importants de la planète, justifie à elle seule un voyage au Groenland. Immédiatement en sortant de la ville d'Ilulissat, on se retrouve face à d'immenses icebergs (certains peuvent atteindre 1 000 m de haut) qui se dressent à l'embouchure du fjord. Large de 5 km, le glacier produit annuellement plus de 35 km^3 de glace (assez pour alimenter en eau la ville de New York pendant un an) – et à peu près un dixième des icebergs qui flottent dans les eaux groenlandaises.

Qassiarsuk

3 Ce ravissant village le long d'un fjord est situé près de Brattahlíð, le site où Erik le Rouge (construisit sa ferme au Xe siècle. C'est ici, dans cette baie en forme de fer à cheval, que la première église chrétienne du Nouveau Monde aurait été bâtie en l'an mil. D'après la légende, l'épouse d'Erik le Rouge, Þjóðhildur, tenta de convertir son mari au christianisme en se refusant à lui jusqu'à ce qu'il se fasse baptiser. Si Erik ne céda jamais, il fit un compromis en autorisant la construction d'une église. Plusieurs ruines scandinaves, dont une maison longue et une église, ainsi que la reconstitution d'une maison inuit en mottes de terre du XIXe siècle, sont ouvertes à la visite.

BERNARD VAN DIERENDONCK / GETTY IMAGES ©

Nanortalik

4 Avec son décor de carte postale, Nanortalik ("lieu des ours polaires") est le bourg le plus méridional du Groenland. Il faut se promener dans le village à différents moments de la journée afin d'observer les effets de la lumière sur la glace et la mer. Gravissez les marches qui conduisent à l'étonnant mât de drapeau, afin de contempler le village de haut, ou baladez-vous jusqu'à l'un de ses monuments emblématiques, une pierre qui évoque le profil du héros national, Knud Rasmussen.

Traîneau à chiens sur l'île de Disko

5 Baladez-vous en traîneau à chiens sous le soleil de minuit sur l'île Disko, la plus grande du Groenland. C'est l'un des meilleurs moyens pour se déplacer, comme l'attestent les habitudes des locaux. Les mushers (meneurs de chiens) groenlandais harnachent leurs animaux de sorte que l'attelage forme un éventail. Généralement, la meilleure période pour partir en traîneau à chiens s'étend de mars à mai. On peut aussi faire du traîneau pendant les mois d'été sur l'île, qui reste l'unique endroit au sud du cercle arctique où l'on ait le droit de garder des chiens de traîneau.

Kayak dans les fjords

6 Les *qajaq* groenlandais sont les précurseurs des kayaks actuels. C'est dire que l'on a l'habitude ici d'en faire. Les alentours du village de Tasiilaq, à 100 km au

Sur 100 personnes au Groenland

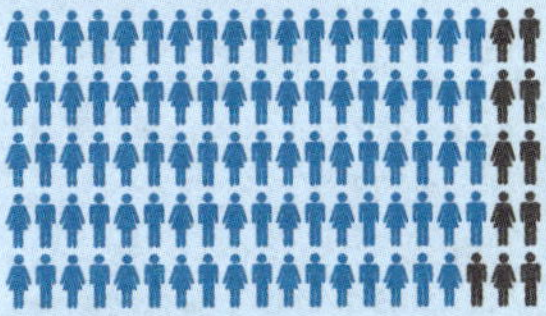

89 sont inuites
11 sont danoises ou d'une autre origine

Structure de la population

(% de la population)

Population au km²

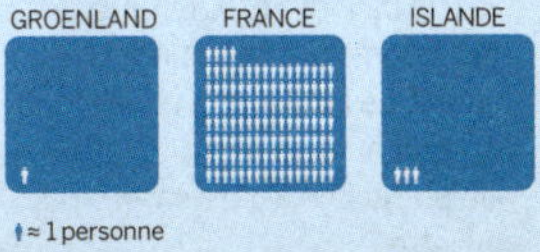

Quand partir

FIN MARS/ DÉBUT MAI

➡ Meilleure période pour les sorties en traîneau à chiens et pour le ski.

JUIL-AOÛT

➡ Longues journées et températures plus douces, mais c'est aussi la saison des moustiques.

AOÛT À MI-DÉC ET MI-FÉV À AVRIL

➡ Pour les magiques aurores boréales.

Purger sa peine

Il n'y a pas de véritable prison au Groenland. Ceux qui sont condamnés lourdement sont envoyés dans les établissements pénitenciers du Danemark. Les personnes qui sont condamnées à des peines légères restent au pays et ne sont enfermées que la nuit. Elles conservent leur emploi, vivent normalement et participent même à la chasse annuelle au caribou. Pour autant, certains commerces redoutent la période de Noël, lorsque les prisonniers rentrent dormir chez eux pour les fêtes. Les raids "festifs" destinés à voler de l'alcool occasionnent parfois des dégâts dans les commerces.

TYLER STABLEFORD / GETTY IMAGES ©

Kayak près de Tasililaq

sud du cercle arctique, sont l'un des meilleurs endroits pour pagayer au milieu des icebergs. Le village est un paradis pour les amateurs de plein air, environné d'un paysage de hautes montagnes. La traversée du fjord en kayak depuis Tasiilaq ne fait que (!) 4 km, tandis qu'une excursion plus sportive dans le fjord permet de parcourir 20 à 30 km sur l'eau. À vos pagaies !

Le Groenland à la voile

7 Au départ d'Aappilattoq, minuscule village de pêcheurs au bord d'un port naturel, embarquez pour une balade en bateau à travers les plus beaux paysages de fjords du sud du Groenland. Pratiquement inaccessible par la route, ce village donne l'occasion de faire un voyage spectaculaire. On peut pour cela prendre le *Ketil*, qui navigue une fois par semaine entre Nanortalik et Aappilattoq de mi-novembre à avril (retour le jour même). Cette croisière fait découvrir des paysages à couper le souffle mais elle est souvent annulée en raison des conditions climatiques.

À table !

Les plats groenlandais sont souvent à base de viande, en particulier celle des baleines et des phoques.

Caribou En septembre, les habitants prennent des vacances pour chasser le caribou (*tuttu*). Cet animal est apprécié pour sa chair savoureuse. On en trouve rarement dans le commerce.

Mergules nains Jadis, les Groenlandais du Nord subsistaient en consommant ces oiseaux qui ressemblent aux pingouins.

Phoque Se prépare en faisant bouillir des morceaux de viande dans de l'eau pendant une heure. Une fois cuite, la viande arbore une couleur brun chocolat. Les morceaux entourés d'un centimètre de lard de baleine ont plutôt le goût de côtelettes d'agneau.

Baleine Le *mattak* (peau et lard de baleine) est un mets traditionnel des communautés inuites. La meilleure provient du béluga ou du narval. Cuite, elle prend une légère saveur de noisette.

Transports

Avion Le Groenland est bien desservi par les liaisons aériennes. Les hélicoptères publics offrent un moyen unique d'observer le paysage. Sachez faire preuve de souplesse : du fait des conditions climatiques, on n'est jamais certain de décoller à l'heure (ou encore le jour prévu).

Bateau Quand la glace le permet, les ferrys d'été relient les villages de la côte ouest, mais ils ne desservent pas la côte est. En hiver, ils ne s'aventurent pas plus au nord qu'Ilulissat.

Traîneau à chiens Les habitants sont nombreux à se déplacer en traîneau à chiens. Les touristes peuvent participer à des sorties allant de la journée à l'expédition de 2 semaines. La meilleure saison s'étend de mars à mai.

CHEF-LIEU
Basse-Terre

POPULATION
405 000

SUPERFICIE
1 780 km²

LANGUE OFFICIELLE
Français

Guadeloupe

À plus de 7 000 km de la métropole, l'archipel de la Guadeloupe est une destination idéale pour les amoureux de la nature, les sportifs et les familles.

Soleil, plages, belles baies, alizés, forêts luxuriantes : voilà le décor de l'envoûtante Guadeloupe et de ses îles proches. Mais le dépaysement naît aussi de la rencontre avec la passionnante culture créole.

Lovées entre l'Équateur et le tropique du Cancer, les deux îles du "papillon" guadeloupéen ravissent à la fois les plus sportifs et les amateurs de détente. En Grande-Terre, pays des champs de canne, des plages de sable blanc, des falaises sauvages et de la mangrove, on goûte le farniente et les activités nautiques. Avec son volcan, ses cascades et ses anciennes habitations caféières, la Basse-Terre est le royaume des randonnées en forêt tropicale – mais aussi de la plongée ! Le contact avec les habitants y est aussi plus naturel que sur la Grande-Terre. Les petites îles du reste de l'archipel, Marie-Galante, les Saintes et la Désirade, permettent quant à elles de s'évader, loin des frimas du continent européen.

Guadeloupe
Les incontournables

La Soufrière

1 La Soufrière, en plein cœur du Parc national, est l'un des sites naturels les plus visités de la Guadeloupe et attire 300 000 personnes par an. Culminant à 1 467 m, le volcan est toujours actif : en témoignent les vapeurs sulfureuses qui se dégagent du sommet. La "vieille dame" – comme l'appellent les Guadeloupéens – est entrée plusieurs fois en éruption : la plus récente eut lieu entre juillet 1976 et mars 1977, obligeant l'évacuation d'une partie de la population. Bien que la zone soit placée sous haute surveillance, on peut s'y promener en toute tranquillité. Son ascension, accessible à tous, est une expérience exceptionnelle.

Réserve Cousteau

2 Cette réserve sous-marine est mondialement connue depuis que le commandant Cousteau fit l'éloge de la beauté des fonds sous-marins qu'il visita en 1959. Située autour des îlets Pigeon, elle offre une grande diversité biologique aux amoureux de la plongée ou de la randonnée palmée. Depuis 2004, le site rend hommage au commandant : un buste en bronze trône fièrement… par 12 m de fond.

Marie-Galante

3 À 25 km au sud-est de la Guadeloupe, Marie-Galante est la plus grande de ses îles satellites. Essentiellement rural, ce plateau calcaire tout rond s'ouvre depuis peu au tourisme. On trouve des falaises sauvages sur la côte atlantique, un superbe littoral au sud où s'égrènent les plus belles plages de l'archipel, et une campagne encore préservée. Ici est fabriqué le meilleur rhum de Guadeloupe, titrant jusqu'à 59° !

Deshaies

4 Ce joli port de pêche longtemps enclavé au fond d'une baie profonde abrite aujourd'hui nombre d'hébergements et de restaurants appréciés des surfeurs et des familles. En longeant le littoral nord de la Basse-Terre, vers Sainte-Rose, vous découvrirez de ravissantes plages de sable aux teintes chatoyantes, du brun au roux. La mer des

GV PHOTOGRAPHIES / GETTY IMAGES ©

Caraïbes offre en prime de sublimes couchers de soleil.

Sainte-Anne

5 Ancien centre de production sucrière, Sainte-Anne est chargée d'histoire : elle fut notamment au cœur des combats contre l'esclavage et le théâtre d'affrontements sanglants au tournant du XIXe siècle. Avec le déclin de l'industrie du sucre, Sainte-Anne s'est reconvertie dans le tourisme en tirant partie de sa longue plage de sable fin, magnifique… mais bondée en saison. En ville, jetez un coup d'œil à l'église et à la mairie, œuvres de l'architecte Ali Tur, ainsi qu'à la grand-place. Profitez le matin du marché aux légumes le long de la route, et de celui aux poissons sur la plage communale et celle des Gabas.

Chutes du Carbet

6 Cachées au pied du volcan de la Soufrière, les trois spectaculaires chutes du Carbet sont les plus hautes des Petites Antilles. C'est sans doute à elles que la Guadeloupe devait son surnom de Karukera, "île aux belles eaux" dans la langue des Indiens Caraïbes. Les deux premières tombent à pic respectivement sur 115 et 110 m et sont visibles depuis un belvédère. La troisième, plus modeste, fait 20 m de haut. Des sentiers balisés à travers la végétation menaient aux chutes, mais des tremblements de terre et des glissements de

Quand partir

DÉC-MAI

➡ Saison sèche. La période de l'année la plus appréciée des touristes fuyant l'hiver européen.

JUIL-NOV

➡ Période plus humide, avec une moyenne de sept jours de pluie par mois.

JUIL-AOÛT

➡ Prix des vols en hausse. La fin de l'été correspond à la saison des ouragans.

Sur 100 personnes en Guadeloupe

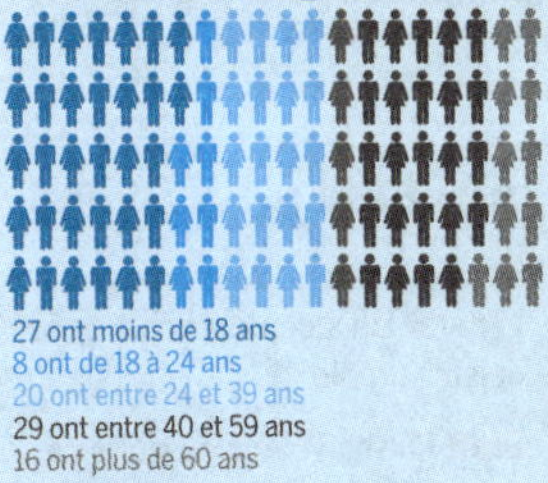

Religions

(% de la population)

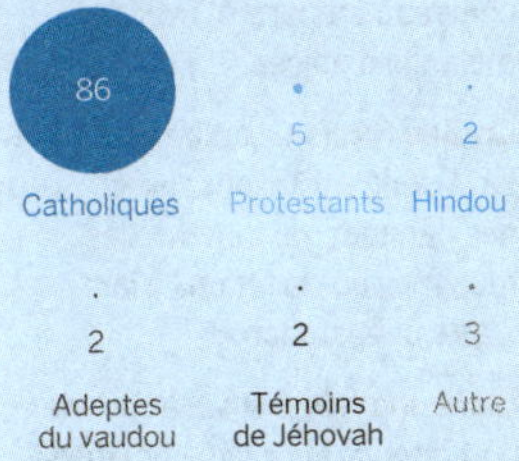

Population au km²

Victor Schœlcher

On doit à Victor Schœlcher (1804-1893) le décret officiel qui abolit l'esclavage dans les colonies françaises. C'est au cours d'un voyage de commerce, en 1829, que le jeune Victor s'intéressa aux iniquités du système esclavagiste. Ce personnage singulier consacra ainsi sa vie à l'émancipation des esclaves. Évoquant une rébellion imminente aux Antilles, il obtint d'être nommé sous-secrétaire d'État aux Colonies le 5 mars 1848 et fit adopter le décret d'abolition de l'esclavage, le 27 avril de la même année. En 1883, Victor Schœlcher fait don de sa collection d'œuvres d'art et d'objets personnels à la Guadeloupe ; un musée est inauguré en 1887 à Pointe-à-Pitre afin que le plus grand nombre en profite.

À table !

Acras Beignets, de morue en général. Un incontournable de la cuisine créole.

Blaff Poisson blanc ou fruits de mer cuits dans un court-bouillon épicé. Figure à la carte de nombreux restaurants.

Colombo de cabri Chèvre ou chevreau préparé(e) avec un mélange d'épices.

Crabes farcis Le crabe est gavé pendant 15 jours avec des bananes, du piment, des mangues ou du fenouil avant d'être dégusté farci.

Blanc-manger Gâteau à base de noix de coco et de lait aromatisé à la vanille et à la cannelle.

Rhum Titrant entre 50 et 62°, le rhum guadeloupéen est la boisson nationale. Le rhum blanc est bu pur, sous forme de punch ou de *ti-punch* (sucre ou sirop de canne et citron vert).

7

WALTER BIBIKOW / GETTY IMAGES ©

terrain les ont partiellement condamnés. Au belvédère, vous trouverez des aménagements pour pique-niquer, et de quoi grignoter. Très touristique, l'endroit est bondé en haute saison.

Terre-de-Haut

7 Trop aride pour y cultiver la canne à sucre, l'île la plus visitée des Saintes est une terre de pêcheurs dont la réputation a dépassé les frontières guadeloupéennes. Ici sont nées les célèbres "saintoises", embarcations emblématiques de l'archipel. Avec ses 5,2 km² de superficie, Terre-de-Haut offre un visage nonchalant qui invite au farniente. Passer la nuit sur place permet de profiter d'une atmosphère plus paisible, après le départ du dernier bateau.

Transports

Bateau Plusieurs compagnies maritimes assurent des liaisons vers les Saintes, Marie-Galante et la Désirade depuis Grande-Terre et Basse-Terre.

Bus Hormis ceux de Pointe-à-Pitre, les bus ont des horaires aléatoires et appartiennent à des sociétés privées ; ils partent quand le nombre de passagers à bord est jugé suffisant.

Taxi On trouve des stations de taxis dans presque chaque ville de Guadeloupe.

Vélo Peu adapté au climat guadeloupéen. Toutefois il peut être utile pour de courts déplacements sur les îles périphériques.

Voiture Les routes principales sont excellentes et presque toutes goudronnées ; en revanche, les routes de montagne ou secondaires se révèlent souvent étroites et parsemées de nids-de-poule.

CAPITALE
Hagåtña

POPULATION
160 000

SUPERFICIE
541 km²

LANGUES OFFICIELLES
Anglais, chamorro

Cascade de Talofofo

Guam

Associée à une célèbre bataille de la Seconde Guerre mondiale, cette île américaine isolée dans l'océan Pacifique vit à l'heure de sa base militaire et du tourisme balnéaire.

Juste au sud des îles Mariannes, Guam fut une colonie espagnole avant que les forces américaines ne s'en emparent en 1898, lors de la guerre hispano-américaine. Occupée par les Japonais au lendemain de Pearl Harbor, l'île fut difficilement reconquise lors d'une bataille qui marqua un tournant de la Seconde Guerre mondiale. La base militaire de l'US Navy, située au nord de l'île, s'y est maintenue depuis et constitue, avec le tourisme, la base de l'économie locale.

C'est dans sa partie méridionale que Guam réserve ses plus beaux atours, avec ses villages anciens, ses cascades et ses plages idylliques. Largement américanisée mais aujourd'hui très prisée par les touristes japonais, l'île manque, aux dires de certains, d'un certain manque d'identité. En quittant les centres urbains, comme Tumon Bay, le visiteur curieux découvrira une autre culture, celle du peuple chamorro, les premiers habitants de l'île, qui parlent un créole à base d'espagnol.

Guam

Les incontournables

Ritidian Point

1 À la pointe septentrionale de Guam, cette réserve sauvage a comme attrait majeur une magnifique plage de sable. Déserte en semaine, la plage accueille le week-end des familles et des groupes d'amis qui viennent pique-niquer et se baigner.

War in the Pacific National Historical Park

2 Ce parc historique sur la guerre du Pacifique permet de se replonger à l'époque où Guam était occupée par les Japonais, jusqu'au débarquement américain en juillet 1944. Plusieurs anciens sites de bataille sont visibles, notamment celui d'Asan Point, grand et paisible parc verdoyant en bord de plage.

Talofofo Falls

3 Ce populaire lieu de baignade et de pique-nique se déploie autour de ravissantes chutes d'eau à deux étages et de bassins naturels au pied de chaque cascade. En bas, un pont suspendu en bois offre une vue splendide sur les chutes. La cascade supérieure déverse un rideau d'eau haut de 9 m. Le débit n'est pas trop fort et l'on peut prendre une bonne douche en le traversant.

À table !

Guam a une obsession pour la viande précuite en boîte de marque Spam. Son fabricant, la compagnie Hormel, a même créé un "Guam Spam" au goût épicé.

L'île compte de bons restaurants de différents styles culinaires regroupés dans Tumon Bay.

La meilleure cuisine chamorro se déguste au marché de nuit du village chamorro.

Quand partir

TOUTE L'ANNÉE

- Température moyenne de 28°C.
- Moyenne des précipitations annuelles : 2 032 mm.

JANVIER-MAI

- Saison sèche, avec un taux d'humidité légèrement inférieur à la moyenne annuelle.

JUILLET-NOVEMBRE

- Saison des pluies.

Lago de Atitlán

CAPITALE
Guatemala Ciudad

POPULATION
14,6 millions

SUPERFICIE
108 889 km²

LANGUE OFFICIELLE
Espagnol

Guatemala

Ce pays d'Amérique centrale captive les voyageurs en quête du trio gagnant : merveilles naturelles, aventures et culture millénaire.

Un voyage au Guatemala sollicite les sens du voyageur : odeur de tortillas fraîchement grillées, marchés de rue quotidiens, bonheur de nager dans une cascade après une randonnée dans la jungle.

La découverte de l'héritage maya reste l'un des principaux attraits d'un voyage au Guatemala. Le pays possède des sites de toute beautés comme les temples de Tikal ou les pyramides d'El Mirador. Loin de s'être éteintes, les traditions mayas perdurent aujourd'hui dans des villes comme Rabinal et des sites sacrés tels que la Laguna Chicabal. La colonisation espagnole a également laissé derrière elle une architecture éblouissante, que ce soit à Antigua ou avec la cathédrale de Guatemala Ciudad.

Les amateurs de vacances sportives trouveront un vaste éventail d'activités : trekking dans la jungle, ascensions de volcans, rafting, surf sur la côte pacifique. Et si vous hésitez, pourquoi ne pas vous prélasser dans un hamac en vous laissant le temps de choisir l'une de ces activités ?

Golfe du Mexique
Laguna de Términos
Ciudad del Carmen
Esárcega
Xpujil
Chetumal
MEXIQUE
Jonuta
Candelaria
Río Tulijá
Palenque
El Mirador
Carmelita
Río Azul
Belize
BELMOPAN
Tikal
El Naranjo
Río San Pedro
Melchor de Mencos
Río Usumacinta
Sierra del Lacandón
Lago de Petén Itzá
El Remate
Benque Viejo del Carmen
Ocosingo
Flores
Santa Elena
Frontera Corozal
Bethel
El Subín
Río Mopán
BELIZE
Laguna Miramar
Sayaxché
Río San Juan
San Quintin
Río Lacantún
Benemérito de las Américas
Río Machaquilá
Poptún
Punta Gorda
MER DES ANTILLES
Presa de la Angostura
Gracias a Dios
Playa Grande
San Antonio Las Cuevas
Modesto Méndez
Bahía de Amatique
Ciudad Cuauhtémoc
Nentón
Barillas
Chisec
Río Dulce
Lívingston
La Mesilla
Camoa Grande
Soloma
Sierra de Chamá
Sebol
Puerto Barrios
Corinto
Cordillera de los Cuchumatanes
Nebaj
Semuc Champey
El Estor
Lago de Izabal
Río Dulce
Huehuetenango
Cobán
Mariscos
Volcán Tajumulco (4 220 m)
Sacapulas
San Cristóbal Verapaz
Río Polochic
Santa Cruz del Quiché
Salamá
Sierra de las Minas
Sierra de Chuacús
Río Hondo
La Entrada
El Carmen
Chichicastenango
Zacapa
Río Motagua
Quetzaltenango (Xela)
Panajachel
El Florido
Copán Ruinas
Chiquimula
Santa Rosa de Copán
Ciudad Tecún Umán
Lago de Atitlán
Chimaltenango
GUATEMALA
Ocós
Santiago Atitlán
Antigua
Jalapa
Ipala
Quetzaltepeque
Esquipulas
Retalhuleu
San José Pinula
HONDURAS
Champerico
Anguiatú
Escuintla
El Progreso
Embalse Cerrón Grande
El Tulate
Santa Lucía Cotzumalguapa
Cuilapa
Jutiapa
San Cristóbal Frontera
Chiquimulilla
Nueva Venecia
Valle Nuevo
Santa Ana
Chalatenango
Sipacate
Iztapa
Puerto San José
Monterrico
Ciudad Pedro de Alvarado
Lago de Coatepeque
SAN SALVADOR
SALVADOR
OCÉAN PACIFIQUE
0
100 km
1
2
3
4
5
6
7
8
9
10
11

Guatemala
Les incontournables

Tikal

1 Émergeant d'un coin de jungle partiellement défriché, Tikal constitue l'un des plus saisissants témoignages de la civilisation maya. Bâti en plusieurs phases sur une période d'au moins 800 ans, le site forme un vaste ensemble fort de centaines de temples, de pyramides et de stèles. Tout aussi impressionnante, l'abondance de la vie sauvage se découvre en arpentant les anciennes chaussées entre les centres cérémoniels. Des singes hurleurs se balancent bruyamment dans les arbres vénérables, tandis que les perroquets et les toucans au plumage chatoyant volent de branche en branche dans une cacophonie de cris.

Antigua

2 Antigua possède une impressionnante collection de vestiges coloniaux disposés dans un magnifique écrin. Ses rues aux façades pastel courent au pied de trois volcans. De nombreux édifices religieux ou civils ont été restaurés, d'autres, décatis ou ruines éparpillées dans la verdure, gardent le charme de l'ancien. Si des dizaines d'écoles d'espagnol attirent des étudiants du monde entier, Antigua reste une ville typiquement guatémaltèque, aux églises, places et marchés animés en permanence.

1

NEIL SETCHFIE.D / GETTY IMAGES ©

Lago de Atitlán

3 L'une des plus belles destinations du Guatemala, Atitlán rend lyrique le voyageur le plus blasé. Dans des embarcations rustiques, les pêcheurs voguent sur ses eaux bleu-vert et des femmes vêtues de parures multicolores lavent leur linge sur les rives, près des arbres en fleurs. Des collines fertiles jalonnent un paysage dominé par de puissants volcans qui confèrent à toute la région une beauté mystérieuse. Jamais il ne revêt deux fois la même apparence. De nombreux étrangers tombés sous le charme n'ont jamais pu repartir.

Sur 100 personnes au Guatemala

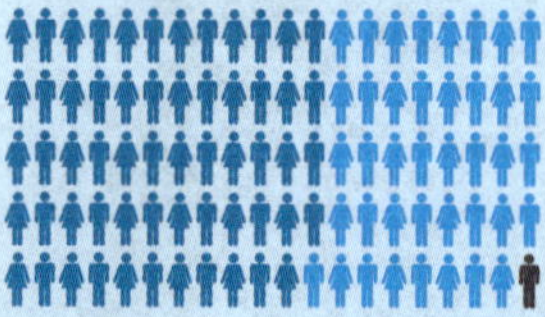

59 sont *mestizos*
40 sont mayas
1 a une autre origine

Diaspora guatémaltèque

(% de population émigrée)

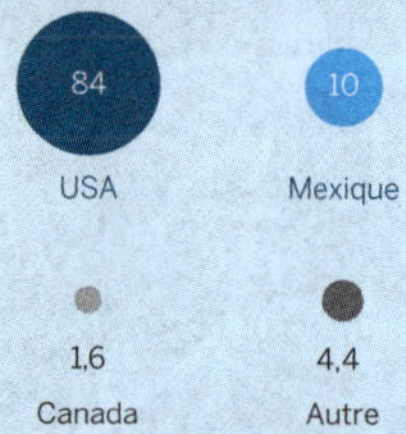

Population au km²

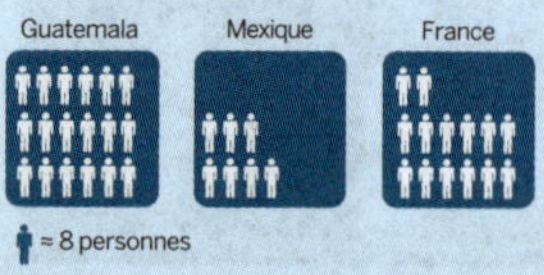

Río Dulce

4 Le Río Dulce (littéralement fleuve doux) relie le plus grand lac du pays et la côte caribéenne. Naviguer sur ce fleuve, à travers une vallée aux parois abruptes, une végétation luxuriante, des chants d'oiseaux et peut-être des lamantins, vous laissera des souvenirs inoubliables. Il ne s'agit pas d'une croisière touristique – le fleuve constitue un mode de vie et un moyen de transport pour les riverains – mais les quelques haltes dans des villages et des sources thermales en font une expérience magique.

Guatemala Ciudad

5 Vibrante et rude, souvent violente et parfois surprenante, la capitale ne laisse pas indifférent : on l'aime ou on la déteste. Nombre de visiteurs s'enfuient dès que possible, mais ceux qui prennent le temps de regarder au-delà de sa morne architecture et de ses abords miteux découvrent une ville débordante de vie. Pour la culture, les bons restaurants, les galeries marchandes et la vie urbaine, la capitale reste inégalée.

Quetzaltenango

6 Ni trop grande ni trop petite, juste assez touristique pour remplir ses hôtels et restaurants, Quetzaltenango, ou Xela, pourrait être la ville guatémaltèque idéale. Dans le centre-ville, l'architecture transmise par les Allemands, qui ont occupé la région après le départ des Espagnols, confère à l'endroit une ambiance à la limite du gothique. Les voyageurs qui s'y rendent apprennent l'espagnol, puis

L'héritage maya

S'étendant du nord du Salvador au golfe du Mexique à son apogée, l'Empire maya fut sans doute la plus brillante civilisation précolombienne des Amériques durant sa période classique. Parmi les grands centres religieux et culturels du Guatemala figuraient Quiriguá, Kaminaljuyú, Tikal, Uaxactún, Río Azul, El Perú, Yaxhá, Dos Pilas et Piedras Negras. Copán, au Honduras, connut aussi gloire et déclin au fil des aléas de l'Empire.

Explorer une ruine maya est une expérience marquante. Si certains sites se résument à un tas de pierres ou à des tumulus herbeux, d'autres, comme Tikal, ont été largement restaurés ; les temples, les places et les terrains de jeu de balle donnent un excellent aperçu de l'organisation urbaine d'origine.

À table !

Atole Bouillie chaude et sucrée de maïs et de lait, aromatisée à la cannelle.

Chile relleno Poivron farci de fromage, de viande, de riz ou d'autres ingrédients, trempé dans du blanc d'œuf, frit, puis cuit au four dans une sauce.

Jocón Ragoût de poulet ou de porc, avec des légumes verts et des herbes.

Licuado Smoothie de fruits sucré, au lait ou à l'eau.

Pepián Poulet et légumes avec une sauce piquante au sésame et aux graines de potiron.

Tamal Pâte de maïs, farcie de viande, de haricots, de piments ou nature, enveloppée dans une feuille de banane ou de maïs et cuite à la vapeur.

Tapado Fruits de mer, lait de coco et bananes plantains en cocotte.

Tostada Tortilla fine recouverte de viande ou de fromage, avec de la tomate, des haricots et de la laitue.

PAUL KENNEDY / GETTY IMAGES ©

s'engagent dans un projet de bénévolat. Xela est aussi une base de randonnées spectaculaires – comme l'ascension du volcan Tajumulco.

Semuc Champey

7 Avec une eau turquoise qui tombe en cascade dans une série de bassins calcaires entourés de jungle, Semuc Champey constitue un lieu de baignade idyllique, considéré par beaucoup comme le plus bel endroit du pays. S'il est possible de le visiter dans la journée, prévoyez un plus long séjour pour apprécier le Guatemala rural dans toute sa splendeur.

Quand partir

HAUTE SAISON
(déc-mai)

- En période de pic (Noël, Nouvel An et Pâques), les tarifs des hôtels grimpent fortement.
- L'hébergement doit être réservé bien à l'avance pour Pâques à Antigua.

SAISON INTERMÉDIAIRE
(oct-nov)

- Les pluies se calment, mais octobre est la saison des ouragans.
- Températures douces et ciel dégagé en font une bonne période pour la randonnée dans les Hautes Terres.

BASSE SAISON
(avr-sept)

- Prix en baisse, sites historiques moins fréquentés et réservation rarement nécessaire pour l'hébergement.
- Pluies quotidiennes dans l'après-midi ; fraîcheur dans les Hautes Terres et boue dans la jungle.

El Mirador

8 Réservé aux plus intrépides, le trek à El Mirador permet de remonter aux origines de l'histoire des Mayas. Des archéologues continuent de fouiller le site et vous les rencontrerez sans doute. Parmi les centaines de temples noyés dans la végétation figure La Danta, la plus haute pyramide du monde maya, que l'on peut gravir pour une vue panoramique sur la canopée. Comptez six jours de marche aller-retour dans la boue et les nuées de moustiques, à moins d'emprunter un hélicoptère.

Chichicastenango

9 Le marché bihebdomadaire de ce carrefour quiché maya, d'une grande importance spirituelle, constitue une vitrine vivante des traditions indigènes. Dans l'église Santo Tomás, au centre-ville, et sur la colline de Pascual Abaj, à la lisière sud, des chamans pratiquent des rites mayas devant une iconographie chrétienne. C'est aussi un bon endroit pour des achats, notamment les tissages.

À voir

Aquí me quedo (Rodolfo Espinoza ; 2010). Le récit d'un enlèvement tourné à Quetzaltenango, mêlant satire, comédie noire et engagement politique.

When the Mountains Tremble (Pamela Yates et Newton Thomas Sigel ; 1983). Documentaire sur la guerre civile, avec Susan Sarandon et Rigoberta Menchú.

Capsulas (Verónica Riedel ; 2011). Un regard sur la cupidité, la corruption et le trafic de drogue au Guatemala.

À lire

Monsieur le Président (Miguel Ángel Asturias ; 1946). L'écrivain et prix Nobel de littérature guatémaltèque critique la longue lignée de dictateurs du pays.

Moi, Rigoberta Menchú (Elisabeth Burgos ; 1999). Le récit de la vie de Rigoberta Menchú, prix Nobel de la paix en 1992.

Déraison (Horacio Castellanos Moya ; 2009). Un journaliste salvadorien se rend au Guatemala pour étudier un rapport sur le génocide perpétré par l'armée contre les indigènes.

Transports

Camioneta Ces bus scolaires américains réaménagés sont bon marché, desservent tout le pays et s'arrêtent à la demande, sans capacité maximum.

Pick-up Moyen de transport courant dans les campagnes non desservies par les bus. Faites signe au chauffeur n'importe où, grimpez à l'arrière et accrochez-vous. Les tarifs sont identiques à ceux des *camionetas*.

Bus Pullman Circulant uniquement sur les principales nationales, ce sont les plus confortables, bien qu'ils varient des vieux Greyhound aux bus Mercedes flambant neufs. Places numérotées et parcours direct ou semi-direct.

Minibus À réserver auprès des agences de voyages et des hôtels, ces minibus effectuent des liaisons directes entre les principales destinations touristiques et offrent un service porte à porte.

Flores

10 Île paisible au seuil d'une vaste réserve de jungle, Flores constitue une base attrayante pour explorer la région du Petén et se détendre. En vous délassant sur les terrasses des bars et des restaurants face au Lago de Petén Ixtá ou en ralliant des îlots à bord d'une pirogue, vous trouverez sans doute des compagnons pour explorer Tikal ou des sites plus reculés. Cette bourgade pittoresque et les villages alentour justifient à eux seuls le détour.

Nebaj et le triangle ixil

11 Poche de culture indienne dans des montagnes reculées mais facilement accessibles, Nebaj reste peu visitée malgré son caractère authentiquement guatémaltèque. Patrie des Mayas ixil, qui possèdent leur propre langue et portent des vêtements aux couleurs vives, Nebaj est aussi un carrefour pour des randonnées dans la chaîne des Cuchumatanes, avec des dizaines de villages traditionnels, tels Cocop et Chajul, où vous pourrez séjourner chez l'habitant.

Enfant quiché au marché de Chichicastenango

9

DIEGO LEZAMA / GETTY IMAGES ©

CAPITALE
Conakry

POPULATION
11,2 millions

SUPERFICIE
245 857 km^2

LANGUE OFFICIELLE
Français

Joueur de balafon, Conakry

Guinée

Du fait du peu d'infrastructures, le voyage en Guinée tient du défi. Toutefois, ce pays a un potentiel encore méconnu. De quoi susciter la curiosité...

La Guinée pourrait tout à fait être un paradis d'Afrique de l'Ouest. D'un tempérament bien affirmé et forte de près de la moitié des réserves mondiales de bauxite, la Guinée postcoloniale avait tout pour réussir. Son avenir de destination touristique semblait radieux grâce au dynamisme de sa capitale, à sa scène musicale et aux paysages grandioses de l'intérieur des terres. Hélas, les choses ont pris un tour différent. Des décennies de dictature ont marqué le peuple guinéen, réduit à rêver d'un avenir meilleur ou à s'expatrier. Dernièrement, le pays a été durement frappé par une épidémie de fièvre Ebola.

Il n'en reste pas moins que la Guinée compte des paysages de toute beauté. Les amoureux de la nature pourront se perdre lors de longues randonnées qui leur feront découvrir cascades, collines et minuscules villages, à moins de se lancer sur la piste des éléphants à travers la forêt vierge. Et bien que la Guinée ne soit guère réputée pour ses plages, elle en possède quelques-unes tout à fait magnifiques, le plus souvent désertes.

Guinée
Les incontournables

Îles de Loos

1 Rien ou presque ne rappelle que les îles de Loos servaient jadis de prison et de comptoir de traite des esclaves. Aujourd'hui, elles offrent à la classe aisée de Conakry la possibilité d'échapper pendant le week-end à la pollution de la capitale. Leurs étendues de sable bordées de palmiers se prêtent à un bain de soleil assorti d'un jus de noix de coco frais.

Fouta-Djalon

2 À mesure que l'on grimpe la sinueuse route de Mamou, le paysage change et on profite de quelques arrêts pour saluer la population. Le massif de Fouta-Djalon, surnommé le "château d'eau de l'Afrique de l'Ouest" est un haut lieu de l'apprentissage de la religion musulmane. Ici, les températures fraîches et les paysages sublimes sont une invitation à la randonnée.

Institut de recherche de Bossou

3 Des chercheurs de monde entier viennent à l'Institut de recherche environnementale de Bossou (IREB) pour étudier les populations de chimpanzés qui peuplent les collines alentour. Bien que la forêt primaire soit réduite, l'endroit demeure agréable, et c'est une occasion facile de partir à la rencontre des primates.

À table !

Kulikuli Boulettes d'arachides, cuites avec oignon et poivre.

Riz gras Riz cuit dans de l'huile et du concentré de tomates, servi avec du poisson frit, de la viande ou des légumes.

Quand partir

NOV-DÉC

➡ La meilleure période pour profiter des paysages verdoyants après les précipitations.

JUILLET-AOÛT

➡ Saison des pluies. Routes impraticables. Conakry se transforme en un vaste champ de boue.

JANVIER

➡ La nuit, les températures sont fraîches sur les hauts plateaux.

CAPITALE
Bissau

POPULATION
1,7 million

SUPERFICIE
36 125 km²

LANGUE OFFICIELLE
Portugais

Guinée-Bissau

Petit pays méconnu, la Guinée-Bissau possède une beauté singulière faite de conversations amicales avec les habitants, de plages de sable blanc et de reliques coloniales à l'élégance fanée.

Malgré une pauvreté endémique, la Guinée-Bissau saura rendre le sourire au plus blasé des voyageurs. D'abord et avant tout pour sa sympathique population, désarmante de chaleur humaine. Ici, les conversations amicales spontanées ne sont rien d'autre que de l'amabilité. Autre trait remarquable, l'archipel des Bissago, classé au patrimoine mondial de l'Unesco. Sur ces îles vit un peuple dont la culture, préservée par les bancs de sable invisibles et les marées traîtresses, est unique en Afrique de l'Ouest. Leurs plages sublimes, bordées de forêts épaisses permettent d'admirer une faune particulièrement riche, de l'hippopotame se déplaçant dans des lagunes poissonneuses à la tortue à la recherche d'endroit où pondre.

Ancienne possession portugaise, la Guinée-Bissau a hérité de son passé colonial des bâtiments délabrés et des demeures aux balcons décrépits. En dépit des conflits armés, des coups d'État à répétition et d'un quotidien difficile, ses habitants parviennent à afficher un bel optimisme.

Guinée-Bissau

Les incontournables

Ilha de Orango

1 Le cœur du parc national des îles Orango abrite des colonies d'hippopotames qui pataugent dans la lagune d'eau saumâtre. C'est aussi le lieu de sépulture des souverains des Bijagós. Adressez-vous à un guide pour observer les hippopotames.

Bissau Velho

2 Le centre-ville de la capitale, tout en ruelles étroites et bâtiments délabrés, est "gardé" par la Fortaleza d'Amura. Avec son toit dévasté par les bombes et sa façade criblée d'impacts, l'ancien palais présidentiel rappelle que la guerre civile n'est pas si lointaine. Par contraste, le bâtiment reconstruit de l'Assembleia Ministério da Justiça représente l'espoir démocratique du pays.

Bolama

3 Géographiquement plus proche de Bissau que les autres îles de l'archipel des Bijagós, l'île de Bolama fut la capitale de la Guinée portugaise jusqu'en 1941. La ville de Bolama dégage une atmosphère de splendeur déchue qui donne le frisson. Le long des avenues en terre, de grands bâtiments coloniaux sont laissés à l'abandon et quelques casernes ont été reconverties en hôpital.

À table !

La cuisine de Guinée-Bissau se distingue par les produits de la mer : huîtres des palétuviers, crevettes et *bica* (daurade).

Le *chabeu* (poisson frit dans une sauce à base d'huile de palme) est une spécialité très prisée.

Parmi les boissons locales, citons le vin de palme, ainsi que la *cana* (rhum) et le *cajeu* (liqueur de cajou).

Quand partir

DÉCEMBRE-FÉVRIER

➡ C'est pendant les mois les plus frais que les tortues rejoignent la mer.

MARS-JUILLET

➡ Climat chaud et humide.

AOÛT-OCTOBRE

➡ Saison des pluies.

Moustac à oreilles rousses, île de Bioko

CAPITALE
Malabo

POPULATION
722 300

SUPERFICIE
28 051 km²

LANGUES OFFICIELLES
Espagnol, français, portugais

Guinée équatoriale

Pays composé de deux entités géographiques distinctes, la Guinée équatoriale est divisée par l'océan, mais aussi par l'argent du pétrole et ses enjeux.

Avec la découverte de pétrole dans les années 1990 au large des côtes de l'île de Bioko, le développement économique et industriel a profondément modifié les paysages de cette partie de la Guinée équatoriale. La capitale, Malabo, a pleinement profité de l'industrie pétrolière. En revanche, la partie continentale (Rio Muni) n'a pas connu les mêmes changements. Avec l'argent de l'or noir, les problèmes n'ont pas manqué d'arriver : tentatives de coups d'État, hausse de l'insécurité et développement de la corruption.

Pourtant, la Guinée équatoriale est aussi le royaume de primates au visage coloré, de délicats nuages de papillons et d'insectes aux couleurs si vives qu'ils semblent irréels. Sur le continent, attendez-vous à des plages de sable blanc et à des sentiers pour parcourir la jungle. Enfin, si les rythmes trépidants du hip-hop local ne vous font pas vibrer, l'architecture s'en chargera avec ses cathédrales gothiques, ses antiques églises en bois et ses maisons couleur beurre.

Guinée équatoriale
Les incontournables

Bata

1 Sous l'effet du développement, Bata change à une vitesse impressionnante. Il n'y a pas si longtemps, la principale ville de la partie continentale du pays méritait à peine un haussement d'épaules. Aujourd'hui, elle arbore de larges boulevards sur un front de mer bordé de constructions récentes.

Île de Bioko

2 D'après certains fans de *Lost*, cette île volcanique aurait inspiré l'île fictive de la série télévisée. Bioko a certes changé de visage depuis la découverte de pétrole dans les eaux environnantes, mais il est toujours possible d'y plonger en pleine nature en gagnant le sud de l'île. Ici on partage son temps entre les lacs scintillants et des randonnées sur les sentiers de la forêt sempervirente.

Parc national de Monte Alén

3 Monte Alén est l'un des parcs nationaux les moins connus d'Afrique et l'un des lieux les plus abordables pour observer des gorilles sauvages. Sa jungle luxuriante abrite également chimpanzés, éléphants des forêts, mandrills, crocodiles, sans oublier d'impressionnantes grenouilles de la taille d'un ballon de football.

À table !

Malamba Alcool à base de canne à sucre.

Osang Thé local.

Fruits de mer On en trouve à profusion.

Quand partir

DÉC-FÉV

➡ Saison sèche sur l'île de Bioko.

JUIN-AOÛT

➡ Meilleure période pour voyager sur le continent.

MARS-MAI ET SEPT-NOV

➡ Durant la saison humide, la circulation sur les routes se complique.

Chutes de Kaieteur

CAPITALE
Georgetown

POPULATION
739 903

SUPERFICIE
215 000 km²

LANGUE OFFICIELLE
Anglais

Guyana

Entre les chutes d'eau vertigineuses, la jungle tropicale et les rivières peuplées de caïmans, peu d'endroits égalent le Guyana en matière d'aventures sauvages. Prêt pour l'exploration ?

Le Guyana est plus souvent cité comme un exemple d'instabilité politique que de bonne gouvernance. On sait moins qu'il est en train de se transformer en l'une des grandes destinations écotouristiques du continent sud-américain.

Georgetown, la capitale coloniale, un brin délabrée, a une identité caribéenne marquée : une vie nocturne débridée, d'excellents restaurants et un marché tendance. À l'intérieur des terres, place à l'Amazonie. C'est là que vivent des communautés amérindiennes, et les opportunités d'observer la vie sauvage y sont nombreuses. Quant au littoral, il figure parmi les plus sauvages et les moins urbanisés du continent. Assistez à la ponte des tortues sur la côte nord, grimpez à cheval aux côtés des *vaqueros* (cow-boys) dans un ranch dans le Sud ou baignez-vous dans des cascades. Le Guyana mérite que l'on supporte les quelques épreuves – boue, sueur, routes cahoteuses – nécessaires à sa découverte. Si vous aimez la nature, ce sera un voyage inoubliable.

Quand partir

NOVEMBRE-MI-JANVIER

➡ Saison des pluies sur la côte.

MAI-AOÛT

➡ Saison des pluies dans l'intérieur des terres, puis de nouveau sur la côte. Le voyage par la route devient ardu.

FIN DÉCEMBRE

➡ "Cashew rains" (pluies survenant pendant la récolte des noix de cajou) et un peu de fraîcheur dans l'intérieur des terres.

À table !

Bake and saltfish Pain frit avec morue salée et séchée.

Cow heel soup Soupe caribéenne à base de pois cassés, légumes, boulettes de pâte et morceaux de pieds et queue de bœuf.

Farine Savoureuse semoule de manioc servie en accompagnement.

Pepper pot Ragoût amérindien à base de gibier et de manioc.

Guyana
Les incontournables

Chutes de Kaieteur

1 Au cœur d'une jungle nimbée de brume, nul touriste à l'horizon et cet immense rideau liquide qui se fracasse d'une hauteur de 250 m. Ici point de passerelle, on s'assoit juste en surplomb de la cascade, subjugué par ce déluge d'eau et ce vacarme étourdissant. Une expérience mémorable.

Savane du Rupununi

2 Envie de pagayer au milieu des loutres géantes ? Rejoignez cette savane, émaillée de villages amérindiens et de petits "îlots" de jungle. La vie sauvage est d'une exceptionnelle biodiversité. Vous croiserez probablement des caïmans et les plus gros nénuphars du monde. Le ciel est quant à lui le royaume d'un nombre étourdissant d'espèces d'oiseaux.

Shell Beach

3 Pour s'y rendre, il faut traverser une savane et quelques mangroves en grimpant dans une barque à moteur. Shell Beach est le nom du littoral qui s'étend sur 140 km, en direction du Venezuela. C'est un site de ponte pour quatre des huit espèces de tortues marines du Guyana. Autour, la nature intacte, ponctuée de cabanes de pêcheurs et de minuscules villages.

CHEF-LIEU
Cayenne

POPULATION
237 500

SUPERFICIE
91 000 km^2

LANGUE OFFICIELLE
Français

Guyane

Petit morceau de France perdu en Amérique du Sud, la Guyane est un fascinant avant-poste mêlant climat caribéen et territoires d'une richesse écologique inestimable.

La Guyane résonne encore dans l'imaginaire collectif comme l'île du Diable. Du capitaine Dreyfus à Henri Charrière, auteur du célèbre *Papillon*, nombreux furent les damnés à être enfermés dans ce bagne à la triste réputation. Bien sûr, le site se visite encore mais le plus grand département français, et le seul territoire de l'Union européenne en Amérique du Sud, affiche une autre carte de visite.

Mosaïque de peuples et de cultures, ce territoire, qui abrite le centre spatial et sa fusée *Ariane*, est aussi et avant tout une partie du "poumon de la terre". En effet, 96% de la Guyane est recouvert par la forêt équatoriale, et compte pas moins de six réserves naturelles et un parc national.

Les biologistes ont répertorié des milliers d'espèces végétales et des centaines de variétés d'oiseaux, de poissons ou de mammifères. Pour le voyageur, la Guyane est un formidable terrain de jeu pour s'initier aux beautés de la nature, tout en pratiquant une multitude d'activités, du surf à la randonnée, de la pêche à la plongée, de la voile au golf.

Guyane

Les incontournables

Îles du Salut

1 Mettez le cap sur les Îles du Salut, synonymes de sable, de palmiers et d'ancienne colonie pénitentiaire. C'est de la sinistre "île du Diable" qu'Henri Charrière (alias "Papillon") se serait évadé sur un sac bourré de noix de coco. Aujourd'hui, l'évasion se fait plutôt dans l'autre sens.

Base de lancement de Kourou

2 C'est l'une des bases de lancement les plus actives du monde. Le Centre spatial guyanais de Kourou bénéficie de sa position près de l'équateur, où la vitesse de rotation de la Terre est plus élevée qu'ailleurs, ce qui se traduit par un effet "lance-pierre". Depuis 1980, deux tiers des lancements de satellites commerciaux ont été effectués depuis la Guyane.

Cacao

3 Petit bout de Laos perdu dans les collines guyanaises, ce village agricole est habité par la communauté hmong, une ethnie montagnarde d'Asie du Sud-Est qui a fui les persécutions du régime communiste de son pays d'origine dans les années 1970. Le dimanche, jour de marché, vous pourrez faire provision d'articles brodés et tissés, ou déguster quelques délices asiatiques.

À table !

Fricassée Riz, haricots et viande sautée, cuit dans une sauce – la variante caribéenne est préparée avec une sauce brune ou rouge.

Gibier La viande de brousse – capybara, sanglier, agouti, etc. – se chasse en toute légalité.

Ti'punch Littéralement, un "petit punch", à base de rhum, de jus de citron vert et de sirop de canne.

Quand partir

JAN-JUIN

➡ Attendez-vous à une forte humidité, avec des précipitations records en mai.

FIN JAN-MARS

➡ Le carnaval de Cayenne est le grand événement de la Guyane.

JUIL-SEPT

➡ Il pleut moins durant la saison sèche, même s'il fait chaud et humide toute l'année.

CAPITALE
Port-au-Prince

POPULATION
9,9 millions

SUPERFICIE
27 750 km²

LANGUES OFFICIELLES
Créole haïtien, français

Marché, Port-au-Prince

Haïti

Célébrée comme la première république noire, Haïti jouit d'une culture d'exception. Ses habitants continuent à lutter avec courage pour se relever du terrible séisme qui a dévasté leur pays en 2010.

Oubliez un instant les gravats qui encombrent encore certains quartiers de la capitale. Jadis, Haïti fut à l'avant-garde du tourisme caribéen. Dans les années 1950, Port-au-Prince, destination prisée des gens riches et célèbres, n'avait que La Havane pour rivale. Et ses clubs de jazz et ses casinos avaient les faveurs de l'élite hollywoodienne.

Avec un minimum de stabilité, Haïti pourrait devenir la destination touristique des Caraïbes par excellence car ses plages frangées de palmiers n'ont rien à envier à celles de ses voisins. Cependant lézarder sur le sable ne constitue pas l'intérêt principal de ce pays. La richesse d'Haïti tient à son histoire et à sa culture, plus proches de leurs racines africaines que celles des autres nations caribéennes, et toujours aussi présentes, notamment à travers l'art et la musique.

Haïti n'est pas le pays le plus facile à visiter dans les Caraïbes. Il faut se tenir au courant de l'actualité et le séjour peut se révéler plus cher que prévu. Pour autant, le voyage se révèle incroyablement enrichissant.

Haïti

Les incontournables

Citadelle La Ferrière

1 En 1804, Haïti gagne son indépendance grâce à une victoire militaire contre les troupes françaises. Pour préserver cet acquis, le nouveau pouvoir fait construire cette forteresse au nord d'Haïti qui vise à empêcher le retour des agresseurs. Après avoir crapahuté jusqu'au sommet, à 900 m, vous profitez d'une vue panoramique sur les alentours. Aussi homérique dans sa conception que dans sa construction, la citadelle a été détruite en partie par un tremblement de terre en 1842. Classé au patrimoine mondial de l'Unesco, le site a été réhabilité récemment.

Randonnée dans le parc national La Visite

2 Haïti est un pays largement montagneux et il serait dommage de ne pas en profiter. Kenscoff, au sud de Port-au-Prince, est le point d'accès à l'une des deux réserves naturelles du pays, le parc national La Visite. Ce parc abrite encore la plus grande réserve de pins d'Haïti (à 1 900 m d'altitude) ainsi que d'étonnantes formations rocheuses, le tout avec une vue sur la mer des Caraïbes. Une randonnée à l'ouest de la chaîne de la Selle permet de relier Seguin en 6 à 8 heures. C'est l'un des itinéraires les plus spectaculaires.

Carnaval de Jacmel

3 Vous êtes à la recherche d'un carnaval qui ne soit pas une représentation folklorique pour touristes ? Rejoignez Jacmel, chef-lieu du département du Sud-Est. Ici, les habitants portent des costumes faits maison et des masques en papier mâché conçus par les artisans du coin. Vaudou, sexe, mort et révolution : tous les thèmes sont convoqués pour ce carnaval, qui tient de la parade théâtrale et poétique. Et pour se remettre de ses émotions, les plages ne sont jamais loin.

Bassin Bleu

4 Bassin Bleu est un ensemble de trois piscines naturelles alimentées

Kenscoff, point d'accès au parc national La Visite

par des cascades d'eau fraîche. Le site est niché dans les montagnes à 12 km au nord-ouest de Jacmel. Propices à la baignade et au plongeon, ces bassins sont parmi les plus beaux du pays. Bassin Clair, le plus grand des trois, est entouré de rochers polis drapés d'adiante pédalé et de fougères grimpantes. Les enfants du coin vous montreront comment plonger dans le bassin depuis les plus hauts rochers. Hélas, il est moins probable que vous aperceviez les nymphes qui, selon la légende, peuplent les grottes.

Port-Salut

5 Si Haïti n'est pas connu pour ses plages paradisiaques, il serait pourtant dommage de négliger son littoral. Tandis que les rouleaux de l'Atlantique s'écrasent au pied des falaises de la côte nord, la côte sud – en particulier à Port-Salut – se distingue par de superbes étendues de sable blanc frangées de palmiers. L'eau est chaude. Il y a du poisson grillé et du rhum au menu. Et très probablement, vous aurez la plage à vous tout seul, ou presque.

Quand partir

HAUTE SAISON (nov-mars)

➡ Climat chaud et sec, sauf au Nord souvent pluvieux.

➡ Carnaval à Port-au-Prince et à Jacmel en février et Fet Gédé Vodou (grande fête vaudou) dans tout le pays en novembre.

SAISON INTERMÉDIAIRE (avr-juil)

➡ Pluie dans le Sud.

➡ Fête et pèlerinage vaudou de Soukri, près des Gonaïves en juillet.

BASSE SAISON (août-oct)

➡ Saison des ouragans (août et septembre). Souvent de fortes pluies quotidiennes ; climat humide.

Sur 100 personnes à Haïti

35 ont entre 0 et 14 ans
22 ont entre 15 et 24 ans
34 ont entre 25 et 54 ans
5 ont entre 55 et 64 ans
4 ont plus de 65 ans

Religions

(% de la population)

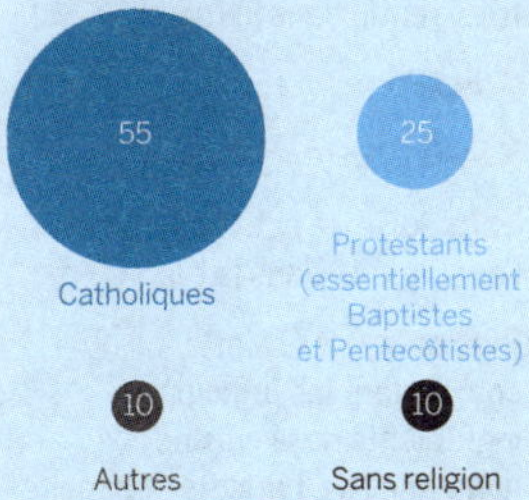

Population au km²

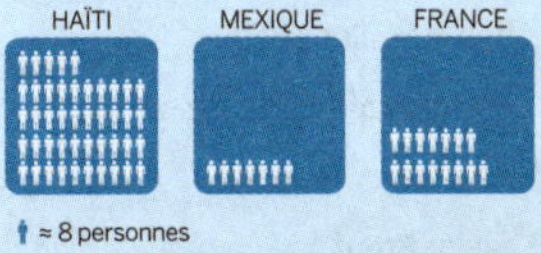

Le vaudou

Difficile de trouver religion plus incomprise que le vaudou. Si vous pensez d'emblée morts-vivants et poupées que l'on transperce d'aiguilles, c'est sans doute parce que vous avez vu trop de films hollywoodiens...

Pourtant, au-delà des préjugés, ce système de croyances sophistiqué trouve ses racines dans l'histoire africaine de ses premiers habitants. La pratique du vaudou était interdite par les colons et passible de mort. Pour pouvoir le vivre sans se cacher, les esclaves ont intégré des rites catholiques, donnant naissance au vaudou chrétien. Pour comprendre tout le poids du vaudou et des croyances sur le pays, il faut se plonger dans l'un des livres de l'écrivain haïtien Dany Laferrière, *Pays sans chapeau* (1999).

À table !

Bannan Banane plantain frite.

Barbancourt La meilleure marque de rhum.

Diri Riz.

Fritay En-cas composé de viande, de poisson ou de banane plantain frits, vendu dans la rue.

Griyo Porc.

Kabrit Chèvre.

Pate Sorte de petits pâtés que l'on grignote dans la rue.

Plat complet Assiette comportant les principaux ingrédients de la cuisine haïtienne (riz, haricots et banane plantain) ainsi que de la viande, le tout accompagné de sauce.

Poule Poulet.

Prestige Marque de bière locale.

Pwa Haricots (pois).

Tasso Bœuf.

7

TONY WHEELER / GETTY IMAGES ©

Boutique d'artisanat, rue du Commerce, Jacmel

Croix-des-Bouquets

6 La ville de Croix-des-Bouquets accueille l'une des scènes artistiques les plus dynamiques du pays. Le quartier de Noailles est le fief des *boss fé* (ferronniers), qui conçoivent des objets décoratifs à partir de barils de pétrole et de carcasses de voitures. On flâne à la recherche de souvenirs, tout en observant les artisans qui travaillent dans leur atelier. L'Arbre de vie, la Sirène (un *lwa* vaudou), les oiseaux, les poissons, les musiciens et les anges figurent parmi les motifs les plus populaires.

Artisanat de Jacmel

7 La ville portuaire de Jacmel est le paradis pour dénicher le meilleur de l'artisanat haïtien. Les artisans produisent les célèbres masques en papier mâché pour le carnaval, mais on trouve également quantités d'autres produits colorés, le plus souvent en bois : sets de table et boîtes décorés, fleurs, maquettes de *taptap* (taxi collectif), d'animaux de la jungle et de bateaux. Les prix sont bon marché et personne ne pousse à l'achat. La plupart des boutiques se trouvent dans la rue Sainte-Anne.

Transports

Avion Haïti n'est pas très étendu, mais l'avion permet de gagner du temps comparé à la voiture et au mauvais état du réseau routier.

Bateau Quelques îles et autres coins reculés d'Haïti ne sont accessibles qu'en ferry. Les bateaux sont assez basiques et souvent bondés. Dans certains coins, des petits bateaux font office de taxis.

Bus Les bus sont d'imposants véhicules sans âge. Pas d'horaire, le bus part quand il est complet. Un *taptap* est un minibus ou une camionnette pour les déplacements intra-muros ou entre deux villes.

Taxi Des taxis collectifs circulent à Port-au-Prince et Cap-Haïtien. Ils empruntent des itinéraires fixes. Les motos-taxis sont répandues.

CAPITALE
Tegucigalpa

POPULATION
8,4 millions

SUPERFICIE
112 090 km^2

LANGUE OFFICIELLE
Espagnol

Site maya de Copán

Honduras

Sites de plongée exceptionnels, ruines mayas, cités coloniales, plages caribéennes et jungles de montagne : le Honduras n'attend que d'être découvert.

Le Honduras, "bad boy" de l'Amérique centrale ? Certains n'ont pas oublié, en 2009, le coup d'État militaire qui a forcé le président Manuel Zelaya à se réfugier au Costa Rica voisin. En même temps que les militaires reprenaient les commandes, les touristes quittaient le pays. Toutefois, en dépit de tous les mauvais bruits qui circulent sur le compte de ce pays, la grande majorité des voyageurs qui le visitent s'y plaisent beaucoup. Il faut dire que le Honduras ne manque pas d'atouts, qu'il s'agisse des célèbres Islas de la Bahía, considérées comme la Mecque de la plongée sous-marine, des ruines mayas de Copán, ou de la région forestière de la Mosquitia.

Le pays est aussi une destination très bon marché : les sports d'aventure sont ici accessibles aux voyageurs à petit budget. Certes, il faut se montrer peut-être un peu plus prudent qu'ailleurs, surtout dans les grandes villes, mais que cela ne vous empêche pas de sauter le pas. Il serait dommage de passer à côté des richesses du Honduras.

Honduras
Les incontournables

Islas de la Bahía

1 Les plongeurs viennent des quatre coins de la planète pour profiter des sites des trois îles de la Baie – Roatán, Utila et Guanaja. Elles sont situées à environ 50 km au large de la côte nord du Honduras et abritent la seconde plus grande barrière de corail au monde.

Site maya de Copán

2 Aujourd'hui classé à l'Unesco, Copán fut une puissante cité maya avant son abandon au Xe siècle. En témoignent les impressionnants vestiges du terrain de jeu de balle (sport rituel des Mayas), de l'escalier aux hiéroglyphes ou de l'acropole, ornée de bas-reliefs représentant les seize rois de Copán. Le site est proche du charmant village de Copán Ruinas et de sources chaudes.

Gracias

3 Gracias fut fondée en 1526 par le capitaine espagnol Juan de Chavez. Au XVIe siècle, elle fut durant une courte période la capitale des territoires d'Amérique centrale sous le contrôle des Espagnols. Ses édifices plusieurs fois centenaires et ses églises coloniales attestent de sa grandeur passée. Dans les rues pavées de la cité, la vie s'écoule à un rythme délicieusement nonchalant.

À table !

Anafres Fondue à base de haricots et de fromage. Se mange avec des tortillas.

Baleadas Tortilla à la farine de maïs garnies de haricots et de fromage, servie au petit-déjeuner.

Casabe Galette élaborée à partir de farine de *yuca* (manioc) qui faisait fonction de pain.

Quand partir

OCT-FÉV

➜ Saison des pluies sur la côte nord. Saison sèche à l'intérieur des terres.

MARS-MAI

➜ Climat sec et chaud partout. Canicule dans les terres.

JUIN-SEPT

➜ Meilleure période pour observer les requins-baleines à Utila.

CAPITALE
Hong Kong

POPULATION
7,1 millions

SUPERFICIE
1 104 km²

LANGUES OFFICIELLES
Cantonais
Anglais

Hong Kong

Ancienne enclave britannique dans l'Empire du Milieu, Hong Kong allie la frénésie commerciale à la sérénité, et les gratte-ciel futuristes à une âme millénaire.

À Hong Kong, le choc et la surprise sont inévitables. Cela commence avec le panorama urbain, à couper le souffle : des gratte-ciel pointent au-dessus de collines et de monts escarpés couverts de jungle, se transforment en explosion de lumières la nuit, et dominent un port aux eaux sillonnées par des cargos et des jonques. Dans les rues envahies de piétons et de voitures, les hôtels cinq étoiles et les boutiques haut de gamme côtoient des immeubles d'un autre âge.

Si l'on peut goûter ici au luxe, il est possible de découvrir Hong Kong sans dépenser une fortune. La traversée du port (2,50 $HK) est une croisière plaisante, tandis qu'une promenade sur un marché ou une balade en bus restent bien agréables.

Sachez aussi qu'en matière culinaire, le choix de cuisines chinoises et d'ailleurs est quasi infini. Enfin, à Hong Kong, les voyageurs ne seront pas au bout de leurs surprises car ils pourront explorer des villages à demi déserts et profiter de plages idylliques.

CHINE
MER DE CHINE MÉRIDIONALE
LIMITE DE LA ZONE INTERDITE
0
10 km
Tung Ping Chau
Tai Pang Wan (Mirs Bay)
Crooked Island
Crescent Island
Double Island
Port Island
Tap Mun Chau
Tap Mun
Ko Lau Wan
Kat O Hoi
Yan Chau Tong
Hoi Ha Wan Marine Park
Hoi Ha
Sha Tau Kok
Starling Inlet
Pat Sin Leng Country Park
Plover Cove Country Park
Plover Cove Reservoir
Tolo Channel
Sham Chung
Pak Tam Au
Chek Keng
Ham Tin
Tai Long Wan
Sai Wan
Sai Kung Peninsula
Sai Kung West Country Park
Sai Kung East Country Park
High Island Reservoir
Pak Tam Chung
Tai Tau Chau
Leung Shuen Wan
Wong Nai Chau
Kong Tau Pai
Basalt Island
Bluff Island
Kau Sai Chau
Port Shelter
Shelter Island
Lang Ha Wan
Tseung Kwan O
Tai Au Mun
Clearwater Bay
Tin Ha Shan
Tung Lung Chau
Sung Kong
Po Toi
Lo Chau
Luk Keng
Tai Mei Tuk
San Mun Tsai
Nai Chung
Ma On Shan
Ma On Shan Country Park
Sai Kung
Hebe Haven
Hang Hau
High Junk Peak
Junk Bay
Joss House Bay
Big Wave Bay
Shek O
Tai Tam Bay
Hok Tau Wai
Wong Leng Shan
Tolo Harbour
Tai Po
Tai Po Kau
Tai Po Kau Nature Reserve
Ma Liu Shui
Buffalo Hill
Sha Tin
Marina Cove
Lion Rock Country Park
Kowloon Peak
Po Lam
Lei Yue Mun
Yau Tong
Hong Kong Island
Stanley
Repulse Bay
East Lamma Channel
Sheung Shui
Fanling
Ping Kong
Ng Tung Chai
Lead Mine Pass
Tai Mo Shan
Shing Mun Country Park
Kam Shan Country Park
Tsuen Wan
Kwai Fong
Victoria Peak
Aberdeen
Ap Lei Chau
Pok Fu Lam
Mo Tat Wan
Sham Wan
Sok Kwu Wan
Yung Shue Wan
Lamma Island
Pak Kok Tsuen
Lo Wu
San Tin
Lok Ma Chau
Mai Po Lo Wai
Lam Tsuen North Country Park
Kam Tin
Kat Hing Wai
Tai Mo Shan Country Park
Tsing Yi
Ma Wan
Kau Yi Chau
West Lamma Channel
Shui Tau Tsuen
Hong Kong Wetland Park
Tai Lam Country Park
Tai Lam Chung Reservoir
Sham Tseng
Tai Pak Wan (Discovery Bay)
Peng Chau
Cha Kung To
Hei Ling Chau
Cheung Chau
Silvermine Bay
Discovery Bay
Mui Wo
Ham Tin
Chi Ma Wan Peninsula
Shek Kwu Chau
East Brother
West Brother
Tuen Mun
Castle Peak
Nim Wan
Pak Mong
Lantau South Country Park
Sunset Peak
Pui O
Cheung Sha
Lantau Peak
Tong Fuk
Siu A Chau
Tau Lo Chau
Chek Lap Kok
Lantau
Sha Lo Wan
Shek Pik Reservoir
Shek Pik
Tai O
Ma Chau
Tai A Chau
Fan Lau
Lantau Channel
1
2
3
4
5
6
7
8
9
10
11

Hong Kong
Les incontournables

Star Ferry de Kowloon à Hong Kong Island

1 Un coup de sirène, vous montez à bord. Un coup de sifflet, votre bateau lève l'ancre. Au-delà des vagues se déploient les gratte-ciel de Hong Kong dans toute leur splendeur d'acier et de néons avec un paysage montagneux en toile de fond. Vous êtes sur le *Star Ferry*, bateau légendaire qui transporte les passagers entre l'île de Hong Kong et la péninsule de Kowloon depuis le XIXe siècle. Une traversée de 10 minutes ne vous coûtera que 2,50 $HK.

The Peak

2 Défiant les lois de la gravité, le tout premier funiculaire d'Asie (il est en circulation depuis 1888) est aussi l'une des principales curiosités touristiques de Hong Kong. Toutes les 10 minutes, le Peak Tram part du terminus inférieur, s'élève au-dessus des gratte-ciel qui hérissent les pentes du Victoria Peak (552 m) et grimpe jusqu'au sommet, délivrant une vue stupéfiante sur la ville et les collines qui se dessinent en arrière-plan.

Temple Street

3 Le marché de nuit de Yau Ma Tei ne désemplit jamais. Lancez-vous dans une partie d'échecs

Terrasse panoramique, Victoria Peak

endiablée avec un champion local ou achetez un bijou porte-bonheur en jade. Restaurez-vous à l'une des innombrables échoppes et découvrez votre avenir auprès d'un perroquet. Surnommée la "rue des Hommes", Temple Street doit son sobriquet aux multiples vêtements pour hommes en vente, au grand nombre de films de gangsters tournés sur place et aux adjuvants du plaisir proposés ici à la cllientèle masculine.

Man Mo Temple

4 Érigé entre 1847 et 1862 par des marchands chinois et dédié aux dieux de la Littérature ("Man") et de la Guerre ("Mo"), ce temple taoïste servait de cour d'arbitrage pour les conflits locaux. De nos jours, la salle de prière est hétéroclite : en plus des touristes, des étudiants viennent y brûler des rouleaux d'encens avant de passer des examens, tandis que d'autres se font prédire l'avenir.

Restaurants de Wan Chai

5 Pour être certain de profiter de la meilleure cuisine à Hong Kong, rejoignez Wan Chai. Ce quartier abrite en effet d'excellentes tables de toutes sortes et à la portée de toutes les bourses. Cuisines chinoises régionales, cuisines européennes, asiatiques, fusion Orient-Occident, restaurants gastronomiques, de catégorie moyenne, cafés modestes… Quelles que soient vos envies, ici, elles seront comblées.

Courses hippiques de Happy Valley

6 Tous les mercredis soir, l'hippodrome de Happy Valley s'enflamme : une dizaine de courses y ont lieu dans une ambiance électrique et bien arrosée. Vous pouvez tenter votre chance en pariant ou vous contenter de profiter de l'atmosphère. Les premières courses furent organisées au XIXe siècle par des négociants européens qui montaient des chevaux venus de Mongolie. De nos jours, il y a des courses chaque semaine, sauf pendant les mois trop chauds de juillet et août.

Randonnée sur le Hong Kong Trail

7 Cet itinéraire de 50 km serpente à travers l'île de Hong Kong en traversant

Mamies vaudous

Sous l'autopont de Canal Road, entre Wan Chai et Causeway Bay, il est possible de solliciter les services de vieilles dames pour venir à bout d'un ennemi. Perchées sur des tabourets en plastique, ces femmes frapperont la photo découpée d'un rival amoureux, d'un chef tyrannique ou de toute autre personne détestée, avec une chaussure (leurs claquettes orthopédiques ou vos talons aiguilles) en lui lançant des malédictions. Le tout pour la modique somme de 50 $HK. Cet exercice de sorcellerie populaire est appelé "exorcisme du traître".

À table !

Cha Chaan Teng Les "restaurants de thé" sont surtout connus pour servir le "pantyhose" (*panty* ou bas), une variété de thé noir au lait concentré, typique de Hong Kong. Le liquide est filtré à travers un tissu qui ressemble à un bas (*panty* en anglais), d'où son nom. Le *pantyhose* est parfois mélangé à trois mesures de café et devient alors le thé-café de Hong Kong.

Dai Pai Dong Ce stand de nourriture permet de se restaurer en s'installant directement sur le trottoir.

Dim Sum Le *dim sum*, spécialité de la cuisine cantonaise, est un ensemble de petits mets que l'on consomme au petit-déjeuner ou au déjeuner. Le *dim sum* est servi lors du *yum cha*, un repas dont le nom signifie "dégustation du thé". Chaque mets contient deux à quatre bouchées à la vapeur, que l'on partage entre convives. Dans les restaurants de *dim sum* à l'ancienne, il suffit d'arrêter le serveur lorsqu'il passe près de la table avec son chariot et de choisir ce que l'on veut consommer. Dans les établissements modernes, on vous donne un bon de commande, souvent en chinois.

Sur 100 personnes à Hong Kong

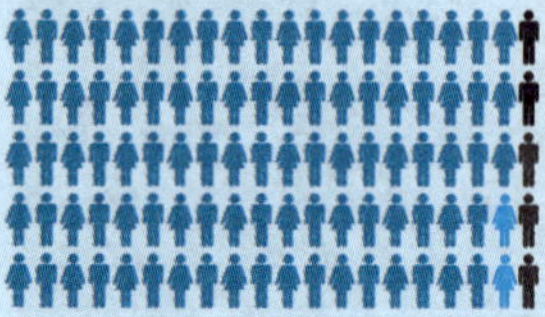

93 sont chinoises
2 sont indonésiennes
2 sont philippines
3 sont d'une autre origine

Secteurs d'activité
(% de la population)

Population au km²

≈ 150 personnes

WIBOWO RUSLI / GETTY IMAGES ©

Rubans d'encens, Man Mo Temple

cinq parcs naturels. L'itinéraire est divisé en huit sections, plus ou moins sportives, qui offrent chacune un aperçu bien particulier de l'île : retenues et chutes d'eau, crête montagneuse (Dragons's Back), collines plantées de forêts, champs de bataille de la Seconde Guerre mondiale... Si la météo est de la partie, vous profiterez d'autant mieux des superbes panoramas.

Villages fortifiés

8 Les villages fortifiés du quartier de Yuen Long vous ramèneront cinq cents ans en arrière, à l'époque où la piraterie prospérait le long des côtes du sud de la Chine. Isolée du reste du continent, Hong Kong, avec son relief montagneux, constituait un terrain de choix pour les pirates. Pour se protéger des agressions, les habitants ont construit des villages protégés par des murs, à l'image du hameau de Kat Hing Wai. À l'intérieur des fortifications, on peut admirer les pavillons, cours, pagodes, temples et puits. Les vestiges de cette histoire précoloniale de Hong Kong sont restaurés avec soin.

Bouddha Tian Tan

9 Cette statue en bronze qui domine de son imposante silhouette les collines à l'ouest de l'île de Lantau est le plus grand bouddha assis au monde. Le site est accessible en prenant le téléphérique Ngong Ping 360 et offre un panorama exceptionnel. En contrebas, le monastère de

Quand partir

OCT/DÉBUT DÉC

➡ Températures modérées et ciel clair : meilleure période pour un séjour.

JUIN-AOÛT

➡ Climat chaud, humide et pluvieux.

SEPTEMBRE

➡ Période des cyclones.

Po Lin abrite un restaurant végétarien qui vous permettra de partager un repas cuisiné par les moines. L'anniversaire du Bouddha qui a lieu en mai provoque un afflux de visiteurs.

Île de Lamma

10 Envie de tranquillité après l'excitation des quartiers centraux de Hong Kong ? Rejoignez l'île de Lamma, qui attire depuis longtemps producteurs d'herbes aromatiques et médicinales, musiciens reggae et thérapeutes new age de tous horizons.

Déambulez dans les ruelles du village puis rejoignez à pied la plage la plus proche. Après quelques heures de détente sur le sable, rejoignez dans la splendide lumière du couchant les quelques restaurants sur la jetée. Vous vous régalerez de crevettes à la vapeur et de calmars frits, accompagnés d'une bière bien fraîche.

Hong Kong Wetland Park

11 Cernée par une imposante barrière de gratte-ciel d'habitation, cette réserve naturelle de 61 ha est située dans le quartier de Tin Shui Wai, dans les Nouveaux Territoires. Les sentiers, les affûts et les postes d'observation des oiseaux en font une bonne destination pour les ornithologues amateurs. Curieusement, la proximité de l'espace urbain avec ces zones humides protégées apparaît harmonieuse. Une construction futuriste enfouie sous l'herbe abrite d'intéressantes galeries (dont une consacrée aux marais tropicaux), un cinéma, un café et une galerie d'observation.

Transports

Bus Réseau étendu et très complet, idéal pour les courts trajets. La plupart des lignes sont actives de 6h à minuit.

Ferry Le *Star Ferry* traverse le port magnifique pour relier Hong Kong Island et Kowloon de 7h30 à 22h20. Des ferrys plus modernes naviguent entre Central et les îles extérieures.

MTR Le réseau de métro et de trains de Hong Kong, qui couvre la majeure partie de la ville, constitue le moyen de transport le plus pratique. La plupart des lignes fonctionnent de 6h à minuit.

Tramway Circule sur la partie nord de Hong Kong Island, de 6h à minuit. Lent, mais la vue est magnifique.

À voir

In the Mood for Love (Wong Kar Wai ; 2000). Le chef-d'œuvre de Wong Kar Wai relate une histoire d'amour platonique dans la Hong Kong des années 1960.

Little Cheung (Fruit Chan ; 1999). Récit sans concession des réalités de la Hong Kong d'après 1997.

Time and Tide (Tsui Hark ; 2000). Un film d'action mené tambour battant par un des maîtres du genre.

McDull dans les nuages (Toe Yuen ; 2001). Long-métrage d'animation dont le personnage principal, un cochon nommé McDull, vit avec sa mère à Hong Kong.

À lire

Hong Kong et Macao (Joseph Kessel ; 1957). Une plongée dans l'univers des deux villes vues par le célèbre journaliste écrivain.

Comme un collégien (John Le Carré ; 1977). Un classique du polar avec Hong Kong pour décor.

Hong Kong, économie, société, culture (Louis Augustin Jean, 2008). Dix après, le bilan de la réunification.

9

KEN WELSH / GETTY IMAGES ©

CAPITALE
Budapest

POPULATION
9,9 millions

SUPERFICIE
93 028 km²

LANGUE OFFICIELLE
Hongrois

Thermes Széchenyi, Budapest

Hongrie

La Hongrie a toujours tracé un chemin bien à elle : sa langue, sa gastronomie et ses vins sont à nuls autres pareils. Elle incarne peut-être ce que l'Europe a de plus dépaysant.

Toute proche de Vienne, la terre de Franz Liszt et de Béla Bartók, des plats au paprika et du romantique Danube, enchante encore et toujours les visiteurs. Ancienne cité impériale, Budapest en impose d'emblée par son patrimoine. Ce qui ne l'empêche pas d'accueillir l'une des vies nocturnes les plus animées d'Europe centrale. D'autres villes comme Pécs, cœur chaleureux du sud du pays, ou Eger, capitale du vin située dans le Nord, ont aussi beaucoup à offrir, à l'instar de la campagne, en particulier la Grande Plaine, fief des amateurs de sorties équestres. N'oubliez pas de prendre les eaux dans l'une ou l'autre des stations thermales très XIXe siècle ou d'observer les oiseaux dans certains des sites les plus propices d'Europe.

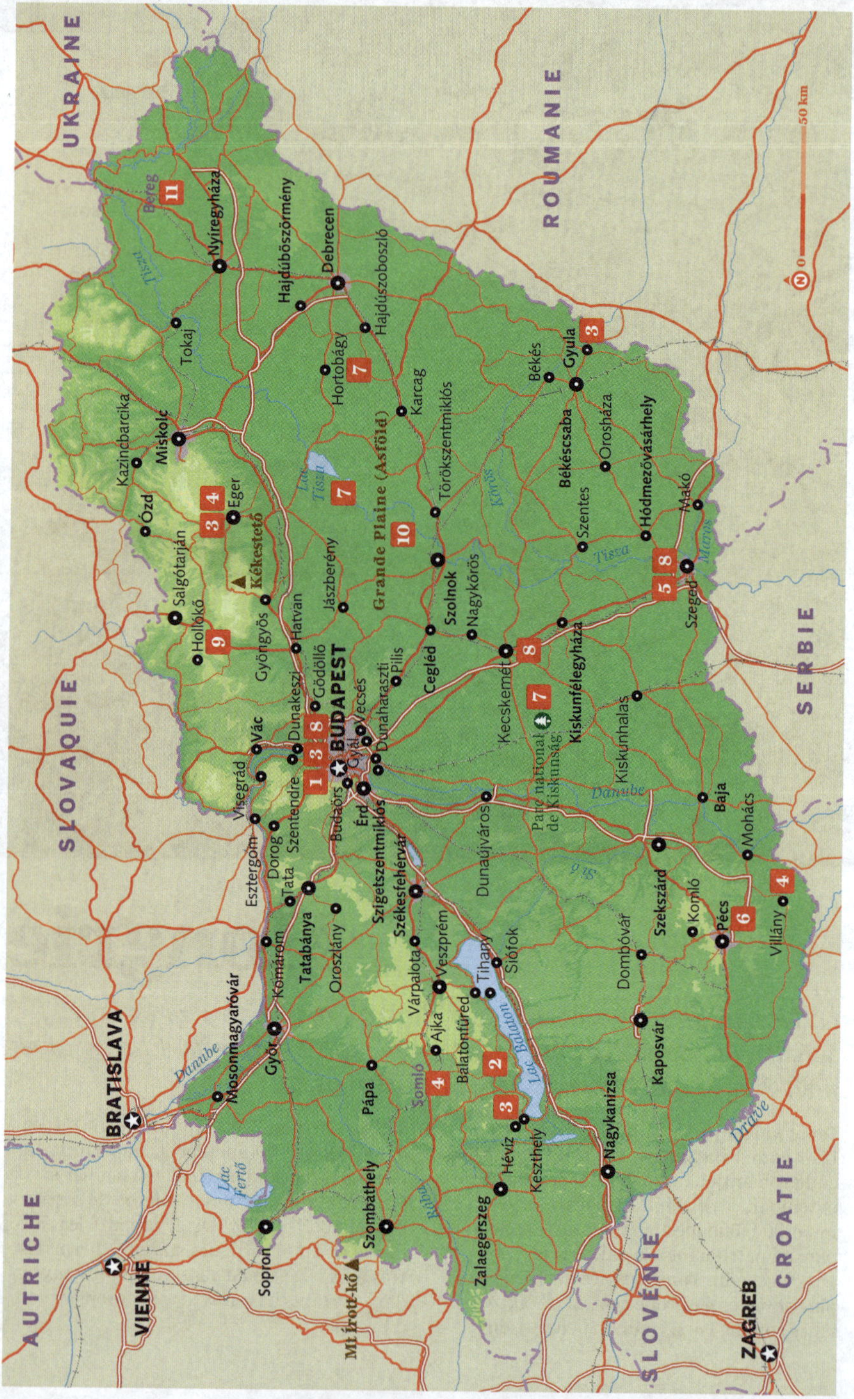
UKRAINE
ROUMANIE
SLOVAQUIE
SERBIE
AUTRICHE
CROATIE
SLOVÉNIE
BRATISLAVA
VIENNE
ZAGREB
0
50 km
N
BUDAPEST
Debrecen
Nyíregyháza
Hajdúböszörmény
Hajdúszoboszló
Bereg
Tisza
Tokaj
Miskolc
Kazincbarcika
Ózd
Eger
Kékestető
Salgótarján
Hollókő
Gyöngyös
Hatvan
Gödöllő
Jászberény
Hortobágy
Karcag
Törökszentmiklós
Lac Tisza
Grande Plaine (Alföld)
Szolnok
Nagykőrös
Cegléd
Pilis
Vecsés
Dunaharaszti
Gyál
Dunakeszi
Vác
Visegrád
Szentendre
Esztergom
Dorog
Tata
Tatabánya
Budaörs
Érd
Szigetszentmiklós
Székesfehérvár
Oroszlány
Komárom
Győr
Mosonmagyaróvár
Danube
Sopron
Lac Fertő
Szombathely
Mt Írott-kő
Pápa
Somló
Ajka
Várpalota
Veszprém
Balatonfüred
Tihany
Siófok
Lac Balaton
Hévíz
Keszthely
Zalaegerszeg
Rába
Nagykanizsa
Kaposvár
Dombóvár
Szekszárd
Komló
Pécs
Villány
Mohács
Baja
Dunaújváros
Sió
Kecskemét
Parc national de Kiskunság
Kiskunfélegyháza
Kiskunhalas
Szeged
Maros
Makó
Hódmezővásárhely
Szentes
Körös
Békéscsaba
Orosháza
Békés
Gyula
Drave
1
2
3
4
5
6
7
8
9
10
11

Hongrie
Les incontournables

Colline du château de Buda

1 De tous les trésors architecturaux de la capitale, le château qui domine la rive occidentale du Danube est le plus spectaculaire. Dans son enceinte, de nombreuses splendeurs attirent l'attention du visiteur : grande salle du Trône de la Galerie nationale, trésors du Musée historique de Budapest, labyrinthe du château et vue sensationnelle sur le Parlement, de l'autre côté du fleuve, à Pest, depuis le bastion des Pêcheurs.

Rive nord du lac Balaton

2 Surnommé la "mer hongroise", le lac Balaton, plus grand lac d'Europe continentale, accueille les vacanciers en quête de soleil et de baignade à la période estivale. Partie la plus paisible, la rive nord marie plages inondées de soleil, sports nautiques, et stations balnéaires historiques comme Keszthely et Balatonfüred. La presqu'île de Tihany, s'avançant dans le lac sur 4 km, recèle une splendide église abbatiale. Enfin, Badacsony séduit d'emblée grâce à son emplacement en bord de lac, ses pentes cultivées et ses robustes vins blancs.

Bastion des Pêcheurs

1

Thermalisme

3 Avec plus de 300 sources thermales d'eau chaude, rien de plus simple que d'aller prendre les eaux en Hongrie. Certains thermes, comme les établissements Rudas et Király à Budapest, et une partie des bains turcs d'Eger, datent du XVIe siècle. Parmi les expériences thermales les plus insolites de Hongrie, citons la baignade dans le lac d'Hévíz, vaste étendue naturelle alimenté par des sources chaudes aux effets curatifs, ou la plongée dans les eaux chaudes d'un château à Gyula.

Sur 100 personnes en Hongrie

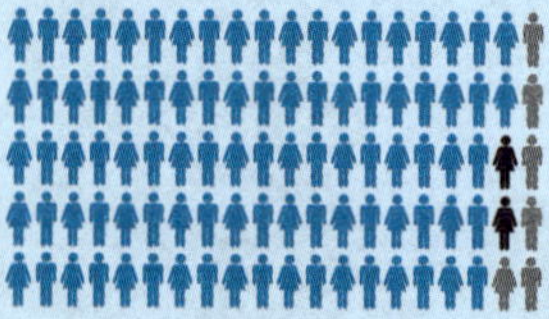

92 sont hongroises
2 sont roms
6 sont d'une autre origine

Religions

(% de la population)

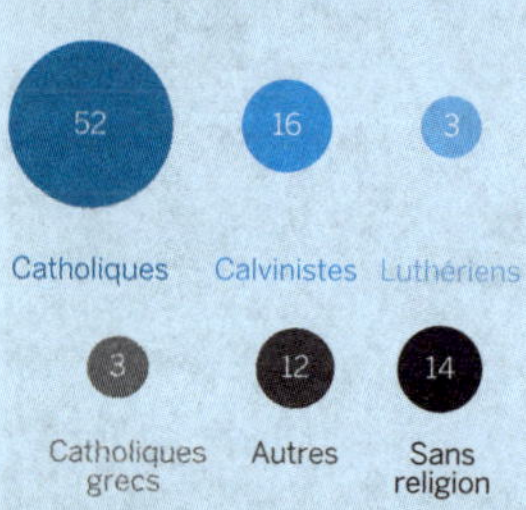

Population au km²

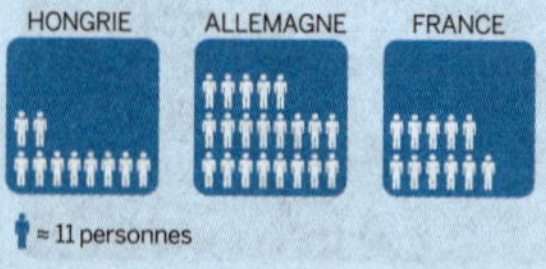

Vins et pálinka

4 La Hongrie produit des vins depuis des siècles. Le tokaj, vin liquoreux couleur de miel, et le fameux Egri Bikavér (ou "sang de bœuf"), vin à la robe rouge écarlate originaire d'Eger, sont les plus connus. Ne négligez pas pour autant les rouges charpentés de Villány ou les blancs secs de Somló. Outre le fruit de la vigne, on consomme le *pálinka*, une eau-de-vie (à base d'abricots, de prunes et de framboises) très forte. Enfin, n'oublions pas l'Unicum. Cette liqueur de couleur brun chocolat, se boit comme apéritif ou digestif. À base de plantes médicinales, elle a une saveur amère.

Szeged

5 Capitale culturelle de la Grande Plaine, cette ville étudiante abonde en chefs-d'œuvre Art nouveau. Les innombrables représentations théâtrales, opéras, concerts de musique classique ou populaire qui animent la ville toute l'année trouvent leur point d'orgue avec le Festival en plein air de musique et de danse de Szeged, organisé chaque été. Szeged est enfin réputée pour sa gastronomie, notamment une soupe de poisson relevée au paprika et accompagnée de salami.

Pécs

6 Véritable joyau de la Transdanubie, Pécs eut une grande importance historique au cours des siècles, comme l'illustrent de nombreux monuments anciens (tombes paléochrétiennes et romaines, mosquée du XVIe siècle). Sur la charmante place Széchenyi Tér se dresse l'église-mosquée, plus grand bâtiment ottoman encore existant en Hongrie et

Le paprika

Le paprika que l'on trouve en Hongrie n'est pas de ces épices qui vous emportent la bouche. Il n'empêche qu'il est considéré comme l'un des plus fins du monde. Il est capable de relever la subtilité des plats. Si vous voulez tester ces assiettes locales, commandez un *pörkölt* (ragoût à base de viande de bœuf, de porc ou plus couramment de veau) ou le *halászlé* (soupe de poisson). Introduit par les Ottomans, l'"or rouge" est cultivé aux alentours de Szeged et Kalocsa.

À table !

Gulyás (goulasch). Le plat hongrois par excellence, quoique ici, il tienne davantage de la soupe que du ragoût, et soit préparé avec du bœuf, des oignons et des tomates.

Gundel palacsinta Crêpe flambée au chocolat et aux noix.

Halászlé Soupe de poisson préparée avec des spécimens d'eau douce pochés, des tomates, des poivrons verts et du paprika.

Lángos Beignet plat nappé de diverses garnitures (généralement du fromage et de la crème aigre).

Pálinka Eau-de-vie de fruits.

Pörkölt Ragoût parfumé au paprika ; le plat le plus proche de ce que l'on appelle généralement goulasch ailleurs qu'en Hongrie.

Rétes (strudel). Garni de graines de pavot, de confiture de cerises ou de *túró* (caillé ou cottage).

Savanyúság Littéralement "acidité, aigreur" ; toutes sortes de mets, des concombres légèrement aigre-doux à la choucroute presque acide, qui se consomment en accompagnement d'un plat principal.

Somlói galuska Génoise au chocolat et à la crème fouettée.

Unicum Liqueur apéritive surnommée "accélérateur national".

MARTIN MOOS / GETTY IMAGES ©

Coupole des thermes Gellért, Budapest

symbole de la ville. Le climat doux, presque méditerranéen de Pécs et les magnifiques amandiers qui bordent les rues achèvent d'en faire une étape agréable.

Observation des oiseaux

7 Pour assister aux migrations automnales, cap sur le parc national de Hortobágy dans la Grande Plaine. Si vous préférez voir des oiseaux aquatiques, optez pour l'un des nombreux lacs du pays, par exemple celui de Tisza. Les outardes abondent dans le parc national de Kiskunság, près de Kecskemét. Quant aux cigognes blanches qui nichent sur les toits des maisons dans l'est du pays, elles sont visibles entre mai et octobre.

Art nouveau

8 L'architecture Art nouveau et sa variante viennoise, la Sécession, abondent en Hongrie. On peut en admirer de superbes exemplaires, pour l'essentiel datant de l'"âge d'or" du pays, à la fin du XIXe et au début du XXe siècle, à Budapest,

Quand partir

HAUTE SAISON
(juil-août)

- L'été hongrois, chaud et ensoleillé, se prolonge tard.
- Les stations balnéaires du lac Balaton et du massif du Mátra sont surpeuplées.
- En août, les villes se vident.

SAISON INTERMÉDIAIRE
(avr-juin, sept-oct)

- Meilleure période, avec un peu d'humidité en mai jusqu'à début juin.
- L'automne est magnifique dans les hautes terres ; des fêtes ont lieu pour les *szüret* (vendanges).

BASSE SAISON
(nov-mars)

- Novembre est pluvieux, et l'hiver est froid et ensoleillé.
- Horaires très restreints et parfois fermeture dans les sites touristiques.
- Prix plancher.

Szeged et Kecskemét. Les courbes sinueuses, les formes asymétriques, les carreaux aux couleurs vives typiques de ce style se mêlent harmonieusement aux édifices néoclassiques et baroques.

Hollókő

9 Pour certains, ce pittoresque hameau de deux rues est l'un des endroits les plus pittoresques de Hongrie. D'autres n'y voient qu'un piège à touristes géré par des agences de Budapest. L'Unesco a pris parti pour les premiers en classant le village sur la liste du patrimoine mondial en 1987. Avec ses maisons aux murs blanchis à la chaux, Hollókő offre, il est vrai, un bel exemple d'architecture rurale dans cette partie de l'Europe. C'est devenu également un conservatoire des arts et des traditions populaires des Palóc, groupe ethnique de la région.

À voir

Zimmer Feri (Tímár Péter ; 1998). Satire sur les touristes allemands en vacances sur le lac Balaton.

Sunshine (István Szabó ; 1999). L'histoire d'une famille juive hongroise, des Habsbourg à la révolte de 1956.

Children of Glory (Krisztina Goda ; 2006). Aux Jeux olympiques de 1956, un match de water-polo entre les équipes soviétique et hongroise tourne à l'affrontement.

À lire

L'ultime auberge (Imre Kertesz ; 2014) Le journal ironique et critique du prix Nobel de littérature, sur son pays natal.

La Porte (Magda Szabó ; 2003). Un excellent roman dépeignant les rapports complexes entre une femme écrivain et sa femme de ménage au milieu du XXe siècle.

Transports

Le site Internet de Menetrend (www.menetrendek.hu) est très complet sur les moyens de transport collectifs : bus, train et bateau.

Bus Meilleure option pour se déplacer de ville en ville et jusque dans les coins reculés. Bon marché. Le réseau Volánbusz (www.volanbusz.hu) couvre l'ensemble du territoire.

Train La MÁV (www.elvira.hu) assure l'ensemble des liaisons ferroviaires du pays. Trains propres, ponctuels et relativement confortables. La compagnie HÉV dessert Budapest et son agglomération.

Tramway Les grandes villes hongroises (Budapest, Szeged, Miskolc et Debrecen) possèdent un réseau de tramways.

La Grande Plaine

10 Les Hongrois ont une vision romantique de la *puszta* (terre déserte ou inhabitée) de la Grande Plaine. Ils la rattachent à l'image de bergers qui luttent contre les hivers glacials et les étés torrides. Pour explorer ces territoires, rendez-vous dans les parcs nationaux de Kiskunság et de Hortobágy. Si vous êtes cavalier, vous apprécierez de découvrir cette région à cheval. Les autres se contenteront d'admirer les cavaliers habitués à conduire cinq chevaux à la fois, en une étourdissante voltige équestre.

Le folklore du Nord-Est

11 L'histoire des arts populaires hongrois est particulièrement riche. Si chaque région possède ses propres couleurs et méthodes de production, la région de Bereg, à la frontière avec l'Ukraine, reste le haut lieu de l'artisanat. La culture des minuscules villages de ce territoire du nord-est de la Hongrie est étroitement liée à celle de ses voisins situés encore plus à l'est, comme en témoignent notamment les œufs de Pâques peints.

9

JOHN ELK / GETTY IMAGES ©

CAPITALE
New Delhi

POPULATION
1,2 milliard

SUPERFICIE
3,3 millions km²

LANGUES OFFICIELLES
Hindi, anglais

Jaipur, Rajasthan

Inde

Il existerait, dit-on, deux sortes de personnes : celles qui sont allées en Inde et les autres... Une chose est sûre : quiconque visite ce pays de jungles, de temples et de tigres s'en souvient à jamais.

Déroutant ! Aucun mot ne rend plus fidèlement compte du caractère de l'Inde. Source d'inspiration, de passion et de stupéfaction, elle offre au voyageur une immense palette de sensations. Pour dénouer ses mystères, laissez-vous entraîner...

Des sommets enneigés de l'Himalaya aux plages de Goa en passant par les *backwaters* du Kerala et les déserts écrasés de soleil, l'Inde possède une fascinante mosaïque de paysages propices à de multiples aventures.

Les passionnés d'histoire découvriront de majestueux vestiges d'empires disparus surplombant des rues bondées, et des forteresses défiant le temps, suspendues au bord de ravins abrupts.

La spiritualité est le fil conducteur reliant le vaste patchwork qu'est l'Inde contemporaine. Sites sacrés et rituels ancestraux témoignent d'une longue histoire religieuse. À cela s'ajoutent de fabuleuses festivités qui rythment le calendrier religieux.

Nous indiquons les frontières nationales revendiquées par les autorités indiennes. Certaines peuvent être contestées par des pays voisins.
KAZAKHSTAN
BICHKEK
Almaty
TACHKENT
KIRGHIZISTAN
Douchanbé
Kachgar
TADJIKISTAN
AFGHANISTAN
Golmud
Sous administration pakistanaise
Sous administration chinoise
Kaboul
CHINE
Srinagar
Kargil
Leh
Islamabad
Kishtwar
Jammu
Pathankot
Manali
Amritsar
Shimla
Chandigarh
PAKISTAN
Nanda Devi
Dehra Dun
Lhassa
Désert de Thar
Chaîne himalayenne
Delhi
NÉPAL
BHOUTAN
Bikaner
Itanagar
Jaisalmer
Mathura
Katmandou
Gangtok
Jaipur
Agra
Darjeeling
Guwahati
Jodhpur
Lucknow
Kohima
Barmer
Chittorgarh (Chittor)
Jhansi
Varanasi
Patna
Shillong
Imphal
Udaipur
Khajuraho
Bodhgaya
BANGLADESH
Rann de Kutch
Satna
Ranchi
Aizawl
Bhuj
Gandhinagar
Dhaka
Bhopal
Rajkot
Indore
Dindori
Jamshedpur
Kolkata (Calcutta)
MYANMAR (BIRMANIE)
Bhavnagar
Seoni
Bilaspur
Junagadh
Surat
Jalgaon
Nagpur
Balasore
Diu
Sambalpur
Daman
Akola
Raipur
Dahanu
Bhubaneswar
Aurangabad
Puri
Konark
Mumbai (Bombay)
Ranipur-Jharial
Nanded
Berhampur
Pune
Nizamabad
Varanasi
Mahabaleshwar
Sholapur
Warangal
Bheemunipatnam
Visakhapatnam
Ratnagiri
Bijapur
Konkan
Hyderabad
Vijayawada
Golfe du Bengale
Machilipatnam
Panaji (Panjim)
Hampi
Ongole
Ghats Orientaux
Hospet
Mer d'Oman
Nellore
Bengaluru (Bangalore)
Îles Andaman
Mangalore
Chennai (Madras)
Mysore
Puducherry (Pondichéry)
Port Blair
Kozhikode (Calicut)
Lakshadweep Islands
Chidambaram
Coimbatore
Trichy (Tiruchirappalli)
Mer d'Andaman
Kochi (Cochin)
Madurai
Rameswaram
Nicobar Islands
Thiruvananthapuram (Trivandrum)
SRI LANKA
Kanyakumari (cap Comorin)
Colombo
MALDIVES
MALÉ
OCÉAN INDIEN
0
500 km
1
2
3
4
5
6
7
8
9
10
11
12

Inde
Les incontournables

Taj Mahal

1 Que la perspective des bus de tourisme, des foules de visiteurs, et des rabatteurs, ne vous dissuade pas d'admirer le Taj Mahal à Agra. Même sous une chaleur écrasante et envahi par la foule, ce bijou architectural reste un fabuleux hymne à l'amour, un monument où chaque mur semble refléter l'adoration de l'empereur Shah Jahan pour sa bien-aimée Mumtaz Mahal, qui signifie le "joyau du palais". Ce mausolée en marbre, incrusté de calligraphies, de pierres précieuses et semi-précieuses et de motifs floraux représentant le paradis éternel, évoque le plus poétique des adieux au monde.

Hampi

2 Classée au patrimoine mondial de l'Unesco, Hampi fut entre le XIVe et le XVIe siècle la glorieuse capitale du puissant royaume hindou de Vijayanagar. En ruine mais toujours grandioses, ses temples et ses édifices royaux se dressent au milieu des rochers de toutes les formes façonnés par des centaines de milliers d'années d'activité volcanique et d'érosion. Ce paysage surnaturel ensorcelle au premier regard. Au crépuscule, on se croirait sur une autre planète.

1

PORAS CHAUDHARY / GETTY IMAGES ©

Des fêtes hautes en couleur

3 En Inde, la spiritualité imprègne tous les aspects de la vie quotidienne. Certaines fêtes religieuses en donnent une expression exubérante, à l'image de la fête d'Holi au cours de laquelle les hindous jettent de l'eau et du *gulal* (poudre) colorés sur les passants pour célébrer l'arrivée du printemps d'après le calendrier lunaire. Mathura, l'une des sept villes sacrées du pays, attire d'innombrables pèlerins, notamment durant Janmastami (anniversaire de Krishna), en août/septembre, et Holi, en février/mars.

Teatime à Darjeeling

4 Enclavée à l'extrême nord-est de l'Inde, Darjeeling n'est certes plus une destination aussi romantique qu'autrefois, mais le charme opère toujours. Ses plantations de thé où s'affairent des cueilleuses aux vêtements multicolores et ses sentiers bordés de monastères grimpant dans la brume se détachent sur un majestueux décor de pics himalayens enneigés. Un trajet à bord du petit train légendaire permet de contempler à loisir ce paysage enchanteur.

Sur 100 personnes en Inde

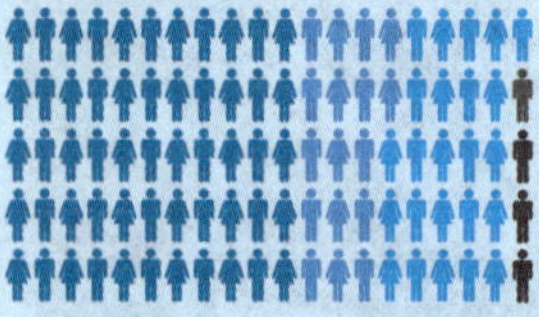

55 parlent l'une des 21 langues régionales officielles
41 parlent l'hindi
4 parlent l'une des 400 autres langues officielles

Religions

(% de la population)

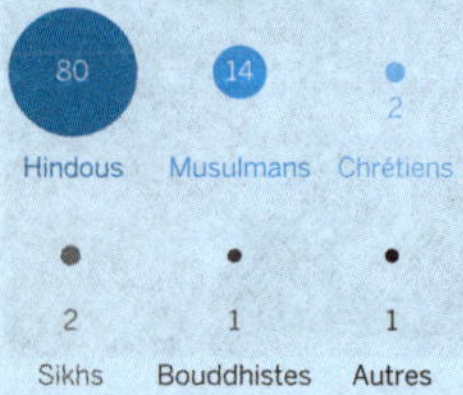

Population au km²

≈ 30 personnes

Backwaters du Kerala

5 Peu d'endroits sur la planète peuvent rivaliser de beauté avec les *backwaters* du Kerala, des entrelacs de rivières, de lacs, de lagunes et de canaux qui s'étirent sur 900 km au sein d'une luxuriante végétation tropicale. Pour les découvrir, rien de mieux que quelques jours paisibles à bord d'un house-boat, un bateau en teck aménagé et protégé par un toit de palmes. En glissant au fil de l'eau, tandis que le soleil décline derrière les palmiers et que l'on savoure du poisson frais, on oublie aisément le reste du monde.

L'Himalaya et ses monastères

6 Dans le Nord, là où l'air est plus froid et plus pur, les stations climatiques cèdent la place aux pics couronnés de neige. Dans cette région où s'épanouit le bouddhisme tibétain, les monastères qui se dressent dans les forêts ou sur les falaises escarpées offrent un spectacle aussi poétique que le lever du soleil sur les flancs dorés du mont Kanchenjunga. Les drapeaux de prières claquent au vent, les chants des moines résonnent dans les salles de méditation, et les fidèles viennent faire des offrandes et gagner des mérites à l'ombre du puissant Himalaya.

Le temple d'Or d'Amritsar

7 Sanctuaire le plus sacré des sikhs, le temple d'Or est un endroit magique. Donnant l'impression de flotter au-dessus du bassin nommé "nectar de l'immortalité", le temple est un édifice d'une beauté exquise que vient encore

La tenue traditionnelle

Vêtement traditionnel des Indiennes, l'élégant sari est une longue pièce de tissu que l'on positionne en l'enroulant et en le plissant sans épingle ni bouton. Le sari se porte avec un *choli* (blouse serrée) sur un jupon retenu par un cordon. Le *palloo* est le pan du sari qui se drape par-dessus l'épaule. Les femmes portent aussi souvent le *salwar kameez*, qui se compose d'une tunique, d'un pantalon et d'un *dupatta* (longue écharpe). Il existe un choix fabuleux de saris et de *salwar kameez* dans toutes sortes de tissus et de couleurs.

À table !

Dhal Le *dhal* (curry de lentilles ou de légumes secs), apprécié dans tout le pays, se prépare avec quelque 60 légumes secs différents.

Viande Si l'Inde compte probablement à elle seule plus de végétariens que le reste du monde, les plats carnés figurent en bonne place dans sa gastronomie. Le poulet, l'agneau et le mouton (parfois la chèvre) sont les viandes les plus consommées. La religion interdit le bœuf aux hindous et le porc aux musulmans.

Riz Le riz constitue un ingrédient de base, surtout dans le Sud. Le riz blanc à longs grains, le plus populaire, est servi chaud avec presque tous les plats en sauce.

Roti Dans le Nord, le blé concurrence le riz. *Roti*, le terme générique pour les pains plats, est synonyme de *chapati*, les délicieuses galettes de farine complète, cuites sur un *tawa* (plaque chaude concave).

Épices Christophe Colomb cherchait une nouvelle route vers la côte de Malabar et le poivre noir du Kerala quand il "découvrit" l'Amérique. La région continue de produire la meilleure qualité de cette épice universellement appréciée, utilisée dans la plupart des plats indiens.

PETER ADAMS / GETTY IMAGES ©

Pont menant au monastère de Stakna Gompa, région du Ladakh

rehausser son dôme en forme de lotus revêtu d'or. Même lorsque les pèlerins s'y pressent, c'est un lieu paisible où le chant des oiseaux résonne sur le bassin sacré.

Joyaux architecturaux de Mumbai (Bombay)

8 Mumbai (Bombay) a toujours su mêler des influences disparates en un tableau d'une exceptionnelle richesse. Sur le plan architectural, la cité doit sa beauté flamboyante à un mélange de bâtiments Art déco, de tours modernes et d'éclectisme victorien. De quoi partir pour une fascinante promenade sur les traces du passé, au fil des flèches, des arches et des dômes bulbeux.

Delhi

9 La capitale indienne est riche une histoire longue de plusieurs millénaires. Ses pittoresques vestiges (la ville fut le site de sept cités anciennes), qui surgissent à chaque coin de rue, et la splendeur décrépite d'Old Delhi constituent ses plus

Quand partir

BASSE SAISON
(avr-juin)

- Avril est chaud, mai et juin sont torrides. Les hôtels affichent des prix compétitifs.
- À partir de juin, la mousson apporte son humidité éprouvante.
- Fuyez la chaleur (mais pas les foules) dans les montagnes.

SAISON INTERMÉDIAIRE
(juil-nov)

- Hauteurs de l'Himalaya accessibles de juillet à septembre.
- Averses de mousson jusqu'à fin septembre.
- La côte sud-est et le sud du Kerala sont touchés par de fortes pluies (oct-début déc).

HAUTE SAISON
(déc-mars)

- Journées chaudes et nuits fraîches. Pic touristique et prix au plus haut.
- En décembre et janvier, les nuits sont froides plus au nord.
- Les températures remontent à partir de février.

beaux attraits. La vieille ville regroupe des joyaux architecturaux de l'ère moghole, dont la Jama Masjid (Grande Mosquée) et l'immense Fort rouge. Mais Delhi charme aussi par ses musées, sa délicieuse cuisine et Chandni Chowk – le bazar vieux de quatre siècles, que dessina Jahanara, la fille de l'empereur Jahan Shah.

Transports

Avion Il relie les grandes agglomérations et capitales d'États ; billets pas chers auprès des compagnies low cost.

Bus Les bus vont partout. Certaines destinations sont même desservies 24h/24, mais pour les trajets longue distance, il n'y a souvent qu'un ou deux départs par jour (soit tôt le matin soit l'après-midi/soir).

Train Il dessert fréquemment la plupart des destinations et l'on peut trouver des billets bon marché.

Goa

10 Des plages de sable fin, de douces vagues, des cocotiers, des couchers de soleil flamboyants… Si une destination correspond aux clichés des brochures touristiques, c'est bien Goa ! À de rares exceptions, les plages débordent d'animation, avec un incessant défilé de vendeurs ambulants, d'innombrables gargotes et des rangées de chaises longues sur lesquelles se font dorer une multitude de corps huilés.

Ferveur à Varanasi

11 Partout à Varanasi (Bénarès) les gens prient, se baignent ou lavent des buffles dans les eaux du Gange saturées de détritus. Se baigner dans un fleuve sacré vous purifie de vos péchés et vous aide à rompre le cycle de la vie et de la mort. Malgré la pollution des eaux, nul autre endroit n'est aussi propice pour ce bain rituel que Varanasi. Prenez une profonde inspiration, affichez un grand sourire pour affronter les rabatteurs, descendez au bord du fleuve et remettez de l'ordre dans votre karma.

Le mirage de Jaisalmer

12 S'élevant tel un château de sable dans le désert du Rajasthan, "pays des rois", la citadelle de Jaisalmer semble sortie d'un rêve. Cette immense forteresse en grès doré du XIIe siècle, avec ses remparts crénelés et ses tours ondoyantes, offre un spectacle fabuleux au milieu de ce paysage de sable. À l'intérieur, le superbe palais royal, les *haveli* (demeures traditionnelles) de conte de fées, les temples jaïns finement sculptés et les ruelles étroites invitent à explorer les lieux en se laissant guider par le hasard.

À voir

Fire (1996), **Earth** (1998) et **Water** (2005), de Deepa Mehta. Une trilogie à succès à l'étranger, mais controversée en Inde.

Slumdog millionnaire (Danny Boyle ; 2008). Une réjouissante fable pop tournée dans les bidonvilles de Bombay.

Gandhi (Richard Attenborough ; 1982). Succès populaire.

À lire

Les Enfants de minuit (Salman Rushdie ; 1981). Une allégorie de l'histoire de l'Inde depuis l'Indépendance.

Le Guide et la Danseuse (1958) et **Le Magicien de la finance** (1977) de R. K. Narayan. Deux classiques de l'écrivain, situés dans la ville imaginaire de Malgudi.

Le Tigre blanc (Aravind Adiga, 2008). Un premier roman primé abordant la lutte des classes

Rives du Gange, Varanasi (Bénarès)

11

CAPITALE
Jakarta

POPULATION
251 millions

SUPERFICIE
1,9 million km²

LANGUE OFFICIELLE
Indonésien

Rizières en terrasses de Ubud, Bali

Indonésie

Pays de l'ultime aventure, cet archipel compte des îles par milliers ! De Sumatra à la Papouasie, il invite à naviguer d'une culture à une autre.

De l'ouest de l'île de Sumatra à la limite orientale de la Papouasie, sur l'île de Nouvelle-Guinée, l'Indonésie recèle tant de richesses sur le plan culturel ou environnemental qu'elle évoque plutôt une centaine de pays fondus en un seul. Et que dire de la diversité de sa population, bien réelle ? Chaque île indonésienne a constitué (et constitue encore aujourd'hui pour certaines contrées) une alliance unique d'individus avec leurs croyances et leur mode de vie. Même si, le temps passant, ces cultures profondément enracinées ont évolué pour se fondre en un creuset unique.

En visitant ce pays enivrant et pourtant très accessible, vous verrez aussi les promesses qu'il recèle. Que vous sillonniez Java en train, que vous flâniez sur le pont d'un ferry à destination des îles Gili, que vous soyez assis à l'arrière d'un scooter à Flores ou en train de marcher dans la forêt vierge de Kalimantan, vous vivrez pleinement la diversité infinie des 17 000 îles de l'Indonésie.

0 500 km
OCÉAN PACIFIQUE
PALAU
PHILIPPINES
MANILLE
MER DE SULU
MER DE CHINE MÉRIDIONALE
VIETNAM
HÔ CHI MINH-VILLE (Saigon)
CAMBODGE
PHNOM PENH
Golfe de Thaïlande
MYANMAR (BIRMANIE)
PÉNINSULE MALAISE
KUALA LUMPUR
SINGAPOUR
BRUNEI
BANDAR SERI BEGAWAN
Kota Kinabalu
MALAISIE ORIENTALE
Kuching
Sintang
Pontianak
Samarinda
Balikpapan
Banjarmasin
Parc national de Tanjung Puting
MER DES CÉLÈBES
Pulau Bunaken
Manado
Gorontalo
Palu
Tana Toraja
Rantepao
Majene
Makassar
Selat Makassar
Watampone
Kendari
Îles Sula
MER DES MOLUQUES
Kota Ternate
Pulau Halmahera
Îles Raja Ampat
Sorong
Manokwari
Pulau Biak
Kota Biak
Fak-Fak
Pulau Seram
Kota Ambon
Îles Banda
MER DE BANDA
Timika
Wamena
Vallée du Baliem
Sarmi
Jayapura
Pulau Yos Sudarso
MER D'ARAFURA
AUSTRALIE
Darwin
TIMOR-ORIENTAL
DILI
Pulau Wetar
Pulau Timor
Kupang
MER DE TIMOR
MER DE SAVU
MER DE FLORES
Flores
Ende
Parc national de Komodo
Pulau Sumba
Mataram
Lombok
Îles Gili
Bali
Denpasar
Surabaya
Pulau Madura
MER DE JAVA
Semarang
Candi Sukuh
Yogyakarta
Cilacap
Bandung
JAKARTA
Serang
Bandarlampung
Pulau Belitung
Pangkal Pinang
Pulau Bangka
Palembang
Jambi
Pekanbar
Bengkulu
Padang
Pulau Enggano
Îles Mentawai
Pulau Siberut
Pulau Nias
Medan
Bukit Lawang
Parc national de Gunung Leuser
Banda Aceh
Île Christmas (Australia)
OCÉAN INDIEN
1
2
3
4
5
6
7
8
9
10
11

Indonésie
Les incontournables

Parc national de Komodo

1 Situé dans la mer de Florès, ce parc national est associé pour beaucoup à la possibilité d'observer l'effrayant dragon de Komodo. D'importantes colonies de ces lézards géants vivent en effet sur les îles accidentées et quasi désertes de Komodo et de Rinca où ils chassent le cerf, le buffle, et plus rarement l'homme. L'autre curiosité majeure du parc, ce sont les fonds marins qui ceignent les îles. Traversés par des courants violents et par des remontées froides, et de ce fait réservés aux plongeurs expérimentés, ils attirent une faune d'une incroyable diversité.

Îles Gili

2 Il est agréable de pouvoir quitter l'effervescence balinaise pour gagner, non loin, l'une des attrayantes îles Gili. Sable blanc, mer turquoise, récifs coralliens préservés – habitat privilégié des requins, des raies et des tortues marines – hébergements chics mais respectueux de l'environnement constituent autant d'invitations à prolonger son séjour. Ajoutez à cela les restaurants et les clubs de "Gili T", et vous comprendrez pourquoi ceux qui aiment cet archipel ne veulent jamais en repartir.

Gili Trawangan

2

CARLINA TETERIS / GETTY IMAGES ©

Pays toraja

3 Dans cette région montagneuse de l'île de Sulawesi (Célèbes), aux paysages constitués de rizières en terrasses, les vivants honorent leurs défunts par d'impressionnantes cérémonies funéraires. Durant plusieurs jours se succèdent des combats de buffles, des sacrifices d'animaux, des prières, des festins et des danses. Les défunts sont ensuite placés dans une niche creusée dans la roche et gardée par des effigies en bois, à moins que la sépulture ne soit suspendue à flanc de colline ou dans un arbre.

Sur 100 personnes en Indonésie

41 sont javanaises
15 sont sundanaises
3 sont maduraises
41 sont d'autres origines

Religion

(% de la population)

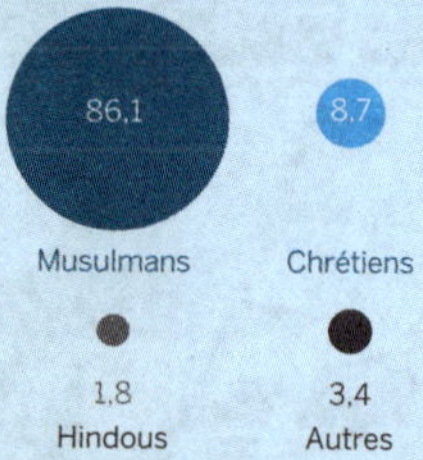

Population au km²

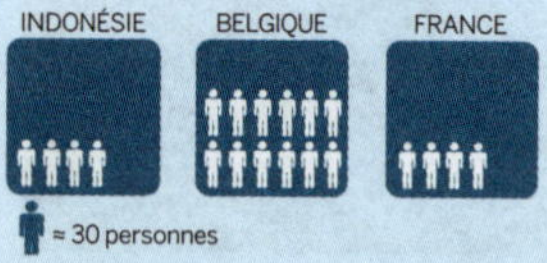

Îles Banda

4 Les dix petites îles de cet archipel lointain figurent parmi les destinations les plus intéressantes des Moluques, si ce n'est d'Indonésie. Leurs tombants sous-marins abrupts, tapissés de jardins de corail polychromes, explosent de couleurs éclatantes. Les îles du centre, Neira (et sa capitale Bandaneira, émaillée de vestiges) et Banda Besar (la grande île de la muscade), s'incurvent autour du volcan Gunung Api. Alentour, les îles Hatta, Ai et Neilaka s'illustrent toutes par leurs plages vierges idylliques. Quant à Run, couverte de muscadiers et de girofliers, elle est d'une beauté remarquable.

Parc national de Tanjung Puting

5 Tanjung Puting est l'occasion de faire une croisière fluviale sûre et confortable à travers la jungle, qui permet d'approcher les orangs-outans. Cette expédition, entre *African Queen* et *National Geographic*, a fait du parc la destination touristique la plus populaire de Kalimantan. Des croisières remontent la rivière Sekonyer, en passant par 3 stations de nourrissage des orangs-outans, où l'on descend à terre pour voir "le peuple de la forêt" émerger de la jungle – un moment fabuleux.

Îles Raja Ampat

6 Les îles éloignées, parfois inexplorées, de Raja Ampat, près de la pointe nord-ouest de la Papouasie, sont un paradis pour les plongeurs. La vie marine y est l'une des plus diversifiées au monde : raies mantas géantes, requins-chabots ocellés "marchant" sur les fonds avec leurs nageoires,

Orangs-outans

Habitants de la forêt équatoriale, les orangs-outans sont l'un des emblèmes de l'Indonésie. Plus grands mammifères arboricoles de la planète, ils se balançaient autrefois dans la canopée de toute l'Asie du Sud-Est. Aujourd'hui, on ne les trouve plus qu'à Sumatra et à Kalimantan (Bornéo). Les spécialistes craignent que la faible population encore présente ne survive pas à la destruction continuelle de son habitat, provoquée par l'exploitation forestière et l'agriculture.

Intéressants à observer, les orangs-outans (littéralement "hommes de la forêt") attirent de nombreux touristes dans les zones sauvages d'Indonésie. Ces derniers ont un rôle à jouer en aidant, à leur retour, pour leur préservation. Les montagnes de Sangkulirang, à Kalimantan Est, hébergent les 2 000 orangs-outans les plus tranquilles du monde : ils n'ont été découverts qu'en 2008.

À table !

Babi guling Cochon de lait rôti, farci de piment, curcuma, ail et gingembre.

Gado gado Légumes arrosés de sauce aux cacahuètes. Il fait partie des plats indonésiens les plus célèbres.

Ketoprak Nouilles, germes de soja et tofu à la sauce soja et cacahuètes.

Krupuk Chips de pâte de crevettes et de farine de manioc ou de flocons de poisson et de pâte de riz.

Nasi campur Le plat national indonésien, généralement savoureux et nourrissant : du riz vapeur garni d'un peu de tout - légumes, viande, poisson et un ou deux *krupuk*.

Nasi goreng Riz frit.

Satay (*Sate*) Brochettes de petits morceaux de viande grillés servies avec une sauce aux cacahuètes.

Niches funéraires creusées dans la roche, Tana Toraja

nudibranches ("limaces de mer") multicolores, superbes coraux et, bien sûr, poissons aux formes, aux couleurs et aux tailles variées. Le site est propice au snorkeling et, à terre, le paysage est tout aussi sublime.

Candi Sukuh

7 Magnifiquement situé sur les pentes du Gunung Lawu, à 900 m au-dessus de la plaine de Solo, le Candi Sukuh (XVe siècle) est l'un des temples les plus énigmatiques de Java. De taille modeste, il comporte une grande pyramide tronquée en pierres grossièrement taillées, ainsi que de splendides bas-reliefs et statues. Plusieurs sculptures explicites lui ont valu le surnom de "temple érotique".

Pulau Bunaken

8 Connaissez-vous ces jardins d'artistes où des centaines de plantes d'espèces différentes prospèrent dans des petits pots décoratifs ? Maintenant, imaginez des jardins de récifs coralliens chatoyants, allant du noir au pourpre en passant par le blanc. Tout cela dans une eau limpide regorgeant de poissons iridescents, de tortues

Quand partir

HAUTE SAISON
(juil-août)

- Les touristes sont très nombreux dans l'archipel, de Bali à Sulawesi (Célèbes).
- Hausse des tarifs de 50%.
- Saison sèche, sauf aux Moluques et en Papouasie.

SAISON INTERMÉDIAIRE
(mai, juin, sept)

- Saison sèche, sauf aux Moluques et en Papouasie.
- Temps clément à Java, à Bali et à Lombok (sec et moins humide).
- On voyage plus facilement.

BASSE SAISON
(octobre-avril)

- Saison humide à Java, Bali et Lombok.
- Saison sèche aux Moluques et en Papouasie (bien pour la plongée).
- Voyage à moindre coût. Réserver tôt pour Noël et le Nouvel An.

géantes, de requins des récifs voire de dauphins. La beauté des fonds sous-marins autour de l'île de Bunaken dépasse l'imagination.

Bali

9 Rizières émeraude, danses envoûtantes, longues plages de sable, vagues de rêve et, surtout, sourire des habitants, la liste des images qui évoquent ce paradis appelé Bali est sans fin.L'île est petite mais elle a beaucoup à offrir, qu'il s'agisse de goûter aux spectacles d'Ubud avant de partir en randonnée sur les pentes d'un volcan ou de séjourner dans les agréables stations balnéaires, comme Bingin, Amed et Pemuteran, qui émaillent la côte. ou dans la calme et sereine île de Nusa Lembongan, idyllique.

Transports

Avion Le réseau des vols intérieurs s'est agrandi mais les horaires et les tarifs changent constamment.

Bateau Les îles et archipels de Sumatra, Java, Bali, Nusa Tenggara et Sulawesi sont reliés par des ferrys circulant tous les jours ou plusieurs fois par semaine.

Bus Les bus, souvent peu rapides, sont le pivot du transport indonésien. La plupart du temps, l'atmosphère est étouffante, et vous serez bien secoué. Pour de longs trajets, les bus climatisés sont une meilleure option.

Voiture et moto Voitures et deux-roues sont faciles à louer en Indonésie. Il est très fréquent de louer un minibus avec chauffeur.

Vallée du Baliem

10 La vallée du Baliem, en Papouasie, est le berceau des Dani, des montagnards ayant gardé leurs traditions malgré les changements introduits par le gouvernement indonésien et les missionnaires chrétiens. Vous dormirez dans des villages de huttes au toit de chaume, suivrez des sentiers dans la jungle, gravirez des coteaux, franchirez des torrents tempétueux sur des ponts suspendus. Mais surtout, vous serez charmé par le sourire des habitants et leur accueil.

Parc national du Gunung Leuser

11 Cette vaste étendue de jungle tropicale, englobant montagnes et vallées du nord de Sumatra, résonne de cris d'animaux. C'est un paradis pour les naturalistes et les aventuriers. S'étendant au bord d'une rivière couleur chocolat et parfait pour se délasser quelques jours, Ketambe constitue aussi un bon camp de base pour des randonnées de plusieurs jours, propices à l'observation des gibbons, des orangs-outans, et même, pour les plus chanceux, d'un tigre.

À voir

L'Année de tous les dangers (Peter Weir ; 1982). Mel Gibson traque le scoop à Jakarta à la veille d'un coup d'État militaire.

Cowboys in Paradise (Amit Virmani ; 2010). Un documentaire qui a fait couler de l'encre en dressant un portrait saisissant des gigolos de Bali.

The Act of Kiling (Joshua Oppenheimer ; 2012). Ce documentaire donne la parole aux auteurs des massacre de 1965.

À lire

Rimbaud à Java (Jamie James ; 2012). Arthur Rimbaud à Java, en 1876.

Boroboudour : voyage à Bali, Java et autres îles (Roger Vailland ; 1951). En 1950, dans la jeune Indonésie indépendante.

Le Cannibale et ses termites (Stéphane Dovert ; 2009). Un groupe de touristes est pris en otage par des nationalistes papous.

Dani, vallée du Baliem

KARL LEHMANN / GETTY IMAGES ©

CAPITALE
Téhéran

POPULATION
80,8 millions

SUPERFICIE
1,6 million km^2

LANGUE OFFICIELLE
Persan (farsi)

Étal de marché, Chiraz

Iran

Si un voyage a des chances de chambouler toutes vos idées reçues, c'est bien celui que vous ferez en Iran.

Les images de la révolution islamique, de la mine sévère des ayatollahs et des femmes vêtues de la tête au pied du sombre tchador ont marqué les mémoires. La réalité de l'Iran n'a pourtant plus grand-chose à voir aujourd'hui avec la vision que beaucoup d'Occidentaux en ont. Ce pays a en effet une population jeune, urbaine et éduquée qui, bien que très fière de son identité culturelle et de son histoire, se tourne résolument vers le monde extérieur et la modernité.

Certes, les vestiges grandioses de l'Empire perse, les délicates céramiques bleues des édifices religieux d'Ispahan, les tombeaux des poètes de Chiraz et les tours du silence zoroastriennes de Yazd éblouissent jusqu'au visiteur le plus blasé. La culture iranienne, aussi ancienne que complexe, est une source inépuisable d'émotion. Toutefois, c'est l'âme iranienne qui risque fort de séduire le plus les voyageurs.

TÉHÉRAN
MER CASPIENNE
GOLFE PERSIQUE
Détroit d'Ormuz
OMAN
TURKMÉNISTAN
OUZBÉKISTAN
TADJIKISTAN
AFGHANISTAN
PAKISTAN
AZERBAÏDJAN
ARMÉNIE
TURQUIE
SYRIE
IRAQ
KOWEÏT
ARABIE SAOUDITE
BAHREÏN
QATAR
Désert de Karakoum
Dacht-e Kavi (Grand Désert salé)
Dacht-e Lut
Kaluts
Kuh-e Payeh
Monts du Zagros
Massif du Zardkouh
Massif de l'Elbourz
Vallée d'Alamut
Lac d'Ourmia
Lac Namak
Lac Sistan
Lac Hamun
Lac Tashk
Lac Bakhtegan
Lac de Van
Tigre
Euphrate
Karun
Mt Ararat
Mt Hezar
Mt Sir
Île de Qechm
Île Lavan
Île de Kish
ACHGABAT
DOUCHANBE
KABOUL
BAKOU
BAGDAD
KOWEÏT
MANAMA
Samarkand
Qarshi
Termiz
Bukhara
Mary
Kalat Naderi
Turkmenbachi
Bajgiran
Herat
Kandahar
Quetta
Karachi
Taftan
Khash
Iranshahr
Chabahar
Djask
Zabol
Zahedan
Bam
Mechhed
Taybad
Qa'en
Birdjand
Ferdous
Tabas
Sabzevar
Esfarayen
Gorgan
Damghan
Semnan
Sari
Garmeh
Yazd
Kerman
Chahdab
Bandar Abbas
Bandar-e Lengeh
Na'in
Ispahan
Qomcheh
Abadeh
Persépolis
Chiraz
Firuz Abad
Kangan
Buchehr
Dhahran
Kachan
Qom
Arak
Hamadan
Qazvin
Recht
Masouleh
Ardabil
Zandjan
Tabriz
Norduz
Takab
Sanandaj
Kermanchah
Khorramabad
Chouchtar
Ahvaz
Abadan
Al-Basa
Tchoga
Ilam
Mehran
Khosravi
Ourmia
Bazargan
Mossoul
Erzurum
'Anah
Deir-ez-Zur
Palmyre
At-Tanf
Hail
0
200 km
1
2
3
4
5
6
7
8
9
10
11

Iran
Les incontournables

Ispahan

1 Bordée par la mosquée du Chah aux proportions parfaites, par l'élégante mosquée du Cheikh Lotfollah et par le palais d'Ali Qapu, l'imposante place de l'Imam (Naghsh-e Jahan) d'Ispahan forme l'un des plus somptueux ensembles d'architecture islamique au monde. Après avoir contemplé ces trésors, on ne peut qu'approuver lord Byron, qui classait la ville dans la même catégorie que Rome et Athènes. Un proverbe persan dit d'ailleurs qu'Ispahan est la moitié du monde.

Yazd

2 Modèle d'adaptation à l'aridité de l'environnement désertique, cette ancienne cité caravanière présente dans sa partie ancienne un lacis de ruelles sinueuses, dont les maisons à cour en pisé sont surmontées de *badgir* (tours des vents) assurant la ventilation et alimentées en eau par un ingénieux système de *qanat* (canaux souterrains). Des coupoles bleues et de hauts minarets émergent de ce dédale, qui dissimule aussi de formidables bazars couverts. Plusieurs demeures traditionnelles ont été converties en hôtels ou en maisons de thé.

Mosquée du Cheikh Lotfollah, Ispahan

Persépolis

3 Escaliers et porches monumentaux, forêts de colonnes et bas-reliefs aux scènes figuratives finement sculptées, la capitale administrative et politique de l'Empire perse achéménide fondée par Darius Ier en 521 av. J.-C. n'a rien perdu de sa majesté, même réduite à l'état de ruine par Alexandre le Grand. Le site est aujourd'hui inscrit sur la liste du patrimoine mondial de l'Unesco.

Nomades du Zagros

4 Quelque 2 millions d'Iraniens de différents groupes ethniques mènent une existence nomade, faisant transhumer leurs troupeaux de chèvres au printemps et en automne. Les Kachkaïs et les Bakhtiari passent l'été dans le massif du Zagros et hivernent sur la côte. Une excursion depuis Chiraz vous donnera un aperçu de leur mode de vie, à moins que vous ne préfériez loger chez les Khamseh, une confédération tribale, dans les montagnes du Bavanat.

Sur 100 personnes en Iran

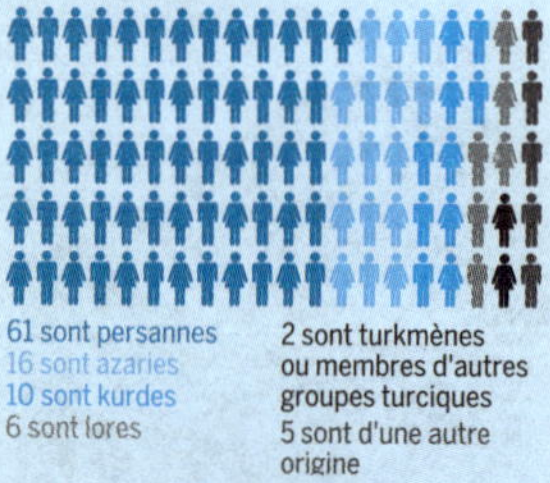

Religions
(% de la population)

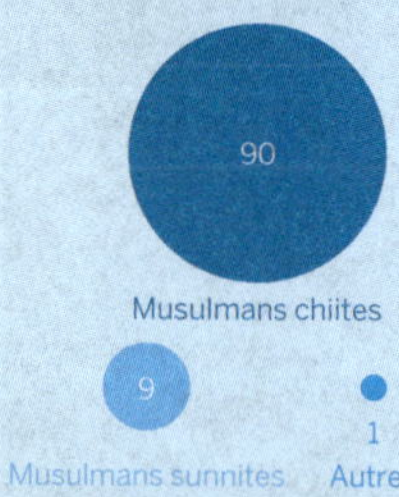

Population au km²

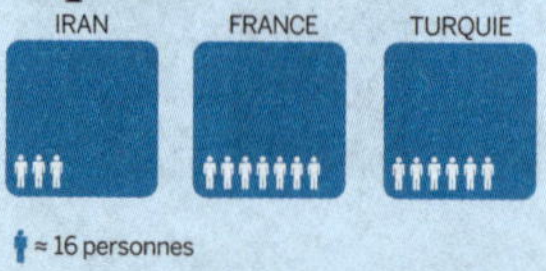

Tchoga Zanbil

5 Pas besoin d'aimer l'archéologie pour être impressionné par la ziggourat de Tchoga Zanbil, autre site classé par l'Unesco, dont la silhouette massive se détache sur fond de paysage semi-désertique. Bâti par les Élamites au XIIIe siècle av. J.-C., cet édifice en briques crues disparut sous les sables six siècles plus tard, avant d'être redécouvert en 1935 lors d'un vol de prospection conduit par une compagnie pétrolière britannique.

Séjours dans le désert

6 L'hospitalité locale n'est jamais aussi chaleureuse que dans les deux grands déserts du pays, le Dacht-e Kavir (Grand Désert salé) et le Dacht-e Lut (désert du Vide). Le premier abrite l'oasis de Garmeh, dotée d'un château en ruine au milieu des palmeraies. Après une nuit chez l'habitant, vous n'aurez sans doute plus envie d'en partir. Non loin, entre Ispahan et Na'in, Farahzad et Toudeshk Cho offrent aussi la possibilité de loger dans des familles. S'il faut s'attendre à un confort rudimentaire, vous aurez droit à une savoureuse cuisine maison.

Tapis persans

En laine, en coton ou en soie, les tapis tiennent le haut du pavé de l'artisanat iranien. Loin de se résumer à une fonction utilitaire et décorative, ils symbolisent la prospérité de leur possesseur et font partie intégrante de la vie culturelle et religieuse.

Il en existe de deux sortes. Les tapis "ethniques", très divers selon leur origine, présentent des dessins assez simples, souvent géométriques. Les tapis persans classiques, dit "urbains", arborent des motifs floraux élaborés autour d'un ou de plusieurs médaillons. Le nom d'un tapis indique son lieu de fabrication ou la provenance du modèle.

Les bazars, en particulier ceux de Téhéran, de Chiraz et d'Ispahan, sont les meilleurs endroits pour dénicher de belles pièces. La négociation entre le vendeur et l'acheteur tient du véritable cérémonial.

À table !

En Iran, le pain (*nan*) et/ou le riz (*berenj*) accompagnent tous les repas. Si les grillades (*kabab*) forment l'ordinaire, on trouve aussi des plats en sauce plus raffinés.

Chelo kabab Toute grillade servie avec du riz cuit à l'eau ou à la vapeur. Si vous ne précisez pas, on vous apportera un *kabab koubideh* (viande hachée en brochette).

Fessenjan Ragoût de poulet aux noix pilées et à la mélasse de grenade.

Joujeh kabab Brochette de poulet mariné au yaourt et au safran.

Kabab bakhtiari Brochette d'agneau et poulet, le roi des *kabab*.

Kashk-e bademjan Purée à base d'aubergines, d'ail et de *kashk* (petit-lait fermenté et déshydraté).

Nan-e barbari Pain épais de forme ovale, comme en Turquie.

Nan-e lavash Pain fin, rond ou ovale, souvent consommé au petit-déjeuner.

KAMRAN JEBREILI / GETTY IMAGES ©

Noces chez les Kachkaïs

Poètes de Chiraz

7 Les Iraniens se plaisent à dire que même la maison la plus pauvre contient deux livres : le Coran et un recueil de poèmes de Hafez. Il est vrai que la poésie constitue le genre roi de la littérature persane et que le moindre quidam peut réciter de mémoire des vers des poètes illustres. À Chiraz, la ville des jardins et des rossignols, les gens viennent de tous les coins du pays se recueillir sur les tombes de Hafez et de Saadi.

Quand partir

HAUTE SAISON
(mars-mai)

- Températures idéales dans la majeure partie du pays.
- Prix plus élevés et forte affluence durant la fête de Norouz (21 mars-3 avril), surtout à Ispahan, Chiraz, Yazd et sur le golfe Persique.

SAISON INTERMÉDIAIRE
(juin-octobre)

- La chaleur de juin réduit le nombre des visiteurs.
- Septembre et surtout octobre allient un climat plus doux qu'en été et des prix légèrement inférieurs à ceux de la haute saison.

BASSE SAISON
(novembre-février)

- Il fait très froid en hiver, notamment dans le Nord-Est et l'Ouest.
- Les routes de montagne peuvent être impraticables.
- Les tarifs hôteliers diminuent de 10 à 50%.

Cafés et galeries de Téhéran

8 Capitale bruyante et agitée, Téhéran peut intimider de prime abord, mais elle possède son charme propre. Au-delà des musées et des palais, ses cafés branchés et ses galeries d'art contemporain dévoilent un aspect inédit de l'Iran. Installez-vous devant un thé, et quelqu'un ne tardera pas à engager la conversation. Sinon, fréquentez les lieux

d'exposition et le théâtre dans le Park-e Honar Mandan et ses abords.

Châteaux des Assassins

9 Propice à la randonnée, la vallée d'Alamut abrite les maigres vestiges d'une cinquantaine de châteaux, perchés au sommet de crêtes et de pitons rocheux, qui furent construits à l'époque médiévale par la secte ismaélienne des Assassins, en lutte contre le pouvoir en place. Vous avez le choix entre une marche d'une journée au départ de Qazvin ou des formules plus longues, accompagnés de mules, à travers l'Elbourz, de Gazor Khan à l'arrière-pays de la mer Caspienne.

À voir

Le Goût de la cerise (Abbas Kiarostami ; 1997). Un homme décidé à se suicider cherche quelqu'un pour l'enterrer moyennant rémunération.

Une séparation (Asghar Farhadi ; 2011). Divorce à l'iranienne sur fond de dilemmes cornéliens et de problèmes sociaux.

Taxi Téhéran (Jafar Panahi ; 2015). Portrait de Téhéran filmé depuis un taxi conduit par le réalisateur.

À lire

Histoire de l'Iran et des Iraniens (Jean-Paul Roux ; 2006). Portrait d'un pays en trois mille ans de civilisation.

Iran. Vers le désastre ? (Bahman Nirumand ; 2006). Un intellectuel dissident face à la complexité de son pays.

Le Goût âpre des kakis (Zoyâ Pirzâd ; 2009). Des femmes iraniennes dans l'insouciance du Téhéran prérévolutionnaire.

Transports

Avion Des vols fréquents et bon marché desservent les principales villes.

Bus Une vingtaine de compagnies assurent des liaisons fréquentes, confortables et économiques.

Métro Le métro de Téhéran s'agrandit, tandis que celui de Mechhed a inauguré sa première ligne.

Minibus Ils relient généralement une ville aux localités proches, le plus souvent en remplacement du bus.

Train Le rail permet de voyager à moindre coût tout en rencontrant la population.

Bazars

10 À l'heure des hypermarchés, beaucoup d'Iraniens continuent de faire de leurs emplettes dans les bazars couverts, dont les plus anciens recèlent de superbes caravansérails. Parmi les échoppes, des petites maisons de thé fournissent un cadre idéal pour se détendre en fumant le narguilé. Le bazar de Tabriz, ville qui fut jadis un important carrefour commercial sur la route de la Soie, surpasse tous les autres, d'où son classement au patrimoine mondial de l'Unesco.

Ski dans l'Elbourz

11 Le ski n'est pas la première chose qui vient en tête lorsqu'on pense à l'Iran. Le pays compte pourtant plus de 20 domaines skiables, concentrés aux environs de Téhéran. Les stations de Dizin et de Shemshak sortent du lot, avec des pistes bien pentues, de nombreuses possibilités de hors-piste et du plaisir pour tous les niveaux. Les chalets et les forfaits sont peu coûteux comparés aux tarifs pratiqués en Europe. Enfin, la mixité a davantage droit de cité ici qu'ailleurs dans le pays.

Ruines du château d'Alamut, près de Qazvin

Monastère Rabban Hormizd, Alqosh

CAPITALE
Bagdad

POPULATION
32,5 millions

SUPERFICIE
438 317 km^2

LANGUES OFFICIELLES
Arabe, kurde

Irak

Berceau de grandes civilisations, l'Irak recèle toujours, malgré ses tourments actuels, un patrimoine historique et humain remarquable.

Gravement meurtri et déstabilisé par l'invasion américaine de 2003 et la guerre civile qui s'ensuivit, le pays n'a guère eu le temps de se retourner avant que les djihadistes de l'État islamique (*Daech*) ne s'emparent, en juin 2014, de vastes portions de ses territoires du Nord à majorité sunnite. La tragédie actuelle ferait presque oublier le passé glorieux de l'ancienne Mésopotamie.

Dans le chaos ambiant, une zone échappe pourtant aux turbulences : la région semi-autonome du Kurdistan. Bien sûr, les risques de basculement existent, mais l'enclave a pour l'instant été épargnée par la violence et connaît même une évidente prospérité économique. Ses massifs imposants, ses lacs et ses sites archéologiques ne figurent pas encore sur les itinéraires touristiques. Les pionniers seront récompensés par l'hospitalité légendaire du peuple kurde.

Compte tenu de la situation sécuritaire fluctuante, renseignez-vous bien avant de partir, notamment sur le site du ministère des Affaires étrangères.

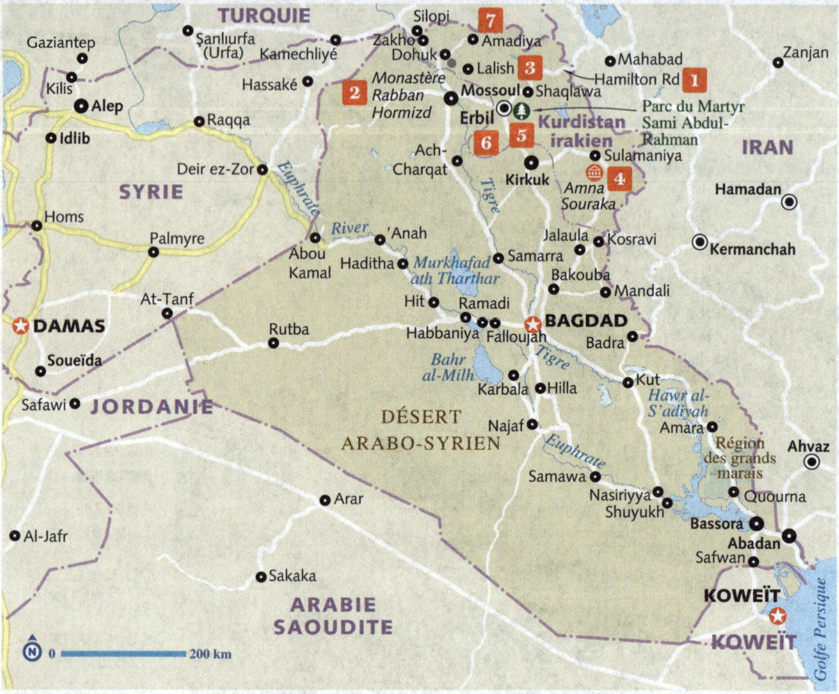

Irak
Les incontournables

Route Hamilton

1 Baptisé du nom de l'ingénieur néo-zélandais qui le réalisa entre 1928 et 1932, cet axe impressionnant traverse le nord-est du Kurdistan irakien, région montagneuse de toute beauté, émaillée de profonds canyons, de vertes vallées et de cascades sur fond de pics enneigés. Les gorges de Gali Ali Beg s'étendent sur 12 km, entre les monts Korek et Bradost. Elles sont coupées par deux rivières qui se rejoignent pour former le Grand Zab, un affluent du Tigre.

Monastère Rabban Hormizd

2 Près de la ville d'Alqosh, une poignée de religieux chaldéens occupent encore ce vaste ensemble du VIIe siècle, taillé à flanc de rocher, dont seule une partie est ouverte au public. Vous pourrez visiter la chapelle, le réseau de galeries, de grottes et de sanctuaires à l'arrière de celle-ci, et la tombe d'Abba Gabriel Danbo, qui fit revivre le monastère abandonné au XIXe siècle. De petites cavités, jadis utilisées à des fins cultuelles, criblent les falaises alentour.

Lalesh

3 Au fond d'une vallée luxuriante de la province de Ninive, ce lieu saint du yézidisme fait l'objet d'un pèlerinage que tout fidèle se doit d'effectuer au moins une fois dans sa vie. Le sanctuaire, coiffé de deux toits coniques à nervures, renferme le tombeau de cheikh Adi ibn Musafir (1073-1162), que les yézidis considèrent comme un avatar de Malek Taous ("l'ange-paon"), figure centrale de leur religion. Certains y voient aussi le lieu où reposerait l'arche de Noé. Le relief en pierre à l'entrée représenterait d'ailleurs le serpent noir qui boucha de son corps une brèche du navire biblique.

Amna Suraka

4 Sous le régime de Saddam Hussein, ce bâtiment massif dont le nom signifie "sécurité rouge" en kurde servit de quartier général aux tristement célèbres

TONY WHEELER / GETTY IMAGES ©

moukhabarat (services de renseignements) irakiens. Des milliers de personnes, des Kurdes pour l'essentiel, y furent emprisonnées et torturées. D'autres disparurent purement et simplement. Libérée par les peshmerga en 1991, la prison a été transformée en musée des crimes de guerre en 2003, sous l'impulsion de Hero Ibrahim Ahmed, l'épouse du président irakien Djalal Talabani.

Parc du Martyr Sami Abdul-Rahman

5 À Erbil, le plus grand espace vert urbain d'Irak s'étend à l'emplacement d'une base militaire du redouté 5e corps d'armée de Saddam Hussein. Cette plaisante oasis s'agrémente de jardins, de plans d'eau et de fontaines. Une immense aire de jeux pour les enfants, des terrains de football et un parc de skateboard/bicross jouxtent son vaste lac central, où naviguent des pédalos en forme de cygne et des bateaux à moteur. Le vendredi, des jeunes couples et des familles en pique-nique investissent les lieux, de même que de joyeuses fêtes de mariage.

Citadelle d'Erbil

6 Habité sans interruption depuis

Quand partir

MARS

➡ Les Kurdes célèbrent Newroz, le Nouvel An du calendrier persan, par des feux de joie, des pique-niques et des danses.

AVRIL

➡ Avec ses montagnes poudrées de neige et ses vallées tapissées de fleurs, le Kurdistan irakien resplendit au printemps.

OCTOBRE

➡ La chaleur de l'été cède la place aux couleurs automnales et aux premières chutes de neige en altitude.

Sur 100 personnes en Irak

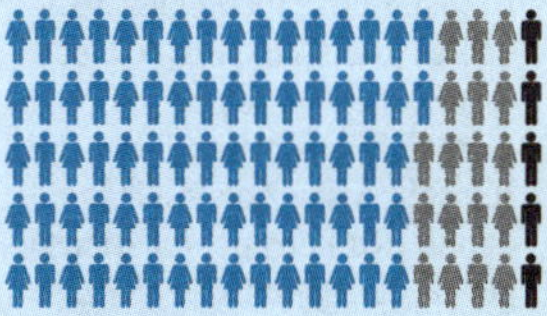

77 sont arabes
18 sont kurdes
5 sont turkmènes, assyriennes ou d'une autre origine

Religions
(% de la population)

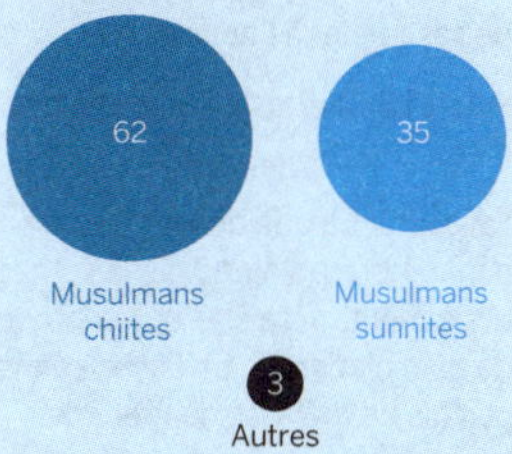

Population au km²

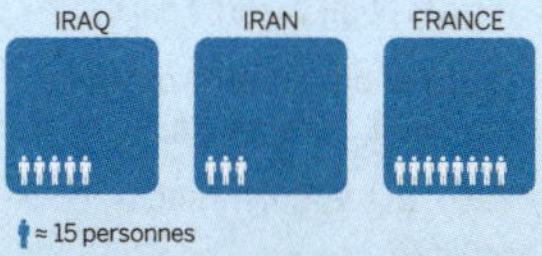

Qui sont les yézidis ?

Au nombre d'environ 500 000 dans le monde, la plupart au Kurdistan irakien, les yézidis appartiennent au groupe ethnique kurde et parlent majoritairement le *kurmandji*. Ils sont les adeptes d'une religion monothéiste aux origines encore mal connues, fusion du mithraïsme de la Perse antique, de croyances locales préislamiques et de sunnisme hétérodoxe.

Fondé sur les principes de pureté spirituelle et de réincarnation, le yézidisme compte deux livres sacrés : le Livre des révélations (*Kitab al-Jilwa*) et le Livre noir (*Mishefa Reş*). Dieu aurait créé l'univers avec sept anges, commandé par Malek Taous, l'ange-paon. À l'instar des musulmans, les fidèles prient cinq fois par jour.

Victimes d'une politique d'arabisation sous Saddam Hussein, les yézidis subissent depuis 2014 des persécutions de la part des djihadistes de l'État islamique.

À table !

Baba ghanouj Purée d'aubergines grillées, à la crème de sésame et à l'huile d'olive.

Falafel Boulettes de pois chiches frites.

Fattouch Salade de tomates, de concombres, d'oignons, de sumac et de menthe fraîche, agrémentée de pain plat grillé. On l'assaisonne parfois de mélasse de grenade.

Iskender kebab Fines tranches de mouton grillé sur un lit de pain *pide*, servies avec de la sauce tomate et du yaourt à part.

Qouzi-sham Sorte de *biryani* recouvert d'une pâte frite.

Thé Habituellement sucré et sans lait.

6

JANE SWEENEY / GETTY IMAGES ©

Marché de Qaysari, Erbil

8 000 ans, le tell fortifié qui domine Erbil du haut de ses 32 m forme le cœur et l'âme de cette ville effervescente. Il s'agit du vestige historique le plus précieux de la capitale kurde, ajouté récemment à la liste du patrimoine mondial de l'Unesco. Depuis 2007, le chantier de restauration de la citadelle a entraîné la fermeture de nombreuses ruelles et maisons à cour traditionnelles et le relogement des habitants. Aujourd'hui, seule une famille vit encore à l'intérieur de l'enceinte.

Amadiya

7 Le village d'Amadiya (ou Amedi) s'inscrit sur un plateau à 1 200 m d'altitude, dans un magnifique écrin de montagnes et de vallées verdoyantes à perte de vue. Des hautes murailles de sa citadelle ne subsiste aujourd'hui qu'une porte solitaire. Le minaret de la mosquée, haut de 30 m, constitue le monument le plus notable. Vieux de 400 ans, il porte des impacts de balles tirées lors de la guerre civile kurde.

Transports

Avion Iraqi Airways assure plusieurs vols intérieurs, mais manque de fiabilité.

Bus Le réseau laisse vraiment à désirer. Sur les rares lignes couvertes, les bus sont bondés et peu sûrs.

Taxi Le principal mode de transport au Kurdistan irakien. Nombreux et économiques, les taxis effectuent des trajets urbains et interurbains. Pour ces derniers, on peut aussi prendre des taxis collectifs, moins chers, qui partent une fois plein d'un "garage" ou d'un grand parking. Les chauffeurs se tiennent près des véhicules et crient le nom de leurs destinations.

Doolin, comté de Clare

CAPITALE
Dublin

POPULATION
4,8 millions

SUPERFICIE
70 273 km^2

LANGUES OFFICIELLES
Anglais, irlandais

Irlande

Louée pour sa beauté et la gentillesse de son peuple, la “verte Érin” n’a pas usurpé son image, que célèbrent encore partout dans le monde les descendants d’une vaste communauté d’expatriés.

Petite par la taille, cette île au grand cœur a beaucoup à offrir. Les musiciens chantent ses louanges, les peintres figurent ses charmes innombrables et les poètes expriment son âme. Autant de témoignages portés par la diaspora irlandaise, dont l’attachement à la terre de ses ancêtres semble plus fort à chaque nouvelle génération.

Des rêveuses échappées sur l’océan offertes par les péninsules du Sud-Ouest aux paysages mélancoliques du Connemara, l’emprise exercée par l’Irlande sur l’imagination est plus puissante que jamais. Bravez l’Atlantique déchaîné lors d’une traversée jusqu’aux îles d’Aran ou profitez d’un soir d’été dans la cour d’un pub au toit de chaume, et vous découvrirez un pays pittoresque et préservé.

Céad míle fáilte – 100 000 bienvenues ! Pourquoi cent mille quand un seul message de bienvenue suffit partout ailleurs ? Voilà la proverbiale gentillesse irlandaise : une fois sur place, vous comprendrez vite qu’il ne s’agit pas d’un mythe.

0 50 km
OCÉAN ATLANTIQUE
Malin Head
Tory Island
Lough Swilly
Arranmore Island
Buncrana
Lough Foyle
Coleraine
Canal du Nord
Letterkenny
Derry
Bann
IRLANDE DU NORD
Lough Eske
Donegal
Omagh
Lough Neagh
Belfast
Donegal Bay
Lisburn
Inishmurray Island
Bundoran
Sligo Bay
Enniskillen
Armagh
Sligo
Monaghan
Ballina
Ballysadare
Cuilcagh Mountain
Clones
Newry
Achill Island
Annagh
Dundalk
Cavan
Castlebar
Mer d'Irlande
Clare Island
Clew Bay
Westport
Brú na Bóinne
Longford
Inishturk Island
Croagh Patrick
Drogheda
Roscommon
Lough Ree
Inny
Inishbofin
Croagh Patrick
Tuam
Suck
Mullingar
Clifden
Connemara National Park
Lough Corrib
Swords
Omey Island
Clare
Athlone
Howth
Ballinasloe
DUBLIN
Galway
Tullamore
Naas
Dun Laoghaire
Bray
Wicklow Mountains
Greystones
Aran Islands
CLARE
Birr
Portlaoise
Glendalough
Wicklow
Avoca
Nenagh
Ennis
Carlow
Arklow
Shannon
Thurles
Kilkenny
Mt Leinster
Scattery Island
Limerick
Barrow
Estuaire du Shannon
Cashel
Enniscorthy
Tipperary
Wexford Bay
Galtee Mountains
Clonmel
New Ross
Wexford
Tralee
Suir
Connor Pass
Waterford
Rosslare Harbour
Mallow
Blackwater
Killarney
Dungarvan
Saltee Islands
Canal Saint-Georges
Valentia Island
Ring of Kerry
Youghal
Cork
Kenmare
Cobh
Youghal Bay
Skellig Islands
Glengarriff
Bantry
Dursey Island
Clear Island
1
2
3
4
5
6
7
8
9
10

Irlande
Les incontournables

Dublin

1 Plus grande ville du pays, la capitale de la république d'Irlande en est la principale porte d'accès. Ses multiples attraits retiendront le visiteur au moins quelques jours. Des musées de renom aux hôtels de haut vol, Dublin a toutes les qualités d'une grande métropole internationale. Mais le véritable bonus, ce sont les Dublinois eux-mêmes, charmants et chaleureux. Rares sont les capitales d'Europe où l'on rencontre une telle qualité d'accueil !

Connemara, comté de Galway

2 Ponctuée de petites criques et plages, la côte s'inscrit en filigrane entre la péninsule du Connemara et les eaux de l'Atlantique. Dans les terres, les paysages impressionnent plus encore. Au cœur de vallées on ne peut plus isolées, la nature explose comme au premier jour : collines d'un vert éclatant, fleurs jaune d'or, torrents où se reflète le bleu du ciel... Sur les routes qui vagabondent d'un village à l'autre, pubs et restaurants permettent d'agréables pauses.

Galway

3 Un mot pour décrire la ville de Galway ? Le

Bachelor's Walk, pont O'Connell, Dublin

craic, cet indéfinissable sens de la discussion et de l'ambiance qui anime les pubs du pays. La cité la plus animée d'Irlande vibre toute la nuit au son de la musique et l'on va d'un établissement à l'autre sans jamais savoir ce qui nous attend mais avec la quasi-certitude de passer un bon moment, qu'il s'agisse de goûter aux délices locaux ou tout simplement de boire une bière en chaleureuse compagnie.

Brú na Bóinne, comté de Meath

4 La vaste nécropole de Brú na Bóinne ("palais de la Boyne") est l'un des sites préhistoriques les plus remarquables d'Europe. Construit il y a environ 5 000 ans, il témoigne des extraordinaires réalisations dont étaient capables les hommes préhistoriques. Dans la mythologie celtique, le lieu est associé à la résidence de Dagda, l'un des dieux les plus importants du panthéon celtique irlandais. Brú na Bóinne se compose de plusieurs sites, dont le plus impressionnant est sans doute celui de Newgrange, un vaste tumulus funéraire ceint en partie de menhirs dressés.

Rock of Cashel, comté de Tipperary

5 Veillant de haut sur les pâturages verdoyants de Tipperary, cette ancienne forteresse fascine dès le premier coup d'œil. Fief des rois et hommes d'Église qui dominèrent le comté durant plus d'un millénaire, elle fit concurrence à Tara pendant quatre siècles pour devenir le siège du pouvoir en Irlande. Une fois passé par le Hall of the Vicars Choral, on saisit l'utilité de ces puissants murs face à cet ensemble exceptionnel : une tour ronde, une cathédrale gothique (XIIIe siècle) et une magnifique chapelle romane (XIIe siècle), peut-être la plus belle d'Irlande.

Ring of Kerry

6 Glissé tel un "anneau" au doigt de la péninsule d'Iveragh, juste à l'ouest de Killarney, le Ring of Kerry longe le littoral en une boucle de 179 km. Zigzaguer ainsi entre terre et mer sur ce réseau de routes parfois étroites montre ce que

The Book of Kells

Plus de 500 000 visiteurs annuels se pressent au Trinity College de Dublin, la plus prestigieuse université irlandaise, pour admirer quelques instants le *The Book of Kells* (*Livre de Kells*). Ce manuscrit enluminé, un des plus vieux livres au monde, date environ de l'an 800, et fut créé par les moines du monastère de Saint-Colomba, sur l'île de Iona, au large de l'Écosse. En l'an 806, les Vikings forcèrent les moines à se réfugier momentanément à Kells, dans le comté de Meath, où le livre fut sans doute achevé. En 1654, avec l'arrivée des troupes d'Oliver Cromwell près de Kells, il fut confié à l'université, pour n'en plus repartir.

Sur 100 personnes en Irlande

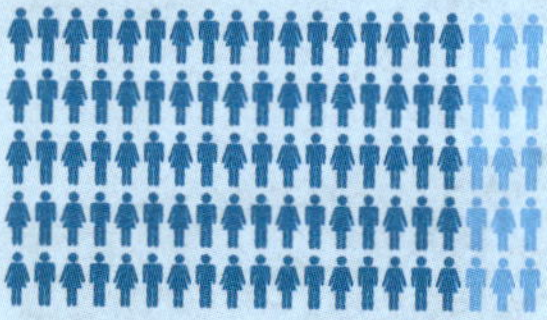

85 sont irlandaises
15 sont originaires d'autres pays

Religions

(% de la population)

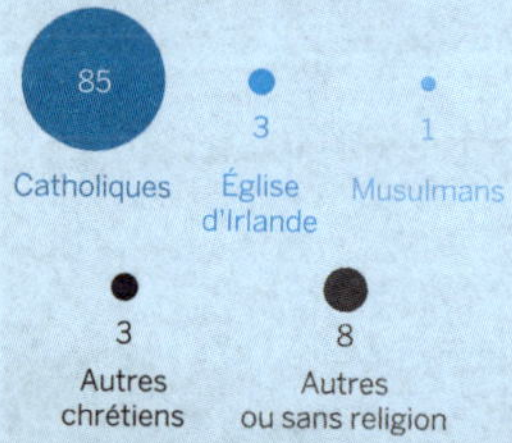

Population au km²

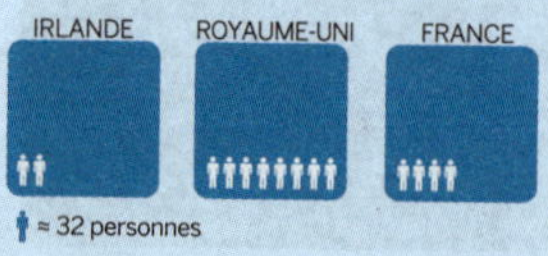

À table !

Viande et fruits de mer Beaucoup de plats irlandais sont cuisinés à base de viande, le plus souvent du bœuf, de l'agneau et du porc. Longtemps délaissés, le poisson et les fruits de mer occupent une place de plus en plus importante dans les assiettes, notamment dans l'Ouest.

Pommes de terre Les Irlandais semblent ne jamais se lasser des sempiternels plats à base de pommes de terre. Le *colcannon* et le *champ* (purée de pommes de terre avec du chou pour l'un et de la ciboule pour l'autre) comptent parmi les meilleures recettes irlandaises.

Soda bread Ce pain irlandais constitue l'une des saveurs caractéristiques de l'Irlande. La farine irlandaise très fine ne permettant pas à la pâte de lever, les boulangers du XIXe siècle eurent l'idée d'y ajouter du bicarbonate de soude (*soda*) pour faire gonfler le pain. Ajoutez du babeurre et vous obtenez un délicieux pain à la texture légère.

Stout Partout dans le monde, stout (bière brassée à partir d'un moût de céréales torréfiées) est devenu synonyme de "Guinness". Deux autres producteurs notables de stout se disputent les faveurs des Irlandais : Murphy's et Beamish & Crawford.

ROBERT RIDDELL / GETTY IMAGES ©

Falaises of Moher, comté de Clare

l'Irlande a de plus beau : ses hautes terres grisantes, falaises vertigineuses, lacs paisibles, cités historiques et villages colorés. C'est l'Irlande des cartes postales et des chansons.

Falaises de Moher, comté de Clare

7 Voilées de lumière dorée par le soleil de fin d'après-midi, ces falaises légendaires comptent parmi les splendeurs de la côte ouest. C'est l'un des sites naturels les plus visités d'Irlande. Vus de la mer, ces quelque 200 m de pierre dressés au-dessus des vagues déchaînées coupent le souffle. Des myriades d'oiseaux de mer, notamment d'adorables petits macareux, viennent y nicher.

Kilkenny la médiévale

8 Placée sous la bannière pérenne de son imposant château et de sa splendide cathédrale médiévale, Kilkenny est une étape incontournable de tout voyage dans le Sud-Est. Le comté lui-même

Quand partir

HAUTE SAISON
(juin-août)

- La plus belle saison en Irlande.
- Prix de l'hébergement au plus haut (surtout en août).
- Pic d'affluence touristique à Dublin, dans le Kerry, sur les côtes sud et ouest.

SAISON INTERMÉDIAIRE
(Pâques à fin mai, mi-sept à fin oct)

- Temps souvent agréable ; soleil et pluie en mai. Été indien fréquent en septembre.
- Baisse de l'affluence, donc des tarifs d'hébergement.

BASSE SAISON
(nov-fév)

- Heures d'ouverture réduites d'octobre à Pâques ; fermeture complète de certains sites.
- Temps humide, froid et brumeux dans tout le pays.

s'enorgueillit de la richesse de son artisanat, dont les produits remplissent les élégantes boutiques de la cité. Autres hommes de l'art, les cuisiniers la préfèrent à Dublin pour bénéficier au plus près de ses productions. Quant à la fameuse Kilkenny, brassée localement, bien des pubs la font couler à flots.

Glendalough, comté de Wicklow

9 Le "vallon des deux lacs" que saint Kevin choisit pour ermitage est un endroit magique. Ayant élu retraite dans le flanc abrupt du lac niché à l'entrée de cette vallée boisée, le saint homme ne pensait pas faire si vite des adeptes, ni fonder une communauté destinée à devenir la plus grande cité monastique et la plus grande université d'Irlande. Sis dans ce cadre magnifique, les vestiges du monastère, au nombre desquels une tour ronde intacte, comptent parmi les plus inoubliables.

Cork

10 Deuxième ville de la république d'Irlande mais uniquement par la taille, Cork ne souffre aucune concurrence ! Son centre compact et propret accueille un superbe ensemble de galeries d'art, de musées et de restaurants. Des cafés bon marché aux tables gastronomiques, Cork brille sur tous les tableaux, ce qui n'est guère surprenant vu l'excellente réputation culinaire du comté. D'ailleurs, son cœur n'est autre que le fabuleux English Market, un marché couvert à découvrir coûte que coûte.

Transports

Bateau Les îles irlandaises sont desservies par des ferrys, qui assurent aussi la traversée des rivières, bras de mer et lacs, offrant d'utiles raccourcis, notamment aux cyclistes.

Bus Outre le vaste réseau de bus Éireann, il existe des lignes régionales régulières assurées par les compagnies locales, souvent moins chères.

Train Limité et onéreux, le train est la solution la plus pratique pour relier deux grandes villes.

Voiture Le nombre grandissant d'autoroutes a beaucoup réduit la durée des trajets. Il faut néanmoins affronter les problèmes de stationnement dans les centres urbains et le coût élevé du carburant.

À voir

Le Cheval venu de la mer (Mike Newell ; 1992). Une équipée à travers les paysages du Connemara.

Gens de Dublin (John Huston ; 1987). Le dernier film du maître hollywoodien, inspiré d'une nouvelle de Joyce.

Le vent se lève (Ken Loach ; 2006). Cette reconstitution de la guerre d'Indépendance a reçu la Palme d'or au festival de Cannes.

À lire

L'Étoile des mers (Joseph O'Connor ; 2002). En 1847, la famine qui sévit en Irlande pousse des milliers de familles à prendre la voie de l'exil.

Paddy Clarke Ha Ha Ha (Roddy Doyle ; 1993). Le beau portrait d'un enfant dans le Dublin des années 1960.

Le Testament caché (Sebastian Barry ; 2009). La captivante histoire d'une centenaire, patiente d'un hôpital psychiatrique, qui décide d'écrire son autobiographie.

English Market, Cork

TRISH PUNCH / GETTY IMAGES ©

CAPITALE
Belfast

POPULATION
1,81 million

SUPERFICIE
13 843 km²

LANGUES OFFICIELLES
Anglais, irlandais

Chaussée des Géants, comté d'Antrim

Irlande du Nord

Longtemps ravagée par les conflits entre républicains et loyalistes, l'Irlande du Nord est engagée corps et âme dans un processus de renouveau et se présente désormais sous son meilleur jour.

Jadis symbole de discorde, l'Irlande du Nord a fini par s'affirmer comme l'une des plus belles régions de l'île. Après près de 40 ans de conflits communautaires, elle a désormais autant à offrir que les autres paradis touristiques d'Irlande.

La capitale régionale, Belfast, a mis de côté son passé marqué par la violence et s'est réinventée, au point de devenir l'une des villes les plus vivantes et dynamiques du Royaume-Uni (dont l'Irlande du Nord fait toujours fermement partie). Les tensions d'hier ont désormais trouvé une forme d'expression dans les quartiers de West Belfast ou dans la deuxième ville de la province, Derry (Londonderry), fer de lance de la renaissance culturelle en Irlande du Nord.

Bien sûr, comme partout en Irlande, la région s'enorgueillit de paysages époustouflants, de la côte d'Antrim mondialement connue pour sa Chaussée des Géants aux montagnes de Mourne, au sud du comté de Down.

Irlande du Nord
Les incontournables

Causeway Coastal Walk

1 Rien n'est plus exaltant que de profiter des panoramas offerts par cette route, entre les Glens d'Antrim et la mer d'Irlande. La Chaussée des Géants, une saississante formation basaltique descendant vers la mer, en est le point d'orgue.

Circuit en taxi noir, Belfast

2 Un séjour en Irlande du Nord ne saurait être complet sans la découverte des fresques républicaines et loyalistes de Belfast. Ces traces des divisions de la société irlandaise ne sont guère aisées à comprendre sans connaissance du contexte historique. Les chauffeurs-guides des taxis noirs de Belfast sauront vous donner la mesure du tragique.

Titanic Belfast

3 Figure de proue de la réhabilitation des anciens chantiers navals de Belfast, ce récent musée retrace l'histoire du plus célèbre paquebot du monde, construit ici voici plus d'un siècle. Le navire est étudié à travers d'excellents équipements multimédias – visite virtuelle de la quille au pont ou immersion dans les chantiers navals de Belfast au début du XXe siècle.

À table !

Plus d'un voyageur reste sceptique devant le *fry*, petit-déjeuner traditionnel servi dans toutes les chambres d'hôtes. L'assiette se compose de bacon frit, de saucisses, de *black pudding*, de *white pudding*, d'œufs et de tomates. Dans le célèbre *Ulster fry*, servi dans le Nord, on ajoute du *fadge* (pain de pommes de terre).

Quand partir

JUIN-SEPT

➡ La plus belle saison ; prix de l'hébergement au plus haut.

AVRIL-MAI ET SEPT-OCT

➡ Les foules sont absentes mais la météo est agréable.

NOV-FÉV

➡ Temps froid et humide ; horaires réduits pour la plupart des sites.

CAPITALE
Reykjavík

POPULATION
315 281

SUPERFICIE
103 000 km²

LANGUE OFFICIELLE
Islandais

Falaise de Látrabjarg, fjords de l'Ouest

Islande

Bercée par les légendes, l'Islande hypnotise les visiteurs par son étrange beauté, faite de fjords et de glaciers, de geysers et de champs de lave, d'aurores boréales et de soleil de minuit.

L'Islande, île peu densément peuplée, échouée près du sommet du globe, est en constante évolution. C'est un laboratoire volcanique où des forces puissantes façonnent la terre en permanence. Son extrême beauté semble vouloir rappeler aux visiteurs leur insignifiance à l'échelle de l'univers. Et elle y parvient : l'air pur et frais et les superbes paysages suffiront à vous transformer.

En Islande, l'ordinaire devient vite extraordinaire. Un plongeon dans une piscine prend la forme d'un bain dans un lagon géothermal, une balade se change en trek sur une calotte glaciaire, et une nuit de camping vous place aux premières loges pour contempler les nuances rose tendre du soleil de minuit. L'Islande altère aussi les personnalités – ses sagas ont changé des brutes en poètes, et ses histoires de *huldufólk* (peuple caché) peuvent rendre croyant un sceptique. Le pays a peut-être la plus grande proportion de rêveurs, d'artistes et de musiciens au monde – tous nourris par leur environnement.

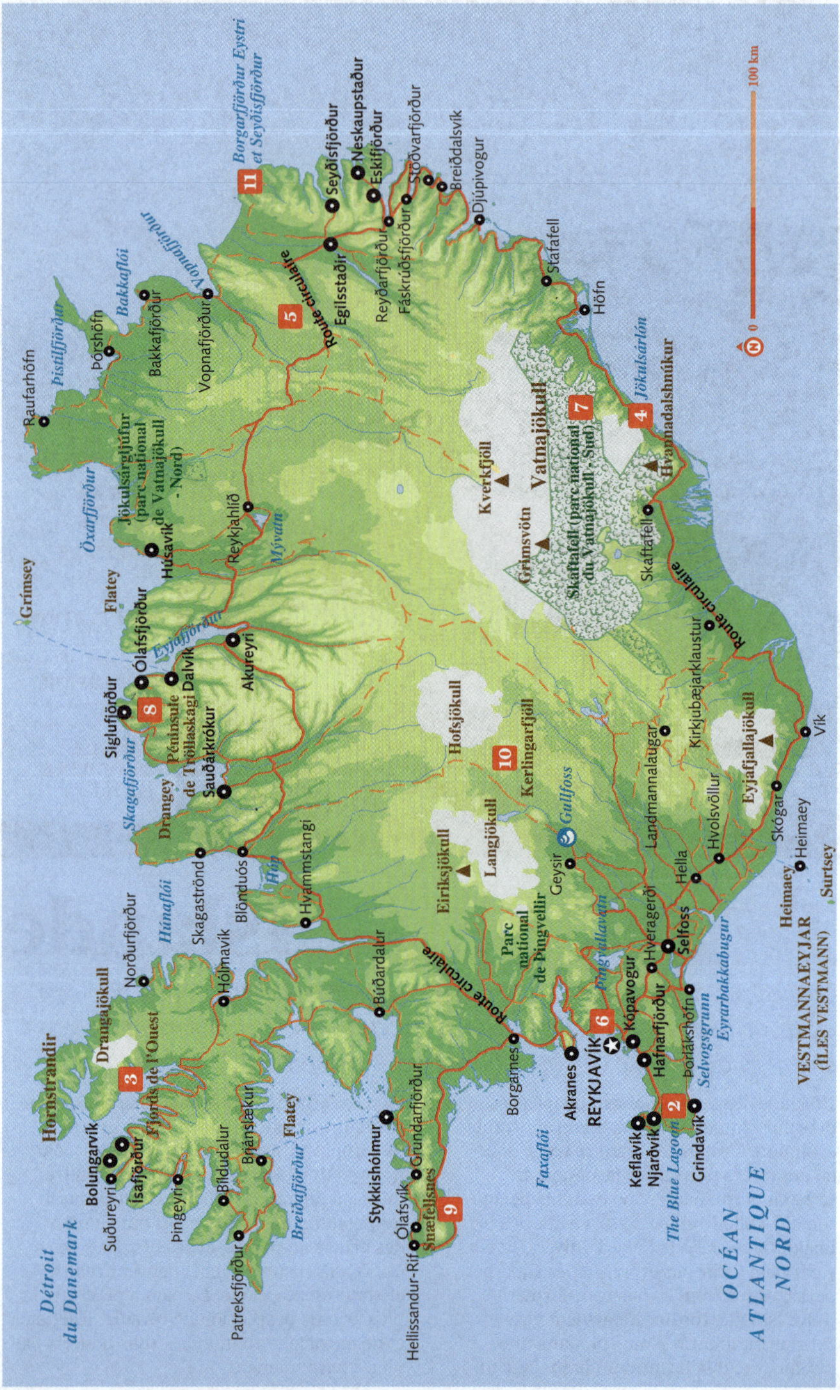
Détroit du Danemark
OCÉAN ATLANTIQUE NORD
Hornstrandir
Drangajökull
Fjords de l'Ouest
Bolungarvík
Suðureyri
Ísafjörður
Þingeyri
Bíldudalur
Patreksfjörður
Brjánslækur
Flatey
Breiðafjörður
Norðurfjörður
Hólmavík
Húnaflói
Skagaströnd
Blönduós
Hóp
Hvammstangi
Búðardalur
Stykkishólmur
Grundarfjörður
Ólafsvík
Hellissandur-Rif
Snæfellsnes
Borgarnes
Route circulaire
Akranes
Faxaflói
REYKJAVÍK
Kópavogur
Hafnarfjörður
Keflavík
Njarðvík
The Blue Lagoon
Grindavík
Þorlákshöfn
Selvogsgrunn
Eyrarbakkabugur
Hveragerði
Selfoss
Hella
Hvolsvöllur
Skógar
Heimaey
Surtsey
VESTMANNAEYJAR (ÎLES VESTMANN)
Þingvallavatn
Parc national de Þingvellir
Geysir
Gullfoss
Eiríksjökull
Langjökull
Kerlingarfjöll
Hofsjökull
Landmannalaugar
Eyjafjallajökull
Vík
Kirkjubæjarklaustur
Skaftafell
Skaftafell (parc national du Vatnajökull - Sud)
Grímsvötn
Kverkfjöll
Vatnajökull
Hvannadalshnúkur
Jökulsárlón
Höfn
Stafafell
Djúpivogur
Breiðdalsvík
Stöðvarfjörður
Fáskrúðsfjörður
Reyðarfjörður
Eskifjörður
Neskaupstaður
Seyðisfjörður
Borgarfjörður Eystri et Seyðisfjörður
Egilsstaðir
Vopnafjörður
Bakkafjörður
Bakkaflói
Þórshöfn
Þistilfjörður
Raufarhöfn
Jökulsárgljúfur (parc national de Vatnajökull - Nord)
Öxarfjörður
Húsavík
Reykjahlíð
Mývatn
Grímsey
Flatey
Ólafsfjörður
Dalvík
Eyjafjörður
Akureyri
Siglufjörður
Péninsule de Tröllaskagi
Sauðárkrókur
Skagafjörður
Drangey
2
3
4
5
6
7
8
9
10
11
0
100 km
N

Islande

Les incontournables

Aurores boréales

1 En hiver, les aurores boréales enflamment la nuit islandaise. Ces kaléidoscopes célestes résultent de l'interaction entre les particules chargées du vent solaire et l'atmosphère de la terre. On assiste alors à des feux d'artifice silencieux, voiles féeriques de lumières vert, blanc, violet ou rouge qui ondulent. Il n'y a pas de recette miracle pour en observer et aucun endroit du pays n'est plus propice qu'un autre. Si les circuits "aurores boréales" sont la dernière mode à Reykjavik, nous recommandons plutôt de passer une nuit ou deux à la campagne, loin de la pollution lumineuse citadine.

Sources d'eau chaude

2 Enfilez votre maillot de bain pour goûter au passe-temps préféré des Islandais : barboter dans une eau thermale chaude et fortement minéralisée qui apaise corps et âme. On trouve des sources d'eau géothermales un peu partout dans le pays, du centre de Reykjavík aux péninsules reculées des fjords de l'Ouest. Le Blue Lagoon et sa lagune fumante d'eau siliceuse est incontournable, ne serait-ce que parce qu'il a le bon goût de se situer à deux pas de l'aéroport international de Keflavík. Idéal pour finir en beauté votre séjour.

1

BRUNO MORANDI / GETTY IMAGES ©

2

Fjords de l'Ouest

3 Les paysages incomparables d'Islande trouvent leur paroxysme ici, dans les fjords de l'Ouest, terre d'aventure par excellence. De vastes plages ourlent la côte sud, dominées par les falaises des fjords. On y accède par un réseau de routes sinueuses qui contribuent à donner une sensation d'expédition. Hornstrandir, péninsule la plus au nord, fait un effet de bout du monde avec ses falaises, ses renards arctiques, et ses sentiers de randonnée traversant une nature immaculée qui vous feront toucher du doigt le cercle polaire.

Sur 100 personnes en Islande

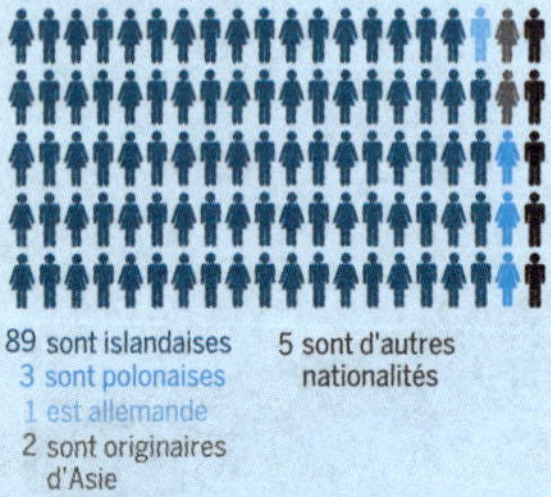

Religion
(% de la population)

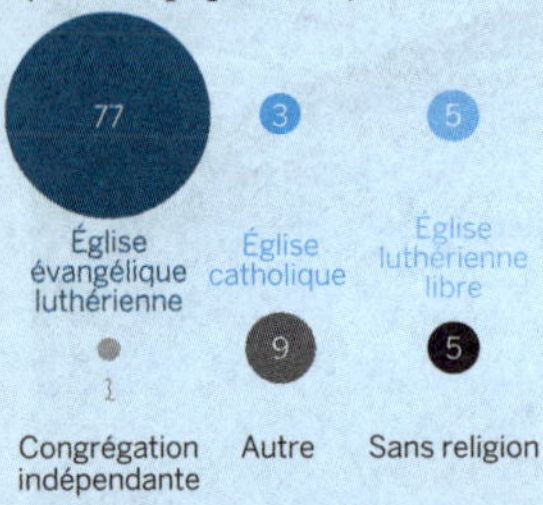

Population au km²

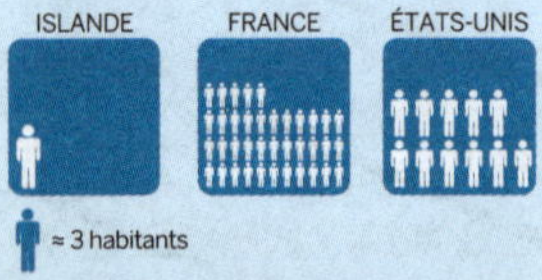

Jökulsárlón

4 De nombreux icebergs d'un bleu lumineux dérivent doucement à travers la lagune de Jökulsárlón avant de rejoindre la mer. Cette scène irréelle (à deux pas de la Route circulaire), vous l'avez vue dans plusieurs films, comme *Batman Begins* et le James Bond *Meurs un autre jour*. La lagune se découvre lors d'une excursion en bateau, ou simplement à pied depuis la rive du lac, en guettant les phoques.

La Route circulaire

5 Il n'y a pas de meilleur moyen de découvrir l'Islande que de parcourir la Route 1. Surnommée la Route circulaire, elle vous mènera de vallées verdoyantes aux chutes vrombissantes en lagunes glaciaires hérissées d'icebergs, de littoraux et de plaines arides et désolés en champs de lave. N'oubliez pas de quitter la Route 1 pour faire quelques incursions dans la nature sauvage.

Reykjavík

6 Ses édifices colorés, son penchant pour le design et sa vie nocturne endiablée font de la capitale la plus septentrionale du monde un lieu où il fait bon vivre. À Reykjavík, l'art a la part belle que ce soit dans les nombreux musées du centre-ville ou dans les galeries d'art contemporain. Mais la culture locale ne s'exprime nulle part mieux que dans les cafés, qui s'enflamment en fin de journée, quand on troque son thé contre une bière et que l'on pousse les tables pour danser. Branchés sans le vouloir, les clients portent à merveille le *lopapeysur* (pull islandais en laine).

Le peuple caché

Il suffit de voir les étranges paysages islandais pour comprendre pourquoi les habitants croient leur pays peuplé par le *huldufólk* (peuple caché). On dit souvent que les empilements de roches et les formations de lave sont des trolls surpris par le lever du soleil et pétrifiés pour l'éternité. Gnomes, elfes, fées, nains font l'objet d'histoires transmises de génération en génération, et de nombreux Islandais affirment en avoir vu.

On raconte que des problèmes surviennent lorsqu'on tente de construire une route sur les maisons du *huldufólk* : le temps se dégrade, les machines ne fonctionnent plus et les ouvriers tombent malades. En 2014, la construction d'une route dans la banlieue de Reykjavik a été interrompue après l'intervention des défenseurs des elfes. D'après les enquêtes d'opinion, plus de la moitié des Islandais croient à l'existence du *huldufólk* (ou du moins n'en écartent pas la possibilité).

À table !

Hangikjöt Viande séchée servie en fines tranches.

Harðfiskur Brisures de haddock séché, consommées avec du beurre.

Hverabrauð Pain de seigle noir nourrissant cuit sous la terre grâce à la géothermie ; goûtez-le dans le Mývatn.

Réglisse Salée ou enrobée de chocolat, elle occupe une place importante dans les rayons confiserie des supermarchés.

Pönnukökur Crêpes fines, sucrées et parfumées à la cannelle.

Pýlsur Hot dog islandais à base d'agneau, agrémenté d'oignons crus, oignons frits, ketchup, moutarde et sauce rémoulade.

Skyr Sorte de yogourt épais et crémeux, parfois assaisonné de sucre et de baies.

CHRISTIAN KOBER / GETTY IMAGES © | ARCHITECT: GUÐJÓN SAMÚELSSON

Église luthérienne de Hallgrímskirkja, Reykjavík

Parc national du Vatnajökull

7 Le plus grand parc national d'Europe couvre 13 % du territoire de l'Islande, et protège l'immense Vatnajökull, la plus grande calotte glaciaire du monde en dehors des pôles. D'innombrables glaciers prennent naissance dans cette masse gelée, qui recouvre des volcans actifs et des pics montagneux. Ici se rencontrent le feu et la glace. La diversité des paysages vous laissera sans voix. Étant donné les dimensions du parc, les points d'accès sont nombreux. Commencez par Skaftafell au sud ou Ásbyrgi au nord.

Quand partir

HAUTE SAISON
(juin-août)

- Pic touristique.
- Nombreuses réjouissances pour fêter la lumière et le soleil de minuit.
- Les terres intérieures sont le paradis des randonneurs.

SAISON INTERMÉDIAIRE
(mai et sept)

- La météo est plus venteuse, et il neige parfois dans les terres.
- Période idéale si pour vous le calme prime à la météo.

BASSE SAISON
(oct-avr)

- La plupart des routes secondaires sont fermées à cause des intempéries.
- Les aurores boréales enflamment le ciel.
- De brèves percées du jour entrecoupent la nuit sans fin.

Péninsule de Tröllaskagi

8 Visiter Tröllaskagi est un vrai plaisir, surtout depuis qu'un tunnel relie les villes spectaculaires de Siglufjörður et Ólafsfjörður, autrefois situées en bout de route. Ce paysage à couper le souffle rappelle davantage les fjords de l'Ouest que les douces collines caractéristiques du nord de l'Islande. On vient ici pour les paysages somptueux et pour la randonnée, mais aussi pour la superbe piscine de Hofsós, au bord du fjord, les produits locaux de Lónkot et l'exceptionnel musée du Hareng de Siglufjörður, sans oublier le ski, l'observation des baleines et les ferrys pour les îles.

Péninsule de Snæfellsnes

9 Fjords étincelants, pics volcaniques, falaises abruptes, vastes plages dorées et coulées de lave forment l'incroyable paysage de la péninsule de Snæfellsnes, longue de 100 km. La région est dominée par l'étincelante calotte glaciaire de Snæfellsjökull, immortalisée dans le *Voyage au centre de la Terre* de Jules Verne. Les routes en bon état et les bus réguliers font de ce condensé du meilleur de l'Islande une destination d'excursion aussi aisée que rapide depuis Reykjavík.

À voir

101 Reykjavík (Baltasar Kormákur ; 2000). Comédie sur grand écran assaisonnée de romance.

Jar City (Baltasar Kormákur ; 2006). Thriller policier adapté d'un livre d'Arnaldur Indriðason.

À lire

L'Homme du lac (Arnaldur Indriðason, 2004). Un auteur de polars qui connaît un grand succès en France.

Sagas islandaises (trad. Régis Boyer, 1987). Un volume de la collection "Bibliothèque de la Pléiade", indispensable pour qui s'intéresse à ce genre littéraire.

Úa ou Chrétiens du glacier (Halldór Laxness, 1968). Un des plus beaux romans de ce Prix Nobel de littérature.

Transports

Avion L'Islande possède un excellent réseau de vols intérieurs, que les Islandais empruntent presque aussi facilement que les bus. Toutefois, les horaires peuvent être perturbés par les conditions climatiques.

Bus Le pays est couvert par un réseau de bus étendu, servi par de nombreuses compagnies. Dans les petites villes et les villages, les bus s'arrêtent à la station-service principale.

Voiture Être motorisé donne une liberté inégalée pour découvrir l'Islande. Les routes étant bonnes et le trafic réduit, il est en outre relativement simple de circuler. La Route circulaire (Route 1) ceinture tout le pays, et est presque entièrement asphaltée.

Kerlingarfjöll

10 Accessible quelques mois dans l'année seulement, cette chaîne de montagne se cache au plus profond des hautes terres d'Islande, en retrait de la route de Kjölur. Les trolls et les hors-la-loi qui, au dire des légendes, peuplent les lieux, ont toujours poussé les voyageurs à hâter le pas, et les Kerlingarfjöl sont restées inexplorées jusqu'au siècle dernier. Aujourd'hui, après un long trajet en bus ou en 4x4, on peut randonner dans un cadre sauvage fait de geysers et de sources chaudes, de glaciers et de montagnes de rhyolithe.

Borgarfjörður Eystri et Seyðisfjörður

11 Ces deux fjords jumeaux se situent dans l'est du pays. D'une beauté saisissante, Seyðisfjörður accapare toute l'attention. À 27 km de la Route circulaire, il accueille le ferry hebdomadaire venant d'Europe dans son anse bordée de montagnes où coule une chute d'eau. Tout aussi splendide, Borgarfjörður Eystri, est en revanche bien moins accessible, à 70 km de la Route 1 par un chemin cahoteux. Entre les deux, impossible de choisir.

Seyðisfjörður

11

JORDAN LYE / GETTY IMAGES ©

Dôme du Rocher, mont du Temple, Jérusalem

CAPITALES
Jérusalem (Israël), Ramallah (Palestine)

POPULATION
12,1 millions

SUPERFICIE
26 990 km²

LANGUES OFFICIELLES
Hébreu, arabe

Israël et les Territoires palestiniens

À la croisée de l'Asie, de l'Europe et de l'Afrique, Israël et les Territoires palestiniens sont le lieu de rencontre des cultures, des empires et des religions depuis les débuts de l'histoire.

Berceau du judaïsme et du christianisme, terre sacrée pour les musulmans, la Terre sainte offre une plongée dans l'histoire des religions du Livre. Les sites juifs antiques, comme le mur des Lamentations, émaillent tout le pays. Touristes et pèlerins chrétiens ne manqueront pas les sites emblématiques de la vie de Jésus. Pour les musulmans, seules La Mecque et Médine sont plus sacrées que Haram al-Sharif à Jérusalem, le mont du Temple pour les juifs – sans doute le bout de terre le plus disputé du monde.

La région occupée par Israël et les Territoires palestiniens est habitée depuis des temps immémoriaux : Jéricho, dont certaines briques d'argile sont vieilles de près de 10 000 ans, passe pour l'une des villes les plus anciennes au monde.

Peu de pays présentent une telle variété géographique dans un si petit espace, qui permet de se prélasser sur une plage un jour, de faire du rafting sur le Jourdain le lendemain, et le surlendemain de faire de la plongée dans la mer Rouge.

0
40 km
Tyre
Kiryat Shmona
Réserve naturelle de Banias
LIBAN
Rosh HaNikra
Quneitra
Nahariya
Rosh Pina
Plateau du Golan
SYRIE
Jourdain
Peqi'in
Akko
Karmiel
4
Lac de Tibériade
Haïfa
Galilée
Tibériade
Nazareth
8
Atlit
Afula
Irbid
Deraa
Césarée
7
Beit She'an
MER MÉDITERRANÉE
Hadera
Jenin
Netanya
Nablus
3
TEL AVIV
Jaffa
9
Cisjordanie
AMMAN
Rishon Le Ziyyon
Ramla
Rehovot
Abu Ghosh
RAMALLAH
Jéricho
Ashdod
JÉRUSALEM
1
Bethléem
Ashkelon
Gat
6
Mer Morte
Hébron
Gaza
Bande de Gaza
Ein Gedi
2
5
Khan Younis
Massada
Rafah
Be'er Sheva
Arad
Al-Arish
Kerak
Dimona
Parc national d'Ein Avdat
Désert du Néguev
JORDANIE
Mitzpe Ramon
Makhtesh Ramon
10
Wadi Musa
Maan
ÉGYPTE (Sinaï)
Eilat
Aqaba
Taba
Mer Rouge

Israël et les Territoires palestiniens

Les incontournables

Dôme du Rocher, Jérusalem

1 Apercevoir pour la première fois le dôme du Rocher, au toit doré étincelant posé sur une base octogonale turquoise, est toujours impressionnant. C'est sans doute l'effet voulu par les architectes qui imaginèrent ce magnifique édifice il y a plus de 1 300 ans. Le dôme tire son nom du rocher qu'il abrite, sacré à la fois pour le judaïsme et l'islam. On en a la meilleure vue depuis le mont des Oliviers, mais il est toujours intéressant de l'observer de près lors d'une promenade matinale sur le mont du Temple. L'intérieur n'est accessible qu'aux musulmans.

Mer Morte

2 Dépassez le panneau "niveau de la mer" et continuez à descendre la colline, jusqu'à ce que vous voyiez les eaux bleues de la mer Morte, entourées de dépôts de sel blancs, de falaises rouges et de touffes de végétation vert sombre. À l'oasis d'Ein Gedi, on peut se promener dans un décor désertique jusqu'à des bassins aux eaux transparentes et des cascades grondantes, avant de remonter jusqu'au plateau du désert de Judée – ou descendre jusqu'aux rivages pour une baignade revigorante et salée.

Plages de Tel-Aviv

3 Il y a à peine plus d'un siècle, Tel-Aviv n'était guère plus que quelques dunes de sable. C'est aujourd'hui une grande ville cosmopolite débordant de bars, de bistrots et de boutiques, mais dont la plage demeure l'épicentre. Certains bronzent tandis que les plus sportifs nagent, surfent et disputent des parties de *matkot* (sorte de tennis de plage). Chaque plage de Tel-Aviv a sa propre personnalité – sportive, festive, alternative, gay ou religieuse – mais toutes ont pour toile de fond le bleu profond de la Méditerranée.

Sur 100 personnes en Israël

Sur 100 personnes en Cisjordanie

Population au km²

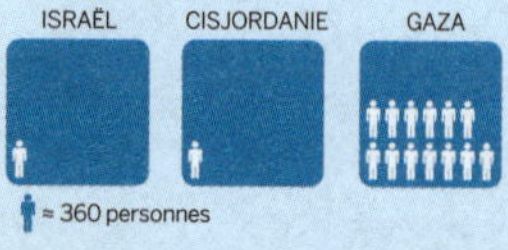

Plateau du Golan

4 De la haute forteresse de Nimrod, le "doigt de la Galilée" s'étend comme une carte topographique, mais il suffit de se retourner pour que les immenses versants du mont Hermon éclipsent ce vestige des croisades. Les randonneurs s'attaqueront aux pics du mont Hermon ou suivront les oueds bordés de falaises des réserves naturelles de Banias et Yehudiya, en chemin vers le Jourdain et le lac de Tibériade. Les sols basaltiques du Golan convenant parfaitement aux vignes, vous y goûterez des vins parmi les meilleurs d'Israël.

Massada

5 À la destruction de Jérusalem par les Romains, un millier de zélotes se réfugièrent sur un plateau isolé dans le désert surplombant la mer Morte. Du haut de leur redoute, on peut encore voir les huit camps romains qui les encerclaient, reliés entre eux par une muraille, ce qui permet d'imaginer les événements dramatiques qui se déroulèrent ici en 73. Les Romains finirent par construire une rampe et éventrèrent les murailles, mais ils ne trouvèrent qu'une poignée de survivants – la plupart avaient préféré le suicide à l'esclavage.

Vieille ville de Bethléem

6 Depuis presque deux millénaires, les pèlerins chrétiens se rendent sur le lieu de naissance de Jésus, et trouvent gîte et couvert chez les restaurateurs et hôteliers de Bethléem. La vieille ville a gardé son aura d'antan, et semble ne pas

Le syndrome de Jérusalem

Tous les ans, des milliers de touristes affluent à Jérusalem pour suivre les traces des prophètes et certains rentrent chez eux en pensant qu'ils sont ces prophètes. Ce syndrome, médicalement reconnu, se manifeste par un élan mystique et une empathie excessive avec les Lieux saints, qui entraîne une identification avec des personnages de la Bible ou l'assurance que l'Apocalypse est proche.

Dans les années 1930, le Dr Heinz Herman, un éminent psychiatre de Jérusalem, identifia cette psychose en soignant une Anglaise persuadée que le retour du Christ était imminent. Pour accueillir le Messie, elle escaladait régulièrement le mont Scopus, une tasse de thé à la main.

Selon les statistiques médicales, le syndrome de Jérusalem affecte annuellement entre 50 et 200 personnes, dont un quart sans aucun antécédent psychiatrique.

À table !

Amba Sauce iraquienne aigre-douce à la mangue.

Bourekas Feuilletés au fromage.

Challah Pain tressé traditionnel juif, proche de la brioche, qui se déguste pour shabbat.

Cholent Copieux ragoût cuit lentement, traditionnellement servi le midi à shabbat.

Labneh Sorte de yaourt accompagné d'huile d'olive et parsemé de *zaatar*.

Sabich De l'aubergine grillée, des pommes de terre à l'eau et de l'œuf dans un pain pita.

Schug Sauce épicée yéménite réalisée avec des piments rouges ou verts.

Zaatar Mélange d'épices composé d'hysope, de sumac et de sésame.

3

AUDUN BAKKE ANDERSEN / GETTY IMAGES ©

avoir changé depuis des générations. Découvrez-la en arpentant Star St, où vous marchanderez vos souvenirs et apprécierez les saveurs de ses myriades d'étals.

Césarée

7 Bâtie sur un rivage exposé de l'est de la Méditerranée, martelée par les vagues la moitié de l'année, Césarée n'avait que peu de chances de perdurer. Quelques siècles après sa création, le magnifique port construit par Hérode n'était plus qu'un tas de dunes battues par les vents recouvrant l'ancienne agglomération urbaine. Les archéologues en ont mis la plus grande partie au jour et ont pu reconstituer l'histoire autrefois glorieuse de Césarée.

Nazareth

8 Le village où Jésus grandit est aujourd'hui une ville arabe animée. Dans la vieille ville, les allées étroites sont jalonnées d'églises commémorant l'Annonciation et autres événements du Nouveau Testament, et

Quand partir

HAUTE SAISON
(juil-août)

- Chaud à Jérusalem, lourd à Tel-Aviv, étouffant à Eilat, Tibériade et sur la mer Morte.
- Prix des hôtels au plus haut.
- Fêtes juives de Pessah, Rosh ha-Shana et Soukkot.

SAISON INTERMÉDIAIRE
(oct-nov, mars-juin)

- Pluies ponctuelles, mais soleil et chaleur dominent.
- Mars et avril sont idéaux pour la randonnée.
- Affluence pour les fêtes juives de Pessah et Soukkot.

BASSE SAISON
(déc-fév)

- Frais voire froid dans le Nord, surtout en altitude.
- Idéal pour profiter de la chaleur d'Eilat et de la mer Morte.

de demeures de l'époque ottomane. Une nouvelle génération de restaurants a fait de Nazareth une étape gastronomique appréciée. Outre de délicieuses spécialités d'antan, servies avec la fameuse hospitalité arabe, goûtez des plats "fusion" mêlant Orient et Occident.

Vieux Jaffa

9 Tandis que sa voisine, Tel-Aviv, entame seulement son deuxième siècle d'existence, Jaffa compte quelque 4 000 années derrière elle. Son histoire se lit comme un bottin mondain de conquérants – Grecs, Romains, croisés, Napoléon, Ottomans et Britanniques passèrent tous par ce port méditerranéen, ancienne porte d'entrée du Moyen-Orient. À la fois juive et arabe, Jaffa est un bon endroit pour fumer le narguilé, marchander des antiquités au marché aux puces, ou faire une balade à vélo sur la côte.

Makhtesh Ramon

10 Posté au bord du Makhtesh Ramon, on peine à imaginer que ce paysage aride et désolé était jadis une mer. Résultat de millions d'années d'évolution, avec des températures glaciales la nuit et torrides le jour, le *makhtesh* (ou cratère) est le lieu des extrêmes. Les formations rocheuses multicolores du plateau du Néguev s'étendent à perte de vue.

Transports

Bus Presque tous les villages et les villes sont desservis par un bus au moins plusieurs fois par jour, mais du vendredi, en milieu d'après-midi, au samedi soir, la plupart des bus interurbains ne circulent pas. À Jérusalem-Est et en Cisjordanie, des petites compagnies de bus arabes assurent le transport public. Elles fonctionnent tous les jours de la semaine.

Sherout (taxi partagé) Généralement des minivans de 13 places qui circulent sur un itinéraire fixe et pour un prix fixe, comme les bus sauf qu'ils n'ont pas d'arrêts fixes. Si vous ne connaissez pas le tarif, demandez aux autres passagers. En Cisjordanie, les "service taxi" abondent : il peut s'agir aussi bien de vieilles Mercedes bringuebalantes que de minibus. Ils sont souvent plus rapides que les bus.

Voiture Avoir son véhicule permet de voyager à son rythme et de parcourir de longues distances en peu de temps. La plupart des routes israéliennes sont en bon état, mais certains Israéliens conduisent parfois de façon très imprévisible et agressive. Sachez que la plupart des agences israéliennes interdisent de se rendre avec leurs véhicules dans les Territoires palestiniens.

À voir

Paradise Now (Abu-Assad ; 2005). Un film controversé qui donne un visage humain aux auteurs palestiniens d'attentats-suicides.

Valse avec Bachir (Ari Folman ; 2008). Un regard obsédant sur la guerre du Liban, en 1982.

Le Policier (Nadav Lapid ; 2011). Portraits croisés d'un groupe de policiers d'élite et d'une bande de jeunes gauchistes, dont la confrontation vire au drame.

À lire

Les Aventures extraordinaires de Sa'ïd le Peptimiste (Émile Habibi ; 1974). Un conte sur les difficultés rencontrées par les Palestiniens qui ont pris la nationalité israélienne après 1948.

L'Amant (Avraham B. Yehoshua ; 1977). La quête d'un homme qui recherche l'amant de sa femme sur fond de guerre du Kippour en 1973.

Le Vent jaune (David Grossman ; 1987). Un portrait critique de l'occupation par Israël des Territoires palestiens.

SØREN HERBST / GETTY IMAGES ©

Paysage des Cinque Terre, Ligurie

CAPITALE
Rome

POPULATION
61,5 millions

SUPERFICIE
301 340 km^2

LANGUE OFFICIELLE
Italien

Italie

On pourrait visiter l'Italie toute une vie sans parvenir à en épuiser les richesses. Loin d'être figé dans le passé, le bel paese *("beau pays") mêle tradition et modernité pour mieux envoûter les visiteurs.*

Peu d'endroits au monde peuvent rivaliser avec l'Italie en matière de trésors culturels. C'est ici que l'on peut admirer le *David* de Michel-Ange et les fresques de la chapelle Sixtine, *La Naissance de Vénus* de Botticelli, *La Cène* de Léonard de Vinci et les villas classiques d'Andrea Palladio. Sans parler des rues de Pompéi, des mosaïques byzantines de Ravenne ou encore des fresques de Giotto à Padoue.

Si elle a l'allure d'une botte, la gourmande Italie évoque plutôt une corne d'abondance. Des délicates *tagliatelle al ragù* aux suaves *sfogliatelle,* chaque bouchée est comme une révélation. Bien que l'âme de la gastronomie italienne soit simple et rustique, elle est aussi ingénieuse et sophistiquée.

La diversité des paysages italiens est également source d'émerveillement. On peut très bien dévaler un jour les pistes poudreuses de Courmayeur et, le lendemain, parcourir à cheval les marécages du parc de la Maremma, ou encore plonger dans les eaux emplies de coraux de la Campanie.

SLOVAQUIE
ALLEMAGNE
Danube
VIENNE
BRATISLAVA
BUDAPEST
AUTRICHE
HONGRIE
Zürich
VADUZ
Innsbruck
BERNE
SUISSE
Bolzano
5
Dolomites
SLOVÉNIE
6
Lac de Côme
Trente
Udine
LJUBLJANA
ZAGREB
Aoste
Pergame
Brescia
Vicence
Trieste
CROATIE
Milan
Venise
Turin
Crémone
Vérone
Padoue
1
Emilie-Romagne
10
Parme
Delta du Pô
BOSNIE-HERZÉGOVINE
Gênes
Bologne
Ravenne
SARAJEVO
8
Riviera italienne
SAINT-MARIN
Golfe de Gênes
Lucques
Florence
Pesaro
Pise
3
Livourne
Ancône
Gorgone
Arezzo
Mer Adriatique
Capraia
Sienne
Pérouse
Mer Ligurienne
Ascoli Piceno
Dubrovnik
Elbe
Viterbe
Pescara
Corse
ROME
Sulmona
Promontorio del Gargano
Ajaccio
4
FRANCE
Isernia
Campobasso
Mt Vésuve
Valle d'Itria
Sassari
Olbia
Naples
Pompéi
Matera
Lecce
Sorrente
2
Potenza
Alghero
9
7
12
Nuoro
Golfo di Orosei
Côte amalfitaine
Golfe de Tarente
Oristano
SARDAIGNE
Cosenza
Iglesias
Carbonia
Cagliari
Costa del Sud
Îles Éoliennes
Golfe de Squillace
Palerme
Reggio di Calabria
Trapani
11
Marsala
Mt Etna
Catane
Mer Ionienne
Agrigente
SICILE
Syracuse
Raguse
Annaba
TUNIS
Pantelleria
MER MÉDITERRANÉE
Linosa
LA VALETTE
MALTE
TUNISIE
ALGÉRIE
N
0
200 km

Italie
Les incontournables

Venise

1 Entre les palais gothiques du Grand Canal et les mosaïques de la basilique Saint-Marc, Venise semble tout droit sortie d'un rêve. La célèbre cité lagunaire n'en est pas moins réelle, et ne manquera pas de mettre vos sens en éveil – depuis les cris des gondoliers sur les canaux jusqu'au parfum des expressos dans des cafés plus que centenaires, sans oublier les appétissantes cascades d'artichauts violets du marché du Rialto...

Pompéi

2 Pompéi, ancienne cité romaine autrefois prospère, est figée depuis 2000 ans dans son agonie. Au fil des rues s'égrènent un forum bordé de colonnes, une maison ornée de fresques érotiques, un amphithéâtre de 5000 places et la superbe Villa dei Misteri. On se souvient alors du témoignage de Pline le Jeune : "De nouveau ce furent les ténèbres, de nouveau ce furent les cendres, abondantes et lourdes. Nous levant sans cesse, nous nous secouions pour les faire tomber ; sans quoi nous aurions été recouverts et même écrasés sous leur poids."

Toscane

3 Selon l'Unesco, Florence recèle "la plus

1

ED NORTON / GETTY IMAGES ©

Rome, l'éternelle

4 Cité mythique fondée par Romulus, *caput mundi* (capitale du monde), joyau du monde chrétien... Rome témoigne aujourd'hui de plus de 2500 ans d'histoire de l'art et de l'architecture. Du Panthéon au Colisée, en passant par la chapelle Sixtine de Michel-Ange et les innombrables œuvres du Caravage, il vous sera impossible de faire le tour de la ville en une seule visite. Alors, comme tant d'autres avant vous, jetez une pièce dans la fontaine de Trevi et faites le vœu de revenir.

Forum antique, Rome

importante concentration au monde d'œuvres d'art universellement réputées" : du Duomo de Brunelleschi aux fresques de la Cappella Brancacci de Masaccio, la cité conjugue beauté des musées et perfection des rues Renaissance. Tout autour se déploie la Toscane, un paradis pour les esthètes et les gastronomes : majesté gothique de Sienne, grandiose silhouette de San Gimignano et coteaux du Chianti, la plus célèbre région vinicole du pays.

Dolomites

5 Il est sur la terre des montagnes plus hautes, plus étendues et présentant une plus grande variété géologique. Mais peu déploient le charme des Dolomites, au granit rosé. Est-ce leur profil effilé ? Leurs pentes tapissées de fleurs sauvages éclatantes au printemps ? Le riche héritage des légendes latines de leurs vallées ? Ou l'attirance pour le chic de la station de ski la plus légendaire du pays, Cortina d'Ampezzo ? En tout cas, ce coin du nord de l'Italie porte la séduction à des hauteurs vertigineuses.

Lac de Côme

6 Niché à l'ombre des Alpes rhétiques, le lac de Côme est le plus spectaculaire des lacs de Lombardie. Ses villas de style Liberty abritent stars de cinéma, reines de la mode et autres princes arabes. La végétation luxuriante qui l'entoure est magnifique dans les jardins de la villa Melzi d'Eril, de la villa Carlotta et de la villa Balbianello, où camélias, azalées et rhododendrons s'épanouissent en avril-mai.

Côte amalfitaine

7 "D'Amalfi à Sorrente, la plus belle côte du monde", écrivit Simone de Beauvoir (*La Force de l'âge*). Cette célèbre côte ensorcelle : falaises vertigineuses sur lesquelles s'étagent des villages colorés au cœur d'une végétation luxuriante. Elle envoûta aussi André Gide : "La route de Ravello à Sorrente est si belle que je ne souhaitais ce matin rien voir de plus beau sur la terre. L'âpreté chaude de la roche, l'abondance de l'air, les senteurs, la limpidité, tout m'emplissait du charme adorable de vivre [...]" (*L'Immoraliste*).

Sur 100 personnes en Italie

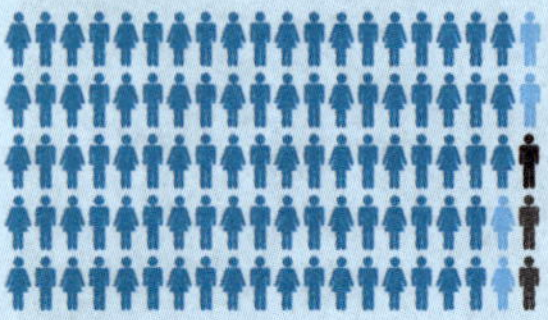

93 sont italiennes
4 sont originaires d'Albanie ou d'un pays d'Europe de l'Est
1 est originaire d'Afrique du Nord
2 ont d'autres origines

Religions
(% de la population)

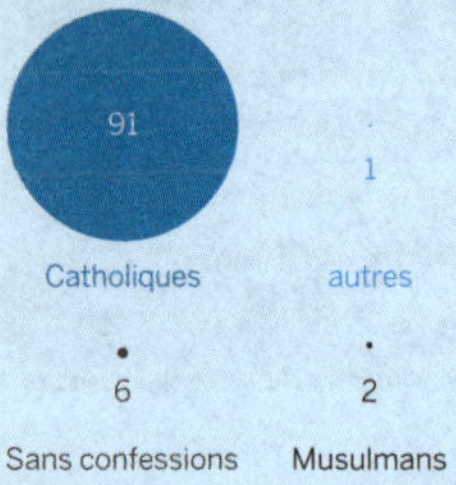

Population par km²

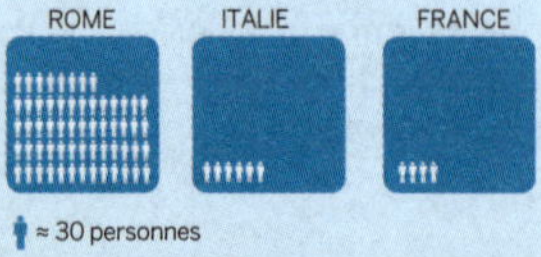

Le *palio* de Sienne

Manifestation spectaculaire remontant au Moyen Âge, le *palio* est une série de reconstitutions historiques comportant des courses de chevaux effrénées les 2 juillet et 16 août. Dix des dix-sept quartiers historiques de Sienne, les *contrade*, s'affrontent pour remporter le *palio*, un étendard de soie. Chaque *contrada* a ses propres traditions, emblème et couleurs, ainsi que son musée du Palio.

À partir de 17h, les représentants des différentes *contrade* paradent en costumes d'époque, sous la bannière de leur quartier. La course a lieu à 19h45 en juillet et à 19h en août. Pendant une minute de délire, les dix chevaux et leurs cavaliers montés à cru font trois fois le tour d'une piste de terre à une vitesse inouïe.

Pour profiter du spectacle, il vous faudra rejoindre la foule sur la Piazza del Campo au moins 4 heures avant le départ. Les cafés de la place vendent aussi leurs places en terrasse ; elles coûtent entre 350 et 400 € et peuvent être réservées auprès de l'office du tourisme jusqu'à un an à l'avance.

À table !

Arancini Boulettes de riz frites farcies au *ragù* (sauce à la viande), aux tomates et à d'autres légumes.

Caffè Entre deux visites, faites une pause au comptoir d'un bar en avalant un expresso bien serré ou en savourant un cappuccino.

Gelato Les meilleurs glaciers italiens utilisent des ingrédients de saison.

Pizza Naples est le meilleur endroit pour déguster de délicieuses pizzas à la pâte épaisse et cuites au feu de bois.

Vin Du blanc raffiné des Cinque Terre au *barolo*, un rouge charpenté du Piémont, la variété des crus d'Italie est à l'image de la diversité de ses régions.

DEIMAGINE / GETTY IMAGES ©

Lago di Carezza, Dolomites

La Riviera

8 Pour se repentir de leurs péchés, les habitants des cinq villages des Cinque Terre – Monterosso, Vernazza, Corniglia, Manarola et Riomaggiore – devaient autrefois accomplir une ascension longue et ardue sur des falaises vertigineuses pour rejoindre le sanctuaire local. Aujourd'hui, en gravissant ces mêmes sentiers, au fil des vignobles en terrasses et des collines, vous aurez sans doute du mal à imaginer punition plus douce que le panorama divin qui se déploiera devant vous.

Quand partir

HAUTE SAISON
(juil-août)

- Les routes et les sites touristiques sont bondés.
- Les prix grimpent aussi pour Noël, le Nouvel An et Pâques.
- Dans les Alpes et les Dolomites, la saison bat son plein de fin décembre à mars.

SAISON INTERMÉDIAIRE
(avr-juin et sept-oct)

- De bonnes affaires sur l'hébergement, surtout dans le Sud.
- Le printemps est idéal pour profiter des festivals, des fleurs et des produits locaux.
- Il fait encore chaud à l'automne.

BASSE SAISON
(nov-mars)

- Prix jusqu'à 30% moins élevés qu'en haute saison.
- De nombreux sites et hôtels ferment en montagne et sur le littoral.
- Une bonne période pour les événements culturels en ville.

Costa Smeralda, Sardaigne

9 Vous pouvez croire les agences de voyages, la Costa Smeralda est superbe. À cet endroit, les monts granitiques de la Gallura, balayés par les vents, plongent dans des anses aux allures de fjords et des baies couleur émeraude, comme la Spiaggia del Principe. Jouez les paparazzis en scrutant les énormes yachts dans les cités balnéaires fréquentées par les millionnaires, ou partez découvrir des criques isolées. Le panorama n'y a pas de prix.

Émilie-Romagne

10 On ne surnomme pas Bologne *la Grassa* ("la grosse") pour rien. Elle a fait naître nombre des classiques de la gastronomie italienne, comme la mortadelle, les tortellinis à la viande ou les *tagliatelle al ragù*. Faites vos emplettes chez les traiteurs du centre historique, et prévoyez une excursion à Modène pour son vinaigre balsamique. N'oubliez pas Parme, ville du *parmigiano* et d'un incomparable jambon. Accompagnez ces délices d'un verre de lambrusco ou de sauvignon blanc, vins typiques de la région.

À voir

Voyage en Italie (Roberto Rossellini ; 1954). Un manifeste du néoréalisme italien, tourné dans la baie de Naples.

La Dolce Vita (Federico Fellini ; 1960). Les virées nocturnes d'Anita Ekberg et Marcello Mastroianni dans une Rome glamour.

Cinema Paradiso (Giuseppe Tornatore ; 1988). Un cinéaste de retour en Sicile redécouvre ses premières amours : sa voisine et le cinéma.

À lire

L'Italie expliquée aux Français (Corrado Augias ; 2011). Par un journaliste qui partage sa vie entre Rome et Paris.

Dictionnaire amoureux de l'Italie (Dominique Fernandez ; 2008). Ou le voyage en Italie de l'académicien, qui a réuni en deux volumes ses écrits sur le *bel paese*.

L'Italie contemporaine de 1945 à nos jours (Marc Lazar ; 2009). Un ouvrage complet, réalisé par une trentaine de spécialistes.

Transports

Avion L'Italie est quadrillée par un vaste réseau de vols intérieurs. La compagnie nationale Alitalia est le principal transporteur aérien du pays.

Bus Plus économiques et plus lents que les trains. Pratiques pour rejoindre les villages reculés non desservis par le train.

Train Tarifs corrects, ample couverture ferroviaire et départs fréquents.

Voiture Pratique pour voyager à son rythme et pour visiter les régions mal desservies par les transports en commun. À éviter en revanche dans les grandes agglomérations.

Volcans siciliens

11 Les volcans siciliens ne cessent de cracher des fumerolles et de projeter des jets de lave, un spectacle magnifique dans le ciel nocturne. Plus de 350 ans après avoir enseveli Catane sous la cendre, l'Etna tient encore les habitants en alerte, tandis que le Stromboli continue de guider les navires qui passent au large, comme dans les temps anciens. L'ascension de ces géants s'effectue facilement en une journée, parfois dans les vapeurs de soufre, à moins de préférer les admirer de loin – de nuit et depuis un bateau au large, pour voir la lave jaillissant dans le ciel étoilé.

Lecce, la baroque

12 Il y a le baroque, et le *barocco leccese*, version extravagante du style dans les Pouilles. Grâce à la tendreté de la pierre locale, les artisans rivalisaient de créativité, enfouissant les façades sous des motifs végétaux tourbillonnants, des gargouilles et d'étranges personnages zoomorphes. La Basilica di Santa Croce incarne ce style dans toute sa splendeur, avec un décor si chargé qu'un Grimaldi aurait affirmé avoir l'impression, en les regardant, d'être dans le cauchemar d'un fou.

Parmigiano-reggiano

10

DANITA DELIMONT / GETTY IMAGES ©

CAPITALE
Kingston

POPULATION
2,9 millions

SUPERFICIE
10 991 km²

LANGUE OFFICIELLE
Anglais

Port Antonio

Jamaïque

Plages de rêve, montagnes verdoyantes et couchers de soleil pourpres, la Jamaïque ne manque pas d'atouts. Ajoutons à ce tableau une culture riche et des tarifs adaptés à tous les budgets.

Résumer la Jamaïque à son statut d'île caribéenne, mélange réussi de musique, de plage et d'insouciance n'est pas faux. Mais derrière ces images convenues se cache une réalité autrement plus troublante et passionnante. La Jamaïque possède une culture complexe et aspire à l'africanité, en dépit de sa géographie et de son histoire coloniale. Les Jamaïcains sont peut-être souriants et spirituels, mais ils n'oublient jamais que leur île trouve ses origines dans les plantations de canne à sucre et l'esclavage.

Il suffit de bien comprendre tout cela pour apprécier la riche terre rouge de la Jamaïque, le respect des habitants pour la nature et toute forme de vie, et le sens que peut revêtir le titre de la chanson de Bob Marley, "One Love", dans des lieux comme les ghettos de Kingston. Comme le dit un proverbe créole "Rock-stone a river naah know sun hot", ce qui signifie : "La connaissance naît de l'expérience". À vous donc de faire l'expérience de la Jamaïque pour la connaître et découvrir les mille et une facettes de cette île ensorcelante.

0
40 km
Canal de la Jamaïque
Mer des Antilles (mer des Caraïbes)
Mer des Antilles (mer des Caraïbes)
Negril
Seven Mile Beach
Southwest Point
Lucea
Sandy Bay
Montego Bay
Great River
Ferris Cross
Savanna-la-Mar
Black River
Maggotty
Treasure Beach
Santa Cruz Mountains
Malvern
Queen of Spain's Valley
Falmouth
Windsor Caves
Cockpit Country
Christiana
Mandeville
Alligator Pond
Long Bay
Clark's Town
Albert Town
Dry Harbour Mountains
Discovery Bay
Runaway Bay
Brown's Town
St Ann's Bay
Moneague
May Pen
Portland Point
Portland Bight
Ocho Rios
Oracabessa
Linstead
Rio Cobre
Spanish Town
Highgate
Port Maria
Annotto Bay
Hellshire Beach
Port Royal
Lime Cay
Kingston
Newcastle
Cow Bay
Buff Bay
Orange Bay
Hope Bay
Blue Mountains
Blue Mountain Peak
Hagley Gap
Port Antonio
John Crow Mountains
Winnifred Beach
Boston Bay
Long Bay
Kensington
Morant Bay
Morant Bay
Holland Bay
Morant Point

Jamaïque
Les incontournables

Les plus belles plages

1 Les plages jamaïcaines sont à l'image de la topographie de l'île : extrêmement diverses. La minuscule et ravissante Lime Cay, accessible en bateau depuis Port Royal, est idéale pour un pique-nique et faire du snorkeling. Les habitants de Kingston aiment se retrouver à Hellshire Beach dans une ambiance musicale. Sur la côte nord, les habitants aiment faire la fête à la Winnifred Beach le week-end. Quant à Seven Mile Beach (Long Beach), à Negril, elle attire les amateurs de jet-ski et les adeptes du bronzage.

Balade en radeau sur le Rio Grande

2 Popularisées par l'acteur Errol Flynn, ces balades en radeau le long de la vallée du Rio Grande, de Berridale à Rafter's Rest, sont l'attraction romantique de l'île. Pour vraiment profiter de l'ambiance, optez pour un trajet de nuit lorsque la lune est claire. L'eau renvoie des reflets argentés et l'on glisse sans un bruit si ce n'est le celui du vent dans les arbres. Pendant la journée, les enfants apprécieront également ce parcours qui parfois prend des airs de rafting.

Blue Mountain Peak

3 À 2 256 m, le Blue Mountain Peak est

2

DOUG PEARSON / GETTY IMAGES ©

le point culminant de la Jamaïque. La randonnée jusqu'au sommet peut s'effectuer la nuit lorsque le temps est clair. Au fur et à mesure de l'ascension, la végétation se fait de moins en moins tropicale. On se retrouve alors à marcher au milieu d'arbres chétifs et de fougères arborescentes. L'arrivée au sommet, dans la fraîcheur de l'aube, est un moment magique. Les premiers rayons du soleil viennent éclairer les sommets alentour puis se propagent jusqu'aux lointaines plantations de café. On dit que, certains jours de l'année, on peut apercevoir Cuba.

Sur 100 personnes en Jamaïque

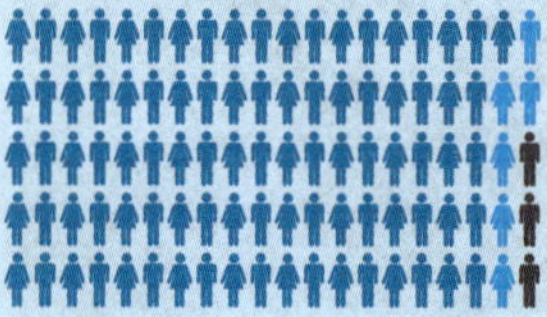

91 ont des ancêtres africains
6 sont métisses, avec des origines européennes et africaines
3 sont d'une autre origine

Religions

(% de la population)

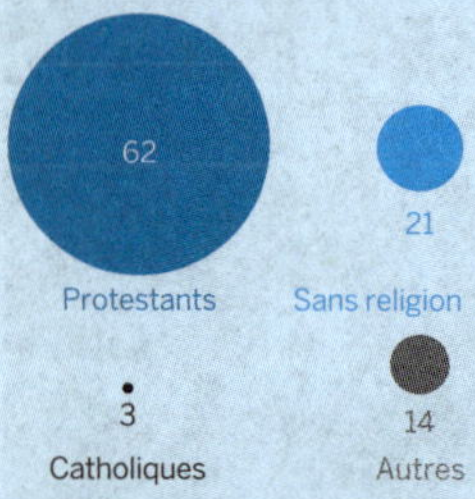

Population au km²

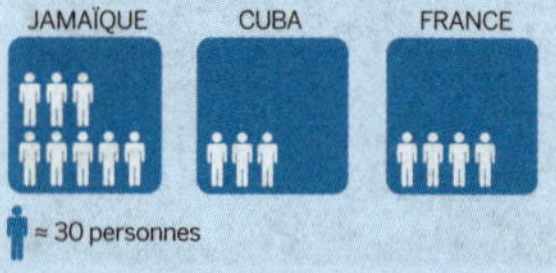

Vie nocturne de Kingston

4 Que vous alliez en discothèque ou participiez à une fête impromptue dans la rue, attendez-vous à de la sueur, à beaucoup d'animation et à la plus totale désinhibition. Mettez-vous sur votre trente et un et calquez votre pas sur celui des Jamaïcains. Attendez-vous à vous faire pousser sans ménagement au milieu de la mêlée, car on comptera bien que vous fassiez la démonstration de vos talents de danseur. À partir de là, déhanchez-vous comme vous le pourrez, et sachez une chose : la danse, ici, est toujours très lascive.

Boston Bay

5 Boston Bay serait le berceau du *jerk*, le plat concocté selon la recette de la marinade sèche, et qui constitue la contribution jamaïcaine la plus célèbre aux arts culinaires. L'embranchement qui mène à Boston Bay (une plage ravissante) est bordé de stands de *jerk*. L'occasion de goûter des viandes fumées mariant à merveille les saveurs douces et piquantes, épices et piments. Un pur régal.

Reach Falls

6 Sur la côte est de la Jamaïque, après avoir parcouru des étendues de forêts et de littoral ignorées des touristes, on rejoint Reach Falls, l'une des plus belles cascades de l'île. Engagez un guide (ce n'est pas du luxe), et lancez-vous à l'assaut de rochers glissants, couverts de mousse, pour plonger dans des piscines naturelles de montagne alimentées par une eau de source.

Le rastafarisme

Le mouvement rastafari, ou rasta, n'a pas de doctrine officielle. Il s'appuie sur un ensemble de principes sociaux et spirituels, développés par le leader rasta Leonard Percival Howell (1898-1981), dont l'un principes veut que les Africains soient l'une des douze tribus d'Israël descendant des Hébreux.

Si tous les rastafaris ne portent pas des dreadlocks ou ne fument pas de *ganja*, tous considèrent que l'Afrique est la patrie spirituelle des Noirs, et qu'ils sont destinés à y retourner un jour.

Dans les années 1930, le mouvement rastafari s'est transformé en moyen d'expression pour les Jamaïcains noirs et pauvres.

De nombreux Rastas croient que la *ganja* permet d'entrer en communication avec Dieu, facilitant la capacité de réfléchir avec clairvoyance. La quête de la vérité fait partie intégrante des croyances. Elle sert à percer à jour les influences corruptrices du monde occidental.

À table !

Breadkinds Terme désignant des féculents : bananes plantains, igname, *bammy* (pain à la farine de manioc en forme de crêpe) et *johnnycakes* (galettes frites).

Jerk Le *jerk* est une technique culinaire : il s'agit de faire mariner des aliments et de les frotter d'un mélange d'épices et de piments, pour ensuite les cuire au feu de bois.

Patties Chaussons cuits au four, farcis de bœuf épicé et de légumes. Roboratif et bon marché.

Rhum Il en existe de nombreux types : blancs légers ou à la robe sombre, aromatisés, *overproof* (75°)...

Saltfish and ackee Le plat national jamaïcain. L'akée est un fruit charnu sans saveur particulière. Le *saltfish* est du poisson séché et salé. Mélangés et cuits ensemble, ils prennent la consistance d'œufs brouillés et c'est délicieux.

RICK ELKINS / GETTY IMAGES ©

Rhum Appleton Estate

7 Si vous êtes amateur de rhum, vous ne serez pas déçu en Jamaïque. La marque la plus connue est Appleton Estate, qui produit plusieurs variétés d'après leur âge (de 5 à 40 ans). La distillerie se trouve dans le centre de l'île et se visite sans problème. Comptez 2 heures avec une dégustation des différents rhums. Ceux qui n'aiment pas le rhum se rabattront sur la bière Red Strip, rendue célèbre dans un James Bond, *L'Homme au pistolet d'or*.

Spéléologie dans les Windsor Caves

8 Le Cockpit Country est l'une des curiosités géologiques de l'île. Ce paysage de l'intérieur de l'île est constitué d'un tapis de collines couvertes de forêts et entrecoupées de vallées abruptes. Ces petits monts recueillent et conservent les eaux de pluie qui s'infiltrent à travers les roches, créant tout un ensemble de dolines et de grottes. Au XVIIIe siècle, le Cockpit Country servit de refuge aux esclaves

Quand partir

HAUTE SAISON
(déc-mars)

- Journées chaudes et ensoleillées, surtout sur la côte. Peu de précipitations, sauf à Port Antonio et dans le Nord-Est.
- Fraîcheur le soir, surtout en montagne.

SAISON INTERMÉDIAIRE
(avr-mai)

- Bonne période avec un climat assez sec (sauf à Port Antonio).
- Prix des hébergements en baisse.
- Moins de touristes, surtout dans les stations balnéaires.

BASSE SAISON
(juin-nov)

- Fortes pluies sur toute l'île, sauf sur la côte sud.
- Violentes tempêtes, et parfois des ouragans.
- Les meilleurs festivals ont lieu au cœur de l'été.

fugitifs qui résistaient à la colonisation britannique. Les grottes de Windsor sont l'un des sites les plus spectaculaires du secteur avec leurs somptueuses formations rocheuses. À savoir : elles plaisent aussi beaucoup aux chauves-souris...

Port Royal

9 Village de pêcheurs assoupi, Port Royal fut jadis le repaire des boucaniers et "la cité la plus malfaisante de la Terre". Marchez dans les pas du pirate Henry Morgan le long des remparts du Fort Charles, dont les canons censés repousser les envahisseurs sont toujours là. Laissez-vous désorienter dans la Giddy House, dépôt de munitions dessinant un angle improbable par rapport au sol, ou admirez les trésors du Maritime Museum, sauvés du terrible séisme de 1692 qui détruisit une partie de la ville.

À voir

Tout, tout de suite (Perry Henzell ; 1972). Un jeune paysan se rend à Kingston pour être chanteur et devient un criminel. Excellente bande-son.

Life and Debt (Stéphanie Black ; 2001). Documentaire traitant de l'impact de la mondialisation sur l'économie jamaïcaine.

Marley (Kevin Mc Donald ; 2012). Documentaire sur la star planétaire.

À lire

La Prisonnière des Sargasses (Jean Rhys ; 1966). L'auteur raconte son enfance au domaine Coulibri au début du XXe siècle.

Le Livre de la Jamaïque (Russell Banks ; 1991). Un superbe polar ethnographique.

Transports

Avion L'île compte quatre aéroports et des vols réguliers entre Kingston et Montego Bay. Les autres villes sont desservies par des avions-taxis.

Bus L'île dispose d'un réseau étendu qui dessert jusqu'au moindre village ou presque. Il existe plusieurs types de bus, des bus publics standards aux "coasters" (minibus privés) et "route taxis" (taxis collectifs). Les transports en commun sont bon marché.

Voiture Sillonner l'île en voiture peut donner une véritable liberté de mouvement mais attention : conduire en Jamaïque peut tourner au cauchemar. Les taxis et les minibus sont de vrais dangers. Ne vous étonnez pas non plus si la police vous arrête pour vous réclamer un petit bakchich.

Reggae Sumfest

10 La Jamaïque et le reggae ne font qu'un. Aujourd'hui la grande célébration des "riddims" jamaïcains (terme créole déformé de l'anglais *rythm*) est le Reggae Sumfest qui se déroule à Montego Bay au cœur de l'été. Si la brise marine rafraîchit quelque peu l'atmosphère, préparez-vous à suer sang et eau : à cause du feu des lance-flammes fabriqués artisanalement avec des bombes aérosols (signe qu'une chanson plaît), de la masse palpitante de la foule et de la danse non-stop.

Plongée à Montego Bay

11 La foule nombreuse des complexes hôteliers de Montego Bay peut vous rebuter de prime abord, mais attendez pour juger la ville d'avoir plongé dans ses eaux. Les fonds regorgent de poissons multicolores et d'éponges qui se balancent au gré des courants. Les plus beaux tombants se trouvent à The Point. Les plongeurs plus expérimentés exploreront quant à eux la Widowmakers Cave (littéralement : "la grotte qui fait des veuves").

David "Dread" Hinds, du groupe de reggae jamaïcain Steel Pulse

10

ANTHONY PIDGEON / GETTY IMAGES ©

CAPITALE
Tokyo

POPULATION
127,3 millions

SUPERFICIE
377 915 km²

LANGUE OFFICIELLE
Japonais

Escalier menant au temple bouddhique d'Adashino Nembutsu-ji, dans la province de Kyoto

Japon

Pays de mégalopoles qui chérit sa campagne, à la fois corseté par les traditions et à la pointe de la modernité, le Japon est un monde à part.

Depuis les Jésuites au XVIe siècle, les voyageurs n'ont cessé de succomber à la fascination d'une civilisation tour à tour séduisante, mystérieuse et même franchement étrange. Un séjour dans un *ryokan* (auberge traditionnelle) est différent d'une nuit en hôtel, et un repas de poisson cru et de légumes des montagnes dégusté assis en kimono sur un tatami vous changera probablement de l'ordinaire des dîners chez vous. Sans parler de ce moment où vous ferez trempette dans un *onsen* (source chaude) totalement nu en compagnie d'inconnus : un peu étrange au début, mais vous ne tarderez pas à trouver cela délicieusement relaxant.

Au bout de la route de la Soie, le Japon a construit sa culture au fil des millénaires avec des apports de toute l'Asie, absorbés et intégrés en quelque chose de spécifiquement japonais. La culture traditionnelle n'est toutefois que l'une des faces de la médaille, et le Japon moderne, le tohu-bohu, le bouillonnement de la ville et les néons ne sont jamais bien loin.

RUSSIE
Mer d'Okhotsk
Kunashiri-tō
Shikotan-tō
Pare national de Shiretoko
Parc national d'Akan
Parc national de Daisetsuzan
Hokkaidō
Sapporo
Parc national de Shikotsu-tōya
Rebun-tō
Rishiri-tō
Okushiri-tō
Aomori
Parc national de Towada-Hachimantai
Morioka
Akita
Sendai
Yamagata
Fukushima
Honshū
Utsunomiya
Niigata
Sado-ga-shima
Nagano
Maebashi
Chiba
Yokohama
TOKYO
Mt Fuji
Shizuoka
Nagoya
Tsu
Kōya-san
Hikone
Fukui
Kanazawa
Kyoto
Osaka
Îles Oki
Tottori
Hiroshima
Matsuyama
Shikoku
Tsu-shima
Fukuoka
Kumamoto
Nagasaki
Aso-san
Kyūshū
Voir cartouche
Miyazaki
Kagoshima
OCÉAN PACIFIQUE
Mer du Japon
Archipel d'Ogasawara (500 km)
0
500 km
Lac Khanka (Xingkai Hu, Ozero Khanka)
RUSSIE
Vladivostok
SÉOUL
CORÉE DU SUD
Shànghǎi
Îles Amakusa
Kyūshū
Kagoshima
Miyazaki
Tanegashima
Yakushima
Îles Tokara
Îles Hamami
Okinawa-hontō
Naha
Îles Miyako
Îles Yaeyama
Shangai
Hangzhou
CHINE
Taipei
TAIWAN
0
500 km

Japon
Les incontournables

Les *onsen*

1 La tradition de l'*onsen* (bain dans des sources chaudes) est profondément enracinée dans la culture japonaise. Situé sur la ceinture de feu du Pacifique, le Japon a une activité volcanique bouillonnante et des milliers de bains publics sont ouverts aux habitants comme aux touristes. Des armées de travailleurs japonais trouvent dans l'*onsen* le parfait antidote au stress, un endroit idéal pour se détendre et se libérer des chaînes de la vie urbaine – et de tout vêtement.

Le hanami

2 En métamorphosant les parcs et les collines en un monde féerique de pétales virevoltant, la beauté fragile des cerisiers japonais en fleur a de quoi faire de nous tous des poètes de haïkus. Au printemps, la floraison des cerisiers (*sakura*) permet au pays de ralentir un temps la cadence pour apprécier la beauté de la nature. Ainsi, lors du *hanami* (observation des cerisiers en fleur), les parcs de l'archipel sont envahis par une foule de Japonais déballant couvertures bleues et bentos pour pique-niquer sous la canopée. Le parc d'Ueno, à Tokyo et le parc Maruyama, à Kyoto, comptent parmi les endroits emblématiques où s'adonner au *hanami*.

Parc d'Ishikawajima, Tokyo

Temples et jardins de Kyoto

3 Kyoto fut le cœur du pays durant la majeure partie de l'histoire japonaise et demeure la gardienne des traditions de l'archipel. Avec 17 sites inscrits au patrimoine mondial de l'Unesco, plus de 1 600 temples bouddhiques, plus de 400 sanctuaires shintoïstes et des dizaines de jardins – auxquels il faut ajouter des traditions séculaires comme les danses de geishas ou les représentations de kabuki –, Kyoto compte parmi les villes du monde au patrimoine culturel le plus riche. Une ville à voir au moins une fois dans sa vie.

GAVIN HELLIER / GETTY IMAGES ©

Les châteaux

4 À voir leur silhouette gracieuse dominant les plaines, on n'imagine guère les sinistres réalités militaires ayant présidé à leur construction – ils semblent avoir été conçus davantage pour plaire à l'œil que pour protéger les seigneurs. Si vous vous intéressez au monde des samouraïs et des shoguns, ces châteaux vous passionneront. Au nombre des plus spectaculaires, le Himeji-jō, construit au XVIe siècle par le seigneur de guerre Toyotomi Hideyoshi, est l'un des rares châteaux en bois à être toujours debout.

Koya-san

5 Dans le funiculaire qui grimpe à l'ensemble monastique du Koya-san, on a l'impression de s'élever vers un autre monde. Une atmosphère sacrée règne sur ce site lié à l'école Shingon, l'un des courants majeurs du bouddhisme japonais. Au sommet, ne manquez pas de vous attarder dans l'Oku-no-in, un immense cimetière installé dans une forêt. En suivant un sentier serpentant sous d'immenses cryptomerias, vous parviendrez ensuite au pavillon principal, où repose le fondateur de l'école Shingon. À ce moment-là, l'apparition d'un Bouddha semblerait la chose la plus naturelle du monde.

Bambouseraie d'Arashiyama

6 À l'ouest de Kyoto se trouve l'un des lieux les plus magiques (et les plus connus) du Japon : la forêt de bambous d'Arashiyama. Ces tiges d'une hauteur qui semble infinie produisent un effet visuel différent de l'impression donnée par n'importe quelle autre forêt. On sent ici une présence indicible, qu'aucune photo ne peut saisir. Si vous avez vu le film d'Ang Lee *Tigre et Dragon*, vous aurez une idée de ce à quoi ressemble cette bambouseraie.

Danses de geishas à Kyoto

7 Si vous vous trouvez à Kyōto à la saison des spectacles de danse de geishas – au printemps et à l'automne–, faites votre possible pour assister à une représentation. Ce spectacle plein de charme se déroule comme dans un rêve. Il y a fort à parier

Sur 100 personnes au Japon

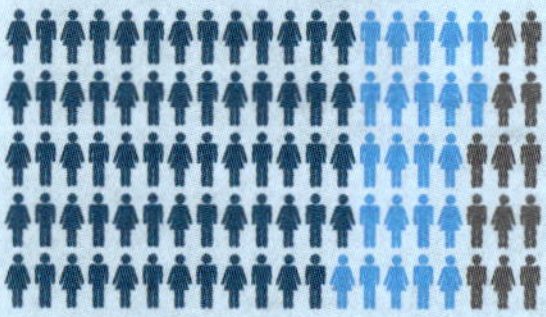

64 ont entre 15 et 64 ans
23 ont 65 ans ou plus
13 ont 14 ans ou moins

Religions

(en % de la population)

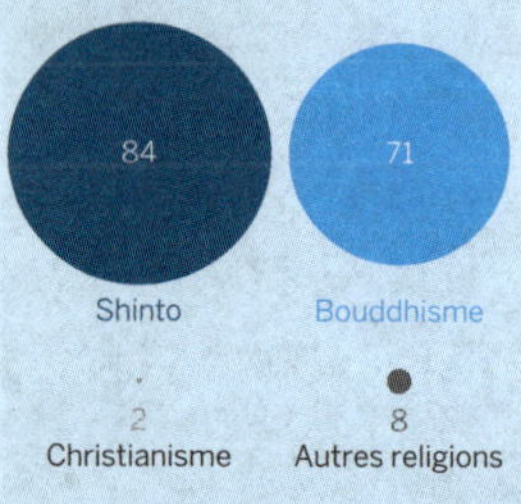

Population au km²

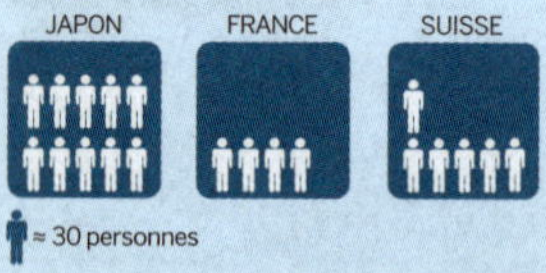

Ryokan

Les *ryokan* sont des auberges traditionnelles.

Les bâtiments eux-mêmes donnent le ton : ils sont souvent construits dans un style architectural traditionnel à partir de matériaux naturels comme le bois, la terre, le papier, l'herbe, le bambou et la pierre.

Un bon *ryokan* est d'ailleurs un prolongement du monde naturel, comme en atteste le jardin attenant, que l'on aperçoit parfois de sa chambre. Outre leurs bâtiments et dépendances, c'est le service qui distingue ces établissements des meilleurs hôtels. Dans un bon *ryokan*, les hôtes ont droit à une femme de chambre personnelle.

Si vous le pouvez, nous vous recommandons d'expérimenter un *ryokan* haut de gamme, ne serait-ce que le temps d'une nuit.

À table !

Okonomiyaki Crêpe au chou cuite sur une plaque chauffante.

Shabu-shabu De fines tranches de bœuf et de légumes sont cuites en touillant les ingrédients dans un bouillon léger avant de les tremper dans un choix de sauces au sésame et aux agrumes.

Shōchū Un alcool distillé à base de pomme de terre (*imo-jōchū*), d'orge (*mugi-jōchū*) ou d'autres ingrédients

Tonkatsu Une friture de côtelette de porc panée servie avec une sauce spéciale, généralement dans un menu (*tonkatsu teishoku*).

Unagi L'anguille est un produit rare, cher et très apprécié des Japonais.

Yakitori Brochettes de poulet et légumes grillées au charbon de bois.

Saké Le saké demeure pour la plupart des Japonais la boisson nationale, et il est bien entendu la boisson idéale pour accompagner la cuisine japonaise.

Biiru La bière est souvent d'excellente qualité.

FRANK CARTER / GETTY IMAGES ©

qu'une fois le rideau tombé, après l'explosion finale de chants et de couleurs, les geishas continueront longtemps encore à danser dans votre esprit.

Shopping à Tokyo

8 Tokyo lance les tendances pour le reste du Japon, et ses habitants pratiquent le shopping avec enthousiasme. Vêtements originaux, matériel électronique pointu, antiquités ou encore artisanat : les tentations ne manquent pas pour le portefeuille. Ginza, le principal quartier commerçant, regorge de grands magasins et de boutiques haut de gamme. Shibuya est le cœur de la machine à tendances adolescentes. Enfin pas un voyage à Tokyo ne serait complet sans un passage au marché au poisson de Tsukiji, le plus grand marché du genre au monde.

Archipel d'Ogasawara

9 À quelque 1 000 km au sud de Tokyo, cet

Quand partir

HAUTE SAISON
(avr-mai, août)

- Les vols sont onéreux à l'approche de la Golden Week (début mai), d'O-Bon (mi-août) et du Nouvel An.
- Forte affluence durant la floraison des cerisiers (fin mars à début avril) et les feuillages d'automne (novembre).

SAISON INTERMÉDIAIRE
(juin et juil, sept-déc)

- Juin et juillet correspondent à la saison des pluies, hormis Hokkaidō – il ne pleut pas tous les jours, mais il peut faire très humide.
- En automne (sept à mi-déc), le temps est frais et clair.

BASSE SAISON
(jan-mars)

- L'hiver est frais ou froid partout sur Honshu, mais la saison est propice au voyage.
- Attendez-vous à trouver de la neige en montagne.

archipel du Pacifique est l'un des secrets les mieux gardés du Japon. Habitées seulement depuis 180 ans, ces îles subtropicales sont ourlées de plages de sable blanc baignées d'eaux tièdes azur à la faune et à la flore exceptionnelles. On plonge au milieu des dauphins, des raies mantas et des tortues de mer, et l'on peut aussi randonner, faire du kayak, aller voir les baleines ou observer les étoiles. Seul hic : Chichi-jima, l'île la plus accessible, se trouve à plus de 25 heures de ferry de Tokyo.

Transports

Avion L'avion est un moyen pratique et sûr de voyager au Japon, plus rapide que le *shinkansen* (train à grande vitesse) et pas tellement plus cher.

Bateau Le Japon est une nation insulaire, et un grand nombre de ferrys assurent la liaison d'une île à l'autre et entre les ports d'une même île. Ils permettent aussi de se rendre dans des régions auxquelles vous n'auriez pas accès autrement.

Bus Le Japon possède un vaste réseau de bus longue distance. Ils sont plus lents que les *shinkansen* mais les tarifs sont comparables à ceux des trains *futsū* (omnibus).

Train Le réseau ferroviaire japonais compte parmi les meilleurs du monde, avec des trains rapides, fréquents, propres et confortables.

Hiroshima

10 À voir ses boulevards bordés d'arbres et sa vie nocturne enjouée, on a du mal à imaginer que la ville n'était plus qu'un champ de ruines quelques minutes après le largage de la première bombe atomique de l'histoire. C'est seulement lors de la visite du musée du Mémorial de la paix que l'effroyable réalité prend corps. Une leçon d'histoire.

Mont Fuji

11 De loin, le mont Fuji a tout de l'icône de carte postale. De près, le cône symétrique du plus haut pic du Japon n'est rien moins que grandiose. Le lever du soleil depuis le sommet ? Un moment de pure magie. Intemporel et vénéré, le Fuji-san est gravi chaque année par des centaines de milliers de personnes, qui perpétuent une tradition séculaire de pèlerinage. Le voyageur en quête de panoramas peut mettre ses pas dans ceux des peintres japonais qui immortalisèrent les vues du mont, et s'attaquer aux sommets des environs, moins intimidants.

NYOMAN SUNDRA / GETTY IMAGES ©

À voir

La Forteresse cachée (Akira Kurosawa ; 1958). Une plongée ébouriffante dans le Japon du XVIe siècle, plein de bruit et de fureur.

Le Voyage de Chihiro (Hayao Miyazaki ; 2001). Le monde féerique du maître du cinéma d'animation.

Tel père, tel fils (Hirokazu Kore-eda ; 2013). L'inversion de deux bébés à la maternité bouleverse une famille japonaise. Une chronique subtile et émouvante.

À lire

Chronique japonaise (Nicolas Bouvier ; 1975). Un portrait original de l'archipel, qui conserve toute son actualité.

Le Japon éternel (Nelly Delay ; 1998). La civilisation japonaise à travers les âges.

Le Pavillon d'Or (Yukio Mishima ; 1956). Le grand écrivain donne la parole au jeune bonze qui incendia le pavillon d'Or, joyau du bouddhisme japonais.

Le Promeneur (2003-2005), **Furari** (2011) et **Au temps de Botchan** (1987-1996). Le Japon à travers le temps, dans les déambulations de l'auteur de manga Jirō Taniguchi.

CAPITALE
Amman

POPULATION
7,9 millions

SUPERFICIE
89 342 km²

LANGUE OFFICIELLE
Arabe

Dromadaires cheminant dans les paysages désertiques du Wadi Rum

Jordanie

Au carrefour de l'histoire depuis plus de deux mille ans, la Jordanie est riche de trésors du patrimoine mondial sertis au cœur de paysages désertiques extraordinaires.

Depuis les temps anciens où les caravanes arpentaient la route du Roi chargées d'encens destiné à être échangé contre des épices, la région a accueilli bon nombre de visiteurs. Marchands nabatéens, légionnaires romains, armées musulmanes ou croisés zélés, tous sont passés par cette terre appelée aujourd'hui Jordanie, y laissant des monuments fascinants. Depuis le début du XIXe siècle, d'autres voyageurs suivent leurs traces en quête de ces merveilles ou de spiritualité sur les sites bibliques au-delà du Jourdain.

Par sa taille modeste et sa diversité, la Jordanie donne l'assurance d'admirer des sites fabuleux et de pratiquer des activités passionnantes, même pour un court séjour. Pétra, l'ancienne cité nabatéenne nichée au cœur d'escarpements rocheux, est le joyau du pays, mais elle est loin d'être la seule raison de visiter la Jordanie. Outre de superbes sites historiques, le pays offre de magnifiques paysages désertiques, l'étonnante mer Morte et des campagnes où se perpétuent des traditions ancestrales.

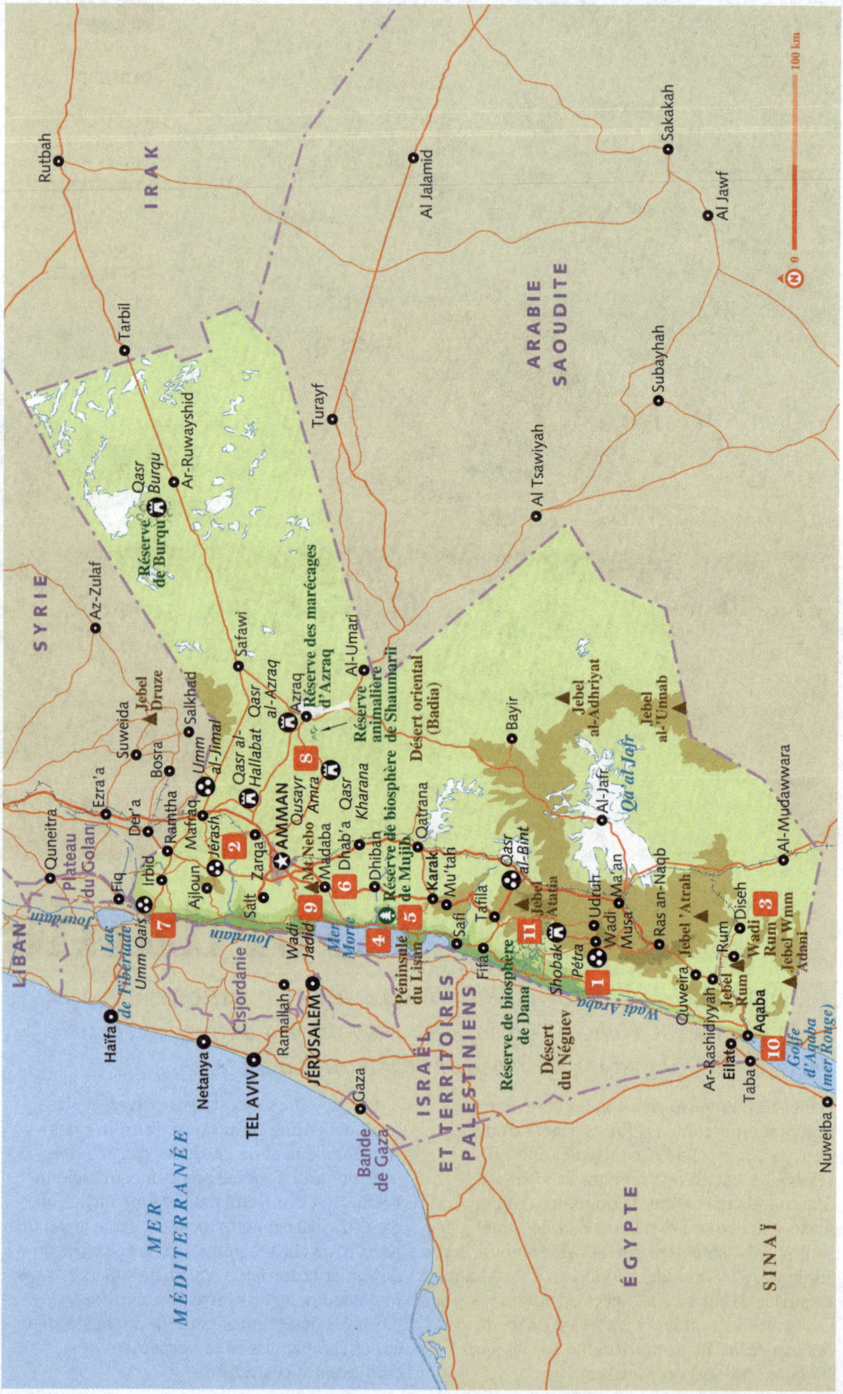

IRAK
SYRIE
LIBAN
ARABIE SAOUDITE
ISRAËL ET TERRITOIRES PALESTINIENS
ÉGYPTE
SINAÏ
MER MÉDITERRANÉE
Rutbah
Tarbil
Ar-Ruwayshid
Qasr Burqu
Réserve de Burqu
Al Jalamid
Sakakah
Al Jawf
Subayhah
Turayf
Al Tsawiyah
Az-Zulaf
Safawi
Réserve des marécages d'Azraq
Azraq
Qasr al-Azraq
Al-Umari
Réserve animalière de Shaumari
Désert oriental (Badia)
Bayir
Jebel al-Adhriyat
Jebel al-'Unnab
Qa' al-Jafr
Al-Jafr
Al-Mudawwara
Jebel Druze
Salkhad
Suweida
Bosra
Ezra'a
Der'a
Ramtha
Mafraq
Umm al-Jimal
Qasr al-Hallabat
AMMAN
Zarqa
Qusayr Amra
Qasr Kharana
Quneitra
Plateau du Golan
Fiq
Irbid
Jerash
Ajloun
Salt
Umm Qais
Lac de Tibériade
Jourdain
Mt Nebo
Madaba
Dhab'a
Dhiban
Qatrana
Réserve de biosphère de Mujib
Karak
Mu'tah
Qasr al-Bint
Wadi Jadid
Mer Morte
Péninsule du Lisan
Safi
Tafila
Fifa
Jebel Atatta
Shobak
Réserve de biosphère de Dana
Pétra
Wadi Musa
Udruh
Ma'an
Ras an-Naqb
Jebel 'Atrah
Quweira
Diseh
Rum
Wadi Rum
Jebel Rum
Jebel Umm Adaml
Ar-Rashidiyyah
Aqaba
Eilat
Taba
Nuweiba
Golfe d'Aqaba (mer Rouge)
Wadi Araba
Désert du Néguev
Cisjordanie
Ramallah
JÉRUSALEM
Haïfa
Netanya
TEL AVIV
Gaza
Bande de Gaza
1
2
3
4
5
6
7
8
9
10
11
N
0
100 km

Jordanie
Les incontournables

Pétra

1 Depuis que l'explorateur suisse Jean Louis Burckhardt a redécouvert ce site spectaculaire en 1812, l'antique ville nabatéenne de Pétra n'a cessé d'attirer les foules. À juste titre : elle constitue sans nul doute l'attraction la plus précieuse de Jordanie. Lorsque le soleil couchant caresse les reliefs de ce paysage de tombes, de façades sculptées, de colonnes et de collines dorées, la magie du lieu est saisissante. Comptez au moins deux jours pour admirer le site dans toute sa dimension et visiter les monuments principaux aux meilleures heures de la journée.

Vestiges romains

2 La Jordanie donne à voir des ruines romaines parmi les plus belles après celles de Rome. Beaucoup de pays s'enorgueilliraient de posséder des sites comme la citadelle ou le théâtre romain d'Amman. Mais ces monuments n'égalent en rien les ruines préservées de Jérash. Visitez-les pendant une course de chars, et les commentaires d'un centurion moderne vous transporteront à l'époque où la ville était un poste avancé de l'Empire romain.

Le Trésor (Khazneh), Pétra

1

Le désert de Lawrence

3 La vue sublime du Wadi Rum, ses falaises de grès aux reflets dorés et ses dunes aux couleurs vives, éblouit Lawrence d'Arabie quand il traversa à dos de dromadaire la terre des Bédouins. Mais il fut tout autant fasciné par le courage de ce peuple, endurant à l'épreuve et à la vie dans ce cadre hostile. On peut se faire une idée de ce que fut cet art de vivre – avec un peu plus de confort – en séjournant dans un des campements bédouins disséminés dans cette étendue sauvage et déserte.

Sur 100 personnes en Jordanie

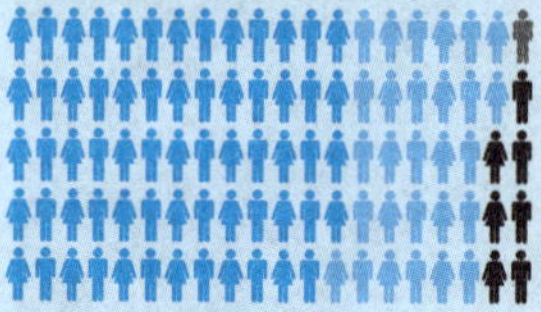

Religions

(% de la population)

Population au km²

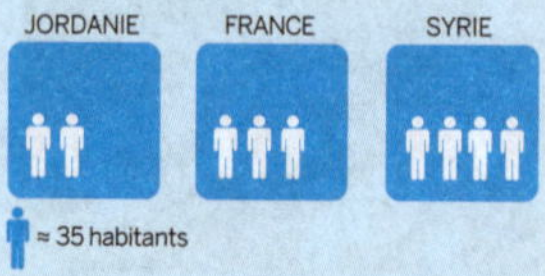

Mer Morte

4 Flotter sur la mer Morte est une expérience étonnante. Il s'agit bien de flotter, car il est impossible de nager dans cette mer visqueuse à la salinité extrême (attention aux yeux !), située à 415 m sous le niveau de la mer. L'événement s'accompagne généralement d'un bain de boue, d'un bain de soleil et d'un soin thermal bienfaisant, dans un des modernes palais du bien-être qui bordent les rives de cette mer intérieure.

Miraculeux Mujib

5 L'eau douce est rare en Jordanie, et cette situation est devenue un sujet d'une intense portée politique dans le dialogue avec les États voisins. Plusieurs projets sont examinés en urgence, comme le canal de la mer Rouge à la mer Morte ou le pipeline entre les nappes du Wadi Rum et Amman. C'est une des raisons d'aller voir les sources de la réserve du Wadi Mujib. L'autre raison, c'est que l'eau traverse un canyon spectaculaire avant d'inonder plusieurs bassins naturels – un paradis pour amateurs d'aventure.

Madaba, mosaïque historique

6 Des siècles durant, Madaba, point d'arrivée de la vénérable route du Roi, a vu se croiser des caravanes de marchandises, des légions armées et des croyants en quête de la Terre promise. Aujourd'hui, avec ses musées, ses églises, ses marchés et ses ateliers, la ville conserve l'empreinte de ces échanges culturels. La plus belle preuve de son riche passé est peut-être

Sodome et Gomorrhe

Responsable de la réputation sulfureuse de ces deux cités, le livre de la *Genèse* (XIX, 24-25) mentionne l'ultime péché qui aurait provoqué la colère divine : la volonté des Sodomites d'avoir des relations sexuelles avec les anges envoyés par Dieu à Loth. En réponse, "le Seigneur fit pleuvoir sur Sodome et Gomorrhe du soufre et du feu, et les anéantit...".

Quelle que soit la cause de la disparition de ces cités pécheresses (effondrement du sol ? tremblement de terre ?), les archéologues ont beaucoup spéculé sur leur emplacement. Beaucoup penchent pour la rive sud de la mer Morte. D'autres pour Bab edh-Dhra, site de l'âge du bronze en bordure du Wadi Karak. Cette ville d'environ 1000 habitants, détruite en 2300 av. J.-C., abrite les vestiges de 20000 tombes, contenant les restes de 500000 corps environ. C'est peut-être donc là que se trouvait Sodome. Bab edh-Dhra et Numeira, voisine que l'on estime être le site de Gomorrhe, sont ensevelies sous 30 cm de cendres, ce qui donne à penser qu'elles ont péri dans les flammes.

À table !

Foul mdammas Plat de fèves à l'huile d'olive, saupoudré de *za'atar* (mélange de thym, sumac et sésame), servi avec du pain sans levain, de la crème aigre et du fromage salé.

Knafa Dessert dangereusement bon, à base de fromage frais et de semoule et arrosé de sirop.

Maqlouba Pyramide de riz garni de raisins secs et parfumé à la cardamome, surmontée d'oignons, de viande, de chou-fleur et d'herbes.

Marramiya Tisane à la sauge, réputée à Dana (près de Pétra).

Mensaf Plat bédouin de mouton mijoté servi sur un lit de riz aux pignons, arrosé du jus gras de la cuisson et de yaourt.

sa magnifique collection de mosaïques (dont une carte de Palestine de 560 sur le sol d'une église), un art perpétué dans une école unique en son genre.

Un royaume fleuri

7 Des tapis de coquelicots ponctuant le désert, des rubans de lauriers-roses dans les vallées, le frémissement des pétales veloutés d'un iris noir le long de la route du Roi... La Jordanie offre un bouquet floral d'une grande variété. Un spectacle sublime attend d'ailleurs le visiteur sur le site d'Umm Qais par une après-midi ensoleillée d'avril : les marguerites, les chardons, les roses trémières jaunes et les mauves composent une palette chatoyante qui rehausse de ses couleurs les vestiges de la cité romaine.

Les "châteaux du désert"

8 Les plaines de l'est de la Jordanie abritent les "châteaux du désert" : palais d'agrément, bains et pavillons de chasse du début de l'ère omeyyade,

Quand partir

SAISON HAUTE
(mars-mai)

- Temps idéal ; journées chaudes et nuits fraîches.
- Le Nord est tapissé de fleurs sauvages au mois d'avril.
- Réservez vos nuits en zones touristiques et attendez-vous à des tarifs plus élevés.

SAISON INTERMÉDIAIRE
(septembre-février)

- Meilleure époque pour la mer Rouge ; les prix dans la région d'Aqaba grimpent.
- Nuits glaciales dans le désert. La pluie ou la neige peuvent même gêner certaines activités.

BASSE SAISON
(juin-août)

- Le désert est une destination extrême au milieu de l'été. Températures étouffantes partout.
- Les prix sont au plus bas, mais nombre d'établissements ferment.

dont la présence paraît incongrue dans cette nature désolée. Si la visite des confins orientaux de la Jordanie requiert une bonne organisation, elle réserve bien des surprises : les fresques délicates de Qusayr Amra, la retraite hivernale de Lawrence d'Arabie à Azraq, le dernier refuge de l'oryx d'Arabie au sein de la réserve de Shaumari et la présence inattendue d'un lac dans le désert à Burqu.

Transports

Bus Les minibus publics constituent le moyen de transport le plus courant. Ils ne partent généralement qu'après avoir fait le plein de passagers, aussi l'attente est-elle inévitable, en particulier dans les régions rurales. Plus spacieux, les bus climatisés sont aussi plus rapides et plus fiables.

Taxi Les taxis privés sont jaunes, fonctionnent comme des taxis ordinaires et peuvent se louer à la journée. Les taxis collectifs sont blancs. Ils suivent des itinéraires fixes en ville ou d'une ville à l'autre. Ils se partagent et portent normalement le numéro et l'itinéraire en arabe.

Voiture La Jordanie se prête aisément (sauf Amman) à la conduite. Des routes spectaculaires relient les hauteurs et la vallée du Jourdain.

Dolmens du Wadi Jadid

9 Le Wadi Jadid ("nouvelle vallée" en arabe) n'a rien de nouveau. Cette vallée paisible au milieu de nulle part incarne même tout ce qui reste immuable dans la Jordanie rurale. En vérité, elle n'aurait rien de remarquable si des groupes de dolmens de l'âge du bronze n'y ponctuaient ses collines et ses terrasses. Installés là entre 5000 et 3000 av. J.-C., ces monuments valent le détour.

Plongée avec les demoiselles

10 La mer Rouge abrite quelques-uns des plus beaux paysages sous-marins de la planète. Sa rive jordanienne, sur le golfe d'Aqaba, est, certes, réduite, mais ses eaux relativement peu exploitées cachent des récifs superbes, des épaves et des jardins de coraux multicolores. La plongée et le snorkeling parmi les poissons-demoiselles, les tortues et les hippocampes sont des expériences inoubliables, faciles d'accès grâce aux centres de plongée d'Aqaba et de ses environs.

Route du Roi

11 Si l'on ne marche pas à proprement parler sur les pas de souverains, en suivant la route du Roi, on se rapproche néanmoins des personnages du passé : parmi eux, les Nabatéens (la cité de Pétra est au bout de la route), les Romains (Umm ar-Rasas, l'un de leurs avant-postes militaires, est sur la liste du patrimoine mondial de l'Unesco) et les croisés (dont les châteaux, à Kérak et à Shobak, sont des sites incontournables). N'oublions pas Salomé, qui exécuta sa danse des sept voiles sur la colline désolée de Mukawir.

À voir

Lawrence d'Arabie (David Lean ; 1962). Une fresque épique sur l'aventurier britannique.

Indiana Jones et la dernière croisade (Steven Spielberg ; 1989). Pétra en majesté.

À lire

Jordanie. Le royaume frontière (dir. R. Bocco et G. Chatelard ; 2005). Comment une invention coloniale est devenue un pays.

Amman, de pierre et de paix (M. Ababsa ; 2007). Toute la vitalité d'une ville.

De Jordanie en Flandre (W. Rayyan ; 2010). Le parcours d'un Belge d'origine jordanienne.

Qasr Kharana, un des "châteaux du désert"

8

FRIEDRICH SCHMIDT / GETTY IMAGES ©

CAPITALE
Astana

POPULATION
17,9 millions

SUPERFICIE
2,7 millions km^2

LANGUES OFFICIELLES
Kazakh, russe

Kazakhstan

Les montagnes et les steppes infinies de l'immense Kazakhstan sont propices à l'aventure, assortie des attraits de la modernité d'un pays en plein développement.

Neuvième État du monde par la superficie, le Kazakhstan est le plus développé de la région grâce à ses abondantes réserves de pétrole et d'autres ressources minérales précieuses. Hôtellerie, restauration et transports y sont donc souvent de meilleure qualité qu'ailleurs en Asie centrale. Les avenues plantées d'arbres, les cafés chics, les centres commerciaux clinquants et une vie nocturne hédoniste donnent à Almaty, la plus grande ville du pays, un petit air européen. Astana, capitale à l'architecture futuriste implantée dans des steppes balayées par le vent, offre quant à elle une vitrine de la modernité. Mais c'est hors des villes que vous vivrez l'aventure, en randonnant dans les montagnes ou les vertes vallées des Tian Shan, en observant les animaux dans la steppe ponctuée de lacs, ou en traversant l'Ouest vers des mosquées souterraines perdues dans le désert, tout en profitant de l'hospitalité des habitants.

Kazakhstan
Les incontournables

Almaty

1 Sur fond de sommets enneigés, l'ex-capitale du pays est l'une des plus intéressantes créations russes en Asie centrale. On y trouve une cathédrale de l'époque tsariste, une réplique de l'"Homme d'or", des bains soviétiques et des cafés et magasins qui prospèrent grâce au boom du pétrodollar. Elle constitue aussi une bonne base pour la randonnée et les sports d'hiver.

Réserve naturelle d'Aksou-Jabagly

2 Ces 1319 km² de vallées, de rivières, de montagnes et de glaciers touchant les frontières kirghize et ouzbèke forment la plus ancienne réserve naturelle du pays (1926), et l'une des plus faciles d'accès. Située à l'extrémité occidentale de l'Alataou transilien, elle s'étire du bord de la steppe, à 1200 m environ, jusqu'au pic Saïram (4239 m). Vous verrez peut-être des bouquetins, des argalis, des marmottes à longue queue, des aigles, des vautours et des ours bruns (au printemps).

Astana

3 Créée de toutes pièces à la fin des années 1990, la capitale émerge des steppes tel un mirage. Astana est l'enfant du président Nazarbaïev et le visage du Kazakhstan du XXIe siècle ; elle doit encore s'étendre pour devenir une agglomération de plus d'un million d'habitants d'ici à 2030. D'année en année, d'impressionnants édifices, souvent dessinés par des architectes internationaux de renom, façonnent un paysage urbain mêlant les styles asiatique, occidental, soviétique et futuriste.

Turkestan

4 Son dôme turquoise et ses mosaïques font du mausolée timouride de Khodja Ahmad Yasawi le plus bel édifice du Kazakhstan. Il fut bâti par Tamerlan à la fin du XIVe siècle, et ses proportions sont comparables à celles des édifices de Samarcande. Yasawi étant considéré

Le Khan Shatyr, signé Norman Foster, à Astana

comme le premier grand sage musulman du monde turc, le site est aussi un haut lieu de pèlerinage. La ville se visite facilement en une journée depuis Chymkent.

Manguistaou

5 Les déserts rocheux de cette région s'étendent sur 400 km, d'Aktaou à la frontière de l'Ouzbékistan. Ce labyrinthe de canyons spectaculaires, d'étranges formations érodées multicolores, de mystérieuses mosquées souterraines et d'antiques nécropoles commence tout juste à être exploré, même par les archéologues. Les mosquées étaient sans doute, à l'origine, des ermitages pour les ascètes se retirant dans le désert.

Montagnes de l'Altaï

6 À l'extrémité nord-est du Kazakhstan, ces magnifiques montagnes s'étendent par-delà les frontières en Russie, en Chine et en Mongolie. Il faut s'organiser bien à l'avance pour obtenir un permis frontalier, mais votre patience sera récompensée. On ne peut être qu'ébloui par la beauté des prairies ondulantes, des sommets couverts de neige, des collines boisées, des glaciers, des rivières et des lacs cristallins, et des villages traversés par des cavaliers kazakhs. Les deux pointes du mont Beloukha (4 506 m), à cheval sur la frontière russo-kazakhe, sont associées à de nombreuses croyances.

Quand partir

MI-AVRIL À DÉBUT JUIN

➡ Steppes et reliefs fleurissent, et les oiseaux migrateurs font leur retour.

MAI-SEPTEMBRE

➡ Météo idéale. La saison des randonnées débute en juillet.

NOVEMBRE-AVRIL

➡ Il fait froid, mais les skieurs profitent des meilleures installations d'Asie centrale à Shymbulak.

Sur 100 personnes au Kazakhstan

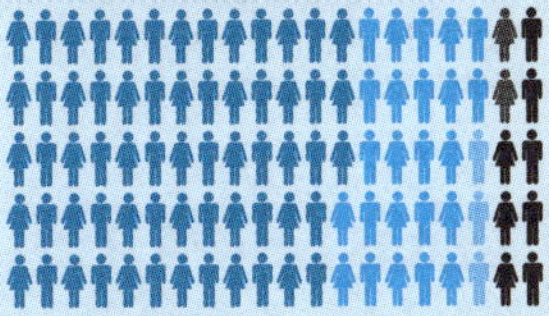

63 sont kazakhes
24 sont russes
3 sont ouzbèques
2 sont ukrainiennes
8 sont d'une autre origine

Religions

(% de la population)

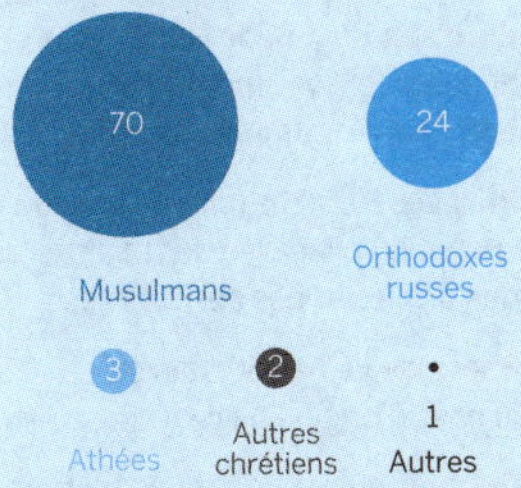

Population au km²

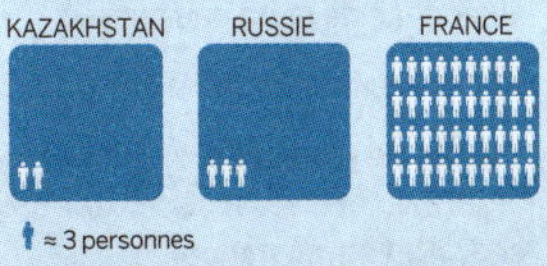

Abaï, icône kazakhe

Écrivain, traducteur et éducateur, Abaï (Ibrahim) Kounanbaïev (1845-1904) est né dans les monts Shyngystau, dans l'est du Kazakhstan. Il étudia à Semeï, d'abord à la madrasa, puis dans une école russe. Cette éducation lui offrit une grande ouverture d'esprit. Ses traductions en kazakh de la littérature russe et d'autres ouvrages étrangers, les lectures publiques qu'il en fit, ainsi que ses propres œuvres marquèrent les débuts de la langue littéraire kazakhe et ouvrirent des horizons.

S'il tenait à ses traditions kazakhes, Abaï était aussi prorusse, ce qui lui fit écrire : "Étudier la culture et l'art russes, c'est la clé de la vie." Sa réputation fut officiellement agréée par Moscou et ses écrits russophiles, pérennisés. C'est aujourd'hui l'homme de lettres le plus célèbre du pays.

À table !

Baursaki Boulettes ou triangles de pâte frite.

Beshbarmak Le plat national : des morceaux de mouton ou de bœuf bouillis, servis sur des pâtes plates carrées avec des oignons et, parfois, des pommes de terre.

Kuurdak Ragoût de viande grasse et abats (cheval, mouton ou bœuf) et de pommes de terre.

Plov Les Kazakhs ont une version sucrée du pilaf avec des raisins, des prunes et des abricots secs.

Pommes Le Kazakhstan serait le pays d'origine de ce fruit.

Qymyz Le koumis est une boisson populaire à base de lait de jument fermenté, légèrement alcoolisé, au goût acide et un peu piquant.

Shubat Lait de chamelle fermenté.

Viande de cheval *Kazy*, *shuzhuk* et *karta* sont des saucisses de cheval en boyau naturel.

8

TONY WHEELER / GETTY IMAGES ©

Aralsk

7 Il y a 40 ans, cette ville était un important port de pêche de la mer d'Aral. Aujourd'hui, la majeure partie de la mer a disparu, victime des systèmes d'irrigation qui puisèrent sans ménagement dans les fleuves qui l'alimentaient en eau, repoussant le littoral à 60 km d'Aralsk. Si vous tenez à constater de vos yeux ce désastre écologique, Aralsk est plus facile à visiter que les ports fantômes d'Ouzbékistan – et moins lugubre, car les tentatives pour sauver la partie nord de la mer sont couronnées de succès.

Baïkonour

8 Créé sur 6 717 km² dans une zone semi-aride à 250 km au nord-ouest de Kyzylorda, ce cosmodrome a servi de base de lancement à tous les vols spatiaux d'équipages soviétiques et russes depuis Iouri Gagarine, premier homme envoyé dans l'espace en 1961. Depuis l'effondrement de l'URSS, le Kazakhstan loue le cosmodrome et la ville à la Russie, jusqu'en 2050. Baïkonour compte neuf bases de lancement, qui envoient dans l'espace des astronautes de nombreux pays.

Transports

Avion Un bon réseau de vols intérieurs relie entre elles les villes du Kazakhstan, et les tarifs sont raisonnables.

Bus À de rares exceptions, le réseau de bus est de plus en plus médiocre. Pour les voyages plus longs, le train présente davantage de confort.

Taxi Ils offrent souvent un moyen bien plus rapide que les bus et les minibus pour aller d'une ville à l'autre.

Train Ils desservent les grandes villes et de nombreuses destinations plus modestes. Ils constituent un bon moyen de rencontrer des gens et de découvrir le paysage en prenant conscience de l'immensité du territoire.

Buffles et zèbres traversant une rivière de la réserve nationale du Masai Mara

CAPITALE
Nairobi

POPULATION
44 millions

SUPERFICIE
580 367 km^2

LANGUES OFFICIELLES
Anglais, swahili

Kenya

Le Kenya, c'est l'Afrique dont vous avez rêvé. Une terre de vastes savanes, d'immenses troupeaux d'animaux sauvages et des peuples aux fières traditions, gardiens du sol qui a vu naître l'Humanité.

Pour beaucoup de gens, les paysages du Kenya incarnent l'Afrique par excellence : acacia isolé se découpant sur un horizon sans fin, mont enneigé sur fond de désert aride, forêts denses, vallée du Rift et littoral luxuriant bordé de palmiers.

Les peuples et ethnies qui habitent les glorieux paysages kényans remontent à la nuit des temps et font partie des mieux connus d'Afrique. Massaï, Samburu, Turkana, Swahilis et Kikuyu racontent la lutte pour le maintien des traditions face au monde moderne, la difficile survie et l'antagonisme millénaire entre agriculteurs sédentaires et nomades.

La faune reste bien sûr l'élément emblématique du Kenya. Éléphants barbotant dans un marécage à l'ombre du Kilimandjaro, colonies de flamants roses ou fauves à l'affût ; du Masai Mara au Tsavo, les rencontres avec les animaux marquent durablement l'esprit du visiteur. L'Afrique est l'un des derniers grands espaces sauvages où ces espèces évoluent en liberté.

Goba
Lac Abaya
Omo
Arba Minch
SOUDAN DU SUD
ÉTHIOPIE
Lac Chamo
Nagele
Guenale
Kapoeta
Chew Bahir
Lac Turkana
Mandera
Moyale
Garbahaarey
Lodwar
Moroto
Marsabit
OUGANDA
Wajir
Kumi
Col de Marich
Kitale
Maralal
SOMALIE
Busia
Eldoret
5
Kakamega
Eldama Ravine
Nanyuki
4
Meru
Kisumu
Nakuru
Lake Victoria
Mt Kenya
Garissa
Kendu Bay
Nyeri
9
Embu
Karungu
Sotik
Kisii
Naivasha
10
Hell's Gate National Park
Thika
Mwingi
Buur Gaabo
Masai Mara National reserve
7
NAIROBI
Musoma
1
Konza
Tana
6
Lac Natron
8
Tsavo National Park
Witu
Lamu
3
Namanga
2
Amboseli National Park
Tsavo
Ngorongoro
Mt Meru
Mt Kilimandjaro
Arusha
Malindi
Voi
Moshi
Lac Manyara
Lac Eyasi
Monts Pare
Kilifi
Same
Mombasa
Babati
Mt Hanang
Monts Usambara
OCÉAN INDIEN
Singida
TANZANIE
Tanga
0
200 km
Itigi
DODOMA
Zanzibar
Kibaha
DAR ES SALAAM
Morogoro

Kenya

Les incontournables

Migration des gnous dans le Masai Mara

1 La savane ondulante de la réserve nationale de Masai Mara abrite l'une des plus fortes concentrations d'animaux de la planète. La migration des gnous, qui débute au mois de juillet, voit déferler dans les plaines des millions d'individus aux côtés de troupeaux de zèbres, d'éléphants et de girafes. Attirés par la perspective du festin, groupes de lions, guépards solitaires et meutes de hyènes tachetées s'en donnent à cœur joie.

Éléphants, Amboseli National Park

2 Il n'existe sans doute pas d'endroit plus propice à l'observation des éléphants que le parc national d'Amboseli, dans le sud du pays. Le Kilimandjaro enneigé, plus haut sommet d'Afrique, qui apparaît en fond sur presque toutes les photos du site, contribue indéniablement à son attrait. Dans ce parc épargné par le braconnage, les pachydermes tolèrent bien la présence humaine, ce qui permet de les approcher de très près.

Ruelles de Lamu

3 Cette petite ville insulaire envoûte immédiatement celui qui y accède par la mer. Les façades des boutiques

2

SADI UGUR OKÇU / GETTY IMAGES ©

et les mosquées, fanées par le vent chargé de sel, surgissent de la forêt que forment les mâts des boutres. Et, lorsque l'on pénètre dans son labyrinthe de ruelles, les scènes et les bruits de la vie quotidienne constituent une expérience inoubliable : sourire des enfants, bruissement des *bui-bui* (voiles noirs) dont se drapent les femmes, odeur âcre des volets fumés protégeant les maisons de pierre corallienne... La plus ancienne ville d'Afrique de l'Est, inscrite au patrimoine mondial de l'Unesco, est pour beaucoup l'apothéose d'un voyage au Kenya.

Sur 100 personnes au Kenya

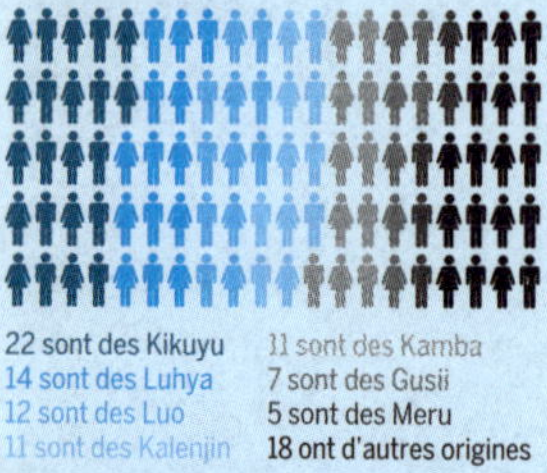

Religions

(en %)

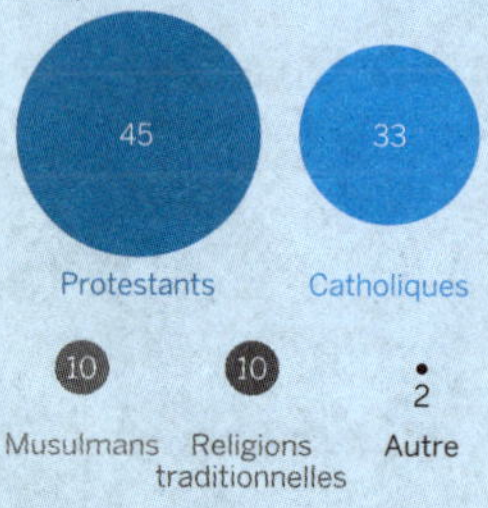

Population au km²

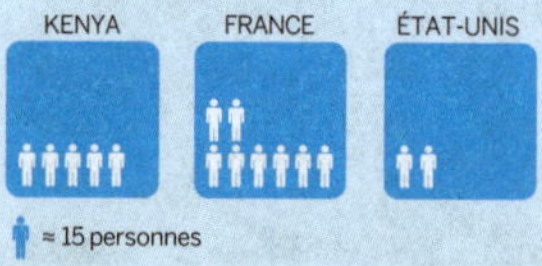

Ascension du mont Kenya

4 Culminant à 5 199 m d'altitude, le mont Kenya est la plus haute montagne du pays et la deuxième d'Afrique. Avec quatre jours devant soi, de la détermination et plusieurs couches de vêtements chauds, on peut grimper jusqu'au sommet gelé de Point Lenana. À quelques minutes de l'équateur, des glaciers sculptent le trône de Ngai, le grand dieu des Kikuyu. Encore aujourd'hui, ceux-ci gardent leurs portes ouvertes face à la montagne sacrée. Vénéré par les Kikuyu, le mont Kenya jouit du rare honneur d'être classé par l'Unesco à la fois comme site du patrimoine mondial et comme réserve de biosphère.

Forêt de Kakamega

5 Jadis, l'ouest du Kenya était caché sous une épaisse forêt vierge tropicale. Malheureusement, les Britanniques n'ont pas traîné pour transformer ce territoire en plantations de thé. Aujourd'hui, ce morceau de forêt vierge autour de Kakamega est tout ce qu'il en reste. Il renferme 330 espèces d'oiseaux, 400 espèces de papillons et sept sortes de primates. Au milieu des arbres majestueux se cachent des spécimens végétaux fascinants, des délicates orchidées aux figuiers étrangleurs.

Excursion en boutre à Takwa

6 Les ruines assoupies de Takwa, une cité marchande swahilie établie sur l'île de Manda, peuvent faire l'objet d'une excursion à bord d'un boutre en bois. Pour rejoindre le site, il faut naviguer entre les îles

La "fièvre Obama"

Il est indéniable que le président des États-Unis jouit d'une réputation exceptionnelle au Kenya. Sa victoire à l'élection présidentielle de 2008 y a été saluée par une véritable "fièvre Obama" durant laquelle son nom a été donné à des écoles, des boutiques de robes de mariées et à quantité de nouveau-nés. À l'époque, de nombreux Kényans eurent un peu l'impression que c'était un "enfant du pays" qui était parvenu à la Maison-Blanche.

Cet attachement est dû au fait que le père du président américain, Barack Obama senior, était un Luo originaire de la ville de Nyang'oma Kogelo, près de Kisumu. La première visite au Kenya de Barack Obama remonte à 1988. Il revint ensuite en 2006 pour une visite plus "officielle", durant laquelle des dizaines de milliers de Kényans se rassemblèrent dans les rues de Kisumu pour l'accueillir en héros. Mais après l'élection de 2008, il fallut attendre 2015 pour qu'il se rende en tant que président des États-Unis au Kenya, pour une visite officielle de 3 jours – placée sous très haute protection...

À table !

Traditionnellement, la cuisine kényane a moins vocation à la créativité qu'à remplir l'estomac. L'*ugali*, une semoule de maïs et/ou de manioc, est le composant principal de la plupart des repas.

Les Kényans sont des carnivores convaincus : leur plat national est le *nyama choma* (viande grillée). Il est généralement acheté au poids, sous la forme d'un gros morceau de viande. La chèvre est la viande la plus courante, mais on trouve aussi du poulet, du bœuf et du gibier.

Le *chai* est une obsession nationale. Comme en Inde, le thé, le lait et de bonnes doses de sucre mijotent pendant des heures pour donner un breuvage laiteux et très sucré. Le *masala chai* épicé à la cardamome et à la cannelle est agréable et revigorant.

4

NIELS BUSCH / GETTY IMAGES ©

Guerriers kikuyu

de l'archipel et à travers les étroites voies d'eau de la mangrove. Baignade et snorkeling au milieu de poissons éclatants émaillent le parcours, et l'on se régale de riz à la noix de coco en regardant déambuler les crabes-fantômes. Une croisière dans l'archipel de Lamu dévoile la côte kényane sous son plus beau jour.

Quand partir

HAUTE SAISON (juin-oct, jan-fév)

- Juin-oct ; migration des gnous dans le Masai Mara.
- Temps chaud et sec en jan-fév, idéal pour observer les animaux.
- Tarifs hôteliers exorbitants. Sur la côte, réservez plusieurs mois à l'avance.

SAISON INTERMÉDIAIRE (nov-déc)

- "Courtes pluies" en oct-nov.
- Les prix dans la majorité des établissements et des parcs baissent le 1er novembre, mais il est encore nécessaire de réserver.

BASSE SAISON (mars-mai)

- Les "longues pluies" font baisser la fréquentation et les tarifs des hébergements. Les animaux sont plus difficiles à voir et les moustiques sévissent.

Nairobi

7 Nairobi est connue pour être dangereuse, mais en restant vigilant, vous aurez plus de chances de repartir avec le souvenir du dynamisme kényan qu'avec celui d'une mauvaise expérience. Animée et cosmopolite, la capitale kényane ne manque pas de curiosités. La principale : le seul parc national aux abords d'une capitale, où de nombreux animaux sauvages évoluent en plein air. Non loin, la maison de Karen Blixen (auteure du roman *La Ferme africaine*), un remarquable musée et de superbes hôtels et restaurants confèrent à la ville un charme certain.

Tsavo National Park

8 Les deux parcs nationaux de Tsavo – Est et Ouest – représentent la quintessence de la nature sauvage, avec ses marécages, ses pitons rocheux, ses escarpements verdoyants peuplés d'une foule d'animaux. Si l'on retrouve ici tout le bestiaire africain, les grands félins – léopards, lions et guépards – occupent la première place. Sur fond de terre rouge, d'affleurements volcaniques et de savane à perte de vue, les lions qui semaient jadis la terreur parmi les habitants paressent à l'ombre en attendant l'heure d'aller chasser.

Transports

Bus Le Kenya dispose d'un réseau étendu d'itinéraires de bus longue et courte distance, les environs de Nairobi, le littoral et les régions de l'Ouest étant les mieux desservis. Voyager en bus revient beaucoup moins cher que de circuler en train ou en avion et les services sont fréquents, rapides et souvent assez confortables.

Matatu Les *matatus* sont le principal moyen de transport pour les Kényans. Toutes les villes assez importantes disposent de services couvrant les principales routes et leurs faubourgs. Ils partent quand ils sont pleins et les tarifs sont fixes.

Voiture C'est un merveilleux moyen de découvrir le pays à son rythme. Soyez très vigilant, les habitudes de conduite kényanes comptent parmi les pires au monde.

Lake Nakuru National Park

9 Régulièrement classé parmi les cinq premiers du Kenya, ce parc exceptionnel s'organise autour d'un des plus beaux lacs de la vallée du Rift, le lac Nakuru, bordé d'un côté par un escarpement abrupt. Outre les colonies de flamants et de pélicans qui se rassemblent à l'occasion sur les rives, de nombreux mammifères terrestres, notamment des lions, des léopards, des girafes de Rothschild, très menacées, des zèbres, des buffles, plusieurs espèces de primates et les rhinocéros les plus faciles à apercevoir de tout le pays convergent ici.

Hell's Gate National Park

10 Plutôt que d'observer la faune à l'abri d'un 4x4, le parc national de Hell's Gate permet de le faire à pied ou à vélo. Cet ensemble de falaises rouges volcaniques, d'étranges formations rocheuses et de profonds canyons au cœur de la vallée du Rift abrite, certes, moins de grands prédateurs, mais le contact rapproché avec la nature exalte les sens et donne le frisson comme nulle part ailleurs au Kenya.

À voir

Mogambo (John Ford ; 1953). Ce vaudeville amoureux réunit les plus grandes stars de l'époque dans la savane kényane.

Out of Africa (Sidney Pollack ; 1985). Un classique hollywoodien adapté du roman autobiographique de Karen Blixen sur le Kenya colonial.

The Constant Gardener (Fernando Meirelles ; 2005). Tiré d'un roman de John Le Carré, un thriller haletant dénonçant les pratiques de certaines firmes pharmaceutiques en Afrique.

À lire

Le Lion (Joseph Kessel ; 1958). L'amitié entre une frêle fillette et le seigneur de la savane.

Décoloniser l'esprit (Ngũgĩ wa Thiong'o ; 2011). Un essai du plus grand auteur kényan relatant son choix d'abandonner l'anglais et de ne plus écrire que dans la langue de son peuple.

Un an autour de l'océan Indien (Antoine Calvino ; 2011). Histoire d'un voyage en solitaire, sac au dos, notamment au Kenya.

Flamants roses

HOLGER LEUE/GETTY IMAGES

CAPITALE
Tarawa

POPULATION
103 248

SUPERFICIE
811 km²

LANGUE OFFICIELLE
Anglais

Pièces d'artillerie de la Seconde Guerre mondiale sur l'île de Tarawa

Kiribati

Minuscules archipels éparpillés dans l'océan Pacifique, les Kiribati ont préservé un mode de vie traditionnel. Ici, rien ne presse : détendez-vous et appréciez le rythme nonchalant des îles.

Éparpillée de chaque côté de l'équateur, l'État de Kiribati se compose des îles Gilbert, des îles Phoenix et des îles de la Ligne. Si l'on se fie à leur seule superficie terrestre, les Kiribati sont une minuscule nation d'à peine plus de 811 km², mais leurs 33 atolls sont disséminés sur une étendue de 5 millions de km² dans l'océan Pacifique.

L'histoire coloniale récente des Kiribati, (elles ont été occupées par les Japonais en 1942), a eu peu d'impact sur les îles extérieures, où les gens subsistent grâce aux noix de coco, aux fruits à pain et à la pêche, comme ils l'ont fait depuis des siècles. Même sur Tarawa, l'île principale, la plupart des habitants vivent dans des huttes traditionnelles à toit de chaume construites sur pilotis. L'occidentalisation s'accélère toutefois de plus en plus, de même que l'exode rural des îles extérieures vers Tarawa.

Les I-Kiribati (Gilbertins), ainsi que l'on nomme les habitants des îles, sont amicaux et directs. En vous croisant, ils vous adresseront un "mauri" ("salut") sans détour.

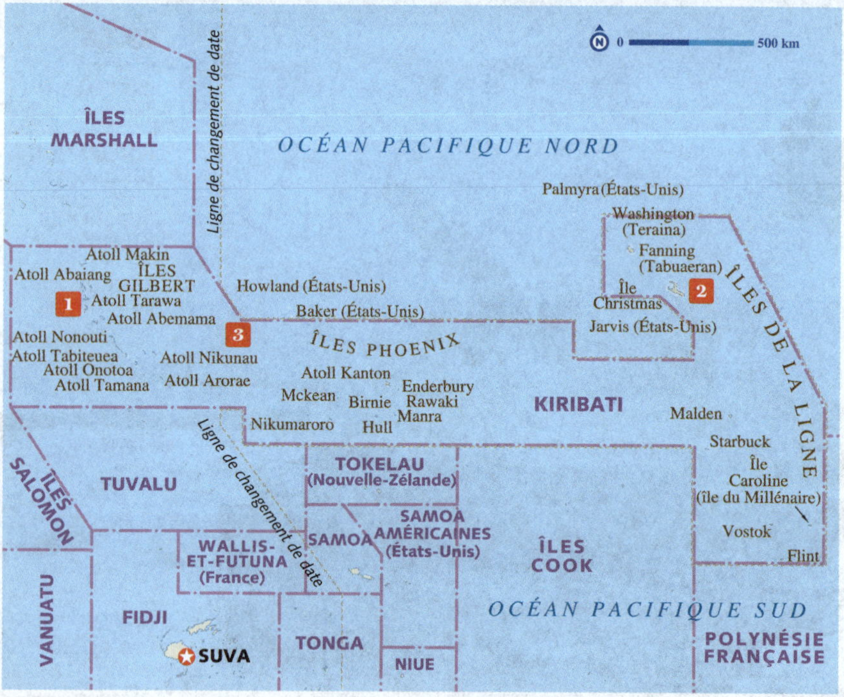

Kiribati
Les incontournables

Vestiges de guerre

1 En 1943, 20 000 marines américains débarquèrent sur les plages de Betio, dans l'atoll de Tarawa-Sud pour y déloger les forces japonais. On peut observer les vestiges des combats (obusiers, bunkers et poste de mitrailleuse), visiter le cimetière militaire et un mémorial.

Île Christmas

2 L'île Christmas est un paradis pour les amateurs de pêche à la mouche, qui viennent y traquer d'imposants *bonefish* (bananes de mer). Les eaux de l'île Christmas se prêtent également à la plongée. Les sorties s'effectuent dans les deux chenaux riches en coraux qui flanquent l'île Cook, où le récif tombe en à-pic.

Îles Gilbert extérieures

3 Pour se sentir comme Robinson, cap sur les îles Gilbert extérieures. On croise rarement plus d'un ou deux véhicules. Les îles ont conservé une nature intacte, et les produits occidentaux sont denrée rare. Les gens vivent de la pêche et des noix de coco, et complètent à l'occasion leurs revenus en vendant des clams salés ou du coprah.

À table !

Fruit à pain Avec la noix de coco, c'est l'aliment de base.

Poisson et fruits de mer Il existe de nombreux plats de poisson. La plupart des autres ingrédients sont importés d'Australie.

Kaokioki La fameuse boisson des Kiribati est de la sève de cocotier fermentée (vin de palme).

Quand partir

DÉC-FÉV

➡ Saison sèche et haute saison des fêtes de Noël, bien que le temps soit encore très chaud.

JUIN-SEPT

➡ Seconde saison sèche correspondant à l'été de l'hémisphère Nord.

MARS-MAI ET SEPT-NOV

➡ Il y a deux saisons des pluies, mais les cyclones sont rares.

CAPITALE
Pristina

POPULATION
1,8 million

SUPERFICIE
10 887 km²

LANGUES OFFICIELLES
Albanais, serbe

Prizren, Kosovo

Kosovo

Pays le plus récent d'Europe, le Kosovo a une longue histoire, riche en rebondissements, dont on voit les traces partout, aussi bien dans ses villes ottomanes que dans ses paysages de montagne.

Le Kosovo est un territoire contesté. Majoritairement peuplé d'Albanais, il est considéré comme une terre sainte par sa minorité serbe. Les Albanais kosovars ont déclaré leur indépendance en 2008, acte remis en cause par certains, et qui n'est toujours pas complètement reconnu par la communauté internationale. À l'échelle locale, des tensions demeurent entre Albanais et Serbes.

À mille lieues du pays triste et dangereux que l'on imagine communément, le Kosovo est une terre fascinante au cœur des Balkans. Le visiteur est accueilli avec le sourire, les bourgades de montagne sont pleines de charme, les randonnées superbes, et les monastères serbes de toute beauté. Impossible toutefois d'ignorer le passé. Les routes sont jalonnées de mémoriaux en souvenir des victimes de 1999, année où la Serbie priva le Kosovo de son autonomie et lança une campagne de nettoyage ethnique. Avec l'indépendance est venue la stabilité, mais aujourd'hui encore, les forces de l'OTAN gardent les monastères serbes.

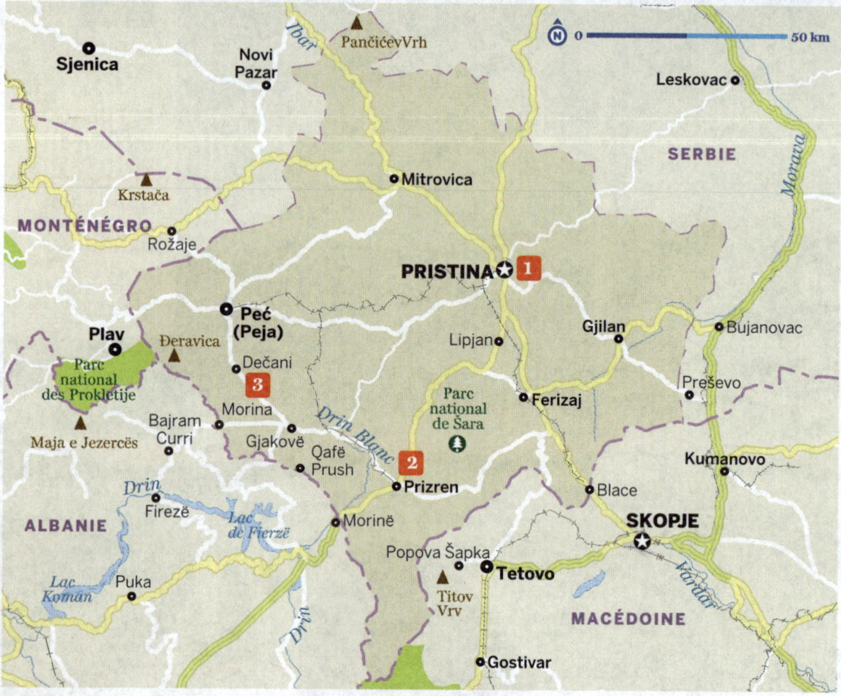

Kosovo

Les incontournables

Pristina

1 La capitale du Kosovo change à toute vitesse. Les organisations internationales lui donnent une allure sophistiquée. Mais il suffit de quitter le centre pour se retrouver dans les pittoresques quartiers ottomans étagés à flanc de colline.

Prizren

2 Deuxième ville du Kosovo, Prizren baigne dans l'euphorie de l'après-indépendance. La charmante vieille ville, dotée de nombreuses mosquées, se prête à d'agréables promenades. Le pont ottoman datant du XVe siècle a été superbement restauré. Non loin se trouve la mosquée de Sinan Pacha (1561), monument emblématique du centre de Prizren, et le hammam de Gazi Mehmed Pacha.

Monastère Visoki Dečani

3 Édifié en 1327, cet imposant monastère est niché dans un splendide écrin naturel au pied des montagnes. Près de 25 moines orthodoxes vivent ici, dans le plus total isolement. Ils produisent de délicieux fromages ainsi que du miel (en vente dans la petite boutique). Menacé par des extrémistes albanais, le monastère est aujourd'hui gardé par des forces internationales de la KFOR.

À table !

Byrek Chausson au fromage ou à la viande.

Duvëc Viande et légumes cuits au four.

Fli Tourte feuilletée au miel.

Kos Yaourt au lait de chèvre.

Raki Alcool de fabrication locale, généralement à base de raisin.

Quand partir

DÉC-AVR

➡ La bonne période pour skier.

JUIN

➡ La ville de Peja accueille le Shqip Film Fest, festival du court-métrage.

AOÛT

➡ L'été est doux, avec une température moyenne de 25°C.

SALEH ALRASHAID / GETTY IMAGES © | ARCHITECT: MALENE BJORN

CAPITALE
Koweït

POPULATION
2,7 millions

SUPERFICIE
17 818 km²

LANGUE OFFICIELLE
Arabe

Kuwait Towers

Koweït

Le Koweït se situe aujourd'hui à l'avant-garde du changement politique et de l'essor culturel dans le golfe Persique.

Longtemps convoité par ses voisins pour son port naturel sur le golfe Persique, le Koweït s'apparente à une cité-État. La ville éponyme, baignée par la fraîcheur maritime, a attiré des siècles durant les Bédouins souffrant de la sécheresse récurrente de l'arrière-pays. Aujourd'hui, la métropole apparaît toujours comme une oasis dans une contrée de plaines désertiques. Elle offre d'excellents musées, une corniche jalonnée de plages bien entretenues, des restaurants animés, des galeries marchandes, et des bazars à foison.

Hors de la capitale, les attractions se limitent aux stations côtières. L'industrie pétrolière domine la platitude du désert, et il existe peu de sites naturels notables. Cela dit, une excursion en bivouac dans les sables réserve toujours des choses à voir, pourvu que l'on soit patient et sache ouvrir l'œil.

Koweït

Les incontournables

Aquarium du Scientific Center

1 Sur la corniche, un édifice en forme de voile abrite le plus grand aquarium du Moyen-Orient, qui recrée les écosystèmes du littoral, de la pleine mer et du désert avec leur population de poissons et de mammifères.

Musée Tareq Rajab

2 Au sous-sol d'une grande villa, ce musée expose la collection d'art islamique rassemblée par le premier ministre des Antiquités du Koweït et son épouse britannique. Parmi les pièces provenant de tout le monde musulman figure un précieux ensemble de manuscrits arabes.

Kuwait Towers

3 Monuments emblématiques du pays, construits en 1979, ces trois tours blanches effilées, dont deux supportent des globes turquoise scintillants, valent pour leur panorama sur la mer et la ville. La plus haute mesure 187 m et comporte une petite sphère tournante sur deux niveaux abritant une plateforme d'observation, un café et une boutique de cadeaux ; son autre sphère fait office d'énorme château d'eau.

À table !

Alcool Ni autorisé, ni disponible.

Crevettes du Golfe Sur le marché à la fin de l'automne et en début d'hiver.

Poisson grillé Avec coriandre, curcuma, cardamome et poivron rouge.

Zobaidy ou hamour Poissons servis farcis d'herbes et d'oignons.

Quand partir

NOVEMBRE-JANVIER

➡ Le retour de la fraîcheur après l'été brûlant.

FÉVRIER

➡ Spectacles et bonnes affaires au Hala Festival, qui dure tout le mois.

FÉVRIER-MARS

➡ Le désert verdit au printemps.

CAPITALE
Bichkek

POPULATION
5,56 millions

SUPERFICIE
199 951 km²

LANGUES OFFICIELLES
Kirghiz, russe

Campement de yourtes sur les rives du lac Song-Köl

Kirghizstan

Pays de montagnes et de yourtes, le Kirghizstan est une destination de choix pour les aventuriers autonomes, les voyageurs épris d'écotourisme et les nomades en herbe.

Le Kirghizstan se définit avant tout par sa topographie : ses fabuleux paysages sauvages de montagnes, ses crêtes déchiquetées et ses pâturages ondulants (*jailoo*) dessinent le cadre d'une culture de bergers semi-nomades, vivant en yourte. Ajoutons à cela un bon réseau d'hébergements chez l'habitant et la récente autorisation de circulation sans visa pour les touristes, et l'on comprend pourquoi le pays est en train de devenir la destination préférée des Occidentaux en Asie centrale.

Les sites d'intérêt étant pour la plupart isolés et en altitude, il faut choisir avec soin la période de son séjour. L'été est idéal : les sentiers de randonnée sont ouverts et les routes, généralement praticables. Au milieu de l'été, les touristes russes et kazakhs affluent sur les berges du lac Issyk-Koul, qui ne gèle jamais. D'octobre à mai, la plupart des hébergements ruraux ferment, et les yourtes sont remisées. À moins de venir pour skier, évitez donc l'hiver.

Kirghizstan

Les incontournables

Randonnées équestres

1 Le Kirghizstan est le pays rêvé pour seller un cheval et se joindre aux nomades dans les hauts pâturages. Les antennes de l'organisme Community Based Tourism (CBT) louent des chevaux à l'heure ou à la journée. Shepherds Way, agence locale professionnelle tenue par une famille d'anciens bergers, propose des randonnées équestres dans les montagnes derrière Barskoön. Certaines montures donnent parfois l'impression qu'elles sont à deux coups de sabot de retourner à la vie sauvage, mais les moins aguerris des cavaliers se verront attribuer un cheval plus calme s'ils en font la demande.

Lac Song-Köl

2 L'horizon de ce lac de près de 20 km de largeur, bordé d'une frange de sommets dentelés, déroule une symphonie de ciels changeants. Entourées de verdoyants pâturages d'été, les eaux du lac passent du turquoise à l'indigo en quelques secondes, au gré des rayons du soleil ou des orages. Le lever du soleil y est sublime, tout comme le ciel nocturne, piqué d'une myriade d'étoiles.

Canyon d'Ala-Artcha

3 Facile d'accès depuis Bichkek, cette vallée offre l'occasion de se détendre au bord d'une cascade, de s'essayer à l'ascension d'un glacier (on peut même skier dessus toute l'année) ou d'entamer un trek sur les plus hauts sommets de la région. Une grande portion du canyon fait partie d'un parc naturel, et les étrangers doivent payer un droit d'entrée.

Arslanbob

4 Les monts Babash-Ata forment une impressionnante muraille escarpée et poudrée de neige derrière "l'oasis" d'altitude d'Arslanbob. Ce grand village ouzbek, religieux et conservateur, se cache sous des allées ombragées, encerclé par la plus grande plantation de noyers au monde. D'après la légende, les graines de noix furent données par le prophète

Chevaux pâturant sur les hauteurs du lac Song-Köl

Mahomet à un modeste jardinier qu'il avait chargé de trouver le paradis sur terre.

Lac Issyk-Koul

5 Long de plus de 170 km sur 70 km de large, c'est le deuxième plus grand lac de montagne au monde après le Titicaca. La profondeur extrême des eaux, l'activité thermale souterraine et une légère salinité l'empêchent de geler au cœur des rudes hivers d'Asie centrale, malgré une altitude dépassant 1600 m. Les courageux s'y baignent sur fond des neiges éternelles de l'Alataou.

Lac Ala-Köl

6 Les paysages époustouflants de la région invitent au trekking en quête de ce lac perdu dans les montagnes. Non loin, Altyn Arashan ("spa d'or") est sans doute la destination la plus prisée au départ de Karakol. Établie autour de sources chaudes, cette station s'inscrit dans une vallée de carte postale, à 3000 m d'altitude, dominée au sud par la haute silhouette du pic Palatka (4260 m). La majeure partie de ce secteur dépend de la réserve naturelle d'Arashan, dédiée à la recherche botanique et où vivent une vingtaine de léopards des neiges et quelques ours.

Och

7 On vous dira qu'Och est plus ancienne que Rome. Et elle fut certainement dès l'origine un centre majeur de

Quand partir

MAI-JUIN

➡ Paysages en fleurs et touristes peu nombreux. Neige possible en altitude.

MI-JUILLET À DÉBUT SEPT

➡ Idéal pour la rando, mais l'hébergement est pris d'assaut. Très chaud en ville.

MARS

➡ Hébergements ruraux fermés, randonnées inaccessibles. Idéal pour skier.

Sur 100 personnes au Kirghizistan

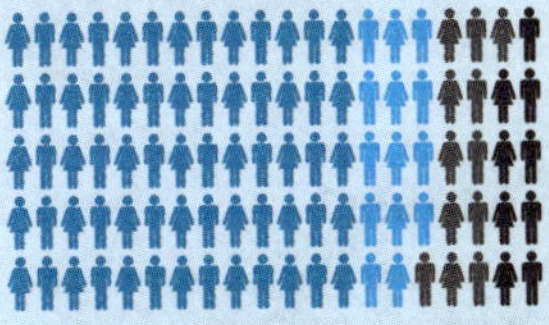

65 sont kirghizes
14 sont ouzbeks
12 sont russes
9 sont d'une autre origine

Religions

(% de la population)

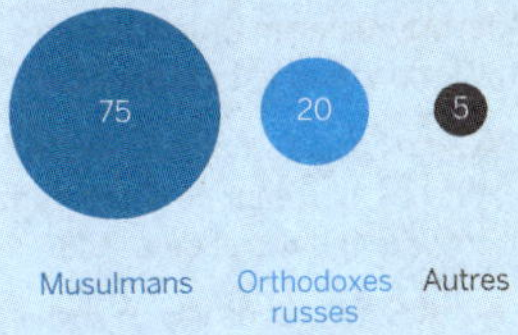

Population au km²

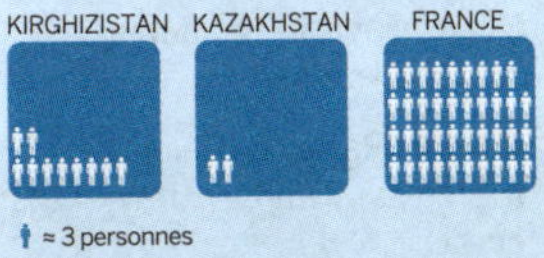

Dormir en yourte

Rien de tel pour réveiller vos instincts nomades qu'une nuit en yourte, allongé(e) sous une épaisse couche de couvertures en vous demandant si les loups menacent vos chevaux.

La yourte, habitat nomade par excellence, se compose d'une armature en bois pliable recouverte de plusieurs couches de feutre. L'extérieur est enduit de graisse de mouton (pour l'imperméabilité) et la couche intérieure tapissée de nattes de roseau pour protéger du vent.

L'espace intérieur est richement décoré de tissus et de tentures, ainsi que de coffres ouvragés. Au sol, le feutre épais est couvert de tapis colorés.

En levant les yeux, on distingue le *tunduk*, sorte de roue centrale qui soutient le toit (représenté sur le drapeau kirghiz).

À table !

Ashlyanfu Nouilles de riz froides, gelée, vinaigre et œufs.

Boorsok Petits morceaux de pâte frite à tremper dans une boisson ou une crème.

Bozo Épaisse et pétillante boisson fabriquée avec du millet ou d'autres céréales fermentées.

Jarma, maksym Orge fermentée avec du yaourt et de la levure.

Kesme Épaisse soupe de nouilles avec des morceaux de pommes de terre, de légumes et de viande.

Kurut Boulettes de yaourt séché, très dures ; un en-cas populaire.

Kymys Lait de jument fermenté ; la boisson nationale.

Laghman Nouilles grasses légèrement épicées, souvent servies en soupe.

Mampar Ragoût de viande à la tomate, garni de pâtes de style gnocchis.

7

CHRISTOPHER HERWIG / GETTY IMAGES ©

Marchande au bazar d'Och

la route de la Soie. Elle est la deuxième ville du pays et le centre administratif de l'immense et populeuse province englobant la vallée du Fergana kirghize. Son bazar, ouvert tous les jours, figure parmi les marchés les plus fabuleux d'Asie centrale. Ouzbeks, Kirghizes et Tadjiks s'y pressent pour vendre ou acheter de tout, des couvre-chefs et couteaux traditionnels aux cassettes piratées en passant par les fers à cheval.

Bichkek

8 Ville verte paisible et décontractée, la capitale kirghize constitue une introduction parfaite à la république montagneuse qu'est le Kirghizstan. Le centre-ville ressemble à un immense parc où les arbres semblent s'immiscer dans la moindre fissure du béton. La chaîne de l'Alataou kirghize, qui culmine à 4800 m, et ses glaciers, dont l'eau de fonte coule dans les canaux du centre, lui offrent un superbe arrière-plan. Les édifices bas et, çà et là, la statue de Lénine et le bronze de Frounzé, rappellent quant à eux l'époque soviétique.

Transports

Bus Seuls quelques itinéraires sont desservis par de vrais bus, mais des minibus, certains à horaires fixes et d'autres démarrant une fois pleins, attendent dans la plupart des gares routières, ainsi que des taxis collectifs.

Taxi Les chauffeurs réservés par le CBT ou d'autres agences facturent généralement près du double d'un taxi collectif, car ils prennent le risque de revenir à vide. Mais cela reste intéressant pour des itinéraires compliqués avec de multiples haltes ou arrêts pour la nuit, et le véhicule sera certainement meilleur (mais le chauffeur ne parlera pas forcément anglais).

Voiture et moto La location d'un véhicule particulier est un concept récent, mais on trouve deux agences locales à Bichkek. On peut aussi louer des motocross Yamaha-600, mais c'est assez cher.

CAPITALE
Vientiane

POPULATION
6,7 millions

SUPERFICIE
236 800 km²

LANGUE OFFICIELLE
Lao

Vang Vieng

Laos

Longtemps resté un coin perdu de la planète, le Laos est une contrée d'une rare beauté avec ses forêts denses, ses cascades aux eaux turquoise et ses grottes cernées de montagnes voilées de brume.

Une nature restée sauvage en certains endroits, un kaléidoscope de cultures et l'extraordinaire gentillesse des habitants font du Laos une destination privilégiée pour les voyageurs. Un pays où votre pouls bat moins fort, où les sourires sont authentiques et où les gens sont curieux d'en savoir plus sur vous.

La vie rurale a conservé une simplicité rafraîchissante et Vientiane elle-même vit sur un tempo d'une surprenante nonchalance. Luang Prabang, où des centaines de moines en robe safran glissent silencieusement dans les rues pour recueillir des aumônes, offre une vision qui restera gravée dans votre mémoire.

Loin des villes, on sort rapidement des sentiers battus pour se retrouver dans des paysages superbes, entre falaises de calcaire déchiquetées, jungle inquiétante et méandres du Mékong. Les randonnées avec séjour chez l'habitant permettent de découvrir une nature spectaculaire. Les Laotiens sont très accueillants et il n'existe pas de meilleure manière d'appréhender leur culture que de partager quelques moments avec eux.

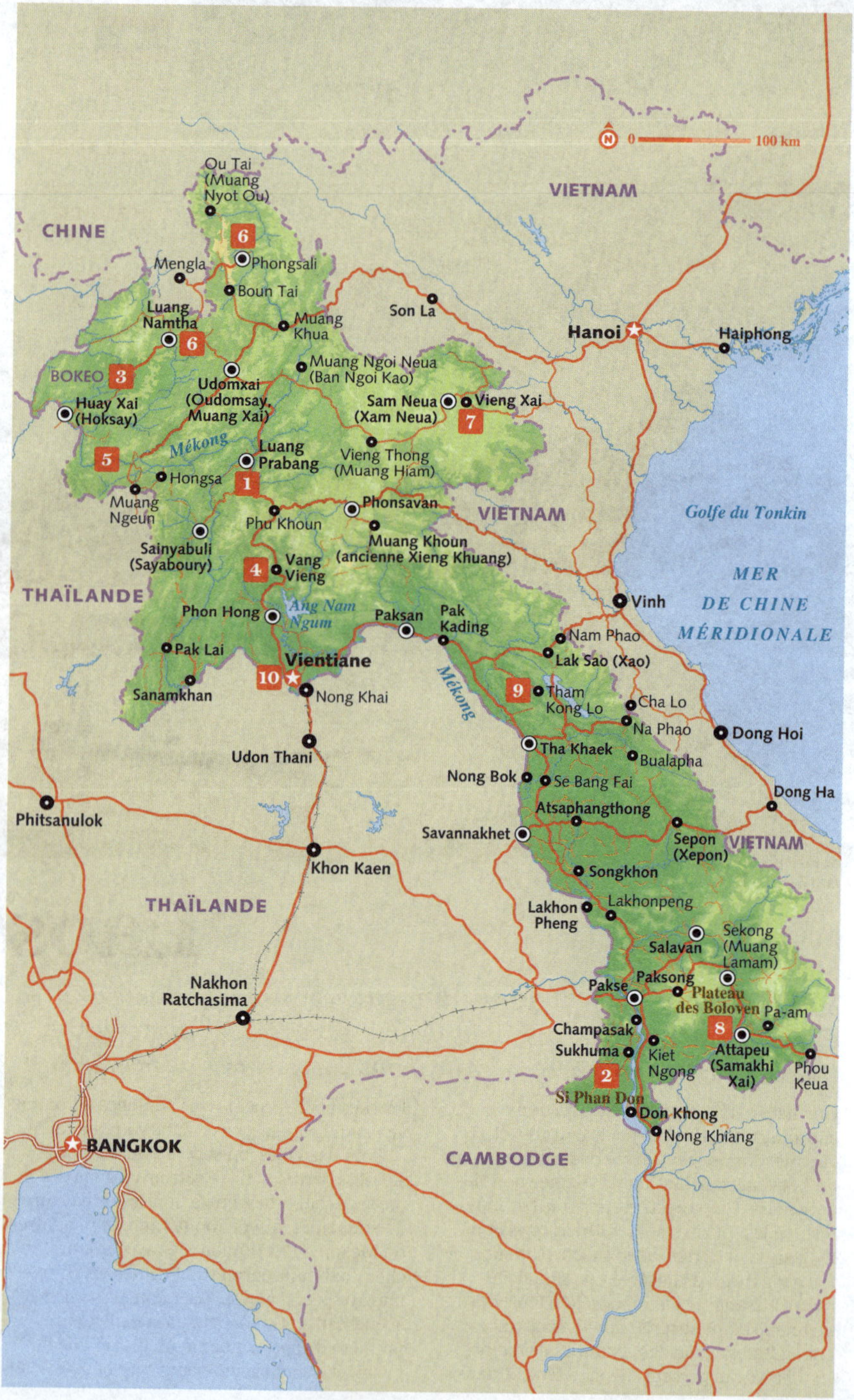

0 100 km
CHINE
VIETNAM
Ou Tai (Muang Nyot Ou)
6
Phongsali
Mengla
Boun Tai
Luang Namtha
6
Muang Khua
Son La
Hanoi
Haiphong
BOKEO
3
Udomxai (Oudomsay, Muang Xai)
Muang Ngoi Neua (Ban Ngoi Kao)
Sam Neua (Xam Neua)
Vieng Xai
7
Huay Xai (Hoksay)
Mékong
Luang Prabang
Vieng Thong (Muang Hiam)
5
Hongsa
1
Muang Ngeun
Phonsavan
Phu Khoun
VIETNAM
Golfe du Tonkin
Muang Khoun (ancienne Xieng Khuang)
Sainyabuli (Sayaboury)
4
Vang Vieng
THAÏLANDE
MER DE CHINE MÉRIDIONALE
Vinh
Phon Hong
Ang Nam Ngum
Paksan
Pak Kading
Nam Phao
Pak Lai
Lak Sao (Xao)
Vientiane
10
Nong Khai
Sanamkhan
Mékong
9
Tham Kong Lo
Cha Lo
Na Phao
Dong Hoi
Udon Thani
Tha Khaek
Bualapha
Nong Bok
Se Bang Fai
Dong Ha
Phitsanulok
Atsaphangthong
Savannakhet
Sepon (Xepon)
VIETNAM
Khon Kaen
Songkhon
THAÏLANDE
Lakhon Pheng
Lakhonpeng
Sekong (Muang Lamam)
Salavan
Nakhon Ratchasima
Paksong
Pakse
Plateau des Boloven
Pa-am
Champasak
8
Sukhuma
Attapeu (Samakhi Xai)
Kiet Ngong
Phou Keua
2
Si Phan Don
Don Khong
Nong Khiang
BANGKOK
CAMBODGE

Laos

Les incontournables

Luang Prabang

1 Située à la confluence de la Nam Khan et du Mékong, Luang Prabang compte parmi les plus belles destinations d'Asie du Sud-Est. Classée au patrimoine mondial de l'Unesco, elle séduit par son charme intangible et son rythme nonchalant. Des palmiers se balancent au-dessus de *vat* dorés, tandis que des moines en robe safran semblent glisser le long des rues. Les villas françaises et laotiennes ont été transformées en de ravissants hôtels. L'ancienne capitale royale du Laos est aussi un lieu parfait pour s'attabler dans un bon restaurant français.

Si Phan Don

2 Cela fait bien longtemps que cet archipel fluvial baigné par les eaux du Mékong attire les voyageurs en quête de tranquillité. Si Phan Don "Quatre Mille Îles" séduira aussi les tempéraments plus actifs. Entre une matinée de tubing (descente de rivière sur chambre à air) et une balade à vélo dans les rizières, allez faire un tour en kayak ou partez pêcher avec les habitants, avant de conclure la journée par une sortie en bateau pour observer les dauphins de l'Irrawaddy.

STEVE OGLE / GETTY IMAGES ©

Gibbon Experience

3 Accroché à une tyrolienne, filez à travers la forêt luxuriante. Ces câbles, dont certains mesurent plus de 500 m, relient plusieurs vallées de la réserve naturelle de Bokeo, où vivent des gibbons noirs et des tigres asiatiques. Votre argent servira à protéger le primate (une espèce menacée), et vos guides seront des anciens braconniers devenus gardes du parc. Vous passerez la nuit dans une cabane perchée dans les arbres, à l'écoute des bruits de la nature.

Sur 100 personnes au Laos

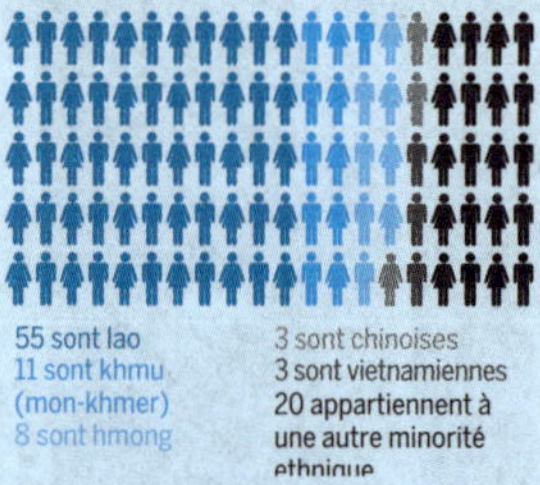

Religions
(% de la population)

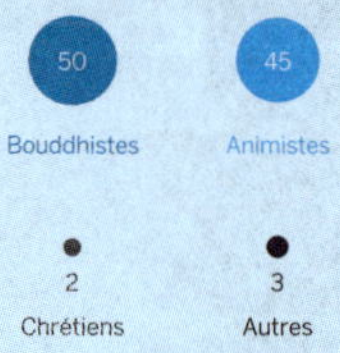

Population au km²

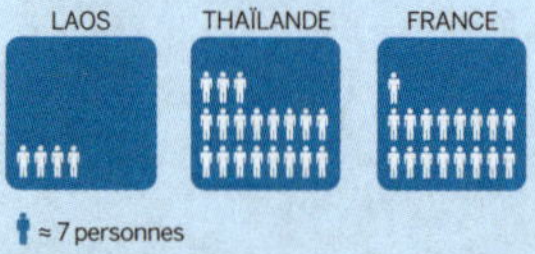

Vang Vieng

4 Telle une magnifique scène rurale dans une peinture sur soie orientale, Vang Vieng est lovée au bord de la rivière Song, entourée d'un patchwork de rizières vert vif et de falaises en toile de fond. Après avoir été un temps un eldorado de la fête pour les voyageurs turbulents, la ville a retrouvé un visage plus tranquille, cultivant son image de paradis des activités de plein air – randonnée, spéléologie, escalade ou tubing pour n'en citer que quelques-unes. Les pensions modestes et les fast-foods cèdent peu à peu le terrain à des boutique-hôtels et à d'excellents restaurants.

Croisières fluviales

5 Le trajet en bateau est l'une des composantes essentielle d'un voyage au Laos. Sur le Mékong, l'itinéraire reliant Luang Prabang et Huay Xai, une porte du Triangle d'or, via Pakbeng, est l'un des plus appréciés. Du bateau local à la croisière de luxe, il existe des options pour tous les budgets, y compris pour découvrir le paisible archipel de Si Phan Don, dans l'extrême sud. Un grand nombre d'affluents importants, comme la Nam Ou et la Nam Tha, relient entre elles des destinations diverses, comme Nong Khiaw et Hat Sa (d'où l'on gagne Phongsali).

Trek et séjour chez l'habitant

6 Le Laos offre un grand choix de treks qui incluent souvent une ou plusieurs nuits chez l'habitant. Le Nord est une région prisée, mais on peut

La piste Hô Chi Minh

Réseau complexe de chemins et de routes gravillonnées, la piste Hô Chi Minh court parallèlement à la frontière lao-vietnamienne. Entre 1966 et 1971, plus de 600 000 soldats de l'armée nord-vietnamienne (ANV), des monceaux de provisions et quelque 500 000 tonnes de matériel militaire empruntèrent cet itinéraire, violant les accords de Genève de 1962.

Plusieurs bataillons d'ingénieurs de l'ANV travaillaient à la construction des routes, des ponts, des installations de défense et inventaient des méthodes simples et ingénieuses pour les camoufler. Les ponts étaient bâtis juste au-dessous de l'eau et des branches étaient liées pour cacher les routes larges.

Aujourd'hui les points les plus accessibles se situent à Ban Dong, à l'est de Sepon, et à Pa-am, village de la province d'Attapeu qui se trouve en plein milieu de la piste principale. Ailleurs, vous devrez vous enfoncer dans la campagne et trouver des habitants pour vous guider.

À table !

Tạm màak-hung Une salade épicée au goût acidulé, composée de papaye verte, de jus de citron vert, de piments, d'ail, de *pạa dàek* et d'autres ingrédients.

Fõe Une soupe de nouilles de riz, servie avec une assiette de laitue, de menthe, de basilic, de coriandre, de germes de haricots mungos et de quartiers de citron vert.

Khào nĭaw Quel que soit le mode de cuisson, tous les plats laotiens sont servis avec du *khào nĭaw* (riz gluant).

Làap Une salade composée de hachis de viande, de volaille ou de poisson agrémenté de jus de citron vert, de *khào khûa* (riz gluant grillé et pilé), de menthe et de piments.

Lào-láo L'alcool de riz ou *lào-láo* demeure une boisson prisée des Lao des plaines.Si vous êtes invité à des festivités, on vous en servira.

6

ANDREA PISTOLESI / GETTY IMAGES ©

Femmes de l'ethnie akha, Luang Namtha

randonner partout dans le pays. Dans la province de Phongsali, vous aurez l'occasion de côtoyer les Akha, une ethnie aux coutumes bien spécifiques. Luang Namtha est la base la plus commode pour un écotrek dans la ZNP (zone nationale protégée) de Nam Ha, haut lieu de la randonnée dans la région du Mékong.

Grottes de Vieng Xai

7 En 1964, le mouvement communiste du Pathet Lao a déplacé son quartier général dans des grottes proches de Vieng Xai. Dissimulées le long d'une vallée étroite et escarpée, ces cavernes étaient quasi imprenables. Six d'entre elles se visitent aujourd'hui. On y découvre les lieux qui faisaient office de salles de réunion, de bureaux, mais aussi de marchés, de temples, d'imprimeries, d'hôpitaux et de casernes. Des parois en bois, ou les formations rocheuses, séparent ces différentes "pièces", où l'on remarque toujours des photos de Lénine et de Che Guevara.

Quand partir

HAUTE SAISON
(nov-mars)

➡ Températures agréables sur la majeure partie du territoire, mais froides en montagne. La meilleure période pour voyager.

➡ Réservez l'hébergement pour Noël et le Nouvel An.

SAISON INTERMÉDIAIRE
(juil et août)

➡ Temps pluvieux dans les régions très humides, d'où des paysages d'un vert éclatant.

➡ Période prisée par les touristes italiens et espagnols et les étudiants sacs au dos.

BASSE SAISON
(avr-juin, sept et oct)

➡ Avril-mai correspondent à la saison chaude : la température peut atteindre 40°C.

➡ Sept et oct peuvent être fort pluvieux et d'incroyables formations nuageuses accompagnent le "déluge".

Plateau des Boloven

8 Ce haut plateau couvert de forêt s'élève au-dessus des plaines alluviales du Mékong. Partez à moto sur les routes désertes qui s'enfoncent dans les provinces du Sud-Est, à la frontière du Vietnam. Ou bien faites un break à Tat Lo, une bourgade aux hébergements bon marché, entourée de cascades. Et si vous avez envie d'un peu d'aventure, partez en randonnée voir des villages où vivent des minorités ethniques. Sinon, offrez-vous une plongée dans la jungle au fil des tyroliennes de la ZNP de Dong Hua Sao.

Transports

Bateau Les cours d'eau représentent le réseau traditionnel de communication du Laos. Navigable toute l'année de Luang Prabang au nord à Savannakhet au sud, le Mékong est la voie fluviale la plus longue et la plus importante.

Voiture et moto Conduire au Laos est plus facile qu'on le pense. Les infrastructures routières n'ont rien de très sophistiqué, mais, en dehors des grands centres urbains, la circulation est fluide et prendre le volant est une partie de plaisir en comparaison avec le Vietnam, la Chine ou la Thaïlande.

Vélo Les paysages et la lumière superbes, la circulation relativement lente dans la majorité des villes et sur la plupart des grandes routes font du Laos le pays qui se prête le mieux au vélo en Asie du Sud-Est.

À voir

Sabaidee Luang Prabang (Sakchai Deenan, Anousone Sirisackda ; 2008). En voyage au Laos, un photographe thaïlandais s'éprend de sa guide.

The Rocket (Kim Mordaunt ; 2013). Primé à Berlin, ce film australien raconte l'histoire d'un jeune garçon laotien à qui l'on reproche d'attirer le mauvais sort sur sa famille. Pour regagner la confiance de ses proches, il construit une fusée géante.

À lire

Contes et légendes du Laos (Karine Amarine ; 2007). Pour découvrir agréablement le folklore et l'âme laotiens.

Les Tambours de bronze (Jean Lartéguy ; 1974). Derrière son récit d'espionnage sur fond de guerre froide, ce roman livre un hymne à la beauté du Laos.

Le Déjeuner du coroner (Colin Cotterill ; 2006). Découvrez le monde merveilleux du Dr Siri, coroner et fin limier dans le Laos des années 1970. Cette aventure est la première d'une série de huit.

Tham Kong Lo

9 Ce pourrait être le pire des cauchemars : imaginez le bras d'une rivière à son embouchure qui s'enfonce sous une imposante formation calcaire, et un batelier qui vous emmène sur un frêle esquif de bois au cœur de l'obscurité, dans les entrailles de la montagne. La lente progression sous le très haut plafond de stalactites de cette extraordinaire galerie de 7,5 km, située dans la province reculée de Khammuan, est une expérience mémorable !

Vientiane

10 Avec ses rues bordées de tamariniers et ses ruelles qui débouchent sur des villas de l'époque française, des maisons traditionnelles chinoises et des temples étincelants, la capitale a des allures de belle alanguie. Vendeurs de rue, moines, cuisine française et hôtels de charme composent l'atmosphère singulière de Vientiane, relevée d'une touche de "bien-être" (spa et yoga sont des activités très prisées ici). La capitale du Laos n'a pas l'éclat de Luang Prabang, mais son charme est unique.

Patuxai, Vientiane

10

CAPITALE
Maseru

POPULATION
1,9 million

SUPERFICIE
30 355 km²

LANGUES OFFICIELLES
Sotho, anglais

Lesotho

Un voyage dans l'air vivifiant des montagnes de cette contrée enclavée en territoire sud-africain donne un autre regard sur le continent.

On le surnomme le "royaume du ciel". C'est que ce pays situé au cœur de l'Afrique du Sud est perché dans la chaîne des monts Drakensberg, à une altitude comprise entre 1 400 et 3 200 m. Visions rares en Afrique australe : celles de chemins escarpés traversés par des cours d'eau tumultueux, de cimes enneigées, et même d'une station de sports d'hiver.

Dotés d'infrastructures touristiques en constante amélioration, les quatres parcs nationaux préservent un cadre naturel de toute beauté. Amateur de randonnée, vous serez conquis par les paysages lunaires du Sehlathebethebe National Park ou par le sauvage et isolé Ts'ehlanyane National Park. Au détour des sentiers, les bergers basotho drapés dans des couvertures colorées ne manqueront pas de vous saluer. Les "basses terres" se distinguent quant à elles par l'artisanat remarquable de la région de Teyateyaneng.

Sûr, peu onéreux et aisément accessible depuis Durban ou Johannesburg, le Lesotho offre un contraste captivant avec l'Afrique du Sud.

Lesotho
Les incontournables

Semonkong Lodge

1 Proche des impressionnantes chutes d'eau de Maletsunyane, le Semonkong Lodge est un modèle de tourisme responsable et un lodge parfait avec des enfants. Les gourmands n'hésiteront pas à effectuer le trajet (2 heures minimum) depuis Ramabanta pour se rendre jusqu'à un bon restaurant. Le lodge organise toutes sortes d'excursions et de randonnées, en employant bien souvent des habitants comme guides.

Randonnée jusqu'au Sani Top

2 Le Sani Top marque le sommet du Sani Pass, un col escarpé qui est le seul itinéraire fiable pour la traversée du Drakensberg jusqu'au KwaZulu-Natal, en Afrique du Sud. Par temps clair, le panorama est époustouflant. Perché à 2 874 m, le Sani Top Chalet, pub le plus élevé d'Afrique australe, vous récompensera de l'ascension. Vous pourrez aussi dormir sur place.

Sehlabathebe National Park

3 Créé en 1970, le parc national le plus visité du Lesotho présente un superbe relief accidenté. La randonnée à pied ou à cheval constitue le meilleur moyen de l'explorer. Plusieurs espèces d'oiseaux rares (dont le gypaète barbu) et l'étrange péléa (une petite antilope) peuvent être observés. On pratique la pêche à la mouche dans les rivières et les lacs de barrage. Prenez garde à la météo : les épais brouillards sont monnaie courante en été et redoutables pour les randonneurs ; en hiver, les nuits sont froides, avec d'occasionnelles chutes de neige.

Katse Dam

4 Ce village s'enorgueillit d'avoir le plus haut barrage d'Afrique (1 993 m). Le lac du Katse Dam, entouré de pentes verdoyantes, ravira ceux que le barrage en lui-même laisse indifférents. On peut pêcher depuis les berges ; le permis est en vente dans la Bokong Nature Reserve ou au centre d'accueil des visiteurs.

Ts'ehlanyane National Park

5 Peu fréquenté, faute d'être estimé à sa juste valeur, ce parc national de haute altitude protège un superbe territoire sauvage et accidenté. On y trouve l'une des rares forêts endémiques du Lesotho. Outre les randonnées de la journée, vous pourrez tenter (éventuellement avec un guide) le sentier sportif de 39 km, qui part au sud-ouest du Ts'ehlanyane et traverse une région splendide pour rejoindre la Bokong Nature Reserve.

Chutes d'eau

6 Bourgade perdue dans un coin paisible de la chaîne de Thaba Putso, Semonkong ("lieu de la fumée") constitue une excellente base pour des randonnées menant à des cascades. Hautes de 204 m, les Maletsunyane Falls sont très impressionnantes en été. Également spectactulaires, les Ketane Falls (122 m) représentent une excursion d'une journée (30 km) au départ de Semonkong.

Quthing

7 Grande ville la plus méridionale du pays, Quthing – ou Moyeni (le "lieu du vent") – fut fondée en 1877, abandonnée durant la Gun War de 1880 qui vit les Basotho défaire des forces britanniques, puis reconstruite sur le site actuel. De nombreuses empreintes de dinosaures ont été découvertes dans

Sur 100 personnes au Lesotho

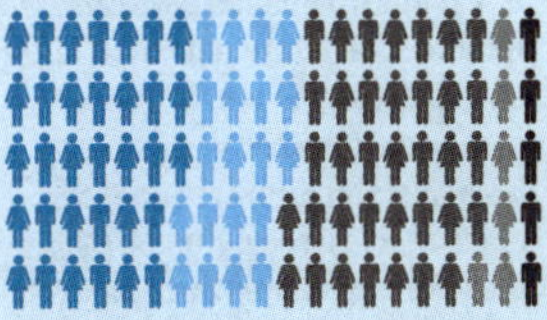

33 ont entre 0 et 14 ans
20 ont entre 15 et 24 ans
36 ont entre 25 et 54 ans
6 ont entre 55 et 64 ans
5 ont plus de 65 ans

Religions
(% de la population)

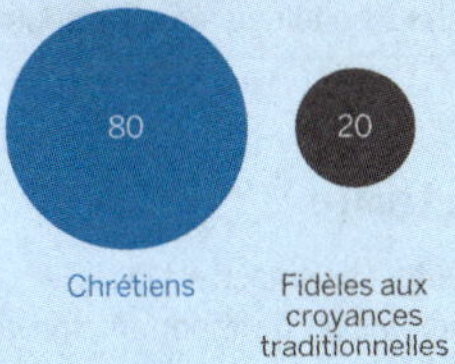

Population au km²

Quand partir

JUIN-AOÛT
➡ Les pistes de ski accueillent des compétitions internationales.

SEPT
➡ Le festival Morija rend hommage à la culture basotho.

DÉC-JAN
➡ Le débit des Maletsunyane Falls, les plus hautes chutes d'Afrique australe, atteint des records.

Culture basotho

La culture traditionnelle basotho reste très vivace. Des cérémonies pittoresques marquent les événements importants, comme la naissance, la puberté, le mariage et la mort, et font partie de la vie du village. Lors d'une randonnée, vous découvrirez peut-être ce qu'est un *lekolulo*, sorte de flûte dont jouent les jeunes bergers, ou un *thomo*, un instrument à cordes réservé aux femmes, ou encore un *setolo-tolo*, instrument à cordes joué avec la bouche par les hommes. À la fois symbole de richesse et objet de sacrifices rituels, le bétail revêt une grande importance. L'agriculture et le climat sont au cœur de nombreux rites.

Les Basotho croient en un être suprême et font grand cas des *balimo* (ancêtres), qui jouent le rôle d'intermédiaires entre les hommes, la nature et le monde spirituel. La menace du mal plane constamment, causé par les *boloi* (sorciers ou sorcières) et les *thkolosi* (de petits êtres malicieux similaires aux *tokoloshe* des Xhosa). Si ces forces vous tourmentent, adressez-vous au *ngaka* le plus proche, un homme instruit, mi-sorcier mi-docteur, capable de les combattre. La tradition basotho veut qu'on enterre les morts en position assise, face au soleil levant et prêts à bondir au moindre appel.

À table !

L'autosubsistance est la règle pour une partie importante de la population vivant de l'élevage ou de la culture du maïs et du sorgho.

Motoho Porridge de sorgho.

Bière Dans les villages du Lesotho, les drapeaux jaune et blanc indiquent que l'on fabrique de la bière sur place – jaune pour la bière de maïs et blanc pour la bière de sorgho.

9

DI JONES / GETTY IMAGES ©

les environs – on peut les observer près de la route de Mt Moorosi. Autre point d'intérêt, l'insolite Masitise Cave House Museum, un musée établi dans une ancienne mission construite dans un abri rocheux san (premiers habitants de l'Afrique du Sud).

Mokhotlong

8 Principale ville de l'est du Lesotho, Mokhotlong évoque, par son isolement, une localité du Far West. Le seul spectacle consiste à regarder les habitants vêtus d'une couverture basotho passer à cheval. Toutefois, Mokhotlong constitue une bonne base de promenades. Vous trouverez plusieurs magasins bien approvisionnés et, parfois, de l'essence et du gazole.

Randonnée équestre

9 Le Lesotho est un haut lieu de la randonnée à cheval. Fiables, les poneys et chevaux basotho résultent du croisement de petits chevaux javanais et de vigoureuses montures européennes. Vous pouvez vous lancer sans être un cavalier émérite, mais attendez-vous à des courbatures après une journée de chevauchée. Des randonnées équestres peuvent être organisées dans différents sites comme le Ts'ehlanyane National Park.

Transports

Avion Vols depuis/vers l'Afrique du Sud.

Vélo Pour les plus sportifs seulement, en raison de la géographie montagneuse du pays.

Bus Presque tout le pays est sillonné par un bon réseau de bus et de taxis-minibus (appelés simplement "taxis"). Il n'y a pas de classes et le service est résolument sans prétention.

CAPITALE
Riga

POPULATION
2,2 millions

SUPERFICIE
64 589 km²

LANGUE OFFICIELLE
Letton

Maison des Têtes noires, Riga

Lettonie

Trésor caché de l'Europe balte, la Lettonie n'a pas encore été découverte par le tourisme de masse mais pourrait bien devenir la prochaine destination à la mode.

Bordée par l'Estonie au nord et la Lituanie au sud, la Lettonie est un petit bijou. Les pins recouvrent la vallée de la Gauja ; les dômes des cathédrales se détachent au-dessus des villes ; la pop russe retentit sur les plages ; et l'effervescente Riga est le centre cosmopolite et la capitale des pays baltes.

Encore peu connu, ce pays est idéal pour ceux qui privilégient l'authenticité aux hauts lieux touristiques que l'on peut trouver ailleurs. Jadis terrain de jeu féodal des nobles allemands, la Lettonie est couverte de vestiges d'une époque somptueuse. Nombre de châteaux et manoirs ont été restaurés avec amour et transformés en auberges inoubliables – l'endroit idéal pour réaliser vos fantasmes de contes de fées. Au-delà des flèches tarabiscotées et des hauts immeubles de Riga, vous trouverez des kilomètres de forêts, des lacs et des plages de sable clair où les vagues de la Baltique s'écrasent avec fracas. En bref, un voyage en Lettonie s'avérera bien plus surprenant que dans les habituelles villes d'Europe de l'Est.

Lettonie
Les incontournables

L'architecture Art nouveau de Riga

1 Demandez à un Rigois où se trouvent les bâtiments Art nouveau mondialement connus, vous obtiendrez invariablement la même réponse : "Levez les yeux !" Dans la capitale lettonne, plus de 750 édifices – plus que dans toute autre ville européenne – affichent ce style décoratif extravagant. Mitraillez les façades de la ville moderne lors d'un après-midi venteux : vous y verrez un ensemble remarquable de démons hurlants, de divinités enchantées, de végétation luxuriante et d'étranges motifs géométriques.

Cap Kolka

2 Aussi beau que désolé, le cap Kolka (Kolkasrags) a des allures de bout du monde. À l'époque soviétique, la péninsule était une base militaire hautement sécurisée, interdite aux civils. Le développement de la région fut freiné par la suite et, aujourd'hui, ses villages côtiers dépeuplés semblent figés dans le passé.

Palais de Rundale

3 Construit pour le baron Ernst Johann Biron (1690-1772), duc de Courlande entre 1736 et 1740, le palais de Rundale est une ode à l'excentricité aristocratique du XVIIIe siècle et un chef-d'œuvre architectural dû à l'italien Bartolomeo Rastrelli. le château comporte 138 pièces, dont seulement un tiers sont ouvertes aux visiteurs. Elles étaient chauffées grâce à un réseau de 80 poêles en porcelaine. Au nombre des plus remarquables, la chambre de la duchesse, le boudoir et le cabinet de toilette, doté d'un joyeux arrangement de couleurs.

Liepaja

4 Fondée au XIIIe siècle, la troisième ville de Lettonie fut un port de guerre dès le XIXe siècle, puis une base militaire stratégique pendant la période soviétique. Encore marquée par ce passé, Liepaja présente un côté

WALTER BIBIKOW / GETTY IMAGES ©

brut qui ne vous laissera pas indifférent. Principale curiosité de la ville, la sinistre prison de Karosta est un ancien établissement pénitentiaire dans lequel le visiteur peut se mettre dans la peau d'un dissident du régime de Staline ou d'un déserteur.

Jurmala

5 Jurmala est le centre de spa de l'ancien empire russe. Mais si l'engouement pour le sanatorium a faibli, le lieu est toujours ultra prisé pour s'étourdir de petits soins avec une gamme infinie de services (envie d'un massage au chocolat ?). Même si vous ne tenez pas à vous baigner dans les très fraîches eaux des plages labellisées Pavillon bleu des alentours, Jurmala vaut l'aller-retour dans la journée depuis Riga, ne serait-ce que pour y guetter l'ostentation des nouveaux riches et des femmes-trophées qui leur tiennent compagnie.

Vieux Riga

6 C'est au hasard que l'on découvre le mieux les rues pavées et tortueuses du cœur médiéval de Riga. Perdu au milieu des toits à pignons, clochers d'églises et ruelles sinueuses, vous découvrirez un royaume éblouissant – classé au patrimoine mondial de l'Unesco – que se partagent de hautes cathédrales, de vastes places et les murs d'enceinte délabrés d'un château.

Quand partir

JUIN

➡ Le solstice d'été annonce les mois les plus chauds. Les Lettons se rendent sur la côte.

SEPTEMBRE

➡ À Riga, on sirote un café crème sous les lampes chauffantes des dernières terrasses ouvertes.

DÉCEMBRE-JANVIER

➡ Passez vos vacances au pays de l'arbre de Noël.

Sur 100 personnes en Lettonie

Religions

(% de la population)

Population au km²

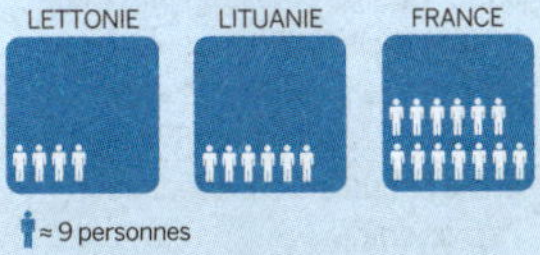

L'arbre de Noël, une invention lettonne !

À Riga, la maison des Têtes noires, qui réunissait une confrérie de marchands célibataires, était réputée pour ses folles soirées. En 1510, à la veille de Noël, un groupe de ces célibataires, tout à l'esprit des fêtes, traîna un grand pin jusqu'à la confrérie et le couvrit de fleurs. À la fin de la soirée, l'arbre fut réduit en cendres dans un impressionnant incendie. Depuis, la décoration de l'"arbre de Noël" est devenue une tradition annuelle, qui a fini par se diffuser dans le monde.

À table !

Alus (bière). Toutes les grandes villes ont toutes la leur. L'Užavas (de Ventspils) est une valeur sûre.

Balzām noir Goethe le surnommait l'"élixir de vie". Cette concoction noire à 45° est une recette secrète composée de plus d'une dizaine d'ingrédients, comme de l'écorce de chêne, de l'absinthe et des fleurs de tilleul. D'après les retraités lettons, un verre par jour éloigne le médecin pour toujours ! Essayez-le, mélangé à du coca et des glaçons pour l'adoucir.

Kvass Le *kvass* est une boisson très appréciée, faite à partir de pain de seigle fermenté, et étonnamment populaire auprès des enfants !

Champignons Produit phare en Lettonie. La récolte a lieu dans tout le pays lors des premières averses d'automne.

Poisson fumé Des dizaines de cabanons de poissons jalonnent la côte de la Courlande – on les repère à la fumée qui s'élève au-dessus des arbres. Emportez-en ; c'est un en-cas idéal pour l'après-midi.

WALTER BIBIKOW / GETTY IMAGES ©

Musée de Turaida, Sigulda, parc national de Gauja

Sigulda et le parc national de la Gauja

7 Avec un nom résonnant comme celui d'une ogresse mythique, on ne s'étonnera pas que Sigulda – porte d'entrée de la vallée de la Gauja, en Lettonie – captive le cœur et l'esprit des visiteurs. La tour du château de Turaida domine majestueusement les pins, comme une réminiscence glorieuse des royaumes féeriques qui gouvernèrent jadis ces terres. Après votre cours d'histoire, viendra le moment d'enchaîner les sports à sensation : sauts à l'élastique depuis un téléphérique en marche ou descente tout schuss en bobsleigh.

Pāvilosta

8 Il règne dans cette paisible bourgade balnéaire, à mi-chemin entre Ventspils et Liepāja, une ambiance de plage californienne, malgré son emplacement sur la sombre mer Baltique. L'été, les séances de planche à voile, kitesurf, surf ou voile sont entrecoupées de siestes sur la plage avec bières. Assurez-vous d'avoir une bonne météo lors de votre passage, autrement, l'ennui est assuré.

Transports

Bus Pour aller plus loin que la capitale et ses banlieues (bien desservies par le chemin de fer), le bus est bien plus confortable que le train.

Train La plupart des Lettons vivant dans l'agglomération élargie de Riga, le réseau ferré très dense facilite les excursions à la journée. Les destinations plus lointaines sont plus accessibles en bus.

Voiture En Lettonie, les phares doivent être allumés à tout moment. Demandez "benzene" lorsque vous cherchez une station-service. Les compagnies de location autorisent généralement la circulation dans les trois pays baltes, pas au-delà.

CAPITALE
Beyrouth

POPULATION
5,8 millions

SUPERFICIE
10 400 km^2

LANGUE OFFICIELLE
Arabe

Ruines de Baalbek

Liban

Dans le contexte géopolitique troublé de la région, le pays du Cèdre reste praticable et n'a rien perdu de ses charmes.

Considéré un temps comme la Suisse du Proche-Orient, les pieds dans le monde arabe et les yeux tournés vers l'Occident, le Liban a disparu de la carte touristique lorsqu'il a sombré dans la guerre civile de 1975 à 1990. Pourtant, malgré la présence du Hezbollah, des camps palestiniens et de l'afflux massif de réfugiés syriens, voyager dans ce pays est aujourd'hui non seulement possible, mais étonnamment facile. Des cités phéniciennes aux vestiges romains en passant par l'architecture islamique, la vie nocturne trépidante de la capitale, de luxueuses stations de ski et les sites naturels classés du Mont-Liban, la destination rassemble de multiples centres d'intérêt malgré la taille modeste de son territoire. Sur le plan humain, le pays déploie également une grande complexité, avec une mosaïque de communautés religieuses – musulmans, chrétiens et druzes, la plupart divisés en plusieurs branches – et une diversité sociale parfois source de conflits, comme l'a confirmé l'histoire récente.

Liban
Les incontournables

Grotte de Jeita

1 Non loin de Beyrouth, sur le versant ouest du Mont-Liban, cet impressionnant réseau de grottes karstiques s'enfonce sur près de 7 km dans les entrailles de la montagne. Il fut habité à la préhistoire et servit d'entrepôt de munitions durant la guerre civile. Sa partie inférieure est inondée chaque hiver. En revanche, les différentes chambres de la caverne supérieure, dont la plus grande mesure 120 m de haut, restent ouvertes au public toute l'année (chaque jour en juillet-août). Un éclairage étudié fait resplendir les concrétions rocheuses, parmi lesquelles la plus longue stalactite du monde (8,2 m).

Baalbek

2 Remontant au IIIe millénaire avant notre ère, Baalbek doit son nom au dieu phénicien Baal. Rebaptisée Héliopolis par les Grecs, elle devint plus tard la cité la plus importante de la Syrie romaine. Il s'agit aujourd'hui du site archéologique phare du Liban. Son acropole mesure quelque 300 m de long et comprend deux temples, dédiés à Jupiter et à Bacchus, deux cours et une enceinte construite à l'époque arabe. En retrait s'élève le temple de Vénus, édifice circulaire aux colonnes cannelées. En juillet, les ruines accueillent les concerts, pièces de théâtre et spectacles de danse du Festival de Baalbeck.

Byblos (Jbail)

3 Sur la côte à 40 km de Beyrouth, Byblos fut peuplée dès le néolithique, ce qui la range parmi les plus vieilles villes du monde habitées sans interruption. Centre phénicien florissant jusqu'au Xe siècle av. J.-C., elle tomba tour à tour aux mains des Perses, d'Alexandre le Grand, des Romains, des Byzantins et des Arabes. Elle a conservé son port historique et sa vieille ville pleine de charme. Les ruines antiques prolongent le château des croisés (XIIe siècle) qui domine les remparts médiévaux. On peut notamment y admirer le temple de Baalat Gebal, deux tombes royales et un amphithéâtre romain.

Échoppe de menuisier, Sidon

Souks de Saïda

4 Ancienne capitale et grand port de la Phénicie, Saïda (ancienne Sidon) est aujourd'hui la troisième ville du Liban. Outre les vestiges de l'antique temple d'Eshmoun, deux châteaux croisés du XIIIe siècle et le caravansérail des Français (Khan el-Franj), elle conserve une vieille ville médiévale. Ce lacis de ruelles en cours de restauration dissimule 60 sites historiques, ainsi que des souks traditionnels où des artisans travaillent encore selon des méthodes ancestrales. Achetez-y de l'eau de fleur d'oranger, la spécialité locale, et goûtez la *sanioura*, un biscuit en forme de losange.

Beyrouth

5 Sorte de chantier permanent où les maisons traditionnelles sont écrasées par des tours flambant neuves, où les carcasses de béton et les décombres font un curieux écho aux immeubles de standing venus remplacer les anciens souks, la capitale libanaise offre des contrastes saisissants. Les bars, restaurants et boutiques de Hamra ou de Gemmayzé et les clubs de plage n'ont rien à envier à ceux des métropoles occidentales. Il y règne une vie nocturne trépidante, dont profitent les classes aisées. À la périphérie s'étendent les camps de réfugiés palestiniens. C'est dans ce mélange d'ancien et de nouveau, de faste et de

Quand partir

DÉCEMBRE-AVRIL

➡ Saison du ski est des randonnées à raquettes.

MAI-SEPTEMBRE

➡ Période propice pour randonner sur les sentiers de montagne et dans les forêts de cèdres.

JUILLET-AOÛT

➡ Les spectacles du Festival de Baalbeck redonnent vie aux ruines antiques.

Sur 100 personnes au Liban

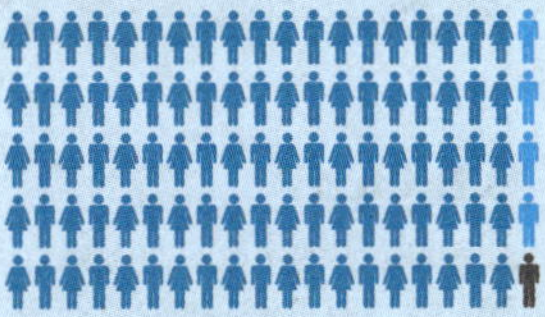

95 sont arabes
4 sont arméniennes
1 est d'une autre origine

Religions

(% de la population)

Population au km²

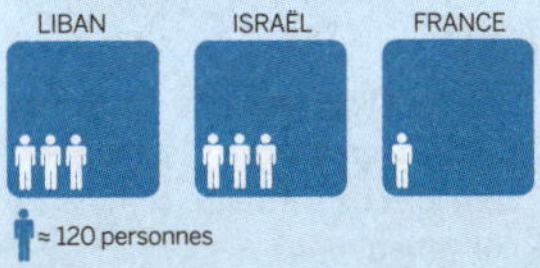

Cèdres du Liban

Mentionnés dans l'Ancien Testament, les cèdres du Liban (*Cedrus libani*) tapissaient jadis de vastes pans de la chaîne du Mont-Liban. Le temple de Jérusalem était fait de ce bois, prisé dès l'époque phénicienne pour sa nature imputrescible, sa résistance et son parfum. Il fut également employé durant l'Antiquité pour la construction navale. Cette exploitation de longue date a provoqué une déforestation massive. S'il continue de figurer sur le drapeau, l'arbre ne subsiste plus en effet que dans quelques poches résiduelles du pays, très protégées. Parmi elles, citons la réserve du Chouf (qui couvre tout de même 5% du territoire national), sur les pentes du mont Barouk, celle des cèdres de Dieu, près de Bcharré, ou celle de Tannourine, non loin.

À table !

Arak Alcool anisé que l'on boit avec de l'eau et des glaçons.

Chawarma Équivalent arabe du *döner kebab* turc.

Falafel Boulettes de pois chiches ou de fèves, frites.

Kebbé Croquette allongée faite d'une enveloppe de viande et de boulghour farcie de viande aux pignons, oignons et épices.

Kefta Boulettes de bœuf ou d'agneau haché, cuites sur une brochette.

Mezze Assortiment de hors-d'œuvre tels que houmous, *moutabbal* (caviar d'aubergine) et *tabboulé*.

Waraq arish (ou *waraq 'anab*). Feuilles de vigne farcies de riz et de pois chiches.

Za'atar Mélange d'une variété de thym, de graines de sésame, de sumac et de sel utilisé comme condiment.

7

MICHELE FALZONE / GETTY IMAGES ©

décrépitude que réside son caractère.

Vallée de la Qadicha

6 Inscrite au patrimoine mondial de l'Unesco, cette vallée du Mont-Liban marie nature et patrimoine. Des cascades bouillonnantes voisinent avec des monastères et des ermitages taillés dans la roche, témoignant d'une présence chrétienne très ancienne. La route qui serpente de la côte vers Bcharré dévoile un panorama spectaculaire sur la vallée elle-même. Rien de tel qu'une randonnée dans la région pour se remettre de la frénésie de Beyrouth.

Les Cèdres

7 Au pied du plus haut sommet du pays (3 088 m), la doyenne et la plus européenne des stations de ski du pays ne manque pas d'attrait. Elle doit son nom (Al-Arz en arabe) à un bosquet de cèdres du Liban anciens, inscrit lui aussi sur la liste du patrimoine mondial de l'Unesco ; les Libanais l'appellent *arz ar-Rabb* (cèdres de Dieu), et certains de ses arbres auraient près de 1 500 ans. La saison de sports d'hiver dure grosso modo de décembre à avril. Hors saison, les randonneurs profitent de tarifs avantageux.

Transports

Bus Ils relient Beyrouth à toutes les grandes villes libanaises. La capitale et sa périphérie, ainsi que la route côtière, bénéficient d'un réseau de bus, minibus et taxis étendu, bon marché et plutôt fiable.

Voiture Pour explorer en profondeur l'arrière-pays, surtout la vallée de Qadicha, la vallée de la Beqaa et le Chouf, louer une voiture ou négocier les services d'un taxi vous simplifiera la vie. La conduite au Liban demande toutefois des nerfs d'acier, car le respect du code de la route semble optionnel.

Libérienne, Tubmanburg

Liberia

Fondé par des esclaves affranchis, dévasté par une longue guerre civile, le Liberia, inexploré et mystérieux, est en train de se remettre sur pied.

Fondé au XIXe siècle par des esclaves noirs d'Amérique affranchis, et peuplé d'ethnies réputées pour leurs coutumes artisanales et leurs sociétés secrètes, le Liberia est la terre d'un melting-pot culturel complexe qui n'a pas toujours fonctionné. Sorti au début des années 2000 d'une guerre civile meurtrière, dont les images d'enfants-soldats ont fait le tour du monde, le pays semblait relever la tête. En 2013 cependant, il était confronté a une nouvelle épreuve en devenant l'un des foyers de la fièvre Ebola en Afrique de l'Ouest.

Sur le plan des richesses naturelles, le Liberia a pourtant de quoi attirer les regards. Le parc national de Sapo est constitué de l'une des plus belles étendues de forêt tropicale d'Afrique de l'Ouest, tandis que les plages de la jolie ville de Robertsport sont ponctuées de pirogues de pêcheurs et de gigantesques joyaux de granit.

La capitale, Monrovia, donne à voir les vestiges de la riche histoire du Liberia et permet de voir comment les influences américaines continuent de façonner le pays.

Liberia
Les incontournables

Monrovia

1 La capitale du Liberia fut une ville élégante dans le passé. Aujourd'hui, il ne reste que des vestiges de cette époque. À vous de découvrir les fantômes architecturaux de sa douloureuse histoire, mais aussi les écoliers en uniforme qui incarnent son avenir.

Harper

2 Cette ville située à 400 km au sud de Monrovia baigne dans une atmosphère de bout du monde. Au terme d'un trajet de deux jours sur des routes dantesques, cette petite cité à l'allure déliquescente est comme une récompense après une longue chasse au trésor. Elle possède de magnifiques plages mais la ville n'a aucun hôtel, juste quelques pensions basiques.

Sapo National Park

3 L'unique parc national du Liberia permet de partir à la rencontre des hippopotames nains, une espèce menacée, et de les observer dans leur habitat, mais aussi de camper sous la canopée, environné des bruits de la forêt vierge. Le parc abrite la seconde plus grande forêt tropicale humide de l'Afrique de l'Ouest.

À table !

Viandes et poissons épicés accompagnés de riz constituent les plats populaires. Le poisson au beurre de palme est très apprécié. Parmi les autres plats, la *palava sauce* (ragoût à base d'épinards, de poisson séché ou de viande, et d'huile de palme), ou encore le *jollof rice* (riz et légumes avec de la viande ou du poisson).

Quand partir

JANVIER-MAI

➡ Saison chaude et sèche. Le mercure peut aisément dépasser les 32°C.

JUIN-OCTOBRE

➡ Orages spectaculaires. Les routes de campagne sont impraticables.

OCT-DÉC

➡ L'harmattan assèche l'atmosphère. Nuits plus fraîches sur le plateau central.

SUSANNA WYATT / GETTY IMAGES ©

Site antique de Leptis Magna

CAPITALE
Tripoli

POPULATION
6,2 millions

SUPERFIE
1,75 million km^2

LANGUE OFFICIELLE
Arabe

Libye

Si la situation de violence et d'anarchie interdit à l'heure actuelle tout voyage, la Libye a le potentiel pour devenir un jour une destination touristique de premier plan.

La Libye ne se limite pas à un immense désert ponctué de quelques oasis. Vous serez surpris de voir combien ce pays presque entièrement recouvert par le Sahara peut se montrer méditerranéen. C'est d'ailleurs sur son littoral que Grecs et Romains s'implantèrent tour à tour, les premiers en Cyrénaïque, les seconds en Tripolitaine. De ces deux civilisations subsistent nombre de sites archéologiques spectaculaires, dont Leptis Magna, Cyrène et Sabratha sont les fleurons.

Toutefois, les amateurs de déserts trouveront bien sûr leur compte, de l'art rupestre exceptionnel du Tadrart Acacus aux lacs oniriques de l'immense mer de sable d'Oubari, en passant par les sables noirs du volcan Waw an-Namous. Enfin, la ville caravanière labyrinthique de Ghadamès, à la frontière avec l'Algérie et la Tunisie, incarne de belle manière l'architecture fortifiée qui caractérise cette région berbère.

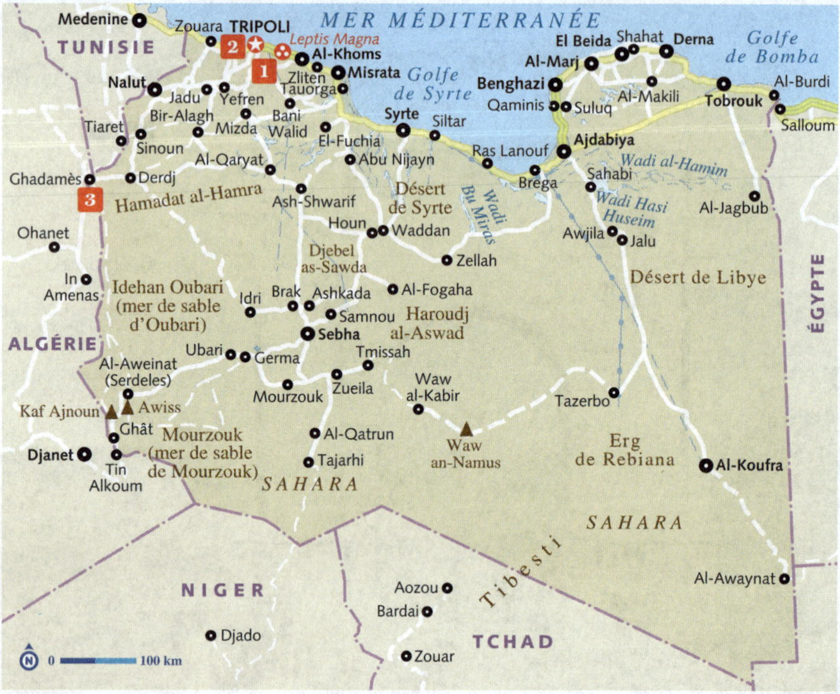

Libye
Les incontournables

Leptis Magna

1 Fondé par les Phéniciens, le joyau de la province romaine d'Afrique fut le lieu de naissance de l'empereur Septime Sévère. Aucune ville n'ayant ensuite recouvert le site, bâti en calcaire robuste, son état est exceptionnel et très évocateur de sa splendeur passée.

Tripoli

2 La capitale libyenne combine la langueur méditerranéenne et l'animation des médinas orientales. Située sur l'un des meilleurs ports naturels du Maghreb, elle suscita au fil de l'histoire bien des convoitises. L'arc de Marc Aurèle atteste de la domination romaine et les mosquées turques, de la mainmise de l'Empire ottoman. Dans le centre, les façades italianisantes décaties viennent clore cette litanie d'invasions.

Ghadamès

3 Dans le djebel Nefousa, fief des Berbères libyens, cette ville d'oasis inscrite au patrimoine mondial de l'Unesco enchante par son dédale de passages couverts et de maisons blanches au milieu de palmeraies étendues. La vie s'y déroule à un rythme paisible qui semble inchangé depuis des siècles.

À table !

On peut acheter partout dans la rue des *chawarma* (équivalent arabe du *döner kebab* turc). Le couscous et le poulet figurent parmi les plats courants en Tripolitaine et dans le Fezzan. Au marché au poisson de Tripoli, faites votre choix parmi la pêche du jour : un restaurant voisin cuisinera votre poisson pour vous.

Quand partir

OCT-NOV ET MARS-AVRIL

➔ Temps doux et ciel dégagé.

DÉC-FÉV

➔ Le thermomètre peut descendre en dessous de zéro le soir dans le Sahara.

MI-MAI À SEPTEMBRE

➔ La chaleur peut être accablante durant l'été.

CAPITALE
Vaduz

POPULATION
37 000

SUPERFICIE
160 km^2

LANGUE OFFICIELLE
Allemand

Château de Vaduz, Vaduz

Liechtenstein

Une histoire et une monarchie dignes d'un livre de contes, des paysages de montagnes, la riche et ancienne principauté du Liechtenstein a réussi à se forger un capital touristique.

Si le Liechtenstein n'existait pas, il faudrait l'inventer. Une minuscule principauté nichée au cœur des Alpes, gouvernée par un prince, voilà qui ne manque pas de piquant ni d'exotisme. Long de 25 km sur 12 km en largeur – soit grand comme deux fois Paris intra-muros–, le Liechtenstein ne possède pas d'aéroport international, et l'on y accède depuis la Suisse ou l'Autriche. En revanche, il possède un puissant secteur bancaire et financier, et l'un des plus hauts PIB par habitant du monde.

La plupart des visiteurs traversent le pays sans s'arrêter sauf pour prendre le château en photo ou faire tamponner un passeport en guise de souvenir. C'est dommage, car le territoire regorge de beaux sites naturels. Il suffit de s'élancer dans les paysages alpins sauvages au-delà de Vaduz pour que, tout soudain, ce mouchoir de poche enclavé n'ait plus l'air aussi minuscule.

Liechtenstein
Les incontournables

Château de Vaduz

1 Bien que le château ne soit pas ouvert au public, on peut gravir la colline autour du site pour profiter de beaux panoramas. Au sommet, la vue sur Vaduz, avec un paysage de montagnes en arrière-plan, est magnifique. De nombreux sentiers de randonnée partent du site. Pour pouvoir jeter un coup d'œil dans l'enceinte de la propriété, venez le 15 août, jour de la fête nationale du Liechtenstein. Le prince Hans Adam II consent à ouvrir les portes du château.

Malbun

2 Unique station de ski du pays, Malbun dégage un agréable sentiment d'isolement. À 1 600 m d'altitude, cette station de taille moyenne offre un réseau de pistes de ski alpin et de fond, pour la plupart sans grande difficulté. Si faire du ski à Malbun ne demande pas d'être un excellent skieur, en revanche il faut avoir un portefeuille bien garni. Ceux qui peuvent se payer l'expédition côtoieront peut-être quelques membres de familles royales européennes.

Fürstensteig

3 Avec pas moins de 400 km de sentiers pédestres et de pistes cyclables parfaitement balisés, le Liechtenstein s'avère une bonne option pour les amateurs de randonnée. Le Fürstensteig, sentier de randonnée le plus connu, est comme un rite de passage pour tout Liechtensteinois qui se respecte. Il faut être doté d'une bonne condition physique et ne pas être sujet au vertige. Par endroits en effet, le chemin est étroit. Les passages les plus difficiles sont sécurisés par des câbles et des garde-corps au bord de précipices vertigineux.

Le Drei Länder Tour

4 C'est l'avantage d'être petit ! En parcourant le Liechtenstein à vélo, on peut visiter, en plus du Liechtenstein, la Suisse et l'Autriche en une journée. Parmi les plus belles escapades, citons le Drei Länder Tour (tour des Trois Länder, 59 km) qui mène de Vaduz à la cité médiévale de Feldkirch, en Autriche. L'itinéraire se poursuit jusqu'à la centrale hydroélectrique Illspitz et le long du Rhin. Il rejoint ensuite Buchs, ville suisse dominée par un château du XIIIe siècle,

WALTER BIBIKOW / GETTY IMAGES ©

le Schloss Werdenberg, avant de revenir à Vaduz.

Hinterschellenberg

5 C'est près de Hinterschellenberg que 500 soldats russes blancs, soutien de l'Allemagne nazie pendant la Seconde Guerre mondiale, trouvèrent refuge en avril 1945. Contrairement à la plupart des pays européens, le Liechtenstein refusa de livrer ces militaires aux Soviétiques. Certains s'installèrent dans le Grand Duché (dont leur commandant, le général Boris Smyslovski), tandis que d'autres trouvèrent refuge en Argentine ou auprès de destinations tenues secrètes. Un mémorial érigé à une centaine de mètres de la frontière autrichienne commémore cet épisode.

Walsermuseum

6 Situé sur la commune de Triesenberg, ce musée retrace l'histoire des Walser, peuple germanophone originaire du Valais qui émigra à travers l'Europe au XIIIe siècle et s'installa au Liechtenstein. Le musée abrite d'étonnantes sculptures exécutées à partir de troncs et de branches d'arbres. Les Walser ont conservé leur propre dialecte. On peut également visiter la Walserhaus (Hag 19), maison du XVIe siècle.

Château de Gutenberg

7 Cette belle forteresse du XIIIe siècle, construite sur une colline est le monument emblématique de la commune de Balzers. Désormais propriété de la

Quand partir

AOÛT

➡ Fête nationale le 15 août.

DÉCEMBRE-MARS

➡ Profitez des pistes enneigées de l'unique station de ski du pays.

MAI-SEPTEMBRE

➡ Faites-vous plaisir en randonnant toujours plus haut, afin d'éviter les cars de touristes

Sur 100 personnes au Liechtenstein

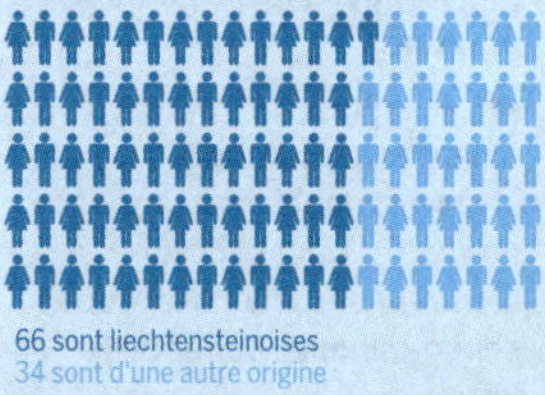

Religions

(% de la population)

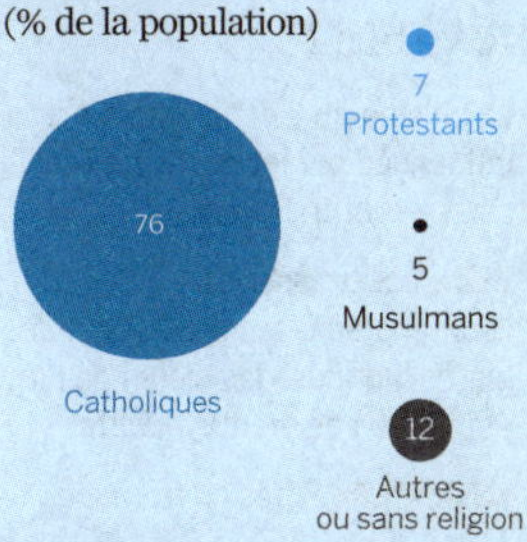

Population au km²

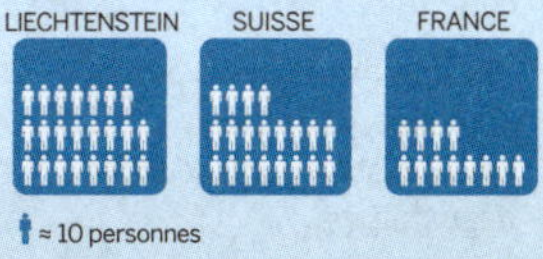

Le saviez-vous ?

- Le Liechtenstein est le 6e plus petit pays du monde et le 4e européen (derrière le Vatican, Monaco et Saint-Marin).
- Il est aujourd'hui encore gouverné par un prince, Hans Adam II, qui vit dans un château gothique perché au sommet d'une colline.
- Il héberge le siège social d'une entreprise leader dans la prothèse dentaire.
- Le Liechtenstein est le seul pays au monde dont le nom soit issu de la dynastie régnante.
- La dernière action militaire de l'armée remonte à 1866, lorsque 80 soldats furent engagés dans une bataille contre l'Italie. Aucune victime ne fut comptabilisée et l'armée fut dissoute quelque temps plus tard.
- Les entreprises sont peu taxées au Liechtenstein. Le pays compte ainsi près de 75 000 sièges sociaux d'entreprises, dont beaucoup sont de simples boîtes aux lettres.

À table !

La cuisine du Liechtenstein est influencée par les gastronomies suisse et autrichienne.

Bière Les brasseries liechtensteinoises produisent des bières blondes, des bières de blé et des ales de grande qualité.

Käsknöpfle Pâtes au fromage.

Ribel Plat de semoule de maïs servi avec du sucre et de la compote de fruits ou de la confiture.

Vin Nombre de caves et domaines viticoles du Liechtenstein proposent des dégustations.

RICHARD FAIRLESS / GETTY IMAGES ©

principauté, le château est ouvert pour des concerts. Sa silhouette impressionnante se découpe sur l'horizon, et de multiples balades sont possibles alentour. Le site fut habité dès le néolithique et l'on a retrouvé des vestiges romains dans les fondations du château.

Vaduz

8 La capitale du Liechtenstein est une petite commune sertie dans un paysage de carte postale. Tapie au pied de montagnes boisées, embrassant les berges du Rhin et dominée par un château à tourelles, elle offre un spectacle impressionnant. Son centre moderne abrite de nombreuses boutiques de luxe de produits détaxés. Mais il suffit de quelques minutes de marche pour retrouver les traces du village pittoresque et les vignobles.

Musée de la Poste, Vaduz

9 Les timbres du Liechtenstein ont fait le bonheur de générations de philatélistes. Mais Internet a sonné le glas de ce marché juteux pour l'État. Au musée de la Poste, vous verrez la collection la plus complète, dont les premiers timbres remontent à 1912.

Transports

Avion Pas d'aéroport sur le territoire.

Bus Un bus public traverse le Liechtenstein en venant de Suisse et d'Autriche. Relie Vaduz à Malbun, toutes les heures environ.

Train Bon moyen de se rendre au Liechtenstein.

Vélo Location de vélos à l'office du tourisme de Vaduz et carte du réseau cyclable.

Vieille ville, Vilnius

CAPITALE
Vilnius

POPULATION
3,5 millions

SUPERFICIE
65 300 km²

LANGUE OFFICIELLE
Lituanien

Lituanie

Anticonformiste et hyperactive, la Lituanie est l'un des secrets les mieux gardés du Vieux Continent.

En dehors des performances de son équipe de basket, on entend rarement parler de ce petit pays, le plus méridional des États baltes. Il vous réserve pourtant bien des surprises. La plus magistrale est probablement la virgule de sable qui s'enfonce dans la Baltique, l'isthme de Courlande, se partageant entre pinèdes et dunes. À l'intérieur des terres, les forêts verdoyantes cachent des lacs scintillants. Les marais pépient de dizaines de milliers d'oiseaux migrateurs.

Refuge d'artistes, Vilnius dissimule de mystérieuses cours, des petites rues pavées et de vieux immeubles au baroque grandiose. Plus loin, les reliques de l'URSS – du site de missiles nucléaires désaffecté transformé en musée de la Guerre froide au jardin de sculptures soviétiques – fascinent autant qu'elles dérangent. La colline des Croix et le très minéral jardin Orvydas complètent un tableau déjà très intrigant.

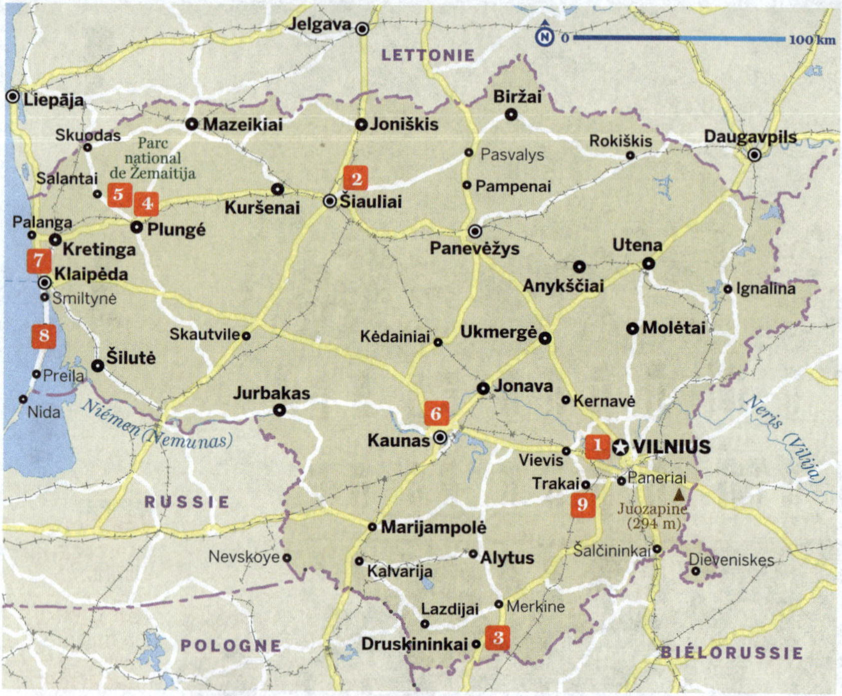

Lituanie
Les incontournables

Vilnius

1 Recoins attrayants, jolies cours, imposantes églises baroques et petites caves à bière : la vieille ville de Vilnius est l'un de ces endroits où l'on a plaisir à se perdre. Tradition et modernité y cohabitent harmonieusement. Vous êtes à la recherche d'une boutique bon marché, d'une boulangerie bio, d'une petite bouquinerie ou tout simplement d'un café tranquille ? Vous trouverez tout cela dans la même ruelle pavée.

Colline des Croix

2 Lorsque vous parcourrez le plat relief lituanien à la recherche de ce site, la première question qui vous viendra à l'esprit risque d'être "Mais où ont-ils vu une colline ?" Puis vous apercevrez au loin une butte – plus qu'une colline – surmontée de dizaines de milliers de croix. Et l'on réalise que, plus qu'une preuve de foi, ces croix sont l'affirmation de l'identité même du pays.

Parc de sculptures Grūtas

3 À 8 km de Druskininkai, le parc Grūtas, surnommé le "monde de Staline", rassemble une collection de statues de l'époque soviétique. Après avoir incarné l'oppression des Lituaniens, elles trouvent ici une deuxième vie, entre affiches de propagande, journaux et bureaux de vote de l'ex-URSS. Antidote parfait pour les nostalgiques de l'époque soviétique, ce parc offre un voyage dans le temps dérangeant et l'occasion de contempler des œuvres d'art dénigrées, qui, malgré la sinistre cause dans laquelle elles furent enrôlées, conservent parfois un certain charisme.

Parc national de Žemaitija

4 Le parc national de Žemaitija procure un agréable sentiment de fraîcheur. Ses 200 km^2 d'épaisses forêts émaillées de lacs donnent lieu à toutes sortes d'histoires merveilleuses. On peut s'y baigner, faire du bateau, du vélo, ainsi que découvrir un site bizarre : le musée de

JOHN FREEMAN / GETTY IMAGES ©

la Guerre froide, aménagé dans une ancienne base souterraine de missiles soviétiques.

Jardin Orvydas

5 L'un des sites les plus singuliers de Lituanie est ce jardin de pierres et de sculptures, créé par un maçon, Kazys Orvydas et de son fils Vilius. Les sculptures, qui étaient à l'origine dans le cimetière du village proche de Salantai, furent rassemblées dans la ferme des Orvydas dès que Khrouchtchev, dans les années 1960, fit la chasse aux objets religieux. Aujourd'hui, le visiteur admire des centaines et des centaines de statues, sculptures et bizarreries. On en ressort profondément troublé, bouleversé.

Musée des Diables

6 Ce musée expose une collection diablement diabolique de 2 000 statuettes rassemblées au fil des ans par le paysagiste Antanas Žmuidzinavičius (1876-1966). Le commentaire arbore un vernis de sérieux, replaçant les diables dans le folklore lituanien, mais on y va surtout pour le plaisir de voir des masques effrayants ou d'écouter des histoires fantastiques. Les enfants seront ravis.

Klaipėda

7 Pressés de prendre le bac pour l'isthme de Courlande, la plupart des visiteurs entrevoient seulement Klaipėda. Mais accordez-lui une

Sur 100 personnes en Lituanie

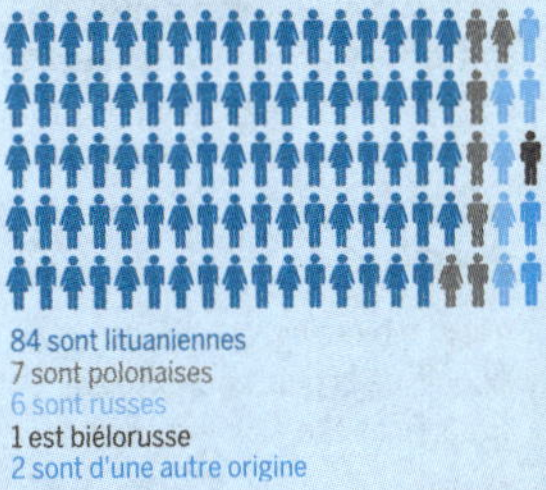

Religions

(% de la population)

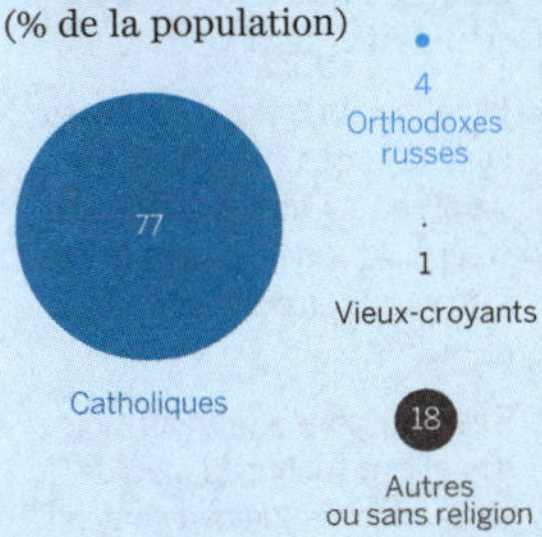

Population au km²

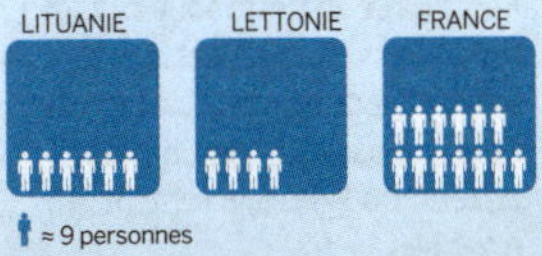

Quand partir

AVRIL

➡ De grands musiciens viennent se produire au Kaunas International Jazz Festival.

JUIN ET JUILLET

➡ La meilleure période pour découvrir les forêts et les dunes de sable de l'isthme de Courlande.

SEPTEMBRE

➡ Lors des "Capital Days", concerts, théâtre de rue et défilés de mode.

L'or de la Baltique

Les États baltes, la Lituanie en particulier, sont connus pour être des gisements d'ambre, une résine fossile de conifère, dont la mer Baltique charrie d'importantes quantités. On utilise cette gemme organique depuis des millénaires pour fabriquer bijoux et objets d'art.

Bien que l'ambre soit essentiellement jaune, sa couleur peut aller du blanc au noir en passant par le jaune pâle et l'orange. Les variétés les plus rares affichent même une teinte bleue, violette ou verte. La valeur d'une pièce dépend aussi de sa texture, de la présence d'inclusions d'insectes ou de végétaux et du savoir-faire de l'artisan.

Les boutiques spécialisées abondent. Pour distinguer l'ambre véritable du verre, du plastique ou autre matière, frottez-la vigoureusement et elle dégagera une odeur de pin.

À table !

Alus La bière est la boisson alcoolisée la plus courante en Lituanie et elle est plutôt bonne.

Blyneliai Salées ou sucrées, les crêpes se dégustent à toute heure. La crêpe Varskečiai fourrée à la crème est un régal.

Cepelinai Boulettes de pommes de terre farcies au fromage, à la viande ou aux champignons. Les "zeppelins" ont une forme d'obus et font voler en éclats vos projets de régime.

Champignons À la fin du mois d'août et au début du mois de septembre, les forêts regorgent de dizaines de variétés que les Lituaniens s'empressent de cueillir.

Šaltibarsčiai Cette soupe froide de betteraves est le plat emblématique du pays. À déguster avec une assiette de pommes de terre bouillies légèrement revenues.

9

TRISH PUNCH / GETTY IMAGES ©

Château de Turaida. Trakai

journée, et vous en serez récompensé. La troisième ville de Lituanie fut jadis capitale de la Prusse-Orientale et il flotte encore un parfum germanique dans l'architecture de sa vieille ville pavée et de la tour de son château en brique rouge.

L'isthme de Courlande

8 Est-ce dû à l'odeur des pins, à la brise marine ou au sentiment d'isolement ? La plus belle retraite de bord de mer de Lituanie, une longue et étroite langue de dunes qui lèche majestueusement l'extrémité sud-est de la mer Baltique, dégage une atmosphère brute ou légèrement désuète. Venez recharger vos batteries en profitant des pouvoirs régénérateurs du vent, de l'eau, de la terre et du ciel sur l'isthme de Courlande.

Trakai

9 Son château de brique rouge, tout droit sorti d'un conte de fées, en fait une excursion incontournable au départ de la capitale. Mais la petite ville de Trakai, environnée de lacs vaut aussi le détour pour découvrir les derniers témoins de la culture karaïte, cette communauté juive originaire de Crimée, dont un Musée ethnographique retrace l'histoire.

Transports

Bus Le réseau de bus couvre l'ensemble du territoire. Il relie les grandes villes entre elles et chacune aux petites villes de sa région.

Train Votre trajet déterminera le choix entre le bus et le train. Les trajets Vilnius-Kaunas et Vilnius-Klaipėda sont plus confortables et d'un meilleur rapport qualité/prix en train.

Voiture et moto Les routes lituaniennes sont bien entretenues, la conduite y est aisée.

Palais grand-ducal, Luxembourg (ville)

CAPITALE
Luxembourg

POPULATION
514 800

SUPERFICIE
2 586 km²

LANGUES OFFICIELLES
Luxembourgeois, allemand, français

Luxembourg

Le grand-duché de Luxembourg offre un visage bucolique constitué de vallons verdoyants et boisés, émaillés de villages nichées au pied de châteaux médiévaux.

Enclavé au cœur du continent, le Luxembourg, petit territoire de 2 586 km², figure parmi les États les plus riches de la planète. Membre fondateur de la construction européenne, de l'Otan et du Benelux, le Luxembourg profite de sa position stratégique entre ses grands voisins.

Le miracle économique, qui a commencé avec l'acier, se poursuit grâce au développement du secteur bancaire et financier et à l'implantation de sièges sociaux d'entreprises.

Toutefois, il serait dommage de réduire le pays à ses performances économiques. Le centre historique de la capitale, perchée sur un éperon rocheux, est classé au patrimoine mondial de l'Unesco. Sorti de la capitale, on se retrouve vite à la campagne, entre collines boisées, charmants villages et châteaux. Et puis, il y a la région viticole de la vallée de la Moselle, et d'agréables promenades à faire dans les gorges de la Petite Suisse luxembourgeoise. En fin de compte, ce grand-duché recèle de belles surprises.

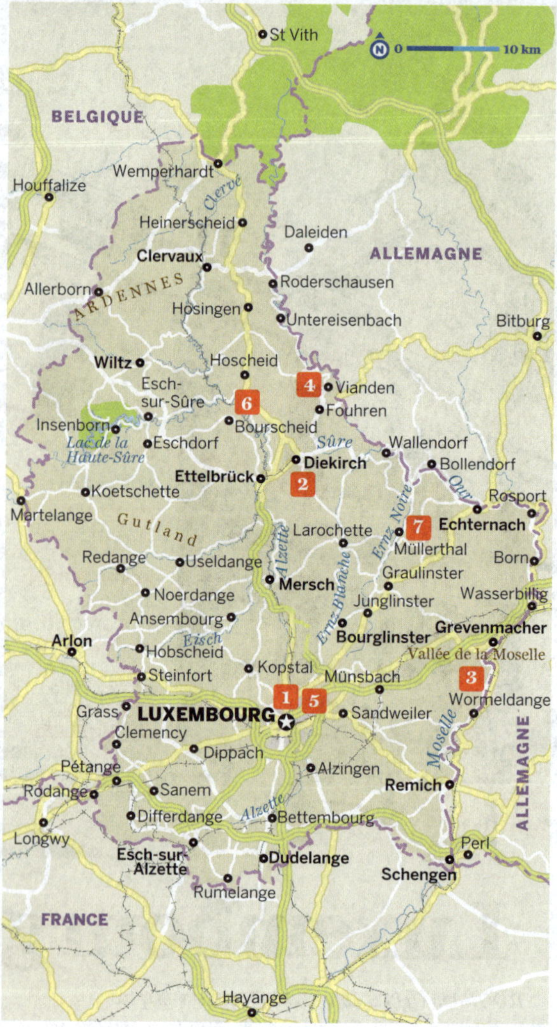

Luxembourg

Les incontournables

Chemin de la Corniche

1 Surnommé "le plus beau balcon d'Europe", cet itinéraire dans la ville de Luxembourg suit le tracé sinueux des remparts du XVIIe siècle et offre une vue sur la vallée en direction des fortifications du mur de Wenceslas (Wenzelsmauer). De l'autre côté de la rue Sigefroi, la promenade au sommet des remparts continue par le boulevard Victor Thorn jusqu'à la tour Dräi Tier (Triple Porte). L'essentiel du charme de la capitale se découvre lors de cette balade pédestre, et en particulier les remparts autour de la place de la Constitution, les jardins des vallées, et le minuscule entrelacs des ruelles de la vieille ville, derrière le palais grand-ducal. La place Guillaume II, devant l'hôtel de ville néoclassique, constitue le cœur de la ville.

Musée national d'Histoire militaire

2 Parmi les nombreux musées consacrés à la Seconde Guerre mondiale et commémorant la bataille des Ardennes, le musée national d'Histoire militaire de Diekirch est le plus exhaustif. C'est aussi celui qui donne le plus à voir, au sens propre. Aménagé dans une ancienne brasserie, à 200 m au nord du centre-ville, il abrite une vaste collection de matériel de guerre, véhicules et souvenirs de cette époque. Des reconstitutions minutieuses illustrent la libération du pays, qui s'étala de septembre 1944 à février 1945.

Vallée de la Moselle

3 Bienvenue dans l'une des plus petites régions viticoles d'Europe. La Moselle marque la frontière avec l'Allemagne. Ses berges s'élèvent en coteaux escarpés plantés de vignes. À partir du printemps, les vignes taillées à la perfection parent les flancs des collines d'un magnifique vert émeraude. Le long de la rivière, de Schengen à Wasserbillig, se succèdent bourgades et villes viticoles, aussi bien du côté luxembourgeois qu'allemand. Les paysages sont plaisants et pittoresques, surtout au nord de la commune d'Ahn et au-dessus du village de Wellenstein.

HANS-PETER MERTEN / GETTY IMAGES ©

Machtum, vallée de la Moselle

Château de Vianden

4 Palais, citadelle, cathédrale fortifiée ? Difficile de déterminer l'usage de ce bâtiment, qui se dresse au milieu des brumes et des collines boisées, en surplomb de la petite cité de Vianden. En fait, il s'agit d'un vaste château fort particulièrement photogénique. On y accède en traversant d'abord une salle d'exposition et une porte munie d'une herse, puis, en haut d'un escalier, on débouche dans une salle voûtée décorée d'armes et d'armures. Dans la crypte et la salle n°10 sont exposés les plans et les maquettes du château à diverses époques. La chapelle du XIIIe siècle se distingue par sa fosse centrale, un élément inhabituel. La cuisine est particulièrement impressionnante. La salle Charles Arendt rassemble les photos de visiteurs célèbres, de Mikhaïl Gorbatchev à John Malkovich. Le bar Keller, belle salle voûtée garnie de tonneaux, ouvre à l'occasion pour des concerts de jazz.

Musée d'Histoire de la ville de Luxembourg

5 Captivant, ce musée interactif se cache dans un ensemble de bâtiments du XVIIe siècle, dont l'ancienne "maison de vacances" de l'évêque d'Orval. Du jardin et de la terrasse on profite d'une vue splendide.

Quand partir

MAI-AOÛT

➡ Le soleil est, normalement, au rendez-vous.

FÉVRIER-MARS

➡ Le 1er week-end après le carnaval, on fête la fin de l'hiver et l'arrivée du printemps.

NOVEMBRE-FÉVRIER

➡ Temps froid et humide. Certains sites sont fermés.

Sur 100 personnes au Luxembourg

63 sont luxembourgeoises
13 sont portugaises
5 sont françaises
14 sont originaires d'un autre pays européen
5 sont originaires d'un pays non-européen

Religions

(% de la population)

Population au km²

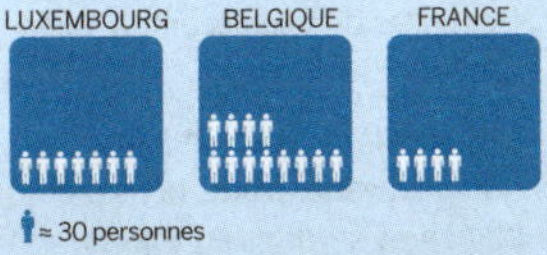

La royauté du Luxembourg

Entre 1815 et 1890, le roi des Pays-Bas était également grand-duc du Luxembourg. À la mort du roi néerlandais Guillaume III en 1890, Wilhelmine, sa fille et unique enfant encore en vie, est couronnée reine des Pays-Bas. Cependant, en vertu de la loi salique en vigueur au Luxembourg, la couronne ne pouvait revenir à une femme. Un lointain cousin de Guillaume III, Adolphe de Nassau est choisi pour prendre la succession. Ses descendants sont toujours à la tête du Luxembourg. En 1907, grâce à la réforme des règles de succession, Marie-Adélaïde devint grande-duchesse. Accusée de sympathie avec l'Allemagne pendant la Première Guerre mondiale, elle abdiqua après la guerre. En 1919 les Luxembourgeois, à l'occasion d'un référendum, se prononcèrent en faveur du maintien de la dynastie. Charlotte, sœur cadette de Marie-Adélaïde, accéda au trône. L'actuel grand-duc Henri et son épouse vivent au château Colmar-Berg et les enfants vont à l'école comme n'importe quel élève. On croise parfois le prince au cinéma ou la grande-duchesse qui fait ses emplettes. En 2012, le mariage du grand-duc Guillaume, héritier de la Couronne, a été *le* grand événement national de l'année.

À table !

Judd mat gaardebounen Le plat national est à base de porc fumé, préparé dans une sauce crémeuse avec des fèves et des pommes de terre.

Liewekniddelen mat sauerkraut Quenelles de foie accompagnées de choux.

Vin Excellents vins pétillants, dont le Rivaner fruité, bons pinots blancs, et rieslings équilibrés.

Cascade du Schiessentümpel, Petite Suisse luxembourgeoise

Château de Bourscheid

6 Vu depuis la route, à 8 km au nord d'Ettelbrück, ce splendide château en ruine, dont certaines parties ont été reconstruites, est particulièrement impressionnant. Le droit d'entrée inclut un audioguide pour une visite qui dure environ 90 minutes. L'itinéraire de visite permet de suivre le mur d'enceinte ou de grimper en haut du donjon carré du XIIe siècle pour profiter d'une belle vue sur la campagne. En chemin, on peut s'arrêter devant trois dioramas aux "effets spéciaux" quelque peu insolites.

Petite Suisse luxembourgeoise

7 La Petite Suisse luxembourgeoise pourrait abriter hobbits et lutins grâce à ses ravins moussus et ses étranges formations rocheuses. Plus certainement, elle accueille des randonneurs nombreux sur ses sentiers balisés. Au programme : gorges étroites, ruisseaux aux berges couvertes de mousse et formations de grès. Pour rejoindre ces coins reculés, il faut s'enfoncer dans les bois à l'ouest d'Echternach, cité connue pour sa villa romaine et sa procession dansante qui a lieu le mardi de la Pentecôte.

Transports

Bus et train L'excellent réseau de transports en commun a ceci de pratique que bus et trains s'empruntent avec les mêmes billets. Les bus desservent la plupart des grands sites touristiques.

Vélo Le vélo est une bonne alternative pour explorer la ville de Luxembourg et la route des vins.

Voiture Au Luxembourg, le prix du litre à la pompe est l'un des plus intéressants d'Europe occidentale.

Église Saint-Paul

POPULATION
587 000

SUPERFICIE
28,2 km²

LANGUE OFFICIELLE
Cantonais, portugais

Macao

L'ancienne concession portugaise a gardé une ambiance qui rappelle le Vieux Continent. Pour autant, la culture chinoise resplendit sur ce petit territoire côtier.

Le peuple chinois s'est levé… et se précipite à Macao. Mao Zedong, qui prononça la première partie de la phrase, doit se retourner dans son cercueil en verre. Ses compatriotes raffolent en effet de l'ancienne concession portugaise, devenue un immense temple du jeu.

Depuis 2002, Macao, surnommé le Las Vegas de l'Orient, fait mieux que sa rivale américaine. Il faut dire que les Chinois ont trouvé le jackpot en libéralisant les casinos aux étrangers.

Pourtant Macao a bien d'autres atouts. Derrière les néons des casinos, on découvre des rues pavées bordées de temples chinois et d'églises baroques, un centre historique classé au patrimoine mondial de l'Unesco, des écrins de verdure naturels et d'agréables plages.

Enfin Macao a aussi donné naissance à une cuisine singulière et unique, qui reflète le mariage des saveurs européennes, latino-américaines, africaines et asiatiques.

Quand partir

MARS-MAI

➡ Macao célèbre les arts, la déesse de la Mer et un dragon tandis que la brume plane sur le port.

JUIN-SEPTEMBRE

➡ Le spectacle des bateaux-dragons et des temples ombragés en journée ; celui des feux d'artifice le soir.

OCTOBRE-FÉVRIER

➡ Les festivals de musique et le Grand Prix annoncent Noël et le Nouvel An.

À table !

Poulet La *galinha africana* (poulet africain) est cuisinée avec de la noix de coco, de l'ail et du piment.

Gastronomie portugaise Parmi les plats les plus populaires, citons la *salada de bacalhau* (salade de morue séchée), l'*arroz de pato* (riz au confit de canard) et le *leitão assado no forno* (cochon de lait rôti).

Poisson et fruits de mer La *casquinha* (crabe farci) est un grand classique.

Macao
Les incontournables

Église Saint-Paul

1 Porte ouverte sur le ciel au cœur de la ville, les vestiges de l'église Saint-Paul sont considérés comme le plus bel édifice chrétien d'Asie. Conçue par un jésuite italien, l'église fut édifiée à partir de 1602 par des chrétiens japonais exilés et des artisans chinois. En 1835, un incendie détruisit le bâtiment à l'exception de la façade. Comme pour toute l'architecture coloniale de Macao, son apparence européenne dissimule un fascinant mélange d'influences (chinoises, japonaises et indochinoises).

Quartier de l'église Saint-Lazare

2 Flânez dans les rues pavées de ce charmant quartier aux maisons paisibles. Ces dernières années, artistes et créateurs s'y sont installés.

Fort de Guia

3 Point culminant de Macao, la forteresse offre une vue panoramique sur la cité et, par temps clair, sur la Chine. Au sommet, un phare (1865) se dresse près de la jolie chapelle Notre-Dame de Guia. Construite en 1622, elle a conservé la quasi-totalité de ses éléments d'origine.

Église Saint-Jean de Kanéo

CAPITALE
Skopje

POPULATION
2,1 millions

SUPERFICIE
25 713 km^2

LANGUES OFFICIELLES
Macédonien, albanais

Macédoine

Ses montagnes inexplorées, ses sites antiques et son patchwork de cultures font de l'ancienne république yougoslave de Macédoine l'un des pays les plus captivants des Balkans.

À la fois balkanique et méditerranéenne, la Macédoine combine un patrimoine de grand intérêt et des paysages splendides se prêtant à une multitude d'activités.

La paisible Skopje est une capitale des plus singulières. Son perpétuel renouvellement urbain lui donne parfois un air d'inachèvement mais il ne faut pas s'y fier : avec ses cafés, ses restaurants, ses bars et ses discothèques branchés fréquentés par une population estudiantine, elle est en train de s'imposer comme un haut lieu de la fête.

En été, les montagnes reculées, qui recèlent des monastères médiévaux, se prêtent à la randonnée, au VTT et à l'alpinisme. Ne manquez pas de visiter Ohrid, réputée pour son festival d'été, ses églises byzantines et son grand lac. L'hiver, place au ski dans des stations comme Mavrovo, et aux fêtes de village – l'occasion de goûter à de délicieuses spécialités. Et bien sûr, profiter de la compagnie des habitants, apprendre à connaître leur culture, permet d'engranger des souvenirs tout aussi mémorables.

Macédoine
Les incontournables

Église Saint-Jean de Kaneo (Sveti Jovan)

1 Érigée sur un promontoire rocheux surplombant le lac d'Ohrid, cette splendide église du XIIIe siècle est sans doute le monument le plus photographié de Macédoine. En plongeant le regard dans les eaux azurées du lac, on comprend que les moines du Moyen Âge aient trouvé ici la spiritualité dont ils avaient besoin. Des fresques d'origine sont visibles derrière l'autel.

Skopje

2 Skopje est l'une des petites capitales d'Europe les plus éclectiques et originales. Si la fièvre gouvernementale pour la construction suscite la polémique ces dernières années, le visiteur, lui, ne sait plus où donner de l'appareil photo face aux nouveaux ponts, statues, musées et autres structures qui redessinent cette ville en perpétuel changement.

Monastère de Zrze

3 À 26 km au nord-ouest de Prilep, en direction de Makedonski Brod, le monastère de Zrze (XIVe siècle), dédié à la Transfiguration, se dresse au sommet d'une falaise. Il bénéficie d'un emplacement splendide, sur une grande pelouse avec vue sur la vaste plaine de Pélagonie. À l'aube, des nappes de brume enveloppent parfois la plaine de leur couleur marmoréenne. À l'époque ottomane, Zrze alterna les périodes d'abandon, de reconstruction et de pillage, mais demeura un important centre spirituel. Datant du XVIIe siècle, l'église Saint-Pierre-et-Saint-Paul renferme d'importantes fresques et icônes.

Heraclea Lyncestis

4 Heraclea Lyncestis, à 1 km au sud de Bitola, figure parmi les plus beaux sites archéologiques de Macédoine. Fondée par Philippe II de Macédoine, la cité antique d'Heraclea avait déjà une importante envergure marchande avant sa conquête par les Romains en 168 av. J.-C. Au IVe siècle, elle devint un siège épiscopal, mais elle

Skopje

fut ensuite dévastée par les Goths, puis par les Slaves. On peut encore admirer les thermes, le portique et l'amphithéâtre romains, ainsi que les magnifiques ruines de la basilique paléochrétienne et du palais épiscopal, dont les superbes sols en mosaïques sont très bien conservés. Ils ont ceci d'unique qu'ils représentent les espèces d'arbres et d'animaux endémiques.

Le Mariovo

5 S'il est une région de Macédoine qui évoque le mystère, c'est bien le Mariovo. Ce paysage ruiniforme de terrains ravinés, à la frontière sud du pays, vibre de l'énergie troublante d'un autre temps, dont l'écho plane encore dans ses montagnes accidentées, ses profonds canyons et ses plateaux ponctués de villages déserts. Des siècles durant, les 25 villages du Mariovo ont prospéré grâce à l'élevage des moutons. Ils sont aujourd'hui abandonnés. Néanmoins, visiter le coin en randonnée ou en voiture afin d'admirer la beauté fanée de l'architecture traditionnelle macédonienne reste un grand plaisir.

Bitola

6 À 660 m d'altitude, Bitola affiche une sophistication héritée de son passé de "cité des Consuls", à l'époque ottomane. Ses jolies maisons bigarrées des XVIIIe et XIXe siècles, ses

Sur 100 personnes en Macédoine

64 sont macédoniennes
25 sont albanaises
4 sont turques
3 sont roms
4 sont d'une autre origine

Religions
(% de la population)

Orthodoxes macédoniens | Musulmans | Autres

Population au km²

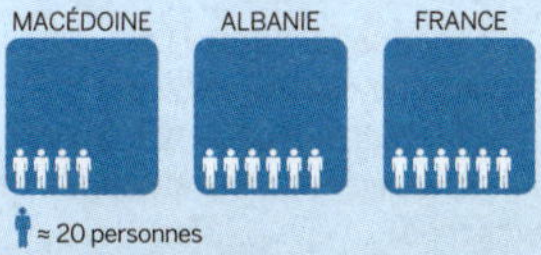

≈ 20 personnes

Quand partir

JUIN-AOÛT

➡ Profitez du Festival d'été d'Ohrid et plongez dans son lac de 300 m de profondeur.

SEPT-OCT

➡ À Skopje, c'est le moment de la fête de la Bière, du Festival de jazz et de la fête des Vendanges.

DÉC-FÉV

➡ Faites du ski à Mavrovo et amusez-vous pendant les festivités du carnaval.

Région viticole de Tikveš

Tikveš, la grande région viticole de Macédoine, produit du vin depuis l'Antiquité. Composée de vignobles vallonnés, de lacs, de grottes et de montagnes, elle recèle aussi des sites archéologiques et des églises.

Le domaine viticole de Tikveš, fondé en 1885, est le plus grand du sud-est de l'Europe.
Il propose des visites guidées et des dégustations de certains des 29 crus qu'il produit.
La fête du Vin de Kavadartsi, en septembre, est l'occasion d'un défilé costumé et de dégustations de vin ouvertes à tous.

À proximité, le lac Tikveš est entouré d'une végétation de maquis et de falaises nues. Çà et là, elles sont ponctuées de fresques d'ermitages médiévaux. Aigles et faucons tournoient dans le ciel.

À table !

Ajvar Condiment au poivron qui accompagne viandes et fromages.

Bekonegs Rien de traditionnel, mais cette variante des fameux "bacon and eggs" (œufs au bacon) figure au menu des petits-déjeuners macédoniens.

Rakija Eau-de-vie de raisin (sert à porter des toasts, mais aussi à nettoyer les carreaux des fenêtres !).

Skopsko et Dab Les deux bières blondes favorites de la Macédoine.

Tavče gravče Ragoût de haricots blancs, d'oignons et de poivrons. Cuit et servi dans un poêlon en terre cuite.

Vranec et Temjanika Les deux grands cépages prisés en Macédoine (raisin noir pour le premier, raisin blanc pour le second).

6

Parc national du Pelister, Bitola

mosquées turques et ses nombreux cafés en font la grande ville macédonienne la plus agréable à vivre. Il faut absolument siroter un café en observant les passants dans la rue piétonne Širok Sokak ("Grand-Rue" en turc), qui porte toujours officiellement le nom d'ul Maršal Tito.

Mavrovo

7 La station de ski de Mavrovo, la plus grande de Macédoine, se compose de 730 km² de forêts de bouleaux et de sapins, de gorges, de champs de karst et de cascades, et abrite le mont Korab (2 764 m), point culminant du pays. L'air pur et la vue splendide sont au rendez-vous toute l'année. Nichée en haut d'une route sinueuse au sud-ouest de Gostivar, Mavrovo se trouve à proximité du monastère Saint-Jean Bigorski et de Galičnik, village de montagne célèbre pour sa fête du mariage traditionnel.

Transports

Bus La plupart des villes du pays sont desservies au départ de Skopje. Les grands bus sont climatisés, ce qui n'est généralement pas le cas des *kombi* (minibus).

Taxi Les taxis sont relativement bon marché et demeurent parfois préférables pour les déplacements internationaux comme pour se rendre à Pristina, au Kosovo.

Train Les grandes lignes vont de la frontière serbe à la frontière grecque. Il existe aussi des lignes plus modestes entre Skopje et Kičevo, et Skopje et Kočani.

Voiture Il y a çà et là des postes de contrôle routier. Assurez-vous d'avoir tous les documents nécessaires.

CAPITALE
Antananarivo

POPULATION
22,6 millions

SUPERFICIE
587 041 km^2

LANGUES OFFICIELLES
Malgache, Français

Makis cattas, réserve privée de Berenty

Madagascar

Cette île-continent est riche d'une flore et d'une faune endémiques sans égales. Son charme tient aussi à sa culture afro-asiatique, qui contribue à en faire un pays parfaitement original.

Quatrième du monde par sa superficie, la Grande Île est un monde à part. L'origine de cette terre inclassable est en soi un voyage. De l'Afrique, dont elle s'est séparée il y a 165 millions d'années, elle a gardé la terre rouge. De l'Asie, d'où est venue une large part de sa population, elle a hérité les rizières. Madagascar n'est pourtant ni réellement asiatique ni totalement africaine : sa culture originale en fait la seule terre "afro-asiatique" de la planète. Dix-huit populations se partagent ce territoire de forêts tropicales, de déserts d'épines, de plages de sable blanc, de latérite, de lagons et de formations rocheuses.

Si la culture de l'île est originale, sa faune et sa flore ne le sont pas moins. Laboratoire de l'évolution, Madagascar est une véritable arche de Noé abritant un nombre d'espèces à faire pâlir d'envie le naturaliste le plus blasé. Des dizaines de parcs nationaux permettent de découvrir cette flore et ce bestiaire originaux. S'y ajoutent 5 000 kilomètres de côtes et des dizaines d'îles et d'îlots ouverts aux visiteurs.

MORONI
COMORES
Dzaoudzi
MAYOTTE (FRANCE)
Cap d'Ambre (Tanjon'ny Bobaomby)
Antsiranana (Diégo Suarez)
10
Nosy Be
Andoany
Ambanja
Maromokotro
Sambava
Massif du Tsaratanana
Massif du Marojejy
8
Antsohihy
Antalaha
Parc national de Marojejy
Canal du Mozambique
Sofia
Cap Est
Maroantsetra
Mahajanga
Péninsule de Masoala
Mandritsara
Marovoay
3
RN5
Besalampy
Mahajamba
Soanierana-Ivongo
Ile aux Nattes
Mahavavy
Betsiboka
4
Lac Alaotra
Ambatondrazaka
Maintirano
Toamasina (Tananarive)
Parc national des Tsingy de Bemaraha
Ambohimanga
7
9
ANTANANARIVO (TANANARIVE)
Miandrivazo
Massif de l'Ankaratra
6
Tsiribihina
Antsirabe
Mania
1
Morondava
Matsiatra
Mananjary
Fianarantsoa
Manja
Morombe
Mangoky
Zomandao
Parc national de l'Andringitra
Andavadoaka
Lac Ihotry
5
2
Canal des Pangalanes
OCÉAN INDIEN
Ihosy
Pic Imarivolanitra
Grand Récif
Farafangana
Toliara (Tuléar)
Onilahy
Nosy Ve
Bekily
Lac Tsimanampetsotsa
Linta
Menarandra
Androka
Taolagnaro (Fort-Dauphin)
N
0
200 km
Cap Sainte-Marie

Madagascar
Les incontournables

Allée des Baobabs au coucher du soleil

1 C'est certainement l'un des sites les plus photographiés de l'île. Aux portes de Morondava, l'allée des Baobabs est le plus impressionnant rassemblement d'*Adansonia grandidieri* de l'île. Une vingtaine de ces géants pluricentenaires dressent leur silhouette magistrale de part et d'autre de la piste sableuse. Un spot de choix au coucher du soleil et une halte obligée sur la piste sableuse qui conduit au parc national des tsingy de Bemaraha.

Parc national de l'Andringitra et vallée du Tsaranoro

2 Avec ses somptueux massifs granitiques, ses vastes paysages ponctués de villages de terre sèche et ses dizaines de kilomètres de sentiers de randonnée, le parc national de l'Andringitra est riche de promesses pour le randonneur. Voisine du parc, la majestueuse vallée du Tsaranoro, dominée par le pic du même nom, est également sillonnée d'itinéraires de randonnée. La beauté des lieux et l'accueil des habitants, qui n'ont pas encore souffert des effets du tourisme, viendront récompenser ceux qui feront le voyage jusqu'à ces sites.

1

KEREN SU / GETTY IMAGES ©

La RN7

3 Plus qu'une simple route, ce lien de goudron vital pour de nombreuses populations distille au fil de ses 940 km toute la diversité de l'île-continent. Paysages agricoles, massifs montagneux, villes et villages aux marchés animés, prémices du Grand Sud... de la capitale, Antananarivo, à Tuléar, la RN7 est une excellente introduction à Madagascar et à ses peuples.

Île aux Nattes

4 Un minuscule îlot au cœur du lagon, de longues étendues de sable blanc sur lesquelles se penchent doucement des cocotiers, des eaux couleur d'émeraude à la transparence idyllique : l'île aux Nattes (Nosy Nato) a préservé la magie des îlots tropicaux et garde un air de robinsonnade. Une centaine de mètres seulement la séparent de l'île Sainte-Marie. Il est ainsi possible de s'y rendre pour quelques heures. L'îlot compte cependant d'agréables hébergements et ceux qui décideront d'y séjourner ne le regretteront pas.

Train FCE

5 Les 163 km de voie ferrée qui relient Fianarantsoa à Manakara constituent un voyage à eux seuls. Encore faut-il que le train veuille bien rouler et que les voies ne soient pas endommagées... La voie, qui utilise des rails fabriqués à la fin du XIXe siècle, accuse en effet les assauts du temps, tout comme le matériel roulant, estampillé 1956. Cahin-caha, sur ses rails mal fixés et dans le crissement des roues qui patinent, le convoi fait son possible pour effectuer, trois fois par semaine dans chaque sens, le trajet de Fianarantsoa à la côte est.

Descente de la Tsiribihina

6 La descente de la portion de 145 km de la Tsiribihina qui sépare Miandrivazo de Belo-sur-Tsiribihina est un classique d'un voyage à Madagascar. Possible d'avril à novembre, cet itinéraire fluvial offre l'occasion de visiter les villages de la région au

Sur 100 personnes à Madagascar

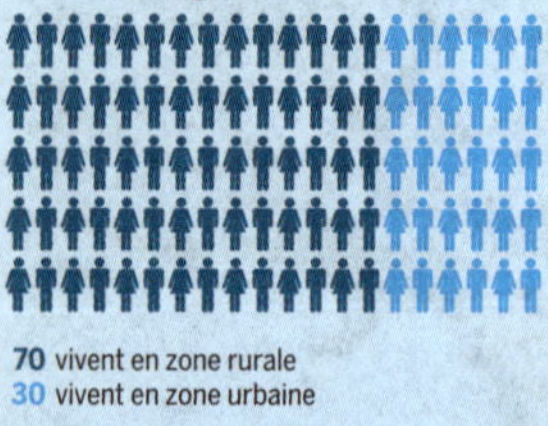

Religions

(% de la population)

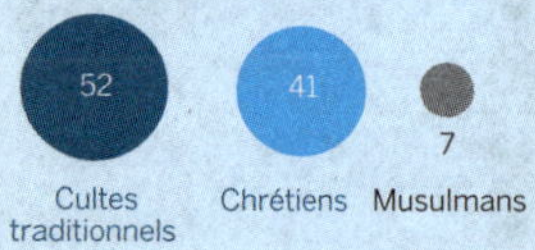

Population au km²

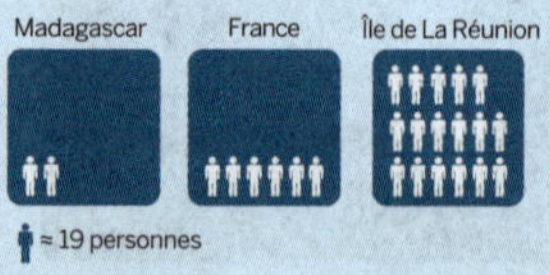

Le pays des lémuriens

Ils font figure d'emblème de Madagascar. Parents des singes, les lémuriens ont subi une évolution différente des autres espèces de primates. Mammifères et frugivores, les lémuriens se nourrissent de feuilles et de fruits. Des espèces nocturnes ajoutent des insectes à ce régime. Arboricoles, ils quittent rarement l'abri naturel que leur procurent les arbres.

Présents dans presque toutes les régions de l'île, ils se déclinent en 5 familles et plusieurs dizaines d'espèces, grandes ou petites, diurnes ou nocturnes, faciles à observer ou quasi invisibles. De toutes les espèces de lémuriens, la plus répandue est le maki catta, caractérisé par sa longue queue rayée d'anneaux blancs et noirs.

À table !

Riz Nombre de Malgaches consomment du riz trois fois par jour. Le vocabulaire utilisé en malgache pour décrire l'évolution d'un plant de riz est le même que celui qui s'applique à la maternité et à la naissance.

Romazava Le "plat national" est un excellent ragoût de viande de zébu accompagné d'une variété de brèdes particulière – les brèdes mafanes.

Ravitoto Autre plat typiquement malgache, il se compose de viande de porc ou de poulet cuite dans des feuilles de manioc pilées et parfois cuisiné au coco.

Soupes La version malgache de la soupe chinoise se compose de nouilles, de légumes et, dans les meilleurs restaurants, d'un mélange de viandes ou de fruits de mer, le tout dans un bouillon agrémenté de coriandre. La soupe courante s'appelle *lasopy*.

Koba ravina Gâteau à base de farine de riz et d'arachides, cuit à l'étouffée dans des feuilles de bananier et fréquemment vendu dans la rue.

Île aux Nattes, au large de l'Île Sainte Marie

rythme lent des pirogues et des chalands, mais aussi d'observer la faune qui borde les rives du cours d'eau, cigognes, hérons et canards siffleurs en tête.

Ambohimanga

7 Inscrit sur la liste du patrimoine mondial de l'Unesco en tant que "symbole le plus représentatif de l'identité culturelle du peuple malgache", le village d'Ambohimanga doit à son *rova* (palais) d'être l'un des plus intéressants témoignages historiques du pays. Aux portes de la capitale, la "colline bleue" servit longtemps de capitale à la puissante dynastie merina qui entreprit d'unifier les peuples de l'île à la fin du XVIIIe siècle.

Parc national de Marojejy

8 Vaste et reculé, le massif de Marojejy abrite une biodiversité exceptionelle. Une dizaine d'espèces de lémuriens prospèrent dans la forêt humide, dont l'aye-aye et le

Quand partir

HAUTE SAISON
(juillet-septembre)

- Mois les plus fréquentés. Températures et pluviométrie satisfaisantes.
- Hiver austral : soirées fraîches sur les Hautes Terres.
- Pluie possible sur l'île Sainte-Marie entre juin et août.

MOYENNE SAISON
(avril-juin)

- Fin de la saison des pluies : peu de monde et températures agréables.
- Certaines pistes restent difficilement praticables.

BASSE SAISON
(octobre-mars)

- Saison des pluies de novembre à mars-avril, marquée à l'est et au nord.
- Risque cyclonique.
- Certaines pistes sont impraticables.
- Hausse de l'activité touristique en novembre et décembre.

propithèque soyeux, tandis qu'une centaine d'espèces d'oiseaux occupent les airs. Remarqué par le botaniste français Henri Humbert au milieu du XXe siècle, le massif est resté pour une bonne part en l'état. Espérons que cela dure, car le parc est l'une des cibles des coupeurs de bois de rose... Avec 3 000 mm de précipitations par an, la région figure parmi les plus humides du pays. Avril-mai et septembre-décembre sont les meilleures saisons pour visiter le parc.

Transports

C'est la difficulté numéro un du voyage à Madagascar...

Avion Les vols intérieurs épargnent des heures de route. Air Madagascar dessert une quinzaine de destinations à travers le pays.

Bateau Ils permettent de rejoindre quelques destinations spécifiques de la côte.

Taxi-brousse Le moyen de transport des Malgaches par excellence, et de tout baroudeur digne de ce nom.

Voiture Plus confortable, la location d'un 4x4 ou d'une voiture légère se fait obligatoirement avec chauffeur. Mieux vaut se regrouper pour remplir la voiture et diminuer les frais.

À voir

Ady Gasy (Lova Nantenaina ; 2015). "Les Chinois fabriquent les objets, les Malgaches les réparent", tel est l'adage qu'illustre ce documentaire mettant en lumière l'art de la débrouille des habitants de la Grande Île.

Mahaleo (César Paes, Raymond Rajaonarivelo ; 2004). Portrait d'un groupe précurseur du blues malgache, dont les textes engagés et humanistes ont accompagné toute une généraiton.

À lire

Madagascar, idées reçues (Patricia Rajeriarison et Sylvain Urfer ; 2010). Un petit ouvrage synthétique fourmillant d'informations pour comprendre le pays.

Combattant de l'espérance. Autobiographie d'un insurgé (Père Pedro ; 2005). Le récit de la vie de la plus grande figure de l'humanitaire à Madagascar et de son combat contre la pauvreté. Un témoignage sur la réalité du pays.

Rade Terminus (Nicolas Fargues ; 2004). Ce roman dresse un portrait au vitriol des expatriés français à Madagascar.

Tsingy de Bemaraha

9 Certains ne vont à Madagascar que pour admirer ces véritables planches de fakir minérales pointées vers le ciel. Classées par l'Unesco sur la liste du patrimoine mondial de l'humanité, les formations rocheuses des tsingy de Bemaraha sont nées de la succession, au cours de plusieurs millions d'années, de l'accumulation de formations coralliennes, des plissements de terrain, de l'érosion et des pluies acides.

Nosy Be

10 Cocotiers, plages de sable, plantations d'ylang-ylang... "l'île aux parfums" cultive son image de douceur tropicale et fait figure d'antidote parfait pour reposer les muscles endoloris par les pistes. Au nord-ouest du pays, Nosy Be doit également son succès au fait qu'elle abrite un large éventail d'hôtels, dans toutes les gammes de prix. C'est aussi le cas dans les îles alentour, comme Nosy Komba.

DANITA DELIMONT / GETTY IMAGES ©

CAPITALE
Kuala Lumpur

POPULATION
29,6 millions

SUPERFICIE
328 657 km²

LANGUE OFFICIELLE
Malais

Kota Kinabalu, Sabah

Malaisie

Moins en vue que ses voisins sur le plan touristique, cet État du Sud-Est asiatique compte pourtant son lot de forêts tropicales ou d'îles paradisiaques. Et surprend par sa société multiculturelle.

La Malaisie représente un cas original, celui d'un pays séparé en deux territoires distincts : une partie péninsulaire, qui s'est développée autour de la capitale, Kuala Lumpur, et de la cité-État de Singapour ; et une partie orientale, plus sauvage, qui correspond au nord de l'île de Bornéo. Autre particularité notable : le caractère multiculturel de sa population, qui se partage entre les communautés malaise, chinoise ou indienne, sans oublier quelques groupes aborigènes comme les Orang Asli.

Pour beaucoup, la Malaisie se définit d'abord par sa forêt équatoriale humide. S'il est vrai qu'elle a été mise à mal par la déforestation, d'importantes portions restent intactes, protégées par un réseau de parcs nationaux, et révèlent au randonneur leur incomparable biodiversité. L'autre grand attrait de la Malaisie, ce sont ses îles accueillantes, dont les eaux invitent au snorkeling ou à la plongée au milieu de colonies de poissons exotiques, de coraux multicolores, de tortues et de dauphins.

0
400 km
N
PHILIPPINES
VIETNAM
THAÏLANDE
INDONÉSIE
KALIMANTAN
INDONÉSIE
MER
DE CHINE
MÉRIDIONALE
Mer de Sulu
Mer de Célèbes
Détroit de Balabac
Détroit de Makassar
Détroit de Serasan
Pulau Banggi
Pulau Malawali
Pulau Balambangan
Kudat
Kpg Datong
Mt Kinabalu
SABAH
MALAISIE
Sandakan
Teluk Labad Datu
Pulau Sipadan
Semporna
Tawau
Teluk Sebuko
Teluk Sekatak
Tarakan
Îles Derawan
Berau
Estuaire de Tidung
Sangkulirang
Palu
Samarinda
Tanahgrogot
Muara Teweh
Longiram
Kasungan
Tumbangjul
Kudangan
Ketapang
Teluk Sukadana
Telukbatang
Pulau Maya
Pulau Karimata
Kota Belud
Kota Kinabalu
Papar
Keningau
Vallée de Danum
Kuala Tomani
Gunung Mulu
Kelabit Highlands
Kayan
Teluk Brunei
BANDAR SERI BEGAWAN
BRUNEI
Baram
Miri
Belaga
SARAWAK
MALAISIE
Bintulu
Kapuas Hulu Range
Monts Schwaner
Kapuas
Dalat
Sibu
Lubuk Antu
Sintang
Kabong
Kuching
Serian
Teluk Datu
Tanjung
Rambai
Sematan
Sambas
Pemangkat
Mempawah
Pontianak
Pulau Natuna
Îles Anambas
Îles Tembelan
Pulau Perhentian
Kota Bharu
Taman Negara
Gunung Tahan
Cherating
Kuantan
Pekan
Gunung Benom
Temerloh
Genting Highlands
Gemas
Johor Bahru
SINGAPOUR
Kangar
Pulau Langkawi
George Town
Cameron Highlands
Gunung Korbu
Ipoh
Raub
KUALA LUMPUR
Putrajaya
1
2
3
4
5
6
7
8
9
10

Malaisie
Les incontournables

Trek dans la jungle, vallée de Danum

1 Marcher dans la vallée de Danum, dans une forêt primaire plus vieille que l'humanité, constitue l'une des expériences les plus passionnantes sur l'île de Bornéo. Surprendre des animaux au milieu de la végétation dense s'avère plus difficile que lors d'un safari, mais lorsqu'on en aperçoit, ils n'en sont que plus incroyables : lézards "volants" colorés, étranges grenouilles, crotales vert émeraude, adorables loris qui observent tout de leurs grands yeux...

Snorkeling, îles Perhentian

2 Les îles de l'est de la Malaisie péninsulaire permettent un grand nombre d'activités sous-marines, mais les îles Perhentian remportent la palme, lorsqu'il s'agit du snorkeling, pour leurs eaux bleu clair, leurs récifs coralliens et la variété de leur vie marine – requins, poissons tropicaux et tortues. La plupart du temps, il n'est pas nécessaire de nager beaucoup plus loin que la jetée de Long Beach avant de se retrouver au milieu d'un nuage multicolore de poissons.

Plongée, Sipadan

3 Les tombants rocheux de Sipadan abritent l'une des faunes marines

les plus riches du monde – des poissons, mollusques et reptiles les plus courants aux créatures les plus étranges et les plus colorées. Les plongeurs qui évoluent parmi les animaux ont la chance de voir tout ce petit monde vivre, jouer, chasser et se nourrir. Quel que soit leur niveau, ils vivront à Sipadan une expérience inoubliable.

Quartier colonial de George Town

4 Autrefois abandonné par les habitants et oublié des touristes, George Town est devenue l'une des destinations les plus tendance de la région depuis son inscription, en 2008, au patrimoine mondial de l'Unesco. Ses ruelles étroites, ses édifices britanniques de l'époque coloniale et ses temples bouddhistes créent un vrai décor de cinéma. Les emblématiques *shophouses* accueillent aujourd'hui musées, hôtels de charme et restaurants chics. C'est aussi une ville très agréable à explorer à pied.

Centre de réhabilitation des orangs-outans de Sepilok

5 Les orangs-outans sont des primates uniques et complexes : tout en muscles, ils allient à leur force brute beaucoup de délicatesse, et un côté attendrissant qui doit beaucoup à leurs grands yeux empreints de mélancolie. Vous pourrez les étudier de près au centre de réhabilitation des orangs-outans de Sepilok, attraction phare de l'État du Sabah, sur l'île de Bornéo, en vous joignant aux nombreux visiteurs massés sur la plateforme d'observation.

Plages de Langkawi

6 Pulau Langkawi n'est pas appelée "le joyau du Kedah" sans raison : ses plages de sable blanc, ses stations balnéaires isolées, ses sites de plongée réputés et sa jungle sauvage sont fabuleux. L'alcool détaxé, ainsi que les bons bars et restaurants lui donnent une légère ambiance festive, et les nombreuses activités destinées aux enfants en font une agréable destination pour les familles. Et au-delà de l'esprit de vacances, l'île est parvenue à conserver son âme de *kampung* (village).

Sur 100 personnes en Malaisie

50 appartiennent à la majorité malaise
24 appartiennent à la minorité chinoise
11 appartiennent à la minorité des Orang Asli
7 appartiennent à la minorité indienne
8 sont d'un autre groupe ethnique

Religions
(% de la population)

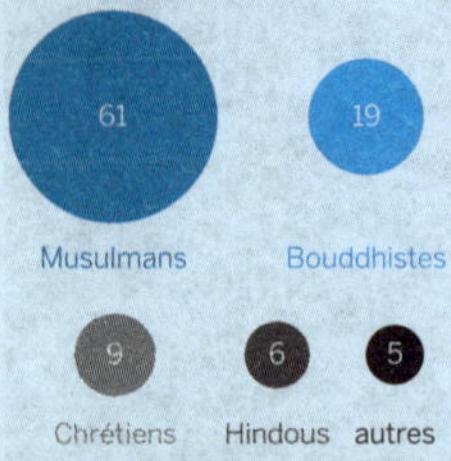

Population au km²

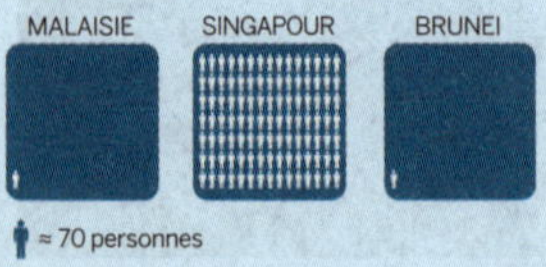

Les Peranakan

Le terme "peranakan", qui signifie "demi-caste" en malais, désigne les descendants des premiers immigrants chinois arrivés au XVIe siècle, principalement à Singapour, à Melaka et à Penang, et qui firent souche en se mariant avec des Malaises. Les Peranakan adoptèrent le nom et la religion de leur père, et les coutumes, la langue et le costume de leur mère. Ils se distinguent des émigrants chinois plus récents en se désignant par les termes de "Straits-born" ou "Straits Chinese" (Chinois des Détroits).

Essentiellement des marchands fortunés, les Peranakan aimaient satisfaire leur goût pour le mobilier somptueux, les bijoux et les brocarts. Aujourd'hui, ils sont surtout associés à une délicieuse cuisine fusion, que l'on peut notamment déguster à Melaka.

À table !

En Malaisie, la meilleure cuisine est souvent la plus simple, que l'on déguste dans un cadre sans prétention. Quelques spécialités :

Cendol Un dessert rafraîchissant à base de glace pilée, de lait de coco frais, de "vermicelles" de pandanus et de sirop de palme.

Roti canai Une galette de pain chaud cuit sur une plaque, à tremper dans du curry et du *dhal*, accompagnée d'une tasse de *teh tarik* ("thé étiré") mousseux. Un régal au petit-déjeuner.

Char kway teow Nouilles de riz, crevettes, coques, saucisse chinoise, germes de soja, œuf et une pointe de piment, le tout sauté dans un wok brûlant. D'où ce délicieux goût fumé.

Hainanese chicken-rice De tendres morceaux de poulet pochés, accompagnés de riz parfumé, de bouillon à l'ail et d'un trio de sauces, épicées ou non.

REINHARD DIRSCHERL / GETTY IMAGES ©

Tortue de mer, Sipadan

Plantations de thé, Cameron Highlands

7 Sommets brumeux, architecture de style Tudor, champs de fraises et plantations de thé sont indissociables de cette destination atypique de l'Asie du Sud-Est. Les Cameron Highlands offrent de nombreuses possibilités de randonnées à accomplir en solo. C'est également un lieu d'escapade plaisant, le temps ayant tendance à être frais toute l'année.

Parc national de Taman Negara

8 Visiter Taman Negara revient à voyager dans le temps et à découvrir un lieu inchangé depuis des millénaires. Dans cette jungle sombre et quasi impénétrable, les vieux arbres dotés d'immenses racines aériennes avoisinent des champignons luminescents, des orchidées et une flore rare et magnifique. Peuplées d'éléphants, de tigres et de léopards, ces étendues

Quand partir

HAUTE SAISON
(déc-fév)

➡ Les vacances scolaires de fin d'année, suivies du Nouvel An chinois, font grimper les prix. Réservez à l'avance transports et hôtels.

➡ Mousson sur la côte orientale de la Malaisie péninsulaire et l'ouest du Sarawak.

SAISON INTERMÉDIAIRE
(juil-nov)

➡ De juillet à août, les touristes affluent des pays du Golfe pour échapper à la chaleur.

➡ La fin du ramadan (Hari Raya) provoque un afflux dans les transports de la région.

BASSE SAISON
(mars-juin)

➡ Vous éviterez les plus fortes périodes de précipitations et d'humidité et pourrez apprécier les sites sans les hordes de touristes.

abritent aussi des espèces plus petites, telles que des écureuils volants, des singes, des lézards, des cervidés, des tapirs et toutes sortes de serpents.

Mont Kinabalu

9 Maison des esprits, montagne la plus haute de Malaisie, principal site naturel du nord de Bornéo, objet d'un trek épuisant entrepris par un grand nombre de marcheurs, le mont Kinabalu est aussi l'une des attractions les plus touristiques de Bornéo. Rassurez-vous, vous pourrez profiter de moments de tranquillité absolue, respirer un air incomparable et, avec de la chance, apercevoir les Philippines se dessinant à l'horizon. Malheureusement, le temps pourra aussi être couvert. Quoi qu'il en soit, l'ascension est enivrante.

Kuching

10 Vieille ville et quais pleins de charme, cuisine raffinée, night-clubs chics... Kuching est la ville la plus sophistiquée de Bornéo, mais ce sont les sites naturels environnants – les plus beaux du Sarawak, faciles à visiter lors d'une excursion d'une journée – qui attirent le plus. Vous pouvez observer des orangs-outans en semi-liberté, chercher à voir une rafflésie géante, des nasiques et des crocodiles lors d'une croisière en mer de Chine méridionale, puis dîner de fruits de mer frais ou de croustillantes *midin* (fougères).

Transports

Avion Les principales destinations de Malaisie péninsulaire et de l'île de Bornéo sont bien desservies par les compagnies aériennes locales.

Bateau Aucune liaison n'est assurée entre la péninsule malaise et Bornéo. Des bateaux circulent entre la péninsule et les îles limitrophes, ainsi que sur les fleuves du Sabah et du Sarawak.

Bus Un moyen de transport économique et généralement confortable.

Train Modernes, confortables et économiques, les trains se limitent essentiellement à deux lignes et sont généralement lents.

Voiture En comparaison d'autres pays asiatiques, la Malaisie offre des routes souvent excellentes. Conduire dans les grandes villes comme Kuala Lumpur peut cependant virer au cauchemar.

À voir

Sepet (Yasmin Ahmad ; 2004). Cette comédie romantique met en scène l'amour d'un jeune Chinois pour une jeune Malaise.

I don't want to sleep alone (Tsai Min Liang ; 2006). Originaire de Malaisie, le réalisateur a tourné à Kuala Lumpur ce film choral, dont la mise en scène, composée de longs plans fixes, fait la beauté.

À lire

Trois Autres Malaisie (Robert Raymer ; 2012). Le quotidien des diverses communautés malaise, chinoise et indienne à travers une série de nouvelles.

Malaisie, un certain regard (Sylvie Gradeler et Serge Jardin ; 2013). Un voyage à travers l'artisanat, l'architecture, les beaux-arts et la littérature.

Le Tristement célèbre Johnny Lim (Tash Aw ; 2006). La Malaisie prise dans les feux du colonialisme et de la Seconde Guerre mondiale.

Nasique, parc national du Bako, État du Sarawak

CAPITALE
Lilongwe

POPULATION
17,3 millions

SUPERFICIE
118 484 km²

LANGUE OFFICIELLE
Anglais

Lac Malawi, Usisya

Malawi

Longtemps connu des seuls baroudeurs, ce pays tout en longueur échappe encore aux foules coutumières des autres destinations de safari. L'occasion d'observer la faune sauvage en tout quiétude.

Le Malawi a longtemps été considéré comme un objet non identifié au milieu des destinations spécialisées sur le safari. La situation a changé depuis 2012 avec la mise en œuvre d'un programme de réintroduction de certaines espèces, dont le lion.

Outre sa faune, le Malawi fascine aussi par sa diversité géographique. S'insérant dans une dépression formée par la vallée du Grand Rift, le lac Malawi – le troisième plus grand lac d'Afrique – forme une masse d'eau transparente peuplée de cichlidés colorés.

À l'extrémité sud du pays, comme suspendus dans les nuages, se dressent l'imposant massif montagneux du mont Mulanje et le mystérieux plateau de Zomba. Les deux territoires sont des paradis pour les randonneurs, entre forêts brumeuses et faune et flore exotiques. Plus au nord, vous découvrirez la beauté surnaturelle du plateau de Nyika. À n'en pas douter, le Malawi est entré sur la liste des destinations à ne pas manquer pour les voyageurs en quête d'exotisme.

Malawi
Les incontournables

Lac Malawi

1 Troisième lac africain par sa superficie, le lac Malawi est comme une mer intérieure séparant trois pays, le Malawi, la Tanzanie et le Mozambique. Bordé de plages sableuses, ce lac possède une faune aquatique exceptionnelle, avec de nombreuses espèces endémiques à observer en plongée. Plusieurs complexes touristiques, dont ceux de Chintheche Strip, de Nkhata Bay et de Cape Maclear offrent des hébergements et des activités (kayak, planche à voile, etc.) de qualité.

Majete Wildlife Reserve

2 Appauvrie par le braconnage qui a perduré pendant des décennies, la réserve a heureusement bénéficié, ces dernières années, d'un programme de gardiennage et de réintroduction du lion qui a été bien couvert par les médias occidentaux. En parallèle, le somptueux Mkulumadzi Lodge a ouvert ses portes, faisant de ce parc l'une des destinations les plus en vogue du Malawi.

Mumbo Island

3 Si le paradis existe sur terre, il se trouve peut-être à Mumbo Island. Ce minuscule îlot, à quelques encablures de Cape Maclear, sur le lac Malawi, ressemble à une île déserte protégée par une jungle épaisse et entourée d'eau turquoise et transparente. Nulle construction en dur sur l'île, seulement quelques cabanes posées sur les rochers ou des tentes installées au bord du rivage. Ici le sentiment de vivre comme Robinson Crusoé n'est pas usurpé. À l'occasion, des varans de 1,50 m traversent la petite crique idyllique ; un couple de pygargues niche sur l'îlot.

Mont Mulanje

4 Cet immense bloc de granit s'élève à plus de 3 000 m d'altitude. Couvert d'un épais rideau de forêt, le massif est, le plus souvent, enveloppé d'une brume humide. Les sommets les plus hauts transpercent tout de même les nuages, ce qui lui vaut le surnom d'"île dans le ciel". S'il est possible de se rendre à Mulanje pour la journée, on peut facilement y passer au moins 3 jours

CHRISTOPHE CERISIER / GETTY IMAGES ©

Éléphants, Liwonde National Park

pour profiter de ses paysages, de son accès facile, de ses sentiers dégagés et de ses abris bien entretenus.

Liwonde National Park

5 Ce parc abrite près de 600 éléphants, 1 900 hippopotames, 500 buffles d'eau et 1 800 crocodiles. Relativement petite, la réserve, qui se découvre à pied, en bateau ou en voiture, occupe 584 km² de forêt et de savane sèches traversés par les eaux paisibles de la Shire. Des lions ont été réintroduits en 2013, après quoi ce sera aux guépards et aux hyènes de faire leur retour.

Likoma Island

6 Évadez-vous vers des plages idylliques, dormez dans le plus bel hôtel du pays, explorez des villages traditionnels et une magnifique cathédrale… Ce bijou d'île d'une superficie de 17 km² est baigné d'eaux turquoise, avec une vue imprenable sur le Mozambique voisin. Son isolement relatif du reste du Malawi permet à ses quelque 6 000 habitants de préserver une culture authentique. Un détour qui vaut le voyage.

Nkhata Bay

7 Bateaux de pêche, marché animé et lodges avec vue sur le lac Malawi : la baie Nkhata dégage un

Sur 100 personnes au Malawi

Religions

(% de la population)

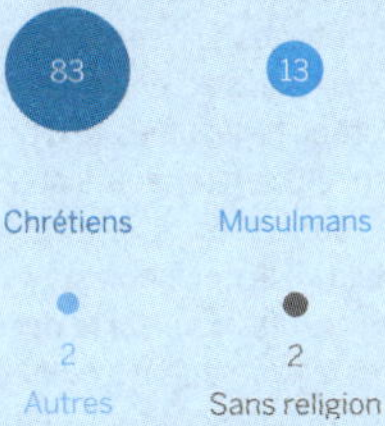

Population au km²

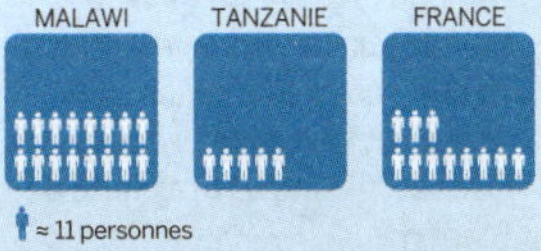

Quand partir

MAI-JUILLET
➡ C'est la saison sèche : la température baisse et la végétation est luxuriante.

OCTOBRE-NOVEMBRE
➡ La fin de la saison sèche est idéale pour observer la faune, mais la chaleur peut être inconfortable.

DÉCEMBRE-MARS
➡ La saison des pluies se caractérise par des températures encore élevées et des crues soudaines.

Un garçon dans le vent

En 2001, une sécheresse d'envergure provoque une famine au Malawi. William Kamkwamba, un garçon de 14 ans, est obligé d'arrêter l'école car ses parents ne peuvent plus payer les frais de scolarité. De retour dans son ancienne école primaire, il continue de se former par lui-même et tombe sur un livre sur l'énergie éolienne.

C'est une révélation. William récupère des morceaux de métaux et se lance dans la construction et l'installation d'une éolienne à quatre pales. Rapidement, les voisins font la queue devant chez lui pour recharger leur téléphone portable.

L'histoire de cette éolienne franchit les frontières du Malawi et grâce à des dons, le jeune garçon peut poursuivre ses études. Il se rendra même aux États-Unis pour visiter des fermes éoliennes. Depuis, William aide des jeunes à créer leur propre source d'électricité dans leur village. Son livre, *Une éolienne en Afrique* (Éditions Globe, 2013) raconte cette incroyable histoire.

À table !

Pour la plupart des Malawites, l'aliment de base est le *nshima*, une épaisse purée de farine de maïs, riche en protéines. Elle se mange avec les doigts et s'accompagne de haricots ou de légumes, et d'un condiment épicé, plus rarement de viande ou de poisson.

Au Malawi, le poisson est excellent : le *chambo*, sorte de brème, et le *kampango*, similaire au poisson-chat, sont tous deux très prisés.

La bière de la région est produite à partir de maïs. La blonde locale s'appelle la Kuche Kuche, même si beaucoup lui préfèrent la variété produite par Carlsberg dans sa brasserie de Blantyre.

8

DAVID ELSE / GETTY IMAGES ©

Balade à cheval, Nyika National Park

parfum résolument caribéen. Outre la sieste dans le hamac, on peut pratiquer quantité d'autres activités : snorkeling, plongée, nourrissage des pygargues, kayak ou trek. Au sud de la baie, Chikale Beach est prisée pour la baignade et pour ses plages. Le matériel de snorkeling est gratuit pour les clients des lodges.

Nyika National Park

8 La plus ancienne réserve du Malawi, à laquelle on accède par une route cahoteuse, offre l'une des expériences les plus fabuleuses du pays. Les hautes terres, ponctuées de blocs de roche semblant tout droit sortis d'un épisode de *Star Trek* et sillonnées par les zèbres, sont recouvertes d'herbes arborant des teintes terre de Sienne sous le soleil de l'après-midi. Culminant à plus de 2 500 m d'altitude et s'étendant sur 3 200 km², le Nyika National Park est un lieu énigmatique : alors que ses prairies vallonnées évoquent les paysages du nord de l'Angleterre, antilopes, éléphants et léopards viennent rappeler au visiteur qu'il se trouve en Afrique.

Transports

Avion Outre les vols réguliers reliant Lilongwe à Blantyre, des bimoteurs desservent divers parcs naturels, ainsi que Likoma Island.

Bateau Une fois par semaine, le ferry *Ilala* remonte le lac Malawi sur toute sa longueur, en trois jours environ, avant de redescendre dans l'autre sens. Entre Monkey Bay, au sud, et Chilumba, au nord, il marque une douzaine d'arrêts.

Bus Des autobus express circulent deux fois par jour entre Blantyre et Lilongwe. Des bus-navettes desservent les rives du lac. Les minibus locaux partent quand ils sont complets.

CAPITALE
Malé

POPULATION
394 000

SUPERFICIE
298 km²

LANGUE OFFICIELLE
Divehi

Maldives

Avec un luxe incomparable, des plages de sable blanc et un extraordinaire monde sous-marin, les Maldives offrent la promesse de vacances inoubliables.

Les Maldives possèdent peut-être les plus belles plages du monde. Les 1 200 îles de l'archipel comptent presque toutes des plages dont la perfection engendre difficilement la lassitude. Si certaines offrent un sable plus doux que d'autres, leurs rivages d'un blanc éblouissant et leurs eaux d'un bleu lumineux sont presque sans équivalent sur la planète. Cela suffit à attirer près d'un demi-million de personnes chaque année dans ce petit paradis de l'océan Indien, par ailleurs peu connu.

Chaque hôtel des Maldives correspond à une île privée. Avec plus d'une centaine d'îles-hôtels, la difficulté est de choisir. Tout en haut de l'échelle, les enseignes les plus luxueuses rivalisent pour repousser les limites du luxe. Pas étonnant que les Maldives soient la destination privilégiée des amateurs d'escapade tropicale glamour. Mais il n'y a pas que des îles-hôtels cinq étoiles. Certaines s'adressent aux familles, aux plongeurs, aux budgets plus restreints et à quiconque aspire à un retour à la nature en toute quiétude.

Maldives
Les incontournables

Malé

1 La capitale des Maldives est certainement le meilleur endroit pour découvrir la manière de vivre des Maldiviens. Les maisons aux couleurs vives, les marchés bondés et les maisons de thé conviviales où l'on bavarde avec les habitants autour de délicieux *short eats* (en-cas) sont quelques-uns des attraits de la capitale.

Petit-déjeuner chez les requins-marteaux

2 Les requins-marteaux, – créatures ô combien bizarres parmi les habitants des mers, déjà si insolites – sont très nombreux dans les eaux des Maldives quand on sait où les observer. Plonger à l'aube et descendre à - 30 m dans le grand bleu pour découvrir un banc de requins-marteaux à jeun est un des plus grands frissons qu'on puisse s'offrir. Le meilleur endroit pour ce faire est le célèbre Hammerhead Point, dans l'atoll de Rasdhoo.

Voyager en hydravion

3 Rares sont les destinations pouvant s'enorgueillir d'un moyen d'accès qui soit un temps fort du voyage – sans doute parce que rares sont les hôtels auxquels on n'accède qu'en hydravion. À bord d'appareils Twin Otter, qui fonctionnent comme des taxis dans ce pays sans routes, décoller depuis l'océan, observer d'en haut les atolls coralliens, les lagons bleus et les minuscules îles désertes constitue une expérience inoubliable.

Snorkeling à Addu

4 En 1998, lorsque El Niño a ravagé le monde sous-marin des Maldives et blanchi les coraux, Addu, l'atoll le plus méridional du pays, a été l'unique secteur épargné. Si les coraux des Maldives se régénèrent actuellement de manière spectaculaire, ceux d'Addu sont d'une beauté inouïe, notamment les coraux corne de cerf, qui ont disparu du reste des Maldives. Tout amateur de plongée ou de snorkeling sera ébloui devant l'intensité et la variété des couleurs, surtout autour de l'île de Gan.

TRENT BURKHOLDER PHOTOGRAPHY / GETTY IMAGES ©

Atoll Ari

Nager avec un requin-baleine

5 Le requin-baleine, le plus grand poisson du monde, abonde dans les eaux maldiviennes, surtout au sud de l'atoll d'Ari et lors de la pleine lune, lorsque les courants entre atolls sont les plus forts. Nager à côté d'un de ces gentils géants (10 m de long en moyenne) constitue une expérience aussi extraordinaire que sans danger, car, malgré leur taille imposante, les requins-baleines ne mangent que du plancton.

Visiter une île habitée

6 Pour découvrir les "vraies" Maldives, tâchez de passer quelques nuits sur une île habitée, dans l'une des pensions qui s'y sont installées, à mille lieues des spas et des piscines à débordement de votre île-hôtel. Vous y trouverez une vie locale haute en couleur et une nourriture insulaire que peu de personnes ont l'occasion de voir. Toutes les îles-hôtels proposent des excursions sur des îles habitées alentour.

Quand partir

HAUTE SAISON (déc-fév)

- Temps agréable : peu de pluie, peu d'humidité et un ciel bleu.
- À Noël et au Nouvel An, les prix s'envolent et les hôtels exigent souvent un séjour de 10 nuitées minimum.

SAISON INTERMÉDIAIRE (mars-avr)

- Le temps reste agréable jusqu'à fin avril, époque où les températures sont maximales.
- La saison du surf va de mars à octobre.
- Les prix grimpent à Pâques.

BASSE SAISON (mai-nov)

- Orages, pluies, chaleur, et les tarifs des îles-hôtels au plus bas.
- Les prix grimpent en août.
- La vie sous-marine est plus variée du côté ouest des atolls.

Sur 100 personnes aux Maldives

65 travaillent dans le secteur tertiaire
24 travaillent dans l'industrie
11 travaillent dans l'agriculture

Religions
(% de la population)

Musulmans sunnites

Population au km²

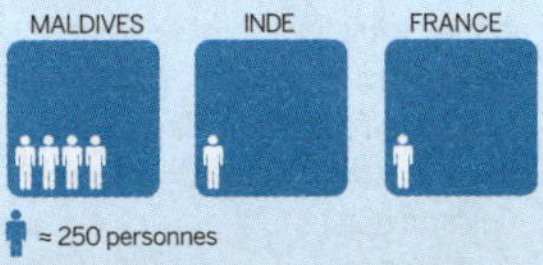

≈ 250 personnes

Le *bodu beru*

Que vous logiez sur une île-hôtel ou sur une île habitée, vous ne pouvez pas séjourner aux Maldives sans assister à l'extraordinaire spectacle de musique et de danse appelé *bodu beru*, ou "grand tambour" en dhivehi.

Ce spectacle traditionnel donné par des hommes constitue une expérience saisissante, quoiqu'il puisse paraître incongru dans une salle de restaurant. Cette cérémonie aux percussions débute lentement et le rythme s'accélère pour atteindre une rapidité frénétique qui plonge certains danseurs dans un état proche de la transe.

Chaque ensemble comprend entre 4 et 6 joueurs de tambour et la musique révèle de fortes influences africaines.

À table !

Bière La bière que l'on vend à Malé est sans alcool. Pour de la "vraie" bière, il faut traverser la lagune afin de gagner l'île de l'aéroport où la bière alcoolisée est disponible.

Café Les Maldiviens en raffolent. On trouve d'excellents expressos, cafés au lait et cappuccinos à Malé, ainsi que dans la plupart des îles-hôtels et des pensions.

Kavaabu Ces petites boulettes de pâte frites, farcies de thon, de pommes de terre écrasées, de poivre et de citron vert constituent un *short eat* très populaire.

Short eats Les Maldiviens sont friands d'en-cas tels que les *fihunu mas* (morceaux de poisson nappés de piment), les *gulha* (boulettes de pâte farcies de poisson, d'épices et frites), les *keemia* (rouleaux de poisson frits) et les *kuli boakiba* (cakes au poisson épicés).

SAKIS PAPADOPOULOS / GETTY IMAGES ©

Apprendre à plonger

7 Impossible de ne pas observer ce qui se passe sous l'eau aux Maldives. Coraux, poissons tropicaux, requins, tortues et raies vous immergent dans un monde étrange dont le meilleur accès est la plongée. Toutes les îles-hôtels possèdent une école de plongée et vous ne regretterez pas d'avoir choisi les Maldives pour vous y initier. Le niveau de sécurité y est excellent, l'équipement moderne, les instructeurs expérimentés, et l'eau est si chaude que beaucoup se passent de combinaison.

Se prendre pour un Robinson (de luxe)

8 Pratiquement toutes les îles-hôtels proposent une variation sur ce thème : on vous remet un panier pique-nique (les îles-hôtels les plus luxueuses proposent parfois un vrai repas servi par du personnel) et l'on vous dépose sur une île déserte. L'équipage remonte à bord du bateau et vous laisse, livré à vous-même, sur le sable blanc au milieu d'un lagon turquoise. Visitez l'île, dégustez votre festin, dorez-vous au soleil, nagez – c'est la version moderne de Robinson Crusoë.

Transports

Avion L'archipel compte six aéroports, reliés à la capitale par des vols réguliers.

Bateau En 2010, le gouvernement a mis en place un réseau de ferrys national. Chaque île habitée du pays est désormais reliée au moins à un autre endroit, même si ce n'est que deux fois par semaine.

Hydravion L'utilisation des hydravions permet d'atteindre le moindre endroit du pays par les airs. Tous les transferts en hydravion se font de jour et le trajet offre une vue magnifique sur les atolls, les îles, les récifs et les lagons.

CAPITALE
Bamako

POPULATION
16,4 millions

SUPERFICIE
1,2 million km²

LANGUE OFFICIELLE
Français

Cérémonie en pays dogon

Mali

Son cadre naturel, ses mosquées en pisé et sa riche tradition musicale font du Mali le plus envoûtant des pays de la région.

Rares sont les pays d'Afrique de l'Ouest dotés d'autant de sites et de monuments remarquables, de la légendaire Tombouctou aux mosquées érigées en bord de fleuve. Cependant, à l'heure actuelle, monuments, mosquées et expéditions en pleine nature sont hors de portée, du fait des opérations militaires dans le pays.

C'est à Bamako, sa capitale, que bat le cœur du Mali. Ici les joueurs de n'goni et de kora font danser les foules. Plus à l'ouest, les femmes peules chevauchent des ânes et forment des caravanes qui traversent la hamada (plateau rocailleux aride ponctué de broussailles). Au nord-est, les manuscrits de vénérables civilisations africaines sont conservés dans les bibliothèques de Tombouctou.

À ces richesses s'ajoute l'illustre histoire malienne, celle d'anciens empires dont la prospérité était liée au commerce de l'or, le long de la lisière sud du Sahara. Enfin, la musique malienne est tout aussi riche et envoûtante, qu'il s'agisse de l'émouvante musique du désert, des chants des griots, ou des rythmes endiablés invitant à la danse.

Mali
Les incontournables

Pays dogon

1 Fierté du Mali, ce lieu fascinant se caractérise par ses villages traditionnels en terre et au toit de chaume, installé sur (et sous) les immenses falaises de Bandiagara. Le paysage qu'elles offrent est époustouflant et les Dogon, par leur culture complexe et élaborée, leurs arts, leur mode de vie et leurs maisons vous marqueront profondément.

Djenné

2 Cette ville classée au patrimoine mondial de l'Unesco est l'une des plus anciennes d'Afrique de l'Ouest. Sa mosquée construite en banco (sorte de pisé) se dresse dans le désert comme un fabuleux château de sable. Située sur le delta du Niger, la ville atteint toute sa splendeur durant la saison des pluies, quand elle se transforme en île. Ses maisons en terre lui donnent un charme irréel.

Bamako

3 La capitale du Mali est une ville bruissante de vie : des foules de gens achètent, vendent et échangent sous la chaleur du milieu de journée dans une incroyable cacophonie de paroles, de musique et de pétarades de motos. Le Musée national, dont les bâtiments s'inspirent de l'architecture de Djenné, abrite une fort belle collection ethnographique.

À table !

Bissap/djablani Jus de fleurs d'hibiscus.

Capitaine Perche du Nil, une espèce de poisson d'eau douce.

Castel Bière malienne.

Quand partir

NOV-JAN

- Meilleure période pour un séjour.
- Beau temps.

JUILLET-AOÛT

- Mois les plus humides.
- La saison des pluies va de juin à septembre.

AVRIL-JUIN

- La température dépasse les 40°C.
- Il fait aussi très chaud en septembre et octobre.

CAPITALE
Port Stanley

POPULATION
3 140

SUPERFICIE
12 173 km^2

LANGUE OFFICIELLE
Anglais

Colonie de manchots papous

Îles Malouines

Toujours britanniques malgré un conflit vieux de près de deux siècles avec l'Argentine, les îles Malouines sont surtout peuplées de pingouins, d'oiseaux aquatiques et de troupeaux de moutons.

Le dernier épisode guerrier aux Malouines (Islas Malvinas pour les Argentins et Falkland Islands pour les Britanniques) remonte à 1982, lorsque les Britanniques reprennent le contrôle de l'archipel après l'invasion de l'armée argentine. Aujourd'hui, les relations diplomatiques entre les deux pays sont partiellement apaisées et les îles ont retrouvé leur sérénité. L'archipel offre une escale prisée aux bateaux de croisière sillonnant l'Atlantique Sud. Baies, criques, estuaires et plages composent un littoral accidenté pour une faune variée : cormorans, pingouins, manchots de Magellan, otaries, éléphants de mer, dauphins, etc.

Port Stanley, la petite capitale de l'archipel, est situé sur la Malouine orientale. Elle se résume à des rues bordées de maisons aux toits en couleurs. Les quelques bars de la ville invitent à échanger avec les habitants autour d'une pinte de bière. Ailleurs dans l'archipel (surnommé "Camp"), vous aurez plus de chances de croiser un mouton ou un manchot qu'un être humain.

Îles Malouines

Les incontournables

Port Stanley

1 La capitale des Malouines est une bourgade qui abrite plus de la moitié de la population de l'archipel. Admirez les épaves recyclées, bavardez avec les habitants dans un pub typiquement britannique, visitez le Falkland Islands Museum et découvrez les mémoriaux de guerre.

Volunteer Beach

2 Inutile de faire route vers l'Antarctique pour admirer l'élégant manchot royal. Volunteer Beach abrite la plus grande colonie de cet oiseau sur l'archipel. Les manchots papous et les manchots de Magellan sont également présents sur cette plage. Le nom *Volunteer* provient d'un baleinier américain qui s'arrêta dans le port voisin de Port Louis, en 1815.

Sea Lion Island

3 Malgré sa taille modeste, l'île habitée la plus méridionale de l'archipel concentre une faune variée. On y trouve les cinq espèces de pingouins des Malouines, d'énormes colonies de cormorans, ainsi qu'une importante zone de reproduction pour les éléphants de mer du Sud. En revanche, les lions de mer (auxquels l'île doit son nom) sont à peine une centaine.

À table !

À l'évidence, la cuisine locale est très influencée par la tradition britannique. Le *fish and chips* est un classique très prisé, tout comme l'agneau. Abondance de poisson frais dans les menus des restaurants. Dans les pubs de Stanley, on sert une cuisine de bar accompagnée de pinte de bière.

Quand partir

OCT-MARS

➔ Saison des croisières vers l'Antarctique.

DÉC ET FÉV

➔ Rencontres sportives annuelles, entre Noël et le Nouvel An.

AVR-SEPT

➔ Durant l'hiver austral, le thermomètre descend rarement en dessous de 0°C.

La Valette

CAPITALE
La Valette

POPULATION
411 277

SUPERFICIE
316 km²

LANGUES OFFICIELLES
Maltais, anglais

Malte

Dans cet archipel bat le cœur de la Méditerranée. Ses secrets ? Une histoire passionnante, une cuisine aux influences multiples, des criques sauvages et de superbes sites de plongée.

Des mystérieux temples préhistoriques à la magnifique architecture baroque, en passant par les bateaux de pêcheurs colorés, ce petit archipel dégage un charme bien à lui. Malte est un microcosme de la Méditerranée, une éponge qui a absorbé certains traits caractéristiques de ses voisins et de ses conquérants : détectez l'influence arabe dans la langue, devinez la Sicile dans la cuisine, découvrez l'héritage de 150 ans de règne britannique. Si le mélange est fort éclectique, Malte a sa personnalité bien à elle.

Le plus petit État membre de l'Union européenne a une réputation de destination balnéaire, justifiée par la mer et par le soleil qui y règne en maître. Mais le pays a bien davantage à offrir. Ce qui fait de Malte une destination unique est son passé, encore visible aujourd'hui. Les îles ont gardé des allures de bastion, avec leurs remparts, leurs fortifications sillonnant des collines isolées et la myriade de tunnels souterrains qui abritèrent les habitants pendant la Seconde Guerre mondiale.

Malte
Les incontournables

La Valette

1 Ville de petite taille, avec des rues pentues qui suivent un plan en damier, la capitale de Malte est très facile à explorer à pied. Lors de sa construction aux XVIe et XVIIe siècles, son fondateur a voulu qu'elle soit bâtie par des gentilshommes pour des gentilshommes. Elle garde aujourd'hui une grande part de son élégance. L'Unesco ne s'y est pas trompée en inscrivant la ville sur la liste du patrimoine mondial au titre de "zone historique parmi les plus concentrées du monde".

Dwejra

2 Le littoral de Dwejra, sur Gozo, présente de spectaculaires formations rocheuses, sculptées par le vent et la mer. De là, il est possible de passer en bateau sous la Fenêtre d'Azur, une arche rocheuse qui forme comme une porte d'accès à la mer. Non loin s'étire la mer Intérieure, merveilleux lagon où se baigner et faire du snorkeling. À proximité de la côte, l'imposante masse de Fungus Rock se dresse au milieu des eaux bleues.

Victoria

3 Il-Kastell de Victoria est un lieu où il fait bon flâner – cette minuscule medina semble presque surgir de l'affleurement rocheux sur lequel elle trône. La citadelle fut construite après une attaque dévastatrice, au terme de laquelle presque tous les Gozitains avaient été emmenés comme esclaves. Un beau panorama se déploie depuis ses remparts.

Mdina et Rabat

4 Un temps capitale de Malte, la ville fortifiée de Mdina abonde en magnifiques édifices. Abritant une kyrielle de musées et d'églises, Mdina dégage en outre un mystère plaisant la nuit, lorsque la ville est faiblement éclairée et déserte. Flânez-y après que la majorité des habitants sont rentrés chez eux, et vous comprendrez pourquoi on la surnomme la "ville du silence". Mdina jouxte Rabat, autre ravissante cité comptant quelques sites passionnants, la plupart souterrains.

Fenêtre d'Azur, Gozo

Temples de Ħaġar Qim et de Mnajdra

5 Ces fantastiques constructions préhistoriques figurent parmi les sites les plus beaux et les plus évocateurs de Malte, en partie grâce à leur situation : ils se dressent en hauteur, sur la crête de falaises côtières que les fleurs sauvages tapissent au printemps. La vue sur la mer et sur la lointaine île de Filfla est magnifique, et des sentiers de randonnée balisés sillonnent la campagne environnante.

Vittoriosa

6 Vittoriosa – appelée localement Birgu – est la plus fascinante des Trois Cités. Cette petite ville, perchée sur une étroite langue de terre, possède d'anciennes ruelles et ménage de superbes vues sur les environs. Bien qu'elle ait été la résidence d'origine des chevaliers de l'ordre de Saint-Jean, elle n'a rien d'une ville-musée, mais se révèle bien vivante. En octobre, à l'occasion du festival Birgu by Candlelight, les rues de la ville sont éclairées à la bougie.

Quand partir

HAUTE SAISON
(juin-août)

- Les complexes hôteliers affichent complet, et les plages sont noires de monde.
- Le thermomètre peut dépasser 35°C.
- C'est la principale saison des *festas* (fêtes).

SAISON INTERMÉDIAIRE
(avr-juin, sept-oct)

- Climat agréable, vent chaud et humide.
- La mer est plus chaude en automne qu'au printemps.
- La Semaine sainte est une belle période pour découvrir Malte.

BASSE SAISON
(nov-fév)

- En novembre et décembre, les températures avoisinent 12 à 18°C.
- La période entre Noël et le Nouvel An est aussi une haute saison.

Sur 100 personnes à Malte

95 vivent en zone urbaine
5 vivent en zone rurale

Religions
(% de la population)

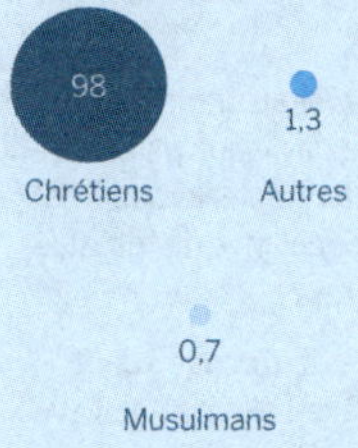

Population au km²

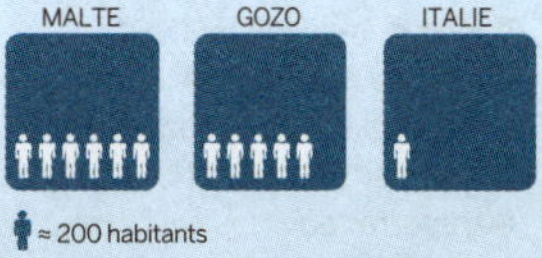

La langue maltaise

La langue vernaculaire de Malte est le maltais. Certains linguistes voient ses origines dans l'occupation phénicienne du premier millénaire avant Jésus-Christ, tandis que d'autres estiment qu'il descend des dialectes arabes d'Afrique du Nord. La grammaire et les constructions du maltais reproduisent le modèle arabe, mais ses influences sont multiples puisqu'il comprend des mots siciliens, italiens, espagnols, français et anglais. Jusqu'aux années 1930, l'italien était la langue officielle du pays. Il était utilisé aussi bien à l'église que pour les affaires administratives, même si seule l'aristocratie le parlait véritablement. Le maltais n'est devenu la langue officielle du pays qu'en 1934.

À table !

Bragioli Fines tranches de bœuf enveloppant une farce faite de chapelure, bacon haché, œuf dur et persil ; on fait braiser ces roulades dans une sauce au vin rouge.

Fenek Le lapin est le mets le plus apprécié des insulaires, qu'il soit frit à l'huile d'olive, rôti, en ragoût, servi avec des spaghettis ou en tourte.

Ftira Pain maltais traditionnel cuit sous forme de disque plat. Il fait de délicieux sandwichs lorsqu'il est fourré d'un mélange de tomates, olives, câpres et anchois.

Ġbejniet Petit fromage dur et blanc traditionnellement fait avec du lait de brebis ou de chèvre cru.

Kinnie Boisson sucrée locale aux oranges amères et aux plantes.

Pastizzi Feuilleté fourré de ricotta ou de purée de petits pois, généralement servi chaud. On le trouve dans la plupart des bars ou à emporter dans les *pastizzeriji*.

ALEX HARE / GETTY IMAGES ©

Front de mer de Marsaxlokk

Déjeuner dominical à Marsaxlokk

7 La petite ville côtière de Marsaxlokk attire les foules chaque dimanche. Population locale et touristes affluent pour son marché aux poissons fort d'un vaste choix, de la rascasse au requin. Le port scintille de bateaux de pêche multicolores ornés de l'œil d'Osiris – tradition qui remonterait à l'ère phénicienne. Le front de mer, bordé d'excellents restaurants, est le lieu idéal pour un long et paisible déjeuner aux côtés des familles maltaises.

Comino

8 Ourlée d'un splendide littoral, cette petite île a servi tour à tour de retraite à un ermite, de zone de quarantaine pour les malades du choléra et de camp de prisonniers. Aujourd'hui, elle attire un grand nombre de visiteurs, notamment grâce à son Lagon Bleu. Si vous parvenez à rejoindre ce bassin de rêve en dehors des périodes d'affluence, le site vous ravira. Comino est aussi un bel endroit où faire des randonnées, des sentiers faciles la sillonnant jusqu'à la tour de guet du XVIIe siècle et longeant la côte jusqu'à l'unique hôtel de l'île.

Transports

Bus Le réseau de bus dessert toutes les zones de l'île de Malte. La plupart circulent entre 5h30 et 23h, à une fréquence variable selon la popularité de l'itinéraire.

Ferry De fréquents bateaux-taxis relient La Valette et Sliema ou les Trois Cités. Des ferrys circulent entre Malte et Gozo (www.gozochannel.com).

Voiture Les locations de voiture à Malte sont parmi les moins chères d'Europe, et cela vous permettra de voir une bien plus grande partie de l'île si la durée de votre séjour est limitée. Les Maltais roulent à gauche, comme les Britanniques, et sont réputés pour leur conduite sportive.

CAPITALE
Garapan

POPULATION
51 500

SUPERFICIE
464 km^2

LANGUES OFFICIELLES
Anglais, chamorro

Plage, île de Saipan

Îles Mariannes du Nord

Les îles Mariannes du Nord sont des temples du voyage organisé. Il suffit pourtant d'un peu de curiosité pour être récompensé par des eaux turquoise, des plages de sable blanc et des plongées éblouissantes.

Territoire non incorporé des États-Unis, les îles Mariannes du Nord se sont spécialisés dans le tourisme de groupe, en particulier en provenance du Japon. La plupart des visiteurs se limitent à l'île de Saipan, la plus étendue. Pourtant l'exploration de la quinzaine d'autres îles qui constituent les Mariannes du Nord peut occuper le voyageur en mal de paradis tropical. Les amateurs de plongée, par exemple, auront le choix pour sélectionner leurs sites. Outre des barrières de corail riches, les îles conservent d'étonnantes épaves de navires datant de la Seconde Guerre mondiale, lorsque les Japonais occupaient l'île. D'autres préféreront avec raison s'étendre sur les nombreuses plages de sable blanc. Enfin, la végétation exubérante due au climat tropical plaira aux adeptes de la marche. Tout un programme !

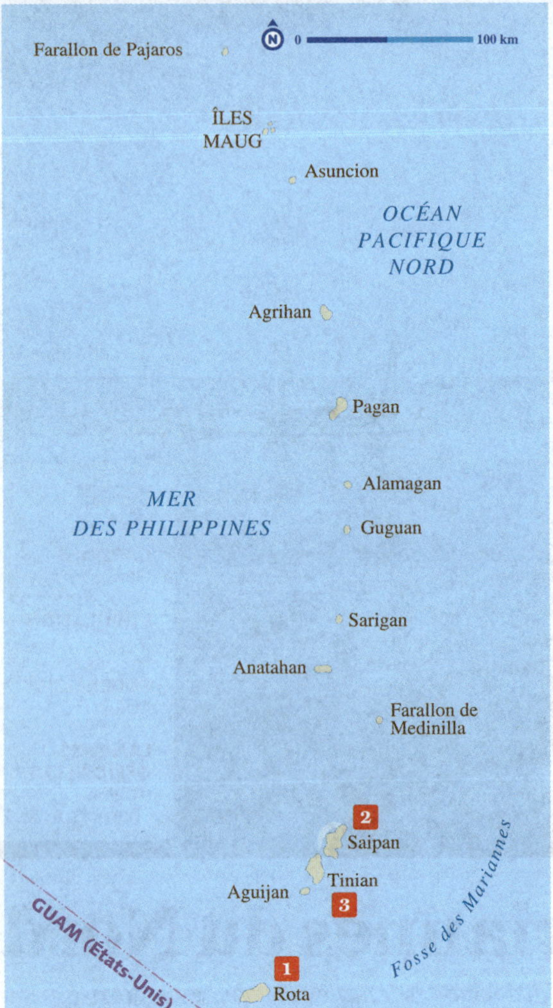

Quand partir

DÉCEMBRE-MARS

➡ Meilleure période. Saison sèche, ce qui signifie surtout un peu moins d'humidité.

JUILLET-OCTOBRE

➡ Saison des pluies.

OCTOBRE-NOVEMBRE

➡ Période des cyclones.

À table !

La cuisine chamorro est un mélange de plats originaires d'Espagne, des Philippines et du Pacifique. Profitez des fêtes de village pour goûter quelques plats.

Îles Mariannes du Nord
Les incontournables

Rota

1 La superbe île de Rota est le joyau de l'archipel des Mariannes. Cette île accueillante possède un intérieur vallonné où de nombreux cerfs batifolent, des petites fermes et une bonne eau de source. Lorsque le soleil se couche, le ciel se pare d'un orange flamboyant.

Blue Grotto

2 Les habitués de la plongée dans les Mariannes du Nord connaissent Saipan pour ce site incroyable. Il s'agit d'une grotte calcaire effondrée comportant un bassin d'eau de mer bleu cobalt dans lequel se trouvent trois couloirs sous-marins. Autrefois, les habitants qui voulaient nager dans la grotte devaient descendre le long d'une corde. Aujourd'hui, des marches en ciment escarpées conduisent jusqu'à l'eau. De minuscules stalactites coulent goutte à goutte du plafond de la grotte, et les gigantesques toiles d'araignées tendues au-dessus de l'eau permettent de faire de belles photos quand la lumière s'y prête.

Tinian

3 Tinian, île paisible dotée d'une seule ville, n'est qu'à 5 km au sud de Saipan. C'est un bel endroit où voir d'antiques *latte* (piliers en pierre constituant les vestiges les plus visibles des débuts de la culture chamorro), des terres d'élevage où broute le bétail, des plages de sable isolées, de beaux panoramas et quelques édifices en mauvais état mais ravissants.

CAPITALE
Rabat

POPULATION
32,6 millions

SUPERFICIE
446 550 km²

LANGUE OFFICIELLE
Arabe marocain, amazigh

Désert du Sahara

Maroc

Des pics enneigés de l'Atlas aux mers de sable du Sahara en passant par les cités impériales et leurs souks enchanteurs, le Maroc ne cesse d'envoûter les voyageurs.

Le Maroc semble avoir été tracé pour les voyageurs. De splendides paysages colorés se déroulent, tels les tapis chamarrés que vous découvrirez dans les coopératives locales. Les montagnes offrent de simples et fabuleux plaisirs tels que les cieux nocturnes tapissés d'étoiles au col de Tizi n'Test. Plus bas, les côtes déchiquetées, les cascades et les grottes des collines boisées et le désert ne manqueront pas de vous émerveiller. C'est cette diversité qui façonne également la vie des Berbères, des Arabes et des Sahraouis.

Prenez le temps de contempler l'animation en compagnie des habitants entre les multiples activités qu'offre le pays : grimper jusqu'au plus haut sommet d'Afrique du Nord, un trek à dos de dromadaire, des achats dans les souks, se perdre dans la médina ou transpirer dans un hammam. Entre ces efforts, vous pourrez passer la nuit dans un riad, vous détendre sur une terrasse panoramique ou une place majestueuse et vous régaler de tajines parfumés au safran et à l'argan.

Mer Méditerranée
ALGÉRIE
Grand Erg occidental
Gourara
Erg Er- Raoui
Erg Chebbi
Mascara
Oran
Tlemcen
Aïn Sefra
Oujda
Ahfir
Melilla
Bouarfa
Guercif
Al-Hoceima
Gibraltar
Ceuta
Tétouan
Chefchaouen
Ouezzane
Volubilis
Moulay Idriss
Meknès
Fès
Azrou
Midelt
Rissani
Tafilalt
Tanger
Kénitra
Rabat
Casablanca
Settat
Beni Mellal
HAUT ATLAS
Ouarzazate
Agdz
Aït-Benhaddou
Tazenakht
Vallée du Drâa
M'Hamid
Marrakech
Vallée de l'Ourika
Djebel Toubkal
ANTI ATLAS
El-Jadida
Safi
Essaouira
Agadir
Tafraoute
Sidi Ifni
Bouizakarne
Cap Drâa
Frontière contestée
Erg Iguidi
Tarfaya
Laâyoune
Voir cartouche
ÎLES CANARIES (ESPAGNE)
OCÉAN ATLANTIQUE
0
400 km
MAURITANIE
Bir Moghrein
Bou Craa
Sahara
SAHARA OCCIDENTAL
Boujdour
Dakhla
Nouâdhibou
Atar
1
2
3
4
5
6
7
8
9
10

Maroc
Les incontournables

Place Djemaa el-Fna, Marrakech

1 "La place", comme la nomment les Marrakchis, déborde d'activités de l'aube jusqu'au milieu de la nuit, et aimante les foules avec son animation permanente, mélange hétéroclite de spectacles de rue, de vendeurs de potions et de la centaine d'étals de nourriture qui s'y installent à la nuit tombée. À deux pas des souks, Djemaa el-Fna est le cœur vibrant de Marrakech. Il faut y venir plusieurs fois, varier les angles, prendre le temps de s'intéresser aux acteurs de ce spectacle à ciel ouvert. On pourrait y passer des heures et des journées...

Médina de Fès

2 La médina de Fès est un véritable labyrinthe, mais n'ayez pas peur de vous y égarer : il vous suffira de suivre la foule pour rejoindre l'artère principale ou de demander votre chemin à un habitant. Partez à l'aventure dans ce dédale médiéval fait de places dérobées, d'immenses portes cloutées et de souks colorés. Si vous levez les yeux, vous découvrirez de magnifiques décors en plâtre ou bois de cèdre, des calligraphies arabes aux lignes sinueuses, tandis qu'à vos pieds s'étireront de sublimes mosaïques.

Les musiciens gnaouas de la place Djemaa el-Fna,

Patrimoine architectural de Casablanca

3 Quiconque affirme qu'il n'y a rien à voir à Casablanca hormis la mosquée Hassan II ne connaît pas bien la ville. Datant du début du XXe siècle, de superbes bâtiments de styles mauresque et Art déco jalonnent le centre. Certains sont entretenus, d'autres laissés à l'abandon, mais tous comportent des angles arrondis, des frises de fleurs et des balcons incurvés en fer forgé. Une promenade à pied dans Casablanca vous fera découvrir la plupart d'entre eux.

Sur 100 personnes au Maroc

66 ont entre 15 et 64 ans
28 ont entre 0 et 14 ans
6 ont plus de 65 ans

Groupes ethniques

(% de la population)

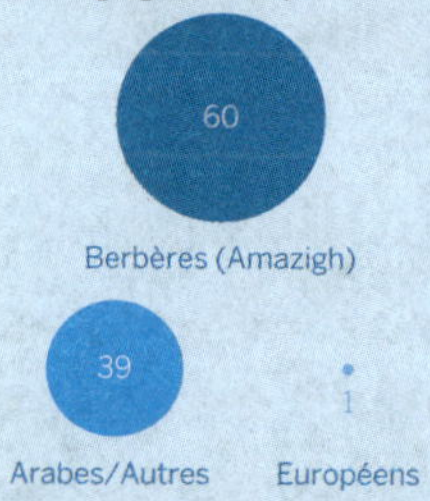

Population au km²

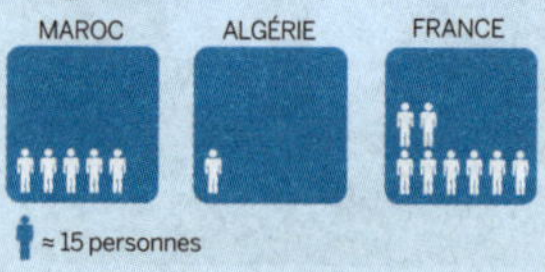

Méharée dans le Sahara

4 Lorsque vous vous figuriez galopant au soleil couchant sur votre fidèle destrier, vous ne vous imaginiez sûrement pas que cela balancerait autant. Ne vous inquiétez pas : personne n'est vraiment gracieux du haut de sa bosse, et même si vous risquez d'être un peu endolori, vous serez en état de grimper en haut des dunes à la tombée de la nuit. Dans l'erg Chigaga, les étoiles sembleront plus brillantes que jamais et pour cause : l'endroit est à plusieurs jours de dromadaire des réverbères les plus proches.

Chemin des casbahs dans la vallée du Drâa

5 Les routes permettent désormais un passage rapide des derniers tronçons des routes caravanières entre le Mali et Marrakech. La vallée du Drâa s'étend au-delà des gorges rocheuses aperçues par les vitres des voitures. Les palmiers et les forteresses en brique crue de Tamegroute, Zagora, Timidarte, et Agdz, ressemblent à des mirages après deux mois dans le Sahara. Les casbahs, qui abritaient jadis les caravanes, accueillent aujourd'hui des hôtes. Au matin, vous vous régalerez de dattes fraîches et de pain cuit au four.

Tafraoute

6 Tafraoute est un fouillis de maisons roses et de rues commerçantes dans un cadre enchanteur. C'est une base idéale pour découvrir les villages berbères, les gravures rupestres et les palmeraies qui parsèment la vallée des

La tannerie : une tradition séculaire

Les tanneries de Fès illustrent peut-être mieux que tout autre artisanat la persistance de traditions remontant à l'époque médiévale. Le cuir marocain, et en particulier le cuir fassi, est depuis des siècles considéré comme l'un des plus beaux au monde. La fine peau de chèvre tannée, utilisée en reliure, porte ainsi le nom de maroquin.

Au Maroc, les techniques de tannage n'ont guère changé au fil des siècles. Les ânes continuent de transporter les peaux à travers les étroites ruelles jusqu'aux cuves de teinture, toujours construites selon les méthodes traditionnelles (avec l'ajout de carreaux de céramiques modernes). Les tanneurs sont organisés selon les principes des guildes d'antan et le métier se transmet de père en fils. Malheureusement, l'hygiène et la sécurité n'ont pas évolué, et les tanneurs, plongés jusqu'aux genoux dans des produits chimiques, ont souvent des problèmes de santé. chimiques, ont souvent des problèmes de santé.

À table !

Pastilla Tourte composée de *ouarka* (couches de pâte très fine) couvertes de morceaux de pigeon ou de poulet cuits avec des amandes, puis saupoudrée de cannelle.

Couscous Une fine semoule de grains roulés à la main et cuite à la vapeur, avec des légumes et/ou de la viande dans une réduction de bouillon. Servi en plat principal.

Harira Soupe de tomates, d'oignons, de safran et de coriandre fraîche, agrémentée de lentilles, de pois chiches et/ou d'agneau.

Khoubz Pain plat cuit dans un four à bois.

Thé à la menthe Le "whisky berbère" est une tradition à la fin des repas.

Tajine Ragoût cuit dans un plat en terre à couvercle conique.

JON ARNOLD IMAGES / GETTY IMAGES ©

Ammeln. Comme si les falaises de granit, les hautes montagnes ocre et les oasis ne suffisaient pas à la beauté du lieu, un artiste belge a peint plusieurs rochers, créant un paysage surréaliste.

Sidi Ifni

7 Ne le dites à personne : cette ancienne ville espagnole en bord de mer, à une méharée seulement du Sahara, a autant de charme qu'Essaouira, sans la foule. Vous pourrez marcher jusqu'aux arches en pierre de la plage de Legzira, ou simplement flâner dans les ruelles bleu et blanc de l'une des cités les plus séduisantes du sud du Maroc. Le couchant est le meilleur moment pour admirer ses édifices Art déco, quand les vents de l'Atlantique bercent les palmiers.

Moulay Idriss

8 Du nom du saint le plus vénéré du Maroc, dont elle abrite le mausolée, cette petite ville est l'un des lieux de pèlerinage les plus importants du pays. Elle s'étend sur deux collines, depuis lesquelles

Quand partir

HAUTE SAISON (nov-mars)

- Le printemps et l'automne sont très prisés des touristes.
- Prix des hébergements plus élevé.
- Marrakech et le Sud sont courus à Noël et pour le Nouvel An.

SAISON INTERMÉDIAIRE (avr et oct)

- Tempêtes de sable dans le Sahara au printemps et pluie dans le Nord.
- Saison appréciée partout ailleurs.
- Prix des hébergements en hausse à Pâques.

BASSE SAISON (mai-sept)

- Réductions dans les hébergements et les souks.
- Le tourisme marocain maintient des prix élevés sur la côte.

la vue sur ses toits verts et la campagne vallonnée au loin est d'une beauté exceptionnelle, surtout à la tombée de la nuit. À son sommet se dresse le seul minaret cylindrique du Maroc, qui mérite les efforts pour le rejoindre, tandis qu'à ses pieds s'étirent des oliveraies produisant une huile parfumée savoureuse.

Transports

Bus Moins chers, mais plus lents que le train, ils vont du car moderne au véhicule bringuebalant. Pratique pour les destinations non desservies par le train.

Grand taxi De "grands taxis" Mercedes (collectifs) relient les villes proches. Économiques, mais exigus.

Train Tarifs raisonnables, excellent réseau et départs fréquents entre les principales villes, mais pas de ligne dans le Sud ou le long de la côte méditerranéenne.

Voiture Pratique pour voyager à son rythme ou visiter des régions avec peu de transports publics. On en loue dans toutes les villes. Attention à la conduite imprévisible des automobilistes locaux.

Médina de Chefchaouen

9 La médina de Chefchaouen s'étire à flanc de montagne en une cascade de toits rouges, de balcons en fer forgé et de géraniums. Avec ses ruelles pavées bleues envoûtantes, elle fait le bonheur des photographes. Dominée par une somptueuse casbah ocre, la place principale regorge de cafés en terrasse où boire un thé à la menthe. Vous pouvez aussi vous promener le long de la rivière, gagner la mosquée espagnole sur la colline ou vous aventurer dans le parc national de Talassemtane pour explorer les montagnes du Rif.

Volubilis

10 Installé à Volubilis par les Romains, le roi berbère Juba II, époux de la fille de Marc Antoine et de Cléopâtre, fit de la ville une communauté agricole florissante, produisant huile d'olive, blé et vin pour l'armée romaine. Du haut des marches de la basilique, on domine ce qui fut jadis son royaume. Le site, classé au patrimoine de l'Unesco, compte peu d'explications, mais on peut s'y promener assez librement et il y a un musée tout neuf. Ne manquez pas les superbes mosaïques et les cigognes nichant en haut des colonnes.

À voir

Casanegra (Nour Eddine Lakhmari ; 2008). Deux amis vivent de petits boulots et d'arnaques dans le Casablanca des pauvres (Casanegra). Énorme succès au Maroc.

La Grande Villa (Latif Lahlou ; 2010). Une famille franco-marocaine décide de quitter Paris pour s'installer à Casablanca.

Mille Mois (Faouzi Bensaïdi ; 2002). Une chronique sensible sur l'enfance, qui a pour cadre un village de l'Atlas.

Marock (Laïla Marrakchi ; 2005). Une histoire d'amour entre une jeune musulmane et un garçon juif.

À lire

La Nuit sacrée (Tahar Ben Jelloun ; 1987). L'histoire d'une Marrakchie élevée comme un garçon. Prix Goncourt 1987.

Rêves de femmes : Une enfance au harem (Fatima Mernissi ; 1994). L'auteur croise ses souvenirs des années 1940 avec ceux d'autres femmes.

9

MICHELE FALZONE / GETTY IMAGES ©

Atoll de Bikini

CAPITALE
Majuro

POPULATION
71 000

SUPERFICIE
181 km²

LANGUES OFFICIELLES
Anglais, marshallais

Îles Marshall

Cet archipel d'un millier d'atolls coralliens et d'îlots volcaniques perdu en Océanie n'attire pas les foules de touristes. Raison de plus pour partir explorer ce territoire hors norme.

La République des Îles Marshall (RMI) se compose de deux groupes d'atolls parallèles : les îles Ratak et les îles Ralik. Parmi ces dernières, le célèbre atoll de Bikini, théâtre du premier essai nucléaire américain et dont le nom a été choisi par un fabricant visionnaire de maillot de bain.

Le pays compte environ 70 000 habitants qui vivent sur ces étroites bandes de terre entre l'océan et le lagon. Ils sont connus pour être d'excellents pêcheurs et des navigateurs hors pair.

Depuis la fin du XVIIIe siècle, ces îles micronésiennes ont été occupées par les Britanniques, les Russes, les Allemands, les Japonais et les Américains. Autant d'influences que l'on ressent aujourd'hui dans les restaurants ou les commerces des atolls les plus développés. Dans les endroits plus reculés de l'archipel, les Marshallais continuent de vivre comme les ancêtres. Le vrai charme de ce pays réside de fait dans ses îles extérieures, qui ont conservé leur nature intacte de paradis du Pacifique.

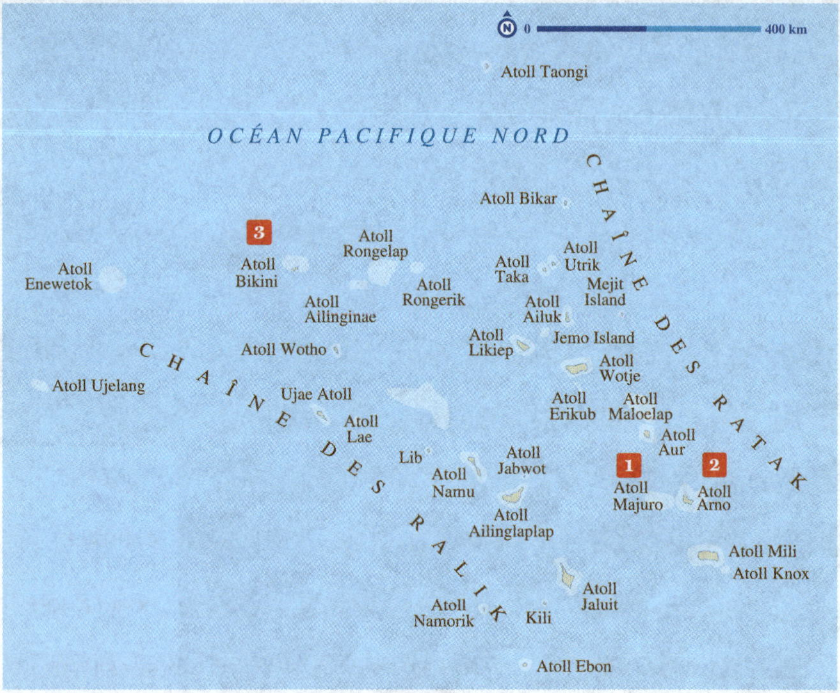

Îles Marshall
Les incontournables

Laura

1 Si le rythme de la capitale est trop animé, suivez l'agréable route bordée de palmiers qui conduit à Laura. À l'extrémité ouest de l'atoll de Majuro, Laura est réputée pour ses plages tranquilles. Emportez un pique-nique et passez une journée de détente sur une superbe plage de sable blanc. N'oubliez pas votre masque et votre tuba pour visiter le récif peu profond.

Atoll Arno

2 Sur cet atoll, le site de Longar est réputé pour son "école de l'amour", où l'on apprenait jadis aux jeunes femmes à perfectionner leurs techniques sexuelles. Les eaux au large de Longar Point sont connues pour les parties de pêche. Thon jaune, marlin, *mahi-mahi* et espadon-voilier y vivent en abondance.

Atoll de Bikini

3 À partir de 1946, cet atoll fut le théâtre d'essais nucléaires menés par les États-Unis. Cette page est heureusement tournée et Bikini attire aujourd'hui les plongeurs, notamment pour l'épave de l'USS *Saratoga*, un porte-avions coulé en 1946. Il n'est d'ailleurs pas rare d'apercevoir un requin à pointe blanche autour de l'épave.

À table !

Noix de coco Son jus glacé est un antidote idéal contre la chaleur.

Crabe de cocotier Le plus grand arthropode terrestre est considéré comme un mets délicat.

Fruit du pandanus Consommez sa chair bouillie au goût sucré – mais attention aux aigrettes à l'intérieur !

Quand partir

JUILLET

➡ La fête des Pêcheurs, le 1er vendredi du mois, donne lieu à des compétitions.

SEPT-NOV

➡ À Majuro, la température avoisine en journée les 27°C ; la pluie est la bienvenue.

DÉC-AOÛT

➡ Saison sèche dans le Sud.

Grand-Rivière

CHEF-LIEU
Fort-de-France

POPULATION
405 000

SUPERFICIE
1 100 km^2

LANGUE OFFICIELLE
Français

Martinique

La Martinique ? Un département français sous les tropiques. L'absence de barrière linguistique et de formalités ont fait de l'"île aux fleurs" une destination rêvée pour des vacances au soleil.

Lagons aux eaux turquoise, forêts tropicales riches de circuits pédestres et équestres, petits villages de pêcheurs où le temps semble s'être arrêté, routes côtières en corniche offrant de splendides panoramas… On n'en finirait pas de planter le décor.

Le voyageur curieux constatera vite que ce décor de carte postale est le reflet édulcoré d'une réalité complexe et passionnante. En effet, l'histoire souvent tragique de la Martinique a donné naissance à une culture d'une grande richesse, issue de la synthèse d'éléments africains, amérindiens et européens.

Aisément accessible, la nature tropicale compose l'attrait majeur d'une première visite aux Antilles. Sur une île qu'au maximum quelques heures de voiture permettent de traverser, vous pourrez facilement partager votre temps entre les sports nautiques, la plongée, la randonnée dans des paysages variés ou le farniente sur la plage.

Martinique

Les incontournables

Saint-Pierre

1 Rayée de la carte un matin de 1902 par une éruption de la montagne Pelée, la cité jadis glorieuse s'est peu à peu reconstruite à partir des années 1920. Aujourd'hui classée ville d'art et d'histoire, Saint-Pierre constitue un véritable Pompéi sous les tropiques. Les ruines sont présentes dans tous les quartiers de la ville et beaucoup ont servi de soubassement aux maisons reconstruites après la catastrophe. Les plus impressionnantes sont celles du théâtre, construit à la fin du XVIIIe siècle sur le modèle du Grand Théâtre de Bordeaux. Les épaves qui gisent dans la rade font le bonheur des plongeurs.

Les Salines

2 À la pointe méridionale de l'île s'étire la grande anse des Salines. C'est un long ruban de sable blond incurvé à l'ombre des cocotiers et des amandiers tropicaux. À l'horizon, se découpe la silhouette du rocher du Diamant. Tenue pour la plus belle de la Martinique, cette plage recevrait près de 2 millions de visiteurs par an. Plus calme, mais sans cocotiers, la petite anse des Salines prolonge sa grande sœur au nord. Au sud-est, passé la pointe des Salines, commence la côte atlantique, inaugurée par des sites aux noms évocateurs : la Savane des Pétrifications, la Table du Diable, la Pointe d'Enfer...

Presqu'île de Caravelle

3 Telle la proue d'un navire, la presqu'île de la Caravelle s'avance sur une dizaine de kilomètres dans l'océan Atlantique. Tandis que le ravissant hameau de pêcheurs de Tartane offre un havre paisible, la partie orientale de la presqu'île est occupée par une formidable réserve naturelle. Créée en 1976, elle protège 422 ha d'une grande richesse écologique, notamment plus de 150 espèces végétales. Quelque 80 espèces d'oiseaux y sont recensées. Deux sentiers balisés vous feront voyager de l'univers de la forêt sèche à celui de la mangrove, en passant par les paysages âpres et sauvages de la côte cinglée par l'Atlantique.

GUIZIOU FRANCK / GETTY IMAGES ©

La Trace du Nord

4 La route du Nord-Atlantique s'arrête à Grand-Rivière, joli hameau niché au pied de falaises abruptes, dont la vie est rythmée par celle des pêcheurs. De là, un somptueux sentier de randonnée fait le tour de la pointe nord de l'île, jusqu'à l'anse Couleuvre, en contournant le flanc nord de la montagne Pelée à travers une jungle exubérante. Bien qu'elle longe la côte, cette randonnée est en effet avant tout un itinéraire forestier. Vous marcherez sous le couvert d'une forêt abritant plus de 200 essences différentes.

Les Anses-d'Arlet

5 Protégé par une ligne de mornes et à l'écart des grands axes routiers, ce superbe chapelet d'anses et de hameaux, qui s'étire sur une vingtaine de kilomètres de la côte sud-ouest, a largement échappé à l'emprise touristique. Outre un somptueux cadre naturel, des plages parmi les plus belles de l'île, des eaux calmes et limpides fréquentées par les tortues, on y apprécie un rythme de vie et une chaleur bien antillais. Sur les reliefs volcaniques alentour, les randonneurs pourront aussi découvrir de splendides panoramas maritimes.

Quand partir

DÉC-MAI

➔ Les fêtes de fin d'année et la saison d'hiver sont synonymes de vols à des tarifs très élevés.

MAI-JUIN

➔ Le climat peut être clément et tout devient beaucoup moins cher (on trouve des vols aller-retour à moins de 400 €).

JUIL-OCT

➔ De nombreux prestataires ferment pendant le mois de septembre.

Sur 100 personnes en Martinique

28 ont moins de 20 ans
53 ont entre 21 et 59 ans
19 ont plus de 60 ans

Religions

(% de la population)

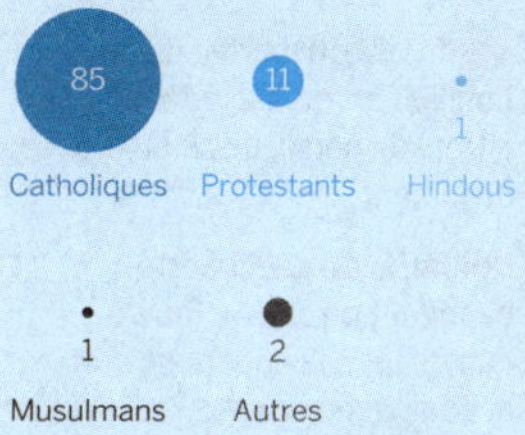

Population au km²

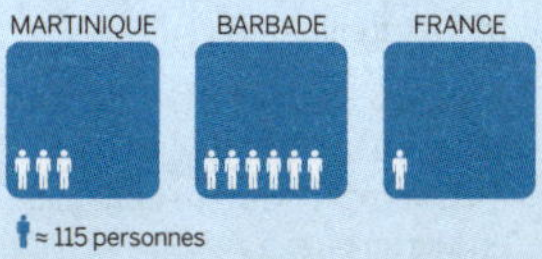

L'éruption de la montagne Pelée

À la fin du XIXe siècle, Saint-Pierre est surnommée le "petit Paris". C'est une cité moderne, qui dispose de l'eau courante, de l'électricité et du télégraphe.

Le 8 mai 1902, le volcan de la montagne Pelée, qui domine la ville, donne des signes inquiétants d'éruption, mais Saint-Pierre est accaparée par la campagne électorale. À 8h du matin, dans une formidable explosion, une nuée ardente s'échappe du volcan. Ce nuage de cendres, de pierres et de gaz enflammés descend en trombe sur la ville. En quelques minutes, il ne reste plus rien de la glorieuse cité. L'éruption – la plus meurtrière du XXe siècle – tue 28 000 personnes.

Lorsque les secours, arrivés par la mer, débarquent, ils ne découvrent parmi les décombres que deux survivants, un cordonnier et un prisonnier. Ce dernier, répondant au nom de Cyparis, devait sa survie à l'épaisseur des murs du cachot dans lequel il avait été jeté la veille pour ébriété !

À table !

Acras Beignets de morue, parfois de crevettes, de titiris ou de légumes.

Blaff Poisson mariné dans un bouillon aromatisé de thym, de citron, de persil, de ciboulette et de piment.

Colombo de cabri Sorte de ragoût de chèvre (ou de chevreau) à la poudre de curry, accompagné de riz.

Poulet boucané Poulet fumé à la sciure de canne à sucre (la bagasse), ce qui lui donne un goût très parfumé.

Ti-punch Concocté avec du rhum blanc, du sucre et du citron vert, c'est le cocktail le plus apprécié en Martinique.

Fleur de bananier, Jardin de Balata

Route de la Trace

6 La route de la Trace (N3) serpente depuis Fort-de-France à travers la forêt tropicale jusqu'à L'Ajoupa-Bouillon, d'où l'on peut rejoindre l'Atlantique. Jalonnée de panoramas époustouflants, de villages attachants, d'opulents jardins, point de départ de fameuses randonnées et de parcours de canyoning, cette route est sans conteste l'une des plus belles de l'île. Au Morne-Rouge, elle contourne le monstre endormi de la Pelée, dont la présence magnétique s'impose à toute la région.

Jardin de Balata

7 C'est le jardin botanique vedette de l'île. Chaque année, plus de 150 000 visiteurs se promènent dans sa profusion de plantes et d'arbres tropicaux. Ce lieu luxuriant et poétique doit tout à la passion de Jean-Philippe Thoze, qui a occupé 20 ans de sa vie à réunir ces plantes du monde entier et à aménager ce site conquis sur la forêt tropicale. Une passerelle aménagée à 15 m de hauteur ménage une vue spectaculaire sur la canopée.

Transports

Bus Ils sont peu pratiques, à l'exception des navettes d'Espace Sud, qui assurent une boucle des Trois-Îlets au Diamant en passant par Rivière-Salée.

Taxico À défaut de voiture, ces taxis collectifs sont le meilleur moyen de se déplacer sur l'île. Ils circulent dès tôt le matin, mais jusqu'à 18h seulement et ne fonctionnent pas (ou à peine) le week-end. Ils partent en principe toutes les demi-heures vers toutes les directions, mais en général ils ne mettent les gaz que lorsqu'ils sont remplis. Les tarifs sont variables, mais toujours très modiques.

Voiture Compte tenu de la quasi-absence de transports en commun, louer une voiture se révèle indispensable pour profiter pleinement de l'île.

CAPITALE
Port-Louis

POPULATION
1,3 million

SUPERFICIE
2 040 km^2

LANGUES OFFICIELLES
Anglais, français

Le Morne Brabant

Maurice

Posée au milieu de l'océan Indien, l'île Maurice séduit avant tout comme destination balnéaire. Mais les plus curieux seront conquis par sa diversité culturelle, son histoire et un cadre enchanteur.

Luxe, plongée et plages de sable blanc… Maurice a fait de son développement touristique haut de gamme une stratégie payante, même si elle menace parfois les équilibres environnementaux de l'île. Mais Maurice ne se limite pas à ses plages et à ses hôtels de luxe. L'île offre également de belles opportunités pour la pratique d'activités sportives, avec ses magnifiques plongées, des spots de kitesurf et de surf, de très beaux parcours de golf et même des itinéraires de randonnée.

L'ancienne "île de France" est aussi intéressante sur le plan culturel. Les Franco-Mauriciens à la tête des plantations de canne à sucre, leur main-d'œuvre d'esclaves originaires du continent africain et de Madagascar, mais aussi les travailleurs chinois et surtout indiens arrivés après l'abolition de l'esclavage en 1835, ont tous contribué à bâtir l'île Maurice d'aujourd'hui. Cette mosaïque ethnique se retrouve dans les langues, les fêtes religieuses, l'architecture et… dans l'assiette.

Maurice
Les incontournables

Plongée

1 Moins réputée que les Maldives ou les Seychelles en matière de plongée sous-marine, l'île Maurice n'a pourtant rien à leur envier. Ses principaux atouts : une barrière de corail qui entoure l'île de manière presque continue, des eaux cristallines, des températures clémentes et une faune abondante. Quant au relief, il apporte une note spectaculaire aux plongées. De nombreuses épaves ont par ailleurs été coulées afin de servir de récifs artificiels. Les sites de plongée se comptent par dizaines. Au nombre des plus spectaculaires, le dédale rocheux de La Cathédrale, près de Flic en Flac.

Jardins et demeures coloniales

2 Les joies du littoral font parfois oublier que l'intérieur de Maurice recèle quelques pépites héritées de l'époque coloniale. Au nord de l'île, le jardin de Pamplemousses, oasis tropicale née au XVIIIe siècle, préserve près de 600 espèces d'arbres et de végétaux, notamment des nénuphars géants originaires d'Amazonie. Non loin du jardin botanique, deux belles demeures de planteurs rappellent l'importance passée de l'industrie sucrière : le château Labourdonnais et la maison Eureka, qui appartenait à la famille de l'écrivain Jean-Marie Gustave Le Clézio.

Déguster la pêche du jour sur la plage

3 Savourer un délicieux plat de fruits de mer les pieds dans le sable ? Un désir bien lointain quand l'hiver s'abat sur l'hémisphère Nord, mais une réalité quotidienne lors d'un séjour à Maurice. Langouste, poulpe, poisson grillé et calamar, tous fraîchement pêchés, sont régulièrement proposés dans les restaurants de plage et les *resort*. Un riche éventail de préparations donne à ses plats des saveurs indiennes ou créoles. Bon appétit !

Chambres et tables d'hôtes

4 Si Maurice peaufine son image de

RELIGIOUS IMAGES / UIG / GETTY IMAGES ©

Fête hindoue de Maha Shivaratree

destination haut de gamme avec ses fastueux cinq-étoiles, il est faux de croire que l'île est réservée aux seuls nantis. Pour preuve, les nombreuses maisons d'hôtes de charme qui essaiment sur la pointe d'Esny, sur la côte ouest ou encore sur l'île de Rodrigues. Ces demeures au confort simple permettent de découvrir une autre facette de la vie mauricienne. Vous y serez toujours chaleureusement accueilli et les tables d'hôtes vous initieront aux richesses de la cuisine locale.

Temples et fêtes hindoues

5 Avec leurs sculptures exubérantes et colorées, les quelque 150 temples hindous présents sur l'île Maurice sont le reflet de la première religion de l'île, l'hindouisme. Le lac sacré de Grand Bassin, au sud de l'île, en accueille à lui seul une demi-douzaine sur ses rives. C'est ici qu'est célébré tous les ans le Maha Shivaratree, fête hindoue lors de laquelle plusieurs centaines de milliers de pèlerins viennent se recueillir et se purifier dans les eaux du lac.

Sur 100 personnes à Maurice

68 sont indo-mauriciennes
27 sont créoles
3 sont sino-mauriciennes
2 sont franco-mauriciennes

Religions

(% de la population)

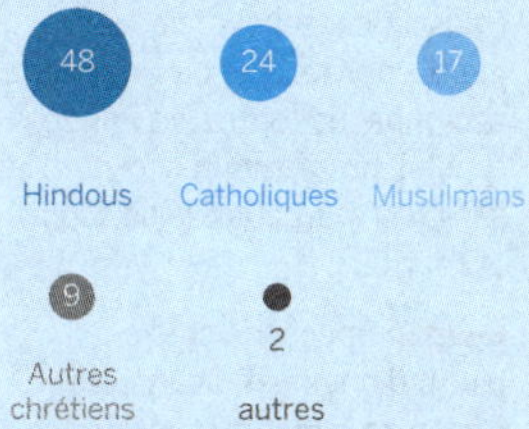

Population au km²

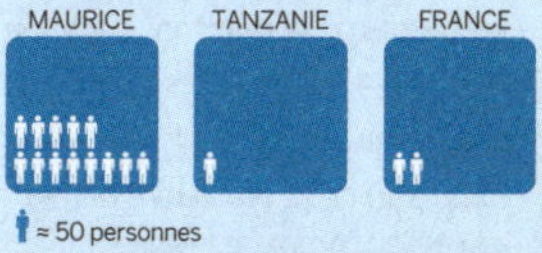

Quand partir

NOV-JAN

➡ Les tarifs des hôtels et des vols grimpent pendant la période de Noël et du Jour de l'an.

➡ Début de la saison cyclonique. Les températures peuvent devenir étouffantes sur la côte jusqu'en mars.

JUIL-AOÛT

➡ Hiver austral : les températures sont les plus fraîches de l'année et les précipitations faibles.

➡ L'océan est plus frais mais plus propice au surf.

MAI-JUIN ET SEPT-OCT

➡ Températures modérées et précipitations faibles

➡ Meilleures périodes pour la randonnée

Paul et Virginie

Écrit en 1788, le roman de Bernardin de Saint-Pierre continue de hanter l'imaginaire mauricien. En bon disciple de Rousseau, l'auteur y met en scène, dans la nature paradisiaque de l'île de France, l'amour naissant entre deux jeunes cœurs purs qui ignorent le mal. L'idylle est contrariée quand la jeune fille doit partir en France. Dans l'épilogue du roman, le navire qui ramène Virginie à l'île de France s'échoue sur le récif. Paul se jette à la mer pour secourir sa dulcinée. Mais Virginie, par pudeur, refuse de quitter ses vêtements pour regagner la rive et se noie. Paul ne tarde pas à mourir de chagrin.

Bernardin de Saint-Pierre s'est inspiré du naufrage, en 1744, du *Saint-Géran*, sur les récifs de l'île d'Ambre. Deux femmes qui auraient refusé de se déshabiller pour rejoindre la rive à la nage auraient péri noyées, emportées par le poids de leurs vêtements.

À table !

Vindaye Plat originaire de l'ouest de l'Inde à base de poisson ou d'ourite (poulpe).

Cari Ce mélange d'épices (muscade, cannelle, clou de girofle, poivre...) et de gingembre, accompagne toutes les viandes (poulet, bœuf, mouton, cerf, sanglier) mais aussi le poisson et l'ourite.

Rougail Spécialité créole plutôt d'origine réunionnaise à base de tomates (appelées pommes d'amour à Maurice), d'ail, d'oignons et d'épices. Il accompagne le poisson, la viande ou les saucisses.

Daube Elle désigne ici un plat de viande ou de poisson longuement mijoté, accompagné d'une sauce, généralement à base de tomates et d'autres légumes.

NARVIKK / GETTY IMAGES ©

Côte sud-est

6 Élire sa plage préférée sur Maurice pose un dilemme semblable à celui qu'on a chez un marchand de glaces : toutes ont l'air si tentantes ! Mais s'il faut choisir, préférez celles de la côte est et sud-est, en particulier les plages de Belle Mare et de la pointe d'Esny, qui offrent de belles étendues de sable souvent désertes face au lagon. Non loin, les réserves forestières de l'île aux Aigrettes et de la vallée de Ferney présentent une facette moins connue de Maurice.

Chamarel

7 Le village de Chamarel est une occasion de découvrir l'île Maurice de l'intérieur avec sa rhumerie, ses dunes de terres colorées et sa cascade encerclée par une végétation tropicale. Autre atout, une visite du village offre un fantastique panorama sur la péninsule du Morne et l'île aux Bénitiers.

Transports

Avion Air Mauritius assure un minimum de deux vols quotidiens entre Maurice et Rodrigues. Le trajet dure 1 heure 30.

Bus Le réseau des bus (souvent de vieux véhicules) couvre toute l'île.

Voiture Le réseau routier mauricien comprend une excellente autoroute, des routes nationales correctes et des routes secondaires en moins bon état. On trouve des agences de location dans les villes principales et les aéroports. La conduite se fait à gauche.

Taxi Louer un taxi peut s'avérer une solution avantageuse pour explorer certaines zones de l'île, surtout si vous partagez le prix de la course avec d'autres voyageurs.

Randonnée dans les dunes de l'Adrar

CAPITALE
Nouakchott

POPULATION
3,4 millions

SUPERFICIE
1 million km^2

LANGUE OFFICIELLE
Arabe

Mauritanie

À cheval entre le Maghreb et l'Afrique noire, ce pays du Sahel n'appartient pourtant à aucun des deux mondes et cultive savamment sa différence.

Territoire essentiellement désertique, la Mauritanie abrite des sites aussi mystérieux que splendides. Les immenses dunes de sable, les canyons vertigineux et les plateaux lunaires de l'Adrar ou le Tagânt ont le pouvoir de réveiller les spiritualités les plus endormies. Les amateurs d'histoire s'émerveillent devant Chinguetti, Ouâdane et Oualâta, anciennes cités du désert classées au patrimoine mondial. On peut certes trouver des paysages semblables dans d'autres pays de l'Afrique de l'Ouest, mais ils n'atteignent pas un tel degré de sublime. Par ailleurs, la Mauritanie compte un littoral sauvage avec en point d'orgue le parc national du Banc d'Arguin, réputé pour l'observation des oiseaux.

Comme bon nombre de ses voisins du Sahel, la Mauritanie est exposée à la menace des groupes terroristes qui opèrent dans le Sahara. Les voyageurs envisageant de s'y rendre devront se renseigner attentivement sur les conditions de sécurité des régions qu'ils veulent visiter.

Mauritanie
Les incontournables

Chinguetti

1 Haut lieu d'érudition islamique, Chinguetti possède un capital historique et culturel immense. Certains de ses édifices datent du XIIIe siècle. Une balade dans les ruelles labyrinthiques de son ksar (vieille ville) est incontournable.

Adrar

2 Pour découvrir la magie du Sahara, dormez sous un ciel constellé de millions d'étoiles dans les dunes couleur safran de l'Adrar. Ce splendide paysage saharien donne à voir le désert dans toute sa diversité : cités sahariennes, dunes majestueuses semblant sculptées de main d'artiste, vastes plateaux rocailleux, et paisibles oasis frangées de palmiers-dattiers.

Parc national du Banc d'Arguin

3 Ce parc classé au patrimoine mondial de l'Unesco est un important site de reproduction pour les oiseaux entre Europe, Asie et Afrique. Il s'étend à 200 km au nord du cap Timiris. Le bateau de pêche traditionnel est le moyen idéal pour approcher les oiseaux. Le mieux est d'organiser ce genre d'excursion depuis le village d'Iwik.

À table !

Méchoui Festin nomade traditionnel ; on fait rôtir un agneau entier, farci de riz cuit, au-dessus d'un feu.

Thé Fort, sucré et servi maintes fois avant d'être bu. La politesse veut que l'on accepte les trois premiers verres de thé.

Zrig Lait caillé de chèvre ou de chamelle, sans sucre.

Quand partir

NOV-MARS

➡ Les mois les plus agréables pour visiter le désert, bien que les nuits soient froides.

JUIN-AOÛT

➡ Le *rifi* (vent chaud) fait grimper les températures jusqu'à 45°C voire plus.

JUIL-SEPT

➡ Courte saison des pluies à Nouakchott ; des inondations peuvent survenir.

El Castillo, Chichén Itzá

CAPITALE
Mexico

POPULATION
120 millions

SUPERFICIE
1,9 million km²

LANGUE OFFICIELLE
Espagnol

Mexique

Entre forêt et désert, villes animées et pueblos, *feux d'artifice et fête des Morts, le Mexique évoque de nombreuses images contrastées, mais nulle idée préconçue ne saurait rendre justice à la réalité.*

Ceint de quelque 10 000 km de plages de sable et de lagunes foisonnantes de vie, le Mexique tient d'une perpétuelle découverte, entre forêts, volcans couronnés de neige et déserts ponctués de cactus. Le climat permet de vivre dehors le plus clair du temps. Chacun peut dîner à la belle étoile, paresser sur la plage, arpenter les rues d'une jolie ville, plonger, muni d'un tuba, dans les superbes récifs des Caraïbes, gravir des montagnes couvertes de forêts ou partir à la recherche de cétacés.

Si elle brille par sa diversité, tant urbaine que rurale, la population mexicaine partage un amour commun de la fête. Rarement discourtois et enracinés dans les valeurs familiales, les Mexicains mettent un point d'honneur à faire plaisir à leurs invités, et savent distinguer la réprobation qu'ils nourrissent à l'endroit de leurs gouvernants de l'amour qu'ils vouent à leur patrie. Celle-ci, unique par ses traditions et ses nombreux contrastes, a de quoi donner des frissons de toute nature à qui vient la découvrir.

ÉTATS-UNIS
GOLFE DU MEXIQUE
OCÉAN PACIFIQUE
BELIZE
GUATEMALA
HONDURAS
MEXICO
BELMOPAN
TEGUCIGALPA
GUATEMALA
San Diego
Tijuana
Mexicali
San Quintin
San Felipe
Punta Prieta
Guerrero Negro
Santa Rosalia
La Paz
Cabo San Lucas
Tucson
Nogales
Hermosillo
Guaymas
Yaqui
Ciudad Juárez
Las Cruces
Chihuahua
Ojinaga
Delicias
Ciudad Camargo
Los Mochis
Culiacan
La Cruz
Mazatlan
Durango
Torreon
Cuencame
Fresnillo
Zacatecas
Aguascalientes
Tepic
Puerto Vallarta
Manzanillo
Guadalajara
Colima
Tecoman
Guanajuato
Morelia
Petatlan
Ciudad Altamirano
Acapulco
Cuernavaca
Queretaro
San Luis Potosi
Matehuala
Saltillo
Monterrey
Monclova
Laredo
Del Rio
Pecos
Rio Grande
Linares
Ciudad Victoria
San Fernando
Matamoros
Tampico
Tamazunchale
Tuxpam
Poza Rica de Hidalgo
Pachuca
Puebla
Tehuacan
Veracruz
Ometepec
Puerto Escondido
Pochutla
Oaxaca
Coatzacoalcos
Pijijiapan
Tapachula
Villahermosa
Tuxtla Gutierrez
Ciudad del Carmen
Campeche
Merida
Cancun
Cozumel
Tulum
Chetumal
Ft. Worth
Dallas
Waco
Austin
San Antonio
Houston
Jackson
Bâton-Rouge
La Nouvelle-Orléans
Montgomery
Tuscaloosa
1
2
3
4
5
6
7
8
9
10
11
12
0
500km

Mexique
Les incontournables

Mexico

1 Passablement décriée par le passé, la capitale mexicaine est en train de se racheter une conduite. Ses espaces publics rénovés retrouvent une seconde vie, la scène gastronomique est en plein boom et la ville vit une renaissance culturelle. Cette vibrante mégalopole a beau vivre à un rythme trépidant, le visiteur pourra facilement trouver des moments de quiétude, qu'il s'agisse de *cantinas* à l'ancienne, d'intéressants musées ou d'antiques canaux sur lesquels voguer paisiblement.

Puerto Vallarta

2 Puerto Vallarta figure parmi les stations balnéaires les plus animées du Mexique. Elle se déploie tout autour de la Bahía de Banderas, d'un bleu éclatant, au pied de montagnes recouvertes de palmiers. Des millions de touristes viennent ici lézarder sur les plages de sable blanc, faire du shopping, souper dans des restaurants chics et flâner au gré des ravissantes rues pavées ou sur le beau *malecón* (promenade). Nombre d'activités sont ici possibles, des promenades en bateau aux randonnées équestres en passant par la plongée. Puerto Vallarta est par ailleurs l'une des premières villégiatures gays du pays.

Palacio de Bellas Artes, Mexico

1

JEAN-PIERRE LESCOURRET / GETTY IMAGES ©

Tulum

3 Un site maya de renommée mondiale, des plages de sable blanc et les eaux turquoise des Caraïbes : bienvenue à Tulum, destination populaire, à juste titre. Des cabanes en bord de mer aux complexes hôteliers haut de gamme, il existe des hébergements pour toutes les bourses, sans compter des restaurants sensationnels et d'innombrables curiosités dans les environs. C'est ainsi que, venus pour quelques jours seulement, beaucoup de visiteurs sont encore là des mois plus tard...

Chichén Itzá

4 Certes, ce site maya est sur tous les itinéraires des bus touristiques et vous ne l'aurez en aucun cas pour vous seul. Il est vrai qu'il est vraiment spectaculaire et qu'il mérite de figurer au rang des sept nouvelles merveilles du monde : imposante silhouette monolithique de la pyramide d'El Castillo (où l'ombre du dieu serpent à plumes Kukulcán semble monter les marches lors des équinoxes de printemps et d'automne), *cenote* sacré, architecture insolite d'El Caracol, tous les édifices laissent le visiteur sans voix.

Mérida

5 Capitale culturelle du Yucatán, cette ville grande mais accessible comporte un centre colonial préservé, une profusion de musées et galeries d'art, et certaines des meilleures tables de la région. Immédiatement à la sortie de Mérida se trouvent des réserves naturelles, de belles haciendas (domaines) et des *cenotes* (puits naturels) cachés dans la jungle. Un peu plus loin, les sites mayas peu visités qui jalonnent la Ruta Puuc donnent l'occasion de remonter le temps sans être bousculé par la cohue des touristes.

Isla Espíritu Santo

6 Le vent et les vagues ont sculpté la côte de grès rose de cette île spectaculaire, dessinant de longs doigts entre lesquels s'abritent des criques charmantes. Un terrain somptueux où pratiquer le snorkeling en compagnie d'inoffensifs requins-baleines, plonger dans des sites hors pair, camper sous un magnifique ciel étoilé, glisser en kayak le long d'une myriade de baies azurées et même observer une colonie de lions de mer.

Teotihuacán

7 La Pirámide del Sol (pyramide du Soleil) et la Pirámide de la Luna (pyramide de la Lune) dominent les vestiges de Teotihuacán, jadis l'une des plus grandes cités de Méso-Amérique. Après sa chute au VIIIe siècle, Teotihuacán demeura longtemps un lieu de pèlerinage pour la royauté aztèque. Aujourd'hui, il attire une foule désireuse de s'imprégner des énergies mystiques censées y converger.

Jour des Morts

Aucune date ne révèle autant la spiritualité mexicaine que le *Día de Muertos* (jour des Morts), commémoration à la fois gaie et triste de la mort des êtres chers au début du mois de novembre.

Aujourd'hui, le *Día de Muertos* est un phénomène national, où partout les gens vont nettoyer les tombes et les orner de fleurs, veillent dans les cimetières et construisent des autels élaborés pour accueillir leurs chers disparus. Pour la majorité *mestiza* (métisse), c'est davantage une fête folklorique populaire et un événement familial.

Crânes en sucre, cercueils en chocolat et squelettes miniatures sont vendus partout sur les marchés, comme cadeaux pour les enfants et décorations pour les cimetières ; cette tradition vient en grande partie de l'œuvre de l'artiste José Guadalupe Posada (1852-1913), réputé pour ses personnages satiriques représentant une Mort squelettique engagée dans des activités quotidiennes, travaillant, dansant, flirtant, buvant et bataillant à cheval.

Sur 100 personnes au Mexique

30 ont des ancêtres indiens
9 ont des ancêtres européens
61 ont des ancêtres des deux origines

Religions

(% de la population)

Population au km²

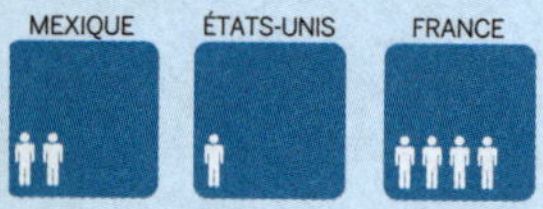

≈ 30 personnes

À table !

Elotes Épis de maïs frais cuits à la vapeur ou à la braise, assaisonnés de mayonnaise et de piment en poudre.

Enchiladas Tortillas légèrement frites, fourrées de poulet, de fromage ou d'œufs et recouvertes de sauce piquante.

Quesadillas Tortillas pliées en deux et garnies de fromage.

Tacos Tortilla de maïs farcie de viande, de poisson ou de légumes cuits, avec un peu de sauce et une garniture d'oignons et de coriandre.

Tamales *Masa* mélangée à du saindoux, et fourrées de viande, poisson ou légumes mijotés, puis cuites à la vapeur dans des feuilles de maïs ou de bananier.

Tequila Au Mexique, on la consomme en toute occasion.

DESIGN PICS / STUART WESTMORLAND / GETTY IMAGES ©

Côte du Oaxaca

8 Le magnifique littoral de Oaxaca a tout ce dont un voyageur peut rêver : des stations balnéaires décontractées (Puerto Escondido, Zipolite ou Mazunte), d'interminables plages dorées et des portions de côte quasi désertes. Au large, on peut observer en bateau dauphins, tortues et baleines, plonger, faire du snorkeling ou pratiquer la pêche sportive. Sans oublier certains des meilleurs spots de surf d'Amérique du Nord.

Guanajuato

9 Classée au Patrimoine mondial, Guanajuato fut fondée en 1559, à l'époque de l'exploitation des riches gisements d'or et d'argent de la région. Ses opulents édifices coloniaux, ses remarquables places arborées et ses maisons colorées sont enserrés entre les pentes escarpées d'un ravin. D'excellents musées, d'élégants théâtres et une belle place de marché s'égrènent au fil de ses ruelles pavées. Toute

Quand partir

HAUTE SAISON
(déc-avr)

➡ La plupart des touristes originaires de pays plus froids viennent de décembre à avril, les mois les plus secs dans la majeure partie du Mexique.

➡ À Pâques et Noël, transports et hôtels sont pris d'assaut.

SAISON INTERMÉDIAIRE
(juil-août)

➡ Les vacances pour beaucoup de Mexicains et d'étrangers. Il fait chaud presque partout, et très humide sur la côte pacifique.

BASSE SAISON
(mai, juin, sept-nov)

➡ En mai et juin les températures grimpent dans de nombreuses régions.

➡ Septembre est la saison des ouragans. Même sans tempête, il pleut beaucoup dans le golfe et sur la côte pacifique.

l'année, les 20 000 étudiants de son université contribuent à son dynamisme et à la richesse de son offre culturelle.

Ville d'Oaxaca

10 Son beau centre colonial aux rues plantées d'arbres fait d'Oaxaca l'une des villes les plus captivantes du Mexique. Les traditions indiennes fermement enracinées et la forte luminosité de la région sont des sources d'inspiration pour les artistes et les artisans locaux. Oaxaca se démarque en outre par ses musées, ses marchés et son excellente cuisine. La célébration de la fête des Morts à Oaxaca compte parmi les plus vibrantes du Mexique.

À voir

Amours chiennes (Alejandro González Iñárritu ; 2000). Le film qui a fait connaître le cinéaste et l'acteur Gael García Bernal.

Heli (Amat Escalante ; 2013). Un jeune couple pris dans la tourmente de la guerre contre la drogue.

Y Tu Mamá También (Alfonso Cuarón ; 2001). Le passage à l'âge adulte de deux adolescents fêtards de Mexico.

À lire

El Narco : La montée sanglante des cartels mexicains (Ioan Grillo ; 2012). L'auteur a passé une dizaine d'années à couvrir la guerre des cartels dans certains des coins les plus dangereux du Mexique.

Le Labyrinthe de la solitude (Octavio Paz ; 1990). Le Mexique et les Mexicains par le prix Nobel de littérature 1990.

Pedro Páramo (Juan Rulfo ; 1955). Chronique d'un despote local reconstituée bribe par bribe à travers les dires de ceux qui ont subi sa domination.

Transports

Avion Une solution à envisager pour les longs trajets. Plus de 60 villes sont desservies par des vols intérieurs. Grandes différences dans les tarifs en fonction de la compagnie choisie et du moment où l'on réserve.

Bus Efficaces, confortables et à prix raisonnable, les bus interurbains constituent dans la plupart des cas la meilleure solution pour se déplacer : le trajet revient en moyenne à 1 $M par kilomètre en 1re classe, à environ 75 km/heure. Dessertes fréquentes sur les principaux itinéraires.

Voiture Solution commode pour une indépendance maximale. Les routes ne posent pas de problème. La vitesse maximale autorisée est généralement moindre que dans le reste de l'Amérique du Nord ou en Europe. Les tarifs de location démarrent à 500 ou 600 $M la journée, assurance de base incluse.

San Miguel de Allende

11 Après une rude matinée passée à visiter églises et galeries et à battre le pavé dans les rues coloniales de San Miguel de Allende, il n'y a rien de tel que de s'offrir le luxe d'un moment de détente dans l'une des piscines thermales naturelles à l'extérieur de la ville. Repos et relaxation garantis ! Prenez ensuite le chemin du Santuario de Atotonilco voisin, haut lieu de pèlerinage pour les Mexicains, puis rentrez dîner dans l'un des excellents restaurants de la ville.

La Riviera Maya

12 S'étendant de Cancún jusqu'à la réserve de biosphère Sian Ka'an, la Riviera Maya a la réputation d'être bétonnée. Ailleurs, les occasions de se détendre sans se faire bousculer par la foule sont légion, aussi bien dans des villages de pêcheurs que dans les hauts lieux cosmopolites où se rassemblent les voyageurs. Quoi qu'il en soit, l'eau est d'un bleu si profond, le sable d'un blanc si étincelant et la jungle si luxuriante que l'on se laisse séduire par la nature tropicale.

Crâne en céramique, Oaxaca

MARGIE POLITZER / GETTY IMAGES ©

Pohnpei

CAPITALE
Palikir

POPULATION
106 104

SUPERFICIE
702 km²

LANGUE OFFICIELLE
Anglais

Micronésie

Composée de centaines d'îles, la Micronésie se divise en quatre États qui ont chacun une culture, une identité et des traditions bien distinctes.

Mis à part le fait qu'ils sont rassemblés sous l'appellation d'États fédérés de Micronésie, Kosrae, Pohnpei, Chuuk et Yap sont sans lien aucun.

Kosrae, paradis du Pacifique, est sans conteste la plus belle île de Micronésie. Sa population est très pratiquante et, le dimanche, elle se retrouve dans les églises, où le chant et la danse ont la part belle (avec toutefois une décontraction tout insulaire).

Pohnpei, où l'on trouve de mystérieuses ruines et de splendides formations géologiques, a conservé le système du clan traditionnel qui exerce encore une influence politique et sociale majeure.

Chuuk est réputé pour ses sites de plongée sur épaves. Si cet État s'adapte au tourisme international depuis peu, ses habitants n'en conservent pas moins leur tempérament insulaire.

Dernier État, Yap se caractérise par ses traditions ancrées. Architecture, coutumes, religions et monnaie en pierre en font en tout point un lieu fascinant.

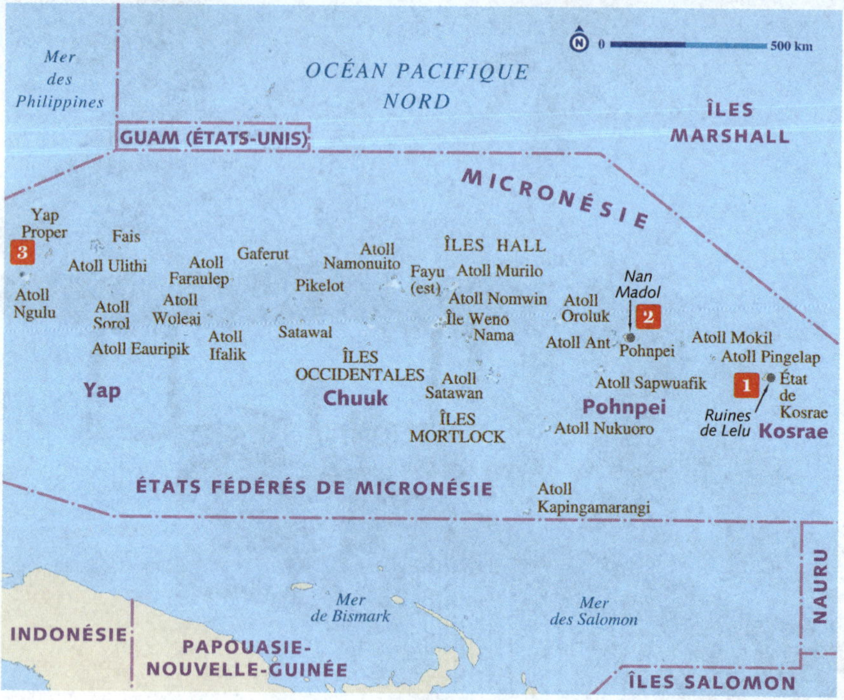

Micronésie
Les incontournables

Ruines de Lelu

1 Reliée avec la grande île de Kosrae par un pont, l'île de Lelu abrite les vestiges d'une cité fortifiée érigée entre le XIIIe et le XIVe siècle. Les ruines sont dissimulées derrière un rideau de végétation. Les bâtiments d'habitation des chefs sont encore visibles, ainsi que deux tertres funéraires royaux, quelques bâtiments sacrés et des murs construits avec des blocs de basalte.

Nan Madol

2 À l'est de l'île de Pohnpei, cet autre site archéologique, bâti sur 92 îlots artificiels fut habité entre le XIIe et le XVe siècle de notre ère. Il faisait office de site cérémoniel et servait de lieu de résidence à la noblesse.

Île de Yap

3 Yap est la plus grande île de l'archipel des Yap et Colonia lui sert de capitale. Se déployant autour de la baie de Chamorro, la minuscule capitale est bordée par l'océan. Baladez-vous jusqu'à la banque de monnaie de pierre dans le village voisin de Balabat, ou visitez le village d'art ethnique, qui excelle à préserver et à célébrer l'art indigène. Au nord, l'accueillant Bechiyal, village de bord de mer, abrite la plus ancienne *faluw* (maison des hommes) de Yap.

À table !

Chien pohnpeien Plat de fête rarement proposé au visiteur.

Sakau Boisson aux pouvoirs narcotiques, obtenue à partir de la macération de racines de *kava* (plante apparentée au poivrier).

Quand partir

TOUTE L'ANNÉE

➡ La température avoisine les 27°C dans toutes les îles.

➡ Les précipitations annuelles de Pohnpei (10 000 mm) en font l'un des endroits les plus humides de la planète.

➡ Climat un peu moins humide de décembre à juin.

CAPITALE
Chişinău

POPULATION
3,6 millions

SUPERFICIE
33 851 km²

LANGUE OFFICIELLE
Moldave

Chapelle Saint-Georges, Tiraspol

Moldavie

Petit pays enclavé et méconnu, la Moldavie lutte pour se débarrasser de ses oripeaux postcommunistes et de sa réputation de nation parmi les plus pauvres d'Europe.

Indépendante depuis 1991 après avoir été une république d'URSS, la Moldavie, aux confins de l'Europe est le pays le plus pauvre du continent. Si le pays est stabilisé sur le plan politique, la région sécessionniste de Transnistrie, proche de la frontière ukrainienne est déconseillée aux voyageurs par les autorités consulaires.

Boudée par la plupart des touristes, la Moldavie n'est pas particulièrement bien pourvue en infrastructures, que ce soit les hôtels pour les voyageurs, le réseau routier ou les transports en commun. Mais c'est ce qui fait son charme. Du fait de sa situation hors des sentiers battus, on a vraiment l'impression de partir à l'aventure. Et elle séduit justement aussi par son mode de vie intemporel – il y a en effet toujours du temps pour bavarder à l'ombre des arbres fruitiers de l'été.

Les sites d'intérêt habituels sont rares ici, mais côté aventure, il n'y a pas à aller chercher bien loin : c'est le dernier territoire à explorer d'Europe de l'Est.

Moldavie
Les incontournables

Chişinău

1 Détruite pendant la Seconde Guerre mondiale et par un tremblement de terre en 1940, Chişinău n'a jamais perdu son âme malgré les années soviétique et la reconstruction. La ville possède de beaux exemples d'architecture de style ottoman et plusieurs musées qui mettent en valeur le patrimoine moldave.

Caves souterraines

2 À 15 km au nord de Chişinău, le village viticole de Cricova abrite un vaste réseau de galeries souterraines creusées au XVe siècle et consacré au stockage du vin. Au sud de la capitale, le domaine de Mileştii Mici compte quant à lui les plus grandes caves d'Europe dans une mine de calcaire. L'occasion de découvrir les surprenants vins moldaves lors d'un circuit œnologique.

Orheiul Vechi

3 Perle de la Moldavie, le monastère troglodytique d'Orheiul Vechi attire des visiteurs du monde entier. Le monastère est creusé dans une falaise calcaire perdue au milieu d'un paysage rocailleux. La grotte du Monastère, située dans une falaise qui surplombe les méandres tranquilles de la Răut, fut creusée par des moines orthodoxes au XIIIe siècle.

À table !

Brânză Fromage au lait de brebis légèrement aigre.

Mămăligă Plat traditionnel à base de maïs (l'équivalent de la polenta).

Muşchi de vacă Côte de bœuf.

Sarma Feuilles de chou farcies de viande hachée et de riz pilaf.

Quand partir

JUIN

➡ Il fait beau et chaud. Parcs et terrasses des cafés sont pris d'assaut par les étudiants.

JUILLET

➡ Randonnée, route des vins et camping : toutes les possibilités s'offrent aux visiteurs.

OCTOBRE

➡ La "Journée nationale du vin" est fêtée le 2e dimanche d'octobre.

Musée océanographique de Monaco

CAPITALE
Monaco

POPULATION
30 500

SUPERFICIE
2 km^2

LANGUE OFFICIELLE
Français

Monaco

La principauté a beau être le deuxième plus petit pays au monde, elle intrigue le monde qui l'entoure. Glamour, spectacle et famille princière, Monaco a rodé avec succès la recette pour attirer le touriste.

On peut être déçu en découvrant la minuscule principauté de 2 km^2. En effet, après les ravissants villages perchés, les plages de la côte et les péninsules isolées, la vision des gratte-ciel serrés, des bâtiments empilés et les prix astronomiques procurent un choc. Et pourtant, Monaco fascine. Le deuxième plus petit État au monde (à peine plus grand que le Vatican) est connu pour ses riches ressortissants, ses événements sportifs retransmis dans le monde entier, son rutilant casino, et enfin, et surtout, pour sa famille princière presque aussi connue que les têtes couronnées d'Angleterre. Pour le touriste, qu'il s'agisse de passer une soirée au casino, de visiter l'excellent Musée océanographique, ou d'observer la relève de la garde devant le palais princier, Monaco parvient à en mettre plein les yeux.

Monaco
Les incontournables

Palais princier

1 Sur le Rocher trône le palais princier, bâti au XIIe siècle et remanié à la Renaissance, dans lequel il est possible de visiter les Grands Appartements. On y découvre la galerie à l'italienne et ses fresques, le salon Louis XV tout de jaune et or ou encore la salle du Trône avec sa cheminée Renaissance. Ne manquez pas la relève de la garde, qui s'effectue tous les jours à 11h55 devant le palais.

Musée océanographique

2 Installé à flanc de falaise face à la mer, ce musée éblouit ses visiteurs depuis sa construction en 1910. Des milliers d'espèces y évoluent derrière les vitres de 90 bassins. Quant au fameux "lagon aux requins", il est presque hypnotisant.

Casino de Monte Carlo

3 Inauguré en 1863, ce prestigieux casino acquit son éclat actuel un peu plus tard avec l'intervention de Charles Garnier. À l'intérieur, les salons de jeu richement décorés accueillent une foule de joueurs sur leur trente et un. L'offre de jeux est pléthorique : baccarat, blackjack, craps, roulette américaine ou européenne, machines à sous…

À table !

Parmi les spécialités locales, citons le *stocafi* (morue séchée cuite dans une sauce tomate), la socca (crêpe à la farine de pois chiches), le *barbagiuan* (beignet aux épinards et aux poireaux) et la fougasse (galette décorée d'amandes, de noix et d'autres fruits secs).

Quand partir

JANVIER

➡ Le Festival international du cirque de Monaco rassemble des artistes du monde entier.

AVRIL

➡ Tournoi de tennis sur terre battue.

MAI

➡ Le seul Grand Prix de formule 1 qui se déroule à l'intérieur d'une ville. Attention au bruit !

CAPITALE
Oulan-Bator

POPULATION
2,9 millions

SUPERFICIE
1,6 million km²

LANGUE OFFICIELLE
Mongol (khalkha)

Campement dans la steppe, *aïmag* d'Arkhangai

Mongolie

Pays à la beauté sauvage, la Mongolie est une terre d'aventure. Le voyageur pourra parcourir les vastes steppes et déserts à la rencontre des peuples nomades qui y perpétuent des traditions ancestrales.

Coupée du reste du monde durant la majeure partie du XXe siècle, la Mongolie est devenue dans l'imaginaire collectif l'archétype de la contrée lointaine et isolée. C'est la découverte de ce pays authentique et sauvage qui séduit autant de visiteurs.

Les Mongols ont conscience de la beauté singulière de leur pays et sont intarissables sur la splendeur des vastes steppes et des montagnes escarpées. La culture nomade des Mongols est aujourd'hui encore bien vivace et leur hospitalité légendaire – le voyageur peut dormir dans une *ger* (yourte), aider à rassembler les troupeaux, monter à cheval ou simplement "retourner à la nature".

Peu de pays présentent un tel contraste entre populations rurales et urbaines. Tandis que les nomades mènent toujours une existence traditionnelle, leurs cousins d'Oulan-Bator se précipitent tête baissée vers tous les oripeaux de la modernité. Dans une capitale qui évolue à une vitesse vertigineuse, beaucoup ont fait leurs les valeurs du capitalisme et de la société de consommation.

Mongolie
Les incontournables

Le Naadam

1 Le Naadam est une fête chère aux Mongols. Deux ou trois jours de combats acharnés, de courses de chevaux magnifiques et de concours d'archers éblouissants, voilà de quoi émerveiller n'importe qui. Mais le Naadam (le mot signifie "jeux") est aussi l'occasion de s'amuser, de se retrouver en famille et entre amis, d'engloutir des *khuushuur* (chaussons à la viande mouton) et de la vodka. Les manifestations les plus traditionnelles de ces fêtes ont lieu dans les petites villes, comme celle de Khatgal dans le nord de la Mongolie, où tous les membres de la communauté participent d'une manière ou d'une autre.

Dormir sous une yourte

2 De toutes les expériences que vous vivrez en Mongolie, la plus marquante sera la découverte des yourtes (tentes traditionnelles en feutre). De l'extérieur, elles ressemblent à de simples tentes, mais une fois la porte franchie, vous serez surpris de voir la quantité de meubles et d'équipements modernes dont une famille de nomades peut disposer à l'intérieur – pas seulement des lits et des tables, mais aussi une télé, une radio et des Smartphone. Les visiteurs sont toujours les bienvenus sous la yourte, et il est inutile de frapper avant d'entrer (les Mongols ne le font jamais). En approchant, criez plutôt : "*Nokhoï khogio*" (Tenez le chien !) pour annoncer votre arrivée.

Désert de Gobi

3 Marco Polo, comme de nombreux autres explorateurs, redoutait par-dessus tout la traversée de ce territoire hostile. Les conditions de voyage se sont considérablement améliorées au fil des siècles et il est maintenant possible de visiter le désert de manière assez confortable. On se déplace à dos de chameau, on découvre des fossiles de dinosaures, mais, surtout, on s'extasie devant les magnifiques Khongoryn Els dans le parc national de Gurvan Saïkhan, ces immenses dunes de sable que font siffler les vents violents.

Lutteurs lors du Naadam

Khövsgöl Nuur

4 S'il y a un site naturel à ne pas manquer en Mongolie, c'est bien le Khövsgöl Nuur, ce lac de 136 km de longueur à l'extrême sud de la Sibérie. Pour les Mongols, c'est un lieu profondément spirituel, demeure de puissants *naga* (esprits des eaux) et source d'inspiration des chamans. Pour les étrangers, le Khövsgöl Nuur est un terrain d'aventure, où l'équitation, la pêche, le kayak, le trekking et le VTT ne sont que quelques-unes des possibilités parmi l'immense choix d'activités qui s'offrent à eux. Les plus téméraires pourront même s'embarquer pour un trek de 15 jours autour du magnifique rivage.

Oulan-Bator

5 La Mongolie est connue pour avoir la densité de population la plus faible du monde. Vous auriez du mal à le croire si vous ne visitiez que la capitale. L'encombrement de piétons, de voitures et de constructions qui caractérise UB donne le vertige. Outre sa

Sur 100 personnes en Mongolie

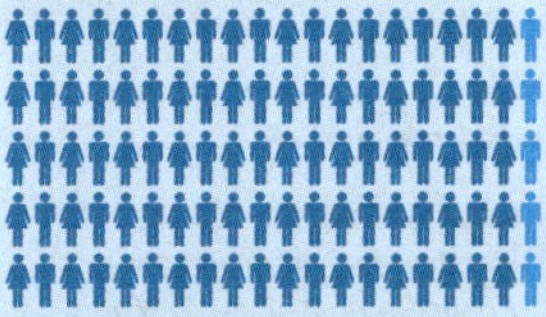

95 sont Mongols (en majorité Khalkhas)
5 sont Turcs (en majorité Kazakhs)

Religions
(% de la population)

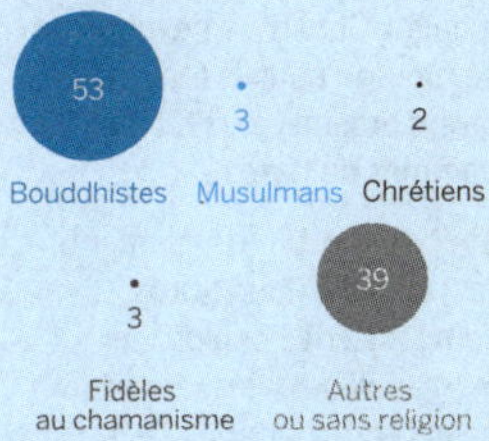

Population au km²

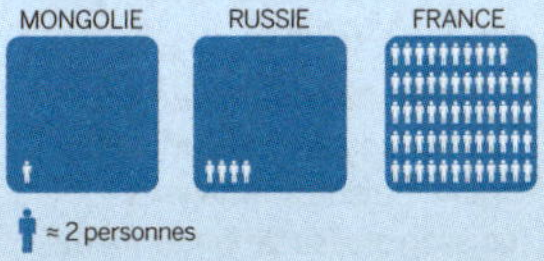

Quand partir

HAUTE SAISON
(juin-août)

➡ Temps chaud et sec en juin-juillet avec quelques orages.

➡ La fin août est plus fraîche et plus pluvieuse.

➡ Réservez vos vols et votre hébergement tôt, surtout au moment du Naadam.

SAISON INTERMÉDIAIRE
(mai et septembre)

➡ Certains camps de yourtes peuvent être fermés.

➡ Le temps est variable, donc prévoyez un éventuel coup de froid.

➡ Les touristes se raréfient.

BASSE SAISON
(octobre-avril)

➡ Beaucoup de camps de yourtes ferment ; remises

➡ Froid glacial en décembre-janvier. Vents et tempêtes de sable en mars-avril.

➡ Saison du traîneau à chiens, du patin à glace et du ski.

Le Transmongolien

Voyager à bord d'un Transsibérien est le rêve de tout amoureux du rail. Le Transmongolien n'est autre qu'un tronçon de la ligne reliant Moscou à Pékin (Běijīng), la plus longue voie ferrée du monde.

L'idée d'une liaison ferroviaire entre Moscou et Vladivostok est née au milieu du XIXe siècle, mais le tronçon qui traverse la Mongolie n'a été réalisé qu'en 1956.

Faites le plein de provisions (pain, fromage, salami, cornichons et fruits) avant le départ et prévoyez jeux de cartes et d'échecs pour tuer le temps. Pensez aussi à emporter des guides de conversation chinois, mongol et russe, afin de saluer les habitants rencontrés en chemin.

À table !

Buuz Raviolis fourrés à la viande de mouton légèrement assaisonnée d'ail ou d'oignon.

Khorkhog Un plat réalisé en plaçant des pierres chaudes dans une cocotte remplie de morceaux de mouton et d'eau. Le récipient est ensuite fermé et laissé sur le feu.

Makh Le plat classique du dîner mongol. Constitué de morceaux de mouton bouillis (os, graisse, divers organes et la tête) et de pommes de terre.

Shöltoi khool Littéralement, "soupe avec nourriture", composée de bouillon, de morceaux de pâtes, de mouton bouilli et de pommes de terre.

Süütei tsaï Thé au lait salé. Les goûts diffèrent selon les régions ; à Bayan-Ölgii, on y ajoute parfois un peu de beurre.

Tsagaan idee Littéralement "aliment blanc" : yaourt, lait, crème fraîche, fromage et boisson à base de lait fermenté.

TIM MAKINS / GETTY IMAGES ©

Temple d'Erdene Zuu Khiid, Kharkhorin

vie nocturne enivrante, ses cafés chics et ses Hummer, la ville offre aussi des espaces de quiétude. Faites tourner un moulin à prières au Gandan Khiid, baladez-vous sur la place Gengis Khan et gravissez la colline de Zaïsan pour vous reposer de cette ville déroutante et perpétuellement changeante.

Erdene Zuu Khiid

6 Des monastères bouddhiques (*khiid*) usés par le temps parsèment le paysage. Les lamas y perpétuent l'héritage religieux arrivé du Tibet il y a plusieurs siècles. Les profanes peuvent y faire tourner un moulin à prières ou murmurer quelques mantras. Lieux de pèlerinage, les monastères sont aussi les rares vestiges que l'on peut voir en Mongolie et renferment icônes bouddhiques, sutras et peintures raffinées. Fondé en 1585 par Abataï Khan, l'Erdene Zuu Khiid (monastère aux Cent Trésors) fut le premier monastère bouddhique en Mongolie. Il comptait entre 60 et 100 temples et environ 300 yourtes. À son apogée, jusqu'à 1 000 moines vivaient entre ses murs.

Transports

Avion La Mongolie est très dépendante des transports aériens. Elle possède 46 aéroports en activité, dont 14 avec des pistes goudronnées. Les places sont parfois difficiles à obtenir en été durant la haute saison touristique, en juillet et fin août, quand les étudiants retournent à l'université.

Bus Nombreuses sont les capitales provinciales à être desservies quotidiennement. Les correspondances pour les *aïmag* de l'Ouest sont moins régulières.

Voiture Principal moyen de visiter la campagne. La location avec chauffeur revient moins cher que sans chauffeur. 4X4 indispensable pour la plupart des destinations.

Île de Sveti Stefan

CAPITALE
Podgorica

POPULATION
653 474

SUPERFICIE
13 812 km²

LANGUE OFFICIELLE
Monténégrin

Monténégro

Le Monténégro combine la tranquillité de montagnes imposantes creusées de profonds canyons et un immense fjord bordé de plages sur les eaux de l'Adriatique.

Imaginez des plages dont la beauté n'a rien à envier à celle de sa fameuse voisine, la Croatie, des pics déchiquetés aussi spectaculaires que ceux de la Suisse, des canyons dont la profondeur rivalise avec celle du Colorado, des palais d'une élégance toute vénitienne et des villes aussi anciennes que celles de la Grèce antique. Ajoutez un climat méditerranéen et faites entrer le tout dans un territoire à peine plus grand que l'Île-de-France : vous commencez à avoir une idée de ce à quoi ressemble le Monténégro.

À peine 100 km de côte, mais quelle côte ! Les montagnes plongent dans des eaux cristallines et de vieilles villes fortifiées s'accrochent aux parois en gardant les pieds dans la mer.
Si les plages sont prises d'assaut par les vacanciers venus d'Europe de l'Est, le calme règne dans les montagnes du Durmitor et des Prokletije, dans la forêt de Biogradska Gora ou dans les petites villes et les villages où les habitants vaquent à leurs occupations quotidiennes.

Sarajevo
Pale
Bjelašnica
Jahorina
Goražde
Višegrad
Užice
Požega
Čačak
Guča
Sirogojno
Priboj
Foča
BOSNIE-HERZÉGOVINE
Boljanići
Nova Varoš
SERBIE
Cehotina
Pljevlja
Prijepolje
Šćepan Polje
Gračanica
Aljinovići
Sjenica
Parc national du Durmitor
Ohac
Canyon de la Tara
Piva
Bobotov Kuk
Kosanica
Gacko
Goransko
Žabljak
7
Dobrakovo
Treskavac
Savin Kuk
Miloševići
Tara
Bijelo Polje
Zlostup
Bukovica
Goslic
Komarnica
Timar
Mojkovac
Kruščica
Brzava
Krnja Jela
Krstača
Mokro
Šavnik
Poda
Bileća
Ravna Vlaka
Presjeka
Parc national de Biogradska Gora
Lac Krupac
Vir
Gvozd
Redice
Kalače
Bac
6
Rožaje
Kapa Moračka
Berane
Podbožur
Raško
Kolašin
Trebinje
Vilusi
Nikšić
Lac Slano
Mateševo
Lastva
Međurijećje
Andrijevica
Grahovo
Pusti Lisac
9
Monastère d'Ostrog
Morača
Lim
Kucište
Cavtat
Mt Lisac
Zagorak
Murino
Peć
CROATIE
Izvori
Surdup
Gusinje
Plav
KOSOVO
Gorica
Canyon de la Morača
Crkvice
Čevo
Đeravica
Risan
Parc national des Prokletije
Herceg Novi
Tivat
8
Resna
Spuž
Bioče
Cijevna
Mt Kolac
Kotor
10
PODGORICA
Mj Škeljzen
Mirišta
Boga
Mausolée de Njegoš
1
Cetinje
Tuzi
Dragobija
Teti
Tropojë
Morina
Riječani
Parc national du lac de Skadar
Hani i Hotit
Bajram Curri
Parc national du Lovćen
4
Budva
3
Ducaj
Zagora
Drin
Sveti Stefan
2
Godinje
Fierzë
Lac de Skadar
Kopljik
Petrovac
Murići
Lac de Fierzë
Sutomore
Brca
Lac de Koman
Bar
Shkodra
Ckla
Puka
Pečurice
Vladimir
Muricani
ALBANIE
Kruće
5
Ulcinj
Štoj
Ada Bojana
Lezhë
Rrëshen
Mer Adriatique
Milot
Laç
Burrel
Klosi
Bulqizë
N
0
50 km

Monténégro

Les incontournables

Mausolée de Njegoš

1 Au sommet de la Montagne noire (le mont Lovćen) se dresse un tombeau, gardé par deux géants de granit. Et dans ce tombeau, sous une voûte d'or, entre les ailes d'un aigle immense, repose un grand homme. Ce lieu de légende est la dernière demeure d'un héros bien réel du XIXe siècle, le *vladika* (prince-évêque) Pierre II Petrović Njegoš. Le monument, sobre mais émouvant, et les statues colossales parviennent à peine à distraire le visiteur de la vue impressionnante sur les paysages du Monténégro historique.

Sveti Stefan

2 L'émerveillement est à son comble lorsque l'on découvre la pittoresque Sveti Stefan. Cette petite île compte de nombreuses maisons de pierre au toit de tuiles, construites au XVe siècle. Une chaussée surélevée la relie au rivage, mais la plupart des visiteurs se contenteront de la contempler de loin, car elle a été nationalisée dans les années 1950 et transformée en hôtel de luxe. Si depuis l'explosion de la Yougoslavie l'île a été privatisée, elle reste la propriété d'un complexe hôtelier, et en tant que telle est réservée à ses clients.

ALAN COPSON / GETTY IMAGES ©

Rijeka Crnojevića

3 Posé sur les rives de la Crnojević, ce village isolé et enchanteur était le lieu de prédilection de la dynastie des Petrović-Njegoš, qui y venait pour échapper aux rigueurs de l'hiver. La principale curiosité du village est son joli pont de pierre en arc enjambant la rivière. En haute saison, on peut embarquer sur un petit bateau ou un kayak pour rejoindre le lac de Skadar. Dans cette atmosphère paisible s'est installé l'un des meilleurs restaurants de poisson du Monténégro.

Sur 100 personnes au Monténégro

45 se considèrent monténégrines
29 se considèrent serbes
12 se considèrent bosniaques/musulmanes
5 se considèrent albanaises
9 ne se prononcent pas ou se considèrent d'une autre origine ethnique

Religions

(% de la population)

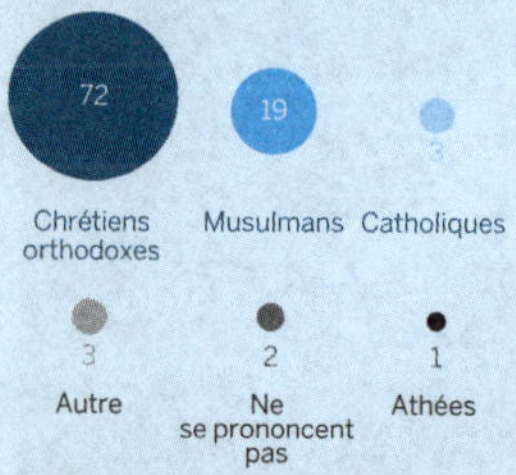

Population au km²

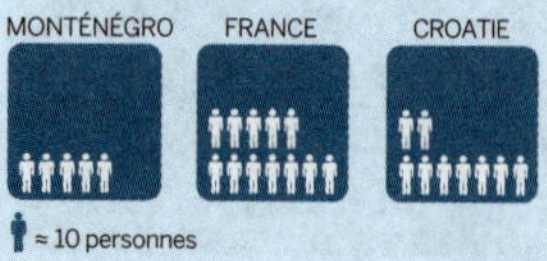

Stari Grad (vieille ville) de Budva

4 Émergeant de l'Adriatique telle une petite Dubrovnik, la vieille ville fortifiée de Budva est ravissante. Plus tranquille que sa grande sœur croate, elle dégage une ambiance romantique et une joie de vivre toute méditerranéenne. Après avoir visité le labyrinthe de ruelles pavées, les églises minuscules et les charmantes galeries, après avoir bu un verre en terrasse et mangé un morceau de pizza, grimpez à la citadelle pour contempler la mer, puis redescendez à la plage : il y en a une de chaque côté.

Ulcinj

5 Pour un aperçu de l'Albanie sans même franchir la frontière, rendez-vous dans la ville animée d'Ulcinj. La population compte 61% d'Albanais, et, en été, les vacanciers kosovars affluent dans la ville, tout simplement parce qu'elle est beaucoup plus jolie que la plupart des stations balnéaires albanaises. Les élégants minarets des mosquées confèrent à Ulcinj un air oriental, tout comme la musique entraînante que diffusent les stands de kebabs de la Mala Plaža (petite plage). Plus loin sur la côte, les criques rocheuses cèdent la place à la belle étendue de sable de la Velika Plaža (grande plage) et à l'île d'Ada Bojana, paradis des naturistes.

Parc national de Biogradska Gora

6 Une atmosphère de grande quiétude enveloppe ce parc national niché dans les plis du massif de Bjelasica. Outre le ravissant lac de Biograd,

Les pirates d'Ulcinj

À la fin du XVIe siècle, pas moins de 400 pirates originaires de Malte, de Tunisie et d'Algérie, avaient fait d'Ulcinj leur port d'attache. Leurs équipages, dirigés par d'impitoyables capitaines, tels les frères Karamindžoja, semaient la terreur dans tout l'est de la Méditerranée.

L'écrivain espagnol Cervantès fut l'une de leurs victimes ; il aurait passé cinq ans dans les cachots près de la place principale avant d'être libéré contre une rançon.

Les pirates s'adonnaient également au lucratif commerce d'esclaves venus d'Afrique. La ville devint le centre d'un commerce prospère, la place principale étant le théâtre de ce sinistre marché. C'est à ce triste épisode qu'Ulcinj doit d'être l'un des rares endroits des Balkans occidentaux à accueillir une importante minorité noire.

À table !

Mariage de nombreuses influences, la cuisine du Monténégro vous promet de belles surprises.

En général, la plupart des produits sont locaux, frais et bio, et donc de saison. Ce petit pays possède au moins trois styles régionaux distincts : la cuisine du cœur historique du Monténégro avec son *pršut* (jambon fumé), son *sir* (fromage) et ses poissons d'eau douce comme l'anguille (*jegulja*), l'ablette (*ukljeva*) et la carpe (*krap*) ; celle des montagnes qui fait la part belle aux viandes et aux influences serbes ; et la cuisine de la côte, qui ne diffère pas de celle de Dalmatie : influences italiennes, poissons grillés, ail, huile d'olive.

Le vin du Monténégro est très convenable et c'est généralement le moins cher de la carte. Le cépage rouge du pays, le *vranac*, produit d'excellents vins charnus traditionnellement vieillis dans des tonneaux en noyer. Parmi les vins blancs locaux figurent le chardonnay, le sauvignon blanc et le *krstač*.

DOMINIK PABIS / GETTY IMAGES ©

bien des merveilles attendent le randonneur le long des sentiers qui parcourent l'une des dernières grandes forêts vierges d'Europe. Un morceau de territoire vert différent des paysages de montagnes rocheuses du reste du pays, qui se pare de ses plus belles couleurs lorsque vient l'automne.

Rafting sur la Tara

7 Des parois hautes de 1 300 m et couvertes d'arbres enserrent l'impressionnant canyon de la Tara. C'est lorsque l'on est sur l'eau, au fond des gorges, que la vue est la plus saisissante – cela explique en partie que le rafting soit l'une des activités touristiques les plus prisées du pays. La descente comporte quelques rapides, mais en dehors du printemps (avril-mai), la sortie demeure assez paisible – on glisse sur des eaux cristallines à travers un paysage intact. Plusieurs agences proposent des excursions à la journée depuis la côte.

Quand partir

HAUTE SAISON
(juil-août)

➡ La période la plus chaude, la plus sèche, la plus fréquentée et la plus chère.

➡ Réservez vos hébergements bien à l'avance ; certains établissements exigent un séjour minimum de trois nuits.

MOYENNE SAISON
(mai-juin et sept-oct)

➡ La meilleure époque, avec un bon ensoleillement et une eau à plus de 20°C en moyenne.

➡ Certains bars et restaurants de plage sont fermés, et les activités sont plus difficiles à organiser qu'en haute saison.

BASSE SAISON
(déc-mars)

➡ C'est la saison du ski. À Kolašin et Žabljak, les prix s'envolent.

➡ Sur la côte, de nombreux hôtels, restaurants et bars ferment leurs portes, et les tarifs baissent.

Kotor

8 Blottie entre des montagnes ténébreuses et les eaux changeantes d'un recoin de la sublime baie du même nom, la ville de Kotor offre un voyage dans le passé, au temps où les villes cachaient derrière leurs remparts un lacis de ruelles ombragées et des églises à chaque coin de rue. Moins parfaite que celle de Dubrovnik, moins étincelante que celle de Budva, la vieille ville de Kotor se révèle néanmoins beaucoup plus accueillante et vraiment spectaculaire.

Transports

Bus Des bus bon marché, fiables et confortables desservent les principales localités.

Train Moyen de transport bon marché, mais le réseau est limité et le matériel ancien (attention à la chaleur dans les voitures !). La ligne principale dessert Bar, Virpazar, Podgorica, Kolašin, Mojkovac et Bijelo Polje. Une seconde ligne relie Podgorica à Danilovgrad et Nikšić.

Voiture La plupart des sites sont accessibles en bus, mais la voiture vous permettra d'explorer en toute liberté les jolies petites routes du pays. Conducteurs débutants ou craintifs, attention : certaines routes sont très étroites et impressionnantes.

À voir

L'homme qui voulait vivre sa vie (Éric Lartigau ; 2010). Dans l'adaptation du roman de Douglas Kennedy, Romain Duris refait sa vie comme photographe dans les superbes paysages du Monténégro.

La Bataille de la Neretva (Veljko Bulajić ; 1969). Avec un superbe casting réunissant Yul Brynner et Orson Welles, ce film a été nommé aux Oscars. Il se passe de l'autre côté de la frontière, en Bosnie, où il a aussi été tourné, mais le réalisateur, Veljko Bulajić, est né au Monténégro.

À lire

Agneau noir et faucon gris (Rebecca West ; 1941). Un classique de la littérature de voyage.

Le Cirque de famille (Danilo Kiš ; 1965-1972). Trilogie autobiographique de l'auteur, de père hongrois et de mère monténégrine.

Sin (le fils) (Andrej Nikolaidis ; 2011). L'histoire de ce roman qui a remporté le Prix de littérature de l'Union européenne se déroule à Ulcinj en une seule nuit.

Monastère d'Ostrog

9 Aucune photo ne saura jamais rendre justice à l'extraordinaire monastère d'Ostrog. Comment en effet capturer toute la hauteur de la paroi dans laquelle il s'encastre sans réduire l'édifice à un petit point blanc lumineux ? Croyant ou non, personne ne reste indifférent devant ce sanctuaire orthodoxe. L'ensemble comprend plusieurs églises de pierre, et notamment d'incroyables chapelles troglodytiques dans le monastère du haut, dont les murs sont couverts de fresques séculaires.

La route de Kotor au Lovćen

10 La simple joie de rouler en voiture en se laissant griser par la beauté des paysages est l'un des temps forts d'un séjour au Monténégro. La Serpentine, qui zigzague entre Kotor et Cetinje, figure parmi les routes les plus spectaculaires du pays, avec ses vues sur les bouches de Kotor et l'Adriatique. Certes il faut avoir le cœur bien accroché, car la voie est étroite et le précipice vertigineux, mais la vue sur les montagnes gris lavande et les eaux turquoise est inoubliable.

9

PAUL WHITFIELD / GETTY IMAGES ©

CAPITALE
Maputo

POPULATION
24,6 millions

SUPERFICIE
799 380 km²

LANGUE OFFICIELLE
portugais

La gare ferroviaire de Maputo remonte à l'époque coloniale

Mozambique

Mélange méconnu d'influences swahili, indiennes, portugaises et africaines, le Mozambique offre une palette variée en matière de culture et d'attractions naturelles.

La bonne étoile du Mozambique brille de plus en plus fort. Après deux décennies de paix, l'économie est en croissance. Le nouveau pont sur le fleuve Zambèze relie pour la première fois Nord et Sud. Cela dit, malgré tous ces aménagements, les rythmes séculaires dominent et le pays continue d'avancer à son propre pas.

Située hors des sentiers battus, cette contrée du sud-est de l'Afrique a beaucoup à offrir aux voyageurs : longues plages bordées de dunes, eaux turquoise riches en poissons colorés, coraux préservés, vagues puissantes au sud et *dhows* (voiliers traditionnels) élancés. Ajoutez à cela une architecture coloniale, et de vastes portions de brousse peuplée d'éléphants, de lions et d'oiseaux. S'il n'est pas toujours aisé de découvrir ces richesses, l'expérience s'avère gratifiante. Faites provision de témérité, de patience et d'indulgence à l'égard des longs trajets en autobus... puis entamez le voyage d'une vie.

Mozambique
Les incontournables

Île de Mozambique

1 Si les touristes et les véhicules sont rares, l'île de Mozambique est pourtant loin d'être silencieuse. Se mêlant aux échos du passé, le caquètement des poules, les cris des enfants et l'appel du muezzin rappellent au visiteur que l'île est bien vivante. Flânez au fil des rues pavées et des élégantes places bordées d'églises et de bâtiments coloniaux. Inscrit au patrimoine mondial de l'Unesco, sur fond de mer turquoise, ce site figé dans le temps est un classique incontournable.

Maputo

2 Maputo, nichée dans la baie éponyme, est le cœur battant du Mozambique. Capitale économique, culturelle et historique, la ville affiche une atmosphère grisante et un cadre agréable. De larges rues jalonnées de jacarandas et de flamboyants dévalent la ville, de la tranquille partie haute jusqu'à l'animée *baixa* (ville basse). Les terrasses ombragées, la palpitante vie nocturne, ainsi que la séduisante gamme de musées, de boutiques et de restaurants, transforment la visite de la capitale en vraie partie de plaisir.

Archipel des Quirimbas

3 Avec ses îles paradisiaques parsemant une mer d'azur, ses mangroves touffues débouchant sur un sable blanc immaculé, ses *dhows* à l'horizon et sa féerique île d'Ibo, le lointain archipel des Quirimbas est un lieu à part. Difficile d'accès, on le quitte à regret. Pêchez au milieu des coraux, arpentez les routes sablonneuses d'Ibo, détendez-vous dans un lodge de luxe ou découvrez les environs à bord d'un *dhow*. Qu'importe votre préférence, l'archipel ne manquera pas de vous enchanter.

Lac Niassa

4 La rive mozambicaine du lac Niassa est splendide et, contrairement à son homologue malawite, très peu aménagée. Excellente destination pour tous ceux qui souhaitent sortir des chemins battus, elle accueille un flot ténu de voyageurs en quête d'aventure. La zone se prêtant à l'exploration se

JULIAN LOVE / GETTY IMAGES ©

situe entre Metangula et Cobué. Les plages étroites, de sable ou de galets, s'y succèdent, bordées de montagnes et de collines abruptes. La majorité des résidents sont des Nyanja ("habitants du lac"). Leurs habitations carrées, peintes et coiffées de chaume, parsèment la campagne.

Monts Chimanimani

5 À la frontière zimbabwéenne, au sud-ouest de Chimoio, apparaît la silhouette des montagnes de Chimanimani. À l'est de la chaîne se dresse le mont Binga (2 436 m), le plus haut sommet du Mozambique. Ces montagnes splendides abritent un grand nombre de plantes endémiques, prisées des guérisseurs traditionnels pour leur valeur médicinale, et une multitude d'espèces d'oiseaux.

Inhambane

6 Avec son cadre balnéaire paisible, ses avenues plantées d'arbres, son architecture coloniale défraîchie, ainsi que son mélange d'influences arabe, indienne et africaine, Inhambane mérite le détour. Forte de plus de dix siècles d'histoire, cette ville, parmi les plus charmantes du Mozambique, est aussi l'une des plus anciennes cités du littoral.

Archipel de Bazaruto

7 Mer aux reflets turquoise et jade, plages de sable blanc chatoyant, coraux

Quand partir

MAI-OCT/NOV

➡ La période idéale pour un séjour, avec un temps plus sec et plus frais.

DÉC-MARS

➡ La saison des pluies peut entraîner des inondations dans le Sud et le Centre.

VACANCES

➡ Durant les vacances scolaires sud-africaines (Noël, Pâques, août), les complexes du Sud affichent vite complet.

Sur 100 personnes au Mozambique

25 parlent emakhuwa
11 parlent portugais
10 parlent xichangana
50 parlent d'autres langues mozambicaines
4 parlent d'autres langues

Religions

(% de la population)

Population au km²

≈ 6 personnes

Religions et guérisseurs

Les religions traditionnelles inspirées des croyances animistes sont très répandues au Mozambique. On considère souvent que l'esprit des ancêtres a un pouvoir important sur la destinée des vivants. En lien avec ces croyances, de nombreux lieux sacrés (forêts, rivières, lacs, montagnes, etc.) jouent un rôle important dans la vie des communautés locales.

La pratique de la médecine traditionnelle est présente dans tout le pays, parfois en complément des traitements occidentaux. Les *curandeiros* (guérisseurs traditionnels) sont très respectés et recherchés. Par ailleurs, on peut s'adresser à des *profetas* (mediums ou devins) et à des *feticeiros* (sorciers).

À table !

Chamusas samosas Triangles de pâte frite, fourrés à la viande ou aux légumes.

Frango grelhado Poulet frit, habituellement servi avec des frites ou du riz.

Galinha á Zambeziana Poulet accompagné d'une sauce à base de jus de citron vert, d'ail, de poivre et de piri-piri.

Matapa Feuilles de manioc cuites dans une sauce aux arachides, accompagnées de crevettes ou d'un autre complément.

Peixe grelhada Poisson grillé, servi avec du riz ou des frites.

Prego Fin Sandwich à la viande.

Rissois de camarão Sortes de *chamusas*, mais semi-circulaires et fourrées de crevettes.

Xima ou upshwa Plat à base de maïs ou de manioc, voire de riz, servi avec une sauce aux haricots, des légumes ou du poisson.

8

Éléphants au parc national de Gorongosa

éclatants, palmiers ondoyants, dauphins joueurs : bienvenue dans l'archipel de Bazaruto, parc marin de classe mondiale et escapade tropicale idéale. Séjournez dans un lodge de luxe ou embarquez à bord d'un *dhow*. Dans les deux cas, la visite vous paraîtra trop courte.

Parc national de Gorongosa

8 Fort d'un imposant patrimoine de lions, d'éléphants, d'hippopotames et de rhinocéros, le parc national de Gorongosa s'imposa comme l'une des plus importantes réserves naturelles d'Afrique australe. Hélas, braconniers et soldats mirent fin à cette profusion dans les années 1980, puis au début des années 1990. Après des travaux de réhabilitation, le parc a rouvert ses portes en 1998. Loin de sa splendeur passée, ainsi que des grandes réserves de l'Afrique australe, Gorongosa est néanmoins une étape recommandée de tout itinéraire mozambicain.

Transports

Bus Des liaisons directes relient toutes les grandes villes au moins une fois par jour, même si l'entretien des véhicules et les normes de conduite laissent beaucoup à désirer.

Chapa Principal moyen de transport, le *chapa* désigne tout véhicule public circulant à l'intérieur d'une ville ou entre plusieurs localités.

Train L'unique ligne régulièrement utilisée par les touristes relie Nampula à Cuamba. Si vous n'êtes pas pressé, ce périple est l'un des plus beaux d'Afrique.

Voiture et moto Un permis sud-africain ou international est requis pour conduire au Mozambique. L'essence (*gasolina*) se fait rare quand on s'éloigne des axes principaux, surtout dans le Nord. Le ravitaillement en diesel (*gasóleo*) est mieux assuré.

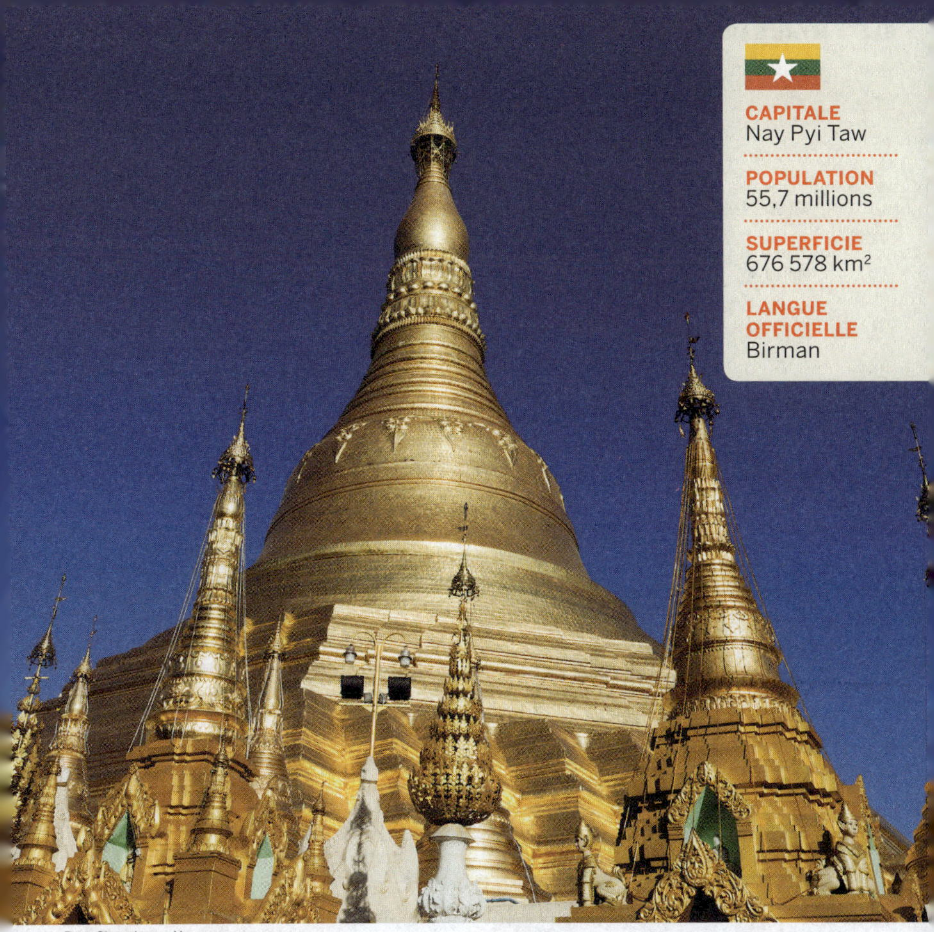

CAPITALE
Nay Pyi Taw

POPULATION
55,7 millions

SUPERFICIE
676 578 km²

LANGUE OFFICIELLE
Birman

Paya Shwedagon, Yangon

Myanmar (Birmanie)

Le Myanmar s'ouvre depuis peu au tourisme. C'est l'occasion de découvrir ses pagodes dorées, ses plaines jalonnées de temples centenaires et la culture fascinante de ses minorités ethniques.

À mesure que le pays avance timidement vers la démocratie, les sanctions internationales à l'égard de la junte au pouvoir se font plus rares, et le monde entier se précipite au Myanmar. La couverture du réseau mobile, l'accès à Internet et les distributeurs bancaires internationaux ont fait leur apparition. Le recul de la censure a permis l'éclosion de nouveaux médias, ainsi qu'une nouvelle transparence dans les débats publics. Des pans entiers du pays, autrefois interdits aux touristes, sont désormais accessibles.

Ces changements qui surviennent peu à peu n'ont en rien affecté les plaisirs simples qui font l'authenticité d'un voyage au Myanmar. Il est toujours possible de descendre l'Ayeyarwady (Irrawady) à bord d'un bateau à vapeur, de s'installer sur une plage dans le golfe du Bengale, ou de randonner à travers la forêt pour atteindre les villages des minorités shan sans se heurter à des flots de touristes. Surtout, vous irez à la rencontre d'une population sympathique, pleine d'humour, curieuse et passionnée.

Myanmar Les incontournables

Paya Shwedagon

1 Existe-t-il plus éblouissant hommage à la religion en Asie du Sud-Est ? L'ampleur et le rayonnement mystique de ce monument couvert d'or à Yangon (Rangoon) pourraient émouvoir les plus convaincus des athées. La Paya Shwedagon tient autant de la curiosité que du pèlerinage. Votre visite coïncidera peut-être avec une cérémonie d'ordination ou avec une séance de divination. Autant de bonnes raisons de passer un peu de temps dans cette grande ville qu'est Yangon avant de partir pour l'intérieur du pays !

Lac Inle

2 Tous les visiteurs étrangers incluent le lac Inle dans leur périple, mais le site est si vaste que personne n'en revient avec le même souvenir. Si votre temps est compté, visez en priorité les sites incontournables : temples, marchés flottants et jardins d'eau. Dans tous les cas, vous n'oublierez jamais l'atmosphère agréablement fraîche, la beauté des eaux du lac et, surtout, la gentillesse des habitants – des Intha, en majorité.

Bagan (Pagan)

3 Plus de 3 000 temples sont disséminés dans les vastes plaines de Bagan où s'établit jadis le premier royaume birman. Construits entre le XIe et le XIIIe siècle, la grande majorité d'entre eux ont été rénovés car Bagan demeure de nos jours un sanctuaire vénéré. Si la foule des visiteurs perturbe trop la sérénité du site, louez un vélo pour suivre votre propre chemin parmi les vestiges... À moins que vous ne choisissiez de prendre de la hauteur, pour découvrir les temples depuis la nacelle d'une montgolfière.

Pyin Oo Lwin

4 Fondée par les Britanniques en 1896 afin de fuir la chaleur de Mandalay, l'ancienne Maymio (devenue Pyin Oo Lwin après l'indépendance) fut la capitale d'été de l'administration coloniale. Demeures imposantes ou églises, nombre d'édifices de cette époque lui donnent un charme suranné. Ses jardins botaniques invitent à la flânerie. On peut aussi se déplacer dans des calèches colorées faisant office de taxis.

CLAUDE LETIEN / GETTY IMAGES ©

Mrauk U

5 Les nombreux temples, les monastères, l'ancien palais et les vestiges des remparts de cette ancienne capitale rakhine sont un témoignage de la splendeur passée de Mrauk U, lorsqu'elle était au faîte de sa gloire, au XVIe siècle. Les vastes pagodes Dukkanthein et Kothaung impressionnent d'autant plus qu'elles se dressent au cœur d'un village environné de rizières vert émeraude – faisant de Mrauk U un superbe musée à ciel ouvert.

Mawlamyine (Moulmein)

6 L'ancienne capitale de la Birmanie britannique semble figée dans le temps : son port animé, ses temples perchés sur les collines et ses églises n'ont guère changé depuis l'époque du Raj – Rudyard Kipling et George Orwell ont-ils, d'ailleurs, réellement quitté la ville ? La région alentour – ponctuée d'îles tropicales et de grottes – possède assez d'attrait pour justifier un séjour prolongé, d'autant qu'elle attire peu de visiteurs.

Quand partir

HAUTE SAISON
(décembre-février)

- Peu de pluie et temps clément.
- Hébergement et transport à réserver très tôt.

SAISON INTERMÉDIAIRE
(oct-novembre, mars-avril)

- De mars à mai, les températures sont caniculaires sauf dans l'État shan.
- Durant la fête de l'Eau, en avril, réserver les transports bien à l'avance.

BASSE SAISON
(mai-septembre)

- La mousson débute mi-mai et culmine en juillet-septembre.
- Si la zone entre Mandalay et Pyay est peu arrosée, les pluies rendent parfois les routes impraticables ailleurs dans le pays.

Sur 100 personnes au Myanmar (Birmanie)

68 sont bamar
9 sont shan
7 sont kayin (karen)
4 sont rakhine (arakanais)
3 sont chinois
2 sont indiens
2 sont mon
5 ont d'autres origines

Religion

(% de la population)

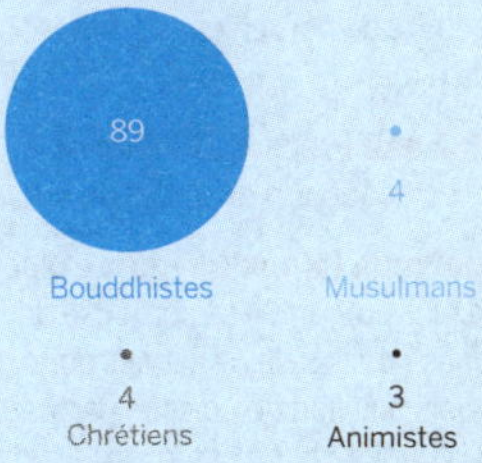

Population au km²

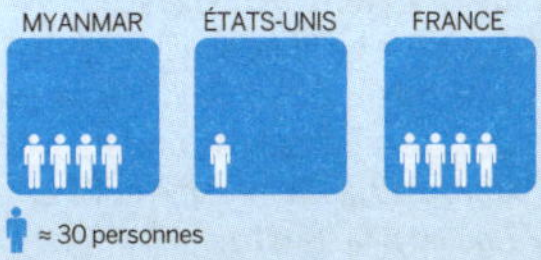

Birmanie ou Myanmar?

Comment doit-on appeler la république de l'Union du Myanmar (nom officiel du pays) ? Voilà un sujet ultra sensible. En 1989, la junte militaire a décidé de mettre au rebut le nom de "Birmanie", utilisé depuis le milieu du XIXe siècle, ainsi que plusieurs autres toponymes datant de l'époque coloniale – Rangoon, Pagan, et Arakan notamment.

Le nom officiel du pays reconnu par les Nations unies est celui de "Myanmar". Il prend en compte le fait que la population est loin d'être birmane à 100%. Toutefois, la quasi-totalité des organisations de l'opposition, nombre de minorités ethniques et plusieurs grandes nations, continuent d'appeler le pays "Birmanie". "J'aime mieux "Birmanie", a déclarait Aung San Suu Kyi en 2010, car le changement de nom a été décrété sans que l'on prenne en compte la volonté du peuple."

À table !

Ăthouq Salade légèrement acidulée et épicée à base de légumes ou de fruits crus, arrosés de jus de citron vert et assaisonnés d'oignons, de cacahuètes, de poudre de pois chiches grillés et de piment.

Thé noir Préparé à l'indienne avec beaucoup de lait et de sucre.

Mohinga (Móun-hìn-gà) Le plat le plus courant. Il se compose de fines nouilles de riz servies dans un épais bouillon de poisson parfumé à l'échalote et épaissi avec le suc d'une tige de bananier, et nappées de légumes frits ou de lentilles.

Shàn k'auq-s'wèh Plat shan, composé de fines nouilles de riz plates dans un bouillon clair, avec de gros morceaux du poulet ou de porc mariné, du sésame grillé et un filet d'huile d'ail.

JAMIE MARSHALL - TRIBALEYE IMAGES / GETTY IMAGES ©

Nonnes bouddhistes, Hsipaw

Archipel de Myeik

7 On a peine à croire qu'il existe encore un site comme l'archipel de Myeik (ou Mergui) en Asie du Sud-Est. Accéder à ces îles demande beaucoup de temps et coûte cher, mais ceux qui auront la chance d'y aller pourront se vanter d'avoir voyagé aux confins de l'Asie ; c'est aussi l'eldorado des baigneurs, avec plus de 800 îles aux plages de sable blanc et quelques-uns des meilleurs sites de plongée de la région. Seules deux îles proposent un hébergement, c'est dire leur éloignement des circuits touristiques.

Hsipaw

8 Attrayante et décontractée, Hsipaw est une base idéale pour les excursions à pied vers de charmants villages shan et palaung, et des treks plus vigoureux, conduisant à des hameaux à l'écart des sentiers touristiques. La région semble bien mieux préservée que les environs de Kalaw (ou de nombreux autres territoires du Sud-Est asiatique...). Hsipaw était jadis une ville royale shan, comme en témoignent son ancien palais et le quartier du "petit Bagan", où se dressent de nombreux stupas.

Transports

Bus Fréquents, ponctuels et le plus souvent gérés par des compagnies privées. Les trajets de nuit permettent d'économiser sur l'hébergement.

Bateau C'est l'occasion de rencontrer les habitants et d'admirer de beaux paysages, au gré d'un voyage lent, mais qui ne concerne que quelques sites.

Train Contact avec les habitants et immersion dans les paysages ruraux. En contrepartie : manque de confort, lenteur et fréquents retards.

Voiture La flexibilité totale a un coût et, pour certaines destinations, vous devrez engager un guide et un chauffeur agréés par le gouvernement.

MINT IMAGES - FRANS LANTING / GETTY IMAGES

Femme himba

CAPITALE
Windhoek

POPULATION
2,2 millions

SUPERFICIE
824 000 km²

LANGUE OFFICIELLE
Anglais

Namibie

Vous avez toujours voulu partir à l'assaut du cœur de l'Afrique sauvage ? Peuplée d'animaux et parcourue de paysages extraordinaires, la Namibie incarne le rêve africain.

Les paysages de Namibie donnent l'impression d'appartenir à une autre planète. La puissante entaille creusée à la surface de la terre qui forme le Fish River Canyon est l'un des sites naturels les plus spectaculaires du continent. Les routes désertiques, elles, donnent accès à un paysage sauvage qui imprègne l'âme. De gigantesques blocs de granit au sommet aplati s'élèvent d'un brouillard de sable et de poussière. Bien souvent, vous aurez l'impression d'avancer au beau milieu d'un livre de photographies.

Autre vision mémorable, celle des grands mammifères se rafraîchissant à un point d'eau pendant la saison sèche. Et si vous ne trouvez pas l'expérience assez intime, pourquoi ne pas partir à pied sur les traces des rhinocéros noirs ?

Last but not least, la Namibie est un pays de choix pour les activités à sensations fortes. Vous pourrez ainsi sauter en parachute, dévaler une dune de sable, surfer sur les brisants de l'Atlantique ou encore évoluer dans le désert à dos de dromadaire.

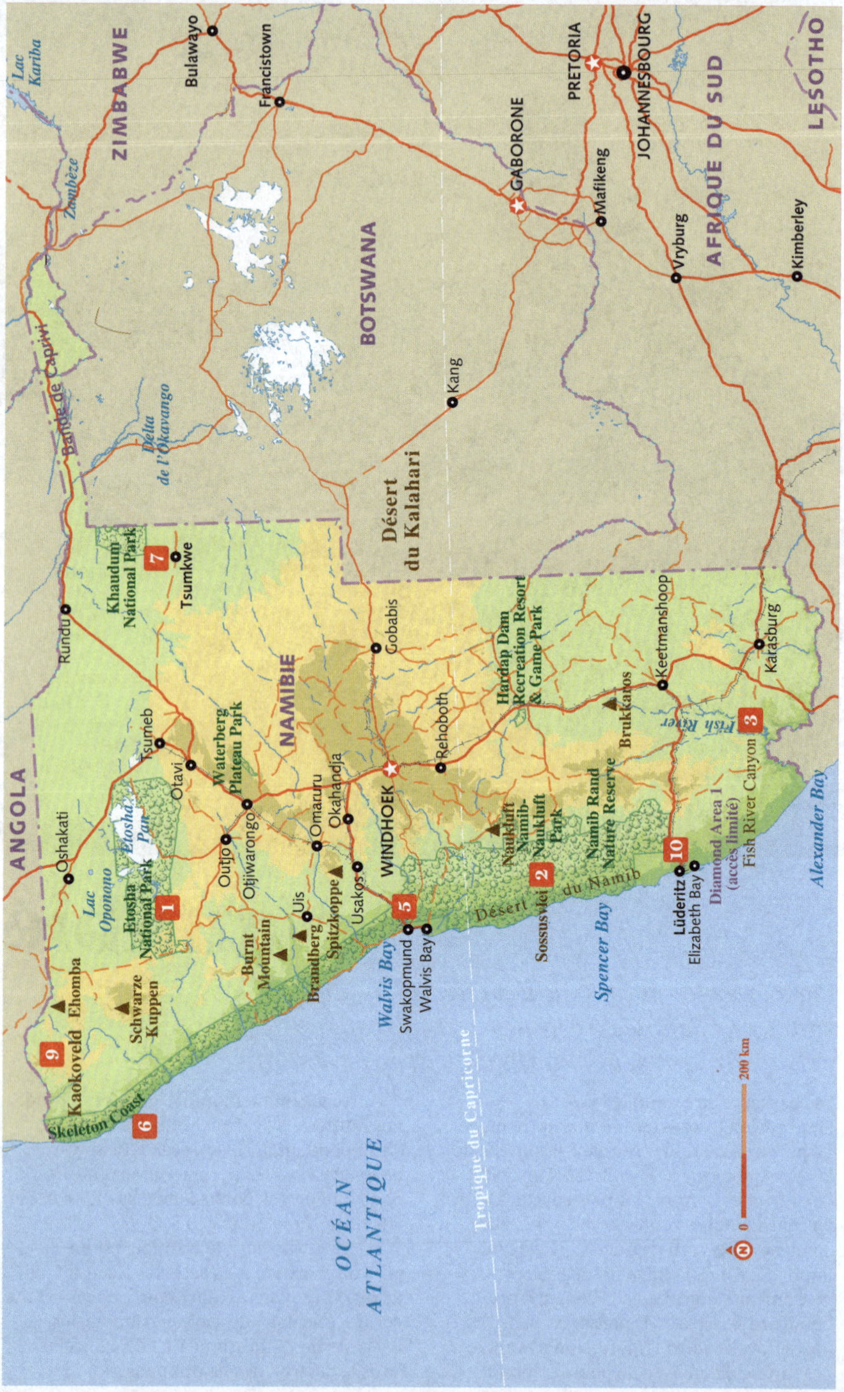
ANGOLA
ZIMBABWE
BOTSWANA
NAMIBIE
AFRIQUE DU SUD
LESOTHO
Lac Kariba
Zambèze
Bulawayo
Francistown
PRETORIA
JOHANNESBOURG
GABORONE
Mafikeng
Vryburg
Kimberley
Kang
Delta de l'Okavango
Bande de Caprivi
Désert du Kalahari
Rundu
Khaudum National Park
7
Tsumkwe
Gobabis
Hardap Dam Recreation Resort & Game Park
Keetmanshoop
Karasburg
Tsumeb
Otavi
Waterberg Plateau Park
Rehoboth
WINDHOEK
Brukkaros
Fish River
3
Oshakati
Lac Oponono
Etosha Pan
Etosha National Park
1
Outjo
Otjiwarongo
Omaruru
Okahandja
Naukluft
Namib-Naukluft Park
Namib Rand Nature Reserve
Fish River Canyon
Alexander Bay
Diamond Area 1 (accès limité)
Lüderitz
Elizabeth Bay
10
Spencer Bay
Sossusvlei
2
Désert du Namib
Walvis Bay
Swakopmund
5
Usakos
Spitzkoppe
Uis
Brandberg
Burnt Mountain
Kaokoveld
Ehomba
Schwarze Kuppen
9
Skeleton Coast
6
OCÉAN ATLANTIQUE
Tropique du Capricorne
N
0
200 km

Namibie
Les incontournables

Etosha National Park

1 Peu d'endroits en Afrique australe peuvent rivaliser avec la nature sauvage de l'extraordinaire parc national d'Etosha. Son réseau de points d'eau dispersés dans le bush et les prairies entourant le pan – désert salin d'un blanc éblouissant s'étendant à perte de vue – attirent les animaux par centaines. Un simple point d'eau peut être le théâtre de milliers de scènes au cours d'une même journée – Etosha n'est rien de moins que l'un des meilleurs endroits au monde où observer les animaux sauvages.

Sossusvlei

2 Avec ses imposantes dunes rouges, Sossusvlei est un lieu stupéfiant. Changeant de teintes avec la lumière, son sable fin, si doux au toucher lorsqu'il glisse entre les doigts, se forma dans le Kalahari il y a plusieurs millions d'années. La vallée de Sossusvlei est une succession de dunes massives et d'étranges *vleis* (étendues de basses terres) secs. Escalader la surface de ces dunes géantes en perpétuel mouvement est une expérience unique. En contemplant l'immensité vide qui s'étend autour, comme à l'infini, on a l'impression que le temps tourne au ralenti.

1

Fish River Canyon

3 Nulle part ailleurs en Afrique vous ne verrez un paysage semblable à celui du Fish River Canyon. Si cette affirmation vous semble un peu exagérée, les chiffres vous parleront peut-être davantage : ce canyon mesure 160 km de longueur, plus de 27 km de largeur et de 550 m de profondeur. Malgré ces données impressionnantes, il est difficile de se rendre réellement compte de l'étendue infinie du canyon avant de l'avoir sous les yeux. Pour vous y rendre, vous devrez vous lancer dans une longue randonnée de cinq jours traversant la moitié du canyon, qui vous donnera l'occasion de tester votre endurance physique et mentale. En récompense, vous aurez la chance de découvrir l'une des plus belles merveilles naturelles de Namibie, et d'Afrique.

Safari en camping

4 Quoi de mieux qu'un safari en camping pour aiguiser ses sens et mieux comprendre l'Afrique ? Dormir à la belle étoile est une expérience bouleversante, à des années-lumière de la clameur du monde moderne – infinité d'étoiles, crépitement du feu de camp et immensité de la nuit africaine. Mais que les craintifs soient avertis : le vent sifflant dans les cordes de la tente, le rugissement pas si lointain des lions, et savoir que seule une mince toile de tente vous sépare d'un hippopotame font aussi partie du jeu.

Swakopmund

5 Avec ses promenades le long du rivage, ses maisons à colombages et ses bâtiments de l'époque coloniale, Swakopmund évoque les villes balnéaires de la mer du Nord et de la Baltique, exception faite des palmiers et du sable balayé par le vent. La population se compose d'un mélange original de résidents germano-namibiens, et de touristes allemands, lesquels apprécient la *Gemütlichkeit* (mélange de confort et d'hospitalité) ambiante. Destination phare des vacanciers, la ville offre une multitude d'activités permettant de profiter au mieux de son agréable climat. Surf, pêche, farniente sur la plage et montées d'adrénaline en tout genre : c'est en effet

Sur 100 personnes en Namibie

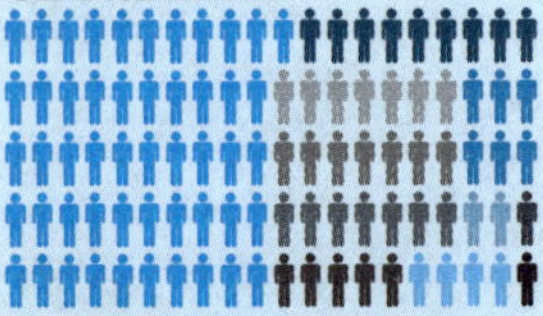

51 sont ovambo
9 sont kavango
7 sont herero/himba
7 sont damara
6,5 sont basters
6 sont afrikaners et allemandes
5 sont nama
4 sont capriviennes
2 sont chinoises
1 est san
0,5 est tswana

Religions

(% de la population)

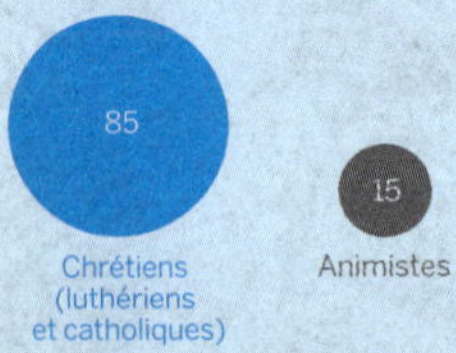

Population au km²

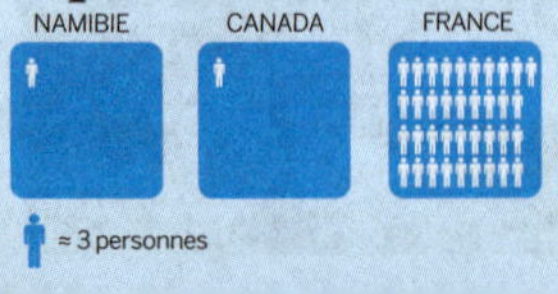

Les derniers chevaux sauvages

Les plaines désertiques du sud de la Namibie abritent quelques-uns des seuls chevaux sauvages au monde capables de vivre dans le désert.

L'origine de ces animaux singuliers est floue, bien que plusieurs théories aient été avancées. L'une d'entre elles suggère qu'il s'agit de descendants des chevaux de la cavalerie de l'armée impériale allemande abandonnés durant l'invasion sud-africaine de 1915, tandis que d'autres affirment qu'ils furent amenés par des pionniers nama se dirigeant au nord depuis le fleuve Orange. Selon une autre théorie, ils proviendraient d'un troupeau d'animaux acheminés par un bateau européen. Enfin, d'autres maintiennent qu'ils seraient issus de la réserve d'étalons du baron et capitaine Hans-Heinrich von Wolf, premier propriétaire du Duwisib Castle.

À table !

La cuisine traditionnelle comporte un nombre restreint de plats, le plus courant étant l'*oshifima*, sorte de pâte à base de millet servie généralement avec des légumes ou une viande en sauce. L'*oshiwambo*, une savoureuse alliance d'épinards et de bœuf, est également commun, de même que le *mealie pap*, un porridge frugal.

Les gens se retrouvent dans des bars pour boire une *oshikundu* (bière de *mahango*, c'est-à-dire de millet), un *mataku* (vin de pastèque), un *tambo* (millet fermenté additionné de sucre), une *mushokolo* (bière brassée à partir d'une graine locale) ou un *walende* (alcool distillé à partir de la sève de palmier makalani dont le goût rappelle celui de la vodka). À l'exception de ce dernier, toutes ces boissons sont brassées le matin et consommées le jour même, et coûtent un prix dérisoire.

PETER ADAMS / GETTY IMAGES ©

la capitale namibienne des sports d'aventure.

Côte des Squelettes

6 Cette portion de côte dangereuse, théâtre de nombreux naufrages, est une destination idéale pour un *road trip*. Dans cette région inhospitalière aux fonds sablonneux et rocheux peu profonds, les bancs de brouillard et les tempêtes de sable confèrent au lieu une impression d'isolement, de mystère et d'indomptabilité. La côte des Squelettes (Skeleton Coast) est l'un des endroits les plus reculés et inaccessibles de ce vaste pays. Dans cette nature sauvage, installez-vous confortablement au volant, mettez votre musique préférée et laissez le paysage défier votre imagination.

Quand partir

MAI-OCT

➡ Les animaux s'approchent des points d'eau et se laissent observer.

JUIN-AOÛT

➡ Tempêtes de sable sur Swakopmund et Walvis Bay.

SEPT-OCT

➡ Windhoek accueille de grandes manifestations, dont des festivals d'art et l'Oktoberfest.

Peuple san

7 En Namibie, il est possible de rencontrer des membres du peuple san. Arrivés il y a 20 000 ans, ils furent les tout premiers habitants de l'Afrique australe. Située à la lisière du Kalahari en Namibie, l'Otjozondjupa est une région faisant partie du territoire d'origine des San ju/'hoansi. À Tsumkwe, vous pourrez planifier toutes sortes d'activités avec des guides, des marches dans la brousse aux safaris de chasse.

Activités d'aventure

8 La Namibie est en train de devenir la destination de référence pour les activités d'aventure.

Si vous avez toujours rêvé de sauter en parachute, de dévaler une dune de sable ou de vous prendre pour Lawrence d'Arabie lors d'une excursion à dos de dromadaire, vous êtes au bon endroit. Vous pourrez aussi vivre une expérience exclusivement africaine : suivre à pied des rhinocéros noirs à travers la brousse, avec des pisteurs, un guide et beaucoup de prudence.

Transports

Avion Air Namibia propose de nombreux vols locaux depuis l'aéroport Eros, à Windhoek.

Bus Les transports en commun relient les principaux centres urbains, mais la plupart des sites touristiques de Namibie ne sont pas desservis.

Voiture Le plus simple est de se déplacer en voiture, car l'excellent réseau de routes bitumées traverse le pays et relie les principaux axes. Partout ailleurs, les villes et la plupart des curiosités sont desservies par de bonnes routes de gravier.

Train Trans-Namib Railways dessert certaines des villes principales de Namibie, mais il faut savoir que les trains sont désespérément lents.

Peuples himba/herero

9 La culture namibienne est incarnée en grande partie par sa population herero (environ 120 000 personnes), dont les Himba du Kaokoveld sont un sous-groupe. La tenue traditionnelle des femmes herero s'inspire de celle des missionnaires allemands de l'époque victorienne : une énorme crinoline portée sur des jupons superposés et une coiffe ou un chapeau en forme de corne. Les femmes himba, quant à elles, se badigeonnent le corps d'un odorant mélange de beurre, d'ocre et d'herbes, qui donne à leur peau une teinte orange foncé.

Lüderitz

10 Les stéréotypes sur l'Afrique sont mis à mal dans la ville coloniale de Lüderitz, petit coin d'Allemagne pris en tenaille entre les eaux glaciales de l'Atlantique Sud et la chaleur torride du désert du Namib. Après avoir avalé une choucroute-saucisses accompagnée d'une authentique *Weissbier*, vous partirez à la découverte de l'architecture germanique de la ville. En pleine distorsion spatio-temporelle, vous n'aurez plus qu'à reprendre votre carte, incrédule, et à poursuivre votre route.

Lüderitz

DANITA DELIMONT / GETTY IMAGES ©

À voir

Sans frontières (Martin Campbell ; 2003). Traitant de la famine de 1984 en Éthiopie, ce film avec Angelina Jolie a pourtant été tourné en Namibie.

Mad Max : Fury Road (George Miller ; 2015). Le désert du Namib a accueilli le tournage du quatrième volet de la saga.

Namibia, la lutte pour la liberté (Charles Burnett ; 2007) L'histoire du premier président namibien, Sam Nujoma.

À lire

Blue Book (Élise Fontenaille ; 2015). Enquête sur le génocide du peuple herrero commis par l'armée allemande au début du XXe siècle.

La guerre venue nous sommes partis dans le désert (Henno Martin ; 1956). L'auteur raconte ses deux années passées dans le désert avec son ami afin d'éviter la captivité durant la Seconde Guerre mondiale.

Au-delà du silence (André Brink ; 2003). Au début du XXe siècle, des centaines de femmes sont envoyées en Namibie pour servir d'épouses aux solats allemands.

CAPITALE
Yaren

POPULATION
9 400

SUPERFICIE
21 km^2

LANGUES OFFICIELLES
Nauruan, anglais

Baie d'Anibare

Nauru

L'intérêt de Nauru se concentre le long de son littoral : oiseaux marins, paysages de falaises, eaux turquoise et couchers de soleil spectaculaires.

La plus petite république du monde a eu un destin bien particulier. Au début du XXe siècle, on y découvre d'importantes réserves de phosphate. Après son indépendance en 1968, le prix du phosphate s'envole et les devises inondent l'île. Dans les années 1980, Nauru a un PNB par habitant trois fois supérieur à celui des États-Unis. Tout est gratuit pour les habitants : logement, électricité, eau, voiture, golf… Mais les réserves s'épuisent inexorablement. Nauru se découvre sans ressources et, pire, irrémédiablement défigurée sur les quatre cinquièmes de son territoire. Plus de végétation à l'intérieur de l'île, un sol contaminé, des coraux détruits… Seul le littoral offre encore des perspectives pour le voyageur : des plages de sable et la possibilité de se baigner.

Aujourd'hui, la faillite de l'île est manifeste. Plus rien n'y pousse et toutes les marchandises sont importées. Le chômage est massif. Le tourisme, autrefois jugé avec dédain, pourrait aider Nauru à se remettre sur pied. Les transports, les hébergements et les restaurants sont certes une denrée rare, mais les sourires, eux, ne manquent pas.

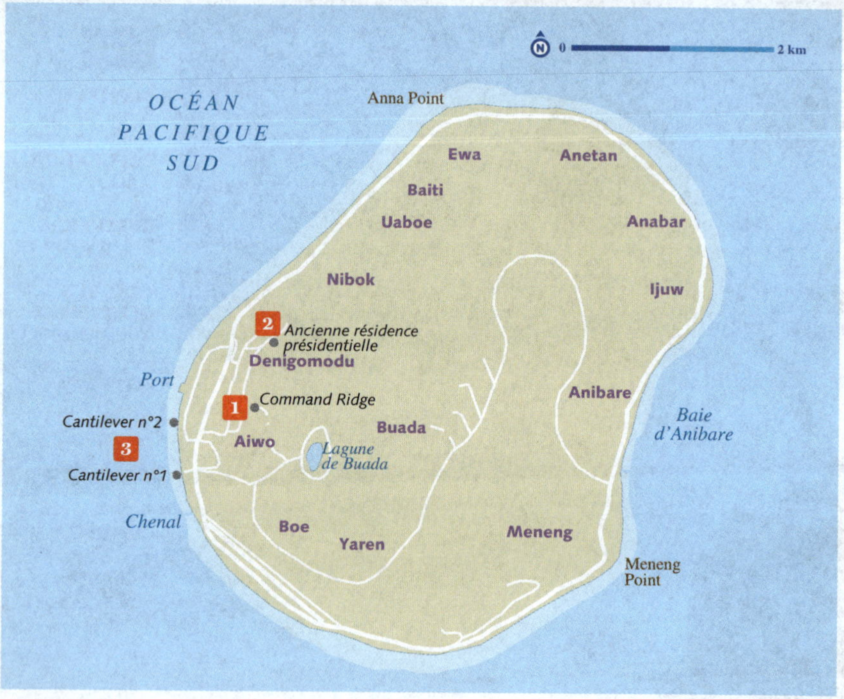

Nauru
Les incontournables

Command Ridge

1 Pendant la Seconde Guerre mondiale, les Japonais avaient installé leur dispositif défensif sur le point culminant de l'île. L'endroit compte encore des armes rouillées, dont deux grands canons antiaériens. Il reste aussi un bunker, que l'on peut visiter à condition d'être muni d'une lampe.

Ancienne résidence présidentielle

2 Ne manquez pas la vue depuis les ruines de l'ancien palais présidentiel. Cet édifice autrefois splendide a été incendié en 2001, lors d'une manifestation qui visait à dénoncer la mauvaise gestion gouvernementale. De quoi méditer sur les conséquences de la surexploitation de ressources naturelles.

Cantilevers

3 La première cargaison de phosphate est partie de Nauru en 1907. Dès 1908, on commença la construction d'un vaste complexe industriel. Entre les deux guerres mondiales, la première des deux structures cantilever fut construite sur la côte, afin de permettre un chargement plus efficace du phosphate sur les bateaux. Dès les années 1960, un second cantilever fonctionnait à plein régime.

À table !

Noddi noir Cet oiseau marin constitue un mets délicat.

Demangi Variante locale du vin de palme ; fabriqué avec de la sève de cocotier.

Poisson En compagnie des pêcheurs de l'île, attrapez marlin, thon jaune ou barracuda, qui finiront au barbecue.

Quand partir

NOV-FÉV

- Période la plus humide de l'année.
- La température dépasse fréquemment 32°C.

MARS-OCT

- Meilleure période pour un séjour.
- Sur le littoral, la température dépasse 28°C.

TOUTE L'ANNÉE

- Climat chaud et humide, avec une température moyenne de 25°C.

Le sommet d'Ama Dablam culmine à 6 800 mètres

CAPITALE
Katmandou

POPULATION
30,4 millions

SUPERFICIE
147 181 km²

LANGUE OFFICIELLE
Népalais

Népal

Le Népal s'étire entre les hauteurs de l'Himalaya et les jungles étouffantes des plaines indiennes. Royaume des Sherpa, c'est le pays des pics enneigés, des yaks et des yétis, des monastères et des mantras.

Depuis l'ouverture de ses frontières dans les années 1950, cette nation rayonne d'un attrait quasi mystique. Aujourd'hui, les treks les plus emblématiques et les plus accessibles de l'Himalaya attirent des foules de randonneurs avides d'arpenter des sentiers accidentés, parmi les plus beaux du monde et menant à l'Everest ou aux Annapurnas. Il n'y a qu'au Népal que l'on peut marcher pendant des jours voire des semaines dans un cadre incroyable, en ayant la garantie de trouver un lodge douillet et un repas chaud en fin de journée.

Véritable nirvana des randonneurs, le Népal a hélas subi deux terribles séismes, le 25 avril et le 12 mai 2015, semant la mort et la désolation dans la vallée de Katmandou, au centre du pays, et dans la région du Langtang. Aux milliers de victimes s'ajoute la destruction de villages entiers et de nombreux temples et sites historiques. Si la reconstruction du pays a démarré très vite, il est à craindre que les conséquences de la catastrophe se fassent sentir durant des années.

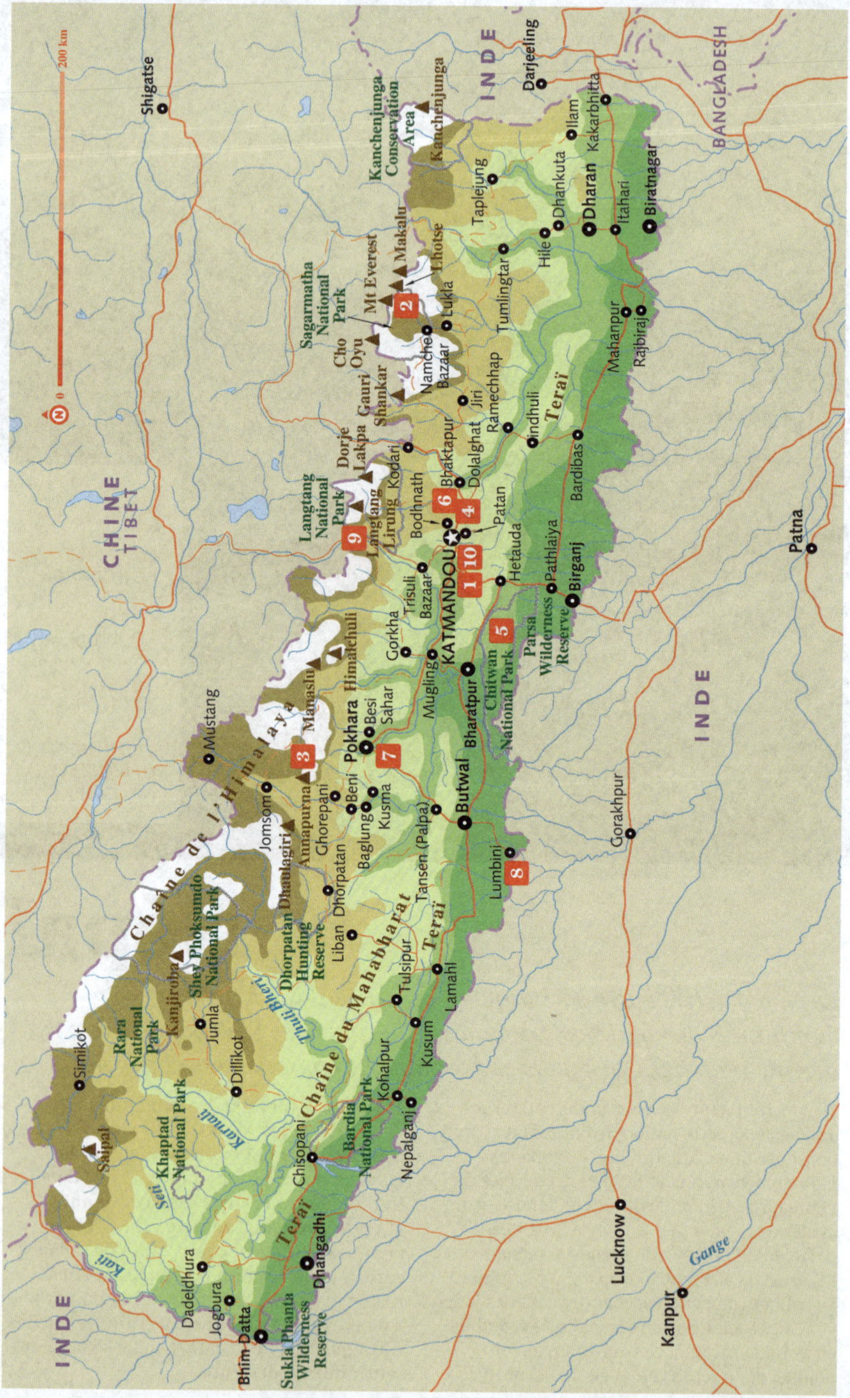
CHINE
TIBET
INDE
INDE
INDE
BANGLADESH
0
200 km
Shigatse
Darjeeling
Kanchenjunga Conservation Area
Kanchenjunga
Sagarmatha National Park
Mt Everest
Makalu
Lhotse
Cho Oyu
Gauri Shankar
Dorje Lakpa
Langtang National Park
Langtang Lirung
Manaslu
Himalchuli
Annapurna
Dhaulagiri
Chaîne de l'Himalaya
Chaîne du Mahabharat
Shey Phoksumdo National Park
Rara National Park
Kanjiroba
Khaptad National Park
Saipal
Dhorpatan Hunting Reserve
Bardia National Park
Sukla Phanta Wilderness Reserve
Chitwan National Park
Parsa Wilderness Reserve
Teraï
Teraï
Teraï
Teraï
Kali
Seti
Karnali
Thuli Bheri
Gange
KATMANDOU
Bodhnath
Bhaktapur
Patan
Kodari
Dolalghat
Jiri
Ramechhap
Namche Bazaar
Lukla
Tumlingtar
Taplejung
Hile
Dhankuta
Ilam
Kakarbhitta
Dharan
Itahari
Biratnagar
Mahanpur
Rajbiraj
Sindhuli
Bardibas
Hetauda
Pathlaiya
Birganj
Patna
Trisuli Bazaar
Gorkha
Mugling
Bharatpur
Besi Sahar
Pokhara
Mustang
Jomsom
Ghorepani
Beni
Kusma
Baglung
Dhorpatan
Liban
Tansen (Palpa)
Butwal
Lumbini
Gorakhpur
Tulsipur
Lamahi
Kusum
Kohalpur
Nepalganj
Jumla
Dillikot
Simikot
Chisopani
Dhangadhi
Dadeldhura
Jogbura
Bhim Datta
Lucknow
Kanpur
1
2
3
4
5
6
7
8
9
10

Népal
Les incontournables

Durbar Square, Katmandou

1 Émaillé de splendides temples, pagodes, pavillons et sanctuaires médiévaux, le centre historique du vieux Katmandou est un musée architectural à ciel ouvert. Jadis habitée par la famille royale, Durbar Sq est le cœur spirituel de la ville et le cadre de plusieurs grandes fêtes. Elle abrite toujours la Kumari, la déesse vivante de Katmandou. Durement frappée par le séisme d'avril 2015, Durbar Square est depuis l'objet de travaux de réhabilitation.

Trek du camp de base de l'Everest

2 Apprécié par de nombreux visiteurs, ce trek de deux semaines vous emmènera au pied du plus haut (et du plus célèbre) sommet du monde. Si l'on n'y aperçoit le mont Everest qu'épisodiquement, on profite en revanche largement du paysage inoubliable qu'offre l'Himalaya. La splendeur du Pumori ou de l'Ama Dablam nimbés de soleil vous fera oublier les migraines dont souffrent souvent les randonneurs. Et si on s'y bouscule en octobre, l'hospitalité des lodges et des Sherpa reste bel et bien intacte.

1

ANDREW PEACOCK / GETTY IMAGES ©

Trek du tour des Annapurnas

3 Ce trek de 19 jours autour du massif de l'Annapurna (8 091 m) est le plus prisé du Népal. On comprend pourquoi. Les montagnes sont magnifiques, le passage du col de Thorung La (5 416 m) relève du défi, la marche dans les plaines jusqu'au plateau transhimalayen est gratifiante et les lodges sont confortables. Prenez votre temps et des variantes, notamment dans les environs de Manang. Des sentiers spectaculaires permettent d'éviter la route qui empiète sur certains tronçons à l'ouest, vers Jomsom.

Sur 100 personnes au Népal

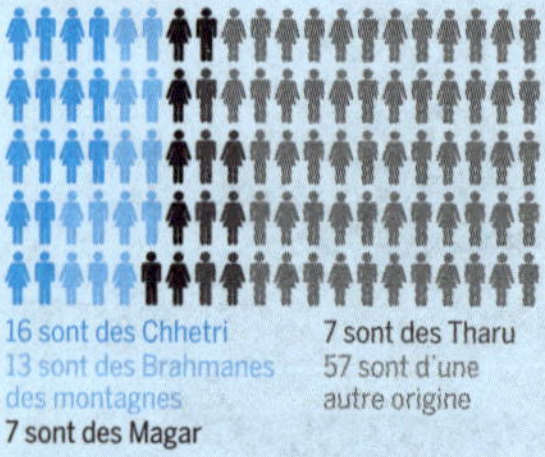

Religions
(% de la population)

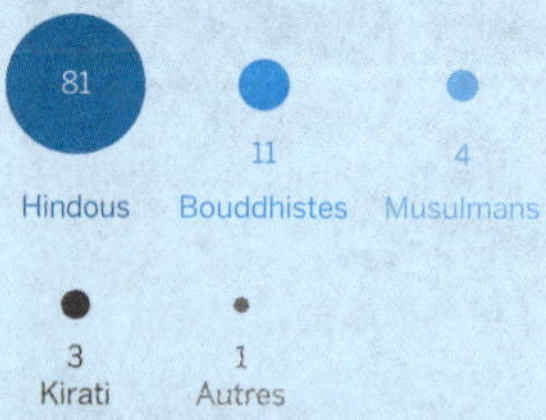

Population (au km²)

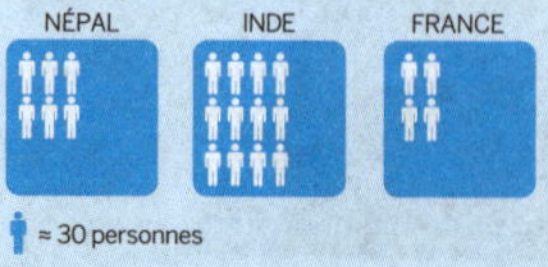

Bhaktapur et la vallée de Katmandou

4 La vallée de Katmandou recèle la plus grande concentration au monde de sites protégés par l'Unesco. Parmi les trois anciennes cités de la vallée, toutes classées, la médiévale Bhaktapur était la mieux conservée avant le séisme de 2015. Des travaux de reconstruction ont depuis été engagés pour restaurer temples, pagodes et bassins décorés. Souhaitons que les voyageurs puissent bientôt goûter au charme unique de cette ville, consistant à se perdre dans son lacis de ruelles, jalonnées de placettes où travaillent des potiers.

Safari à dos d'éléphant, Chitwan National Park

5 Situé dans les plaines humides, le Chitwan constitue l'une des meilleures destinations d'Asie pour observer la faune. Il dévoile par ailleurs une autre facette du Népal : là, installé sur le dos d'un pachyderme, vous pourrez explorer la jungle sur les traces des rhinocéros et des tigres. Entre la baignade des éléphants, la visite des villages tharu et, pour les plus téméraires, les promenades guidées dans une jungle résonnant de sifflements et de rugissements, les activités ne manquent pas...

Stupa de Bodhnath

6 Centre de la communauté tibétaine du Népal, le village de Bodhnath fourmille de moines en robe bordeaux déambulant dans les rues jalonnées de monastères, d'ateliers et de boutiques vendant moulins à prières

Les Gurkhas

Chaque année, des centaines de jeunes hommes originaires de tout le Népal passent une sélection rigoureuse dans l'espoir de devenir un soldat gurkha.

Les futures recrues doivent accomplir une série de performances physiques éprouvantes, comme grimper 5 km en portant 25 kg de pierres dans un *doko* (panier traditionnel). Seuls réussissent les plus forts et les plus motivés, et l'on a déjà vu des postulants courir avec des fractures afin d'être sélectionnés.

Reconnaissables à leur *khukuri* (couteau traditionnel recourbé), les Gurkhas sont considérés comme l'une des forces armées les plus coriaces du monde. Ils ont participé à des missions de maintien de la paix en Afghanistan, en Bosnie et en Sierra Leone, et sont également employés dans des unités d'élite de l'armée indienne et des forces de police de Singapour, ainsi que dans la garde personnelle du sultan de Brunei.

À table !

Bière La Tuborg, la Carlsberg (toutes deux danoises) et la San Miguel (espagnole) sont fabriquées sous licence au Népal. Parmi les bières locales figurent la Gorkha, l'Everest et la Kathmandu Beer.

Daal bhaat tarkari Soupe de lentilles, riz et curry de légumes. Avec de la chance, il peut s'accompagner d'*achar* (achards), de *chapati* (pain indien sans levain), de *dahi* (lait caillé ou yaourt) ou de *papad* (*pappadam*, fine crêpe frite croquante à base de farine de lentilles).

Juju dhau À Bhaktapur, ne manquez pas le *juju dhau* (roi des yaourts), un épais yaourt crémeux.

Momo Ces petits raviolis à la viande ou aux légumes sont (officieusement) le plat national du Népal.

Sikarni Un dessert traditionnel très prisé à base de yaourt fouetté à la cannelle, aux noix et aux fruits secs.

CRAIG FERGUSON / GETTY IMAGES ©

et encens. Chaque jour, des milliers de pèlerins effectuent leur *kora* (circumambulation rituelle) autour du stupa de Bodhnath d'Asie, un immense dôme blanc orné des yeux du Bouddha et surmonté d'une flèche. D'une grâce unique, ce sanctuaire a malheureusement été gravement endommagé par le séisme de 2015.

Pokhara

7 Deuxième ville touristique du Népal, Pokhara, charmante et décontractée, n'a certes pas le cachet historique de Katmandou. Mais elle ne s'en inscrit pas moins dans un cadre exceptionnel. À l'aube, le spectacle du Machhapuchhare et des Annapurnas est somptueux, depuis les rives paisibles du Phewa Tal comme depuis les différents points de vue de la cité vallonnée. Mais il devient tout simplement inoubliable lorsqu'on le découvre au fil d'un trek, en VTT ou, mieux encore, à l'occasion d'une sortie en parapente au-dessus de la vallée.

Quand partir

HAUTE SAISON
(oct-nov)

➡ Ciel dégagé et journées chaudes : des milliers de personnes marchent sur les sentiers de l'Everest et de l'Annapurna. Les hébergements de Katmandou sont pris d'assaut et les tarifs atteignent des sommets.

SAISON INTERMÉDIAIRE
(mars-avr)

➡ La chaleur et l'éclosion des rhododendrons font du printemps la deuxième grande période touristique.

BASSE SAISON
(juin-sept)

➡ La mousson occasionne des glissements de terrain, les nuages bouchent la vue, la pluie et les sangsues découragent les randonneurs. Mais les hôtels consentent des réductions. Et c'est un bon moment pour aller au Tibet.

Lumbini ou le berceau du Bouddha

8 Le pèlerinage jusqu'au lieu de naissance du Bouddha figure parmi les grands cheminements spirituels du sous-continent. On peut se rendre sur le lieu précis, redécouvert il y a une centaine d'années seulement, où Siddhartha Gautama vit le jour il y a 2 500 ans et découvrir la kyrielle de temples érigés par les nations bouddhistes de la région. Notre conseil pour vous imprégner de la spiritualité des lieux : procurez-vous un ouvrage sur le bouddhisme, installez-vous dans un coin paisible et méditez sur la nature de l'existence.

Transports

Circuler au Népal relève parfois du défi. En raison du relief, des conditions climatiques et de l'état des véhicules, peu de voyages se déroulent comme prévu. L'ingéniosité népalaise permet toujours d'arriver à bon port, mais prévoyez une marge de temps importante (ainsi que de quoi manger !). Enfin, voyez les délais et les contretemps comme faisant partie intégrante de la vie au Népal.

La marche reste le mode de déplacement le plus répandu, en particulier dans les montagnes, où les routes sont inexistantes et les pistes d'atterrissage, rares. Ailleurs, on se déplace en bus, en jeep, en moto, en train et en avion – avec des engins qui semblent tenir le coup comme par miracle.

Il est plus prudent d'éviter tout déplacement durant les grandes fêtes, car les bus, les vols et les hôtels sont alors pris d'assaut.

Rafting

9 Le Népal est l'une des meilleures destinations au monde pour le rafting et le kayak. La descente de la Bhote Kosi, gonflée par les torrents tibétains des sommets de l'Himalaya, est épatante. Mieux encore, des excursions de plusieurs jours permettent de traverser certains des lieux les plus reculés du pays. Au fil du parcours, les eaux mouvementées laissent place au cours paisible des rivières à travers la jungle, qui invitent à s'arrêter pour la nuit.

Fêtes du Népal

10 Votre séjour coïncidera certainement avec une fête, tant les festivités sont nombreuses au Népal. Elles sont d'ailleurs plus spectaculaires les unes que les autres : danses masquées pour exorciser les démons, luttes acharnées entre factions rivales d'une ville ou stupéfiantes processions où des chariots de 20 m sont traînés par des centaines de dévots à travers les rues bondées de Katmandou ou de Patan. Une expérience à ne pas manquer.

Dans le Mustang, une effigie du démon est brûlée lors de la fête de Tiji, à la fin de l'hiver.

GRANT DIXON / GETTY IMAGES ©

À voir

Everest (David Breashears ; 1998). Tourné en IMAX, pendant la grande tempête de 1996.

Himalaya, l'enfance d'un chef, (Éric Valli ; 1999). Ce film suit des caravanes de yaks ; magnifiques séquences dans le Haut Dolpo.

À lire

Hommage à l'Himalaya (Olivier Föllmi ; 2004). Un livre d'art photographique.

Au cœur des Himalayas (Alexandra David-Néel ; 2004). Un classique dans lequel l'éminente voyageuse retrace son arrivée au Népal au début du XXe siècle.

Itinéraire d'un enfant des villes dans l'Himalaya (Chris Nerwiss ; 2011). Un beau carnet de voyage(s).

Histoires jamais entendues dans une maison de thé au Népal (Sherpa Yeh-Peh ; 2012). Nouvelles.

CAPITALE
Managua

POPULATION
5,8 millions

SUPERFICIE
130 370 km²

LANGUE OFFICIELLE
Espagnol

Plage sur la côte caraïbe

Nicaragua

Pays chaleureux, le Nicaragua a de quoi séduire les voyageurs grâce à ses paysages volcaniques, son architecture coloniale, ses plages époustouflantes et ses magnifiques forêts vierges.

Que vous vouliez tremper vos pieds dans les eaux cristallines de la mer des Caraïbes ou affronter les puissantes vagues du Pacifique, les plages du Nicaragua auront toujours de quoi vous satisfaire. Les énormes rouleaux de Rivas sont prisés des surfeurs tandis que les eaux limpides des Corn Islands sont idéales pour le snorkeling.

Envie d'une montée d'adrénaline ? Préparez-vous à vivre une multitude d'expériences inédites : faire une plongée dans des grottes sous-marines, explorer des marais infestés d'alligators en canoë et pêcher un tarpon de plus de 90 kg au pied d'une forteresse espagnole.

Au Nicaragua, les splendeurs de l'époque coloniale s'expriment sous deux formes, aussi attrayantes l'une que l'autre. La délicate architecture des rues de Granada enchante les voyageurs et la ville coloniale la mieux préservée du pays se targue d'une cathédrale restaurée, d'une place bien entretenue et de demeures en parfait état dissimulant des patios verdoyants.

MER DES ANTILLES
(Mer des Caraïbes)
OCÉAN PACIFIQUE
HONDURAS
EL SALVADOR
COSTA RICA
Cabo Gracias a Dios
Laguna Bismuna
Bismuna Tara
Cayos Miskitos
Dákura
Laguna Pahara
Bilwi (Puerto Cabezas)
Laguna Karatá
Laguna Wounta
Sisin
Costa de Miskitos
Río Coco (Segovia)
Waspám
Leimus
La Troquera
Luciana
Yulú
Kukalaya
Rosita
El Empalme
Siuna
San Andres
Reserva de Biosfera Bosawás
Río Patuca
Cordillera Entre Ríos
Catacamas
Juticalpa
La Unión
San Juancito
Danlí
Las Manos
Ocotal
Somoto
El Espino
San Marcos de Colón
Choluteca
El Guasaule
San Rafael del Norte
Estelí
San Isidro
Somotillo
Río Coco
El Ocote
Cordillera Isabelia
El Cuá
Jinotega
Matagalpa
Sébaco
Valle Kukuinita
Kangrina
Río Grande de Matagalpa
Yaoska
San José
Matiguás
Chamarro
Barrera
Karawala
Barra de Río Grande
Tasbapauni
Tortuguero
Pearl Cays
Îles du Maïs
Orinoco
Laguna de Perlas
El Rama
Bluefields
Bahía de Bluefields
El Ayote
Boaco
Camoapa
San Lorenzo
Juigalpa
El Alto
Tipitapa
Lago de Managua
Cordillera de los Maribios
León
MANAGUA
Volcán Masaya
Masaya
Granada
Jinotepe
Montelimar
Puerto Sandino
Poneloya
Corinto
Chinandega
Volcán San Cristóbal (1 745 m)
Padre Ramos
Reserva Natural Estero Padre Ramos
Potosí
Golfo de Fonseca
El Amatillo
La Unión
San Miguel
TEGUCIGALPA
La Paz
La Esperanza
Santa Bárbara
Santa Rosa de Copán
Nueva Ocotepeque
SAN SALVADOR
Lago de Nicaragua
Isla de Ometepe
San Ubaldo
Morrito
San Miguelito
Archipiélago de Solentiname
San Carlos
Los Chiles
La Virgen
Rivas
Peñas Blancas
La Cruz
El Ostional
San Juan del Sur
Refugio de Vida Silvestre La Flor
Península Santa Elena
El Castillo
Río San Juan
Monkey Point
Punta Gorda
Bahía Punta Gorda
San Juan del Norte (Greytown)
0
100 km
N
1
2
3
4
5
6
7
8
9
10
11

Nicaragua
Les incontournables

Granada

1 Granada jouit d'un incroyable pouvoir d'attraction. Tout le charme de la ville réside dans ses adorables rues pavées, ses maisons et ses églises coloniales colorées et son atmosphère très plaisante, chargée d'histoire. La plupart des déplacements se font à pied et une balade entre une galerie, un restaurant et une église coloniale peut constituer le meilleur moment de la journée. Dans les environs, on peut facilement explorer différents sites naturels, des îles, des volcans et des villages d'artisans.

Little Corn Island

2 Pas de voitures, pas de bruit, seulement des plages de sable blanc, des criques isolées et les eaux cristallines des Caraïbes : Little Corn Island (Isla Pequeña del Maíz) est l'endroit idéal pour échapper à la frénésie des grandes villes. Vous trouverez largement de quoi occuper vos journées : plongée avec les requins-marteaux et dans des grottes sous-marines, kitesurf et randonnée sur les promontoires couverts de jungle. Les soirées sont tout aussi animées. Ajoutez à cela une cuisine délicieuse et vous comprendrez pourquoi de nombreux voyageurs ont bien du mal à en repartir.

Cathédrael de Granada

1

MLENNY PHOTOGRAPHY / GETTY IMAGES ©

León

3 Cité coloniale portant la marque d'une tradition révolutionnaire, León est aussi charmante que déconcertante. La ville est empreinte d'une ambiance artistique, jadis encouragée par la révolution sandiniste et désormais stimulée par l'université et la vie nocturne. La journée, vous pourrez visiter la cathédrale, les musées et le centre-ville, avant de découvrir les plages de sable blond, les volcans et les villes plus traditionnelles de l'Ouest.

Isla de Ometepe

4 Joyau du Lago de Nicaragua, l'Isla de Ometepe ne manque pas d'atouts : des volcans jumeaux, des collines luxuriantes sillonnées de chemins de randonnée, des vestiges archéologiques, des tyroliennes, des singes et des oiseaux, des cascades, le clapotis des vagues sur le pas de votre porte et une atmosphère décontractée qui tend à retenir les voyageurs dans ce paradis. L'île s'enorgueillit aussi d'agréables auberges de jeunesse, de campings et de petits coins paisibles. À vous de choisir entre un complexe de luxe ou une cabane hippie.

Río San Juan

5 Jadis sillonné par les pirates et les chercheurs d'or, le Río San Juan fait aujourd'hui le bonheur des amoureux de la nature. Tout au long de son parcours, des oiseaux nichent dans les branches surplombant les eaux paisibles, tandis que la partie en aval du fleuve est bordée par la Reserva Biológica Indio-Maíz, une jungle impénétrable qui abrite des jaguars et des singes. Au bord du fleuve, la seule construction est un fort espagnol qui domine les rapides d'El Castillo.

Pearl Cays

6 Dans les eaux scintillantes de la mer des Caraïbes, l'archipel de Pearl Cays, composé d'une dizaine d'îles bordées de sable blanc, a tout d'un paradis perdu. Par chance, vous serez accompagné d'un guide créole qui vous servira un extraordinaire repas de fruits de mer, ce qui vous laissera le temps de vous baigner, de faire un peu de snorkeling, d'observer les tortues ou simplement de vous détendre dans un hamac en profitant du panorama idyllique.

Sur 100 personnes au Nicaragua

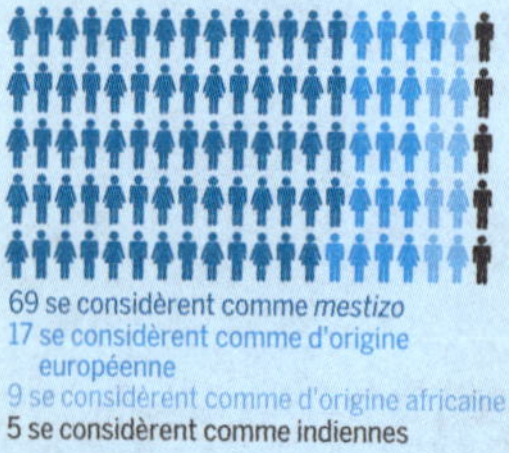

Religions
(% de la population)

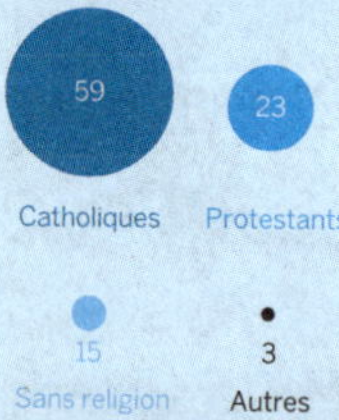

Population au km²

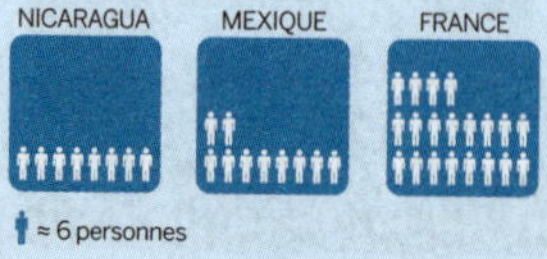

La région caféière

Une visite de la région caféière du Nicaragua ne se résume pas à boire du café jusqu'à plus soif, mais bien à découvrir l'origine du petit noir que vous sirotez tous les matins.

Faisant l'objet d'un commerce acharné, le café noir représente la moitié des exportations du Nicaragua. C'est aussi le moteur capricieux de son économie. En 1999, les prix du café ont chuté au-dessous des coûts de production. Cela poussa nombre de cultivateurs nicaraguayens à s'essayer à des méthodes de production différentes, dont le commerce équitable. Ce dernier est aujourd'hui le secteur du marché du café affichant la plus forte croissance. Ces cultivateurs ne gagnent pourtant que 2 $US par jour environ. Mais dans une région pauvre où l'électricité et l'eau courante sont un luxe, le prix plus fiable du café est synonyme de trois repas quotidiens.

Vous pourrez visiter les régions caféières du Nicaragua, aider vos hôtes à cueillir les baies mûres dans une ferme communautaire, ou découvrir les secrets de fabrication dans une usine de torréfaction. Après cela, votre café du matin n'aura plus jamais le même goût !

À table !

Baho Viande de bœuf, bananes plantains et manioc cuits à la vapeur dans une feuille de bananier.

Flor de Caña La marque de rhum nationale.

Gallo pinto Spécialité à base de riz et de haricots rouges.

Nacatamales Farine de maïs et divers ingrédients cuits à l'étouffée dans une feuille de bananier.

Quesillo Tortilla garnie de mozzarella et d'oignons, nappée de crème aigre.

Rondón Ragoût de fruits de mer au lait de coco servi dans les Caraïbes.

JANE SWEENEY / GETTY IMAGES ©

Volcán Masaya

7 Dominant les villages d'artisans du plateau central du Nicaragua, le volcan Masaya et le parc national qui l'entoure feront le bonheur des férus de volcans, de nature et d'aventure. Il s'agit d'un des plus beaux volcans actifs de la région et vous serez impressionné par les panaches de fumée s'élèvant du cratère. Des petites randonnées très agréables permettent de découvrir des paysages inouïs, des grottes de lave et des jardins de papillons. Au coucher du soleil, un circuit à la rencontre des chauves-souris viendra clore votre aventure en beauté.

Quand partir

HAUTE SAISON (décembre-avril)

- Les prix augmentent dans les zones touristiques.
- Pour un hébergement à la plage, il faut réserver bien à l'avance.
- Le climat est chaud, ensoleillé et sec dans tout le pays.

SAISON INTERMÉDIAIRE (novembre)

- Les pluies diminuent sur la côte pacifique mais la côte caraïbe reste humide.
- Les températures douces et la campagne verdoyante sont idéales pour la randonnée.

BASSE SAISON (mai-octobre)

- En raison des fortes pluies, certaines routes sont difficiles à négocier en zone rurale et les chemins de randonnée sont glissants.
- Sur la côte pacifique, les vagues attirent les surfeurs.

Surf autour de San Juan del Sur

8 Les surfeurs ont largement contribué à faire connaître le Nicaragua sur la scène internationale. Au nord et au sud de la capitale régionale, San Juan del Sur, les conditions sont idéales pour pratiquer le surf dans une ambiance décontractée et authentique. Quel que soit leur niveau, les surfeurs profiteront des superbes vagues. Mais les campements, les fêtes sur la plage et les embruns contribuent à faire de la région une destination appréciée de tous.

Les tortues de La Flor

9 Entre juillet et janvier, les tortues viennent par milliers pondre leurs œufs au Refugio de Vida Silvestre La Flor, au sud de la côte pacifique. La plage est plaisante, mais le temps fort de votre séjour sera un circuit nocturne, qui vous permettra, avec un peu de chance, de voir une tortue luth ou olivâtre déposer ses œufs au terme d'un incroyable périple.

Transports

Bateau Beaucoup de destinations sont accessibles uniquement, ou plus facilement, en bateau. Les *pangas* publiques (petits bateaux à moteur) reviennent beaucoup plus cher que les transports terrestres.

Bus Les liaisons en bus sont excellentes mais les véhicules sont rudimentaires.

Vélo Les cyclistes au long cours apprécient le Nicaragua pour ses larges routes bien goudronnées. Toutefois, la vitesse excessive et la conduite en état d'ivresse sont des problèmes courants.

Voiture Un excellent moyen d'explorer la côte pacifique et le centre du Nicaragua, mais mieux vaut emprunter les transports publics sur le littoral caribéen, car les routes sont dans un état déplorable.

Islas Solentiname

10 Les Islas Solentiname semblent tout droit sorties d'un conte de fées. Venez découvrir l'ambiance magique de cet archipel isolé, couvert de jungle, où vivent et travaillent des artistes de talent. Les animaux sauvages qui les entourent constituent une source d'inspiration inépuisable. Ici, un prêtre éclairé a encouragé un village à construire une belle église dans laquelle résonnent les bruits de la nature, et le ciel nocturne est illuminé d'étoiles filantes. Il faut le voir pour le croire.

Reserva Natural Estero Padre Ramos

11 La Reserva Natural Estero Padre Ramos est située à l'extrême nord-ouest du Nicaragua. Cette forêt de mangrove, la plus vaste d'Amérique centrale, abrite des ocelots, des alligators et une myriade d'oiseaux. La région est encore très sauvage, mais des services touristiques rudimentaires vous permettront de sillonner la mangrove, de rencontrer les communautés locales et d'atteindre les plages où les tortues viennent pondre leurs œufs.

À voir

Carla's Song (Ken Loach ; 1996). L'histoire d'amour mouvementée entre un chauffeur de bus britannique et une danseuse nicaraguayenne en exil, sur fond de dénonciation politique.

La Yuma (Florence Jaugeay ; 2009). Histoire des défis que doit relever une jeune boxeuse de Managua.

Walker (Alex Cox ; 1987). Film inspiré de la vie de l'aventurier mégalomane William Walker, dont la bande-son a été composée par Joe Strummer, le leader de The Clash.

À lire

Le pays que j'ai dans la peau : mémoires d'amour et de guerre (Gioconda Belli ; 2000). L'autobiographie d'une romancière et poétesse révolutionnaire.

Le Sourire du jaguar (Salman Rushdie ; 1987). Essai portant un regard sur les sandinistes pendant la révolution.

11

PICTUREGARDEN / GETTY IMAGES ©

Grande Mosquée, Niamey

CAPITALE
Niamey

POPULATION
17,5 millions

SUPERFICIE
1,2 millions km²

LANGUE OFFICIELLE
Français

Niger

Façonné par le fleuve Niger dans le Sud-Ouest et le Sahara dans le Nord, ce pays du Sahel laisse des souvenirs inoubliables.

Marqué par l'omniprésence du désert, le Niger n'est pourtant pas seulement réservé aux amoureux des dunes sahariennes. En plus de ses sites naturels, comme le désert du Ténéré et le massif de l'Aïr, le pays réserve bien des surprises, à commencer par les anciennes cités caravanières d'Agadès et de Zinder, à l'architecture en terre crue. Plus au sud, de nombreuses espèces d'animaux sauvages peuvent être observées au parc national du W et à Kouré. Enfin, la capitale, Niamey, offre des petits plaisirs agréables, comme celui de profiter du coucher du soleil sur le fleuve Niger à bord d'une pirogue.

L'extrême pauvreté du Niger n'empêche pas ses habitants de former un peuple digne, souriant et généreux. La population rassemble fiers nomades du désert, artisans talentueux, orfèvres dotés de pouvoirs magiques et ethnies au grand raffinement.

Vous l'aurez compris, les atouts du Niger sont nombreux. Hélas, à l'heure actuelle, le pays vit sous la menace de plusieurs groupes terroristes, interdisant une découverte sereine du pays. On ne peut qu'espérer le retour de jours meilleurs qui permettra aux voyageurs de découvrir ce pays attachant.

Niger
Les incontournables

Ayorou

1 Sur les berges du Niger, à 24 km au sud de la frontière malienne, cette ville est réputée pour son marché, qui se tient chaque dimanche. Rendez-vous dans le secteur aux bestiaux pour voir les chameaux, bovins, mules, moutons et chèvres et les discussions entre vendeurs et acheteurs.

Agadès

2 Avec ses rues sablonneuses et ses maisons d'architecture soudanaise, Agadès possède un cachet particulier. Située à la lisière du désert, elle prospéra à l'époque médiévale grâce aux caravanes, au commerce des esclaves et aux marchands d'or. La Grande Mosquée au minaret pyramidal hérissé de pieux en bois est un magnifique exemple de l'architecture soudanaise.

Kouré

3 Même si l'on ne fait qu'un bref séjour au Niger, une excursion d'une demi-journée à Kouré est un must absolu. C'est là en effet que vit le dernier troupeau de girafes sauvages d'Afrique de l'Ouest. Celles-ci mastiquent tranquillement les feuilles des acacias et sillonnent les sols brûlés des environs de la poussiéreuse Kouré. Les animaux ne sont pas farouches et se laissent approcher.

À table !

Bière Niger La bière nationale.

Brochettes Composées avec du poulet ou du bœuf.

Poisson grillé Le plus souvent c'est la perche du Nil.

Riz sauce

Thé touareg Idéal pour étancher la soif.

Quand partir

OCTOBRE-FÉVRIER

➡ Meilleure période car les températures sont plus fraîches et il ne pleut presque pas.

MARS-JUIN

➡ La période la plus chaude de l'année. Le mercure dépasse les 45°C en avril.

MAI-SEPTEMBRE

➡ Le Sud est sous l'eau. Le mois d'août est moins humide dans le reste du pays

Mosquée nationale d'Abuja

CAPITALE
Abuja

POPULATION
177,5 millions

SUPERFICIE
923 768 km^2

LANGUE OFFICIELLE
Anglais

Nigeria

La nation la plus peuplée du continent africain se débat dans les affres de l'instabilité politique et des violences religieuses, ignorant de ce fait l'activité touristique.

Première économie du continent, le Nigeria renvoie l'image d'un colosse aux pieds d'argile. Malgré d'abondantes ressources pétrolières qui font de lui le dixième producteur d'or noir au monde, la plupart de ses régions souffrent de pénuries d'essence et une part importante de la population vit dans la misère. Plus grande ville du continent, la tentaculaire Lagos est le creuset d'une scène musicale et artistique incandescente. Mais cette jungle urbaine est aussi le terreau d'une criminalité endémique. À cela, il faut ajouter les violences religieuses qui font régulièrement la une de l'actualité. Le Nord-Est est ainsi le théâtre des actions terroristes du groupe Boko Haram contre lequel le gouvernement a toutes les peines du monde à reprendre la main.

En dépit d'attraits certains (parcs nationaux, anciennes cités du Nord, sanctuaires spirituels), le Nigeria peut difficilement être considéré comme une destination de voyage à l'heure actuelle. En attendant de pouvoir s'y rendre un jour, on peut garder le contact avec ce pays en découvrant ses artistes talentueux.

Nigeria

Les incontournables

Lagos

1 Si vous allez au Nigeria, vous n'aurez pas d'autre choix que de plonger dans la folie ambiante qui imprène la plus grande ville d'Afrique. Métropole tentaculaire, étouffante, surpeuplée, Lagos recèle une criminalité notoire, des infrastructures grippées, une pauvreté omniprésente. Ajoutez des automobilistes kamikazes et des forces de sécurité brandissant leur fusil à tout bout de champ et vous obtenez une sorte de poudrière où tout peut arriver ! Pour autant, Lagos bénéficie d'une scène musicale et artistique bouillonnante. Rendez-vous au musée national sur l'île de Lagos pour découvrir les richesses du patrimoine.

Oshogbo

2 Berceau de l'art yoruba, la ville d'Oshogbo est demeurée une pépinière d'artistes. Elle abrite la forêt sacrée d'Osun-Osogbo, un important sanctuaire de l'ancienne religion yoruba, établis dans un des rares secteurs de forêt primaire du pays, que l'Unesco a inscrit sur la liste du patrimoine mondial. Le site, rempli de sculptures à caractère religieux a trouvé une seconde vie grâce à l'action de la sculptrice autrichienne Suzanne Wenger (1915-2009). Au mois d'août, la fête d'Osun-Oshogbo rassemble des milliers de gens venus célébrer Osun, déesse de la Rivière qui, selon la légende, aurait fondé la ville.

Calabar

3 Calabar, port fluvial, est encore marqué par son histoire coloniale. En effet, on estime que plus de deux millions d'esclaves ont transité par ce port avant de prendre le cap vers le nouveau monde. Plus tard, après l'interdiction de l'esclavage dans les pays européens, Calabar se convertit au commerce de l'huile de palme. Calabar abrite un musée et deux centres de protection des primates.

Gashaka-Gumti National Park

4 Plus grand parc du Nigeria, le Gashaka-Gumti National Park permet une immersion au cœur

d'une nature spectaculaire constituée de collines, de savane et de forêts de montagne. Ce territoire isolé, et donc peu visité, est l'un des plus importants habitats de primates en Afrique de l'Ouest. Lions, éléphants, hippopotames et buffles peuvent aussi y être observés. Ouvert toute l'année, le parc est plus facile d'accès pendant la saison sèche (décembre à mars).

Abeokuta

5 Abeokuta est la ville natale de quelques Nigérians célèbres, parmi lesquels l'ancien président Olusegun Obasanjo, le musicien Fela Kuti et le Prix Nobel de littérature, Wole Soyinka. L'histoire de la ville remonte au XIXe siècle, quand des habitants fuyant les chasseurs d'esclaves se réfugièrent sur une colline surmontée d'un immense rocher, l'Olumo Rock. Le site revêt une grande importance spirituelle, comme en attestent sanctuaires et arbres sacrés. Il offre aussi un beau panorama sur la ville.

Abuja

6 Capitale taillée sur mesure, Abuja fut fondée durant les années 1970, période de boom économique. Après la guerre du Biafra (1967-1970), on prit la décision de transférer la capitale de Lagos au centre ethniquement neutre du pays. Propre et bien approvisionnée en électricité, Abuja donne parfois l'impression d'être en dehors du Nigeria. Cela dit, la ville présente peu d'intérêt, si ce n'est de souffler un peu et de faire du shopping.

Sur 100 personnes au Nigeria

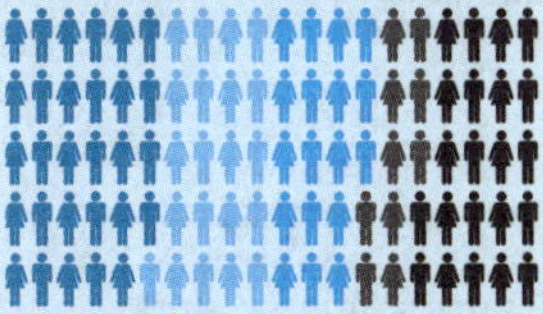

29 sont peuls ou haoussas
21 sont yorubas
18 sont igbos
10 sont ijaws
22 appartiennent à un autre groupe ethnique

Religions
(% de la population)

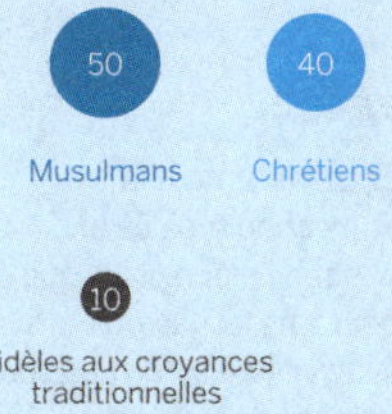

Population au km²

≈ 15 personnes

Quand partir

OCT-JAN
➡ La meilleure période pour bénéficier d'un climat sec.

DÉC-JAN
➡ Nombreux festivals et fêtes.

JUIN-AOÛT
➡ Saison des pluies.

Fela Kuti : musique au poing

Le musicien Fela Kuti (1938-1997), star des night-clubs nigérians, consacré sur la scène internationale, a fusionné avec talent le chant yoruba et le free jazz pour donner l'afrobeat. Au Shrine, son vieux night-club à Ikeja, une banlieue de Lagos, sa musique est toujours à l'honneur.

Résolument engagées, les chansons de Fela Kuti dénonçaient la corruption et la violence des régimes en place. En réaction, le gouvernement nigérian le fit arrêter plus d'une centaine de fois. Libéré de prison en 1986, l'artiste tira sa révérence en 1997, victime du sida. L'État nigérian, qui n'avait eu de cesse de le combattre, décréta quatre jours de deuil national. Lors de ses funérailles, plus d'un million d'habitants lui rendirent hommage.

Comble de la récupération politique, le gouvernement de Lagos a lancé le projet de construction d'un musée à sa mémoire et son œuvre. Chaque année, le 15 octobre, la Felabration, rappelle la date de sa naissance. Le documentaire *Fela Kuti, musique au poing* (Stéphane Tchalgadjieff, Jean-Jacques Flori 1982) retrace la vie et l'œuvre de l'artiste.

7

Mariage à Benin City

Benin City

7 Capitale du puissant royaume du Bénin à partir du XVe siècle, cette ville fut le creuset d'un florissant art de cour. Lorsque les Britanniques s'emparèrent de la ville en 1897, ils ramenèrent avec eux des milliers d'objets en laiton, en ivoire et en bronze, aujourd'hui dispersés aux quatre coins du monde. Le National Museum de Benin City conserve toutefois quelques belles pièces. Aujourd'hui devenue une vaste métropole, Benin City est un haut lieu du commerce du caoutchouc nigérian.

Yankari National Park

8 Yankari est le parc national nigérian le plus connu pour l'observation des animaux sauvages. Il abrite un nombre raisonnable de buffles, d'antilopes, d'hippopotames, quelques lions et quantité de babouins. Son plus grand atout reste sa population de 300 éléphants. Autre site d'intérêt, la source chaude Wikki Warm Spring, qui forme un lac de 200 m de long sur 10 m de large. Son eau cristalline, à la température constante de 31°C, fait de la baignade un vrai délice.

À table !

Les Nigérians aiment la nourriture *chop* (épicée et amidonnée). Le plat classique est un ragoût très fort au poivre avec un peu de viande ou de poisson, accompagné de féculents – généralement de l'igname ou du manioc réduit en purée (*garri*, *eba*, ou le *fufu* légèrement aigre). Autre plat très apprécié, le *jollof* (riz wolof) est un plat de riz épicé cuisiné avec de l'huile de palme et de la tomate. En général, on mange avec les doigts.

Transports

Avion L'avion est un moyen judicieux pour se déplacer dans le pays.

Minibus Chaque ville abrite une gare routière d'où partent minibus et taxis-brousse.

Moto-taxi Le moyen le plus rapide pour circuler en ville est de prendre une moto-taxi ou *okada* (*achaba* dans le Nord).

Train Si le réseau ferroviaire existe, en revanche aucun train ne circule. Le projet initié en 2009 de relancer le train s'est enlisé.

Voiture et moto Les routes nigérianes sont en bon état. En revanche, la conduite des Nigérians est souvent dangereuse et le taux d'accidents est élevé. Sur la route, l'unique véritable règle se résume à la loi du plus fort.

Aurore boréale au-dessus du comté de Troms

CAPITALE
Oslo

HABITANTS
5,1 millions

SUPERFICIE
323 802 km^2

LANGUE OFFICIELLE
Norvégien

Norvège

Fjords saisissants, archipels mythiques, côtes sublimes, routes splendides, appel du Grand Nord, aurores boréales : ici, la nature déborde de générosité, et l'ennui n'est pas de mise.

Difficile de parler de la nature norvégienne sans user de superlatifs, tant l'on est saisi par la beauté brute de ces fjords aux hautes falaises qui entaillent profondément le littoral. Si leur réputation est on ne peut plus méritée, il ne faudrait pas oublier les majestueux glaciers qui émanent de champs de glace comptant parmi les plus grands d'Europe. Partout, le relief montagneux de l'intérieur norvégien ressemble à une forteresse naturelle, et des îles côtières émergent des flots comme par magie. Et, bien entendu, il ne faut pas oublier l'irrésistible attrait de l'Arctique…

Contrepoint de cette beauté naturelle, la vie culturelle intense du pays célèbre les traditions locales tout en suivant la marche du monde. Les villes sont cosmopolites et riches d'une architecture qui montre l'évolution du fameux sens scandinave du design à travers les périodes. En outre, le calendrier chargé de festivals, souvent de renom international, mérite d'être pris en compte lors de la préparation de son séjour.

Magdalenefjord
Storøya
Kvitøya
Nordaustlandet
Erik Eriksenstretet
Svalbard
Kong Karls Land
Prins Karls Forlandet
4
Svenskøya
Barentsøya
Longyearbyen
Edgeøya
Storfjorden
Spitsbergen
Olgastretet
0 200 km
0 200 km
Nordkapp
Kjøllefjord
Honningsvåg
Båtsfjord
Vardø
Hammerfest
Repvåg
Vadsø
Hasvik
Lakselv
Alta
Kirkenes
Tromsø
10
Karasjok
Skibotn
Kautokeino
MER DE NORVÈGE
Andenes
Finnsnes
Îles Lofoten
Harstad
RUSSIE
Svolvær
3
Narvik
Henningsvær
FINLANDE
Å
Kiruna
Bodø
Fauske
Ørnes
Mo i Rana
Sandnessjøen
Mosjøen
Brønnøysund
Oulu
Namsos
SUÈDE
Grong
Steinkjer
6
Trondheim
Kristiansund
Stjørdal
Molde
Östersund
Ålesund
1
Åndalsnes
Røros
Dombås
Florø
Geiranger
Øvre Årdal
Galdhøpiggen
Førde
Tampere
7
Lillehammer
Trysil
Sognefjorden
Bergen
Myrdal
Elverum
Voss
2
5
Hamar
Eidfjord
Odda
Råholt
Kongsvinger
Turku
HELSINKI
Leirvik
OSLO
8
Notodden
Uppsala
TALLINN
9
Moss
Halden
Stavanger
Larvik
STOCKHOLM
ESTONIE
Egersund
Risør
Arendal
Flekkefjord
Grimstad
Mandal
Kristiansand
Hirtshals
Göteborg
LETTONIE
Hanstholm
Frederikshavn
RĪGA
Aalborg
DANEMARK

Norvège
Les incontournables

Geirangerfjord

1 Les 20 km le long de ce fjord, inscrit au patrimoine mondial de l'Unesco, comptent parmi les plus beaux trajets en ferry du monde. Des fermes abandonnées s'accrochent encore aux falaises vertigineuses du fjord, et des cascades dégringolent à grand fracas dans ses eaux vert émeraude. Embarquez à Geiranger et appréciez le calme dès la sortie de ce petit port animé, ou partez de la localité plus tranquille de Hellesylt. Préparez votre appareil photo et prenez place sur le pont supérieur, en plein air : le ferry est un moyen unique de découvrir les recoins isolés du pays.

Bryggen, Bergen

2 Lovée au cœur d'une côte pittoresque et très norvégienne, Bergen pourrait sérieusement prétendre au statut de plus belle ville d'Europe. De son passé de port de commerce plusieurs fois centenaire, elle a conservé le fabuleux quartier de Bryggen, enchevêtrement de bâtiments en bois aujourd'hui inscrit au patrimoine mondial de l'Unesco. Témoins d'un passé prospère et tumultueux, ses maisons colorées abritent désormais des boutiques chics et des restaurants traditionnels qui perpétuent sa réputation.

Îles Lofoten

3 Rares sont les visiteurs capables d'oublier leur premier aperçu des îles Lofoten, parées de verts et de jaunes estivaux, avec leurs pics effilés se dessinant sur un ciel bleu cobalt. L'air pur et marin porte constamment des accents iodés, teintés, dans les villages, d'un fort parfum de morue, ce géant des mers dont la migration annuelle fait la prospérité de la région. Paradis du randonneur, relié au continent par des ponts, l'archipel est facile à parcourir en bus, en voiture ou – idéalement – à vélo.

Svalbard

4 Loin de tout mais étonnamment accessible, l'archipel du Svalbard est la part d'Europe la plus évocatrice du Nord polaire, ainsi que l'une des dernières grandes zones sauvages du continent. Les pics majestueux, les champs de glace massifs (60% du Svalbard sont recouverts de glaciers) et les fjords à la saisissante beauté constituent l'habitat d'une riche faune arctique (avec notamment un sixième environ des ours polaires du monde, ici plus nombreux que les hommes). La région se prête également bien aux activités, pratiquées dans le silence des neiges.

Ligne ferroviaire Oslo-Bergen

5 Souvent citée comme l'un des plus beaux trajets en train du monde, cette ligne ferroviaire permet d'admirer de magnifiques paysages de Norvège. Après être passée par les forêts du sud du pays, elle grimpe jusqu'au plateau de la Hardangervidda, puis traverse la jolie région de Voss avant de rejoindre Bergen. En chemin, elle passe tout près de quelques fjords et rejoint (à Myrdal) une ligne incroyablement escarpée qui descend vers la région de Flåm.

Route côtière Kystriksveien

6 Peu empruntée, la route côtière traversant le Nordland mérite que l'on prenne le temps d'admirer sa beauté. Si parcourir ses 650 km vous semble trop long, il serait tout de même dommage de ne pas l'emprunter en partie si vous allez vers le

Aurores boréales

Les aurores boréales, ou lumières nordiques, se produisent quand des particules solaires chargées électriquement, appelées vents solaires, sont déviées par le champ magnétique terrestre vers les régions polaires.

C'est entre octobre et mars que l'on a le plus de chance d'en observer en Norvège. Elles font danser leurs voiles de lumière verts ou blancs, variant en intensité et prenant des formes qui semblent directement surgies de l'imagination d'un enfant. Il n'est jamais garanti d'en voir, mais tous ceux qui ont eu cette chance en gardent un souvenir inoubliables.

Sur 100 personnes en Norvège

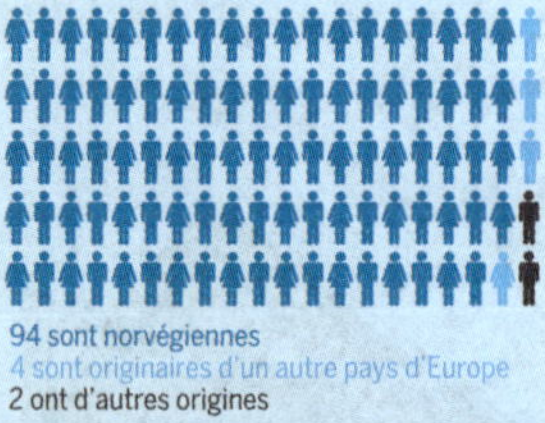

Religions

(% de la population)

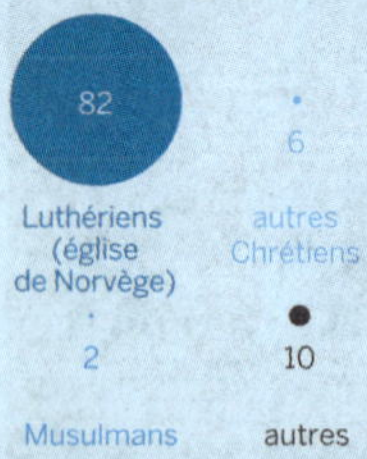

Population au km²

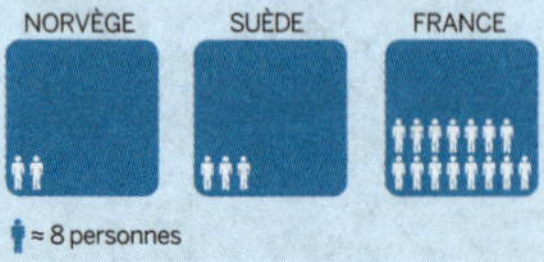

À table !

Aquavit Alcool national, l'aquavit (ou *akevitt*) est un emblème puissant de la culture norvégienne, fait d'alcool de pommes de terre et de cumin. Si ce dernier reste un ingrédient indispensable, des distilleries modernes augmentent la saveur épicée avec un mélange d'orange, de coriandre, d'anis, de fenouil, de sucre et de sel.

Fromage Les fromages norvégiens ont acquis une réputation internationale grâce au *jarlsberg*, à pâte blanche, doux et au goût fruité, produit pour la première fois à Tønsberg en 1860.

Pommes de terre Bouillies, rôties ou frites, elles figurent à presque tous les repas.

Renne Le renne rôti (*reinsdyrstek*) est un délice pour les carnivores.

Saumon Contrairement à d'autres plats norvégiens, coûteux et sans grand intérêt, le saumon (*laks*) reste très abordable, à condition de choisir du poisson d'élevage – le saumon sauvage est beaucoup plus cher.

Spécialités Les aventuriers du goût s'essaieront à la langue de morue, voire à la truite fermentée.

3

JOHAN SJOLANDER / GETTY IMAGES ©

nord. Surtout, ne soyez pas pressé ! Profitez des fréquentes traversées pour admirer les superbes paysages marins, et offrez-vous des détours vers les glaciers de l'intérieur ou les îles côtières, facilement accessibles – telles Vega, célèbre pour ses eiders à duvet, ou Lovund, qui abrite quelque 200 000 macareux.

Quand partir

HAUTE SAISON
(mi-juin à mi-août)

➡ Hébergements et transports sont saturés à l'avance.

➡ Le prix des hébergements est au plus bas.

➡ La météo est aléatoire : il peut faire chaud et beau, ou frais et pluvieux.

DEMI-SAISON
(mai à mi-juin et mi-août à septembre)

➡ Bonne saison : le temps est assez doux, le ciel, dégagé et il y a moins de monde.

➡ Les hébergements peuvent être chers, sauf le week-end.

➡ Réservez votre chambre tôt en période de festivals.

BASSE SAISON
(octobre-avril)

➡ Le froid peut être mordant.

➡ Beaucoup de sites sont fermés.

➡ Mars est la haute saison au Svalbard.

➡ Le prix des hébergements est élevé, sauf le week-end.

Jotunheimen

7 Si la Norvège compte de nombreux parcs nationaux dotés d'excellents sentiers de randonnée, celui du Jotunheimen – que l'on pourrait traduire littéralement par "maison des géants" – se place loin devant les autres. Avec 60 glaciers et 275 sommets de plus de 2 000 m, il se distingue par sa beauté exceptionnelle et ses randonnées emblématiques, telles celles de Besseggen ou de Hurrungane et celles à l'ombre du Galdhøpiggen, le point culminant du pays. La proximité du Jotunheimen avec les fjords ne fait que renforcer son attrait.

Oslo

8 La capitale a décidé de devenir un centre culturel de renommée internationale. Débordant déjà de musées et de galeries d'art, elle s'est en outre dotée d'un nouvel Opéra en forme de glacier, à rendre Sydney jalouse. Ce n'est que le premier pas d'un projet destiné à transformer le front de mer durant la prochaine décennie et à faire d'Oslo l'une des villes les plus remuantes de toute la Scandinavie.

Rocher de la Chaire

9 En matière de points de vue, Preikestolen (rocher de la Chaire) a peu de rivaux. Falaise presque lisse qui se dresse à plus de 600 m au-dessus des eaux du superbe Lysefjord, c'est l'un des sites les plus spectaculaires et les plus emblématiques de Norvège. Véritable cauchemar pour qui est soumis au vertige, c'est le genre d'endroit où l'on se sent irrésistiblement attiré par le vide, comme tous ces voyageurs que l'on voit se pencher sans doute un peu trop au bord du précipice. Comptez 2 heures de marche pour l'atteindre et une journée complète d'expédition depuis Stavanger.

Tromsø

10 À 400 km au-delà du cercle polaire arctique, Tromsø est la ville la plus importante du nord du pays et abrite la cathédrale, la brasserie, le jardin botanique et l'université les plus septentrionaux du monde. Ses clubs et ses pubs animés doivent beaucoup à ses étudiants. En été, la ville est idéale pour qui souhaite vivre des journées de 24 heures. Dès les premières neiges, les habitants chaussent skis ou raquettes, sortent de la ville et lèvent le nez au ciel dans l'espoir d'admirer une aurore boréale.

Transports

Avion Les distances sont grandes d'un bout à l'autre du pays. Aussi, même les voyageurs les moins fortunés devront envisager un bout de trajet en avion.

Bateau La Norvège possède un excellent réseau de ferries. Des car-ferries sillonnent les fjords, desservant des villages qui sans eux resteraient isolés. Des bateaux express relient les îles au continent.

Bus Le réseau de bus norvégien est très étendu. Les véhicules, confortables, se distinguent par leur ponctualité.

Voiture La location revient très cher et est plutôt destinée aux hommes d'affaires. Des tunnels percés dans la montagne raccourcissent les trajets.

À voir

Oslo, 31 août (Joachim Trier ; 2011). Une balade sombre mais magnifique dans la capitale norvégienne, d'après le *Feu Follet* de Drieu la Rochelle.

Max Manus (Joachim Rønning et Espen Sandberg ; 2009). Film à gros budget retraçant la vie du résistant norvégien.

Norway of Life (Jens Lien ; 2006). Grand prix du Festival du film fantastique de Gérardmer.

La Rébellion de Kautokeino (Niels Gaup ; 2008). Film sur le soulèvement sami de 1852, sur la musique de Mari Boine Persen.

À lire

Trolls (Jonas Lie ; 1891-1892). Nouvelles où la réalité bascule dans l'univers des contes.

Le Roman de Bergen (Gunnar Staalesen ; 1997-2000). Fresque sociale et policière couvrant le XXe siècle.

Le Demi-Frère (Lars Saabye Christensen ; 2001). Saga familiale primée, où se côtoient le tragique et le comique.

Opéra d'Oslo

8

Centre culturel Tjibaou, Nouméa

CAPITALE
Nouméa

POPULATION
264 000

SUPERFICIE
18 575 km²

LANGUE OFFICIELLE
Français

Nouvelle-Calédonie

Lointain archipel posé à 17 000 km de la France sur l'immensité bleutée des mers du Sud, la Nouvelle-Calédonie entre dans la catégorie des "voyages d'une vie".

La Nouvelle-Calédonie est une destination nature par excellence. La Grande Terre est un kaléidoscope végétal avec, selon les régions, mangrove, jungle, savane, maquis et végétation de montagne. L'île des Pins et l'archipel des Loyauté sont des fragments d'Éden qui révèlent la Mélanésie telle qu'on la rêve, avec des plages de sable blanc, des villages kanaks traditionnels et d'étranges formations géologiques. Les fonds marins recèlent des trésors exceptionnels. L'immense lagon et les récifs extérieurs offrent au plongeur une grande diversité de sites.

Si Nouméa conserve un mode de vie très occidental, le reste de la Grande Terre est partagé entre l'univers caldoche (Calédoniens d'origine française), fondé sur l'élevage du bétail et l'agriculture, et le monde mélanésien, plus traditionnel. Sur l'île des Pins et dans l'archipel des Loyauté, la vitalité de la culture kanak s'exprime au quotidien. À défaut de se mélanger, ces aires culturelles se complètent et enrichissent l'expérience des visiteurs.

Nouvelle-Calédonie
Les incontournables

Île des Pins

1 Le paysage de carte postale, c'est ici ! Sur l'île des Pins, on vit un rêve au quotidien. Les plages sont resplendissantes, les baies magnifiques, les îlots splendides et l'atmosphère décontractée. Pour varier les plaisirs, ajoutez une poignée de vestiges de la colonie pénitentiaire et des activités sportives. Le tout sur fond de forêts de pins colonnaires. Faites absolument une balade en pirogue ou une excursion en mer !

Le Grand Sud

2 À moins d'une heure de voiture de Nouméa, vous aurez l'impression d'entrer dans un décor de cinéma : vestiges miniers, ruines d'un bagne, maquis, baies échancrées, lac artificiel, parc naturel, "forêt noyée" et chutes d'eau. Le dépaysement est absolu. Pour les plus actifs, il est possible de pratiquer le kayak, la randonnée pédestre et le VTT.

Ouvéa

3 Vous n'en croirez pas vos yeux : la plage d'Ouvéa, qui forme un croissant long de 25 km, brille réellement comme un diamant. Immense, large, presque déserte, elle n'attend qu'une seule chose : que vous posiez votre serviette sur le sable d'un blanc étincelant. Profitez du spectacle avant de piquer une tête dans l'eau turquoise.

Nouméa

4 Le vert et le bleu s'unissent pour faire de Nouméa une capitale réputée pour son cadre de vie. La nature l'a dotée de baies et de péninsules généreuses, de collines boisées, de plages enchanteresses et même d'îlots idylliques à quelques minutes de bateau. Les richesses patrimoniales de la ville sont également de premier plan, avec un bel éventail de bâtiments historiques et de musées, à l'image du centre culturel Tjibaou dessiné par Renzo Piano.

La Corniche calédonienne

5 On reste sans voix devant la beauté

OLIVER STREWE / GETTY IMAGES ©

Baie d'Oro, Île des Pins

magnétique de cette portion de la côte est de la Grande Terre, où les cocotiers frissonnent sous la caresse des alizés, face à un océan qui décline un camaïeu de bleu. La route serpente au pied de montagnes recouvertes d'une végétation luxuriante, d'où jaillissent de spectaculaires cascades.

Au pays des broussards

6 Le territoire qui longe la côte ouest de la Grande Terre fait penser au Far West ou au bush australien. Bienvenue dans la "brousse", un univers marqué par l'élevage du bétail, avec des ranchs immenses qui se déploient entre la mer et la montagne. On y croise les cow-boys calédoniens, appelés broussards ou *stockmen*. Quelques petites villes sans histoire, comme Bourail, disposent d'infrastructures touristiques.

Lifou

7 Principale île des Loyauté, Lifou représente la quintessence de l'Océanie, avec ses baies majestueuses, ses plages de sable blanc et ses falaises qui surplombent

Quand partir

HAUTE SAISON
(décembre-janvier et juillet-août)

- Climat plus frais, mer agitée et vents forts (juillet-août)
- Saison des baleines (juillet-août)
- Tarifs aériens très élevés

SAISON INTERMÉDIAIRE
(septembre-novembre)

- Climat chaud mais pas étouffant
- Période idéale pour les loisirs nautiques
- Période idéale pour la randonnée

BASSE SAISON
(février-juin)

- Forte pluviométrie (février-mars)
- Promotions dans l'hôtellerie
- Tarifs aériens plus abordables

Sur 100 personnes en Nouvelle-Calédonie

45 sont mélanésiennes
34 sont européennes
12 sont polynésiennes
9 appartiennent à d'autres groupes ethniques

Population

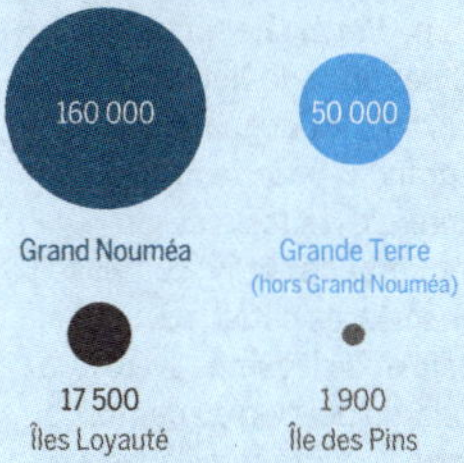

Population au km²

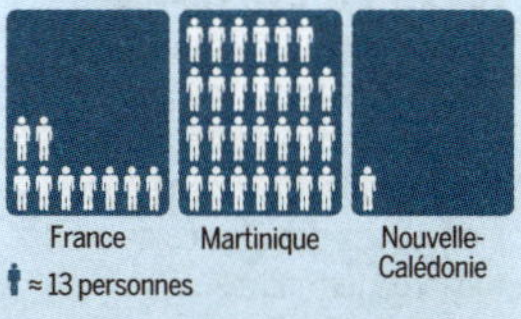

La grande case

La grande case constitue l'un des symboles les plus visibles de la culture kanak. Construite sur le même plan depuis des siècles, elle désigne la case la plus haute du village dans laquelle résidait autrefois le chef. Aujourd'hui, les chefs vivent tous dans des maisons modernes, appelées chefferies, situées à proximité de la grande case, où ont lieu les réunions tribales.

La construction d'une case commence par l'érection du pilier central, un immense tronc d'arbre. Il soutient l'ensemble de la case et symbolise le chef du clan. Entre ce pilier et la porte, on installe un foyer en pierre, qui brûle en permanence durant la saison fraîche.

À l'intérieur, les murs et le plafond sont constitués de poutres en bois fixées par des lianes au pilier central, symbolisant le lien entre le clan et son chef. Pour terminer, on érige une flèche faîtière (lance de bois ornementale) sur le toit et on enfouit de la monnaie traditionnelle afin d'établir le lien important avec le monde des ancêtres et des esprits.

À table !

Bougna Principale spécialité mélanésienne de Nouvelle-Calédonie, le bougna est destiné aux grandes occasions ou à honorer des hôtes. Il s'agit d'une sorte de ragoût composé d'ignames, de patates douces, de taro et de légumes avec de la viande, du poisson ou des fruits de mer. Le tout est mélangé à du lait de coco et enveloppé dans des feuilles de bananier.

Poissons et fruits de mer Le lagon, épargné par la pêche industrielle, constitue un vivier inépuisable. Faites-vous plaisir en dégustant de succulentes langoustes, des cigales de mer, du thazard, des huîtres...

Phare Amédée, Amédée Islet

des eaux cristallines. La vie traditionnelle est toujours présente, et le mode d'hébergement le plus répandu reste l'accueil en tribu, dans des gîtes mélanésiens. L'art de la sculpture y est aussi très répandu.

Îlots au large de Nouméa

8 Les habitants de Nouméa ont beaucoup de chance : ils ont à leur portée une demi-douzaine d'îlots idylliques dans le lagon, cerclés de plages de sable blanc et entourés de hauts-fonds coralliens. Ils peuvent s'y adonner aux joies du farniente ou du snorkeling, barboter dans une eau turquoise, pique-niquer en famille et avec des amis, ou même camper ! Parmi eux : l'île aux Canards, réputée pour son sentier sous-marin ; l'îlot du phare Amédée, le plus touristique, où se dresse un sémaphore du XIXe siècle ; ou l'îlot Maître, doté d'un hôtel luxueux.

Transports

Avion Les avions d'Air Calédonie desservent Koné et Koumac, sur la Grande Terre ; Ouvéa, Lifou, Tiga et Maré (îles Loyauté) ; l'île des Pins ; et Belep (via Koumac).

Bus Pratiquement toutes les villes du Caillou sont reliées à la capitale par bus, au départ de la gare routière de Nouméa.

Bateau Le catamaran à grande vitesse *Betico 2* effectue la desserte des îles Loyauté et de l'île des Pins au départ de Nouméa.

Vélo Ce mode de transport est un bon moyen pour découvrir les paysages variés de la Nouvelle-Calédonie. Le catamaran *Betico 2* transporte les vélos.

MATTHEW WILLIAMS-ELLIS / GETTY IMAGES ©

Mitre Peak, Milford Sound

CAPITALE
Wellington

POPULATION
4,4 millions

SUPERFICIE
267 710 km²

LANGUES OFFICIELLES
Maori, anglais

Nouvelle-Zélande

Ce pays insulaire semble avoir reçu en partage les plus beaux fleurons de la Création. Y voisinent des montagnes spectaculaires, des plages virginales ou encore des volcans en activité.

La Nouvelle-Zélande est d'une photogénie inouïe. Et si d'un bout à l'autre du pays les magnifiques panoramas se succèdent, ils ne sauraient faire oublier sa riche culture maorie, ses fabuleux musées et la passion nationale pour le rugby qui y règne.

Forêts, montagnes, lacs, plages et fjords, plus sublimes les uns que les autres, vous attendent – un remarquable ensemble de paysages qui fait de la Nouvelle-Zélande l'une des meilleures destinations au monde pour la randonnée (appelée ici "tramping").

Les marchés de petits producteurs bio pullulent et les produits favoris des Maoris, tels que *paua* (ormeau) et *kina* (oursin), figurent au menu de nombreux restaurants. Côté boissons, le sauvignon blanc est très réputé et la fabrication de bières artisanales en plein essor.

En Nouvelle-Zélande, les désagréments sont rarissimes : les routes sont en bon état, les DAB omniprésents et les pickpockets quasi inexistants... En bref, séjourner dans ce pays rime avec détente et émerveillement.

0
200 km
OCÉAN PACIFIQUE SUD
MER DE TASMAN
Great Exhibition Bay
Kaitaia
2
Bay of Islands
Waitangi
Opononi
Whangarei
Hen and Chicken Islands
Dargaville
Great Barrier Island
Wellsford
Kaipara Harbour
Hauraki Gulf
Helensville
5
Whitianga
Auckland
Coromandel Peninsula
Drury
Thames
Hamilton
Tauranga
Bay of Plenty
Raglan
Te Kaha
Kawhia
7
Whakatane
Opotiki
Grottes de Waitomo
Rotorua
Te Kuiti
4
Gisborne
New Plymouth
Lac Taupo
Tongariro National Park
11
Wairoa
Mt Taranaki (Mt Egmont)
Stratford
Hawke Bay
Mt Ruapehu
Opunake
Napier
Hawera
Hastings
Whanganui
Waipawa
Marlborough Sounds
Golden Bay
Woodville
Collingwood
Abel Tasman National Park
8
Takaka
Tasman Bay
Karamea
WELLINGTON
Richmond
9
Mt Owen
Blenheim
Cook Strait
Westport
St Arnaud
Punakaiki
1
Greymouth
Kaikoura
Hokitika
Arthur's Pass
Ross
Mt Murchison
Franz Josef
Pegasus Bay
6
Fox Glacier
Christchurch
Aoraki/ Mt Cook
Methven
Akaroa
Haast
Lac Tekapo
Jackson Bay
Lac Pukaki
Ashburton
Temuka
Milford Sound
10
Lac Wanaka
Omarama
Waimate
Milford
3
Cromwell
Oamaru
Queenstown
Lac Te Anau
Lac Wakatipu
Alexandra
Palmerston
Lumsden
Lac Manapouri
Dunedin
Winton
Gore
Milton
Tuatapere
Invercargill
Catlins Conservation Park
Foveaux Strait
Bluff
Stewart Island (Rakiura)
Oban
OCÉAN PACIFIQUE SUD

Nouvelle-Zélande
Les incontournables

Kaikoura

1 La jolie petite ville de Kaikoura, qui signifie "manger des langoustes" en maori, est le meilleur endroit pour découvrir la vie marine... et y goûter. La langouste est la spécialité locale, ce qui n'empêche pas d'attraper, lors d'une partie de pêche, d'autres délices. Les baleines, évidemment, ne peuvent qu'être observées. Également : baignade avec phoques et dauphins, observation d'oiseaux – dont les albatros –, en nombre aux abords du rivage.

Bay of Islands

2 Ravissantes anses aux eaux turquoise, dauphins batifolant devant la proue des bateaux, bancs d'orques : ce sont souvent ces images qui poussent le voyageur à choisir la Nouvelle-Zélande, et c'est exactement ce qu'il trouve dans la Bay of Islands. Que l'on soit un vieux loup de mer ou un marin d'eau douce, les occasions sont innombrables d'explorer les quelque 150 îles vierges de cette magnifique baie. La Bay of Islands possède également une portée historique : les Maoris, qui la nommaient Pewhairangi, s'y établirent dès le début de leurs migrations.

Dauphins, Kaikoura

1

MARK DAFFEY / GETTY IMAGES ©

Queenstown

3 Queenstown a beau être connue comme le berceau du saut à l'élastique, le haut lieu des sports extrêmes en Nouvelle-Zélande a bien davantage à offrir. Avec, en arrière-plan, les contours accidentés du massif des Remarkables, les voyageurs passent leurs journées à skier, randonner ou faire du VTT. Le soir, ils se retrouvent dans des restaurants cosmopolites, puis festoient dans des bars. Le lendemain, ils varient les plaisirs (deltaplane, kayak, rafting) ou optent pour un rythme différent en visitant Arrowtown ou Glenorchy.

Piste de luge d'été, Ben Lomond Scenic Reserve, Queenstown

Sources géothermiques de Rotorua

4 L'odeur de soufre est la première chose que l'on remarque à Rotorua. Impossible d'y échapper : ce haut lieu de la géothermie empeste ! Un (petit) mal pour un (grand) bien selon les habitants : tout le monde vient ici pour les geysers, les mares de boue bouillonnante et les sources chaudes riches en minéraux. Et si certaines agences locales exploitent le phénomène, les occasions d'observer gratuitement ou presque l'activité volcanique restent innombrables, dans les parcs, les villages maoris, ou même au bord des routes.

Ambiance urbaine d'Auckland

5 Les deux baies qui l'étreignent et ses volcans font d'Auckland une métropole atypique. Ses belles plages, ses vignobles et sa vie sociale dynamique, où gastronomie, bars et scène musicale ont la part belle, la désignent comme une ville des plus agréables. Les fêtes culturelles sont célébrées avec beaucoup d'enthousiasme dans cette cité marquée par la diversité ethnique, qui compte la plus importante population au monde des îles du Pacifique.

Franz Josef Glacier

6 Les Maoris l'appelaient Ka Roimata ou Hine Hukatere ("les larmes de la fille des avalanches"). La légende raconte que le flot de larmes d'une jeune fille dont l'amoureux avait chuté des sommets environnants gela le glacier. Lorsque l'on survole le site, une rivière de glace apparaît. Les tour-opérateurs programment des vols en hélicoptère et déposent même les visiteurs sur le glacier. Il est aussi possible de faire une randonnée sur la glace ; le bas du glacier est à 40 minutes de marche du parking.

Grottes de Waitomo

7 Même si l'idée de parcourir des galeries sombres et humides ne vous tente guère a priori, il serait dommage de passer outre Waitomo. Ces grottes calcaires scintillantes de vers luisants méritent bien leur place parmi les sites phares de l'île du Nord. Leur visite donne à voir d'impressionnants stalactites et stalagmites,

Sur 100 personnes en Nouvelle-Zélande

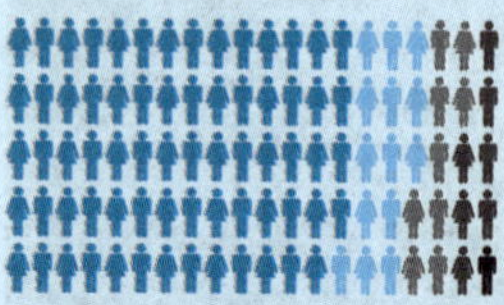

69 sont d'origine européenne
14 sont maoris
9 sont d'origine asiatique
7 viennent des îles du Pacifique
1 est d'une autre origine

Répartition de la population (%)

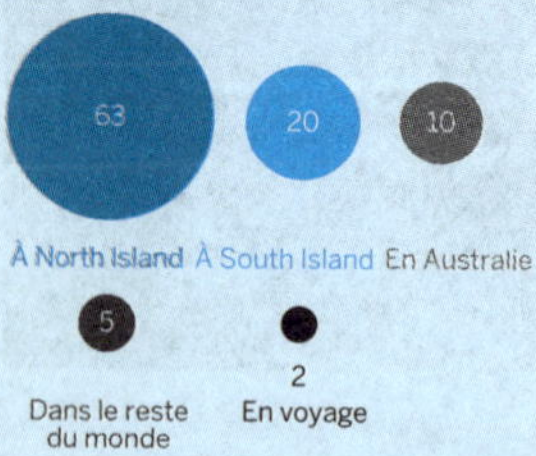

Population au km²

≈ 3 personnes

Culture maorie

La culture des peuples autochtones est très accessible. Vous pourrez vous joindre à un haka (danse guerrière rendue célèbre par l'équipe de rugby de Nouvelle-Zélande), vous régaler à l'occasion d'un traditionnel *hangi* (repas cuit à l'étouffée dans le sol), sculpter un pendentif dans de l'os ou du *pounamu* (jade), apprendre les rudiments de la langue ou assister à une authentique manifestation culturelle. Si les musées des grandes villes foisonnent d'objets anciens, à l'image du passionnante musée Te Papa de Wellington, la culture maorie reste bien vivante. La ville de Rotorua, connue pour ses geysers et son importante population maorie, est un lieu idéal pour la découvrir.

Les vignobles

La vigne fut importée en Nouvelle-Zélande par un missionnaire français au milieu du XIXe siècle. La réputation flatteuse qui entoure aujourd'hui les vins néo-zélandais, doit autant aux conditions favorables (climat tempéré, sol volcanique, ensoleillement) qu'à la passion des vignerons locaux.

Marlborough La plus grande et la meilleure région viticole du pays. Ne chipotez pas, il y en a pour tous les goûts : sauvignon blanc, pinot gris, chardonnay, gewurztraminer...

Martinborough Adorable petite région viticole, accessible en excursion depuis Wellington. Son pinot noir ravit le palais.

Hawke's Bay Les vignobles onduleux de chardonnay entourent Napier et Hastings.

Gibbston Valley Vallée du centre de l'Otago, proche de Queenstown, où coule une rivière sinueuse.

Waipara Valley Au nord de Christchurch, cette vallée produit un excellent riesling.

JESPER BÖLOW / GETTY IMAGES ©

Champagne Pool, Wai-O-Tapu, Rotorua

des rivières souterraines et des sites funéraires maoris. Des agences proposent différents circuits d'aventure incluant rafting, spéléo ou tubing le long de la rivière.

Abel Tasman National Park

8 En bord de mer, ce parc national couvre l'extrémité nord d'une chaîne de collines en pierre calcaire marbrée qui s'étend à partir du Kahurangi National Park.
Abel Tasman est sillonné de plusieurs sentiers de randonnée, mais tout le monde vient ici pour le sentier du littoral (Coast Track) – le plus apprécié des "Great Walks" du pays.

Wellington

9 Cinémas d'art et d'essai, boutiques de stylistes, lieux de concerts et cafés ouverts tard le soir : "Windy Welly" a tous les attraits d'une grande ville. Pour ses habitants, la capitale de la Nouvelle-Zélande est aussi celle de la culture. Sa scène artistique, aussi remarquable que

Quand partir

HAUTE SAISON
(déc-fév)

- Été : vacances scolaires, plages bondées et festivals.
- Jusqu'à 25% de plus sur le prix des hôtels en ville.
- Dans les stations de ski : haute saison l'hiver (juin-août).

SAISON INTERMÉDIAIRE
(mars et avr, sept-nov)

- Période idéale : beau temps, files d'attente courtes et océan (plutôt) chaud.
- Longues soirées accompagnées de vins et de bières artisanales du cru.

BASSE SAISON
(mai-août)

- Cap sur les Alpes du Sud pour le ski.
- Peu de monde, bons tarifs pour l'hébergement, et de la place dans tous les restaurants.
- Climat doux dans les cités balnéaires, à demi endormies.

dynamique, est portée par de nombreux créateurs. Avant-gardiste mais conviviale, bigarrée mais souvent de noir vêtue, Wellington, ville au climat imprévisible, est aussi inattendue qu'anticonformiste.

Milford Sound

10 Avec un peu de chance, vous verrez le Milford Sound par une journée ensoleillée. Véritable patchwork de cascades, de falaises verdoyantes et d'eaux bleu cobalt, ce fjord n'est alors jamais plus beau. Il est toutefois plus probable que vous le découvriez dans la brume et sous le crachin, avec la silhouette du Mitre Peak se dévoilant à travers des rideaux de pluie. Quoi qu'il en soit, ouvrez l'œil pour apercevoir phoques et dauphins, en particulier si vous explorez ces paysages du Fiordland en kayak.

Tongariro Alpine Crossing

11 Au centre de l'île du Nord, le Tongariro National Park affiche un étrange paysage de désert alpin ponctué de trois volcans fumants. Ce sentier de randonnée contourne la base de deux de ces montagnes et offre un panorama de cratères et de lacs aux couleurs éclatantes, avec, en toile de fond, le vaste Plateau central. Cette randonnée d'une journée en pleine nature restera sans doute gravée dans votre mémoire. En hiver, les flancs enneigés du mont Ruapehu s'offrent aux skieurs.

Transports

Avion Vols intérieurs entre les principales villes.

Bus Simples et bien organisés, les services de bus permettent d'atteindre les sites les plus éloignés (tels les départs de sentiers de randonnée), mais le voyage peut s'avérer onéreux, fastidieux et long.

Ferry Liaisons quotidiennes entre l'île du Nord et l'île du Sud.

Train Pour traverser les Alpes du Sud ou aller d'une grande ville à l'autre.

Voiture La meilleure façon d'explorer le pays est d'être motorisé. On trouve des locations de voiture, de van et de camping-car à prix intéressant. La circulation est plutôt fluide, mais routes sinueuses ou gravillonnées, brouillard et ponts à sens unique incitent à la prudence. Et attention aux moutons ! Conduite à gauche.

À voir

La Leçon de piano (Jane Campion ; 1993). La passion amoureuse d'une femme muette qui s'exprime à travers son piano.

Le Seigneur des anneaux (Peter Jackson ; 2001-2003). L'adaptation de la célèbre trilogie de Tolkien.

Paï (Niki Caro ; 2002). Une fille tente de se faire accepter comme chef de clan dans une communauté maorie de l'île du Nord.

Boy (Taika Waititi ; 2010). Récit d'apprentissage d'un jeune garçon maori.

À lire

Mister Pip (Lloyd Jones ; 2011). La lecture des *Grandes Espérances*, de Charles Dickens, par un instituteur, captive la petite île minière de Bougainville.

Un ange à ma table (Janet Frame ; 2011). L'autobiographie de l'écrivaine, que Jane Campion a adaptée au cinéma.

La Garden Party (Katherine Mansfield ; 2002). Un recueil de nouvelles (publié en 1922) de l'une des plus célèbres écrivaines du pays.

Funiculaire de Wellington

9

OLIVER STREWE / GETTY IMAGES ©

CAPITALE
Mascate

POPULATION
3,2 millions

SUPERFICIE
309 500 km²

LANGUE OFFICIELLE
Arabe

Grande Mosquée, à Mascate

Oman

Oman est un pays de prédilection pour qui cherche à la fois le visage moderne du Moyen-Orient et l'éternelle magie de l'Arabie.

Plus accessible que l'Arabie saoudite, plus sûr que le Yémen et plus authentique que les Émirats, le sultanat d'Oman pourrait bien être le pays le plus séduisant de la péninsule Arabique. Vous aurez ici l'occasion de découvrir le monde arabe à travers un autre prisme que celui, parfois déformant, de la richesse et de l'opulence. Les villes omanaises ont conservé le charme de l'architecture traditionnelle et, dans ce pays fondé sur la culture bédouine, le sens de l'accueil demeure bien réel.

Mais c'est la géographie qui tient la vedette au pays de l'encens. Avec ses montagnes spectaculaires, ses *wadi* rafraîchissants, ses déserts battus par les vents et son littoral sauvage, le sultanat offre quantité de sites naturels de toute beauté.

Fort de son riche patrimoine et de sa population soudée et enthousiaste, le sultanat d'Oman se montre fier de son identité, de son passé de peuple marchand, qui a confiance en l'avenir grâce au niveau élevé de son système éducatif.

Oman
Les incontournables

Djebel Shams

1 Point culminant du sultanat, le djebel Shams ("montagne du Soleil", 3 075 m) tire moins sa renommée de son sommet que des gorges incroyablement profondes du Wadi Ghul qui le bordent. Ses parois sont si abruptes qu'on l'appelle localement le "Grand Canyon d'Arabie", vu la verticalité et la hauteur des parois qui atteignent 1000 m de hauteur, voire plus. Récemment encore, rien n'empêchait les chauffeurs à la conduite nerveuse de faire un plongeon dans l'abîme. Désormais, une glissière en fer longe la piste aux endroits les plus escarpés.

Fort de Nakhal

2 Construites sur les fondations d'une structure préislamique, les tours et les portes de ce fort datent du règne du grand sultan Saïd (1804-1856). Les remparts offrent une très belle vue sur la plaine de la Batinah, et le *majlis* (salon d'assemblée) au dernier "étage" est agréable pour savourer la tranquillité des lieux. Les fenêtres sont parfaitement alignées pour profiter de la brise, même au plus fort de l'été.

Sharqiya Sands

3 On pourrait passer des jours à explorer ces superbes dunes, jadis appelées Wahiba Sands, accessibles depuis la route entre Mascate et Sour. Terres bédouines par excellence, elles offrent l'occasion d'entrevoir un mode de vie traditionnel en voie de disparition. Les Bédouins sont spécialisés dans le dressage des dromadaires, en vue des courses organisées régulièrement dans la région, de mi-octobre à mi-avril.

Ras al-Jinz

4 Situé à la pointe orientale de la péninsule, Ras al-Jinz (Ras al-Junayz) est un important site de nidification pour la tortue verte, espèce en voie de disparition. Plus de 20 000 femelles reviennent chaque année sur la plage où elles sont nées pour pondre leurs œufs. Le pays, qui joue un rôle essentiel dans la protection de l'espèce, prévoit des sanctions sévères en cas de dommages causés aux tortues ou à leurs œufs.

ZEYNEP THOMAS / GETTY IMAGES ©

Salalah

5 Capitale du Dhofar, réputé pour son encens, Salalah doit beaucoup de son caractère à ses anciens territoires d'Afrique orientale. On a du mal à croire que cette pittoresque cité subtropicale, deuxième ville du sultanat, est sur le même continent que sa capitale. De mi-juin à mi-août, la mousson (*kharif*) noie la ville sous une bruine constante, et la montagne alentour se couvre de verdure. Toute l'année, les plages font planer un parfum de Zanzibar au cœur du désert arabique.

Fort de Bahla

6 Ce remarquable ensemble de remparts, visible à chaque tournant de la route qui court de façon spectaculaire le long du *wadi*, fait de Bahla l'une des villes fortifiées les plus complètes au monde, inscrite en 1987 sur la liste du patrimoine mondial de l'Unesco. Ses murs s'étirent sur plusieurs kilomètres et auraient été conçus il y a 600 ans par une femme. L'impressionnante forteresse construite au XIIe siècle est l'une des plus importantes du pays.

Île de Masirah

7 Avec son intérieur rocailleux piqué de rares palmiers et ses superbes plages de sable, cette île recèle de magnifiques paysages lunaires. La journée, flamants roses, hérons et huîtriers arpentent ses côtes, tandis que des armées de crabes-fantômes se faufilent sur le rivage à la nuit tombée. Paradis des amoureux de la nature, l'île abrite une espèce endémique

Quand partir

JANVIER-FÉVRIER

➡ Le Festival de Mascate, la capitale, est l'occasion de combiner culture et shopping.

JUILLET-AOÛT

➡ Dans le sud du pays, Salalah célèbre la saison des pluies avec un grand festival.

NOVEMBRE-MARS

➡ Températures plus douces et vent frais annoncent la haute saison touristique.

Sur 100 personnes à Oman

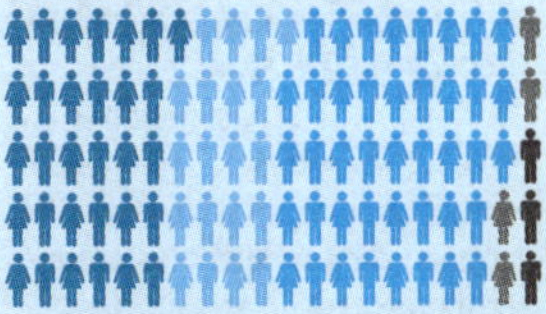

31 ont entre 0 et 14 ans
20 ont entre 15 et 24 ans
42 ont entre 25 et 54 ans
4 ont entre 55 et 64 ans
3 ont plus de 65 ans

Religions

(% de la population)

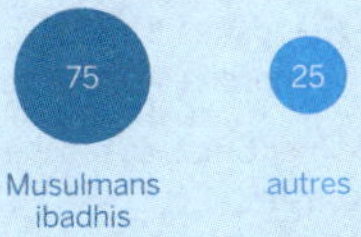

Population au km²

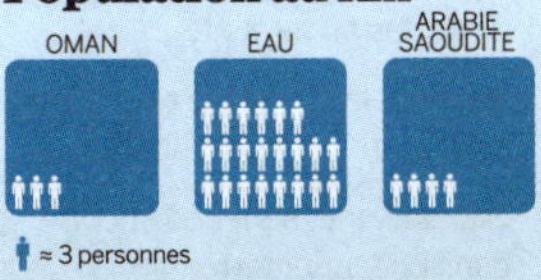

Eau de rose

En avril, de doux effluves de rose baignent le petit village d'Al-Ayn. Il flotte alors dans le djebel Akhdar un parfum indicible qui explique pourquoi, depuis des siècles, on choie ces fleurs magnifiques. Leurs pétales (jusqu'à 35 par fleur) fournissent l'eau de rose (*atar*) qui rafraîchit les mains des invités en fin de repas, un geste élémentaire de courtoisie pour les Omanais.

Si le processus d'obtention de ce précieux parfum reste un secret de famille, tout le monde ici vous dira que les pétales ne sont pas bouillis, mais chauffés à la vapeur au-dessus d'un feu, à l'aide d'appareils qui rappellent les boîtes de chimie pour enfants. Mais l'alchimie ne réside pas tant dans le processus d'évaporation que dans la récolte. Si vous voyez des personnes danser au milieu des roses juste avant le lever du soleil, n'allez pas imaginer qu'elles invoquent les génies du djebel pour que la floraison soit bonne : elles cueillent les pétales tant que la rosée ne s'est pas évaporée et que la fleur est le plus riche en produits volatils.

À table !

Alcool Dans les hôtels et les restaurants touristiques.

Café Parfumé à la cardamome, servi avec des dattes, il est le symbole de l'hospitalité omanaise.

Cigale de mer Crustacé proche de la langouste.

Eau du robinet Potable, mais la plupart des gens préfèrent l'eau en bouteille.

Halwa Douceur à base de sirop de dattes ou de sucre.

Haris Mélange de blé et de viande cuits pour former une pâte.

Showa Agneau mariné et cuit dans un four enterré.

9

JOCHEN TACK / GETTY IMAGES ©

de coquillage, l'*Acteon eloiseae*, et de vastes sites de ponte des tortues.

Souk de Mutrah

8 Déambuler dans les allées labyrinthiques du souk de Mutrah fait partie des grands plaisirs d'une visite à Mascate, la capitale. Malgré sa toiture moderne en bois, il a conservé son ambiance fascinante de bazar oriental. On y trouve les habituels secteurs dévolus aux textiles, à la quincaillerie et à l'orfèvrerie et des échoppes vendant de beaux objets anciens, omanais ou indiens.

Péninsule de Musandam

9 Cette péninsule joue un rôle stratégique de premier ordre dans le détroit d'Ormuz, dont elle garde la rive sud, Sa côte, entaillée de profondes échancrures (*khwar*) évoquant des fjords, se parcourt à bord d'un *dhow* (bateau de pêche en bois), accompagné par les cabrioles des dauphins. Petits villages et spectaculaires routes de montagne ajoutent au charme unique de cette exclave omanaise, dont l'originalité culturelle vaut le détour.

Transports

Bus Un service de bus quotidien relie la plupart des grandes villes. Les liaisons sont généralement ponctuelles, confortables et sûres. Il est préférable de réserver sa place tôt pour les longs trajets.

Taxi Le sultanat possède un système de taxis collectifs longue distance (orange et blanc) et de microbus assez développé et bon marché, mais plutôt lent. Les uns et les autres n'attendent pas d'être pleins pour partir ; ils récupèrent des passagers et en déposent en cours de route.

Voiture Les panneaux sont bilingues, mais la graphie anglaise des lieux est fantasque et correspond rarement aux cartes. Des panneaux bruns indiquent les sites touristiques. Un 4x4 est nécessaire pour le désert.

CAPITALE
Kampala

POPULATION
37,5 millions

SUPERFICIE
237 000 km²

LANGUE OFFICIELLE
Anglais

Cobes à croissant dans les hautes herbes du Queen Elizabeth National Park

Ouganda

Les explorateurs venus traquer les sources du Nil ou observer des gorilles ne repartiront pas déçus. La “perle de l’Afrique” a beaucoup à faire découvrir.

Après la dictature d’Idi Amin Dada (1971-1979) et la fin de la guérilla en 1986, la “perle de l’Afrique” a connu une forte croissance économique et s’est ouverte au tourisme, même si elle reste un territoire d’aventure comparée à ses voisins, le Kenya et la Tanzanie. Outre qu’il s’agit d’une des destinations les plus sûres du continent (à condition d’éviter les zones frontalières avec la République démocratique du Congo), la richesse et la diversité exceptionnelles de son patrimoine naturel, entre savane et forêt équatoriale, ont tout pour séduire les voyageurs.

Sur un territoire relativement réduit coexistent les monts Ruwenzori, culminant à plus de 5 000 m, le Nil et une grande partie du lac Victoria, où le fleuve prend sa source. Si nombre de grands mammifères peuplent ses dix parcs nationaux, l’Ouganda se distingue avant tout par sa colonie de gorilles des montagnes.

Ouganda
Les incontournables

Forêt impénétrable de Bwindi

1 Refuge de près de la moitié des gorilles des montagnes vivant sur la planète, soit quelque 360 individus, ce parc national inscrit au patrimoine mondial de l'Unesco fait partie des plus réputés d'Afrique pour son incroyable biodiversité. Il englobe 331 km² de relief montagneux particulièrement abrupt, couvert de forêt tropicale humide, où cohabitent 120 espèces de mammifères, davantage que tous les autres parcs ougandais. La densité de la végétation rend toutefois ces animaux plus difficiles à observer qu'ailleurs dans le pays. La faune aviaire est également abondante, avec près de 360 espèces.

Jinja

2 Dans un cadre luxuriant sur la rive nord du lac Victoria, près de la source du Nil, le principal centre économique de l'est du pays constitue un haut lieu des sports de plein air. Rafting, kayak, quad, VTT, équitation ou saut à l'élastique, il y en a pour tous les goûts.

Murchison Falls National Park

3 Le plus grand et le plus saisissant des parcs ougandais abrite les chutes grondantes de Murchinson, un des sites naturels les plus spectaculaires sur les 6 700 km du Nil. Le fleuve de 50 m de large se fraye un chemin dans un goulet d'étranglement de 10 m, précipitant l'eau sous pression 43 m plus bas avec une force titanesque. Le circuit de 3 heures depuis le quartier général du parc jusqu'aux chutes constitue pour beaucoup le moment fort de la visite du parc, avec la présence de nombreux hippopotames, crocodiles, buffles et oiseaux. À mi-chemin, un itinéraire conduit à 500 m du pied des chutes, mais c'est en montant au sommet que l'on réalise pleinement toute leur puissance.

DANITA DELIMONT / GETTY IMAGES ©

Gorilles des montagnes, forêt impénétrable de Bwindi

Lac Bunyonyi

4 Beau lac aux contours irréguliers émaillé de 29 îles, le "lieu des petits oiseaux" s'inscrit au milieu de collines verdoyantes accueillant des cultures en terrasses. Cette vaste zone humide, particulièrement magique quand la brume matinale s'élève des eaux calmes, fait partie des rares endroits du pays où l'on peut se baigner sans craindre les crocodiles, les hippopotames ou la bilharziose. Elle a donc détrôné les îles Ssese comme étape de détente pour les voyageurs. Toutes les pensions y organisent des excursions en bateau à moteur ou en pirogue, le moyen de locomotion des habitants.

Kidepo Valley National Park

5 Cette vallée perdue à l'extrême nord-est, le long de la frontière sud-soudanaise, se classe en tête des zones protégées d'Ouganda en termes de paysages. Le parc couvre 1 442 km² de savane ondulante, cernée de montagnes, où s'élèvent des falaises rocheuses et coulent deux rivières périodiques. Il abrite surtout des mammifères uniques dans le pays : guépards, otocyons (renards à oreilles de chauve-souris), protèles (hyènes), caracals et petits et grands koudous. S'y ajoutent d'importantes colonies d'éléphants, zèbres, buffles, guibs harnachés, girafes, lions,

Quand partir

JUIN-SEPTEMBRE

➡ La meilleure saison, pas trop chaude et peu pluvieuse.

JANVIER-FÉVRIER

➡ Le climat parfait pour s'attaquer à la chaîne du Ruwenzori ou au mont Elgon.

OCT-NOV

➡ Il peut pleuvoir, mais les permis pour voir les gorilles s'obtiennent plus facilement.

Sur 100 personnes en Ouganda

17 sont bagandas
10 sont banyankole
8 sont basogas
7 sont bakigas
58 appartiennent à un autre groupe ethnique

Religions

(% de la population)

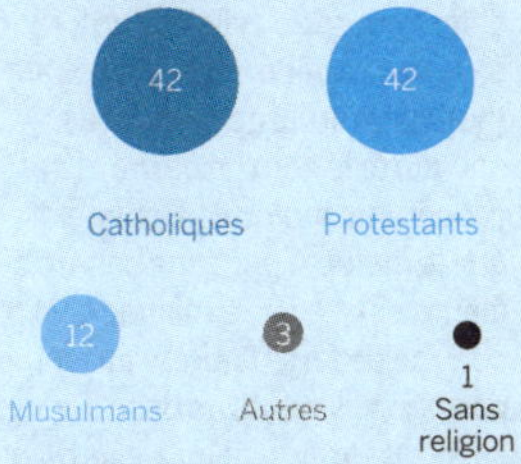

Population au km²

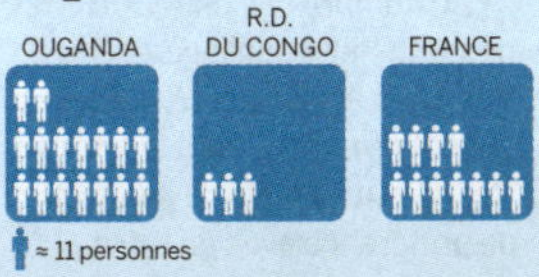

Sur les traces des gorilles

La rencontre avec les gorilles des montagnes compte parmi les expériences nature les plus mémorables qui soient. En théorie, 64 autorisations sont délivrées chaque jour pour partir sur leurs traces dans la forêt impénétrable de Bwindi. Ces permis coûtent 500 $US et doivent être demandés au bureau de l'Ouganda Wildlife Authority (UWA), à Kampala.

Une fois inscrits dans un groupe, les visiteurs ont quasiment la garantie de tomber sur des gorilles. Vu le relief accidenté et la végétation dense, cela peut toutefois prendre de 30 minutes à 5 heures.

Des bâtons de marche et un porteur peuvent être utiles. Sur les 28 colonies de gorilles vivant à Bwindi, neuf sont habituées à la présence des humains. Buhoma, le secteur le plus fréquenté, dispose des meilleures infrastructures touristiques. Nkuringo, au sud-ouest, est également remarquable, mais on peut aussi choisir Ruhija ou Rushaga.

À table !

La nourriture ougandaise ne diffère guère de celle des autres pays de la région, sauf que l'*ugali* (boule de farine de maïs ou de mil) porte le nom de *posho* et se consomme moins couramment que le *matoke* (purée de bananes plantains). Le riz, le manioc et la pomme de terre figurent aussi parmi les aliments de base. Seule spécialité vraiment locale, le *rolex* est un sandwich chaud composé d'une omelette dans un *chapati*.

Au nombre des bières du cru, citons la Bell Beer, légère, et la Nile Special, plus forte. Le *waragi* (alcool de millet), dont le goût s'apparente à celui du gin, se boit de préférence avec un tonic.

6

DANITA DELIMONT / GETTY IMAGES ©

chacals, léopards, hyènes et crocodiles du Nil. La faune aviaire avoisine quant à elle les 500 espèces.

Monts Ruwenzori

6 Il fut un temps où la popularité du Ruwenzori égalait celle du Kilimandjaro et du mont Kenya. Il s'agit toutefois d'une expédition nettement plus exigeante, car le massif a la réputation, fondée, d'être très humide et boueux, avec des sentiers souvent abrupts et glissants. Différentes formules existent, de la simple journée d'excursion en forêt au trek de 10 jours impliquant des techniques d'alpinisme, mais le circuit de 6 jours constitue la norme. La période la plus propice va de fin décembre à mi-mars et de mi-juin à mi-août, quand il pleut moins. Obligatoires, des guides sont toujours disponibles, et un départ peut être envisagé le jour même. Les sentiers de randonnée et les refuges sont plutôt bien entretenus. Des passages en planches traversent les marécages, et des ponts enjambent les grands cours d'eau. Tout cela vise à limiter l'impact des marcheurs sur un environnement fragile.

Transports

Bus et minibus Appelés taxis ou parfois *matatu*, les minibus sont le moyen de transport le plus répandu entre les villes, sauf pour les longues distances. En dehors des très courts trajets, vous avez cependant intérêt à prendre un bus ou un Coaster. Ils coûtent le même prix que les minibus, mais présentent davantage de sécurité en cas d'accident. Ils vont aussi plus vite car ils s'arrêtent moins souvent.

Voiture C'est en 4x4 que l'on circule le mieux en Ouganda. Les touristes ont tendance à louer un véhicule avec chauffeur, mais de plus en plus de gens conduisent eux-mêmes dans les parcs naturels. Il suffit pour cela d'avoir l'expérience de la brousse et de savoir réparer si besoin.

Le Chah-i-Zinda, à Samarcande

CAPITALE
Tachkent

POPULATION
28,9 millions

SUPERFICIE
447 400 km²

LANGUE OFFICIELLE
Ouzbek

Ouzbékistan

Ce pays s'enorgueillit d'un fabuleux patrimoine artistique et architectural, héritage de l'histoire tourmentée et fascinante de la route de la Soie.

S'il existait un panthéon des villes d'Asie centrale, l'Ouzbékistan arriverait largement en tête avec trois joyaux : Samarcande, Boukhara et Khiva. À eux seuls, ces noms incarnent la région, berceau d'une culture vieille de plus de deux millénaires, et évoquent des caravanes qui s'étirent dans le désert, des dômes recouverts de céramiques colorées et des minarets élancés.

En dépit d'une restauration parfois trop pointilleuse, ces trois villes ne déçoivent pas. Toutefois, elles tendent à éclipser les autres atouts du pays : d'antiques citadelles du désert, des musées aussi passionnants qu'inattendus, des bazars éblouissants et authentiques, proposant un artisanat dont la réputation n'est plus à faire.

Bien que sous le joug d'un régime autoritaire, le peuple ouzbek a su conserver sa gentillesse et son sens profond de l'hospitalité, lesquels contribuent grandement à l'attrait du voyage.

Ouzbékistan
Les incontournables

Samarcande

1 Aucun nom n'évoque mieux la route de la Soie que cette cité légendaire célébrée par des poètes et des écrivains, dont bien peu l'avaient visitée. Le regard est vite attiré par les coupoles et les minarets. Les fabuleux monuments de Tamerlan, le bazar bigarré et le long passé mouvementé de la cité diffusent une ambiance magique. En deux ou trois jours, vous pourrez visiter la plupart des grands monuments. Si vous manquez de temps, découvrez au moins le Registan, le Gour-e-Amir, la mosquée Bibi-Khanoum et Chah-i-Zinda.

Boukhara

2 La cité la plus sainte d'Asie centrale arbore des monuments qui couvrent un millénaire d'histoire. Le centre de la vieille ville, toujours habité, n'a probablement guère changé depuis deux siècles et offre un excellent aperçu du Turkestan prérusse. Jalonné de madrasa et de minarets, il comporte une forteresse royale massive et les restes d'un bazar jadis étendu. Place construite autour d'un bassin en 1620, le Liab-i-Haouz est l'endroit le plus calme et le plus intéressant de la ville, où l'on trouve de surcroît de superbes B&B de style traditionnel.

Musées de Tachkent

3 La capitale ne charme pas d'emblée, mais cache des attraits insoupçonnés, en particulier les meilleurs musées du pays. Le musée d'Histoire du peuple d'Ouzbékistan, notamment, passionnera tous ceux que le Turkestan intéresse. Le 1er étage contient des artefacts zoroastriens et bouddhiques, dont plusieurs bouddhas et fragments de bouddhas du Ier au IVe siècle provenant de la région de Fayoz-Tepe, près de Termez. Au 2e étage, des panneaux en anglais relatent les conquêtes russes des khanats et des émirats.

BRUNO MORANDI / GETTY IMAGES ©

Musée Savitsky d'art de Karakalpakie, Noukous

4 Ici est conservée l'une des plus remarquables collections d'art de l'époque soviétique. Elle est riche de 90 000 pièces, dont plus de 15 000 peintures, mais seule une partie en est exposée. Environ la moitié des tableaux fut apportée durant la période soviétique par l'artiste et ethnographe Igor Savitsky, qui parvint à sauvegarder dans la ville provinciale reculée de Noukous de nombreuses œuvres des artistes russes de l'avant-garde du début du XXe siècle non conformes au réalisme socialiste. La visite guidée en anglais aide à replacer la collection dans son contexte et raconte des histoires captivantes.

Khiva

5 Au XIXe siècle, ce nom, évocateur de caravanes d'esclaves et d'éprouvants périples à travers des déserts et des steppes peuplés de tribus sauvages, terrifiait les voyageurs, sauf les plus intrépides. C'est aujourd'hui une ville paisible à 35 km au sud-ouest d'Ourgentch, par-delà les champs de coton et les vergers. La conservation de son centre historique lui vaut le surnom de ville-musée, et certains critiquent l'absence de vie. Mais vous ne pourrez que vous extasier devant la légendaire Itchan-Qala (cité fortifiée).

Chakhrisabz

6 Cette ville non russifiée se situe de l'autre côté des collines au sud de Samarcande, dans la

Quand partir

MARS-MAI ET SEPT-NOV

➡ Printemps doux et pluvieux, légères gelées en automne.

JUIN-AOÛT

➡ Été long, chaud et sec.

DÉC-FÉV

➡ L'hiver apporte la neige et des températures en dessous de 0 °C.

Sur 100 personnes en Ouzbékistan

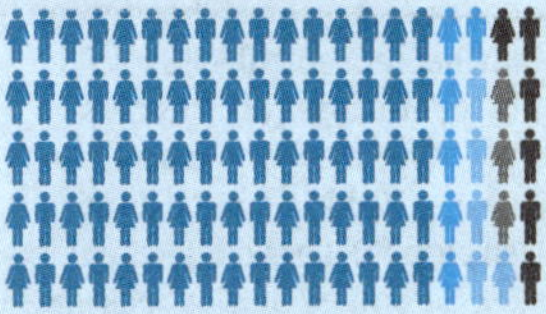

80 sont ouzbèques
6 sont russes
5 sont tadjikes
3 sont kazakhes
6 sont d'une autre origine

Religions

(% de la population)

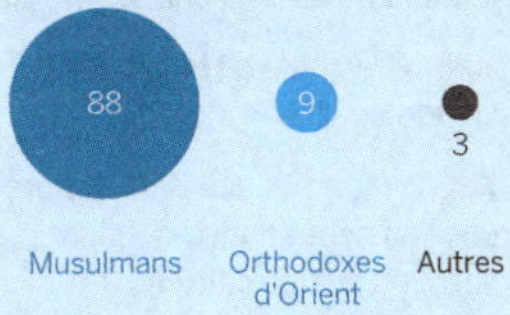

Population au km²

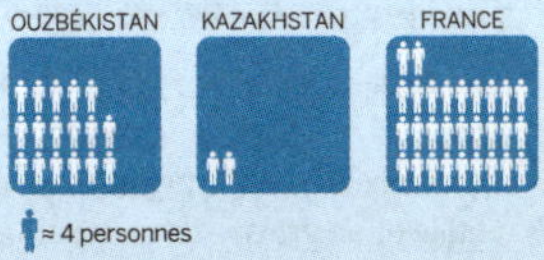

Les arts

L'art, la musique et l'architecture traditionnels ont évolué au fil des siècles avant d'être conservés dans un cadre rigide après la création de la RSS d'Ouzbékistan. Cependant, dans les années suivantes, deux centres majeurs d'art furent autorisés à poursuivre leurs activités : la collection d'œuvres prohibées à partir des années 1930 d'Igor Savitsky, reléguées dans le musée Savitsky d'art de Karakalpakie, à Noukous, et le légendaire théâtre Ilkhom de Mark Weil, à Tachkent.

Côté musique, les Ouzbeks apprécient la pop turque, ce que reflètent leurs propres créations. La chanteuse la plus célèbre du pays est Gulnara, la fille du président Karimov, aux multiples activités, plus connue sous son nom de scène, Googoosha. Malheureusement, elle vole la vedette à des artistes plus talentueux, comme le chanteur de pop Dado, le groupe de filles en perpétuelle évolution Setanho (ex-Setora) ou Bolalar, rockeurs grisonnants des années 1990.

À table !

Dimlama (bosma) Ragoût de viande, de pommes de terre, d'oignons et de légumes, cuit lentement avec un peu de graisse.

Halim Porridge de blé et de viande bouillie.

Katyk Yaourt liquide servi nature, que l'on peut adoucir avec du sucre ou de la confiture.

Kurut Petites boules de yaourt aigre séché.

Noyaux d'abricots Délicieux cuits dans la cendre avant que le vendeur ne brise les coques.

Plov Délicieuse préparation à base de riz, de légumes et de morceaux de viande, arrosée d'huile et de graisse de mouton.

CAROL ADAM / GETTY IMAGES ©

Dans le bazar de Boukhara

province de Kachka-Daria. Plaisante, elle semble ordinaire au premier abord, jusqu'à ce que l'on découvre les belles ruines qui émaillent les petites rues et que se matérialisent les fantômes grandioses d'un lieu totalement différent. Ville natale de Tamerlan, Chakhrisabz éclipsa sans doute Samarcande à une époque.

Artisanat ouzbek

7 L'Ouzbékistan est le troisième pays producteur de soie et Marguilan, le centre traditionnel de cette industrie. La visite de la fabrique de soie Yodgorlik permet de découvrir toutes les étapes de la fabrication. Richtan, près de la frontière khirghize, est renommée pour ses poteries d'argile vert et bleu cobalt. Environ 90% des céramiques vendues dans les boutiques de souvenirs du pays proviennent de cette ville, et la plupart sont réalisées à la main. Le bazar d'Ourgout est l'un des meilleurs endroits du pays pour acheter des bijoux, des *suzani* (tentures brodées en soie et coton) et des vêtements anciens.

Transports

Avion Le prix très bon marché des vols intérieurs fait de l'avion un moyen privilégié pour voyager entre des grandes villes éloignées.

Taxis collectifs Ils desservent les principaux itinéraires et stationnent en nombre à la plupart des postes-frontières. Ils partent une fois complets d'arrêts fixes, habituellement près des gares routières, et circulent toute la journée, et souvent la nuit. .

Train Le moyen le plus sûr pour aller d'une ville à l'autre, même s'il n'est pas toujours le plus rapide. Les express (*skorostnoï* ou "grande vitesse") entre Tachkent, Samarcande et Boukhara, avec sièges inclinables, sont toutefois plus rapides qu'un taxi collectif et vraiment plus confortables.

CAPITALE
Islamabad

POPULATION
196,1 millions

SUPERFICIE
796 095 km²

LANGUES OFFICIELLES
Ourdou, anglais

Fort de Lahore (Shahi Qila)

Pakistan

Si un pays a tout pour rivaliser un jour avec l'Inde sur le plan touristique, c'est bien son encombrant voisin, le Pakistan.

Mal connu des Occidentaux, qui l'associent le plus souvent aux images véhiculées par les médias grand public, le Pakistan souffre d'une réputation d'instabilité politique, de fondamentalisme musulman et de terrorisme. Certes, quelques régions frontalières, comme les zones tribales du Nord-Ouest et le Baloutchistan, connaissent une situation marquée par la violence, mais d'autres se montrent encore accueillantes envers les étrangers. Le pays a en réalité beaucoup à offrir au voyageur, à commencer par ses trésors d'architecture islamique hérités de l'Empire moghol et ses sommets himalayens parmi les plus hauts du monde. Berceau de la civilisation harappéenne, qui se développa dans la vallée de l'Indus entre 5000 et 1900 av. J.-C., il fut aussi également le creuset de l'hindouisme et du bouddhisme, comme en témoignent ses vestiges de monastères et de stupas. Enfin, les Pakistanais, bien que conservateurs, sont par nature hospitaliers et manifestent un intérêt véritable vis-à-vis des visiteurs étrangers.

Pakistan
Les incontournables

Lahore

1 Deuxième ville du Pakistan, l'effervescente capitale du Pendjab est considérée comme le centre culturel, artistique et spirituel du pays. Au-delà de ses parcs ombragés, de son architecture coloniale britannique et de ses bazars animés, Lahore recèle surtout de magnifiques édifices datant du règne des Grands Moghols (1526-1707), qui rivalisent aisément avec ceux de Delhi ou d'Agra. Si deux d'entre eux, le fort (Shahi Qila) et les fameux jardins de Shalimar, ont été inscrits au patrimoine mondial de l'Unesco, d'autres, comme la gigantesque mosquée Badshahi, la mosquée Wazir Khan et le mausolée de Jahangir vous émerveilleront tout autant. Pour finir, ce haut lieu du soufisme recèle quantité de sanctuaires et de tombeaux où le culte des saints s'accompagne souvent des chants fervents du *qawwali*.

Fermeture de la frontière à Wagah

2 Ce rituel surréaliste se déroule chaque soir à 18h dans le village pendjabi de Wagah, unique poste-frontière entre le Pakistan et l'Inde depuis la partition et l'indépendance des deux pays en 1948. Attirant un public nombreux de part et d'autre, le spectacle offre un mélange de pompe coloniale et de burlesque, sur fond de rivalités nationales. Les soldats pakistanais en grand uniforme défilent au pas de l'oie et défient du regard leurs homologues indiens sous les applaudissements déchaînés des spectateurs, qui les encouragent en criant *Pakistan zindabad !* (Vive le Pakistan !). Le même patriotisme se manifeste de l'autre côté. Devant la popularité de l'événement, les autorités ont dû construire des gradins pour accueillir la foule.

Multan

3 Centre majeur du soufisme dès le IXe siècle, cette ville du sud du Pendjab attira au cours de son histoire de nombreux mystiques et

DEA / F.MARAINI / GETTY IMAGES ©

Le K2 et le massif du Karakorum, dans le Cachemire

saints hommes, dont les tombeaux et mosquées émaillent aujourd'hui encore le paysage urbain. Avec ses murs de brique rehaussés de céramique turquoise, le mausolée à coupole de Rukn-e-Alam (XIVe siècle) constitue sans conteste le joyau architectural de Multan.

K2

4 Deuxième plus haut sommet du monde, le K2 (8 611 m) domine la chaîne himalayenne du Karakorum, à la frontière entre le Pakistan et la Chine. Il ne doit pas être sous-estimé par rapport à l'Everest (8 850 m), car c'est une montagne traîtresse réservée aux seuls alpinistes les plus aguerris, à leurs risques et périls. Si vous ne faites pas partie de ceux-là, tentez plutôt un trek à Concordia, la confluence de deux glaciers, d'où vous pourrez admirer sans risque quatre sommets dépassant les 8 000 m.

Mohenjo-Daro

5 À 300 km au nord de Karachi gisent les ruines de Mohenjo-Daro (littéralement le "mont des Morts"), cité de l'âge du bronze appartenant à la brillante civilisation de la vallée de l'Indus, dite harappéenne, qui prospéra du IIIe millénaire au XVIIIe siècle avant notre ère. Les vestiges d'une citadelle, de réservoirs, de greniers et d'habitations avec salle de bains et système

Quand partir

OCT-FÉV

➡ La saison fraîche, parfaite pour visiter le Pendjab et le Sind.

MARS-JUIN

➡ La saison chaude.

➡ Les treks deviennent possibles dans le Nord à partir de fin avril.

JUIL-SEPT

➡ Durant la mousson, fortes pluies au Pendjab, mais les montagnes du Nord retiennent les nuages.

Sur 100 personnes au Pakistan

45 sont des Pendjabis
15 sont des Pachtounes
14 sont des Sindhis
8 sont des Muhadjirs
18 appartiennent à un autre groupe ethnique

Religions
(% de la population)

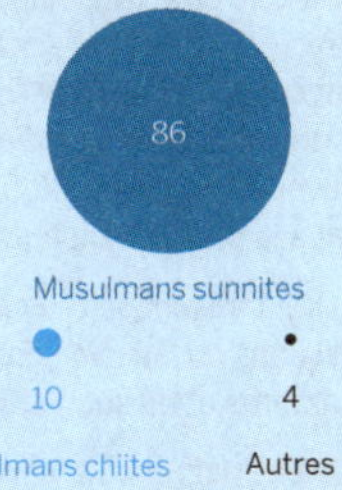

Population au km²

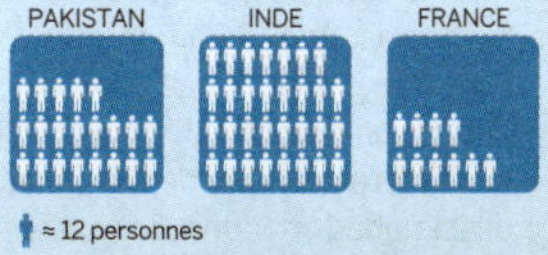

Kabaddi

Sorte d'hybride entre la lutte, le rugby et le jeu du chat, le *kabaddi* est un vieux sport du sous-continent, populaire au Pakistan. Deux équipes de 7 joueurs s'affrontent sur un terrain de 12,5 x 10 m, séparées par une ligne médiane. Chacune envoie tour à tour un *raider* du côté opposé, qui doit toucher autant d'adversaires que possible sans reprendre son souffle avant de retourner dans son camp et de scander "*kabaddi kabaddi*". Les défenseurs tentent de se protéger du *raider* et de l'obliger à inspirer avant d'avoir rejoint son équipe. Le *kabaddi* donne lieu à des compétitions nationales et internationales.

ALEX LINGHORN / GETTY IMAGES ©

Trajet en jeep vers Fairy Meadows, sur la route du Karakorum

d'évacuation des eaux usées couvrent 250 ha.

Route du Karakorum

6 Achevée en 1978, cette route de 1 200 km construite par le Pakistan et la Chine (qui l'appelle "route de l'Amitié") relie Islamabad à Kachgar, dans la province chinoise du Xinjiang, à travers le massif du Karakorum, en suivant l'itinéraire de l'ancienne route de la Soie. Elle franchit le col de Kunjerab à 4 693 m d'altitude, ce qui fait d'elle l'axe goudronné le plus haut du monde. L'expérience n'est pas de tout repos – nids-de-poule, glissements de terrain, à-pics, barrages routiers et vieux camions bigarrés roulant à tombeau ouvert, voire bandits de grands chemins –, mais garantit des souvenirs impérissables.

À table !

Comme en Inde du Nord, la cuisine *mughlai* (des Moghols) règne au Pakistan. Épicée et plutôt grasse, elle n'est en revanche que peu pimentée.

Pains Il en existe de multiples sortes : *roti* (pain plat cuit au four), *chapati* (pain plat cuit sur une plaque), *paratha* (cuit avec de la graisse végétale), *puri* (pain frit)...

Pâtisseries Le choix de *mithai* (douceurs) est alléchant : *jalebi* (spirales de pâte frite, nappées de sirop), *barfi* (friandises à base de lait concentré), *laddu* (boules de farine et autres ingrédients recouvertes de sirop), *kulfi* (glace au lait à la pistache ou autre), etc.

Thé Omniprésent, le thé est bouilli dans du lait avec de la cardamome et du sucre.

Viande et poisson La viande (*gosht*) est en général du mouton ou du poulet, rarement du bœuf (*gay ka gosht*), cuit au *tandoor* (four en argile) ou en sauce. Le poisson (*machlee*) est plus répandu à Karachi, mais certains restaurants de Lahore et d'Islamabad en proposent aussi.

Transports

Avion Pour les vols intérieurs, achetez vos billets au Pakistan, où ils vous coûteront jusqu'à 30% de moins. La compagnie nationale, PIA, dessert les principaux centres urbains, dont Islamabad, Karachi et Lahore.

Bus Ce mode de locomotion ne brille pas par son confort, mais il a l'avantage d'être économique. Il existe de nombreuses compagnies de bus, et certaines villes comptent plusieurs gares routières, ce qui peut induire en erreur.

Train Les trains longue distance étant souvent bondés, mieux vaut réserver. Vous pourrez le faire jusqu'à 14 jours à l'avance pour les couchettes en 1re classe et 30 jours pour les voitures climatisées. Les voyageuses ont la possibilité de choisir des compartiments qui leur sont réservés.

Voiture S'il est facile et bon marché de louer un véhicule, la conduite au Pakistan relève du défi et présente de nombreux dangers.

Îles Chelbacheb

CAPITALE
Melekeok

POPULATION
21 186

SUPERFICIE
459 km²

LANGUES OFFICIELLES
Paluan, anglais

Palaos

Pour profiter des Palaos, il faut avoir envie de se mouiller ! Ce minuscule État insulaire de l'océan Pacifique occidental compte parmi les destinations les plus spectaculaires pour la plongée.

La plupart des visiteurs passent leur séjour aux Palaos sous l'eau. Comment ne pas les comprendre ? Récifs coralliens, trous bleus, épaves de la Seconde Guerre mondiale, grottes et tunnels, sans oublier une incroyable variété de coraux, de poissons et d'étranges créatures marines… Palaos est tout simplement l'une des meilleures destinations au monde pour la plongée et le snorkeling.

Sur la terre ferme, la République des Palaos abrite une faune et une flore d'une richesse inégalée en Micronésie : le ciel est peuplé d'oiseaux exotiques, des crocodiles se faufilent à travers les marécages et des orchidées poussent à foison dans les jardins.

L'archipel des Palaos englobe l'État de Koror ; les fabuleuses îles Chelbacheb ; Babeldaob, la deuxième île de Micronésie en termes de superficie ; Peleliu, autrefois ravagée par la guerre et aujourd'hui ravissante ; Angaur, petite et tranquille ; les atolls coralliens de Kayangel et Ngeruangel ; et les lointaines îles du Sud-Ouest.

Quand partir

DÉC-MARS

➡ Haute saison pour les visiteurs japonais et coréens. C'est aussi la meilleure période de l'année pour observer les raies mantas et les requins gris de récif.

AVR-MAI ET SEPT-NOV

➡ De juillet à octobre, les vents puissants peuvent contrarier l'accès à certains sites de plongée.

JUIN-AOÛT

➡ Les mois les plus pluvieux, avec de violents orages en juin.

À table !

La gastronomie paluane est empreinte d'influences japonaises, coréennes, philippines et américaines. Sushis et sashimis sont des mets populaires, et crabes de mangrove et fruits de mer sont servis un peu partout.De nombreux menus proposent de la tarte à la chauve-souris (le goût serait proche de celui du poulet).

Palaos
Les incontournables

Îles Chelbacheb

1 Véritable joyau de la Micronésie, les îles inhabitées de Chelbacheb regroupent plus de 200 îlots calcaires auxquels l'érosion a donné une forme de champignon. Entièrement recouvertes d'une luxuriante végétation, elles parsèment l'océan sur 32 km, et constituent l'un des principaux attraits des Palaos.

Lac aux méduses

2 Les îles Chelbacheb comptent pas moins de 80 lacs salés. Plonger dans le lac aux méduses est une expérience inoubliable : il est truffé de millions de méduses transparentes et inoffensives, qui n'ont pas de prédateurs et qui se déplacent en nuées avec le soleil. Nager au milieu de ces délicates créatures– qui se dilatent et se contractent– donne la sensation d'explorer un monde extraterrestre.

Peleliu

3 Peleliu est une destination paisible, où les activités se limitent peu ou prou à la plongée et à la marche. L'endroit est si petit et si joli qu'il est difficile de l'imaginer ravagé par la guerre. Pourtant, en 1944, Peleliu fut le théâtre d'une sanglante bataille entre améric.

CAPITALE
Panama

POPULATION
3,6 millions

SUPERFICIE
75 420 km²

LANGUE OFFICIELLE
Espagnol

Archipiélago de San Blás

Panama

Îles désertes et mers turquoise, plantations de café et forêts de nuages du Chiriquí : le Panama se montre selon les cas tout en décontraction ou propice aux aventures les plus palpitantes.

Que vous exploriez les ruines des forts espagnols sur la côte caraïbe, ou que vous vous enfonciez au cœur de territoires indiens à bord d'une pirogue, le Panama est le pays des découvertes. Et puis, côté plages, entre l'ambiance détendue de la mer des Caraïbes et les rouleaux du Pacifique, on n'a que l'embarras du choix.

Pour une ambiance citadine, cap sur Panama Ciudad. Sa diversité culturelle, son côté à la fois brut et sophistiqué, en font l'une des capitales les plus vivantes du continent.

Au siècle dernier, le canal éponyme définissait le Panama. Son élargissement, en cours de réalisation, devrait continuer à apporter de la croissance au pays. Mais c'est sans doute ailleurs que le voyageur recueillera ses plus beaux souvenirs, qu'il s'agisse d'une robinsonnade sur un îlot désert, d'un café dans la ville de montagne de Boquete ou d'une randonnée à pied dans le parc national du Volcan Baru à la recherche de l'insaisissable quetzal.

Panama
Les incontournables

Panama Ciudad

1 Ceviche (poisson et fruits de mer marinés), casinos et immeubles en rangs serrés : la capitale panaméenne est un concentré d'Amérique latine. Il y a du changement dans l'air pour cette ville de près d'un million d'âmes, à commencer par son tout nouvel espace vert aménagé le long de la côte. Un musée sur la biodiversité devrait être inauguré sous peu, et le métro est en construction. Certes, les embouteillages monstres évoquent un boa constrictor en train d'ingérer une proie gigantesque, mais la ville n'en a pas moins du charme, notamment le quartier historique de San Felipe avec ses édifices coloniaux décrépits et ses églises anciennes.

Canal de Panama

2 Merveille d'ingénierie, le canal de Panama relie les océans Atlantique et Pacifique en coupant directement à travers l'isthme de Panama. Plus de 12 000 bateaux empruntent ce raccourci chaque année. Les énormes bâtiments qui naviguent dans cette voie d'eau étroite, encadrée de chaque côté par la forêt vierge, créent un spectacle inoubliable. Deux centres des visiteurs disposent de plateformes d'observation et de musées retraçant la construction du canal. Sont également proposés des circuits en bateau ou en kayak. On peut aussi opter pour une croisière-excursion, qui permet de franchir les écluses.

Santa Catalina

3 Cette petite bourgade de bord de mer attire les surfeurs pour les énormes rouleaux qui déferlent toute l'année sur ses plages. Ici, la nature est préservée et l'expression "complexe hôtelier" encore inconnue. Le village fait aussi office de tremplin pour les excursions et les plongées dans le Parque Nacional Coiba. Le trajet jusqu'à l'île Coiba n'est pas de tout repos mais en vaut largement la peine.

Península de Azuero

4 Ce territoire rural est en train de se faire une réputation auprès des voyageurs pour ses plages isolées, son patrimoine colonial, et la richesse de la

GONZALO AZUMENDI / GETTY IMAGES ©

Écluses de Miraflores, canal de Panama

culture locale qui s'exprime lors des fêtes religieuses. Playa Venao est devenue une destination de surf, tandis que Playa Cambutal a des airs de plage paradisiaque.

Archipiélago de Bocas del Toro

5 Cet archipel caribéen est un spot bien connu au Panama. Rendez-vous à la plage à bicyclette, fredonnez un air de calypso sur l'Isla Bastimentos, et attardez-vous au dîner dans une paillote. Côté hébergement, on trouve aussi bien des chambres bon marché que de magnifiques lodges en pleine nature. Les surfeurs s'élancent à l'assaut des vagues, mais on peut également faire du snorkeling pour admirer les coraux. Certains touristes font du bénévolat afin de protéger les tortues marines.

Parque Nacional Volcán Barú

6 Culminant à 3 478 m, l'unique volcan du Panama et plus haut sommet du pays domine les terres brumeuses du Chiriquí. La difficile ascension jusqu'au sommet permet d'admirer, chose rare, les océans Atlantique et Pacifique. Autre option, plus sage, le Sendero Los Quetzales, un sentier sillonnant le parc, où l'on peut observer des tapirs et des quetzals.

Quand partir

HAUTE SAISON
(mi-déc à mi-avr)

- Saison sèche du côté du Pacifique.
- Un peu de pluie à Panama et partout ailleurs au sud de la ligne de partage des eaux.

PIC DE LA HAUTE SAISON
(vacances)

- Inclut les fêtes de novembre, Noël et le Nouvel An, ainsi que les vacances de Pâques.
- Le prix des hôtels peut doubler.

BASSE SAISON
(mi-avr à mi-déc)

- Saison des pluies. Les averses étant sporadiques, on peut quand même profiter de nombreuses destinations.

Sur 100 personnes au Panama

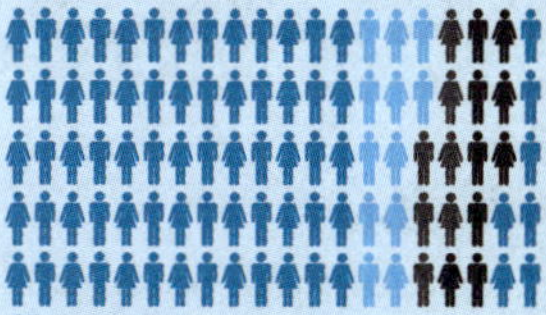

65 sont *mestizo*
12 sont indiennes
7 sont d'origine européenne
9 sont d'origine africaine
7 sont mulâtres, avec des origines européennes et africaines

Religions
(% de la population)

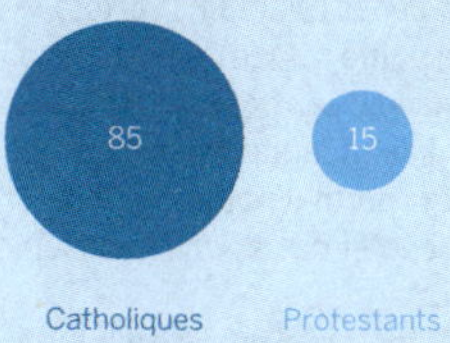

Population au km²

Du parfum pour les ocelots

L'ocelot (*Leopardus pardalis*), félin nocturne craintif, est présent au Panama, mais difficile à capter sur une caméra. Christian Ziegler, photographe animalier pour *National Geographic*, raconte comment il a réussi à photographier le petit animal à l'allure de gros chat. "Après avoir discuté avec le personnel du zoo de San Diego, j'ai acheté le parfum *Obsession* de Calvin Klein. Ce parfum contient des phéromones qui attirent aussi bien les humains que les animaux. Nous en avons vaporisé sur un arbre dans la forêt." Que croyez-vous qu'il arriva ? Un ocelot vint se frotter contre l'écorce de l'arbre en question. Six secondes, juste le temps de se faire prendre en photo et de repartir se cacher.

À table !

Le plat national au Panama est le *sancocho* (ragoût au poulet et aux légumes). Autre plat populaire, la *ropa vieja* (littéralement "vieux vêtements") est un mélange épicé de viande de bœuf émincée servie sur du riz. Le riz aux haricots est une spécialité que l'on sert en principe avec des *patacones* (plantains vertes), une petite salade de chou et de la viande. Les produits de la mer sont abondants et bon marché, ce qui permet notamment de concocter du ceviche (poisson cru mariné).

Dans la rue, on vend des jus de fruits exotiques frais et de l'eau de coco (*pipa*). L'alcool est souvent préparé avec du *seco*, du lait et de la glace. Le *seco*, comme le rhum, est distillé à partir de la canne à sucre. Il est très prisé à la campagne. Populaire dans les provinces du Centre, le *vino de palma* est produit à partir de palmier fermenté.

8

Archipiélago de San Blás

Boquete

7 Réputée pour la douceur de son climat et son cadre naturel préservé, la petite ville de Boquete se prête à la randonnée pédestre ou à cheval et à l'observation des oiseaux. Perchée à 1 200 m, elle offre une fraîcheur appréciable, comparée à la plaine. On y cultive des fleurs, du café et des agrumes, célébrés lors de la Feria de las Flores y del Café, au mois de janvier. Boquete constitue une excellente base pour entreprendre l'ascension du volcan Barú, à 15 km à l'ouest, ou visiter le parc national qui l'entoure.

Fêtes et festivals

8 Les fêtes et festivals sont l'un des meilleurs moyens pour saisir l'âme de ce pays. *Congos* (danses traditionnelles caraïbes) de Portobelo, traditions folkloriques bigarrées de la Península de Azuero, Nogagope (danse traditionnelle des Indiens kunas se déroulant sur 3 jours) ou encore Festival de jazz en plein air de Panama Ciudad, une chose est sûre : le pays tout entier adore faire la fête, surtout quand le rhum coule à flots.

Transports

Avion Des vols intérieurs au départ de l'Aeropuerto Albrook, à Panama Ciudad, desservent les grandes villes du pays.

Bus La plupart des villes ont une gare routière avec de fréquentes liaisons régionales et des correspondances pour Panama Ciudad et le Costa Rica.

Train Liaison entre Panama Ciudad et Colón.

Voiture La location coûte cher mais les routes sont généralement en bon état. Dans certains endroits, notamment Panama Ciudad et les zones rurales, la signalétique est quasi inexistante.

CAPITALE
Port Moresby

POPULATION
6,4 millions

SUPERFICIE
462 840 km²

LANGUES OFFICIELLES
Tok pisin, anglais, hiri motu

Parures tribales, festival du mont Hagen

Papouasie-Nouvelle-Guinée

Villages traditionnels et îles tropicales sur fond de plages ourlées de corail, de volcans incandescents et de montagnes luxuriantes : cette contrée reculée est synonyme d'aventures inoubliables.

Avec ses paysages d'une beauté exceptionnelle et son tissu culturel complexe, la Papouasie-Nouvelle-Guinée est un pays captivant, augurant des expériences de vie mémorables et des aventures de voyage stimulantes. Ses fêtes traditionnelles, ses sites de plongée d'exception et la richesse culturelle des Hautes-Terres en font l'une des destinations les plus intrigantes du Pacifique, épargnée par le tourisme.

La Papouasie-Nouvelle-Guinée est restée en grande partie une terre vierge et sauvage, riche de hautes montagnes, de puissants fleuves et de magnifiques plages. Il en découle une exceptionnelle biodiversité de la faune et de la flore. Cette diversité est aussi l'apanage des habitants de l'archipel. Démonstration vous en sera faite en assistant à un *sing sing*, rassemblement de milliers de personnes arborant peintures corporelles, masques et parures d'oiseaux. Enfin, les profondeurs sous-marines révéleront aux plongeurs quantité d'épaves héritées de la Seconde Guerre mondiale.

Papouasie-Nouvelle-Guinée
Les incontournables

La plongée

1 La Papouasie-Nouvelle-Guinée réserve aux amateurs de plongée un irrésistible éventail de trésors sous-marins : de superbes récifs ornés de gigantesques gorgones ; des eaux habitées d'étranges créatures multicolores ; de mystérieux murs verticaux s'enfonçant dans les abysses, et une ribambelle d'épaves héritées de la Seconde Guerre mondiale. Cerise sur le gâteau, vous aurez le plaisir d'explorer des sites pas trop fréquentés. Le patrimoine sous-marin peut se découvrir de deux façons : la croisière plongée (en général une à deux semaines) et les centres de plongée basés à terre (Madang, Milne Bay, Tufi etc.).

Festivals des Hautes-Terres

2 Les festivals qui se tiennent dans les Hautes-Terres méritent à eux-seuls un voyage en Papouasie. Le Festival de Goroka, qui a lieux mi-septembre, est l'un des plus exaltants. Il rassemble plus de 100 groupes tribaux venus des quatre coins du pays célébrer leurs traditions. Les participants ornent leur corps de peintures évocatrices et sont parés de gigantesques coiffes de plumes et de pagnes bruissants. Point d'orgue de l'événement, les face-à-face entre les groupes, émaillés de chants et de danses, provoquent une émotion indescriptible.

Milne Bay

3 À l'extrémité orientale de l'île de Nouvelle-Guinée, la baie de Milne offre des paysages remarquables, ponctués d'îlots épars, de récifs coralliens, de jolies plages bordées de palmiers, de cascades dérobées, de rivières sinueuses et de forêts tropicales plongeant à pic dans la mer. Observation des oiseaux, marche à travers le bush et tournée des îles ou des villages : l'aventure est partout. Alotau, où se déroule une fête sur l'eau haute en couleur, en est la porte d'entrée.

Fleuve Sepik

4 Entouré par une épaisse jungle enveloppée de brume, le puissant fleuve Sepik serpente à travers le

nord-ouest de la Papouasie-Nouvelle-Guinée. Véritable artère nourricière de la région, il est bordé de villages connus pour leur artisanat. On peut louer des canoës à tête de crocodile, descendre le fleuve et faire étape dans les villages. Au programme : hébergement en maison sur pilotis et visite des extraordinaires *haus tambarans* ("maisons des esprits").

Îles Trobriand

5 Si les anthropologues ont toujours été fascinés par les lointaines îles Trobriand, c'est qu'il y subsiste une culture mélanésienne intacte, avec ses traditions – fondées sur une société matrilinéaire, c'est-à-dire où l'héritage se transmet par la mère – et une cosmologie uniques. Les Trobriandais sont réputés pour leurs resserres à ignames colorées, leurs fêtes endiablées et leur pratique festive du cricket (avec danses et chants !).

Mont Wilhelm

6 Battu par les vents, le plus haut sommet d'Océanie, le mont Wilhelm,

Quand partir

HAUTE SAISON
(mai-oct)

- Les touristes affluent avec les fêtes, et le prix des hébergements grimpe.
- Période plus fraîche et plus sèche, sauf dans la baie de Milne où il pleut davantage.

SAISON INTERMÉDIAIRE
(avr et nov)

- Météo chaude et humide, bien que le régime des pluies soit de moins en moins prévisible.
- Visiteurs moins nombreux et hébergement moins cher.

BASSE SAISON
(déc-mars)

- Saison humide dans l'essentiel du pays.
- Temps doux, moins de pluies dans la baie de Milne.
- Pluies violentes, routes inondées dans les Hautes-Terres.

Sur 100 personnes en Papouasie-Nouvelle-Guinée

87 vivent en zone rurale
13 vivent en zone urbaine

Religions

(% de la population)

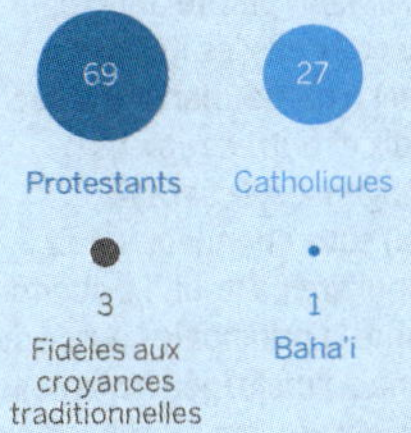

Population au km²

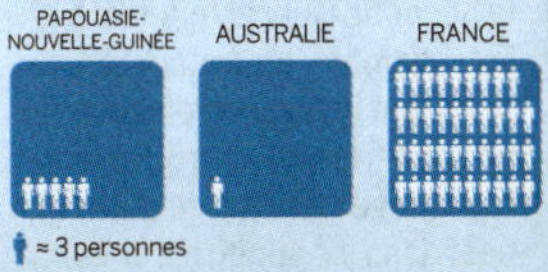

La piste Kokoda

Piste boueuse, montées particulièrement raides, descentes glissantes, traversées de cours d'eau, 100% d'humidité : voici ce qui attend les volontaires qui veulent s'attaquer aux 96 km de la piste Kokoda ! Cette infernale étendue montagneuse fut aussi un champs de bataille durant la Seconde Guerre mondiale. Fin 1942, les forces d'invasion nippones utilisèrent la piste pour tenter de s'emparer de Port Moresby. Elles furent finalement vaincues par les forces australiennes (puis étatsuniennes). La traversée de la chaîne Owen attire chaque année des centaines de randonneurs, pour la plupart des Australiens. Les plus jeunes et les plus aguerris parcourent l'itinéraire en cinq jours, les habitants en trois jours.

À table !

En dehors des fruits de mer servis dans les zones côtières, le régime alimentaire papou se compose essentiellement de légumes, sans saveur mais riches en amidon. Dans les Hautes-Terres, l'aliment de base est la *kaukau* (patate douce), remplacée dans les îles par le taro ou l'igname ; dans la vallée du Sepik et autres régions marécageuses, le *saksak* (sagou) est à l'honneur. Le riz est populaire partout. Le cochon constitue la principale source de protéine animale, généralement réservée aux grandes occasions. La prévalence et le succès de la viande et du poisson en conserve sont un héritage de la Seconde Guerre mondiale. Étrangement, les autochtones préfèrent le poisson en boîte au poisson frais, et on trouve des rayonnages entiers de corned-beef dans les supermarchés.

TARO TAYLOR / GETTY IMAGES ©

Vue sur le mont Tavurvur depuis Little Pigeon Island

domine la chaîne escarpée de Bismarck. Les randonneurs lèvent le camp avant l'aube pour s'attaquer à ses versants rocheux et admirer les côtes nord et sud de l'île avant l'arrivée des nuages.

Rabaul

7 L'île de Nouvelle-Bretagne est un important foyer géothermique : en 1994, deux bouches volcaniques sont entrées en éruption à proximité de Rabaul, ville considérée comme l'une des plus agréables du Pacifique. Dans une baie qui est aussi la caldeira à demi immergée d'un volcan, Rabaul a toujours flirté avec le danger mais cette fois, elle a disparu sous la cendre. Aujourd'hui, le port reste en activité, et la ville vit encore alors que le volcan Tavurvur continue de cracher de la fumée. Pour une balade surréaliste, il vous suffira de déambuler dans la ville, en grande partie enterrée.

Transports

Avion Du fait de la topographie montagneuse et des nombreuses îles que compte le pays, le transport aérien est le meilleur moyen de se déplacer. Plusieurs compagnies locales proposent des vols réguliers.

Bateau Des ferrys circulent le long de la côte nord et entre l'île de Nouvelle-Guinée et les provinces insulaires. Des bateaux de commerce plus petits font également la navette le long de la côte.

Transports locaux Le terme PMV (*public motor vehicle*) englobe tous les transports publics, qu'il s'agisse d'un minibus délabré, d'un pick-up ou même d'un bateau.

Voiture et moto Explorer la Papouasie-Nouvelle-Guinée à bord de son propre véhicule n'est pas la meilleure option, car le pays ne compte qu'une seule route dans les Hautes-Terres. Conduite à gauche.

Mission jésuite, Trinidad

CAPITALE
Asunción

POPULATION
6,6 millions

SUPERFICIE
406 752 km^2

LANGUES OFFICIELLES
Espagnol, guaraní

Paraguay

Les routes touristiques passent loin de cet État enclavé d'Amérique du Sud et c'est ce qui fait pour une bonne part son charme.

Le Paraguay est un pays peu visité et injustement méconnu. Malgré sa position au cœur du continent sud-américain, il est en effet souvent négligé par les voyageurs qui supposent à tort que son absence de sites majeurs en fait une destination sans intérêt. Pourtant, c'est une contrée idéale pour ceux qui veulent sortir des sentiers battus.

À la fois rustique et raffinée, cette contrée abrite des réserves naturelles de toute beauté et d'immenses barrages artificiels ; ici, les charrettes tirées par des chevaux roulent à côté des Mercedes, les petits ateliers d'artisans jouxtent des centres commerciaux chics, les villages ruraux et leurs ruines jésuites s'étendent à quelques kilomètres seulement d'élégantes villes coloniales, tandis que la forêt atlantique au climat subtropical humide et chaud s'oppose de manière frappante aux étendues sèches et épineuses du Chaco, où vivent des communautés mennonites isolées.

Paraguay
Les incontournables

Le Chaco

1 Observez la faune (dont des jaguars), dormez à la belle étoile et goûtez à la solitude dans la région du Chaco, la plus vaste plaine occidentale du Paraguay. Elle couvre plus de 60% du pays et abrite moins de 3% de sa population – dont trois communautés mennonites.

Missions jésuites

2 Perchée au sommet d'une colline, à 28 km d'Encarnación, la mission de Trinidad est l'une des réductions jésuites les mieux conservées du pays. À 12 km au nord, la mission de Jesús est une reconstitution des bâtiments dont la construction fut interrompue par l'expulsion des Jésuites en 1767. Toutes deux sont classées au patrimoine mondial de l'Unesco.

Carnaval

3 Visitez Encarnación à la fin janvier ou en février à l'occasion de la plus grosse fête du pays. Son carnaval n'est certes pas aussi célèbre que celui de Rio, mais vous devriez bien vous y amuser. Des corps semi-dénudés, de la musique à plein volume et un public survolté : tous les ingrédients sont réunis pour une nuit de folie. Une euphorie contagieuse dont il serait dommage de se priver.

À table !

Asado Grillades de bœuf ou de porc ; élément central de tout événement social.

Chipa guasú Gâteau de maïs au fromage et aux oignons.

Empanadas Chaussons farcis.

Sooyo Soupe épaisse à la viande hachée, sur laquelle flotte souvent un œuf poché.

Quand partir

FÉV

➜ Plongez dans l'animation du carnaval à Encarnación.

JUIL-AOÛT

➜ Visitez le Chaco en profitant du climat hivernal agréable.

DÉC

➜ Suivez les pèlerins jusqu'à la basilique de Caacupé à l'occasion du Día de la Virgen.

CAPITALE
Cardiff

POPULATION
3 millions

SUPERFICIE
20 779 km²

LANGUES OFFICIELLES
Gallois, anglais

Llyn Ogwen, Snowdonia

Pays de Galles

Terre d'histoire et de légendes, le pays de Galles semble émerger d'un autre monde à tel point que sa langue propre y supplée l'anglais.

De dimensions modestes mais d'une grande diversité géologique, le pays de Galles offre mille occasions de s'évader dans la nature. Cette contrée, que l'on peut difficilement qualifier de sauvage, tant elle est façonnée par l'être humain depuis des millénaires, recèle néanmoins une multitude de recoins isolés à explorer, à l'abri de montagnes, de vallées fluviales et de falaises battues par la mer. Avec un réseau dense de sentiers pédestres, le pays de Galles est un vrai paradis pour les randonneurs. Plus sauvages encore, les îles qui parsèment son littoral abritent d'importantes réserves naturelles.

Si les châteaux constituent un élément incontournable du paysage, d'autres vieilles pierres vous attendent. Les cercles mégalithiques, dolmens et autres pierres levées furent érigés bien avant que l'on ne songe à bâtir des forteresses.

Au-delà des paysages et des châteaux, votre souvenir le plus marquant sera certainement lié à la rencontre avec le peuple gallois.

Snowdonia

2 Ce rude coin de terre au nord-ouest du pays compte des sommets rocailleux, des vallées et des lacs façonnés par les glaciers, des rivières miroitantes et des villages au charme fou. Aux abords du mont Snowdon, les randonneurs se pressent à l'assaut du sommet, tandis que la grande majorité préfère le plus reposant chemin de fer à crémaillère depuis Llanberis. Sublime sous un soleil d'été, plus belle encore sous un manteau neigeux, la région de Snowdonia est l'un des joyaux du pays de Galles.

Conwy Castle

3 De toutes les villes galloises dignes d'intérêt, rares sont celles qui ne sont pas dominées par la silhouette d'un château. Et de toutes ces forteresses, aucune n'est plus en symbiose avec sa cité que Conwy Castle. Le château, conçu à l'origine pour protéger une minuscule colonie anglaise de la population qu'elle expulsait, enserre la ville historique entre ses murs de pierre. Encore aujourd'hui, le site continue d'impressionner.

Pembrokeshire

4 Réputé chez les Britanniques pour ses plages et ses promenades côtières, le Pembrokeshire est un petit échantillon de ce que le pays de Galles a de mieux à offrir. La région recèle un superbe château normand, ainsi que quelques édifices plus modestes à proximité de Tenby, Manorbier, Carew et Haverfordwest. Quant aux collines de Preseli, émaillées de pierres dressées, elles se prêtent à des randonnées

Pays de Galles
Les incontournables

Sentier côtier du pays de Galles

1 Depuis 2012, les splendides sentiers côtiers gallois ne forment plus qu'un seul et même parcours, long de 870 km. On peut marcher deux mois ou deux jours – rien ne vous oblige à tout faire en une fois. Les plus belles portions englobent les plages de Gower, les falaises multicolores et les arches calcaires du Pembrokeshire, les recoins isolés de la presqu'île de Llŷn et les antiques panoramas d'Anglesey. En enchaînant avec l'Offa's Dyke Path, vous pourrez même faire le tour complet du pays de Galles !

Druidston Haven, Pembrokeshire

en altitude. Pour faire bonne mesure, ajoutez à cela d'adorables villages et une vénérable cathédrale.

Ffestiniog & Welsh Highland Railways

5 Ces deux trains à voie étroite transportent des visiteurs de Porthmadog jusque dans les montagnes de Snowdonia. Le Welsh Highland Railway passe juste à côté du mont Snowdon, avant de rallier Caernarfon et la côte. Quant au Ffestiniog Railway, il dessert l'ancien bastion industriel de Blaenau Ffestiniog, où l'on pourra s'immerger dans les mines d'ardoise.

Brecon Beacons

6 Troisième parc national gallois en termes d'ancienneté, Brecon Beacons réussit l'exploit d'être à la fois lugubre et magnifique. Les randonneurs se délecteront de ses landes désertes et de ses collines pelées, tandis que les fous d'histoire partiront à la découverte de forts et de tumulus, ou encore d'énigmatiques abbayes

Quand partir

HAUTE SAISON
(juil-août)

- Nombreux festivals et manifestations.
- Le prix des hébergements augmente dans les zones côtières et les parcs nationaux.
- Pic de fréquentation en août.

SAISON INTERMÉDIAIRE
(avr-juin et sept-oct)

- Pâques lance la saison en mars-avril.
- Flambée des tarifs les jours fériés.
- La période avril-juin est la plus sèche ; octobre fait partie des mois les plus humides.

SAISON BASSE
(nov-mars)

- Les prix atteignent des sommets autour de Noël et du Nouvel An.
- Certaines routes ferment en raison de la neige.
- Les mois de janvier et février sont les plus froids.

Sur 100 personnes au Pays de Galles

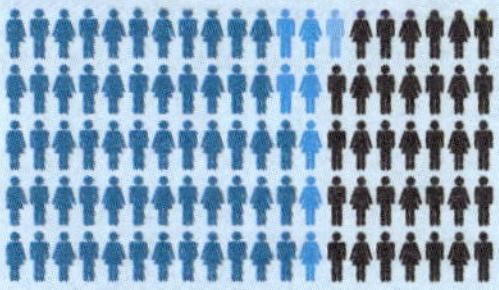

58 se considèrent galloises
7 se considèrent à la fois galloises et britanniques
1 se considère à la fois galloise et d'une autre nationalité
34 ne se revendiquent pas galloises

Pratique de la langue galloise

(% de la population)

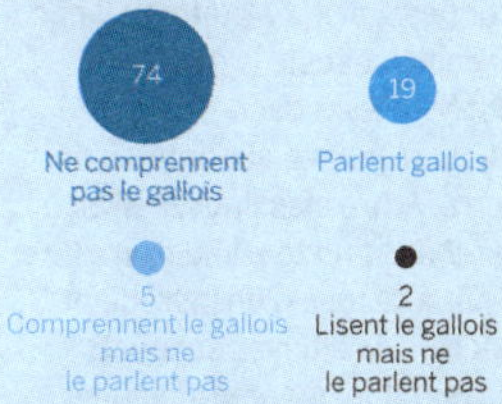

Population au km²

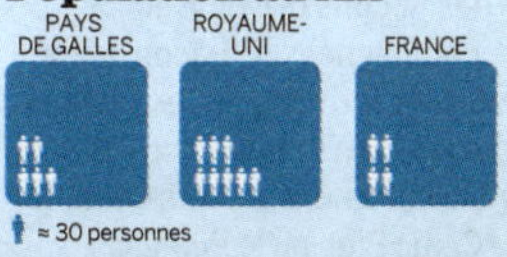

La Dame rouge de Paviland

À mi-chemin de la péninsule de Gower se trouve la Paviland Cave. C'est là, en 1823, que le révérend William Buckland découvrit un squelette humain teint d'ocre rouge. Se fiant aux bijoux enterrés avec les ossements, le pasteur en déduisit que ces restes étaient ceux d'une femme de l'époque romaine.

Pour leur part, les chercheurs modernes ont conclu que la "Dame rouge" était un homme, disparu il y a quelque 29 000 ans. Cette dépouille serait donc la plus ancienne jamais mise au jour au Royaume-Uni. Elle est désormais exposée au National Museum Cardiff.

8

THOMAS STANKIEWICZ / GETTY IMAGES ©

St David's Cathedral, Pembrokeshire

À table !

Longtemps, la cuisine galloise fut basée sur des produits que l'on pouvait cultiver localement et à peu de frais. Voilà qui explique la forte présence de l'avoine, des légumes-racines, des produits laitiers, du miel et de la viande. Depuis, la révolution culinaire galloise a changé la donne, même si les spécialités traditionnelles sont toujours présentes.

La plupart des menus comportent de l'agneau ou du bœuf noir gallois. Sur le littoral, goûtez la truite de mer ou les coques. Le plat traditionnel par excellence reste le *cawl*, une potée mêlant bacon, agneau, chou, rutabaga et pommes de terre. Autre classique, le *Welsh rarebit* est un toast au fromage raffiné, arrosé d'un ingrédient secret aux effluves suspects de houblon. Au petit-déjeuner, essayez le gâteau d'algues – des algues bouillies, mélangées à des flocons d'avoine et accompagnées de bacon ou de coques. Terminez votre repas avec un bon morceau de fromage gallois, comme le Caws Cenarth, le Celtic Blue ou le Perl Las.

et châteaux en ruine. Les localités situées au sein du parc – telles que Hay-on-Wye et Abergavenny –, sont parmi les plus caractéristiques du pays de Galles.

Carreg Cennen

7 Depuis des centaines d'années, les esprits romantiques viennent ici pour se repaître de délicieux vestiges au cœur d'endroits reculés. Carreg Cennen en incarne la quintessence absolue. Cette forteresse haut perchée, à l'ouest du Brecon Beacons National Park, est sombre, mélancolique et mystérieuse. Sur ces routes de campagne, dès lors qu'apparaît la silhouette de ce château, on s'imagine aisément troquer sa voiture de location contre un fier pur-sang pour partir au galop vers des horizons inconnus.

St Davids

8 Certains endroits ont une présence à part. C'est le cas de St Davids. Patrie du saint patron du pays de Galles, ce gros village attire les visiteurs en quête de spiritualité depuis des siècles. Que l'on cherche le salut par le surf, que l'on rêve de communier avec les baleines dans la mer Celtique, ou que l'on désire marcher dans les pas de saint David, cet endroit est curieusement émouvant.

Transports

Bus Les bus gallois, gérés par des dizaines de compagnies privées, sont généralement efficaces et bon marché, même si les liaisons sont limitées (voire inexistantes) le week-end.

Train Le pays de Galles compte plusieurs trains à vapeur ou à voie étroite, qui invitent à déguster des paysages spectaculaires à un rythme paisible.

Voiture Si vous souhaitez découvrir les régions les plus reculées du pays de Galles, privilégiez la voiture ou la moto. Les routes de campagne peuvent s'avérer piégeuses en hiver.

CAPITALE
Amsterdam

POPULATION
16,8 millions

SUPERFICIE
41 543 km^2

LANGUE OFFICIELLE
Néerlandais

Delft

Pays-Bas

Juché sur un vélo, mettez-vous en quête des secrets de ce pays d'une tranquille beauté, au gré de ses chefs-d'œuvre, de ses canaux et de ses moulins.

Rembrandt, Vermeer, Van Gogh, Mondrian… tous ces artistes qui ont révolutionné le monde de l'art s'exposent dans les musées d'Amsterdam. Célèbre pour ses canaux et les vitrines de son quartier Rouge, la capitale draine la majorité des touristes aux Pays-Bas.

Et au-delà d'Amsterdam ? Des villes pittoresques comme Edam, Delft et Deventer ; des métropoles sillonnées de canaux, à l'image de Leyde, Haarlem et Utrecht ; ou Rotterdam, chef-d'œuvre moderniste né des décombres de la guerre.

Le meilleur moyen de découvrir le cœur des Pays-Bas consiste à faire comme les Néerlandais. Comme eux, fréquentez les cafés, à la terrasse desquels les habitués viennent prendre du bon temps et bavarder joyeusement dès que le soleil commence à poindre. Vous ne manquerez pas non plus de les croiser en parcourant à vélo les milliers de kilomètres de pistes cyclables qu'offrent les Pays-Bas. Quiconque s'y aventure découvre à son rythme un pays à fleur d'eau aux charmes pérennes.

0
50 km
Waddeneilanden
ÎLES FRISONNES
Schiermonnikoog
Ameland
Terschelling
Vlieland
Dokkumer Ee
Groningue
Eems Kanaal
Winschoterdiep
Leeuwarden
Mer des Wadden
7 Texel
Sneek
Assen
Parc national Dwingelderveld
Le Helder
MER DU NORD
IJsselmeer
Emmen
Alkmaar
Edam
Zwolle
IJssel
1 2 8
AMSTERDAM
Bad Bentheim
Haarlem
4
Deventer
Enschede
2
Aalsmeer
Parc national De Hoge Veluwe
Amersfoort
Twenthe Kanaal
La Haye (Den Haag)
Utrecht
Parc national Veluwezoom
2
3
6
Gouda
Delft
Lek
Arnhem
Waal
Rotterdam
9 10
Kinderdijk
Nimègue
Dordrecht
Parc national De Biesbosch
Schouwen-Duiveland
Bergse Maas
Bois-le-Duc
Willemstad
Breda
Dombourg
Noord-Beveland
Rosendael
Maas
Walcheren
Tilburg
ALLEMAGNE
Middelburg
Zuid-Beveland
Escaut occidental
Escaut oriental
Eindhoven
Venlo
Zeeuws-Vlaanderen
Perkpolder
Düsseldorf
Anvers
Roermond
Gand
BELGIQUE
Cologne
5
BRUXELLES
Maastricht
Aix-la-Chapelle
Verviers
Mons
Charleroi
Valenciennes

Pays-Bas
Les incontournables

Les canaux d'Amsterdam

1 Amsterdam compte plus de canaux que Venise. Rien de tel qu'une balade sur l'eau pour prendre le pouls de la ville. On peut s'asseoir en bordure de canal et regarder passer les bateaux : quantité de cafés semblent avoir été fondés dans ce seul but. On peut aussi flâner au bord de l'eau en admirant quelques-unes des 3 300 maisons-péniches de la capitale ou, mieux encore, participer à une croisière. Au détour de la courbe d'un canal, vous comprendrez pourquoi l'Unesco a inscrit ces voies d'eau au Patrimoine mondial.

Chefs-d'œuvre néerlandais

2 Les Pays-Bas ont vu naître une myriade d'artistes célèbres. À Amsterdam, le musée Van Gogh réunit la plus importante collection de toiles de l'artiste. La *Laitière* de Vermeer, la *Ronde de nuit* de Rembrandt et d'autres chefs-d'œuvre du Siècle d'or sont exposés au majestueux Rijksmuseum, tandis que le Stedelijk Museum, dévolu à l'art contemporain, expose des œuvres de Mondrian ou de De Kooning. Citons aussi le Frans Hals Museum, à Haarlem, et la Mauritshuis de La Haye, où l'on retrouve les maîtres hollandais.

2
Rijksmuseum, Amsterdam

Une journée à Delft

3 Les villes pittoresques et chargées d'histoire ne manquent pas aux Pays-Bas, à l'exemple de Haarlem, Leyde ou Utrecht pour ne citer que les plus connues. Avec leurs canaux séculaires bordés d'édifices de caractère, elles ont donné témoignage à notre époque de la beauté du Siècle d'or. L'une d'entre elles, Delft, n'en éclipse pas moins les autres. Même si vous n'y logez pas, vous ne regretterez pas d'y passer un après-midi à la découverte de ses canaux, ses églises, ses musées ou tout simplement assis à l'un de ses cafés.

Sur 100 personnes aux Pays-Bas

81 sont Néerlandaises
5 sont Européennes
3 sont Indonésiennes
2 sont Turques
2 sont Marocaines
7 sont d'une autre nationalité

Religion
(% de la population)

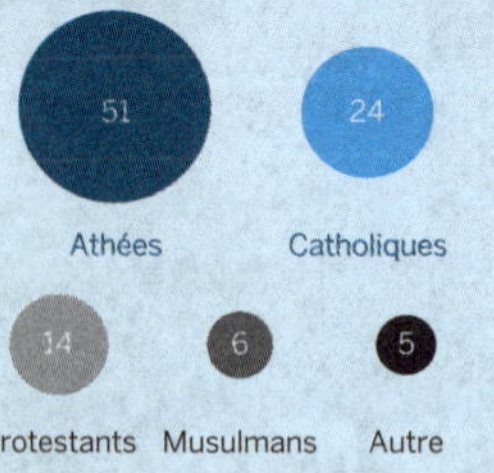

Population au km²

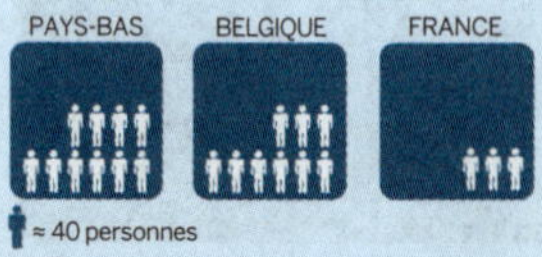

Le plus beau parc néerlandais

4 Vaste et belle étendue alternant forêts, dunes, marais et étangs, le parc national de la Haute-Veluwe constitue une alternative bucolique aux villes densément peuplées. On peut facilement passer la journée à apprécier la nature de cet ancien terrain de chasse privé. De plus, au centre du parc se trouve l'un des meilleurs musées du pays. La collection Van Gogh du musée Kröller-Müller rivalise de fait avec celle du musée consacré à l'artiste, à Amsterdam, sans compter les admirables sculptures dans le jardin.

Maastricht

5 La ville de la monnaie unique a vu défiler, au gré des siècles, des peuples qui tous y ont laissé témoignage, à commencer par les Romains et leurs ouvrages souterrains, que l'on peut encore visiter aujourd'hui. Au-delà de ces 2 000 ans d'histoire, de monuments, de ruines, d'églises et de musées, Maastricht se distingue surtout par sa capacité à vivre l'instant présent. Peu d'endroits aux Pays-Bas offrent une telle concentration de beaux cafés, petits et grands, où l'on mord la vie, tout comme la bonne cuisine, à pleines dents.

L'autre pays du fromage

6 En cubes ou fondu, en tranches dans un sandwich ou râpé sur une salade, impossible d'échapper au fromage néerlandais. La notoriété du gouda et de l'édam dépasse celle des villes

Vermeer de Delft

Johannes Vermeer (1632-1675), l'un des maîtres de la peinture du Siècle d'or néerlandais, vécut toute sa vie à Delft, où il donna naissance à 11 enfants, mais aussi à 35 chefs-d'œuvre. Ses tableaux se distinguent par le soin apporté aux couleurs et un sens de la lumière inégalé. Le peintre s'inspira du quotidien à Delft, et ses intérieurs immortalisent des scènes d'une grande simplicité, telle la célèbre *Jeune Fille à la perle*.

De la vie de Vermeer, on sait peu de chose – et ce qu'on en sait n'est souvent guère flatteur. Ce qui n'empêche pas sa renommée d'aller croissant. En 2004, un tableau considéré comme un faux a vu son authenticité confirmée : la *Jeune Femme assise au virginal* fut le premier Vermeer vendu aux enchères depuis plus de quatre-vingts ans, acquis pour la bagatelle de 24 millions d'euros.

À table !

Bière Au delà des mastodontes comme Heineken, des petits brasseurs comme Gulpen, Haarlem's Jopen, Bavaria, Drie Ringen ou Leeuw méritent d'être découverts.

Erwtensoep Soupe de pois épaisse à base d'oignons, de carottes, de saucisse fumée et de bacon.

Gouda Les variétés les plus goûteuses de ce fromage offrent des saveurs puissantes, qui se marient bien avec un verre de vin.

Saveurs d'Indonésie Goûtez au *rijsttafel* (littéralement "table de riz") : une série de petites préparations relevées, telles que du bœuf braisé, du *satay* de porc et des côtes de porc, servis avec du riz blanc.

Kroketten Boulettes à base de différents ingrédients, panées et frites ; en-cas très apprécié, les *bitterballen* (une variété de *kroketten*) sont servies avec de la moutarde.

Vlaamse frites Les frites flamandes sont une institution nationale.

6

REZA ESTAKHRIAN / GETTY IMAGES ©

qui leur ont donné leur nom. Oubliez les variétés insipides de supermarché, il y a ici un large choix pour tous les styles et tous les goûts.

Île de Texel

7 L'Unesco a classé la vaste région de la mer des Wadden où le nord-ouest de l'Europe se fond avec l'eau au patrimoine mondial de l'humanité. Un chapelet d'îles ponctue ces étendues envasées au charme hypnotique que la marée découvre. La plus grande, l'île de Texel, se prête à de longues marches sur ses jolies plages et à d'innombrables activités dans un cadre somptueux à apprécier sur la terre ferme ou lors d'une croisière ornithologique. Et quant à marquer une pause, l'île compte de bonnes adresses où dormir et se régaler (le poisson fumé est un délice).

Les cafés bruns

8 Difficile de définir la *gezelligheid* – un savant mélange de convivialité, de

Quand partir

HAUTE SAISON
(juin-août)

- Douceur du climat – à savourer à la terrasse d'un café.
- Forte affluence dans les grands musées.
- Prix élevés : réservation indispensable.

SAISON INTERMÉDIAIRE
(avr-mai, sept-oct)

- La plupart des sites restent ouverts.
- Affluence moindre.
- Prix modérés ; réserver les adresses les plus prisées.
- Temps mitigé ; températures en baisse.

BASSE SAISON
(nov-mars)

- Beaucoup de sites fermés en dehors des grandes villes.
- Grands musées désertés.
- Temps froid et humide.

décontraction, le tout servi dans un cadre agréable et confortable, à l'ambiance chaleureuse –, une expérience typiquement néerlandaise à vivre dans l'un des célèbres cafés bruns du pays. Ainsi appelés en raison de leurs murs patinés par la nicotine ou par le temps, ces petits bars respirent la joie de vivre. On se retrouve vite happé par la chaleur et la bonne humeur communicative.

Cyclotourisme

9 Nul autre pays ne se prête mieux au cyclotourisme, autant du fait du relief plat que des milliers de kilomètres de pistes cyclables et autres sentiers quadrillant ce petit territoire. Il ne vous reste plus qu'à enfourcher un vélo (on peut en louer partout) et à vous lancer. Depuis une piste cyclable sur une digue, vous apercevrez des polders plus bas que les canaux, entendrez le meuglement des vaches dans les champs et admirerez de vieux moulins à vent. D'un village à l'autre, l'exploration vous enchantera.

Rotterdam

10 Contrairement à bien d'autres villes européennes reconstruites hâtivement sur les cendres de la Seconde Guerre mondiale, Rotterdam a suivi dès le début un chemin différent. Privilégiant l'anticonformisme au fonctionnel, elle possède, chose rare en Europe, un panorama urbain identifiable. Les meilleurs architectes internationaux sont en lice pour remporter des appels d'offres débouchant sur un design ingénieux. Emblématique de la ville, l'Erasmusbrug, un pont "oiseau", est entouré de bâtiments aussi beaux qu'inédits.

Transports

Bateau Des bateaux relient le continent aux cinq îles des Wadden. D'autres sillonnent l'Escaut occidental dans le sud de la Zélande. Beaucoup de petites compagnies proposent d'autres trajets sur la myriade de canaux et de voies d'eau du pays.

Train Les distances sont courtes et les trains rapides et fréquents. Une fois son billet acheté, le trajet peut réserver de bonnes surprises, comme au printemps, au milieu des champs de tulipes à Leyde et alentour.

Vélo Des itinéraires cyclables quadrillent le pays et traversent de superbes régions. On trouve des loueurs de vélos dans la plupart des villes et stations de train (sauf les plus modestes).

À voir

Winter in Wartime (Martin Koolhoven ; 2008). Ce long-métrage évoque un jeune garçon, dont l'intégrité et la loyauté sont mises à l'épreuve lorsqu'il décide d'apporter son aide à des résistants néerlandais.

Black Book (Paul Verhoeven ; 2006). Ce film d'action se penche sur certains des aspects les moins glorieux de la Résistance néerlandaise pendant la Seconde Guerre mondiale.

À lire

La Jeune Fille à la perle (Tracy Chevalier ; 1999). Un roman émouvant sur la genèse du célèbre tableau de Vermeer.

Là-haut, tout est calme (Gebbrand Baker ; 2009). Le récit limpide d'un retour à la vie, celui d'un paysan hollandais, décidé à se réapproprier un destin qu'il avait jusque-là subi.

Le Journal d'Anne Frank (Anne Frank ; 1952). Le bouleversant témoignage d'une jeune fille juive cachée à Amsterdam avec sa famille sous l'occupation hitlérienne.

Maison cubique, Rotterdam

Tisserande dans le village colonial de Pisac, Vallée Sacrée

CAPITALE
Lima

POPULATION
29,9 millions

SUPERFICIE
1,3 million km^2

LANGUES OFFICIELLES
Espagnol, aymara, quechua

Pérou

Le Pérou est un concentré de sites emblématiques et de trésors perdus. Une invitation au voyage dans le temps sur fond de dunes de sable, de pics ciselés, de jungle et de vagues propices à toutes les activités.

Un séjour en Amérique du Sud ne saurait être complet sans un pèlerinage à la citadelle inca de Machu Picchu. Or, tout fameux qu'il soit, ce site ne représente qu'un épisode ponctuel sur 5 000 ans d'histoire. Marchez parmi les vestiges de la cité de Chan Chan, plus vastes ruines précolombiennes des Amériques, survolez les géoglyphes de Nazca ou explorez les étendues sauvages qui entourent la forteresse de Kuélap. Les formidables musées de Lima, où sont conservés d'inestimables céramiques, des objets en or et certains des plus beaux tissus du monde, présentent de façon détaillée le raffinement, le talent et la passion de ces civilisations perdues. Le Pérou est un pays marqué par la diversité. Les festivals y mêlent costumes anciens et fanfares entraînantes, l'avant-garde urbaine y brille par son sens de l'art et de l'innovation et des routes le traversent, entre jungle épaisse et pics enneigés. En visitant des communautés isolées, vous saisirez à quel point les traditions anciennes se perpétuent, et quitterez le Pérou imprégné de la mesure de son passé.

QUITO
COLOMBIE
ÉQUATEUR
Guayaquil
Machala
Tumbes
Máncora
Macará
Loja
Talara
La Tina
Zumba
Sullana
Piura
San Ignacio
Huancabamba
Bagua
Pedro Ruíz
Moyobamba
Chachapoyas
Kuélap
Chiclayo
Celendín
Cajamarca
Chan Chan
Trujillo
Río Marañón
Tayabamba
Río Napo
Río Tigre
Iquitos
Amazone
Reserva Nacional Pacaya-Samiria
Lagunas
Requena
Yurimaguas
Río Ucayali
Tarapoto
Contamana
Leticia
Santa Rosa
Tabatinga
BRÉSIL
Cruzeiro do Sul
Pucallpa
Caraz
Alpamayo
Huascarán
Chimbote
Casma
Huaraz
Tingo María
Huánuco
Yerupajá
Barranca
Cerro de Pasco
Río Pachitea
Río Urubamba
La Merced
Satipo
Junín
Tarma
La Oroya
LIMA
Pachamacac
Huancayo
Huancavelica
Ayacucho
Parque Nacional Manu
Río de las Piedras
Río de los Amigos
Iñapari
Assis
Boca Manu
Puerto Maldonado
Puerto Heath
Machu Picchu
Cuzco
Andahuaylas
Abancay
Ausangate
Pisco
Paracas
Ica
Nazca
Chala
Cañón del Colca
Ampato
Lac Titicaca
Juliaca
Puno
Copacabana
Camaná
Arequipa
Mollendo
Moquegua
LA PAZ
BOLIVIE
Tacna
Arica
CHILI
OCÉAN PACIFIQUE
1
2
3
4
5
6
7
8
9
10
0
200 km

Pérou
Les incontournables

Machu Picchu

1 La cité inca de Machu Picchu agit comme un aimant sur les voyageurs, les étudiants en histoire et les amoureux de mysticisme. Site archéologique le plus connu du continent, elle demeura pourtant inconnue des conquistadors et resta dans l'oubli jusqu'au début du XXe siècle. Selon des théories récentes, elle aurait été un domaine royal conçu par Pachacútec, roi dont les conquêtes militaires ont façonné l'Empire inca. Véritable prouesse d'ingéniérie, ses murs sont constitués de blocs de pierre polie assemblés sans mortier. Il fallut des milliers d'ouvriers et 50 années pour construire la citadelle.

Îles du lac Titicaca

2 Tenant davantage d'une mer d'altitude que d'un lac, le Titicaca donne à voir des sites superbes, parmi lesquels se distinguent les fameuses îles flottantes fabriquées de main d'homme au moyen de roseaux légers appelés *totora*. Il y a des siècles, les Uros ont construit les Islas Uros afin d'échapper aux agressions des peuples indiens du continent, notamment les Incas. Les roseaux servent aussi à fabriquer des maisons, des bateaux, et même des balançoires pour les enfants. Découvrez ces merveilles en optant pour un séjour chez l'habitant.

1

GONZALO AZUMENDI / GETTY IMAGES ©

Cuzco

3 Ancienne capitale inca, la prospère Cuzco n'en est pas à une contradiction près. Ses cathédrales ornementées sont érigées sur des temples incas, des femmes portant jupe traditionnelle et chapeau melon donnent à boire de l'eau en bouteille à leurs lamas, tandis que les boutiques les plus chics vendent des tricots en laine d'alpaga coûtant une petite fortune. Rares sont les voyageurs qui se rendent au Pérou sans visiter cette destination de tout premier plan, point d'accès à Machu Picchu.

Sur 100 personnes au Pérou

45 sont indiens
37 sont *mestizos* (métis d'origine hispano-indienne)
15 sont d'origine européenne
3 sont d'origine africaine ou asiatique

Religion
(en % de la population)

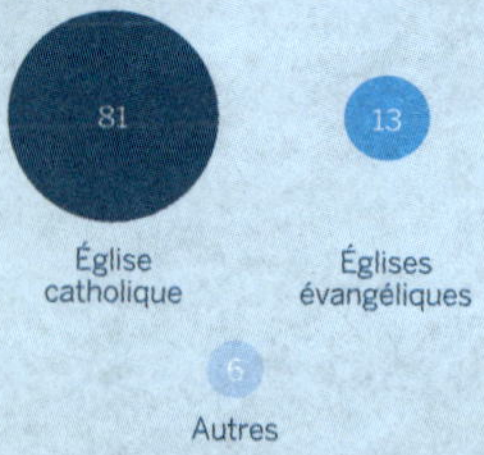

Population au km²

Lignes de Nazca

4 Auraient-elles été tracées par des extraterrestres ? S'agissait-il d'un gigantesque calendrier astronomique ? Impossible de s'accorder sur la signification des lignes de Nazca, ces immenses géoglyphes du sud du Pérou. Leur mystère attire les étrangers depuis les années 1940, époque à partir de laquelle l'archéologue allemande Maria Reiche consacra sa vie à les étudier. Pourtant, ni Maria Reiche ni les archéologues qui lui ont succédé n'ont réussi à percer l'énigme de ces lignes, lesquelles, aujourd'hui encore, suscitent autant l'émerveillement que l'incompréhension.

Arequipa

5 La deuxième ville du Pérou jette un pont historique entre les splendeurs incas de Cuzco et la bruyante modernité de Lima. Émaillée d'édifices de style baroque *mestizo* taillés dans le *sillar*, pierre locale de couleur blanche, Arequipa est une cité coloniale espagnole demeurée fidèle à ses origines. Sise au cœur de paysages naturels de rêve, entre volcans endormis et pampa d'altitude, elle compte un monastère mudéjar vieux de 400 ans, une immense cathédrale et des *picanterías* (petits restaurants) traditionnelles servant une bonne cuisine péruvienne.

Chavín de Huántar

6 Inscrites au patrimoine mondial de l'Unesco, les ruines de Chavín de Huántar remontent à une période allant de 1200 à 800 av. J.-C. Ce centre cérémoniel comporte d'impressionnants

Le Pérou indien

Si la société péruvienne a été marquée de façon indélébile par les coutumes espagnoles, son âme demeure profondément indienne. Selon l'Institut national chargé du recensement, ce pays andin compte 52 ethnies différentes, 13 familles linguistiques distinctes et 1 786 communautés autochtones. En fait, près de la moitié des 29 millions de Péruviens sont des Amérindiens. Ensemble, ces groupes apportent une multitude de rituels, traditions artistiques et modes de vie – un héritage culturel aussi riche qu'ancien.

À table !

Au Pérou, le concept "fusion" fait depuis longtemps partie de la cuisine. Au cours des quatre siècles passés, les ragoûts andins se sont mélangés aux techniques de cuisson asiatiques, et les plats de riz espagnols ont intégré des saveurs amazoniennes pour produire la fameuse cuisine *criolla* (créole). Durant la dernière décennie, une génération de jeunes chefs créatifs a hissé la cuisine nationale vers des sommets gastronomiques.

Jadis, lorsque des visiteurs importants séjournaient au Pérou, on leur servait des plats français et du whisky écossais. Désormais, les restaurants haut de gamme proposent des interprétations raffinées de spécialités andines, comme le quinoa et le *cuy* (cochon d'Inde). Les restaurants se sont multipliés et les tour-opérateurs intègrent une étape culinaire dans leurs circuits.

La fièvre culinaire touche tous les Péruviens. Cette évolution est due en partie au célèbre chef Gastón Acurio, dont le talent culinaire égale le sens des affaires.

En bref, vous ne mourrez pas de faim au Pérou ; des petits restaurants de Moyobamba à ceux, très branchés, de Miraflores, la bonne chère est devenue une cause nationale.

BOB WICKHAM / GETTY IMAGES ©

Monasterio de Santa Catalina, Arequipa

édifices en forme de temples et un labyrinthe de galeries souterraines, de couloirs et de salles invitant à l'exploration. À proximité, le Museo Nacional de Chavín, où sont regroupés la plupart des tenons sculptés de motifs terrifiants qui ornaient autrefois les murs de Chavín, aide à mieux comprendre l'histoire du site.

Vallée Sacrée

7 Nichée au pied d'impressionnants contreforts andins, la superbe vallée du Río Urubamba, appelée la Vallée Sacrée, s'étend à 15 km au nord de Cuzco à vol de condor. Depuis longtemps berceau de jolies villes coloniales et de villages de tisserands reculés, elle est devenue ces dernières années une destination de choix. Ses marchés ainsi que les majestueuses citadelles incas sont ses principaux atouts touristiques. Les amateurs de sports de plein air pourront d'adonner à toutes sortes d'activités – randonnée, rafting, escalade notamment.

Quand partir

HAUTE SAISON
(juin-août)

- Saison sèche sur les hauts plateaux andins, ainsi que dans la forêt amazonienne, à l'est du pays.
- Meilleure période pour les fêtes et les activités en altitude.
- Saison la plus touristique.

SAISON INTERMÉDIAIRE
(sept-nov et mars-mai)

- Climat printanier et automnal sur les hauts plateaux.
- Sites majeurs moins envahis par la foule.
- Mois de septembre et novembre idéaux pour la randonnée en forêt tropicale.

BASSE SAISON
(déc-fév)

- Saison des pluies sur les hauts plateaux.
- Chemin de l'Inca fermé en février pour son entretien annuel.
- Haute saison sur la côte.
- Saison très arrosée en Amazonie.

Chemin de l'Inca

8 Sentier pédestre le plus célèbre du continent, le Chemin de l'Inca serpente sur 43 km, gravissant des marches en pierre et traversant l'épaisse brume de forêt de nuages. Véritable pèlerinage, cette randonnée de 4 à 5 jours s'achève à Intipunku (porte du Soleil), où les marcheurs aperçoivent pour la première fois le majestueux site archéologique de Machu Picchu. Si d'innombrables sentiers préhispaniques sillonnent tout le pays, le Chemin de l'Inca, ponctué de vues magnifiques, de splendides cols montagneux et de ruines, demeure le favori des voyageurs.

Transports

Avion Les horaires et les tarifs des vols intérieurs changent souvent. De nouvelles compagnies voient le jour chaque année, tandis que d'autres, peu sûres, disparaissent. Des jets modernes desservent la plupart des grandes villes ; des avions à hélices rallient quelques destinations moins importantes.

Bus C'est le mode de transport le plus usité des Péruviens et des visiteurs. Les tarifs sont bon marché, les liaisons fréquentes sur les itinéraires longue distance, mais les bus sont dans des états variables. Les routes rurales isolées sont souvent desservies par des véhicules plus vieux et délabrés.

Train Le service de chemin de fer privatisé Perúrail, relie Cuzco à Aguas Calientes (Machu Picchu) chaque jour et Cuzco à Puno, sur les rives du lac Titicaca.

Cañón del Colca

9 Long de 100 km, le canyon du Colca creuse son sillon au milieu de volcans de plus de 6 000 m. Et quel sillon : la profondeur du canyon oscille entre 1 000 m et 3 000 m, plus de deux fois celle du Grand Canyon ! Il s'agit du deuxième canyon le plus profond du monde, battu de peu par son voisin le canyon de Cotahuasi. Outre son immensité, le canyon s'agrémente de cultures en terrasses, de villages, d'églises coloniales et de ruines pré incas. Les possibilités de randonnée y sont légion.

Parque Nacional de Manú

10 Traverser trois zones climatiques – les montagnes des Andes, la forêt de nuages sur les pentes inférieures pour atteindre le cœur de la jungle – est l'une des plus belles aventures à vivre en Amazonie. Zone naturelle la mieux protégée du Pérou, le parc national de Manú offre mille occasions d'apercevoir des anacondas, des tapirs, des aras colorés et des jaguars. Au cœur de cette épaisse forêt, les peuples autochtones vivent comme il y a des siècles, presque sans aucun contact avec le monde extérieur.

Aras colorés, Parque Nacional Manu

MICHAEL SEWELL VISUAL PURSUIT / GETTY IMAGES ©

À voir

Fausta (Claudia Llosa ; 2009). La vie d'une jeune fille traumatisée par le "conflit interne" du Pérou.

Contracorriente (Javier Fuentes-León ; 2009). Un pêcheur marié confronté au fantôme de son petit ami décédé.

À lire

En liberté dans les champs du Seigneur (Peter Matthiessen ; 1965). Roman inspiré par les conflits sur le sol amazonien.

La Tante Julia et le scribouillard (Mario Vargas Llosa ; 1977). Une histoire d'amour flamboyante sur fond de feuilletons radiophoniques dans le Lima des années 1950.

Les Incas, peuple du Soleil (Carmen Bernand ; 1988). Un texte solide sur les Incas.

Le Monde pour Julius (Alfredo Bryce-Echenique ; 1973). L'apprentissage de la vie d'un jeune garçon dans les milieux favorisés de Lima.

CAPITALE
Manille

POPULATION
105,7 millions

SUPERFICIE
300 000 km²

LANGUES OFFICIELLES
Tagalog, anglais

Rizières en terrasses des Ifugao, Bangaan

Philippines

Rizières émeraude, mégalopoles turbulentes, jeepneys *bariolés, volcans menaçants, tarsiers aux yeux globuleux, buffles placides, visages souriants... pas de doute, vous êtes bien aux Philippines.*

Les Philippines se démarquent du Sud-Est asiatique géographiquement mais aussi spirituellement et culturellement. Fruit de plus de trois siècles de domination espagnole, l'importance du catholicisme dans le pays est l'un de ses aspects les plus surprenants ; et l'omniprésence de l'anglais témoigne de l'influence des Américains, qui ont succédé aux Espagnols. Malgré ces influences étrangères, le pays a conservé son caractère propre. La population est philippine et fière de l'être. Accueillante et d'un optimisme à toute épreuve, elle fait tout le charme du pays et achève de séduire les visiteurs.

Les Philippines sont formées de plus de 7 000 îles, constituées d'un intérieur montagneux couvert de jungle, entouré d'un littoral sablonneux baigné d'eaux bleu-vert regorgeant de coraux. Les amateurs de plage et de plongée fileront tout droit aux Visayas. Quant à ceux qui préfèrent l'aventure, ils pourront faire du kitesurf et de la planche à voile à Boracay et Daet ou de la randonnée dans les rizières des environs de Banaues.

0 100 km
Îles Batanes
Îles Babuyan
Détroit de Babuyan
MER DE CHINE MÉRIDIONALE
Laoag
Kabugao
Santa Ana
Gattaran
Luzon
Vigan
Tuguegarao
10
Tabuk
Ilagan
Sagada
Bontoc
Palanan
1
San Fernando
Dinapigue
Bolinao
La Trinidad
Baguio
Casiguran
Dagupan
San Carlos
Baler
Mer des Philippines
Tarlac
Cabanatuan
Angeles
San Fernando
Balanga
MANILLE
Mariveles
8
Daet
Lucena
Île Catanduanes
Île Lubang
Anilao
Batangas
Naga
Virac
Bicol
Calapan
Mamburao
Legazpi
Mindoro
Baie de Taytay
Sorsogon
Récif d'Apo
7
Sablayan
Île Sibuyan
Masbate
Catarman
Samar
San José
Coron
4
Île Boracay
Masbate
Calbayog
Archipel des Calamian
Caticlan
Kalibo
Catbalogan
3
Roxas
Borongan
2
Îles Cuyo
Panay
Visayas
Île Biliran
Tacloban
El Nido
Iloilo City
Silay
Ormoc
Canal de Palawan
Taytay
Taytay Bay
Bacolod
Port Barton
Île Dumaran
San Jose de Buenavista
Toledo
Leyte
Roxas
San Carlos
Kabankalan
Cebu City
Maasin
5
Île Siargao
Palawan
Puerto Princesa
Cebu
9
Bohol
Sipilay
Îles Cagayan
Surigao
Negros
Tagbilaran
Quezon
Narra
6
Île Camiguin
Dumaguete
Tandag
Mer de Sulu
Butuan
Brooke's Point
Dipolog
Oroquieta
Cagayan de Oro
Prosperidad
Récifs de Tubbataha
Île Bugsuk
Liloy
Iligan
Lac Lanao
Malaybalay
Bislig
Île Balabac
Ipil
Pagadian
Mindanao
Cotabato
Davao
Tagum
Île Cagayan Sulu
Zamboanga
Golfe de Moro
Kidapawan
Mati
Digos
Îles des Tortues (Turtle Islands)
Isabela
Vallée d'Alah
Malita
Île Pangutaran
Île Jolo
Jolo
Île Basilan
General Santos
Sandakan
Mer de Mindanao
Glan
Île Tawi-Tawi
Archipel de Sulu
MALAISIE (Sabah)
Bongao
Mer de Célèbes
INDONÉSIE

Philippines
Les incontournables

Rizières en terrasses des Ifugao

1 Les terrasses des cordillères des Philippines, sur l'île de Luzon, au nord de l'archipel, témoignent de 2 000 ans de pratiques agricoles. Qualifiées de "huitième merveille du monde", ces rizières aménagées par l'homme sur des vallées abruptes se fondent dans des paysages verdoyants. Les localités de Banaue, Batod et Bontoc comptent parmi les meilleurs endroits pour les admirer, de préférence un ou deux mois avant la mousson, quand elles arborent une couleur vert vif.

Archipel de Bacuit

2 Que l'on soit sous l'eau, dans les airs ou allongé sur le sable, le paysage que composent les îlots calcaires baignés par les eaux cristallines de la baie de Bacuit est éblouissant. Rivalisant avec le sud de la Thaïlande ou la baie d'Along au Vietnam, les îles recèlent tant de plages de sable blanc, de lagons difficiles d'accès et de criques paisibles qu'il est impossible de ne pas être conquis par une telle beauté. L'île de Miniloc est sans doute la plus intéressante de l'archipel. Ses deux grandes attractions, Big Lagoon et Small Lagoon, comptent parmi les sites les plus photographiés de Palawan.

Big Lagoon, île de Miniloc

Célébrations

3 Les Philippines ne seraient pas les Philippines sans leurs fêtes et festivals colorés, qui animent les îles au fil de l'année. Le plus important de tous est le carnaval d'Ati-Atihan Festival, à Kalibo. Au festival MassKara de Bacolod et au festival des Moriones de Marinduque, d'espiègles hommes masqués poussent les foules à danser. À Pâques, la cérémonie de la Crucifixion de San Fernando, au nord de Manille, offre un spectacle beaucoup moins joyeux, avec ses catholiques fanatiques qui se font littéralement clouer sur des croix.

Sur 100 personnes aux Philippines

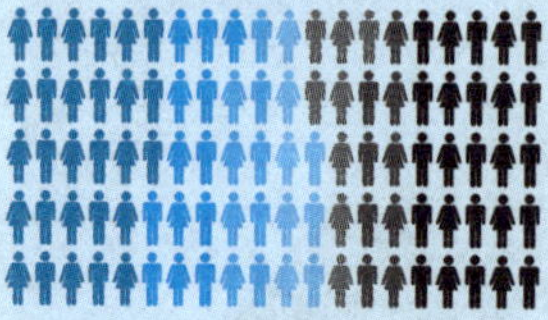

28 sont des Tagalog
13 sont des Cebuano
9 sont des Ilocano
8 sont des Bisaya
8 sont des Hiligaynon
6 sont des Bicol
3 sont des Waray-Waray
25 sont autres

Religions

(% de la population)

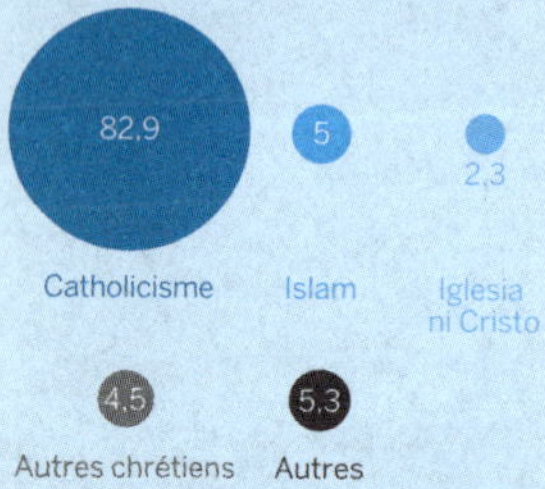

Population au km²

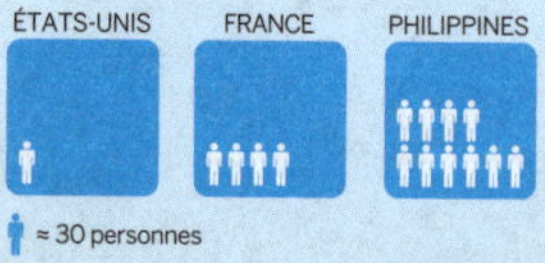

Boracay

4 Il y a encore peu de temps, Boracay n'était qu'un îlot délaissé. Les temps ont bien changé ! Désormais, la petite île compte parmi les plages en vogue. Pourtant, en dépit de tous les changements intervenus, elle est en général plus calme que d'autres spots en vue du Sud-Est asiatique. Il est encore possible de trouver une certaine intimité, notamment à l'extrémité sud de la plage emblématique de White Beach, où l'esprit de la Boracay d'antan perdure.

Surf à Siargao

5 L'ambiance détendue et les vagues convenant aussi bien aux experts qu'aux novices font de cette île un bon spot de surf. Le pittoresque pavillon de Cloud Nine est le centre local et touristique, mais il y a des vagues partout. Pour un peu de calme, direction le paisible village de Burgos, dans le Nord, ou prenez un bateau jusqu'à un spot peu visité. À la fin de la journée, quelles que soient vos compétences, il est de rigueur d'aller se vanter de ses exploits, en les exagérant un peu, avec d'autres surfeurs en regardant les vagues au soleil couchant.

Escalade à Camiguin

6 Depuis le littoral nord de Mindanao, le relief accidenté de l'île volcanique de Camiguin est masqué par un couvert forestier verdoyant. Et pourtant, avec une bonne vingtaine de cônes de scories dépassant 100 m de haut, Camiguin a plus de volcans au kilomètre carré que toute autre île sur la planète.

On ne se moque pas du karaoké !

Quand les Philippins veulent passer un bon moment entre eux, ils le font souvent avec un karaoké, plus connu sous le nom de "videoké" dans tout le pays. Lorsqu'il s'agit de chanter, en toute circonstance, seuls ou à plusieurs, les Philippins affichent une franche décontraction et s'exécutent sans un soupçon d'ironie. Ainsi, critiquer ou se moquer de la performance de quelqu'un est tout à fait tabou, ou peut même parfois engendrer des réactions violentes.

Le "videoké" étant omniprésent, il est parfois difficile de trouver le calme dans certains lieux très touristiques. Les allergiques au karaoké auront intérêt à se cantonner aux lieux tenus par des étrangers, où ce divertissement est moins présent.

À table !

Adobo Plat national à base de porc, de poulet ou un mélange des deux, mariné dans du vinaigre et de l'ail.

Balút Un œuf de cane bouilli contenant un embryon partiellement développé, parfois doté de duvet.

Halo-halo Un verre rempli de fruits en conserve, de maïs, de noix de coco et de divers délices tropicaux, auxquels on ajoute de la glace pilée laiteuse, une touche de crème caramel et une boule de glace.

Kare-kare Queue de bœuf et légumes cuits dans une sauce d'arachides.

Lechón Le cochon de lait rôti à la broche est de rigueur lors des fêtes.

Pinakbét Ragoût végétarien de citrouille, haricots verts, aubergine, okra et autres légumes, assaisonnés d'ail, d'oignon, de gingembre, de tomates et de beurre de crevette.

Sinigáng Viande ou poisson bouilli dans une soupe amère au tamarin.

Tuba Un vin de palme fort, extrait des fleurs de coco.

BRYAN L RAPADAS / GETTY IMAGES ©

Festival MassKara, Bacolod

Idéal pour les amateurs d'aventure en solo, les sommets et les vallées de Camiguin offrent ruisseaux à descendre, montagnes à escalader, canyons pour faire du rappel et bassins au pied de cascades, où se baigner après une journée d'excursion.

Quand partir

HAUTE SAISON
(déc-avr)

➡ La haute saison est la saison sèche dans la majeure partie du pays ; la période de décembre à février est la plus fraîche et la plus agréable.

➡ La plupart des stations triplent leurs prix vers le Nouvel An et avant Pâques.

SAISON INTERMÉDIAIRE
(mai et nov)

➡ La hausse des températures en mai annonce la fin de la saison des pluies vers Manille et ailleurs.

➡ Novembre signe le retour des tarifs de la saison haute.

BASSE SAISON
(juin-oct)

➡ Dans les zones touristiques, les prix de l'hébergement chutent de 30%.

➡ Les typhons peuvent entraîner des pluies torrentielles.

➡ Le littoral est généralement sec, mais cela n'exclut pas les typhons.

Apo Reef

7 Apo Reef est un spot de plongée particulier. Atoll protégé, en majeure partie immergé au large de la côte ouest de Mindoro, le "récif d'Apo" offre un véritable festin de splendeurs sous-marines aux plongeurs de tout poil. On en vient parfois à ne plus savoir combien de requins, de raies et de tortues de mer on a vu tant ils étaient nombreux. Des thons, des labres et d'immenses colonies de carangues patrouillent dans les eaux profondes tandis qu'anguilles, tortues et toutes sortes de petits animaux marins peuplent les récifs en eaux peu profondes.

Manille la nuit

8 Tout est là ! C'est ainsi que l'on pourrait le mieux résumer la vie nocturne à Manille. Des bars branchés de Quezon City aux bars à concerts de Malate, en passant par les discothèques de Makati et au tout nouveau Resorts World, il y a de l'animation à toute heure. Tous les soirs, les "restobars" à ciel ouvert sont bondés de clients une bière à la main jusque bien après minuit. Le week-end, expatriés et cadres dansent dans les clubs jusqu'à l'aube. Envie de plus d'originalité ? Le spectacle de travestis du Club Mwah! est un incontournable.

Transports

Avion PAL et Cebu Pacific, les principales compagnies nationales, desservent la plupart des grandes villes du pays.

Bateau Les îles des Philippines sont desservies par un nombre incalculable de lignes de ferry. Les embarcations vont des bateaux à balanciers motorisés (*bangka*) aux grands ferrys à plusieurs ponts pour les longs trajets.

Bus et van Les bus philippins sont de toutes les formes et de toutes les tailles. Villes et campagnes sont parsemées de gares routières et de terminaux de bus. Les minivans sont plus rapides que les bus, mais ils ont plus chers et plus exigus.

Transports urbains Les *habal-habal* sont des motos-taxis aux sièges agrandis que l'on trouve surtout dans les Visayas et dans le nord de Mindanao. Les *jeepneys* – des jeeps de l'armée américaine rafistolées après la Seconde Guerre mondiale – sont le principal moyen de transport dans la plupart des villes .

L'intérieur de Bohol

9 Aucune visite de l'île de Bohol ne serait complète sans un détour vers les Chocolate Hills et leurs adorables tarsiers, ces petits primates aux grands yeux. Le mieux est de louer une voiture ou une moto ; rendez-vous sur place à l'aube pour profiter d'une vue sur les monticules verdoyants s'étirant jusqu'à l'horizon embrumé. Vous pourrez guetter les tarsiers dans la nature lors de safaris de nuit ou en vous rendant au refuge des tarsiers.

Sagada

10 Les ethnies de la cordillère du nord de Luzon ont toutes de singulières pratiques funéraires. À Sagada, les cercueils sont empilés dans des niches creusées dans les falaises, conservés silencieusement comme des vieux livres présidant au-dessus de la jungle. Paisible village de montagne, Sagada présente une ambiance sympathique et conviviale propre aux villes bon marché attirant les voyageurs en sac à dos.

À voir

Imelda (Ramona S. Diaz ; 2004). Documentaire sur Imelda Marcos, épouse de l'ancien président Ferdinand Marcos.

Captives (Brillante Mendoza ; 2012). Une humanitaire française (Isabelle Huppert) est capturée par un groupe d'extrémistes musulmans. Une approche quasi documentaire inspirée par des faits réels.

Busong (Auraeus Solito ; 2012). Une femme malade traverse Palawan à la recherche d'un guérisseur.

À lire

Saga de Rosales (Francisco Sionil José ; 2001). Une fresque romanesque en cinq tomes explorant l'histoire des Philippines.

Le Tessaract (Alex Garland ; 1999). Le deuxième roman de l'auteur de *La Plage* se déroule dans les bas-fonds de Manille.

L'Après-Midi bleu (William Boyd ; 1997). Une histoire d'amour entre Manille, Lisbonne et Los Angeles.

Quartier de Makati, Manille

HOLGER METTE / GETTY IMAGES ©

CAPITALE
Adamstown

POPULATION
65

SUPERFICIE
4,5 km²

LANGUES OFFICIELLES
Anglais, pitkern

Loris de Stephen, île d'Henderson

Île de Pitcairn

Débarquer sur ce territoire britannique perdu entre l'Australie et l'Amérique du Sud est une expérience à la fois oppressante et follement exaltante.

Vous souvenez-vous des mutins du *Bounty* ? En 1790, une partie de l'équipage de ce navire britannique et quelques Tahitiennes débarquent sur une île perdue au milieu de l'océan Pacifique, brûlant leur bateau pour échapper aux recherches de la marine anglaise. Les 65 habitants que compte l'île sont des descendants directs des mutins et de leurs compagnes. En prenant le temps de discuter avec eux, vous aurez tôt fait de déceler la fierté avec laquelle ces Anglo-Polynésiens évoquent leur héritage unique.

Mais comment faire pour se rendre dans cet archipel du bout du monde ? Pas difficile, il suffit d'embarquer dans le bateau qui part de Nouvelle-Zélande. Soyez précis sur vos dates, le navire effectue trois liaisons par an. Une fois sur place, vous aurez tout le loisir (jusqu'au prochain bateau) d'arpenter l'île en long et en large et de parler avec ses habitants. L'archipel se compose de deux atolls, de l'île de Henderson et de l'île de Pitcairn, la seule à être habitée.

Île de Pitcairn

Les incontournables

Grotte de Fletcher Christian

1 Escaladez le précipice pour rejoindre la grotte, puis observez Adamstown en contrebas en tentant d'imaginer ce que pouvait penser Fletcher Christian, chef des mutinés du *Bounty*, lorsqu'il se tenait à cet endroit. Pour rencontrer des insulaires et discuter avec eux, rendez-vous au Christian's Cafe.

Île d'Henderson

2 À 17 km au nord-est de Pitcairn, l'île inhabitée de Henderson, classée au patrimoine mondial de l'Unesco, est la plus vaste de l'archipel. Elle abrite quatre espèces endémiques d'oiseaux terrestres – l'intrépide rallidé de Henderson, incapable de voler ; le très coloré lori de Stephen ; le ptilope de Henderson ; et la fauvette de Henderson.

Piscine naturelle de Saint Paul

3 Piquez une tête dans les eaux fraîches et transparentes, d'un bleu électrique, de la piscine naturelle de Saint Paul. Cette superbe formation rocheuse aux allures de cathédrale encercle un bassin alimenté par la mer.

À table !

Fruit à pain Se mange vert, grillé au feu de bois ; son goût est à mi-chemin entre la pomme de terre et la noisette.

Miel Le miel local a la réputation d'être le plus pur du monde.

Quand partir

TOUTE L'ANNÉE

➡ Le taux d'humidité oscille entre 60 et 100%.

➡ Temps chaud.

OCT-AVR

➡ La moyenne des températures estivales est comprise entre 20 et 30°C.

AVR-OCT

➡ Saison sèche.

➡ Températures légèrement plus fraîches qu'en été.

CAPITALE
Varsovie

POPULATION
38,3 millions

SUPERFICIE
312 685 km²

LANGUE OFFICIELLE
Polonais

Place du Vieux-Marché (Stary Rynek), Poznań

Pologne

Alliant une nature généreuse et variée, des villes chargées d'histoire et pleines de caractère, la Pologne est un pays d'Europe de l'Est à redécouvrir.

Un voyage en Pologne promet généralement de belles expériences humaines. Vivant, dynamique, le pays revit après une période de mise sous tutelle de près d'un demi-siècle. Débarrassé de l'ombre de Moscou, il s'est résolument tourné vers l'Ouest. L'économie est en plein essor, et le visiteur sera bluffé par la cohabitation entre la tendance moderniste très marquée des centres urbains et les archaïsmes subsistant dans certaines campagnes.

Par-delà les péripéties politiques et les drames de ce siècle (Auschwitz, Katyń), une caractéristique ne s'est jamais démentie en Pologne : l'incroyable ferveur religieuse de son peuple, émouvante pour les uns, agaçante pour les autres. Villes historiques (Varsovie, Cracovie, Gdańsk...), mer (Baltique), montagnes (Tatras), grands lacs : la Pologne combine des attraits très divers, bien loin des poncifs sur la prétendue grisaille de l'ex-Europe de l'Est.

RUSSIE
(OBLAST DE KALININGRAD)
LITUANIE
BIÉLORUSSIE
(BÉLARUS)
UKRAINE
SLOVAQUIE
RÉPUBLIQUE TCHÈQUE
ALLEMAGNE
MER BALTIQUE
Lida
Sejny
Suwałki
Lac Wigry
Ełk
Lac Mamry
Lac Śniardwy
Białystok
Hajnówka
Terespol
Biała Podlaska
Siedlce
Łomża
Ostrołęka
Boug
Olsztyn
Ostróda
Iława
Elbląg
Malbork
Gdańsk
Hel
Gdynia
Łeba
Słupsk
Tczew
Starogard Gdański
Grudziądz
Brodnica
Toruń
Bydgoszcz
Włocławek
Płock
Kutno
VARSOVIE
Vistule
Radom
Puławy
Lublin
Chełm
Zamość
Stalowa Wola
San
Starachowice
Tarnobrzeg
Kielce
Piotrków Trybunalski
Pilica
Łódź
Wieluń
Częstochowa
Katowice
Bytom
Gliwice
Oświęcim
Kraków
Cracovie
Tarnów
Rzeszów
Jarosław
Przemyśl
Sanok
Nowy Sącz
Dunajec
Zakopane
Monts Tatras
Lviv
Dniestr
Loutsk
Ternopil
Inowrocław
Gniezno
Konin
Kalisz
Ostrów Wielkopolski
Poznań
Leszno
Wrocław
Opole
Ostrava
Brno
Wałbrzych
Karpacz
Jelenia Góra
Legnica
Lubin
Głogów
Zielona Góra
Oder
Warta
Gorzów Wielkopolski
Kostrzyn
Piła
Stargard Szczeciński
Koszalin
Kołobrzeg
Świnoujście
Szczecin
Cottbus
BERLIN
Dresde
Leipzig
Rostock
Schwerin
PRAGUE
Hradec Králové
0
200km
N
1
2
3
4
5
6
7
8
9
10

Pologne
Les incontournables

Cracovie

1 Capitale pendant près de 500 ans et épargnée par la Seconde Guerre mondiale, la deuxième ville de Pologne conserve un patrimoine architectural exceptionnel. Son centre, à l'ombre du château du Wawel et de la cathédrale Saints-Stanislas-et-Venceslas, arbore la plus grande place médiévale d'Europe (Rynek Główny). Celle-ci abrite la belle halle aux Draps du XIIIe siècle, maintes fois remaniée, et jouxte de nombreuses églises, dont la basilique Sainte-Marie (XIVe siècle). Ailleurs, l'ancien quartier juif de Kazimierz et sa vie nocturne animée contrastent avec les bâtiments en béton de Nowa Huta, ville-modèle socialiste érigée en 1949 autour d'une usine métallurgique.

Varsovie

2 Ravagée par la Seconde Guerre mondiale, la vieille ville, fondée au XIVe siècle, fut patiemment rebâtie en réutilisant autant que possible des éléments d'origine. Si la Voie royale se classe parmi les plus belles avenues d'Europe, plusieurs édifices retiennent aussi l'attention. Le Palais sur l'eau (fin du XVIIIe siècle), au cœur du parc Łazienki, arbore un style néoclassique plein d'élégance. Le palais de Wilanów (XVIIe siècle), lui, fait figure de petit Versailles.

Dans la citadelle du Wawel, Cracovie

1

Quant au gigantesque palais de la Culture et de la Science, il incarne l'archétype de l'architecture stalinienne.

Gdańsk

3 Grand port de la Baltique, l'ancienne Dantzig fut membre de la Hanse teutonique et joua un rôle commercial majeur en Europe du XIIIe au XVIIe siècle. De cette période florissante subsistent de superbes maisons de marchands à haut pignon, des palais et des églises gothiques, Renaissance et baroques, dont les styles trahissent l'héritage cosmopolite de la ville. Plusieurs musées contiennent de riches collections. Vous pourrez notamment admirer le *Jugement dernier* de Hans Memling au Musée national et mieux comprendre les liens de la cité avec la mer au Musée maritime.

Wrocław

4 Traversée par l'Oder et quatre de ses affluents, Wrocław (Breslau en allemand) a souvent été surnommée la "Venise polonaise". Il s'agit d'une des plus anciennes villes du pays, fondée aux IXe et Xe siècles, d'où l'intérêt de son centre historique, soigneusement reconstruit après la Seconde Guerre mondiale. Le *Panorama de Racławice* (1893-1894), une fresque de 114 m de long représentant la bataille éponyme, mérite également le coup d'œil. Enfin, une intense vie nocturne bat son plein dans les ruelles étroites bordées de nombreux bars et de restaurants.

Lacs de Mazurie

5 Les amateurs de balades fluviales en barque, en kayak ou en voilier apprécieront cette région comptant quelque 3 000 lacs, reliés entre eux par un réseau de canaux et de rivières. Les deux principales villes, Giżycko et Mikołajki, ont toutes les infrastructures touristiques requises. En hiver, le ski de fond remplace le ski nautique sur la surface gelée des plans d'eau.

Forêt de Białowieża

6 Réserve de biosphère inscrite au patrimoine mondial de l'Unesco, cette forêt primaire à la frontière de la Biélorussie constitue

Sur 100 personnes en Pologne

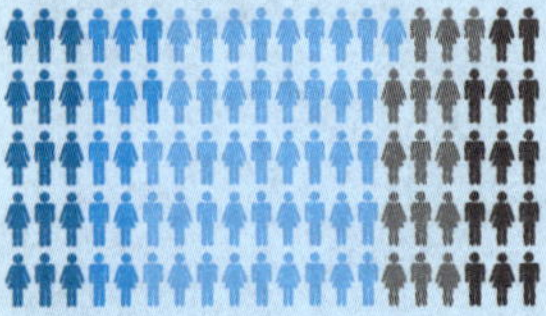

15 ont moins de 14 ans
12 ont entre 15 et 24 ans
44 ont entre 25 et 54 ans
15 ont entre 55 et 64 ans
14 ont plus de 65 ans

Religions

(% de la population)

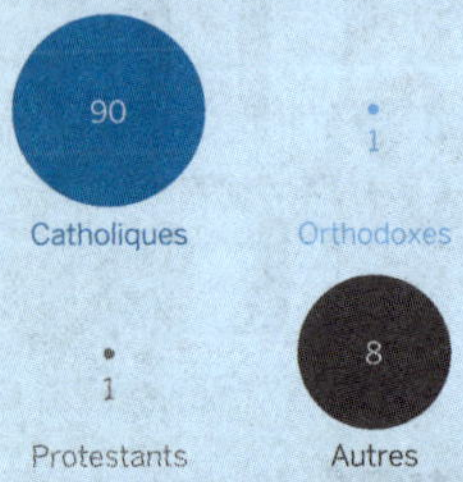

Population au km²

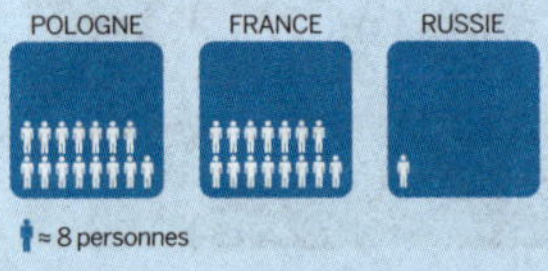

La résurrection de Varsovie

Presque entièrement rasée par les Allemands à la fin de la Seconde Guerre mondiale, Varsovie faillit perdre son statut de capitale avant qu'il ne soit décidé de la reconstruire. Ses monuments historiques majeurs furent restaurés à l'identique sur la base de dessins et de photos. Le chantier destiné à redonner à la vieille ville son aspect des XVIIe et XVIIIe siècles dura de 1949 à 1963. Aujourd'hui, aucun édifice ne semble avoir moins de 200 ans, et l'ensemble a été inscrit sur la liste du patrimoine mondial de l'Unesco en 1980.

À table

Bière Bonne et pas chère, on la déguste souvent dans des pubs avec jardin.

Bigos Choucroute garnie de viande et de saucisses.

Pain Très important dans l'alimentation, le pain (*chleb*) se décline sous de nombreuses formes, le plus traditionnel étant à base de seigle.

Pâtisseries *Szarlotka* (gâteau aux pommes), *sernik* (gâteau au fromage blanc), *makowiec* (brioche roulée à la pâte de pavot)...

Pierogi Raviolis.

Placki ziemniaczane Galettes de pommes de terre frites, à déguster nature ou en sauce.

Soupes Le *żurek* (soupe aigre à base de farine de seigle fermentée, de légumes, de lardons et d'œufs durs) et le *barszcz* (soupe de betteraves) font partie des nombreuses soupes polonaises roboratives.

Wódka La vodka polonaise existe nature ou aromatisée au genièvre (*myśliwska*), à la cerise (*wiśniówka*) ou à l'herbe aux bisons (*żubrówka*).

WITOLD SKRYPCZAK / GETTY IMAGES ©

Plage à Świnoujście

l'unique vestige de celle qui recouvrait jadis le centre et le nord de l'Europe. Des bisons y ont été réintroduits avec succès, de même que des chevaux Konik polonais et quelques loups. On peut la visiter avec un guide.

Plages de la Baltique

7 Certes, la saison est courte, mais si vous ne craignez pas la fraîcheur de l'eau, les plages de la Baltique vous tendent leur sable clair. La plupart des vacanciers mettent le cap sur les stations de la côte, optant pour l'atmosphère hédoniste de Darłówko, le chic de Świnoujście ou les activités thermales de Kołobrzeg. Mais si vous préférez échapper au tourisme de masse, direction les dunes mouvantes du parc national de Słowiński.

Toruń

8 La ville natale du grand astronome Nicolas Copernic se dresse fièrement le long des méandres de la Vistule, dans

Quand partir

HAUTE SAISON (mai-septembre)

- Temps ensoleillé en juin-juillet, mais pluies possibles le reste du temps.
- Les musées, parcs nationaux et autres curiosités sont ouverts au public.
- Beaucoup de touristes, surtout le week-end.

SAISON INTERMÉDIAIRE (mars-avril et octobre)

- Certains sites peuvent être fermés.
- Il fait frais en avril et en octobre, avec parfois du soleil.
- Réservez tôt pour le week-end de Pâques car il y a foule.

BASSE SAISON (novembre-février)

- Période des sports d'hiver en montagne.
- Beaucoup de monde entre Noël et le Nouvel An.
- Dans les petites localités, musées et châteaux peuvent être fermés.

le nord du pays. Fondée au XIIIe siècle par les chevaliers teutoniques, elle recèle un centre gothique fortifié figurant au patrimoine mondial de l'Unesco. Parmi ses monuments majeurs, l'hôtel de ville, le château et la cathédrale Saint-Jean-l'Évangéliste retiennent particulièrement l'attention. Profitez de votre séjour pour goûter le fameux pain d'épice local, auquel un musée est même consacré.

Transports

Bus Les bus peuvent être pratiques pour de courts trajets ou dans les Tatras. Autrement, mieux vaut prendre le train, plus rapide et plus confortable, ou les minibus, plus directs.

Train Bon marché, fiable et rarement bondé, c'est le moyen de transport à privilégier, en particulier sur les longues distances. La plupart des trains disposent de wagons de 1re classe (*pierwsza klasa*) et de 2e classe (*druga klasa*) ; comptez une différence de prix de 50% entre les deux.

Voiture et moto Les grandes compagnies de location internationales ont des agences dans les principaux centres urbains et les aéroports. Elles pratiquent des tarifs comparables à ceux de l'Europe de l'Ouest. Garez-vous de préférence sur des parkings gardés, car le vol constitue un problème en Pologne.

Château de Malbork

9 Édifiée au XIIIe siècle par les chevaliers Teutoniques, cette forteresse de Poméranie devint le siège de l'État monastique que cet ordre militaire instaura en Prusse et dans les pays Baltes. L'immense complexe en briques, qui comprend à la fois des ouvrages défensifs, des bâtiments résidentiels et des lieux de culte, se reflète joliment dans les eaux de la Nogat.

Auschwitz-Birkenau

10 À 60 km à l'ouest de Cracovie, l'actuelle ville industrielle d'Oświęcim est passée à la postérité sous son nom allemand : Auschwitz. Quatre millions de personnes, dont 2,5 millions de juifs, furent exterminées dans le camp construit par les nazis en 1941 dans la campagne voisine. Au-delà de la sinistre inscription *"Arbeit macht frei"* ("Le travail rend libre") de la grille d'entrée, les anciens blocs des prisonniers abritent des expositions illustrant toute l'horreur de la solution finale. Non loin, le camp de Birkenau donne à voir les chambres à gaz utilisées pour ce meurtre de masse.

À voir

L'Amateur (Krzysztof Kieślowski ; 1979). Un film sur le pouvoir du cinéma et la censure dans la Pologne communiste.

Katyń (Andrzej Wajda ; 2007). L'histoire de l'exécution par la police soviétique de plus de 20 000 officiers polonais dans la forêt de Katyń en 1940.

Le Pianiste (Roman Polanski ; 2002). Drame tiré de la vie du pianiste juif Władysław Szpilman dans le ghetto de Varsovie durant la Seconde Guerre mondiale.

À lire

Histoire de la Pologne (Norman Davies ; 1981). Une somme couvrant 1 000 ans d'histoire polonaise.

L'Oiseau bariolé (Jerzy Kosiński ; 1965). Les souffrances vécues par un petit garçon, considéré comme un Tsigane ou un Juif, durant la Seconde Guerre mondiale.

L'Officier polonais (Alan Furst ; 1995). Un roman d'espionnage situé en Pologne à la veille de la guerre.

9

WITOLD SKRYPCZAK / GETTY IMAGES ©

CAPITALE
San Juan

POPULATION
3,6 millions

SUPERFICIE
13 790 km²

LANGUES OFFICIELLES
Espagnol, anglais

Playa Flamenco, Culebra

Porto Rico

État libre associé aux États-Unis, Porto Rico offre un savoureux cocktail de culture hispano-caribéenne et de mode de vie américain.

Sable blond, histoire riche et paysages d'une grande diversité : voici résumé à grands traits ce qui caractérise l'arrière-cour ensoleillée des États-Unis, surnommée à juste titre l'“île de l'enchantement”. C'est la seule île des Caraïbes où l'on peut aller surfer avant le petit-déjeuner, randonner dans la forêt tropicale après le déjeuner, et se mettre au diapason d'une ville cosmopolite la nuit venue.

Entre casinos clinquants et coassement des grenouilles, Porto Rico est pour le moins une terre de contrastes, d'autant que ce point d'accès aux Caraïbes est très nettement marqué par l'influence des États-Unis. Passé la jungle des gratte-ciels, le voyageur pourra profiter sans perte de temps des plages et du patrimoine historique de l'île. Toutefois, le vrai visage de l'île ne se dévoile qu'à ceux qui prennent le temps de la découvrir plus en profondeur et d'explorer les hauteurs brumeuses des montagnes du Centre.

Porto Rico
Les incontournables

Vieux San Juan

1 Fondée en 1521, San Juan est la deuxième plus ancienne colonie européenne des Amériques. Il ne faut pas beaucoup de temps pour succomber au charme de son centre historique, avec ses édifices coloniaux aux tons pastel et ses majestueuses forteresses. Depuis les remparts d'El Morro, le regard embrasse un vaste panorama qui donne toute la mesure de la beauté du lieu, du dédale de ruelles à l'immensité de l'océan. En journée, immergez-vous dans la riche histoire de la cité, marquée par des batailles homériques entre Espagnols et corsaires anglais. Le soir, mêlez-vous à la foule des touristes et des habitants.

Reserva Natural de las Cabezas de San Juan, "El Faro"

2 Cette réserve occupe un territoire de 128 ha à la pointe nord-est de Porto Rico. C'est la destination rêvée pour échapper, le temps d'une journée d'excursion, aux gratte-ciel du centre de San Juan et pour s'émerveiller devant les trésors écologiques de l'île. Après un bref détour par le centre des visiteurs, les voyageurs commencent une visite très dense qui leur fait découvrir la faune et la flore : herbes marines suivant le tracé de la mangrove et des lagunes, iguanes géants détalant à l'approche de l'homme, et crabes se hâtant sur les rivages rocailleux. Le plus ancien phare de Porto Rico (El Faro) ajoute une touche historique au lieu.

Playa Flamenco

3 Se déployant sur près de 2 km autour d'une baie abritée en forme de fer à cheval, Playa Flamenco n'est pas seulement la plus belle plage de Culebra. Elle est également considérée par beaucoup comme la plus belle de Porto Rico, voire des Caraïbes. Mais tâchons d'être objectif… Cette demi-lune de sable blanc baignée d'eaux cristallines a un charme indéniable. Avec en arrière-plan une végétation de broussailles basses au lieu des habituels palmiers, Playa Flamenco est l'unique plage publique de l'île et la seule où le camping est autorisé.

BRYAN MULLENNIX / GETTY IMAGES ©

Parque de Bombas, Ponce

Surf à Rincón

4 En hiver, le vent fait déferler de belles vagues à Rincón, l'un des grands spots de surf des Caraïbes. Et si les rouleaux font les délices des surfeurs pros, les débutants pourront aussi se faire plaisir en s'attaquant à des breaks plus calmes à proximité. Au coucher de soleil, les habitants et les touristes savourent plats bon marché et bière fraîche. Tout ce petit monde fait connaissance dans les bars de plage ou sur le sable, autour de feux de camp.

Ponce

5 Légèrement en retrait de la côte méridionale, Ponce se prévaut d'un intéressant patrimoine, dont la pièce maîtresse est la majestueuse cathédrale de Notre-Dame de Guadelupe. La ville possède aussi plusieurs musées d'intérêt, comme le Ponce Museum of Art, un musée d'art moderne. Si vous appréciez les points de vue, vous ne serez pas déçu par celui qu'offre la Cruceta el Vigia (juste au nord du centre) sur la ville et jusqu'à la mer.

Quand partir

HAUTE SAISON (mi-déc à mi-avr et juil)

➡ Les Nord-Américains fuient les rigueurs de l'hiver et le prix des hôtels grimpe.

➡ En juillet, c'est au tour des familles portoricaines de faire monter les tarifs des hébergements.

SAISON INTERMÉDIAIRE (sept-nov et mi-avr à mai)

➡ Tarifs modérés. Les infrastructures touristiques profitent de cette saison pour se refaire une santé.

BASSE SAISON (juin-nov)

➡ Sauf en juillet, l'île ne connaît pas vraiment de saison des ouragans. Certains complexes hôteliers proposent des séjours à prix réduit. En revanche, les tarifs des petits hôtels sont stables.

Sur 100 personnes à Porto Rico

75 sont blanches
12 sont noires
13 ont d'autres origines

Religions

(% de la population)

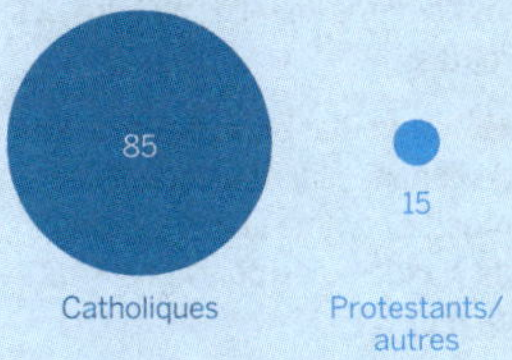

Population au km²

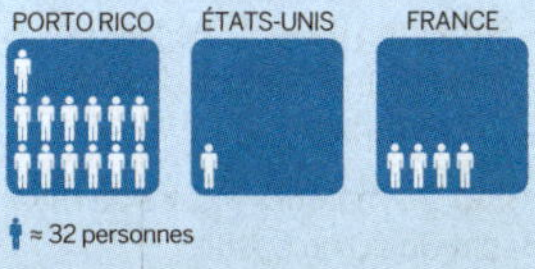

Un festin d'en-cas

Prix doux, ambiance bigarrée et style portoricain authentique : les *friquitines* (aussi appelés *quioscos*, *kioskos* ou simplement étals de nourriture) servent les en-cas bon marché parmi les meilleurs de l'île. Du troquet enfumé au *food truck* garé en bord de route, ils proposent une cuisine de restauration rapide toujours faite maison avec des produits locaux, et surtout, absolument délicieuse.

Le rassemblement de *friquitines* permanents le plus connu de l'île (plus d'une soixantaine en tout) est installé sur le front de mer, à Luquillo. D'autres étals plus itinérants ouvrent le week-end dans des lieux comme Piñones, près de San Juan, et Boquerón sur la côte ouest. Mais de toute façon, vous en croiserez à peu près partout.

À table !

Brazo gitano Le "bras gitan" est un énorme gâteau roulé garni de fruits frais et de crème pâtissière.

Chuletas can-can Côte de porc frite. Celle du Restaurante La Guardarraya mérite le détour.

Lechón asado Le cochon de lait rôti au feu de bois est vendu dans les camions installés au bord des routes.

Mofongo Plat portoricain, à base de banane plantain écrasée et moulée comme un flan, garnie de viande ou de poisson et fruits de mer.

Piña colada Mélange de jus d'ananas et de crème de coco, servant de base au fameux cocktail au rhum.

Sorullitos de maíz Beignets à la farine de maïs faisant d'excellents en-cas de bar.

Ron Les marques locales de rhum sont Don Q ou Castillo.

LINDA WHITWAM / GETTY IMAGES ©

Cordillère centrale

Café frais dans les montagnes du Centre

6 Les plantations de café de Porto Rico offrent aux amateurs une chance rare : celle de siroter une tasse fumante de délicieux café frais tout en contemplant les vallons ondoyants et les paisibles vallées où les grains sont cultivés, torréfiés puis moulus. La Ruta Panorámica, qui serpente à travers les montagnes, passe de plantation en plantation. Le village de Jayuya est situé au cœur de cette région caféière.

Kayak sur le Lago Dos Bocas

7 Cachées dans la végétation luxuriante des montagnes du Centre, les eaux paisibles du Lago Dos Bocas permettent aux kayakistes de glisser tranquillement au fil de l'eau. Le lac est situé à proximité de la station de montagne d'Utuado. On peut louer des embarcations dans les restaurants situés au bord du plan d'eau. Après plusieurs heures passées à pagayer, il n'y a plus qu'à se régaler de poisson frais.

Transports

Avion Des vols relient San Juan aux îles de Culebra et Vieques.

Bateau Des ferrys circulent 3 à 4 fois par jour de Fajardo à Vieques et Culebra.

Públicos Ce sont de grands camions qui prennent et déposent les passagers très régulièrement et circulent entre certaines grandes villes. Moyen de transport bon marché mais lent.

Voiture Des routes en bon état relient San Juan à toutes les villes de l'île en moins de 2 heures de trajet. N'embarquez pas de voiture de location sur le ferry pour Vieques ou Culebra, sous peine de voir taxé de nullité le contrat passé avec l'agence de location.

Praia da Dona Ana, Algarve

CAPITALE
Lisbonne

POPULATION
10,8 millions

SUPERFICIE
92 090 km²

LANGUE OFFICIELLE
Portugais

Portugal

Aussi petit que passionnant, ce pays de châteaux médiévaux, de villages aux ruelles pavées et de plages de sable doré se quitte à regret.

Celtes, Romains, Wisigoths ont tous influencé le Portugal avant l'arrivée des Maures puis la reconquête du pays par les chrétiens. Un voyage au Portugal revient souvent, de fait, à faire un plongeon dans l'histoire. Il n'est qu'à contempler des gravures rupestres à Vila Nova de Foz Côa, admirer le coucher du soleil sur de mystérieux mégalithes aux alentours d'Évora et se perdre dans les sites classés au patrimoine mondial de l'Unesco à Tomar, Belém ou Batalha.

Hors des villes et de leurs splendides quartiers médiévaux, la beauté des paysages s'affiche un peu partout dans le pays. Partez en randonnée parmi les pics granitiques du Parque Nacional da Peneda-Gerês ou explorez la nature intacte et les villages anciens des Beiras. Les côtes procurent d'innombrables plaisirs : scruter l'horizon du haut des falaises qui marquaient jadis le bout du monde ; surfer des breaks légendaires ; lézarder sur des îles sablonneuses entourées d'une eau bleue.

ESPAGNE
OCÉAN ATLANTIQUE
Monção
Valença do Minho
Lima
Parque Natural de Montesinho
Bragança
Parque Nacional da Peneda-Gerês
Ponte de Lima
Viana do Castelo
Chaves
Miranda do Douro
Braga
Barcelos
Mirandela
Guimarães
12
Mogadouro
Villa do Conde
Vila Real
5
Amarante
Parque Natural do Douro International
Peso da Régua
Porto
8
Douro
Pocinho
Lamego
Vila Nova de Foz Côa
Barca de Alva
Espinho
São Pedro do Sul
Ovar
Pinhel
7
Aveiro
Viseu
Mangualde
Guarda
Vilar Formosa
Tondela
Gouveia
Mira
Parque Natural da Serra da Estrela
Sortelha
10
Covilhã
Coimbra
Figueira da Foz
Fundão
Lousã
Alagon
Plasencia
Pombal
Castelo Branco
Leiria
Parque Natural do Tejo Internacional
Fátima
Nazaré
Tomar
Parque Natural das Serras de Aire e Candeeiros
Castelo de Vide
Cáceres
Abrantes
Caldas da Rainha
Peniche
Óbidos
Portalegre
Santarém
Tage
Ponte de Sor
Parque Natural da Serra de São Mamede
2
Barragem do Caia
Sintra
Coruche
Mora
Mérida
Parque Natural de Sintra-Cascais
Mafra
Elvas
Badajoz
Caia
Estremoz
Borba
1
Lisbonne
Cascais
Vendas Novas
Montemor-o-Novo
ESPAGNE
Barreiro
Évora
Parque Natural da Arrábida
Setúbal
4
Reguengos de Monsaraz
Zafra
Alcácer do Sal
Moura
Barrancos
Santiago do Cacém
Ferreira
Beja
Barragem do Roxo
Serpa
Sines
Vila Verde de Ficalho
Aracena
Aljustrel
Vila Nova de Milfontes
Parque Natural do Vale do Guadiana
Parque Natural do Sudoeste Alentejano e Costa Vicentina
Ourique
Mértola
Odemira
Alcoutim
Odeceixe
Vila Real de Santo António
Monchique
Aljezur
Huelva
Silves
Portimão
Loulé
11
Tavira
6
Lagos
Albufeira
3
9
Cap Saint-Vincent
Sagres
Faro
Ilha de Tavira
Lucio de los Ansares
0
100 km

Portugal
Les incontournables

Alfama (Lisbonne)

1 Dédale de ruelles enchevêtrées et de cours secrètes, le quartier de l'Alfama rappelle une médina mauresque. Il n'est pas meilleur endroit dans Lisbonne où se perdre et ressentir l'âme de la ville. Accompagné par le son mélancolique du fado et par les effluves de sardines grillées, vous passerez devant de minuscules épiceries, des façades couvertes d'azulejos et des tavernes bondées. Puis, au détour d'une rue, vous découvrirez les toits qui dévalent jusqu'au Tage miroitant et vous serez conquis.

Sintra

2 À moins d'une heure de train de la capitale, Sintra semble appartenir à un autre monde. Telle une ville de conte de fées, elle est dominée par un palais blanchi à la chaux et parsemée de tavernes aux murs de pierre. Alentour, des collines boisées recèlent d'imposants châteaux, des jardins mystérieux, d'étranges demeures et des monastères séculaires. La brume qui s'étend en soirée ajoute à la magie de l'endroit et il fait bon se réchauffer devant la cheminée d'une des nombreuses charmantes pensions.

Musicien de rue jouant du fado à Lisbonne

Parque Natural da Ria Formosa

3 Le long des côtes de l'Algarve, cette lagune protégée de 18 000 ha s'étire sur 60 km et se compose de *sapais* (marécages), de *salinas* (marais salants), de criques et d'îles de dunes. Vous pourrez y observer une grande variété d'oiseaux aquatiques. Elle est accessible depuis diverses localités : prenez un bateau qui vous déposera sur une plage déserte ou empruntez le sentier nature pour admirer les nombreux oiseaux aquatiques.

Sur 100 personnes au Portugal

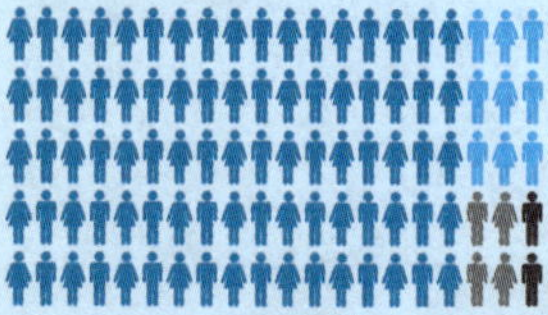

85 sont catholiques
9 sont d'autres confessions
4 sont athées
2 sont chrétiens d'autres confessions

Secteurs d'activités

(% de la population active)

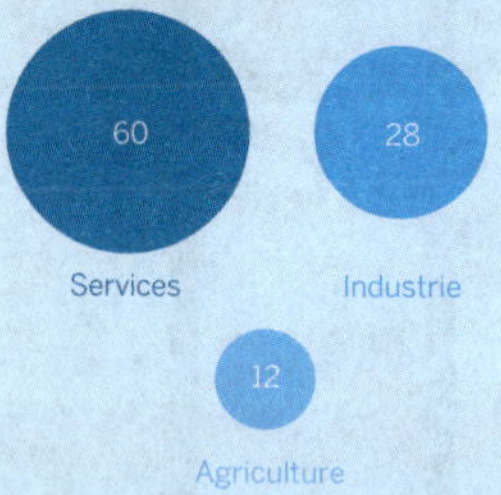

Population au km²

Évora historique

4 Évora est la perle de l'Alentejo et l'une des cités médiévales les mieux préservées du Portugal. Elle protège ses merveilles architecturales derrière des remparts du XIVe siècle : une cathédrale médiévale élaborée jouxtée d'un cloître, des vestiges romains et une place pittoresque. Évora est aussi une ville universitaire dynamique et de nombreux restaurants servent l'excellente cuisine alentéjane.

Vins du Douro

5 Détentrices de l'appellation viticole la plus ancienne au monde, les terres de l'Alto Douro (Haut-Douro) produisent depuis des siècles des vins goûteux sur des terrasses abruptes qui flanquent le Rio Douro. Que vous veniez en voiture par des petites routes pittoresques, ou par bateau ou train de Porto, prenez le temps d'explorer la région et de goûter ses crus. De nombreux viticulteurs proposent visites, dégustations et séjours.

Falaises du Cabo de São Vicente

6 Les falaises dénudées du Cabo de São Vicente marquent l'extrémité sud-ouest de l'Europe. À l'âge d'or de la navigation portugaise, les marins disaient ici adieu à leur pays, sans doute un peu nerveux de mettre le cap sur l'inconnu. Le fantôme de Vasco de Gama hante peut-être ce cap venteux, où se dressent une forteresse et un phare. Un musée retrace aujourd'hui l'histoire de la navigation maritime portugaise.

La saudade, ou le spleen portugais

Il n'est pas facile d'appréhender le concept délicat et difficile à traduire qu'est la saudade. Dans sa forme la plus pure, la saudade est un sentiment de nostalgie, l'expression profondément mélancolique d'un manque : une personne, un lieu, toute chose qui nous échappe à jamais. Intimement liée à l'histoire maritime du Portugal, la saudade est une composante fondamentale de l'identité portugaise. Cinéma, littérature et surtout musique se sont abondamment nourris de ce sentiment si indéfinissable. Les linguistes sont incapables de dater précisément l'apparition du terme saudade. Certains le font remonter à l'époque des grandes découvertes, lorsque marins, capitaines et explorateurs, partis des mois sur les mers, exprimaient leur mal du pays.

À table !

Bifana Porc frit, servi dans un petit pain. Les meilleures sont celles de l'Alentejo.

Francesinha L'en-cas favori à Porto est un épais sandwich garni de viandes, nappé de fromage fondu.

Poulet grillé Cuisiner un poulet au barbecue est un art au Portugal. Relevez-le de piri-piri (sauce piquante).

Arroz de cabidela Ce riz préparé avec un poulet et son sang est un délice.

Pastel de nata Flan, de préférence servi chaud et saupoudré de cannelle.

Conserves de poissons Sardines, maquereaux et thon servis avec du pain, des olives et d'autres accompagnements sont les derniers en-cas en vogue à Lisbonne.

Porc à l'alentéjane Entre terre et mer, ce plat typique de l'Alentejo marie à merveille la viande de porc et les palourdes.

MAREMAGNUM / GETTY IMAGES ©

Façade recouverte d'azulejos de l'Igreja do Carmo, Porto

Villages des Beiras

7 Des villages aux murs de schiste accrochés sur des collines en terrasses aux sentinelles de pierre hérissées qui gardaient jadis la frontière orientale contre les incursions espagnoles, la terre des Beiras est parsemée de bourgades anciennes et pittoresques : Piódão, Trancoso, Sortelha, Monsanto. Aujourd'hui quasi dépeuplées mais encore ignorées du tourisme de masse, elles comptent parmi les destinations les plus attrayantes du pays.

Porto

8 Porto la romantique ? Certes, ses rues piétonnes recouvertes de mosaïque, ses églises baroques et son quartier de la Ribeira inscrit au patrimoine mondial de l'Unesco, lui donne un air sage. Mais le week-end, lorsque vient la nuit, le centre-ville s'emplit d'une foule animée passant de restaurants en bars et de clubs en *after parties*. La capitale du nord du pays est aussi le berceau du vin homonyme. Les caves bordant le Douro, à Vila Nova de Gaia, recèlent une myriade de salles de dégustation.

Quand partir

HAUTE SAISON
(juil-août)

- Le prix des hébergements augmente de 30 %
- Forte fréquentation dans l'Algarve et les régions balnéaires.
- La chaleur règne, surtout dans le Sud et les terres.

SAISON INTERMÉDIAIRE
(mai-juin et sept)

- La douceur du climat favorise les activités de plein air.
- Les fêtes les plus animées se déroulent en juin.
- Fréquentation et prix raisonnables.

BASSE SAISON
(déc-mars)

- Les jours sont plus courts, plus pluvieux et il peut faire très froid dans l'arrière-pays.
- Des prix bas et peu de touristes.
- Les sites ferment plus tôt.

Ilha de Tavira

9 Paradis pour les amoureux du soleil, de la plage, de la nature (et du naturisme), l'île de Tavira déroule ses étendues de sable blond à perte de vue. Faisant partie du Parque Natural da Ria Formosa, elle comprend un train miniature pour le transport, des restaurants animés, un camping et une plage nudiste. Quasi déserte en dehors de la haute saison, elle voit déferler des hordes de touristes en juillet et août.

Coimbra

10 Cité de la connaissance, Coimbra grimpe du Rio Mondego jusqu'au quartier médiéval qui abrite l'une des plus anciennes universités d'Europe. Les étudiants en cape noire arpentent les rues étroites, tandis que des musiciens jouent du fado sous l'arc mauresque. Les enfants apprécieront le Portugal dos Pequenitos, un parc à thème avec des monuments du pays en miniature.

L'Algarve

11 Les amoureux des plages n'auront que l'embarras du choix. L'Algarve offre un littoral varié avec des îles sablonneuses accessibles uniquement en bateau, des rives adossées à des falaises, des plages peu fréquentées et d'autres bondées à proximité de l'animation nocturne. Vous passerez la journée à batifoler dans les vagues, à vous promener le long de l'océan ou à surfer des breaks mémorables.

Marché de Barcelos

12 Au nord-ouest du Portugal, la région du Minho est réputé pour ses vastes marchés en plein air. Le plus grand et le plus ancien, la Feira de Barcelos, se tient le jeudi sur les rives du Rio Cávado. Les *louças* (vaisselles) en terre cuite de Barcelos et les figurines de Rosa Ramalho, une potière locale, ont la faveur des touristes, tandis que les villageois préfèrent poulets, tissus brodés main, vanneries et jougs de bœuf sculptés.

Transports

Bus Moins cher et plus lent que le train. Utile pour les villages isolés non desservis par le train. Service réduit le week-end.

Voiture Utile pour visiter les villages et les parcs nationaux. On peut louer des voitures dans les grandes villes.

Train Très abordable, avec un réseau correct entre les grandes villes du nord au sud.

À voir

Lisbonne story (Wim Wenders ; 1994). La déclaration d'amour à Lisbonne du cinéaste allemand.

Capitaines d'avril (Maria de Medeiros ; 2000). La révolution des Œillets de 1974.

Les Mille et Une Nuits (Miguel Gomes ; 2015). Cette fresque en trois volets brasse une multitude d'histoires pour raconter le Portugal d'aujourd'hui.

À lire

Le Dieu manchot (José Saramago ; 1982). Histoire d'amour et humour noir dans le Portugal du XVIIIe siècle.

Le Livre de l'intranquillité (Fernando Pessoa ; 1982). Chef-d'œuvre du plus grand poète portugais.

Le Manuel des inquisiteurs (António Lobo Antunes ; 1996). La vie sous Salazar.

Le coq de Barcelos est l'un des emblèmes du Portugal

![Qatar flag]

CAPITALE
Doha

POPULATION
2,1 millions

SUPERFICIE
11 586 km²

LANGUE OFFICIELLE
Arabe

Tour Al-Bidda, Doha

Qatar

Combinant héritage bédouin et infrastructures modernes, le Qatar constitue une introduction confortable au monde arabe.

Si les Qataris s'enorgueillissent de leurs racines d'hommes du désert, ils sont également très fiers de Doha. On comprend vite pourquoi en découvrant cette rutilante capitale en bord de mer, hérissée de gratte-ciel et émaillée de galeries marchandes d'un luxe extravagant qui font d'elle la destination numéro un du Golfe.

Toutefois, l'attrait du pays ne se résume pas à la frénésie du shopping. Avec ses vieux souks pittoresques, son musée d'Art islamique de premier ordre et ses paysages dunaires, l'émirat mérite sans conteste le détour, d'autant qu'il échappe actuellement aux tensions qui règnent dans la région.

Cette jeune nation pétrolière connaît une croissance économique rapide, à peine ralentie par la crise globale. Elle investit notamment dans le domaine sportif, avec l'organisation de grandes compétitions internationales, ainsi que dans l'enseignement et la recherche, avec la création du pôle Education City regroupant les campus de plusieurs universités américaines.

Qatar Les incontournables

Doha

1 La corniche de 7 km qui longe le front de mer jalonné de constructions ultramodernes constitue sans aucun doute le fleuron de la capitale qatarie. La parcourir vous fera faire un véritable saut dans le futur. Façonnée artificiellement en forme de croissant, la baie de Doha est sillonnée de voies pédestres et de pistes cyclables ombragées. De l'autopont de la rue Ras Abou Abboud, à l'extrémité sud-est, marchez ou conduisez en direction de l'hôtel Sheraton à la découverte des monuments marquants.

Musée d'Art islamique

2 Ce musée phare de Doha, conçu par le célèbre architecte Ieoh Ming Pei (auquel on doit la pyramide du Louvre), s'inscrit au milieu de vastes pelouses et d'arbres ornementaux, sur un îlot construit spécialement pour l'accueillir. Si l'édifice s'inspire de la mosquée Ibn Tulun du Caire, ses façades blanches presque aveugles (pour réduire la consommation d'énergie) et ses "douves virtuelles" lui donnent plutôt l'allure d'une forteresse postmoderne. Il réunit l'une des plus importantes collections d'art islamique au monde, dont les pièces – tapis, textiles, céramiques, émaux, verre, bijoux, etc. – provenant de trois continents datent du VIIe au XIXe siècle. Même si vous n'y faites qu'un bref passage, vous aurez de quoi vous émerveiller.

Souk Waqif

3 C'est ici que les Bédouins firent pendant des siècles le commerce des moutons, des chèvres et de la laine. Devenu, à la fin du siècle dernier, un dédale bétonné peu reluisant, plus ou moins condamné à la démolition, le secteur a été rebâti à l'image d'un souk du XIXe siècle, avec des échoppes en terre crue, des poutres apparentes et quelques bâtiments anciens joliment restaurés. En dehors du shopping, les allées au parfum de cardamome invitent à flâner en regardant les boutiques ou à passer le temps dans d'agréables cafés. Et si vous avez faim, il y a aussi des restaurants.

ROBERT VAN DER HILST / GETTY IMAGES ©

Khor al-Adaid

4 Cette baie du golfe Persique, dans le sud du pays près de la frontière saoudienne, constitue le plus beau site naturel du Qatar. Souvent comparée à un lac ou à une mer intérieure, elle est entourée de barkhanes, des dunes en forme de croissant. Splendide à l'approche du crépuscule, le paysage revêt un aspect plus magique encore quand la blancheur des sebkhas (dépressions salines) resplendit sous la pleine lune. L'endroit se prête par ailleurs à l'observation des étoiles.

Pétroglyphes d'Al-Jassasiya

5 Très peu de visiteurs ont eu la chance d'admirer ces gravures rupestres situées dans un coin de désert hostile du nord du Qatar. Jusqu'à une période récente, leur localisation exacte restait secrète, et seuls les initiés équipés d'un 4x4 savaient les débusquer. Quelque 900 pétroglyphes remarquables ont été répertoriés sur 580 sites, mais ils n'ont guère fait l'objet d'études approfondies depuis leur découverte en 1961. Beaucoup représentent des bateaux de différentes époques, dont certains remonteraient au néolithique.

Bir Zekrit

6 Ce petit escarpement calcaire sur la côte ouest de la péninsule, près de Dukhan, tranche avec le relief essentiellement plat du Qatar.

Sur 100 personnes au Qatar

40 sont arabes
18 sont indiennes
18 sont pakistanaises
10 sont iraniennes
14 sont d'une autre origine

Religions

(% de la population)

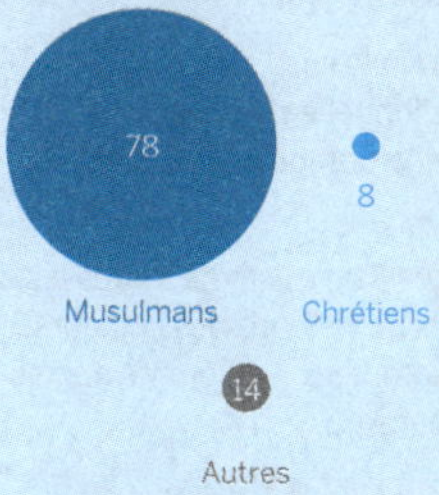

Population au km²

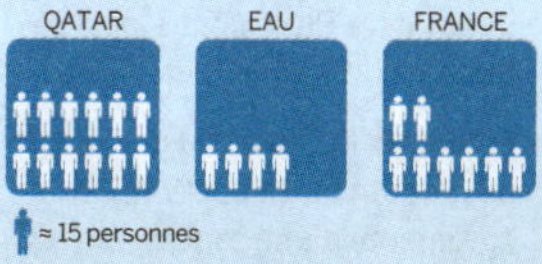

Quand partir

NOVEMBRE-MARS

➡ Un temps doux succède à la chaleur intense et à l'humidité de l'été.

AVRIL

➡ La Coupe de l'émir donne l'occasion d'assister aux meilleures courses de dromadaires.

JUIN

➡ Le Grand Prix du Qatar de course off-shore se déroule dans la baie de Doha.

Masbaha

Au café, en fumant le narguilé ou dans une réunion d'affaires, les Qataris ne peuvent s'empêcher de tripoter machinalement la *masbaha* (chapelet coranique) de 33, 66 ou 99 perles qu'ils portent au poignet. Ils la font même tournoyer au-dessus de leur tête comme une crécelle lors des fêtes et des mariages. L'objet peut être en perles fines ou en jade, provenir d'un souk local ou être composé d'éléments achetés à grand prix dans tous les coins du monde. Les chapelets en ambre ont toutefois la préférence.

Apparue dès les premiers temps de l'islam, la *masbaha* sert à l'origine de support à la contemplation divine, et les hommes l'égrènent en récitant les noms ou les attributs d'Allah. Si beaucoup continuent de l'utiliser à des fins religieuses, elle revêt néanmoins toutes sortes d'autres fonctions, pouvant faire office, par exemple, de talisman, de doudou ou de signe extérieur de richesse.

À table !

Alcool Disponible uniquement dans les hôtels et les restaurants haut de gamme.

Café On le sert traditionnellement léger avec de la cardamome ou fort et très sucré.

Dattes Il en existe de toutes les tailles et de toutes les couleurs, consommées à différents degrés de maturité.

Eau du robinet Bien qu'elle soit potable, la plupart des gens préfèrent l'eau en bouteille.

Langouste Ce crustacé local se mange grillé.

Makbous Riz épicé au poulet, au mouton ou au poisson, agrémenté d'une sauce.

Jeune Qatari et son faucon

L'action du vent a érodé les roches sédimentaires plus tendres, dévoilant de drôles de formes et sculptant même un étonnant champignon. Les plages environnantes, jonchées de coquilles d'huîtres riches en nacre et d'autres bivalves, bordent des eaux calmes et peu profondes.

Souk aux faucons

7 À côté du souk Waqif, ce nouveau souk vend tout ce qui a trait à la fauconnerie, des capuchons pour rapaces aux plumes. Durant la saison, d'octobre à mars, il abrite aussi des dizaines de faucons pèlerins et autres espèces sur leur perchoir. Le plus intéressant consiste à observer les jeunes Qataris qui achètent leur premier oiseau de proie sous les yeux d'un oncle ou d'un grand-père heureux de transmettre le savoir-faire familial.

Transports

Taxi On peut théoriquement héler un taxi dans la rue, mais il est plus simple d'en commander un par l'intermédiaire de votre hôtel. Si vous souhaitez visiter des sites en dehors de la capitale, en louer un ou organiser un circuit avec un tour-opérateur revient beaucoup moins cher et évite une longue attente au retour.

Voiture Doha comporte de très nombreux ronds-points, souvent inutiles. Pour explorer l'arrière-pays en profondeur ou aller camper sur une plage isolée, vous aurez besoin d'un 4x4.

CAPITALE
Santo Domingo

POPULATION
10,3 millions

SUPERFICIE
48 670 km^2

LANGUE OFFICIELLE
Espagnol

Punta Cana

République dominicaine

De stupéfiants paysages de montagne, d'innombrables plages et une belle architecture coloniale font de la République dominicaine l'un des pays les plus variés des Caraïbes.

La République dominicaine (RD) se caractérise par des centaines de kilomètres de littoral – plages de sable blanc à l'ombre des palmiers, spectaculaires falaises, dunes fouettées par les vents, paisibles lagons, etc. Des villages de pêcheurs aux terrains de jeux pour touristes, la mer constitue le dénominateur commun. Certaines des baies où les pirates croisaient jadis accueillent chaque année des milliers de baleines à bosse.

Hormis la capitale, la République dominicaine reste majoritairement rurale. Dans l'arrière-pays, outre les attelages tirés par des ânes, vous verrez des vaches et des chevaux paître au bord des routes. Plus à l'intérieur encore, vous découvrirez des paysages évoquant les Alpes, des fleuves serpentant à travers une jungle luxuriante et des cascades stupéfiantes. Quatre des cinq sommets les plus élevés des Caraïbes surplombent les fertiles plaines autour de Santiago, tandis que des déserts s'étendent au sud-ouest. Une mosaïque de paysages que l'on ne trouve pas dans d'autres îles des Caraïbes.

République dominicaine

Les incontournables

Zona Colonial de Santo Domingo

1 Offrez-vous une balade historique dans la plus ancienne ville du Nouveau Monde. En arpentant ses rues pavées et en admirant ses demeures restaurées, ses églises et ses forts, pour beaucoup reconvertis en musées, on imagine aisément le quartier phare de Santo Domingo dans le rôle d'épicentre de l'Empire espagnol au XVIe siècle. Pour autant, passé et présent coexistent de façon harmonieuse. Ouvrez l'œil pour repérer les recoins cachés et les scènes du quotidien, comme ces hommes occupés à jouer aux dominos dehors sur des tables pliantes. Au même titre que les monuments anciens, c'est le spectacle de la rue qui fait tout le charme de la Zona Colonial.

Farniente sur la Playa Rincón

2 Se déployant derrière une épaisse palmeraie, la plage de Rincón, dans la péninsule de Samaná, est régulièrement classée parmi les plus belles plages des Caraïbes. Avec ses 3 km de sable parfait, elle est suffisamment grande pour que chacun s'approprie sa portion de plage à l'abri des regards indiscrets. Plusieurs petits restaurants installés sur place servent poisson et fruits de mer sur demande. Il n'est pas difficile de rejoindre la plage depuis Las Galeras, que ce soit en bateau ou en taxi.

Les 27 cascades de Damajagua

3 Les voyageurs décrivent le circuit des cascades de Damajagua comme la plus plaisante excursion du pays. Comment leur donner tort ? Non loin de Puerto Plata, un sentier difficile, à travers une forêt luxuriante, vous conduira à cette série de cascades spectaculaires. Pataugez dans des trous d'eau cristalline, nagez dans des gorges étroites aux parois polies, crapahutez dans la forêt et franchissez les chutes d'eau rugissantes au fil des rochers, des cordes et des échelles. Une belle poussée d'adrénaline vous attend si vous sautez du haut d'une cascade dont la hauteur peut atteindre 10 m.

Las Galeras

4 Ce paisible village de pêcheurs, à l'extrémité orientale de la péninsule de Samaná, dégage une plaisante atmosphère de bout du monde. Ici, pas un seul hôtel-club en vue. Moins visités (et donc moins aménagés), les environs de Las Galeras abritent certains des lieux les plus pittoresques du pays. Des palmiers ondoyants bordent des plages de carte postale, tandis que les vagues fouettent des falaises difficiles d'accès.

Constanza

5 Les paysages que l'on découvre dans la région montagneuse en surprendront plus d'un. Sommets nimbés de nuages, pentes garnies de parcelles agricoles bien tenues, vastes forêts surgissant de la vallée... autant de traits géographiques que l'on n'associe guère aux îles des Caraïbes. À des années-lumière du littoral, Constanza bénéficie d'un cadre de toute beauté et offre des crépuscules souvent spectaculaires.

Quand partir

HAUTE SAISON
(de mi-déc à fév)

- Juillet-août et la semaine de Pâques correspondent aussi à la haute saison.
- Hausse des prix des hôtels, et plages prises d'assaut.
- Les sports aquatiques sont interdits la semaine avant Pâques.

SAISON INTERMÉDIAIRE
(mars-juil)

- Possibilité d'averses, brèves mais violentes, à Santo Domingo.
- En avril, climat parfois idyllique dans tout le pays.
- En mai-juin, possibilité d'averses l'après-midi.

BASSE SAISON
(août-début déc)

- Malgré le risque d'ouragans (de juin à décembre), une bonne saison pour voyager.
- Températures stables.
- Importantes réductions sur les chambres.

Sur 100 personnes en République dominicaine

73 sont métisses
16 sont blanches
11 sont noires

Religions
(% de la population)

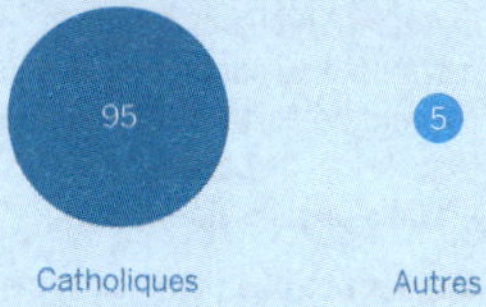

Population au km²

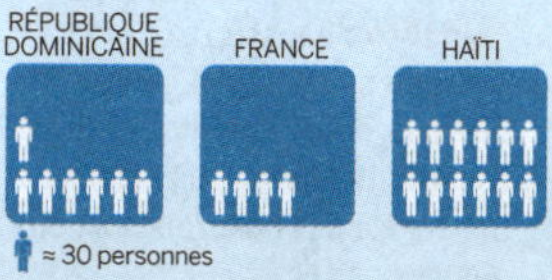

Base-ball

Le *beisbol* fait partie intégrante du paysage social et culturel de la République dominicaine. Les joueurs qui s'illustrent aux États-Unis deviennent des stars révérées dans leur pays. Plus de 400 Dominicains ont joué dans des ligues majeures américaines.

La saison de la ligue dominicaine de base-ball professionnel court d'octobre à janvier. La saison nord-américaine ne se déroulant pas au même moment, de nombreux joueurs dominicains des lignes majeurs américaines et quelques joueurs non dominicains participent à la Liga de Invierno.

GREG JOHNSTON / GETTY IMAGES ©

Bahía de Las Águilas

6 Le caractère isolé de cette plage, l'une des plus belles du pays, rend le périple pour s'y rendre d'autant plus excitant. À quelques encablures d'Haïti, à l'extrémité de la péninsule de Pedernales, découvrez l'idyllique Bahía de Las Águilas et ses 10 km de sable dessinant un joli croissant entre deux caps. Le trajet en bateau le long de falaises escarpées, égayé par des pélicans – et le fait que vous soyez quasiment le seul touriste ajoute encore à son charme.

Plongée à Bayahibe

7 La visibilité sous-marine et les bonnes conditions océaniques font de ce village côtier, près de La Romana, dans le Sud-Est, la meilleure destination du pays en matière de plongée. Vous y trouverez des liaisons en bateau pour les îles de Saona et Catalina, ainsi que l'épave du *St George*, le meilleur spot de l'île. Les amateurs de snorkeling ne seront pas oubliés. Enfin, profitez de l'occasion unique de passer quelques heures à longer le littoral à bord d'un bateau de pêche traditionnel.

À table !

Ron (rhum) Réputé pour sa douceur et son goût prononcé, ce rhum se distingue par sa qualité. Parmi les dizaines de marques locales, Brugal, Barceló et Bermudez prédominent.

Produits de la mer Il s'agit souvent d'un filet de poisson, habituellement du *mero* (mérou) ou du *chillo* (vivaneau campèche), préparé *al ajillo* (à l'ail), *al coco* (au lait de coco), *al criolla* (à la sauce tomate) ou *a la diabla* (à la sauce tomate pimentée).

Guineos (bananes) Cet ingrédient typique se cuisine frit, mijoté ou confit, mais le plus souvent bouilli et écrasé en purée. Dans le cas de bananes plantains, le plat s'appelle alors *mangú*.

Bandera Le plat dominicain par excellence, composé de riz blanc, de *habichuelas* (haricots rouges), de ragoût de viande, de salade et de bananes plantains.

Pastelito Chausson frit, farçi de bœuf ou de poulet cuit avec oignons, olives, tomates et divers assaisonnements, puis haché et mélangé à des pois, des noix et des raisins secs.

Transports

Avion Les faiblesses du réseau routier font de l'avion une solution intéressante pour les voyageurs pressés.

Bus Les deux grandes compagnies de bus offrent des liaisons fréquentes et de qualité. En dehors d'elles, les *guaguas*, petits bus peu coûteux et d'un moindre confort, sont souvent les seuls moyens de transport disponibles.

Taxis Les taxis dominicains attendent à des *sitios* (arrêts) aménagés devant les hôtels, les gares routières et les zones touristiques. Plus économiques et plus faciles à dénicher, les *motoconchos* (motos-taxis) sont parfois le seul moyen de transport.

Voiture En dehors des grandes villes, un 4x4 est recommandé.

CAPITALE
Prague

POPULATION
10,6 millions

SUPERFICIE
78 864 km^2

LANGUES OFFICIELLES
Tchèque, slovaque

Český Krumlov

République tchèque

Prague, capitale unanimement admirée de la République tchèque, aimante tous les regards. Au point de reléguer dans l'ombre le reste du pays, pourtant riche en trésors culturels.

Un quart de siècle après la révolution de Velours et la chute du communisme, Prague compte parmi les principales destinations touristiques en Europe. Malgré la foule, comment résister au spectacle du pont Charles au petit matin, à celui du château perché sur la colline, ou à la place de la Vieille-Ville et son horloge astronomique ? Le dédale pragois de ruelles pavées et de cours dissimulées, invitation perpétuelle à la curiosité, est un paradis pour le flâneur.

Si la ville aux cent clochers est enchanteresse à bien des égards, il serait dommage de faire l'impasse sur le reste du pays. Province occidentale de la République tchèque, la Bohême est réputée pour ses châteaux historiques, tels ceux de Karlštejn et de Český Krumlov, et ses stations thermales au lustre d'antan. À l'est du pays, la Moravie affiche un joli paysage de collines et possède, avec la ville universitaire d'Olomouc, un véritable joyau urbain.

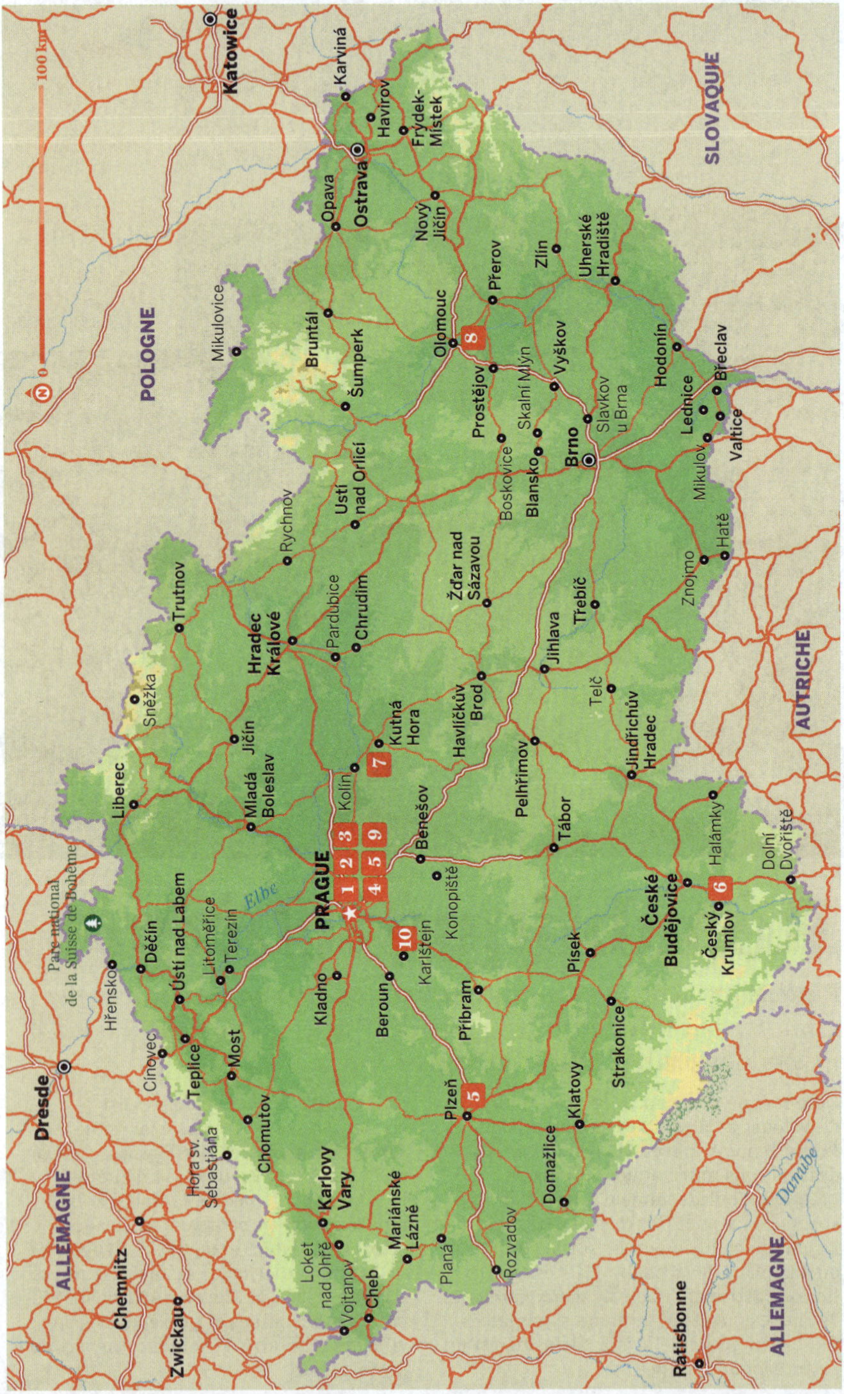
0
100 km
POLOGNE
SLOVAQUIE
AUTRICHE
ALLEMAGNE
ALLEMAGNE
Katowice
Karviná
Havirov
Frýdek-Místek
Ostrava
Opava
Nový Jičín
Mikulovice
Bruntál
Šumperk
Olomouc
Přerov
Zlín
Uherské Hradiště
Prostějov
Vyškov
Skalní Mlýn
Hodonín
Břeclav
Lednice
Valtice
Mikulov
Slavkov u Brna
Brno
Blansko
Boskovice
Ústí nad Orlicí
Rychnov
Žďar nad Sázavou
Třebíč
Znojmo
Hatě
Trutnov
Hradec Králové
Pardubice
Chrudim
Sněžka
Jičín
Kutná Hora
Havlíčkův Brod
Jihlava
Telč
Jindřichův Hradec
Liberec
Mladá Boleslav
Kolín
Pelhřimov
Tábor
Halámky
Dolní Dvořiště
Benešov
Konopiště
Parc national de la Suisse de Bohême
Hřensko
Děčín
Ústí nad Labem
Litoměřice
Terezín
Elbe
PRAGUE
České Budějovice
Český Krumlov
Písek
Karlštejn
Beroun
Kladno
Příbram
Strakonice
Dresde
Cínovec
Teplice
Most
Chomutov
Hora sv. Sebastiána
Karlovy Vary
Plzeň
Klatovy
Domažlice
Mariánské Lázně
Loket nad Ohří
Vojtanov
Cheb
Planá
Rozvadov
Chemnitz
Zwickau
Ratisbonne
Danube
1
2
3
4
5
9
5
6
7
8
10

République tchèque

Les incontournables

Pont Charles

1 Que l'on soit seul dans les brumes de l'aube ou au coude à coude au milieu de la foule, la traversée du pont Charles est une expérience incontournable à Prague. Érigé en 1357, cet ouvrage compte seize arches élégantes. Ouvert à la circulation cinq siècles durant, il est devenu piétonnier après la Seconde Guerre mondiale. La journée, ses statues baroques toisent avec indifférence le perpétuel défilé de musiciens, de vendeurs de cartes postales et de badauds. À l'aube, elles retrouvent une part du mystère et de la magie que leur impartirent leurs créateurs.

Château de Prague

2 Mille ans d'histoire imprègnent les murs et les cours de ce château qui surplombe la ville, véritable citadelle englobant édifices religieux, tours et palais. Haut lieu historique et culturel de la Bohême et de la République tchèque, il fut le théâtre d'événements, comme le meurtre de saint Venceslas et la deuxième défenestration de Prague en 1618, et recèle des chefs-d'œuvre tels les pièces d'orfèvrerie du trésor de Saint-Guy et les joyaux de la couronne de Bohême.

1

MIROSLAV PETRASKO / GETTY IMAGES ©

Kaléidoscope architectural

3 L'architecture constitue l'un des attraits majeurs de Prague. Le château et le centre-ville résument à eux seuls 900 ans d'évolution stylistique – sobriété romane, flamboyance gothique, élégance Renaissance, faste baroque et leurs versions du XIXe siècle –, avec des bâtiments épargnés par le monde moderne, rassemblés au sein d'un lacis compact de ruelles. Et que dire des réalisations du XXe siècle, inspirées par l'Art nouveau, tout en élégance et en sensualité, ou le cubisme tchèque, unique à Prague ?

Sur 100 personnes en République tchèque

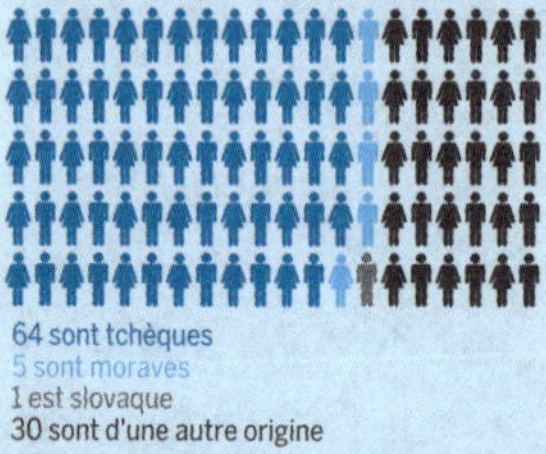

Religions

(% de la population)

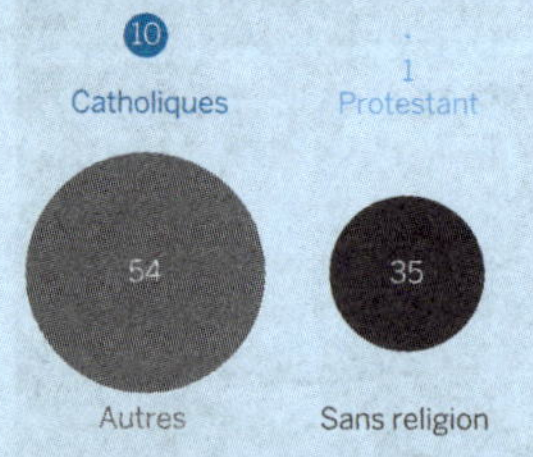

Population au km²

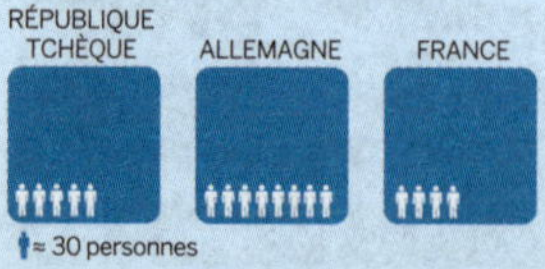

Musée juif de Prague

4 Le tronçon de Staré Město, délimité par les rues Kaprova, Dlouhá et Kozí, recèle les vestiges du quartier jadis florissant de Josefov, l'ancien ghetto juif de Prague. Englobant une demi-douzaine de synagogues, l'ancienne salle de cérémonie, ainsi que l'émouvant Vieux Cimetière, le musée raconte l'histoire souvent tragique de la communauté juive de la ville, du Maharal, créateur de la légende du Golem au XVIe siècle, jusqu'aux persécutions nazies.

Un pays de brasseurs

5 "Là où l'on brasse la bière, la vie est belle", dit un vieux proverbe tchèque. La vie en République tchèque est forcément belle car le pays regorge de brasseries de toutes tailles. Si la production locale est renommée pour sa qualité depuis l'invention de la Pilsner Urquell en 1842, on assiste ces dernières années à une renaissance des bières artisanales. Les amateurs de mousse auront l'embarras du choix, de la classique *ležák* (lager blonde) à la *kvasnicové* (à la levure) en passant par la *kávové pivo* (aromatisée au café).

Český Krumlov

6 La paisible ville de Český Krumlov, en Bohême du Sud, est à inscrire sur votre carnet de visite en République tchèque. Cette ancienne forteresse médiévale recèle un vaste château aisément repérable avec sa tour à clocheton. Le centre-ville, classé au patrimoine mondial de l'Unesco, ravira les amateurs d'histoire et de vieilles

Oiseaux espagnols et moineaux moraves

Beaucoup de plats portent des noms qui ne renseignent aucunement sur leur contenu, mais certains termes récurrents peuvent vous mettre sur la voie. Le *šavle* (sabre) correspond à des brochettes ; un *tajemství* (secret) à de la viande farcie au fromage ; un *překvapení* (surprise) à une galette de pommes de terre farcie à la viande, au poivron et à la tomate et un *bašta* (bastion) à de la viande dans une sauce épicée servie avec une galette de pommes de terre.

Tous les Tchèques savent qu'un *španělský ptáčky* (oiseau espagnol) n'est pas un volatile mais du veau roulé avec de la saucisse, un œuf et des cornichons, accompagné de riz en sauce. De même, le *moravský vrabec* (moineau morave) est une pièce de rôti de porc. Mais il arrive que les Tchèques sèchent devant certains noms. C'est souvent le cas pour le *tajemství Petra Voka* (mystère de Petra Voka ; de la carpe en sauce) ou le *dech kopáče Ondřeje* (haleine du mineur d'Ondřej : un filet de porc farci au fromage d'Olomouc.

À table !

Becherovka Cette liqueur aux herbes concoctée à Karlovy Vary favoriserait la digestion.

Bière Les Tchèques affirment que leur bière (*pivo*) est la meilleure au monde. Comment leur donner tort ?

Carpe La carpe frite accompagnée d'une salade de pommes de terre est le plat principal du repas de Noël.

Quenelles C'est la traditionnelle source de glucides des repas tchèques. Il en existe deux sortes : les *houskové knedlíky* (quenelles de pain) et les *bramborové knedlíky* (quenelles de pommes de terre)

Porc On ne peut plus typique, le *vepřo-knedlo-zelo* (porc rôti accompagné de choucroute et de quenelles) est omniprésent.

Ossuaire de Sedlec, Kutná Hora

pierres. Et les brochures ne mentent pas : c'est vraiment une ville de conte de fées !

Kutná Hora

7 À 65 km de Prague, cette ville médiévale est un lieu d'excursion très couru. Jadis une cité puissante, grâce à ses mines d'argent, Kutná Hora est dotée de sites historiques remarquables, au premier rang desquels la majestueuse cathédrale Sainte-Barbe, et surtout l'ossuaire de Sedlec, construits avec des ossements de toutes tailles prélevés dans la crypte. Le résultat est étonnant : des guirlandes de crânes pendent des voûtes du plafond, entourant un lustre formé de tous les os du corps humain. L'effet est réussi, dans un genre très... macabre.

Olomouc

8 Olomouc fait figure de Belle au bois dormant. Méconnue à l'étranger et sous-estimée dans son propre pays, elle surprend pourtant par sa majesté. Avec ses monuments anciens et sa colonne classée par l'Unesco, sa grand-place se range parmi les plus remarquables de la République tchèque. Les édifices religieux qui émaillent les rues du centre témoignent de la longue histoire de la ville, bastion de l'Église catholique, tandis que l'incontournable

Quand partir

MAI

➡ Prague accueille de grands festivals. Réservez votre hébergement bien à l'avance et attendez-vous à des prix élevés.

JUILLET

➡ La petite ville thermale de Karlovy Vary (Karlsbad) s'anime à l'occasion de son intéressant festival de cinéma.

DÉCEMBRE

➡ Le marché de Noël attire les foules. Les tarifs des hôtels sont élevés

Musée archidiocésain dissimule les fondations romanes du château. Enfin, n'oubliez pas de faire un tour dans les nombreuses brasseries artisanales.

Horloge astronomique

9 À Prague, à chaque heure du jour, une foule de visiteurs stationne au pied de l'ancien hôtel de ville, attendant que l'horloge astronomique sonne l'heure et s'anime. Cet ingénieux mécanisme du XVe siècle indique le mouvement des planètes, les saisons, les positions de la lune et le zodiaque. L'horloge est décorée de quatre figures allégoriques, reflétant l'esprit de l'époque : la Vanité (avec son miroir), la Mort (un squelette agitant une cloche), l'Avarice (un commerçant tenant une bourse) et la Convoitise (un Turc coiffé d'un turban). Toutes les heures, les douze apôtres défilent.

Château de Karlštejn

10 Dominant le village de Karlštejn, à 30 km au sud-ouest de Prague, le château de Karlštejn est l'un des principaux attraits de la République tchèque. Cette forteresse médiévale a été édifiée en 1348 pour servir d'abri aux joyaux de la Couronne et au trésor de Charles IV, souverain du Saint Empire romain germanique. Elle est toujours en excellent état de conservation et les foules y affluent, surtout en été. L'extérieur de l'édifice, que l'on dirait sorti d'un conte de fées, peut aussi être admiré depuis la campagne environnante.

Transports

Bus À l'intérieur de la République tchèque, les bus sont souvent plus rapides, moins onéreux et plus pratiques que les trains. Plusieurs lignes de bus ont une fréquence réduite, voire nulle, les week-ends.

Train Le réseau ferré de République tchèque couvre la quasi-totalité du pays.

Transport en commun à Prague Le réseau pragois comprend métro, tram et bus. Le service court tous les jours de 4h30 à minuit. Les billets sont valables pour tout type de transport, correspondances comprises. Ils peuvent être achetés à des kiosques à journaux ou aux distributeurs des stations de métro et de tram.

À voir

Trains étroitement surveillés (Jiri Menzel ; 1966). Un petit bijou de la Nouvelle Vague tchèque, inspiré du roman de Bohumil Hrabal.

Amadeus (Miloš Forman ; 1984). L'histoire d'amour entre Mozart et Prague.

Kolya (Jan Svěrák ; 1996). Jamais Prague, version révolution de Velours, n'a été aussi séduisante.

Sacrifice (Agniezska Holland ; 2013). Une intéressante mini-série sur Jan Palach, l'étudiant qui s'est immolé par le feu en 1969.

À lire

Le Brave Soldat Chvéïk (Jaroslav Hašek ; 1923). Ce roman de l'absurde se déroule aux quatre coins de la future République tchèque.

Le Château (Franz Kafka ;1926). Mais à quel château Kafka pensait-il donc ?

Moi qui ai servi le roi d'Angleterre (Bohumil Hraba ; 1971). Un chef-d'œuvre corrosif de la littérature tchèque.

L'Insoutenable Légèreté de l'être (Milan Kundera ; 1984). Destins pragois avant et après l'invasion soviétique de 1968.

9

TOMCH / GETTY IMAGES ©

Anse des Cascades

CHEF-LIEU
Saint-Denis

POPULATION
840 000

SUPERFICIE
2 512 km^2

LANGUE OFFICIELLE
Français

La Réunion

Au milieu de l'océan Indien, la volcanique et montagnarde île de la Réunion est un fantastique terrain de jeu pour les amateurs de sport et de nature.

C'est la plus sportive des îles de l'océan Indien. Pour une raison simple : c'est également la plus jeune ! Jaillie des profondeurs sous-marines il y a "seulement" deux ou trois millions d'années, l'ancienne île Bourbon est née d'une série d'épisodes éruptifs qui l'ont doté d'un relief culminant à plus de 3 000 m d'altitude. Sur une superficie pourtant réduite, l'île offre ainsi une étonnante variété de paysages : on y trouve trois gigantesques cirques naturels bordés de remparts et ouverts comme les feuilles d'un trèfle, un volcan particulièrement actif – qui assure le spectacle sans jamais, ou presque, menacer les populations –, des forêts tropicales, des cascades scintillantes et des lagons frangés de sable.

Posée au milieu de l'océan à plus de 9 000 km de la métropole, 800 km de Madagascar et 220 km de l'île Maurice, la Réunion est ainsi un véritable paradis pour les adeptes de la randonnée, du parapente, du canyonning ou... du farniente.

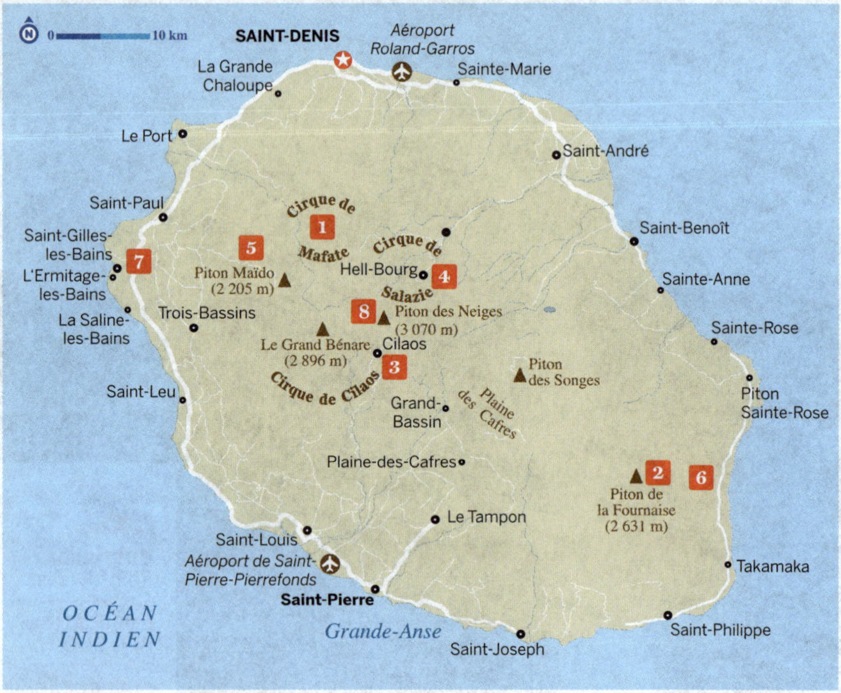

La Réunion

Les incontournables

Cirque de Mafate

1 Le plus sauvage des cirques réunionnais est un véritable monde à part. La géographie l'a voulu ainsi : bordé de remparts, de pics acérés et de points de vue vertigineux, Mafate ne se laisse approcher qu'à pied. Ce tumultueux relief en fait le paradis des randonneurs. L'île doit en grande partie à ses majestueux paysages son inscription sur la liste du patrimoine mondial de l'Humanité, en 2010.

Piton de la Fournaise

2 À la Réunion, il a le statut d'une star. Et pour cause : ce volcan spectacle, qui assure régulièrement le show, ne menace que très rarement les biens et les personnes. À mesure que l'on monte dans les Hautes Plaines où que l'on s'approche du grand sud, sa présence se fait de plus en plus sentir. Et lorsqu'on l'aborde enfin c'est un univers lunaire et minéral qui se découvre.

La route de Cilaos

3 Bordée d'à-pics vertigineux et ponctuée de plus de 400 lacets, l'unique route qui mène dans le cirque de Cilaos s'engouffre dans le relief depuis la ville côtière de Saint-Louis. Sinuant dans les replis montagneux de l'île, c'est l'une des plus belles et des plus impressionnantes routes de montagne de l'île. À l'arrivée, la paisible localité de Cilaos joue les funambules, en équilibre instable sur un épaulement, et réserve de belles surprises aux amateurs de loisirs sportifs.

Cases de Hell-Bourg

4 Au XIXe siècle, les sources thermales firent du village de Hell-Bourg, niché dans la végétation du verdoyant cirque de Salazie, le lieu de villégiature privilégié de la haute société coloniale et de l'aristocratie créole. Une série de cases restaurées témoignent encore des riches heures du village. La plus célèbre est la villa Folio, bordée d'un luxuriant jardin où les fougères géantes côtoient camélias, bambous et orchidées.

Maison créole à Hell-Bourg

Piton Maïdo

5 Juché à 2 205 m d'altitude au-dessus de la côte ouest, ce piton tient une place à part dans l'emploi du temps de nombre de visiteurs : c'est en effet l'un des rares points accessibles facilement en voiture offrant un large panomara sur le cirque de Mafate. Par temps clair, le spectacle est sublime. Depuis le point de vue, on fait face au Gros Morne (2 991 m), au piton des Neiges (3 070 m), au Grand Bénare (2 896 m) et à plusieurs hameaux du cirque, qui semblent minuscules. Mieux vaut s'y rendre tôt, avant que les nuages s'invitent dans le décor. La descente du Maïdo est un must pour les amateurs de VTT.

Le grand-Brûlé

6 Au sud-est de l'île, le Grand-Brûlé est le territoire du roi-volcan. Passé Saint-Philippe, le piton de la Fournaise a en effet strié le paysage de ses coulées de lave. Certaines sont allées jusqu'à la mer, offrant au regard un âpre paysage où le basalte noir contraste avec les flots frangés d'écume. Chacune a son histoire : l'éruption de 1986 vit la lave couper la route ; la coulée de 2002 agrandit l'île de 2,5 ha ; celle de 2007 fut l'une des plus spectaculaires de ces dernières années. Les sorties dans les tunnels de lave permettent de s'approcher au plus près des entrailles du gentil dragon de l'île.

Quand partir

MAI-JUIN ET SEPT-OCT

➡ Températures modérées et précipitations faibles. Un excellent compromis.

JUIL-AOÛT

➡ Les températures de l'hiver austral sont les plus fraîches de l'année.

DÉC-MARS

➡ Période la plus chaude et humide, avec risque de cyclones.

Superficies comparées (km²)

Âge de la population

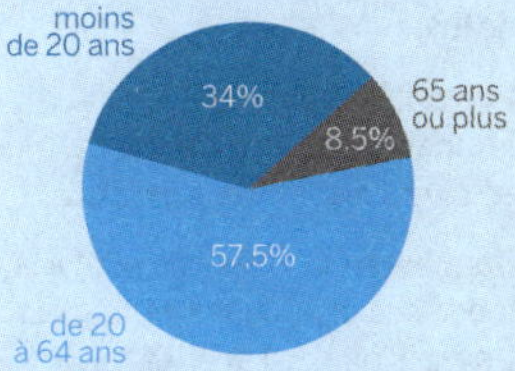

Population au km²

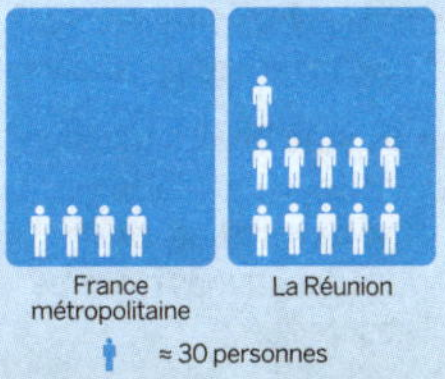

Une culture kaléïdoscope

Déserte jusqu'au milieu du XVIIe siècle, notamment parce que son volcan effrayait les marins, la Réunion a été peuplée au gré des cultures qui y étaient introduites. La compagnie des Indes y achemina ainsi du café, de la canne à sucre et... des esclaves pour les cultiver. À l'abolition de l'esclavage, en 1848, des travailleurs sous contrat Indiens et Chinois prirent le chemin de l'île.

Certains auraient boudé cet héritage trop lourd. L'ancienne île Bourbon, au contraire, l'a intégré dans une culture patchwork, créole et métissée, à laquelle elle doit une large part de son charme. Cette île kaléïdoscope conjugue ainsi l'art d'être un département français sans renier ni son passé, ni sa culture. Ici, les mosquées sont à deux pas des églises, jamais bien loin des temples tamouls, et les repas se réhaussent d'apports culinaires de tous les horizons.

À table !

Cari Ragoût incontournable de la table réunionnaise, décliné à la viande, au poisson, aux fruits de mer...

Rougail Le condiment épicé invariablemet servi avec le cari, en plus du riz et des haricots..

Bouchons Bouchées de porc à la mode chinoise, cuites à la vapeur. Un classique de l'apéritif..

Ananas Les ananas "victoria" produits sur l'île sont réputés comme les meilleurs..

Achards Légumes crus découpés en lanières et relevés de curcuma.

Rhum arrangé Dans la tradition réunionnaise, le rhum blanc est aromatisé de fruits, de vanille et d'épices, longtemps macérés dans la bouteille.

Plage de l'Ermitage-les-Bains

Saint-Gilles-les-Bains

7 La Réunion version farniente. Saint-Gilles, principale station balnéaire de l'île, regroupe toutes les composantes d'une localité de bord de mer exotique : boutiques, bars, discothèques, restaurants, activités de loisir et port de plaisance. Les charmes de la côte ouest se poursuivent de part et d'autres de la ville : Boucan-Canot est la plage de prédilection de la jeunesse branchée, la plage bordée de filaos de l'Ermitage-les-Bains fait la joie des familles, la Saline-le-Bains séduit par sa quiétude ; Saint-Leu est un must pour les adeptes du parapente.

Piton des Neiges

8 Il n'a quasiment jamais vu la neige – tout au plus une mince couche de givre – mais n'en est pas moins un but mythique pour beaucoup de randonneurs. À l'intersection des trois cirques, le piton des Neiges (3 070 m) correspond à l'ancienne cheminée du volcan original de l'île. C'est aussi son point culminant, dont l'ascension constitue une magnifique randonnée.

Transports

Avion Nombreux vols avec la métropole et les îles voisines (Madagascar, île Maurice).

Bus Le réseau est complet et fiable, mais pas toujours très adapté aux visiteurs de passage.

Voiture Le meilleur moyen pour circuler. À de notables exceptions près, les routes principales sont excellentes. Certaines routes de montagne, en revanche, sont particulièrement étroites et sinueuses.

Vélo Le relief est éprouvant pour les mollets, mais les amateurs de descente en VTT trouveront des itinéraires à la hauteur de leurs envies.

CAPITALE
Bucarest

POPULATION
21,8 millions

SUPERFICIE
238 391 km^2

LANGUE OFFICIELLE
Roumain

Château des Corvin, Hunedoara

Roumanie

Églises fortifiées et monastères peints trônent au milieu d'un paysage préservé. Les anciennes colonies saxonnes comme Sibiu et Braşov enchantent le visiteur, tandis que Bucarest vibre d'une énergie folle.

Si la Roumanie n'évoque pas spontanément un paradis bucolique, elle se prévaut pourtant de magnifiques étendues sauvages. Les Carpates dessinent un grand arc au centre du pays, une longue étendue de pics rocheux entourés de pinèdes et d'arbres à feuilles caduques, surplombant des prés d'un vert éclatant et des sentiers de randonnée jalonnés de refuges. Le delta du Danube, zone humide protégée unique, est une région idéale pour la randonnée, la pêche, le bateau et l'observation des oiseaux.

Image plus familière, celle de châteaux perchés en équilibre sur des pics rocheux. Outre l'étrange château de Bran, associé à Dracula, ne manquez pas le château des Corvin, du XIVe siècle, à Hunedoara, ou la somptueuse demeure du roi Carol Ier, le château de Peleş.

Ouverts et amicaux, les Roumains partagent volontiers leurs vues avec les visiteurs. La Roumanie restant une destination marginale, les habitants savent apprécier les voyageurs de passage.

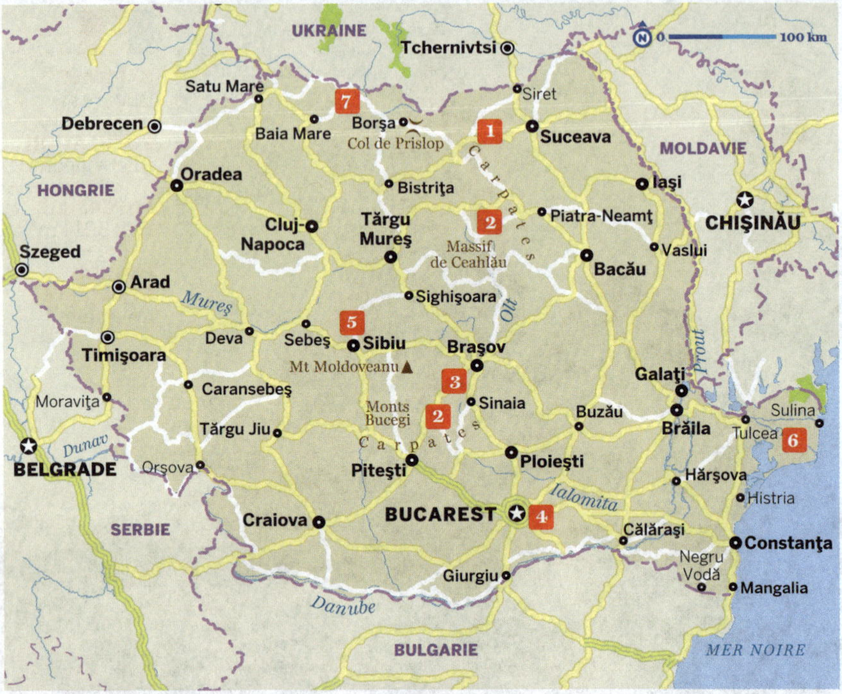

Roumanie
Les incontournables

Monastères peints de la Bucovine

1 Posés sur les versants des Carpates, les monastères peints de la Bucovine, classés par l'Unesco, illustrent la tradition orthodoxe mâtinée de latinité propre à la Roumanie. Les églises s'intègrent harmonieusement dans leur environnement naturel ; le kaléidoscope éblouissant des couleurs et les détails minutieux des fresques donnent vie aussi bien à des épisodes de la Bible qu'au siège de Constantinople au XVe siècle. Les monastères sont l'œuvre du prince moldave Étienne le Grand (Ştefan cel Mare), et lui valurent la canonisation.

Randonnée dans les Carpates

2 Des forêts primitives tout droit sorties des pages d'un conte de Grimm, avec des ours, des loups, des lynx et des sangliers, des plateaux montagneux sauvages, des sentiers bien balisés et un réseau de refuges pour vous réchauffer. La marche est le meilleur moyen de s'imprégner de ce paysage de forêts et de pâturages vallonnés. Des guides épatants vous permettront d'observer ours et oiseaux, et organiseront séjours chez l'habitant et randonnées.

Château de Bran

3 Perché sur un promontoire rocheux de Transylvanie, hérissé de tourelles et de fortifications, le château de Bran surplombe un défilé sauvage enveloppé de brume et densément boisé. Si son apparence peut être spectrale, ne vous attendez pas au grand frisson : ses murs blancs et sa cour remplie de géraniums n'ont rien de lugubre ! La légende raconte que Vlad l'Empaleur (dont s'inspira Bram Stocker pour le personnage de Dracula) y séjourna : suivez sa trace dans un labyrinthe de cours et de passages dérobés.

Palais du Parlement, Bucarest

4 On peut voir ce colosse moderne comme un témoignage hallucinant du gaspillage et de la folie d'une dictature ou comme une vitrine impressionnante du

DE AGOSTINI / C. SAPPA / GETTY IMAGES ©

Monastère de Humor, Bucovine

savoir-faire et des matériaux roumains, employés à des fins sinistres. Peut-être est-ce un peu des deux, mais quelles que soient les émotions que suscite la “maison du peuple”, le gigantisme du bâtiment, comparable en taille au Taj Mahal ou au Pentagone, est tel qu'il faut le voir pour le croire.

Sibiu

5 Sibiu, aux nombreuses expositions et à la vie nocturne explosive, charme le visiteur avec ses rues pavées labyrinthiques sinuant entre des places baroques colorées. De jour, l'activité des confréries d'artisans qui ont rendu la ville célèbre se fait encore entendre, et le soir, la ville s'illumine au fil des terrasses de café et des restaurants souterrains où l'on savoure un goulasch, aux chandelles. Cette ancienne capitale européenne de la culture accueille presque tous les mois un événement particulier : festival de cinéma, de rock ou fête folklorique.

Sur 100 personnes en Roumanie

89 sont roumaines
7 sont hongroises
3 sont roms
1 est d'une autre origine

Religion

(% de la population)

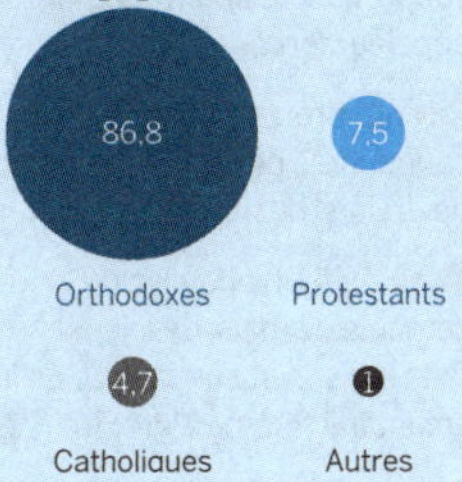

Population au km²

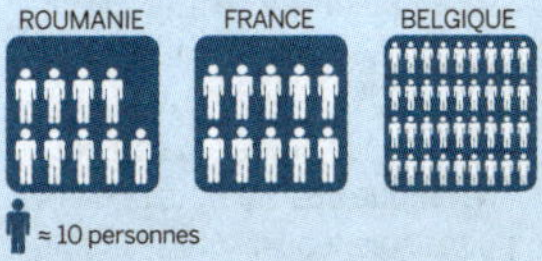

Quand partir

HAUTE SAISON
(juin-août)

➡ Ensoleillé de juin à août, températures parfois étouffantes.

➡ Les Roumains se rendent sur la mer Noire, Mamaia est bondée.

➡ Châteaux, musées, parcs aquatiques et spas fonctionnent à plein régime.

SAISON INTERMÉDIAIRE
(avr-mai, sept-oct)

➡ Certains sites ferment ou ouvrent moins longtemps.

➡ Les arbres fleurissent en avril (plus tard en altitude).

➡ Conditions idéales pour observer les oiseaux dans le delta du Danube, fin mai.

BASSE SAISON
(nov-mars)

➡ La saison de ski va de mi-décembre à début mars.

➡ Des villes comme Braşov et Sibiu sont belles sous la neige.

➡ Les musées et châteaux des petites villes ferment, ou n'ouvrent que le week-end.

Le mythe de Dracula

Visiter la Roumanie implique de rencontrer Dracula à tous les coins de rue, sur les mugs et les T-shirts, en passant par les représentations de chauves-souris, les menus thématiques au restaurant et les serveurs en costume de vampire.

Vlad Ţepeş, prince du XVe siècle, est souvent assimilé au vampire. Son père, Vlad III, s'appelait Vlad Dracul, "Dracul" pouvant se traduire par "diable" ou "dragon". Vlad Dracul avait fait partie de l'ordre des Dragons. Ajoutez à ce diabolique surnom le fait que Vlad avait pour coutume d'empaler ses victimes – d'où son autre surnom, Ţepeş (l'Empaleur) – et vous comprendrez pourquoi le créateur de Dracula, l'Irlandais Bram Stoker, choisit de s'en inspirer.

Le Dracula de Bram Stoker est un vampire suceur de sang – un cadavre non mort qui a besoin du sang des vivants pour entretenir sa propre immortalité. Qui aurait cru que cette histoire allait créer pratiquement à elle seule tout un genre littéraire ?

À table !

Ciorbă Un repas roumain commence toujours par une soupe, généralement "aigre," appelée *ciorbă*.

Covrigi Bretzels chauds saupoudrés de sel, de sésame ou de graines de pavot.

Mămăligă Une bouillie de semoule de maïs, délicieuse faite maison et servie avec de la *smântână* (crème aigre) fraîche.

Sarmale Feuilles de chou ou de vigne, farcies à la viande et au riz relevés.

Ţuică Eau-de-vie de fruits. Les crus maison peuvent atteindre 50% à 60% d'alcool. La *ţuică* se fait avec des prunes mais il peut arriver que des abricots et des poires soient aussi utilisés.

BERNDT FISCHER / GETTY IMAGES ©

Guêpier d'Europe

Delta du Danube

6 Après avoir parcouru quelque 2 800 km sur le continent européen, le puissant Danube traverse de vastes marécages dans l'est de la Roumanie – le delta – avant de se jeter dans la mer Noire. Placée sous protection environnementale internationale, la région est un refuge pour de multiples espèces de poissons et d'oiseaux. On peut y observer des rolliers d'Europe, des pygargues à queue blanche, des grandes aigrettes, des cygnes tuberculés et chanteurs, des faucons et des guêpiers.

Églises en bois du Maramureş

7 Émergeant au milieu des arbres, les étonnantes églises en bois du Maramureş, dans le nord de la Roumanie, sont d'une beauté austère, avec leurs toits en bardeaux et leurs flèches gothiques battues par les intempéries. Elles renferment de magnifiques fresques bibliques, certaines remontant au XIVe siècle. Le dimanche, les villageois revêtent leur costume traditionnel pour s'y rendre. Assister à une messe est un bonheur.

Transports

Bus Un mélange de bus, de minibus et de *maxitaxis* forme l'essentiel du réseau de transport national roumain. Si vous comprenez comment fonctionne le système – ce qui n'est pas évident – vous pourrez parcourir les régions et même le pays facilement et à moindre coût.

Train La compagnie nationale relie les principales villes du pays. Vétustes et mal entretenus, la plupart des trains sont d'un confort médiocre et plus lents que les bus.

Voiture Le pays ne compte que quelques courts tronçons d'autoroute (*autostrada*) : l'essentiel de vos trajets s'effectuera sur des routes nationales à deux voies (*drum naţional*) ou des routes secondaires (*drum judeţean*).

Pavillon de l'Ermitage, parc Catherine, Pouchkine

CAPITALE
Moscou

POPULATION
142,4 millions

SUPERFICIE
17,1 millions de km²

LANGUE OFFICIELLE
Russe

Russie

S'étalant sur deux continents et neuf fuseaux horaires, le plus grand pays du monde constitue un univers à lui tout seul.

Au-delà du cosmopolitisme de Moscou et des fastes impériaux de Saint-Pétersbourg, la Russie reste une terre d'aventure aux portes de l'Europe. Asiatique ou européenne ? Nation moderne ou Empire nostalgique de sa grandeur ? Entre les icônes héritées d'un autre âge et l'image d'une société en proie à de grandes difficultés économiques et politiques, il n'est pas facile de se faire une idée juste de la Russie contemporaine. Pourtant, de la toundra aux sommets du Caucase, de la Volga à Vladivostok, se révèle une réalité complexe, loin des clichés d'un pays à la dérive depuis la chute de l'URSS. Sans oublier l'hospitalité de ses habitants, savant mélange de joie et de mélancolie, de rudesse et de convivialité, qui est toujours la même malgré les déchirures de l'histoire.

OCÉAN ARCTIQUE
OCÉAN PACIFIQUE NORD
0
1000 km
Mer de Béring
Mer des Tchouktches
Mer de Sibérie orientale
Mer des Laptev
Mer de Kara
Mer de Barents
Mer Blanche
Mer de Norvège
Mer du Nord
Mer Baltique
Mer d'Okhotsk
Mer du Japon
Mer Noire
Mer Caspienne
Mer d'Aral
Lac Baïkal
Lac Balkhach
Cercle arctique
ÉTATS-UNIS
Île Wrangel
Péninsule de Tchoukotka
Péninsule du Kamtchatka
Îles de Nouvelle-Sibérie
Terre du Nord
Terre François Joseph
Nouvelle-Zemble
Péninsule de Taïmyr
Péninsule de Gyda
Péninsule de Yamal
Péninsule de Kola
Monts Kolymsky
Monts de Verkhoïansk
Monts Stanovoï
Monts Oudokan
Monts Iablonovy
Monts Saïan
MONTS ALTAÏ
Monts Oural
PLATEAU DE SIBÉRIE CENTRALE
Plateau de Poutorana
PLAINE DE SIBÉRIE
Anadyr
Kolyma
Lena
Aldan
Vilioui
Angara
Ienisseï
Kheta
Taz
Ob
Irtych
Ienisseï
Iderin
Amour
Petchora
Vytchegda
Volga
Don
Oural
Anadyr
Ambartchik
Tchokourdakh
Nijneyansk
Tiksi
Batagaï
Oust-Nera
Magadan
Okhotsk
Palana
Petropavlovsk-Kamtchatski
Okha
Ioujno-Sakhalinsk
Khabarovsk
Blagovechtchensk
Iakoutsk
Aldan
Jigansk
Lensk
Mirnyy
Khatanga
Norilsk
Oust-Oulimsk
Bratsk
Irkoutsk
Tchita
Oulan-Oude
Boukatchatcha
Krasnoïarsk
Novokouznetsk
Abakan
Kyzyl
Tomsk
Novossibirsk
Barnaoul
Semeï
Oskemen
Pavlodar
Omsk
Sourgout
Vorkouta
Mourmansk
Arkhangelsk
Petrozavodsk
Vologda
Kirov
Perm
Nijni Taguil
Iekaterinbourg
Tioumen
Tcheliabinsk
Magnitogorsk
Roudny
Oufa
Kazan
Nijni-Novgorod
Souzdal
MOSCOU
Saint-Pétersbourg
Veliky Novgorod
Smolensk
Bryansk
Riazan
Voronej
Penza
Saratov
Samara
Orenbourg
Aqtobe
Volgograd
Astrakhan
Atyraou
Rostov
Krasnodar
Stavropol
Soukhoumi
Donetsk
Kharkiv
Dalnegorsk
Vladivostok
Jixi
Jiamusi
Qiqihar
Hailar
Choybalsan
Ulan Hot
Jilin
Urumqi
Almaty
OULAN-BATOR
ASTANA
BICHKEK
TACHKENT
ACHGABAT
TÉHÉRAN
BAKOU
TBILISSI
KIEV
OSLO
STOCKHOLM
NORVÈGE
SUÈDE
FINLANDE
ESTONIE
LITUANIE
BIÉLORUSSIE
UKRAINE
GÉORGIE
AZERBAÏDJAN
IRAN
TURKMÉNISTAN
OUZBÉKISTAN
TADJIKISTAN
KIRGHIZISTAN
KAZAKHSTAN
MONGOLIE
CHINE
JAPON
1
2
3
4
5
6
7
8
9
10
11
12

Russie

Les incontournables

Kamchatka

1 Aux confins orientaux de la Russie, cette immense péninsule baignée par les mers d'Okhotsk et de Béring et par le Pacifique recèle des paysages fabuleux, émaillés de volcans actifs, de geysers, de hautes montagnes, de lacs et de rivières. Dans ce cadre sauvage à très faible densité humaine, d'une grande variété climatique, vit une faune abondante composée notamment d'ours bruns, de loups, de lynx, de renards arctiques, de rennes et d'élans. Jusqu'ici réservée à une clientèle aisée pouvant se déplacer en hélicoptère, elle s'ouvre aujourd'hui davantage aux voyageurs indépendants moins argentés.

Mer Noire

2 Le paisible littoral de la mer Noire a depuis longtemps la faveur des vacanciers russes pour ses stations balnéaires, son atmosphère décontractée et son arrière-pays dominé par la chaîne du Caucase. Lieu de villégiature le plus populaire, Sotchi a été entièrement réaménagée pour accueillir les Jeux olympiques d'hiver 2014. Le domaine skiable de Krasnaïa Poliana s'étend non loin, de même que les superbes gorges d'Agura, propices à la randonnée.

1

Place Rouge

3 À Moscou, on ne se lasse pas de découvrir cette place mythique. Les tours majestueuses et les murs massifs du Kremlin, la cathédrale Basile-le-Bienheureux et son camaïeu de couleurs et de motifs audacieux, la façade ouvragée du grand magasin Goum ainsi que l'auguste musée d'Histoire, tout de briques rouges, bordent cette vaste étendue pavée. La nuit, l'illumination des monuments donne à l'endroit, enfin déserté, un air magique.

TIM MAKINS / GETTY IMAGES ©

L'Ermitage

4 Trônant fièrement au bout de la perspective Nevski, l'emblématique palais d'Hiver de Saint-Pétersbourg renferme le plus grand musée du monde en termes de collection. Celui-ci compte parmi ses trésors un nombre impressionnant d'œuvres de grands maîtres de la peinture occidentale tels que Rembrandt, Rubens, Picasso ou Matisse, mais aussi des sculptures, antiquités et bijoux. La visite des somptueux appartements privés des Romanov est comprise dans le prix du billet.

Sur 100 personnes en Russie

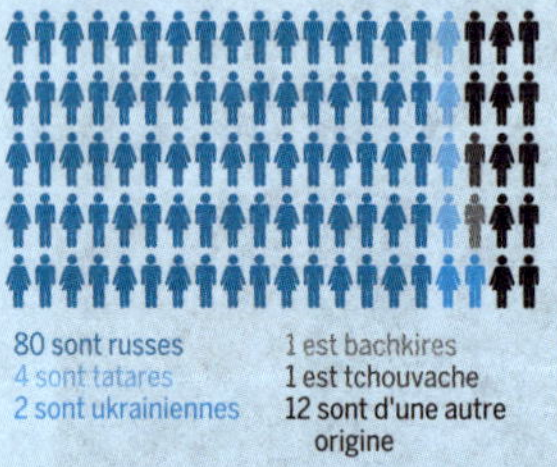

Religions
(% de la population)

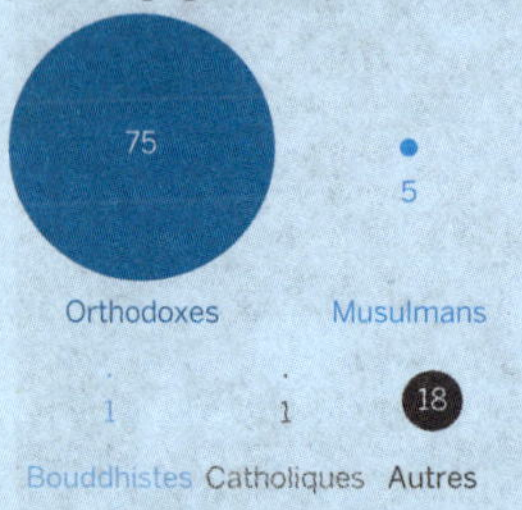

Population au km²

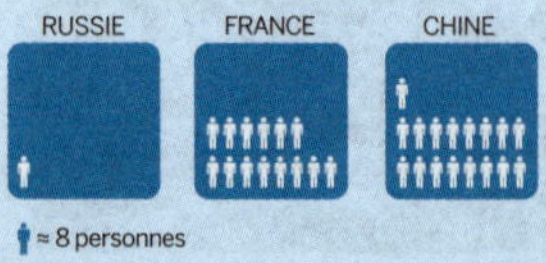

Souzdal

5 À moins de 200 km de la capitale, cette ville de l'Anneau d'or fut le berceau de l'État russe et un important centre religieux, d'où un nombre d'églises et de monastères médiévaux sans rapport avec sa taille modeste. Elle conserve cependant un cadre rural, sillonné de cours d'eau, et l'on peut aisément parcourir à vélo ses rues bordées de maisons en bois et de jardins verdoyants.

Kiji

6 Dans le nord de la Russie européenne, en Carélie, cette île du lac Onega est connue pour la splendide architecture de son *pogost* (enclos paroissial), entièrement en bois, classé au patrimoine mondial de l'Unesco. Cet ensemble comprend l'église de la Transfiguration (1714), dont les 22 bulbes sur plusieurs niveaux forment comme une sorte de grappe, l'église de l'Intercession de la Vierge (1764), plus sobre, et un clocher (1863) séparé.

Great Baikal Trail

7 C'est l'un des projets environnementaux les plus réussis du pays. Le réseau de sentiers balisés qui entoure le lac Baïkal en Sibérie sur plus de 1 800 km est cependant loin d'être achevé. Quel que soit le tronçon choisi, les randonneurs découvrent des paysages à couper le souffle, alternant taïga sauvage, longues plages isolées et rivières aux eaux froides et mouvementées.

Ballets

8 Quoi de plus russe que d'assister le

Pouchkine

Né en 1799 à Moscou dans une famille noble, le poète, romancier et dramaturge Alexandre Pouchkine (1799-1837) fut élevé dans la haute société francophone de Saint-Pétersbourg. Enfant de l'époque romantique, il nourrissait une obsession pour la guerre, l'honneur viril et les beautés inaccessibles. Il s'essaya à différents genres poétiques, des odes aux sonnets classiques, mais doit surtout sa renommée au *Cavalier de bronze* et à *Eugène Onéguine*, une nouvelle et un roman en vers, ainsi qu'à la tragédie *Boris Godounov*. Certaines de ses œuvres, jugées critiques envers le régime, lui valurent d'être exilé par le tsar Alexandre Ier. En 1837, il fut mortellement blessé lors d'un duel au pistolet l'opposant au prétendant de son épouse, Natalia Gontcharova. À sa mort, tout Saint-Pétersbourg accourut pour lui rendre hommage.

À table !

Blinis Crêpes épaisses, servies notamment tartinées de caviar (*ikra*) ou de fromage frais (*tvorog*).

Kvas Boisson pétillante, légèrement alcoolisée, produite par la fermentation de pain de seigle, d'orge ou de blé.

Pelmeni Raviolis à la viande souvent servis avec de la crème aigre (*smetana*) ou du vinaigre.

Salade Olivier Appelée en France “salade russe”, elle se compose de dés de pommes de terre et autres légumes, de cornichons, de viande bouillie et de mayonnaise.

Soupes Si le bortsch (soupe de betterave) reste la plus connue, goûtez aussi la *solyanka* épicée et l'*oukha* à base de poisson.

Vodka L'alcool russe par excellence, nature ou aromatisé.

Zakouski Hors-d'œuvre en tout genre (charcuterie, poisson fumé, caviar, salades...) proposés en apéritif.

soir à un spectacle de danse classique dans un lieu prestigieux comme le Théâtre Mariinsky (ex-Kirov) de Saint-Pétersbourg ou le Bolchoï à Moscou. C'est dans ce dernier qu'eut lieu en 1877 la première du *Lac des cygnes* de Tchaïkovski. Les compagnies de ballets et d'opéra interprètent aussi bien des œuvres nationales qu'étrangères.

Quand partir

HAUTE SAISON (juin-septembre)

➡ Protégez-vous contre les tiques, qui peuvent transmettre des maladies.

➡ Réservez toute forme de transport.

➡ Les prix augmentent à Saint-Pétersbourg en juin-juillet.

SAISON INTERMÉDIAIRE (mai et octobre)

➡ La nature verdoie au printemps et prend des teintes rousses en début d'automne.

BASSE SAISON (novembre-avril)

➡ Neige et froid, fidèles à l'image de l'hiver russe.

➡ La bonne période pour skier (même si les stations augmentent leurs tarifs) et pour visiter les musées.

Île d'Olkhon

9 Les Bouriates considèrent la plus grande île du Baïkal, au large de la rive ouest, comme le domaine des esprits du lac et le saint des saints des chamanes du Nord. Son décor naturel envoûtant, qui culmine à 816 m et offre un point de vue sur l'étendue lacustre, explique sans peine la mythologie qui s'y rattache. Steppes, rivages dunaires, rochers et conifères composent un environnement diversifié, où vivent surtout des pêcheurs et des bergers.

Novgorod

10 Doyenne des villes russes, au

nord-ouest du pays, Veliki Novgorod ("Novgorod la Grande") abrite entre les murs de son imposant kremlin (XIe-XVe siècle) la cathédrale Sainte-Sophie (1050) et le Millénaire de la Russie (1862), une sculpture en bronze de 15 m de haut commémorant l'événement fondateur de l'histoire nationale. Grimpez au sommet de la tour Kokouï pour avoir une vue d'ensemble de la forteresse, avant de visiter la riche collection d'icônes et de miniatures du musée d'Art et d'Histoire.

Transports

Avion Les vols peuvent être retardés de plusieurs heures sans explication. Les aéroports des petites villes possèdent des infrastructures minimales.

Bateau L'un des moyens les plus plaisants de se déplacer en Russie, qu'il s'agisse d'une croisière fluviale ou d'un bateau de ligne.

Bus Les bus longue distance complètent le rail plus qu'ils ne lui font concurrence. Ils desservent souvent des destinations non couvertes par le réseau ferroviaire ou seulement par des trains lents, peu fréquents ou bondés.

Train Dans l'ensemble confortable et, selon la classe, plutôt bon marché pour les distances parcourues.

À voir

Quand passent les cigognes (Mikhail Kalatozov ; 1957). Un film soviétique sur l'élan patriotique des Russes durant la Seconde Guerre mondiale.

Andreï Roublev (Andreï Tarkovski ; 1966). Fresque historique sur un peintre d'icônes dans la Russie du XVe siècle.

L'Arche russe (Alexandre Sokourov ; 2002). Un voyage dans l'histoire russe filmé en un plan séquence dans le musée de l'Ermitage.

À lire

Le Maître et Marguerite (Mikhaïl Boulgakov ; 1927-1939). Roman satirique inclassable.

Le Docteur Jivago (Boris Pasternak ; 1957). Un tableau de la guerre civile russe lors du passage de l'Empire à l'URSS.

Les Pauvres Parents (Ludmila Oulitskaïa ; 1995). Nouvelles brossant un saisissant portrait du Moscou d'après-guerre.

La Mitrailleuse d'argile (Viktor Pelevine ; 1996). Un poète se retrouve commissaire de cavalerie après la révolution d'Octobre, tout en étant patient d'un hôpital psychiatrique de la Russie d'aujourd'hui.

Altaï

11 En Sibérie, aux confins du Kazakhstan, de la Chine et de la Mongolie, la république de l'Altaï englobe le massif éponyme qui culmine à 4 506 m. Des sommets enneigés aux paysages steppiques du district de Kosh-Agach, vous pourrez traverser ce véritable paradis naturel sans presque rencontrer âme qui vive, hormis des chèvres et des chevaux sauvages. Avis aux adeptes des longs périples ferroviaires, le Transsibérien passe par là !

Vladivostok

12 Naguère lointain satellite de Moscou, la capitale de la Russie orientale a désormais le vent en poupe. Admirez la baie de la Corne d'Or depuis l'un des belvédères de la ville ou joignez-vous à une croisière. À voir l'impressionnant nouveau pont suspendu qui enjambe la baie, la comparaison avec San Francisco ne paraît pas si ridicule.

Tours et dômes de la cathédrale Sainte-Sophie, Novgorod

Gorilles des montagnes

CAPITALE
Kigali

POPULATION
12 millions

SUPERFICIE
26 338 km^2

LANGUES OFFICIELLES
Kinyarwanda, français, anglais

Rwanda

Si les tragédies passées ont laissé des séquelles profondes, le Rwanda a effectué un remarquable travail de cicatrisation et envisage désormais l'avenir avec optimisme.

Le Rwanda évoque forcément le terrible génocide de 1994, marqué par le massacre de près d'un million de Tutsis et de Hutus modérés en moins de trois mois. Depuis ces événements tragiques, une transformation presque miraculeuse s'est néanmoins opérée dans ce minuscule pays. Le Rwanda affiche aujourd'hui une unité ethnique et une relative stabilité politique, tandis qu'un nouveau vent d'optimisme souffle sur le pays.

Le tourisme est l'un des acteurs clés de l'économie nationale. Il s'appuie notamment sur le fameux gorille des montagnes, une espère rare que l'on a des chances d'apercevoir parmi les bambous à l'ombre des volcans de Virunga. Pour autant, "le pays des mille collines" ne se résume pas à ses primates. Terre luxuriante, dotée d'innombrables montagnes et d'une nature stupéfiante, le Rwanda possède quelques-unes des plus belles plages intérieures d'Afrique, sur les rives du lac Kivu, et de vastes portions de forêt tropicale de montagne, dans le parc national de Nyungwe.

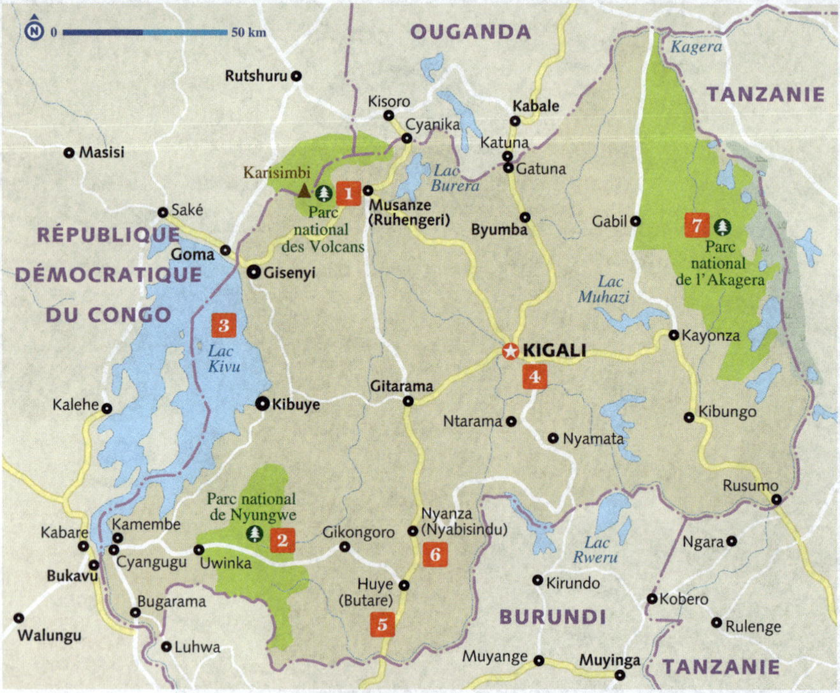

Rwanda

Les incontournables

Parc national des Volcans

1 Ce parc national, qui longe la frontière avec la République démocratique du Congo et l'Ouganda, abrite la section rwandaise des Virunga. Fort de cinq volcans, dont le plus élevé, le Karisimbi, culmine à plus de 4 500 m, ce site est l'un des plus beaux du pays. Ses pentes couvertes de bambous et de forêt tropicale figurent parmi les derniers refuges du gorille de l'Est africain, une espèce menacée. C'est d'ailleurs dans ce parc, où elle avait fondé un centre de recherche, que la célèbre primatologue Diane Fossey paya de sa vie son engagement pour la sauvegarde des gorilles

Parc national de Nyungwe

2 Avec pas moins de 13 espèces de primates, une riche avifaune et une biodiversité d'une intensité peu commune, le parc national de Nyungwe est l'une des grandes zones de conservation d'Afrique. Cette immense forêt recèle des familles de chimpanzés réintroduites et une colonie de colobes (primates à la longue queue et au pelage bicolore) de plus de 400 individus. Que vous partiez randonner dans la forêt équatoriale, sur les traces de ces lointains cousins, ou que vous cherchiez une cascade, le Nyungwe ne manquera pas de réveiller le Tarzan qui sommeille en vous.

Lac Kivu

3 Certes, le Rwanda est loin de l'océan, mais cela n'exclut pas les vacances à la plage pour autant. En effet, la frontière orientale avec la République démocratique du Congo longe le lac Kivu sur sa totalité. Deux endroits sont conseillés pour profiter de ses charmes. Gisenyi, au nord, compte les plus belles plages, avec un rivage largement jalonné de villas arborées, d'hôtels luxueux et de clubs privés. Kibuye, plus au sud, est moins coté en termes de soleil et de plages, mais jouit néanmoins d'un cadre splendide, avec une succession de collines entourant le lac Kivu.

ARIADNE VAN ZANDBERGEN / GETTY IMAGES ©

Centre mémorial de Kigali

4 Ce mémorial est une étape indispensable pour qui veut comprendre comment le génocide a pu se dérouler ici, sous les yeux du monde. Plus qu'un mémorial consacré au Rwanda, ce lieu est dédié à l'humanité tout entière, la tragédie rwandaise symbolisant tous les génocides de l'histoire. La partie inférieure est consacrée aux événements de 1994 ; la visite guidée inclut un rappel historique de la période coloniale au Rwanda, source de dissensions, et de l'escalade des tensions ayant conduit au génocide. Les expositions, savamment présentées, comprennent de brèves vidéos en français et en anglais.

Butare

5 L'exceptionnel musée national du Rwanda fut offert à Butare par la Belgique en 1989, afin de commémorer 25 ans d'indépendance. Outre son bâtiment remarquable, le musée se distingue par ses collections ethnologiques et archéologiques, parmi les plus riches de la région.

Nyanza (Nyabisindu)

6 En 1899, le *mwami* Yuhi V Musinga établit la première capitale royale du Rwanda à Nyanza. Son palais traditionnel à toit de chaume (du moins une excellente réplique), a été restauré, tout comme la première maison de son fils et successeur Mutara III Rudahigwa – les deux structures composent

Quand partir

MI-MAI À SEPT
➡ Il est plus agréable de partir en randonnée durant la “longue sécheresse”.

JUIN
➡ Les bébés gorilles sont baptisés lors de la cérémonie du Kwita Izina.

MI-MARS À MI-MAI
➡ Même s'il fait souvent humide durant les “longues pluies”, il est encore possible de voyager.

Sur 100 personnes au Rwanda

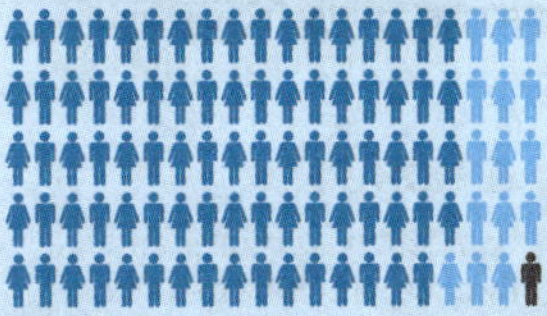

84 sont hutues (bantoues)
15 sont tutsies (hamites)
1 sont twas (pygmées)

Religions
(% de la population)

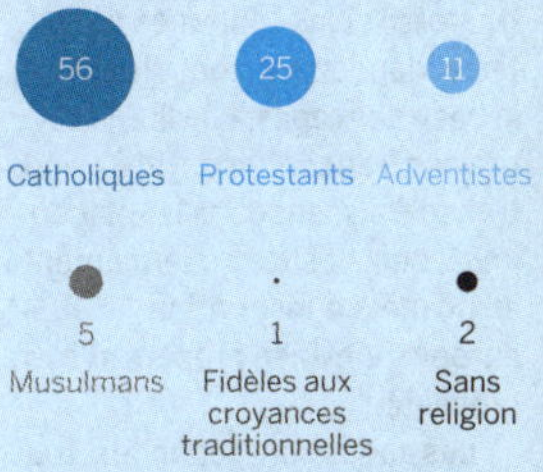

Population au km²

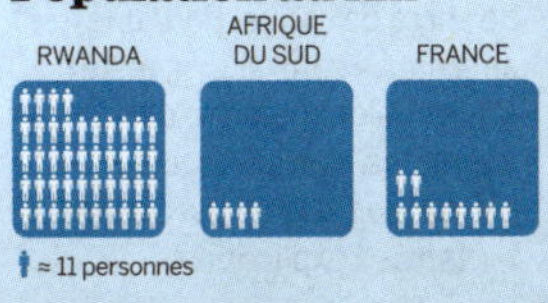

Kwita Izina

Dans la culture rwandaise traditionnelle, la naissance d'un enfant est un événement capital. Célébrée en grande pompe, elle donne lieu à la présentation du nouveau-né à la communauté, laquelle suggère alors toutes sortes de noms possibles. Après un examen scrupuleux, les fiers géniteurs en choisissent un pour leur progéniture, puis convient tout le monde à festoyer et à danser pour l'occasion.

Au Rwanda, les gorilles bénéficient souvent du même degré de respect que les êtres humains. Il était donc logique qu'ils soient un jour baptisés d'une façon similaire. Depuis juin 2005, la "Kwita Izina" (cérémonie du nom) des bébés gorilles constitue un événement national, suscitant chaque année un intérêt croissant.

À table !

Dans les zones rurales du Rwanda, la cuisine ressemble beaucoup à celle des autres pays d'Afrique de l'Est. Parmi les mets prisés figurent la perche du Nil, la viande de chèvre, le poulet et les brochettes de bœuf – même si la semoule de maïs (*ugali*), la purée de bananes plantains (*matoke*) et les "pommes de terre irlandaises" constituent la base des repas. En ville, les racines francophones du Rwanda transparaissent dans le "plat du jour", qui consiste généralement en un mets d'inspiration européenne, bien préparé et bien présenté.

Les sodas sont répandus, tout comme la Primus et la Mulzig, les bières locales, ou encore le *konyagi*, un alcool blanc à base de sucre de canne. Pour une alternative sans alcool, testez le jus couleur pourpre de l'arbre à tomates, une savoureuse concoction sucrée qui défie toute tentative d'explication.

Cobe defassa

aujourd'hui le musée d'Histoire ancienne de Rukari. Après avoir visité la Belgique – et admiré ses majestueuses demeures –, Mutara en conclut que sa propre maison n'était pas à la hauteur. Il fit construire un second palais, plus grandiose, mais mourut avant de le voir achevé. Ce palais, situé sur Rwesero Hill, accueille désormais le Rwesero Art Museum, qui expose essentiellement des peintures contemporaines et des sculptures sur les thèmes du génocide, de l'unité et de la fraternité.

Parc national de l'Akagera

7 Goûtez à un safari à la rwandaise dans ce parc à la faune voyageuse. Pendant plus d'une décennie, l'Akagera a surtout exhibé ses richesses végétales, la majorité des quadrupèdes préférant s'offrir un séjour prolongé dans la Tanzanie voisine. Aujourd'hui, la faune est en augmentation, même si elle ne constitue qu'une fraction des grands troupeaux d'autrefois. Consolez-vous en pensant qu'il est peu probable que vous soyez gêné par d'autres visiteurs.

Transports

Avion De Kigali, il existe des vols intérieurs à destination de Gisenyi (nord du lac Kivu) et Kamembe.

Bus Des compagnies privées couvrent le territoire avec des départs à heure fixe. On achète son billet à l'avance, à un guichet qui constitue en général (mais pas toujours) le point de départ. Sur les itinéraires majeurs, vous trouverez également quantité de minibus modernes et bien entretenus.

Voiture Le Rwanda a un réseau routier correct, qu'il doit pour l'essentiel à sa taille modeste et aux subventions étrangères. Les seules routes non bitumées sont celles qui longent le lac Kivu, ainsi que quelques portions aux quatre coins du pays.

CAPITALE
Basseterre

POPULATION
51 134

SUPERFICIE
261 km²
(Saint-Kitts 168 km² ; Nevis 93 km²)

LANGUE OFFICIELLE
Anglais

Nisbet Beach, Nevis

Saint-Kitts-et-Nevis

Les deux îles de cette petite fédération des Caraïbes allient de superbes paysages de plage et de montagne, des activités pour exercer le corps et une histoire riche pour nourrir l'esprit.

À l'extrémité nord de l'île de Saint-Kitts, des kilomètres de champs de canne à sucre en friche défilent le long de la route. L'époque où le sucre était la ressource nourricière est révolue, et les immenses plantations ont été laissées à l'abandon. Et alors que se développe une nouvelle économie axée sur le tourisme, toutes les plages de l'île résonnent du bruit des marteaux piqueurs et des nouvelles constructions. Même le train qui servait autrefois au transport de la canne à sucre fait le plein avec des touristes. Pourtant, malgré la rapidité de cette transformation, cette île de l'est des Caraïbes parvient à préserver ses qualités maîtresses : une culture anti stress et friande de célébrations joyeuses.

Plus petite, Nevis se distingue par son ambiance sympathique, sa poignée de plages et sa minuscule capitale, Charlestown. Faire le tour de l'île – compter deux heures de route – est un vrai moment de bonheur.

Saint-Kitts-et-Nevis

Les incontournables

Forteresse de Brimstone Hill

1 Bien plus vaste qu'on pourrait le penser, cet ancien bastion militaire fut érigé à la sueur des esclaves à l'époque britannique. Il offre un aperçu du passé, violent et tumultueux, des anciennes colonies des Caraïbes. Suite à l'incendie ayant ravagé Basseterre en 1867, la structure du fort fut partiellement démantelée, et ses pierres servirent à reconstruire la capitale. Des travaux de restauration d'envergure furent entrepris dans les années 1960, et la forteresse a retrouvé sa splendeur d'antan. La reine Élisabeth II l'a inaugurée en tant que parc national lors d'une visite à Saint-Kitts en 1985 et le site est aujourd'hui classé au patrimoine mondial de l'Unesco.

Basseterre

2 Fondée il y a plus de 380 ans, Basseterre fut la première ville française dans les Caraïbes. En quittant Port Zante et le terminal des navires de croisière, vous plongerez dans un agréable mélange d'histoire et de culture. Rien dans la capitale n'a été excessivement enjolivé, ce qui signifie que les surprises sont nombreuses. Prenez le temps de découvrir les bâtisses coloniales encore debout, avec leurs larges porches, et saluez les insulaires se prélassant sur leur perron, une bière Carib à la main.

South Frigate Bay

3 South Frigate Bay, à 5 km au sud-est de Basseterre, est un isthme séparant la côte caraïbe, plutôt paisible, et la côte atlantique, plus agitée. C'est une zone d'immeubles résidentiels en pleine expansion, dominée par l'énorme complexe hôtelier Marriott. Vous ne pouvez pas vous tromper : des panneaux annonçant des magasins de bijoux envahissent le bord de la route à l'approche de la ville. On y trouve quelques bons restaurants, mais son principal attrait, ce sont les excellents bars de plage bordant la baie. C'est à peu près tout ce que Saint-Kitts compte d'animation nocturne.

Upper Round Road

4 À l'époque de sa construction, à la fin du XVIIe siècle, cette route reliait les maisons de planteurs, les champs de canne à sucre et les villages entourant le mont Nevis. Aujourd'hui, elle court sur 14 km entre Golden Rock Inn et Nisbet Plantation Beach Club en traversant des fermes, des vergers, des jardins et des pans de forêt tropicale. En chemin, mangez des fruits frais et observez les singes et les papillons. Comptez cinq heures de randonnée si vous souhaitez parcourir la route en entier.

Nisbet Beach

5 Flanquée du complexe hôtelier éponyme, c'est sans doute la plus jolie plage de Nevis. Cette étendue de sable au blanc éclatant, bordée de palmiers et baignée d'une eau cristalline, jouit d'un superbe panorama sur Saint-Kitts. L'endroit est idéal pour y passer la journée.

Barbecue communautaire

6 La communauté de Nevis est très unie. La preuve en est donnée les vendredis et samedis soir, lorsque les insulaires

Quand partir

NOV-DÉC

- La meilleure période de l'année pour s'y rendre, en termes de prix et de météo.
- En hiver, la température moyenne est de 27°C.
- Le carnaval (mi-décembre) est le plus gros événement de l'année.

FÉV-JUIN

- Les mois les plus secs.
- Le Festival de musique de Saint-Kitts, en juin, attire les plus grands artistes des Caraïbes.

JUIL-NOV

- Saison des ouragans (et des pluies).
- Depuis plus de 30 ans, le festival Culturama (entre juillet et août) est le plus gros événement de l'année à Nevis.

Sur 100 personnes à Saint-Kitts-et-Nevis

22 ont entre 0 et 14 ans
16 ont entre 15 et 24 ans
45 ont entre 25 et 54 ans
9 ont entre 55 et 64 ans
8 ont plus de 65 ans

Utilisation des sols

(% du territoire)

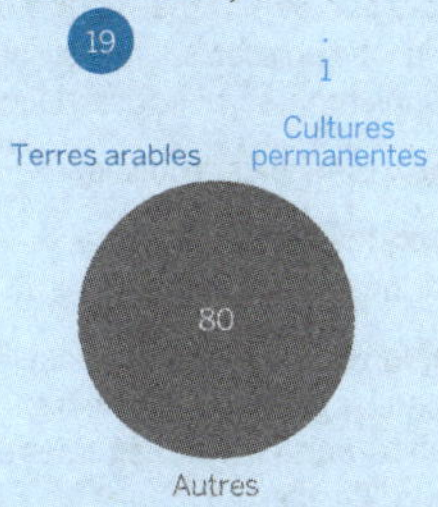

Population au km²

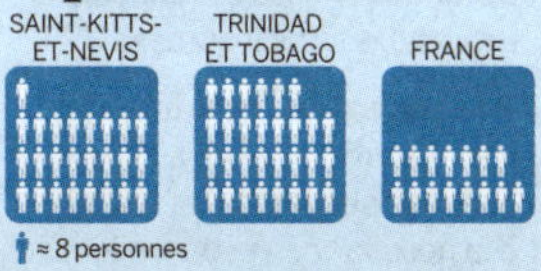

Malins comme des singes

Les vervets, singes espiègles, furent introduits à Saint-Kitts-et-Nevis par des colons français venus d'Afrique, et se sont si bien acclimatés qu'on en dénombre aujourd'hui deux par habitant. Ils se déplacent en groupes de quelques dizaines de spécimens, et on peut les apercevoir dans la forêt tropicale et dans la péninsule au sud-est de Saint-Kitts. Ils sont certes attendrissants, mais les insulaires voient en eux un fléau car ils s'attaquent aux fruits et aux cultures. Sur Saint-Kitts, un organisme de recherche biomédicale les utilise dans le cadre de tests pour le développement d'un remède contre la maladie de Parkinson et de tests pré cliniques pour un nouveau vaccin contre la dengue.

À table !

Brinley Gold Rum Rhum assemblé localement, arrangé à la vanille, au café, à la mangue, à la noix de coco ou au citron vert.

Cane Spirit Rothschild Plus connue sous ses initiales (CSR), cette boisson locale est issue de la distillation du jus de canne à sucre pur. Se sert mélangée à du Ting, une boisson sucrée, saveur pamplemousse, avec des glaçons.

Carib Bière blonde locale.

Conques Servies en curry, marinées ou bouillies.

Pelau Version locale de la paella : un mélange savoureux de riz, viande, poisson salé, légumes et pois d'Angole.

Pepperpot Ragoût concocté à partir de diverses combinaisons de viandes et de légumes.

Poisson salé à l'étouffée Plat national officiel, servi avec des bananes plantains, des boulettes à la noix de coco et du fruit à pain.

PETER PHIPP / GETTY IMAGES ©

Carnaval des enfants, Charlestown, Nevis

investissent les rues pour de joyeux barbecues, où l'on bavarde sur fond de musique en mangeant du poulet et des travers de porc grillés. Le plus gros barbecue de l'île est organisé par le Service des eaux, dans Pump St, non loin de Charlestown.

Charlestown

7 Le ferry en provenance de Saint-Kitts accoste en plein centre de Charlestown, l'adorable capitale – au format mouchoir de poche - de Nevis, où cohabitent banques, commerces et maisonnettes victoriennes. C'est un bon endroit pour flâner, sans la foule car les grands bateaux de croisière ne marquent pas l'arrêt à Nevis. La jolie plage de Pinney's Beach n'est qu'à 15 minutes à pied du centre. Charlestown est également le point de départ du Nevis Heritage Trail, qui relie 25 sites historiques d'importance à travers l'île, notamment des églises, des plantations de canne à sucre et des sites naturels.

Transports

Bateau Plusieurs ferrys de passagers font la navette entre Basseterre et Charlestown. Le trajet, agréable et pittoresque, prend environ 45 minutes.

Bus Sur les deux îles, bus et taxis-camionnettes se ressemblent à s'y méprendre. Pour ne pas vous tromper, vérifiez la plaque avant : la lettre H indique qu'il s'agit d'un bus privé, et la T un taxi (la lettre R désigne une voiture de location et P ou PA le véhicule d'un résident).

Taxi Les taxis se calent sur les horaires des vols, tant à Saint-Kitts qu'à Nevis. Comptez environ 80 $US le tour de l'île en taxi (sur les deux îles), et 60 $US pour un demi-tour de l'île de 3 heures.

Voiture et moto Les visiteurs doivent se procurer un permis de conduire touristique, valable 90 jours sur les deux îles. Les loueurs vous en délivrent un à la signature du contrat.

Castello della Cesta

CAPITALE
Saint-Marin

POPULATION
32 448

SUPERFICIE
61 km^2

LANGUE OFFICIELLE
Italien

Saint-Marin

Perché au sommet du mont du Titan, à une douzaine de kilomètres de la côte adriatique, ce micro-État enclavé en Italie jouit d'un panorama exceptionnel.

Indépendant depuis l'an 301, Saint-Marin affiche à son compteur quelques records qui attisent la curiosité du visiteur. C'est la plus vieille république d'Europe et Saint-Marin se classe au 5e rang mondial des plus petits États du monde. Seule rescapée d'un réseau de cités-États autrefois puissant en Italie, cette micro-nation a survécu aux royaumes puissants de Gênes et de Venise.

Le pays est divisé en neuf communes. La Città di San Marino, ville médiévale bâtie sur les pentes du mont du Titan (750 m), a été classée au patrimoine mondial de l'Unesco en 2008 et attire deux millions de visiteurs chaque année. Son charme réside dans un panorama unique, des rues pittoresques et quelques musées dédiés aux vampires, à la torture, aux mannequins en cire et autres phénomènes mystérieux. Saint-Marin mérite une étape, brève ou rapide, selon le degré de curiosité du visiteur, lors d'un voyage au centre de la péninsule italienne.

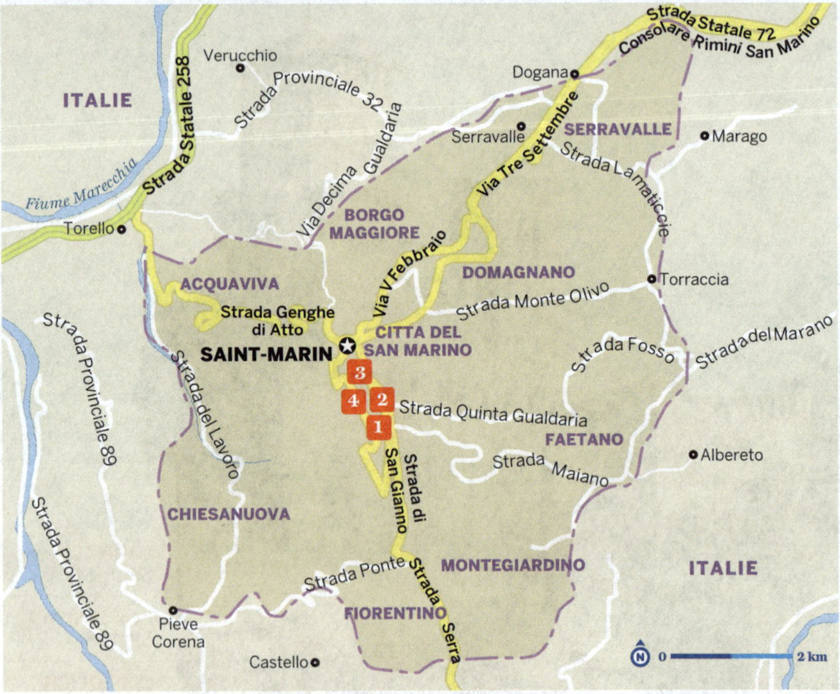

Saint-Marin
Les incontournables

Castello della Cesta

1 Perché à 750 m d'altitude au sommet du mont du Titan, ce château du XIIIe siècle domine l'horizon et offre un superbe panorama sur Rimini et la mer Adriatique. Il est possible de faire le tour de ses remparts et d'y visiter un petit musée consacré à l'armement au Moyen Âge. Le prix du billet inclut l'entrée au Castello della Guaita, le plus vieux château de Saint-Marin (XIe siècle), utilisé comme prison jusqu'en 1975.

Museo delle Curiosità

2 Les esprits curieux et les amateurs de Trivial Pursuit ne manqueront pas de rafraîchir leurs connaissances dans ce musée, véritable temple du savoir inutile.

Piazza della Libertà

3 La silhouette néo-gothique du Palazzo Pubblico domine la Piazza della Libertà, où la relève de la garde s'effectue toutes les demi-heures de mai à septembre.

Museo di Stato

4 De loin le meilleur de Saint-Marin, ce musée propose des expositions consacrées à l'art, à l'histoire, au mobilier et à la culture.

À table !

Fromage À déguster avec de fines tranches de bœuf, de la roquette et du *parmigiano*.

Vin Goûtez à la générosité d'un *brugneto* et à la délicatesse d'un *tessano*, deux vignobles de Saint-Marin. Le *biancale* (blanc sec) et l'*oro dei Goti* (vin sucré) sont également produits à Saint-Marin.

Quand partir

AVR-JUIN
➡ Le printemps est la saison des festivals, des fleurs et des produits locaux.

JUIL-AOÛT
➡ Les principaux sites touristiques et les routes sont bondés, surtout en août.

SEPT-OCT
➡ L'automne est synonyme de récoltes et de températures clémentes.

CAPITALE
Kingstown

POPULATION
103 220

SUPERFICIE
389 km^2

LANGUE OFFICIELLE
Anglais

Tobago Cays

Saint-Vincent-et-les-Grenadines

Tous les fantasmes nourris par les Caraïbes convergent vers ce chapelet de 32 îles, au sud des Petites Antilles, entre Grenade et Sainte-Lucie.

À lui seul, le nom “Saint-Vincent-et-les-Grenadines” évoque une vie insulaire exotique et paradisiaque. Imaginez un chapelet d’îles au beau milieu de la mer des Caraïbes, épargné par l’industrie touristique : des îles désertes aux plages de sable blanc baignées par une eau azur, sans âme qui vive à l’horizon.

Fuyez l’agitation, la circulation et le brouhaha de l’île principale au profit des Grenadines, où un autre monde vous attend. L’archipel compte 31 îles, toutes plus paisibles les unes que les autres, ne demandant qu’à être explorées. Les plages se déroulent sous vos yeux, le rythme de la vie ralentit et l’envie de rentrer chez soi s’évanouit.

Ces îles ont charmé les marins des siècles durant, et continuent de le faire. Que vous ayez votre propre navire, pratiquiez le bateau-stop ou optiez pour l’un des nouveaux ferrys, se balader d’île en île est une expérience irrésistible.

Saint-Vincent-et-les-Grenadines

Les incontournables

Tobago Cays

1 Interrogez quiconque ayant séjourné à Saint-Vincent-et-les-Grenadines sur son meilleur souvenir : il y a fort à parier qu'il vous parlera des Tobago Cays. Ces cinq petites îles recèlent quelques-uns des meilleurs spots de plongée et de snorkeling des Caraïbes. Totalement dépourvues d'infrastructures, elles sont intégrées à un parc naturel et sont accessibles uniquement par bateau, dans le cadre d'une excursion d'une journée au départ de l'une des îles des Grenadines. Et quelle excursion ! Le snorkeling est exceptionnel, et le sable a la blancheur aveuglante de la neige. Une myriade d'espèces vous attendent sous la surface, dont des tortues de mer et des poissons-perroquets. Le corail est splendide.

Bequia

2 Bequia est la perle des îles Grenadines, l'équilibre parfait entre isolement et accessibilité, qualité et tarif. Superbes plages, hébergements adaptés à toutes les bourses, rythme de vie anti stress, l'île compte également de bons restaurants, des boutiques bien locales et suffisamment de sable doré et d'eau cristalline pour satisfaire tout le monde.

Moustique

3 Moustique est l'île de tous les superlatifs. Imaginez plutôt une île à la beauté indicible, aux plages somptueuses et dotée de tous les attributs du paradis, et ajoutez à cela des hébergements au luxe étourdissant. Ici les prix sont tels que seuls les plus fortunés peuvent y prétendre. L'île est même privée puisqu'elle est gérée par la Mustique Company. S'il faut faire partie des grands de ce monde pour y passer la nuit, il est toutefois possible à quiconque de s'y rendre pour la journée et – qui sait – de tomber nez à nez avec quelques célébrités.

Canouan

4 Canouan mérite une visite d'un point de vue historique autant qu'esthétique. Cette île en forme de crochet, à la beauté stupéfiante, abrite quelques-unes des plages les plus somptueuses de tout l'archipel des Grenadines,

CHRIS CALDICOTT / GETTY IMAGES ©

et quelques-uns de ses havres de paix les plus isolés. Paradoxalement, c'est aussi l'une de ses îles les plus construites.

Falls of Baleine

5 Cliché tropical s'il en est, cette chute d'eau d'une vingtaine de mètres dévale le long d'une paroi tapissée de fougère en décrivant un arc scintillant jusqu'à un vaste bassin d'eau fraîche en contrebas. Perdues à la pointe nord-ouest de l'île, les superbes chutes de la Baleine ne sont accessibles qu'en bateau. À quelques minutes à pied de la plage où les bateaux jettent l'ancre, écoutez le chant des cascades au cœur de la forêt tropicale.

Windward Highway

6 La côte est de Saint-Vincent, ponctuée de baies paisibles et de petits villages, peut se découvrir en remontant la Windward Highway (autoroute du Vent). À la différence de la côte sud qui est plus touristique, cette partie de l'île est restée plus traditionnelle avec des hameaux aux bâtisses usées par le vent et le soleil. Les plages de sable noir se perdent dans les plantations

Quand partir

TOUTE L'ANNÉE

- Le climat varie d'une île à l'autre : les Grenadines du Sud affichent une météo légèrement plus sèche et des températures à peine plus élevées que Saint-Vincent.

JANVIER-MAI

- Saison sèche à Saint-Vincent.
- Avril est le mois le plus sec, avec seulement 6 jours de pluie en moyenne.
- En janvier, la température oscille entre 22 et 29°C.

JUILLET

- Le mois le plus pluvieux, avec 26 jours de précipitations en moyenne.
- La moyenne des températures oscille entre 24 et 30°C.

Sur 100 personnes à Saint-Vincent-et-les Grenadines

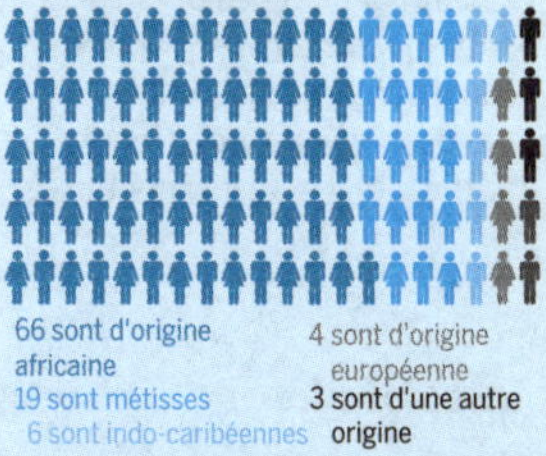

Religions

(% de la population)

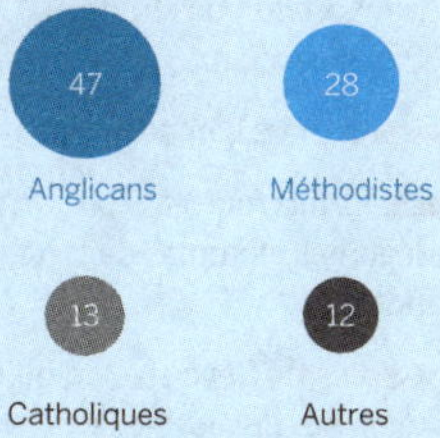

Population au km²

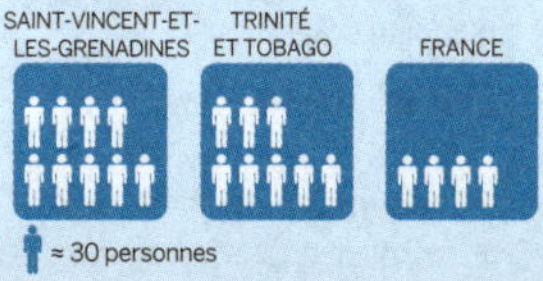

Rythmes caribéens

La musique est au cœur de la vie de Saint-Vincent. D'entraînants rythmes caribéens imprègnent l'air et vous poursuivent où que vous alliez. Les préférences musicales varient avec les générations. Les rastas vieillissants apprécient les mix joyeux des anciennes icônes du reggae. Les jeunes générations raffolent des rythmes frénétiques du *dancehall* moderne et du hip-hop. Mais vous entendrez partout les derniers rythmes caribéens, qu'il s'agisse de *soca*, de *steelpan* ou de quelque autre variation du calypso.

Originaire de Saint-Vincent-et-les-Grenadines, le *big drum* est un style de musique tirant son nom de l'instrument (fabriqué à partir d'un baril de rhum), dont les rythmes calypso accompagnent des paroles satyriques chantées par une *chantwell*', une chanteuse. Les incroyables costumes font partie intégrante du spectacle.

À table !

Callaloo Légume rappelant l'épinard, utilisé dans les soupes et les ragoûts.

Fruits et légumes frais Saint-Vincent produit des fruits et légumes délicieux.

Hairoun Bière blonde locale.

Rotis Tortilla fourrée d'un curry de légumes, pommes de terre et viande.

Poisson salé Délicieux lorsqu'il est cuisiné sous forme de croquettes de poisson.

Soupe de courge S'apparente à un copieux ragoût..

Fruits de mer Homards, crevettes, conques et poissons sont des mets populaires, que l'on retrouve à tous les menus.

MATTHEW WAKEM / GETTY IMAGES ©

Bananeraie, Kingstown

de bananes et l'intérieur vallonné des terres est planté d'une végétation luxuriante.

Leeward Highway

7 Au nord de Kingstown, la Leeward Highway (autoroute Sous-le-Vent) longe la côte ouest de Saint-Vincent sur 40 km. Elle traverse de jolis paysages, en grimpant à travers les sommets, puis serpente au milieu des collines avant de redescendre jusqu'à des vallées côtières au littoral accidenté, qui ouvrent sur des plantations de noix de coco, des villages de pêcheurs et des baies bordées de plages de sable noir.

Kingstown

8 Avec ses rues aux pavés irréguliers, ses portes voûtées et ses passages couverts, Kingstown évoque l'ère coloniale et les navires bananiers. La ville vit au rythme d'une communauté locale qui apporte un peu d'ambiance et d'animation dans les étals et les ruelles de la ville.

Transports

Avion Beaucoup préfèrent les ferrys pour se déplacer d'une île à l'autre.

Bateau de pêche Dans les Grenadines, il est aisé de monter dans un bateau privé pour passer d'une île à l'autre. Il s'agit généralement de petits bateaux de pêche ouverts, pouvant accueillir dans le meilleur des cas 4 passagers avec très peu de bagages. S'abstenir en cas de mer agitée.

Bus Le bus est un excellent moyen de se déplacer sur Saint-Vincent. Il s'agit davantage de minibus, généralement bondés.

Ferry Les grandes îles de l'archipel sont bien desservies par bateau, notamment le ferry rapide *Jaden Sun*, qui relie Union Island en 2 heures au départ de Saint-Vincent.

Taxi Les taxis sont nombreux sur la plupart des îles, et abordables pour de courts trajets. Convenez du prix de la course avant le départ.

CAPITALE
Castries

POPULATION
162 781

SUPERFICIE
616 km²

LANGUE OFFICIELLE
Anglais

Anse Chastanet, Soufrière

Sainte-Lucie

À côté des destinations traditionnellement fréquentées par les visiteurs francophones, cette petite île des Caraïbes fait désormais entendre son agréable petite musique.

À quelques encablures au sud de la Martinique, cette île au double héritage colonial (français et anglais) fait valoir de généreux atouts. Envie de farniente ? Posez votre serviette sur les plages et les criques sablonneuses de l'Ouest et du Sud. Tenté par les loisirs nautiques ? Initiez-vous au kitesurf, explorez les fonds marins près de Soufrière, ou découvrez la côte à bord d'un voilier. Besoin d'adrénaline ? Galopez sur une plage ou une colline broussailleuse, ou traversez la canopée suspendu à une tyrolienne... En quête de chlorophylle ? Parcourez les sentiers à l'intérieur de l'île et faites l'ascension du Gros Piton.

Sainte-Lucie possède également un solide patrimoine culturel. Pigeon Island, Castries, le morne Fortune et Soufrière valent le détour pour leurs vestiges historiques.

Enfin, les Saint-Luciens ont le sens de la fête. Le carnaval et le St Lucia Jazz Festival sont deux événements majeurs, et les "street parties" du vendredi et du samedi soir laissent des souvenirs inoubliables.

Sainte-Lucie
Les incontournables

Anse Mamin

1 Cette délicieuse petite baie frangée d'une plage idyllique vous incitera à vous allonger à l'ombre des frondaisons des palmiers. L'étendue de sable clair est lapée par des eaux calmes et turquoise. Anse Mamin est accessible à pied par un étroit sentier littoral ou par bateau-taxi depuis la plage d'Anse Chastanet.

Anse La Raye

2 Une église, des maisons en bois, une plage, des barques de pêche, des pêcheurs qui jouent aux dominos... L'atmosphère est typiquement créole dans cette communauté bien tranquille. Le vendredi soir, Anse La Raye sort de sa torpeur à l'occasion de la "fish party". Le long du front de mer, des échoppes tenues par des familles du village vendent des produits de la mer cuisinés, à des tarifs imbattables. Les touristes se mêlent aux habitants dans une atmosphère bon enfant. Des sonos installées dans la rue diffusent de la musique et tout ce petit monde se met à danser... Un grand moment de vie locale !

Parcours de tyrolienne

3 L'une des plus belles prestations de l'île, Rainforest Sky Ride propose un parcours de tyroliennes au cœur d'une magnifique forêt primaire. Après un brief, vous vous élancez dans les airs, suspendu à un câble relié à des arbres... Autre option : le "tram", une nacelle de 8 personnes fonctionnant comme un télésiège. Vous survolez la canopée pendant qu'un guide vous donne des explications sur les plantes, les arbres et l'avifaune.

Anse Chastanet

4 Cette baie, l'une des plus charmantes de Sainte-Lucie, s'étend à environ 2 km au nord de Soufrière. Elle est accessible par une route cahoteuse qui ménage des points de vue superbes sur la baie de Soufrière et les pitons. Bordée d'une plage magnifique et encadrée de falaises, elle se prête à merveille à la baignade, au snorkeling et à la plongée sous-marine.

Soufrière

5 Fondée en 1746 par les Français, qui la baptisèrent ainsi en raison

PAUL BAGGALEY / GETTY IMAGES ©

de la présence de sources sulfureuses, la petite ville de Soufrière est nichée dans une ravissante baie. Le Petit Piton, qui s'élève en toile de fond à plus de 700 m d'altitude, et les environs luxuriants composent un superbe écrin. Soufrière a gardé un cachet traditionnel et un caractère authentiquement créole. Les pêcheurs jouent aux dominos sur le front de mer, les vendeurs de rue prennent position autour de la place centrale, et les rues, bordées de vieilles demeures coloniales, mènent toutes à la mer.

Ascension du Gros Piton

6 Cette randonnée restera gravée dans votre mémoire. L'ascension du Gros Piton, ce gigantesque monolithe de 798 m en forme de pain de sucre, qui se dresse au sud de Soufrière, ne présente pas de difficulté particulière, mais la montée est escarpée. Le départ se situe à Fond Gens Libres, un hameau pittoresque, à quelques kilomètres au sud de Soufrière. L'ascension jusqu'au sommet est soutenue, mais la récompense est au rendez-vous : une vue à couper le souffle qui englobe tout le sud de l'île et, par temps clair, Saint-Vincent.

Villages de pêcheurs de la côte est

7 Sainte-Lucie est une île pleine de paradoxes. Au visage touristique qu'elle

Quand partir

DÉC-MAR

➡ L'hiver est la période idéale pour visiter Sante-Lucie, dont les températures avoisinent les 27°C.

JUIL

➡ Durant l'été, le thermomètre affiche une moyenne de 29°C.

JUIN-OCT

➡ Saison des cyclones. Les pluies les plus longues ont lieu en septembre-octobre.

Sur 100 personnes à Sainte-Lucie

83 sont d'origine africaine
12 sont métisses
2 sont indo-caribéennes
3 sont d'une autre origine

Religions
(% de la population)

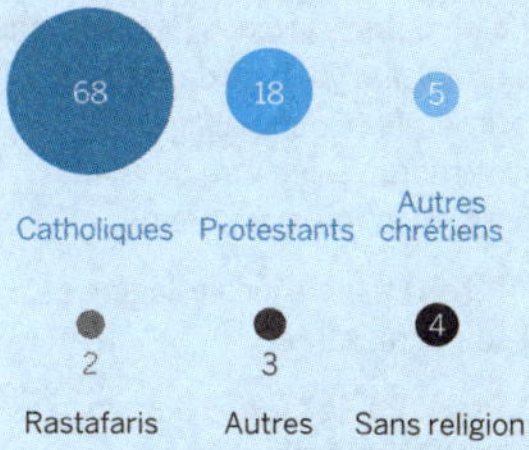

2 Rastafaris, 3 Autres

Population au km²

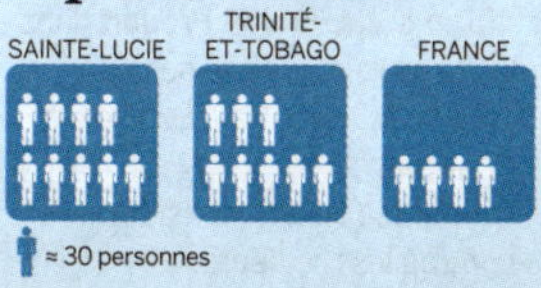

≈ 30 personnes

Un petit air de Rio

Comme toute île des Caraïbes qui se respecte, Sainte-Lucie a son carnaval, inspiré de celui de Trinidad. Il est organisé en juin-juillet, et c'est sans conteste la manifestation la plus haute en couleur du calendrier saint-lucien. Il réunit toutes les couches de la société, quels que soient l'origine sociale, l'âge ou la profession.

Pendant le carnaval ont lieu de nombreuses manifestations : défilés en costumes, concerts de calypso et de soca, concours de beauté, fêtes de rue, *steel bands*... Les réjouissances connaissent l'apothéose au cours de la deuxième semaine de juillet, lors de l'élection des reines et des rois du calypso. Les 18 meilleurs danseurs et danseuses des différents groupes s'affrontent à l'occasion d'une finale ; le vainqueur est déclaré roi ou reine du calypso.

La parade du dernier lundi, appelée "J'Ouvert", a lieu en tout début de matinée dans les rues de Castries ; c'est l'une des plus chatoyantes car les participants portent le costume de leur choix, souvent à l'extravagance la plus débridée...

GAVIN HELLIER / GETTY IMAGES ©

Marché de Castries

manifeste dans la zone urbanisée qui s'étend de Castries à Rodney Bay, elle oppose l'atmosphère de communautés de pêcheurs dès que l'on file vers l'est. Au fil des échancrures de la côte, on retrouve un univers humble, avec ses maisonnettes en bois, surmontées de toits en tôle, et ses petits ports aménagés autour d'anses protégées, comme Dennery ou Micoud.

Sandy Beach

8 Pour les amateurs de farniente, cette très belle plage de sable blanc à proximité de l'aéroport n'a qu'un seul défaut : elle est très ventée... ce qui réjouit les passionnés de kitesurf, dont c'est le spot préféré à Sainte-Lucie. En toile de fond, les îles Maria.

Castries

9 La capitale de Sainte-Lucie doit son nom au maréchal de Castries, qui fut à la tête d'un corps expéditionnaire dépêché à Sainte-Lucie par le roi de France en 1756. Castries (70 000 habitants) offre aujourd'hui le visage d'une ville portuaire saisie par la fièvre du tourisme. Chaque jour, des centaines de croisiéristes s'égaillent dans les rues du centre-ville, dans les commerces duty free et au marché central.

À table !

Spécialités locales Régalez-vous de *calalou* (potage de légumes), de *lambi* (un coquillage) et de morue salée, l'un des plats traditionnels aux Caraïbes.

Piton La bière locale, légère et rafraîchissante.

Produits de la mer Dorade, thazard, marlin, vivaneau, langouste, crabe et coquilles Saint-Jacques figurent au menu.

Rhum saint-lucien Produit dans la dernière distillerie de l'île, près de Marigot Bay. Essayez le Chairman's Reserve (brun) ou le Denros (blanc), considérés comme les meilleurs.

Transports

Bus Un réseau de minibus dessert les principales localités de l'île, au départ du centre-ville de Castries.

Voiture La location d'une voiture est un moyen bien adapté à la découverte de l'île. En réalité, il est préférable de louer un 4x4, tant certaines routes (surtout au sud-ouest) sont en mauvais état. Conduite à gauche.

Taxi Les taxis sont disponibles aux deux aéroports et dans la plupart des zones touristiques.

CAPITALE
Honiara

POPULATION
609 000

SUPERFICIE
27 540 km^2

LANGUE OFFICIELLE
Anglais

Îles Salomon

Cet archipel mélanésien riche de merveilleurs sites de plongée est à l'écart des circuits touristiques conventionnels, et c'est ce qui fait son charme.

Des vestiges de la Seconde Guerre mondiale éparpillés à travers la jungle aux huttes en feuillage des villages traditionnels, les îles Salomon ne manquent pas d'attraits.

Et puis il y a la beauté des paysages, à couper le souffle : îles volcaniques surgissant de l'océan bleu cobalt, mangroves infestées de crocodiles, immenses lagons, îlots tropicaux et forêts vert émeraude plantent le décor.

N'espérez pas des plages de sable blanc, de luxueux complexes hôteliers ou une vie nocturne trépidante – on ne vient pas aux îles Salomon pour lézarder. Avec pour seuls hébergements une poignée de pensions traditionnelles et de retraites confortables, l'archipel se prête davantage à l'écotourisme.

Les amateurs d'activités de plein air trouveront facilement leur bonheur. Au programme : ascension d'un volcan éteint, surf dans des spots peu fréquentés, snorkeling au milieu de récifs préservés ou encore kayak dans un lagon. Sous la surface, un terrain d'aventure inégalé attend les amateurs de plongée.

Le vrai plus, c'est qui n'y a pas un chat pour gâcher votre expérience.

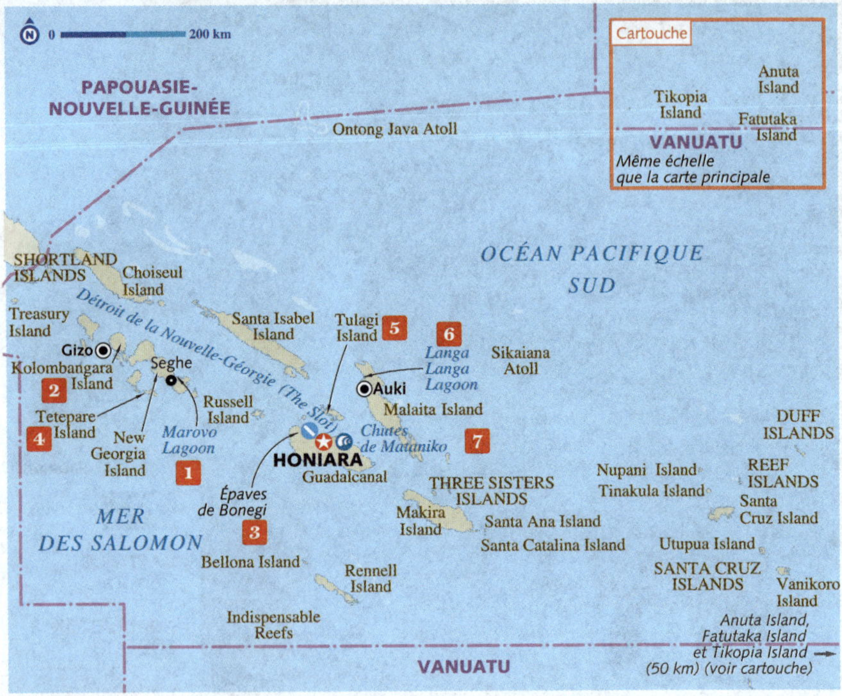

Îles Salomon
Les incontournables

Lagon de Marovo

1 Le lagon de Marovo est un site d'exception, flanqué des vastes îles de Nouvelle-Géorgie et de Vangunu d'un côté, et d'une double rangée de longues îles barrières de l'autre. Il comporte plusieurs centaines de superbes îlots, couverts pour l'essentiel de cocotiers et de végétation tropicale, cernés de corail. On peut y visiter de paisibles villages et des *tambu* (sites sacrés), pique-niquer sur une île déserte, participer à une visite du lagon, rencontrer des maîtres sculpteurs, plonger au milieu des poissons, traverser le lagon en kayak, se promener dans la forêt tropicale ou encore escalader de formidables sommets.

Île de Kolombangara

2 Kolombangara, dont le cône parfait culmine à 1 770 m, domine l'horizon nord-est de l'île de Ghizo. L'ascension, magnifique, est une affaire de 2 jours aller-retour si vous êtes sportif. Le sentier grimpe depuis une plaine côtière de 1 km de large à travers des collines au sommet plat et des escarpements de plus en plus abrupts, jusqu'au pourtour accidenté du mont Veve. L'île est parsemée de vestiges de la Seconde Guerre mondiale qui feront le bonheur des férus d'histoire. Vila Point fut une importante base militaire nippone à l'époque, et on peut encore apercevoir des canons dans le bush.

Épaves de Bonegi

3 À environ 12 km à l'ouest de Honiara, Bonegi a de quoi séduire les amateurs de plongée et de snorkeling. Deux transporteurs japonais (*Bonegi I* et *Bonegi II*) ont sombré à son large la nuit du 13 novembre 1942, et offrent aujourd'hui un formidable terrain d'exploration. Bien que la partie supérieure de *Bonegi II* émerge des flots, il est possible d'en visiter la section immergée. Non loin de là, une plage de sable noir invite au pique-nique. Juste derrière le site du *Bonegi II*, un sentier s'enfonce dans le bush jusqu'à un char américain Sherman bien conservé, le *Jezebel* (à environ 400 m).

Île de Tetepare

4 Cette grande île recouverte d'une forêt tropicale est un véritable paradis pour écotouristes. L'Association des enfants de Tetepare, qui gère l'île, accueille les visiteurs dans des huttes en feuillage, simples et respectueuses de l'environnement. Ce qui rend ce lieu vraiment spécial, c'est la foule d'activités proposées sur le thème de l'environnement : nager avec masque et tuba au milieu des dugongs, observer les crocodiles ou encore marquer les tortues.

Plongée à Tulagi

5 Étape incontournable au menu des passionnés d'épaves, l'île de Tulagi en réserve plusieurs spécimens hérités de la Seconde Guerre mondiale. Citons notamment le gigantesque USS *Kanawha*, un pétrolier de 150 m de long, planté debout ; et l'USS *Aaron Ward*, un contre-torpilleur de la marine américaine de 106 m de long. Le hic : les épaves ne sont accessibles qu'aux plongeurs expérimentés (le *Kanawha* repose à 45 m et l'*Aaron Ward* à 65 m). L'île offre de superbes plongées coralliennes : celle des "Twin Tunnels" propose de découvrir deux cheminées au sommet d'un récif, à environ 12 m. Au "Manta Passage", non loin de Maravagi, il est possible d'admirer de gigantesques raies mantas.

Quand partir

DÉC-MARS

➡ L'alternance de périodes calmes et d'orages en fait une bonne saison pour les reef-breaks et la plongée sous-marine.

JUIN-SEPT

➡ Temps doux (mais mer agitée) ; bon créneau pour la randonnée, moins propice à la plongée. Période de festivités.

AVR-MAI ET OCT-NOV

➡ Relativement sèches, les saisons intermédiaires sont de bonnes périodes pour découvrir les îles Salomon.

Sur 100 personnes aux îles Salomon

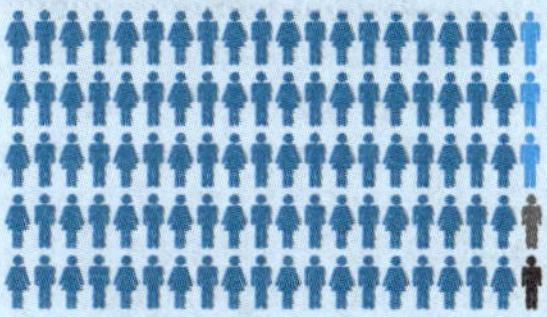

95 sont mélanésiennes
3 sont polynésiennes
1 est micronésienne
1 est d'une autre origine

Religions

(% de la population)

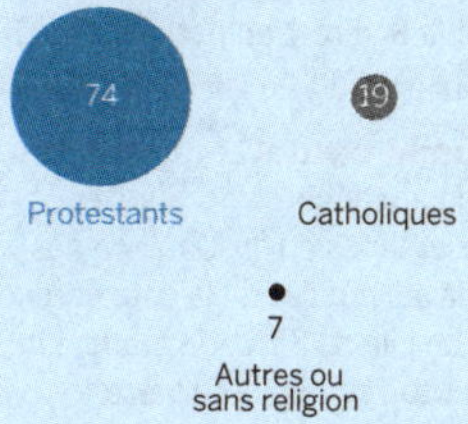

Population au km²

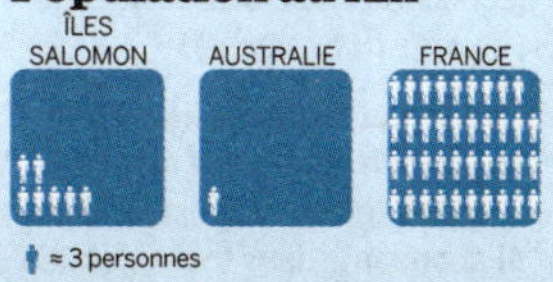

Loyauté clanique

Les obligations des Salomonais vis-à-vis de leur clan et de leur chef de village sont éternelles, qu'ils vivent avec les leurs ou qu'ils soient expatriés à l'étranger. Comme dans la plupart des cultures mélanésiennes, on y observe le système *wantok*. Tous les insulaires naissent avec un certain nombre d'obligations associées au *wantok*, mais jouissent de privilèges réservés au *wantok*. Pour la plupart des villageois mélanésiens, c'est une manière égalitaire de partager les biens de la communauté. Il n'existe pas de système de sécurité sociale et très peu de personnes ont un emploi rémunéré, mais le clan fournit un soutien économique et un fort sentiment d'appartenance.

La culture mélanésienne est marquée par le culte des ancêtres, la magie et les traditions orales. Les villageois utilisent souvent le terme *kastom* pour désigner leurs traditions, leurs croyances et leur lien à la terre.

À table !

Bière La marque de bière locale est la Solbrew, ou parfois la BYO dans les endroits les plus reculés.

Marché central Le marché de Honiara déborde de fruits et de légumes en provenance des villages reculés de la côte nord et de l'île de Savo. Un marché au poisson se tient à l'arrière.

Restaurants L'offre culinaire de Honiara est variée : on y trouve aussi bien des restaurants japonais et chinois qu'occidentaux (français notamment).

Poisson et fruits de mer L'offre en poisson et fruits de mer (y compris en homard) est fraîche et abondante dans toutes les îles.

6

HOLGER LEUE / GETTY IMAGES ©

Village de Busu, lagon de Langa Langa

Lagon de Langa Langa

6 Le lagon de Langa Langa est l'une des attractions phares de Malaita. Courant sur 25 km à 7 km au sud d'Auki, il est célèbre pour ses îles artificielles faites de pierre et de coraux morts. C'est un centre d'activités traditionnelles, dont la fabrication de monnaie en coquillages et de bateaux. Soyez prévenu : le terme "lagon" peut être trompeur. Si le temps est humide, il y a plus de chances que l'eau soit marron que bleu turquoise, et vous n'y trouverez pas de plages idylliques. On y vient pour ralentir la cadence et profiter des superbes paysages.

Chutes de Mataniko

7 Les chutes de Mataniko, dont les eaux dévalent la falaise dans un grondement spectaculaire avant d'atterrir dans le canyon en contrebas, comptent parmi les sites d'intérêt de l'arrière-pays de Honiara. On s'y rend à pied depuis le village de Lelei. Après une montée abrupte, le sentier poursuit à travers des collines moins fatigantes. Vient ensuite la descente, exténuante, le long d'un chemin boueux et glissant jusqu'au petit canyon où coule le Mataniko.

Transports

Avion Solomon Airlines gère la vingtaine de pistes d'atterrissage que compte le pays. Les principales destinations sont desservies au départ de Honiara.

Bateau Les petits hors-bord sont le moyen de transport le plus répandu dans les Salomon. Des bateaux de transport de passagers circulent également entre les îles principales.

Bus On ne trouve des minibus qu'à Honiara. Partout ailleurs, les insulaires s'entassent dans des pick-up ou des remorques tirées par un tracteur.

Voiture Le pays totalise environ 1 300 km de routes, souvent en piteux état.

CAPITALE
San Salvador

POPULATION
6,1 millions

SUPERFICIE
21 040 km²

LANGUE OFFICIELLE
Espagnol

Playa El Zonte, La Libertad

Salvador

Prenez la vague du Salvador ! Après avoir été tenu à l'écart du tourisme par une douloureuse guerre civile, ce minuscule pays d'Amérique centrale devient enfin une destination prisée.

Plus petit pays d'Amérique centrale et le plus densément peuplé, le Salvador accueille peu de touristes. Tourmenté par une terrible guerre civile dans les années 1980, le pays doit toujours faire face à la violence des gangs qui se traduit par un taux d'homicides parmi les plus élevés au monde. Du fait de cette réputation peu engageante, le Salvador n'a longtemps été voué qu'aux journalistes étrangers et aux surfeurs obstinés, attirés par les vagues de la côte pacifique. Une situation qui pourrait bien changer dans les années à venir, car ce pays préservé du tourisme de masse compte quelques beaux atouts, à commencer par un littoral superbe, des parcs nationaux protégeant forêts humides, lacs volcaniques ou zones montagneuses, et des petites villes pleines de charme où il fait bon se poser.

Les Salvadoriens eux-mêmes se réjouissent de pouvoir rentrer chez eux, même si leur exil a duré longtemps. Et les jeunes qui, autrefois, quittaient en masse le pays pour trouver un avenir, savent que leur destin peut s'écrire ici.

Salvador

Les incontournables

Surf sur la côte sud

1 Surfez sur l'un des meilleurs spots de surf d'Amérique centrale, le long de la Costa del Balsamo, par exemple Punta Roca (décor d'un film de surf de John Milius, *American Party*), Playa El Sunzal et Playa El Tunco.

Feria de Juayúa

2 Juayúa est réputée pour sa foire gastronomique du week-end. On vient de loin pour déguster de l'iguane cuit au barbecue et des brochettes de cochon d'Inde ou de grenouilles. En semaine, Juayúa retrouve sa tranquillité. C'est l'occasion de se perdre dans ses rues ensoleillées ou de s'aventurer dans les collines environnantes pour découvrir sources chaudes et cascades.

Parque Nacional El Imposible

3 Située dans le massif Apaneca-Ilamatepec, cette forêt est notamment peuplée de pumas, de chats-tigres et d'aigles tyrans. Les treks dans cette région sont assez sportifs, entre terrains boueux et dénivelés abrupts. Cependant, la récompense est à la mesure de l'effort : avec une vue splendide sur les sommets et l'océan Pacifique au loin.

À table !

Casamiento Mélange de riz et de haricots souvent consommé au petit-déjeuner.

Pane Sandwich-baguette garni de poulet, de sauce, de salade et de légumes au vinaigre.

Pupusa En-cas de rue très apprécié. Il s'agit d'un beignet rond à la farine de maïs fourré de fromage, de haricots frits et de couennes de porc frites, grillé et surmonté de chou au vinaigre.

Quand partir

DÉC-MARS

➡ Haute saison. Il fait chaud entre Noël et Pâques.

NOV-AVRIL

➡ Le climat est encore chaud et sec. Les plages sont moins bondées.

MAI-OCT

➡ L'*invierno* (hiver, saison des pluies) est la basse saison. il pleut surtout la nuit.

Chutes d'eau de Sopoaga, Upolu

CAPITALE
Apia

POPULATION
195 500

SUPERFICIE
2 831 km^2

LANGUES OFFICIELLES
Samoan, anglais

Samoa

Ancrées au cœur de la Polynésie, les îles Samoa surgissent de l'océan, drapées de jungle, parsemées de villages fleuris et cernées de lagons irisés.

Fièrement attachés à leurs traditions, les îles Samoa et leurs habitants revendiquent une histoire trois fois millénaire. Au temps de la colonisation européenne, c'est le premier peuple de Polynésie à réclamer et à obtenir son indépendance. Cette société qui a gardé son assise traditionnelle est pour le voyageur un petit coin de paradis. Agréable, sûr et paisible, un séjour aux Samoa permet d'allier plaisirs balnéaires et découvertes naturelles.

Cependant, si vous êtes un adepte des grands complexes hôteliers avec spa et jet-ski à profusion, Samoa n'est peut-être pas ce qu'il vous faut. Les atouts de l'île sont une offre hôtelière abordable mais sans prétention. Les visiteurs logeront directement sur la plage, dans des *fale* (huttes) appartenant aux familles locales, qui en plus de l'hébergement leur proposeront un dîner. La gentillesse des habitants, la facilité des déplacements et la tranquillité de l'île feront le reste.

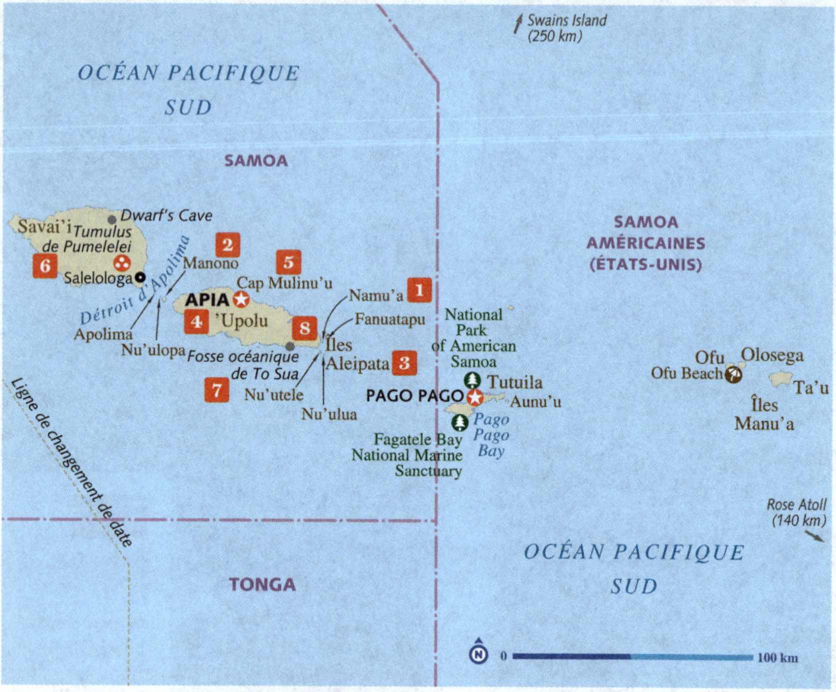

Samoa

Les incontournables

Île de Namu'a

1 Pour jouer à Robinson Crusoé, rendez-vous sur ce minuscule îlot privé, situé juste en face de la "grande" île d'Upolu. Baladez-vous sur le rivage (à marée basse uniquement), escaladez l'abrupt pic central et enfilez palmes et tuba pour explorer le récif environnant. Plantées directement sur le sable, les rudimentaires *fale* (huttes) sont ouvertes aux quatre vents. Ici, point d'électricité : la nuit, on s'éclaire à la lampe à huile. Les repas sont bien locaux : poisson frit et manioc au dîner, viande en boîte et œufs au petit-déjeuner.

Manono

2 Pour un séjour totalement silencieux, optez pour la petite île de Manono. Chiens et voitures y sont interdits, et la seule chose susceptible de vous extraire de vos rêveries tropicales est l'arrivée des touristes qui viennent suivre l'unique sentier de l'île. Cette petite randonnée de 1 heure 30 environ permet de découvrir le rivage et les habitations de part et d'autre de l'itinéraire. Les insulaires sont très sympathiques : attendez-vous à être salué de joviaux "malo" pendant la marche.

Plages d'Aleipata

3 À la pointe sud-est d'Upolu, le district d'Aleipata abrite un récif corallien endommagé par le tsunami de 2009 mais qui est en pleine reconstruction. Il offre d'ores et déjà de belles possibilités de snorkeling, et abrite de magnifiques plages. Jetez un œil aux trésors submergés de la zone en longeant le rivage de la plage de Lalomanu, à la blancheur éclatante. Avec un peu de chance, vous apercevrez une tortue, mais attention aux courants.

Apia

4 Dans le Pacifique, les voyageurs préfèrent généralement explorer les plages que les villes. C'est dommage, car Apia a de quoi plaire et sa situation en fait une bonne base pour visiter l'île d'Upolu. En outre, c'est le seul endroit de Samoa où l'on trouve du choix pour faire quelques emplettes.

KYLE ROTHENBORG / GETTY IMAGES ©

Cap Mulinu'u

5 Le cap Mulinu'u abrite le superbe belvédère de Fafa O Sauai'i, considéré comme l'un des sites sacrés de Samoa à l'ère préchrétienne. Une baignade s'impose dans la vaste piscine naturelle, où il n'est pas besoin de plonger pour observer les poissons s'affairer autour des coraux colorés au pied des rochers. De l'autre côté de la route s'élève un tumulus, avec la grotte de Vaatausili et le Via Sua Toto (le "puits de sang", baptisé d'après le guerrier Tupa'ilevaililigi, qui jetait ici les têtes de ses ennemis).

Tumulus de Pulemelei

6 Le tumulus de Pulemelei de forme pyramidale est également baptisé tumulus de Tia Seu sur certaines cartes. Il mesure 61 m sur 50 m à sa base pour 12 m de haut. C'est un lieu émouvant, dont le sommet rocailleux domine à la fois l'océan et l'inextricable jungle. Les jours de beau temps, on y est accueilli par une nuée de papillons colorés et d'oiseaux. Les environs sont vraisemblablement truffés d'habitations et de sites archéologiques, mais pour l'heure tout est recouvert par la jungle. Il est malheureusement compliqué d'accéder au site, car il se trouve sur des terrains privés et le sentier n'est ni entretenu, ni indiqué.

Fosse océanique de To Sua

7 Plutôt que d'une fosse, il s'agit de deux

Quand partir

DÉC-JAN

➔ Pic de fréquentation : les Samoans expatriés rentrent pour les fêtes.

MAI-OCT

➔ Saison sèche, ponctuée de nombreux festivals.

NOV-AVR

➔ Météo pluvieuse et saison des cyclones.

Sur 100 personnes aux îles Samoa

34 ont entre 0 et 14 ans
20 ont entre 15 et 24 ans
35 ont entre 25 et 54 ans
6 ont entre 55 et 64 ans
5 ont plus de 65 ans

Religions

(% de la population)

60 Protestants
19 Catholiques
13 Mormons
1 Baha'is
5 Autres chrétiens
2 Autres

Population au km²

SAMOA
TONGA
FRANCE

≈ 4 personnes

Cricket sauce samoane

Si vous séjournez dans l'archipel, ne manquez pas d'assister à une partie de *kirikiti*, une version du cricket revisitée à la sauce samoane. La batte en saule a été remplacée par une matraque à trois faces et la balle est en caoutchouc.

Et les règles ? Les équipes ne comptent pas un nombre précis de joueurs, si bien qu'une même partie peut durer des jours, voire des semaines. Tandis que le batteur frappe les balles qu'il reçoit, le capitaine de l'équipe rivale saute dans tous les sens en utilisant son sifflet selon un rythme syncopé. Le reste de l'équipe tourne en frappant des mains en cadence, tout en guettant l'opportunité de piéger l'adversaire. Ce n'est qu'une fois que tous les batteurs de la première équipe ont été éliminés que l'équipe adverse peut jouer à son tour.

À table !

Oka Morceaux de poisson cru marinés dans du jus de citron vert, accompagnés de légumes et nappés de crème de coco.

Palusami Véritable bombe calorique à la crème de coco, enveloppée dans de jeunes feuilles de taro et cuite dans un four en pierre. À déguster au marché d'Apia.

Fish & chips Partout sur l'île. Notre préféré : celui de chez Seafood Gourmet, à Apia.

Koko Boisson forte rappelant le café, à base d'eau chaude et de cacao moulu.

Vailima L'une des meilleures bières du Pacifique.

Umu Four en pierre creusé dans le sol, servant à la cuisson des fruits à pain et du palusami.

MICHAEL BYRNE / GETTY IMAGES ©

dépressions en forme d'entonnoir, flanquées de parois rocheuses tapissées de verdure, et reliées par une piscine naturelle aux eaux aigue-marine. On peut nager sous une vaste arche rocheuse depuis le bassin principal, jusqu'au second bassin à ciel ouvert. Ce dernier est relié à la mer par un passage souterrain impraticable. On accède aux bassins par une échelle en bois. En nageant dans les eaux transparentes de cette grotte irréelle, laissez-vous envahir par le délicieux sentiment d'être coupé du reste du monde.

Plage de Lalomanu, île d'Upolu

8 Cette plage de carte postale située au sud-est d'Upolu est merveilleuse pour la baignade et le snorkeling. Vous pourrez vous y installer dans un *fale* (hutte) ouvert sur la plage pour un séjour relaxant. Ici, les couchers de soleil sont exceptionnels : il faut le voir pour le croire !

Transports

Bateau Le ferry au départ de Mulifanua est la seule option pour circuler entre Upolu et Savai'i. Des petits bateaux relient Manono au départ du cap Fatuosofia.

Bus Peints dans des couleurs vives (cherchez le bus décoré sur le thème "Bon Jovi"), équipés de sièges en bois, ils circulent au son de la pop locale à plein volume. Les horaires de passage sont tributaires de l'humeur des conducteurs.

Voiture Rien de plus simple que de se déplacer en voiture à Samoa. Les routes côtières des deux îles sont asphaltées et les autres routes sont en assez bon état.

CAPITALE
São Tomé

POPULATION
186 800

SUPERFICIE
964 km^2

LANGUE OFFICIELLE
Portugais

Banana Beach, Príncipe

São Tomé-et-Príncipe

Plages envoûtantes, formations volcaniques survolées par des oiseaux exotiques, riche faune aquatique, les "îles du milieu du monde" sont de toute beauté.

À la recherche d'exotisme et de tranquillité pour vos prochaines vacances ? São Tomé-et-Príncipe – le deuxième plus petit pays d'Afrique – est fait pour vous. Ancrée à 350 km des côtes gabonaises, cette jeune nation, colonie portugaise jusqu'en 1975, attire pour son charme créole et son mode de vie décontracté.

L'archipel est composé de deux îles volcaniques et de plusieurs îlots, situés juste au passage de l'équateur. Les merveilles naturelles ne manquent pas : des kilomètres de plages idylliques bordées de palmiers, de vastes étendues de forêt tropicale vert émeraude, des pics volcaniques s'élançant vers le ciel et de paisibles villages de pêcheurs. En saison, l'archipel est propice à l'observation des tortues et des baleines.

Le pays n'est pas dépourvu d'attraits culturels, avec nombre d'édifices hérités de l'ère coloniale. Ici point de complexes hôteliers tape-à-l'œil, mais des bungalows tenus par les habitants, accueillants et respectueux de la nature.

São Tomé-et-Príncipe
Les incontournables

São Tomé

1 Flânez parmi les bâtisses coloniales de cette capitale pittoresque au marché animé. Au programme, de bons restaurants, une scène artistique active et une multitude d'activités sportives.

Roça São João

2 Cette magnifique bâtisse héritée de l'ère coloniale a été transformée en centre culturel, doublé d'une maison d'hôtes. On peut participer à toutes sortes d'ateliers. Point de départ pour des excursions à pied et à VTT.

Quand partir

TOUTE L'ANNÉE

➡ Chaque île et îlots de São Tomé-et-Príncipe possède son propre microclimat. Soleil ou nuages sont parfois dominants.

MARS-MAI

➡ Averses quotidiennes, généralement suivies d'un ciel dégagé et de températures chaudes.

JUIN-SEPTEMBRE

➡ Températures un peu plus fraîches, air sec mais ciel plus nuageux. Meilleure période pour la randonnée.

À table !

Calulu Ragoût à la cuisson lente, agrémenté de plus d'une vingtaine de plantes.

Con-con Poisson grillé servi avec du fruit à pain cuit au four.

Poisson ou viande Accompagné de haricots, de riz ou de bananes plantains.

Vin de palme Fraîchement extrait de l'arbre ; c'est une boisson prisée des insulaires.

Príncipe

3 Massif volcanique couvert d'une épaisse forêt tropicale, plages idylliques baignées d'une eau transparente, anciennes plantations datant de l'époque coloniale, et accueil chaleureux des insulaires, Príncipe est l'endroit idéal pour ralentir la cadence. Cependant, les adeptes d'activités sportives y trouveront aussi leur compte. L'île est un excellent terrain de jeu pour randonneurs et plongeurs. Digne d'une carte postale, la plage de Banana Beach est aussi spectaculaire qu'en photo.

Monument de la Renaissance africaine, Dakar

CAPITALE
Dakar

POPULATION
14,1 millions

SUPERFICIE
196 722 km^2

LANGUE OFFICIELLE
Français

Sénégal

Facile d'accès, chaleureux et hospitalier, le Sénégal est une formidable porte d'entrée pour appréhender en douceur le continent africain et mesurer toute sa complexité.

Du delta luxuriant de la Casamance à la savane sahélienne, le Sénégal affiche une diversité culturelle et naturelle qui fait de lui une parfaite initiation à l'Afrique : vous serez immanquablement séduit par ses parcs nationaux, ses marchés pittoresques, ses plages, sa musique. Dakar, la capitale, offre une étourdissante introduction au pays. Non loin de là, l'île de Gorée et les plages de Yoff et N'Gor sont des havres de repos.

Dans le Nord, Saint-Louis est l'ancienne capitale du pays. Entourée de parcs nationaux, elle séduit par son architecture coloniale. Petite-Côte et le Cap-Skirring sont bordés d'immenses plages, et des centaines d'espèces d'oiseaux peuplent les vastes deltas du fleuve Casamance.

Carrefour des civilisations, terre des Wolofs, des pasteurs peuls, des Diolas en Casamance, des Madingues, des Sérères et des Toucouleurs, le Sénégal demande de prendre son temps et de coller au rythme de son quotidien, où la musique est omniprésente et la palabre, une habitude.

Sénégal
Les incontournables

Dakar

1 Âpre, chaotique, électrisante, Dakar est la ville africaine par excellence. Jadis un minuscule point à l'extrémité méridionale de la presqu'île du Cap-Vert, la capitale sénégalaise en recouvre désormais toute la surface triangulaire, tentant de s'étendre et de repousser ses frontières naturelles. Si la ville compte son lot d'activités diurnes (plage, village des Arts, musée de l'Ifan aux collections ethnographiques), elle vaut surtout pour sa vie nocturne trépidante. Sortez bien après minuit, vêtu de vos plus beaux atours, et laissez-vous gagner par la fièvre du *mbalax*, mélange de rythmes cubains et de percussions.

Cap-Skirring

2 Le Cap-Skirring abrite quelques-unes des plus belles plages d'Afrique de l'Ouest qui, comble du luxe, sont généralement désertes. La plupart des hébergements ont les pieds dans l'eau et nombre d'hôtels proposent des activités (kayak, location de quads et sorties de pêche). Avec ses luxuriants paysages tropicaux qu'irriguent les méandres de l'élégant fleuve Casamance et sa culture diola unique, la région semble à mille lieues de l'effervescence de Dakar.

Saint-Louis

3 Fondée en 1659 par Louis Caullier sur l'île de Ndar, Saint-Louis fut la capitale de l'Afrique-Occidentale française jusqu'en 1958. Avec ses bâtiments coloniaux décrépits, ses carrioles tirées par des chevaux et son atmosphère paisible, Saint-Louis exsude un charme historique, qui lui a valu d'être inscrite au patrimoine mondial de l'Unesco. Au-delà du quartier historique qui occupe un îlot sur le fleuve Sénégal, la ville englobe le quartier continental de Sor et une étroite péninsule, la langue de Barbarie. Celle-ci accueille la communauté de pêcheurs du village de Guet N'Dar, dont on peut voir les pirogues qui prennent la mer chaque matin. L'île est accessible par le pont Faidherbe, un ouvrage de 500 m de long conçu par Gustave Eiffel.

MAISANT LUDOVIC / GETTY IMAGES ©

Delta du Siné-Saloum

4 À quelque 60 km au sud de Mbour, le paradisiaque littoral de la Petite-Côte prend fin, coupé par l'embouchure du Saloum. À cet endroit, les plages font place à un marécage de mangroves, de lagunes, de forêts et d'îlots de sable et de bras de mer, qui forme le delta du Siné-Saloum, de 180 000 ha. C'est sûrement l'une des zones les plus extraordinaires du Sénégal. Ndangane, halte prisée des voyageurs, est situé le long de la côte. De là, on peut rejoindre, en pirogue, d'autres endroits du delta.

Île de Gorée

5 Successivement gouvernée par les Portugais, les Néerlandais, les Britanniques et les Français, l'île de Gorée – inscrite au patrimoine mondial de l'Unesco – est enveloppée d'un calme presque irréel. Ici, point de routes asphaltées ou de voitures, seulement d'étroits sentiers flanqués de bougainvilliers et de bâtisses coloniales en brique ornées de balcons en fer forgé : un vrai régal pour les yeux. Mais la tranquillité de Gorée est moins romantique que recueillie, ses élégants bâtiments portant la mémoire du rôle tenu par l'île dans la traite atlantique des esclaves.

Lac Rose

6 Glissez sur les eaux salées du lac Rose, dont la teinte irréelle contraste avec le bleu du ciel. Aussi

Sur 100 personnes au Sénégal

42 sont wolofs
24 sont halpulaaren
15 sont sérères
4 sont diolas
15 appartiennent à un autre groupe ethnique

Religions

(% de la population)

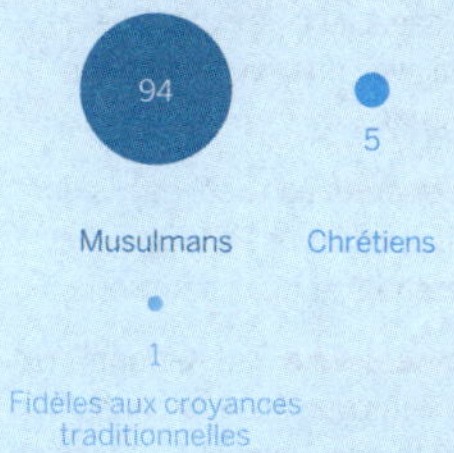

Population au km²

Quand partir

NOV-FÉV

➡ Principale saison touristique ; temps plus frais et sec.

DÉC ET MARS-JUIN

➡ Période des festivals, notamment celui du jazz à Saint-Louis (début mai).

JUIL-FIN SEPT

➡ Saison humide et pluvieuse avec des tarifs hôteliers en baisse, jusqu'à 40%.

Culture sénégalaise

La palabre, ponctuée d'humour, est une composante clé des relations sociales, comme en témoignent certains proverbes wolofs. Les Sénégalais adorent discuter et se taquiner, et les visiteurs sont invités à participer à ce jeu.

Au Sénégal, les parcours personnels mêlent bien souvent valeurs traditionnelles, ouverture au monde, foi musulmane et famille. Les musulmans représentent plus de 90% de la population. La plupart appartiennent aux confréries soufies, dont les plus importantes sont celles des Mourides et des Tijaniyya.

À table !

Ataaya Boisson douce-amère à base de feuilles de thé vert, servie très sucrée.

Bissap Boisson violette à base d'eau, de sucre et de feuilles d'hibiscus.

Bouyi Jus épais et sucré tiré des fruits du baobab.

Corossol Jus blanc et épais extrait des fruits du corossolier.

Mafé Plat de riz nappé d'une épaisse sauce aux cacahuètes, servi avec de la viande et des légumes.

Pâtisseries Les Sénégalais ont hérité des Français le goût des croissants et de la pâtisserie.

Tiéboudienne Plat national : riz cuit dans une épaisse sauce à la tomate, servi avec du poisson et des légumes.

Yassa poulet Poulet grillé, mariné aux oignons et au citron. Le poulet est parfois remplacé par du poisson ou de la viande (on parle alors de *yassa* poisson ou *yassa* bœuf).

Pélicans, parc national des oiseaux du Djoudj

appelée lac Retba, cette lagune peu profonde et cernée de dunes est un lieu apprécié pour sa tranquillité. La couleur rose de l'eau dépend de la teneur en sel du lac, dix fois supérieure à celle de l'océan. Le spectacle est magnifique, surtout pendant la saison sèche, lorsque le soleil est le plus haut. Vous pouvez vous laisser flotter dans le lac, ou jeter un œil à la petite industrie de récolte du sel bordant ses rives. À l'époque du rallye Paris-Dakar, c'est ici que les participants se retrouvaient à l'issue du parcours.

Parc national des oiseaux du Djoudj

7 Situé à 60 km au nord de Saint-Louis, ce parc de 16 000 ha occupe un large méandre du fleuve, de nombreux canaux, criques, marécages, de même que des zones environnantes de savanes boisée. Les espèces les plus représentées sont le flamant rose et le pélican. Par ailleurs, quantité d'oiseaux migrateurs y font halte en novembre. La pirogue est le meilleur moyen pour découvrir ce parc.

Transports

Bus Les cars mourides (de grands bus financés par la confrérie des Mourides) relient les grandes villes du Sénégal. Réservez votre place.

Taxi Le moyen le plus rapide (mais assez inconfortable) de se déplacer est le taxi "sept places". Ce sont d'anciens modèles Peugeot retapés et capables de suivre n'importe quelle route. Légèrement moins chers mais infiniment moins fiables, les cars Ndiaga Ndiaye peuvent transporter jusqu'à 40 passagers. Les véhicules partent quand ils sont complets, parfois tôt le matin. Les tarifs des taxis suivent de près le prix de l'essence. Supplément négociable pour les bagages (de 10% à 20% du total de la course).

Zlatibor

CAPITALE
Belgrade

POPULATION
7,2 millions

SUPERFICIE
77 474 km²

LANGUE OFFICIELLE
Serbe

Serbie

Longtemps stigmatisée pour ses exactions lors des guerres de Croatie, de Bosnie et du Kosovo, la Serbie se révèle une destination attachante aux multiples facettes.

Bienvenue en Serbie ! Chaleureuse, accueillante et toujours prête à faire la fête… Ou tout ce que l'on entend rarement dire, à tort, sur ce pays des Balkans. Mariant l'entrain et l'*inat* (mélange de courage, de défi et d'obstination), il ne fait pas dans la demi-mesure : Belgrade est réputée pour son ambiance endiablée, la ville de Novi Sad, dans le Nord, accueille l'ébouriffant festival de musique EXIT, le politiquement correct est aussi rare que les bars non-fumeurs, et même l'hospitalité a un côté emphatique (ne vous étonnez pas d'être accueilli par un verre de *rakija* et trois baisers sonores).

Pour autant, la Serbie n'en est pas moins un creuset culturel : Subotica à l'architecture Art nouveau d'influence hongroise, Niš la bohème, Novi Pazar où les minarets côtoient de hauts lieux de l'église orthodoxe serbe. Dans les régions montagneuses de Kopaonik et Zlatibor, les traditions anciennes font bon ménage avec le bling-bling des skieurs fêtards. Bref, oubliez tout ce que vous croyez savoir et venez juger par vous-même.

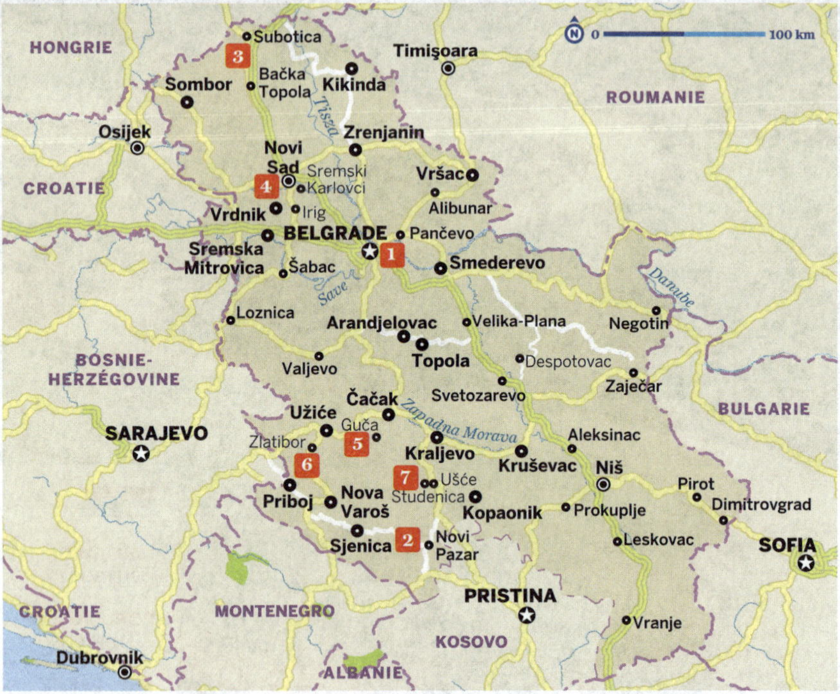

Serbie
Les incontournables

Belgrade

1 Franche et pleine d'audace à défaut d'être la plus jolie des capitales, Belgrade possède une exubérance et un dynamisme qui la rangent parmi les grandes villes branchées d'Europe à la vie nocturne trépidante. Si elle regarde résolument vers l'avenir, son tissu urbain où s'entremêlent immeubles de style soviétique, chefs d'œuvres Art nouveau, édifices du temps des Habsbourg et architecture ottomane révèle un passé tumultueux. À la confluence de la Save (Sava) et du Danube (Dunav), le vaste parc Kalemegdan autour de la forteresse apporte une note de verdure et de sérénité.

Novi Pazar

2 Avec ses rues sinueuses, sa ligne de toits ponctuée de minarets ottomans et sa population composée en majorité de musulmans bosniaques, le centre culturel de la région du Sandjak baigne dans une atmosphère presque plus turque que certains quartiers d'Istanbul elle-même. Et pourtant, des monastères orthodoxes parmi les plus révérés du pays se tiennent à proximité, rappelant que la ville fut au Moyen Âge le cœur de l'État serbe de Rascie.

Subotica

3 Subotica est la capitale de la province autonome de Voïvodine, d'une diversité culturelle inégalée dans le pays, où se côtoient 25 groupes ethniques et six langues. Merveilles d'architecture Art nouveau, décontraction ambiante et délicieux mariage des saveurs serbes et hongroises... Tous les ingrédients sont réunis pour que cette ville pittoresque fasse l'objet d'une excursion, voire d'une étape de quelques jours.

EXIT

4 Chaque année en juillet, quelque 200 000 fêtards du monde entier convergent vers Novi Sad, où la forteresse Petrovaradin sert de cadre au festival de musique EXIT. La première édition, organisée en 2000, dura 100 jours et

Place de la République, Belgrade

galvanisa tout une génération de jeunes Serbes contre le régime du président Milošević, qui quitta le pouvoir quelques semaines après l'événement.

Küstendorf (Drvengrad)

5 Ce village fut édifié en 2002 par Emir Kusturica pour les besoins de son film *La vie est un miracle*. Avec sa décoration tout aussi bigarrée qu'insolite, l'endroit a des airs pour le moins fantastiques : le cinéma Stanley Kubrick projette des films de Kusturica, on peut voir une statue de Johnny Depp grandeur nature, et la rue Bruce Lee abrite un restaurant où l'on peut siroter un "jus biorévolutionnaire Che Guevara" en profitant d'une vue splendide. Le lieu accueille en janvier un festival international du film et de la musique.

Zlatibor

6 Région de paysages montagneux romantiques, où traditions et hospitalité font bon ménage, le massif en pente douce du Zlatibor se prête au ski et à la randonnée. Il englobe les monts Tara et Šargan au nord, ainsi que le mont Murtenica à la frontière avec la Bosnie-Herzégovine. Les skieurs fréquentent surtout Tornik (1 496 m), le point culminant,

Sur 100 personnes en Serbie

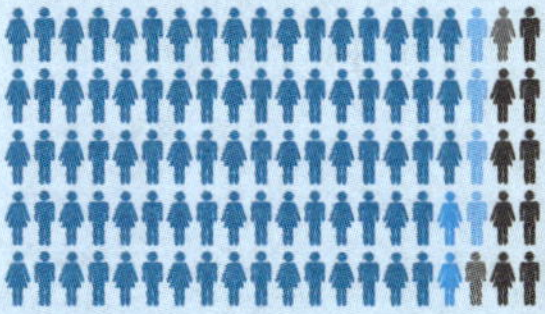

83 sont serbes
2 sont bosniaques
4 sont hongroises
2 sont roms
9 sont d'une autre origine

Religions
(% de la population)

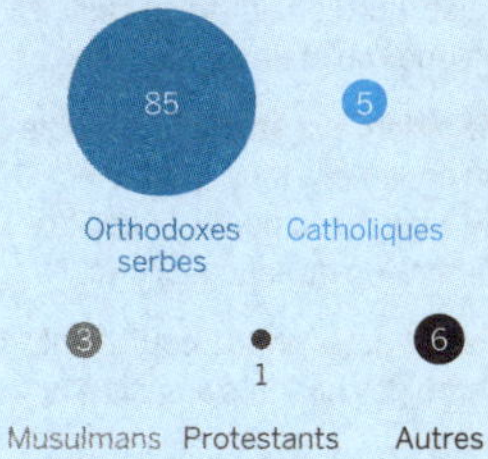

Population au km²

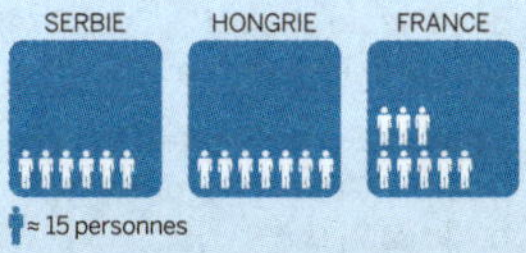

Quand partir

HAUTE SAISON (avril)

➡ Pour assister à l'éclosion du printemps à bord du Huit de Šargan, train touristique de Mokra Gora.

SAISON INTERMÉDIAIRE (juillet-août)

➡ Le temps des festivals : EXIT à Novi Sad, cuivres à Guča et Nišville (jazz) à Niš.

BASSE SAISON (décembre-mars)

➡ Cap sur la montagne à Kopaonik ou Zlatibor.

Cuivres en folie

Au premier abord, le Festival de Guča, qui rassemble chaque année plusieurs fanfares, semble être un événement musical comme les autres. Loin de là... C'est en réalité la fête de la musique la plus folle d'Europe. Baptisé du nom du village du Dragačevo (ouest de la Serbie) qui l'accueille tous les ans en août depuis 1961, ce festival de six jours est placé sous le signe de l'hédonisme le plus débridé. Des dizaines de milliers d'amateurs de cuivres et de bière dansent le *kolo* dans les rues, se goinfrent de viande rôtie et collent des billets sur le front en sueur des *trubači* (joueurs de cuivres), en majorité des Roms. La musique se joue sur un rythme tout aussi frénétique, au point que Miles Davis a dit un jour : "Je ne savais pas que l'on pouvait jouer de la trompette de cette façon-là."

À table !

Burek Feuilleté de pâte filo à la viande, au fromage ou aux pommes de terre, consommé avec du yaourt.

Ćevapčići Rouleaux de viande hachée grillée, omniprésents.

Kajmak Crème fraîche épaisse salée, que l'on utilise en cuisine ou que l'on étale sur du pain.

Karađorđeva šnicla Semblable au poulet à la Kiev, mais avec du veau ou du porc, et nappé de *kajmak* ou de sauce tartare.

Pasulj prebranac L'équivalent serbe des haricots anglais à la tomate.

Rakija Eau-de-vie, le plus souvent de prunes.

Svadbarski kupus Choucroute et morceaux de porc fumé.

Urnebes Sorte de pâte à tartiner, à base de fromage et de piment ou de paprika.

Église de la Sainte-Mère-de-Dieu, monastère de Studenica

et Obudovica. La ville de Zlatibor possède quant à elle un centre offrant toutes les infrastructures et prestations nécessaires. On trouve aussi dans les environs de jolis villages à mille lieues de l'esprit des stations de sports d'hiver.

Monastère de Studenica

7 Fondé par Étienne Nemanja (saint Syméon le Myroblite), créateur de l'État médiéval serbe, et son fils saint Sava, père de l'Église orthodoxe serbe, le monastère de Studenica (1183-1196) revêt à ce titre une importance religieuse majeure. Toujours en activité, ce site inscrit au patrimoine mondial de l'Unesco accueille néanmoins le public. L'église funéraire royale de la Sainte-Mère-de-Dieu (Bogorodičina Crkva, XIIIe siècle) et la petite église du Roi (Kraljeva Crkva, 1314) se dressent dans son enceinte. De superbes fresques byzantines des XIIIe et XIVe siècles ornent les deux édifices.

Transports

Bus Malgré un réseau étendu, les liaisons peuvent être peu fréquentes en dehors des principaux nœuds de transport et impliquer des heures d'attente. Dans le Sud, notamment, vous devrez parfois rebrousser chemin vers une ville importante pour poursuivre votre voyage.

Train Moins fiable et moins régulier que les bus, il se révèle parfois d'une lenteur désespérante.

Vélo Le réseau de pistes cyclables s'améliore dans les grandes villes. La Voïvodine est relativement plate, mais ses principaux axes routiers plutôt monotones. Dans les régions montagneuses, comme le massif du Zlatibor, le VTT peut être pratiqué l'été. Les routes en lacets ont certes un attrait esthétique, mais gare aux virages serrés.

CAPITALE
Victoria

POPULATION
90 846

SUPERFICIE
455 km²

LANGUES
Créole seychellois, anglais, français

Anse Source d'Argent

Seychelles

Avec 115 îles dispersées dans l'océan Indien, les Seychelles ont des airs de paradis. Elles offrent une panoplie impressionnante d'expériences, qui ne sont pas seulement réservées à une élite fortunée.

Imaginez : du sable d'un blanc étincelant, des eaux émeraude ou turquoise, des criques enchanteresses ou de longues étendues en arc de cercle, jamais bondées, une végétation tropicale… La carte postale se vit au quotidien aux Seychelles. Parcs et réserves naturels, paradis botaniques, sanctuaires ornithologiques, faune exceptionnelle, rien ne manque pour les amateurs de nature. Il n'y a qu'à voir les visages médusés des visiteurs lorsqu'ils se retrouvent nez à nez avec des tortues terrestres géantes, des tortues marines en train de pondre sur la plage ou des requins-baleines dans les baies de Mahé.

Le tourisme aux Seychelles est en plein boom depuis plusieurs années. La destination est devenue beaucoup plus abordable, grâce à des tarifs aériens qui ont largement baissé sous l'effet de la concurrence et à la création de nombreuses structures d'hébergement bon marché. Il est tout à fait possible d'organiser son voyage soi-même et de circuler à sa guise en utilisant les transports locaux, bien organisés.

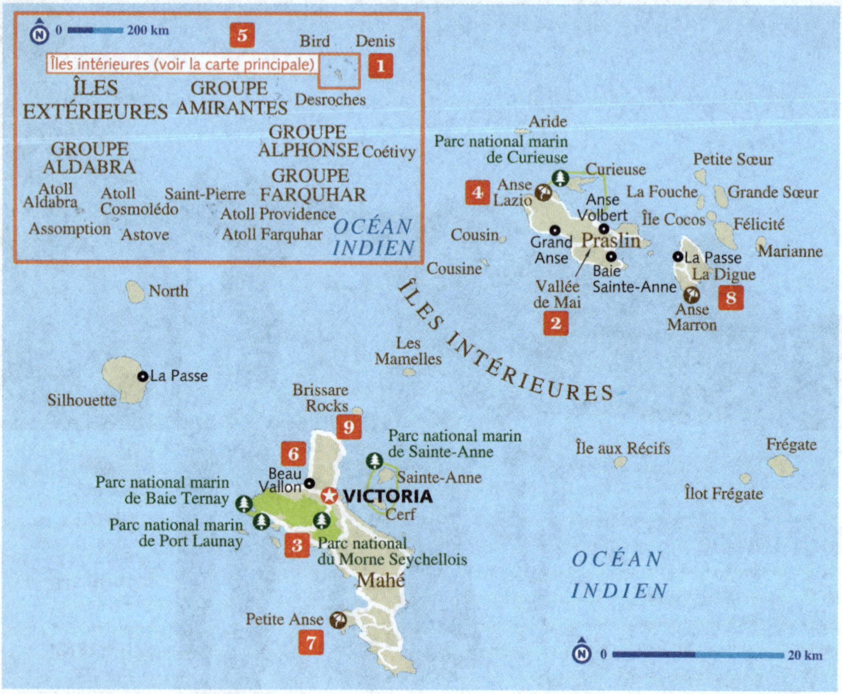

Seychelles
Les incontournables

Denis

1 L'une des rares îles coralliennes de l'archipel, Denis est plate comme la main. Elle n'a cependant rien de monotone. Les bungalows de cette île-hôtel offrent un excellent confort, à quelques mètres d'une plage sublime sur laquelle on s'abandonne aux joies du bronzage. L'intérieur de l'île est réputé pour sa faune (tortues, oiseaux) et sa flore.

Vallée de Mai

2 Le jardin d'Éden, c'est ici, au cœur de Praslin, dans cette forêt luxuriante à l'aspect virginal, inscrite au patrimoine mondial de l'Unesco. Plusieurs sentiers permettent de découvrir les trésors botaniques de ce sanctuaire végétal, notamment les cocotiers de mer, dont le fruit, le célèbre coco-fesse, est le symbole des Seychelles. Seul le sifflement des oiseaux vous accompagnera dans votre visite !

Parc national du Morne Seychellois

3 Envoûtant. Le parc national du Morne Seychellois rappelle avec force qu'il n'y a pas que des plages à Mahé. Qui sait que l'île affiche un relief accidenté, frisant les 1 000 m d'altitude ? Et que l'intérieur est tapissé de forêts primaires, aux allures d'Amazonie ? Les touristes qui visitent l'intérieur de l'île découvrent une facette inattendue des Seychelles, avec des montagnes inhabitées, des sommets noyés dans les nuages et des arbres majestueux. L'ambiance, empreinte d'une douce quiétude, est à peine troublée par les stridulations des oiseaux et la caresse du vent dans la canopée.

Anse Lazio

4 Un environnement unique de roches et de takamakas, rehaussé d'une large frange de sable d'une blancheur éblouissante... C'est un décor de théâtre qui attend les amateurs de farniente à Anse Lazio, au nord-ouest de Praslin. L'eau turquoise, rarement agitée, invite à faire plouf. Après la baignade, on déguste des fruits de mer dans l'un des deux restaurants qui donnent sur la plage.

Forêt tropicale dans la vallée de Mai, Praslin

Bird

5 Peu d'îles dans le monde peuvent se targuer, comme Bird, située à 90 km au nord de Mahé, de voir cohabiter quelques dizaines de touristes avec plusieurs centaines de milliers de sternes, des tortues de mer et des tortues terrestres géantes. Ici, le credo c'est l'écotourisme. Les visiteurs découvrent les richesses de l'écosystème en compagnie d'un guide naturaliste et s'adonnent au farniente sur une plage de carte postale.

Beau Vallon

6 La plage de Beau Vallon a fière allure, avec son immense étendue de sable doré, à l'ombre des takamakas. Convenant aussi bien à la pratique des loisirs nautiques que du farniente, c'est l'une des valeurs sûres du tourisme seychellois. Les mercredis soir, place au *bazar labrin* : des étals d'artisanat et des barbecues sont disposés sur le front de mer.

Anse Intendance

7 On reste sans voix devant la beauté de cette plage qui se déploie sur 600 m, au sud-ouest de Mahé. Elle décrit une courbe parfaite, ombragée par des cocotiers, et encadrée par des amas granitiques. La présence d'un hôtel de luxe n'altère en rien sa

Sur 100 personnes aux Seychelles

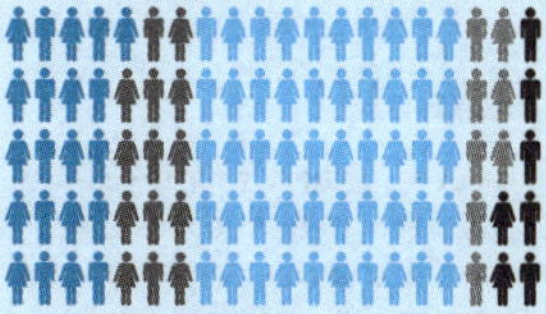

21 ont 14 ans ou moins
14 ont entre 15 et 24 ans
50 ont entre 25 et 54 ans
8 ont entre 55 et 64 ans

Religion

(% de la population)

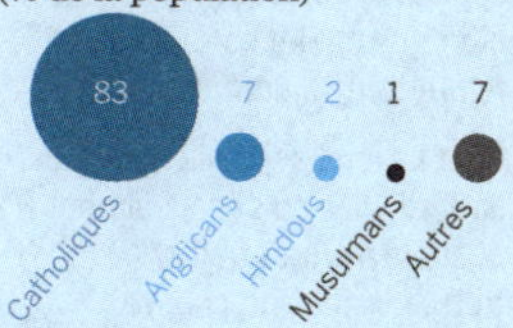

Population au km²

≈ 20 habitants

Quand partir

DÉC-FÉV, JUIL-AOÛT

- Requins-baleines (à partir d'août)
- Pêche au gros (déc-fév)
- Randonnée (juil-août)

AVR-MAI ET OCT-NOV

- Requins-baleines (oct)
- Ponte des tortues marines (oct-nov)
- Nidification des sternes (mai et oct)

SEPT, MARS, JUIN

- Tarifs aériens avantageux
- Requins-baleines (sept)
- Nidification des sternes (juin et sept)

Les tortues géantes

On ne les trouve qu'en deux endroits du monde : les Seychelles et les Galápagos. Les tortues géantes d'Aldabra peuvent mesurer jusqu'à 1 m de hauteur et pèsent en moyenne 200 kg. Elles battent des records de longévité (jusqu'à 300 ans !). Chassée pendant plusieurs siècles pour sa chair et sa carapace, la tortue géante a failli disparaître. Aujourd'hui protégée, sa population est estimée à 150 000 individus sur l'atoll d'Aldabra. Plusieurs centaines d'entre elles ont été "exportées" d'Aldabra vers d'autres îles (Bird, Frégate, Denis, North, Cousin, Cousine et Curieuse), où elles évoluent en semi-liberté, pour le plaisir des touristes.

À table !

Civet de chauve-souris Avis au palais aventureux : la roussette, sorte de chauve-souris frugivore, constitue un mets très prisé localement !

Poisson Grande vedette de la cuisine seychelloise, le poisson est cuisiné de multiples façons. *Zob* (cordonnier), *bouzwa* (bourgeois), thon, marlin, bonite, capitaine, perroquet, pour ne citer que quelques espèces, figurent régulièrement au menu.

Fruit La terre seychelloise est un jardin d'Éden où s'épanouissent quantité d'arbres fruitiers tropicaux. Banane, papaye, mangue, noix de coco, fruit de la passion, fruit à pain, limon, jamalac, ananas sont servis en salade ou sous forme de gâteaux.

Jus de fruits Gorgez-vous de vitamines en sirotant des jus de papaye, d'ananas, de mangue ou de fruit de la passion. Autre boisson désaltérante : l'eau de coco, que l'on trouve facilement dans les lieux touristiques.

9

RAINER VON BRANDIS / GETTY IMAGES ©

physionomie. En fin d'après-midi, les rayons du soleil l'enveloppent d'une sublime lumière orangée.

La Digue

8 Coup de cœur garanti ! Troisième île de l'archipel par sa population, La Digue offre un visage très attachant. Sur ce gros bonbon vert animé de crêtes veloutées, on circule à pied ou à vélo. On l'aborde en douceur par la mer car il n'y a pas de piste d'atterrissage. La Digue ne compte qu'un seul bourg et possède un chapelet de jolies plages, dont Anse Source d'Argent et Grand'Anse.

Nager avec des requins-baleines

9 D'août à octobre, des requins-baleines (totalement inoffensifs) viennent batifoler à proximité de Mahé. Les approcher en nageant fait partie des souvenirs qui restent gravés à vie dans la mémoire. Les excursions sont organisées par un centre de plongée de Mahé, avec des spécialistes de la faune marine.

Transports

Avion Rejoindre Praslin en avion au départ de Mahé est un jeu d'enfant. Air Seychelles propose une navette entre les deux îles à raison de 20 à 30 vols quotidiens.

Bateau Il existe un service de navires inter-îles pour passagers entre Mahé, Praslin et La Digue.

Bus Mahé et Praslin disposent d'un réseau de transports en commun desservant tous les secteurs de ces deux îles.

Vélo Sur la petite île de La Digue, le vélo est le principal moyen de transport. On peut également louer des vélos à Praslin, mais Mahé est trop pentue pour les balades en deux-roues.

Voiture La voiture est le moyen de transport le plus adapté et le plus souple pour découvrir à son rythme Mahé et Praslin.

Pêcheur, plage River n°2 à Freetown

CAPITALE
Freetown

POPULATION
6 millions

SUPERFICIE
72 000 km²

LANGUE OFFICIELLE
Anglais

Sierra Leone

Tandis que les habitants tentent de reprendre en main leur destin, la Sierra Leone affiche toujours autant d'atouts, au premier rang desquels figurent ses plages, secret le mieux gardé de l'Ouest africain.

Après une guerre civile qui a duré des années, la Sierra Leone vit dans la paix depuis le début des années 2000. Une stabilité qui fait bien des envies dans d'autres pays africains, même si des menaces sont apparues depuis, comme la crise sanitaire liée à la fiévre Ebola qui a durement frappé le pays

À Freetown, les maisons colorées installées sur pilotis témoignent de l'époque où des esclaves affranchis furent transférés des Caraïbes jusqu'à ces rivages.

Dans le Nord, les monts Loma forment le plus haut massif à l'ouest du Cameroun. Plus à l'est, les parcs nationaux sont traversés de cours d'eau, et des marais de mangrove enveloppent la forêt tropicale, où vivent des espèces menacées – tel le timide hippopotame nain.

Voguez d'île en île, baignez-vous dans des eaux transparentes, explorez les archipels et dégustez un homard fraîchement pêché à l'ombre de maigres palmiers : la Sierra Leone se révèle au voyageur curieux.

Sierra Leone

Les incontournables

Plages de Freetown

1 La péninsule de Freetown s'étire le long de la côte, embrassant des plages au sable blanc comme neige, bordées de frangipaniers et de palétuviers. La plage River n°2 ne vous décevra pas.

Île Tiwai

2 La population de primates de l'île Tiwai, dont le nom signifie "grande île" en mandé, ne manquera pas de vous impressionner. Posée sur le fleuve Moa, c'est une réserve de vie sauvage même si elle n'en a pas le nom. Elle abrite plus de 700 espèces de plantes, 11 espèces de primates – dont des chimpanzés –, 135 espèces d'oiseaux, ainsi que des loutres, des tortues marines et des hippopotames nains.

Mont Bintumani

3 Perché à 1945 m, le mont Bintumani (également connu sous le nom de Loma Mansa, "la montagne des rois") est le plus haut sommet d'Afrique de l'Ouest (jusqu'au Cameroun). Le massif abrite de nombreuses espèces d'oiseaux et de mammifères, notamment des léopards. On peut y faire des excursions de 4 à 5 jours. Le sommet, baigné dans une brume persistante, domine une bonne partie de l'Afrique de l'Ouest.

À table !

Chaque ville possède au moins une *cookery* (sorte de cantine) servant des *chops* (repas).

Fry fry Sandwichs simples.

Plasas Sauce à base de feuilles de pomme de terre ou de manioc écrasées, à l'huile de palme.

Poyo Vin de palme ; léger et fruité.

Cuisine de rue Poulet frit, maïs grillé, kebab de poulet.

Star Bière populaire.

Quand partir

NOV-JUIN

➡ L'harmattan, vent chaud et sec, se fait insistant entre décembre et février.

AVRIL

➡ La température pendant la journée est de 32°C en moyenne.

JUIN-NOV

➡ La saison des pluies s'accompagne d'impressionnants orages.

Marina Bay

CAPITALE
Singapour

POPULATION
5,5 millions

SUPERFICIE
697 km²

LANGUES OFFICIELLES
Mandarin, anglais, tamoul, malais

Singapour

Résolument tournée vers l'avenir, cette cité-État aussi dynamique que prospère attire tous les regards pour ses audaces architecturales. Elle constitue aussi un fascinant melting-pot culturel.

Brillante élève du Sud-Est asiatique, Singapour suscite rarement l'indifférence. Si vous ne voyez en Singapour qu'une litanie de galeries marchandes, préparez-vous à réviser vos clichés. Ces dernières années, la cité-État s'est muée en nouvel enfant prodige du continent, à force d'architecture de pointe, de musées dynamiques et de boutiques branchées. Certains des créateurs les plus en vue de la planète, des grandes toques aux designers d'avant-garde, ont élu domicile dans ses rues moites.

Par-delà son côté moderne, la cité constitue également un creuset immémorial mêlant traditions chinoise, malaise, indienne et occidentale. Témoin, les pittoresques quartiers de Little India ou Chinatown remplis de temples parfumés, de *shophouses* restaurées et de *hawker centres* (espaces de restauration). Ça et là, Singapour conserve également quelques parcelles de jungle embrumée où se reposer de l'agitation urbaine.

Singapour
Les incontournables

Zoo de Singapour et safari nocturne

1 Des orangs-outans effrontés se balancent à quelques mètres au-dessus de votre tête tandis qu'un paresseux insouciant dort à quelques centimètres de votre visage. Le fin fond de la forêt équatoriale ? Perdu : vous êtes au cœur des 28 ha luxuriants du zoo de Singapour. Comptant parmi les meilleurs établissements du genre au monde, il abandonne les cages déprimantes au profit d'enclos ouverts et d'habitats fidèlement reconstitués. Lorsque le soleil se couche, le Night Safari, non loin, prend la relève avec l'observation d'animaux nocturnes.

Pulau Ubin

2 Avec ses parcelles de jungle intacte et ses bâtiments coiffés de tôle au parfum nonchalant de *kampung* (village), Pulau Ubin semble à des années-lumière de Singapour et de sa forêt urbaine. À seulement dix minutes de bateau du terminal de ferries de Changi Village, cette petite île constituant une escapade idéale pour une journée. Si vous ne devez visiter qu'un endroit, choisissez les Chek Jawa Wetlands, à la pointe est de l'île. Une promenade en bois de 1 km permet d'enjamber les flots avant de revenir par le marais à mangrove. Outre des stands de restauration, on trouve des vélos à louer.

Jardin botanique

3 Ce jardin d'Éden offre un véritable refuge hors des trépidations de la vie singapourienne. Une balade au fil de ses sentiers, suivie d'un pique-nique ou d'un dîner dans l'un des deux restaurants du jardin, reste l'expérience mémorable d'un séjour singapourien. Dans le jardin aux orchidées, ne manquez pas la Vanda Miss Joaquim, découverte par Agnes Joaquim en 1893, et devenue l'emblème national de Singapour. Des concerts de musique classique gratuits sont organisés régulièrement.

Little India

4 Bruyant, coloré et désordonné, Little India se distingue du reste

Orangs-outans, zoo de Singapour

de Singapour. Ici, au milieu des arcades chargées de marchandises et des *shophouses* aux teintes pastel, des hommes en *dhoti* (pagne) se réunissent sur le marché devant un *dosa* (galette). Plongez dans ce singulier pays des merveilles, royaume des épiceries poussiéreuses et des temples hindous, peuplé de vendeurs d'or et de femmes en sari.

Baba House

5 Construite dans les années 1890, la Baba House est un merveilleux témoin de la culture peranakan, communauté formée de l'union de commerçants chinois établis à Singapour et de femmes malaises. Les rénovations dont a bénéficié cette demeure historique ont permis de sublimer chaque détail, des motifs sculptés sur la façade bleue aux paravents. Lors d'une visite guidée, les guides évoquent la vie peranakan dans ses moindres détails, tels ces judas secrets qui permettaient aux timides demoiselles d'espionner les visiteurs dans le hall central.

Bukit Timah Nature Reserve

6 Dernière étendue de forêt tropicale primaire de Singapour, cette réserve naturelle occupe 164 ha sur les versants du Bukit Timah, point culminant de l'île (163 m). Cinq sentiers pédestres sillonnent la réserve, tandis que 6 km de pistes cyclables ceignent la forêt. La canopée abrite nombre d'espèces originelles

Sur 100 personnes à Singapour

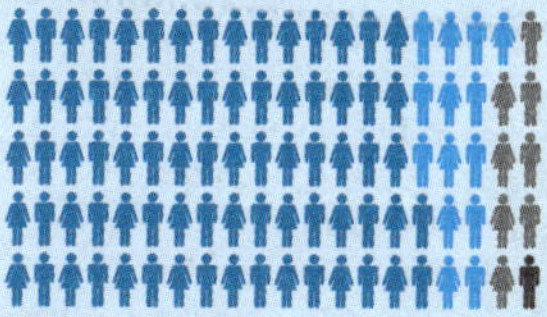

77 sont chinoises
14 sont malaises
8 sont indiennes
1 est d'une autre origine

Religions

(% de la population)

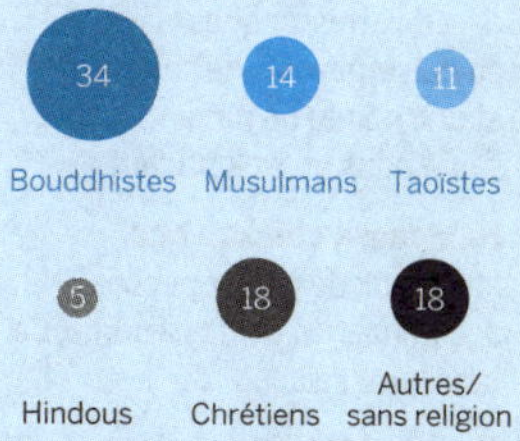

Population au km²

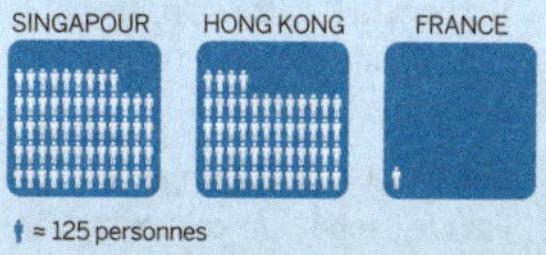

Quand partir

JAN-FÉV

➡ Ne manquez pas le Nouvel An chinois et le Chingay, une grande fête de rue.

AVR-MAI

➡ De nombreux événements rythment l'agenda singapourien avant les vacances scolaires.

DÉC

➡ La mousson est synonyme de fortes pluies mais rafraîchit agréablement l'atmosphère.

Le Singlish

Singapour a pour langues officielles le malais, le mandarin, le tamoul et l'anglais, et comme lingua franca officieuse le *singlish*. Le *singlish* consiste pour l'essentiel en un dialecte de l'anglais, mâtiné de *fujianais* (hokkien), de malais et de tamoul. Son débit est rapide et saccadé, et ses phrases ponctuées d'innombrables mots d'exclamation – outre *lah*, le plus commun, on entend aussi *mah, lor, meh, leh, hor* et quelques autres. Autres caractéristiques : la dernière syllabe d'une expression est accentuée ; les consonnes placées en fin de mot sont souvent syncopées et les voyelles, déformées. Un chauffeur de taxi sinophone pourra ainsi dire *"Pera Roh"* pour Perak Rd. Les temps ? Oubliez-les. De simples indicateurs suffisent à marquer passé, présent et futur. On dira en singlish *"I go tomorrow"* ("Je aller demain") ou *"I go yesterday"* ("Je aller hier").

À table !

La table singapourienne comprend des plats d'inspirations chinoise, malaise ou d'Inde du Sud.

Char kway teow Nouilles de riz, crevettes, coques, saucisse chinoise, germes de soja, œuf et une pointe de piment, le tout sauté dans un wok brûlant.

Hainanese chicken rice Morceaux de poulet pochés, accompagnés de riz parfumé, de bouillon à l'ail.

Nasi padang Riz malais accompagné de plats de viande et de légumes.

Roti prata Galette de pain chaud cuit sur une plaque, à tremper dans du curry.

Murtabak Galette farcie de viande hachée, ail, œuf et oignon.

Centre commercial ION, Orchard Road

de Singapour, notamment des pythons et des dizaines de variétés d'oiseaux.

Île de Sentosa

7 Comme l'illustre le parc Universal Studios, l'île de Sentosa est un gigantesque parc d'attractions aux possibilités vertigineuses : montagnes russes jumelles, parachutisme en intérieur, spectacles de cascades, courses de luge, bars de plage de style Ibiza et casino. Beaucoup d'attractions sont payantes : une journée en famille peut donc être coûteuse. En revanche, les plages sont gratuites et prisées des habitants comme des touristes.

Orchard Road

8 Le shopping est le sport national de Singapour, et Orchard Rd son terrain d'entraînement aux dimensions olympiques. L'ancienne route poussiéreuse bordée par les plantations d'épices et les vergers s'est métamorphosée en un torrent de centres commerciaux gigantesques, d'enseignes de luxe et de boutiques spécialisées. On trouve aussi dans ce secteur d'excellents *food courts* pour déjeuner. Oubliez le shopping en remonter Emerald Hill Rd, une rue bordée d'anciennes *shophouses* dont certaines ont été reconverties en bars agréables.

Transports

Bus Les bus circulent de 6h à minuit ; quelques services de nuit. Agréable pour profiter du paysage urbain.

MRT Le métro de Singapour. Les 5 lignes circulent de 5h30 à minuit.

Taxi Sûrs, honnêtes et assez bon marché. Rejoignez une station de taxis ou tentez votre chance dans la rue ; mieux vaut réserver pour les heures de pointe (importantes majorations sur ces créneaux horaires, ainsi que de minuit à 6h).

Cours d'eau de montagne, Hautes Tatras

CAPITALE
Bratislava

POPULATION
5,5 millions

SUPERFICIE
49 035 km²

LANGUE OFFICIELLE
Slovaque

Slovaquie

La Slovaquie a su préserver son âme. Traditions vivaces, châteaux par dizaines et paysages variés font de ce jeune pays la bonne surprise du cœur de l'Europe.

Deux décennies après avoir pris son indépendance suite à la partition de la Tchécoslovaquie, la Slovaquie reste assez méconnue des voyageurs. Sous ses allures provinciales, son accueillante capitale, Bratislava recèle une foule de musées insolites et une vieille ville labyrinthique. Côté nature, la Slovaquie possède avec les Hauts Tatras une chaîne de montagnes propice à la randonnée et au ski. Enfin, cette jeune nation a su préserver une culture folklorique que bon nombre de ses voisins ont perdue.

Ne partez pas sans avoir visité l'est du pays, où vous attendent des bourgades médiévales riches de traditions, nichées au pied de forteresses (par exemple Levoča ou Bardejov), mais aussi de magnifiques sentiers de randonnée dans les collines.
Il suffit d'entamer la conversation dans un bar pour rencontrer un interlocuteur aussi ouvert que sympathique. En compagnie de ce nouvel ami, sirotez une *slivovica* (eau-de-vie de prunes) et portez donc un toast à notre santé. *Nazdravie* !

Slovaquie
Les incontournables

Hautes Tatras

1 Cette chaîne de montagnes ne s'étend que sur 65 km de long et 25 km de large, mais elle abrite la plupart des sommets les plus élevés d'Europe de l'Est, avec près de 25 pics culminant à 2 500 m. Ces paysages d'altitude ont de quoi faire rêver : neiges virginales, lacs glaciaires, cascades rugissantes, prairies alpines…Le massif est sillonné par 600 km de sentiers et de pistes mais les moins sportifs pourront rejoindre les altitudes plus élevées via des télésièges ou un funiculaire.

Bratislava

2 En traversant les siècles, le labyrinthe qu'est la vieille ville de Bratislava n'a rien perdu de son charme. Étroites ruelles piétonnières, édifices pastel du XVIIIe siècle et cafés composent le cadre de ce paradis des promeneurs. Des restaurants, plus chics les uns que les autres, bordent les rues, et la place principale accueille souvent des concerts gratuits. Bien qu'aujourd'hui le centre piétonnier soit surtout fréquenté par les touristes, Bratislava reste une ville dynamique. Beaucoup de gens travaillent dans la vieille ville, et en semaine les rues sont très animées. En fin de semaine, vous verrez les jeunes envahir les terrasses des cafés du centre historique. L'une des façons les plus agréables de découvrir la ville est de flâner dans ce dédale de ruelles.

Château de Spiš

3 Datant du XIIIe siècle, le château en ruine de Spiš domine la ville de Spišské Podhradie. C'est l'une des forteresses les plus importantes d'Europe centrale. Il ne faut surtout pas manquer de grimper le raide escalier en colimaçon de la tour centrale pour profiter d'un panorama sensationnel sur toute la région. En vous promenant sur les murailles de cette vaste forteresse, vous n'aurez aucun mal à vous imaginer dans la peau d'un garde faisant le guet. À proximité du château se trouvent le parc national du Paradis slovaque, les Tatras et les villes historiques de Kežmarok et de Levoča.

Maisons en bois peintes, Čičmany

Villages traditionnels

4 Si vous avez vu une brochure touristique de la Slovaquie, il y a fort à parier qu'elle représentait Čičmany. Ce village traditionnel abrite en effet des maisons en rondins décorées de motifs géométriques. Quant à Vlkolínec, c'est un village de montagne classé au patrimoine mondial de l'Unesco. Les peintures pastel et les toits pentus de ses 45 chalets traditionnels en rondins recouverts de plâtre sont remarquablement bien entretenus. On imagine aisément un *vlk* (loup) traversant ce village installé sur un versant boisé, le long d'un petit cours d'eau.

Églises en bois

5 Pour admirer les belles églises en bois, il faut gagner l'est de la Slovaquie, notamment des coins reculés comme Hervatov ou Ladomirová. En quittant Bardejov vers l'est, on rejoint le point de rencontre entre chrétiens d'Orient et d'Occident. Du XVIIe au XIXe siècle, près de 300 églises en bois sombre, coiffées de coupoles, ont été érigées. Il en subsiste environ une quarantaine, dont huit sont classées à l'Unesco. Quelques-unes célèbrent le catholicisme romain ou le protestantisme, mais la plupart relèvent des rites des chrétiens d'Orient (Église catholique grecque et orthodoxe). Elles honorent

Sur 100 personnes en Slovaquie

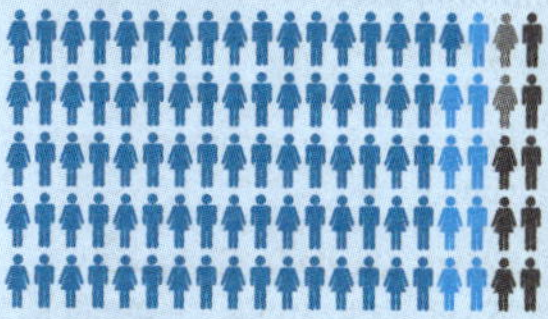

81 sont slovaques
9 sont hongroises
2 sont roms
8 sont d'une autre origine

Religions

(% de la population)

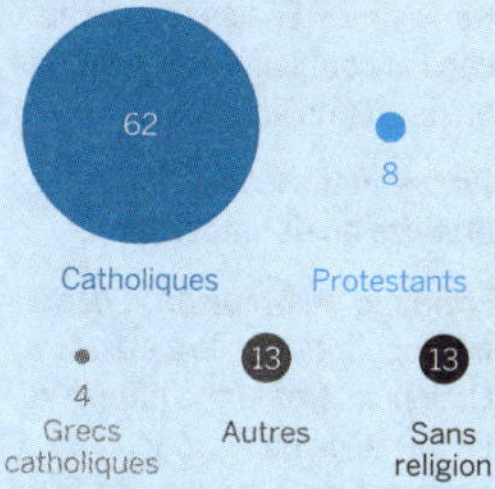

Population au km²

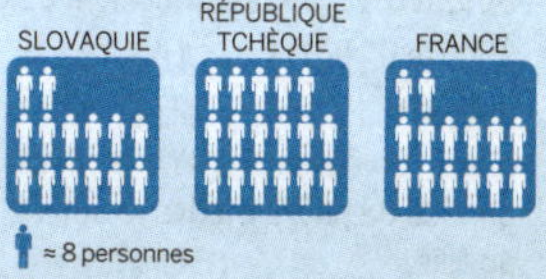

Quand partir

SEPTEMBRE
➜ Saison des fêtes autour des vendanges. Climat plaisant et moins de monde qu'en été.

JUIN-JUILLET
➜ Une pléthores de fêtes et de festivals à travers le pays.

JANVIER-FÉVRIER
➜ Saison du ski de montagne. Nombreux sites fermés dans les vallées et les villes

Le patrimoine musical slovaque

La Slovaquie et Bratislava en particulier ont vu passer de nombreux compositeurs classiques. La carrière de Franz Liszt a débuté au palais de Pauli, situé rue Ventúska à Bratislava. Ludwig van Beethoven a vécu à Hlohovec, au nord de Bratislava. Il a donné des concerts dans la capitale et a même dédié une sonate (sonate pour piano n°24, opus 78) à la comtesse Thérèse de Brunswick, dont il fut l'amant. Le compositeur hongrois Béla Bartók a également vécu un temps à Bratislava (qui s'appelait alors Pressburg).

6

LAURIE NOBLE / GETTY IMAGES ©

Place de la Trinité, Banská Štiavnica

la Sainte Trinité à travers trois coupoles et trois portes saintes. Ces dernières sont ornées d'icônes richement peintes et de représentations du Christ et des saints. Sachez toutefois que l'accès aux églises s'avère parfois difficile.

Banská Štiavnica

6 Le temps semble s'être arrêté à Banská Štiavnica. Déjà riche au XIVe siècle grâce à l'exploitation des mines, la ville a atteint son apogée au XVIe siècle. Son patrimoine architectural date pour l'essentiel de cette période. En gravissant ses coteaux, ponctués d'édifices, d'églises, d'escaliers de pierre, on a l'impression que rien n'a changé. Désormais réduite à la moitié de sa population d'antan, la ville vit essentiellement du tourisme. Elle compte plusieurs musées consacrés aux mines et deux châteaux qui se font face de part et d'autre d'une étroite vallée. Tous les édifices historiques n'ont pas été restaurés mais l'impression d'ensemble reste saisissante.

À table !

Canard/oie rôti(e) Servi(e) dans des *lokše* (galettes de pommes de terre) et de la compote de chou.

Eau-de-vie de fruit Liqueur artisanale de fruits, par exemple la *borovička* (aux baies de genièvre) et la *slivovica* (eau-de-vie de prunes).

Halušky Mini-gnocchis au chou servis avec une sauce à la *bryndza* (fromage de brebis) et du lard.

Kapustnica Épaisse soupe au chou accompagnée de saucisse ou de champignons.

Pirohy Petits raviolis farcis de *bryndza* ou de viande fumée.

Fromage de brebis *Bryndza* : fromage frais, facile à étaler. *Oštiepok* : fromage à pâte dure, en forme de boule. *Žinčina* : boisson traditionnelle à base de petit-lait de brebis.

Sulance Beignets aux noix ou aux graines de pavot.

Vývar Bouillon de poule ou de bœuf servi avec des *slížiky* (fines bandes de pâte), ou des raviolis au foie.

Transports

Avion Liaisons Bratislava et Košice en semaine seulement.

Bus Bon réseau de bus dans les villes. Les dessertes sont plus irrégulières dans les campagnes. À Bratislava, tramways et trolleybus facilitent les déplacements. Fréquence en baisse pendant les périodes de vacances scolaires.

Train Réseau dense. La ligne entre Bratislava et Košice permet de rejoindre nombre d'étapes touristiques.

Voiture Location de voitures surtout à Bratislava et à Košice.

Piran

CAPITALE
Ljubljana

POPULATION
2 millions

SUPERFICIE
20 273 km²

LANGUE OFFICIELLE
Slovène

Slovénie

De cette petite république d'Europe centrale, on connaît finalement peu de chose. La Slovénie combine pourtant les attraits du littoral adriatique à ceux des Alpes juliennes.

En plein cœur de l'Europe, la Slovénie conserve une nature intacte comme au premier jour : des cimes alpines éblouissantes, des monts et des vallons qu'on croirait tout droit sortis d'un tableau paysagiste du XIXe siècle, des lacs et des cours d'eau impétueux aux reflets d'émeraude. Attentifs à la beauté naturelle, les Slovènes sont particulièrement enclins à la protéger et à la préserver.

La Slovénie est une destination de plein air. Bien sûr, son patrimoine architectural religieux et profane et la qualité de ses musées apportent mille richesses, mais pour les Slovènes les vacances sont faites pour bouger. Plus qu'un sport, la randonnée en montagne est un art de vivre.

S'il est un pays où le contact avec la population enrichit l'approche du voyageur, c'est bien la Slovénie. Où que vous alliez, les habitants vous accueillent avec chaleur, enthousiasme et obligeance. Fiers de leur pays, les Slovènes éprouvent un véritable bonheur à le faire découvrir.

Slovénie

Les incontournables

Ljubljana

1 La capitale slovène semble avoir trouvé l'équilibre parfait entre taille et qualité de vie. Elle est suffisamment grande pour receler de nombreuses curiosités et assez petite pour se parcourir à pied, voire, mieux, à bicyclette. L'architecte slovène Jože Plečnik (1872-1957) a transformé la ville à partir des années 1920 en la dotant de superbes ponts, de majestueux bâtiments et d'élégantes colonnes et pyramides.

Piran

2 Venise en Slovénie ? Bien sûr ! La Sérénissime a marqué de son empire la côte adriatique et Piran est le port vénitien médiéval le mieux conservé en dehors de la lagune. Sa beauté fait vite oublier une affluence touristique assez comparable à celle de Venise. On y déguste sur le port des poissons et crustacés tout frais pêchés avant de flâner dans les ruelles, au risque de se perdre. Mais on finit toujours par se retrouver attablé à une terrasse, bercé par la douceur de vivre.

Lac de Bled

3 Bled, destination phare de Slovénie, semble sorti de la planche à dessin d'un architecte talentueux. Prenez des eaux bleues cristallines, ajoutez une petite île au milieu, posez-y une adorable église et couronnez le tout d'un spectaculaire château à flanc de falaise, sur fond de sommets alpins... Mais Bled ne se contente pas d'être splendide. C'est également un terrain d'aventure : plongée, vélo et rafting figurent parmi les activités au menu. Enfin, on y trouve d'excellents hôtels et restaurants.

Grottes de Postojna

4 Le monde souterrain des grottes de Postojna, les plus visitées de Slovénie, ne se révèle qu'une fois passé l'entrée. Emporté dans un train à toute allure, à 4 km sous terre, vous commencez à explorer les lieux et c'est l'éblouissement : lustres tarabiscotés, longues concrétions aux allures de spaghettis, feuilles fines comme du papier à

PHILIP GAME / GETTY IMAGES ©

cigarettes et incroyables stalagmites. Façonnées au fil des siècles par de simples gouttes d'eau riche en minéraux, les formations cristallines se suivent à n'en plus finir. Une expérience théâtrale dans le silence de la pierre.

Château de Predjama

5 Châteaux et grottes se font concurrence en Slovénie, mais à Predjama les deux sont réunis. Peu de châteaux forts occupent un cadre aussi grandiose que cette forteresse creusée dans la falaise au fin fond d'une vallée. Son histoire est tout aussi spectaculaire : le "Robin des Bois" slovène, Érasme Lueger, se serait joué de ses assaillants en les arrosant d'une pluie de cerises cueillies dans la vallée occupée via un passage secret. Humiliés, ils se seraient vengés en lui assignant une fin soudaine dans des circonstances plutôt gênantes : au petit coin !

Col du Vršič

6 Ahurissante suite de zigzags entre pics et promontoires, le passage en auto ou à vélo de ce col

Quand partir

HAUTE SAISON
(juin-août)

➡ Temps ensoleillé. Ljubljana et la côté sont bondées. Musées et autres sites sont ouverts. C'est la meilleure période pour les randonnées.

SAISON INTERMÉDIAIRE
(avr-mai, sept-oct)

➡ Temps ensoleillé : septembre est idéal pour l'ascension du Triglav. Réductions dans de nombreux hôtels. Faites du rafting avant fin mai ; oubliez les baignades à partir d'octobre.

BASSE SAISON
(nov-mars)

➡ Saison des sports d'hiver : de mi-décembre à mars-avril. Forte affluence pendant les fêtes de fin d'année. Les sites des petites villes peuvent être fermés ou avoir des horaires limités.

Sur 100 habitants de Slovénie

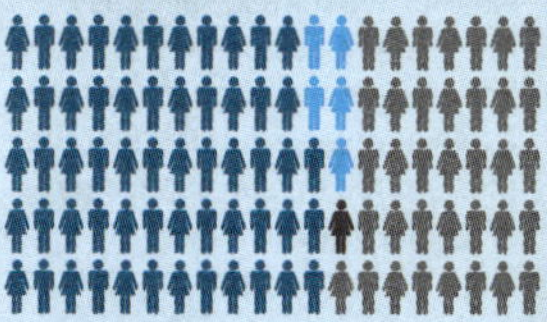

58 sont catholiques
3 sont musulmans
2 sont chrétiens orthodoxes
1 est protestant
36 déclarent ne pas avoir de religion

Groupes ethniques
(% de la population)

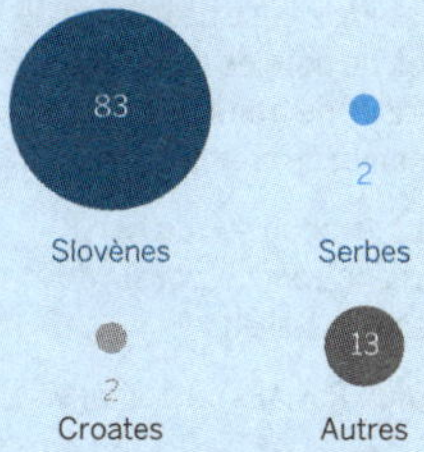

Population au km²

≈ 50 personnes

Le séchoir à foin, emblème national

Peu de choses sont plus slovènes que le *kozolec*, ce séchoir à foin omniprésent dans tout le pays. Le terrain alpin pouvant se révéler humide, le blé et le foin sont entreposés dans ces séchoirs couverts et surélevés, permettant d'assurer un séchage efficace.

Jusqu'à la fin du XIXe siècle, le *kozolec* n'était qu'un outil parmi d'autres visant à faciliter le travail des fermiers. Toutefois, lorsque le peintre Ivan Grohar en fit le sujet de ses toiles impressionnistes, le *kozolec* devint un élément incontournable du paysage culturel slovène. Aujourd'hui, c'est quasiment un emblème national.

Il existe plusieurs types de séchoirs slovènes : la version simple, des poteaux alignés et reliés par des planches horizontales et le *toplar* (séchoir à foin double), pourvu d'un toit plus étendu et d'un espace de stockage intermédiaire.

À table !

Potica Une sorte de roulé aux noix que l'on mange au dessert ou à l'heure du thé.

Prekmurska gibanica Une pâtisserie à base de graines de pavot, de noix, de pommes et/ou de raisin, de fromage frais, le tout surmonté de crème.

Pršut Jambon sec du Karst finement tranché, cousin du prosciutto italien.

Štruklji Raviolis au fromage.

Vin La Slovénie produit d'excellents vins, dont le *teran*, un vin rouge de la région du Karst et le *malvazija*, un blanc doré de la côte.

Žganci Bouillie à base d'orge, de maïs ou d'*ajda* (sarrasin).

Žlikrofi Raviolis épicés de pomme de terre et d'oignon.

8

RUTH EASTHAM & MAX PAOLI / GETTY IMAGES ©

Kayak sur la Soča

alpin reste une épreuve. Peu comparable néanmoins au dur labeur des malheureux prisonniers de guerre russes qui ont construit la route pendant la Seconde Guerre mondiale. Désormais appelée *Ruska cesta* (Route russe) en leur souvenir, elle relie en été – uniquement – Kranjska Gora à Bovec, 50 km au sud-ouest.

Mont Triglav

7 Pour prétendre à la nationalité slovène, il est à peu près certain qu'il faut avoir gravi le point culminant du pays ! En tout cas, les Slovènes en font leur fierté. Le Triglav (2 864 m) est un sommet qui représente un défi mais dont toute personne en bonne santé peut effectuer l'ascension avec un guide expérimenté. Plusieurs approches sont possibles, avec des degrés de difficulté et des paysages différents. Mais la récompense reste la même à l'arrivée : une pure euphorie.

Au fil de la rivière

8 La Soča exerce un pouvoir d'attraction irrésistible. C'est peut-être dû à son eau turquoise ou à l'écume bouillonnante qu'elle produit dans sa course. Par une chaude journée d'été, vous aurez du mal à résister à l'appel de l'eau vive, le temps d'une simple balade en kayak ou d'une descente en rafting, plus sportive. Le canyoning donne aussi quelques montées d'adrénaline, tandis que la rivière Krka invite à une navigation plus tranquille.

Transports

Bus Plusieurs compagnies de bus desservent le pays, à des tarifs similaires.

Vélo Le vélo est très répandu en Slovénie. Les grandes villes sont équipées de pistes cyclables et de feux de signalisation dédiés.

Train En Slovénie, le train coûte environ 35% moins cher que le bus.

CAPITALE
Mogadiscio

POPULATION
10,3 millions.

SUPERFICIE
637 657 km^2

LANGUES OFFICIELLES
Somali, arabe

Peintures rupestres, Laas Geel

Somalie et Somaliland

Déchirée par les crises et les affrontements, la Somalie reste une destination à éviter – à l'exception de la province séparatiste du Somaliland, au nord du pays.

La Somalie s'emploie à surmonter les décennies de tourmente, marquées par la famine et les milices, qui l'ont placée au centre de l'attention internationale. Mais comme le Puntland (une province semi-autonome voisine, autogouvernée depuis 1998), Mogadiscio et les zones environnantes sont hantées par les pirates et les trafiquants et restent des destinations à éviter pour les voyageurs. Toutefois, la République autoproclamée du Somaliland a rétabli la loi et la sécurité à l'intérieur de ses frontières.

Le Somaliland, autoproclamé "indépendant" depuis 1991, se dessine peu à peu comme une destination potentielle pour les voyageurs en quête d'aventure. On peut y admirer de remarquables peintures rupestres, prendre le pouls d'une capitale en développement, se promener le long de plages désertes, et se laisser subjuguer par d'incroyables paysages – où que vous alliez, vous vous sentirez l'âme d'un pionnier. C'est le sentiment d'entrouvrir la porte dérobée de l'Afrique qui fait du Somaliland un pays fascinant.

Quand partir

DÉC-MARS

➡ Meilleure période du point de vue de la météo : très peu de pluie et températures fraîches.

AVR-SEPT

➡ En avril, mai et septembre, les pluies compliquent le voyage. En juillet et août, la chaleur est oppressante.

OCT-NOV

➡ Météo variable, mais températures propices au voyage.

À table !

Les viandes de chèvre et de chameau sont des mets populaire. Le petit-déjeuner se compose souvent de foie cuit aux oignons et de *loxox*, un pain rappelant l'*injera* éthiopien, accompagnés de miel, de sucre et de thé. Le riz et les pâtes sont des aliments répandus, et le thé est la boisson par excellence.

Somalie et Somaliland
Les incontournables

Hargeisa

1 Vous garderez un souvenir inoubliables de votre première impression de Hargeisa, qui porte encore les stigmates de la guerre civile ayant ravagé le pays ces dernières décennies. Ses rues bordées d'hôtels bon marché, de restaurants et de marchés bourdonnent d'activité… mais vous n'y trouverez ni alcool, ni la moindre vie nocturne.

Laas Geel

2 S'agit-il du secret le mieux gardé d'Afrique ? À environ 50 km de Hargeisa, Laas Geel abrite l'une des collections d'art rupestre les plus impressionnantes d'Afrique. Ces peintures poignantes figurant des plaines arides plantées d'acacias typiques de la région, les spectaculaires affleurements de granit et l'absence totale de touristes créent une atmosphère étrange et inoubliable.

Berbera

3 Berbera, un nom à la résonnance exotique, évocatrice de ports tropicaux… la réalité est autrement plus prosaïque : de nos jours, on y trouve essentiellement des bâtiments délabrés. Avec ses superbes plages et son atmosphère détendue, la ville ne manque pourtant pas de potentiel. Prélassez-vous sur ses étendues de sable désertes, en savourant un poisson qui sort des filets.

Pyramide, site de Méroé

CAPITALE
Khartoum

POPULATION
34,8 millions

SUPERFICIE
1,9 million km^2

LANGUES OFFICIELLES
Arabe

Soudan

Bien sûr, ce pays est réservé aux plus intrépides des voyageurs. Mais beaucoup de ceux qui en reviennent affirment que c'est le pays d'Afrique qu'ils ont préféré.

Se lever avec le soleil sous les pyramides, traverser un désert brûlant jusqu'au confluent du Nil Blanc et du Nil Bleu, admirer des milliers de poissons rouge sang qui se faufilent à travers des jardins de coraux… quel que soit l'angle d'approche, il ne fait aucun doute que le Soudan recèle des trésors inconnus ailleurs.

Jusqu'en juillet 2011, le Soudan était le plus vaste pays d'Afrique. Les frontières du pays ont été redessinées depuis la sécession du Soudan du Sud qui s'accompagne de profonds changements pour les habitants. À l'ouest du pays, le Darfour est depuis 2003 le théâtre d'un conflit sanglant entre rebelles et forces gouvernementales.

En prenant soin de circonscrire son séjour aux régions du Nord et de l'Est, où les conditions de sécurité lui permettent de se déplacer, le voyageur ira au-devant d'expériences gratifiantes, au premier rang desquelles l'inégalable hospitalité des Soudanais.

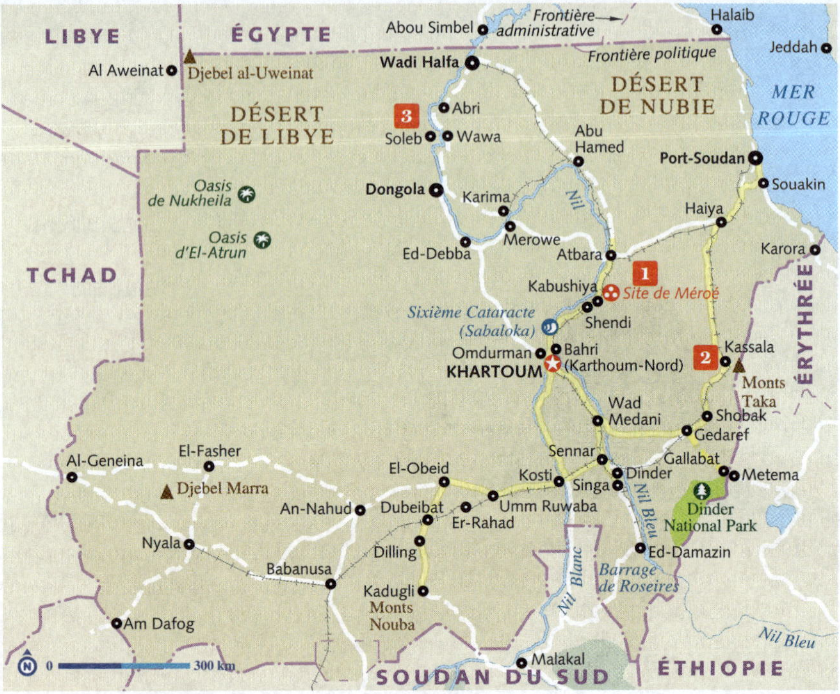

Soudan
Les incontournables

Site de Méroé

1 À l'abri derrière des dunes couleur orange, le site antique de Méroé tient du mirage. Les temples, bains royaux et pyramides disséminés sur un vaste périmètre témoignent de la sophistication du royaume de Kouch, puissance majeure entre le VIIIe et le IVe siècle avant J.-C. Les antichambres de certains mausolées abritent des hiéroglyphes en bon état de conservation.

Kassala

2 Kassala est le point névralgique des tribus du Soudan du Nord. Ses immenses souks sont une mosaïque ethnique de couleurs, d'odeurs, de bruits. Au pied des collines se dresse la mosquée de Khatmiya, construite en briques de terre cuite (adobe) et siège de la confrérie soufie Khatmiya. Après l'avoir visitée, faites un tour pour admirer l'étrange silhouette des monts Taka.

Temple de Soleb

3 À quelques kilomètres au sud d'Abri, le temple égyptien de Soleb est un lieu hautement évocateur. Au-delà de la vision percutante offerte par cet immense temple, s'y rendre est une joyeuse aventure. Dans le minuscule village de Wawa, sur la rive est du Nil, il vous faudra trouver un batelier pour traverser une splendide section du fleuve, avant de poursuivre à pied à travers les palmeraies jusqu'au temple.

À table !

Fuul Ragoût de haricots bruns, servi au petit-déjeuner avec du fromage, un œuf et du pain plat.

Café Parfumé à la cannelle et à la cardamome.

Shai Thé noir sucré.

Quand partir

NOV-FÉV
➡ L'hiver, les températures sont idéales et le ciel dégagé.

SEPT-OCT
➡ Pour assister aux courses de chameaux à Kassala.

NOV
➡ Le Festival du film européen se tient à Khartoum.

CAPITALE
Juba

POPULATION
11,1 millions

SUPERFICIE
644 329 km²

LANGUES OFFICIELLES
Anglais

Village de Jia, Boma National Park

Soudan du Sud

Né de la séparation avec le Soudan en juillet 2011, le Soudan du Sud est depuis miné par des conflits ethniques. Le tourisme y apparaît donc comme une perspective encore lointaine.

L'avènement du plus jeune pays du monde s'est fait dans la violence et le sang. Pendant des décennies, le Soudan du Sud n'a guère connu autre chose que la guerre, tandis qu'il se battait pour son indépendance. Les enjeux qui alimentaient ce conflit étaient multiples : ressources pétrolières, opposition entre chrétiens (au sud) et musulmans (au nord), rivalités entre populations noire et arabe. Si l'euphorie de l'indépendance a fait naître quelques espoirs, le pays est vite retombé dans un cycle de violences interethniques. À l'heure de la rédaction de cet ouvrage, les affrontements entre le nouveau gouvernement et différents groupes rebelles restent d'actualité dans la quasi-totalité du territoire.

En conséquence, il est trop tôt pour parler de tourisme au Soudan du Sud. Lorsque la sécurité et la stabilité politique seront de retour, les premiers visiteurs ne manqueront pas d'y être frappés par la multiplicité de ses groupes tribaux et séduits par ses parcs nationaux riches d'une faune exceptionnelle.

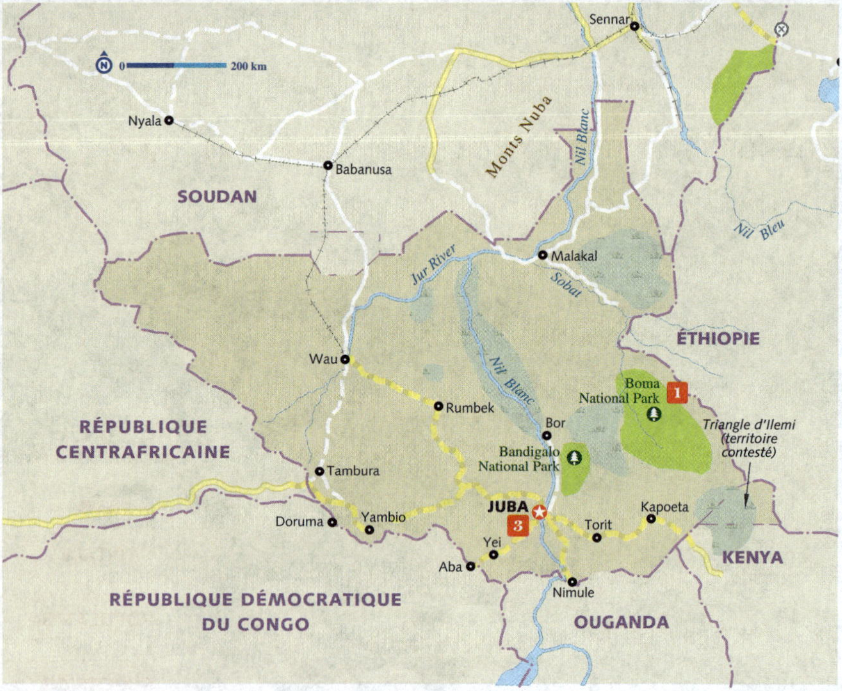

Soudan du Sud
Les incontournables

Boma National Park

1 Créée en 1986, cette vaste réserve abrite une grande quantité de mammifères, dont des populations impressionnantes d'antilopes qui y trouvent refuge pendant les migrations. On dénombre également des milliers d'éléphants, buffles et autruches, ainsi que des lions, léopards, girafes, hippopotames et de nombreuses autres espèces.

Peuples tribaux

2 Le Soudan du Sud est sans doute le pays d'Afrique où subsiste le plus grand nombre de tribus au mode de vie traditionnel, dont certaines perpétuent leurs croyances animistes. Pour autant que la situation sécuritaire permette de l'envisager, la rencontre avec les peuples Mundari, Toposa ou Dinka, aux coutumes fascinantes, restera à jamais gravée en vous.

Juba

3 La capitale du Soudan du Sud est une ville-champignon débordant d'activité. La terre et la tôle des habitations précaires voisinent avec le béton des bâtiments officiels et les bureaux en préfabriqué des ONG. Sur une grande place est posé le mausolée de John Garang, leader indépendantiste et vice-président du Soudan, disparu tragiquement en 2005.

À table !

Asida Bouillie à base de sorgho, qui se mange avec une sauce à la viande ou des légumes.

Haricots, maïs, céréales et arachides Cultivés à la saison des pluies.

Quand partir

JAN-MARS

➡ Pour assister à la migration d'un million d'antilopes dans le parc national de Boma.

AVR-SEPT

➡ La saison des pluies, avec ses températures chaudes et humides.

NOV-FÉV

➡ En hiver, les températures sont idéales et le ciel est dégagé.

CAPITALE
Colombo

POPULATION
21,7 millions

SUPERFICIE
65 610 km^2

LANGUES OFFICIELLES
Cingalais, tamoul, anglais

Voyage en train dans la région montagneuse

Sri Lanka

Des plages sans fin, des sites archéologiques à foison, une population accueillante, des trains pittoresques... les arguments ne manquent pas pour faire du Sri Lanka une destination de premier ordre.

Il était une fois un joyau en forme de larme serti dans l'océan Indien... Île à la culture séculaire et à la nature généreuse, l'ancienne Ceylan enchante les voyageurs depuis l'époque de Marco Polo. Aux amateurs d'histoire et d'archéologie, cette petite île réserve huit sites culturels classés au patrimoine mondial de l'Unesco. Ses deux millénaires de civilisation s'appréhendent dans de mystérieuses cités anciennes émaillées de temples, de bouddhas et d'immenses dagobas.

Au cœur de l'île, les vertes montagnes tempérées donnent à voir des versants couverts de plantations de thé et de forêts. Une voie de chemin de fer traverse ces paysages spectaculaires, qui séduisent les randonneurs.

Et puis il y a les plages. Les plages ! Chaque partie de la côte sri-lankaise comporte de sublimes coins de sable, d'une blancheur éclatante et souvent vierges. On y pratique le surf (sur les côtes est et sud) mais aussi la plongée dans les récifs coralliens ou sur épaves.

Jaffna
Kilinochchi
Golfe du Bengale
Talaimannar
Mannar
Golfe de Mannar
Nilavei
Trincomalee
Anuradhapura
Kalpitiya
Mahaweli
Puttalan
9
Sigiriya
Polonnaruwa
Dambulla
Batticaloa
Mahaweli
11
Kandy
Barrage sur la Gal Oya
Mahaweli
7
Kitulgala
Nuwara Eliya
Badulla
Sri Jawewardenepura Kotte
COLOMBO
Pic d'Adam
6
Horton Plains
10
Ella
2
Monaragala
8
Arugam Bay
Moratuwa
Ratnapura
Wellawaya
Parc national d'Uda Walawe
3
Kataragama
Tissamaharama
Galle
Unawatuna
Mirissa
Tangalla
4
1
1
1
Matara
0
40 km

Sri Lanka
Les incontournables

Un littoral d'exception

1 Ses longues étendues de sable sont l'un des meilleurs atouts du Sri Lanka. Grâce aux variations de climat dans les différentes parties de l'île, on trouve à tout moment de l'année un coin propice où poser sa serviette. Reste à savoir lequel : atmosphère nonchalante dans l'idyllique Mirissa, festive à Hikkaduwa, robinsonnade à Uppuveli… Il y a fort à parier qu'à votre retour, quand vous serez bloqué dans les embouteillages par un matin maussade, une image de palmiers et d'eau turquoise vous viendra à l'esprit !

Voyage en train

2 Il est parfois impossible de trouver une place assise dans le pittoresque train menant à Ella mais le plus important n'est-il pas de regarder défiler le paysage ? Dehors, le spectacle est permanent : les saris colorés des cueilleuses de thé tamoules ressortent dans un océan de vert, des enfants jouent au cricket dans leur uniforme d'écolier, des familles se baignent dans les rivières. À l'intérieur, le trajet est rythmé par les allées et venues des marchands ambulants montant à bord pour proposer des en-cas pimentés.

Pèlerinage d'Adam's Peak

3 Depuis plus d'un millénaire, des pèlerins gravissent la nuit cette montagne sacrée où, selon les croyances, le Bouddha, Shiva ou Adam auraient laissé leur empreinte. Bien qu'exténuante, l'ascension peut être entrecoupée de haltes dans les maisons de thé qui jalonnent le parcours. Les milliers de lumières scintillant dans l'obscurité, les chants des pèlerins et l'odeur du gingembre créent une atmosphère féerique. En atteignant le sommet à l'aube, vous contemplerez le lever du soleil.

Sur 100 personnes au Sri Lanka

75 sont cinghalaises
9 sont musulmanes
4 sont tamoules indiennes
11 sont tamoules sri lankaises
1 a une autre origine

Religions
(% de la population)

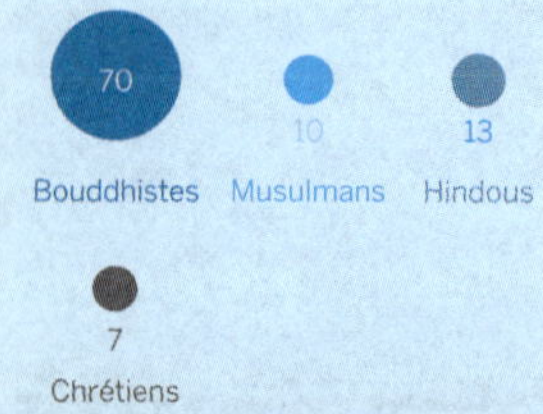

Population au km²

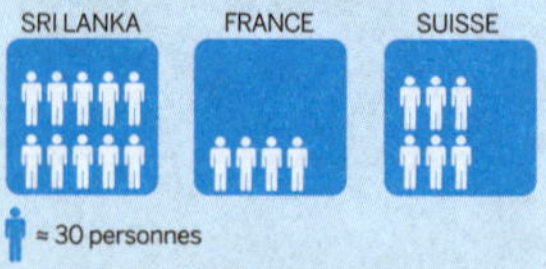

Fort de Galle

4 Chef-d'œuvre architectural de l'époque hollandaise, le Fort de Galle est un magnifique ensemble de rues pavées et de bâtiments coloniaux. Par la suite, les Sri-Lankais ont ajouté de la couleur, et la nature s'est occupée de recouvrir l'ensemble d'une couche de végétation tropicale, d'humidité et d'air marin. En résulte une vieille ville pleine de charme, dynamisée par l'ouverture de galeries, de boutiques en tout genre, de cafés et de pensions, ainsi que de beaux hôtels.

Ayurvéda

5 L'ayurvéda est une pratique ancestrale fortement influencée par la médecine indienne. Selon ses disciples, les cinq éléments, en liaison avec les cinq sens, façonnent la nature de chaque constitution individuelle, c'est-à-dire les *dosha* ou force de vie. Herbes, épices, huiles et autres produits sont utilisés pour rétablir l'équilibre des *dosha*. Si la plupart des visiteurs se contentent d'un après-midi dans un spa de luxe, il est possible de faire des cures dans des cliniques spécialisées.

Parc national d'Uda Walawe

6 Cette immense savane est ce qui rapproche le plus le Sri Lanka du Kenya ou de la Tanzanie. On peut y observer des troupeaux de buffles (certains sont domestiqués !) et de sambars, des crocodiles, quantité d'oiseaux et des éléphants par centaines. De l'avis de beaucoup d'amateurs de safaris,

Histoire de nom

En 1972, l'abandon du nom Ceylan pour celui de Sri Lanka sema le trouble parmi les étrangers.

Pourtant, l'île avait toujours été Lanka pour les Cinghalais et Ilankai pour les Tamouls. Dans le *Ramayana*, Sita n'est-elle pas enlevée par le roi de Lanka ? Les Romains appelaient l'île Taprobane et les négociants arabes parlaient de Seren dib ("île des Joyaux" en arabe). Les Portugais transformèrent Sinhala-dvipa ("île des Cinghalais") en Ceilão, que les Hollandais traduisirent Ceylan et les Britanniques Ceylon. L'île retrouva son nom de Lanka en 1972, auquel on accola "Sri", mot qui marque le respect.

À table !

Avec une île aussi riche en épices et en ingrédients, il n'est guère surprenant que la cuisine sri-lankaise compte pareille gamme de saveurs. La nourriture tient une place importante dans la culture insulaire et les Sri-Lankais passent des heures à préparer des plats délicieux.

Hoppers Crêpes concaves (aussi appelées *appa* ou *appam*) à base de farine de riz, de lait de coco et de vin de palme. Si l'on y ajoute des œufs, cela devient un *egg hopper*. Le *sambol* (condiment à base d'ingrédients pilés avec du piment) est souvent utilisé pour en relever le goût.

Kotthu Roti Il n'existe pas une seule façon de préparer ce classique de la cuisine sri-lankaise. Commencez par émincer le *roti* (pain plat épais) avant de le frire, puis choisissez la meilleure garniture...

En-cas Ils se vendent sous toutes les formes imaginables dans le pays. Généralement frits et vendus sur des stands, des étals ou par des vendeurs ambulants, on les trouve notamment sous forme de samosas, de galettes croustillantes et de petits pains farcis.

GAVIN HELLIER / GETTY IMAGES ©

7

Plantation de thé à Nuwara Eliya, région montagneuse

Uda Walawe égale, voire surpasse, beaucoup de parcs nationaux d'Afrique de l'Est en matière de pachydermes.

Plantations de thé

7 Les plantations de thé de la région montagneuse sont un vestige de l'époque coloniale britannique. Lorsqu'ils firent main basse sur l'île, les sujets de Sa Majesté furent séduits par la fraîcheur du climat des collines de l'intérieur. Ne leur manquait qu'une bonne tasse de thé... Avec ses immenses plantations, le Sri Lanka le est aujourd'hui le deuxième producteur de thé. On peut visiter certaines fabriques.

Surf à Arugam Bay

8 Meilleur spot du pays, Arugam Bay est le paradis des surfeurs. Si le long break à l'extrême sud du village attire des surfeurs d'avril à septembre, les retardataires peuvent profiter des derniers beaux jours jusqu'en novembre. En saison, vous n'aurez aucun mal à trouver une boutique qui loue et répare les planches ou des hébergements bon marché. Pour plus de solitude,

Quand partir

HAUTE SAISON
(déc-mars)

- Saison sèche dans la région montagneuse, les côtes ouest et sud.
- Les tarifs hôteliers augmentent.
- La mousson (oct-jan) arrose l'Est, le Nord et les cités anciennes.

SAISON INTERMÉDIAIRE
(avr et sept-nov)

- En avril et en septembre, beau temps dans tout le pays.
- Transports publics bondés lors du Nouvel An (mi-avril).

BASSE SAISON
(mai-août)

- De mai à août, mousson sur les côtes sud et ouest, ainsi que sur la région montagneuse.
- Beau temps dans le Nord et l'Est.
- Prix bas dans tout le pays.

direction Lighthouse Point, Whiskey Point et Okanda.

Rocher de Sigiriya

9 Les jardins royaux au pied de Sigiriya sont une attraction à eux seuls. Des bassins et des ruisselets artificiels les irriguent, offrant une vision idyllique au milieu de la campagne. En regardant vers le haut, un rocher de 370 m surgit du paysage. L'ascension débute entre les pattes d'un lion taillé dans la roche. On fait ensuite escale dans une galerie ornée de belles fresques. En arrivant au sommet, recouvert par les ruines d'une forteresse, on peut profiter d'une vue portant à plusieurs kilomètres.

À voir

Le Pont de la rivière Kwaï (David Lean ; 1957). Si l'histoire se déroule en Birmanie pendant la Seconde Guerre mondiale, c'est au Sri Lanka que le film a été tourné.

Le Domaine (Lester James Peries ; 2003). Chronique douce-amère d'une famille de riches propriétaires sur le déclin.

Ini Avan, celui qui revient (Asoha Handagama ; 2013). Un ancien combattant des Tigres tamouls revient dans son village après plusieurs années de captivité.

À lire

Un air de famille (Michael Ondaatje ; 1998). Récit profond et drolatique, consacré à la famille de l'auteur dans les années 1940.

Lisière du paradis (Romesh Gunesekera ; 2005). Roman méditatif sur les thèmes du deuil et de l'exil.

Wave (Sonali Deraniyagala ; 2014). Le récit du drame vécu par l'auteur, qui a perdu toute sa famille dans le tsunami de 2004.

Transports

Bus Couvrant tout le pays, les bus sont bon marché mais fréquemment bondés. Seules quelques lignes bénéficient de véhicules climatisés. Les compagnies privées dispensent un peu plus de confort.

Voiture Beaucoup de voyageurs louent une voiture avec chauffeur pour tout ou partie de leur séjour. Cette formule offre un maximum de souplesse et les chauffeurs constituent une mine d'informations.

Train Le réseau ferroviaire qui dessert les principales villes s'améliore, rendant parfois le train plus confortable que le bus (sauf en 3e classe). Certaines lignes, comme Haputale-Ella et Colombo-Galle, sont réputées pour leurs paysages.

Horton Plains et World's End

10 Les paysages rudes des Horton Plains étonnent dans ce pays de bleus et de verts tropicaux. Randonner dans cette lande permet de découvrir une étonnante diversité de plantes et d'animaux. En partant à l'aube, chaudement vêtu (les gelées matinales ne sont pas rares), vous aurez peut-être la chance de voir le "bout du monde", un escarpement offrant une vue très étendue quand la brume n'est pas de la partie.

Kandy

11 Capitale culturelle de l'île, Kandy abrite la relique du temple de la Dent, censée contenir une dent du Bouddha. Lieu saint pour les Cinghalais, Kandy présente bien d'autres agréments. Sa vieille ville que jouxte un grand lac offre l'occasion d'une agréable promenade, ponctuée par la visite d'un musée. Dans les alentours, ne manquez pas les jardins botaniques qui embaument d'essences exotiques. Faire la route des temples des environs de Kandy est enfin un bon moyen de découvrir la région montagneuse.

CAPITALE
Stockholm

POPULATION
9,6 millions

SUPERFICIE
450 295 km²

LANGUE OFFICIELLE
Suédois

Île de Tjorn, côte du Bohuslän

Suède

Entre forêts primaires et îlots rocheux, peuple sami et folklore viking, la Suède est riche d'attraits immémoriaux, auxquels s'ajoutent ceux, plus hédonistes, de la modernité.

Visiter la Suède donne parfois l'impression d'entrer de plain-pied dans un magazine de mode ou de décoration. De fait, le soin apporté aux maisons, cafés et espaces publics de tout le pays est une vraie source d'inspiration. Le style suédois ne confine du reste jamais à l'ostentatoire ; forme et fonction sont étroitement liées dans une société qui fait grand cas de la modération, de l'aspect pratique, de la pureté des lignes et de l'intelligence du design.

La beauté de la nature suédoise est le plus grand atout du pays, et vaut de laisser la ville derrière soi. Qu'il s'agisse de caboter au fil d'un archipel pour en visiter une ou deux îles ou d'arpenter un sentier tout de majesté septentrionale, les choix abondent. Randonnée, camping, vélo, ski, voile, pêche, ainsi que la cueillette des champignons et des baies figurent au palmarès des hobbies favoris des Suédois, auxquels on s'adonne facilement partout.

0
200 km
Narvik
Abisko
3
Kiruna
Jukkasjärvi
MER
DE NORVÈGE
Bodø
Gällivare
Jokkmokk
Lappland
Arjeplog
Haparanda
Tornio
Boden
9
Luleå
Arvidsjaur
Storuman
Norrland
7
Umeå
FINLANDE
Jämtland
Trondheim
11
Åre
Östersund
Vaasa
Storsjön
Sundsvall
Golfe
de Botnie
NORVÈGE
Mora
Rättvik
Leksand
Falun
Gävle
Borlänge
Åland
Turku
Svealand
OSLO
Grisslehamn
Uppsala
Arvika
Västerås
1
5
Mälaren
Örebro
Karlstad
Eskilstuna
10
STOCKHOLM
Södertälje
Vänern
ESTONIE
Strömstad
6
Götaland
Vadstena
Norrköping
Uddevalla
Tjörn
Trollhättan
Vättern
Linköping
Fårö
Marstrand
Borås
Huskvarna
8
Göteborg
Jönköping
Visby
Gotland
2
Småland
Oskarshamn
Ventspils
Varberg
Öland
LETTONIE
Bolmen
Kosta
4
Borgholm
Halmstad
Växjö
Kalmar
Nybro
Kattegat
Färjestaden
MER
Helsingborg
Karlskrona
BALTIQUE
LITUANIE
Lund
Skåne
COPENHAGUE
Malmö
Klaipėda
DANEMARK
Trelleborg
Ystad

Suède
Les incontournables

Stockholm

1 Surnommée "la Venise du Nord" à l'instar d'autres villes europénnes, la capitale suédoise mérite toutefois ce qualificatif. Les canaux qui parcourent la ville reflètent la lumière nordique sur l'ocre des façades, et les rues pavées de Gamla Stan, la vieille ville, ont tout d'une balade mémorable. La ville compte des musées ultramodernes, des restaurants haut de gamme et toutes les adresses shopping dont on peut rêver. Le soir, on se relaxe dans de confortables hôtels design.

Göteborg

2 Alter ego survolté de Stockholm la raffinée, Göteborg est une ville de contrastes, forte de paysages industriels bruts, de parcs agréables, de designers habiles et d'une cuisine très moderne. Goûtez les délicieuses crevettes et le poisson, qu'ils soient tout droit sortis du bateau ou servis dans un restaurant gastronomique. On y trouve aussi le chaos joyeux du plus grand parc d'attractions de Suède, la culture tranquille de ses nombreux musées, et les vitrines incontournables de Haga et de Linné. Pour rendre votre trajet mémorable, allez-y en bateau et remontez les 190 km du canal de Göta.

Gamla Stan, Stockholm

1

Beautés nordiques

3 Les deux spectacles singuliers qui font la renommée du nord de la Suède – l'un naturel, l'autre artificiel – se situent au-delà du cercle arctique. Rien n'est comparable au phénomène d'une aurore boréale – ces nuées de lumière dansant dans la nuit pendant l'hiver arctique (d'octobre à mars). L'Icehotel, igloo transformé en palais de glace, s'inspire de la nature changeante des lumières nordiques, et renaît sous une forme un peu différente chaque hiver.

BERTHIER EMMANUEL / HEMIS.FR / GETTY IMAGES ©

Royaume du cristal

4 Dans le Glasriket (royaume du cristal), le savoir-faire et l'effort donnent naissance à des œuvres d'art étonnantes (et souvent pratiques). Vous pourrez y observer les souffleurs de verre formant des bulles de cristal en fusion pour les transformer en créatures fantastiques, en bols ou en vases. Choisissez un objet ou essayez d'en souffler un vous-même dans les centres bien fournis de Kosta et Orrefors. Découvrez l'histoire de cette industrie vieille de cinq siècles au musée Småland de Vaxjo, pour finir par un cocktail dans le bar bleu cobalt de Kjell Engman au Kosta Boda Art Hotel.

Archipel de Stockholm

5 Entre la capitale et la mer Baltique, cet archipel est constitué de petites îles rocheuses, tantôt minuscules, tantôt couvertes de forêts denses et de prairies fleuries. Toutes sont très proches de la ville et desservies régulièrement par des ferries, tandis que bon nombre d'excursions organisées y multiplient les escales. Auberges de jeunesse, campings et établissements plus haut de gamme permettent d'y séjourner agréablement, tout comme le nombre croissant d'excellents restaurants.

Côte du Bohuslän

6 Entre ciel et mer, la côte du Bohuslän est d'une beauté brute, avec ses îlots couverts d'oiseaux et ses villages colorés au milieu des rochers. Faites votre choix parmi la myriade de refuges pittoresques au bord de l'eau. Ingrid Bergman aimait beaucoup Fjällbacka, les Norvégiens à l'affût de bonnes affaires se pressent en masse à Strömstad, et les marins savent que c'est à Tjörn qu'il faut se rendre en août pour la régate autour des îles. Pour goûter réellement à l'été suédois, étendez votre couverture sur un rocher bien lisse et dégustez un sachet de crevettes.

Inlandsbanan

7 Traversez le Norrland sur cette voie ferrée historique (uniquement l'été) qui passe par de petites villes minières et de profondes

Sur 100 personnes en Suède

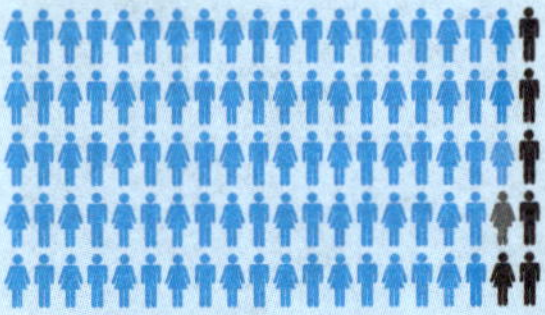

89 sont suédoises
3 sont finlandaises et sami (Lapons)
1 est yougoslave
1 est iranienne
6 ont d'autres origines

Religions

(% de la population)

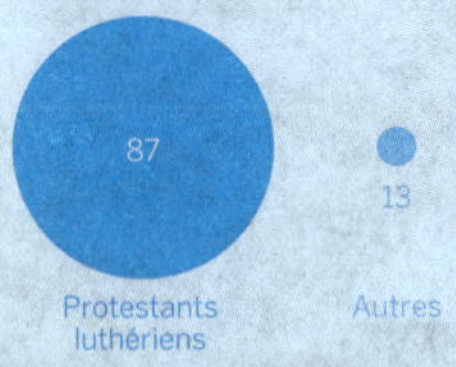

Population au km²

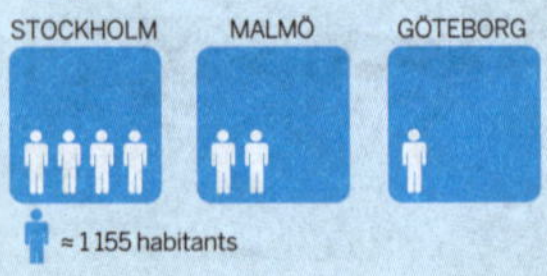

Astrid Lindgren

Astrid Lindgren (1907-2002), est une auteure mondialement connue pour son héroïne, Fifi Brindacier. Audacieuse, culottée et attachante, vivant seule avec ses animaux et censée être la petite fille la plus forte du monde, Fifi Brindacier est fraîchement accueillie par les adultes, notamment les enseignants, car elle bouscule les principes établis sur le rôle des femmes et la place des enfants, idéalement sages et silencieux, dans le contexte de l'après-guerre.

Astrid Lindgren aurait inventé le personnage en 1941 pour amuser sa fille Karin, atteinte de pneumonie. Elle imagine alors toute une série de contes, dont cette petite fille malicieuse est l'héroïne.

En 1944, profitant d'une période de convalescence après une entorse à la cheville, Lindgren couche ses histoires sur papier et les envoie à un éditeur. Après un premier refus, elle persévère chez un autre éditeur et remporte le second prix dans un concours d'histoires pour filles. L'année suivante, *Fifi Brindacier* arrive en tête d'un autre concours, tandis que son histoire *Bill Bergson Master Detective* partage le premier prix en 1946.

À table !

Köttbullar och potatis Boulettes de viande et de pommes de terre, accompagnées de confiture d'airelles rouges (*lingonsylt*).

Gravlax Saumon mariné.

Sill & strömming Hareng, consommé fumé, frit ou mariné et accompagné de câpres, de moutarde et d'oignons.

Toast skagen Toast avec des œufs d'ablette, de la crème fraîche et de l'oignon rouge.

Brännvin Alcool suédois typique, appelé aussi aquavit et bu comme un *snaps* (vodka).

BOISVIEUX CHRISTOPHE / HEMIS.FR / GETTY IMAGES ©

Paysage de Fårö, où Ingmar Bergman tourna de nombreux films

forêts verdoyantes et contemplez des troupeaux de rennes, voire, avec de la chance, un élan. Construite dans les années 1930 et devenue obsolète en 1992, la ligne a suffisamment de charme pour compenser sa lenteur – laquelle offre le loisir d'admirer les paysages du Norrland. Un moyen de transport idéal pour les esprits aventureux.

Gotland et Fårö

8 Aux XIIe et XIIIe siècles, les marchands parsemèrent la magnifique île de Gotland de fabuleuses églises. Aujourd'hui, ses ruines, ses plages isolées, ses sentiers cyclistes et équestres idylliques, ses curieuses formations rocheuses, ses excellents restaurants et sa vie nocturne animée y attirent les visiteurs du monde entier. L'événement de la saison est la semaine médiévale, quand la vieille ville de Visby s'anime à grand renfort de costumes, reconstitutions et marchés. Les cinéphiles

Quand partir

HAUTE SAISON
(mi-juin à août)

➡ La saison débute au milieu de l'été ; il fait chaud et la plupart des sites et des hôtels sont ouverts.

➡ Certains restaurants et magasins ferment en août quand les Suédois partent en vacances.

MI-SAISON
(septembre-oct)

➡ Il fait encore bon, mais les touristes sont rares.

➡ Beaucoup de sites touristiques ferment, mais vous serez tranquille partout ailleurs.

➡ Les tarifs des hôtels sont en baisse.

BASSE SAISON
(novembre-mai)

➡ Activités de plein air, lumières nordiques et marchés de Noël sont au programme.

➡ Réservez votre hébergement et vos activités d'hiver bien à l'avance.

➡ De nombreux campings et auberges de jeunesse ferment l'hiver.

et les amoureux de la nature iront au nord visiter Fårö, le fief d'Ingmar Bergman.

Patrimoine suédois

9 La Suède renferme nombre de sites classés au patrimoine mondial de l'Unesco. Que vous soyez amateur de nature ou de créations humaines, les lieux à découvrir abondent. Le village-église de Gammelstad, près de Luleå, en est un bel exemple – le plus grand de Suède, c'est aussi le centre médiéval du nord du pays. On peut y voir l'église en pierre de Nederluleå (construite en 1492), disposant d'un retable digne d'une cathédrale et de stalles pour tout un consistoire, ainsi que les 424 maisons de bois où les pionniers ruraux séjournaient lors de leurs migrations dominicales.

Vasamuseet, Stockholm

10 Si la Suède est riche d'excellents musées, le Vasamuseet, à Stockholm, se révèle unique. Le lieu a été conçu pour exposer et préserver un ancien vaisseau de guerre sauvé des eaux. Ce lourd navire, qui faisait la fierté de la couronne suédoise lors de son départ en août 1628, coula au fond de la baie de Saltsjön où il attendit 300 ans d'être secouru. Le musée aborde cette aventure à grand renfort de moyens multimédias.

Sports d'hiver, Åre

11 Rares sont les plaisirs à égaler celui d'un parcours sur la plaine arctique à bord d'un traîneau tiré par des chiens. Vous pourrez en faire l'expérience en Laponie, à moins que vous ne soyez tenté par d'autres activités hivernales. Pour pratiquer l'héliski ou le snowboard, Åre est la meilleure destination. Pour faire du ski de fond, vous n'aurez la plupart du temps qu'à sortir de chez vous.

Transports

Avion Les vols intérieurs coûtent cher à plein tarif mais des réductions sont accordées aux réservations par Internet et des tarifs réduits existent.

Bus Il est possible de voyager aussi bien sur le réseau des bus longue distance que sur l'un des 24 réseaux régionaux länstrafik, d'un bon rapport qualité/prix.

Train La Suède a un réseau ferroviaire étendu et fiable. Toutefois, nombre de destinations dans la moitié nord du pays ne peuvent être rejointes uniquement en train.

Voiture et moto La Suède a de bonnes routes et les excellentes autoroutes de classe E sont rarement encombrées.

À voir

Les Fraises sauvages (Ingmar Bergman ; 1957). Un vieil homme fait le bilan de sa vie, au cours d'un voyage émaillé de rêves et de souvenirs de jeunesse.

Ma vie de chien (Lasse Hallström ; 1988). Une chronique tendre de la découverte, le temps d'un été, de la campagne par un enfant de la ville.

Fucking Åmål (Lukas Moodysson ; 1998). Une histoire d'amours adolescentes dans une petite ville de la campagne suédoise.

À lire

La Fabrique de violence (Jan Guillou ; 1981). Récit partiellement autobiographique de la violence à l'œuvre dans un internat.

Meurtriers sans visage (Henning Mankell ; 1997). Premier tome de la série policière des enquêtes de Kurt Wallander.

Les hommes qui n'aimaient pas les femmes (Stieg Larsson ; 2009). Premier tome de la trilogie *Millenium*, devenue un phénomène planétaire.

Vasamuseet, Stockholm

Guarda, Graubünden

CAPITALE
Berne

POPULATION
8 millions

SUPERFICIE
41 277 km²

LANGUES OFFICIELLES
Allemand, français, italien, romanche

Suisse

Que l'on aspire à un séjour classique ou à de plus singulières aventures, cette contrée aux verts pâturages se révèle très attachante.

La Suisse évoque son lot d'images d'Épinal, où voisinent lacs, paysages montagnards, sports d'hiver, chocolat et fromages savoureux. De fait, la réalité est à l'aune des clichés. Toute policée qu'elle soit, cette nation se révèle un formidable terrain de découverte.

Avec ses paysages d'une beauté irréelle, la Suisse invite aux escapades au grand air. En hiver, le ski et le snowboard sont au menu dans les Grisons, l'Oberland bernois et la Suisse centrale. En d'autres saisons, il est possible de découvrir, comme passager d'un train de montagne, les crevasses de la Jungfrau (3 454 m), sur ce qui semble être le toit du monde. Maints sentiers sillonnent montagnes, vallées et rives de lacs mythiques.

Ces splendeurs alpines sont ponctuées de villes singulières. Il y a Berne, la capitale, avec sa vieille ville et son musée d'Art moderne réputé, Bâle l'alémanique et son architecture audacieuse, Genève et ses boutiques, et Zurich, avec ses terrasses sur les toits et son art urbain. Que la découverte soit architecturale ou culinaire, la Suisse ne déçoit jamais.

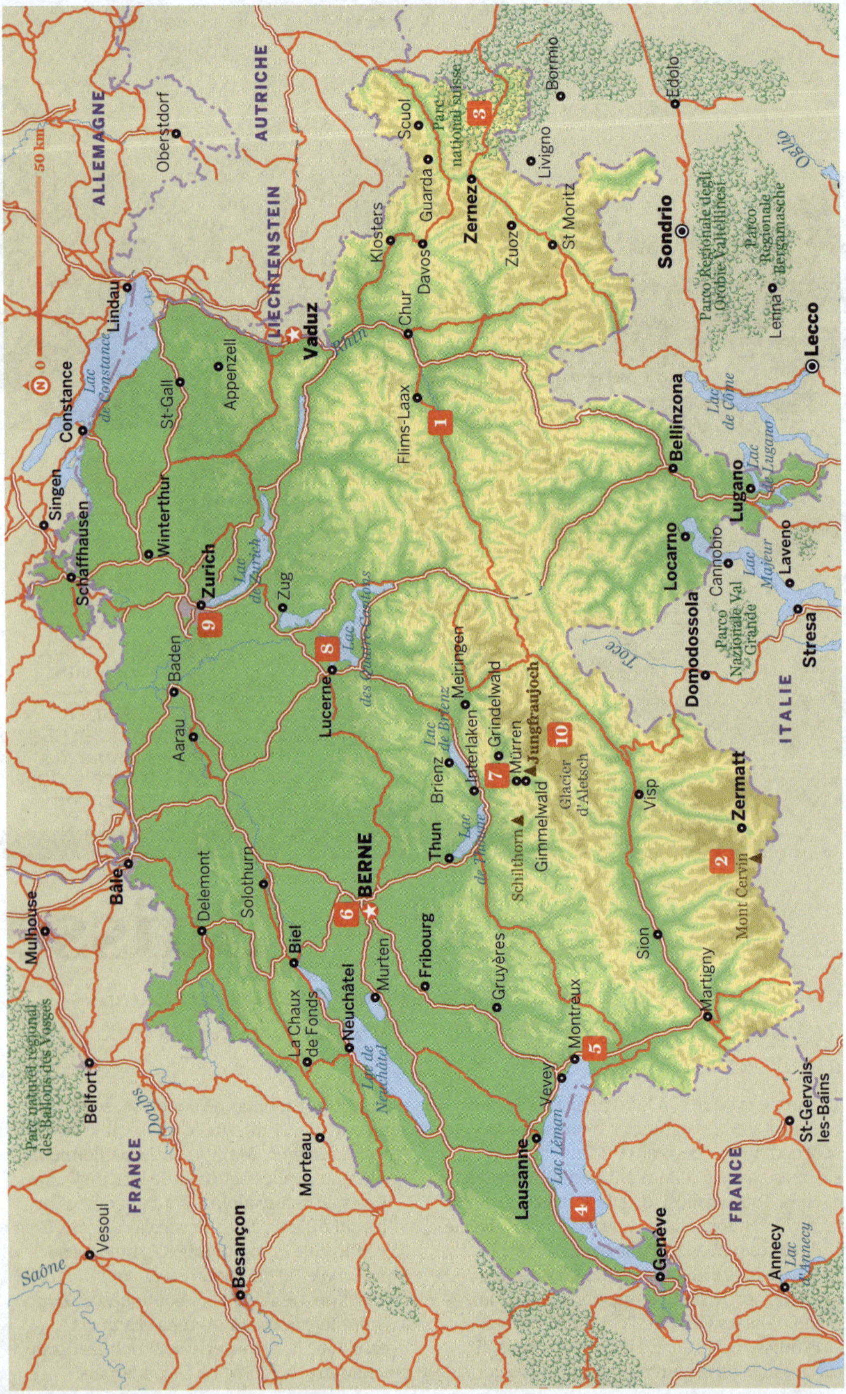
ALLEMAGNE
AUTRICHE
LIECHTENSTEIN
FRANCE
ITALIE
50 km
0
Oberstdorf
Lindau
Constance
Lac de Constance
Singen
Schaffhausen
Winterthur
St-Gall
Appenzell
Vaduz
Rhin
Zurich
Lac de Zurich
Zug
Baden
Aarau
Bâle
Mulhouse
Delemont
Solothurn
Biel
La Chaux de Fonds
Neuchâtel
Lac de Neuchâtel
Murten
BERNE
Fribourg
Lucerne
Lac des Quatre Cantons
Thun
Lac de Thoune
Brienz
Lac de Brienz
Interlaken
Meiringen
Grindelwald
Mürren
Jungfraujoch
Gimmelwald
Schilthorn
Glacier d'Aletsch
Gruyères
Montreux
Vevey
Lausanne
Lac Léman
Genève
Sion
Visp
Zermatt
Mont Cervin
Martigny
Chur
Flims-Laax
Klosters
Davos
Guarda
Scuol
Zernez
Parc national suisse
Zuoz
St Moritz
Livigno
Bormio
Edolo
Sondrio
Parco Regionale delle Orobie Valtellinesi
Parco Regionale Bergamasche
Lenna
Lecco
Oglio
Bellinzona
Lac de Côme
Lugano
Lac de Lugano
Locarno
Cannobio
Lac Majeur
Laveno
Stresa
Parco Nazionale Val Grande
Domodossola
Toce
St-Gervais-les-Bains
Annecy
Lac d'Annecy
Belfort
Parc naturel régional des Ballons des Vosges
Doubs
Morteau
Vesoul
Saône
Besançon
1
2
3
4
5
6
7
8
9
10

Suisse
Les incontournables

Glacier Express

1 Cette mythique ligne ferroviaire relie deux stations parmi les plus huppées de Suisse. À Zermatt, montez à bord du légendaire train rouge aux immenses fenêtres panoramiques, et admirez la vue sur les montagnes verdoyantes, les lacs miroitants et les ravins glacés. Lors de sa première sortie en 1931, le Glacier Express était tiré par une locomotive à vapeur. Il traverse 91 tunnels et 291 ponts avant d'atteindre Saint-Moritz. Cerise sur le gâteau : un déjeuner dans le wagon-restaurant rétro.

Le Cervin

2 Culimant à 4 478 m d'altitude, cette montagne recèle un pouvoir d'attraction hors du commun. Sa beauté brute mérite d'être admirée et photographiée à l'aube comme au crépuscule, au fil des saisons et sous tous les angles. Zermatt est la meilleure base d'où partir explorer le Cervin. Depuis le XIXe siècle, on pratique dans cette station, l'une des plus belles du pays, le ski, l'escalade, la randonnée… et les mondanités.

Randonnée dans le parc national suisse

3 La Suisse est l'un des plus beaux pays

1

IRIS KUERSCHNER / GETTY IMAGES ©

d'Europe en matière de randonnées, et nul ne saurait manquer une marche dans ce parc national en altitude, domaine privilégié des aigles. Suivez les sentiers à travers les pâturages constellés de fleurs jusqu'à des lacs d'un bleu profond, des ravins vertigineux, des promontoires rocheux et des refuges alpins où les bergers confectionnent le fromage d'été avec du lait trait le matin même. Ici, s'offre la nature à l'état pur et sauvage, et une occasion rare d'entrevoir la Suisse d'avant l'essor du tourisme.

Sur 100 personnes en Suisse

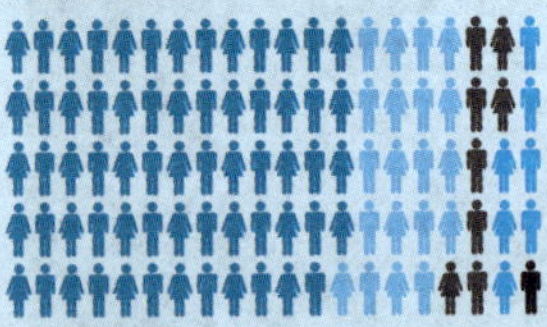

64 parlent allemand
20 parlent français
8 parlent une autre langue
7 parlent italien
1 parle romanche

Religions

(% de la population)

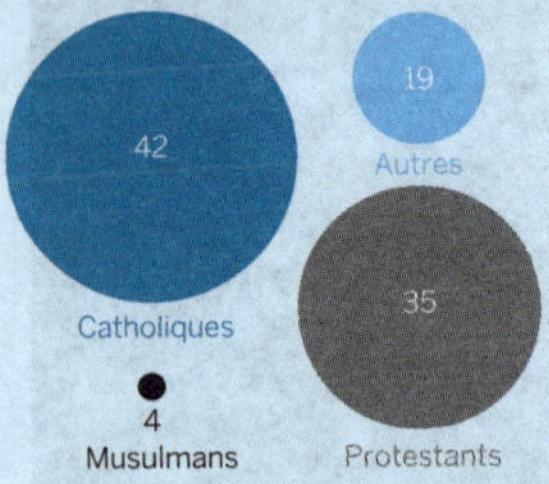

Population au km²

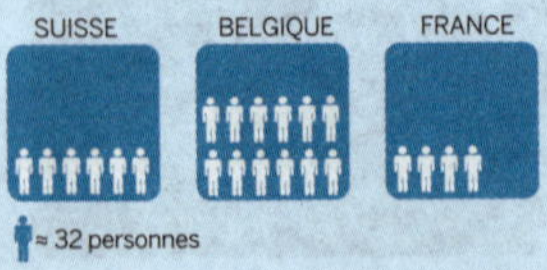

Lac Léman et Genève

4 Si les rangs de vignes vert émeraude qui tapissent les collines depuis les rives du lac Léman, à hauteur de Lavaux, ont de quoi séduire le regard, le meilleur endroit pour admirer le plus grand lac d'Europe n'en reste pas moins Genève. Dans cette ville, la plus cosmopolite de Suisse francophone, des bateaux jaune vif (les "Mouettes") sillonnent les flots sous l'œil du Mont-Blanc. Pour les 180 nationalités qui cohabitent ici, le quotidien est égayé par les flâneries dans la vieille ville, le vaste choix d'activités culturelles et les balades sous la bruine de son légendaire jet d'eau.

Montreux la romantique

5 Comme s'il ne lui suffisait pas d'accueillir l'un des plus célèbres festivals de jazz du monde, avec des concerts en plein air au bord du lac Léman, Montreux s'enorgueillit d'un château particulièrement romantique. Depuis cette ville lacustre au climat si doux que même les palmiers s'y épanouissent, un chemin ourlé de fleurs longe la rive sud jusqu'au château de Chillon. Cette somptueuse forteresse en pierre, édifiée par la maison de Savoie au XIIIe siècle, compte parmi les plus anciennes de Suisse.

Berne la capitale

6 Avec ses rues médiévales pavées, ses arcades ponctuées de boutiques, son horloge astronomique et ses fontaines ornées de statues du XVIe siècle, Berne n'incarne pas l'image

Heidi

Créé par Johanna Spyri en 1880, le personnage de Heidi a bercé des générations de petits lecteurs et téléspectateurs. Derrière le conte naïf, Heidi symbolise la confrontation entre la pureté de l'univers alpestre et la brutalité de la vie citadine, dans une Europe en pleine mutation industrielle.

Depuis, Heidi est devenue un outil de communication. À la fin des années 1970, une zone touristique du canton de Saint-Gall a été renommée "Heidiland". Une provocation que les habitants de Maienfeld – où se déroulent les aventures de la petite orpheline – n'ont guère goûtée. Situé à quelque 100 km de là, Maienfeld se console avec le "Heididorf" ("village de Heidi"), qui abrite une reconstitution de la maison de la petite héroïne et un musée consacré à Johanna Spyri.

À table !

Fondue On ne saurait quitter la Suisse sans avoir dégusté une fondue. Le mélange classique pour la fondue est le suivant : moitié emmental, moitié gruyère, râpés et fondus avec du vin blanc et une pointe de kirsch (eau-de-vie de cerises) ; en accompagnement, commandez un plat de charcuterie et des cornichons.

Raclette Dans les restaurants suisses, on n'utilise pas de poêlons individuels. Une demi-meule est fixée sur un appareil spécial permettant de chauffer le côté plat du fromage. Une fois fondu, le fromage est récupéré sur des assiettes et aussitôt servi avec des pommes de terre vapeur, de la charcuterie, des cornichons et des petits oignons.

Rösti Galettes de pomme de terre râpée cuites à la poêle. Elles constituent, agrémentées de champignons frais, de lardons et d'une simple salade verte, un déjeuner idéal.

Cuisses de dame Dans les cantons francophones, beignets saupoudrés de sucre, en forme de cuisse.

Zytglogge (tour de l'Horloge), Berne

coutumière d'une capitale. Et c'est ce caractère inattendu, consolidé par le nouveau Centre Paul-Klee de Renzo Piano, qui fait précisément son charme.

Grindelwald et la région de la Jungfrau

7 Dominée par les monolithes couverts de glace de l'Eiger, du Mönch et de la Jungfrau (l'Ogre, le Moine et la Vierge), la station de Grindelwald est digne d'un décor de cinéma. Les trois grands sommets appartiennent depuis longtemps à la légende de la haute montagne, en particulier l'Eiger (3 970 m), dont le terrible versant nord a coûté la vie à de nombreux alpinistes. Approcher des cimes est plus facile aujourd'hui ; il faut quelques heures de train pour arriver à la Jungfraujoch (3 454 m), la gare la plus haute d'Europe.

Quand partir

HAUTE SAISON
(juil-août, déc-avr)

➡ En juillet-août, marcheurs et cyclistes affluent en altitude.

➡ Les skieurs sont très nombreux entre Noël et le Nouvel An.

➡ Fin décembre-début avril : haute saison dans les stations de ski.

SAISON INTERMÉDIAIRE
(avr-juin et sept)

➡ Réductions dans les stations de ski et les lieux touristiques.

➡ Le printemps est superbe : températures douces, fleurs, produits locaux.

BASSE SAISON
(oct-nov et mars)

➡ Les stations de montagne hibernent de mi-octobre à début décembre.

➡ Prix jusqu'à 50% moins chers qu'en haute saison.

➡ Horaires réduits pour les sites et les restaurants.

Lucerne la lacustre

8 Le succès des balades sur le pont médiéval de cette ville de la Suisse centrale est garanti.

Ajoutez la vue sur le lac, les terrasses de café et les curiosités architecturales, et vous pourriez bien tomber amoureux de Lucerne la lacustre. Prenez de la hauteur pour admirer votre nouvelle conquête depuis le Pilate ou le Rigi : sous vos yeux s'étendent des collines vertes ondoyantes, des prairies et des petits villages au bord du lac.

Zurich

9 Connue pour son art de vivre, Zurich est une ode à la rénovation urbaine. Elle est aussi très branchée : au siège de Google, les employés descendent à la cafétéria en toboggan ! Parfois, l'ambiance est si animée qu'on se croirait à Berlin. Ici, on s'offre un verre au bord de l'eau, on danse jusqu'à l'aube dans le quartier de Züri-West, on déniche des accessoires de mode recyclés à Kreis 5 et on les exhibe à la faveur de la Street Parade, une fête de rue débridée, organisée en août.

Glacier d'Aletsch

10 Véritable merveille de la nature située dans le Haut-Valais, ce glacier aux proportions gargantuesques s'apparente à quelque autoroute de cinq voies s'étirant, sur 23 km de long, entre les montagnes. L'épaisseur de sa glace bleue atteint 900 m en son point le plus profond. La vue sur l'Aletsch depuis le Jungfraujoch vous réjouira, mais pour une bonne montée d'adrénaline, le mieux est de s'en rapprocher au plus près : marchez entre les crevasses avec un guide de montagne de Riederalp, ou dévalez les pistes de ski de Bettmeralp.

Transports

Le système de transports publics de la Suisse fait partie des plus efficaces au monde. Cependant, voyager en Suisse revient cher. Si vous comptez utiliser les transports en commun pour vous déplacer dans le pays, songez à investir dans une carte Swiss pass.

Bateau Belles traversées, notamment sur le lac Léman, le lac des Quatre-Cantons ou le lac de Zurich.

Bus Des cars postaux très fiables vont là où il n'y a pas de trains. Départs et arrivées coordonnés avec ceux des trains.

Voiture Nombreux désagréments : il est difficile de se garer en ville, et beaucoup de stations, comme Zermatt et Wengen, sont interdites aux voitures.

Train Le réseau ferroviaire suisse est rapide, efficace et dense.

À voir

Rouge (Krzysztof Kieślowski ; 1992). Le dernier volet de la trilogie du cinéaste polonais se déroule à Genève.

Sils Maria (Olivier Assayas ; 2014). Une actrice célèbre se retire avec son assistante dans un village des Grisons.

L'Abri (Fernand Melgar ; 2015). Filmant un centre d'hébergement d'urgence à Lausanne, l'auteur montre l'envers du décor de la société suisse.

À lire

Heidi (Johanna Spyri ; 1880). Le plus célèbre roman suisse raconte le déracinement d'une orpheline, contrainte de quitter la ferme de son grand-père.

La Promenade (Robert Walser ; 1917). Un grand texte fait de petites observations lucides et ironiques.

Belle du Seigneur (Albert Cohen ; 1968). La première partie de ce roman flamboyant dresse un portrait au vitriol de la société genevoise de l'entre-deux-guerres.

TRAVELSTOCK44 / LOOK-FOTO / GETTY IMAGES ©

CAPITALE
Paramaribo

POPULATION
566 800

SUPERFICIE
163 800 km^2

LANGUE OFFICIELLE
Néerlandais

Femme créole, Paramaribo

Suriname

Revêtu d'une forêt dense et parcouru par une multitude de rivières et de cascades, le discret et exotique Suriname est le fruit d'un brassage réussi entre une multitudes de peuples.

De Paramaribo, l'effervescente capitale à l'architecture coloniale hollandaise, à l'insondable forêt équatoriale de l'intérieur des terres, le peuple métissé de ce petit pays composé de descendants d'esclaves africains, de colons hollandais et britanniques, de paysans indiens, indonésiens et chinois en servage ou encore d'Amérindiens vous réserve un accueil authentiquement chaleureux.

On peut s'attendre au meilleur de ces deux faces de ce pays. D'un côté une capitale groupant de nombreux restaurants et une vie nocturne animée, et, de l'autre, une forêt à l'écosystème bien préservé.

Il n'est pas simple de se déplacer dans ce pays quadrillé de cours d'eau et couvert par l'épaisse forêt amazonienne. La diversité linguistique peut rendre la communication difficile (parfois même pour les néerlandophones). Enfin, au carrefour de plusieurs cultures, le Suriname propose une gastronomie aussi riche et épicée que le pays lui-même.

Suriname
Les incontournables

Fleuve Suriname

1 Le cours supérieur du fleuve Suriname est une région d'une grande diversité culturelle. On peut y loger dans des bungalows en bordure de fleuve, sur de superbes plages de sable blanc au cœur de la jungle, et visiter alentour des villages de Bushinengués et d'Amérindiens. Gérés localement, les bungalows ont pour ambition d'offrir un avenir à ces communautés reculées, qui dépendraient autrement de la chasse et de l'abattage.

Paramaribo

2 La capitale du Suriname brasse les influences néerlandaises et amérindiennes. Des bâtisses coloniales peintes en noir et blanc bordent ses places arborées et un parfum d'épices s'échappe de ses restaurants indiens, tandis que des artistes bushinengués vendent des toiles colorées aux abords des anciennes forteresses.

Raleighvallen

3 Les chutes de Raleigh sont situées sur le cours supérieur du fleuve Coppename, à environ deux heures en amont du village bushinengué le plus proche. On peut y croiser nombre d'espèces dont le singe-araignée et l'anguille électrique.

À table !

Hagelslag Copeaux de chocolat à saupoudrer sur une tartine au petit-déjeuner, à la mode hollandaise.

Parbo La bière locale, plutôt bonne.

Pom Spécialité créole à base de *tayer* (une racine proche du taro) râpé, de poulet émincé, d'oignons et d'épices.

Quand partir

FÉV-AVR

➡ La première saison sèche est la meilleure période pour découvrir le Suriname.

AOÛT-NOV

➡ Températures plus élevées et plus de touristes.

DÉC-JAN

➡ Paramaribo est connue pour ses fêtes de fin d'année très animées.

CAPITALE
Mbabane

POPULATION
1,4 million

SUPERFICIE
17,364 km²

LANGUES OFFICIELLES
Anglais, swati

Fête traditionnelle de l'Umhlanga

Swaziland

La richesse de sa culture et la beauté de ses étendues sauvages compensent bien la taille de ce petit royaume d'Afrique autrale.

Malgré une superficie modeste, le royaume du Swaziland possède d'innombrables atouts : observation de la faune, activités sportives telles que rafting et expéditions à VTT, une culture vivante et pittoresque avec un grand nombre de cérémonies et de festivités, sans oublier de superbes chemins de randonnée, de fabuleux paysages de montagnes et de plaines et un artisanat de qualité.

Le Swaziland est gouverné par le roi Mswati III, dernier monarque absolu d'Afrique et source de fierté nationale en dépit des critiques. Une population accueillante et l'absence de tension raciale contribuent à l'ambiance détendue qui règne dans le pays.

L'excellent réseau routier facilite les déplacements. L'hébergement est diversifié, des auberges de jeunesse aux hôtels recevant volontiers les familles et des lodges en pleine nature aux retraites haut de gamme. Si de nombreux voyageurs n'y font qu'une brève étape sur la route du Kruger National Park, le Swaziland mérite qu'on lui consacre au moins une semaine.

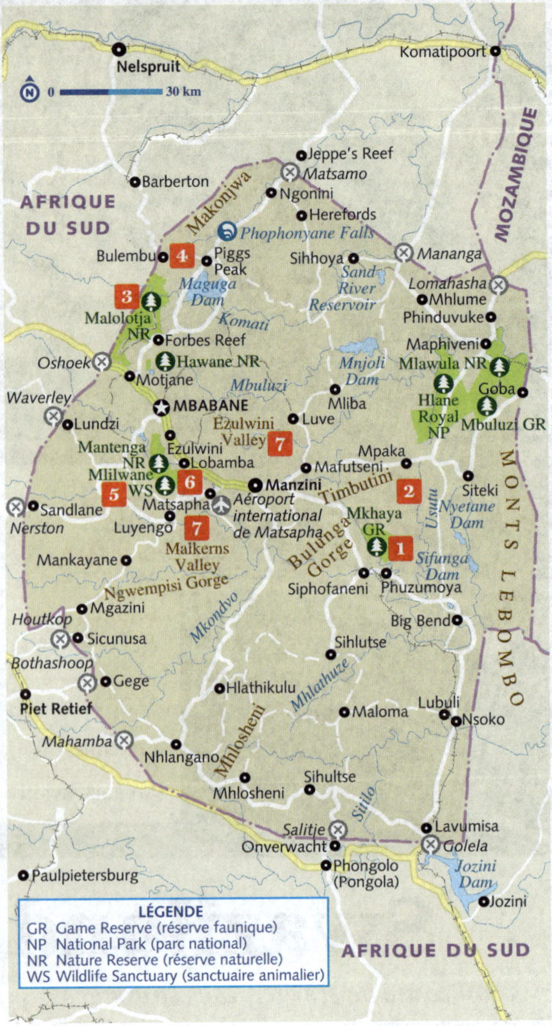

Swaziland
Les incontournables

Mkhaya Game Reserve

1 Cette splendide réserve privée a été créée en 1979 pour protéger la race des bovins Nguni, menacée d'extinction. Connue pour ses rhinocéros noirs, et blancs, elle abrite aussi des hippotragues rouans, et noirs, des sassabis et des éléphants. La réserve est gérée par des Swazis issus des communautés locales qui luttent efficacement contre le braconnage. À proximité du hameau de Phuzumoya, près de la route Manzini-Big Bend, la réserve doit son nom au *mkhaya*, un acacia qui y prospère. Vous devez réserver votre visite à l'avance. Si des circuits d'une journée sont proposés, passez au moins une nuit à Mkhaya pour profiter pleinement de ce coin de paradis.

Rafting sur l'Usutu River

2 Pour les voyageurs intrépides, c'est l'un des principaux attraits d'un séjour au Swaziland. Calme et plate par endroits, la Great Usutu River (ou Lusutfu) devient impétueuse et profonde à d'autres. Aux alentours de la Mkhaya Game Reserve, elle traverse la Bulungu Gorge en une série de rapides, praticables toute l'année. Les crocodiles n'ayant dévoré personne récemment, on affirme volontiers ici que le rafting est "plus sûr que la conduite à Johannesburg".

Malolotja Nature Reserve

3 Cette réserve naturelle s'inscrit dans le cadre sauvage du haut et moyen veld (prairies tempérées d'Afrique australe). Destination de choix pour la randonnée, avec un bon réseau de chemins, Malolotja est aussi un paradis pour les ornithologues, avec plus de 280 espèces d'oiseaux. Fleurs sauvages et plantes rares ajoutent à la beauté du lieu, avec plusieurs espèces endémiques. Malolotja abrite plusieurs espèces d'antilopes, ainsi que des hardes de zèbres, d'élands et de gnous. Trois rivières sillonnent la réserve, dont la Komati, qui coule vers l'est à travers une gorge en une série de chutes et de rapides jusqu'au lowveld.

Hippopotames au Mlilwane Wildlife Sanctuary

Mlilwane Wildlife Sanctuary

4 Cette réserve privée a été créée par l'écologiste Ted Reilly sur sa ferme familiale dans les années 1950. Mlilwane signifie "petit feu" et la réserve doit son nom aux nombreux incendies déclenchés par la foudre. Dominée par le Nyonyane (Petit Oiseau), un pic vertigineux, elle permet de belles randonnées. Parmi les animaux présents figurent des zèbres, des phacochères, diverses espèces d'antilopes, des crocodiles, des hippopotames et de rares espèces d'oiseaux. En été, vous verrez peut-être des aigles noirs près du Nyonyane.

Bulembu

5 La ville de Bulembu a été construite en 1936 pour la Havelock Mine, une mine d'amiante (dont les scories n'ont pas été décontaminées). Employant à son apogée 10 000 mineurs, elle a fermé en 2001, faisant de Bulembu une ville fantôme. Il y a quelques années, des investisseurs ont lancé un projet de tourisme communautaire pour réhabiliter la localité. Des centaines de maisons en tôle ondulée parsèment le paysage vallonné, à côté de bâtiments Art déco. La région offre de splendides randonnées, dont l'ascension de l'Emlembe Peak (1 863 m), le point culminant du Swaziland.

Sur 100 personnes au Swaziland

37 ont entre 0 et 14 ans
22 ont entre 15 et 24 ans
33 ont entre 25 et 54 ans
4 ont entre 55 et 64 ans
4 ont plus de 65 ans

Religions

(% de la population)

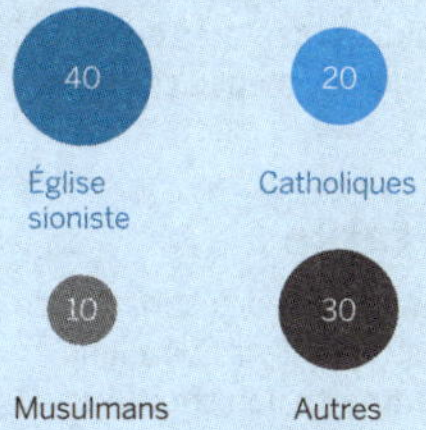

Population au km²

Quand partir

JAN-AVR

➡ Rivières en crue et végétation luxuriante ; la meilleure période pour les photos.

FÉV-MARS

➡ La saison du *buganu* ; goûtez le vin de *marula*, préparé dans les campagnes.

MAI-SEPT

➡ Des journées plus fraîches ; le feuillage d'hiver est idéal pour observer la faune dans le lowveld.

Cérémonies swazi

Les cérémonies traditionnelles jouent un rôle essentiel dans la culture swazi.

L'Incwala, la cérémonie la plus sacrée du peuple swazi, dure une semaine. Lors de cette fête des "premiers fruits", le roi autorise ses sujets à consommer la première récolte de la nouvelle année. Les préparatifs de l'Incwala commencent quelques semaines avant la récolte, selon le cycle lunaire.

Moins sacrée que l'Incwala, l'*umhlanga* (ou danse des roseaux) sert aussi à rassembler le peuple et à lui rappeler sa relation avec le roi. Sorte de bal des débutantes, elle réunit pendant une semaine des jeunes filles venues de tout le royaume pour participer à la réfection de la maison de la reine mère à Lobamba. La danse des roseaux est aussi l'occasion pour le roi de choisir des épouses.

Enfin, la fête du Buganu autre fête des "premiers fruits" se déroule en février et célèbre la récolte du *marula*. Les femmes cueillent les fruits et les font fermenter pour obtenir un breuvage appelé *buganu* ("qui a du punch"). Les habitants – les hommes principalement – se réunissent pour boire et festoyer. Le roi Mswati III et d'autres membres de la famille royale assistent à cette fête.

7

MIKE MARLOWE / GETTY IMAGES ©

Hutte en forme de ruche, Ezulwini Valley

Lobamba

6 Capitale royale du Swaziland, Lobamba abrite l'Embo State Palace, palais assez vaste pour accueillir le clan royal tout entier (le révéré Sobhuza II avait 200 enfants !). Il est fermé au public et les photos sont interdites. Les rois swazi vivent aujourd'hui dans la Lozitha State House, à environ 10 km de Lobamba. Non loin, le National Museum renferme d'intéressantes collections sur la culture swazi. Le billet donne accès au King Sobhuza II Memorial Park, en face du musée.

Ezulwini et Malkerns Valleys

7 Réputées pour leurs marchés d'artisanat, ces vallées voisines offrent l'occasion d'un parcours panoramique très plaisant bien que touristique. L'Ezulwini Valley – cœur de la royauté et centre du tourisme au Swaziland – commence à la sortie de Mbabane et se prolonge au-delà de Lobamba, à 18 km.

À table !

Sans être une destination de gastronome, le Swaziland compte un bon choix de restaurants à Mbabane et dans les vallées touristiques de Malkerns et d'Ezulwini. Dans les régions plus reculées, vous n'échapperez pas au *mealie pap* (porridge de maïs), mets fade mais nourrissant et bon marché, que l'on peut agrémenter de sauce ou de ragoût.

Transports

La plupart des voyageurs viennent au Swaziland par la route. Des vols pour le Swaziland (aéroport international de Matsapha) partent de Johannesburg.

Bus La principale gare routière se situe à Manzini. Des lignes desservent Johannesburg et Durban, en Afrique du Sud, et le Mozambique. Ils existe aussi quelques liaisons intérieures qui partent du terminal de Mbabane.

Voiture Le Swaziland possède un bon réseau routier. Si vous louez un véhicule en Afrique du Sud, assurez-vous d'obtenir une autorisation écrite de la compagnie pour rouler au Swaziland.

Taxi-minibus Principal moyen de transport public, les taxis-minibus partent une fois pleins et s'arrêtent fréquemment. Ils desservent presque tous le pays.

Le krak des Chevaliers avant la guerre

CAPITALE
Damas

POPULATION
17,9 millions

SUPERFICIE
185 180 km²

LANGUE OFFICIELLE
Arabe

Syrie

Les voyageurs qui ont eu la chance de connaître la Syrie avant qu'elle ne sombre dans le chaos se souviennent d'une terre de culture et d'hospitalité, héritière de plusieurs grandes civilisations.

Depuis les manifestations pacifiques contre le régime de Bachar al-Assad début 2011, la situation a dégénéré en une guerre civile complexe qui secoue la majeure partie du pays, avec des répercussions dans toute la région. Des combats se déroulent à Alep au Nord, à Homs dans le Centre et même autour de Damas, bastion du régime. À ce jour, les efforts déployés par les Nations unies et la Ligue arabe pour ramener la paix ont échoué, et l'avenir demeure imprévisible.

Au-delà du drame humain, on peut craindre que les villes millénaires et les sites archéologiques exceptionnels qui font de la Syrie une destination si chargée d'histoire ne pâtissent gravement du conflit.

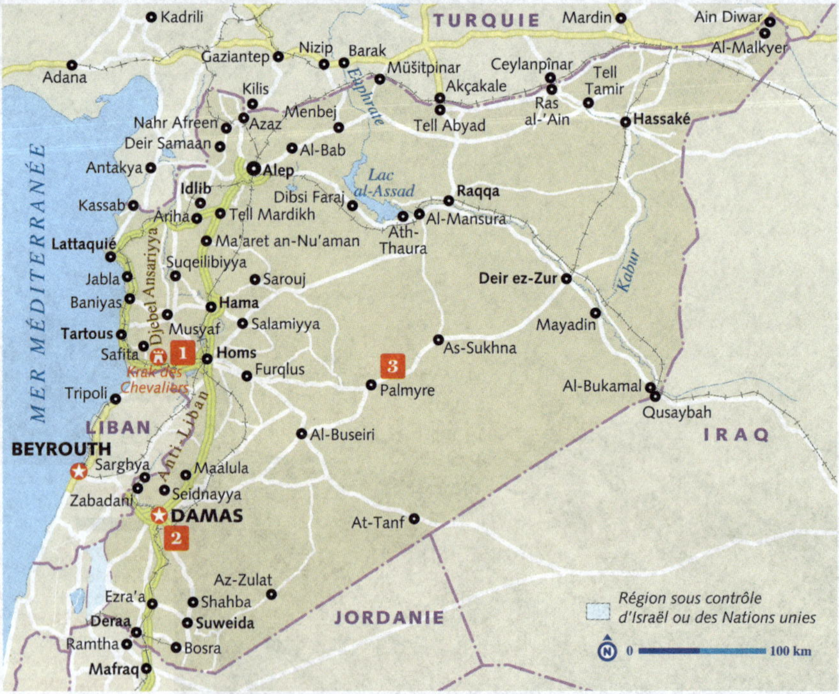

Syrie

Les incontournables

Krak des Chevaliers

1 Inscrit au patrimoine mondial de l'Unesco, ce château fort du temps des croisés s'élève dans l'ouest du pays, près de Homs. Construit au sommet d'une éminence, il comporte deux enceintes, hérissées de tours, entre lesquelles courent des douves. Des bombardements l'ont hélas endommagé.

Damas

2 La capitale syrienne peut se vanter d'être la plus vieille ville habitée sans interruption jusqu'à nos jours. Si son architecture islamique et ses souks évoquent la culture arabe, elle renferme des vestiges architecturaux antérieurs, comme la Grande Mosquée des Omeyyades, qui englobe des parties d'une église byzantine, elle-même élevée sur un sanctuaire romain.

Palmyre

3 Dans une vaste oasis, se dressent les ruines de pierre ocre de l'antique Palmyre, qui prospéra sous la tutelle romaine. La cité reste associée à l'image de l'impératrice Zénobie qui, au IIIe siècle, se souleva contre Rome, avant d'être vaincue par l'empereur Aurélien. La ville et le site sont sous le contrôle et la menace de l'État islamique depuis mai 2015.

À table !

Mezze La cuisine syrienne compte de nombreux hors-d'œuvre tels que *fattouch* (salade verte, tomates, concombres, sumac et pain plat grillés), *tabboulé*, houmous, *moutabbal* (caviar d'aubergine), etc.

Thé Un élément essentiel de l'hospitalité locale.

Quand partir

MARS-AVRIL

➜ Le printemps débute sur le littoral avant de gagner les montagnes, qui se couvrent de fleurs.

JUIN-JUILLET

➜ Évitez le désert brûlant et mettez plutôt le cap sur la côte méditerranéenne.

SEPTEMBRE-OCTOBRE

➜ L'automne apporte une belle lumière et des températures plus douces.

CAPITALE
Douchanbé

POPULATION
8 millions

SUPERFICIE
143 100 km²

LANGUE OFFICIELLE
Tadjik

Tadjikistan

Les paysages spectaculaires des hauts plateaux du Tadjikistan sont devenus le terrain de prédilection des alpinistes, des randonneurs et de tous les voyageurs intrépides.

Poste avancé de langue persane dans une Asie centrale turcophone, le Tadjikistan est un peu à part dans le paysage de la région. S'il a souffert de la guerre civile dans les années 1990, ce pays aux paysages époustouflants connaît désormais la sécurité et la stabilité. Dans ce recoin stratégique où ne s'aventuraient jadis que les espions et les explorateurs, on est loin du tourisme de masse. La population est très accueillante, mais parle peu les langues étrangères, et les transports en zones rurales sont si irréguliers que vous devrez sans doute louer un 4x4. Le potentiel touristique du pays est encore entravé par de longs et rudes hivers et d'intempestives fermetures de frontières.

Le pays a pourtant beaucoup à offrir : villes animées sur l'ancienne route de la Soie, bazars hauts en couleur et, surtout, une nature imposante. La beauté sauvage des hauteurs du Pamir et sa route mythique sur le "toit du monde", les merveilles de la vallée du Wakhan ou les lacs et sommets des monts Fan en font une destination passionnante.

Tadjikistan
Les incontournables

Route du Pamir

1 Voici sans doute l'un des plus beaux parcours routiers en haute montagne du monde, peu avare de paysages à couper le souffle. La section de Khorog à Och fut construite par les ingénieurs de l'armée soviétique de 1931 à 1934 pour faciliter le transport et l'approvisionnement des troupes de ce poste parmi les plus reculés d'URSS. Son tronçon central traverse un paysage rappelant un plateau tibétain, parfois peuplé de yourtes et de yaks et ponctué de splendides lacs. Et le trajet offre le plaisir de dormir chez l'habitant.

Monts Fan

2 Constellés de lacs aux eaux turquoise et offrant de superbes vues sur de hauts sommets, les austères monts Fan constituent l'une des principales destinations de randonnée et d'escalade en Asie centrale. Ils sont facilement accessible depuis Pendjikent ou Samarcande. Si vous avez peu de temps, faites une excursion d'une journée de Pendjikent vers les lacs de Margouzor.

Lac Iskander-Koul

3 Accessibles aux non-randonneurs, ce splendide lac de montagne est situé à 24 km de la route principale, à la lisière sud-est des monts Fan. Sur ses rives, la *turbaza* (ancien camp de vacances soviétique) est décatie, mais son agréable aire de pique-nique bénéficie d'un cadre charmant. Emportez des vêtements chauds car le lac est à 2195 m d'altitude. Vous découvrirez une vue superbe sur le lac principal et un autre lac sombre, plus petit, appelé lac Zmeinoe (Serpent), depuis la colline derrière la *turbaza*.

Istaravchan

4 Cette cité possède une vieille ville parmi les mieux préservées du Tadjikistan. Son fascinant dédale de ruelles dissimule de belles mosquées et madrasa. Son bazar central,

Le théâtre Aïni (ballet et opéra), à Douchanbé

haut en couleur, est un des plus importants de la région. Quant à la superbe forteresse de Mug Teppe, sa silhouette, par temps clair, embellit la vue sur l'horizon.

Douchanbé

5 Avec ses montagnes en toile de fond, ses voies ombragées bordées de bâtiments néoclassiques aux teintes pastel, Douchanbe est la plus belle capitale d'Asie centrale. Son axe principal est l'immense *prospekt* (avenue) Rudaki, dont les façades ne dépareraient pas à Saint-Pétersbourg. La parcourir à pied du nord au sud offre une excellente première approche de la ville.

Vallée de Geisev

6 Cette vallée offre des paysages idylliques rendus fertiles par les inondations saisonnières des lacs fluviaux bordés d'arbres. Les plus jolis de ces lacs servent de décor au village de Geisev, où le temps semble s'être arrêté entre les deux hameaux. Il n'y a pas de route, et l'accès se fait par un incroyable "téléphérique" : une guérite en bois (4 sièges) tirée à la manivelle progresse en se balançant entre deux câbles au-dessus de la tumultueuse rivière.

Vallée du Wakhan

7 La partie tadjike de cette magnifique vallée reculée, que le pays partage

Quand partir

MI-JUIN À SEPTEMBRE

➡ Chaleur torride en ville ; seule période pour randonner dans le Pamir.

AVRIL-MAI

➡ Doux en plaine. De grosses pluies créent des glissements de terrain bloquant les routes de montagne.

NOVEMBRE-FÉVRIER

➡ Les températures dans le Pamir oscillent entre -20°C et -45°C.

Sur 100 personnes au Tadjikistan

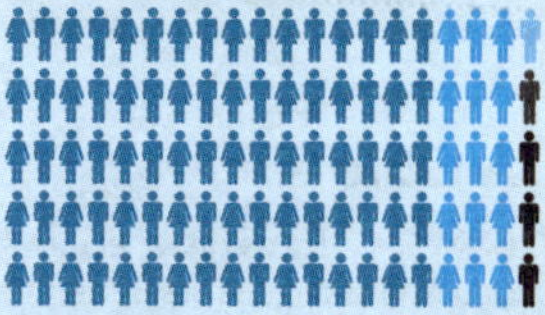

80 sont tadjikes
15 sont ouzbèques
1 est russe
1 est kirghize
3 sont d'une autre origine

Religions

(% de la population)

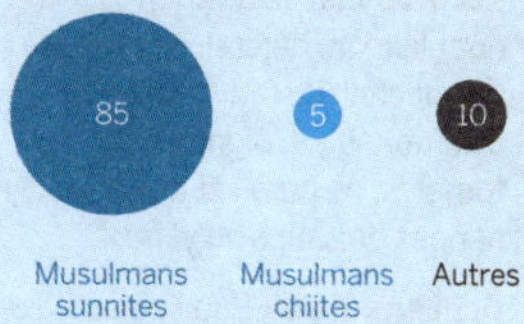

Population au km²

≈ 2 personnes

La maison pamirie

De l'extérieur, la maison pamirie traditionnelle (*huneuni chid*) est un rectangle sans étage. L'intérieur est moins banal. Les hôtes sont reçus dans une vaste pièce dotée de cinq piliers symboliques et bordée de parties surélevées. Sa caractéristique la plus remarquable est le plafond en bois composé de quatre panneaux concentriques, chacun pivotant de 45°, surmontés d'une lucarne qui sert de puits de lumière. Ces panneaux représentent les quatre éléments (terre, feu, air et eau). Les tapis aux murs et les matelas sont le seul ameublement. Des photos – un portrait de l'Aga Khan étant souvent mis en avant – complètent la décoration.

HIMAGINE / GETTY IMAGES ©

avec l'Afghanistan, est un spectacle infini de vues toutes plus époustouflantes les unes que les autres. Des villages d'un vert extraordinaire offrent un plaisant contrepoint à ses falaises vertigineuses. Elle mérite vraiment que vous fassiez le détour, soit en une boucle depuis Khorog par les vallées de Gunt ou de Chokh Dara, soit en continuant vers Mourgab. Les vallées voisines de la route ménagent des vues extraordinaires sur les sommets de l'Hindu Kuch, dépassant 7 000 m, derrière lesquels se trouve le Pakistan. Marco Polo a traversé le Wakhan en 1274.

Chez l'habitant

8 Au cœur de la beauté saisissante des montagnes tadjikes, des monts Fan au Pamir, quel plaisir de trouver la chaleur de l'accueil chez l'habitant, en maison ou en yourte ! C'est aussi l'occasion de découvrir un mode de vie très simple, inchangé depuis des siècles, mais qui pourrait être appelé à disparaître. Une expérience à ne pas manquer !

À table !

Bière Les villes de Hissar et de Douchanbé ont une brasserie, mais les bières russes importées, telle la Baltika, restent populaires.

Borj Bouillie épaisse de viande et de céréales.

Chakka Aussi appelé *yakka* ; lait caillé agrémenté d'herbes, très bon avec le pain plat.

Kurutob Plat végétarien populaire au déjeuner, composé de couches de *fatir* (pain traditionnel), d'oignons, de tomates, de persil et de coriandre nappés de sauce au yaourt.

Oshi siyo halav Bouillon aux herbes.

Shir chai Bouillon salé de thé au lait de chèvre et au beurre, à mi-chemin entre le thé au lait et le thé tibétain au beurre, apprécié au petit-déjeuner dans le Pamir.

Tuhum barak Savoureux raviolis farcis à l'œuf et nappés d'huile de sésame.

Transports

Avion Les vols intérieurs se limitent à Douchanbe-Khodjent ; la liaison vers Khorog est spectaculaire mais peu fiable en termes d'horaires.

Bus et minibus Le réseau n'est pas très étendu, mais la nouvelle compagnie de bus Asia Express a pour projet son expansion.

Taxis collectifs Pour l'instant, ils sont le seul moyen de transport public entre Douchanbé et Pendjikent ou Khodjent, tandis que des 4x4 desservent Khorog et Mourgab. Pour se rendre au Pamir, les visiteurs ont l'habitude de former des groupes afin de partager les frais de location d'un 4x4 avec chauffeur ou d'un taxi/véhicule qui leur permet de faire de nombreuses haltes.

CAPITALE ADMINISTRATIVE
Papeete

POPULATION
277 293

SUPERFICIE
4 167 km²

LANGUES OFFICIELLES
Français, reo maohi (tahitien)

Snorkeling dans les eaux du lagon de Manihi, dans l'archipel des Tuamotu

Tahiti et la Polynésie française

Avec 118 îles dispersées comme des confettis sur les eaux éclatantes de l'océan Pacifique, la Polynésie offre une panoplie impressionnante d'expériences.

Imaginez une nuée de 118 îles réparties en 5 archipels sur un territoire grand comme l'Europe. En Polynésie, la géographie se conjugue au superlatif. Liée au volcanisme, la variété des paysages est exceptionnelle : îles hautes, atolls, îles surélevées, montagnes, forêts, plateaux, vallées, cascades, plages rocheuses, plages de sable corallien... et une quantité de lagons, tous différents ! Chacune a sa personnalité, sa physionomie, son ambiance. Passer d'un archipel à un autre équivaut presque à changer de pays.

La Polynésie française est une destination très riche sur le plan culturel. Les Polynésiens sont entrés de plain-pied dans la société moderne, mais ils ne se sont pas coupés de leurs racines. La vitalité de la culture s'exprime au quotidien, dans la relation que les habitants entretiennent avec leur environnement, dans la production artisanale, les danses, les chants, les fêtes et les festivals traditionnels, le renouveau du tatouage et la pratique de sports polynésiens (la pirogue, le surf).

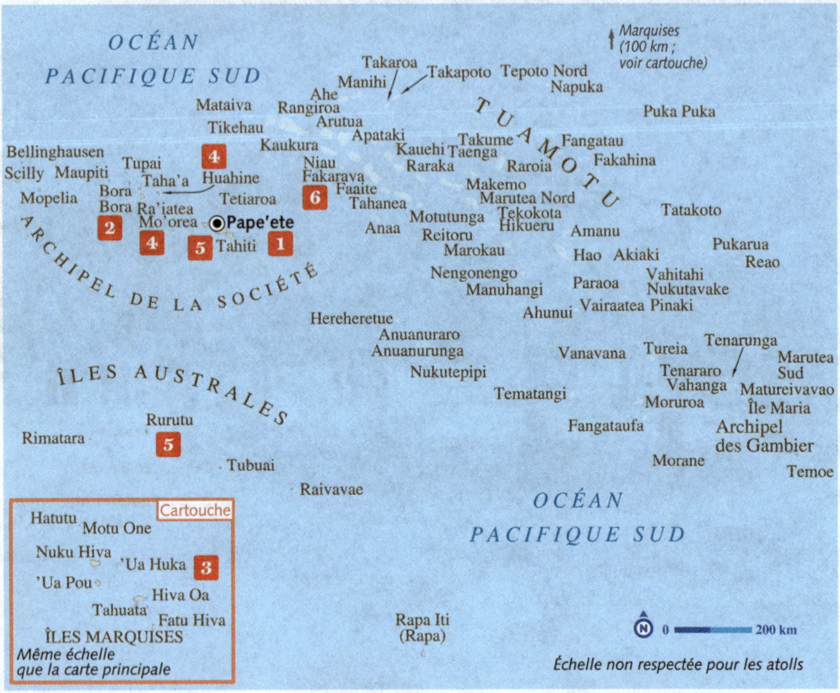

Tahiti et la Polynésie française

Les incontournables

Culture polynésienne

1 Longtemps mises sous le boisseau par les missionnaires, les traditions polynésiennes connaissent un véritable renouveau. Si vous séjournez à Tahiti au mois de juillet, ne manquez pas d'assister au Heiva i Tahiti, qui célèbre la culture polysienne sous toutes ses formes : concours de chants et de danses, courses de pirogues, artisanat et sports traditionnels. Le tatouage, remis au goût du jour par de talentueux artistes à Tahiti et aux Marquises, est l'un des meilleurs ambassadeurs de la culture polynésienne ; l'occasion de revenir chez vous avec un souvenir indélébile.

Bora Bora

2 Quand elle fait son apparition à travers les hublots de l'avion, on écarquille les yeux, ébloui par l'harmonie de ses proportions : une île au relief puissant, recouverte d'une végétation d'un vert lumineux, un lagon aux camaïeux de bleu et de turquoise, et un chapelet d'îlots frangés par le sable blanc qui l'encercle. Malgré sa réputation de cherté, Bora Bora est une escale idyllique où les loisirs nautiques se conjuguent avec le farniente sur des motu isolés. Que vous séjourniez dans un bungalow sur pilotis ou dans une pension de famille, la tranquillité est garantie, et la magie opère toujours.

Marquises

3 De loin, on croirait un ensemble de châteaux forts posés sur le cobalt du Pacifique. Isolées à 1 400 km de Tahiti, les Marquises présentent un paysage radicalement différent des autres archipels de la Polynésie. Le relief se compose de pics, de plateaux couverts de forêts, de falaises abruptes et de cratères volcaniques. On ne vient pas ici pour l'animation, mais pour explorer des vallées reculées, découvrir des sites archéologiques, rencontrer des sculpteurs et plonger. *Mave mai* (bienvenue) dans cet archipel dans lequel, comme le chantait Brel, "il n'est pas de mise… de gémir".

HOLGER LEUE / GETTY IMAGES ©

Danse tahitienne

Plongée

6 Un seul mot : fa-bu-leux. La Polynésie est à la plongée ce que le Kenya est au safari animalier, avec un éventail de sites exceptionnels, dans tous les archipels. Le lagon translucide, le bleu profond de l'océan, une eau chaude en permanence, et des centres de plongée professionnels, qui accueillent les plongeurs dans d'excellentes conditions de sécurité : tous ces atouts font de la Polynésie une destination de rêve pour faire de la plongée. S'y ajoute un privilège énorme : la certitude d'approcher facilement de grosses espèces de poissons, comme les requins et les raies mantas.

Les marae

4 Souvent éclipsés par les joies du lagon, les sites archéologiques permettent de découvrir un autre visage de la Polynésie. Aux côtés des tikis (statues évoquant des visages humains) et des pétroglyphes (motifs gravés sur pierre), les *marae* constituent l'une des traces tangibles de l'ancienne

Quand partir

HAUTE SAISON
(juil-août et 10 déc-début jan)

- Climat plus sec, mer agitée et vents forts (juil-août)
- Début de la saison des baleines (juil)
- Grands festivals traditionnels (Heiva)
- Tarifs aériens très élevés

INTERSAISON
(mai-juin et sept-oct)

- Climat plus sec, vents modérés, mer plus calme
- Période idéale pour les excursions nautiques
- Saison des baleines (sept-oct)
- Tarifs aériens un peu plus avantageux

BASSE SAISON
(nov à mi-déc, jan-avr)

- Course de pirogues Hawaiki Nui (début nov)
- Précipitations
- Passage de dépressions tropicales
- Promotions dans l'hôtellerie de luxe

Sur 100 personnes en Polynésie française

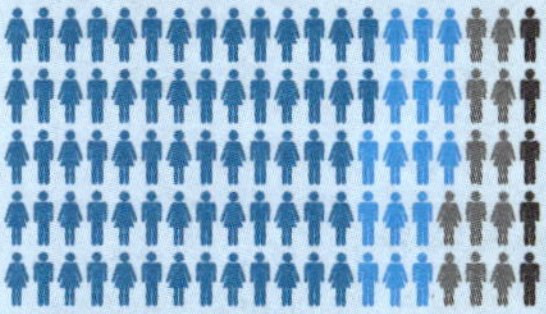

67 sont polynésiennes maohi
16 sont demis (franco-polynésiennes)
12 sont popa'a (européennes)
5 sont asiatiques

Religions

(% de la population)

Population au km²

Le démon de la danse

La danse constitue un vecteur essentiel de l'affirmation de l'identité polynésienne.

Sur scène, les troupes donnent le meilleur d'elles-mêmes pour communiquer leur énergie à travers une gestuelle codifiée. Les chefs de groupe, lorsqu'ils préparent une chorégraphie, consultent les *matahiapo* (les anciens) et puisent dans le répertoire légendaire, qu'ils réinterprètent à leur façon. Les troupes s'investissent, à raison de plusieurs répétitions hebdomadaires, voire quotidiennes, lors de la préparation aux concours de danse comme le Heiva, chaque année en juillet. Chaque danseur, chaque danseuse réalise ses costumes, uniquement avec des matériaux naturels, dans le respect de la tradition.

6

Plongeur devant un requin à pointes noires, Moorea

culture polynésienne. Semblables à des terrasses pavées, ces sanctuaires étaient destinés à la célébration des rites sacrés. On y honorait les dieux, intronisait les chefs, préparait la guerre, accomplissait les cérémonies rituelles, et pratiquait les sacrifices humains. Le *marae* le plus important de Polynésie est celui de Taputapuatea sur l'île de Raiatea. Huahine et Moorea possèdent également des *marae* bien mis en valeur.

Nager avec des baleines

5 De juillet à octobre, d'imposantes baleines à bosse viennent batifoler à proximité des côtes de Moorea et de Tahiti, ainsi qu'aux Australes. Les observer depuis un bateau fait partie des souvenirs qui restent gravés à vie dans la mémoire. À condition de suivre les consignes de sécurité, on peut s'immerger avec masque, palmes et tuba pour approcher ces animaux majestueux. Sensationnel !

À table !

Bière Emblème de la Polynésie, la bière locale, de marque Hinano, est en vente partout.

Chao mein Plat chinois, associant riz, vermicelles, chou, haricots rouges, verdure et porc sauté.

Mai Tai Cocktail à base de rhum.

Poisson Le répertoire des préparations est vaste : les poissons sont dégustés crus, cuits au jus de citron, au lait de coco, préparés en brochette, en grillade, en papillote, au gingembre, au curry ou à la vanille, en sashimi, en tartare, en carpaccio, en chaud-froid... Impossible de se lasser !

Maa Tahiti Repas traditionnel, à base de spécialités polynésiennes

Poe Morceaux de fruits broyés, mélangés à de l'amidon, enveloppés dans une feuille de bananier et cuits au four avec une gousse de vanille.

Transports

Avion La formule la plus pratique pour visiter la Polynésie. Air Tahiti dessert 47 îles dans les cinq archipels. La compagnie propose des forfaits permettant de visiter plusieurs îles à des tarifs préférentiels.

Vélo Certaines îles se prêtent bien aux déplacements à bicyclette, mais il faudra composer avec la chaleur, quelques montées traîtresses et ne pas sous-estimer les risques de grosses averses. Hormis à Tahiti, la circulation automobile se révèle rarement problématique.

Bateau À l'exception de la liaison Tahiti-Moorea, il existe peu de lignes pratiques d'une île à l'autre. Dans l'archipel de la Société, il est possible de relier Bora Bora à Maupiti et Raiatea à Tahaa. Les Marquises peuvent être découvertes dans le cadre d'une croisière à bord du cargo mixte *Aranui*, qui ravitaille les six îles habitées de l'archipel ainsi que deux îles des Tuamotu.

Marché de nuit, Taipei

Taïwan

Mieux que la République populaire de Chine, ce petit territoire a su se développer en préservant sa culture ancestrale et son environnement naturel.

Ancienne province insulaire de la Chine continentale, indépendante depuis 1949, Taïwan fut longtemps considérée sous l'angle économique, privilégiant l'image d'un dragon asiatique exportant avec succès des biens de consommation et des produits électroniques compétitifs. Pourtant, le pays s'est forgé une identité à part entière, un modèle de société résolument tourné vers la modernité. L'ex-Formose ne renie pas pour autant ses racines chinoises, comme en témoignent les nombreux temples bouddhistes et taoïstes, l'attachement au confucianisme, la pratique des arts martiaux, du tai-chi ou la vitalité de l'art de la calligraphie.

À Taipei, vous serez porté par une véritable marée humaine, mais il suffit de sortir de la capitale pour découvrir pourquoi les Portugais avaient baptisé Taïwan *Ilha formosa*, la belle île. Pics montagneux émergeant d'une mer de nuages, côte de roches volcaniques d'un noir d'ébène, chutes d'eau drapées de brume : Taïwan est une aquarelle chinoise sur écran d'ordinateur.

Taïwan
Les incontournables

Randonnée

1 Les montagnes couvrent près des deux tiers du territoire taïwanais, beaucoup dépassant les 3 000 m. Des sentiers bien établis les sillonnent. L'environnement reste sauvage – pas de restaurants ni de boutiques –, et vous ne croiserez pas grand monde sur les chemins les plus isolés. Tout le monde veut entreprendre l'ascension du Yushan (3 952 m), point culminant du pays, mais le Hsueshan (3 886 m), offre un plus beau cadre naturel. Il conduit par ailleurs à la Crête sacrée (Shengleng Trail), un itinéraire de cinq jours reliant plusieurs hauts sommets, dans le parc national de Sheipa.

Gorges de Taroko

2 Ces gorges de 19 km de long dessinent sans doute le paysage le plus enchanteur de Taïwan. Leurs parois de marbre où coulent de nombreuses cascades dominent les eaux bleu-vert bouillonnantes de la Liwu, dans un écrin de verdure et de brume. Longez la grotte de l'Hirondelle pour voir le site sous son jour le plus sublime ou bravez le vertigineux Jhuilu Old Trail (10,3 km), sentier taillé dans la roche, à 500 m au-dessus du précipice.

Musée national du Palais

3 Ce musée de Taipei rassemble la plus vaste collection d'art chinois au monde, soit plus de 650 000 pièces – céramiques, bronzes, jades, peintures, calligraphies – couvrant toutes les dynasties. Il vous faudra plusieurs visites pour les apprécier : seule une infime partie de ces trésors est exposée à la fois, et leur présentation fait l'objet d'un roulement.

À vélo sur la côte est

4 La fièvre du cyclotourisme s'est emparé de l'île, dont la côte orientale s'illustre comme la première destination pour les excursions de plusieurs jours. Si vous aimez la mer, empruntez la route n°11, qui serpente le long d'un littoral splendide en passant par des plages, des ports

Temple et cascade, Silver Stream Cave

de pêche et des villages d'artisans. Pour ceux qui préfèrent la montagne, direction l'East Rift Valley, flanquée de part et d'autre de massifs luxuriants. Les cafés, campings, logements chez l'habitant et sources chaudes qui jalonnent ces parcours en font un plaisir simple à organiser.

Temples

5 On compte 15 000 temples officiels sur l'île, soit trois fois plus qu'il y a trente ans. Tout à la fois monuments chargés d'histoire, chefs-d'œuvre artistiques et lieux de culte animés, ils forment un élément essentiel de la culture traditionnelle taïwanaise. Tainan et Lukang abritent moult édifices anciens, des temples de Confucius aux sanctuaires dédiés à Mazu, la déesse protectrice des Marins, typiques de la côte méridionale chinoise. Si vous ne devez en voir qu'un seul, choisissez le temple Baoan de Taipei, l'un des fleurons du patrimoine architectural de l'île.

Quand partir

HAUTE SAISON
(juil-août)

- Augmentation de 30 à 50% des tarifs hôteliers dans les zones touristiques.
- Prix également plus élevés le samedi (toute l'année) et pendant le Nouvel An chinois.

SAISON INTERMÉDIAIRE
(sept-oct et avril-juin)

- Réductions dans les hôtels en semaine.
- Sites majeurs très fréquentés le week-end.
- Affluence de groupes chinois de mars à mai.

BASSE SAISON
(nov-mars)

- Moins de monde, sauf en janvier et lors du Nouvel An chinois.
- Jusqu'à 50% de réduction sur l'hébergement dans les zones touristiques.
- Haute saison pour les hôtels des sources chaudes.

Sur 100 personnes à Taïwan

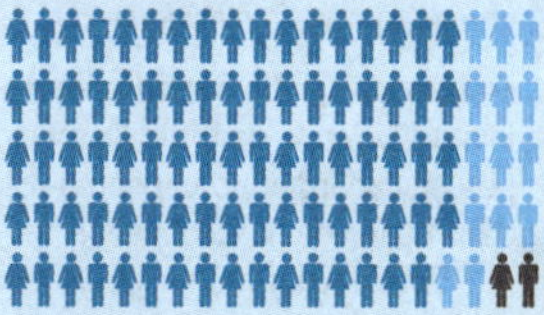

84 sont taïwanaises ou hakkas
14 sont originaires de Chine continentale
2 sont aborigènes

Religions
(% de la population)

Fidèles aux croyances traditionnelles — 31
Bouddhistes — 24
Taoïstes — 15
Protestants — 3
Adeptes de l'I Kuan Tao — 2
Autres ou sans religion — 25

Population au km²

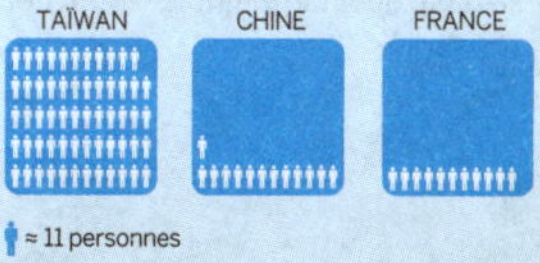

≈ 11 personnes

Partage de l'esprit

À Taïwan, un nouveau temple est presque toujours créé en tant que ramification d'un grand sanctuaire plus connu. Cela implique un fascinant processus appelé *fēnxiāng* ("partage"), qui consiste à transférer dans le temple le plus récent des cendres d'encens ou des statues du plus ancien. Ce faisant, un peu du *líng* ("efficacité divine") originel se transmet au lieu de culte secondaire. L'opération doit cependant être répétée périodiquement afin de renouveler ou d'augmenter l'effet.

À table

Chòu dòufu ("tofu puant"). Un en-cas taïwanais classique.

Fó tiào qiáng ("le Bouddha saute le mur"). Soupe de fruits de mer, poulet, canard et porc mijotée dans du vin de riz. La légende dit que Bouddha lui-même, pourtant végétarien, ne put résister à son fumet et escalada un mur pour y goûter.

Gāoliáng jiǔ *Kaoliang* ou vin de sorgho (38-63°).

Kèjiā xiǎo chǎo Seiches sautées avec du porc, des poireaux et du tofu.

Kézǎi tāng Soupe d'huîtres au gingembre.

Tiěbǎn shānzhūròu Sanglier grillé avec des oignons et des herbes sauvages.

Xiǎoyú huāshēng Poisson sauté aux cacahuètes et légumes marinés.

Zhà shūcài bǐng Boulettes frites à base de champignons locaux et de farine.

7

JUNG-PANG WU / GETTY IMAGES ©

Fête des Lanternes célestes, Pingxi

Sources chaudes

6 Située en zone de forte activité sismique, Taïwan recèle une centaine de sources chaudes, aux eaux sulfureuses, boueuses et même marines, aménagées dans le style japonais ou occidental. Celles de Beitou et de Taian, par exemple, présentent des infrastructures en pierre, bois et marbre sur fond de montagne. Les marcheurs pourront aussi profiter de sources naturelles laissées en l'état, comme Lisong, qui se cachent dans des vallées retirées.

Fête des Lanternes célestes

7 À l'occasion de cette fête marquant la fin des festivités du Nouvel An lunaire, les rues et les berges scintillent de centaines de lumières, tandis que des néons et lasers géants décorent les places publiques. Le spectacle le plus magique a lieu dans le petit village montagnard de Pingxi, où les habitants lâchent de simples lanternes de papier qui s'élèvent en nuée dans le ciel.

Transports

Bus Ils desservent la plupart des villes du Nord, du Sud et de l'Ouest, ainsi que les principaux sites touristiques, moins la côte orientale.

Train Un réseau ferroviaire étendu couvre les côtes est et ouest, mais les montagnes du centre ne sont desservies que par quatre petites lignes touristiques. Le train à grande vitesse Taïwan High Speed Rail (THSR) relie Taipei à Kaohsiung via plusieurs villes importantes.

Voiture et scooter Pratique pour se déplacer à son rythme, loger dans des B&B et explorer les parcs nationaux ou la campagne. La conduite se fait à droite.

Randonneurs au mont Kilimandjaro

CAPITALE
Dodoma

POPULATION
48,3 millions

SUPERFICIE
947 300 km²

LANGUES OFFICIELLES
Kiswahili, swahili, anglais

Tanzanie

La Tanzanie est le théâtre d'un émerveillement constant, avec sa faune abondante, ses plages idylliques, les cimes enneigées du Kilimandjaro, ses ruines couvertes de mousse, sans oublier sa population.

La Tanzanie est le pays du safari par excellence, qu'il s'agisse d'observer les gnous et les zèbres des plaines du Serengeti, les hippopotames du parc national de Katavi, les éléphants occupés à traverser le parc national de Tarangire à la faveur de leur migration saisonnière, ou les chimpanzés bondissant d'arbre en arbre dans les monts Mahale.

Bordée par l'océan Indien, festonnée d'îles paisibles et de villages imprégnés de culture swahilie, la côte tanzanienne est féerique. Les plages de sable blanc invitent au délassement à l'ombre des palmiers, face à une mer turquoise.

Les Tanzaniens constituent une des meilleures raisons de visiter leur pays. Quelle que soit la partie du pays que vous visiterez, leur tempérament chaleureux et leur courtoisie, alliés à la beauté de leurs diverses cultures, resteront comme l'un de vos plus beaux souvenirs du voyage. Et si vous dites aux Tanzaniens que vous avez envie de revenir, ils vous répondront "karibu tena" (soyez de nouveau le bienvenu).

RÉPUBLIQUE DÉMOCRATIQUE DU CONGO
OUGANDA
RWANDA
BURUNDI
KENYA
ZAMBIE
MALAWI
MOZAMBIQUE
KAMPALA
KIGALI
BUJUMBURA
NAIROBI
DODOMA
LILONGWE
Lac Albert
Lac Kyoga
Lac Edward
Lac Turkana
Lac Victoria
Lac Natron
Lac Manyara
Lac Tanganyika
Lac Rukwa
Lac Cheshi
Lac Bangweulu
Lac Malawi
Lago de Cahora Bassa
Semliki
Tana
Pangani
Wami
Great Ruaha
Rufiji
Luwegu
Ruvuma
Luangwa
Zambèze
Shire
Lúrio
Lodwar
Eliya Springs
North Horr
Loyangalani
Marsabit
South Horr
Baragoi
Maralal
Kitale
Matthews Range
Isiolo
Kisumu
Naivasha
Kisii
Isebania
Narok
Bukoba
Musoma
Mwanza
Serengeti National Park
West Kilimanjaro
Machame
Mt Meru
Mt Kilimanjaro
Marangu
Moshi
Arusha
Cratère de Ngorongoro
Shinyanga
Babati
Mt Hanang
Monts Pare
Monts Usambara
Lushoto
Malindi
Gede
Kilifi
Mombasa
Tanga
Pemba
Pangani
Stone Town
Zanzibar
Bagamoyo
Dar es-Salaam
Morogoro
Mikumi
Mafia
Gombe National Park
Kigoma
Mahale Mountains National Park
Tabora
Singida
Mpanda
Kipili
Sumbawanga
Ruaha National Park
Iringa
Kisolanza
Makambalo
Mufindi
Mbeya
Tukuyu
Njombe
Matema
Selous Game Reserve
Kilwa Kivinje
Kilwa Masoko
Kilwa Kisiwani
Lindi
Mtwara
Masasi
Songea
Tunduru
Livingstonia
Kasama
Mbamba Bay
Nkhata Bay
Cóbuè
Metangula
Nkhotakota
Lichinga
Moçimboa da Praia
Pemba
Nacala Porto
Chipata
Mkushi
Cuamba
Île de Mozambique
Nampula
Zomba
Blantyre
Mulanje
1
2
3
4
5
6
7
8
9
10
0
200 km

Tanzanie
Les incontournables

Serengeti National Park

1 Le martèlement des sabots se rapproche. Soudain, des milliers de gnous apparaissent dans un nuage de poussière. Dans ce parc exceptionnel, le temps semble s'être arrêté. Un lion trône sur un rocher, des girafes allongent leur foulée gracieuse dans le soleil couchant, des crocodiles se prélassent au bord du fleuve... Ici, la faune offre un spectacle fabuleux à longueur d'année. Il convient juste de se ménager suffisamment de temps pour explorer les innombrables richesses du Serengeti.

Mont Kilimandjaro

2 Difficile de résister aux attraits du plus haut sommet d'Afrique, avec ses cimes enneigées et son panorama sur les plaines alentour. Chaque année, des centaines de randonneurs s'y attaquent, avec l'indispensable période d'acclimatation requise. Pour autant, il existe bien d'autres façons de profiter de la montagne. Vous pouvez effectuer une journée de randonnée sur les luxuriants versants inférieurs, découvrir la culture du peuple chagga ou admirer le coucher du soleil depuis l'un des points d'observation, avec la montagne en toile de fond.

Guépards, parc national du Serengeti

Cratère du Ngorongoro

3 Par beau temps, la féerie du Ngorongoro commence dès le bord, lorsque l'on se penche sur l'énorme cratère. Descendu tout en bas, vous découvrirez une vaste plaine aux reflets bleu et vert. Pour peu que vous trouviez un endroit tranquille, vous imaginerez aisément l'Afrique originelle, avec son défilé quasi incessant d'animaux sauvages sur fond de paysage typique. Partez de bonne heure pour profiter au maximum de la vue et de la lumière matinale.

Sur 100 personnes en Tanzanie

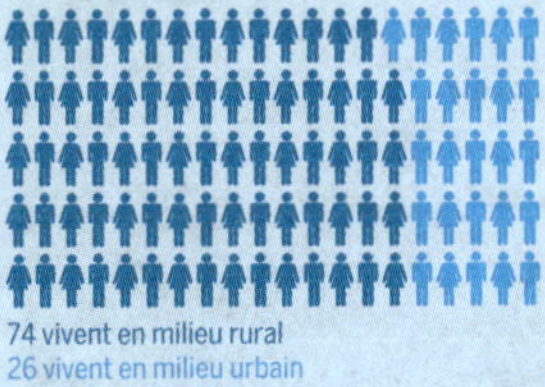

Religion

(en % de la population)

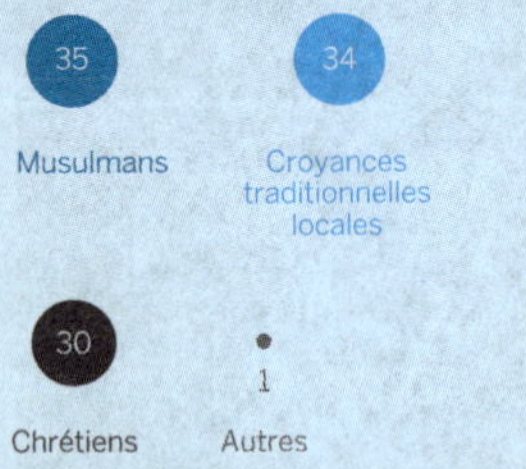

Population au km²

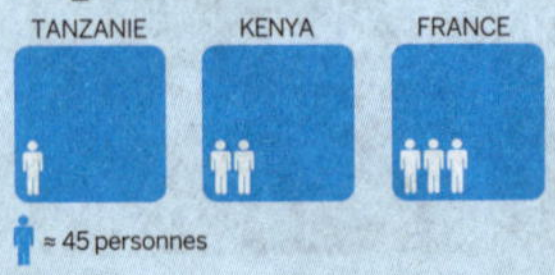

Vieille ville de Zanzibar

4 Qu'il s'agisse de votre première visite ou de la cinquantième, Stone Town demeure exotique. Vous découvrez d'abord la ligne d'horizon, avec les flèches de la cathédrale Saint-Joseph et le vieux fort. Vous plongez ensuite dans un labyrinthe d'étroites ruelles émaillées de portes en bois sculpté et d'échoppes aux parfums de clous de girofle. Des hommes drapés dans leur *kanzu* blanc jouent au *bao* (jeu de société traditionnel), des femmes drapées de voiles noirs flottants s'arrêtent pour bavarder. Ici, le rythme insulaire prend vite le pas sur la vie continentale, déjà lointaine.

Sur la trace des chimpanzés

5 La quête des chimpanzés n'a rien d'une sinécure : sentiers escarpés et boueux, racines noueuses et traîtresses, végétation dense. Pourtant, il suffit d'apercevoir les singes au bout d'une clairière pour oublier la sueur versée. Les parcs reculés de l'ouest de la Tanzanie – monts Mahale et Gombe – font partie des lieux d'observation privilégiés des primates. Ajoutez-y un safari dans le parc national de Katavi ou l'exploration des rives du lac Tanganyika pour parfaire une aventure inoubliable hors des sentiers battus.

Culture locale

6 Près de 120 groupes ethniques cohabitent harmonieusement en Tanzanie, ce qui représente un éventail très riche de traditions. Vous pouvez, au choix, piler le grain avec les Meru, danser avec les Massaï, découvrir les

Ngoma

Le tambour est l'instrument majeur de la tradition musicale tanzanienne. Le même mot (*ngoma*) désigne à la fois la danse et cette percussion, illustrant leurs liens étroits, et de nombreuses danses ne sont exécutées qu'au rythme d'un type de tambour particulier. Certaines, notamment celles des Sukuma, font aussi appel à d'autres accessoires, y compris des serpents vivants et d'autres animaux. Les Massaï n'utilisent pas d'instruments : leurs danses, fondées sur les sauts verticaux, s'accompagnent de chants.

À table !

L'*ugali* est le plat national. Cette pâte épaisse est d'une saveur et d'une consistance variables en fonction de la farine utilisée et de la cuisson. En général, un bon *ugali* n'est ni trop sec ni trop collant. On le sert avec une sauce à la viande, au poisson, aux haricots ou aux légumes verts. Le riz et les *ndizi* (bananes plantains cuites) sont d'autres spécialités répandues.

On trouve partout les *mishikaki* (brochettes de viande marinée et grillée) et le *nyama choma* (viande grillée). Sur la côte et près des lacs, le poisson et les fruits de mer abondent. On les mange grillés ou cuisinés dans du lait de coco ou en curry.

Certains Tanzaniens commencent la journée en consommant de l'*uji*, un porridge sucré peu épais à base de farine de haricots, de millet ou autre. Les *vitambua* – gâteaux de riz ressemblant à de minuscules pancakes – se consomment aussi le matin. À Zanzibar, goûtez au *mkate wa kumimina*, pain préparé avec une pâte semblable à celle servant à la confection des *vitambua*. Autre délice de Zanzibar, l'*urojo* est une soupe avec *kachori* (pommes de terre épicées), mangue, citron vert, noix de coco, manioc, salade et parfois du pili-pili (piment fort).

En Tanzanie, on trouve des bières locales : la Safari et la Kilimanjaro. Dénicher une bière ne pose pas de problème, mais en trouver une fraîche tient parfois de l'exploit.

NIELS BUSCH / GETTY IMAGES ©

Masaï

traditions funéraires des Pare et les marchés locaux avec les Arusha, faire une randonnée dans les monts Usambara, au fil des villages sambaa ou admirer un sculpteur sur bois makondé à l'œuvre à Dar es Salam. Où que l'on aille, les multiples cultures de la Tanzanie sont fascinantes à découvrir.

Quand partir

HAUTE SAISON
(juin-août)

- Temps frais et sec.
- Dans les zones très fréquentées, les hôtels affichent complet.
- Il est plus facile de voir les animaux : le feuillage est épars et ils se rassemblent autour des points d'eau.

SAISON INTERMÉDIAIRE
(sept-fév)

- Temps chaud, notamment de décembre à février.
- Dès fin octobre, les ondées (*mvuli*) et le *kusi* (vent du sud-est) rythment la saison.
- Tarifs élevés de mi-décembre à mi-janvier.

BASSE SAISON
(mars-mai)

- Fortes pluies rendant les routes secondaires boueuses et certaines régions inaccessibles.
- Paysages luxuriants.
- Certains hôtels ferment ; d'autres offrent des réductions.

Éléphants du Ruaha National Park

7 Sauvage et parsemé de baobabs, le parc national de Ruaha abrite l'une des plus grandes populations d'éléphants de Tanzanie. À l'aube et au crépuscule, le fleuve Ruaha est le point d'observation idéal des pachydermes, qui viennent s'y nourrir ou s'y baigner, accompagnés d'hippopotames, d'antilopes et de centaines d'espèces d'oiseaux. Pour faire de votre séjour en Tanzanie une expérience mémorable, complétez cette visite par un périple dans les hauts plateaux du Sud.

Vestiges anciens et art pariétal

8 La Tanzanie offre de multiples trésors aux personnes férues d'histoire. Les ruines de Kilwa Kisiwani, site inscrit au patrimoine mondial de l'Unesco, évoquent le temps des sultans, quand des routes commerciales reliaient les champs aurifères à la Perse, à l'Inde et à la Chine. Dans la grande mosquée restaurée, on entend presque les murmures des siècles passés. Au centre du pays, l'amateur d'aventure partira à la découverte des énigmatiques sites d'art pariétal de Kondoa, disséminés dans les collines d'Irangi.

Transports

Bus Emprunter les bus fait partie des expériences inévitables pour de nombreux voyageurs. Les prix sont raisonnables et les bus sont souvent le seul moyen de rejoindre de nombreuses destinations. Mieux vaut réserver sur les itinéraires fréquentés.

Dalla-Dalla Les routes locales sont desservies par des *dalla-dalla* et, dans les régions rurales, par des pick-up ou des vieux 4x4. Les accidents sont fréquents.

Train Pour les plus patients, c'est un moyen de transport qui permet de découvrir la nature et la vie des Tanzaniens. Les pannes et retards (jusqu'à plus de vingt-quatre heures parfois) sont fréquents.

À voir

Hatari ! (Howard Hawks ; 1962). Un classique hollywoodien tourné au milieu des savanes africaines. *Hatari* signifie "Attention, danger" en swahili.

Le Cauchemar de Darwin (Hubert Sauper ; 2003). Un documentaire à succès, mais controversé, sur les trafics autour de l'aéroport de Mwanza.

À lire

Les Vertes Collines d'Afrique (Ernest Hemingway ; 1935). Récit autobiographique d'un voyage africain de l'écrivain avec sa deuxième épouse dans les années 1930.

Exil (Jakob Ejersbo ; 2013). La vie d'une adolescente blanche livrée à elle-même dans la Tanzanie des années 1980.

Adieu Zanzibar (Abdulrazak Gurnah ; 2009). Histoires d'amour et d'exil entre Zanzibar et Londres par un auteur originaire de Zanzibar.

Plages

9 Avec plus de 1 000 km de côte bordée par l'océan Indien, d'archipels exotiques et de lacs intérieurs, vous n'aurez que l'embarras du choix pour goûter au soleil. Les plages de Zanzibar sont magnifiques : palmiers, sable blanc éblouissant et excellents sites de plongée. Pour davantage d'intimité, choisissez Pemba, avec ses criques idylliques, ou la côte continentale à proximité de Pangani. Les amateurs de solitude pousseront plus au sud, entre Kilwa Masoko et la frontière avec le Mozambique, ou se réfugieront dans l'arrière-pays, sur les bords du lac Tanganyika.

Safari en bateau dans la réserve de Selous

10 Le safari sur le fleuve Rufiji constitue le temps fort de la visite de la Selous Game Reserve. Le spectacle est d'abord sur la rive, entre palmiers borassus, hippopotames et éléphants au fil de l'eau, puis dans les arbres, où abondent majestueux pygargues, imposants hérons et minuscules guêpiers à gorge blanche. Tous animent la vie de la plus grande réserve naturelle d'Afrique.

Mnemba Island

9

CHRISTIAN ASLUND / GETTY IMAGES ©

CAPITALE
N'Djamena

POPULATION
11,2 millions

SUPERFICIE
1,3 million km²

LANGUES OFFICIELLES
Français, arabe

Membre de la tribu toubou, Ennedi

Tchad

Quittez un instant votre zone de confort et embrassez le Tchad, terre aride, accidentée et battue par les vents. Vous n'êtes pas près d'oublier l'expérience.

Grand comme plus de deux fois la France, le Tchad c'est l'Afrique pour les initiés. Séjourner ici n'a rien d'une sinécure. Les routes, en dehors de la capitale, sont la plupart du temps des pistes, impraticables pendant la saison des pluies. Les hôtels confortables sont rares tandis que les tracasseries bureaucratiques et la corruption des fonctionnaires est monnaie courante. À cela, il faut ajouter la folle chaleur estivale et les coûts des transports parfois astronomiques.

Bien sûr, la sécurité reste une préoccupation, quand elle n'interdit pas tout déplacement comme dans les zones frontalières. Cependant un périple au Tchad peut être envisagé dans le cadre d'un voyage organisé. Au programme : oasis perdues dans les déserts du Nord, populations d'animaux dans les parcs nationaux, excursion sur le lac Tchad… Au final, le Tchad invite à rompre avec le confort du monde occidental, à embrasser quantité d'expériences, qui resteront gravées en vous à jamais.

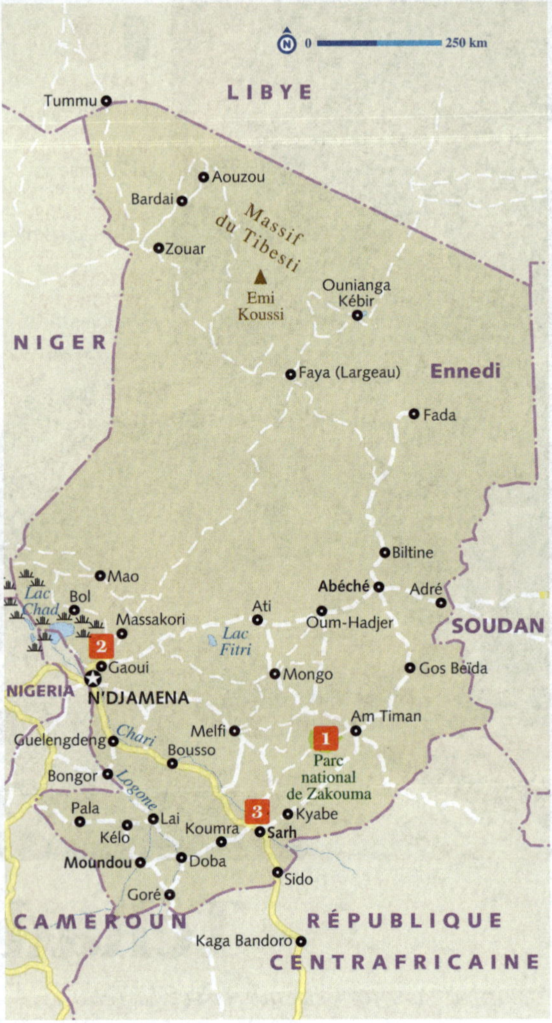

Quand partir

NOV-JAN

➡ La saison la plus fraîche, idéale pour voyager.

MARS-AVR

➡ La période la plus chaude, parfaite pour visiter le parc national de Zakouma.

JUIL-AOÛT

➡ Les terrains sont saturés d'eau et la circulation routière devient difficile.

À table !

Les étals de rue servent plats de riz, haricots, soupe et ragoût, tandis que les restaurants proposent une carte à base d'omelettes, salades, brochettes, foie, poissons et de *nachif* (viande hachée assortie d'une sauce).

Au rayon boissons, on trouve des jus de fruits frais, et les habituels sodas sucrés. La bière est consommée dans les bars, avec plusieurs variétés locales disponibles, dont la *bili-bili*, à base de millet.

Tchad
Les incontournables

Parc national de Zakouma

1 Pistez des troupeaux d'éléphants et observez une avifaune riche et variée au cœur de ce magnifique parc national. Malgré les ravages causés par des années de braconnage et de guerre civile, cette réserve de 305 000 ha a réussi à se repeupler grâce à l'aide de l'Union européenne et à la protection des animaux du parc.

Gaoui

2 À quelques kilomètres, de N'Djamena, ce village est constitué de magnifiques demeures en terre crue. La poterie est l'une des spécialité de Gaoui et ce sont les femmes qui produisent des jarres en terre cuite, appelées canaries, et qui servent à conserver l'eau.

Sarh

3 Malgré son statut de capitale tchadienne du coton, Sarh n'est guère plus qu'une bourgade de province, tapie à l'ombre d'arbres majestueux. Son musée régional renferme une collection d'armes, d'instruments de musique et de masques anciens. Au crépuscule, les hippopotames viennent se nourrir sur les berges du fleuve Chari.

Chutes d'Erawan, province de Kanchanaburi

CAPITALE
Bangkok

POPULATION
67,5 millions

SUPERFICIE
513 120 km²

LANGUE OFFICIELLE
Thaï

Thaïlande

Pays de cocagne aux plages paradisiaques, la Thaïlande est l'une des destinations exotiques les plus accessibles. Impossible de ne pas être conquis par le pays du sourire !

Depuis longtemps, la Thaïlande est le pays le plus visité d'Asie du Sud-Est, ravie de faire découvrir ses splendeurs naturelles aux étrangers de tous horizons. Avec deux longues côtes et des îles couvertes de jungle dans une mer bleu azur, le pays est un paradis tropical. Entre les différentes villes s'étend le cœur rural du pays, un patchwork de rizières, forêts tropicales et petits villages vivant au rythme des cultures.

Dans cette nation bouddhiste, des temples et des bouddhas ponctuent les paysages, des sanctuaires porte-bonheur ornent les maisons modestes et les vastes centres commerciaux, des banians séculaires sont drapés de tissus sacrés pour honorer les esprits, tandis que les tableaux de bord des véhicules sont décorés de guirlandes censées éviter les accidents.

La cuisine exprime à la perfection la culture thaïlandaise : elle est à la fois généreuse, fraîche et décontractée. Si les plages attirent le voyageur en Thaïlande, la gastronomie le retiendra.

MYANMAR (BIRMANIE)
LAOS
VIETNAM
CAMBODGE
MALAISIE
Mae Sai
Chiang Khong
Tha Ton
Fang
Chiang Rai
Mekong
Luang Prabang
Chiang Kham
Pai
Mae Hong Son
Vang Vieng
Doi Inthanon
Chiang Mai
Nan
Lamphun
Mae Sariang
Lampang
Phrae
Kheuan Sirikit
Chiang Khan
VIENTIANE
Beung Kan
Nong Khai
Kkeuan Phumiphon
Utaradit
Loei
Udon Thani
Nakhon Phanom
Sawankhalok
Sukhothai
Phitsanulok
Sakhon Nakhon
Kheuan Lam Pao
Savannakhet
Mae Sot
Myawaddy
Tak
Mawlamyaing
Phichit
Khon Kaen
Kamphaeng Phet
Phetchaburi
Kalasin
Amnat Charoen
Um Phang
Chaiyaphum
Mahasarakham
Roi Et
Yasothon
Ubon Ratchathani
Nakhon Sawan
Uthai Thani
Nakhon Ratchasima (Khorat)
Chainat
Buriram
Si Saket
Pakse
Sangkhlaburi
Réservoir de Si Nakharin
Singburi
Lopburi
Surin
Pak Thong Chai
Saraburi
Suphanburi
Ayuthaya
Kanchanaburi
BANGKOK
Prachinburi
Aranya Prathet
Ratchaburi
Chachoengsao
Samut Songkhram
Chonburi
Phetchaburi
Pattaya
Tonlé Sap
Mékong
Cha-am
Rayong
Chanthaburi
Hua Hin
Ko Samet
Trat
Prachuap Khiri Khan
Ko Chang
Ko Kut
MER D'ANDAMAN
Thap Sakae
Bang Saphan
PHNOM PENH
Chumphon
Isthme de Kra
Ko Tao
Ranong
Ko Pha-Ngan
Ko Samui
GOLFE DE THAÏLANDE
Chaiya
Îles Surin
Surat Thani
Khao Lak
Îles Similan
Phang-Nga
Nakhon Si Thammarat
Krabi
Thung Song
Phuket
Railay
Ranot
Ko Phi-Phi
Trang
Phattalung
MER DE CHINE MÉRIDIONALE
Ko Lanta
Kantang
Songkhla
Hat Yai
OCÉAN INDIEN
Pattani
Ko Lipe
Satun
Sadao
Yala
Narathiwat
Pulau Langkawi
Alor Setar
Kota Bharu
Sungai Petani
Betong
0
150 km
1
2
3
4
5
6
7
8
9
10
11
12

Thaïlande
Les incontournables

Marché du week-end de Chatuchak, Bangkok

1 Dans une ville vouée au commerce, Chatuchak rafle le prix du marché le plus grand et le plus extraordinaire : une raison de plus de passer au moins un week-end dans la capitale. Soieries et baskets, poissons combattants et adorables chiots, sans oublier la nourriture savoureuse – tout ce qui peut se vendre à Bangkok se trouve ici. Venez tôt et préparez-vous à une séance intense de marchandage collectif, car la moitié de la population de la ville se bouscule dans les allées étroites de ce marché.

Chiang Mai

2 Capitale culturelle du Nord, Chiang Mai est appréciée des férus de culture, des amoureux de temples et des familles. La vieille ville est truffée de temples de l'époque du royaume de Lanna. Des écoles enseignent l'art de la cuisine thaïlandaise. La superbe campagne alentour est l'occasion de treks dans la jungle, de rencontres avec des éléphants et de visites de villages de minorités. La ville est la promesse de repas succulents, grâce aux spécialités du Nord et aux plats végétariens, mais aussi aux sushis japonais et aux curries birmans.

MONTHON WA / GETTY IMAGES ©

Vie nocturne de Bangkok

3 La vie nocturne de Bangkok se présente sous des visages très divers, du plus vulgaire au plus chic, avec une prédilection pour les établissements thaïlandais agréables et sans prétention. Commencez la soirée dans un bar perché sur le toit d'un gratte-ciel, prenez une bière en terrasse le long d'un trottoir puis finissez la nuit dans un pub en sous-sol. À Bangkok, c'est vous qui déciderez du style de vos soirées !

Vue du Wat Phra Kaew, Bangkok

Parc historique de Sukhothai

4 Remontez le temps de quelque 800 ans dans le plus fascinant des parcs historiques du pays. Explorez à vélo les ruines de cette ancienne capitale, découvrez ses temples croulants, ses gracieuses statues du Bouddha et ses étangs remplis de poissons. Des musées intéressants et de bons hôtels ajoutent à l'attrait du site qui, malgré sa renommée, est rarement bondé. Au parc historique de Si Satchanalai-Chaliang, à proximité, vous serez peut-être seul à gravir un vieil escalier.

Sur 100 personnes en Thaïlande

75 sont thaïlandaises
14 sont chinoises
11 sont d'un autre groupe ethnique

Religion

(% de la population)

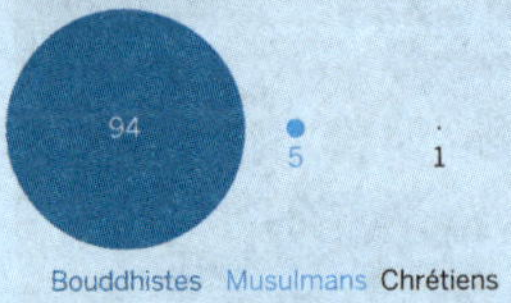

Population au km²

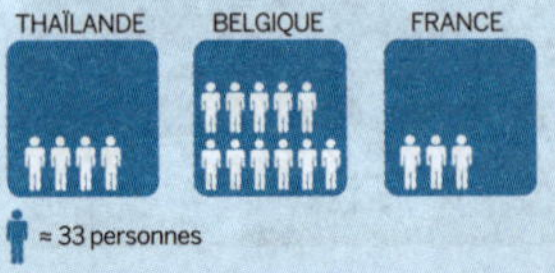

Ayuthaya

5 Jadis capitale dynamique et resplendissante aux centaines de temples, Ayuthaya ne conserve aujourd'hui que des traces de sa gloire passée. Promenez-vous à vélo parmi les vestiges de brique et de stuc, classés au patrimoine mondial de l'Unesco, et tentez d'imaginer l'aspect de la cité quand elle accueillait des marchands venus du monde entier. Aux alentours, d'autres sites justifient le détour, tels un immense centre d'artisanat, un étonnant palais royal à l'architecture éclectique et un théâtre aquatique.

Railay

6 À l'extrémité de la péninsule de Krabi, les vertigineuses formations karstiques de Railay comptent parmi les plus célèbres trésors naturels de la Thaïlande. Les plages sont ourlées de sable blanc et les forêts sillonnées de sentiers pédestres. Pas d'embouteillages ici : les visiteurs se déplacent en *long-tail boat*. Venez vous détendre, nager, plonger ou bien faire de l'escalade. Vous pourrez y apprendre les techniques de base, et, si vous possédez la technique, gravir un piton en solo avant de plonger dans une mer couleur cobalt.

Ko Pha-Ngan

7 Renommée pour ses fêtes de la pleine lune et ses soirées techno se prolongeant jusqu'à l'aube, Ko Pha-Ngan, jadis paisible, est devenue une véritable Ibiza asiatique. Un grand nombre de bungalows confortables offrent une bonne alternative à Ko Samui. Sur les côtes nord et est, les inconditionnels du hamac pourront

Le jeu des surnoms

À leur naissance, les enfants thaïlandais reçoivent un nom censé attirer sur eux la bonne fortune. Ce nom, généralement donné par l'aïeul de la famille, se retrouve ensuite relégué à des fins purement administratives et l'enfant est présenté à tout un chacun par un surnom monosyllabique.

Ces surnoms peuvent s'inspirer de son aspect physique (par exemple "Moo", qui signifie "cochon", s'il s'agit d'un bébé joufflu), ou de son passe-temps favori ("Toon", abréviation de "cartoon", s'il regarde les dessins animés). Beaucoup de filles se voient affublées d'un "Lek" ou d'un "Noi" ("petite" dans les deux cas).

À table !

Bière Vous trouverez plusieurs marques de bière en Thaïlande (Singha, Chang, Leo), toutes assez similaires.

Dôm yam La dénomination "soupe thaï aigre" est un euphémisme pour désigner ce potage au goût acide et extrêmement épicé.

Kôw soy Soupe composée de nouilles plates de blé aux œufs et de bouillon épicé à base de lait de coco.

Nám pŏn-lá-mái Boissons aux fruits, servies avec un peu de sucre et de sel, et beaucoup de glaçons.

Ngóp Sorte de curry grillé, ce plat est un mélange de crème de coco, d'une pâte d'herbes et de poisson, enveloppé dans une feuille de bananier et grillé jusqu'à ce qu'il soit ferme.

Pàt tai Fines nouilles de riz frites avec de l'œuf, du tofu et des crevettes et assaisonnées de sauce au poisson, de tamarin et de piment séché.

Yam Les "salades" thaïlandaises combinent viande ou poisson avec des herbes fraîches et un assaisonnement épicé et acidulé.

échapper à la vie moderne tout en se régalant d'une savoureuse cuisine. Sail Rock, l'un des meilleurs sites de plongée du golfe de Thaïlande, se situe près de la côte.

Kanchanaburi

8 Les randonnées constituent la principale raison de visiter la province de Kanchanaburi, où de hautes montagnes calcaires dominent une jungle épaisse. Au cours d'un trek, vous découvrirez des cascades argentées et des rivières tumultueuses, vous apercevrez peut-être un tigre ou des gibbons et vous passerez la nuit dans le village d'une minorité ethnique. Après la visite des vestiges de la Seconde Guerre mondiale, dont le fameux pont de la rivière Kwaï, profitez des activités sportives.

Quand partir

HAUTE SAISON
(nov-mars)

➡ Après la mousson vient une saison fraîche et sèche.

➡ Avec les vacances de Noël et du Nouvel An, les touristes affluent sur les plages et les prix grimpent de 50%.

SAISON INTERMÉDIAIRE
(avr-juin, sept-oct)

➡ Chaud et sec (d'avril à juin).

➡ Plages peu fréquentées et rafraîchies par l'océan.

➡ Septembre et octobre sont idéals dans le Nord et la côte du Golfe.

BASSE SAISON
(juil-oct)

➡ La mousson peut amener des averses dans l'après-midi et parfois des inondations.

➡ Des îles ferment et les bateaux restent à quai par mauvais temps.

Mékong

9 Des anciennes *shophouses* en bois de Chiang Khan aux cascades du parc national de Pha Taem, la courbe du Mékong dans le nord-est de la Thaïlande offre une formidable diversité de cultures et de beautés naturelles. À bord d'un bus brinquebalant, d'un *long-tail boat* ou même à vélo, suivez les méandres du fleuve. Découvez les cultures thaïlandaise et laotienne dans les villages de pêcheurs, le parc de sculptures de Nong Khai, les peintures rupestres d'Ubon Ratchathani, les temples sacrés et les villages d'éléphants.

Phuket

10 Destination balnéaire de renommée mondiale, l'île de Phuket convient aux touristes de tout âge. Vous pouvez la rejoindre en avion depuis Bangkok, puis vous installer sereinement dans un cinq-étoiles pour des vacances tropicales conjuguant longues plages de sable et soirées festives.

À voir

Wonderful Town (Aditya Assarat ; 2007). Une histoire d'amour tendre dans une petite ville du sud de la Thaïlande ravagée par le tsunami.

Oncle Boonmee, celui qui se souvient de ses vies antérieures (Apichatpong Weerasethakul ; 2010). Les apparitions magiques de sa femme défunte et de son fils disparu confirment à Oncle Boonmee que sa fin est proche. Palme d'or à Cannes en 2010.

Mundane History (Anocha Suwichakornpong ; 2013). Primé dans plusieurs festivals, un film empreint de spiritualité via le personnage d'Ake, paralysé.

À lire

Terre de mousson (Pira Sudham ; 2013). Une brillante évocation du nord-est du pays dans sa lutte contre la pauvreté et la corruption.

La Chute de Fak (Chart Korbjitti ; 2003). Le drame d'un jeune villageois injustement accusé d'un délit.

Transports

Avion Liaisons bon marché avec les compagnies low cost.

Bus Nombreuses liaisons et prix abordables entre les villes.

Train Trajets lents mais beaux paysages de Bangkok à Chiang Mai et de Bangkok à Surat Thani.

Voiture et moto Faciles à louer.

Des excursions permettent d'explorer les mangroves et de visiter des refuges animaliers. D'innombrables sports nautiques sont proposés, de la plongée au surf.

Province de Chiang Rai

11 Si l'époque du commerce de l'opium dans le Triangle d'or est révolue, la province de Chiang Rai reste une destination privilégiée pour le trekking. Des expériences culturelles uniques vous y attendent, comme la visite d'un village akha. Des plaines du Mékong aux spectaculaires montagnes, cette province est sans doute la plus belle du pays, aux frontières du Myanmar et du Laos.

Phetchaburi

12 Alternative paisible à l'agitation de Bangkok, cette capitale provinciale offre un séduisant mélange de culture et de nature. Visitez un palais antique au sommet d'une colline, des sanctuaires troglodytiques et des temples bruissant d'activités. Promenez-vous dans le vieux quartier aux *shophouses* et aux échoppes tenues par de charmantes vieilles dames, puis rejoignez le parc national de Kaeng Krachan pour apercevoir des gibbons et des oiseaux exotiques. Phetchaburi est aussi une étape judicieuse si vous revenez du Sud.

Wat Rong Khun, Chiang Rai

11

KYLIE MCLAUGHLIN / GETTY IMAGES ©

CAPITALE
Lhassa

POPULATION
5,6 millions

SUPERFICIE
1,2 million km^2

LANGUES OFFICIELLES
Tibétain, chinois

Paysage tibétain

Tibet

Cette terre de spiritualité invite les voyageurs à se mesurer aux montagnes et aux lacs sacrés de l'Himalaya et à découvrir un peuple parmi les plus attachants.

Pour nombre de visiteurs, les temps forts d'un séjour au Tibet sont d'abord spirituels. L'émotion vous étreint devant ces monastères splendides ou ces retraites nichées à flanc de falaise. La ferveur des bouddhistes, de la vieille femme récitant ses mantras dans un temple embaumant le genévrier jusqu'au pèlerin qui effectue le tour du mont Kailash, en passant par le recueillement des moines, semble presque d'un autre temps.

Le plateau tibétain est le plus haut du monde. Ici, la géographie offre une constante leçon d'humilité. Ce voyage vous conduira au bord de lacs turquoise, dans de vastes plaines traversées par des troupeaux de yaks, ou aux abords de cols vertigineux où flottent des drapeaux de prière multicolores. Place à de mémorables randonnées au milieu des vestiges d'ermitages isolés, à la contemplation de la face nord de l'Everest et à un périple sur des routes qui figurent parmi les plus reculées du monde. Seules limites à l'aventure : votre endurance et votre capacité à obtenir des permis de circulation !

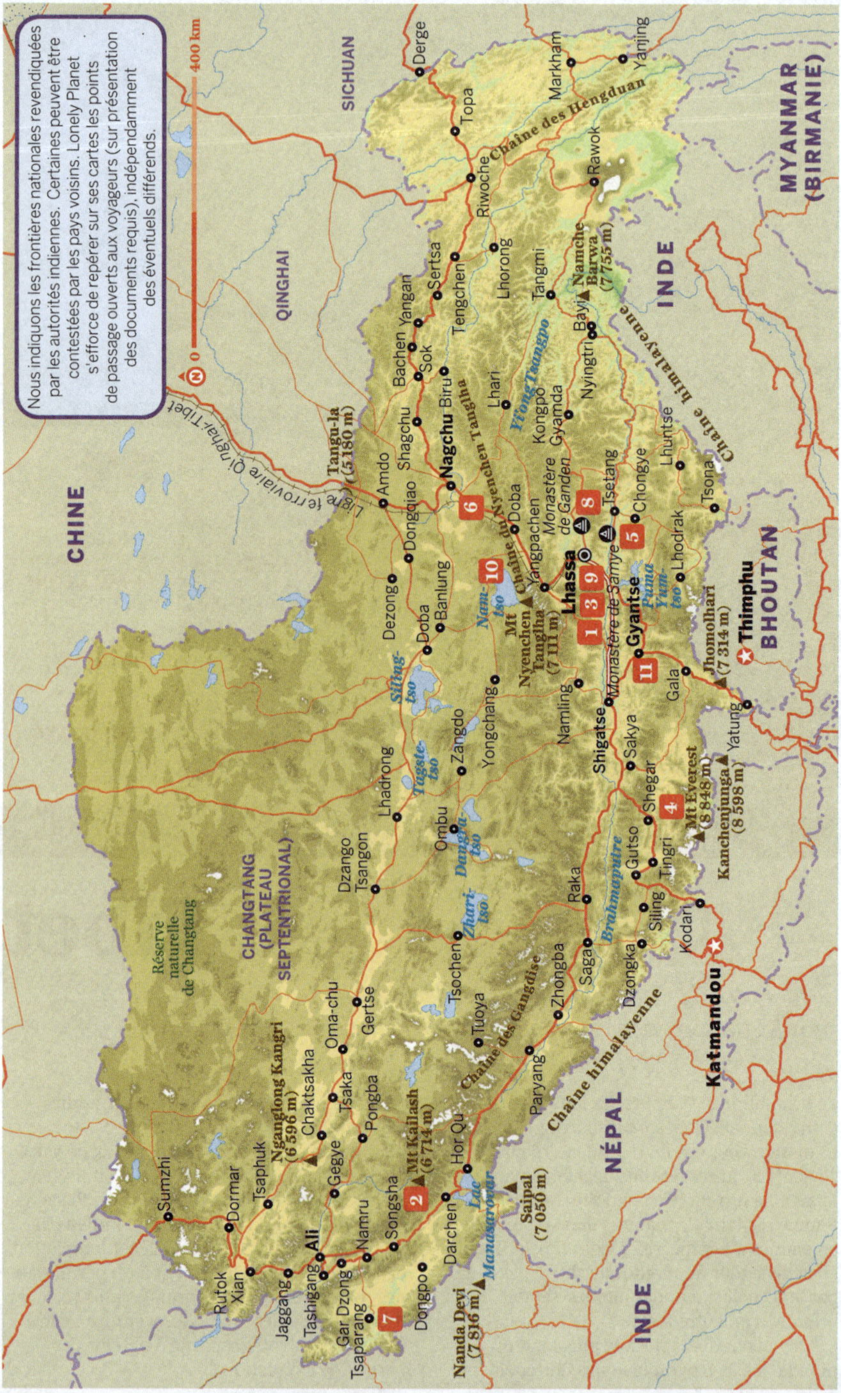

Nous indiquons les frontières nationales revendiquées par les autorités indiennes. Certaines peuvent être contestées par les pays voisins. Lonely Planet s'efforce de repérer sur ses cartes les points de passage ouverts aux voyageurs (sur présentation des documents requis), indépendamment des éventuels différends.
0
400 km
CHINE
QINGHAI
SICHUAN
MYANMAR (BIRMANIE)
INDE
BHOUTAN
NÉPAL
Ligne ferroviaire Qinghai-Tibet
Tangu-la (5 180 m)
Derge
Topa
Chaîne des Hengduan
Markham
Yanjing
Riwoche
Rawok
Namche Barwa (7 755 m)
Sertsa
Tengchen
Lhorong
Tangmi
Bayi
Nyingtri
Yarlung Tsangpo
Yangan
Bachen
Sok
Biru
Shagchu
Nagchu
Nyenchen Tanglha
Lhari
Kongpo Gyamda
Amdo
Dongqiao
Doba
Chaîne du Nyenchen
Monastère de Ganden
Tsetang
Chongye
Lhuntse
Tsona
Chaîne himalayenne
Lhassa
Yangpachen
Monastère de Samye
Lhodrak
Gyantse
Yamdrok-tso
Thimphu
Jhomolhari (7 314 m)
Gala
Yatung
Dezong
Banlung
Nam-tso
Mt Nyenchen Tanglha (7 111 m)
Doba
Siling-tso
Yongchang
Namling
Shigatse
Sakya
Zangdo
Tagste-tso
Lhadrong
Ombu
Dangra-tso
Shegar
Mt Everest (8 848 m)
Kanchenjunga (8 598 m)
Tingri
Gutso
Raka
Brahmapoutre
Siling
Kodari
Dzango Tsangon
Zhari-tso
Tsochen
Saga
Dzongka
Katmandou
Zhongba
Tuoya
Chaîne des Gangdise
Gertse
Oma-chu
Paryang
Chaîne himalayenne
Changtang (Plateau septentrional)
Réserve naturelle de Changtang
Tsaka
Pongba
Chaktsakha
Nganglong Kangri (6 596 m)
Gegye
Tsaphuk
Mt Kailash (6 714 m)
Hor Qu
Lac Manasarovar
Saipal (7 050 m)
Darchen
Songsha
Namru
Ali
Sumzhi
Dormar
Rutok Xian
Jaggang
Tashigang
Gar Dzong
Tsaparang
Dongpo
Nanda Devi (7 816 m)
1
2
3
4
5
6
7
8
9
10
11

Tibet

Les incontournables

Palais du Potala, Lhassa

1 La visite de l'emblématique palais du Potala, l'ancienne résidence des dalaï-lamas à Lhassa, vous fera découvrir une forteresse d'altitude encore empreinte d'une certaine spiritualité – en témoignent les chapelles aux tombeaux dorés, les opulentes salles de réception et les vastes salles de prière. Même si les autorités chinoises le parent aujourd'hui du titre de musée, le palais symbolise encore la richesse spirituelle et matérielle du Tibet.

Mont Kailash, Tibet occidental

2 Vénérée par les bouddhistes et les hindous, cette montagne sacrée, appelée Gang Rinpoche au Tibet, culmine à 6 714 m dans la plaine de Barkha. À proximité, la présence du Mapham Yum-tso (lac Manasarovar), un vaste lac d'eau douce également sacré, et de la source de quatre fleuves majeurs d'Asie (Sutlej, Brahmapoutre – Yarlung Tsangpo au Tibet –, Indus et Karnali) ajoutent encore au caractère unique du site. Cette découverte comporte même un bonus : le pèlerinage de 3 jours autour de la montagne effacerait les péchés de toute une vie.

1

Temple du Jokhang, Lhassa

3 Ce qui frappe d'abord quand on pénètre dans les allées du Jokhang, c'est l'atmosphère de révérence feutrée. Des dizaines de pèlerins émerveillés parcourent les escaliers, passent sous des portes médiévales et contemplent des peintures murales millénaires, s'arrêtant brièvement pour recharger les centaines de lampes à beurre clignotant dans la pénombre. Ici bat le cœur spirituel du Tibet, et vous avez le sentiment d'être revenu au XIVe siècle.

Vue sur le mont Everest

4 Ne le dites jamais à Katmandou, mais le Tibet possède de loin le meilleur panorama sur Qomolungma, le nom tibétain de la plus célèbre montagne du monde. Tandis que les treks de deux semaines, côté népalais, présentent des aperçus furtifs du géant de 8 848 m, la vue dégagée sur la face nord, qui s'étend depuis le monastère de Rongphu à 5 100 m d'altitude ou les tentes du camp de base sur le versant tibétain, vous impressionnera.

Monastère de Samye

5 Le tout premier monastère du Tibet, fondé vers 775, se compose d'un ensemble de chapelles, de chortens (monuments bouddhiques) et de sanctuaires, disposés autour d'un temple mêlant les styles tibétain, chinois et indien. C'est ici que Guru Rinpoche (le sage indien Padmasambhava) affronta les démons pour introduire le bouddhisme au Tibet au VIIIe siècle et que la religion tibétaine dominante s'imposa lors d'un grand débat. Le cadre, sur les rives désertiques du Yarlung Tsangpo (Brahmapoutre), est enchanteur.

Voyage en train jusqu'à Lhassa

6 Malgré tous ses défauts, la ligne ferroviaire qui relie le Qinghai au Tibet (voie ferrée la plus haute du monde) est un miracle d'ingénierie et une façon délicieuse de rallier Lhassa. Réservez une place côté fenêtre afin d'admirer le paysage (lacs salés, plaines traversées par les troupeaux de yaks, terres désolées et haut plateau). Vous chercherez sans doute votre souffle au point culminant du parcours (5 072 m !), mais ce périple ferroviaire vous fera vivre une aventure inoubliable.

Où vivent les Tibétains (%)

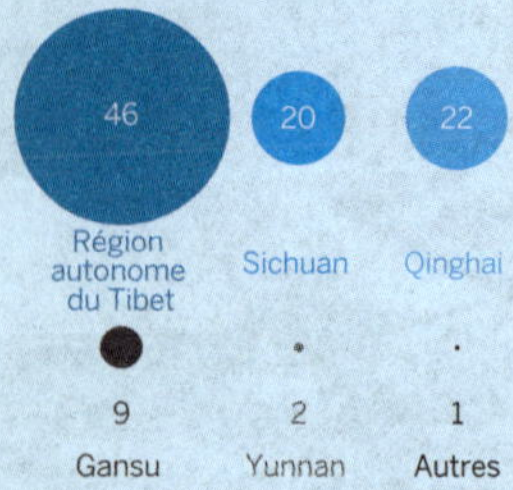

Population au km²

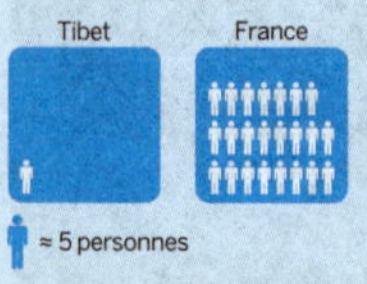

Les mandalas

Plus qu'une belle création artistique, le mandala est une carte de méditation en trois dimensions. Ce qui semble être une simple illustration en deux dimensions se révèle être, avec la bonne approche visuelle, un dessin en trois dimensions. Les mandalas peuvent prendre la forme de peintures, de tableaux de sable, de maquettes en trois dimensions, ou même d'ensembles monastiques entiers. Un rituel exige du fidèle qu'il visualise 722 divinités suffisamment clairement pour être capable de distinguer le blanc de leurs yeux et de maintenir cette image pendant 4 heures.

Les mandalas en sable, qui demandent un travail minutieux, illustrent la fugacité de la vie (ils sont généralement balayés quelques jours après leur création).

À table !

Momos Petits raviolis à la viande, aux légumes, ou à ces deux ingrédients. Savoureux, ils sont habituellement cuits à la vapeur ou frits.

Thugpa Soupe de nouilles avec de la viande et/ou des légumes. La *hipthuk* (bouillon de viande de yak et pâtes de forme carrée) et la *thenthuk* (avec plus de nouilles) sont deux variantes de ce plat. Les vermicelles *phing* font parfois également partie des ingrédients.

Tsampa Farine d'orge grillée. Dans les foyers de l'Himalaya, l'aliment de base consiste en une pâte faite de *tsampa* et de beurre de yak, dilué dans un liquide – eau, thé ou bière. Agrémentée de sucre et de lait en poudre, la *tsampa* constitue un porridge acceptable.

Thé au beurre de Yak Composée de beurre de yak, de sel, de lait, de *soda* (bicarbonate), de feuilles de thé et d'eau chaude, le tout baraté dans un tube en bois, cette mixture évoque plutôt le bouillon que le thé. Elle constitue l'aliment de base de la plupart des Tibétains.

CHRISTOPHER PILLITZ / GETTY IMAGES ©

Moines tibétains au temple du Jokhang

Royaume de Guge, Tibet occidental

7 Le royaume disparu de Guge, à Tsaparang, est sans équivalent dans le centre du Tibet. L'émotion étreint le visiteur lorsqu'il descend un escalier secret, traverse des grottes en rampant ou contemple des fresques bouddhiques… dans l'isolement le plus complet. Ces vestiges constituent l'une des destinations méconnues d'Asie.

Quand partir

HAUTE SAISON (mai-sept)

- Cette saison, la plus chaude, facilite le voyage, les randonnées et les déplacements.
- Les prix sont au plus haut en juillet-août.
- Réservez pour les jours fériés du 1er mai et du 1er octobre.

SAISON INTERMÉDIAIRE (avril, oct-nov)

- Des températures légèrement plus fraîches, mais moins de touristes et un meilleur choix de 4×4.
- Des prix inférieurs de 20% à ceux de la haute saison.

BASSE SAISON (déc-fév)

- Les visiteurs sont rares en hiver, et vous aurez le Tibet pour vous seul.
- Les réductions sur les chambres d'hôtel et de nombreux sites atteignent 50% ; certains restaurants sont fermés.

Trek de Ganden à Samye

8 Le Tibet est à explorer à pied. Lors de ce trek, qui comprend 4 jours de marche entre deux superbes monastères, vous découvrirez des campements de nomades, des lacs alpestres et un ancien ermitage de Guru Rinpoche, et vous franchirez des cols de plus de 5 000 m d'altitude. Sinon, louez un cheval pour un parcours en pleine nature, avec les pikas, de petits mammifères ressemblant aux lapins, pour seule compagnie.

Monastères de Drepung et de Sera

9 Ces deux grandes cités monastiques possèdent

une grande autorité morale. Gravissez le réseau d'allées immaculées qui dessert celliers et cuisines, salles d'études ou de prière. Observez les moines en robe rouge et, l'après-midi, ne manquez pas les débats, un spectacle mêlant dialectique bouddhique, joutes oratoires et pantomime.

Lac Nam-tso

10 À quelques heures de route de Lhassa, le sublime Nam-tso incarne le paysage rugueux du Tibet septentrional. Ce lac profond aux eaux azurées est bordé de collines plantées de drapeaux de prière et de falaises déchiquetées, avec les sommets enneigés en toile de fond. Offrez-vous un moment rare en parcourant le *kora* au crépuscule en compagnie de pèlerins. Le site est glacial, et de plus en plus touristique mais d'une beauté phénoménale.

Kumbum de Gyantse

11 Le grand chorten de Gyantse n'a pas d'égal dans la chaîne himalayenne. Ce sanctuaire du XVe siècle renferme une grande statue de Bouddha. À l'extérieur, les pèlerins honorent les chapelles et les autels renfermant des statues colorées de bouddhas sereins ou de démons, ainsi que de belles œuvres d'art tibétain. En achevant le circuit, le visiteur débouche, sous le regard de Bouddha, sur des avant-toits d'où s'étend une vue mémorable sur le fort et la vieille ville.

Transports

Circuits et permis Pour prendre un avion ou un train à destination du Tibet, vous aurez besoin d'un permis du Bureau du tourisme. Afin de l'obtenir, vous devrez louer les services d'un guide pour la durée de votre séjour et organiser au préalable vos déplacements à l'extérieur de Lhassa. Les agences ont besoin de 10 à 14 jours pour se procurer les divers permis et vous envoyer celui du BTT par la poste. Pour entrer au Tibet depuis le Népal, vous devez posséder un visa de groupe de courte durée, ce qui peut compliquer le reste de votre voyage en Chine.

Transport Des permis de circulation sont requis pour voyager en dehors de Lhassa. Actuellement, l'unique moyen de les obtenir est de louer une voiture et les services d'un guide. Les étrangers ne sont pas autorisés à prendre les transports publics en dehors de Lhassa. Les vols au sein de la région autonome du Tibet sont rares, et il peut être difficile de se procurer des billets. Le cyclotourisme n'est plus l'aventure libre et facile qu'il était auparavant, puisque les cyclistes doivent eux aussi engager un guide, qui les suivra à bord d'une voiture-balai.

À voir

Kundun (Martin Scorsese ; 1997). La vie de l'actuel dalaï-lama.

Sept Ans au Tibet (Jean-Jacques Annaud ; 1997). Le parcours d'un alpiniste autrichien qui séjourna au Tibet juste avant l'invasion chinoise.

Le Silence des pierres sacrées (2005) et **Sur la route** (2009), de Pema Tseden et Sonthar Gyal, figurent parmi les rares films contemporains tibétains.

À lire

Les Chemins du dalaï-lama (Pico Lyer ; 2011). La personnalité et les contradictions du 14e dalaï-lama.

Le Feu sous la neige (Palden Gyatso ; 1997). L'autobiographie d'un moine tibétain emprisonné pendant 33 ans.

Dieux et démons des solitudes tibétaines (Alexandra David-Néel et lama A. Yongden ; 2004). Quatre récits de cette pionnière de la compréhension du monde tibétain.

Tibet, Tibet, une histoire personnelle d'un pays perdu (Patrick French ; 2005). Ue vision nuancée du Tibet, au-delà de la propagande et du mythe.

Drapeaux de prière sur le monastère de Drepung

CAPITALE
Dili

POPULATION
1,2 million

SUPERFICIE
14 874 km²

LANGUES OFFICIELLES
Tetum, portugais

Femme en habit de fête exécutant une danse traditionnelle

Timor oriental

Avec ses montagnes à gravir et ses récifs coralliens à explorer, le plus jeune pays du continent asiatique a tout pour vous faire partir à l'aventure.

Le faire-part de naissance du Timor oriental date de 2002. C'est dire si cette jeune nation est la promesse d'une cascade de découvertes et de surprises. En voici un bref aperçu. Séjournez dans une majestueuse *pousada* portugaise, perchée sur une colline embrumée, ou dans un paisible écolodge. Voyagez côte à côte avec des troupeaux de buffles, puis traversez des forêts tropicales ponctuées de caféiers. Guettez les baleines en longeant les falaises de la côte nord. De photogéniques plages de sable blanc, baignées par une mer turquoise, séduiront les amateurs de baignade. Quant aux adeptes de la plongée, ils se réjouiront d'apprendre que les prestataires de Dili ont passé les dix dernières années à repérer des sites de classe mondiale.

Le Timor-Leste (en portugais) saura récompenser ceux qui s'aventurent dans son arrière-pays montagneux. Si le trajet constitue une part essentielle de l'aventure, en voiture, en VTT, à pied, ou à dos de poney (du Timor), l'effort en vaut la peine.

Timor oriental
Les incontournables

Maubisse

1 Réveillez-vous dans la fraîche Maubisse, à 70 km de Dili au cœur du pays : voyez les nuages se lever et révéler le village en contrebas, avec ses plantations de café et ses vallées brumeuses donnant sur la côte.

Plongée à Dili

2 Dili est l'une des rares villes du monde proche d'une barrière de corail. Bordant toute la côte nord du pays, cette dernière offre des spots spectaculaires pour la plongée et le snorkeling. De nombreux sites sous-marins, dont le légendaire K41 à l'est de la ville, sont facilement accessibles depuis la plage, avec des tombants impressionnants, à quelques mètres du bord de l'eau.

Oecussi

3 Cette petite enclave du Timor-Est dans le Timor occidental n'est pas forcément facile d'accès. Toutefois, si vous faites le voyage, vous aurez droit à de longues plages sablonneuses et une barrière corallienne, à de splendides *tais* (articles tissés) et à des mares de boue à l'extrême sud. Mettez-vous au diapason de cette splendide région isolée.

À table !

Le poisson et les fruits de mer (langoustines et crevettes) de Dili vous mettront l'eau à la bouche.

Si la ville compte quelques bons restaurants de fruits de mer, servant une cuisine aux parfums asiatique, portugais et africain, rien ne vaut les stands de grillades au charbon de bois qui s'installent le soir sur la promenade d'Av. de Portugal.

Quand partir

TOUTE L'ANNÉE

➡ Chaleur équatoriale toute l'année.

MAI-NOV

➡ Temps clément et période idéale pour la plongée.

DÉC-AVR

➡ Temps très humide : les déplacements peuvent s'avérer compliqués.

Place de l'Indépendance, Lomé

CAPITALE
Lomé

POPULATION
7,3 millions

SUPERFICIE
56 785 km^2

LANGUE OFFICIELLE
Français

Togo

Avec ses paysages de plages bordées de palmiers, de collines verdoyantes et de savane, où cohabitent une quarantaine de groupes ethniques, le Togo est un véritable concentré d'Afrique.

S'il y avait un concours pour désigner les pays les plus populaires de l'Afrique de l'Ouest, le Togo serait en tête de liste. Cette étroite bande de terre continue en effet à faire l'unanimité parmi les voyageurs.

La capitale, Lomé, et les belles plages qui l'environnent suscitent l'intérêt d'un grand nombre de touristes. Mais il suffit de se déplacer vers les villages de l'intérieur, sur les marchés colorés, et de participer aux nombreuses fêtes, pour apprécier le Togo authentique.

Le pays offre une grande diversité de paysages : lacs, plages, collines verdoyantes et forêts. À mesure que l'on remonte vers le nord, le manteau de forêt laisse place à la savane. Les randonneurs trouveront de multiples possibilités à travers le pays. Enfin le patrimoine togolais est particulièrement varié. Citons en particulier les paysages du Koutammakou et les emblématiques Batammariba, maisons à tourelles en terre, qui représentent le mieux la richesse culturelle du pays.

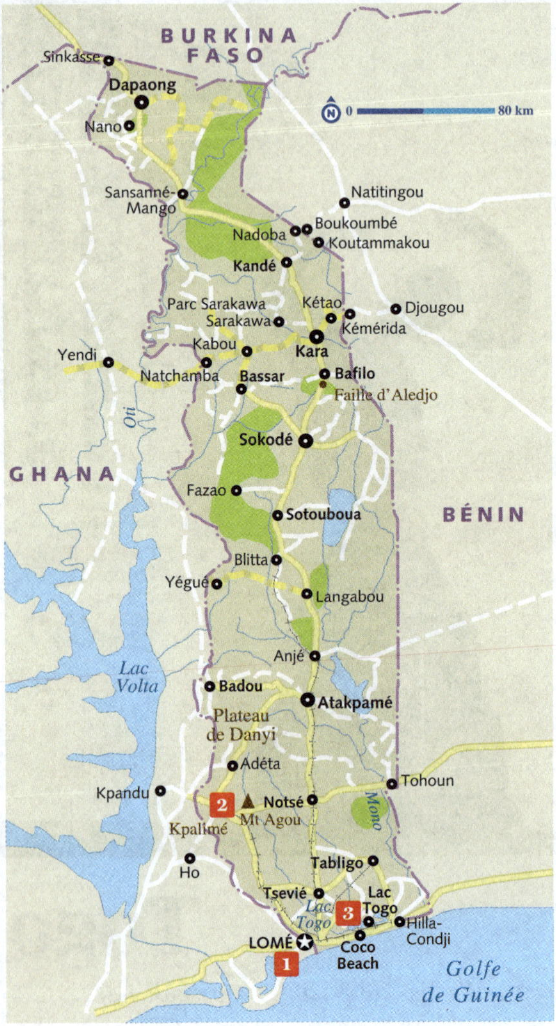

Quand partir

NOV-FÉV

➡ Meilleure période pour visiter le Togo, avec des températures agréables propices aux activités de plein air.

MI-JUIL À MI-SEPT

➡ Courte période sèche dans le Sud, rendant les déplacements moins difficiles.

MARS ET AVRIL

➡ Période la plus chaude de l'année : à éviter.

À table !

Djenkoumé Pâte à base de farine de maïs, cuisinée avec des épices et servie avec du poulet frit (ou de la pintade).

Foufou Pâte à base d'igname bouillie, servie avec des légumes et de la viande.

Pâte De maïs, de manioc ou d'igname, servant d'ingrédient de base à de nombreux plats togolais.

Tchoukoutou Millet fermenté.

Togo

Les incontournables

Lomé

1 Jadis surnommée "la perle de l'Afrique de l'Ouest", Lomé a perdu de son attrait ces dernières années, tout en gardant le charme singulier de ses alléchants *maquis* (restaurants de rue), de ses marchés colorés et de ses boulevards bordés de palmiers.

Randonnée à Kpalimé

2 Traversez des plantations de cacao et de café et de luxuriantes forêts pour atteindre le sommet du Togo, le mont Agou (986 m). Les nombreux villages installés sur les flancs du mont offrent un fabuleux paysage et on peut, par temps clair, apercevoir le lac Volta, au Ghana. Les environs du mont Kouto (710 m) sont également propices à la randonnée, avec leurs collines plantées de forêt, et de nombreuses chutes d'eau. En partant tôt le matin, vous marcherez entouré de papillons.

Lac Togo

3 Le lac est situé à l'est de Lomé, en bordure d'océan. On peut y pratiquer la voile et se baigner en toute sécurité ou grimper à bord d'une pirogue pour rejoindre Togoville, ancien siège de la dynastie Mlapa et berceau des pratiques animistes et vaudoues.

Festival Heilala, Nuku'alofa, île de Tongatapu

CAPITALE
Nuku'alofa

POPULATION
106 322

SUPERFICIE
747 km^2

LANGUE OFFICIELLE
Tongien, anglais

Tonga

Imaginez des îles luxuriantes ourlées de récifs, aux plages sablonneuses étincelant sous le soleil tropical. Aux Tonga, il vous faudra ralentir la cadence pour adopter le mode de vie insulaire.

D'Europe, les Tonga sont assimilées à leur équipe de rugby de classe internationale. Cette distinction sportive n'est pourtant pas la seule marque de fabrique de cette nation composée de 3 archipels et réunissant pas loin de 170 îles et îlots. L'une des autres particularités des Tonga est de n'avoir jamais été colonisées. Cette indépendance se retrouve aussi dans le secteur du tourisme, très important en termes économiques. Si certains expatriés jouent un rôle moteur dans le développement de ce secteur, les insulaires, eux, ne s'en soucient pas plus que ça. C'est à la fois rafraîchissant et frustrant.

Côté nature, les Tonga sont plutôt bien dotées. Nager avec des baleines à bosse, faire de la randonnée à travers la forêt tropicale ou simplement paresser sur la plage en s'imprégnant du mode de vie insulaire sont des activités qui se pratiquent aisément. Un conseil pour ces archipels du bout du monde. N'arrivez pas avec vos préjugés, laissez-vous guider par le tempo tongien et vivez votre expérience à fond, vous ne le regretterez pas.

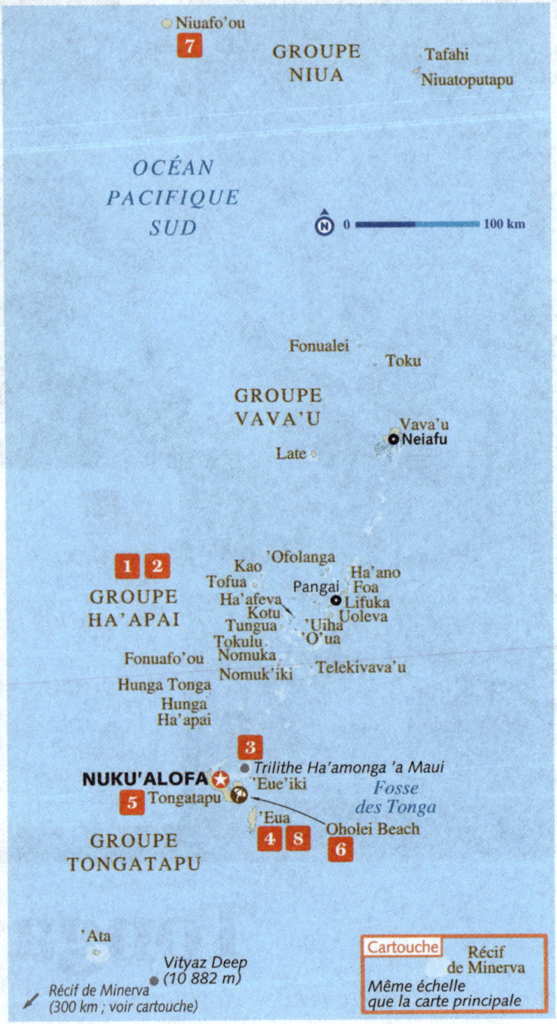

Tonga
Les incontournables

Observation des baleines

1 Les Tonga sont un important lieu de reproduction pour les baleines à bosse, qui s'abritent dans ses eaux chaudes entre juin et octobre. C'est même l'un des rares endroits au monde où il est possible de nager avec les mammifères. On peut les voir élever leurs petits dans les eaux paisibles à l'abri des récifs, et s'adonner à de complexes rituels d'accouplement. Les connaisseurs apprécient particulièrement les environs des îles Ha'apai, au nord des Tonga.

Kayak de mer

2 La meilleure solution pour explorer les eaux bleu-vert et les lointains îlots sablonneux des archipels de Vava'u et Ha'apai est d'embarquer dans un kayak. Les formules sont nombreuses, de la sortie-découverte de quelques heures à la randonnée itinérante de plusieurs jours. Le kayak est le moyen pour rejoindre des endroits difficiles d'accès. Au programme : natation, snorkeling, et navigation entre baleines à bosse.

Trilithe de Tonga

3 Remontant vraisemblablement au Xe siècle de notre ère, l'intrigant Ha'amonga 'a Maui de Tonga est un remarquable témoignage de l'histoire de la Polynésie, qui commença avec la grande migration polynésienne advenue il y a plus de 3 000 ans. Les archéologues et la tradition orale attribuent sa construction à Tu'itatui, le 11e roi de la dynastie Tu'i Tonga. La structure consiste en trois grands blocs de corail et formant un portail (trilithe).

Eua National Park

4 Quittez la plage et la mer le temps d'une randonnée à travers la forêt tropicale du parc national d'Eua. Vous pourrez y observer une avifaune abondante, dont la vedette est le *koki* – un perroquet d'un rouge éclatant. Le *ngongo* (noddi), le *tavake* à queue blanche (oiseau du tropique) et le *pekapekatae* (salangane) sont quelques-unes des espèces peuplant le parc. Il n'est pas rare non plus d'y voir des *peka* (roussettes).

Baleine à bosse, archipel de Vava'u

Nuku'alofa

5 Nuku'alofa, sur l'île de Tongatapu, ne répond pas à l'image que l'on se fait d'un coin de paradis du Pacifique : c'est la capitale des Tonga et le siège du gouvernement. On peut aussi y apercevoir les membres de la famille royale en rejoignant les abords du palais construit en 1867, qui ne se visite pas mais qui est visible du front de mer. Alternative pour croiser le monarque et sa descendance, assister à la messe du dimanche à la Centenary Chapel.

Festin à Oholei

6 Le meilleur divertissement de Tongatapu est le dîner-spectacle du Oholei Beach Resort donné le jeudi et le vendredi soir. La soirée s'ouvre sur la plage d'Oholei Beach, avec un festin au menu duquel figure un cochon de lait à la broche. Le clou de la fête est le spectacle de danse donné dans la cave à ciel ouvert, qui culmine avec une danse du feu.

Niuafo'ou

7 À une centaine de kilomètres à

Quand partir

HAUTE SAISON
(juin-sept)

- Saison sèche, caractérisée par des températures agréables et peu de pluie.
- Les plaisanciers investissent le Pacifique Sud.
- Les baleines sont de passage.

SAISON INTERMÉDIAIRE
(avr-mai et oct-nov)

- Tout est ouvert, mais les touristes sont rares.
- Les plaisanciers arrivent en mai, et les derniers repartent fin octobre.

BASSE SAISON
(déc-mars)

- Températures élevées et fort taux d'humidité.
- Début de la saison des cyclones.
- Les expatriés rendent visite à leur famille : les avions affichent complet en décembre et janvier.

Sur 100 personnes aux Tonga

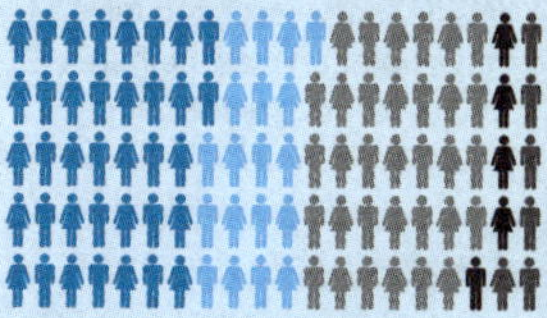

37 ont entre 0 et 14 ans
19 ont entre 15 et 24 ans
33 ont entre 25 et 54 ans
5 ont entre 55 et 64 ans
6 ont plus de 65 ans

Religions

(% de la population)

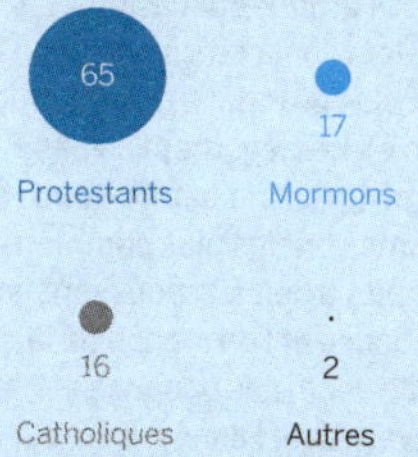

Population au km²

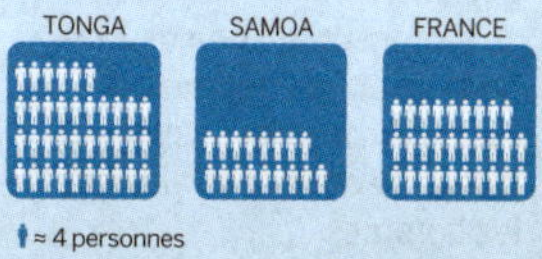

Fakaleiti

L'une des particularités de la culture tongienne sont les *fakaleiti*, une vieille tradition polynésienne connue sous le nom de *fa'afafine* à Samoa et de *mahu* ou *rae rae* en Polynésie française.

Le terme *fakaleiti* se compose du préfixe *faka* (à la manière de) et de *leiti* (de l'anglais *lady*, dame). Traditionnellement, lorsqu'une femme avait trop de fils et pas assez de filles, elle choisissait l'un de ses garçons pour l'aider aux taches domestiques. Ce dernier était élevé à la manière d'une fille. De nos jours, devenir *fakaleiti* peut également être un choix de vie. Les *fakaleiti* sont rarement stigmatisés ; ils se mêlent facilement au reste de la population et sont souvent admirés pour leur style. À Tongatapu, l'Association des *leitis* de Tonga est un groupe actif – notez que ses membres préfèrent être appelées *leiti*.

À table !

Les produits de la mer sont les principaux ingrédients de la cuisine aux Tonga. L'*Ota'ika* – du poisson cru baigné de lait de coco – est l'un des plats les plus populaires. Les cochons, considérés comme un bien précieux, sont laissés en liberté. Pour les grandes occasions, les porcelets sont cuits à la broche et les plus gros dans un *umu* (four enterré). Les légumes racines comme le taro, la patate douce et l'igname sont les plus communs. Les fruits tropicaux poussent en abondance et l'on mange de la noix de coco, des bananes et des papayes toute l'année. L'été est la saison des mangues, des ananas, des fruits de la passion et des goyaves.

La consommation de *kava*, boisson concoctée avec la racine du poivrier sauvage, a valeur d'activité sociale chez les hommes.

DARRYL TORCKLER / GETTY IMAGES ©

l'ouest de Niuatoputapu, Niuafo'ou ressemble à un beignet flottant sur l'eau. Parfaitement rond et creux, il semblerait qu'avant de s'effondrer, cet ancien cône volcanique culminait à 1 300 m. L'île jouissait autrefois d'un service postal. À l'époque, le courrier était placé dans une boîte de biscuits hermétiquement fermée, puis jeté par-dessus bord par un navire ravitailleur. Un nageur aguerri venait alors le récupérer. Ce système perdura jusqu'en 1931, date à laquelle le nageur-facteur fut happé par un requin !

Plongée et snorkeling

8 Comme bien des îles du Pacifique Sud, celles des Tonga sont entourées de récifs coralliens et baignées d'une eau tropicale. Sous la surface se déploie un monde sous-marin féerique. Épaves, grottes et coraux y abondent, servant d'habitat à des dizaines d'espèces de poissons. Les archipels de Vava'u et Ha'apai abritent des agences professionnelles et de bons spots de plongée, mais c'est du côté des murs verticaux au large de l'île d'Eua que se trouvent les meilleurs, notamment la "Cathedral Cave".

Transports

Avion L'avion est de loin le mode de transport le plus facile, le plus rapide et le plus confortable pour se déplacer dans les Tonga. Chathams Pacific assure tous les vols intérieurs.

Bateau Les ferrys Interisland rallient Tongatapu et les principaux archipels. C'est une bonne option si vous disposez d'un peu de temps.

Bus Des bus circulent à Tongatapu, et dans une moindre mesure à Vava'u et dans les îles alentour.

Voiture et taxi Des voitures de location et des taxis sont disponibles à Tongatapu et Vava'u. On conduit à gauche et sans se presser.

CAPITALE
Port of Spain

POPULATION
1,2 million

SUPERFICIE
5 128 km²

LANGUE OFFICIELLE
Anglais

Carnaval, Port of Spain

Trinité-et-Tobago

Ces îles jumelles des Caraïbes, plus connues pour leur avifaune que pour leurs plages, vivent au rythme du calypso, du cricket et du carnaval.

Trinité-et-Tobago sont les deux faces d'une même pièce. À Trinité, des marais de mangrove et des collines plantées de forêt tropicale côtoient des raffineries de pétrole et autres usines. Tobago correspond à ce que l'on attend d'une île des Caraïbes, avec palmiers et plages de sable blanc, et reste relativement épargnée par l'industrie touristique. À elles deux, les jumelles offrent un terrain d'exploration inégalé pour les amateurs de plongée, d'ornithologie et de VTT. Leurs forêts tropicales invitent à la randonnée, et leurs chutes d'eau à la baignade. La vie nocturne y est animée, et le carnaval y est exubérant.

Port of Spain est un bon repaire pour profiter de l'ambiance de l'île, que ce soit à l'occasion d'un match de cricket ou dans un bar pour assister à un concert. Les chutes d'eau de la cordillère septentrionale et les plages de la baie de Maracas sont à portée de main. Mais ne vous attendez pas à ce qu'on vous prenne par la main : le tourisme n'est pas une priorité ici, alors lancez-vous !

Trinité-et-Tobago

Les incontournables

Carnaval de Port of Spain

1 Le carnaval de Trinité, qui se tient en février ou mars, est tenu par beaucoup comme le meilleur des Caraïbes. Initialement importé par des planteurs français, et rapidement adopté par les esclaves africains comme un moyen de singer l'autorité coloniale, le carnaval puise ses racines à la fois dans la musique et les mythologies de l'Ouest africain et dans la tradition européenne des bals masqués. Avant même le grand événement, de fastueuses fêtes enflamment Port of Spain. Des milliers de personnes participent aux folles parades du lundi gras, qui se succèdent toute la nuit au son des orchestres de calypso.

Baie de Maracas

2 La baie de Maracas, sur la côte nord de Trinité, abrite la plage la plus courue de l'île. Cette large étendue de sable blanc hérissée de palmiers et rehaussée par le vert des montagnes en arrière-plan, exerce un attrait irrésistible. Souvent battue par les vagues, la plage se prête bien au bodysurf. Pour se restaurer, on peut trouver de la bière fraîche et des *shark & bake* (pain rond garni de morceaux de requin frit). Généralement bondé le week-end, l'endroit est désert en semaine. À 40 minutes de Port of Spain en voiture.

Asa Wright Nature Centre

3 Pour chaque touriste allongé sur la plage, vous en trouverez un autre fixant le ciel avec des jumelles : Trinité-et-Tobago est la meilleure destination des Caraïbes pour l'observation des oiseaux. L'Asa Wright Nature Centre est situé dans une ancienne plantation de cacao et de café reconvertie en réserve naturelle de 80 ha. C'est l'endroit idéal pour distinguer un perroquet d'une perruche et observer le motmot houtouc, le pic mordoré, le toucan ariel et la pione à tête bleue sans oublier les nombreux rapaces et une bonne quinzaine de variétés de colibris.

TIMOTHY CORBIN / GETTY IMAGES ©

Baie de Paria, Trinité

Blanchisseuse

4 Le minuscule village de Blanchisseuse, sur la côte nord de Trinité, constitue le point de départ de nombreuses randonnées, notamment vers Paria Bay. Le sentier démarre de l'autre côté du pont suspendu enjambant la Marianne River, là où termine la North Coast Rd. Il serpente à travers la forêt et franchit la Jordan River jusqu'à la spectaculaire plage de Paria. Vers l'intérieur des terres, le bassin d'eau des chutes de Paria invite à la baignade.

Récif de Buccoo

5 Situé au large de Tobago, l'immense récif de Buccoo est une réserve maritime depuis les années 1970. Il s'agit d'un récif frangeant, ponctué de cinq plateaux récifaux séparés par des canaux profonds. D'une incroyable diversité, la flore et la faune – éponges, coraux durs et poissons tropicaux – font le bonheur des marins biologistes. Ces trésors sous-marins peuvent notamment être découverts à bord de bateaux à fond transparent.

Sur 100 personnes à Trinité-et-Tobago

40 sont d'origine indienne (ou d'un autre pays du sous-continent indien)
38 sont d'origine africaine
21 sont métisses
1 est d'une autre origine

Religions

(% de la population)

Population au km²

Quand partir

HAUTE SAISON
(fév et mars)

- Les voyageurs fuyant l'hiver arrivent en masse, et les prix s'envolent.
- C'est la période la plus sèche de l'année.
- Les visiteurs affluent pour le carnaval.

SAISON INTERMÉDIAIRE
(avr-juin et oct-déc)

- La météo est agréable, et les pluies modérées.
- Tarifs hôteliers abordables.

BASSE SAISON
(juil-sept)

- Saison des pluies de juin à novembre ; les chances de rester bloqué sur l'île sont minces, mais les tempêtes tropicales ne ratent jamais.
- Le prix de l'hébergement peut être divisé par deux ou plus.

Ibis rouge

L'ibis rouge est l'emblème de Trinité-et-Tobago, qui compte plus d'espèces d'oiseaux que n'importe quelle autre destination des Caraïbes. La réserve ornithologique de Caroni, sur la côte ouest de Trinité, regroupe des milliers d'ibis. Lorsqu'ils investissent les marais de mangrove au coucher du soleil, on croirait autant de fleurs écarlates constellant les arbres. Le spectacle d'un ibis survolant les marais, luisant d'un rouge presque fluorescent dans les rayons du soleil, est à ne pas manquer.

De longues embarcations à moteur à fond plat, pouvant accueillir jusqu'à 30 passagers pour certains, parcourent lentement les canaux du marais. Pour ne pas déranger les oiseaux, les bateaux se tiennent à bonne distance de leurs perchoirs : prévoyez des jumelles. Parmi les 150 espèces d'oiseaux peuplant le marais, les hérons et les aigrettes font partie des plus représentées. Notez que les ibis sont rares en été, mais l'excursion reste intéressante.

À table !

Callaloo Feuilles de *dachine* (un tubercule) mijotées avec de la citrouille, d'okra et des épices.

Carib et Stag Les deux bières nationales.

Doubles Curry de *channa* (pois chiches), servi dans un pain *bara* légèrement frit.

Roti Curry de viande et de légumes, enveloppé dans du pain plat.

Shark & bake Steaks de requin assaisonnés, servis dans du pain plat frit avec de la salade et des sauces locales.

LATITUDESTOCK - IAN BRIERLEY / GETTY IMAGES ©

Décorations traditionnelles, Speyside

Speyside

6 Situé sur Tobago, ce village de pêcheurs attire les amateurs de plongée et d'oiseaux. C'est d'ici que partent les excursions vers des îlots inhabités comme Little Tobago ou St Giles Island. Également surnommée "l'île des oiseaux du paradis", Little Tobago accueillait une plantation de coton à la fin du XIXe siècle. En 1909, le Britannique William Ingram introduisit sur l'île 50 paradisiers grand-émeraude originaires des îles Aru, au large de la Nouvelle-Guinée, et fonda une réserve ornithologique pour les protéger.

Queen's Park Oval

7 Comme dans le reste des Antilles, le cricket est une obsession à Trinité-et-Tobago. Le sport fut introduit par les Britanniques au XIXe siècle, et dans les années 1970 et 1980, la redoutable équipe des Indes occidentales était la meilleure du monde. L'ancien batteur vedette Brian Lara est originaire de Trinité. Suivre un match international au Queen's Park Oval, à Port of Spain au milieu de 25 000 spectateurs déchaînés est toute une expérience.

Transports

Avion Caribbean Airlines assure la liaison de 20 minutes entre les deux îles.

Bateau Des catamarans rapides assurent la liaison entre Queen's Wharf, à Port of Spain (Trinité), et Scarborough (Tobago) deux à quatre fois par jour.

Bus et Taxi Le bus est une option économique, en particulier pour les longs trajets. Les véhicules sont toutefois peu nombreux, et pas toujours fiables. Pour des trajets courts, mieux vaut opter pour les taxis collectifs ou les taxis suivant un itinéraire défini.

Voiture Avoir son propre véhicule est synonyme de liberté, et l'on trouve des loueurs sur les deux îles. Conduite à gauche.

CAPITALE
Tunis

POPULATION
10,9 millions

SUPERFICIE
163 610 km²

LANGUE OFFICIELLE
Arabe

Sidi-Bou-Saïd

Tunisie

Des sables du Sahara à ceux des plages de la Méditerrannée, la Tunisie a toujours été synonyme de vacances proches et dépaysantes. Mais l'actualité récente rend son avenir incertain.

On connaît la Tunisie pour ses séjours en club à petit prix, moins comme une destination de baroudeurs. Et pourtant, le pays se prête aux voyages indépendants et offre un spectre très large, des activités sportives aux visites historiques, en passant par les excursions dans les sables du Sahara. Petit par la taille, mais grand par l'histoire, il a vu se succéder depuis l'Antiquité plusieurs civilisations – carthaginoise, romaine, arabe et ottomane – dont les vestiges témoignent de la splendeur. Alors, tandis que les vacanciers se précipitent vers Djerba et dans les stations balnéaires surpeuplées du Cap-Bon, sortez des sentiers battus et partez à la découverte du Nord-Ouest, du Centre ou du Sud.

Le secteur touristique tunisien, essentiel à l'économie nationale, a beaucoup souffert depuis la révolution de Jasmin qui a renversé la dictature en 2011. Les attentats du musée du Bardo, en mars 2015, et de Sousse, trois mois plus tard, lui ont porté de rudes coups. Gageons que cette situation ne sera que passagère.

Tunisie
Les incontournables

Sidi Bou Saïd

1 À seulement 30 minutes de la capitale par la ligne ferroviaire du TGM (Tunis-Goulette-Marsa), ce village dominant Carthage et le golfe de Tunis fait partie des coins les plus ravissants de Tunisie. Avec ses cascades de bougainvilliers, ses ruelles pavées en pente aux maisons blanches rehaussées de bleu et sa vue splendide sur la côte, l'endroit a la faveur des touristes qui débarquent par cars entiers. Que cela ne vous empêche pas de venir faire trempette sur sa petite plage à l'abri d'une baie et de prendre le thé dans ses vieux cafés.

Musée du Bardo

2 Dans la banlieue de Tunis, un ancien palais beylical construit à partir du XIVe siècle sert de cadre grandiose à la plus belle collection de mosaïques romaines au monde, dont un saisissant portrait du poète Virgile. Le musée abrite également des sculptures, bronzes et objets quotidiens de la même période, ainsi que des sections consacrées à l'art libyco-punique et à l'art islamique. L'ajout d'un austère bâtiment contemporain inauguré en 2012 a doublé sa surface d'exposition. Actuellement fermé, après l'attentat perpétré le 18 mars 2015, le Bardo devrait avoir rouvert quand vous lirez ces lignes.

Tozeur

3 Cette ville du Sud agréable et vivante fait un point de départ idéal pour explorer la région, notamment le fascinant chott el-Djerid, une dépression salée au paysage lunaire, et les cités-oasis de Tamerza, Chebika et Midès, près de la frontière algérienne. Nichée entre l'étendue saline d'un blanc immaculé et une immense palmeraie sillonnée de sentiers sinueux, Tozeur possède un vieux quartier labyrinthique, Ouled el-Hadef, construit en briques de terre crue.

Tunis

4 À la fois maghrébine, méditerranéenne et européenne, la capitale décontractée de la Tunisie présente deux personnalités urbaines distinctes. La médina typiquement arabe du VIIe siècle, dédale de ruelles qui convergent vers la

Grande Mosquée, représente le cœur historique de Tunis. La ville nouvelle, créée par les Français au XIXe siècle, suit quant à elle un plan en damier bien net. Les sites les plus célèbres – les ruines de Carthage et le musée du Bardo – se trouvent en dehors du centre. Pour les plages, les boutiques intéressantes et la vie nocturne, direction les quartiers nord, fréquentés par la jeunesse et la population aisée.

Carthage

5 Il faut certes un peu d'imagination pour visualiser la Carthage romaine, troisième ville de l'Empire, à son âge d'or. Parmi ses maigres ruines éparpillées dans une banlieue résidentielle huppée de Tunis, on distingue toutefois un amphithéâtre, des citernes, une basilique et un théâtre. Sur la colline de Byrsa gisent les vestiges d'un quartier de la cité punique d'origine, jadis entouré de remparts de 13 m de haut, qui abritait quelque 400 000 âmes. Le musée sur place présente des pièces mises au jour sur l'ensemble du site.

Tataouine

6 Si son nom parle aux fans de *La Guerre des étoiles*, Tataouine vaut surtout comme base pour visiter les villages fortifiés (ksour) en ruine perchés dans le djebel Dahar. Lors du Festival des ksour qui leur est consacré en avril, les cours de la ville

Quand partir

MARS-MAI

➡ Le bon moment pour visiter les ruines romaines et randonner dans la campagne parsemée de fleurs sauvages.

JUIN-SEPTEMBRE

➡ Le temps des plaisirs balnéaires et des festivals de musique.

NOVEMBRE-JANVIER

➡ La haute saison dans le Sud saharien.

Sur 100 personnes en Tunisie

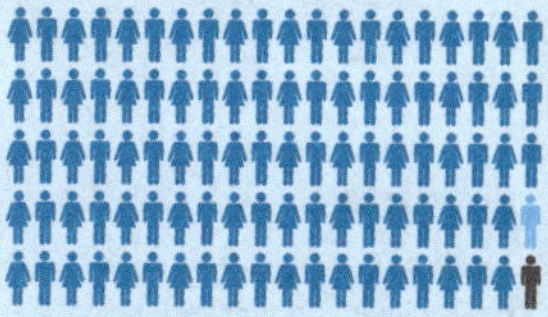

98 sont arabes
1 est européenne
1 est juive ou d'une autre origine

Structure de la population

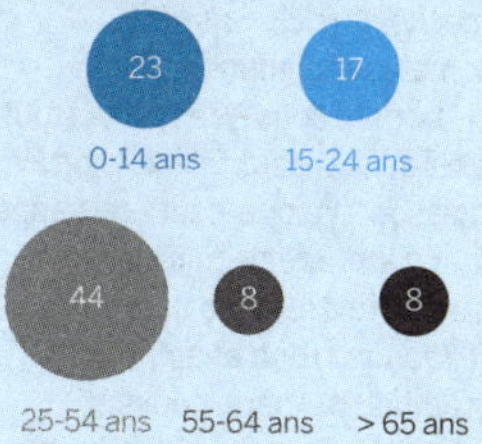

Population au km²

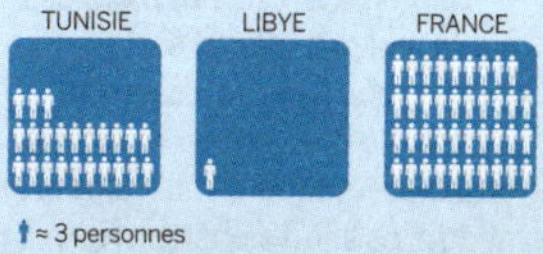

Star Wars in situ

La Tunisie a fourni les paysages lunaires et l'architecture étrange qui confèrent à *La Guerre des étoiles* sa puissante identité visuelle.

Hôtel Sidi Driss, Matmata L'intérieur de la famille Lars.

Ong Jemal, Nefta Le repaire de Dark Maul dans *La Menace fantôme*.

Sidi Bouhlel, Tozeur Cette gorge a servi de décor à de nombreuses scènes.

Ksar Hadada, Ghomrassen Le quartier des esclaves de Mos Espa.

Grande Dune, Nefta La mer de dunes de Tatooine.

Chott el-Djerid Dans le premier film, Luke Skywalker s'arrête ici pour contempler pensivement les deux soleils.

À table !

Amateurs de cuisine relevée, les Tunisiens font grand usage de la harissa (pâte de piment rouge). Les salades figurent dans la plupart des repas. Les plus courantes sont la "salade tunisienne" (tomates, oignons, concombre et thon) et la salade *méchouia* (poivrons verts, tomates et oignons grillés).

Le couscous, présent partout, existe aussi dans une version avec poisson, typiquement tunisienne.

En matière de pain, la baguette à la française côtoie le *tabouna* rond et aplati de tradition berbère, souvent parsemé de graines de sésame. Les pâtisseries (baklava, *makroud*, *zlabia*...) ont emprunté aux Ottomans et à la Sicile.

Dans la rue, on peut manger sur le pouce des bricks (chaussons fourrés d'œuf, de viande, de thon ou de crevettes), du *lablabi* (soupe de pois chiches) et de gros sandwichs garnis.

7

ERMIN GUTENBERGER / GETTY IMAGES ©

accueillent des concerts, des spectacles de danse et autres manifestations. Les plus beaux sites, assez éloignés, peuvent être rejoints en transports publics, à condition de bien s'organiser, ou en taxi.

Djerba

7 Si l'île de Djerba rime avec plages enchanteresses, elle se distingue aussi par une diversité religieuse unique en Tunisie et des constructions traditionnelles blanchies à la chaux. La culture berbère domine, comme l'attestent les femmes drapées de tissus rayés et coiffées de chapeaux de paille, tandis que la communauté juive, autrefois importante, n'a pas entièrement disparu du paysage. Aux férus d'Antiquité classique, ce lieu évoquera le pays des Lotophages décrit par Homère dans *l'Odyssée*. Après avoir consommé les lotus qu'on leur offrait, les compagnons d'Ulysse perdirent tout souvenir, et ce dernier eut bien du mal à les convaincre de reprendre la mer. Les vacanciers qui fréquentent les hôtels de luxe de la belle plage de Sidi Mahres semblent être dans le même état d'esprit.

Transports

Avion Tunisair Express, filiale de Tunisair, assure des vols intérieurs pour Djerba, Tozeur, Sfax, Gabès, Gafsa et Tabarka.

Bateau Un bac navigue 24h/24 entre El-Jorf et Ajim, sur Djerba. Des bateaux relient également Sfax aux îles Kerkennah.

Bus Un moyen fréquent (jusqu'à un départ toutes les 30 minutes pour les grandes villes), plutôt ponctuel, rapide, peu cher et généralement confortable. Les bus locaux vont partout, à l'exception des villages les plus reculés.

Train Peu étendu, le réseau ferroviaire allie néanmoins efficacité, confort et prix bas.

CAPITALE
Achgabat

POPULATION
5,1 millions

SUPERFICIE
488 100 km²

LANGUE OFFICIELLE
Turkmène

Mausolée du sultan Sanjar, Merv

Turkménistan

Longtemps tenu à l'écart du monde par un dictateur pour le moins excentrique, le Turkménistan est de loin la plus mystérieuse et la moins visitée des républiques d'Asie centrale.

Le Turkménistan a beaucoup fait parler de lui lors de la dictature de Saparmourad Niazov, qui s'autoproclama Turkmenbachi ("chef des Turkmènes"). Il a gouverné ce pays désertique jusqu'à sa mort en 2006, la couvrant de statues à son effigie et de monuments grandioses censés symboliser son "âge d'or".

Mais le Turkménistan ne se résume pas aux excès du totalitarisme dont se régalent les gazettes. Cette contrée à la riche histoire, empreinte de spiritualité, séduit par ses traditions et ses beautés naturelles.

Les antiques cités de Merv et de Kounia-Ourguentch nous ramènent au temps où les caravanes sillonnaient la route de la Soie, tandis que les paysages lunaires du désert du Karakoum et de curieux sites naturels sont plus surprenants mais exercent une égale fascination. La découverte du pays ne saurait être complète sans la rencontre de la population ; quoique forcée à abandonner son mode de vie nomade par les Soviétiques, elle a conservé son hospitalité légendaire.

Turkménistan
Les incontournables

Kounia-Ourguentch

1 Minarets, mausolées et palais témoignent de l'ancienne gloire de ce site du patrimoine mondial de l'Unesco, autrefois riche de mosquées, de madrasa, de bibliothèques et de bazars florissants. Le mausolée de Nejameddin Kubra, poète et maître soufi, en est le lieu le plus sacré.

Cratères de gaz de Darvaza

2 Une vision d'enfer au milieu de l'incroyable paysage lunaire du désert du Karakoum. Ces trois cratères artificiels résulteraient de la prospection gazière soviétique des années 1950. L'un d'eux, en flammes, forme une puissante fournaise visible à des kilomètres. Les deux autres renferment de la boue et de l'eau bouillonnantes.

Achgabat

3 Avec de somptueux palais en marbre, d'étincelantes coupoles dorées, des fontaines grandioses, des ministères staliniens et de vastes parcs soignés, la capitale est l'une des villes les plus étranges d'Asie centrale, à mi-chemin entre Las Vegas et Pyongyang. Dommage que le pittoresque bazar Tolkoutchka ait perdu de son âme avec sa relocalisation.

À table !

Chachlik Brochettes de viande très prisées au Turkménistan. Les meilleures sont celles cuites sur des branches de saxaoul.

Çörek Pain rond et plat particulièrement savoureux à sa sortie du four.

Tchal Lait de chamelle fermenté, servi au petit-déjeuner.

Quand partir

AVRIL-JUIN

➡ Soleil généreux et températures agréables : idéal pour voyager.

SEPTEMBRE-NOVEMBRE

➡ La canicule se dissipe à l'approche de l'hiver.

DÉCEMBRE

➡ Les grands froids arrivent, la neige apparaît et les touristes se font rares.

CAPITALE
Cockburn Town

POPULATION
49 070

SUPERFICIE
948 km^2

LANGUE OFFICIELLE
Anglais

Point Grace, Providenciales

Îles Turks-et-Caicos

Au nord d'Haïti, ce territoire britannique des Grandes Antilles, constitué d'un chapelet d'une trentaine d'îles, a tout de l'éden tropical.

Les îles quoi ? Telle est la réaction du quidam quand on l'interroge sur les îles Turks-et-Caicos. Comme tout eldorado, ces îles sont mal connues du grand public. Et c'est tant mieux : ce mirage tropical pourrait bien être la destination caribéenne que vous recherchiez.

Les raisons d'aller séjourner sur cet archipel sont nombreuses. Ses plages immaculées, ses eaux bleu azur et son climat divin. Ses baies isolées, où vous croiserez davantage d'ânes sauvages que de touristes. Ses villes et villages historiques, où la vie suit son cours avec nonchalance.

Plongeurs et adeptes de la bronzette s'y sentiront au paradis : l'eau, chaude et transparente, grouille d'une incroyable faune marine, et les vagues sont inexistantes. Avec ses bâtisses délabrées, ses marais salants et ses étroits sentiers, l'île de Grand Turk vit à une époque révolue, à mille lieues de l'inexorable essor de l'île de Providenciales. Finalement, pour retrouver un peu de solitude, il suffit de changer d'île.

Îles Turks-et-Caicos
Les incontournables

Cockburn Town

1 Pour un aperçu des Caraïbes d'antan, ne cherchez pas plus loin. On a peine à croire que cette ville assoupie au charme rustique puisse être la capitale des îles Turks-et-Caicos. Elle se compose de deux rues parallèles reliées entre elles par de petites allées, bordées de maisons coloniales aux couleurs vives. Des cabanons, autrefois greniers à sel, rappellent l'époque où les ânes convoyaient les marchandises sur des pistes poussiéreuses. Difficile de ne pas succomber au charme de ces habitations aux murs blanchis à la chaux, des lampadaires d'un autre âge et des vieilles bâtisses.

Mudjin Harbor

2 Sur l'île de Middle Caicos, tout est fait pour se détendre. Mais si vous préférez l'action, vous y trouverez néanmoins à vous occuper. À 8 km à l'ouest de Bambarra Beach, juste en face du Blue Horizon Resort, un rocher s'élève au niveau de Mudjin Harbor pour former un drôle de promontoire. En longeant le sommet de la falaise, vous serez surpris d'apercevoir un escalier sorti du néant, qui s'enfonce dans le sol. Empruntez-le jusqu'à une grotte, pour émerger sur une plage isolée au bord de la falaise. C'est à ne pas douter le meilleur accès à une plage de toutes les Caraïbes. En scrutant la mer au loin, admirez le spectacle saisissant des vagues se brisant contre les rochers du large.

Grand Turk

3 Dépourvue, et c'est tant mieux, des infrastructures qui ont essaimé sur d'autres îles de l'archipel, Grand Turk semble appartenir à une autre époque. Longue d'une dizaine de kilomètres, l'île, faiblement peuplée, est un petit coin de paradis couvert de broussailles. Ses habitants vivaient autrefois de la production du sel, mais c'est le tourisme qui a pris le relais et les maisons d'hôtes pleines de charme ne manquent pas. Le rivage est ourlé de plages, dont les eaux paisibles sont un

Palais de justice, Cockburn Town, île de Grand Turk

appel à la baignade. C'est essentiellement pour la plongée que l'on se rend à Grand Turk : le poisson abonde et le récif est en bon état. On peut aussi avoir un bel aperçu du monde sous-marin en se contentant d'un masque et d'un tuba.

Salt Cay

4 Si vous vous demandez à quoi pouvaient bien ressembler les Turks au XIXe siècle, faites un saut à Salt Cay. En découvrant cette île pittoresque, vous aurez le sentiment d'un retour dans le passé. Quelques routes poussiéreuses relient une poignée de structures, et des ânes errent dans les rues. En mer on peut voir des tortues, des raies-aigles et des baleines à bosse.

Parrot Cay

5 Pour un pur moment d'hédonisme, Parrot Cay est sans conteste le meilleur hôtel des îles Turks-et-Caicos. Installé sur sa propre île privée, ce complexe hôtelier est pourvu de tous les équipements d'un établissement de haut vol : piscine à débordement, école de plongée, excellents restaurants, sans oublier un spa axé sur les soins de santé, le yoga et le bien-être. Si vous tenez à vous faire une folie ou si vous êtes banquier d'affaires, l'endroit est fait pour vous.

Quand partir

JAN-AVR

➡ La haute saison pour l'archipel : le temps est habituellement sec et chaud.

JUIL-AOÛT

➡ Assistez au tournoi de pêche de Grand Turk ou au Festival annuel de la musique et de la culture, le plus gros événement de l'île.

NOVEMBRE

➡ Soufflez dans un coquillage, ou foncez directement au stand dégustation du Festival de la conque.

Sur 100 personnes aux îles Turks et Caïcos

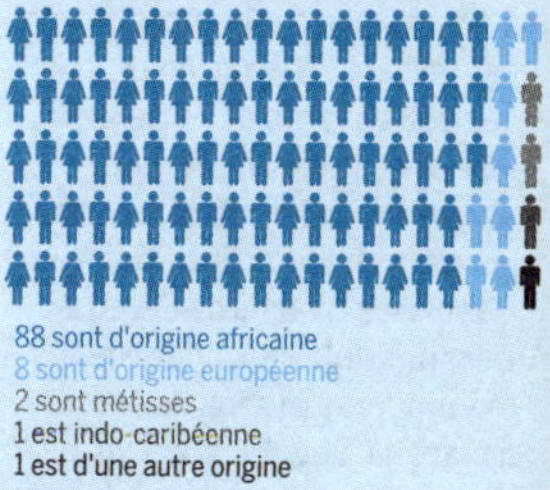

Religions

(% de la population)

Population au km²

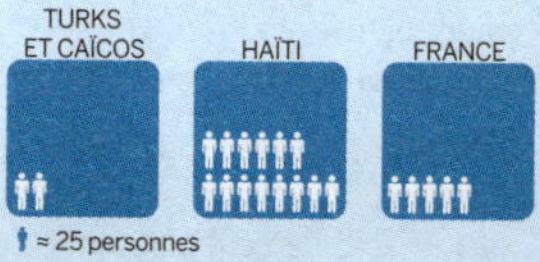

JoJo, trésor national

Depuis le milieu des années 1980, un dauphin à gros nez mâle de 2 m répondant au nom de JoJo sillonne les eaux au large des îles Providenciales et North Caicos. Lors de sa première apparition, il était timide et se contentait de suivre les bateaux ou de jouer dans leur sillage. Mais il s'est depuis enhardi et interagit avec les baigneurs.

Déclaré trésor national par le ministère des Ressources naturelles, le cétacé est désormais protégé par le JoJo Dolphins Project, qui mène des campagnes de sensibilisation aux problèmes d'environnement.

Si vous êtes amateur de faune marine, sachez que Salt Cay est un endroit idéal pour l'observation des baleines à bosse, qui se comptent par milliers. Chaque hiver, ces doux géants effectuent leur pèlerinage annuel pour s'accoupler et mettre bas dans les eaux chaudes des Caraïbes. Depuis les rivages de Salt Cay, il est possible de voir défiler les mammifères marins de février à mars. Le spectacle est visible depuis la plage, ou mieux lors de sorties en bateau. Des plongées sont organisées depuis Grand Turk et Salt Cay.

7

MATTHEW WAKEM / GETTY IMAGES ©

Parachute ascensionnel, Grace Bay Beach, Providenciales

Providenciales

6 Providenciales – ou "Provo" comme l'appellent les locaux – est la capitale touristique des îles Turks-et-Caicos. L'île est dotée d'un aéroport international et on y construit à tour de bras. Les kilomètres de plages de sable blanc qui longent sa côte nord sont sa fierté. C'est l'endroit idéal pour les touristes qui veulent également faire du shopping, dîner dans de bons restaurants et siroter des cocktails sur la plage.

Grace Bay Beach

7 Le principal attrait et son atout majeur de l'île de Providenciales est son immense étendue de sable, d'une beauté exceptionnelle même pour les Caraïbes. L'endroit est idéal pour se prélasser, nager ou parfaire son bronzage. Bien que la plage soit constellée d'établissements et de complexes hôteliers, elle est si grande que l'on y trouve sans mal son propre coin de paradis.

À table !

Conque Ce gastéropode grillé reste un mets de choix dans l'archipel. L'industrie de la pêche est soumise à des contrôles stricts pour éviter la surpêche.

Homard Ne résistez pas au plaisir d'un homard frais. Traditionnellement servi dans une sauce beurre et citron, c'est le plat national.

Turk's Head Sous le soleil des Caraïbes, la bière nationale offre un rafraîchissement bienvenu.

Transports

Avion Air Turks & Caicos dessert les îles de Grand Turk, North Caicos, Middle Caicos, South Caicos et Salt Cay depuis Providenciales. Elle assure également une liaison entre Grand Turk et Salt Cay.

Bateau TCI Ferry Service est une petite entreprise de ferrys entre Leeward Marina (Providenciales) et North Caicos. Un ferry fait la navette entre Grand Turk et Salt Cay deux fois par semaine.

Voiture Si vous prévoyez d'explorer Providenciales ou Grand Turk, il peut être rentable de louer un véhicule.

Taxi Vous trouverez des taxis sur toutes les îles habitées. La plupart des chauffeurs s'improvisent guides touristiques.

Vélo Moyen de locomotion pratique et bon marché. La plupart des hôtels en louent ou en prêtent à leurs clients.

CAPITALE
Ankara

POPULATION
80,7 millions

SUPERFICIE
783 562 km²

LANGUE OFFICIELLE
Turc

Mosquée Bleue, Istanbul

Turquie

À la charnière de l'Europe et de l'Asie, la Turquie est un pays empreint de culture, de poésie et d'histoire, où les hammams et les bazars d'Istanbul côtoient les ruines des grands empires de jadis.

La riche culture turque se conjugue avec la longue histoire du pays et sa position unique, au point de rencontre de l'Europe et de l'Asie. Pour vous en imprégner, plongez dans les vapeurs d'un hammam, goûtez aux différents kebabs ou visitez les ruines antiques qui émaillent les plaines, les littoraux et les reliefs.

Au-delà des clichés d'usage, ce qui surprend, c'est l'extraordinaire diversité des expériences offertes entre la mer Égée et les montagnes de l'Est. À Istanbul, cité à la fois romantique et bondée où l'on va en bateau sur le Bosphore et à pied dans les bazars, on fait la fête dans les clubs. Dans les parties touristiques comme la Cappadoce et les côtes du Sud-Ouest, le programme est éclectique : trekking, équitation, sports nautiques, gastronomie, etc. Dans les régions moins fréquentées de l'Est, des villages isolés en pierre dominent les plaines de Mésopotamie, et des vestiges érodés se détachent dans un paysage de montagnes grandiose. On ne s'étonnera guère de l'attrait qu'exerce cette terre depuis des millénaires.

RUSSIE
GÉORGIE
TBILISSI
ARMÉNIE
EREVAN
IRAN
IRAQ
SYRIE
CHYPRE
NICOSIE
GRÈCE
BULGARIE
Mer Noire
Mer Méditerranée
Mer de Marmara
Bosphore
Lac de Sevan
Lac de Van (Van Gölü)
Lac al-Assad
Çıldır Gölü
Tuz Gölü (lac Salé)
Eğirdir Gölü
Beyşehir Gölü
Suğla Gölü
Barrage de Keban
Barrage de Karakaya
Monts Taurus
Köprülü Kanyon
Kızılırmak
Sakarya
Kelkit
Çoruh
Murat
Tigre
Euphrate
Mt Ararat (Ağrı Dağı)
Mt Cilo (Cilo Dağı)
Mt Nemrut (Nemrut Dağı)
Mt Kaçkar (Kaçkar Dağı)
Uludağ
Soukhoumi
Kutaisi
Batoumi
Sarp
Hopa
Artvin
Göle
Yusufeli
Ani
Gyumri
Vanadzor
Tuzluca
Iğdır
Gürbulak/Bazargan
Doğubayazıt
Ağrı
Horasan
Erzurum
Tercan
Bayburt
Gümüşhane
Trabzon
Giresun
Ordu
Ünye
Samsun
Bafra
Sinop
İnebolu
Cide
Amasra
Zonguldak
Safranbolu
Kastamonu
Ilgaz
Çankırı
Osmancık
Çorum
Amasya
Niksar
Reşadiye
Koyulhisar
Refahiye
Erzincan
Tunceli
Bingöl
Muş
Patnos
Muradiye
Özalp
Van
Gürpınar
Gevaş
Tatvan
Başkale
Yüksekova
Sero
Hakkari
Çatak
Siirt
Şırnak
Baykan
Diyarbakır
Mardin
Qamishle
Viranşehir
Siverek
Elazığ
Malatya
Kahta
Şanlıurfa (Urfa)
Akçakale
Gaziantep (Antep)
Gölbaşı
Elbistan
Gürün
Divriği
Sivas
Şarkışla
Yozgat
Sungurlu
Kırıkkale
Kırşehir
Kayseri
Göreme
Nevşehir
Aksaray
Niğde
Göksun
Kozan
Adana
Ceyhan
Mersin (İçel)
Tarsus
Kızkalesi
Olukbaşı
Silifke
Uzuncaburç
Anamur
Ereğli
Karaman
Konya
Beyşehir
Akseki
Alanya
Side
Akşehir
Isparta
Eğirdir
Burdur
Çavdır
Kemer
Finike
Kaş
Fethiye
Ölüdeniz
Mégiste/Kastellorizo
Ortaca
Dalyan
Muğla
Marmaris
Yatağan
Milas
Bodrum
Kos
Denizli
Pamukkale
Çivril
Uşak
Afyon
Kütahya
Eskişehir
Polatlı
ANKARA
Gerede
Bolu
Adapazarı
Kocaeli (İzmit)
İstanbul
Bursa
Bandırma
Balıkesir
Edremit
Ayvalık
Ayvacık
Çanakkale
Gelibolu
Péninsule de Gallipoli
Keşan
Ipsala
Edirne
Kapıkule
Kırklareli
Çorlu
Burgas
Bergama
Manisa
İzmir
Çeşme
Aliağa
Selçuk
Kuşadası
Aydın
Ödemiş
Lesbos
Chios
Samos
Ikaria
Crète
Kilis
İskenderun
Reyhanlı
Bab al-Hawa
Antakya (Hatay)
Alep (Halab)
Barak
Lattakia
Tripoli
Palmyre
Deir ez-Zur
Mossoul
Arbil
Kirkouk
Mt Nemrut (Nemrut Dağı)
0
200 km
1
2
3
4
5
6
7
8
9
10

Turquie
Les incontournables

Cappadoce

1 S'il semble avoir été façonné par un essaim d'abeilles, ce rude paysage minéral hérissé de cheminées de fée résulte en réalité du volcanisme et de l'érosion. L'Homme y a laissé son empreinte sous forme d'églises rupestres ornées de fresques byzantines colorées, d'habitations troglodytiques et de cités souterraines. Ses multiples attraits – sites historiques, vin, bonne chère, randonnée et autres activités de plein air – font aujourd'hui de la Cappadoce une région touristique phare de la Turquie.

Istanbul, d'un continent à l'autre

2 À Istanbul, des *vapur* (bateaux de passagers emblématiques de la ville) effectuent en moins d'une heure la traversée entre l'Europe et l'Asie. Chaque jour, une flottille remonte le Bosphore et traverse la mer de Marmara, au son de sirènes tonitruantes. Les navettes du matin côtoient de petites embarcations de pêche et d'énormes porte-conteneurs, accompagnés par des nuées de mouettes. Au coucher du soleil, les minarets fuselés et les coupoles byzantines de la vieille ville se détachent sur le ciel d'un rose cendré, offrant alors une vision magique.

Éphèse

3 Site antique le plus célèbre de Turquie et le mieux préservé de Méditerranée, Éphèse est un glorieux témoignage de la splendeur de l'architecture grecque et romaine. Si les occasions de prendre des photos ne manquent pas le long de la voie des Curètes recouverte de marbre, l'intérêt majeur de l'endroit réside dans ses maisons en terrasses – leurs fresques vivantes et leurs mosaïques élaborées donnent un formidable aperçu du mode de vie raffiné de l'élite d'alors. L'essentiel de la cité reste encore à découvrir.

Sur 100 personnes en Turquie

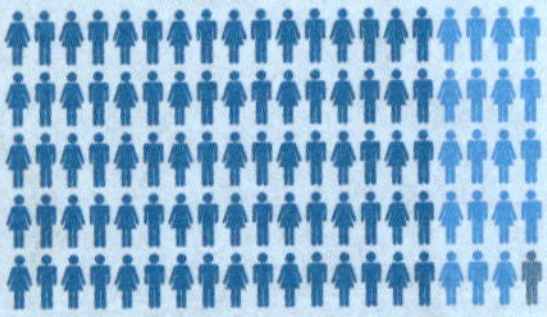

80 sont des musulmans sunnites
19 sont des alévis
1 appartient à une autre religion

Groupes ethniques
(% de la population)

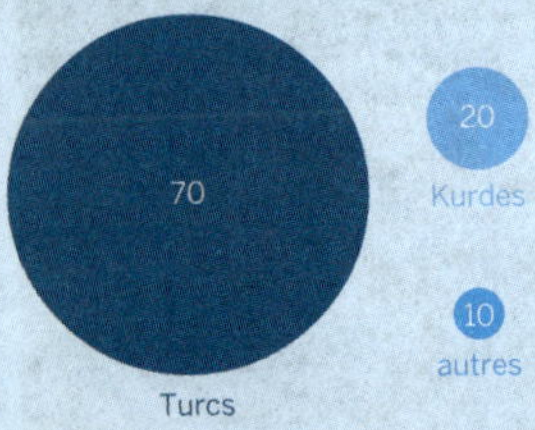

population au km²

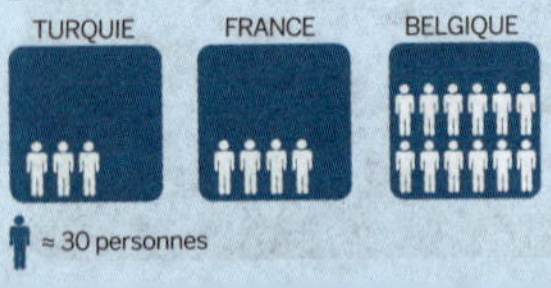

Sainte-Sophie, Istanbul

4 Aucun autre monument d'Istanbul, si majestueux soit-il, ne peut rivaliser avec l'église de la Sagesse divine – la plus grande église de la chrétienté jusqu'à la prise de Constantinople par les Ottomans, en 1453. Justinien, qui rêvait de restaurer la grandeur de l'Empire romain, la fit construire au VIe siècle. Les yeux levés sur la coupole flottante, on a peine à croire que cette merveille en mosaïques ne soit pas parvenue à elle seule à combler les attentes de l'empereur. L'intérieur de l'édifice, aux murs couverts de mosaïques et de témoignages laissés par des générations de grands personnages, est d'une beauté saisissante.

Ani

5 Site exceptionnel sur le plan historique, culturel et géographique, la cité fantôme d'Ani, isolée au milieu de la steppe à la frontière arménienne, dégage une puissance presque mystique. Tour à tour capitale prospère des royaumes d'Ourartou et d'Arménie, Ani fut entièrement abandonnée en 1239 à la suite de l'invasion mongole. Les ruines englobent plusieurs édifices religieux notables, ainsi qu'une cathédrale bâtie entre 987 et 1010.

Pamukkale

6 Réputée pour ses concrétions de travertin (rayons de calcite) et couronnée par les ruines romaines et byzantines de la ville thermale de Hiérapolis, cette "forteresse de coton"

Hammams

Après une journée de visites, une séance dans un hammam (bain turc) procure un moment de détente exquis. À l'arrivée, on vous conduit dans un *camekan* (vestibule), où l'on vous attribue une cabine (*halvet*) ou un casier, et où l'on vous remet un *peştemal* (serviette de bain). Un employé vous conduit jusqu'à la *hararet* (salle de vapeur), où vous vous asseyez, transpirez et relaxez.

Le plus économique consiste à préparer le bain soi-même en apportant savon, shampoing et serviette. Mais pour une expérience authentique, laissez un employé vous laver et réaliser gommage et massage traditionnel. Vous serez arrosé d'eau tiède, savonné avec une éponge, puis frotté avec un *kese* (gant en tissu rugueux) qui vous débarrassera des impuretés et des peaux mortes. Après un massage, suivent un shampoing et un rinçage à l'eau tiède, puis une aspersion d'eau froide.

À table !

Ayran Cette boisson est un mélange de yaourt, d'eau et de sel, qui accompagne traditionnellement les kebabs.

Viande Le kebab (viande cuite à la broche) et les *köfte* (boulettes de viande grillées) sont des plats nationaux turcs. Ils se déclinent sous de nombreuses formes.

Mezze Les mezze ne sont pas seulement un type de plat spécifique : ils offrent une véritable expérience gastronomique. Chez l'habitant, votre hôte servira peut-être quelques mets à savourer avant le plat principal. La plupart des mezze sont à base de légumes, mais il en existe aussi au poisson.

Thé La boisson chaude nationale est le *çay* (thé), de préférence celui de la région de la mer Noire. Il ne se prend qu'avec du sucre, bien utile pour contrer les effets d'une longue infusion.

DAJ / GETTY IMAGES ©

d'une blancheur immaculée fait partie des grandes curiosités géologiques de la Turquie. Après avoir gravi les concrétions avec précaution (pour ne pas les endommager), on se baigne avec ravissement au sommet dans un bassin antique, au milieu de colonnes et de belles frises en marbre.

Mont Nemrut

7 Sur le sommet nu et accidenté du mont Nemrut (Nemrut Dağı), les têtes sculptées monumentales, reflets de la mégalomanie du roi de Commagène Mithridate Ier, ont défié les siècles. Au soleil levant, elles jettent des ombres inquiétantes, tandis que les détails de l'austère paysage alentour se révèlent peu à peu. Dans la fraîcheur de l'aube, un verre de thé brûlant est alors le bienvenu. Ne manquez pas, en redescendant, le gracieux pont romain qui enjambe la Cendere voisine.

Monts Kaçkar

8 Les monts Kaçkar (Kaçkar Dağları) s'élèvent à près de 4 000 m, ondulant entre la mer Noire et le fleuve Çoruh. En été, les

Quand partir

HAUTE SAISON
(juin–août)

➡ Prix et températures à leur plus haut niveau. Forte affluence ; réservation conseillée. Vacances scolaires de mi-juin à mi-septembre. (À İstanbul : d'avril à mai et de septembre à octobre.)

SAISON INTERMÉDIAIRE
(mai et sept)

➡ Moins de monde. La plupart des commerces et des services ouverts ; prix en baisse. Températures douces. (À Istanbul : de juin à août.)

BASSE SAISON
(oct-avr)

➡ Début de l'automne en octobre, du printemps en avril. Des hébergements fermés ; des promotions dans d'autres. (À Istanbul : de novembre à mars.)

randonnées y sont superbes. Les marcheurs adoreront consacrer quelques jours à la traversée des pâturages, entre des hameaux comme Olgunlar et Ayder, et les rencontres avec les habitants qui vivent à moindre altitude. Les Hémichis, particulièrement accueillants, servent leur fameux *muhlama* (semoule de maïs cuisinée dans du beurre) dans des villages dotés de ponts ottomans et d'églises géorgiennes.

Péninsule de Gallipoli

9 L'étroite langue de terre qui garde le détroit stratégique des Dardanelles présente un paysage de collines plantées de pins qui ondule au-dessus de la ville d'Eceabat et du château de Kilitbahir. Émaillée de monuments commémoratifs et de cimetières militaires, cette campagne aujourd'hui paisible fut le théâtre de la bataille de Gallipoli, au cours de laquelle de nombreux soldats alliés trouvèrent la mort. Sur place, des guides évoquent ce tragique épisode.

Safranbolu

10 Safranbolu, qui figure depuis 1994 sur la Liste du patrimoine mondial de l'Unesco, surpasse toutes les autres villes ottomanes du pays. Les touristes turcs s'y pressent pour loger dans des demeures à pans de bois qui semblent tout droit sorties d'un livre pour enfants, et pour arpenter les ruelles pavées bordées de pâtisseries, d'étals de safran et de boutiques d'artisanat à l'ombre de vieilles mosquées. Quand les éclairs des orages d'été zèbrent le ciel nocturne, la magie du spectacle atteint son paroxysme.

Transports

Avion La Turquie est globalement bien desservie par la voie aérienne, même si nombre de vols domestiques transitent par İstanbul et Ankara.

Bus Modèle du genre, le réseau de bus interurbains (des véhicules modernes et confortables) dessert en permanence toutes les destinations, à des tarifs très raisonnables. Pendant le trajet, vous aurez droit à des boissons chaudes et à des en-cas, sans parler des doses de *kolonya* (eau de Cologne parfumée au citron).

Dolmuş Outre qu'ils assurent les transports au sein d'une même ville, les *dolmuş* (minibus) circulent aussi d'une ville ou d'un village à l'autre ; vous les emprunterez en principe entre de petites localités.

Voiture L'idéal pour explorer les zones rurales. Agences de location dans les grandes villes et les aéroports. Les voitures roulent à droite. Le carburant est cher.

À voir

Yol, la permission (Yılmaz Güney ; 1982). Les dilemmes moraux d'un groupe de détenus, en permission pour un week-end.

Polluting Paradise (Fatih Akın ; 2013). Documentaire sur un village dévasté par l'installation d'une décharge.

Winter Sleep (Nuri Bilge Ceylan ; 2014). Étude de caractères poignante dans la neige anatolienne. Palme d'or à Cannes.

À lire

Istanbul : Souvenirs d'une ville (Orhan Pamuk ; 2008). Le Prix Nobel de littérature Orhan Pamuk explore sa relation complexe avec la cité.

Des oiseaux sans ailes (Louis de Bernières ; 2008). Un récit épique sur la fin de l'Empire ottoman.

La Bâtarde d'Istanbul (Elif Şafak ; 2007). Ce roman s'intéresse au passage à l'âge adulte dans une famille excentrique.

Mémorial de l'Anzac (corps d'armée australien et néo-zélandais), Gallipoli

DENNIS K. JOHNSON / GETTY IMAGES ©

Île de Tepuka

CAPITALE
Funafuti

POPULATION
10 698

SUPERFICIE
26 km²

LANGUES OFFICIELLES
Tuvaluan, anglais

Tuvalu

Après des heures d'avion au-dessus de l'immensité de l'océan, les Tuvalu surgissent comme des points turquoise ourlés de coraux et d'îlots de palmiers. Bienvenue dans un paradis en sursis.

Fongafale –l'île principale des Tuvalu – est si étroite que lorsque l'avion aborde la piste d'atterrissage, on le sentiment qu'il va terminer sa course dans l'océan.

Depuis quelques années, les Tuvalu sont parfois au cœur de l'actualité internationale. En effet, les atolls sont menacés par l'élévation du niveau des océans, conséquence du réchauffement climatique. Outre le problème de l'érosion du littoral, l'eau remonte à travers le corail poreux sur lequel sont établies les îles, entraînant une salinisation massive de zones accueillant traditionnellement des cultures. Ces dernières années, les grandes marées ont atteint des niveaux inédits. Si le niveau de la mer continue de monter conformément aux prévisions, l'archipel pourrait bien être rayé de la carte.

Quel est l'avenir des habitants des Tuvalu, si les atolls venaient à être submergés ? La Nouvelle-Zélande, à 3 000 km, s'est dite prête à accueillir ces réfugiés climatiques.

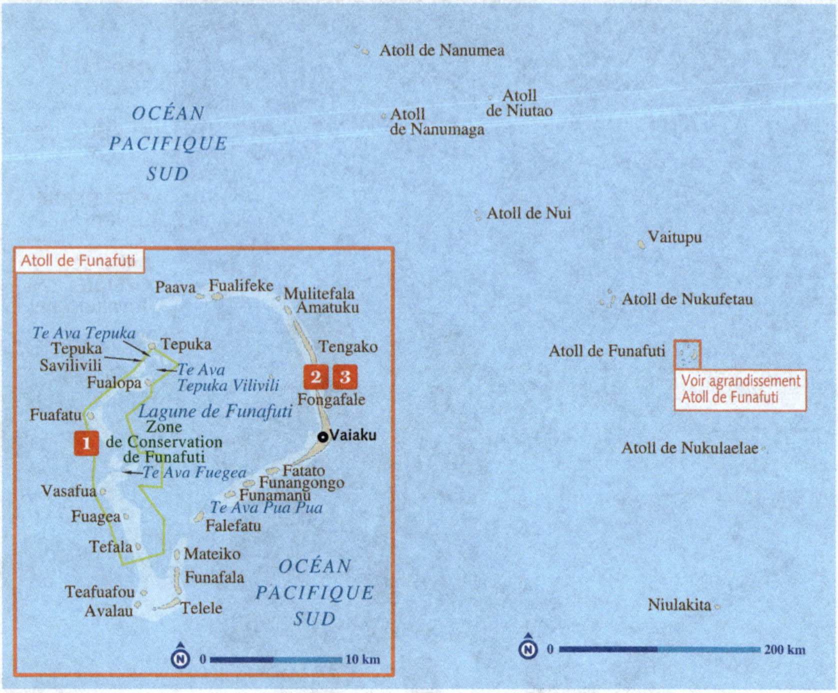

Tuvalu
Les incontournables

Zone de conservation de Funafuti

1 Assouvissez vos fantasmes d'île déserte en explorant les eaux cristallines et les îlots couverts de palmiers de cette zone de conservation, située à une demi-heure en bateau de l'autre côté du lagon.

Te Ano

2 Pendant votre séjour aux Tuvalu, tâchez d'assister à un match de *te ano*, un sport qui n'existe nulle part ailleurs. Presque entièrement incompréhensible pour le néophyte, ce drôle de jeu est l'un des rares réunissant femmes et hommes. Il se joue avec deux balles en feuilles de pandanus. La piste d'atterrissage de Fongafale est un terrain de jeu prisé !

Fongafale

3 Plus grand atoll et capitale des Tuvalu, Fongafale accueille la majeure partie des habitants. L'îlot de Funafala, au sud, est bordé de plages d'un blanc immaculé. On peut s'installer dans des bungalows rudimentaires en bord de mer et assister à une représentation de *fatele*, la danse nationale des Tuvalu.

À table !

Aux Tuvalu, les aliments de base sont la noix de coco, les fruits de mer, le taro et le fruit à pain. Dans les restaurants, la carte et le menu dépendent des ravitaillements de l'atoll. Du jeudi soir au samedi soir, c'est fête à Fongafale : les anciens sortent dans des "twists" (discothèques), tandis que les jeunes se retrouvent dans des "clubs".

Quand partir

MAI-OCT

➡ Un vent léger souffle du sud-est (alizés), tempérant le climat tropical.

NOV-FÉV

➡ Saison chaude et humide. Brèves et violentes averses.

FÉV-AVR

➡ Saison des cyclones.

Laure des Catacombes, Kiev

CAPITALE
Kiev

POPULATION
44,6 millions

SUPERFICIE
603 550 km²

LANGUE OFFICIELLE
Ukrainien

Ukraine

Aujourd'hui plus que jamais, l'Ukraine est tiraillée entre l'Europe et la Russie. Malgré les nombreuses fractures entre ses habitants, le même sens de l'hospitalité et le même amour de la nature les unit.

Depuis son indépendance, l'Ukraine traverse une période turbulente, particulièrement troublée ces derniers temps. Pourtant, ce pays attachant mérite d'être découvert et visité. Où que l'on aille, l'histoire est toujours très présente : on la retrouve dans les églises gothiques de Lviv, les façades ou monuments staliniens, les vestiges d'une culture juive jadis si vivante en Ukraine de l'Ouest ou le modernisme plus récent de Kiev. La culture slave et orthodoxe y prédomine, même si elle voisine avec les édifices tatares en Crimée.

L'Ukraine, dont le nom signifie littéralement "terre frontalière", est dotée d'une grande diversité de paysages offrant toute une gamme d'activités. Vous n'aurez que l'embarras du choix entre VTT ou balades pédestres dans les Carpates, observation des oiseaux dans le delta du Danube ou sports nautiques sur la "mer de Kiev". Quant aux Ukrainiens, la majorité n'aime rien mieux que d'aller cueillir des baies sauvages et des champignons dans les vastes forêts ou de pique-niquer au bord des méandres d'une rivière.

Ukraine

Les incontournables

Les Carpates

1 À l'extrémité sud-ouest du pays, la région des Carpates, tout en relief, couverte de forêts et de rivières tumultueuses, est à mille lieues des vastes plaines de la steppe. C'est ici que vivent les Hutsuls, peuple dont la culture haute en couleur imprègne des villages qui s'étirent le long de profondes vallées. Les montagnes y ont depuis longtemps la faveur des randonneurs et des skieurs ukrainiens. Ici s'étend le parc naturel national des Carpates, le plus grand du genre en Ukraine, qui renferme le mont Hoverla, point culminant du pays (2 061 m), et Boukovel, sa station de ski la plus chic.

Laure des Catacombes, Kiev

2 Découvrez les mystères de la religion orthodoxe et descendez dans les catacombes pour voir les momies de saints lors d'une excursion dans le lieu le plus sacré du pays. Monastère orthodoxe souterrain lors de sa fondation en 1051, la *lavra* regroupe des églises coiffées de coupoles dorées, des bâtiments baroques et des vergers. Les cérémonies religieuses sont accompagnées de chorales et sont suivies par une foule de fidèles et de moines. Les musées de la laure exposent des collections d'or scythe, des microminiatures et bien d'autres merveilles.

Kamenets-Podolski

3 Entourée par la spectaculaire gorge de la Smotrytch, cette petite ville de Podolie jouit d'un cadre magnifique, avec lequel peu d'autres lieux en Ukraine peuvent rivaliser. Une promenade dans les quartiers pavés de cette cité autrefois divisée est sans aucun doute l'un des points forts d'une visite en Ukraine : en partant du Nouveau Pont, vous longerez de superbes églises rénovées, des palais en ruine et des vestiges de fortifications, jusqu'à la forteresse, des plus pittoresque. Cerise sur le gâteau, vous aurez la ville pour vous tout seul en dehors de la haute saison.

Paysage des Carpates

Kolomyya

4 Avec ses hébergements agréables et son accès facile aux collines environnantes, Kolomyya constitue l'un des meilleurs points de départ pour explorer les hauteurs des Carpates. Dans le centre, le musée des Pysanky, installé dans un édifice en forme d'œuf de Pâques géant, est le principal centre d'intérêt de la ville. En flânant dans les rues de Kolomyya, vous découvrirez aussi d'autres merveilles, comme son architecture Art nouveau.

Réserve de biosphère du delta du Danube

5 La réserve de biosphère du delta du Danube se situe dans l'extrême sud-ouest de l'Ukraine, là où le fleuve déverse ses eaux vaseuses dans la mer Noire. Rares sont les visiteurs à explorer cette partie lointaine du pays, mais leurs efforts sont récompensés par des paysages d'une beauté incroyable, de fantastiques promenades sur l'eau et de plaisantes soirées au bord des canaux de Vylkovo, une ville somnolente et paisible.

Sur 100 personnes en Ukraine

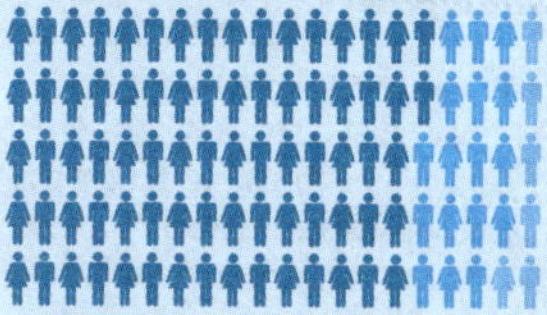

77 sont ukrainiennes
17 sont russes
6 sont d'une autre origine

Religions (% de la population)

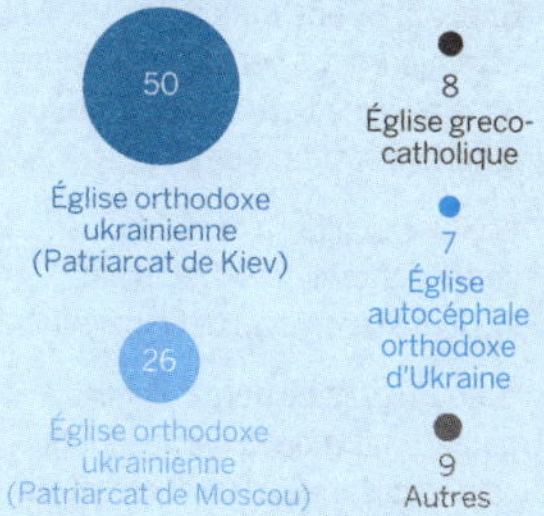

Population au km²

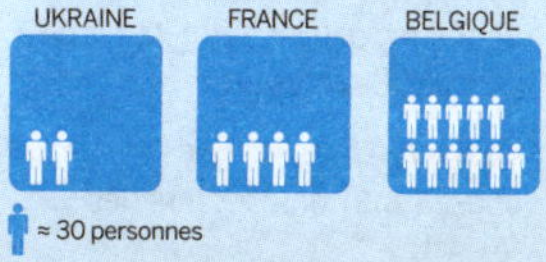

Quand partir

HAUTE SAISON
(juil-août)

➡ Chaleur étouffante et orages.

➡ Tarifs des hébergements en hausse en Crimée, en baisse dans les Carpates.

➡ Les villes se vident au profit de la côte et de la campagne.

SAISON INTERMÉDIAIRE
(mai-juin, sept-oct)

➡ Pour éviter les températures estivales et hivernales extrêmes.

➡ Le printemps peut être très frais, mais Kiev est en fleurs.

➡ La Crimée est idéale en automne.

BASSE SAISON
(nov-avr)

➡ Températures négatives et grosses chutes de neige.

➡ Saison de ski dans les Carpates entre novembre et mars.

➡ Réservez pour un séjour vers le Nouvel An et début janvier.

Songe d'une nuit d'été

Elle mêle le feu, l'eau, la danse, la divination et une pointe de sexe. Pas étonnant que les Soviétiques aient tenté de supprimer la fête d'Ivan Koupalo, une célébration païenne qui se déroule au milieu de l'été. Tous les dirigeants depuis le Moyen Âge ont essayé de l'interdire, mais en vain.

Chez les protochrétiens, Koupalo était le dieu de l'Amour et de la Fertilité et les jeunes gens se choisissaient un époux ou une épouse le jour de sa fête. Aujourd'hui, les rites varient, mais ils commencent généralement par des chansons traditionnelles et une danse exécutée autour d'un mât par des jeunes femmes en robe blanche coiffées de couronnes de fleurs. Puis on allume un grand feu et de jeunes couples dansent autour. Ils sautent aussi au-dessus de feux plus petits en se tenant par la main pour tester la solidité de leur amour – s'ils ne se lâchent pas la main, c'est qu'il durera.

Pyrohovo, à Kiev, est un bon endroit pour assister aux célébrations.

À table !

Bortsch Soupe nationale ukrainienne. La version classique est à base de betterave, de lard et d'herbes aromatiques.

Kasha Bouillie de céréales, généralement du sarrasin, la *kasha* se mange au petit-déjeuner.

Salo Du gras de porc cru, La plupart des menus proposent du *salo* assaisonné à l'ail et au sel, et parfois fumé.

Varenyky Semblables aux *pierogi* polonais, ces raviolis en forme de demi-lune peuvent être garnis de plus de 50 sortes de farce.

Vodka (ou *horilka*) Elle se consomme par litres lors des festivités.

6

OLEKSIY MAKSYMENKO / GETTY IMAGES ©

Église en bois

Musée de l'Architecture traditionnelle de Pyrohovo, Kiev

6 Vous pourrez dire que vous avez fait le tour de l'Ukraine après avoir visité ce vaste musée à ciel ouvert, dans la périphérie de Kiev, regroupant des exemples de l'architecture en bois traditionnelle de toutes les régions du pays. Églises, moulins à vent, magasins et maisons ont été transférés de leurs villages d'origine et offrent un cadre fantastique pour les fêtes folkloriques, qui se déroulent sur le site.

Centre historique de Lviv

7 Lviv est le cœur de l'Ukraine, et sa place principale, *ploshtcha* Rynok, le lieu où son battement se fait le mieux entendre. En son centre se dresse l'immense hôtel de ville, autour duquel gravitent les touristes et les habitants pressés. L'odeur des grains fraîchement moulus qui s'échappe des fameux cafés de Lviv flotte sur la place et, l'été, les tables envahissent les pavés datant de l'époque des Habsbourg, tandis que les tramways soviétiques passent bruyamment.

Transports

Bus Des bus desservent toutes les villes, même les plus petites. Empruntez-les de préférence pour les trajets courts (pas plus de 3 heures), car ils sont généralement petits, vieux et bondés.

Taxi Prendre un taxi peut être une expérience très désagréable pour les étrangers. Si un bus ou un tram dessert votre destination, mieux vaut le prendre.

Train Pour les longs trajets, le train de nuit reste le moyen de transport le plus prisé en Ukraine. Bien que les wagons soient vieux et que les voies aient connu des jours meilleurs, les services sont extrêmement ponctuels.

CAPITALE
Montevideo

POPULATION
3,3 millions

SUPERFICIE
176 215 km²

LANGUE OFFICIELLE
Espagnol

Carnaval, Montevideo

Uruguay

À l'ombre de ses deux imposants voisins, l'Uruguay a opté pour la discrétion. Tant mieux pour le voyageur, qui pourra profiter en toute quiétude de son littoral et de ses vastes prairies intérieures.

Coincé entre deux géants, l'Argentine et le Brésil, l'Uruguay s'est construit une identité propre. Souvent négligé par les voyageurs, le pays ne possède pas d'intérêt touristique majeur, mais il constitue un tout passionnant. Son littoral permet de goûter aux plaisirs balnéaires, et la campagne vallonnée sied parfaitement à l'architecture coloniale des villes de l'intérieur.

Les passions nationales pour le théâtre et le football reflètent bien l'élan vital qui anime le pays, malgré les difficultés économiques du pays suite à la crise argentine. L'amertume ne semble y exister que dans le maté, la boisson nationale que les habitants sirotent en permanence. Lors d'un court séjour, entre l'animation de Montevideo, la visite de Colonia et les fêtes de Punta del Este, on a de quoi bien s'occuper. Mais avec plus de temps, il serait sacrilège d'en rester là. Partez observer la vie sauvage le long de la côte atlantique, profitez des sources chaudes en remontant le Río Uruguay, ou galopez à cheval dans l'arrière-pays.

Uruguay Les incontournables

Carnaval de Montevideo

1 Vous pensez qu'en Amérique du Sud, le Brésil était le roi du carnaval ? Grave erreur ! Chaque année, les *Montevideanos* se lancent dans une fête débridée durant tout le mois de février. Le Desfile de las Llamadas, au début du mois, est à ne manquer sous aucun prétexte. Deux nuits consécutives, le défilé de *comparsas* (ensemble de musiciens et de danseurs rattachés à un quartier) investit les rues de Palermo et du Barrio Sur. Les *comparsas* se composent de *negros* (personnes d'ascendance africaine) et de *lubolos* (Blancs qui se peignent le visage en noir pour le carnaval, une tradition uruguayenne). Les quartiers rivalisent à mesure que déferlent les danseurs qui se déhanchent sur les rythmes envoûtants du *candombe*, joués sur trois tambours distincts.

Punta del Diablo

2 Autrefois village assoupi de pêcheurs, Punta del Diablo est devenu l'une des destinations estivales préférées des Uruguayens et des Argentins, et le grand rendez-vous des routards. En journée, on peut louer des planches de surf ou monter à cheval le long de la plage. Une randonnée d'une heure vers le nord permet de rejoindre le Parque Nacional Santa Teresa. Le soir, on contemple le coucher du soleil, et on se rassemble autour de feux de camp improvisés qui attirent inévitablement les musiciens.

Salto

3 Construite près des chutes où le Río Uruguay fait son "grand saut" (Salto Grande), Salto est la deuxième ville d'Uruguay et la frontière la plus septentrionale avec l'Argentine. Cette ville paisible s'agrémente d'édifices du XIXe siècle et d'une jolie promenade le long du fleuve. Mais l'on vient d'abord et avant tout pour se détendre dans ses thermes.

Colonia del Sacramento

4 Sur la rive est du Río de la Plata, la pittoresque Colonia est inscrite au

RICHARD I'ANSON / GETTY IMAGES ©

patrimoine mondial de l'Unesco pour son Barrio Histórico, petit ensemble irrégulier de rues pavées datant de l'époque coloniale. Le quartier se trouve le long d'une petite péninsule qui s'avance dans le fleuve. Des rangées de sycomores dispensent une ombre bienvenue pour échapper à la chaleur de l'été, et la promenade en bord de fleuve permet d'admirer le coucher de soleil. Les visiteurs peuvent se balader à pied le long des remparts du XVIIIe siècle, ou dans les rues pavées à bord d'une voiture ancienne.

Punta del Este

5 Punta del Este est l'une des destinations les plus glamour et les plus sélect de toute l'Amérique du Sud. Bien entendu, l'endroit ne manque pas de yacht-clubs, de terrains de golf, de casinos et de belles villas. On y trouve en outre de jolies plages. Non loin du littoral se trouvent l'Isla Gorriti, qui possède elle aussi des plages superbes ainsi que les ruines d'une forteresse du XVIIIe siècle, et l'Isla de Lobos, réserve naturelle servant de refuge à une colonie de lions de mer.

Les estancias

6 Les estancias, gigantesques ranchs à l'intérieur du pays, accueillent aujourd'hui les touristes. La plus ancienne, San Pedro de Timote, se trouve à 14 km de la ville de Cerro Colorado, au bout d'une piste, et au beau milieu de 253 ha de terres d'élevage vallonnées. Un ensemble

Quand partir

FÉVRIER

➜ Théâtre et musique de rue pendant le carnaval de Montevideo.

MARS

➜ Profitez du festival des gauchos de Tacuarembó et de la température idéale de la mer.

OCTOBRE

➜ Retrouvez le souvenir de Carlos Gardel lors du festival annuel de tango de Montevideo.

Sur 100 personnes en Uruguay

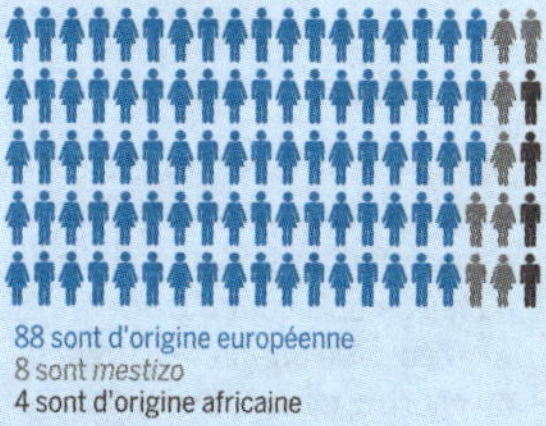

Religions

(% de la population)

Population au km²

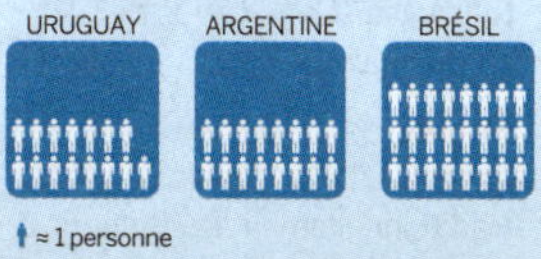

Cubes Oxo

En 1865, la Liebig Extract of Meat Company implanta une usine pionnière en Amérique du Sud, au sud-ouest de la ville de Fray Bentos. Aujourd'hui désaffecté, le site industriel produira le fameux cube de bouillon de bœuf Oxo qui révolutionna la cuisine dans de nombreux pays. De la soupe des soldats pendant la Première Guerre mondiale à Jules Verne qui mentionne le cube dans son roman *De la Terre à la Lune*, en passant par les explorateurs Scott et Hillary, le produit fit le tour du monde. À son apogée, l'usine exportait près de 150 produits différents, fabriqués avec toutes les parties du bœuf à l'exception du mufle.

À table !

Asado Plat national uruguayen (presque une obsession). Cet assortiment de grillades cuites au feu de bois comporte des morceaux de bœuf et de porc, du chorizo, et de la *morcilla* (boudin).

Buñuelos de Algas Beignets salés aux algues, une spécialité sur la côte de Rocha.

Chajá Dessert à base de génoise, de meringue, de crème et de fruits, inventé à Paysandú. Sucré, *très* sucré.

Chivito Sandwich composé de lard, jambon, œuf frit ou dur, fromage, laitue, tomates, olives, pickles, poivrons et mayonnaise.

Medio y medio Boisson rafraîchissante mixte de vin blanc et de vin pétillant. Son histoire est étroitement liée à celle du très ancien Café Roldós de Montevideo.

Ñoquis Identiques aux gnocchis italiens, mais servis traditionnellement le 29 du mois.

DOMINO / GETTY IMAGES ©

Lions de mer, Cabo Polonio

d'édifices historiques – chapelle blanche, cour plantée de grands palmiers, bibliothèque ornée de ravissants carreaux de faïence, corral circulaire en pierre – ajoute encore à son charme. Les parties communes s'ornent de parquet, de grandes cheminées, de confortables fauteuils en cuir, et comptent deux piscines et un sauna.

Cabo Polonio

7 Perdez-vous dans les dunes et observez les lions de mer du haut du phare de Cabo Polonio. Le sauvage Cabo Polonio héberge une importante colonie de lions de mer, près d'un village côtier rustique, perdu entre les dunes de sable. Au pied du phare, les otaries à crinière et les otaries à fourrure batifolent sur les rochers toute l'année, sauf en février. On peut aussi apercevoir des baleines franches australes, de fin août à début octobre, des manchots en juillet, et des éléphants de mer du Sud entre janvier et mars sur l'Isla de la Raza, toute proche.

Transports

Avion Vols charters intérieurs.

Bus Les bus et les routes sont bien entretenus et les trajets sont beaucoup moins éprouvants que dans d'autres pays du continent. Pour choisir votre place, achetez vos billets à l'avance à la gare routière. Les bus locaux sont bon marché mais souvent lents et bondés.

Taxi Les taxis sont bon marché. Compteurs souvent hors service. Les chauffeurs consultent une grille tarifaire pour calculer le prix de la course.

Voiture et moto Peu de voyageurs choisissent de se déplacer avec un véhicule de location.

CAPITALE
Port-Vila

POPULATION
261 565

SUPERFICIE
12 189 km²

LANGUES OFFICIELLES
Bichelamar, anglais, français

Vanouataises, Tanna

Vanuatu

Plages de sable baignées d'eaux cristallines, volcans en activité, cérémonies rythmées par le son des tam-tams : le dépaysement est garanti dans cet archipel du Pacifique Sud.

Où ailleurs qu'au Vanuatu est-il donné de nager dans un trou bleu peuplé de poissons multicolores, puis de sauter dans un 4x4 pour voir un volcan actif cracher de la lave ? Malgré son éloignement, le Vanuatu mérite le voyage. Cet archipel rassemblant 83 îles est une véritable mosaïque de cultures avec près de cent dix langues pour deux cent mille habitants. Le peuple ni-vanuatu prend la vie comme elle vient, avec le sourire et sans stress. À vous de vous accoutumer aux réveils matinaux et aux soirées plongées dans le noir. Vous vous demanderez comme vous avez pu vous laisser aller à vivre à 100 à l'heure.

Dans les petites îles, les hébergements se résument à des bungalows au toit de chaume, tandis que les complexes hôteliers de luxe abondent à Efate et Espiritu Santo. De majestueux volcans et des chutes rugissantes, d'immenses lagons et des îlots tropicaux, sans oublier d'étonnantes cérémonies traditionnelles achèvent de faire du Vanuatu une destination dépaysante qui ravira les voyageurs avides d'expériences exotiques.

Quand partir

SEPT-OCT

➡ Temps chaud et météo agréable. Destination appréciée lors des vacances scolaires australiennes.

NOV-AVR

➡ Saison des cyclones : surveillez la météo et demandez conseil aux insulaires en cas d'alerte cyclonique.

MAI ET JUIN

➡ La chaleur tropicale diminue avec la saison fraîche. La vie reprend après la saison des cyclones.

À table !

Kava Boisson légèrement hallucinogène à base de racine d'une sorte de poivrier. Servi pendant les cérémonies et en signe de bienvenue aux visiteurs.

Laplap Plat national. Pâte à base de manioc, de patate douce ou de taro râpé.

Nalot Taro, banane ou fruit à pain rôti, avec de la crème de coco.

Vanuatu

Les incontournables

Mont Marum

1 Que diriez-vous de grimper les pentes couvertes de jungle, de forêt de canne à sucre, de champs de lave d'un volcan en activité ? C'est chose possible sur l'île d'Ambrym en compagnie d'un guide qui vous emmènera jusqu'à la caldeira du mont Marum ou celle du mont Benbow. Avant de commencer l'ascension, faites une prière pour que le volcan ne se réveille pas !

Million Dollar Point

2 Les eaux qui bordent Espiritu Santo sont un cimetière sous-marin. À quelques encablures de Luganville repose un amas de grues, de bulldozers, de camions… abandonnés par l'armée américaine à la fin de la Seconde Guerre mondiale. Un dépotoir sous-marin qui fait aujourd'hui le bonheur des plongeurs.

Naghol

3 Le naghol est l'ancêtre du saut à l'élastique. Chaque année entre avril et juin, sur l'île de Pentecôte, les hommes se lancent du haut de tours de branchages avec pour seules attaches des lianes enroulées aux chevilles. Il existe plusieurs niveaux et les plus jeunes (et les touristes intrépides) tombent du premier étage.

CAPITALE
Vatican

POPULATION
839

SUPERFICIE
0,44 km²

LANGUE OFFICIELLE
Italien

Basilique Saint-Pierre

Vatican

Au cœur de Rome, le siège de la papauté, plus petit État indépendant du monde, concentre des œuvres d'art inestimables.

La Cité du Vatican a beau couvrir moins de 1 km² de superficie, elle possède un rayonnement sans pareil. Lorsque le pape s'exprime, c'est un milliard de catholiques qui forment son auditoire. Et la richesse du Vatican est inversement proportionnelle à sa taille : la basilique Saint-Pierre et les collections des musées du Vatican sont d'une splendeur inégalée.

Le Vatican a obtenu son indépendance en 1929 à la suite des accords du Latran, signés par Mussolini et Pie XI. Il remplace les anciens États pontificaux qui englobèrent Rome et la majorité de l'Italie centrale pendant un millénaire avant l'unification du pays en 1861. Le Vatican dispose notamment de sa propre armée de gardes suisses, arborant des hallebardes et le célèbre uniforme Renaissance rouge, jaune et bleu.

Si la grandiose basilique Saint-Pierre et les musées du Vatican sont des passages obligés, le château Saint-Ange, au bord du Tibre, mérite également une visite.

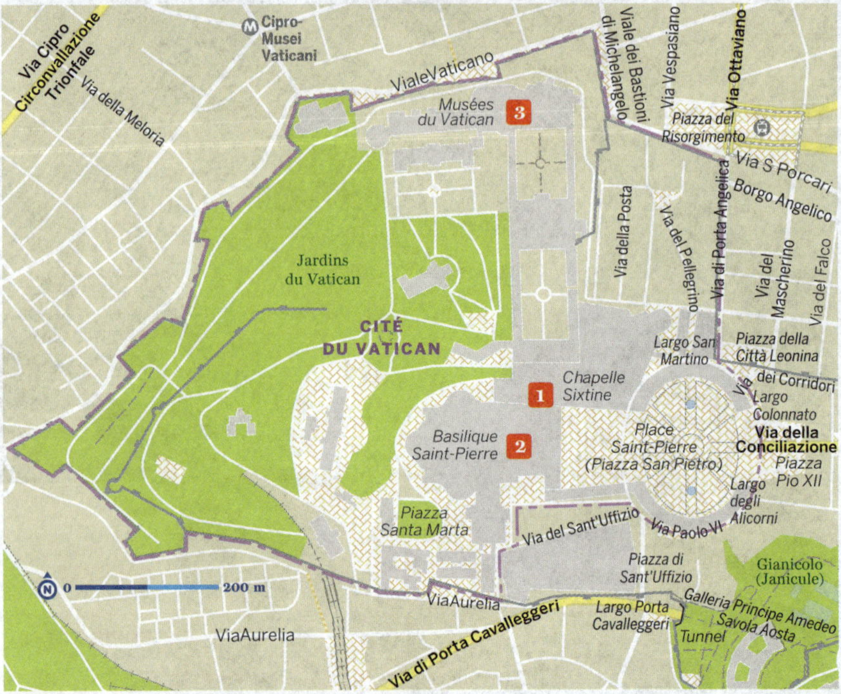

Vatican

Les incontournables

Chapelle Sixtine

1 Joyau du Vatican, la chapelle Sixtine abrite deux des plus célèbres œuvres de Michel-Ange : les fresques de la voûte illustrant neuf épisodes de la *Genèse*, où l'on voit Dieu pointer son index sur Adam pour lui donner vie ; et le *Jugement dernier*, représentant les âmes des défunts arrachés de leurs tombes pour affronter la colère de Dieu.

Basilique Saint-Pierre

2 Avec sa place en ellipse, sa façade grandiose et son intérieur d'une incroyable opulence, que couronne la coupole hors du commun de Michel-Ange, la plus grande et la plus spectaculaire des églises de Rome, véritable incarnation du catholicisme, a été clairement conçue pour susciter l'admiration et le respect.

Musées du Vatican

3 Avec quelque 7 km d'expositions, cet ensemble muséographique abrite l'une des plus importantes collections d'art au monde. En consacrant 1 minute à chaque œuvre, il vous faudrait y passer, dit-on, 12 ans. Si vous êtes pressé, allez voir en priorité la Pinacothèque, le Museo Pio-Clementino, les Chambres de Raphaël et la chapelle Sixtine.

À table !

Évitez de vous attabler dans l'un des restaurants médiocres et onéreux qui entourent le Vatican et Saint-Pierre. Mieux vaut vous rendre dans le quartier voisin de Prati, qui compte quelques bonnes tables.

Quand partir

HAUTE SAISON (juillet-août)

➡ Achetez vos billets en ligne pour ne pas être gêné par l'affluence touristique.

SAISON INTERMÉDIAIRE (avril-juin)

➡ Météo agréable et prix plus bas qu'en été.

DIMANCHE (septembre-juin)

➡ Le pape bénit la foule place Saint-Pierre le dimanche à midi.

Salto Ángel

CAPITALE
Caracas

POPULATION
28,8 millions

SUPERFICIE
912 050 km^2

LANGUE OFFICIELLE
Espagnol

Venezuela

"La Tierra de Gracia", comme la qualifia Christophe Colomb en 1498, est une terre d'aventures, l'une des dernières du continent sud-américain.

Du sixième plus grand pays d'Amérique du Sud, producteur de pétrole et de reines de beauté, on connaît surtout les harangues de Hugo Chávez, son président omniprésent disparu en 2013. Sous ce vernis convenu se cache un secret peu connu : le Venezuela recèle une beauté incroyable, et, bien qu'il soit injustement peu visité, a plus à offrir aux voyageurs que ne le soupçonnent les explorateurs les plus intrépides.

Le Venezuela décline tout l'éventail des paysages sud-américains. Jugez-en par vous-même : des pics andins ; un littoral caribéen baigné par des eaux turquoise ; des zones humides grouillant de caïmans, de piranhas et d'anacondas ; une portion d'Amazonie ; et une savane vallonnée d'où surgissent des montagnes tabulaires (au sommet aplati), les tepuis. Au Venezuela, les aventuriers pourront pratiquer la randonnée, le snorkeling, la plongée, le kitesurf, le parapente... Cerise sur le gâteau, le pays est relativement compact, ce qui permet de passer assez facilement d'un frisson à l'autre.

HAÏTI
RÉPUBLIQUE DOMINICAINE
PORTO RICO
ST-KITTS-ET-NEVIS
ANTIGUA-ET BARBUDA
MONTSERRAT
GUADELOUPE
MER DES ANTILLES (Mer des Caraïbes)
DOMINIQUE
MARTINIQUE
STE-LUCIE
ANTILLES NÉERLANDAISES
ST-VINCENT-ET-LES-GRENADINES
2
Archipiélago Los Roques
GRENADE
Riohacha
Punto Fijo
Coro
La Asuncion
Maracaibo
Puerto Colombia
CARACAS
Carupano
TRINITÉ-ET-TOBAGO
Machiques
San Felipe
6
Barcelona
Cumana
Barquisimeto
Valencia
San Juan De Los Morros
Cueva del Guácharo
7
Maturin
Lac de Maracaibo
Acarigua
San Carlos
Anaco
Tucupita
San Carlos del Zulia
Trujillo
Guanare
Valle de la Pascua
El Tigre
Delta de l'Orénoque
5
Calabozo
Mérida
Barinas
Ciudad Bolívar
Ciudad Guayana
10
Cúcuta
San Cristobal
San Fernando de Apure
Upata
Mabaruma
9
Embalse de Guri
El Manteco
Arauca
Los Llanos
3
Bucaramanga
El Dorado
Puerto Carreno
8
Canaima
GUYANA
Salto Ángel
Puerto Ayacucho
1
Roraima
4
Tunja
Orocue
Villavicencio
Obando
COLOMBIE
La Esmeralda
Boa Vista
San Jose del Guaviare
Caracarai
Mitu
Sao Cabriel da Cachoeira
Barcelos
BRÉSIL
Puca Urco
Tonantins
Fonte Boa
Manaus
PÉROU
Tefe
Manacapuru
Iquitos
Caballococha
Leticia
N
0
500 km

Venezuela
Les incontournables

Salto Ángel

1 Plus haute cascade du monde, le Salto Ángel ("saut de l'ange") déferle dans un affluent du Rio Caroni, dans le parc national de Canaima. Tombant de 979 m, cette gigantesque chute d'eau s'élance du haut d'un tepui (butte à sommet plat) enveloppé par la brume, offrant un spectacle magique. À la saison sèche, l'eau chute d'une telle hauteur qu'elle s'évapore avant d'atteindre le fond. Appelé Kerepakupai merú ("les chutes de l'endroit le plus profond") par les Indiens Pemón, le Salto Ángel doit son nom à Jimmy Angel, un aviateur qui le "découvrit" en 1933.

Archipiélago Los Roques

2 L'archipel Los Roques est un lieu d'escapade qui fait rêver les Vénézueliens. Vous tomberez vous aussi sous le charme de cet éden caribéen, où des maisons rustiques aux couleurs pastel servent d'arrière-plan aux plages immaculées et aux eaux bleu-vert. Classé parc national en 1972, ce chapelet idyllique de petites îles et de récifs coralliens, peut rivaliser par la limpidité de ses eaux avec des destinations plus prestigieuses, comme Bora Bora, et cela pour un coût bien moindre.

Los Llanos

3 Comme le Far West d'antan, les Llanos (littéralement "plaines") sont le cœur mythique du Venezuela. Les rudes cow-boys vénézueliens qui chevauchent dans les plaines sont célébrés par les chansons et les contes. Le grand attrait de la région réside dans l'étourdissante diversité de la faune. En fixant l'obscurité, vous apercevrez les caïmans à lunettes vous observant depuis la lagune. Repérez les troupeaux de capybaras, le plus gros rongeur au monde, gambadant dans les broussailles. À la saison sèche, un millier d'ibis forment des nuées colorées lorsqu'ils se préparent à migrer.

Mont Roraima

4 Les tepuis sont de mystérieuses montagnes plates enveloppées de brume. Le mont Roraima, partagé entre le Brésil, le Guyana et le Venezuela, en est le plus bel exemple, avec ses parois presque verticales sillonnées de cascades qui s'élèvent à 2 810 m d'altitude. Le sommet dissimule un écosystème qui s'est développé dans un isolement absolu, peuplé de grenouilles singulières, de fleurs et de plantes carnivores. Des explorateurs européens ont vaincu le nid d'aigle pour la première fois en 1884, ce qui a inspiré à Arthur Conan Doyle son célèbre *Monde perdu*.

Delta de l'Orénoque

5 Le cri des singes hurleurs à l'aube, les piranhas prêts à se précipiter sur une goutte de sang, le rassemblement bruyant de nuées de perroquets au crépuscule... le delta de l'Orénoque est un endroit de choix pour observer la vie animale. Labyrinthe vert émeraude d'îles, de canaux et de mangroves de près de 30 000 m² (soit la superficie de la Belgique), ce delta est l'un des plus grands au monde. Une forêt mixte couvre l'essentiel des terres, peuplées par des communautés d'Indiens Warao. Tucupita, la capitale de l'État, est aussi le camp de base pour les excursions dans le delta.

Puerto Colombia

6 Cette jolie ville balnéaire séduit les

Sur 100 personnes au Venezuela

33 vivent à Caracas
24 vivent à Maracaibo
19 vivent à Valencia
13 vivent à Barquisimeto
11 vivent à Maracay

Religions

(% de la population)

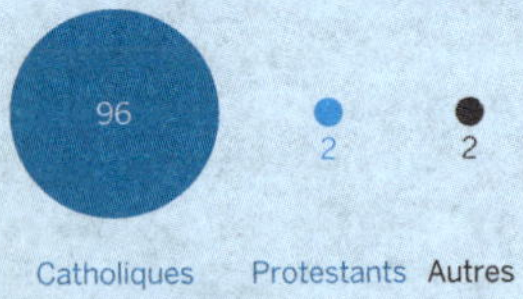

Population au km²

Côté chocolat

Le cacao vénézuélien, de renommée mondiale, est principalement concentré autour de Chuao et sur la côte du Parque Nacional Henri Pittier. Là pousse le fameux cacao Criollo, recherché par les chocolatiers du monde entier pour sa quasi-absence d'amertume et son goût délicat. Vous verrez les fèves sécher au soleil dans les plantations de la région. Le Criollo, qui ne représente que 5 à 10% de la production mondiale de cacao, est un cacao fin que vous pourrez déguster lors d'une excursion à Chuao, sous forme de boisson chaude, de glace ou de liqueurs.

À table !

Arepa Petite galette de maïs farcie au fromage, bœuf, saucisse, crevettes etc....

Cachapa Galette épaisse couramment couverte de fromage et de jambon.

Café Le Venezuela étant un grand pays producteur, on y déguste un excellent café, servi généralement bien sucré.

Empanada Chausson de maïs frit fourré à la viande ou au fromage.

Hallaca Viande hachée et légumes dans une pâte à base de farine de maïs, cuite à la vapeur dans des feuilles de bananier.

Pabellón criollo Le plat national consiste en lamelles de bœuf servies avec des haricots noirs, du riz blanc et des bananes frites.

Bière Polar Elle est servie en petite bouteille pour éviter qu'elle se réchauffe avant d'être bue.

Quesilla Crème caramel.

Hormigas culonas Fourmis amazoniennes frites, dont l'abdomen est très développé et goûteux, d'où leur nom qui signifie "fourmi à grosses fesses" !

MORALES / GETTY IMAGES ©

Hato Piñero, Los Llanos

voyageurs autant pour ses plages que pour son ambiance décontractée. Restaurants et *posadas* se remplissent le week-end alors que la fête bat son plein sur le *malecón* (promenade le long de la côte). Puerto Colombia est également très bien placée pour organiser une excursion dans le Parque Nacional Henri Pittier, réputé pour ses oiseaux et ses plages isolées disséminées le long de la côte.

Cueva del Guácharo

7 La grotte de Guácharo s'est fait connaître par la visite d'Alexander von Humboldt en 1799. Le célèbre scientifique fut le premier à classer et à nommer son principal habitant, le guacharo des cavernes, un étrange oiseau brun-rouge ; l'écho de son cri perçant retentit dans les hautes galeries de la première salle de la grotte. Vivant dans le noir le plus complet, il se dirige à l'instar des chauves-souris, grâce à l'écholocation (principe

Quand partir

HAUTE SAISON (déc-mar)

- Pendant les vacances de Noël (jusqu'à mi-janvier), le carnaval et la Semaine sainte, il y a du monde dans les transports et les hôtels se remplissent vite.
- La saison sèche court de novembre à avril.

SAISON INTERMÉDIAIRE (mai-oct)

- Durant la saison des pluies, les chutes de Salto Ángel et de la Gran Sabana sont très impressionnantes.

BASSE SAISON (oct-nov)

- Prix très avantageux avant Noël et le Nouvel An.

identique au sonar). D'août à décembre, on estime la population de cette seule grotte à 10 000 individus, voire parfois à 15 000.

Canaima

8 Petite bourgade la plus proche du Salto Ángel, le ravissant village indien de Canaima sert de point de départ aux excursions en bateau vers la plus belle merveille naturelle du pays. Tout le village s'organise autour de la Laguna de Canaima, vaste étendue d'eau bleue entourée d'une plage avec palmiers et de sept immenses cascades. Ne manquez pas de vous rendre derrière l'une d'elles pour entendre le bruit assourdissant de l'eau.

Transports

Bateau L'Isla de Margarita est desservie par des bateaux et ferrys. L'Orénoque est navigable de son embouchure jusqu'à Puerto Ayacucho, mais le transport de passagers est très limité.

Bus Sur les itinéraires longue distance, les grandes compagnies proposent des trajets à bord de confortables bus climatisés. Les petits itinéraires régionaux sont desservis par *por puesto*, véhicule à mi-chemin entre le bus et le taxi, souvent de grosses voitures américaines.

Voiture En dehors de Caracas, c'est une bonne façon de découvrir le pays, d'autant que l'essence est très bon marché. Avant de louer une voiture, ayez bien en tête l'état des routes, l'indigence de la signalisation et la conduite agressive de rigueur dans le pays.

Ciudad Bolívar

9 Capitale du plus grand État du Venezuela, Ciudad Bolívar s'enorgueillit d'avoir été choisie par Simon Bolívar comme centre de la guerre d'Indépendance. Le Casco histórico (centre historique), l'un des plus beaux du pays, est un ensemble ravissant d'édifices coloniaux aux couleurs vives et de places ombragées. Les voyageurs se rendant au Salto Ángel et au Parque Nacional Canaima se réjouissent généralement de devoir faire étape ici.

Mérida

10 Véritable terrain de jeu pour aventuriers, Mérida est le genre d'endroit où l'on vient passer deux jours et où l'on finit par rester deux semaines. Où que l'on regarde, les yeux s'arrêtent sur d'immenses montagnes – le Pico Bolívar (4 981 m), n'est qu'à 12 km, offrant des possibilités de randonnée et d'alpinisme. La plupart des safaris nature à destinations des Llanos, partent de Mérida. La ville vaut aussi pour ses excellents restaurants et sa vie nocturne animée.

Casco Histórico, Ciudad Bolívar

JANE SWEENEY / GETTY IMAGES ©

À voir

Secuestro Express (Jonathan Jakubowicz ; 2005). Le plus grand succès du cinéma venezuelien porte un regard cru sur la capitale.

Huelepega (Elia Schneider ; 1999). La vie des enfants des rues de Caracas.

Pelo Malo (Mariana Rondon ; 2014). Portrait intimiste d'une mère et son fils dans le Caracas d'aujourd'hui.

À lire

Doña Barbara (Rómulo Gallegos ; 1929). Le chef-d'œuvre du romancier (et éphémère président) vénézuélien.

Le Général dans son labyrinthe (Gabriel Garcia Márquez ; 1952). Le grand écrivain colombien retrace les derniers mois tragiques de Simón Bolívar.

Le Voyage d'Octavio (Miguel Bonnefoy ; 2015). Les aventures rocambolesques d'un paysan analphabète contées avec brio par un jeune auteur franco-vénézuélien.

Épave du RMS Rhone

CAPITALE
Charlotte Amalie (USVI),
Road Town (BVI)

POPULATION
104 737 (USVI)
31 912 (BVI)

SUPERFICIE
1 910 km² (USVI)
151 km² (BVI)

LANGUE OFFICIELLE
Anglais

Îles Vierges

Des rivages d'un blanc insensé, des spots de plongée inégalés et des bars de plage vivant au rythme du calypso : les îles Vierges affichent toute la panoplie du paradis tropical.

L'archipel des îles Vierges est divisé entre deux pays : les îles Vierges britanniques (BVI) et les îles Vierges des États-Unis (USVI). Au total, ce sont plus de 90 îlots qui constellent l'océan dans un triangle balayé par les alizés. Avec leurs centaines de baies abritées, on comprend sans peine pourquoi les îles Vierges incarnent le fantasme tropical.

Les îles Vierges américaines concentrent la plupart des infrastructures et la plus grande partie de la population. Saint-Thomas regorge de complexes hôteliers et de centres de plongées. La plus grande des îles Vierges, Sainte-Croix, gâte ses visiteurs avec ses spots de plongée et ses fabriques de rhum.

Les îles Vierges britanniques n'arborent aucun signe distinctif de leur appartenance à la couronne britannique, si ce n'est le *fish & chips* servi dans la plupart des restaurants.

Quand vous aurez suffisamment paressé sur la plage, l'heure sera venue de nager avec les tortues, de plonger à la découverte d'une épave du XIXe siècle et de sillonner en kayak une baie éclatante.

Îles Vierges

Les incontournables

Virgin Islands National Park

1 Ce parc national truffé d'arbres noueux et de cactus couvre les trois quarts de l'île de Saint-John. Au-delà des ânes sauvages, des campements écologiques et des formidables spots de snorkeling, la randonnée est l'un des principaux attraits du parc. Des dizaines de sentiers sillonnent ses étendues sauvages, conduisant les marcheurs à des belvédères perchés au sommet de falaises, des pétroglyphes ou des moulins de canne à sucre. Certains mènent à des plages où il est possible de nager au milieu des tortues ou d'observer des raies-aigles.

Épave du RMS Rhone

2 L'épave du RMS Rhone compte parmi les spots de plongée les plus réputés des Caraïbes. Ce deux-mâts – un navire postal à vapeur – sombra au large des côtes de Salt Island lors d'un ouragan en 1867. Les vestiges du navire couvrent une zone étendue devenue parc national, et servent d'habitat à une faune marine variée. Pieuvres, anguilles et calmars évoluent dans ce décor on ne peut plus évocateur – de nombreux films y ont d'ailleurs été tournés, notamment des scènes du *Grand Bleu*. L'épave est également accessible avec masque et tuba, car la poupe est proche du niveau de l'eau.

Îlots périphériques

3 La trentaine d'îlots périphériques que comptent les îles Vierges britanniques offre un fabuleux mélange de réserves de vie sauvage inhabitées, de luxueux refuges pour célébrités et de points de ravitaillement pour navigateurs. Cooper Island abrite des petits cottages abordables. Norman Island recèle un trésor enfoui et un bar flottant animé. Pour beaucoup, les autres îles – Ginger, the Dogs, Fallen Jerusalem – n'ont rien d'autre à offrir que des plages et l'océan. Si vous ne disposez pas de votre propre bateau, vous devrez vous joindre à une excursion organisée.

HOLGER LEUE / GETTY IMAGES ©

Norman Island, îles Vierges britanniques

Plages

4 Nul besoin de recevoir une noix de coco sur la tête pour comprendre que les plages des îles Vierges sont leur meilleur atout, qu'elles soient isolées, familiales, propices au snorkeling ou à la contemplatation du coucher de soleil. La célèbre plage de White Bay, sur l'île de Jost Van Dyke, doit son nom à son sable d'une blancheur étonnante. Sur Tortola, les plages sont si nombreuses qu'elles ont parfois le même nom (Long Bay à l'est et à l'ouest de l'île).

Christiansted

5 La deuxième ville des îles Vierges américaines fut au XVIIIe siècle la capitale des Indes occidentales danoises. Une forteresse équipée de canons et flanquée de bâtisses coloniales témoigne de cette époque marquée par le commerce triangulaire. Les navires débarquaient des esclaves au débarcadère de Kings Wharf et repartaient chargés de sucre et de mélasse. Aujourd'hui, le quai est équipé d'une passerelle bordée de bars, d'agences de plongée et de galeries d'art.

Sur 100 personnes aux îles Vierges

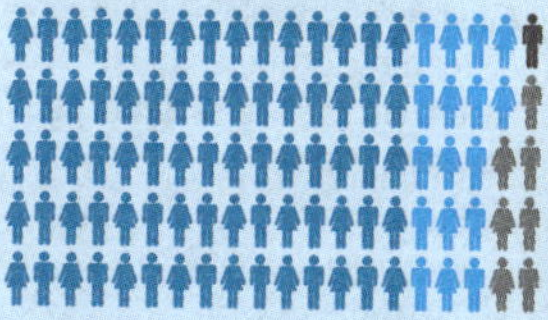

75 parlent anglais
17 parlent espagnol ou créole (espagnol)
7 parlent français ou créole (français)
1 parle une autre langue

Répartition du territoire entre terre et mer

(% du territoire)

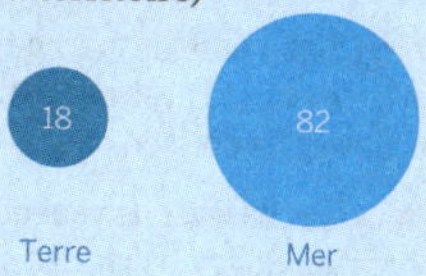

Population au km²

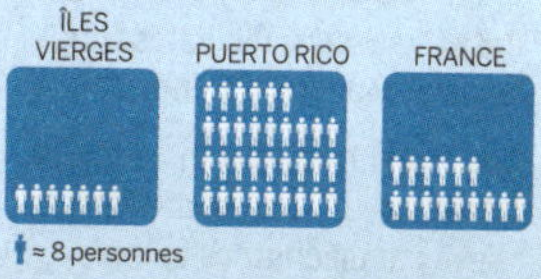

Quand partir

HAUTE SAISON
(déc-avr)

➡ Temps sec et ensoleillé. Les alizés limitent l'humidité.

➡ Le prix des hébergements s'envole.

➡ Période de vacances et de festivals.

SAISON INTERMÉDIAIRE
(mai-juil)

➡ Visiteurs moins nombreux et prix en baisse.

➡ Bonnes conditions pour la plongée et le snorkeling.

BASSE SAISON
(août-nov)

➡ Saison des ouragans et des pluies.

➡ De nombreux sites restreignent leurs horaires.

➡ Certains commerces ferment, surtout en septembre.

Pommes empoisonnées

En 1587, sir Walter Raleigh fit escale à Sainte-Croix avec un petit groupe de colons en route pour l'Amérique du Nord. Après leur long périple en mer, les hommes consommèrent des fruits ressemblant à de petites pommes vert clair qui poussaient dans des arbres le long du rivage. Très toxique, le fruit du mancenillier provoque une tuméfaction de la langue et des brûlures intenses

Bien que cette espèce d'arbre ait été éradiquée dans la plupart des îles Vierges, on en trouve encore quelques-uns, notamment sur Saint-John et dans les îles restées sauvages.

Un simple contact avec les feuilles du mancenillier peut entraîner de graves brûlures. Ainsi, en cas de pluie, il faut éviter de se protéger sous l'arbre car l'eau ruisselante peut devenir toxique.

À table !

Homard d'Anegada Énormes crustacés grillés sur la plage.

Callaloo Soupe épicée à base d'okra, de différentes viandes, de légumes et de poivre.

Cruzan Rum Distillé à Sainte-Croix depuis 1760.

Fungi Plat à base de maïs de type polenta, cuisiné avec de l'okra et recouvert de poisson et de sauce.

Painkiller La légende veut que ce soit au Soggy Dollar Bar, sur l'île de Jost Van Dyke, qu'ait été inventé ce cocktail à base de rhum, noix de coco, ananas, jus d'orange et noix de muscade.

Pate Chaussons feuilletés frits, farcis de viande ou de poisson.

Roti Pain plat garni d'un curry de poulet, bœuf, conque ou légumes, relevé par un chutney épicé.

MICHAEL TUREK / GETTY IMAGES ©

The Baths

6 The Baths, sur l'île de Virgin Gorda, est l'attraction principale des îles Vierges britanniques. Il s'agit d'un amas de rochers granitiques disposés le long du rivage. Les rochers forment par endroits une série de grottes ou de bassins remplis d'eau, où la lumière pénètre et se reflète. Il est possible d'explorer ces rochers avec masque et tuba, ou d'emprunter le sentier qui les parcourt – il vous faudra barboter dans des cuvettes et vous faufiler dans des brèches étroites avant d'atterrir sur une plage au sable immaculé.

Jost Van Dyke

7 La réputation de l'île de Jost Van Dyke, au nord-ouest de Tortola, dépasse largement ses 9 km^2. Foxy Callwood, un joueur de calypso local, et son bar légendaire y sont pour beaucoup. Malgré une clientèle de personnalités, dont Keith Richards, Jost reste une oasis préservée, faite de collines verdoyantes et de plages à la blancheur éclatante. On y trouve une poignée de restaurants, bars et pensions mais, fort heureusement, c'est à peu près tout.

Transports

Avion Quelques vols commerciaux sont proposés entre certaines des îles Vierges, notamment entre Saint-Thomas et Sainte-Croix. Autre solution, affréter un avion pour voler d'une île à l'autre.

Bateau Des ferrys fréquents et bon marché relient les grandes îles de l'archipel, ainsi que certaines plus petites. Le passeport est requis pour voyager entre les îles Vierges britanniques et américaines. Si vous naviguez à bord de votre bateau, les principales îles ont des ports de plaisance.

Voiture Avoir son propre véhicule est le meilleur moyen de se déplacer, car les transports publics sont limités et le taxi peut revenir cher.

CAPITALE
Hanoi

POPULATION
92,5 millions

SUPERFICIE
331 210 km²

LANGUE OFFICIELLE
Vietnamien

Rizières près de Sapa

Vietnam

Exotique et fascinant, le Vietnam allie une beauté naturelle à couper le souffle et un riche patrimoine historique.

S'il est un pays d'Asie du Sud-Est que chacun croit connaître, c'est bien le Vietnam. Certes, les images que l'on a en tête n'ont pas toujours été celles d'une destination touristique. Mais c'est un Vietnam nouveau que l'on découvre aujourd'hui, kaléidoscope de couleurs éclatantes et de tons subtils, un pays riche d'une histoire passionnante et de multiples cultures.

Comblé par une nature généreuse, il déploie d'époustouflants paysages, des hautes montagnes de l'extrême Nord jusqu'au tapis vert émeraude que composent les rizières du Sud. Le littoral étire d'immenses plages et des criques retirées ; dans les terres, des femmes coiffées de chapeaux coniques s'affairent aux champs et l'on croise sur les chemins des enfants à dos de buffle ; en altitude, des minorités ethniques cultivent des terres escarpées.

Présent et passés cohabitent partout au Vietnam, où le vrombissement des motos se mêle aux cris des marchands de rue et au tintement des clochettes de pagode.

CHINE
Ha Giang
Nanning
Lai Chau (Tam Duong)
Lao Cai
Cao Bang
7
Sapa
Muong Lay (Lai Chau)
Tuyen Quang
Pingxiang
Fansipan
Yen Bai
Lang Son
Monts Hoang Lien
Thai Nguyen
Mong Cai
Dien Bien Phu
Tuan Giao
Viet Tri
Son La
HANOI
Ha Long
Zhanjiang
Tay Trang
4
Hai Duong
Haiphong
Mai Chau
Hoa Binh
Baie d'Along
LAOS
Nam Xoi
Thai Binh
1
Na Meo
Ninh Binh
Thanh Hoa
Nam Can
Phonsavan
Hainan (Chine)
Golfe du Tonkin
Vinh
Nam Phao
VIENTIANE
Ha Tinh
Mékong
Cha Lo
3
Na Phao
Dong Hoi
Parc national de Phong Nha-Ke Bang
Tha Khaek
Dansavanh
Dong Ha
MER DE CHINE MÉRIDIONALE
Khe Sanh
5
Hue
Savannakhet
Danang
Parc national de Bach Ma
2
Hoi An
THAÏLANDE
Tam Ky
Quang Ngai
Pakse
Attapeu
Kon Tum
Hauts plateaux du Centre
CAMBODGE
Pleiku
Quy Nhon
Siem Reap
Mékong
Battambang
Tonlé Sap
Tuy Hoa
Buon Ma Thuot
11
Nha Trang
Dalat
Golfe de Thaïlande
PHNOM PENH
8
Parc national de Cat Tien
Phan Rang et Thap Cham
Tay Ninh
9
Takeo
Bien Hoa
Mui Ne
Kampot
HÔ CHI MINH-VILLE (SAIGON)
Phan Thiet
Chau Doc
Long Xuyen
10
Ha Tien
My Tho
Vung Tau
Phu Quoc
Rach Gia
Can Tho
Tra Vinh
Delta du Mékong
Soc Trang
Bac Lieu
Ca Mau
6
Îles Cong Dao
N
0
200 km

Vietnam
Les incontournables

Baie d'Along

1 Ses fantasmagoriques reliefs karstiques baignés par des eaux protégées font de cette baie l'un des sites touristiques les plus visités du Vietnam. Avec plus de 2 000 îlots, vous ne risquez pas de vous lasser du paysage. Embarquer pour une croisière vous permettra d'y passer la nuit et de profiter pleinement de cette merveille. Vous vous réveillerez au petit matin au milieu d'une brume féerique et irez explorer des grottes et des lagons. Des formations karstiques, moins touristiques mais tout aussi spectaculaires, parsèment la baie de Lan Ha.

Hoi An

2 Hoi An fut autrefois le port le plus cosmopolite du Vietnam. Aujourd'hui, cette jolie ville compte une multitude de restaurants gastronomiques, de bars et de cafés branchés, de boutiques insolites et de tailleurs experts. Voyagez dans le temps en parcourant le dédale de ruelles de la vieille ville bien conservée, visitez les temples et les pagodes, dînez comme un empereur avec un budget de manant (apprenez au passage à cuisiner ces mets), rejoignez la superbe plage d'An Bang ou encore flânez sur les berges ou les petites routes de campagne.

Parc national de Phong Nha-Ke Bang

3 Jungle couronnant les collines calcaires, forêt tropicale, eaux turquoise et villages traditionnels, réseau de grottes parmi les plus impressionnants du monde (grotte de Phong Nha creusée par la rivière, grotte du Paradis à la beauté irréelle, grotte de Hang Son Doong aux allures de cathédrale), Phong Nha-Ke Bang est la perle des parcs nationaux vietnamiens. Il donne par ailleurs l'occasion de découvrir le Vietnam rural dans toute sa splendeur.

Vieille ville de Hanoi

4 Pas d'inquiétude, tout le monde se perd en parcourant pour la première fois le dédale de la vieille ville. Dans ce labyrinthe commerçant et chaotique, les échos du passé résonnent dans une atmosphère et une énergie résolument modernes. Perché sur un minuscule tabouret, découvrez les saveurs et arômes de la cuisine vietnamienne en dégustant les plats typiques de Hanoi, tels que le *pho bo*, le *bun cha* et le *banh cuon*. Le soir, joignez-vous à la foule pour siroter une *bia hoi* bien fraîche à l'un des bars de rue improvisés.

Hué

5 Capitale du pays du XIXe siècle au début du XXe siècle, Hué est peut-être la ville vietnamienne la plus facile à aimer. Sa situation sur la rivière des Parfums est admirable, sa cuisine, délicate est célébrée à juste titre et la circulation dans ses rues, relativement faible. Hué compte également une majestueuse citadelle, des résidences royales et d'élégants temples, de superbes portes et enceintes. Certains des plus impressionnants tombeaux royaux et pagodes du Vietnam se trouvent aux abords de la ville, souvent dans un magnifique cadre naturel.

Îles Con Dao

6 Ces îles tropicales constituent le parfait antidote au rythme frénétique des villes vietnamiennes. Autrefois l'enfer sur terre pour une génération de prisonniers politiques, Con Dao est désormais une destination paradisiaque prisée pour ses plages préservées, l'eau

Sur 100 personnes au Vietnam

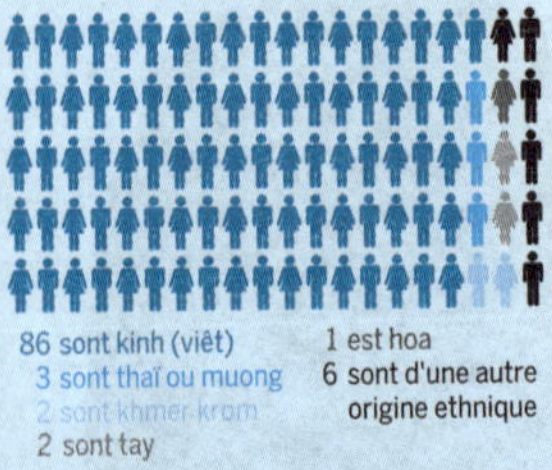

Religions
(% de la population)

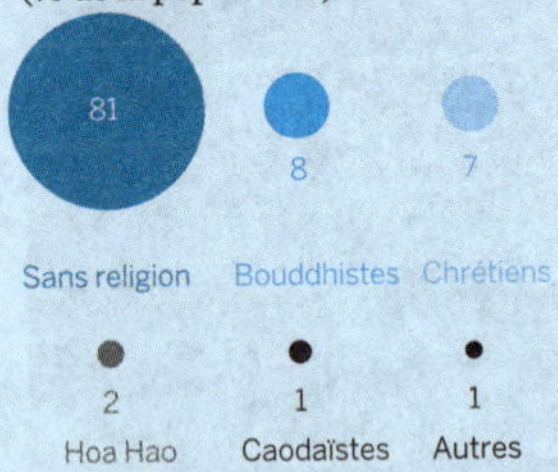

Population au km²

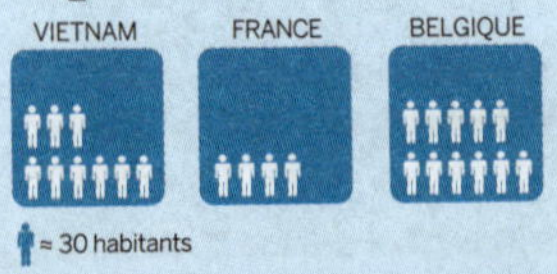

Les abris souterrains de Vinh Moc

En 1966, les Américains lancèrent une attaque massive contre le Vietnam du Nord, par le biais de bombardements aériens et de tirs d'artillerie continus. Situé juste au nord de la DMZ (zone démilitarisée), le village de Vinh Moc devint alors l'un des secteurs les plus bombardés de la planète. Les abris de fortune ne résistèrent pas : certains villageois prirent la fuite, d'autres entreprirent de creuser, avec des outils rudimentaires, des tunnels dans la terre rouge argileuse.

Le Viêt-cong décida d'y implanter une base et encouragea les villageois à rester sur place. Après 18 mois de travail, une immense base souterraine fut ainsi établie, comportant des abris sur trois niveaux (entre 12 et 23 m sous terre). Des familles entières s'y installèrent, restant entre 10 jours et 10 nuits au plus.

À table !

Banh Xeo Cette grande crêpe croustillante, frite dans un poêlon de 30 ou 40 cm de diamètre, est fourrée de porc, de crevettes, de haricots mungos et de pousses de soja.

Bun Bo Hue Cette soupe de vermicelles épicée au bœuf et au porc incarne la prédilection du Centre pour les plats relevés.

Bun Cha Ce plat phare de la cuisine de rue, composé de tranches ou de boulettes de porc grillées, de vermicelles de riz, d'herbes fraîches et de légumes verts, s'accompagne d'un bol de nuoc-mam légèrement sucré.

Com Hen De minuscules palourdes (*hen*) sautées avec de la coriandre vietnamienne au goût poivré sont ajoutées à du riz pour donner ce plat.

Pho Bo Fleuron culinaire du Nord, le *pho bo* (soupe de nouilles de riz au bœuf) doit tout à son bouillon, préparé en faisant bouillir du plat de côtes pendant des heures avec des échalotes, du gingembre, du nuoc-mam, de la cardamome noire, de l'anis étoilée et de la cannelle de Chine.

KIM SCHANDORFF / GETTY IMAGES ©

Vendeur de chapeaux ambulant, Hanoi

claire de ses spots de plongée et sa nature variée, refuge des tortues vertes. L'archipel se prête idéalement à une découverte à vélo, et Con Son, sa principale localité, dégage un charme irrésistible.

Sapa et les Alpes tonkinoises

7 Surnommés les Alpes tonkinoises par les Français, les spectaculaires monts Hoang Lien occupent l'extrémité nord-ouest du Vietnam, près de la frontière chinoise. Dans cette région montagneuse où se niche la ville de Sapa, les nuages changeants et la brume s'écartent pour laisser entrevoir le Fansipan, le plus haut sommet du Vietnam. Depuis les arêtes sinueuses, les rizières en terrasses s'étagent jusque dans les vallées fluviales où se trouvent, depuis des siècles, des villages des ethnies hmong, dzao rouges et giay.

Parc national de Cat Tien

8 L'une des zones protégées les plus spectaculaires du Vietnam, Cat Tien, s'étend à mi-chemin entre Hô Chi Minh-Ville

Quand partir

HAUTE SAISON
(juil-août)

- Les prix augmentent jusqu'à 50% sur la côte ; réservez votre hébergement bien à l'avance.
- Il fait chaud et humide dans tout le Vietnam, sauf dans l'extrême Nord, et la mousson d'été apporte ses averses.

SAISON INTERMÉDIAIRE
(déc-mars)

- Pendant le Têt, les Vietnamiens se déplacent et les prix grimpent.
- Il peut faire frais au nord de Nha Trang et froid dans l'extrême nord

BASSE SAISON
(avr-juin, sept-nov)

- Peut-être la meilleure période pour visiter tout le pays.
- Jusqu'en novembre, des typhons peuvent frapper les régions littorales du Nord et du Centre.

et Dalat. Trekking, vélo et observation de la nature sont les activités phares. Le parc abrite le centre de réhabilitation des grands singes de Dao Tien où gibbons et entelles sont réintroduits dans leur habitat naturel. Le "Wild Gibbon Trek" constitue un moment fort au cœur de la nature vietnamienne.

Mui Ne

9 Avec plus de 20 km de plages bordées de palmiers s'étirant le long de la mer de Chine méridionale, la station prospère et décontractée de Mui Ne est l'une des destinations balnéaires les plus courues du pays. Des pensions aux luxueux complexes hôteliers, des bars branchés aux spas abordables, les vacanciers ont l'embarras du choix. Capitale vietnamienne du kitesurf, la ville séduit les amateurs de sensations fortes, et d'excellents centres permettent de se former à la discipline. On y pratique aussi le sandboard et le golf.

Île de Phu Quoc

10 Toute odyssée en Asie du Sud-Est requiert un moment de repos, un cocktail à la main sur le sable blanc d'une plage tropicale pour reprendre son souffle. Phu Quoc, île de la taille de Singapour à l'extrême sud du Vietnam, est l'endroit rêvé pour cela. Après le farniente, louez une moto ou un vélo et vadrouillez à votre guise sur les pistes de terre rouge.

Nha Trang

11 Nha Trang possède avant tout l'une des plus belles plages d'Asie, superbe étendue de sable fin doré bordant les eaux tièdes de la mer de Chine méridionale. On s'y rend aussi pour les excursions en bateau autour des îles de la baie, les tours cham, les bains de boue dans les sources thermales et les restaurants de qualité. Haut lieu festif, la ville regorge de bars et de clubs prisés des jeunes voyageurs sac au dos.

Transports

Avion Vols très bon marché en réservant tôt (souvent moins cher que le bus) et réseau assez étendu, mais annulations fréquentes.

Bus Le service le long des principales routes nationales est assez bon, mais circuler en bus n'a rien de reposant. Dans les zones reculées, les choses se gâtent rapidement. Les bus "open tour", économiques, peuvent être une option valable.

Train Prix et confort corrects à bord des wagons climatisés et des voitures-couchettes. Notez toutefois l'absence de véritables trains express.

Voiture Très pratique pour voyager à son rythme ou visiter des régions mal desservies. Les voitures de location sont toujours avec chauffeur.

À voir

Apocalypse Now (F. F. Coppola ; 1979). Au plus noir de la guerre du Vietnam.

Cyclo (T. A. Hung ; 1995). Un chef-d'œuvre qui nous fait pénétrer au cœur de la pègre de Hô Chi Minh-Ville.

Platoon (O. Stone ; 1986). Fondé sur l'expérience personnelle du réalisateur, ce film noir suit un engagé volontaire au Vietnam.

L'Amant (J.-J. Annaud ; 1992). D'après le roman autobiographique de Marguerite Duras.

À lire

Un barrage contre le Pacifique (M. Duras ; 1950). La vie d'une mère et de ses deux enfants dans la Cochinchine des années 1930.

Le Chagrin de la guerre (B. Ninh ; 1997). Un soldat nord-vietnamien de retour à Hanoi après 10 ans de guerre.

Le Souffle du cobra (A. X. Pham ; 2001). Le récit biographique joliment écrit d'un Vietnamo-Américain retournant dans son pays natal.

11

CAPITALE
Sanaa

POPULATION
26 millions

SUPERFICIE
527 968 km²

LANGUE OFFICIELLE
Arabe

Vieux Sanaa

Yémen

Bien loin des pétrodollars et des tours clinquantes des États du Golfe, le Yémen incarne une Arabie ancestrale qui ferait rêver, n'était la guerre civile qui sévit actuellement sur plusieurs fronts.

Le parent pauvre de la péninsule, encore essentiellement rural, ne possède peut-être pas les gisements d'hydrocarbures de ses voisins, mais présente un intérêt bien supérieur en termes d'histoire, d'architecture et de paysages. Du côté des légendes, c'est ici que Gilgamesh chercha la vie éternelle, que Noé embarqua sur son arche et que la reine de Saba établit son royaume. Les Romains, qui voyaient le Yémen comme une contrée fabuleuse, l'avaient surnommé *Arabia felix* (Arabie heureuse), car ses montagnes verdoyantes contrastaient avec l'aridité des territoires alentour. Dans l'Antiquité, le pays prospéra grâce au commerce de la myrrhe et de l'encens, que ses caravaniers acheminaient jusqu'à la Méditerranée.

Aujourd'hui, les étapes de la machine à remonter le temps passent par Sanaa, capitale tout droit sortie des *Mille et Une Nuits*, les montagnes du djebel Haraz au nord, les "gratte-ciel" en terre crue de l'Hadramaout à l'est et l'île sauvage de Socotra, baignée par la mer d'Oman.

Yémen
Les incontournables

Vieux Sanaa

1 Ceint de remparts, le cœur historique de la capitale forme la médina la mieux préservée du monde arabe, classée au patrimoine mondial de l'Unesco. Ses hautes maisons brunes rehaussées de frises blanches, dont certaines ont plus de 400 ans d'âge, affichent une architecture unique dans la région. Un dédale de souks et de petites parcelles s'étend à l'ombre des minarets.

Djebel Haraz

2 S'élevant depuis la plaine côtière de la mer Rouge, ce massif escarpé joua pendant des siècles le rôle de bastion contre les incursions étrangères. Des villages fortifiés aux maisons blotties les unes contre les autres s'agrippent à flanc de montagne, entourés de cultures en terrasses.

Wadi Hadramaout

3 Dans l'est du pays, ce profond *wadi* coule en terrain désertique sur quelque 160 km, dessinant une vaste zone fertile peuplée depuis le IIIe siècle. Parmi les villes anciennes, Shibam doit son surnom de "Manhattan du désert" à ses immeubles en briques de terre crue pouvant atteindre 8 étages et 30 m de haut.

À table !

Foul Fèves ou haricots, mijotés avec de la tomate et des épices, que l'on mange surtout au petit-déjeuner.

Salta Ragoût de légumes et de viande avec du fenugrec bouilli formant une mousse amère.

Thé Sucré à la cardamome.

Quand partir

SEPT-DÉC
➡ La mousson s'achève, et les montagnes reverdies invitent à la randonnée.

NOV-FÉV
➡ Bonne période pour explorer la plaine côtière de la mer Rouge et le désert de l'Hadramaout.

JUIN-SEPT
➡ Les forts vents de mousson peuvent rendre pénible la visite de l'île de Socotra.

CAPITALE
Lusaka

POPULATION
14,2 millions

SUPERFICIE
752 618 km²

LANGUE OFFICIELLE
Anglais

Devil's Pool, Livingstone Island, chutes Victoria

Zambie

À la jonction entre l'est, le sud et le centre du continent, la Zambie est réputée pour les chutes Victoria qu'elle partage avec le Zimbabwe et l'incroyable richesse de sa faune.

De son passé colonial, l'immense Zambie a hérité un découpage des plus farfelus : ses frontières lui donnent l'apparence d'un papillon difforme. Elles englobent d'immenses réserves sauvages baignées de cours d'eau où toute la faune africaine semble se donner rendez-vous.

Un voyage en Zambie vous plongera dans l'univers de la brousse, où les animaux traversent librement des camps sans clôture, où l'on échange ses récits de voyage autour d'un feu à la nuit tombée, et où l'empreinte de l'homme est encore invisible. Vous pourrez tout autant vous laisser glisser en canoë sur le lit d'une rivière que descendre en rafting des rapides à deux pas des chutes Victoria.

Du fait de sa taille, de la vétusté de son réseau routier et de la prédominance des infrastructures haut de gamme, la Zambie est un pays difficile à appréhender pour le voyageur indépendant. Cependant, si vous décidez de vous lancer, l'absence relative de touristes rendra votre voyage encore plus appréciable.

Zambie
Les incontournables

Luangwa-South National Park

1 Moins en vue que les parcs tanzaniens, kényans ou sud-africains, le parc de la Luangwa-sud n'en est pas moins une véritable arche de Noé. Alors qu'antilopes, girafes et buffles gambadent dans les vastes plaines, les léopards chassent dans les bois touffus, les éléphants pataugent dans les marécages, et les hippopotames mâchonnent de la laitue d'eau dans la Luangwa. Environ 400 espèces d'oiseaux ont été répertoriées. Des guides compétents et de bonnes infrastructures touristiques achèvent de faire de ce parc une étape inoubliable.

Le Zambèze

2 Le Chiawa Game Management Area (GMA) et le parc national du Bas-Zambèze sont des endroits de choix pour observer la faune zambienne. La plaine alluviale et les berges du fleuve attirant de nombreux animaux, les camps et les lodges proposent souvent des circuits en bateau qui permettent d'appréhender toute la majesté du Zambèze. Tout en glissant silencieusement sur les eaux, vous pourrez épier oiseaux et autres animaux sans vous faire remarquer. Peut-être tomberez-vous nez à nez avec un troupeau d'hippopotames ou un buffle en train de s'abreuver, ou sur un crocodile progressant insidieusement à quelques mètres de vous.

Chutes Victoria

3 Un rugissement incessant, un arc-en-ciel aux couleurs irisées, un nuage formé d'innombrables gouttelettes… Au cœur de l'Afrique australe, les chutes Victoria – appelées Mosioa-Tunya, “fumée qui gronde”, en Zambie, effectuent un plongeon de 100 m pour s'engouffrer dans des gorges étroites. Le spectacle est encore plus impressionnant depuis Knife-Edge Point (“fil du rasoir”), un imposant contrefort d'où vous pourrez admirer la cascade et le gouffre en contrebas.

Hippopotame, Luangwa-South National Park

Kafue National Park

4 Cet autre paradis de la vie sauvage est le plus grand parc du pays et l'un des plus vastes au monde. Il offre une multitude de paysages différents sillonnés de réseaux fluviaux aux abords desquels vous apercevrez peut-être un léopard s'étirant sur la berge, un pygargue vocifère perché sur une branche au-dessus de l'eau ou un troupeau de buffles s'abreuvant bruyamment. C'est le seul endroit du pays où il est possible de voir des lions lors d'une randonnée à pied. À seulement 200 km à l'ouest de la capitale, le parc est aussi facilement accessible en voiture. Plusieurs camps et lodges sont établis à proximité de la route nationale.

Kasanka National Park

5 Situé au nord du pays, ce parc privé est l'un des espaces naturels les moins connus de Zambie. Plutôt petit par rapport à la plupart des autres parcs africains (390 km²), il abrite un nombre limité d'installations. Ici, pas de convois de Jeep traquant les léopards, mais des forêts de miombo, des fourrés à feuilles persistantes, de vastes prairies ouvertes et des rivières aux abords verdoyants.

Shiwa Ng'andu

6 Perdue en pleine nature dans le nord

Sur 100 personnes en Zambie

30 parlent bemba
11 parlent nyanja
11 parlent tonga
24 parlent d'autres langues bantoues
24 parlent d'autres langues

Structure de la population selon l'âge

(% de la population)

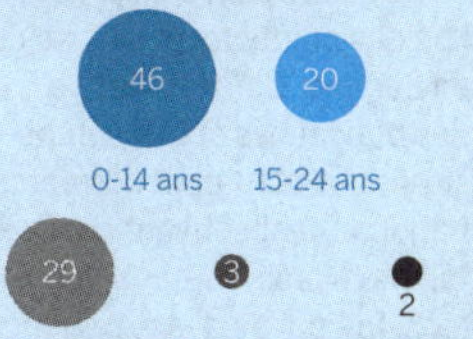

Population au km²

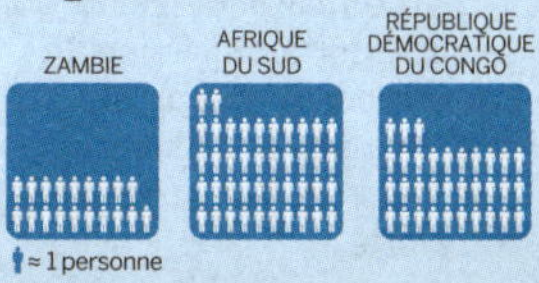

Quand partir

FIN MAI-DÉBUT OCT

➡ C'est la saison sèche, période idéale pour observer la faune.

JUIN-AOÛT

➡ Temps généralement sec, températures plus fraîches et nuits parfois très froides.

DÉC-AVR

➡ La saison des pluies, ou saison "émeraude", dévoile un paysage resplendissant.

Musique zambienne

Les différents groupes ethniques de Zambie ont chacun leurs propres traditions musicales. Les Lozi sont célèbres pour leurs grands tambours, qui résonnent à l'occasion de la cérémonie du Kuomboka ; les Bemba sont eux aussi des percussionnistes réputés. Au nombre des instruments traditionnels figurent de grands xylophones en bois, dont les lames sont souvent doublées de calebasses servant de caisse de résonance, et de minuscules pianos à pouces aux touches en métal aplati.

Larry Maluma fait partie des musiciens zambiens les plus connus ; il mélange les rythmes zambiens traditionnels avec du reggae. Les jeunes Zambiens préfèrent le reggae, ou encore le R'n'B et le hip-hop zambiens. K'Millian est un artiste R'n'B extrêmement populaire.

À table !

L'aliment de base du régime zambien est la *nshima*, une épaisse bouillie à base de maïs, fade mais nourrissante. On la mange à la main, avec des haricots ou des légumes et un condiment chaud, parfois de la viande ou du poisson.

La gastronomie n'est pas l'un des points forts d'un séjour en Zambie. L'offre culinaire des bungalows et des camps situés aux alentours des parcs nationaux est souvent ce qui se fait de mieux. Goûter au gibier local fait partie des expériences à tenter ; le *kudu* est délicieux.

Vous aurez peut-être l'occasion d'apercevoir des sachets en plastique jetable de *tujilijili*, un alcool fermenté artisanalement. Depuis 2012, il est interdit d'en élaborer et d'en importer. Mais la demande reste forte.

JOHN WARBURTON / GETTY IMAGES ©

Vitrail de la chapelle de la propriété de Shiwa Ng'andu

du pays, Shiwa Ng'andu est une grande propriété qui fut fondée par un aristocrate britannique excentrique du nom de sir Stewart Gore-Brown. Le manoir, magnifique édifice en brique, est la pièce maîtresse du domaine. Une véritable petite communauté occupe les lieux : on y trouve une école, un hôpital, et bon nombre des personnes qui travaillent aujourd'hui à Shiwa Ng'andu sont les descendants des premiers employés de Gore-Brown. À présent, ce sont les petits-enfants de ce dernier qui gèrent l'exploitation agricole.

Lac Kariba

7 Après les chutes Victoria, le Zambèze se déverse dans la gorge de Batoka avant de rejoindre le lac Kariba. Formé par l'imposant barrage de Kariba, il s'agit de l'un des plus grands lacs artificiels d'Afrique. Cette vaste étendue d'eau scintillante forme un paysage spectaculaire. Le côté zimbabwéen (berges sud et est) abrite réserves naturelles et installations touristiques, alors que le côté zambien est plus sauvage et bien moins fréquenté – c'est ce qui le rend si fabuleux.

Transports

Avion Les principaux aéroports intérieurs sont ceux de Lusaka, Livingstone, Ndola, Kitwe, Mfuwe, Kasama et Kasaba Bay. Le pays compte plusieurs pistes d'atterrissage pour l'accueil des avions affrétés.

Bus et minibus Les distances sont longues, les bus souvent lents et nombre de routes sont truffées de nids-de-poule : circuler en bus est éreintant, même pour le plus résistant des voyageurs.

Voiture Certains tronçons de l'autoroute principale peuvent être en assez mauvais état. Soyez attentif à tout moment.

Train Les liaisons ferroviaires intérieures sont lentes et peu fiables. Les wagons sont en piteux état. Mieux vaut prendre le bus.

Chutes Victoria

CAPITALE
Harare

POPULATION
13,7 millions

SUPERFICIE
390 757 km^2

LANGUE OFFICIELLE
Anglais

Zimbabwe

Embarquez-vous pour une aventure 100% nature. Les parcs nationaux du Zimbabwe comptent parmi les meilleurs d'Afrique pour observer la vie sauvage.

Après une décennie de violences politiques et de débâcle économique, le Zimbabwe, placé au cœur de l'Afrique australe, semble avoir repris le chemin de la croissance et de la stabilité. Les touristes sont de retour et viennent profiter des parcs nationaux riche en faune, des mystérieux sites archéologiques classés à l'Unesco et s'émerveiller devant les spectaculaires chutes Victoria.

Adepte du documentaire animalier et des musées d'histoire naturelle, le Zimbabwe est fait pour vous. Ici, le grand spectacle de la nature, tendance "National Geographic", s'ouvre aux visiteurs. Autre avantage, et non des moindres, les sites sont loin d'être surpeuplés par un tourisme de masse qui confond safari et rodéo en 4x4.

En chemin, vous serez chaleureusement reçu par les habitants, réputés pour leur politesse et leur résilience face à l'adversité.

Zimbabwe
Les incontournables

Chutes Victoria

1 Attention au bruit ! Ce mur de 1,7 km de large précipite chaque minute quelque 550 000 m³ d'eau dans les gorges du Zambèze, 100 m plus bas. La promenade à pied au-dessus des chutes offre de superbes points de vue, et avec un peu de chance, vous croiserez crocodiles, phacochères, hippopotames, antilopes et même éléphants, buffles et lions. Certains points de vue sont dénués de barrière et mettront vos nerfs à rude épreuve. Mais le site vaut le voyage.

Monument national du Grand Zimbabwe

2 Classée au patrimoine mondial de l'Unesco, la plus grande cité médiévale de l'Afrique subsaharienne fut, entre le XIIIe et le XVe siècles, la capitale d'un très vaste royaume, qui s'étendait sur le Botswana, le Mozambique et l'Afrique du Sud actuels. Son cadre grandiose et ses murs historiques en font le site le plus marquant d'Afrique australe – à tel point qu'il a donné son nom au pays. Sa fascinante enceinte de forme elliptique (près de 100 m de diamètre et 255 m de circonférence) est la plus grande des architectures anciennes de cette partie du continent.

Mana Pools

3 Classé au patrimoine mondial de l'Unesco, ce parc national de 2 200 km² est le seul d'Afrique, avec une population de lions, à autoriser les safaris pédestres sans guide. La magie de l'endroit découle de son éloignement et de la perception exacerbée d'une nature sauvage. Ici, vous êtes sûr de croiser nombre d'hippopotames, de crocodiles, de zèbres et d'éléphants, et presque assuré de voir des lions, ainsi que des lycaons.

Matobo National Park

4 Trésor méconnu, les formations granitiques des monts Matobo semblent avoir été le jeu de cubes (dont chacun pèse plusieurs milliers de tonnes) d'une divinité sacrée qui les aurait empilés en autant

IMAGE SOURCE / GETTY IMAGES ©

Lions, parc national de Mana Pools

de châteaux précaires et de villes imaginaires. On a du mal à penser que le phénomène est naturel tant il est surprenant. D'ailleurs d'innombrables traces témoignent d'un habitat ancien et certains de leurs sommets sont considérés comme sacrés (les montrer du doigt peut porter malheur). Le parc offre également une grande diversité de faune : aigles faucons africains, hiboux-aigles du Cap, rhinocéros blancs et rhinocéros noirs, girafes, zèbres...

Festival of the Arts (Harare)

5 Capitale et cœur du pays, Harare accueille chaque année le Festival international des arts. Pendant une semaine, de fin avril à début mai, l'événement rassemble artistes internationaux et zimbabwéens pour des performances en tout genre (afrobeat, funk, jazz, soul, opéra, musique classique, théâtre et danse).

Eastern Highlands

6 Ce massif montagneux, à l'est du pays, est constitué de forêts de pins parcourues de cours d'eau et de lacs de barrage. Mutare, la troisième ville du pays, à l'atmosphère décontractée, est un excellent point de départ pour explorer la région qui se trouve à cheval avec le Mozambique, en particulier le parc national de Chimanimani, véritable paradis pour randonneurs.

Quand partir

AVR-OCT

➡ Meilleure saison pour un séjour : les journées sont ensoleillées et les chutes Victoria sont saisissantes.

NOV-AVR

➡ Pluies sporadiques et orages spectaculaires en soirée.

JUIL-SEPT

➡ Saison de choix pour l'observation de la faune sauvage, ainsi que pour le rafting et le canoë sur le Zambèze.

Sur 100 personnes au Zimbabwe

82 sont shonas
14 sont ndebele
2 sont issues d'un autre peuple africain
1 est africano-asiatique
1 est d'origine européenne

Structure de la population selon l'âge

(% de la population)

Population au km²

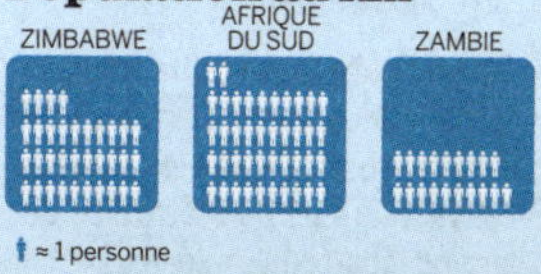

À lire

Le Zimbabwe a vu naître de nombreux auteurs de grand talent. Parmi eux, Peter Godwin, met en scène le drame du pays dans *Quand un crocodile mange le soleil* (2008). Le roman autobiographique d'Alexandra Fuller *Larmes de pierre – Une enfance africaine* (2012) traite du lien indissoluble que certaines personnes entretiennent avec l'Afrique.

Le poète Dambudzo Marechera, décédé en 1987 à l'âge de 35 ans, dresse dans *Soleil noir* (1980) et *La Maison de la faim* (1979) le portrait d'un pays à travers ses exclus.

Depuis l'indépendance, la littérature zimbabwéenne évoque les difficultés de construire une nouvelle société. Auteur zimbabwéen de renommée internationale, Chenjerai Hove évoque la guerre dans *Ossuaire*.

Aujourd'hui décédée, Yvonne Vera est la plus célèbre des écrivaines zimbabwéennes, connue pour s'être attaquée à des sujets difficiles (viol, inceste, inégalité entre les sexes). Son roman *Les Vierges de pierre* fut acclamé par la critique.

À table !

Bière On boit surtout de la bière blanche. Les bières locales (Zambezi et Castle) sont excellentes.

Boissons Eau minérale en bouteille, jus de fruits et sodas sont disponibles un peu partout.

Sadza Plat au maïs, pouvant être servi comme bouillie ou en une sorte de purée. Se mange avec les mains, avec des condiments à base de tomate, de la viande et/ou du jus de viande.

Thé et café Cultivés dans les Eastern Highlands. Dans les villes, l'expresso servi dans les cafés et les restaurants peut être issu de grains locaux ou importés.

ROGER DE LA HARPE / GETTY IMAGES ©

Lac Kariba

Lac Kariba

7 Le lac Kariba, qui s'étend sur 5 000 km², constitue l'un des plus grands lacs artificiels au monde. Il est accolé au parc national de Matusadona, ce qui signifie que la faune y abonde, notamment les "big five". Il n'est pas possible de se baigner dans le lac, car c'est un foyer de bilharziose. Du reste, il est peuplé de crocodiles. Pour profiter de la beauté et de la quiétude du lac Kariba, pas de meilleur moyen que d'y faire une sortie en bateau.

Ruines de Khami

8 À 22 km de Bulawayo, ce site archéologique inscrit au patrimoine mondial de l'Unesco n'est certes pas aussi impressionnant que le monument du Grand Zimbabwe, mais reste intéressant. Ce monument de pierre – le deuxième plus grand du pays – fut édifié entre 1450 et 1650 (après l'effondrement du royaume du Grand Zimbabwe) et s'étend sur plus de deux kilomètres dans un cadre naturel paisible en surplomb du barrage de Khami.

Transports

Bus Les bus express ou "de luxe" circulent selon des horaires fixes. Méfiez-vous : la plupart des entreprises gèrent à la fois des bus locaux ("chicken bus") et des cars de luxe.

Taxi Les taxis sont sûrs, et peuvent être réservés par le biais de votre hôtel. La plupart sont équipés de compteur. Dans les villes, ils desservent la périphérie dans un rayon d'environ 40 km. La nuit, prenez systématiquement le taxi.

Train La plupart des grandes liaisons ferroviaires se font de nuit. L'itinéraire le plus prisé relie les chutes Victoria et Bulawayo. Optez pour la première classe sans hésiter : ce n'est pas cher, et vous aurez accès à un wagon couchette confortable.

Index

A

C

F

S

Le Monde

À PROPOS DE CET OUVRAGE

Cette ouvrage est une traduction-adaptation de la première édition du guide en anglais *The World*.

Traduction
Nathalie Berthet, Frédérique Hélion-Guerrini, Xavière Quillien, Pierre-Yves Raoult et Marie Thureau

Direction éditoriale
Didier Férat

Adaptation française
Nicolas Guérin

Responsable prépresse
Jean-Noël Doan

Maquette
Alexandre Marchand

Cartes
Adaptées par Eduardo Yanes Blanch pour l'édition française.

Couverture
Annabelle Henry pour l'édition française

Remerciements à
Olivier Cirendini, Laurent Courcoul et Christophe Corbel pour leur précieux travail sur le texte, leurs nombreuses recherches et suggestions ; à Dolorès Mora pour sa relecture attentive et ses conseils ; à Claire Chevanche pour son aide sur la préparation du texte ; à Pierre Gallotta pour l'intégration des corrections ; et à Marie Barriet-Savev pour sa relecture des pays de l'Est de l'Europe. Merci à Dominique Spaety et à l'ensemble du bureau parisien de Lonely Planet, ainsi qu'à Clare Mercer, Joe Revill, Sarah Nicholson et Luan Angel du bureau LP Londres et à Andy Nielsen, Darren O' Connell, Chris Love, Sasha Baskett, Angela Tinson, Jacqui Saunders, Ruth Cosgrave et Glenn van der Knijff du bureau LP Australie.

Le Monde
1re édition
Traduit et adapté de l'ouvrage *The World, 1st edition, Oct 2014*

Dépôt légal Septembre 2015
ISBN 978-2-81615-188-6
Imprimé par Pollina, Luçon, France - L77890
Réimpression 03, août 2016

Bien que les auteurs et Lonely Planet aient préparé ce guide avec tout le soin nécessaire, nous ne pouvons garantir l'exhaustivité ni l'exactitude du contenu. Lonely Planet ne pourra être tenu responsable des dommages que pourraient subir les personnes utilisant cet ouvrage.

FSC www.fsc.org MIXTE Issu de sources responsables FSC® C003309

En Voyage Éditions | un département place des éditeurs